Administração

TEORIA, PROCESSO E PRÁTICA

Administração

TEORIA, PROCESSO E PRÁTICA

5ª edição

Idalberto Chiavenato
Mestre (M.B.A.) e Doutor (Ph.D.) em Administração de Empresas pela City University of Los Angeles, Califórnia

Manole

Editor gestor: Walter Luiz Coutinho
Editora: Karin Gutz Inglez
Produção editorial: Cristiana Gonzaga S. Corrêa, Juliana Morais e Janicéia Pereira
Capa: Rafael Zemantauskas
Projeto gráfico e diagramação: Lira Editorial

Dados Internacionais de Catalogação na Publicação (CIP)
(Câmara Brasileira do Livro, SP, Brasil)

Chiavenato, Idalberto Administração : teoria, processo e prática /Idalberto Chiavenato. -- 5. ed. -- Barueri, SP : Manole, 2014.

Bibliografia.
ISBN 978-85-204-3671-4

1. Administração de empresas I. Título.

13-10172 CDD-658

Índice para catálogo sistemático:
1. Administração de empresas 658

5ª Edição - 2014

Direitos adquiridos pela:
Editora Manole Ltda.
Avenida Ceci, 672 - Tamboré
06460-120 - Barueri - SP - Brasil
Tel.: (11) 4196-6000 - Fax: (11) 4196-6021
www.manole.com.br
info@manole.com.br

Impresso no Brasil/*Printed in Brazil*

Este livro contempla as regras do Acordo Ortográfico da Língua Portuguesa de 1990,
que entrou em vigor no Brasil em 2009.
São de responsabilidade do autor as informações contidas nesta obra.

À Rita

Dentre todas as dádivas que a vida tem me concedido, aquela que mais me
enternece e gratifica é a oportunidade de ter vivido e de viver com você.
Se você não existisse, eu precisaria criá-la mental e espiritualmente para
tornar você uma realidade que me fascina cada vez mais.
Ou então pedir a Deus que criasse você do jeitinho que você é.
Exatamente como você é, nem mais nem menos.
Isso é tudo para mim.

SUMÁRIO

PREFÁCIO

Nesta nova edição, o livro foi atualizado e foi feita a inclusão de conceitos amplamente discutidos como competitividade e competências essenciais, criação de valor, responsabilidade social, sustentabilidade, inovação, ética e governança corporativa dentre outros e que fazem parte da agenda do administrador moderno. Além do texto do livro, é oferecida uma plataforma virtual para um passeio mais profundo pelos meandros da administração que pode ser encontrada no site www.manoleeducação.com.br.

A realidade é que se vive em uma sociedade composta de organizações. As organizações constituem a mais significativa e maravilhosa invenção social do ser humano em todos os tempos. A lenta e gradativa caminhada da humanidade rumo ao desenvolvimento social e tecnológico somente foi possível com a ajuda das organizações. Nos tempos atuais, tudo o que se precisa para viver – produtos, serviços, tecnologia, energia, informação, entretenimento – é inventado, criado, projetado, produzido e lançado no mercado por organizações. Muitas vezes, maravilhamo-nos com as sofisticações tecnológicas e esquecemo-nos de que elas são simplesmente o fruto, consequência ou resultado da atividade organizada. Na verdade, o desenvolvimento de cada nação e de cada povo depende basicamente do desenvolvimento de suas organizações – sejam elas lucrativas ou não, industriais, comerciais, de serviços públicos, de ensino, saúde, etc. Países se tornam adiantados graças principalmente ao avanço de suas organizações bem-sucedidas, competentes, sustentáveis e inovadoras. E para serem assim – bem-sucedidas, competentes, sustentáveis e inovadoras – as organizações precisam ser administradas. Elas requerem um aparato administrativo composto por administradores que atuam como líderes de líderes em uma verdadeira constelação de liderança de lideranças. De uma maneira simplista, pode-se afirmar que não há países adiantados ou países atrasados, mas, como dizia Peter Drucker, países bem administrados e países mal administrados. Melhor dizendo, há países que possuem organizações de classe mundial, excelentes e bem administradas e há aqueles com organizações que requerem urgentemente a presença de administradores competentes para tirá-las do sufoco e da inércia.

O importante é que caminho para o desenvolvimento social e econômico – seja de um país ou de uma organização – passa necessariamente pela administração. Seja no setor público, no privado ou no terceiro setor. Ao longo deste livro, o leitor poderá analisar melhor a importância da administração nos dias atuais e em nossa vida.

Idalberto Chiavenato
www.chiavenato.com

Parte I

OS FUNDAMENTOS DA ADMINISTRAÇÃO

Ao longo de toda a história, o ser humano sempre inventou maneiras de melhor aplicar seus esforços para, assim, conseguir melhores resultados de suas ações. E isso ficou evidente a partir do momento em que aprendeu a reunir forças, juntar pessoas, ideias e experiências e passar a trabalhar em conjunto. Foi a etapa em que o ser humano inventou a organização – o motor do desenvolvimento econômico e social que permitiu chegarmos ao mundo moderno – o carro-chefe da inovação e da transformação da sociedade contemporânea.

Entre todas as criações do homem, aquela que avulta e sobressai por ser a mais complexa e maravilhosa é indiscutivelmente a organização – a forma organizada de trabalhar, criar, projetar, produzir e distribuir bens e serviços. Não existem duas organizações iguais; cada qual tem sua personalidade própria, sua natureza especial, suas características ímpares, desempenho e resultados. As organizações apresentam enorme diversidade e são profundamente diferentes entre si. Podem ser pequenas, médias, grandes, nacionais, regionais, internacionais, transnacionais ou mundiais. Elas apresentam enorme complexidade, pois se caracterizam como sistemas abertos, orgânicos e sempre em transformação. Lidamos com elas durante anos a fio e não conseguimos entender exatamente como funcionam e como sobrevivem ou crescem.

Além disso, as organizações operam em ambientes diferentes, rodeadas de um universo de fatores econômicos, políticos, tecnológicos, legais, sociais, culturais e demográficos que interagem entre si e se alternam constantemente, proporcionando um campo dinâmico de forças que se caracteriza por enorme mudança e instabilidade ao redor. No fundo, as organizações recebem influências de seu meio ambiente, mas, em contrapartida, também provocam nele profundas interferências. Se as organizações mudam em função do impacto de forças ambientais, elas também provocam alterações nessas forças externas. Há um complicado jogo de ações e interações provocando e recebendo influências de todas as partes envolvidas.

Além do mais, as organizações não são autônomas nem autossuficientes. Elas precisam ser governadas. Ou melhor, administradas. Elas requerem líderes, presidentes, diretores, gestores, executivos, supervisores, equipes, pessoas, etc., enfim, todo um aparato administrativo para assegurar a ação organizacional. Toda organização necessita de uma complexa equipe de pessoas altamente qualificadas para sua adequada administração. Uma verdadeira liderança de lideranças para decidir e agir de maneira apropriada a cada situação e buscar resultados sempre mais elevados de maneira eficiente e eficaz.

A administração envolve simultaneamente arte, técnica e ciência. Arte no sentido de que administrar constitui uma expertise que requer elegância, beleza, estilo, competência, intuição e muita sensibilidade. Técnica porque requer o uso de ferramentas tanto concretas como conceituais. Ciência porque ela se fundamenta em teorias, ideias, conceitos e abstrações.

A administração faz as coisas acontecerem. No entanto, ela não é apenas desempenho, planificação, organização, direcionamento e monitoração de esforços, mas sobretudo a obtenção de resulta-

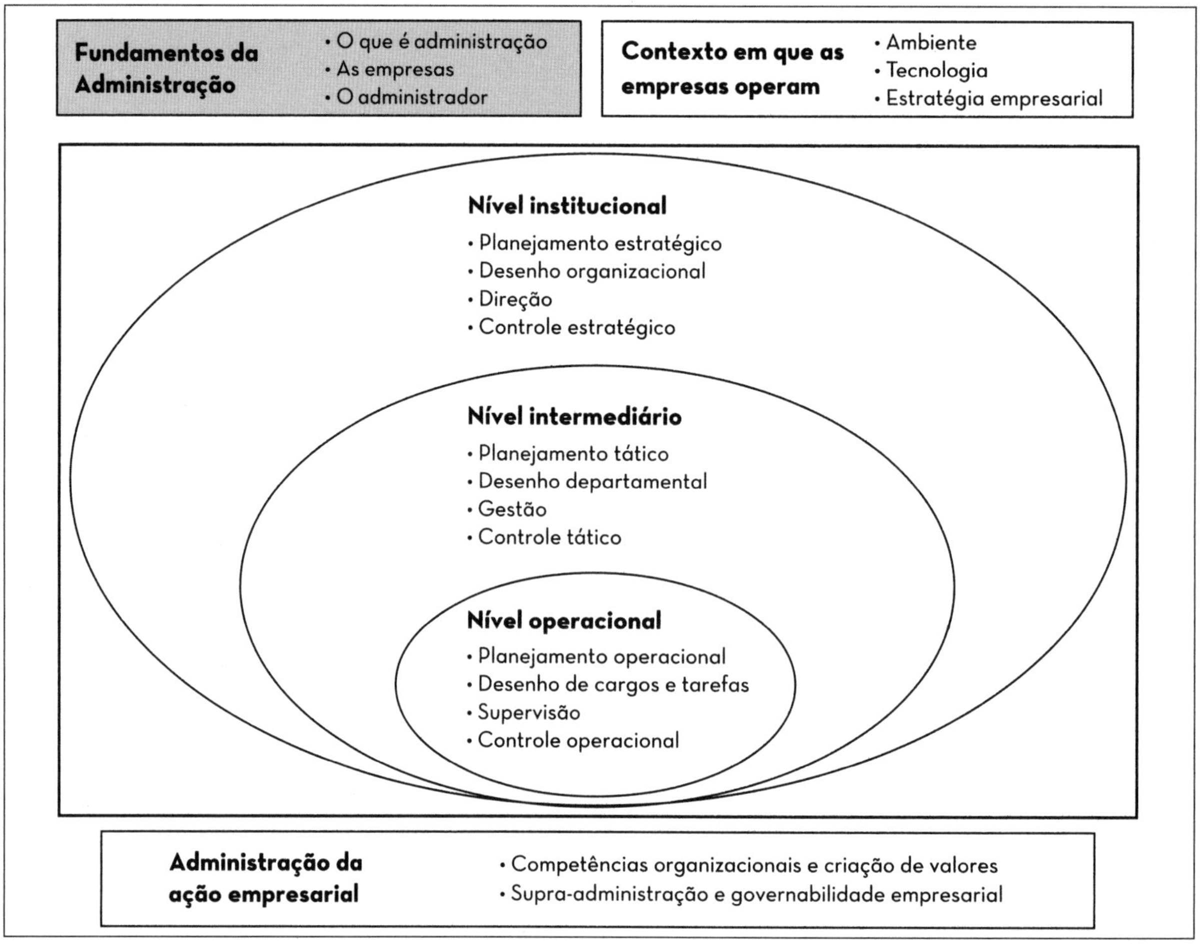

Figura 1 Plano integrado das partes e capítulos do livro.

dos. Administração é resultado! Sem ela, as organizações viveriam ao acaso e jamais encontrariam seu rumo. Administração e organização andam de mãos dadas. Uma não existe sem a outra.

Tanto as organizações como sua administração envolvem enorme diversidade e complexidade. Ambas – organização e administração – constituem aspectos recentes na história da humanidade. Por incrível que pareça, apesar do fato de as organizações terem alcançado suas feições atuais somente a partir da Revolução Industrial – que ocorreu na segunda metade do século XVIII, estendendo-se pelo século seguinte –, foi somente depois do início do século XX que a administração começou a receber atenção e estudos mais profundos da parte de alguns pioneiros que, gradativa e lentamente, foram tateando, mapeando, ampliando e consolidando o complexo terreno das organizações e assentando teorias e princípios a respeito de sua adequada administração. É o que veremos no decorrer dos próximos dois capítulos.

Nesta primeira parte, teremos três capítulos introdutórios sobre o que é Administração, as empresas e o administrador.

CAPÍTULO 1

O que é administração de empresas

Objetivos deste capítulo

- Proporcionar um conceito abrangente de Administração.
- Traçar os caminhos da teoria administrativa até o estágio em que atualmente se encontra.
- Delinear as perspectivas das organizações e de sua administração.

Vive-se em um mundo de organizações. Tudo o que a sociedade requer e necessita é inventado, projetado, desenvolvido, produzido e comercializado por organizações. As organizações são extremamente heterogêneas e altamente diferenciadas: organizações governamentais (como ministérios, secretarias, repartições públicas), organizações não governamentais (ONG como o terceiro setor envolvendo atividades culturais, sociais, filantrópicas, de representação), empresas em geral (indústrias, bancos, comércio, entretenimento, informação, energia, segurança). Além disso, as organizações podem se apresentar em diversas dimensões e tamanhos: grandes, médias, pequenas, microempresas, empreendimentos individuais, etc.

As organizações não funcionam ao léu. Elas não sobrevivem, crescem ou se tornam bem-sucedidas por mero acaso. O sucesso organizacional não é fruto apenas da sorte, mas de uma série infindável e articulada de decisões, ações, aglutinação de recursos, competências, estratégias e uma busca infindável de objetivos para alcançar resultados cada vez melhores. O que leva uma organização rumo à excelência e ao sucesso não são apenas produtos, serviços, competências, recursos, etc. É a maneira pela qual ela arranja tudo isso e como é administrada. A administração é o meio pelo qual as organizações são alinhadas e conduzidas para alcançar excelência em suas ações e operações e oferecer resultados estupendos.

A administração permite alcançar resultados com os meios disponíveis. Fazer maravilhas com os recursos e competências de que se dispõe. Esse é o encanto da administração: transformar recursos e competências em resultados tangíveis e extraordinários. A administração é a maneira pela qual as coisas acontecem nas organizações. Sem ela, o mundo moderno jamais seria o que é hoje.

Entre todas as grandes invenções do século XX, aquela que mais marcou e provocou influências no mundo todo foi sem dúvida alguma a administração. Foi ela a maior responsável pela enorme disparada do desenvolvimento econômico e tecnológico que o mundo experimentou no século passado e promete continuar no futuro. Invenções, tecnologias, artefatos e ferramentas são úteis, mas dependem da administração, que aponta como devem ser utilizadas e transformadas em resultados. A administração significa a inteligência organizacional, isto é, a maneira pela qual a organização se articula, planeja, organiza, lidera e controla suas operações no sentido de alcançar objetivos e conseguir resultados esplêndidos.

CONCEITO DA ADMINISTRAÇÃO

A palavra administração tem sua origem no latim (*ad*, direção para, tendência e *minister*, comparativo de inferioridade; o sufixo *ter*, subordinação ou obediência, isto é, aquele que realiza uma função abaixo do comando de outrem, aquele que presta um serviço a outro) e significa subordinação e serviço. Em sua origem, a palavra administração significa a função que se desenvolve sob o comando de outro, um serviço que se presta a outro. Essa velha conotação de supervisionar ou de apenas tomar conta de algum empreendimento ou pessoas está hoje totalmente ultrapassada e obsoleta. As organizações em geral e as empresas em particular precisam muito mais do que isso.

Administração como ciência, técnica e arte

A administração cresceu e tornou-se uma ciência, uma técnica e uma arte: ela é uma ciência com princípios bem definidos e um corpo de conhecimentos científicos e devidamente codificados; uma tecnologia que produz ferramentas de utilização para obter resultados; e uma arte em lidar com situações concretas e abstratas.

A tarefa da Administração consiste em interpretar os objetivos propostos pela organização e traduzi-los em ação empresarial por meio de planejamento, organização, direção e controle de todos os esforços realizados em todas as áreas e em todos os níveis da empresa a fim de atingir tais objetivos da melhor maneira possível. Assim, a Administração é o processo de planejar, organizar, dirigir e controlar o uso dos recursos e competências organizacionais para alcançar determinados objetivos de maneira eficiente e eficaz por meio de um arranjo convergente.

Conceitos de administração

Cada autor conceitua administração dentro de sua ótica particular. Abaixo estão algumas conceituações de administração de vários autores para comparar:

- *Administração* é o processo de alcançar objetivos pelo trabalho com e por meio de pessoas e outros recursos organizacionais[1].
- *Administração* é o processo de planejar, organizar, liderar e controlar o trabalho dos membros da organização e utilizar todos os recursos organizacionais disponíveis para alcançar objetivos organizacionais definidos[2].

- *Administração* é o processo de planejar, organizar, liderar e controlar o uso de recursos para alcançar objetivos de desempenho[3].
- *Administração* é o alcance de objetivos organizacionais de maneira eficaz e eficiente através do planejamento, organização, liderança e controle dos recursos organizacionais[4].
- *Administração* é o ato de trabalhar com e por intermédio de outras pessoas para realizar os objetivos da organização, bem como de seus membros[5].

Contudo, a administração – embora vista por quase todos os autores de uma maneira simplista e reducionista como um processo cíclico e repetitivo de decisões e ações – é um sistema, ou seja, uma conjugação de inúmeras variáveis convergindo sempre para o alcance final de resultados. Assim, a administração não é apenas um processo linear de decisões e ações para planejar, organizar, dirigir e controlar, mas algo que vai mais além. Ela constitui uma atividade permanente de integração, conjunção, arranjo, foco e impulsionamento. A administração consegue reunir uma plêiade de diferentes recursos e competências para transformá-los em resultados concretos. Na verdade, administração é a melhor maneira de alcançar resultados. Significa fazer acontecer e gerar valor e riqueza.

Para chegar ao seu significado atual, o conceito de administração sofreu formidável ampliação e aprofundamento ao longo dos tempos. E o administrador – seja atuando como diretor de empresa, gestor de departamento, chefe, supervisor de turma ou ainda líder de equipe – passou a ser uma figura indispensável em todos os tipos possíveis de organizações humanas. A melhor maneira de se explicar a ampliação e o aprofundamento do significado da administração é percorrer sua trajetória e acompanhar em rápidas pinceladas os passos gradativos da história das organizações e da teoria geral da administração.

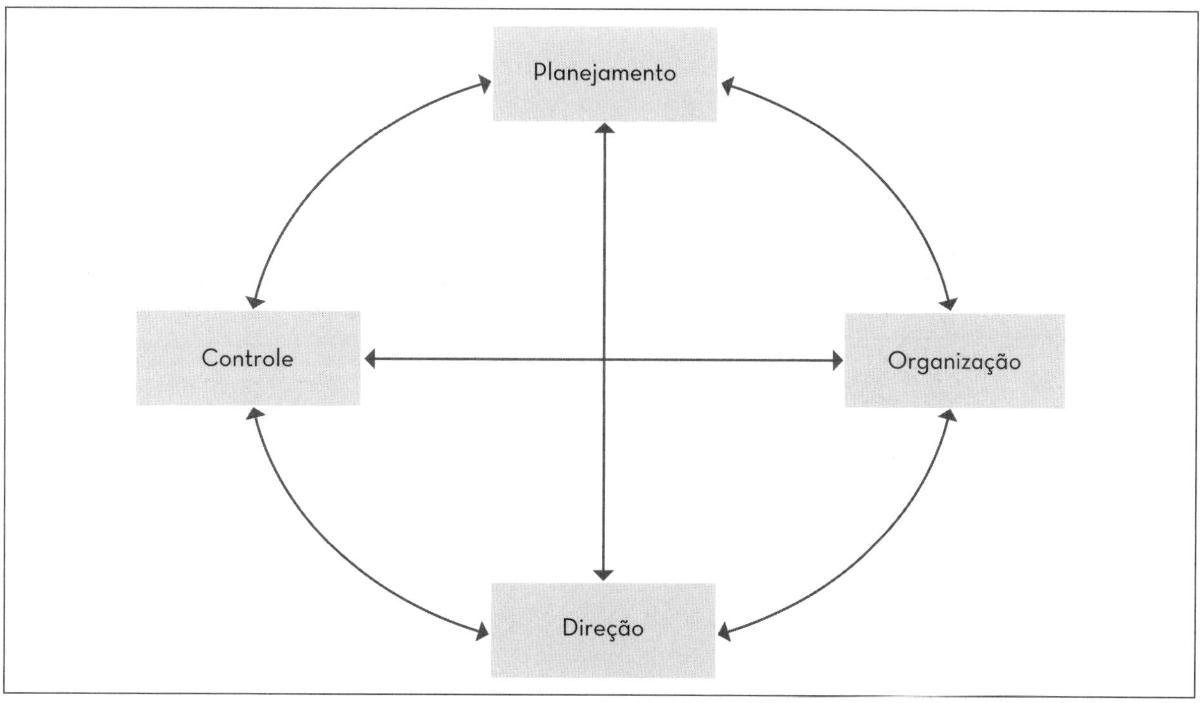

Figura 1 O processo administrativo.

Bate-bola: para que serve a Administração?

Faça uma discussão com seus colegas a respeito do assunto e tente chegar a uma conclusão: para que serve a Administração?

1. Para tornar as organizações mais eficazes?
2. Para utilizar mais eficazmente os recursos disponíveis?
3. Para proporcionar resultados melhores e sustentáveis?
4. Para aumentar a satisfação do cliente?
5. Para incrementar valor e riqueza?
6. Para melhorar a qualidade de vida das pessoas?
7. Para colaborar com o desenvolvimento do país?

Conceito atual de Administração

Nos dias de hoje, a Administração figura como a única instituição que transcende as fronteiras de países e organizações apresentando um significado global e mundial. A moderna Administração não se restringe aos limites ou fronteiras nacionais. Para ela, as fronteiras nacionais perderam a antiga relevância. Além do mais, o centro de nossa sociedade e de nossa economia não é mais a tecnologia, nem a informação e a produtividade. O fulcro central está na organização: a organização administrada que maneja a tecnologia, a informação e a produtividade. A organização é a maneira pela qual a sociedade consegue que as coisas sejam feitas. E a Administração é a ferramenta, a função ou o instrumento que torna as organizações capazes de gerar resultados e produzir o desenvolvimento. A Administração é um fenômeno que ocorre dentro das organizações. Ela não acontece isoladamente.

Além disso, a Administração caminha cada vez mais para ser uma ciência universal. Ela é necessária não só para os administradores, mas para todas as áreas do conhecimento humano e científico. Cientistas, profissionais liberais, empreendedores, presidentes, governadores, prefeitos, políticos e todo tipo de empreendimento social requerem conceitos da Administração para poderem alcançar objetivos. O desenvolvimento de um país ou organização passa necessariamente pela Administração. Médicos necessitam de hospitais para cuidar da saúde. Engenheiros necessitam de empresas para criar projetos e realizar construções.

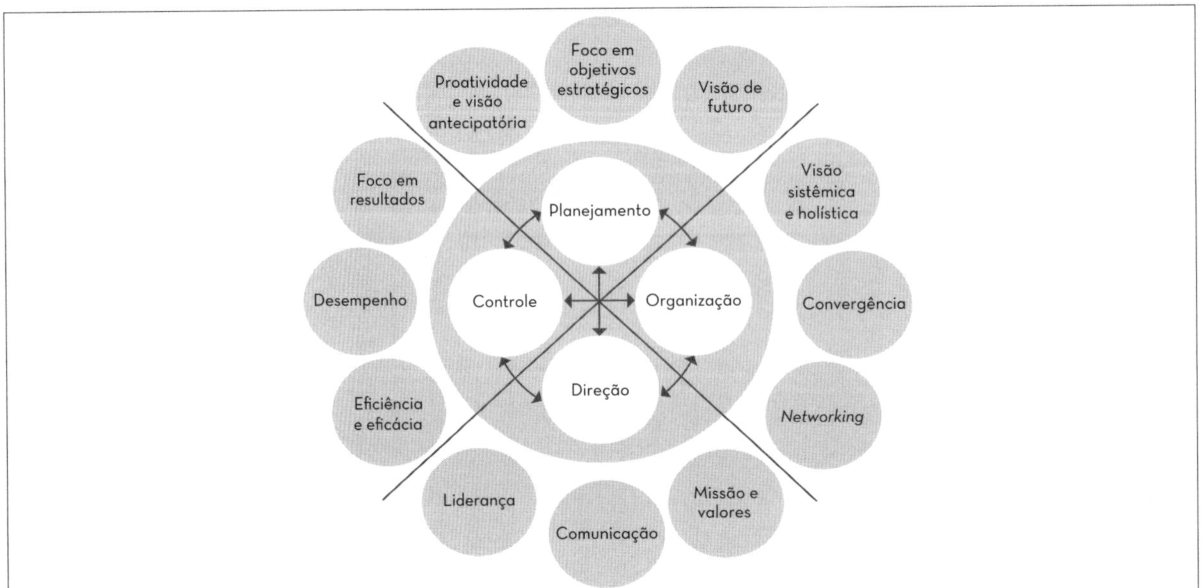

Figura 2 A rosácea da Administração: a reunião de competências necessárias.

Os caminhos da Administração

É a Administração a ciência que permitiu o enorme desenvolvimento da humanidade no decorrer do século passado e provocou o espetacular aumento da qualidade de vida das pessoas. Foi ela que permitiu transformar as invenções científicas em produtos e serviços disponíveis para a maioria da população. A Administração transforma a contribuição das várias ciências em parte de nossa vida cotidiana. Uma plêiade de cientistas dos mais variados ramos - físicos, astrofísicos, engenheiros de todo tipo, matemáticos, astrônomos, biólogos, químicos, médicos, geômetras, estatísticos, etc. - somente pela NASA conseguiu enviar o homem à lua. Da mesma forma, artistas, coadjuvantes, cenaristas, roteiristas, músicos, diretores, produtores, cenógrafos, engenheiros de áudio e de vídeo, sonoplastas, decoradores, modelistas, técnicos dos mais variados ramos de atividade somente conseguem inventar e produzir um filme pelas companhias cinematográficas. Repare no final de um filme o enorme elenco de pessoas e equipes de diferentes profissões e especialidades envolvidas em sua construção. É pela Administração que tudo isso é integrado e convergido em uma atividade complexa que produz algo realmente inovador. No fundo, a Administração é a provocadora das maiores criações e invenções da atualidade.

RÁPIDA HISTÓRIA DA TEORIA DA ADMINISTRAÇÃO

Com o gradativo desenvolvimento e complexidade das organizações, surgiu a necessidade de administrá-las adequadamente. Daí surgiu a Administração. A Teoria Geral da Administração (TGA) é, em certos aspectos, uma decorrência da Teoria das Organizações (TO), ou seja, um meio de operacionalizar conceitos e ideologias a respeito das organizações. A Teoria Geral da Administração (TGA) trata do estudo da administração das organizações em geral e das empresas em particular. Ela começou com o estudo das tarefas executadas pelos operários de uma fábrica.

História da TGA

A teoria administrativa surgiu no início do século passado. Ela é uma "jovem senhora" e atravessou fases bem distintas e que se sobrepõem. Cada uma das fases realça e enfatiza um aspecto importante da Administração:

1. Ênfase nas tarefas.
2. Ênfase na estrutura.
3. Ênfase nas pessoas.
4. Ênfase na tecnologia.
5. Ênfase no ambiente.
6. Ênfase na competitividade.

ÊNFASE NAS TAREFAS

A TGA é um conjunto integrado de teorias em crescente expansão e gradativamente abrangente. Começou como uma teoria preocupada inicialmente com alguns poucos aspectos e variáveis situados dentro da organização e que focam exclusivamente nos problemas mais imediatos e concretos do ponto de vista de sua aplicação. Paulatinamente, foi expandindo e ampliando seu objeto de estudo. Aliás, essa expansão e ampliação não se apresentam de maneira uniforme, mas variam enormemente de acordo com as escolas e teorias administrativas e de acordo com os aspectos e variáveis que cada uma delas considerou relevantes na sua época para fundamentar suas conclusões ou para solucionar os problemas mais importantes com que se defrontavam.

Administração Científica

A ênfase nas tarefas é a abordagem típica da Escola da Administração Científica, nome que recebeu por causa da tentativa de aplicação dos métodos da ciência aos problemas da administração, a fim de alcançar elevada eficiência industrial. Os métodos científicos aplicados aos problemas da administração são a observação e a mensuração. A Escola da Administração Científica teve seu início no começo do século XX pelo engenheiro americano Frederick W. Taylor (1856-1915), considerado o fundador da moderna TGA. Taylor teve inúmeros seguidores (engenheiros como Gantt, Gilbreth, Emerson, Ford, Barth e outros) e provocou verdadeira revolução no pensamento administrativo e no mundo industrial da sua época. Sua preocupação original foi tentar eliminar o fantasma do desperdício e das perdas sofridas pelas indústrias americanas e elevar os níveis de produtividade por meio da aplicação de métodos e técnicas da engenharia industrial. A Administração Científica representa uma primeira aproximação teórica aos estudos da administração empresarial e localizou-se inicialmente no nível do trabalho individual de cada operário tomado isoladamente. Até então, a escolha do método de trabalho era confiada ao próprio operário, que se baseava na sua experiência pessoal anterior para definir como iria realizar suas tarefas. Isso fazia com que as indústrias americanas revelassem uma profunda disparidade de métodos de trabalho, pois cada operário tinha seu esquema pessoal de trabalho, o que dificultava a supervisão, o controle e a padronização de utensílios e ferramentas de trabalho. Taylor procurou tirar do operário o direito de escolher a sua maneira pessoal de executar a tarefa – no que foi bem-sucedido – para impor-lhe um método planejado e estudado por um profissional especializado no planejamento das tarefas. Essa administração das tarefas se assentava na organização racional do trabalho para definir o método (*the best way*) pelo qual o operário poderia se tornar eficiente em suas atividades[6].

A técnica para se chegar ao método racional era o estudo de tempos e movimentos (*motion-time study*). As atividades mais complexas eram subdivididas em atividades mais simples, e essas em movimentos elementares para facilitar sua racionalização e padronização. Até os movimentos elementares – os quais Gilbreth denominou *therbligs* como unidade fundamental de trabalho – foram padronizados. Simplificação e padronização para tornar o trabalho mais eficiente[7]. Daí a fragmentação das tarefas para permitir a especialização do trabalhador.

A produção em massa

A linha de montagem em que cada operário executa tarefas simples e repetitivas ao longo de sua jornada diária de trabalho é um dos exemplos típicos dessa fragmentação, simplificação das tarefas e busca da padronização. Henry Ford teve a intuição de utilizá-la para a produção de automóveis e reduzir drasticamente os custos de produção e, consequentemente, o preço de um carro, que antes era privativo e exclusivo das grandes fortunas. Ford popularizou o automóvel graças à sua genialidade. Não inventou nada, mas soube como poucos utilizar as inovadoras técnicas oferecidas na sua época pela Administração Científica. Esta provocou uma verdadeira revolução nos processos produtivos das indústrias, melhorando métodos e processos, reduzindo custos e incrementando poderosamente a qualidade e a produtividade. E, consequentemente, melhores salários para os operários.

Localizada a "melhor maneira" de executar a tarefa, esta passa a ser o método de trabalho do operário. A preocupação seguinte é o estabelecimento dos tempos e padrões de produção por meio da cronometragem para definir o tempo médio necessário para um operário normal realizar a tarefa devidamente racionalizada. Esse tempo constitui o tempo-padrão ou eficiência equivalente a 100%. O tempo-padrão passou a ser uma das formas de controle do desempenho do operário. Para assegurar a eficiência do operariado, tornava-se necessário selecionar os operários mais aptos, treiná-los na execução do método escolhido e oferecer-lhes condições ambientais de trabalho agradáveis e condições de conforto capazes de reduzir a fadiga – poderoso inimigo da eficiência. Para conseguir a colaboração e o engajamento do operariado no sistema e sua participação no aumento da eficiência, a solução encontrada foi oferecer planos de incentivos salariais e prêmios de produção. A produção individual até o nível de 100% de eficiência passa a ser remunerada de acordo com o número de peças produzidas. Acima de 100% de eficiência, a remuneração passa a ser acrescida de um prêmio ou incentivo adicional, o qual aumentava a medida que se elevava a eficiência do operário.

Conceito de *homo economicus*

Ideias como tempo-padrão e incentivos salariais se baseiam na concepção do *homo economicus*, ou seja, na pressuposição de que as pessoas são motivadas exclusivamente por interesses salariais e materiais. Na verdade, as pessoas pensam em ganhar dinheiro, mas não se reduzem apenas a essa intenção. Essa visão reducionista e restritiva do ser humano predominou durante décadas e foi a responsável pelo preconceito de que o desperdício industrial era causado pela vadiagem do operariado por falta de incentivos salariais adequados. Foi uma imagem materialista e utilitarista da natureza humana[6].

Taylor e seus seguidores se preocuparam em construir um modelo de administração baseado na racionalização e no controle da atividade humana. Uma espécie de engenharia aplicada à administração. Ao buscar uma produtividade sempre maior, a Administração Científica concentrou-se na tecnologia de produção em massa, cujos princípios se apoiam em conceitos ligados ao estudo de tempos e movimentos. Os princípios de produção em massa são:

1. Padronização: a estandardização de máquinas e equipamentos de produção, o cuidado com o seu arranjo físico e com a disposição racional foram outras consequências dessa forte tentativa de reduzir a variabilidade e diversidade no processo produtivo.
2. Racionalização do trabalho: é a aplicação dos princípios de administração científica ao trabalho do operário.
3. Ritmo: é o movimento ordenado e cadenciado do produto pela linha de montagem em uma série de operações planejadas em postos de trabalho específicos e sequenciais.

Padronização

Um padrão é uma unidade de medida ou um sistema da classificação comumente aceito. A padronização é a aplicação dos padrões em um grupo, em uma organização ou em uma sociedade. Significa que métodos científicos serão empregados para desenvolver os melhores padrões possíveis para determinados propósitos. Tende a promover a simplificação pela eliminação de padrões desnecessários e pela utilização de padrões uniformes em uma empresa ou indústria. A simplificação pode ser procurada por si só, com ou sem um programa de padronização. A padronização e simplificação podem aumentar significativamente a eficiência operacional e reduzir os custos de produção.

A pressuposição vigente era de que a tecnologia de produção em massa combinada com a técnica de estudos de tempos e movimentos para a organização das tarefas individuais resolveria todos os problemas dc produtividade. Em termos mais específicos, previa-se a ocorrência do aumento da produção, redução de custos e melhor qualidade do trabalho. A Figura 3 mostra o tipo de raciocínio da época.

Depois, Taylor preocupou-se também com o papel do gestor. O trabalho gerencial deveria estar baseado em princípios da Administração Científica, conforme a Figura 4.

A ênfase nas tarefas é uma abordagem microscópica utilizada no nível do operário, e não no nível da empresa tomada como uma totalidade. É uma abordagem mecanicista por envolver um conjunto de fatores (estudo de tempos e movimentos, seleção científica do operário, aplicação do método planejado racionalmente, medidas para reduzir ou neutralizar a fadiga, estabelecimento de padrões de produção, etc.), como se cada um deles contribuísse de maneira determinística para a maximização da eficiência ou como se fossem dentes de uma engrenagem, blocos de construção ou mecanismos de relojoaria.

Características da ênfase nas tarefas[8]

- Pragmatismo: ênfase na prática e na aplicação no trabalho organizacional.
- Organização racional do trabalho pela análise e racionalização do trabalho.
- Divisão do trabalho e especialização do operário.
- Desenho de cargos e tarefas.
- Utilização de princípios de administração à tarefa das pessoas, como receituário para o administrador.
- Incentivos salariais e prêmios de produção.
- Padronização.
- Abordagem prescritiva e normativa.

A ênfase nas tarefas no nível do operário representa o primeiro enfoque administrativo, ainda míope, limitado e reduzido a algumas poucas variáveis da realidade empresarial. Foi o primeiro passo da TGA.

Bate-bola: como e onde utilizar a Administração Científica?

Faça uma discussão com seus colegas a respeito do assunto e tente chegar a uma conclusão: como e onde utilizar a Administração Científica na prática?

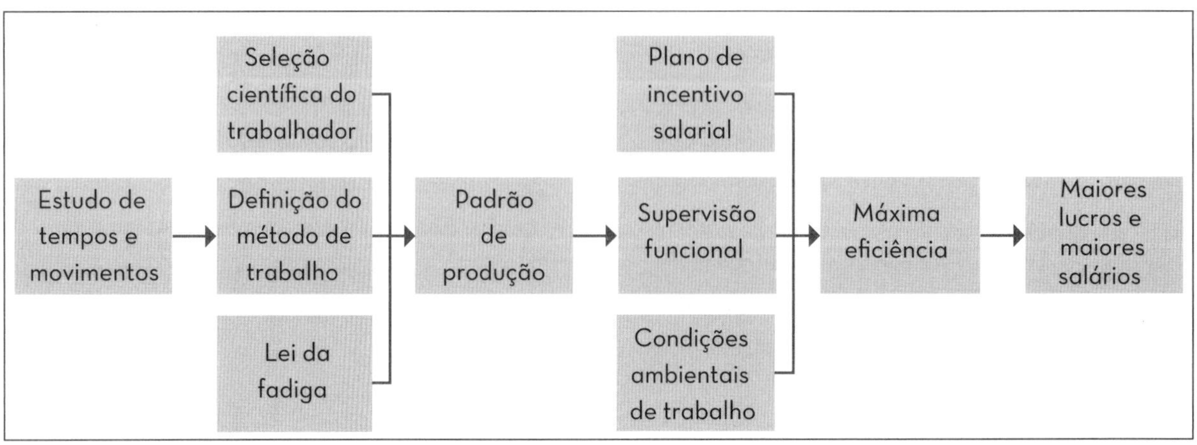

Figura 3 A abordagem microscópica e mecanicista da Administração Científica[6].

Princípio do planejamento →	Substituir no trabalho o critério individual do operário, a improvisação e a atuação empírico-prática pelos métodos baseados em procedimentos científicos. Substituir a improvisação pela ciência, por meio do planejamento do método.
Princípio do preparo →	Selecionar cientificamente os trabalhadores de acordo com suas aptidões, prepará-los e treiná-los para produzirem mais e melhor, de acordo com o método planejado. Além do preparo da mão de obra, preparar também as máquinas e equipamentos de produção, bem como o arranjo físico e a disposição racional das ferramentas e dos materiais.
Princípio da execução →	Distribuir distintamente as atribuições e as responsabilidades, para que a execução do trabalho seja bem mais disciplinada.
Princípio do controle →	Controlar o trabalho para se certificar de que ele está sendo executado de acordo com as normas estabelecidas e segundo o plano previsto. A gerência deve cooperar com os trabalhadores para que a execução seja a melhor possível.
Princípio da exceção →	As ocorrências que se desenvolvem normalmente dentro dos padrões não devem chamar a atenção do gerente. Já as ocorrências excepcionais, que ocorrem fora dos padrões, é que devem atrair sua atenção para que ele possa, assim, corrigir os desvios e garantir a normalidade.

Figura 4 Os quatro princípios da Administração Científica de Taylor.

ÊNFASE NA ESTRUTURA ORGANIZACIONAL

É a fase em que administrar significa basicamente planejar e organizar a estrutura de órgãos e cargos que compõem a empresa e dirigir e controlar suas atividades. Nessa abordagem, verifica-se que a eficiência da empresa é muito mais do que a soma da eficiência dos seus trabalhadores e que ela deve ser alcançada por meio da racionalidade, isto é, da adequação dos meios (órgãos e cargos) aos fins que se deseja alcançar. A preocupação com a estrutura da organização é uma enorme ampliação do objeto de estudo da TGA.

Da microabordagem à macroabordagem

A microabordagem de Taylor, até então reduzida ao nível individual de cada operário com relação à tarefa, passa a ser enormemente ampliada ao nível da empresa como uma totalidade em relação à sua estrutura organizacional. O desafio maior está em alocar os recursos necessários para a tarefa organizacional e estabelecer como serão utilizados e conjugados.

Três são as abordagens relacionadas com a estrutura organizacional:

1. Teoria clássica de Fayol.
2. Teoria da burocracia de Weber.
3. Teoria estruturalista.

Cada uma dessas três abordagens será apresentada a seguir.

Teoria clássica

A primeira abordagem enfatizando a estrutura organizacional nasceu com Henri Fayol (1841-1925), engenheiro francês que inaugurou a abordagem anatômica e estrutural da empresa, substituindo o enfoque analítico e concreto de Taylor por uma visão sintética, global e universal. Fayol defendia a visão anatômica da empresa em termos de organização formal, isto é, a síntese dos diferentes órgãos que compõem a estrutura organizacional, suas relações e suas funções dentro do todo. Fayol teve uma infinidade de seguidores, como Urwick, Gulick, Dale, Mooney e outros.

Para Fayol, toda empresa possui seis funções básicas[9]:

1. Funções técnicas: relacionadas com a produção de bens ou de serviços da empresa.
2. Funções comerciais: relacionadas com a compra, venda e permutação.
3. Funções financeiras: relacionadas com a procura e gerência de capitais.
4. Funções contábeis: relacionadas com os inventários, registros, balanços, custos e estatísticas.
5. Funções de segurança: relacionadas com a proteção e preservação dos bens e das pessoas.
6. Funções administrativas: relacionadas com a integração de cúpula das outras cinco funções. As funções administrativas coordenam e sincronizam as demais funções (não administrativas) da empresa, pairando sempre acima delas.

As funções da empresa

A velha visão de Fayol passou por fortes mudanças. Hoje, as empresas em geral se articulam por áreas como: finanças (envolvendo contabilidade), *marketing*, produção e operações (envolvendo funções técnicas) e gestão de pessoas (envolvendo recursos humanos). As funções de segurança passaram a ser enquadradas dentro da área de produção e operações ou dentro da gestão de pessoas, dependendo da natureza de cada empresa.

Contudo, a função administrativa não é privativa ou exclusiva da alta cúpula. Ela se reparte proporcionalmente por todos os níveis de hierarquia da empresa. Existe uma proporcionalidade da função administrativa: ela não se concentra exclusivamente no topo da empresa nem é privilégio dos diretores,

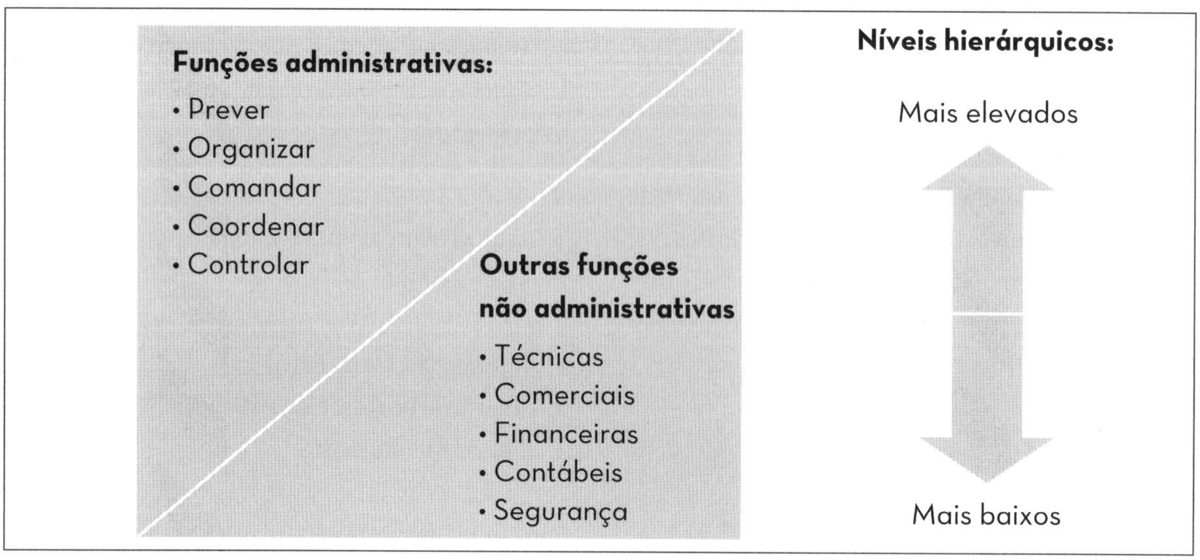

Figura 5 Proporcionalidade da função administrativa nos níveis hierárquicos da empresa[6].

mas é distribuída proporcionalmente entre todos os níveis hierárquicos. Na medida em que se desce na escala hierárquica, mais aumenta a proporção das outras funções da empresa e, na medida em que se sobe na escala hierárquica, mais aumentam a extensão e o volume das funções administrativas. Nos níveis mais altos, predominam as funções administrativas, enquanto, nos níveis mais baixos, predominam as demais funções (não administrativas).

As funções administrativas constituem as próprias funções do administrador. Para Fayol, as funções administrativas são compostas pelos elementos da administração[9]:

1. Prever: visualizar o futuro e traçar o programa de ação.
2. Organizar: constituir o duplo organismo material e social da empresa.
3. Comandar: dirigir e orientar o pessoal.
4. Coordenar: ligar, unir, harmonizar todos os atos e todos os esforços coletivos.
5. Controlar: verificar que tudo ocorra de acordo com as regras estabelecidas e as ordens dadas.

Em seu conjunto, os elementos da administração constituem o processo administrativo. São localizáveis em qualquer trabalho do administrador, em qualquer nível hierárquico ou em qualquer área de atividade da empresa. Em outros termos, tanto o diretor como o gestor, chefe ou supervisor – cada qual em seu nível – desempenham atividades de previsão, organização, comando, coordenação e controle, como atividades administrativas essenciais.

Posteriormente, outros autores clássicos e neoclássicos alteraram o processo administrativo proposto por Fayol, cada qual à sua maneira. Para os autores clássicos, a Administração – como toda ciência – deve basear-se em leis ou em princípios universais aplicáveis a todas as situações com que o administrador se defronta: os princípios gerais de Administração. Esses princípios prescrevem como o administrador deve se comportar. Daí o caráter prescritivo e normativo da Teoria Clássica.

Depois de Fayol, outros autores modificaram os chamados elementos da administração. O processo administrativo passou a ser (Tabela 1):

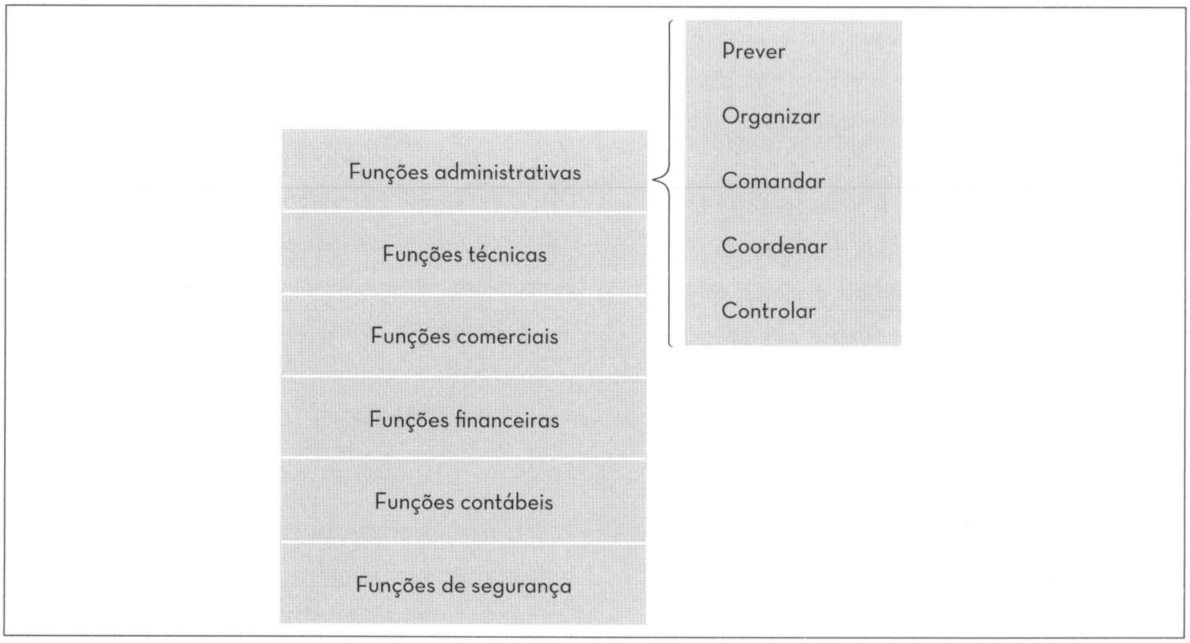

Figura 6 As funções básicas da empresa.

Tabela 1 O processo administrativo para os vários autores clássicos e neoclássicos

Fayol	Gulick	Urwick	Dale	Newman	Nossa abordagem
Prever	Planejar	Investigar Prever Planejar	Planejar	Planejar	Planejar
Organizar	Organizar	Organizar	Organizar	Organizar	Organizar
Comandar Coordenar	Admin. pessoal Dirigir Coordenar	Comandar Coordenar	Dirigir	Liderar	Dirigir
Controlar Orçar	Informar	Controlar	Controlar	Controlar	Controlar

Princípios gerais de Administração

Fayol apresentou 14 princípios gerais de Administração, enquanto outros autores clássicos e neoclássicos se preocuparam em enunciar outros tantos. Os princípios mais conhecidos são[9]:

1. Princípio da divisão do trabalho: é o princípio da especialização necessária à eficiência na utilização das pessoas. Consiste na designação de tarefas específicas a cada um dos órgãos que compõem a organização empresarial.
2. Princípio da autoridade e responsabilidade: a autoridade é o poder derivado da posição ocupada pela pessoa, o direito de dar ordens e o poder de esperar obediência; a responsabilidade é uma consequência natural da autoridade. Ambas devem estar equilibradas entre si.
3. Princípio da unidade de comando: cada pessoa deve receber ordens de um e apenas um superior (chefe). É o princípio da autoridade única.
4. Princípio da hierarquia ou cadeia escalar: a autoridade deve estar disposta em uma hierarquia, isto é, em escalões hierárquicos, de tal maneira que um nível hierárquico deve estar sempre subordinado ao nível hierárquico superior.
5. Princípio da departamentalização: a divisão do trabalho conduz à especialização e à diferenciação das tarefas e dos órgãos, ou seja, à heterogeneidade e à fragmentação. Para buscar homogeneidade, deve-se agrupar na mesma unidade todos os que estiverem trabalhando pelo mesmo processo, para a mesma clientela, no mesmo lugar.
6. Princípio da coordenação: é a distribuição ordenada do esforço da empresa, a fim de se obter unidade de ação na consecução de um fim comum.

Uma das características da teoria clássica é o seu enfoque eminentemente prescritivo e normativo: como o administrador deve conduzir-se em todas as situações através do processo administrativo e quais os princípios gerais que deve seguir para obter a máxima eficiência. A preocupação com as regras do jogo é fundamental, como mostra a Figura 7.

Os pontos de vista de Fayol e seguidores foram posteriormente retomados pelos autores neoclássicos – que serão vistos adiante – dentro de uma abordagem mais eclética e quase enciclopédica, utilizando conceitos de outras teorias administrativas mais recentes e mais amplas, na tentativa de reduzir a rigidez e o mecanicismo da abordagem clássica.

Características da Teoria Clássica da Administração[8]:

- Adoção de princípios gerais de administração como receituário para o administrador.
- Ênfase no processo administrativo de planejar, organizar, dirigir e controlar.
- Ênfase na organização formal da empresa.
- Definição das funções básicas da empresa.

Teoria da Burocracia

A segunda abordagem relacionada com a estrutura organizacional nasceu com Max Weber (1864-1920), sociólogo alemão considerado o fundador da Teoria da Burocracia. Para Weber, o termo burocracia não tem o significado pejorativo de uso popular, mas um significado técnico, que identifica certas características da organização formal voltadas exclusivamente para a racionalidade e para a eficiência. O tipo "ideal" de burocracia, segundo Weber, apresenta sete dimensões principais[6]:

1. Formalização: todas as atividades da organização são definidas por escrito (rotinas e procedimentos) e a organização opera de acordo com um conjunto de leis ou regras (regras e regulamentos, regimento interno, estatutos) que são aplicáveis a todos os casos individuais, sem exceção.
2. Divisão do trabalho: cada participante tem um cargo ou posição definidos com esfera específica de competência, com deveres oficiais, atribuições estritamente especificadas e delimitadas.
3. Princípio da hierarquia: a *burocracia* se assenta em uma hierarquia bem definida de autoridade. Cada funcionário é submetido a ordens impessoais que guiam suas ações de modo a assegurar sua obediência. Cada função mais baixa está sob controle e supervisão da mais alta, assegurando unidade de controle: cada funcionário tem apenas um único chefe. Daí o formato de estrutura piramidal da *burocracia*.

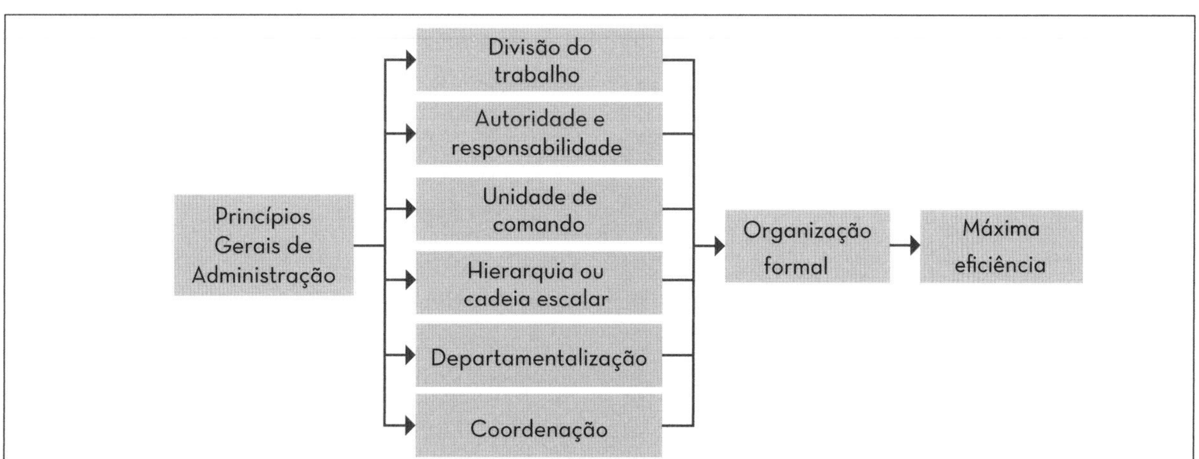

Figura 7 A abordagem prescritiva e normativa da Teoria Clássica[6].

4. Impessoalidade: o funcionário ideal desempenha com impessoalidade a relação com outros ocupantes de cargos. A *burocracia* enfatiza os cargos, e não as pessoas que os ocupam, pois as pessoas entram e saem da organização, mas os cargos permanecem para garantir sua continuidade e perpetuação.
5. Competência técnica: a seleção e a escolha dos participantes da organização são baseadas na competência técnica e na qualificação profissional dos candidatos, e não em preferências de ordem pessoal. Daí a utilização de testes e concursos para preenchimento de cargos ou para promoções. A *burocracia* é eminentemente meritocrática. O sistema também prevê encarreiramento das pessoas, e as promoções são feitas de acordo com mérito funcional, dependendo sempre do julgamento do superior.
6. Separação entre propriedade e administração: os recursos utilizados para a execução das tarefas não são propriedade dos burocratas, mas da organização. Sua administração está separada da propriedade dos meios de produção, pois o dirigente ou o burocrata não é necessariamente o dono da organização ou dos seus meios de produção, mas um profissional especializado na sua gestão. Daí o gradativo afastamento do capitalista da gestão do seu próprio negócio e a pulverização do capital por meio das sociedades anônimas. A burocracia permitiu o surgimento das sociedades anônimas e do moderno mercado de capitais.
7. Profissionalização do funcionário: os funcionários da *burocracia* são profissionais, pois são especialistas em face da divisão do trabalho; são assalariados de acordo com suas funções ou posição hierárquica; seus cargos constituem sua principal atividade dentro da organização; são nomeados pelo superior imediato; seus mandatos são por tempo indeterminado; seguem uma carreira dentro da organização e não possuem a propriedade dos meios de produção da organização. A burocracia permitiu o surgimento dos funcionários como profissionais.

As sete dimensões anteriores constituem as características básicas do modelo burocrático.

Mais recentemente, Hall[10] verificou que essas sete dimensões principais da burocracia se apresentam em graus variados em cada organização. Cada dimensão varia dentro de um *continuum* que vai de um mínimo a um máximo de gradação em graus variáveis de burocratização em cada empresa. Cada empresa apresenta diferentes graus de burocratização em cada uma dessas sete dimensões: uma empresa pode ser altamente burocratizada em algumas dimensões e precariamente burocratizada em outras. Essas sete dimensões estão fortemente presentes no modelo burocrático "ideal" estudado por Weber.

Do ponto de vista estritamente técnico, a burocracia representa o tipo de organização capaz de atingir o mais elevado grau de eficiência no alcance dos objetivos organizacionais, segundo Weber. Em outros termos, a burocracia significa o tipo de organização humana em que a racionalidade atinge seu mais elevado grau. A racionalidade significa a adequação dos meios para o alcance de determinados fins ou objetivos. A burocracia é um exemplo típico do modelo de organização dotado de racionalidade capaz de ser aplicável a todos os tipos de organizações e empresas, independentemente de sua natureza, operações, tamanho, etc. A burocracia visa a atingir consequências desejadas: a previsibilidade do comportamento das pessoas dentro da organização. Até certo ponto, isso significa a tentativa de padronizar o desempenho humano para alcançar um objetivo organizacional: a máxima eficiência da organização.

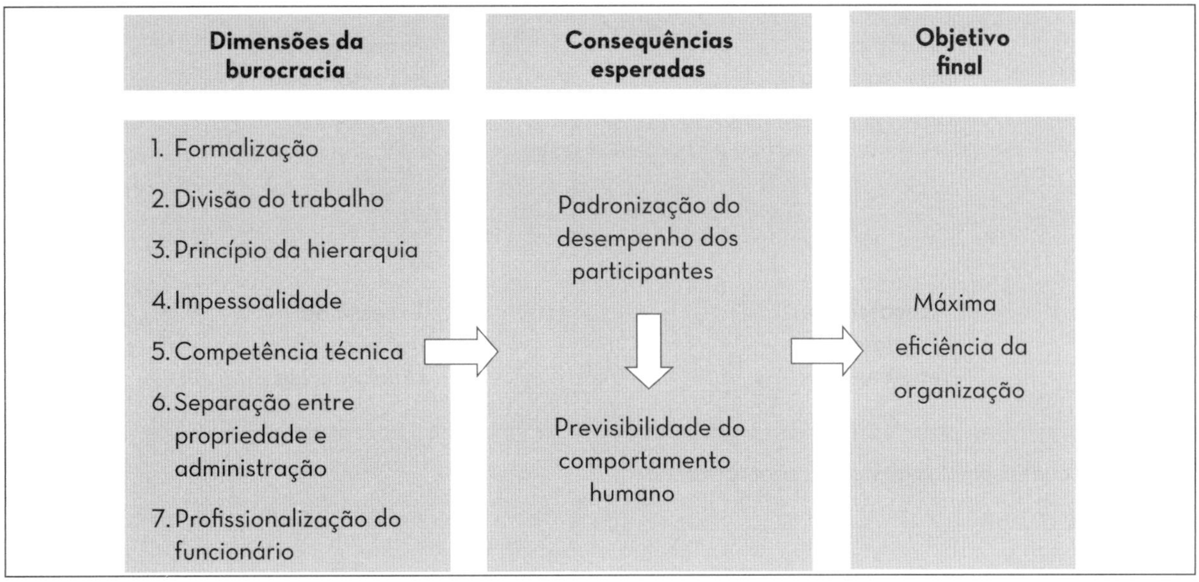

Figura 8 Dimensões da burocracia.

Weber não levou em conta as diferenças individuais das pessoas nem a organização informal, que veremos adiante. O comportamento das pessoas na organização nem sempre ocorre dentro da previsibilidade descrita por Weber. Existem consequências imprevistas (ou indesejadas) e que levam à ineficiência e às imperfeições. A essas consequências imprevistas deu-se o nome de disfunções da burocracia, para designar as anomalias de funcionamento que são responsáveis pelo sentido pejorativo que o termo burocracia adquiriu entre os leigos no assunto.

As principais disfunções da burocracia são as seguintes[6]:

1. Despersonalização do relacionamento entre os participantes: pelo fato de os ocupantes de cargos se tratarem como tal, e não como pessoas.
2. Internalização das diretrizes: as normas e os regulamentos – inicialmente elaborados para melhor atingir os objetivos organizacionais – adquirirem valor próprio, transformando-se de meios em objetivos e passando a ser absolutos. O funcionário passa a se preocupar mais com as regras e os regulamentos da organização do que com o seu próprio trabalho dentro dela.
3. Uso da categorização como técnica do processo decisório: a tomada de decisão passa a ser prerrogativa do funcionário que tem a categoria hierárquica mais elevada, independentemente do seu conhecimento sobre o assunto que está sendo decidido.
4. Excesso de formalismo e de papelório: a tendência de documentar e formalizar todas as comunicações pode prejudicar o funcionamento da organização.
5. Exibição de sinais de autoridade: como a burocracia enfatiza enormemente a hierarquia como meio de controle do desempenho dos participantes, surge a necessidade de utilização de indicadores, de símbolos ou sinais que destaquem a autoridade e o poder, como é o caso de uniformes, tipo de sala ou de mesa utilizada, locais reservados no refeitório ou no estacionamento de carros, etc.
6. Superconformidade em relação às regras e aos regulamentos da organização: os quais passam a adquirir uma importância fundamental, pois a partir daí, o funcionário passa a ter verdadeira devoção e obsessão pelas regras e regula-

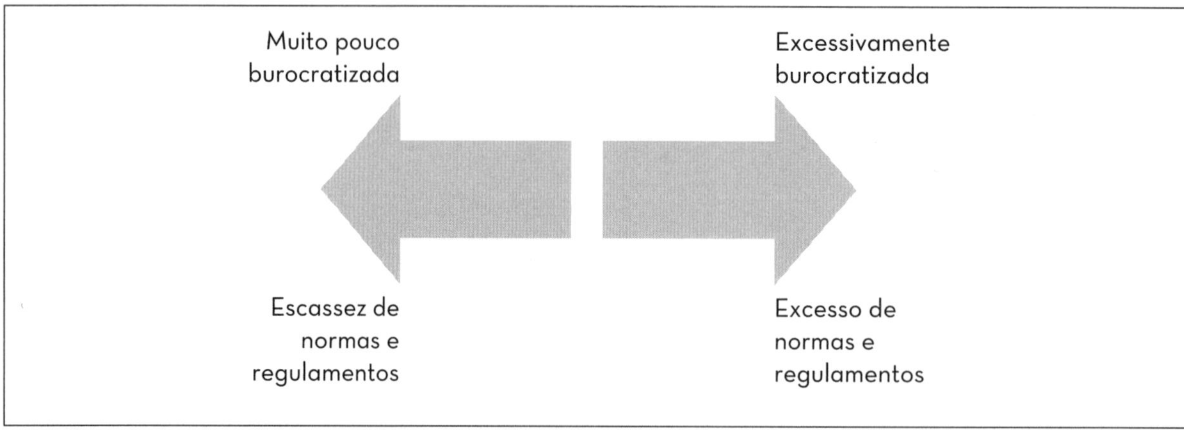

Figura 9 O *continuum* dos graus de burocratização.

mentos, condicionando seu desempenho em função deles e, assim, deixa de lado os deveres inerentes ao cargo.

7. Propensão dos participantes a se defenderem de pressões externas: como a organização burocrática recebe pressões externas no sentido de mudanças, o funcionário passa a percebê-las como ameaças à posição que desfruta dentro da organização e um perigo para sua segurança pessoal. Daí a tendência de se defender contra qualquer tipo de influência externo, o que leva fatalmente a dificuldades no atendimento aos clientes e usuários, tomados como figuras estranhas e portadoras daquelas ameaças e pressões.
8. Resistências a mudanças: pois estas representam ameaças igualmente para sua posição e estabilidade dentro da organização. O funcionário se sente mais seguro e protegido com a rotina que domina, pois a conhece bem e isso que não lhe traz ameaças. Para preservar e garantir seu esquema atual, passa a resistir a qualquer forma de mudança ou modificação da situação.

As causas das disfunções residem basicamente no fato de que a burocracia não leva em conta a variabilidade do ser humano. Ela parte do pressuposto de que todas as pessoas se comportam de maneira igual, homogênea e padronizada. Isso não diminui a importância das burocracias na sociedade moderna. Todas as grandes organizações e empresas multinacionais – em face de seu tamanho e sua complexidade – adotaram o modelo burocrático como forma organizacional básica no decorrer da Era Industrial. Hoje, as empresas tentam se desvencilhar do modelo burocrático. Ele foi criado para um mundo conservador e permanente, e não comporta mudanças. Foi extremamente importante na Era Industrial quando o mundo mudava pouco e de maneira ordenada, sequencial, progressiva e previsível. Essa mudança linear e contínua foi substituída por uma mudança muito mais veloz, rápida, dinâmica e profunda. Esse modelo rígido e inflexível foi uma invenção da Era Industrial e não se ajusta à Era da Informação, que exige organizações flexíveis, adaptativas, ágeis, orgânicas e inovadoras.

Apesar de todas as suas limitações e desvantagens, a burocracia parece ser o menos ruim dos modelos para se lidar com as grandes e complexas organizações. Ou elas diminuem de tamanho ou se desdobram em unidades corporativas de negócios ou passam a funcionar como redes de

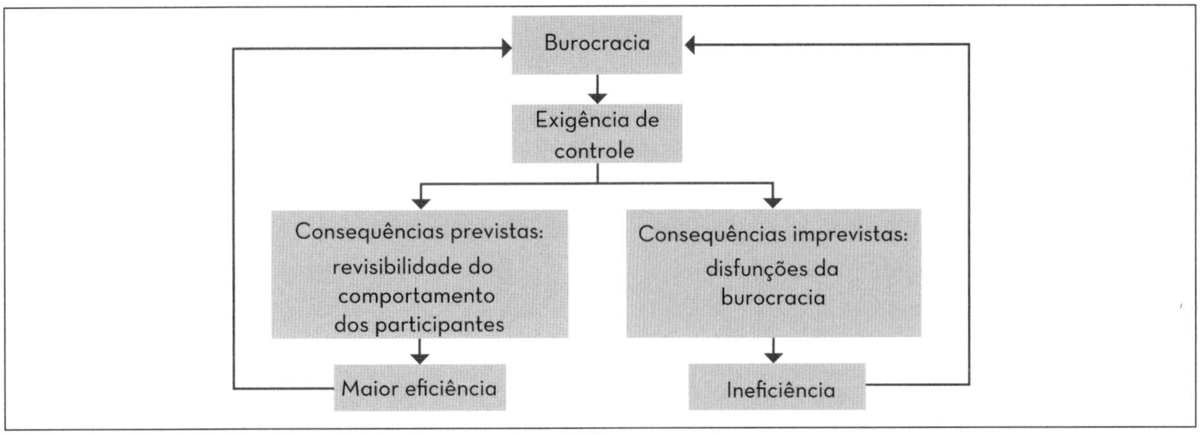

Figura 10 Consequências previstas (previsibilidade do comportamento) e consequências imprevistas (disfunções) da burocracia[11].

alianças estratégicas. Caso contrário, o modelo burocrático ainda tende a prevalecer, principalmente nas organizações estatais e nas repartições públicas.

Características da Teoria da Burocracia[8]

- É baseada na divisão do trabalho organizacional em hierarquias de autoridade.
- Formalização da comunicação por intermédio de papéis e documentos.
- Adoção de normas legais.
- Impessoalidade nos relacionamentos.
- Adoção de rotinas e procedimentos para substituir decisões individuais.
- Meritocracia e competência técnica.
- Profissionalização.
- Separação entre gerência e propriedade.

Bate-bola: como e onde utilizar a abordagem da estrutura organizacional?

- Faça uma discussão com seus colegas a respeito do assunto e tente chegar a uma conclusão: como e onde utilizar a abordagem da estrutura organizacional na prática?

Teoria Estruturalista

A terceira alternativa dentro das correntes de TGA que enfatizam a estrutura organizacional é a chamada Teoria Estruturalista. Essa se desenvolveu a partir dos estudos sobre as limitações e a rigidez do modelo burocrático, considerado um modelo típico de sistema fechado, altamente mecanístico e fundamentado em uma "teoria da máquina", em que a organização é concebida como um arranjo estático de peças cujo funcionamento é deterministicamente previsto. Indo muito além do modelo burocrático, os estruturalistas introduziram o conceito de sistema aberto no estudo das organizações e tentaram compatibilizar as contribuições clássica e humanística da TGA. Foi uma abordagem múltipla e compreensiva na análise das organizações, focalizando-as como complexos de estruturas formais e informais.

Os estruturalistas criaram várias tipologias de organizações e análises comparativas para melhor compreensão do fenômeno organizacional, incluindo a análise interorganizacional e o ambiente externo, que passou a ser considerado uma variável a mais no estudo das empresas. Verificou-se que a inovação e a mudança trazem conflitos dentro das organizações e que o conflito é um sinal de vitalidade, ou seja, sinal da existência de ideias e atitudes diferentes e que se chocam e muitas ve-

Características da burocracia	Disfunções da burocracia
↓	↓
1. Caráter legal das normas 2. Caráter formal das comunicações 3. Divisão do trabalho 4. Impessoalidade no relacionamento 5. Hierarquização da autoridade 6. Rotinas e procedimentos 7. Competência técnica e mérito 8. Especialização da gerência 9. Profissionalização	1. Internalização das normas 2. Excesso de formalismo 3. Excesso de papelório 4. Resistência às mudanças 5. Despersonalização do relacionamento 6. Categorização do relacionamento 7. Superconformidade 8. Exibição de sinais de autoridade 9. Dificuldades com clientes
↓	↓
Previsibilidade do funcionamento	Imprevisibilidade do funcionamento

Figura 11 Disfunções da burocracia[12].

zes se antagonizam. A administração do conflito passa a ser um elemento crucial e de múltiplas aplicações na TGA. A Teoria Estruturalista representa um período de intensa transição e expansão nos territórios da TGA.

Características da Teoria Estruturalista da Administração[8]

- Adoção de princípios da Teoria Clássica e da Teoria das Relações Humanas.
- Baseada no conceito de estrutura e fundamentada no estruturalismo.
- Aceitação da organização formal e informal.
- Adoção de tipologias para estudar os diferentes tipos de organizações.
- Foco na análise organizacional e na análise interorganizacional.

ÊNFASE NAS PESSOAS

É a fase em que administrar é, sobretudo, lidar com pessoas. Essa terceira abordagem da TGA foi uma reação à abordagem mecanicista e rígida da Teoria Clássica e da Teoria da Burocracia. Ela procura enfatizar as pessoas dentro das empresas, deixando em segundo plano a estrutura e as tarefas. É a chamada abordagem humanística e pode ser desdobrada em duas escolas ou teorias: a Escola das Relações Humanas e a Teoria Comportamental.

Escola das Relações Humanas

A primeira colocação da abordagem humanística – a Escola das Relações Humanas – teve em Elton Mayo (1880-1949) e Kurt Lewin (1890-1947) seus principais precursores. Trata-se da abordagem mais democrática e liberalizante ocorrida na TGA*. Surgiu como uma teoria de oposição e combate à Teoria Clássica, alicerçada sobre as obras de Taylor e Fayol, cuja hegemonia cobriu tranquilamente as três primeiras décadas do século XX. Disposta a democratizar e humanizar a administração das em-

* Esta escola teve seguidores importantes, como Roethlisberger, Dickson, Homans, Lippitt, Dubin, Tannenbaum, Bavelas e Massarik, e surgiu a partir da Experiência de Hawthorne, entre os anos 1928 e 1932.

presas e fortalecer e reforçar seus pontos de vista, a Escola das Relações Humanas negou ou omitiu todos os conceitos desenvolvidos e afirmados pela Teoria Clássica – como os de organização formal, autoridade e responsabilidade, hierarquia, unidade de comando, estudos de tempos e movimentos, eficiência, departamentalização, princípios gerais de administração, etc. – para substituí-los por outros conceitos desenvolvidos a partir da Psicologia e Sociologia Industriais – como organização informal, motivação, comunicação, liderança, incentivos sociais, dinâmica de grupo, etc.

Da engenharia para a psicologia - da técnica para o humanismo

O administrador típico, na concepção clássica - eminentemente técnico e voltado para os aspectos lógicos da organização –, cede agora lugar ao administrador típico dessa nova abordagem - eminentemente humanista e voltada para os aspectos psicológicos e sociológicos da organização. Os planos de incentivos salariais fundamentados na concepção do *homo economicus* passam a ser substituídos pelo incentivo social e simbólico fundamentado na concepção do *homo social*. Segundo essa concepção, o homem é motivado basicamente por recompensas sociais e simbólicas, pois as necessidades psicológicas do ser humano são mais importantes do que a necessidade de ganhar mais dinheiro. A partir da Experiência de Hawthorne (1927-1932), desenvolvida para mensurar os efeitos da iluminação sobre a produção, surgem inúmeras pesquisas para tentar comprovar cientificamente as conclusões e as afirmações de autores humanistas.

Contudo, essa teoria apresenta apenas conclusões parciais, omitindo variáveis importantes abordadas pelos clássicos e utilizando uma abordagem francamente demagógica e manipulativa. Esses aspectos levaram a Escola das Relações Humanas ao descrédito, principalmente por valorizar símbolos baratos e relegar a um plano secundário as recompensas salariais e por tentar esconder duas lógicas diferentes e até certo ponto antagônicas: a do empresário, que procura maximizar seus lucros, e a do trabalhador, que procura maximizar seu salário. Esse conflito de interesses – da empresa e das pessoas que nela trabalham – foi ocultado por essa escola.

Abordagem manipulativa

Nela prevalece ainda o pressuposto de que o homem é um instrumento a ser usado pela organização, em vez de se encarar a organização como instrumento do homem: o conceito de relações humanas foi utilizado mais como fachada para a manipulação dissimulada dos indivíduos do que propriamente como uma filosofia administrativa sadia e justa. Apesar de todas as críticas negativas, não há como negar o impulso para a "equalização do poder", que representa uma redução na diferença de poder e *status* entre supervisores e subordinados.

Em um sentido mais amplo, a Escola das Relações Humanas representa uma reação saudável contra a ênfase no trabalho programado, no controle hierárquico rígido e no alto grau de especialização do trabalhador, aspectos característicos do taylorismo e da TGA tradicional. Um dos principais objetivos do movimento humanista foi tentar quebrar o excessivo controle hierárquico e encorajar a espontaneidade dos trabalhadores. Os autores humanistas são unânimes quanto a um diagnóstico básico: as organizações mais complexas tendem a bloquear o crescimento individual e o autodesenvolvimento das pessoas, levando-as à apatia, ao desperdício das capacidades humanas e a atividades disfuncionais, como greves, redução do trabalho e competição destrutiva.

As principais contribuições da Teoria das Relações Humanas à TGA se concentram no esforço pioneiro rumo à humanização das empresas: a ênfase na organização informal, nos grupos sociais, nas comunicações, na motivação, na liderança, nas abordagens participativas e, sobretudo, na preocupação com a satisfação no trabalho.

Características da Escola das Relações Humanas[8]

- Ênfase na psicologia para o estudo das organizações.
- Substituição da abordagem clássica (ênfase nas tarefas e na estrutura) pela abordagem humanística (ênfase nas pessoas).
- Adoção de conceitos humanísticos, como: grupo social, dinâmica de grupo, motivação, comunicação, liderança etc., em substituição aos conceitos técnicos até então utilizados.
- Foco na organização informal e nos grupos sociais.

Teoria Comportamental

A segunda abordagem humanística – a Teoria Comportamental ou Escola do Comportamento Organizacional – surgiu com o livro de Herbert A. Simon publicado em 1947 (*O comportamento administrativo*), no qual o autor desenvolve uma teoria das decisões. Para ele, a decisão é muito mais importante do que a ação que a sucede. A partir daí as empresas são visualizadas como sistemas de decisões, em que as pessoas percebem, sentem, decidem e agem, definindo seus comportamentos diante das situações com que se deparam. A administração não pode deixar de lado esses aspectos comportamentais. A abordagem comportamental descende diretamente da Escola das Relações Humanas e mantém a tradição de deixar os aspectos estruturais em segundo plano, para focalizar os aspectos comportamentais. Essa abordagem reúne uma constelação de autores muito conhecidos** e procura desenvolver e comparar estilos de administração capazes de potencializar as motivações individuais existentes nos participantes das organizações e reduzir as incongruências e conflitos entre objetivos organizacionais e individuais dos participantes.

Mais recentemente, dentro da abordagem comportamental, surgiu um movimento de grande vitalidade denominado Desenvolvimento Organizacional, ou DO, voltado para estratégias de mudança organizacional planejada por meio de

** Autores como McGregor, Likert, Maslow, Herzberg, Argyris, March, Cyert, Fiedler, Strauss, McClelland, Leavitt, Porter, Lawler, Hackman e outros.

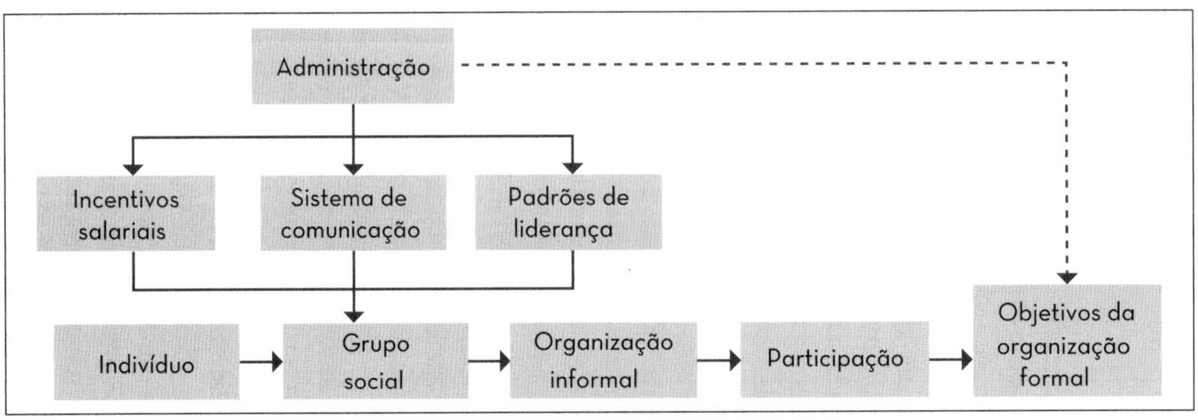

Figura 12 A abordagem manipulativa da teoria das relações humanas[6].

modelos de diagnóstico, intervenção e mudança, envolvendo modificações estruturais ao lado de modificações comportamentais para melhorar a eficiência e a eficácia das empresas. Esse movimento incorpora a Teoria dos Sistemas, técnicas de sensibilização herdadas dos laboratórios de treinamento de sensitividade iniciados por Lewin***. A ideia era renovar e revitalizar as organizações para adequá-las a um mundo em mudança.

Características da Teoria Comportamental da Administração[8]

- Ênfase no comportamento organizacional, isto é, na dinâmica, e não na estrutura.
- Foco no processo decisório.
- Ênfase em aspectos comportamentais como motivação, liderança, comunicação, equipes.
- Adoção de técnicas comportamentais.

ÊNFASE NA TECNOLOGIA

É a fase em que administrar significa lidar com a tecnologia a fim de extrair dela a máxima eficiência possível. Com o advento da cibernética, mecanização, automação, computação e, mais recentemente, da robotização, a tecnologia da informação (TI) posta a serviço da empresa passou a moldar-lhe a estrutura e condicionar seu funcionamento. Muito embora a Administração Científica de Taylor e seus seguidores tenha se preocupado em sua época com a tecnologia, suas incursões nesse campo são estritamente limitadas no nível da tarefa individual de cada operário e de maneira concreta e imediatista. Por incrível que possa parecer, uma das mais recentes áreas de estudo da TGA é o papel da tecnologia na determinação da estrutura e funcionamento das empresas. Somente em 1960, com as pesquisas da socióloga Joan Woodward sobre uma amostra de indústrias, é que se passou – embora tardiamente – a compreender o importante papel da tecnologia sobre as empresas que a utilizam sob variadas formas e naturezas para realizar suas operações e atingir seus objetivos. Alguns autores chegaram a afirmar a existência de um "imperativo tecnológico", ou seja, a tecnologia tomada como variável independente e a estrutura organizacional da empresa que a utiliza como variável dela dependente.

Ainda dentro da linhagem inglesa, a corrente de Tavistock passou a conceber a empresa como um sistema sociotécnico em que interagem três subsistemas intimamente interdependentes: o subsistema social ou humano (composto de pessoas, com seus valores, habilidades e conhecimentos), o subsistema tecnológico (composto de equipamentos, instalações, tecnologia, processos e tarefas) e o subsistema administrativo (composto pelo aparato administrativo desdobrado no nível estratégico, tático e operacional da organização).

A Teoria da Contingência incumbiu-se de absorver rapidamente a preocupação com a tecnologia ao lado da preocupação com o ambiente para definir uma abordagem mais ampla a respeito do desenho organizacional – uma maneira mais recente de visualizar o formato e a estrutura organizacional e seu funcionamento****.

Bate-bola: como e onde utilizar a abordagem na tecnologia?

Faça uma discussão com seus colegas a respeito do assunto e tente chegar a uma conclusão: como e onde utilizar a abordagem na tecnologia na prática?

*** O DO tem seguidores conhecidíssimos, como Bennis, Schein, Beckhard, Lawrence, Lorsch, Blake, Mouton, Reddin, Greiner, Bradford, Argyris, French, Bell, etc.

**** Importantes autores têm se dedicado atualmente ao estudo do impacto da tecnologia sobre as empresas, como Thompson, Perrow, Child, Rice, Davis, Emery, Trist, Galbraith, Pugh, Hickson, Hinnings, Khandwalla, etc.

Figura 13 O sistema sociotécnico.

ÊNFASE NO AMBIENTE

É a fase em que administrar significa, sobretudo, lidar com as demandas do ambiente e obter o máximo de eficácia da empresa. Com a influência da Teoria de Sistemas na TGA, verificou-se que apenas o estudo das variáveis internas – as variáveis endógenas – não proporcionava uma compreensão mais ampla da estrutura e do comportamento organizacionais. Tornava-se necessário o estudo das variáveis exógenas, situadas fora dos limites da empresa e que influenciam profundamente seus aspectos estruturais e comportamentais. As relações de interação entre empresas e seus ambientes passaram a explicar com mais profundidade certos aspectos da estrutura organizacional e dos processos operacionais utilizados pelas empresas. Afinal, nenhuma organização existe para si própria, mas para servir a uma necessidade da sociedade. Essa ênfase no ambiente surgiu com o aparecimento da Teoria da Contingência, segundo a qual não existe uma única "melhor maneira" (*the best way*) de organizar as empresas. Pelo contrário, as características estruturais das empresas dependem das características ambientais que as circundam. Em outros termos, as características estruturais são explicadas pelas características ambientais que as determinam. As organizações que não conseguem se adaptar ao seu contexto ambiental tendem a desaparecer do mapa. Alguns autores falam em "imperativo ambiental" para explicar o determinismo das influências ambientais sobre as empresas: as variáveis ambientais são variáveis independentes e os aspectos de estrutura organizacional são variáveis delas dependentes. As empresas bem-sucedidas são aquelas que conseguem adaptar-se e ajustar-se adequadamente às demandas ambientais. É no ambiente que estão os clientes, consumidores e usuários, assim como os fornecedores e os concorrentes.

A ênfase no ambiente marca a ampliação máxima do objeto de estudo da administração: as empresas e os ambientes que as envolvem. A contribuição dos chamados autores neoestruturalistas, principalmente James D. Thompson, é fundamental. A análise ambiental – como será vista adiante –, embora ainda careça de muita pesquisa e investigação, atingiu certo desenvolvimento teórico e constitui ainda hoje uma das áreas de estudo mais cruciais da TGA*****.

***** Dentro da Teoria da Contingência e voltados mais para a análise ambiental, estão autores como Lawrence, Lorsch, Morse, Thompson, Starbuck, Aldrich, Emery, Trist, Negandhi, Evan, Dill, Galbraith, Khandwalla, etc.

Características da Teoria da Contingência[6]

- Ênfase no ambiente como o determinante das características organizacionais.
- Foco no ajustamento e na adaptabilidade da organização ao seu entorno.
- Abordagem da adequação: a organização como variável dependente das variáveis ambientais.
- Crítica às organizações mecanísticas e tradicionais.
- Relativismo organizacional: não há nada rígido em administração, tudo é contingente.

Bate-bola: como e onde utilizar a abordagem contingencial?

Faça uma discussão com seus colegas a respeito do assunto e tente chegar a uma conclusão: como e onde utilizar a abordagem contingencial na prática?

ÊNFASE NAS COMPETÊNCIAS E NA COMPETITIVIDADE

A Era da Informação trouxe novos desafios e abordagens à TGA. As organizações deixaram de ser vistas como conjuntos integrados de recursos para serem consideradas possuidoras de competências sempre atualizadas, articuladas e prontas para serem aplicadas a qualquer oportunidade, no momento em que ela surja, antes que os concorrentes o façam. Os recursos, por serem estáticos e inertes, passam a constituir a plataforma, ou seja, a base sobre a qual as competências operam. O mundo organizacional deixa de ser um conjunto de coisas físicas para se tornar um universo de competências essenciais para o sucesso dos negócios. Ao contrário dos recursos, as competências são dinâmicas, intangíveis, mutáveis e garantidoras da competitividade organizacional. Ao longo deste livro serão abordadas as competências organizacionais.

A ciência da Administração

Na verdade, a Administração constituiu a maior inovação do século XX. Ela permitiu que as várias ciências produzissem poderosos efeitos na sociedade: um salto espetacular da riqueza, progresso e qualidade de vida. Foi ela que propiciou o revolucionário desenvolvimento de países e economias. Os físicos descobriram a energia nuclear, mas sem ela não é possível construir usinas nucleares ou a aplicação de seus princípios. Apenas uma organização bem administrada como a NASA é que permitiu que se pousasse na lua e que fosse lançada uma sonda em Marte. Os médicos precisam de hospitais para trabalhar; os engenheiros, de empresas de construção; os advogados, de consultorias legais; os professores, de escolas e universidades. O saber científico e o tecnológico sem Administração não permitem conduzir a resultados concretos no mundo real. Ela é mais importante do que a estrada de ferro, o avião, os antibióticos, o raio *laser*, a energia nuclear, a internet. Concordamos com Clemente Nóbrega, que afirma que Administração é a ciência de se organizar as coisas para se chegar a um propósito. Ela é para todo mundo – médicos, engenheiros, advogados, professores, pequenos empreendedores, profissionais liberais, etc. –, mas deve estar nas mãos de administradores profissionais. Ela é uma espécie de disciplina das disciplinas[13].

ESTADO ATUAL DA TEORIA ADMINISTRATIVA

Essas rápidas pinceladas a respeito dos gradativos passos da TGA demonstram o efeito cumulativo e gradativamente abrangente das diversas teorias com suas diferentes contribuições e enfoques[14]. Mas, qual delas é a teoria correta? Todas as teorias administrativas apresentadas são válidas, mas cada uma mostra apenas uma parte da verdade. Cada uma prioriza ou valoriza apenas uma ou algumas das seis variáveis básicas do sucesso organizacional: tarefas, estrutura, pessoas, tecnologia, ambiente, competitividade. Na realidade, cada teoria administrativa surgiu como uma resposta aos problemas empresariais mais relevantes de sua época. E, nesse aspecto, todas foram bem-sucedidas ao apresentarem soluções específicas para tais problemas. De certo modo, todas as teorias administrativas são aplicáveis às situações de hoje. E o administrador precisa conhecê-las bem para ter, à sua disposição, uma variedade de alternativas interessantes para cada situação.

A aplicação das teorias administrativas

A indústria automobilística utiliza, em suas linhas de montagens, os mesmos princípios da Administração Científica e, em sua estrutura organizacional, os mesmos princípios da Teoria Clássica e Neoclássica. Sua organização empresarial como um todo pode ser explicada pela Teoria da Burocracia. Seus supervisores são preparados para lidar com os subordinados segundo a abordagem da Teoria das Relações Humanas, enquanto os gestores se preocupam com a Teoria Comportamental. As relações dessas empresas com sua comunidade são consideradas sob o prisma da Teoria Estruturalista e da Teoria da Contingência. Sua interface com a tecnologia é explicada pela Teoria da Contingência. Na verdade, cada teoria administrativa apresentada explica a realidade organizacional segundo um ponto de vista específico e reducionista.

O estado atual da TGA é bastante complexo: ela permite uma variedade enorme de abordagens a respeito de seu objeto de estudo e engloba um grande leque de variáveis que devem ser levadas em consideração.

Atualmente, a TGA estuda a administração das empresas e demais tipos de organizações do ponto de vista da interação e interdependência entre as seis variáveis principais, cada qual objeto específico de estudo por parte de uma ou mais correntes da teoria administrativa. Essas variáveis básicas – tarefas, estrutura, pessoas, tecnologia, ambiente e competitividade – constituem os principais componentes no estudo da administração das empresas. O comportamento dessas variáveis é sistêmico e complexo: cada qual influencia e é influenciada pelas outras variáveis. Modificações em uma provocam modificações em maior ou menor grau nas demais. O comportamento do conjunto dessas variáveis é diferente da soma dos comportamentos de cada variável considerada isoladamente. Elas produzem um efeito multiplicador por meio do qual cada variável proporciona ajuda recíproca às outras.

Na realidade, a adequação entre essas seis variáveis constitui o principal desafio da administração. No nível de uma subunidade especializada (por exemplo, um departamento, uma divisão, uma seção), algumas dessas variáveis podem assumir papel preponderante.

Em razão da crescente importância da administração e dos novos e complexos desafios com que ela se defronta, os autores e os pesquisadores têm se concentrado em algumas variáveis isoladas do enorme contexto de variáveis que intervêm – cada qual com sua natureza, impacto, duração, importância, etc. – na estrutura e no comportamento das empresas e que dificultam enormemente sua visão global. À medida que a *administração* se defronta com novos desafios e novas situações que se desenvolvem com o decorrer do tempo, as teorias administrativas precisam adaptar

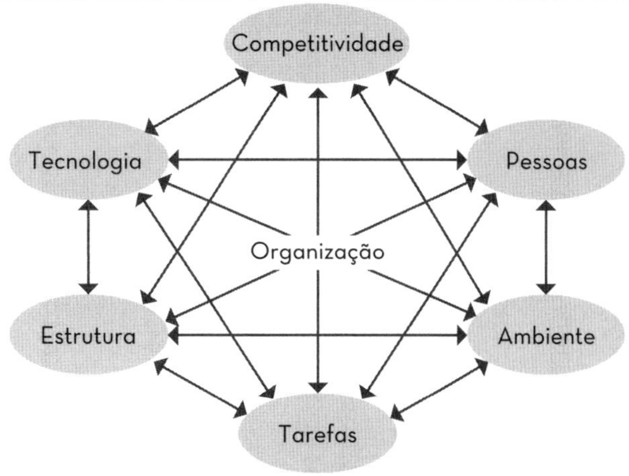

Figura 14 Seis variáveis básicas da empresa na teoria administrativa[6].

Tabela 2 Traduzindo as seis variáveis básicas para a atualidade

Tarefas	Excelência operacional que se traduz em produtos e serviços de alta qualidade
Estrutura	Integração e articulação interna de recursos e competências
Pessoas	Participação, envolvimento, engajamento, *empowerment*
Tecnologia	Infraestrutura tecnológica como base para operações e informações
Ambiente	Foco no mundo dos negócios, em que se situam clientes, fornecedores e concorrentes
Competitividade	Foco em competências e em resultados sustentáveis

suas abordagens ou modificá-las completamente para continuarem úteis e aplicáveis. Isso explica, em parte, os sucessivos passos da TGA no decorrer do século passado. O resultado disso tudo é a gradativa abrangência e a complexidade que se acabou de discutir.

Bate-bola: afinal, o que é Administração?

Faça uma discussão com seus colegas a respeito do assunto e tente chegar a uma conclusão: afinal, o que é Administração?

Administração não é apenas desempenho. Nem é apenas condução dos negócios. E nem apenas solucionar problemas ou tentar melhorar as coisas.

Administração é:

- Fazer acontecer.
- Alcançar resultados incríveis.

PERSPECTIVAS DA ADMINISTRAÇÃO

A tarefa administrativa está se tornando cada vez mais incerta e desafiadora, pois está sujeita a mudanças e transformações carregadas de ambiguidades e incertezas. O administrador está se defrontando com problemas cada vez mais diferentes e complexos que os anteriores e sua atenção disputada por eventos e grupos de interesses situados dentro e fora da empresa, que lhe proporcionam informações contraditórias que complicam seu diagnóstico e visão dos problemas a resolver ou das situações a enfrentar: são exigências da sociedade, clientes, fornecedores; são os desafios dos concorrentes; expectativas da alta administração, dos subordinados, dos acionistas, etc. Todas essas exigências, desafios e expectativas sofrem profundas mudanças que ultrapassam a capacidade de compreensão do administrador. Além do mais, essas mudanças tendem a

Tabela 3 Principais teorias administrativas e suas abordagens[6]

Ênfase	Teorias administrativas	Principais enfoques
Tarefas	Administração Científica	Racionalização do trabalho no nível operacional
Estrutura	Teoria Clássica	Organização formal
	Teoria Neoclássica	Princípios gerais da Administração Funções do administrador
	Teoria da Burocracia	Organização formal burocrática Racionalidade organizacional
	Teoria Estruturalista	Múltipla abordagem: Organização formal e informal Análise intraorganizacional e análise interorganizacional
Pessoas	Teoria das Relações Humanas	Organização informal Motivação, liderança, comunicações e dinâmica de grupo
	Teoria do Comportamento Organizacional	Estilos de Administração Teoria das decisões Integração de objetivos organizacionais e individuais
	Teoria do Desenvolvimento Organizacional	Mudança organizacional planejada Abordagem de sistema aberto
Ambiente	Teoria Estruturalista	Análise intraorganizacional e análise ambiental Abordagem de sistema aberto
	Teoria da Contingência	Análise ambiental (imperativo ambiental) Abordagem de sistema aberto
Tecnologia	Teoria da Contingência	Administração da tecnologia (imperativo tecnológico)
Competitividade	Novas abordagens na Administração	Caos e complexidade Aprendizagem organizacional Capital intelectual

aumentar diante da inclusão de outras novas variáveis, à medida que o processo se desenvolve, criando uma turbulência que perturba e complica a tarefa administrativa de planejar, organizar, liderar e controlar uma empresa de modo eficiente e eficaz. E o futuro parece complicar essa realidade.

Inúmeros fatores estão provocando profundos impactos sobre as empresas, como:

1. As empresas estão continuamente se adaptando aos seus mutáveis ambientes. Essa adaptação contínua pode provocar crescimento, estabilidade provisória ou enxugamento da empresa. O crescimento acontece quando a empresa satisfaz as demandas ambientais e o ambiente solicita maior volume de saídas e resultados da empresa. O crescimento é uma decorrência inevitável do êxito empresarial. Na medida em que o tamanho da empresa aumenta, torna-se necessário mantê-lo ou controlá-lo a proporções administráveis – de acordo com o produto ou serviço, objetivos empresariais, recursos envolvidos, localização geográfica ou uma mistura composta desses elementos. O enxugamento ocorre quando a empresa não consegue satisfazer demandas ambientais e preci-

sa encolher seu tamanho e reduzir operações a fim de compatibilizar suas saídas e resultados para adequar-se às demandas ambientais.

2. A adaptação organizacional envolve mudanças de estratégia, estrutura interna, tecnologia, mercados, produtos e serviços, etc. A adaptação à mutabilidade ambiental pode ainda mostrar-se agudamente em certos órgãos da empresa mais afetados pelas influências ambientais. Quase sempre, as pessoas requerem um cuidado especial para colaborarem espontaneamente com tais mudanças. Evitar ou neutralizar a resistência à mudança é indispensável.
3. Existe uma tendência para a continuidade de taxas elevadas de inflação. Os custos de energia, de matérias-primas e de mão de obra estão se elevando sensivelmente. A inflação e os juros exigirão, cada vez mais, maior eficiência na administração das empresas no sentido de obter melhores resultados com os recursos disponíveis, bem como programas de redução de custos operacionais. A inflação mais aguda impõe novas pressões e ameaças sobre as empresas, para que mantenham seus lucros e garantam sua sobrevivência. Isso, por sua vez, trará um ímpeto adicional na busca de maior produtividade e qualidade. Fazer cada vez mais com cada vez menos.
4. A concorrência se torna cada vez mais aguda. À medida que aumentam os mercados e os negócios, crescem também os riscos da atividade empresarial. Mais do que nunca, o produto ou serviço que demonstra ser superior – mais avançado, mais seguro, mais desejável – será o mais procurado. O resultado será um novo sentido de urgência para desenvolver produtos e serviços e, para isso, maiores investimentos em pesquisa e desenvolvimento, aperfeiçoamento das tecnologias e maiores esforços de vendas por parte das empresas. Isso demanda criatividade e inovação ao mesmo tempo que provoca a dissolução de velhos departamentos ou divisões e a criação de novos, a centralização de maior número de atividades, a fim de evitar o esforço e o custo de duplicação de atividades e operações. No entanto, um fato é evidente: as organizações terão de ser mais flexíveis e ágeis do que antes e devem estar preparadas para mudar de rumo de acordo com as circunstâncias e contingências ambientais. A substituição de órgãos fixos e permanentes por equipes transitórias é uma mostra dessa preocupação.
5. Existe uma tendência para crescente sofisticação da tecnologia. Os novos processos e instrumentos introduzidos pela tecnologia nas empresas sempre causaram impacto sobre sua estrutura e comportamento organizacional. A produção em linha de montagem, por exemplo, passou a exigir novas formas de distribuição em massa aos consumidores, na medida em que foi aumentada a quantidade dos produtos, expandindo facilidades de venda e compra e o papel da administração de linha nos escalões intermediários da empresa tornou-se mais vital para sua eficiência. A invenção de um instrumento relativamente simples, como o telefone, provocou uma influência revolucionária nas empresas: tornou possível e prática a descentralização geográfica das empresas, permitindo a comunicação rápida e eficiente capaz de garantir-lhes a integração organizacional necessária para ampliar seu território de operações. Cada vez mais, a tecnologia proporcionará maior eficiência, precisão mais avançada e liberação da atividade humana para tarefas mais complicadas e que exijam conhecimento, planejamento e competências.
6. A internacionalização do mundo dos negócios – a globalização – é o fator mais significativo do desenvolvimento das organizações. Graças ao progresso das comunicações, computador

e transporte a jato, as empresas estão internacionalizando suas atividades e operações. Não é difícil prever uma série de profundas mudanças na estrutura e comportamento das empresas em consequência desse desenvolvimento. Aliás, o esforço para a exportação ou para a criação de subsidiárias para fincar o pé em outros territórios estrangeiros é fenômeno relativamente recente que provocou a integração do desenvolvimento e manufatura do produto e a descentralização da tomada de decisão nas empresas. Cada um desses fenômenos provoca consequências que se projetarão sobre as empresas do futuro.

7. Maior visibilidade das empresas. Enquanto crescem ou diminuem, as empresas tornam-se mais competitivas, tecnologicamente mais sofisticadas, internacionalizam-se mais e, com isso, sua influência ambiental necessariamente aumenta. Isso faz com que as empresas chamem mais a atenção do ambiente e do público e passem a ser mais visíveis e percebidas pela opinião pública. A visibilidade da empresa – sua capacidade de chamar a atenção – pode ocorrer de muitas maneira – positivas ou negativas. Se suas instalações contaminam o ar ou a rede fluvial mais próxima será notada por especialistas em poluição e pelo público em geral. Se seus produtos são de má qualidade, isso será notado pelos consumidores, que passarão a reclamar. Se a empresa demite grande número de pessoas, será notada pela imprensa, pelos sindicatos e pelo governo. Se suas vendas provocam o aumento das exportações ou importações, será notada, sem dúvida, pelo governo central. O que não permite dúvidas é o fato de que a empresa jamais será ignorada. E sua visibilidade causará impacto à sua estrutura e comportamento. Transparência torna-se fundamental. Ética e responsabilidade corporativa e social são obrigações fundamentais de toda organização.

8. Todos esses desafios, pressões e ameaças que recaem sobre as empresas, e que no futuro serão maiores, precisam ser enfrentados: a principal arma com que as empresas os enfrentarão será principalmente uma: administradores competentes, inteligentes e bem preparados. Estes deverão saber como adequar e ajustar as principais variáveis empresariais entre si – tarefas, tecnologias, estrutura organizacional, pessoas, ambiente externo e competências. Se eles não o souberem fazer, quem o conseguirá?

9. Estamos em uma era de descontinuidade: as mudanças são tão grandes e tão rápidas que fica difícil visualizar a relação de causa e efeito entre elas. Daí a descontinuidade que se nota em quatro principais áreas[15]:

    a. estão surgindo tecnologias genuinamente novas e que não são desdobramentos das tecnologias atuais. Elas criarão novas indústrias e novos tipos de organizações que tornarão, ao mesmo tempo, obsoletas as grandes indústrias e os empreendimentos hoje existentes;
    b. estamos diante de grandes mudanças na economia mundial: o mundo tornou-se um enorme ambiente, um mercado único, um centro de compras global. A economia internacional tornou-se uma economia mundial. É a globalização. Tudo isso e irreversível;
    c. os aspectos políticos da vida social e econômica se modificam rapidamente: a sociedade e a nação de hoje são pluralistas. Cada tarefa importante é confiada a uma grande instituição organizada para durar para sempre e dirigida por administradores. Essa nova sociedade pluralista, constituída por uma infinidade de instituições, traz desafios políticos, filosóficos e espirituais que ultrapassam a compreensão das pessoas;

d. a mais importante das mudanças é a que está ocorrendo com o conhecimento. O conhecimento tornou-se o capital principal, o centro de custo e o recurso crucial da economia. A moeda mais valiosa da nova economia. Os detentores do poder passaram a ser as pessoas de conhecimento e não as que possuem experiência conquistada em longos anos de vivência e muito menos as que ocupam posições hierárquicas mais elevadas. A experiência focaliza o passado; o conhecimento aponta para o futuro; e a hierarquia está desabando. Estamos na era do Capital Intelectual[15].

O futuro das empresas

Por outro lado, o futuro pertencerá às empresas dinâmicas, flexíveis e inovadoras. Muitos fatores influirão poderosamente as empresas no futuro[16]:

1. Mudança: as empresas viverão em um ambiente cada vez mais turbulento e que delas exigirá flexibilidade, jogo de cintura, alterações e ajustamentos contínuos.
2. Globalização: as empresas continuarão a ampliar suas fronteiras e domínios. Elas deverão crescer em tamanho e em complexidade.
3. Complexidade: as empresas continuarão a diferenciar suas atividades, criando maiores problemas de integração e de coordenação.
4. Gestão do conhecimento: as empresas continuarão a encontrar problemas na acumulação e utilização do conhecimento. Ganharão realce as atividades intelectuais em detrimento das atividades rotineiras.
5. Democracia: maior destaque será dado a sugestão, persuasão e orientação, e não mais à coerção baseada no exercício da autoridade como meio de coordenação do trabalho dos membros e coordenação das funções do interior da empresa.
6. Participação: será maior a influência das pessoas em todos os níveis da empresa. Futuramente, as empresas precisarão adotar um modelo de equalização do poder, e não da sua diferenciação, reduzindo as diferenças impostas pela hierarquia de autoridade.
7. Era das inclusões organizacionais: os problemas interfaciais entre as várias empresas serão maiores. Surgirão novos meios que permitirão uma eficiente coordenação interorganizacional (tecnologias de gestão do relacionamento com clientes, fornecedores de recursos e serviços, concorrentes, agências reguladoras, etc.). As fronteiras organizacionais estão desaparecendo. São as alianças estratégicas tecendo uma enorme rede (*networking*) entre empresas.
8. Os sistemas de informação e de decisão exercerão uma influência cada vez maior sobre as empresas. É a tecnologia da informação acelerando cada vez mais o trabalho organizacional.
9. Era do capital humano e do capital intelectual: a influência das pessoas, dos profissionais e dos cientistas crescerá no seio das empresas.
10. Era dos *stakeholders*, isto é, dos vários grupos de interesses que contribuem direta ou indiretamente para o sucesso empresarial e que cobram resultados e retornos de seus investimentos: as metas das empresas serão ampliadas. Haverá maior ênfase à satisfação de uma série conjunta de objetivos do que à maximização de qualquer um deles tomado isoladamente. A empresa deverá satisfazer as múltiplas expectativas dos grupos de interesses envolvidos.
11. Era da ética e da responsabilidade corporativa: será cada vez mais difícil avaliar o desempenho da empresa. Serão criadas numerosas técnicas administrativas para avaliação do desempenho em todas as esferas da atividade da empresa. O balanço contábil e as demons-

trações financeiras deverão agregar o balanço social e as demonstrações de responsabilidade social.

12. Era da competitividade: por fim, mas não por último, vem a questão da intensa concorrência no mundo empresarial.

Burocracia como solução para um tempo que já passou

A burocracia apareceu como uma resposta à necessidade de maior poder de previsão, de maior ordem e precisão nas atividades empresariais. Foi o tipo de organização ideal para os valores e requisitos de sua época. Da mesma forma como a burocracia significou uma resposta criativa para uma época radicalmente nova, novas formas e modelos de organização estão aparecendo hoje e outras surgirão no futuro próximo e distante. O formato organizacional é uma decisão administrativa.

Deverá ocorrer um crescente abandono da organização burocrático-mecanicista e uma maior aproximação à organização do tipo orgânico-adaptativo, aspectos que serão estudados mais adiante. Em outros termos, as organizações do futuro constituirão sistemas temporários, adaptáveis e rapidamente mutáveis, organizados em torno de problemas a serem resolvidos ou de tarefas a serem realizadas. Bennis[17] acrescenta que os problemas serão solucionados por equipes de pessoas que representam um conjunto de diversificada competência e especialização profissional. Essas comunidades de interesses serão equipes dirigidas segundo modelos orgânicos e evoluirão como resposta ao problema enfrentado, e não em função das expectativas programadas para o cargo. O administrador terá suas funções transformadas em coordenação ou eixo de ligação ou conjunção entre várias equipes de projetos para assegurar o alcance dos vários objetivos desejados. O administrador deverá ser uma pessoa capaz de falar e entender diversas línguas, dos diferentes especialistas, e de retransmitir informações e proporcionar orientação, além de ser um mediador entre as equipes profissionais e os diferentes *stakeholders* envolvidos. Seu papel será cada vez mais complexo e vital para o sucesso dos negócios. Sem dúvida, a Administração continuará sendo o motor do desenvolvimento humano, social, organizacional e das nações. E o administrador, o seu principal impulsionador.

As empresas e sua administração no futuro

Em um mundo em que tudo se modifica e se transforma e a conectividade aumenta cada vez mais, as empresas passarão a enfrentar dois desafios: a estratégia cooperativa para compor várias competências em seus negócios e a estratégia competitiva para lutar com seus concorrentes. Apenas como sugestão, preste atenção em cada filme ou novela que você assiste: no final vem uma enorme listagem de diferentes participantes (autores, produtores, diretores, atores, redatores, roteiristas, cenógrafos, modelistas, iluminadores, gravadores, etc.) com diferentes competências que constituem a equipe responsável pelo produto. Terminado o filme ou a novela, a equipe se desfaz até que outra equipe seja construída para outra obra. Provavelmente, a empresa do futuro será assim: uma rede provisória de equipes para produzir algo que logo mais será substituído por alguma outra inovação.

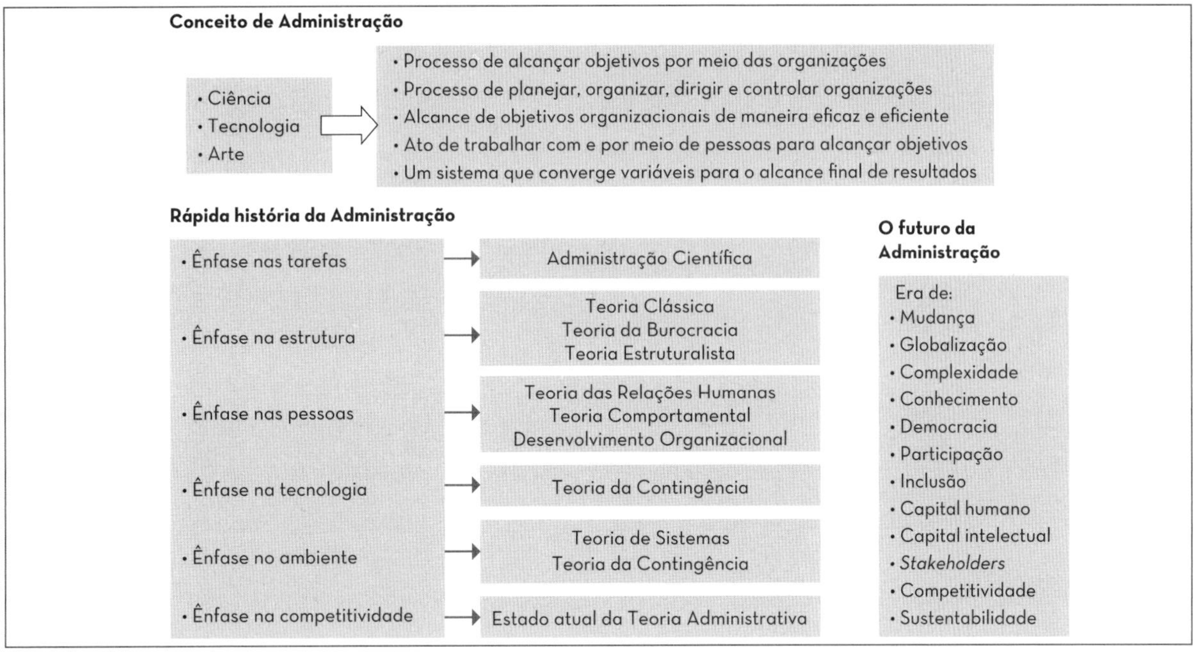

Figura 15 Mapa mental deste capítulo.

Referências bibliográficas

1. CERTO, S. C. *Modern Management*: diversity, quality, ethics, and the global environment, Boston, Mass., Allyn and Bacon, 1994. p. 3x.
2. STONER, J. A. F.; FREEMAN, R.; Edward & GILBERT Jr., D. A. *Management*, Englewood Cliffs, NJ, Prentice Hall, 1995. p. G5.
3. SCHERMERHORN, Jr., J. R. *Management*, Nova York, John Wiley & Sons, 1996. p. G6
4. DAFT, R. L. *Management*, Fort Worth, Tex, The Dryden, 1993. p. G6.
5. MONTANA, P. J.; CHARNOV, B. H. *Administração*, São Paulo, Saraiva, 2003. p. 2.
6. CHIAVENATO, I. *Introdução à teoria geral da administração*, Barueri, Manole, 2014.
7. SCHEIN, E. H. *Organizational Psychology*, Englewood Cliffs, NJ, Prentice-Hall, 1965. p. 26
8. CHIAVENATO, I. *Teoria geral da administração*, Volume 2, Barueri, Manole, 2014. p. 61-84.
9. FAYOL, H. *Administração industrial e geral*, São Paulo, Atlas, 1964.
10. HALL, R. H. *Organizaciones*: estructura y processo, Madri, Prentice-Hall Int., 1973. p. 61-64
11. MARCH, J. G.; SIMON, H. A. *Teoria das organizações*, Rio de Janeiro, Fundação Getulio Vargas, 1967. p. 53.
12. CHIAVENATO, I. *Os novos paradigmas*: como as mudanças estão mexendo com as organizações, Barueri, Manole, 2010. p. 70.
13. NÓBREGA, C. *A ciência da gestão: estratégia, marketing & inovação*, Rio de Janeiro, Senac Rio, 2004.
14. CHIAVENATO, I. "Novas abordagens na teoria administrativa". *Revista de Administração de Empresas*. Rio de Janeiro: Fundação Getulio Vargas. v. 19, n. 2, p. 27-42, 1981.
15. DRUCKER, P. F. *Uma era de descontinuidade*: orientações para uma sociedade em mudança, Rio de Janeiro, Zahar, 1970.
16. KAST, F. E.; ROSENZWEIG, J. E. *Organização e administração*: um enfoque sistêmico, São Paulo, Pioneira, 1976. p. 675.
17. BENNIS, W. G. *Organizações em mudança*, São Paulo, Atlas, 1968. p. 23-4.

CAPÍTULO 2

As empresas

Objetivos deste capítulo

- Proporcionar uma ideia das empresas como classes de organizações sociais e como sistemas abertos.
- Analisar a hierarquia de sistemas que ocorre nos três níveis da empresa.
- Mostrar o alinhamento organizacional pela missão, visão e objetivos organizacionais.
- Analisar os recursos das empresas e sua administração.

As empresas representam um tipo especial de organização: a organização focada no lucro. Elas constituem uma das complexas e admiráveis instituições sociais que a criatividade e a engenhosidade humana construíram. As empresas de hoje são diferentes das de ontem e, provavelmente, amanhã e no futuro distante apresentarão diferenças ainda maiores. Não existem duas empresas iguais, pois a principal característica das empresas é a sua enorme diversidade: as empresas podem assumir diferentes tamanhos e estruturas organizacionais. Existem empresas dos mais diversos ramos de atividade utilizando diferentes tecnologias para produzir bens ou serviços dos mais variados tipos e que são vendidos e distribuídos de maneiras diferentes para os mais diversos mercados, a fim de serem utilizados pelos mais diferentes consumidores. Ademais, as empresas operam em diferentes ambientes, sofrendo as mais variadas coações e contingências, que se modificam no tempo e no espaço, reagindo a elas dentro de estratégias e comportamentos diferentes, alcançando resultados extremamente diferentes. Tudo isso faz com que as empresas – além da sua enorme diversidade – apresentem uma incrível complexidade, pois além de serem diferentes entre si, elas enfrentam uma variedade de impactos e influências em seu contexto de atuação.

Empresas são empresas

Mas cada uma delas tem seus encantos, peculiaridades e características próprias. Cada qual com sua personalidade própria. Cada qual com suas competências. Cada qual com sua cultura. Ainda não sabemos clonar empresas. Elas são especiais. É preciso conhecê-las, entendê-las, interpretá-las.

AS EMPRESAS COMO ORGANIZAÇÕES SOCIAIS

As empresas são um tipo de organização social com finalidade lucrativa. Na moderna sociedade em que vivemos, todo o processo produtivo é realizado dentro de organizações. Assim, a nossa sociedade moderna e industrializada se caracteriza por ser uma sociedade composta de organizações. O homem moderno passa a maior parte de seu tempo dentro de organizações, das quais depende para nascer, viver, aprender, trabalhar, ganhar seu salário, curar suas doenças, obter todos os produtos e serviços de que necessita, etc. Uma das razões que explicam a enorme variedade e densidade de organizações no mundo atual é o fato de que a organização é o mais eficiente meio de satisfazer um grande número de necessidades humanas. Pelas suas limitações físicas, biológicas e psicológicas, o ser humano busca, por meio de cooperação com seus semelhantes, a conjugação de esforços para atingir objetivos que sozinho não teria condições de atingir ou, se tivesse condições de atingi-los individualmente com suas próprias forças e recursos, talvez levasse muito mais tempo e consumisse muito mais esforço. As organizações surgem dessa necessidade primária de cooperação. Toda organização é composta de duas ou mais pessoas que interagem entre si, por meio de relações recíprocas, para atingir objetivos comuns[1].

Existem três razões fundamentais que explicam a existência das organizações[2]:

1. Razões sociais: as pessoas são seres gregários que necessitam de relacionamento com outras pessoas para viver. As pessoas se organizam por causa dessa necessidade de estar juntas e procuram satisfações sociais que somente as organizações podem atender.
2. Razões materiais: as pessoas se organizam para alcançar três coisas que isoladamente jamais conseguiriam sozinhas:
   a. aumento de competências e habilidades: as organizações possibilitam a integração, o agrupamento e a ampliação das competências e habilidades de várias pessoas. Por meio das organizações, as pessoas conseguem, juntas, fazer as coisas de maneira mais eficiente do que se estivessem trabalhando sozinhas. A união faz a força;
   b. compressão de tempo: as organizações apresentam uma grande capacidade de comprimir o tempo requerido para alcançar um objetivo. Ao conseguir alcançar objetivos com maior rapidez, as *organizações* obtêm um ganho de tempo e de esforço extremamente importante nos negócios empresariais. Em muitos casos, a redução do tempo disponível para a realização da tarefa ou atividade é mais importante do que a eficiência, principalmente nas empresas focadas no tempo e na pontualidade de suas operações;
   c. acúmulo de conhecimento: as organizações dispõem de meios e recursos para que as pessoas desfrutem da experiência e vivência dos outros, permitindo que o conhecimento seja produzido, reunido, organizado, acumulado, disseminado e devidamente aplicado pelos seus membros. A gestão do conhecimento está por trás disso tudo. No mundo de negócios de hoje, a organização precisa gerir o conhecimento como um valioso ativo e fator crítico de seu sucesso;

3. Efeito sinergístico: as organizações apresentam um efeito multiplicador das interações entre seus membros. Assim, o resultado da tarefa organizacional é mais do que a simples soma das tarefas individuais. A aritmética organizacional pode dar um resultado como 2 + 2 = 5 ou mais. É o efeito multiplicador ou de sinergia (do grego = trabalho conjunto). Existe sinergia quando duas ou mais causas atuando juntas produzem um efeito maior do que a soma dos efeitos que produziriam individualmente.

Sinergia e entropia

Sinergia é um efeito multiplicador. Aliás, hoje já não se pode mais pensar em apenas adicionar ou agregar. É preciso mais do que isso: juntar os ganhos para obter resultados crescentes. É preciso multiplicar. Contudo, pode haver um efeito contrário: em vez de sinergia, pode ocorrer entropia. Entropia significa perda ou decomposição. De fato, a aritmética organizacional pode proporcionar um resultado pífio, como 2 + 2 = 1 ou menos. É a entropia. Existe entropia quando há perda de energia ou de insumos no sistema por não serem devidamente aproveitados. Enquanto a sinergia multiplica, a entropia reduz. Nesse sentido, o administrador - mais do que qualquer outro profissional - precisa identificar e localizar oportunidades de construir sinergia dentro de uma organização e eliminar focos de perdas.

Na medida em que a organização é bem-sucedida, isto é, consegue atingir os seus objetivos, ela tende a ampliá-los ou a crescer, seja em tamanho, ou em participação no mercado. Esse crescimento a leva a aumentar o número de pessoas e o volume dos demais recursos necessários para sua operação, cuja atividade cooperativa permita o alcance dos novos objetivos. Com o aumento do número de pessoas, aumenta também o número de relações entre elas, a fim de garantir o intercâmbio necessário e isso provoca aumento da complexidade organizacional.

É interessante notar que as organizações não colocam seus objetivos dentro de si mesmas. Nenhuma organização existe apenas por existir, mas para atingir objetivos para os quais foi constituída. Os objetivos organizacionais estão geralmente colocados fora das organizações, isto é, no ambiente em que estão inseridas, na sociedade maior que as envolve e condiciona seu comportamento. Um dos principais objetivos das organizações é produzir algo necessário à sociedade. Se a sociedade absorve e aceita o que é produzido, porque dele necessita para satisfazer suas necessidades, então a organização está prestando uma função social. Para ser bem-sucedida, a primeira exigência feita a uma organização é que ela satisfaça alguma necessidade da sociedade em que está inserida.

Diversidade de organizações

Tal é a proliferação das organizações na sociedade atual, a variedade de suas estruturas e finalidades, que o seu estudo se tornou muito complexo. As organizações podem dedicar-se tanto à produção de bens e produtos (como a maioria das empresas industriais), como a serviços especializados muito diversificados (hospitais, universidades e escolas, clínicas médicas, partidos políticos, clubes e associações, lojas e supermercados, bancos e financeiras, seguradoras, igrejas e instituições religiosas, empresas de transportes (aéreos, ferroviários, rodoviários, marítimos, fluviais), empresas de informação e comunicações, divertimento e lazer, organizações não governamentais (ONG), etc. Existe uma variedade incrível de organizações.

CONCEITO DE ORGANIZAÇÕES

Dentro de uma abordagem mais ampla, as organizações "são unidades sociais (ou agrupamentos humanos), intencionalmente construídas e reconstruídas, a fim de atingir objetivos específicos"[3]. Isso significa que as organizações são propositada e planejadamente construídas e elaboradas para atingir determinados objetivos e que também são reconstruídas e reelaboradas, isto é, reestruturadas e redefinidas à medida que os objetivos são atingidos ou que se descobrem meios melhores para atingi-los com menores custo, esforço e tempo. Uma organização nunca constitui uma unidade pronta e acabada, mas um organismo social vivo e sujeito continuamente a mudar e desenvolver.

Organizações formais

Dá-se o nome de organizações formais às organizações caracterizadas por regras e regulamentos formalizados por escrito e por estruturas de posições e hierarquia que ordenam as relações entre os indivíduos ou órgãos componentes. Por meio da organização formal procura-se tirar vantagens da especialização de atividades, facilitar o processo de tomada de decisões e assegurar o cumprimento e a execução dessas decisões pelos indivíduos participantes. Assim, a organização formal "tenta regular o comportamento humano para o alcance eficiente dos objetivos explícitos, tornando-se um caso de estudo especial"[4]. De um modo geral, as organizações formais são altamente burocratizadas, como será visto adiante.

Organizações lucrativas e não lucrativas

As organizações podem perseguir objetivos lucrativos ou não lucrativos. Entre as organizações, existem aquelas moldadas explicitamente para atingir objetivos do lucro, como meio de se autossustentarem pelo excedente de resultados financeiros e por proporcionarem retorno de investimentos ou de capital aos proprietários ou acionistas. As empresas em geral são exemplos típicos de organizações lucrativas. Empresa é todo empreendimento humano que procura reunir e integrar recursos humanos, não humanos (como recursos financeiros, físicos, tecnológicos, mercadológicos, etc.) e competências no sentido de alcançar objetivos de autossustentação e lucratividade pela produção e comercialização de bens ou serviços. A sustentabilidade é um objetivo óbvio, pois trata-se de dar continuidade e permanência ao empreendimento. A lucratividade representa a remuneração do empreendimento em si. E é a lucratividade o estímulo básico capaz de assegurar a livre-iniciativa de dar continuidade ou de aumentar o empreendimento.

No entando, existem organizações que não incluem obrigatoriamente o lucro como objetivo. São organizações voltadas para o bem social, para a comunidade, para interesses profissionais, para filantropia, esportes, cultura, etc. As empresas públicas, as repartições públicas, os clubes esportivos, as associações filantrópicas e as ONG são exemplos de organizações voltadas para o social.

Bate-bola: para que servem as organizações?

Faça uma discussão com seus colegas a respeito do assunto e tente chegar a uma conclusão: para que servem as organizações?

- Para produzir bens.
- Para prestar serviços.
- Para prestar serviços à comunidade.
- Para prestar serviços à sociedade.
- Para cobrar impostos dos contribuintes.
- Para proporcionar educação, saúde e segurança.
- Para proporcionar valor às pessoas.

O que mais?

RÁPIDA HISTÓRIA DAS ORGANIZAÇÕES

A Administração surgiu com o crescimento e a complexidade das organizações. Durante toda sua longa história até meados do século XVIII, as organizações se desenvolveram com uma impressionante lentidão. Apesar de sempre ter existido o trabalho organizado e dirigido na história da humanidade, a história das organizações representa um capítulo recente, que teve seu início em meados do século XVIII.

A Revolução Industrial

Nossa história começa a partir de 1776, com a invenção da máquina a vapor por James Watt (1736-1819) e sua aplicação à produção. Com ela surgiu uma nova concepção de trabalho que veio modificar completamente a estrutura social e comercial da época, provocando profundas e rápidas mudanças de ordem econômica, política e social que, em um período de aproximadamente um século, foram maiores do que todas as mudanças ocorridas em todo o milênio anterior. É o período chamado de Revolução Industrial, que se iniciou na Inglaterra e rapidamente se alastrou por todo o mundo civilizado da época. A Revolução Industrial provocou a substituição do precário e incipiente artesanato das oficinas pela industrialização, preparando o caminho para o aparecimento das modernas indústrias e dos desafios de sua administração.

A história das organizações pode ser dividida em seis fases:

1. Fase artesanal: vai desde a Antiguidade até aproximadamente 1780, quando se inicia a Revolução Industrial. Nessa fase, o regime de produção é fundamentado no artesanato rudimentar das pequenas oficinas e na mão de obra intensiva e não qualificada na agricultura. Há um predomínio de pequenas oficinas, granjas e agricultura, com base no trabalho escravo e no uso de ferramentas elementares e toscas. Há resquícios ainda do feudalismo, e o sistema comercial é baseado na antiga tradição das trocas em mercados locais.
2. Fase da transição do artesanato à industrialização: corresponde à Primeira Revolução Industrial, que ocorreu entre 1780 e 1860. Foi nessa fase que nasceu a Era Industrial, com a intensa industrialização e a mecanização das oficinas e da agricultura. Os dois expoentes são o carvão (a nova fonte básica de energia) e o ferro (material básico), que passam a ter enorme importância no desenvolvimento das nações. Nessa fase ocorre uma crescente mecanização das oficinas (aparecimento da máquina de fiar em 1767, do tear hidráulico em 1769 e do tear mecânico em 1792) e da agricultura (aparecimento do descaroçador de algodão em 1792). A máquina a vapor e a aplicação da força motriz do vapor à produção provocam o aparecimento do sistema fabril: as oficinas mecanizadas transformam-se em fábricas e em usinas dotadas de enormes e pesadas máquinas que passam a substituir o esforço muscular humano. Os transportes passam por vigoroso desenvolvimento com a navegação a vapor (1807), com a invenção da locomotiva a vapor e o aparecimento das primeiras estradas de ferro de grande porte (a partir de 1823). As comunicações são incrementadas com o aparecimento do telégrafo elétrico (1835) e do selo postal (1840).
3. Fase do desenvolvimento industrial: corresponde à Segunda Revolução Industrial, entre 1860 e 1914. Os dois expoentes são o aço (o novo material básico, cujo processo de fabricação foi desenvolvido a partir de 1856) e a eletricidade. Acontece a substituição do ferro pelo aço como material industrial, e do vapor pela eletricidade e pelos derivados do petróleo, como principais fontes de energia. Surge o intenso desenvolvimento da maquinaria, com o aparecimento do motor a explosão e do motor elétrico (1873). Há um cres-

cente domínio da nascente indústria pela ciência e pelo avanço tecnológico por meio de uma onda de invenções. Há transformações radicais nos transportes (com o surgimento do telégrafo sem fio, do telefone em 1876 e do cinema), e o mundo se torna cada vez menor. O capitalismo industrial cede lugar ao capitalismo financeiro, surgindo os grandes bancos e instituições financeiras ao lado de uma espetacular ampliação dos mercados. As empresas bem-sucedidas crescem assustadoramente e passam por um processo de burocratização em função do seu tamanho e por um enfoque mecanicista de suas funções.

4. Fase do gigantismo industrial: é a fase situada entre as duas Grandes Guerras Mundiais (entre 1914 e 1945), nas quais se incrementam a organização e a tecnologia avançada para fins predominantemente bélicos. É a fase que compreende a grande depressão econômica de 1929 e a crise mundial por ela provocada. É, sobretudo, a fase em que as empresas atingem proporções enormes, atuando em operações de âmbito internacional e multinacional. Ocorre o predomínio de aplicações técnico-científicas e a ênfase em materiais petroquímicos. Os transportes se intensificam: navegação de grande porte, estradas de ferro e rodovias, aprimoramento do automóvel e do avião. Além das ferrovias e estradas, as comunicações se tornam mais amplas e rápidas, com o telégrafo, o telefone, o rádio e a televisão. O mundo se torna menor ainda e cada vez mais complexo.
5. Fase moderna: é a fase mais recente, que vai de 1945 (pós-guerra) a 1980, marcando uma nítida separação entre os países desenvolvidos (industrializados), os subdesenvolvidos (não industrializados) e os países em desenvolvimento. O desenvolvimento tecnológico é surpreendente e se torna mais rápida a sua utilização para fins comerciais através de produtos e processos mais sofisticados. Surgem novos materiais básicos (como plástico, alumínio, novas fibras têxteis sintéticas, concreto protendido) e novas fontes de energia são desenvolvidas (nuclear, solar, eólica); contudo, o petróleo e a eletricidade mantêm seu predomínio. Novas tecnologias surgem (como circuito integrado, transistor, silicone), provocando o aparecimento de novas maravilhas de nossa época (televisão em cores, som de alta fidelidade, computador, máquina de calcular eletrônica, comunicação telefônica e transmissão de TV por satélite, popularização do automóvel). Esses fenômenos são consequência de um fenômeno maior: eles são inventados, criados, projetados e construídos dentro de organizações. A pesquisa e o desenvolvimento tecnológicos passam a ser feitos dentro das organizações e orientados basicamente para usos comerciais.

   Nessa fase surgem e se desenvolvem organizações de grande porte, juntamente com uma variedade enorme de empresas médias e pequenas (microempresas e miniempresas). A automação e a computação se fazem presentes, aumentando poderosamente seus recursos e potencialidades e distanciando cada vez mais as empresas de vanguarda em relação àquelas que ainda não se atualizaram nesse sentido. Por outro lado, escassez de recursos, inflação, juros e custos em contínua ascensão ajudam a complicar o ambiente. O mundo se torna menor ainda em razão do incrível incremento das comunicações, transportes e dos negócios em âmbito internacional, mas se torna também cada vez mais complexo, dinâmico e mutável. Essa complexidade e mutabilidade trazem uma novidade consigo: a incerteza e a imprevisibilidade do que irá acontecer.
6. Fase da globalização: é a fase após 1980, carregada de desafios, dificuldades, ameaças, coações, contingências, restrições e adversidades para as organizações. O ambiente ex-

terno passa a se caracterizar por uma complexidade e mutabilidade que as empresas não conseguem decifrar e interpretar adequadamente. Assim, ocorre a incerteza por parte das empresas em relação àquilo que está ocorrendo ao seu redor e, principalmente, a incerteza quanto ao que poderá ocorrer em um futuro próximo ou remoto. Nessa fase, as empresas lutam com acirrada concorrência e enfrentam dificuldade em entender as reações do mercado e as ações dos concorrentes. A tradição e o passado referem-se a coisas que foram e que não resolverão os problemas da atualidade nem do futuro. Em outros termos, a maneira tradicional de administrar e de fazer as coisas como elas sempre foram feitas no passado não proporcionará os resultados adequados. Tudo mudou. A administração, também. Uma Terceira Revolução Industrial marca essa fase: a revolução do computador, substituindo agora não mais o músculo humano pela máquina, mas o cérebro humano pela máquina eletrônica. A internet mudando radicalmente a maneira de se fazer negócios, iniciou-se definitivamente na Era da Informação.

Na verdade, o mundo dos negócios ingressou na Era da Informação a partir de 1990, deixando para trás a Era Industrial. Quais as diferenças? Veja a Figura 1.

Na Era Industrial, imperou a fábrica e a empresa de concreto e tijolo, enquanto na Era da Informação impera a empresa que faz negócios através de conceitos virtuais. Na primeira, a ênfase estava nos recursos, no tamanho organizacional e na perpetuidade. Na segunda, a ênfase está nas competências, na conectibilidade, na flexibilidade e na agilidade. Na primeira, as pessoas eram fornecedoras de mão de obra e de trabalho servil; na segunda, as pessoas são fornecedoras de conhecimentos, competências e trabalho intelectual.

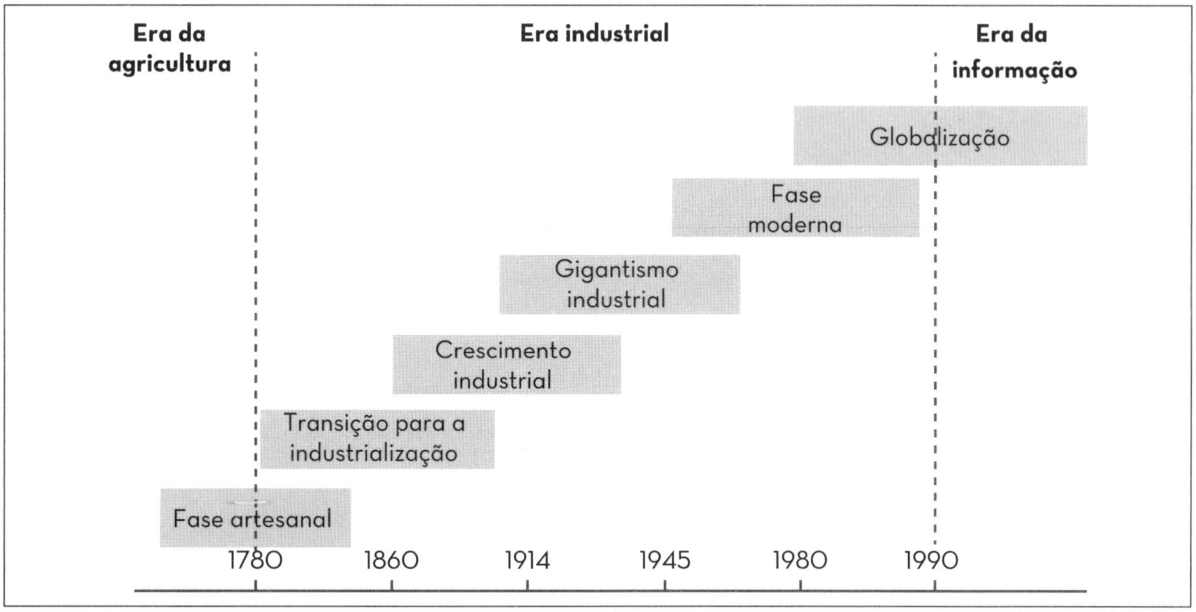

Figura 1 As fases da história das empresas.

Na Era Industrial, os resultados eram focados exclusivamente no acionista ou no proprietário (*shareholder*); na Era da Informação, os resultados são focados em 360º nos grupos de interesses envolvidos no negócio da organização (*stakeholders*), como mostra a Tabela 1.

Tabela 1 Características da Era Industrial e da Era da Informação

Era industrial
Fábrica - empresa física e tangível
Empresa de cimento e concreto
Máquinas e equipamentos
Estabilidade e permanência
Manter o *status quo*
Mão de obra braçal - trabalho muscular
Emprego único, tradicional e presencial
Trabalho individual, isolado e solitário
Gerência tradicional
Impor ordens e comandos
Obediência cega às regras e aos regulamentos
Especialização e foco em uma única atividade
Capital financeiro
Era da informação
Empresa virtual e em rede
Empresa de *bites* e *bytes*
Computadores e terminais
Mudança e instabilidade
Mudar e inovar
Conhecimento - trabalho cerebral
Atividade compartilhada, engajada e virtual
Trabalho em equipe, participativo e solidário
Liderança, *coaching* e *mentoring*
Conquista e colaboração
Empreendedorismo e intraempreendedorismo
Flexibilidade, multifuncionalidade e polivalência
Capital intelectual

A Era Industrial permanece – assim como a Era da Agricultura não desapareceu –, mas está englobada pela vitalidade da Era da Informação. Esta predomina no produto interno bruto dos países mais avançados.

A era da incerteza

O economista John Kenneth Galbraith localiza na Primeira Guerra Mundial as grandes mudanças da nossa época, a que chama de era da incerteza. "Assim teve início a era da incerteza. Sua índole provinha basicamente de novos alinhamentos sociais, a nova coalizão governante que ora surgia. Um caso de destaque foi o dinheiro. Nos anos que antecederam 1914, o dinheiro fora uma das grandes certezas da vida. Ele era bom e eterno. Depois de 1914, nunca mais foi o mesmo. Foi a Primeira Guerra Mundial que mostrou que a nova estabilidade do dinheiro não passava de uma ilusão. Juntamente com os velhos sistemas políticos, a estabilidade monetária também desabou. Haveria uma incerteza maior do que antes sobre a maneira de ganhar dinheiro. E haveria também incerteza quanto ao que ele poderia comprar."[5]

Tabela 2 Era Industrial e Era da Informação

Era industrial
Modelo *Shareholder*
Recursos organizacionais
Redução de custos
Eficiência e eficácia
Ordem - controles internos
Regras e regulamentos
Rigidez e ordem
Era da informação
Modelo *Stakeholder*
Competências essenciais
Geração de valor
Satisfação do cliente
Governança corporativa
Espírito empreendedor
Flexibilidade e inovação

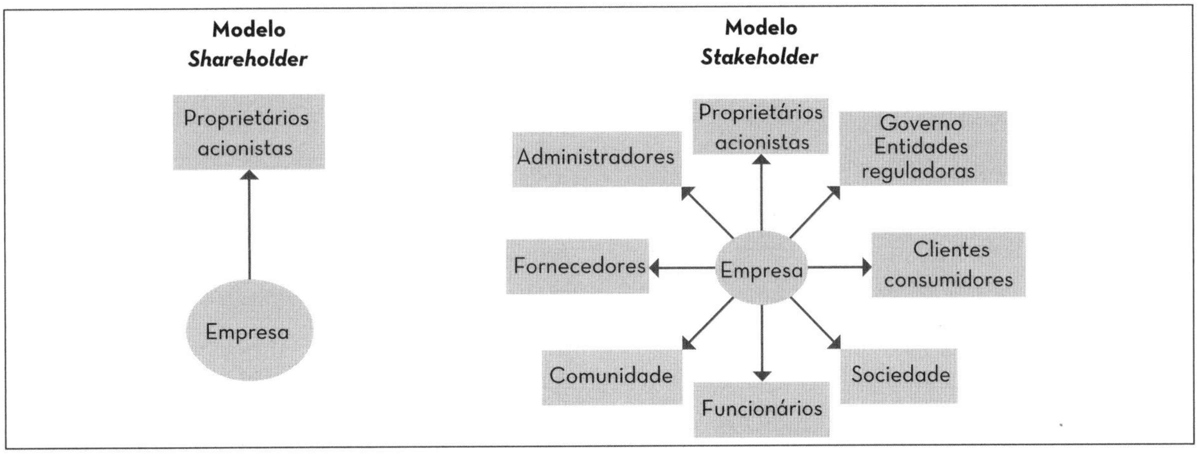

Figura 2 O modelo *shareholder* e o modelo *stakeholder*.

Hoje vive-se em um mundo de organizações. Tudo é inventado, criado, planejado, desenvolvido, produzido, comercializado, financiado e entregue por organizações. Se a administração foi a maior invenção do século passado, as organizações constituem a invenção maior do século anterior. São elas que proporcionam produtos, serviços, crédito e financiamento, entretenimento, informação, alimentação, vestuário, saúde, educação, religião, segurança, paz e guerra – enfim, tudo de que o mundo moderno necessita. E as organizações precisam ser administradas.

CARACTERÍSTICAS DAS EMPRESAS

As empresas produzem bens ou serviços, empregam pessoas, utilizam competências e tecnologias, requerem recursos e, sobretudo, necessitam de administração. O que faz as empresas diferentes das demais organizações sociais são as seguintes características[6]:

1. As empresas são orientadas para o lucro: embora o propósito final das *empresas* seja atender a uma necessidade do mercado através da produção de bens ou serviços, seu propósito imediato é o lucro, isto é, o retorno financeiro que excede o volume de insumos. O lucro permite a sustentabilidade financeira do negócio em longo prazo.
2. As empresas assumem riscos: riscos envolvem tempo, dinheiro, recursos e esforços. As empresas não trabalham em condições de certeza. O risco ocorre quando a empresa possui algum conhecimento a respeito das consequências de seus negócios, que pode ser usado para prognosticar a possibilidade do que venha a ocorrer. O risco das operações empresariais é aceito como um ingrediente inerente aos negócios e pode até incluir a possibilidade de perda completa dos investimentos feitos.
3. As empresas são dirigidas por uma filosofia de negócios: os administradores de cúpula tomam decisões e ações que se relacionam com mercados, clientes, custos, preços, concorrência, regulamentos do governo, legislação, conjuntura econômica, relações com a comunidade, além de assuntos internos relativos à estrutura e ao comportamento da empresa. Essas decisões e ações estão subordinadas a uma filosofia de negócios que define princípios e valores que são fundamentais para as empresas. Elas assumem uma dupla responsabilidade econômica e social com relação aos clientes e consumidores, fornecedores, empregados, acionistas, e à sociedade como um todo.
4. As empresas são geralmente avaliadas sob um ponto de vista contábil: a abordagem contábil é importante, pois os investimentos e retornos devem ser registrados, processados, resumidos e analisados de uma forma simplificada e me-

didos em termos de dinheiro. Nesse sentido, as empresas prestam contas aos seus proprietários, acionistas e investidores (*shareholders*).

5. As empresas são geralmente avaliadas sob um ponto de vista social: os ativos intangíveis (como conhecimentos, habilidades, talentos, relacionamento com clientes e consumidores, com a comunidade e sociedade, etc.) estão agora modificando a avaliação da empresa por parte dos vários grupos de interesses. Cada vez mais, o valor de mercado das empresas está mais relacionado com seus ativos intangíveis (capital intelectual) do que com seus ativos tangíveis (patrimônio físico e contábil). Além disso, as empresas prestam contas aos diversos grupos de interesses responsáveis pelo seu sucesso (*stakeholders*).
6. As empresas devem ser reconhecidas como negócios: seja pelas outras organizações, empresas e agências governamentais. As empresas são consideradas produtoras de bens ou serviços e como tal passam a ser solicitadas por outras empresas que lhes fornecem entradas, consomem suas saídas ou ainda concorrem com elas ou lhes aplicam taxas e impostos. O importante é saber realmente qual é o negócio da empresa.
7. As empresas constituem propriedade privada: devem ser controladas e administradas pelos seus proprietários ou acionistas ou por administradores profissionais escolhidos para isso.

Bate-bola: o que você entende por empresa?

Faça uma discussão com seus colegas a respeito do assunto e tente chegar a uma conclusão: o que se pode entender como empresa?

EMPRESAS COMO SISTEMAS ABERTOS

Com o advento da Teoria dos Sistemas, tornou-se evidente e indisfarçável a natureza sistêmica das organizações em geral e das empresas em particular. O conceito de sistema aberto surgiu na Biologia a partir do estudo dos seres vivos e de sua dependência e adaptabilidade ao meio ambiente, estendendo-se às outras disciplinas científicas (como Psicologia, Sociologia, etc.) e chegando à Administração. Hoje, a Teoria dos Sistemas se aplica a todos os tipos de sistemas vivos, desde o vírus até as sociedades. As coisas vivas são sistemas abertos com entradas e saídas em constante intercâmbio em relação ao meio ambiente.

Conceito de sistema

A empresa constitui um sistema. Um sistema pode ser definido como um conjunto de elementos dinamicamente inter-relacionados que desenvolvem uma atividade ou função para atingir um ou mais objetivos ou propósitos. A seguir, desdobra-se essa conceituação de sistema[7]:

a. conjunto de elementos: que são partes ou órgãos componentes do sistema, isto é, os subsistemas que o compõem. Isso significa totalidade: o sistema é uma integração de várias partes;
b. dinamicamente inter-relacionados: os elementos ou subsistemas estão em interação e interdependência formando uma rede de comunicações e relações. Isso provoca dependência recíproca entre eles. O que ocorre em um subsistema provoca influência nos demais;
c. desenvolvedores de uma atividade ou função: que é a operação, atividade ou processo do sistema. Cada subsistema assume uma determinada atividade ou função específica e importante para o sistema como um todo;
d. para atingir um ou mais objetivos ou propósitos: que constituem a própria finalidade para a qual o sistema foi criado. Todo sistema é algo criado ou construído para alcançar objetivos.

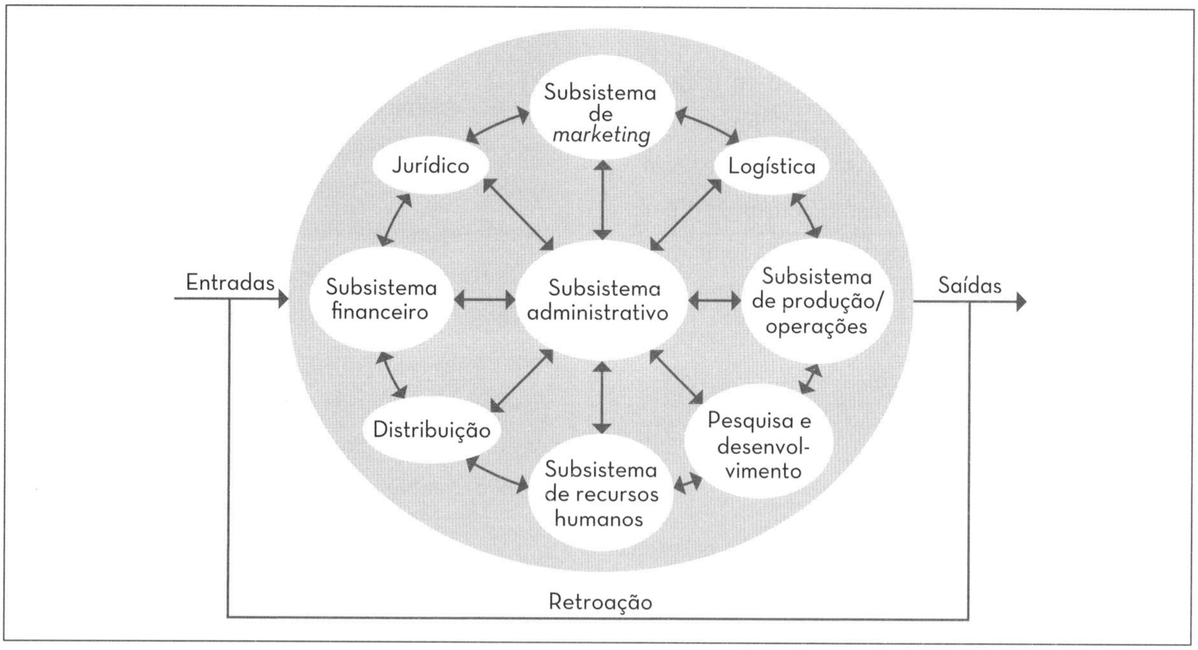

Figura 3 Empresa como sistema de subsistemas.

Em função dessas quatro características, o sistema funciona como um todo integrado e organizado logicamente. Esse aspecto de totalidade e de integridade é o fundamento de todo sistema. Quando se fala em natureza sistêmica, a intenção é fazer referência a esse funcionamento global, total e integrado, no qual o todo é maior (ou diferente) do que a soma de suas partes. Em suma, o sistema é mais do que a soma de suas partes. E ele é diferente das partes, como a água é diferente do hidrogênio e do oxigênio que a compõem.

Para poder funcionar, o sistema apresenta os seguintes parâmetros:

a. entradas ou insumos (*inputs*): todo sistema recebe ou importa do ambiente externo os insumos de que necessita para poder operar. Nenhum sistema é autossuficiente ou autônomo. Esses insumos podem entrar na forma de recursos, energia ou informação;
b. operação ou processamento: todo sistema processa ou converte suas entradas pelos seus subsistemas. Cada tipo de entrada (recursos materiais, como máquinas e equipamentos ou materiais; ou recursos financeiros, como dinheiro e investimentos) é processado por subsistemas específicos, ou seja, especializados no seu processamento;
c. saídas ou resultados (*outputs*): todo sistema coloca no ambiente externo os resultados ou saídas de suas operações. As entradas são devidamente processadas e convertidas em resultados. São, então, exportadas de novo ao ambiente. As saídas – na forma de produtos ou serviços prestados, ou na forma de energia ou informação – são decorrentes da operação ou processamento realizado pelos diversos subsistemas em conjunto;
d. retroação ou realimentação (*feedback*): é a reentrada ou retorno no sistema de parte de suas saídas ou resultados, que passam a influenciar seu funcionamento no sentido de alcançar o equilíbrio entre entradas e saídas. A retroação é, geralmente, uma in-

formação ou energia de retorno que volta ao sistema para realimentá-lo ou para alterar seu funcionamento em função dos resultados ou saídas. A retroação é, basicamente, um mecanismo sensor que permite ao sistema orientar-se em relação ao ambiente externo e verificar os desvios que devem ser corrigidos a fim de que se possa alcançar seu objetivo.

Há dois tipos de retroação:

- positiva: atua no sentido de estimular a entrada de insumos no sistema para agilizar ou incrementar as suas operações e, em consequência, produzir mais saídas ou resultados;
- negativa: se a ação do sistema foi exagerada ou mais do que o suficiente, a *retroação negativa* atua no sentido de inibir ou restringir a entrada de insumos para frear ou reduzir suas operações e, em consequência, produzir menos saídas ou resultados.

Por meio da retroação (Figura 4) – positiva ou negativa –, o sistema alcança equilíbrio e estabilidade no seu funcionamento. Esse equilíbrio é dinâmico e chama-se homeostasia nos sistemas vivos.

Homeostasia

Homeostasia ou homeostase é um conceito que vem da biologia. A palavra vem do grego (*homo* = igual e *stasis* = equilíbrio) e significa o estado estável dos organismos vivos. Não importam as condições mutáveis do meio ambiente, os organismos vivos mantêm, graças à homeostasia, um estado relativamente estável. É um mecanismo de autorregulação que mantém a estabilidade do organismo diante de mudanças ambientais. É o caso da temperatura do corpo, que se mantém relativamente estável apesar das mudanças no ambiente.

Tipos de sistemas

Quanto ao seu grau de abertura, os sistemas podem ser fechados ou abertos, dependendo de duas circunstâncias:

1. Permeabilidade: refere-se à abertura de suas fronteiras ou limites em relação ao ambiente que o cerca. Quanto maior a permeabilidade, maior o intercâmbio entre o sistema e o ambiente que o envolve externamente.
2. Previsibilidade: refere-se à expectativa de comportamento do sistema, ou seja, como o sistema irá funcionar diante do ambiente que o cerca.

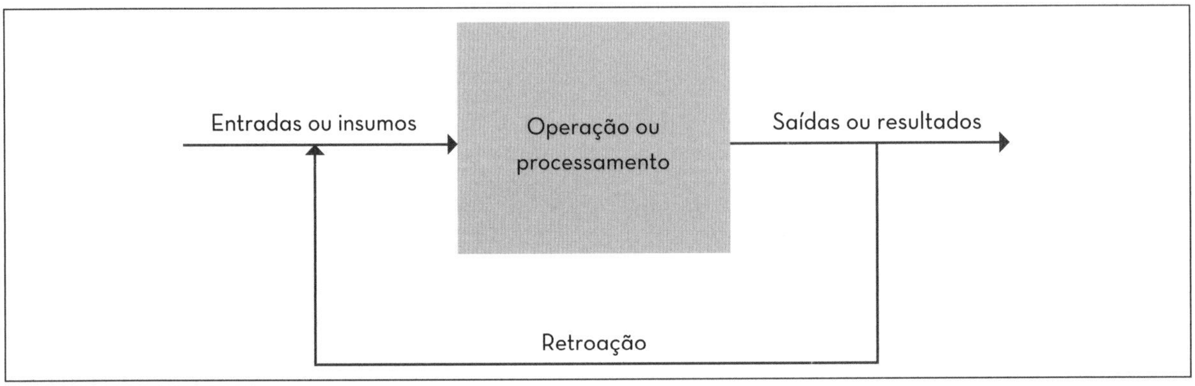

Figura 4 Retroação como energia de retorno para equilibrar o sistema.

Assim:

1. Sistema aberto: apresenta elevada permeabilidade, ou seja, tem muitíssimas entradas e saídas que permitem intensas transações com seu ambiente externo. Por essa razão, apresenta pouca previsibilidade em seu comportamento. O sistema aberto possui uma variedade enorme de entradas e saídas, nem sempre bem conhecidas graças ao seu intenso intercâmbio com o meio ambiente. Exemplos: sistemas vivos ou orgânicos, mais complexos e de difícil caracterização, organizações, empresas, economia global ou nacional, mercados, negócios, pessoas, etc.
2. Sistema fechado: apresenta pouca ou nenhuma permeabilidade, ou seja, tem pouquíssimas entradas ou saídas em relação ao ambiente externo. Na verdade, nunca há um sistema absolutamente fechado ou hermético. Suas entradas e saídas são limitadas, bem conhecidas e perfeitamente determinadas, guardando entre si uma relação de causa e efeito que pode ser matematicamente conhecida. Uma determinada influência ambiental provoca um determinado efeito ou comportamento do sistema. Por essa razão, apresenta elevada previsibilidade no seu comportamento. São os sistemas mecânicos ou determinísticos. Exemplos: motores, artefatos, programações, orçamentos, etc.

Sistema, suprassistema e subsistema

O conceito de sistema pode ser aplicado a diversos níveis de abordagem: no nível do indivíduo, do grupo, da organização, da sociedade, etc. Pode ir desde um microssistema até um suprassistema. Em termos mais amplos, vai da célula ao universo. A definição de um sistema depende do interesse de quem o deseja analisar. Uma organização, por exemplo, pode ser entendida como um sistema ou subsistema ou ainda um supersistema, dependendo da análise que se queira fazer. É, portanto, uma questão de abordagem. Um departamento pode ser visualizado como um sistema composto de vários subsistemas (como seções ou divisões) e integrado em um supersistema maior (a empresa), como também pode ser visualizado como um subsistema composto por vários outros subsistemas (seções ou divisões) pertencendo a um sistema (a empresa), o qual está integrado em um supersistema (o mercado ou a comunidade). O sistema é representado por todos os componentes e relações necessários à realização de um objetivo. O objetivo do sistema define a realidade para a qual foram ordenados e agrupados todos os componentes e relações do sistema.

Além disso, os sistemas podem ser tipificados, segundo sua natureza, em:

1. Sistemas físicos ou concretos: são os sistemas constituídos de coisas, objetos, equipamentos e coisas reais. São tangíveis e podem ser perfeitamente descritos em termos quantitativos e qualitativos. Recebem o nome de *hardware*.
2. Sistemas abstratos ou conceituais: são os sistemas constituídos de conceitos, ideias, hipóteses, abstrações, planos, programações, regras e regulamentos. Quase sempre são intangíveis, invisíveis e existem no pensamento das pessoas. Recebem o nome de *software*.

Interação entre *hardware* e *software*

Todo sistema físico requer um sistema conceitual para poder funcionar e desempenhar suas funções. A recíproca também é verdadeira: os sistemas abstratos somente se realizam quando aplicados a algum sistema físico. *Hardware* e *software* se complementam.

É o exemplo de uma universidade, com suas salas de aulas, carteiras, equipamentos, iluminação, etc. (sistema físico) para desenvolver um programa educacional (sistema abstrato), ou um centro de processamento de dados em que o equipamento e os circuitos processam programas ou instruções ao computador.

Representação dos sistemas

Cada sistema é constituído de vários subsistemas, os quais podem ser desdobrados em outros subsistemas componentes, e assim por diante. Por outro lado, cada sistema faz parte integrante de um sistema maior, que constitui seu ambiente externo. Para se estudar ou analisar um sistema, utilizam-se modelos. Modelo é a representação de um sistema. Em geral, essa representação é simbólica e pode ser:

1. Representação gráfica: o modelo gráfico representa a estrutura básica de um sistema, como é o caso do organograma, que representa a estrutura empresarial; a planta que representa a estrutura de um prédio ou edifício; um mapa que representa uma cidade ou país.
2. Representação matemática: o modelo matemático representa o funcionamento de um sistema por meio de uma equação matemática que permite prever seu comportamento.
3. Representação descritiva: o modelo descritivo representa um sistema por intermédio de uma minuciosa descrição ou explicação da sua composição ou funcionamento. É o caso de um conto literário que pode descrever um fato ou um acontecimento ou de um caso que retrata o comportamento de uma empresa.

Ao longo deste livro, serão utilizados modelos gráficos, matemáticos e descritivos para representar a empresa ou partes dela.

A empresa como um sistema aberto

A abordagem de sistema aberto concebe a organização como um sistema que tem entradas e saídas com seu ambiente. Dentro dessa abordagem, a empresa é visualizada como um sistema aberto em um dinâmico relacionamento com seu ambiente, recebendo vários insumos (entradas), transformando esses insumos de diversas maneiras (processamento ou conversão) e exportando os resultados na forma de produtos ou serviços (saídas). Os sistemas abertos trocam matéria e energia regularmente com o meio ambiente e são fundamentalmente adaptáveis, pois para sobreviver precisam reajustar-se continuamente às condições mutáveis do meio. Mantêm um jogo recíproco com as forças do ambiente que o circunda, e a qualidade de sua estrutura é otimizada quando o conjunto de elementos do sistema se organiza e reorganiza continuamente, aproximando-se de uma operação adaptativa. A adaptabilidade é um contínuo processo de aprendizagem e de auto-organização, aspectos típicos do sistema aberto[7].

OS NÍVEIS DAS EMPRESAS

As empresas constituem sistemas complexos destinados a atingir objetivos também diferenciados e complexos. Para tanto, ocorre a divisão do trabalho e especialização de atividades dos órgãos e dos participantes. É possível definir diversos níveis de atuação dentro da empresa, cada qual desenvolvendo diferentes enfoques quanto aos objetivos empresariais. Cada nível tem a sua própria racionalidade.

Racionalidade

No sentido aplicado por Max Weber[8], racionalidade implica adequação dos meios utilizados aos fins que se deseja alcançar. No contexto da Teoria da Burocracia, isso significa eficiência: uma empresa é racional se os meios mais eficientes são escolhidos para alcançar os objetivos desejados. No entanto, são levados em consideração os objetivos organizacionais, e não os objetivos individuais dos participantes. Dessa maneira, o fato de uma empresa ser racional não implica, necessariamente, que todos os seus participantes ajam racionalmente no que concerne às suas próprias aspirações e objetivos pessoais. Muito ao contrário: quanto mais racional e burocrática se torna a empresa, tanto mais os seus participantes individuais se tornam simples engrenagens de uma máquina, ignorando o propósito e o significado do seu comportamento. Para Weber, a racionalidade é baseada no conhecimento científico e é atingida pela elaboração de regras e regulamentos que servem para dirigir todo comportamento dos participantes de encontro à eficiência. Esta é também a concepção de racionalidade que fundamenta a Administração Científica de Taylor, que almeja a descoberta e aplicação da melhor maneira (*the best way*) de desempenho e de trabalho industrial.

Uma das maneiras para se entender o comportamento das empresas reside no conceito de racionalidade. A racionalidade é o imperativo de todas as atividades administrativas de uma empresa e é o que a leva a uma infinidade de comportamentos diferentes para alcançar seus objetivos. A racionalidade se aplica a muitas situações quando o problema envolve uma minimização de meios para alcançar um determinado fim (utilização de recursos mínimos) ou quando os fins que se pretende alcançar é que determinam a forma pela qual um sistema racional deve comportar-se (adequação de recursos). Nesse caso, pretende-se, com os recursos disponíveis, alcançar o objetivo pretendido da maneira mais eficiente. A eficiência, como já vimos, está relacionada com a utilização dos recursos para alcançar determinado objetivo ou finalidade. A eficiência pode ser analisada por meio da razão E = P/R, em que P são os produtos (saídas ou resultados) e R são os resultados utilizados (entradas e insumos). A eficiência é um resultado da racionalidade. Dados os objetivos, compete à racionalidade a descoberta dos meios mais adequados para alcançá-los.

Existe uma racionalidade empresarial[9]: toda empresa se comporta de acordo com uma racionalidade que lhe é própria. A racionalidade está ligada aos meios, aos métodos e aos processos que a empresa acredita serem capazes de proporcionar o alcance de determinados fins ou resultados. A racionalidade se fundamenta em uma presunção sobre as relações de causa e efeito: determinadas ações conduzem a certas consequências. Assim, uma ação ou um procedimento é racional se é consistente ou congruente com o alcance de objetivos que se pretende atingir ou se ajusta a presunções, axiomas ou premissas previamente aceitas e estabelecidas pela empresa. Existe racionalidade porque o comportamento da empresa é planejado e dirigido para certos objetivos que ela pretende alcançar. Para que haja racionalidade, os meios, procedimentos, métodos, processos, etc. devem ser coerentes com o alcance dos objetivos desejados.

A múltipla racionalidade empresarial

A racionalidade empresarial é complexa e pode referir-se a múltiplos aspectos. Por exemplo, existe racionalidade econômica quando uma alternativa de ação escolhida pela empresa é consistente com aquilo que a teoria econômica afirma e com as presunções que a empresa tem a respeito dos fenômenos econômicos. A racionalidade legal se baseia na adequação às regras da legislação e da jurisprudência existente; a racionalidade social se fundamenta na congruência com os valores e normas sociais; a racionalidade política depende do cálculo do poder e influência política que se pretende obter; a racionalidade técnica geralmente é fundamentada na evidência científica e na base de métodos científicos.

De um modo geral, a empresa procura tentar satisfazer simultaneamente os problemas relacionados com sua racionalidade técnica, econômica, social, política, legal, etc. O desafio está em compatibilizar essas diferentes racionalidades. Contudo, muitas vezes, o atendimento de uma delas pode prejudicar a satisfação dos demais. Um tipo de tarefa ou produto escolhido pela empresa para atender à racionalidade técnica (busca da eficiência na produção) pode sacrificar a racionalidade econômica (preço mais elevado do produto no mercado), a racionalidade legal (criando dificuldade com marca ou patente já existente no mercado), a racionalidade social (impondo condições adversas de trabalho aos empregados), etc.[7].

As partes da empresa - os níveis organizacionais

As empresas podem ser analisadas sob o prisma de três diferentes estratos ou níveis hierárquicos: institucional, mediador ou gerencial e técnico. É preferível chamá-los, respectivamente, de nível institucional, intermediário e operacional[7].

1. Nível institucional: é o nível estratégico; corresponde ao mais elevado da empresa, composto dos diretores, dos proprietários ou acionistas e dos altos executivos. Nele estão o presidente e os diretores responsáveis pelos assuntos globais da empresa, incluindo também todos aqueles que proporcionam suporte direto para o pessoal do topo (como as secretárias, assistentes, etc.). Em algumas empresas, o nível institucional envolve também o conselho administrativo, como na maioria das sociedades anônimas. O nível institucional é o nível mais elevado e envolve as pessoas e os órgãos que definem os objetivos empresarias e as estratégias globais necessárias para atingi-los adequadamente. Daí ser o componente estratégico: ao visualizar o cenário ambiental e as suas condições, o nível estratégico traça ou procura traçar as manobras empresariais necessárias para neutralizar as ameaças e as coações que ocorrem no ambiente e que trazem inseguranças, para tratar com as contingências ambientais que trazem incerteza e para aproveitar as situações favoráveis que trazem oportunidades no ambiente. Ele é o responsável pela definição dos objetivos e das estratégicas da empresa e pelas principais decisões empresariais. É o nível que se defronta com o ambiente externo, extremamente vasto e mutável que circunda e envolve a empresa. Daí ser o mais periférico. Além de estar voltado para os objetivos do negócio e para os interesses do grupo dominante, o nível institucional é predominantemente extrovertido, isto é, voltado para a realidade ambiental externa. Em outros termos, é constituído pelas camadas da empresa expostas ao ambiente e que estão situadas na periferia organizacional e na interface com a realidade externa que a empresa precisa atender. É o nível que mantém contato e interação com as forças ambientais. Lida com a incerteza, exatamente pelo fato de não ter poder ou controle algum sobre os eventos ambientais presentes e muito menos capacidade de prever com razoável precisão os eventos ambientais futuros[10].
2. Nível intermediário: é também chamado mediador ou gerencial e está colocado entre o institucional e o operacional. Cuida da articulação interna entre os dois níveis, que respectivamente estão colocados no topo e na base da organização empresarial. Trata-se da linha do meio de campo. Cuida também da escolha e da captação dos recursos necessários, bem como da distribuição e da colocação do que foi produzido pela empresa nos diversos segmentos do mercado. É o nível que lida com os problemas de adequação das decisões toma-

das no nível institucional para as operações realizadas no nível operacional. O nível intermediário é geralmente composto da média administração da empresa, isto é, as pessoas ou os órgãos que transformam as estratégias elaboradas para atingir os objetivos empresariais em programas de ação, pois o nível institucional está geralmente ligado ao nível operacional por uma cadeia de administradores de linha média com autoridade formal. Essa cadeia de autoridade é escalar, pois liga, através de uma linha simples, o topo à base da organização, fazendo com que cada subordinado tenha apenas um superior. Cabe ao nível intermediário administrar o nível operacional e cuidar das decisões nos níveis departamentais relacionadas com o dimensionamento e alocação dos recursos necessários às atividades da empresa.

3. Nível operacional: é também denominado nível técnico ou núcleo técnico; está localizado nas áreas inferiores da empresa. Está relacionado com os problemas ligados à execução cotidiana e eficiente das tarefas e operações da empresa e orientado quase exclusivamente para as exigências impostas pela natureza da tarefa técnica a ser executada, com os materiais a serem processados e com a cooperação de numerosos especialistas necessários ao andamento dos trabalhos. É o nível em que as tarefas são executadas e as operações realizadas: envolve o trabalho básico relacionado diretamente com a produção dos produtos ou serviços da empresa.

   O nível operacional é geralmente composto pelas áreas encarregadas de programar e executar as tarefas e operações básicas da empresa. É nele que estão as máquinas e os equipamentos, as instalações físicas, as linhas de montagem, os escritórios, os balcões de atendimento, etc., cujo funcionamento deve atender a determinadas rotinas e procedimentos programados dentro de uma regularidade e continuidade que assegurem a utilização plena dos recursos disponíveis e a máxima eficiência das operações.

Há dois aspectos que não devem ser esquecidos quando se trata do nível operacional[7]:

1. O nível operacional não está situado exclusivamente na área de produção dos bens e serviços realizados pela empresa: ele não se limita apenas à área fabril ou industrial, mas está situado em todas as demais áreas empresariais, como finanças, mercadologia, recursos humanos, processamento de dados, etc. É o nível em que as tarefas e as operações (produtivas, financeiras, mercadológicas, informacionais, etc.) são programadas e executadas rotineiramente. Daí a denominação nível operacional.
2. O nível operacional nem sempre está situado exclusivamente nos níveis mais baixos da hierarquia organizacional, mas pode atingir todas as camadas em que predominam a especialização e a racionalização técnica. Na medida em que a tecnologia utilizada pela empresa e o ambiente que envolve a empresa forem simples, estáveis e previsíveis (não sujeitos a mudanças), o nível operacional tende a limitar-se aos níveis mais baixos da hierarquia organizacional. Contudo, na medida em que a tecnologia utilizada pela empresa é complexa, sofisticada e instável (sujeita a mudanças intensas e rápidas) e o ambiente externo que envolve a empresa é instável, dinâmico, mutável e turbulento, o nível operacional tende a projetar-se a todas as camadas da hierarquia organizacional convocadas para compartilhar dos problemas técnicos e da racionalidade técnica.

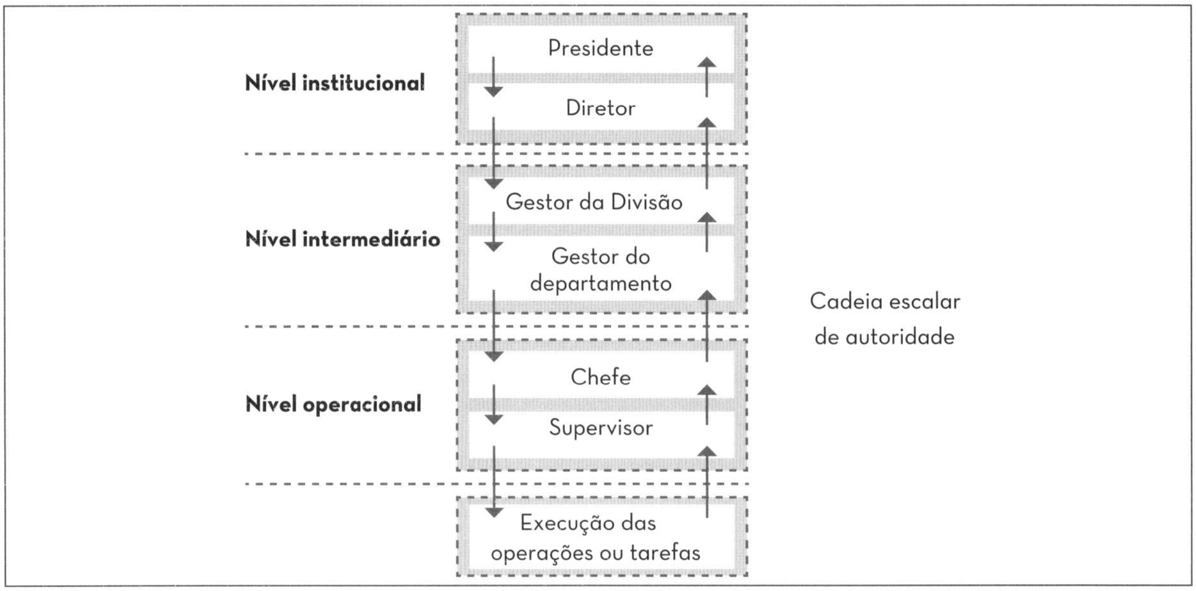

Figura 5 Cadeia escalar de autoridade nos três níveis da empresa.

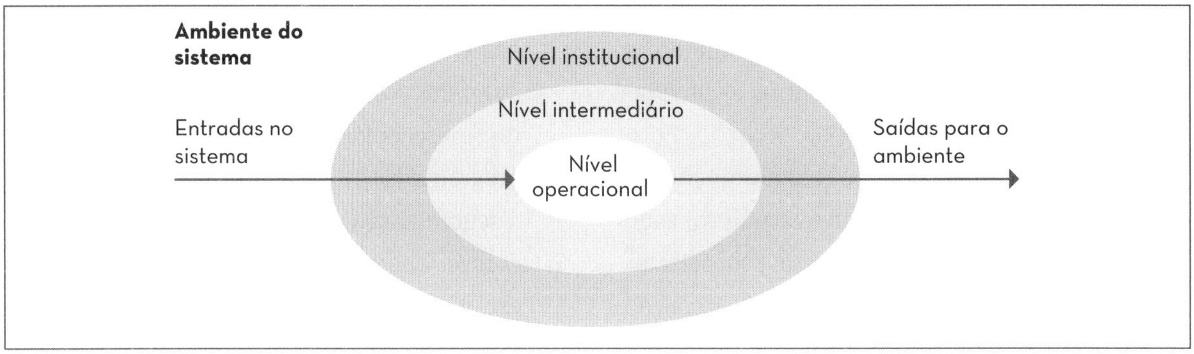

Figura 6 Relação sistêmica entre os níveis institucional, intermediário e operacional[11].

Encadeamento dos níveis organizacionais

Na realidade, não há uma separação nítida e permanente entre os três níveis da empresa, podendo haver até superposição entre eles. Como mostra a Figura 7, há uma enorme diferença no funcionamento de cada um desses três níveis da empresa. O nível institucional, por manter interação com o ambiente externo da empresa, funciona como um sistema aberto. Ao se defrontar com a incerteza, a indefinição, a complexidade e a imprevisibilidade que povoam o ambiente, assume risco e adota critérios de racionalidade empresarial: em vez de buscar a máxima eficiência (típica da lógica do sistema fechado), ele busca a eficiência satisfatória. Isso significa que a tomada de decisões da alta cúpula procura antes resultados satisfatórios do que a maximização de resultados. O nível operacional situado no nível mais íntimo da empresa, ao contrário, precisa de uma rígida programação cotidiana baseada na certeza e na previsibilidade para poder funcionar como um relógio. O dia a dia de uma fábrica, de um escritório e de uma agência bancária precisa ser sempre igual: os métodos e processos, as rotinas e os procedimentos, as operações e as tarefas devem ser sempre executadas cotidianamente com a máxima eficiência. Assim, o nível operacional funciona como um sistema fechado, com pouca flexibilidade, e adota critérios de racionalidade técnica: busca a máxima eficiência possível.

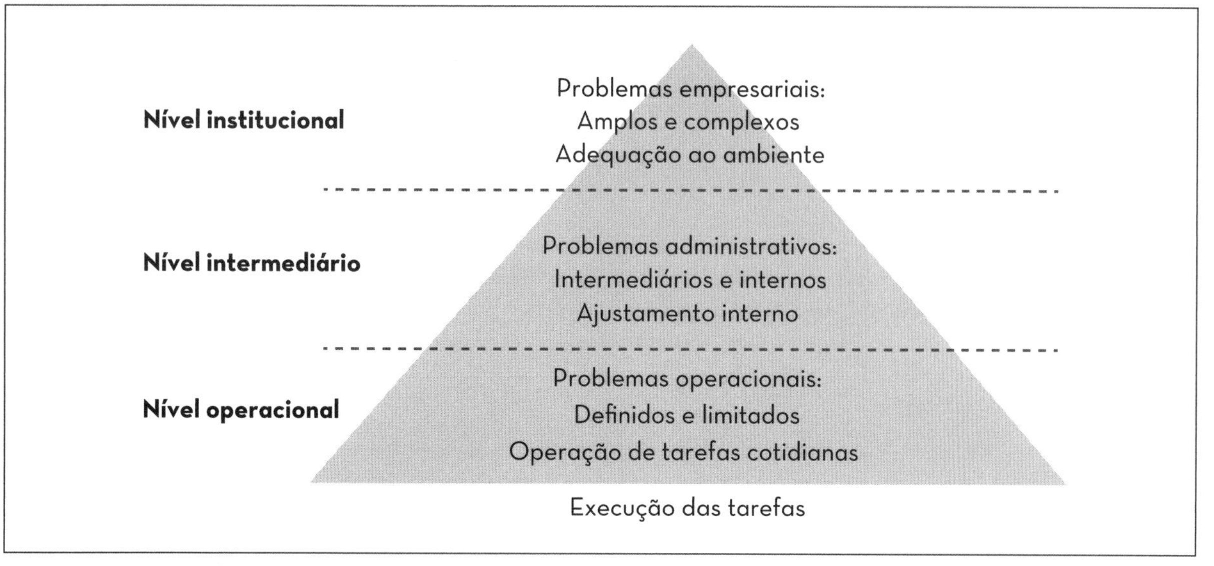

Figura 7 Natureza dos problemas dos três níveis da empresa.

Teorias restritas ao nível operacional e aos sistemas fechados

Percebe-se que a contribuição da Administração Científica de Taylor visando a padronizar os métodos de trabalho do operário, a efetuar o máximo controle sobre o comportamento dos participantes e a obter a máxima eficiência é uma abordagem típica de sistema fechado, ao buscar certeza, determinismo e previsão exata. A Administração Científica é utilizada ainda hoje exclusivamente para problemas do nível operacional. Também a Teoria Clássica (Fayol) e a Teoria da Burocracia (Weber) são abordagens típicas de sistema fechado. Para estas, toda contingência deve ser prevista antecipadamente e manipulada por funcionários orientados por regras e regulamentos sobre o que fazer e onde as influências externas (como pressões dos clientes, por exemplo) devem ser controladas e neutralizadas por meio do tratamento rotineiro, padronizado e impessoal da clientela.

Teorias focadas nos sistemas abertos

Por outro lado, as modernas teorias administrativas – como a Teoria Estruturalista, a Teoria Comportamental e a Teoria da Contingência – são abordagens típicas de sistema aberto utilizadas na expectativa de incerteza, uma vez que o sistema empresarial contém mais variáveis do que se poderia compreender de uma só vez, estando algumas delas sujeitas a influências externas e internas que não se consegue prever, compreender ou controlar.

Intermediando os níveis institucional e operacional – tão diferentes entre si –, o nível intermediário funciona como um sistema aberto e mediador. O nível intermediário amortece e limita os impactos e os solavancos da incerteza trazida do ambiente pelo nível institucional, absorvendo-os e digerindo-os para levar ao nível operacional os programas e procedimentos de trabalho rigidamente estabelecidos que este deverá seguir para executar as tarefas básicas da empresa com efi-

Figura 8 A atuação nos níveis institucional, intermediário e operacional[12].

Tabela 3 Sistema aberto e sistema fechado

Níveis da empresa	Lógica utilizada	Características	Abordagem típica
Institucional	Sistema aberto	Interface entre o sistema e seu ambiente externo mais amplo Expectativa de incerteza e de imprevisibilidade	Teorias modernas de administração fundamentadas na teoria de sistemas
Operacional	Sistema fechado	Núcleo fechado que deve funcionar com regularidade Baseado na certeza e na previsibilidade Ênfase no planejamento e no controle	Administração Científica Teoria Clássica Teoria da Burocracia

ciência, proporcionando à empresa condições de atender às demandas do ambiente e atingir seus objetivos. O nível intermediário deve ser flexível, elástico, capaz de amortecer e conter os impactos e pressões externas para não prejudicar as operações internas realizadas cotidianamente no nível operacional. Como o nível operacional tem pouca flexibilidade, cabe ao nível intermediário servir de bolsão mediador, compassando os ritmos mais rápidos ou mais lentos das forças ambientais com as possibilidades rotineiras de atuação do nível operacional.

Ao integrar seus níveis, a empresa como um todo permanece flexível e adaptável para satisfazer às demandas externas do ambiente (graças ao nível institucional) e, ao mesmo tempo, eficiente e racional (graças ao nível operacional). Em relação ao ambiente, a empresa deve ser eficaz e, em relação à sua tarefa, deve ser eficiente. A eficácia será garantida pelo nível institucional, enquanto a eficiência será garantida pelo nível operacional. O nível intermediário – predominantemente administrativo – se incumbe de integrar e articular os níveis institucional e operacional, amortecendo e absorvendo a incerteza provinda do nível institucional e fornecendo regularidade ao nível operacional.

ALINHAMENTO ORGANIZACIONAL

No entanto, não bastam apenas os níveis organizacionais em termos de estrutura. Além disso, as empresas requerem uma conjunção de crenças, ideias, princípios e valores que lhe dão consistência e identidade própria. Todo negócio deve ter uma missão para cumprir. Deve ter uma visão do futuro que o norteie e deve definir os valores que pretende consagrar. Tudo isso precisa ser muito claro para que todos os parceiros saibam exatamente o que fazer, como, quando e onde fazer. Conceitos como missão, visão, valores e objetivos globais são fundamentais para nortear os rumos do negócio. Quando todos esses conceitos são bem definidos e estabelecidos, o negócio se torna mais racional, uma vez que todas as decisões e ações são regidas e orientadas para o alcance de determinados fins que se tem em vista. A racionalidade decorre da escolha dos meios certos para atingir certos fins. Os meios escolhidos são racionais se eles conduzem aos fins desejados. Toda empresa tem sua racionalidade. Se os fins são econômicos – como lucro ou simplesmente o ganho financeiro –, os meios devem se ajustar a uma racionalidade econômica. Se os fins são legais – como a escolha da melhor composição jurídica para o negócio –, os meios devem se ajustar a uma racionalidade legal. E assim por diante. Se o novo negócio pretende utilizar uma tecnologia sofisticada para aumentar sua eficiência e eficácia, os meios devem se ajustar a uma racionalidade técnica ou tecnológica. Uma vez definida a missão, a visão, os valores e os objetivos, o passo seguinte é definir a estratégia para conduzir todos esses aspectos em direção ao alcance dos objetivos estabelecidos.

Missão organizacional

A missão significa a razão de ser do próprio negócio. Por que ele foi criado e para o que ele existe. O empreendedor pode abrir um negócio por muitas razões, como prestar um novo e diferente serviço à sociedade, satisfazer novas expectativas dos consumidores, aproveitar e incrementar novas tecnologias, ajudar a comunidade em determinados setores mais carentes, expressar criatividade e inovação ou investir a poupança em um negócio rentável.

Figura 9 Níveis institucional, intermediário e operacional e seu relacionamento com a incerteza[13].

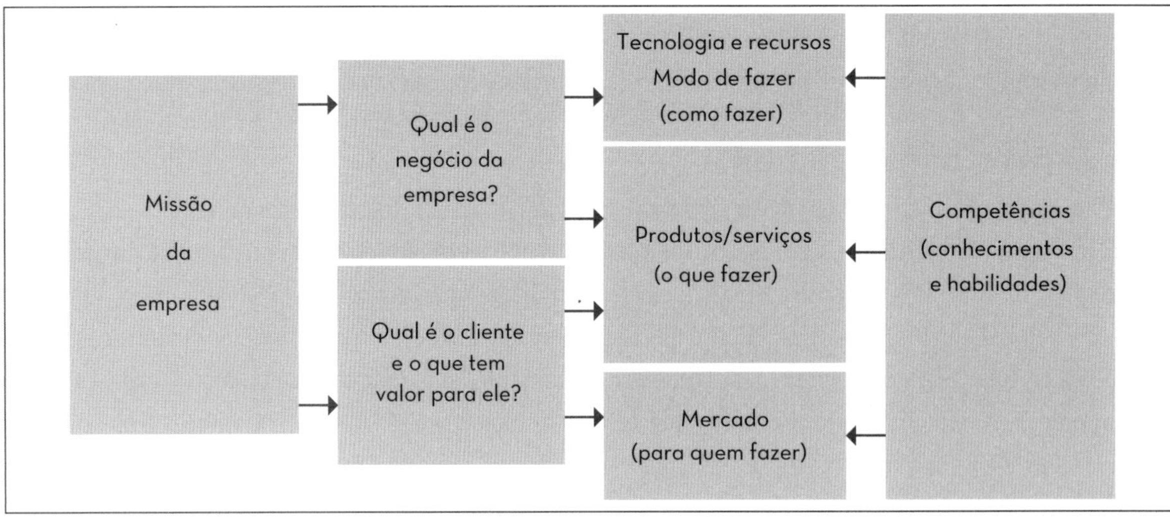

Figura 10 A missão da empresa e seus desdobramentos.

A missão da empresa sempre está colocada fora das duas fronteiras e centrada na sociedade. Em síntese, a missão da empresa define os produtos/serviços, os mercados e a tecnologia, refletindo os valores e as prioridades do negócio.

Assim, o mercado, as competências essenciais, os produtos/serviços e a tecnologia – o modo de fazer as coisas – quase sempre são considerados os quatro componentes indispensáveis na formulação da missão da empresa. Não se confundem com ela, entretanto. São os três componentes econômicos que guiam a direção estratégica de quase todos os negócios viáveis, definindo as atividades da organização no presente e o potencial futuro do negócio.

Assim, a missão da empresa está voltada para a definição do negócio e do cliente a fim de definir exatamente o que fazer (produto ou serviço), como fazer (tecnologia a ser utilizada, métodos e processos) e para quem fazer (mercado ou cliente).

Por que a empresa precisa existir?

O simples desejo de ter um negócio próprio ou de obter lucro com um determinado negócio não justifica a existência de uma empresa nem são suficientes para ela alcançar sucesso. É necessário muito mais do que isso. O lucro é uma decorrência do negócio e não deve ser considerado uma missão ou um objetivo global do negócio. Lucro não é missão, mas pode ser um objetivo importante ou uma decorrência fundamental do negócio. Afinal, ninguém trabalha de graça. Sem dúvida, é necessária uma forte motivação econômica focada em ganhos financeiros, mas ela não deve ser o único elemento determinante de um novo negócio. Para prosperar, a empresa precisa produzir bens e serviços que os clientes se interessem em comprar em quantidades suficientes e a determinados preços. Preço, qualidade, concorrência e confiabilidade são aspectos fundamentais em qualquer negócio.

A primeira coisa que o administrador ou empreendedor precisa pensar quando pretende abrir um novo negócio – ou mesmo dar-lhe continuidade – é definir por que sua empresa precisa existir[14]. Convém colocar essas razões por escrito em um texto curto e simples que reflita suas ideias para que todas as pessoas possam conhecê-las. Em seus contatos e reuniões com os parceiros, o administrador deve sempre ter em mente a missão do negócio. Bater sempre nessa tecla: qual é a nossa missão. Por essa razão, o administrador deve trabalhar como um missionário, tendo sempre a missão do negócio em sua cabeça e em seu coração. E, se possível, com a missão do negócio na sua cabeça e no coração dos seus parceiros. A missão é a bússola do negócio.

A missão organizacional precisa ser detalhada e explicitada para o melhor entendimento das pessoas que compõem a empresa. Vasconcelos e Pagnoncelli[15] oferecem o exemplo da missão da Nansen Instrumentos de Precisão: oferecer soluções em mecânica de precisão, medição e controle através de produtos e serviços com tecnologia e qualidade que assegurem a satisfação do cliente. Segundo os autores, essa definição é assim detalhada:

- oferecer: ir ao encontro do cliente com atitude proativa e antecipatória;
- *soluções*: respostas da empresa às necessidades do cliente;
- mecânica de precisão: transformação de materiais em produtos de precisão por meio de processos mecânicos;
- medição: determinação de um valor pela comparação com um padrão;
- controle: atuação no processo para garantir os resultados esperados;
- serviços: atividades que fazem parte das soluções oferecidas ao cliente;
- tecnologia: conjunto de conhecimentos utilizados para gerar produtos e serviços.

É necessário que a missão seja assimilada e compreendida de maneira uniforme por todas as pessoas da empresa para que haja consonância e convergência. Quanto maior a equipe, tanto maior a necessidade do detalhamento da missão para que ela seja claramente entendida por todos. Quanto mais as pessoas assimilam a missão organizacional, tanto mais elas passam a trabalhar pela causa da empresa, e não para a empresa em si. Além disso, elas passam a ter o entendimento de como colaborar para o sucesso da missão organizacional.

A missão organizacional não é estática, mas ativa e dinâmica

A IBM surgiu no início do século passado como um negócio de relógios de ponto, migrou para máquinas de escritório, depois para computadores de grande porte (*mainframes*), entrou com relativo atraso nos PC e, em seguida, migrou para a informática e a internet. Hoje, a missão da IBM não é exatamente produzir computadores ou máquinas, mas oferecer soluções rápidas e criativas para problemas de gerenciamento da informação para os seus clientes. Os computadores e as máquinas são apenas os meios e as ferramentas para que ela atenda à sua missão. A missão não é definitiva nem estática, pois sofre mudanças ao longo da existência da empresa.

Na verdade, toda empresa é ou foi criada para atender a alguma finalidade: oferecer um produto ou um serviço à sociedade. A missão representa essa finalidade ou incumbência. Em outros termos, a missão significa a própria razão de ser e de existir da organização e qual é seu papel na sociedade.

A missão organizacional também evolui

Quando Smith inventou a Federal Express, ele estava preocupado em oferecer um serviço de malote capaz de funcionar no *overnight*, ou seja, na virada da noite. Algo como: entre hoje e amanhã até as 10 horas da manhã a encomenda estará nas mãos do destinatário. Para tanto, Smith integrou todo um esquema de logística – áreas de recepção, aviões, caminhões, áreas de entrega, rastreadores eletrônicos, um poderoso sistema de informação, etc. - para operar a companhia. Tempo sempre foi uma obsessão dentro da companhia. A missão original era a segurança na remessa de encomendas. A ideia era oferecer ao cliente total confiabilidade quanto a prazos e entregas. Hoje, a FedEx é uma empresa bem-sucedida. Smith está continuamente analisando seu negócio e chegou à conclusão de que a missão da empresa é deixar tranquilo e sossegado o cliente que lhe confiar uma encomenda. Em outras palavras, o negócio da FedEx passou a ser a tranquilidade. Algo como o Sedex 10 que o nosso correio oferece ao mercado.

Em geral, a missão envolve os aspectos essenciais do negócio. Cada organização tem sua missão específica e da qual decorrem seus princípios e valores organizacionais.

Vasconcellos Filho e Pagnoncelli pesquisaram a definição de missão em várias organizações e empresas. A seguir, alguns exemplos de missões pesquisados pelos autores.

Missão e credo

Modernamente, as organizações estão constantemente discutindo sua missão para que todos os seus funcionários possam saber exatamente qual a sua contribuição pessoal para que a organização possa realizar bem sua finalidade primordial. Através do credo - a declaração formal e escrita da missão - a organização desenvolve seus símbolos básicos e sagrados e preserva sua

Tabela 4 Exemplos de missão organizacional[15]

Propósito organizacional (missão)
McDonald's Servir alimentos de qualidade com rapidez e simpatia, em um ambiente limpo e agradável
Danone Assegurar que as pessoas possam crescer, viver melhor e ser providas diariamente com alimentos melhores, uma grande variedade de sabores, visando a uma saúde melhor
Hospital das Clínicas de São Paulo Salvar vidas
Caixa Econômica Federal - CEF Promover a melhoria contínua da qualidade de vida da sociedade através da intermediação de recursos financeiros
Instituto Nacional de Tecnologia - INT Participar ativamente do desenvolvimento e da modernização do país pela incorporação de soluções tecnológicas criativas, atividades de produção e gestão de bens e serviços, contribuindo para a melhoria da qualidade de vida da sociedade
Disney Alegrar as pessoas
Walmart Dar às pessoas comuns a oportunidade de comprar as mesmas coisas que os ricos
Nike Viver a alegria do avanço e usar tecnologia em benefício do público
Revista Exame Transformar a informação em conhecimento; dar sentido a coisas aparentemente desconexas; antecipar ideias e conceitos
Editora Senac Disseminar conhecimentos na forma de livros e vídeos
Senac Desenvolver pessoas e organizações para o mundo do trabalho por meio de ações educacionais
Fiat Produzir automóveis que as pessoas desejem comprar e tenham orgulho em possuir
3M Solucionar, de maneira inovadora, problemas não solucionados

identidade. Assim, em vez de controles externos (como regras, regulamentos e fiscalização) para restringir o comportamento das pessoas, a organização indica e esclarece sua missão para orientar e estimular a iniciativa pessoal de cada um de seus membros. Em geral, a definição da missão organizacional busca ampliar horizontes e fronteiras de ação. É por isso que o *slogan* da NEC é "a imaginação sem limites". E o da Philips, "fazendo sempre melhor". E a Xerox tornou-se "*the document company*", para melhor firmar sua presença. Fala-se hoje em gestão por missões.

Princípios e valores organizacionais

Valores são as crenças e as atitudes básicas que ajudam a definir o comportamento individual. Os valores variam entre as pessoas e as empresas. Muitas organizações procuram manter elevados padrões éticos nas suas atividades cotidianas através da introdução de códigos formais de ética, cursos internos sobre ética profissional, desenvolvimento de uma cultura ética e apoio total da alta direção. O código de ética é um documento escrito que estabelece os valores e padrões éticos para servirem como guias para o comportamento dos funcionários.

Os códigos de conduta ética costumam identificar os comportamentos esperados em termos de cidadania, boas relações com os clientes, atendimento estrito à legislação vigente, prevenção de atos ilegais e clareza absoluta nos negócios.

Os valores podem assumir diferentes interpretações sobre se um comportamento é ético ou não em determinadas situações. Muitas vezes, as pessoas tentam racionalizar o comportamento não ético, tentando convencer a si próprias ou as demais pessoas de que o seu comportamento não é realmente ilegal ou que atende aos melhores interesses da companhia ou ainda que ninguém sairá prejudicado. Isso acontece geralmente em situações ambíguas ou quando o comportamento está na fronteira daquilo que é certo ou errado.

Valores básicos, propósito e princípios da Procter & Gamble (P&G)[16]

A P&G é uma empresa caracterizada pela forte cultura corporativa. Seus valores básicos são fundamentados em pessoas:

1. *Pessoas*: nós atraímos e recrutamos os melhores talentos do mundo. Construímos nossa organização de dentro, promovendo e recompensando pessoas sem nenhuma diferença quanto ao desempenho. Atuamos com a convicção de que os homens e mulheres da P&G sempre constituirão o nosso principal ativo.
2. *Liderança*: todos nós somos líderes em nossa área de responsabilidade, com um profundo compromisso para apresentar resultados de liderança. Temos uma clara visão de para onde estamos indo. Focalizamos nossos recursos para alcançar objetivos e estratégias de liderança. Desenvolvemos a capacidade de impulsionar nossas estratégias e eliminar barreiras organizacionais.
3. *Integridade*: sempre tentamos fazer da melhor maneira. Somos honestos e francos com os outros. Operamos dentro da letra e do espírito da lei. Salientamos os valores e princípios da P&G em cada ação e decisão. Somos baseados em dados e intelectualmente honestos ao advogar propostas, incluindo riscos reconhecíveis.
4. *Confiança*: nós respeitamos nossos colegas da P&G, nossos clientes, nossos consumidores e os tratamos da maneira como gostamos de ser tratados. Temos confiança nas capacidades e nas intenções dos outros. Acreditamos que as pessoas trabalham melhor quando existe um fundamento de confiança.

5. *Paixão por vencer*: somos determinados a ser os melhores ao fazer as coisas. Temos uma salutar insatisfação com o *status quo*. Temos um desejo compelidor de melhorar e vencer no mercado.
6. *Propriedade*: aceitamos a responsabilidade pessoal para atender necessidades dos negócios, melhorar nossos sistemas e ajudar outros a melhorar sua eficácia. Todos nós atuamos como proprietários, tratando os ativos da companhia como se fossem nossos e nos comportando com o sucesso da companhia em longo prazo em mente.

O propósito da P&G é assim definido: Nós proporcionamos produtos de qualidade e valor superiores, que melhoram as vidas dos consumidores de todo o mundo. Como resultado, os consumidores nos recompensam com liderança em vendas e crescimento do lucro, permitindo que nossas pessoas, nossos acionistas e as comunidades em que vivemos e trabalhamos possam prosperar.

Os princípios da P&G são:

- Mostrar respeito por todos os indivíduos;
- Não separar os interesses da companhia e do indivíduo;
- Focar estrategicamente no trabalho;
- A inovação é a pedra de toque do nosso sucesso;
- Ser externamente focalizados;
- Valorizar a maestria de nossos talentos;
- Buscar ser os melhores;
- A interdependência mútua é um meio de vida.

Visão organizacional

Enquanto a missão trata da filosofia básica da organização, a visão serve para vislumbrar o futuro que se deseja alcançar. A visão é a imagem que a organização define a respeito do seu futuro, ou seja, do que ela pretende vir a ser. Muitas organizações colocam a visão como o projeto de futuro do que elas gostariam de ser dentro de um determinado tempo, algo ao redor de cinco anos. Dessa maneira, a visão organizacional indica quais os objetivos a serem alcançados nos próximos cinco anos para orientar

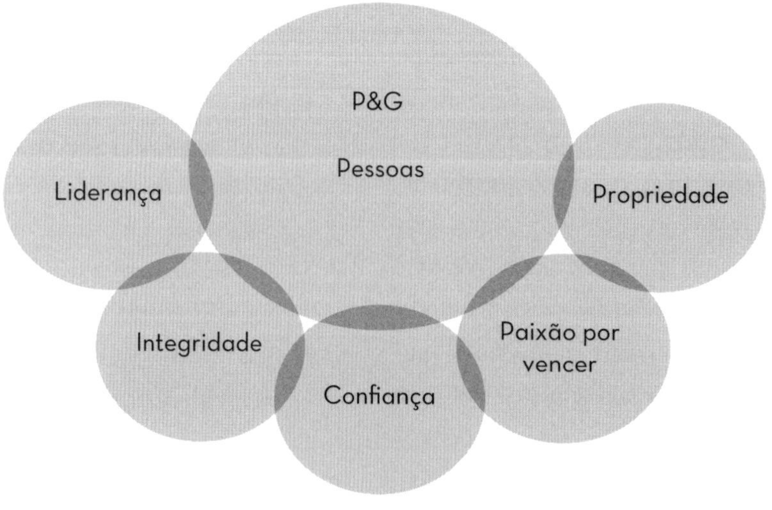

Figura 11 Valores centrais da P&G.

seus membros quanto ao futuro que a organização pretende transformar em realidade. O conceito de visão remete necessariamente ao conceito de objetivos organizacionais.

Enquanto a missão se refere à essência do negócio e da sua própria razão de ser e de existir, a visão está focada no futuro e no destino. Visão significa a imagem que o empreendedor tem a respeito do futuro do seu negócio. É o que ele pretende que o negócio seja dentro de certo horizonte de tempo. O empreendedor não deve tocar seu negócio a esmo. Ao sabor dos ventos. É preciso ter um direcionamento, uma ideia de futuro, quase um sonho para ser realizado e transformado em um empreendimento saudável e bem-sucedido. Para tanto, é preciso enxergar longe rumo ao futuro pretendido. A visão de futuro significa olhar para o horizonte e visualizar qual a imagem que se tem da empresa quando se chegar lá. Isso permite que o empreendedor possa estabelecer objetivos e metas, indicadores de desempenho e mensuradores de resultados futuros para saber se está ou não alcançando tais objetivos e metas. Assim, a visão é o componente que permite desdobrar os objetivos a serem alcançados.

Quanto mais o administrador ou o empreendedor divulga a visão de futuro do seu negócio, tanto mais seus parceiros e colaboradores entende-

O que somos hoje	O que queremos ser	O que queremos ser daqui a dois anos
Somos uma empresa que publica revistas de moda	Queremos ser uma das melhores revistas de moda feminina do país	Queremos ser a melhor revista de moda feminina do país
Nossa circulação mensal é de 50 mil exemplares	Queremos uma circulação mensal de 70 mil exemplares	Queremos alcançar uma circulação mensal de 100 mil exemplares
Temos 30 mil assinantes	Queremos alcançar 50 mil assinantes cadastrados	Queremos chegar a 90 mil assinantes cadastrados
Fazemos propaganda para cerca de 20 empresas do ramo da moda feminina	Queremos fazer propaganda para cerca de 40 empresas do ramo da moda feminina	Queremos fazer propaganda para 90 empresas do ramo da moda feminina
Nosso faturamento mensal bruto é de R$ 500 mil	Queremos alcançar um faturamento de R$ 700 mil	Queremos atingir um faturamento de R$ 900 mil
Utilizamos tecnologia gráfica de terceira geração	Queremos utilizar tecnologia gráfica de quarta geração	Queremos utilizar tecnologia gráfica de quinta geração
Nossa produtividade atual é de 80%.	Queremos chegar a uma produtividade de 90%	Queremos manter uma produtividade de 95%
Nossa rentabilidade atual sobre o patrimônio é de 12%	Queremos chegar a uma rentabilidade de 15%	Queremos manter uma rentabilidade de 18%

Figura 12 Definição da visão empresarial.

rão exatamente o que devem fazer para chegar lá e ajudar a empresa a alcançar seu sucesso. O empreendedor precisa transmitir o que tem em mente para o seu negócio e a visão constitui a imagem mais apropriada para isso. Por essa razão, o empreendedor deve trabalhar como um visionário. Não como um lunático, mas como alguém dotado de uma imagem mental do que deverá ser seu empreendimento ao longo do tempo. É para essa direção que o negócio deve caminhar com toda força e esforços conjugados. A visão funciona como uma bússola para os parceiros envolvidos. Além disso, a visão tira a empresa da chamada zona de conforto, que é a gradativa acomodação profissional que caracteriza certos negócios ao longo dos tempos.

Todavia, não basta apenas definir a missão e a visão. É preciso ir mais além e divulgá-las intensiva e amplamente para toda a equipe da empresa.

Para que serve a visão do negócio?

Vasconcelos Filho e Pagnoncelli[15] asseveram que a explicitação da visão do negócio traz os seguintes benefícios:

1. Incrementa a parceria entre empresa e empregado na construção do futuro.
2. Promove continuamente a inovação.
3. Levanta uma bandeira de iniciativa e responsabilidade.
4. Funciona como uma bússola para a equipe.
5. Reduz a dependência dos funcionários em relação a líderes ou gênios da empresa. Proporciona autonomia e firmeza.
6. Tira a empresa da zona de conforto e de acomodação. Promove a mudança.
7. Motiva e inspira a equipe.

Tabela 5 Diferenças entre missão e visão[15]

Missão
Inclui o negócio da empresa
É o ponto de partida
É a carteira de identidade da empresa
Identifica "quem somos"
Dá rumo a empresa
É orientadora
Foco do presente para o futuro
Vocação para a eternidade
Visão
É o que se sonha no negócio
É aonde vamos
É o passaporte para o futuro
Projeta "quem desejamos ser"
Energiza a empresa
É inspiradora
Focalizada no futuro
É mutável conforme os desafios

Objetivos das empresas

Do conceito de visão organizacional decorrem os objetivos globais da empresa.

Comumente, o mercado fala em objetivos, metas e resultados. Na prática, esses termos são utilizados de maneira indiscriminada. Objetivos são estados desejáveis que se pretende alcançar. Enquanto o objetivo não é alcançado, ele constitui um alvo, uma meta desejada.

Os objetivos básicos de um negócio podem ser assim expressos:

1. O lucro é a força motivadora do empreendedor.
2. O serviço ao cliente e a oferta de valores econômicos desejados (bens ou serviços) justificam a existência do negócio.
3. A responsabilidade social de acordo com os códigos éticos e morais estabelecidos pela sociedade onde a empresa opera.

Todo objetivo deve ser formulado de maneira abrangente para estimular a criatividade e, ao mesmo tempo, de maneira restrita para oferecer uma direção ao negócio. Na prática, toda empresa tem uma variedade de objetivos: financeiros, comerciais, administrativos, tecnológicos, sociais, comunitários, etc. Alguns são convergentes entre si e cada objetivo auxilia o alcance de outro: objetivos de propaganda e venda se ajudam mutuamente. Quanto mais se anuncia um produto, mais a venda tende a crescer. Outros objetivos são totalmente divergentes e cada um deles atrapalha ou impede o alcance de outro: reduzir custos e aumentar benefícios do pessoal são incompatíveis entre si. A redução de custos implica redução de benefícios, e o aumento de benefícios implica aumento de custos. Assim, muitas empresas pretendem alcançar objetivos discordantes – que mais se antagonizam e competem entre si do que se ajudam de maneira cooperativa ou colaborativa[7]. O efeito decorrente é tipicamente centrífugo: cada objetivo caminha para um lado e nenhum ajuda os demais. Resultado: a eficiência e a eficácia da empresa vão para o espaço.

Para colocar as coisas em ordem, muitas empresas definem hierarquias de objetivos de acordo com suas prioridades e importâncias relativas. Comumente, as empresas definem três tipos de objetivos:

1. Objetivos globais ou estratégicos: são os objetivos mais importantes da empresa. São globais porque envolvem a empresa como um todo e se estendem no longo prazo. Por essa razão são alcançados em períodos de tempo mais dilatados e requerem um esforço integrado e coeso de toda a empresa. Em geral, os objetivos globais envolvem um período de 3 a 5 anos. Exemplo: ter em até 24 meses cerca de 1 milhão de clientes ou produzir 1 milhão de garrafas por mês em cerca de três anos ou, ainda, crescer em 25% o faturamento da empresa.
2. Objetivos táticos ou departamentais: são objetivos de cada divisão ou departamento da empresa. Podem ser objetivos financeiros (lucro anual, orçamento anual, despesas financeiras mensais, custo mensal das vendas), mercadológicos (vendas, faturamento mensal, participação no mercado), administrativos (despesas administrativas, aumento da eficiência e da produtividade), de produção (produção mensal, custos industriais mensais, produtividade das máquinas e equipamentos) etc. São em geral objetivos de médio prazo e com uma dimensão de tempo no médio prazo. Esse médio prazo em geral é o período contábil de um ano.
3. Objetivos operacionais: são os objetivos de cada tarefa ou atividade da empresa. Referem-se aos objetivos cotidianos de cada atividade ou produto da empresa, como produção diária, vendas diárias, estoque diário, tempo médio de atendimento ao cliente, percentagem de visitas com pedidos, etc. Por exemplo, aumentar o número de vistas a clientes em 5% no próximo mês ou reduzir o custo operacional de produção em 3% dentro de dois meses.

À medida que operam, as empresas podem mudar ou ampliar seus objetivos, criando com isso novas oportunidades. A maior parte das empresas de petróleo julgava que seu objetivo era perfurar, refinar ou comercializar petróleo e derivados, ou as três coisas em conjunto. Atualmente, essas companhias consideram-se empresas de energia que fornecem petróleo, gás, eletricidade, carvão, energia solar e outras formas alternativas de energia. Os bancos transformaram-se em grandes corporações e passaram a oferecer todo tipo de serviço financeiro. Os jornais estão se aproximando cada vez mais do ramo das comunicações e se distanciando gradativamente do velho ramo editorial. Todas essas empresas ampliaram seu campo de ação para apresentar um crescimento maior do que aquelas que continuaram sua definição histórica e tradicional.

As empresas são classes de organizações, isto é, são unidades sociais que existem para atingir objetivos específicos: a sua razão de ser é servir a esses objetivos. Dentro dessa colocação, os objetivos empresariais têm muitas funções[17]:

1. Ao apresentar uma situação futura, os objetivos indicam uma orientação que a empresa procura seguir e estabelecem linhas mestras para a atividade dos participantes.
2. Os objetivos constituem uma fonte de legitimidade que justifica as atividades de uma empresa e até a sua própria existência.
3. Os objetivos servem como padrões pelos quais os participantes e os estranhos à empresa podem comparar e avaliar o êxito do negócio, sua eficiência e seu rendimento.
4. Os objetivos servem como unidade de medida para se verificar e comparar a produtividade da empresa ou de seus órgãos ou ainda de seus participantes.

O impulso dado pelos objetivos

Há uma variedade de palavras que geralmente expressam objetivos como: metas, alvos, fins, resultados, missões, propósitos, padrões, linhas mestras, cotas, etc. Geralmente, todas essas palavras significam um estado de coisas que alguns membros julgam desejáveis para sua empresa. E procuram dotá-la dos meios e recursos necessários para alcançá-la por meio de determinadas estratégias, táticas ou operações, como será visto adiante.

Tabela 6 Exemplos de objetivos, meios e indicadores de um hotel

Objetivos	Meios	Indicadores e medidas
Aumento da participação no mercado	Bom serviço	Proporção de clientes que retornam Taxa de ocupação Retroação informal
Moral do pessoal	Grau de satisfação	Rotatividade do pessoal Absenteísmo do pessoal Retroação informal
Estabilidade financeira	Imagem no mercado financeiro	Proporção entre preço e retorno Participação dos custos no preço
Lucratividade	Retorno do investimento	Margem de lucro por cliente Lucro operacional bruto Tendências dos custos Fluxo de caixa
Força da equipe gerencial	Desempenho gerencial	Rotatividade do pessoal Lucro por área de atividade Proporção entre gerentes/funcionários Retroação informal
Satisfação dos proprietários ou acionistas	Fluxo de caixa adequado	Taxa de ocupação Vendas Lucro operacional bruto Lucro por divisão ou departamento

Os objetivos definidos de maneira formal pelas empresas são geralmente apresentados ou comunicados por documentos oficiais da empresa, como estatutos, atas de assembleias, relatórios anuais ou por meio de pronunciamentos públicos de dirigentes e que ajudam a compreender o comportamento e as decisões tomadas pelos membros da empresa.

Os objetivos naturais de uma empresa geralmente são[6]:

1. Proporcionar meios de satisfação das necessidades de bens e serviços da sociedade ou comunidade, ou seja, servir a uma necessidade do mercado.
2. Aumentar o bem-estar da sociedade por meio do uso econômico dos fatores de recursos.
3. Proporcionar um retorno justo aos investimentos dos proprietários ou dos acionistas pelo lucro.
4. Proporcionar um clima em que as pessoas possam satisfazer uma variedade de necessidades humanas. Quase sempre isso significa um lugar excelente para trabalhar.
5. Proporcionar emprego produtivo e rentável para todos os fatores de produção.

Assim, as empresas podem ser estudadas do ponto de vista de seus objetivos. São os objetivos que estabelecem a base para a relação entre a empresa e seu ambiente. As empresas não buscam unicamente um só objetivo, pois precisam satisfazer uma enorme quantidade de requisitos e exigências que são impostos a ela não somente pelo ambiente externo, mas também pelos seus *stakeholders*. Esses objetivos não são estáticos, mas dinâmicos e em contínua evolução, alterando as relações (externas) da empresa com o seu ambiente e (internas) com os seus participantes, sendo continuamente reavaliados e modificados em função das mudanças do ambiente e da sua organização interna.

Convém lembrar que os objetivos são efêmeros e passageiros:

1. Quando um objetivo se torna realidade, deixa de ser o objetivo desejado e passa a ser uma situação atual. Um objetivo é um estado que se procura e não um estado que se possui.
2. Existem empresas que legítima e simultaneamente têm dois ou mais objetivos. Estão sempre acrescentando novos objetivos aos originais.
3. Quase todas as empresas possuem um órgão formal – como um departamento, por exemplo – que estabelece os objetivos iniciais e as suas modificações posteriores. Em muitas delas os objetivos são estabelecidos formalmente pelos votos dos acionistas, pelo Conselho de Administração, pelo voto dos funcionários ou ainda pelo proprietário que possui e dirige a empresa.
4. Podem ocorrer mudanças e substituições de objetivos para os quais a empresa não foi criada e para os quais os recursos não são adequados ou suficientes. Ao longo de sua vida, as empresas mudam ou acrescentam objetivos aos seus negócios.
5. Pode-se medir o resultado de uma empresa à medida que ela atinge os seus objetivos. A eficiência de uma empresa é medida pela quantidade de recursos utilizados para proporcionar resultados ou alcançar objetivos. A eficiência aumenta na medida em que os mesmos resultados ou objetivos são alcançados com menores recursos e custos. A eficiência está relacionada com o volume de recursos necessários para o alcance dos objetivos organizacionais. A eficácia está relacionada com a maneira pela qual a empresa alcança seus objetivos. Eficiência e eficácia serão estudadas mais adiante.
6. O caminho para chegar aos objetivos organizacionais é a estratégia organizacional.

Bate-bola: por que a missão, a visão e os valores da empresa são importantes?

Faça uma discussão com seus colegas a respeito do assunto e tente chegar a uma conclusão: Por que a missão, a visão e os valores da empresa são importantes?

RECURSOS DAS EMPRESAS

Toda empresa necessita de recursos para poder funcionar e alcançar objetivos. Os recursos são os meios empregados para possibilitar as ações e as operações da empresa e proporcionar eficiência e eficácia no alcance dos resultados desejados. São ativos utilizados para produzir produtos ou prestar serviços. A administração constitui a maneira de fazer com que as coisas sejam feitas da melhor forma possível por meio dos recursos disponíveis a fim de atingir seus objetivos.

Fatores de produção

Foi-se o tempo em que a empresa representava o ponto de convergência de inúmeros fatores de produção, isto é, de recursos produtivos. Tradicionalmente, os fatores de produção têm sido apontados genericamente em todo processo produtivo como: natureza, capital e trabalho. A natureza fornece os materiais e as matérias-primas que deverão ser processados e transformados em produtos ou em serviços prestados. O capital proporciona os meios de pagamento para a aquisição ou obtenção dos materiais ou das matérias-primas necessários e para a remuneração da mão de obra empregada. O trabalho representa a intervenção humana ou física realizada sobre os materiais e as matérias-primas para a sua conversão em produtos acabados ou serviços prestados.
Essa colocação peca pelo exagerado simplismo e superficialidade, pois o processo produtivo é muito mais complexo e envolve um número muito grande de variáveis intervenientes. Além do mais, essa colocação focaliza o processo produtivo do ponto de vista de um mero sistema fechado, quando, na realidade, ele apresenta marcantes características de um sistema aberto face ao intenso intercâmbio com o ambiente.

A empresa é um empreendimento social por meio do qual se reúnem recursos variados para atingir determinados objetivos. E por que a empresa é um empreendimento social? Porque ela é constituída por pessoas que lidam com recursos. Sem recursos não há como atingir os objetivos. As pessoas não podem trabalhar sem máquinas ou ferramentas, sem instalações ou tecnologias. Os recursos são meios que as empresas utilizam para realizar suas tarefas e atingir seus objetivos: são bens ou serviços consumidos internamente na realização das atividades empresariais para produzir seus produtos ou serviços.

Um recurso é um ativo, uma competência, um processo, habilidade ou conhecimento controlado pela empresa. Constitui uma força quando proporciona alguma vantagem competitiva para a empresa. Significa algo que a empresa faz ou tem o potencial de fazer bem em relação aos seus concorrentes existentes ou potenciais. Nesse sentido representa uma força a favor da empresa. Mas um recurso pode ser uma fragilidade quando a empresa não tem a habilidade suficiente de utilizá-lo adequadamente e quando os concorrentes estão mais habilitados a utilizar[18].

Barney[19] propõe quatro aspectos para analisar cada um dos recursos básicos de uma empresa:

1. Valor: o recurso proporciona vantagem competitiva?

2. Raridade: outros concorrentes o possuem?
3. Imitabilidade: qual é o custo para os concorrentes imitarem um recurso?
4. Organização: a empresa está organizada para explorar bem seus recursos?

A resposta positiva a cada uma dessas questões significa que o recurso pode ser considerado uma força e uma competência distintiva em relação às empresas concorrentes. Caso contrário não passa de uma *commodity*.

Recursos próprios ou alheios?

Geralmente, quando se fala em recursos, surge a imagem simplista de dinheiro, equipamento, materiais e pessoal, porém, os recursos empresariais são extremamente diversificados e complexos. Os recursos podem ser próprios ou alheios, ou seja, de propriedade da empresa que os adquire e incorpora para utilizá-los em suas atividades, ou podem ser obtidos sob empréstimo, aluguel ou locação (*leasing*). Existe ainda a terceirização de atividades - *outsourcing* -, que nada mais é do que produzir externamente com recursos de terceiros.

Ao contrário do que acontece com os aspectos ambientais que ocorrem à sua inteira revelia, os recursos são ativos tangíveis que estão sob controle da empresa e sobre os quais ela pode tomar decisões. Avaliar a importância dos recursos empresariais é fundamental para assegurar o futuro da empresa. Torna-se necessário comparar as medidas desses recursos com medidas de:

1. Desempenho passado da empresa.
2. Concorrentes principais.
3. Indústria (setor de atividade) como um todo.

Na medida em que um recurso é significativamente diferente daquilo que foi no passado da empresa, dos seus concorrentes principais ou da média do setor de atividade, o recurso pode ser considerado um fator estratégico e deve fazer parte de decisões estratégicas[18].

Classificação dos recursos empresariais

De um modo genérico, os recursos empresariais são classificados em cinco grupos:

1. Recursos físicos ou materiais: são recursos necessários para garantir as operações básicas da empresa, seja para produzir bens ou produtos ou para prestar serviços especializados. Os recursos materiais são o próprio espaço físico, prédios, edifícios e terrenos, o processo produtivo em si, a tecnologia que o orienta, métodos e processos de trabalho voltados para a produção dos bens e serviços produzidos pela empresa. Boa parte do que será tratado sobre tecnologia é aplicável à área dos recursos materiais e físicos da empresa. No entanto, a tecnologia não se limita apenas aos recursos físicos ou materiais. O material e a maquinaria recebem a maior ênfase da tecnologia, mas ela não se limita a eles.
2. Recursos financeiros: são recursos relacionados com o dinheiro sob a forma de capital, fluxo de caixa (entrada e saídas), empréstimos, financiamentos, créditos, etc., em disponibilidade imediata ou mediata para fazer frente aos compromissos da empresa. Incluem também a receita decorrente das operações da empresa, investimentos de terceiros e toda forma de numerário que transite pela tesouraria ou pelo caixa da empresa.

   Os recursos financeiros garantem os meios para a aquisição ou a obtenção dos demais recursos necessários à empresa. Até certo ponto, são os recursos financeiros que definem boa parte da eficácia da empresa no alcance de seus objetivos, já que eles possibilitam que a empresa adquira os recursos necessários para suas operações dentro de um volume adequado. É muito comum traduzir-se o desempenho da empresa pela linguagem financeira, em termos de lucros, em valores monetários ou em termos de liquidez de suas ações. Também é muito comum o dimensionamento dos recursos físicos ou materiais em termos financeiros, como o valor de máquinas e equipamentos da empresa, valor do estoque de matérias-primas ou de produtos acabados, etc., ou o próprio valor patrimonial ou o valor de mercado da empresa.

3. Recursos humanos: são as pessoas que ingressam, permanecem e participam da empresa, qualquer que seja o seu nível hierárquico ou sua tarefa. O conceito de administração de recursos humanos (ARH) vem desde a Era Industrial, quando as pessoas eram entendidas como recursos empresariais. Hoje o conceito está migrando para gestão de pessoas, dentro de uma abordagem mais humana e abrangente. As pessoas estão distribuídas no nível institucional da empresa (presidente e diretores), no nível intermediário (gerentes, executivos e assessores) e no nível operacional (supervisores de primeira linha, técnicos e colaboradores internos). Constituem o único recurso vivo e dinâmico das empresas; aliás, a inteligência que decide e manipula os demais recursos que são inertes e estáticos por si. Além disso, as pessoas têm uma irresistível vocação para o crescimento e para o desenvolvimento. As pessoas trazem para as empresas conhecimentos, habilidades, julgamentos, atitudes, comportamentos, percepções, etc. Sejam dirigentes, gerentes, executivos, colaboradores internos, as pessoas desempenham papéis altamente diferentes – conforme cargos, equipes ou competências exigidas – dentro da empresa. Ademais, as pessoas são diferentes entre si, constituindo um recurso altamente diversificado em face das diferenças individuais de personalidade, experiência, motivação, etc.
4. Recursos mercadológicos: são os meios pelos quais a empresa localiza, entra em contato e influencia seus clientes ou usuários. Nesse sentido, os recursos mercadológicos incluem o mercado de consumidores ou clientes dos produtos ou serviços oferecidos pela empresa. Assim, os recursos mercadológicos envolvem todas as atividades de pesquisa e análise de mercado (de consumidores e de concorrentes), organização de vendas (incluindo previsão de vendas, execução e controle), promoção, propaganda, distribuição dos produtos através dos canais adequados, desenvolvimento de novos produtos necessários a demandas do mercado, definição de preços, assistência técnica ao consumidor etc. Não fossem os recursos mercadológicos, de nada adiantariam os demais recursos da empresa, pois se esta fosse despojada de seus clientes – consumidores ou usuários – perderia a própria razão de existir. São também chamados recursos comerciais, como denominação restritiva para distinguir apenas as atividades diretamente relacionadas com as operações de vendas. Correspondem ao termo *marketing* utilizado pelos autores americanos.
5. Recursos administrativos: constituem os meios com os quais as atividades empresariais são planejadas, organizadas, dirigidas e controladas. Incluem todos os processos de tomada de decisão e distribuição da informação necessária, além dos esquemas de coordenação e integração utilizados pela empresa.

Os cinco grupos de recursos empresariais podem ser esquematizados de acordo com a Tabela 7:

Tabela 7 Classificação dos recursos empresariais

Recursos	Conteúdo principal	Denominação tradicional	Concepção atual
Materiais e físicos	Edifícios e terrenos Máquinas Equipamentos Instalações Matérias-primas Materiais Tecnologia de produção	Natureza	*Materials and machinery*
Financeiros	Capital Fluxo de dinheiro Crédito Receita Financiamentos Investimentos	Capital	*Money*
Humanos	Diretores Gerentes Chefes Supervisores Funcionários Operários Técnicos	Trabalho	*Man*
Mercadológicos	Mercado de clientes, consumidores ou usuários	Não tem correspondente	*Marketing*
Administrativos	Planejamento Organização Direção Controle	Empresa	*Management*

Normalmente, cada conjunto de recursos empresariais similares é administrado dentro de um esquema de divisão de trabalho e de especialização de atividades, ao qual já foi dado o nome de diferenciação. A cada área de recursos corresponde uma especialidade da administração, que está demonstrada na Figura 13.

Assim, a Administração requer várias especializações: cada um dos recursos exige uma especialização. Em geral, a situação dessas especialidades em uma empresa pode ser teoricamente demonstrada da seguinte maneira dentro de um esquema simplificado que está demonstrado na Figura 14.

Conceito de recursos humanos

Modernamente, o conceito de recursos humanos está sendo discutido e modificado. O fato é que pessoas são pessoas, e não recursos empresariais. Tratá-las como recursos – ou como coisas que pertencem à empresa – é uma questão ultrapassada. Na Era Industrial floresceu o conceito de recursos humanos pelo qual as pessoas eram consideradas meios de produção da empresa. Como tal elas eram tratadas de maneira uniforme, homogênea e padronizada – como se fossem *commodities* – por meio

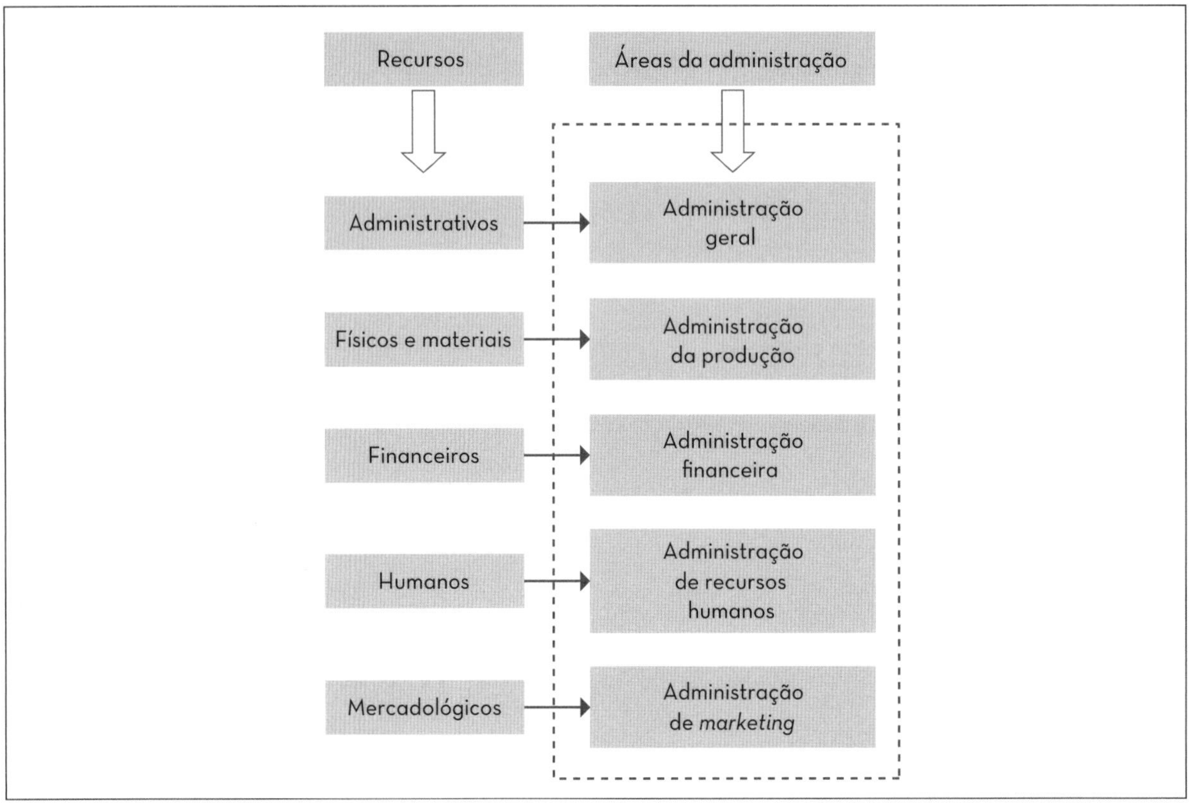

Figura 13 Recursos empresariais e especialidades da administração.

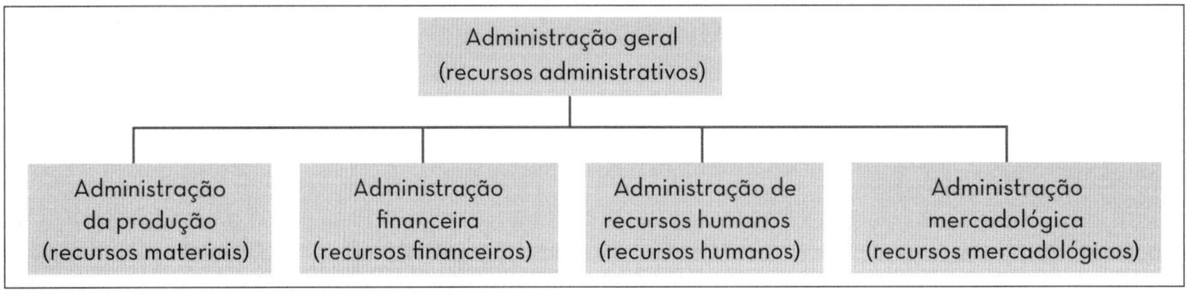

Figura 14 Especialidades da administração e recursos envolvidos.

da seleção, alocação em cargos, treinamento, remuneração, benefícios e avaliação do desempenho. A Era da Informação incumbiu-se de mudar radicalmente tal situação. Hoje impera a diversidade: as empresas respeitam plenamente as diferenças individuais de personalidade, conhecimento, atitude, comportamento entre as pessoas e até mesmo realçam essas diferenças. As pessoas deixaram de ser tratadas como fornecedoras de mão de obra ou ocupantes de cargos para serem consideradas fornecedoras de conhecimentos e habilidades intelectuais. Fala-se hoje não mais em administração de recursos humanos, mas em gestão de pessoas, de talentos, de capital humano e de capital intelectual[20]. As pessoas deixaram de ser meros recursos para se transformar em competências. Agora o cérebro ficou mais importante do que o músculo. As competências ultrapassam os recursos em termos de importância estratégica.

PAPEL DA EMPRESA

Mas, afinal, qual é o papel da empresa? Quais são as exigências que se faz a uma empresa? Na verdade, a empresa precisa desempenhar simultaneamente vários papéis:

1. Satisfazer uma necessidade da sociedade, do mercado ou do cliente: toda empresa tem uma finalidade bem definida que é servir à sociedade, à comunidade, ao mercado ou ao cliente/consumidor. Os produtos produzidos ou os serviços prestados se alinham a essa finalidade. Nenhuma empresa serve a si mesma.
2. Gerar riqueza e agregar valor: graças ao fenômeno da sinergia, a empresa capta insumos, processa-os e fornece saídas – na forma de produtos ou serviços – em direção ao seu ambiente. O resultado das saídas deve ser maior do que o custo das entradas. Isso significa gerar riqueza, agregar valor. A empresa representa o maior agregador de valor na sociedade moderna.
3. Distribuir a riqueza gerada: a riqueza gerada pela empresa não é totalmente apropriada por ela ou por seus proprietários. Como a riqueza é gerada graças à contribuição e à colaboração de vários grupos de interesses ou parceiros envolvidos, ela precisa ser distribuída proporcionalmente entre eles. Grande parte é revertida na forma de lucros ou dividendos para os proprietários ou acionistas, outra na forma de bônus ou recompensas para seus executivos e funcionários, outra através de preços mais baixos ou qualidade mais elevada para seus clientes, além dos impostos ao governo e benfeitorias para a comunidade. A distribuição da riqueza gerada funciona como reforço para a obtenção da colaboração e contribuição de todos os *stakeholders* envolvidos.
4. Respeitar a natureza e colaborar com a comunidade: toda empresa provoca um impacto maior ou menor na natureza. Em termos ecológicos, a empresa precisa assumir uma responsabilidade corporativa no sentido de repor o que extraiu da natureza ou, pelo menos, preservar a natureza[21]. A empresa deve promover a sustentabilidade através da preservação da natureza e dos recursos naturais, ao mesmo tempo em que deve atuar de maneira socialmente responsável frente à comunidade onde opera. Essa é a responsabilidade corporativa que o administrador deve apoiar.

Cabe ao administrador fazer com que todos esses papéis sejam devidamente desempenhados pela empresa[22]. Ela precisa dar atenção a todo esse espectro de papéis. E o administrador é quem deve cuidar disso tudo.

Bate-bola: discuta o papel da empresa na sociedade moderna

Faça uma discussão com seus colegas a respeito do assunto e tente chegar a uma conclusão: qual é o papel da empresa na sociedade moderna?

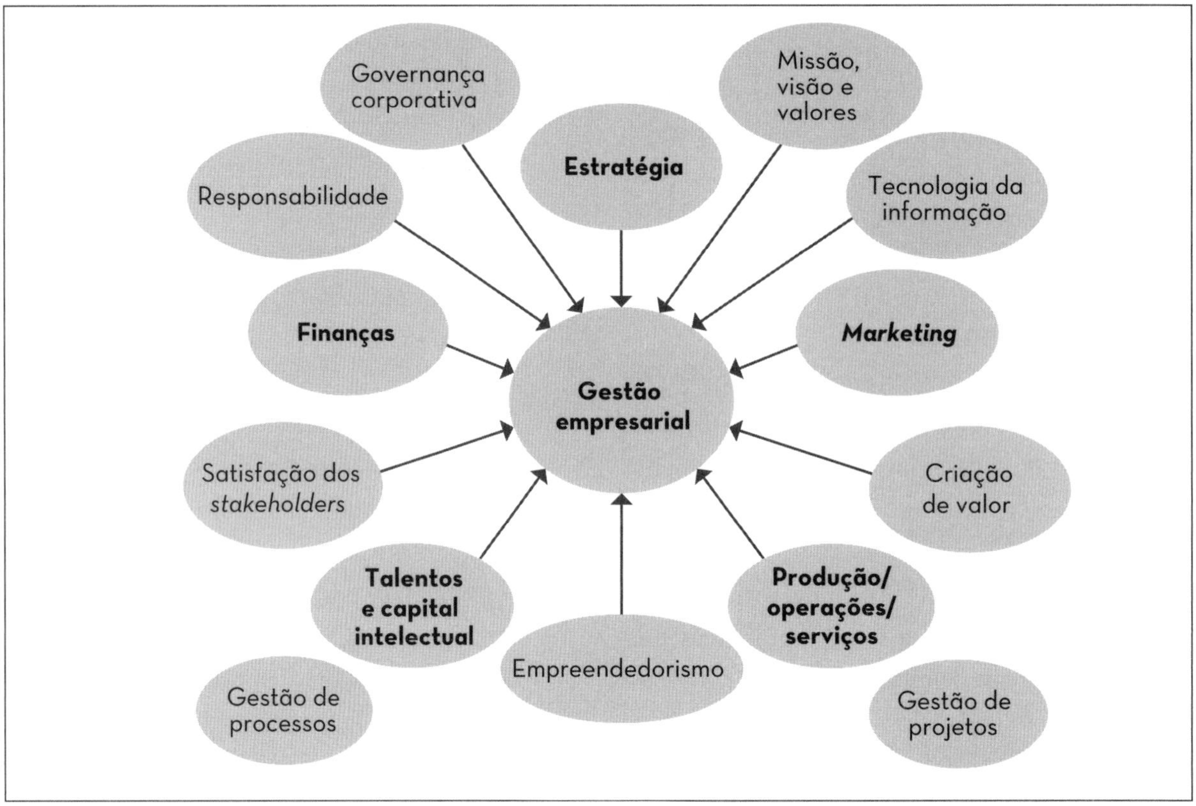

Figura 15. O espectro de papéis de uma empresa.

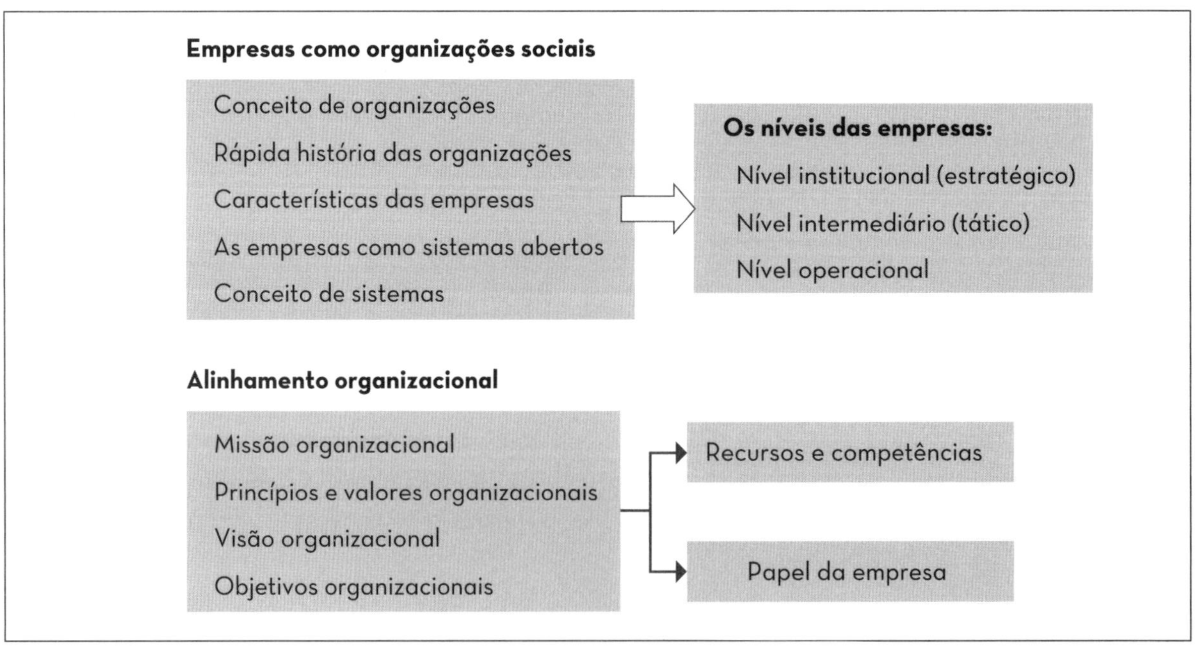

Figura 16 Mapa mental deste capítulo.

Referências bibliográficas

1. BARNARD, C. I. *As funções do executivo*, São Paulo, Atlas, 1961.
2. HICKS, H. G.; GULLET, R. C. *The management of organizations*, New York, McGraw-Hill, 1975. p. 8-12.
3. PARSONS, T. *Structure and process in modern societies*. Glencoe, III. The Free Press, 1962. p. 17.
4. CARZO Jr., R.; YANOUZAS, J. N. *Formal organizations*: a systems approach. Homewood, III., Richard D. Irwin & The Dorsey, 1971. p. 12.
5. GALBRAITH, J. K. *A era da incerteza*, São Paulo, Pioneira, 1979. p. 157-60.
6. KOHN, M. *Dynamic managing*: principles, process, practice, Menlo Park, Cal. Cummings, 1977. p. 1-3, 6-15
7. CHIAVENATO, I. *Introdução à teoria geral da administração*, Rio de Janeiro, Elsevier/Campus, 2011.
8. WEBER, M. *Ética protestante e o espírito do capitalismo*, São Paulo, Pioneira, 1967.
9. SIMON, H. A. *Comportamento administrativo*, Rio de Janeiro, Fundação Getulio Vargas, 1965.
10. MINTZBERG, H. *The structuring of organizations*: a synthesis of the research. Englewood Cliffs, N.J.: Prentice-Hall, 1978. p. 24-5.
11. THOMPSON, J. D. *Dinâmica organizacional*: fundamentos sociológicos da teoria administrativa, São Paulo, McGraw-Hill, 1976. p. 29-40.
12. BROWNE, W. G. Techniques of operations research. In: NEWSTROM, J. W.; REIFE, W. E.; MONCZKA, R. M. *A contingency approach to management*: readings, New York, McGraw-Hill, 1975. p. 269.
13. THOMPSON, J. D. *Dinâmica organizacional*: fundamentos sociológicos da teoria administrativa, São Paulo, McGraw-Hill, 1976.
14. CHIAVENATO, I. *Administração nos novos tempos*, Rio de Janeiro, Campus, 2005.
15. VASCONCELLOS FILHO, P. de; PAGNONCELLI, D. *Construindo estratégias para vencer*: um método prático, objetivo e testado para o sucesso da sua empresa, Rio de Janeiro, Campus, 2001. p. 92,95-124, 225, 227.
16. www.pg.com, com licença da Procter & Gamble.
17. ETZNIONI, A. *Organizações modernas*, São Paulo, Pioneira, 1967. p. 13-35.
18. WHEELEN, T. L.; HUNGER, D. J. *Strategic management and business policy*, Upper Saddle River, Prentice Hall, 2002. p. 81.
19. BARNEY, J. B. *Gaining and sustaining competitive advantage*, Reading, MA, Addison-Wesley, 1997. p. 145-64.
20. CHIAVENATO, I. *Gestão de pessoas*: o novo papel das pessoas nas organizações, Rio de Janeiro, Elsevier/Campus, 2010.
21. BARNEY, J. B. Firm resources and sustained competitive advantage, *Journal of Management*, v. 17, p. 99-120, 1991
22. HITT, M. A.; IRELAND, R. D.; HOSKISSON, R. E. *Strategic management*: competitiveness and globalization, South-Western College, 2001, p. 101.

CAPÍTULO 3

O administrador

Objetivos deste capítulo

- Proporcionar um conceito abrangente do papel do administrador.
- Mostrar as habilidades básicas do administrador.
- Delinear as competências necessárias ao trabalho do administrador.
- Delinear as atividades principais do administrador.
- Proporcionar um retrato das potencialidades do administrador em um mundo de negócios em mudança.

Segundo o velho e original conceito de Administração que predominou durante toda a Era Industrial, o administrador era considerado o tomador de conta de uma unidade organizacional – divisão, departamento, unidade estratégica de negócio ou algo similar – ou de um empreendimento de negócios. Uma espécie de delegado ou intermediário a quem se entrega ou confia o andamento das coisas. Este é ainda o conceito de Administração que predomina em muitos empreendimentos, como administração de imóveis, de bens, de consórcios, etc. Ou, então, simplesmente o supervisor do trabalho das pessoas e da aplicação e utilização de recursos organizacionais. Esse conceito ainda predomina no chão das fábricas. Mas isso já era. Foi-se o tempo em que o administrador tinha tarefas tão simples e limitadas. Hoje, em plena Era da Informação, o administrador é muito mais do que isso.

Dicas

O administrador pode ser um supervisor, gerente, diretor ou presidente de uma empresa. Em cada nível hierárquico ele assume determinadas responsabilidades e suas atividades são necessariamente diferentes – não em termos de natureza, mas de intensidade. Enquanto o supervisor trabalha no nível operacional e dá conta do cotidiano e das rotinas e procedimentos de trabalho, o gestor trabalha no nível intermediário ou tático e dá conta da articulação interna da empresa, dos recursos básicos e das competências funcionais, e o diretor cuida da gestão estratégica do negócio. O presidente assume a totalidade do empreendimento, visualizando o ambiente externo e a adequação do negócio às oportunidades que surgem. No fundo, o administrador situado em cada uma dessas posições tem uma responsabilidade diferente, mas suas atividades levam a um foco único e principal: proporcionar resultados.

Hoje, o administrador é muito mais do que um mero supervisor de atividades do negócio ou de pessoas. Na verdade, ele é o condutor do negócio e o navegador em um oceano de oportunidades e ameaças que constituem o entorno do negócio.

Administrar pessoas para administrar empresas

A principal ferramenta do administrador é a sua equipe de trabalho. Um presidente trabalha com uma equipe de diretores. Cada diretor trabalha com uma equipe de gerentes. Cada gestor trabalha com uma equipe de supervisores. E cada supervisor trabalha com uma equipe de pessoas não administrativas. Cada qual deve ajustar as capacidades e competências dos subordinados às responsabilidades assumidas. Assim, administrar também significa fazer as coisas por intermédio das pessoas. Para tanto, o administrador deve saber assessorar e proporcionar apoio e retaguarda à sua equipe de trabalho.

PAPEL DO ADMINISTRADOR

Na verdade, o papel do administrador é extremamente multivariado e contingencial. Se ele é um supervisor de primeira linha situado no nível operacional da empresa, precisa estar mais voltado para rotinas, normas e procedimentos que regulam a atividade dos seus subordinados que executam tarefas ou então lidam com as tecnologias utilizadas pela empresa. Se ele é um gerente situado no nível intermediário da empresa, precisa estar mais voltado para a elaboração de planos táticos, organização de diferentes atividades, direção de determinados órgãos, departamentos ou unidades da organização e para o controle dos resultados departamentais. No entanto, se é um diretor localizado no nível institucional da empresa, então precisa estar voltado para as demandas do ambiente externo e para a adequação da empresa como um todo para as oportunidades que ele deve entrever e as ameaças e contingências que ele precisa pressentir nesse ambiente, tendo em vista as forças e as limitações de sua empresa.

Assim, dependendo do nível em que se situa o administrador, ele precisa conviver com a rotina e com a certeza do dia a dia do nível operacional ou com o planejamento, a organização, a direção e o controle das atividades de seu departamento ou divisão no nível intermediário, ou, ainda, com o processo decisório no nível institucional voltado para a incerteza e para as contingências, oportunidades, ameaças e restrições do ambiente externo que a empresa pretende servir.

Quanto mais o administrador se preocupa em saber ou aprender a fazer coisas (habilidade de executar), mais ele estará se preparando para atuar no nível operacional da empresa. Quanto mais se preocupa em desenvolver conceitos (habilidade de pensar e diagnosticar), mais ele estará se preparando para atuar no nível institucional da empresa. A administração requer reflexão e ação. É preciso saber utilizar mais a cabeça do que as mãos. Buscar continuamente a inovação e explorar novas oportunidades, o que requer uma mentalidade empreendedora, capaz de aprender novos conhecimentos e novas competências.

Administrador como um estrategista

Nesse aspecto, o administrador precisa estar bem preparado. Ele deve ser educado e formado como um *homo sapiens*, que sabe pensar e desenvolver conceitos e estratégias empresariais ou táticas departamentais, e não simplesmente como um *homo faber*, que sabe fazer as coisas ou executar receitas previamente elaboradas sem sequer adequá-las às necessidades mutáveis das empresas. Não resta dúvida de que ele deve saber como se prepara um orçamento de despesas ou uma previsão de vendas, como se constrói um cronograma ou fluxograma, como se interpreta um balanço contábil, como se elabora um planejamento e controle de produção e coisas assim, pois estes são preciosos instrumentos de administração. No entanto, estes são apenas instrumentos e não a própria finalidade da administração, que está muito acima disso. O mais importante e fundamental é saber como e para que utilizar esses instrumentos e em que circunstâncias aplicá-los adequadamente. O conhecimento do instrumental representa apenas uma pequena parte do trabalho do administrador e daquilo que ele deve saber. A outra parte mais importante é o conhecimento da situação em que se deve aplicá-lo com proveito. Esta é, aproximadamente, a situação do médico: ele precisa conhecer profundamente os instrumentos e as técnicas de intervenção e, mais do que isso, deve saber como, onde e por que aplicá-los. Para tanto, deve ter profundos conhecimentos da anatomia e da fisiologia do paciente. Mas deve saber fazer diagnósticos e, sobretudo, saber como analisar os problemas e necessidades do paciente. Na medida em que o conhecimento do médico se restringe unicamente ao ferramental a ser utilizado, mais ele tenderá a ignorar os problemas do paciente, concentrando-se apenas na aplicação dos instrumentos que conhece, qualquer que seja a situação, mesmo que essa contraindique a aplicação do instrumental conhecido. A administração requer uma perspectiva global e uma compreensão local ao mesmo tempo e um compromisso de agregar valor à sua organização, às pessoas que a compõem, aos clientes e à sociedade.

COMPETÊNCIAS DO ADMINISTRADOR

Já que administração significa atingir resultados com os recursos e as competências disponíveis, o administrador precisa reunir e desenvolver certas competências pessoais para que possa alcançar resultados, são elas:

1. Conhecimento: é o saber acumulado pela aprendizagem. Representa hoje a maior riqueza do mundo moderno. Para tanto, o administrador deve aprender cada vez mais e mais rapidamente. Além disso, aprender continuamente, fazendo com que toda experiência pessoal seja convertida em conhecimento. Em suas atividades, o administrador deve ampliar cada vez mais seu conhecimento e, dentro do possível, transmitir e compartilhar com seus subordinados o conhecimento que adquiriu. Contudo, o conhecimento somente tem valor quando pode ser aplicado por intermédio das habilidades. Esse é o aspecto pragmático do conhecimento: ser útil para ter valor.
2. Habilidades: é o saber fazer. Em outras palavras, é a capacidade de aplicar o conhecimento adquirido na solução de problemas, na melhoria da situação ou em inovação, ou seja, para fazer algo completamente novo e diferente. Significa colocar em prática o conhecimento e torná-lo rentável e agregar valor através dele. As habilidades exigem uma visão ampla, sistêmica e global da situação.

3. Julgamento: é o saber analisar cada situação e tomar decisões. Obter dados e informação a respeito e ter espírito crítico suficiente para ponderar com equilíbrio, definir prioridades e opções a seguir. Por meio do julgamento, o administrador deve definir exatamente o que, como, quando e por que fazer algo.
4. Atitude: é o saber fazer acontecer. Envolve uma atitude empreendedora no sentido de sair da zona de conforto, assumir riscos e lutar para atingir um determinado objetivo ou resultado. É o que faz um administrador defender seus pontos de vista, argumentar e fazer a cabeça das pessoas de sua equipe e impor seu estilo pessoal. A atitude envolve uma necessidade de autorrealização. Por meio dela, o administrador torna-se um formador de opinião e um agente de mudança e transformação na organização.

As competências essenciais do administrador são duráveis e se estendem ao longo do tempo, mas elas se fundamentam em habilidades.

Bate-bola: como incrementar competências

Faça uma discussão com seus colegas a respeito do assunto e tente chegar a uma conclusão: como incrementar competências?

HABILIDADES DO ADMINISTRADOR

Foi falado sobre as competências do administrador e estas envolvem um conjunto de habilidades. Quais são as habilidades necessárias para o administrador? Basicamente, são três[1]:

1. Técnicas: consistem em utilizar conhecimentos, métodos, técnicas e equipamentos necessários para a realização de tarefas específicas com base em seus conhecimentos e experiência profissional. É a habilidade de fazer coisas concretas e práticas, como desenhar um projeto, compor um cronograma, elaborar um programa de produção, etc. Está muito relacionada com o *hardware* disponível.
2. Humanas: consistem na capacidade e no discernimento para trabalhar com pessoas e por meio delas saber comunicar, compreender suas atitudes e motivações e desenvolver uma liderança eficaz. O administrador trabalha com pessoas e com equipes de pessoas. A habilidade de lidar com elas significa educá-las, ensiná-las, orientá-las, liderá-las e motivá-las continuamente, o que envolve liderança, comunicação, motivação e construção de talentos e de equipes. Sem tais habilidades, o administrador nada conseguirá. No fundo, ele consegue resultados por intermédio de pessoas.

Figura 1 Competências essenciais do administrador.

3. Conceituais: consistem na capacidade de lidar com ideias e conceitos abstratos. Essa habilidade permite que o administrador faça abstrações e desenvolva filosofias, valores e princípios de ação. A habilidade conceitual proporciona ideias globais e conceitos, valores e princípios que permitem saber onde chegar, a fim de definir o comportamento e as ações futuras necessárias, além da capacidade de diagnóstico (para resolução de problemas) e de visão futura e antecipatória (para geração de novas ideias e inovação). Tais habilidades estão intimamente relacionadas com o conceito de *software* e, com elas, o administrador define a missão do negócio, a visão de futuro, os valores essenciais de sua empresa, a estratégia organizacional, etc.

A combinação dessas habilidades varia à medida que o administrador sobe na escala hierárquica desde posições de supervisão a posições de alta direção[2]. Na medida em que se sobe para os níveis mais elevados da organização, diminui a necessidade de habilidades técnicas, enquanto aumenta a necessidade de habilidade conceitual. Nos níveis inferiores, os chefes e supervisores precisam apenas de habilidade técnica para lidar cotidianamente com as tarefas concretas do dia a dia. Nos níveis mais altos, os executivos precisam gradativamente de habilidades conceituais para decidir sobre os destinos e estratégias de sua organização. Em sua opinião, quais habilidades você julga possuir?

Bate-bola: em que habilidades você se identifica melhor?

Analise o assunto e tente chegar a uma conclusão: com qual das habilidades você se identifica melhor ou em qual se julga mais forte? Não se esqueça de localizar as outras habilidades em que você se julga mais fraco. Faça um programa pessoal para melhorá-las.

Todas as habilidades são importantes para o administrador. Contudo, elas são gradativamente abrangentes. Cada nível organizacional requer um conjunto de habilidades, como na Figura 2. Um dirigente – presidente ou diretor – trabalha mais com habilidades conceituais, embora tenha de reunir habilidades humanas ao lado de habilidades técnicas em menor grau. Um gestor trabalha mais com habilidades humanas, mas deve reunir habilidades conceituais e técnicas. Um supervisor trabalha basicamente com habilidades técnicas, embora tenha necessidade de habilidades humanas e algo de habilidades conceituais.

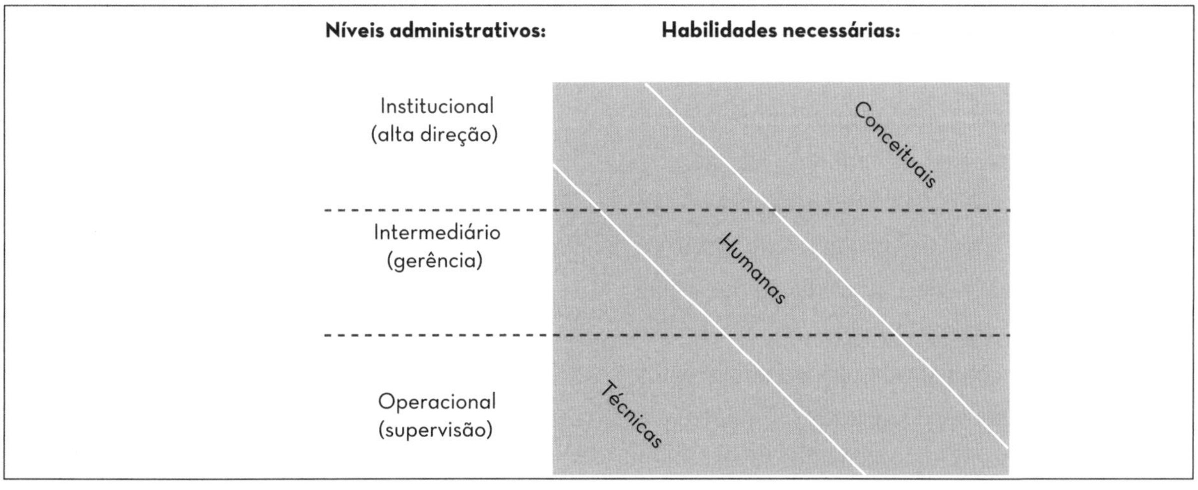

Figura 2 As habilidades administrativas.

A capacidade de abstração

Conceitos como mercado, crédito, cliente, estratégia, competências, valor são altamente abstratos. Não se vê ou toca o mercado, nem se enxerga a estratégia. As competências são invisíveis e o seu valor é intangível. O administrador lida com fatos reais e cotidianos, com situações concretas e abstratas e, principalmente, com conceitos altamente abstratos e que envolvem dimensões de tempo e de espaço amplas e abrangentes. No fundo, lida com construções mentais – os chamados construtos – que são invenções abstratas que têm um significado específico na conduta administrativa. Afinal, o que são eficiência, mercado, cliente, competências, serviço, competição, estratégia senão abstrações? À medida que o administrador ocupa posições mais elevadas na hierarquia administrativa, tanto mais se defronta com abstrações em seu cotidiano.

ATIVIDADES DO ADMINISTRADOR

Por que tantas competências e habilidades são necessárias ao administrador? É por uma razão muito simples: a atividade do administrador é extremamente complexa. Em suma, o administrador assume um amplo espectro de atividades que envolvem necessariamente os seguintes componentes:

1. O administrador cuida de uma empresa ou de uma área funcional da empresa: em geral, o administrador é o executivo responsável por determinada área de atividades da empresa, como finanças, *marketing*, produção/operações ou serviços, recursos humanos, etc. Essas áreas podem estar configuradas em departamentos, divisões, unidades de negócios, equipes, etc. Elas podem ser desdobradas nos níveis intermediário e operacional da empresa. Assim, a área de finanças pode ser detalhada em tesouraria, planejamento financeiro, controle orçamentário, etc. *Marketing* pode ser desdobrado em vendas, pesquisa de mercado, etc. Nas empresas industriais, produção pode abrir-se em fabricação, manutenção, abastecimento etc. Na medida em que se desce na escala hierárquica, aumenta-se a especialização da atividade do administrador. Na medida em que se sobe nela, aumenta-se a generalização. Assim, o presidente da empresa é um administrador generalista, enquanto na sua base o supervisor tende para a especialização. O administrador, no entanto, sempre é responsável por determinada área de competências da empresa.
2. O administrador cuida de processos: em sua área de atividades, o administrador cuida de processos. Um processo é a sequência de atividades que tem início, meio e fim. Começa com o fornecedor inicial e termina no cliente final. A ordem sequencial dos processos muda em cada empresa de acordo com sua natureza e seus objetivos. Em finanças, o processo pode começar com o recebimento de faturas ou pagamento pelos clientes, entra em contas a receber e tesouraria, vai para o banco, entra em contas a pagar e sai como pagamento de despesas. Em *marketing*, o processo pode iniciar com a pesquisa de mercado, vai para a propaganda, a promoção, as vendas, o atendimento e a assistência técnica ao cliente, o pós-venda e a avaliação do grau de satisfação do cliente.
3. O administrador utiliza tecnologias: para desempenhar suas atividades. Quase sempre a tecnologia mais utilizada é a tecnologia da informação (TI), que envolve computadores, terminais, *hardwares* e *softwares* de comunicação. Mas ele precisa também de ferramentas de gestão: como planejar, organizar, dirigir ou controlar. Precisa de ferramentas de gestão de

pessoas: como construir equipes, como escolher os participantes de suas equipes, como as treinar, motivar, impulsionar e criar equipes com elevado desempenho.

4. O administrador lida com pessoas: não executa tarefas nem realiza diretamente o trabalho. Ele o faz por meio de pessoas que dirige, comunica, lidera, motiva, orienta e impulsiona. Alcança objetivos por meio de outras pessoas e proporciona resultados por meio delas. Lidar com pessoas é uma atividade básica e fundamental na Administração. Os administradores estão sendo preparados para serem os gestores de pessoas dentro das empresas. Liderança, comunicação e motivação constituem aspectos essenciais do trabalho do administrador.
5. O administrador serve aos clientes: o cliente é o alvo no qual se concentra toda a atividade do administrador. A empresa lida com interesses e satisfações de clientes, consumidores, usuários e contribuintes de maneira que o administrador não pode deixar de lado essa realidade em momento algum. Apesar de o cliente estar fora da organização, ele é o determinante de seu sucesso ou fracasso. O foco no cliente – seja ele interno ou externo – é hoje a melhor orientação para o administrador.
6. O administrador está focado em objetivos: o administrador está sempre focado em objetivos a serem alcançados. Sua atividade não é casual ou fortuita, mas sempre orientada para alvos, metas e objetivos situados a curto, médio ou longo prazo, dependendo da situação. O objetivo constitui a bússola do administrador. Mais do que isso, o alcance de objetivos serve como indicador de como ele está se desempenhando em seu trabalho.
7. O administrador formula estratégias e planos de ação: para alcançar os objetivos, o administrador utiliza estratégias para chegar lá. E as estratégias são desdobradas em planos. Isso significa que a atividade do administrador não se prende ao acaso ou à improvisação. Ela é totalmente planejada no sentido de adequar os meios para chegar aos objetivos com o máximo de racionalidade, eficiência e eficácia.
8. O administrador entrega resultados: a atividade do administrador é avaliada pelos resultados que ele oferece. Administrar significa apresentar resultados. Administração não é intenção, boa vontade ou desejo. Na prática, a Administração é

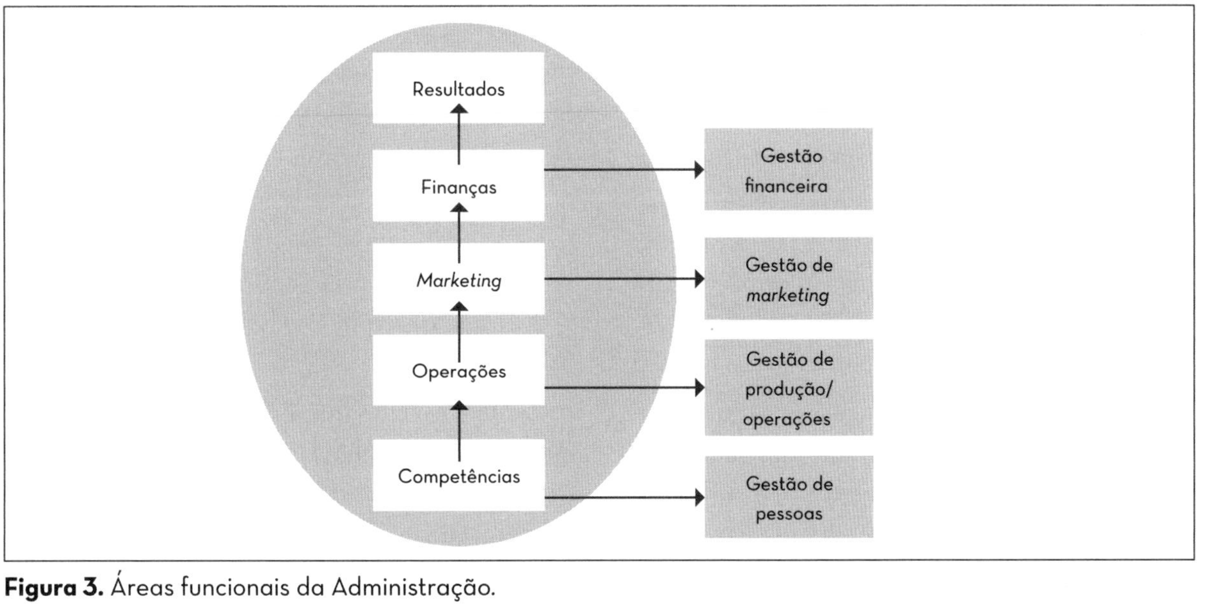

Figura 3. Áreas funcionais da Administração.

resultado. E resultado concreto, seja na forma de lucro, inovação em produtos e serviços, excelência, qualidade, produtividade, satisfação do cliente, aumento na participação no mercado, etc.

NATUREZA DO TRABALHO DO ADMINISTRADOR

O trabalho do administrador é extremamente contingencial. Isso é, depende das situações enfrentadas. Um estudo feito por Mintzberg sobre a natureza do trabalho do administrador salienta os seguintes aspectos[3]:

1. O trabalho administrativo – feito pelo diretor da empresa, pelo gerente do serviço de assistência médica ou pelo contramestre da fábrica – apresenta muitas semelhanças entre si. Embora existam diferenças em função do nível hierárquico, o trabalho administrativo apresenta certas características comuns de planejar, organizar, dirigir e controlar.
2. A função do administrador se compõe de obrigações regulares e programadas, além de atividades imprevistas e não programadas. Daí, a necessidade de flexibilidade. Planejar, mas sem rigidez para abrigar espaço para contingências e eventualidades.
3. O administrador é tanto especialista como generalista. Trabalha nas duas frentes. Isso significa que o administrador deve ter simultaneamente uma visão holística e sistêmica sem deixar de lado a capacidade de análise das situações envolvidas.
4. O administrador conta com a informação para tomar decisões, principalmente aquelas que recebe verbalmente da cúpula e dos seus pares. A informação é seu principal insumo para a tomada de decisões. Para tanto, deve construir um sistema de informações sensível, em tempo real e que lhe proporcione meios para navegar com segurança.
5. As atividades do administrador são caracterizadas por rapidez, variedade e fragmentação. Sua atenção deve ser ao mesmo tempo concentrada em certos aspectos e dispersada em várias frentes.
6. O trabalho administrativo é mais arte do que ciência e se baseia muitas vezes em processos intuitivos e não explícitos. Sensibilidade, atenção, visão sistêmica e prontidão são aspectos importantes.
7. O trabalho administrativo é cada vez mais complexo e cheio de paradoxos. Ele precisa ser estrategista sem deixar de cuidar do cotidiano operacional; precisa enfatizar processos sem deixar de ser humano e humanista; precisa focar externamente o cliente e internamente as pessoas com quem trabalha; precisa mirar o longo prazo sem deixar de se preocupar com o curto prazo.

Na verdade, o administrador precisa ao mesmo tempo ser concreto (nos resultados) e abstrato (nos conceitos), precisa pensar no curto prazo (no imediato) e no longo prazo (no horizonte estratégico), deve saber lidar com pessoas (habilidades humanas), com tecnologias (habilidades técnicas) e com a estratégia da sua organização (habilidades conceituais). Precisa ser duro (com aqueles que negligenciam) e suave (com aqueles que colaboram), precisa focar o interior da organização (buscando eficiência nas operações) e viver em contato com o mundo dos clientes, fornecedores, concorrentes (buscando eficácia do negócio). Esses paradoxos mostram a complexidade do trabalho do administrador.

Assim, o administrador desempenha vários papéis em cada organização. Um papel é um conjunto de expectativas de cada organização a respeito do comportamento de uma pessoa. Cada papel representa atividades que as pessoas conduzem para cumprir seu trabalho. Mintzberg identifica dez papéis específicos em três categorias, como na Tabela 1.

Esses dez papéis estão distribuídos em três amplas categorias[3]:

1. Papéis interpessoais: representam as relações com outras pessoas e estão relacionados com as habilidades humanas. Mostram como o administrador interage com as pessoas e influencia seus subordinados.
2. Papéis informacionais: descrevem as atividades usadas para manter e desenvolver uma rede de informações. Mostram como o administrador intercambia e processa informação. Um administrador no nível institucional da organização passa em média cerca de 75% do seu tempo comunicando-se com outras pessoas.
3. Papéis decisórios: envolvem todos os eventos e situações em que o administrador deve fazer uma escolha e tomar uma decisão. Mostram como o administrador utiliza a informação como base para avaliar opções e tomar decisões. Esses papéis requerem tanto habilidades humanas como conceituais.

Bate-bola: os papéis do administrador

Analise os papéis do administrador. Em qual deles você acha que se sairia melhor? Você se daria melhor em papéis interpessoais, informacionais ou decisórios? Tente explicar por quê.

Administrador como empreendedor, gestor ou líder

Por fim, vale lembrar uma distinção comumente feita entre empreendedores, gestores e líderes. Cada um deles apresenta um perfil diferente. O administrador pode atuar como empreendedor, gestor ou líder. A seguir, três tipos de executivos[4]:

1. Empreendedores: são os criadores de negócios, isto é, são pessoas que quebram barreiras para criar algo inteiramente novo e excitante, por que são dotadas de criatividade, engenhosidade, perseverança e firme determinação. Elas quebram regras, assumem riscos e soltam a imaginação. Capitaneiam o mercado com garra e confiança. Schumpeter[5] fez um dos primeiros estudos a respeito dos empreendedores no mundo moderno.
   O espírito empreendedor (*entrepreneurship*) pode ser definido como um processo pelo qual as pessoas procuram oportunidades, satisfazendo necessidades e desejos por meio da inovação, sem levar em conta os recursos que podem utilizar no momento[6]. Em geral, o empreendedor é visualizado como uma pessoa corajosa, aventureira, audaciosa, sonhadora e inovadora, muitas vezes associada a algum empreendimento ou pequena empresa, embora não se deva confundir sua tarefa com a administração de um pequeno negócio[7]. No entanto, o espírito empreendedor pode existir em grandes empresas. Drucker descreve o gerente empreendedor como uma pessoa confiante em sua capacidade e que aproveita as oportunidades de inovação e que não só espera as surpresas, mas que sabe aproveitá-las e capitalizá-las[8]. As grandes empresas estão incentivando o espírito intraempreendedor (*intrapreneurship*) para incentivar a mudança e a inovação.
2. Gerentes: são os organizadores de negócios, isto é, pessoas impulsionadas por disciplina, estrutura e organização. São administradores focados em alocar recursos, alinhar elementos organizacionais, aproveitar eficiências de escala e de escopo, bem como alcançar previsibilidade de resultados superiores de negócios. São hábeis em criar organizações eficientes e bem-sucedidas. Mais do que os empreendedores, os gerentes ajudam as empresas a crescerem até seu potencial máximo. Em geral, a administração dos negócios de larga escala é conduzida por gerentes de primeira linha[6]. Todavia, os gerentes preferem a previsibilidade e a certeza.

Tabela 1 Os papéis do administrador[3]

Categoria	Papel	Atividades
Interpessoal	Representação	Assume deveres cerimoniais e simbólicos, representa a organização, acompanha visitantes e assina documentos legais
	Liderança	Dirige e motiva as pessoas, treina, aconselha, orienta e se comunica com subordinados
	Ligação	Mantém redes de comunicação dentro e fora da organização, usa malotes, faz telefonemas e reuniões
Informacional	Monitorador	Manda e recebe informação, lê revistas e relatórios Mantém contatos pessoais
	Disseminador	Envia informação para membros de outras organizações, envia memorandos, relatórios e e-mails, faz telefonemas e contatos
	Porta-voz	Transmite informações para pessoas de fora através de conversas, e-mails e relatórios
Decisorial	Empreendedor	Inicia projetos, identifica novas ideias, assume riscos e delega responsabilidades para outros
	Solucionador de conflitos	Toma ações corretivas em disputas ou crises, resolve conflito entre subordinados, adapta a equipe a mudanças e crises
	Alocador de recursos	Decide a quem atribuir recursos. Planeja, programa, orça e estabelece prioridades
	Negociador	Representa os interesses da organização em negociações com sindicatos, em compras, vendas ou financiamentos

Tabela 2 Os papéis do administrador

Papéis interpessoais	Papéis informacionais	Papéis decisórios
Como o administrador interage:	Como o administrador intercambia e processa a informação:	Como o administrador utiliza a informação em suas decisões:
• representação • liderança • ligação	• monitoração • disseminação • porta-voz	• empreendedor • solução de conflitos • alocação de recursos • negociação

3. Líderes: são agentes de mudança e transformação que buscam incessantemente alcançar resultados impossíveis. São pessoas que veem possibilidades e oportunidades de negócios que outros abandonaram ou não conseguem enxergar. São capazes de impulsionar empresas declinantes e fazer um *turnaround* graças ao seu *modus operandi*. Reinventam, revigoram e reengendram organizações, dando-lhes uma nova direção e um novo propósito.

Bate-bola: as características do empreendedor, do gerente executivo e do líder

Analise as características do empreendedor, do gerente executivo e do líder e verifique em qual delas você se situa. Explique por quê. Em qual desses você se sentiria melhor? Explique por quê.

Em resumo, administrar é muito mais do que uma mera função de supervisionar pessoas, alocar recursos ou tocar atividades cotidianas. Quando a organização é conservadora e prima pela rotina e pela manutenção do *status quo*, a tarefa do administrador é manter as coisas funcionando como sempre e aumentar gradativamente a eficiência e a eficácia. Mas quando tudo muda e se transforma, não se trata mais de manter a situação atual, mas de inovar e renovar continuamente a organização para ajustá-la constantemente às mutáveis demandas do negócio. O papel do administrador em situação de mudança e instabilidade se concentra muito mais na inovação do que na manutenção do *status quo* organizacional. Assim, existem oportunidades para conservar e para inovar. Melhorar e renovar. O trabalho do administrador é procurar manter a organização surfando sempre na crista da onda em um mar agitado e cheio de perigos, ameaças, oportunidades, encantos e segredos. Como dizia Giuseppe de Lampedusa em seu livro *Il Gattopardo*: há de se mudar sempre para ficar no mesmo lugar. Em administração, isso significa que a empresa precisa estar sempre em mudança para ficar sempre no mesmo lugar – isto é, no primeiro lugar, na cabeça do cliente. Isso significa tentar surfar sempre na crista das ondas que se sucedem intempestivamente, chegando, rolando e desaparecendo.

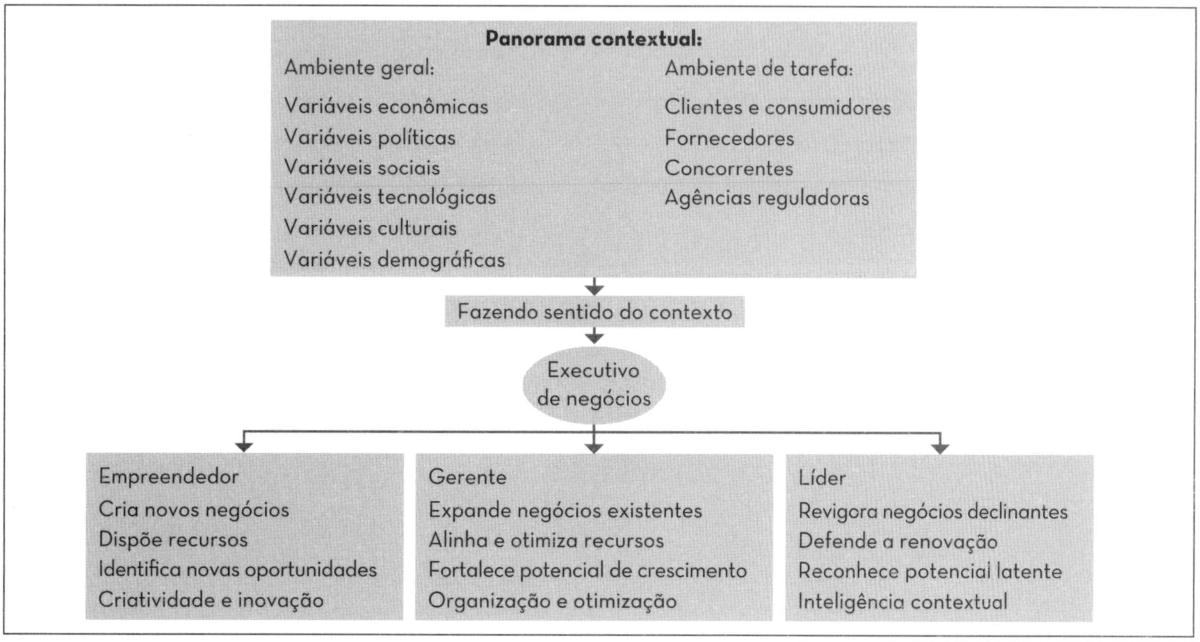

Figura 4 Os três tipos de executivos de negócios[9].

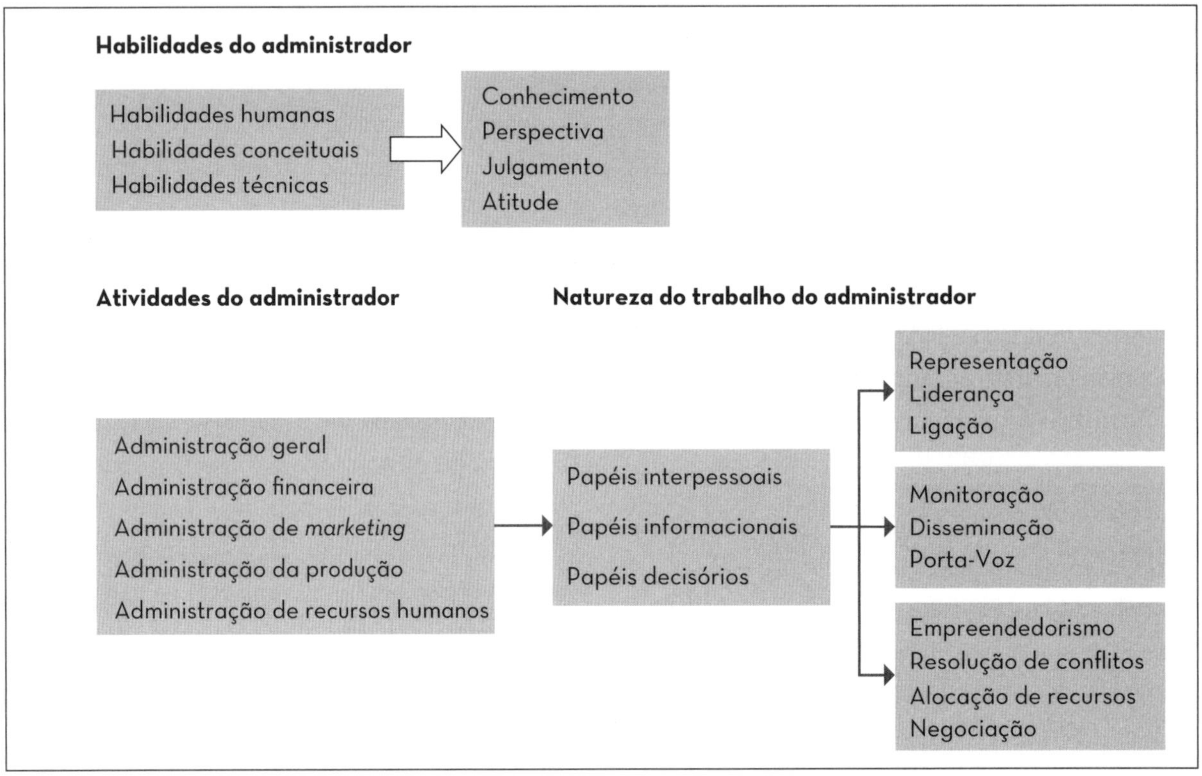

Figura 5 Mapa mental deste capítulo.

Referências bibliográficas

1. CHIAVENATO, I. *Introdução à teoria geral da administração*, Rio de Janeiro, Elsevier, 2011. p. 3
2. HERSEY, P.; BLANCHARD, K. H. *Psicologia para administradores de empresas*: a utilização de recursos humanos, São Paulo, Pedagógica e Universitária, 1976. p. 7.
3. MINTZBERG, H. *The nature of managerial work*, Nova York, Harper & Row, 1973. p. 92-3.
4. MAYO, A. J.; NOHRIA, N. *In their time*: the greatest business leaders of the twentieth century, Boston, Mass., Harvard Business School, 2005. p. 25.
5. SCHUMPETER, J. A. *The theory or economic development*, Nova York, McGraw-Hill, 1944.
6. CHANDLER Jr., A. A. *The visible hand*, MIT School, 1983.
7. STEVENSON, H. H., ROBERTS, M. J.; GROUSBECK, H. I. *New business ventures and the entrepreneur*, Homewood, Ill., Irwin, 1989.
8. DRUCKER, P. F. *Innovation and entrepreneurship*, Nova York, Harper & Row, 1985.
9. MAYO, A. J. M.; NOHRIA, N. *In their time*: the greatest business leaders of the twentieth century, Boston, Mass., Harvard Business School, 2005. p. 15.

Parte II

O CONTEXTO EM QUE AS EMPRESAS OPERAM

Para melhor conhecer uma empresa, há de se conhecer o contexto em que ela está inserida. As empresas não existem no vácuo e seu funcionamento nada tem de absoluto ou definitivo. Ao contrário, as empresas vivem dentro de um contexto ambiental caracterizado por uma multiplicidade de variáveis e forças diferentes que provocam constantes mudanças e turbulências. Diante desse contexto, o funcionamento das empresas tem um caráter relativista e circunstancial, dependendo das variáveis e forças externas que predominam nesse contexto, ao qual denominaremos ambiente. O ambiente é extremamente dinâmico e varia contínua e constantemente, oferecendo oportunidades, facilidades e vantagens que a empresa precisa aproveitar, impondo dificuldades, ameaças e coações que a empresa precisa evitar ou neutralizar e oferecendo contingências que a empresa não pode prever, mas que deve atender. É do ambiente que a empresa obtém seus insumos e recursos e é no ambiente que a empresa coloca e distribui o resultado de suas operações, como produtos, serviços, entretenimento, energia ou informação. É igualmente do ambiente que a empresa obtém as tecnologias adequadas para poder processar da melhor maneira possível os recursos de que necessita para atingir seus objetivos.

Assim, dois desafios principais – entre muitos dos desafios existentes – são impostos à empresa: lidar com o ambiente (e suas variáveis externas) e lidar com a tecnologia e as competências (e suas variáveis internas) – os dois principais desafios da moderna administração. Ambos introduzem a incerteza dentro da empresa. A incerteza é a falta de informação ou de conhecimento adequado a respeito de alguma coisa. A incerteza traz o risco. Para sobreviver em um ambiente complexo e incerto e para lidar com tecnologias que a empresa não consegue dominar totalmente, ela precisa estabelecer uma estratégia. A estratégia empresarial é o conjunto de opções e escolhas de que a empresa se serve para atingir seus objetivos. Como os objetivos geralmente se situam fora da empresa, isto é, no ambiente ou em mercados específicos, a estratégia deve se basear em uma cuidadosa análise ambiental. Em segundo lugar, a estratégia deve considerar as forças e limitações internas da empresa – sobretudo em relação às suas competências e tecnologias – para melhor aproveitar seus pontos fortes e para fortalecer ou corrigir seus pontos fracos. Assim, a estratégia é o ponto através do qual a empresa pretende ligar suas competências e tecnologias com o ambiente que a rodeia. A estratégia é a maneira pela qual a empresa pretende atingir objetivos, atuando no ambiente por meio de competências e tecnologias que lhe permitam realizar suas operações, produzir bens ou serviços, agregar valor e ser bem-sucedidas nisso tudo.

MUDANÇA ORGANIZACIONAL

Como o ambiente em que a empresa opera é extremamente mutável e dinâmico, a empresa também precisa adaptar-se continuamente a ele. Em outras palavras, a mudança organizacional passa a ser um imperativo para que a empresa possa ser bem-sucedida. Implementar e liderar um processo de mudança organizacional é tarefa fundamental do administrador. A começar pelo executivo principal da empresa. A mudança pode ser complexa e requerer dezenas ou centenas de gerentes ou líderes, cada qual fazendo sua parte. A resistência pode ser dura e intransponível, mas a mudança deve ser levada adiante para que a empresa continue servindo seus clientes. O administrador deve estar na frente desse esforço coletivo de mudar a empresa e transformá-la em um negócio bem-sucedido.

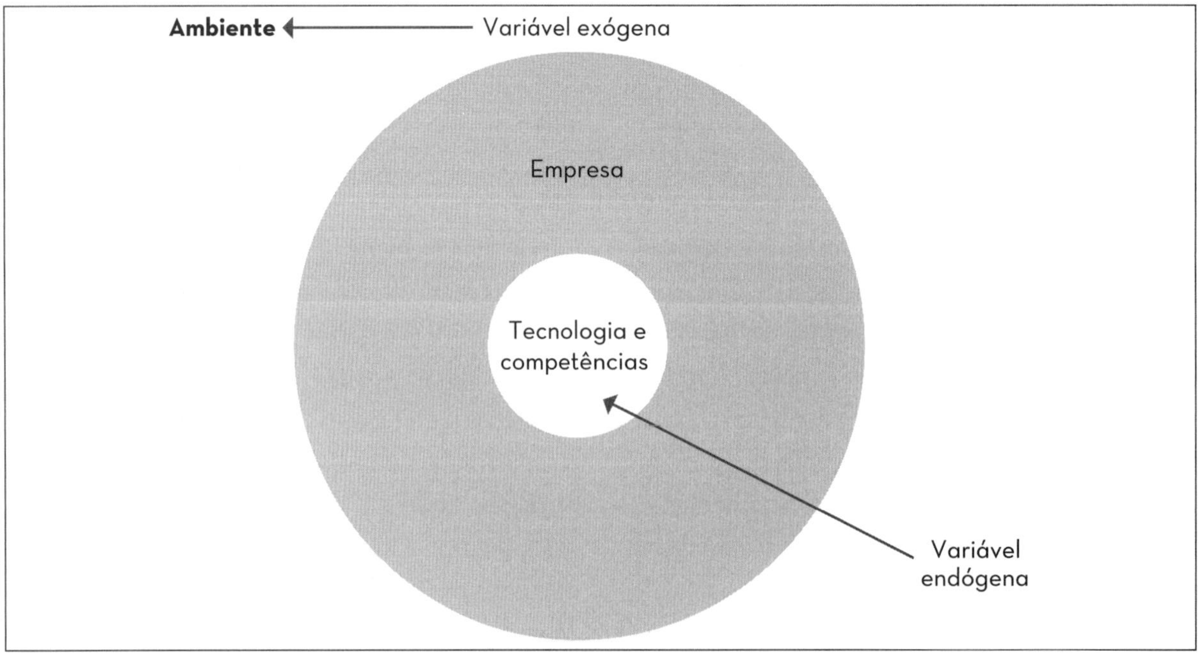

Figura 1 Contexto em que a empresa opera: externamente, o ambiente; internamente, a tecnologia e as competências.

O processo de mudança organizacional deve envolver dez etapas[1]:

1. Estabeleça um sentido de urgência: a partir do momento em que a necessidade de mudar foi detectada, deve-se criar um senso de urgência para que as pessoas deixem de lado suas razões de resistir. A complacência é o pior inimigo das empresas.
2. Mobilize compromisso para a mudança por meio do diagnóstico conjunto dos problemas do negócio: crie forças-tarefa ou equipes provisórias para diagnosticar os problemas, para que elas criem uma compreensão compartilhada do que deve ser melhorado e estender a mobilização a todas as demais pessoas.
3. Crie uma coalizão-guia de pessoas influentes: a escolha certa das pessoas que devem atuar como equipe é crucial. Ela dá suporte político. Seus membros devem possuir *expertise*, credibilidade e habilidades de liderança.
4. Desenvolva uma visão compartilhada: o líder deve proporcionar uma direção rumo à qual as pessoas devem trabalhar. Isso envolve missão, visão e objetivos que dependem de quanto se pretende mudar.
5. Comunique a visão: o poder de uma visão é ampliado quando todos os envolvidos na atividade ou na empresa têm uma compreensão comum de seus objetivos e direcionamento. A visão deve ser intensamente comunicada.
6. Remova barreiras à mudança: empodere as pessoas. Toda mudança requer o apoio das pessoas. A melhor maneira de fazê-las apoiar a mudança é pelo *empowerment*. É necessário envolver as pessoas para ajudar a realizar mudanças, e isso começa com a remoção de barreiras ao *empowerment*, como estruturas formais e rígidas, chefes autocráticos, falta de habilidades e competências das pessoas e sistemas falhos de informação.
7. Gere vitórias de curto prazo: a transformação da empresa pode levar tempo. Torna-se necessário reforçar periodicamente para sentir como os esforços estão sendo frutificados. Pequenas vitórias devem ser materializadas. É preciso marcar gols de vez em quando.
8. Consolide os ganhos e produza maior mudança: o líder principal e sua equipe de coalizão devem utilizar sua crescente credibilidade com os pequenos ganhos de curto prazo para ampliar a mudança que envolve todos os sistemas, estruturas e políticas para adequá-los à nova visão. Além disso, admitir, promover e desenvolver novos talentos que implementem a nova visão, identificando as pessoas campeãs em mudanças, reconhecendo e recompensando suas vitórias e abrindo novas oportunidades para novas vitórias.
9. Ancore as novas maneiras de fazer as coisas na nova cultura da empresa: poucas mudanças organizacionais podem sobreviver sem uma correspondente mudança nos valores compartilhados pelas pessoas. Devem-se cristalizar os valores que são consistentes com a nova visão a partir de uma nova definição de valores essenciais. O uso de sinais, símbolos e cerimônias reforçam tais valores.
10. Monitore o progresso e ajuste a visão: como uma empresa pode responder externamente melhor se ela não consegue responder internamente a possíveis inadequações de seu plano de mudanças? É essencial que se tenha um mecanismo para monitorar a eficácia da mudança e as ações corretivas necessárias.

Nesta Parte II, serão tratados o ambiente, as competências essenciais, a tecnologia e a estratégia empresarial, mostrando como as empresas operam e se comportam em um mundo de negócios extremamente mutável, dinâmico e competitivo.

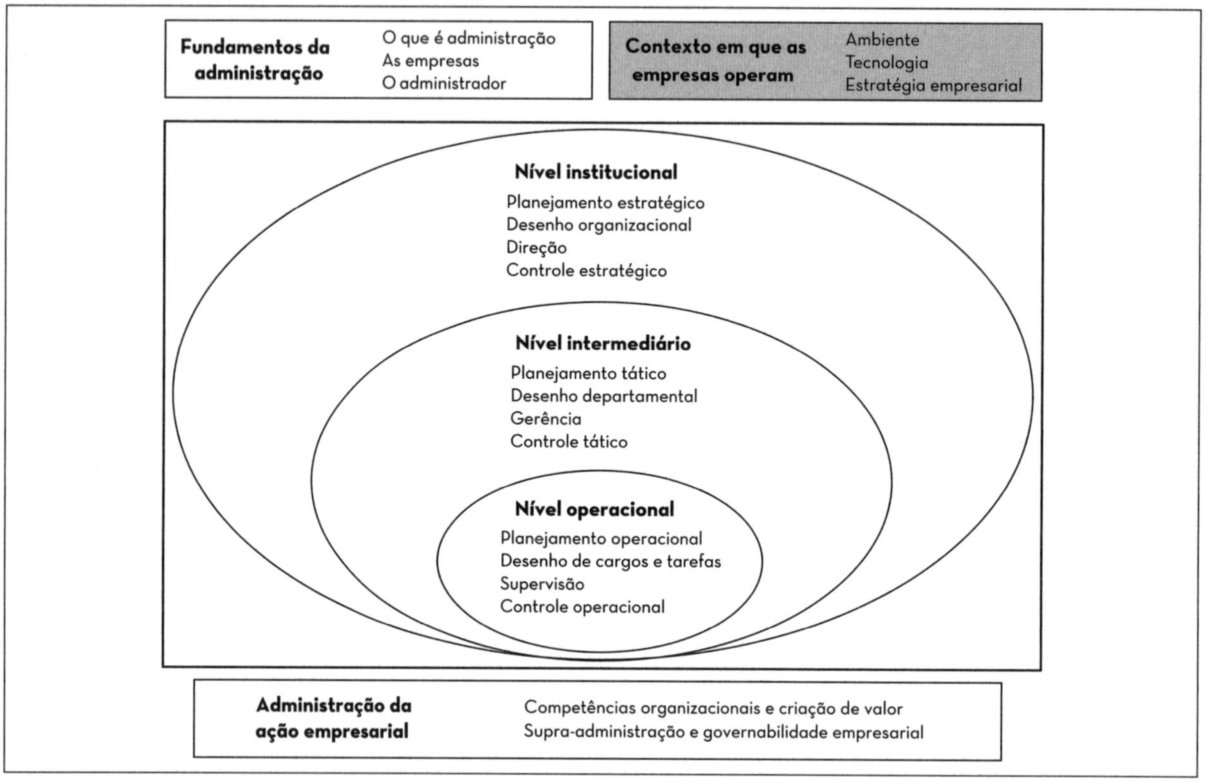

Figura 2 Plano integrado das partes e capítulos do livro.

Referências bibliográficas

1. BEER, M.; EISENSTAT, R.; SPECTOR, B. *Why change programs don't produce change*, *Harvard Business Review*, November/December 1990. p. 158-60.

CAPÍTULO 4

O ambiente das empresas

Objetivos deste capítulo

- Analisar o meio ambiente em que as empresas vivem e como elas o percebem e o interpretam.
- Proporcionar uma visão do ambiente geral e do ambiente de tarefa das empresas, bem como de sua dinâmica e seu comportamento.
- Verificar como as empresas fazem a análise ambiental.
- Discutir o "imperativo ambiental".

Para se conhecer uma empresa, deve-se compreender também o contexto no qual ela está inserida. O ambiente representa todo o universo que envolve externamente a empresa; é tudo aquilo que está situado fora dela. O ambiente é a própria sociedade que, por sua vez, é constituída de outras empresas e organizações, clientes, fornecedores, concorrentes, agências reguladoras, etc. As empresas não vivem no vácuo, não estão isoladas nem são totalmente autossuficientes, mas funcionam dentro de um contexto do qual dependem para sobreviver e crescer. É do ambiente que as empresas obtêm recursos e informações necessários para a subsistência e o funcionamento e é no ambiente que elas colocam os resultados de suas operações. À medida que o ambiente muda – e ele está sempre passando por intensas mudanças e transformações –, todo o quadro habitual das operações das empresas é tremendamente influenciado, uma vez que as condições ambientais externas às empresas contribuem fortemente para o que sucede dentro delas.

As empresas são organizações inventadas pelo homem para se adaptarem continuamente às mutáveis circunstâncias ambientais, a fim de alcançar objetivos. Se essa adaptação é conseguida e os objetivos são alcançados, então a empresa é considerada eficaz e terá condições de sobrevivência e crescimento. Para tanto, o resultado proveniente de seus produtos e serviços deve ser maior do que o volume despendido na obtenção e na aplicação dos recursos e das competências.

Quais são as características das empresas bem-sucedidas?

As empresas bem-sucedidas costumam apresentar as seguintes características:

- são lucrativas, isto é, geram riqueza;
- alcançam longevidade, ou seja, duram muito tempo;
- são saudáveis, pois não têm conflitos duradouros;
- são inovadoras: têm imaginação e criatividade;
- são flexíveis: têm elevada flexibilidade e capacidade de ajustamento;
- são admiradas: porque inspiram as outras.
- têm identidade própria, ou seja, uma cultura especial;
- são os melhores lugares para se trabalhar;
- produzem retornos para todos os *stakeholders*.

MAPEAMENTO AMBIENTAL

É a maneira como a empresa faz a sondagem ambiental para compreender e interpretar o ambiente em que está inserida. Como o ambiente é extremamente vasto e complexo, as empresas não podem absorvê-lo, interpretá-lo e conhecê-lo em sua totalidade e complexidade, o que seria inimaginável. O ambiente é um contexto externo que apresenta uma enorme e complexa variedade de condições extremamente variáveis, dinâmicas e mutáveis, difíceis de serem abordadas no seu conjunto ou analisadas com clareza e objetividade. Assim, as empresas precisam tatear, explorar e discernir o ambiente ao seu redor para reduzir a incerteza a seu respeito. Em outros termos, a empresa precisa constantemente mapear seu espaço ambiental. O mapeamento ambiental, contudo, esbarra em três dificuldades: seleção ambiental, percepção ambiental e os limites da empresa[1].

Seleção ambiental

As empresas não são capazes de absorver e compreender todas as condições variáveis e mutáveis do ambiente de uma só vez, principalmente pelo fato de que algumas delas estão sujeitas a múltiplas influências que as empresas não podem sequer visualizar, entender, prever ou controlar. Para lidar com toda essa complexidade, as empresas selecionam seus ambientes e passam a visualizar seu mundo exterior apenas naquelas partes escolhidas e selecionadas desse enorme conjunto. É a chamada seleção ambiental: apenas uma pequena porção de todas as inúmeras variáveis ambientais possíveis participa realmente do conhecimento, da compreensão e da experiência da empresa. Esse reducionismo permite compreender uma pequena amostra do ambiente capaz de ser interpretada pela empresa.

Percepção ambiental

Além disso, as empresas percebem subjetivamente seus ambientes de acordo com suas expectativas, experiências, desafios, convicções e motivações. A maneira pela qual uma empresa percebe e interpreta seu ambiente pode ser completamente diferente da percepção e da interpretação que outra empresa tem a respeito do mesmo ambiente. Em outros termos, um mesmo ambiente pode ser percebido e interpretado diferentemente por duas ou mais empresas. É a chamada percepção ambiental. Essa é uma construção, um conjunto de informações selecionadas e estruturadas em função da experiência anterior, das necessidades e das intenções da empresa em uma dada situação. Geralmente, as informações utilizadas nessa construção perceptiva são selecionadas; algumas são eliminadas e não são sequer percebidas; outras são imaginadas ou inventadas para preencher as lacunas existentes. Em outros termos, a percepção ambiental depende muito daquilo que cada empresa considera relevante no seu ambiente.

Quem percebe e seleciona?

Obviamente, quando se fala em seleção e percepção ambiental, estamos querendo dizer que não são as empresas em si que selecionam e percebem seus ambientes, mas as pessoas que, dentro delas, têm a função de interligar as atividades empresariais com o contexto ambiental. Essas pessoas - administradores, dirigentes ou altos executivos - não atuam à vontade e com total liberdade, mas precisam ajustar-se e balizar-se dentro dos padrões e critérios adotados pela empresa, que variam enormemente de uma para outra.

Consonância e dissonância

Existe uma forte necessidade de consonância e de coerência na vida das empresas. Existe consonância quando as presunções da empresa a respeito de seu ambiente são confirmadas na prática e no cotidiano. Essa confirmação serve para reforçar ainda mais as suas presunções. Com isso, a empresa mantém a coerência em seu comportamento, ou seja, seu comportamento está de acordo com suas presunções. Para manter consonância com o ambiente e coerência com seu comportamento, as empresas adotam como informação de referência o resultado da elaboração lógica de outras informações anteriores tomadas como reais e verdadeiras. Cada informação recebida é comparada com essas deduções anteriores. Se a comparação revela algum forte desvio ou incoerência, a empresa tende a restabelecer o equilíbrio desfeito, seja modificando suas crenças anteriores ou desacreditando na nova informação recebida. Esse mecanismo foi descrito em nível individual por Festinger[2] como redução da dissonância cognitiva para definir o ajuste contínuo das ideias e pensamentos do indivíduo em relação ao que ocorre no seu meio ambiente. O processo de redução da dissonância nada mais é do que uma tentativa de restabelecer a consonância entre o que temos em nossas cabeças e o que existe na realidade externa.

Empresas e sociedade

O que complica um pouco mais as coisas é o fato de que as empresas são parte do ambiente de outras empresas e unidades da sociedade. Como o ambiente é formado por pessoas, grupos, empresas, organizações e pela sociedade em geral, cada empresa também faz parte do ambiente de outras entidades e, como tal, detém alguma influência ou poder sobre as demais entidades, ao mesmo tempo em que delas recebe considerável influência. Não se pode esquecer que, embora influenciadas pelas circunstâncias ambientais, as empresas normalmente desempenham um papel influencial ativo em seus próprios ambientes e elas têm bastante consciência desse papel.

Limites ou fronteiras

Limites ou fronteiras são as linhas imaginárias que definem o que é a empresa e o que é o ambiente. Servem para delimitar ou separar a empresa do contexto ambiental que a envolve. Os limites ou fronteiras entre empresa e ambiente podem ser definidos em termos de espaço (prédios, edifícios, instalações, áreas físicas, terrenos), em termos de tempo (horário de trabalho, turnos de atividade), em termos de valores e atitudes de seus empregados (quando eles se identificam com as regras e regulamentos internos da empresa), em termos legais (o que é propriedade da empresa e o que não é) ou, ainda, em termos fiscais (o que é definido como "território" da empresa e o que não é), como também podem ser definidos por meio de uma infinidade de outras abordagens diferentes.

Uma dificuldade inerente ao estudo das relações entre as empresas e seu ambiente reside no fato de que a empresa deve ser diferenciada do seu ambiente, ou seja, deve existir alguma separação entre ambos. De fato, ambos não são perfeitamente separáveis e a fronteira da empresa passa a ser uma invenção arbitrária. É o caso de uma empresa com diversas filiais e depósitos situados em diversas cidades diferentes: como delimitar as fronteiras dessa empresa? De fato, os limites que separam a empresa de seu ambiente são muitas vezes ambíguos e pouco definidos.

Derrubando fronteiras organizacionais

Modernamente, algumas empresas estão derrubando suas fronteiras externas para aumentar a integração com suas entradas e saídas e, com isso, ampliar resultados. Elas estão aumentando seus relacionamentos com clientes (saídas) e fornecedores (entradas) e os atraindo cada vez mais para dentro de seus processos decisórios. São os chamados sistemas de gestão baseados na tecnologia da informação (TI), como o CRM (*customer relationship management*) - que aumenta a interação entre a empresa e seus clientes e consumidores - e o *supply chain management* (SCM) - que aumenta a interação entre a empresa e sua cadeia de fornecedores. Esses sistemas de gestão ampliam enormemente a área de influência da empresa, assim como incorporam clientes e fornecedores ao seu processo decisório. Na verdade, fica cada vez mais difícil afirmar onde estão os limites ou fronteiras da atividade empresarial.

AMBIENTE GERAL

O ambiente é extremamente multivariado e complexo: as empresas vivem em um mundo humano, social, político e econômico em constante mudança. Para melhor compreender o que constitui o ambiente de uma empresa, torna-se necessário decompô-lo em dois segmentos: o ambiente geral (ou macroambiente), que é comum a todas as empresas e as influencia de maneira genérica, e o ambiente de tarefa, que é o ambiente específico e imediato de cada empresa.

O ambiente geral é constituído de um conjunto amplo e complexo de condições e fatores externos que envolve e influencia difusamente todas as empresas. Não é uma entidade concreta com a qual a empresa possa interagir diretamente, mas um conjunto difuso de condições genéricas e externas às empresas e que contribui de um modo geral para tudo aquilo que ocorre dentro de cada empresa, para as estratégias adotadas e para as consequências das ações empresariais.

Variáveis do ambiente geral

O ambiente geral é constituído por um conjunto complexo de variáveis que atuam de maneira dinâmica e interativa formando um campo de forças[3]:

1. Variáveis tecnológicas: a tecnologia representa um dos aspectos ambientais mais críticos em razão da profunda influência e do forte impacto que exerce sobre as empresas, sua administração e principalmente sobre suas operações. A tecnologia envolve a soma total dos conhecimentos acumulados a respeito de como fazer as coisas: inclui invenções, técnicas, aplicações, patentes, desenvolvimento etc. Sua influência principal reside nos meios pelos quais as coisas são desenhadas, produzidas, distribuídas e aplicadas. Basicamente, a tecnologia é o conhecimento de como fazer as coisas para alcançar objetivos humanos. Ela é um componente do meio ambiente na medida em que as empresas precisam absorver e incorporar as inovações tecnológicas externas em seus sistemas. Além de ser uma variável ambiental e, portanto, ex-

terna às empresas, a tecnologia é também parte do sistema interno das empresas na medida em que é pesquisada, desenvolvida ou transferida e aplicada internamente para a obtenção de objetivos empresariais. Dessa forma, a tecnologia é, ao mesmo tempo, uma variável ambiental que influencia o comportamento das empresas e uma variável interna por meio da qual a empresa influencia seu meio ambiente e as demais empresas nele inseridas.

2. Variáveis políticas: decorrentes das políticas e dos critérios de decisão adotados pelo governo federal, estadual e municipal, bem como pelos governos estrangeiros quando as decisões destes exercem influência relevante sobre as atividades da empresa. As variáveis políticas incluem o clima político e ideológico geral que o governo pode criar e a estabilidade ou instabilidade política e institucional do país, uma vez que esses fatos repercutirão consideravelmente no comportamento das empresas. As tendências ideológicas dos governos podem definir os rumos da política econômica do país, da política fiscal e tributária (política quanto ao emprego, à saúde pública, à educação, à habitação, ao saneamento básico, etc.), que poderão facilitar ou dificultar as operações e as atividades da empresa.
3. Variáveis econômicas: decorrentes do contexto econômico geral. Em nível nacional, as variáveis econômicas podem ser permanentes ou temporárias. As permanentes são:
   - nível geral de atividade econômica do país (desenvolvimento, estagnação ou recessão);
   - nível do desenvolvimento econômico da região ou localidade onde está situada a empresa;
   - grau de industrialização do país ou da região;
   - distribuição da riqueza e renda *per capita*.

   Entre as principais variáveis econômicas temporárias, estão:
   - nível de atividade econômica local;
   - tendências inflacionárias ou deflacionárias;
   - balança de pagamento do país e disponibilidade de divisas estrangeiras;
   - política fiscal em determinados setores da atividade econômica.

   O efeito das variáveis econômicas sobre as empresas é enorme e determina o volume de atividade econômica, o nível de preços e a lucratividade potencial, a facilidade ou a dificuldade na obtenção de recursos básicos, os mecanismos de oferta e procura do mercado em geral, etc.
4. Variáveis legais: referem-se ao contexto de leis e normas legais que regulam, controlam, incentivam ou restringem determinados tipos de comportamento empresarial em geral. Obviamente, as variáveis legais dependem tanto do contexto político quanto do contexto econômico e ainda do contexto social, mas, qualquer que seja seu fundamento, a legislação vigente – seja ela tributária, trabalhista, civil, comercial, etc. – tem enorme poder de influência sobre o comportamento das empresas. Quase sempre a influência do aparato jurídico é restritiva e impositiva no sentido de determinar muito mais o que não pode ser feito do que aquilo que as empresas podem fazer.
5. Variáveis sociais: como a empresa é ao mesmo tempo uma organização social e uma unidade econômica, ela está sujeita a pressões sociais e a influências do meio social e cultu-

ral em que está situada. As principais variáveis sociais que repercutem nas atividades das empresas são:

- tradições culturais do país em geral e da comunidade em que a empresa está localizada, em particular;
- estrutura do orçamento familiar de despesas em relação a bens e serviços;
- importância dada à família e à coletividade local e nacional;
- atitude das pessoas frente ao trabalho e aos ideais quanto à profissão;
- atitude quanto ao dinheiro e à poupança;
- homogeneidade ou heterogeneidade das estruturas raciais e linguísticas do país.

Quando as atitudes sociais mudam, a opinião pública sofre alterações e sua influência sobre as atividades empresariais é evidente, seja facilitando ou dificultando a aceitação de determinado produto ou serviço, seja criando uma imagem favorável ou desfavorável às atividades da empresa, etc. A própria imagem da empresa é um fator puramente social.

As mudanças sociais trazem um forte impacto sobre as empresas. Esse impacto é facilmente observável em empresas que se dedicam à moda e aos costumes – como as empresas de roupas e confecções, tecelagem, calçados, produtos de uso pessoal e de higiene, etc.

6. Variáveis demográficas: referem-se às características da população, raça, religião, distribuição geográfica, distribuição por sexo e idade, etc. Entre os fatores demográficos, a mudança populacional é um dos aspectos mais significativos, pois não é apenas o tamanho das populações que significa a dimensão do mercado consumidor dos produtos ou serviços da empresa. O crescimento populacional e as mudanças na estrutura das populações devem ser considerados pelas empresas em suas estratégias e planos. Uma empresa pode analisar seu mercado atual e prever seu mercado potencial futuro em função de cenários dessas variáveis demográficas. No entanto, as variáveis demográficas também produzem uma profunda influência interna dentro das empresas graças às características das pessoas que nelas passam a trabalhar. Assim, as variáveis demográficas, além do seu caráter ambiental, penetram nas empresas através das pessoas que delas participam e passam a atuar como variáveis internas.

   Muito embora as empresas submetam as pessoas a regras e regulamentos no sentido de integrá-las e amoldá-las aos critérios de desempenho que desejam manter, influenciando as personalidades envolvidas, também as pessoas influenciam profundamente as empresas ao trazerem para dentro delas suas contribuições pessoais em termos de comportamento, habilidades, pensamentos, conhecimentos, competências e, sobretudo, hábitos, costumes, experiências individuais, atitudes, maneiras pessoais de sentir, pensar e agir.

   Virtualmente, os fatores demográficos provocam profunda influência sobre todas as demais condições ambientais. É óbvia a influência do ser humano sobre o mundo que o cerca.

7. Variáveis ecológicas: referem-se ao quadro físico e natural que rodeia externamente a empresa. Sob um ponto de vista mais restrito, as variáveis ecológicas incluem as condições físicas e geográficas (como o tipo de terreno, as condições do clima em geral, a vegetação, etc.) e sua utilização pelo homem. Todas as empresas funcionam dentro de ecossistemas naturais e físicos que podem ser mais ou menos modificados pelo homem: é a ecologia natural.

Preocupação com a ecologia

Há alguns anos, a ecologia nem sequer era considerada como fator ambiental de importância, provavelmente por causa da nossa industrialização ainda incipiente. Dois aspectos importantes vieram recentemente mudar essa situação. O primeiro foi a compreensão da importância do equilíbrio ecológico da natureza e o efeito negativo das atividades humanas nesse equilíbrio. A ciência e o crescimento populacional mudaram totalmente os fatores ecológicos, trazendo benefícios de um lado, mas degradando a natureza com a poluição. O segundo aspecto é uma mudança na mentalidade e nas atitudes sociais de preocupação social quanto aos prejuízos naturais que a industrialização e o povoamento descuidado podem provocar.

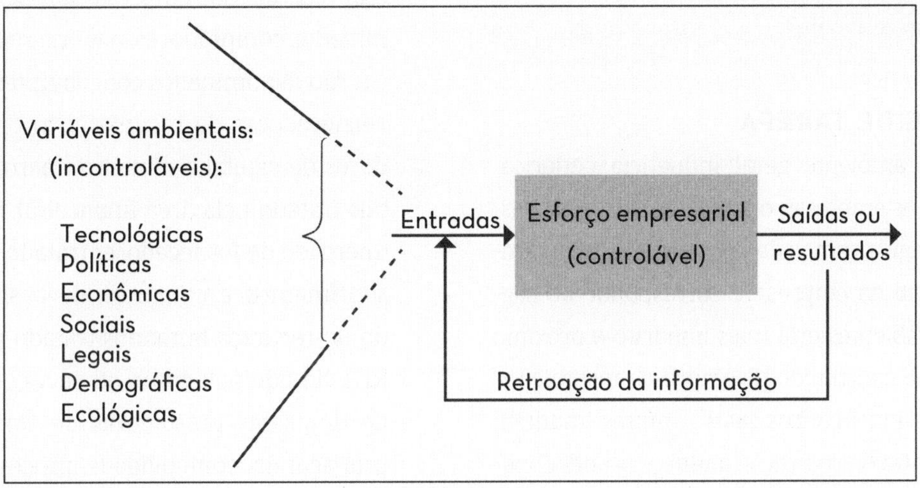

Figura 1 Empresa como um sistema adaptativo.

E o que é ecologia?

A ecologia é a ciência que estuda as relações entre os seres vivos e seus ambientes. Geralmente, a ecologia se preocupa com as relações ambientais das populações e das comunidades de seres vivos. Por essa razão, os ecologistas estudam os meios pelos quais todos os aspectos do ambiente interagem uns com os outros. Todos os aspectos do ambiente são interdependentes e afetam os organismos vivos e são por eles afetados. Os organismos vivos fazem parte de um ecossistema (sistema ecológico) e dependem dele para viver. Todos os ecossistemas têm certas partes componentes ou funções e todos necessitam de alguma fonte ou de várias fontes de energia. Todos os organismos são capazes de converter essa energia em outra forma de energia, com que se alimentam. Todos os componentes vivos de um ecossistema formam uma comunidade biótica e cada espécie se adapta a um papel particular no ecossistema e forma ali seu nicho ecológico. Cada espécie, para a sua sobrevivência, depende da presença de uma combinação viável de espécies, cada qual desempenhando uma tarefa especializada dentro do sistema total. Todos os ecossistemas da Terra, em conjunto, formam a biosfera. A biosfera é a porção do planeta dentro da qual existe vida. O homem faz parte da biosfera e depende dela para a sua existência. Ele pode modificar e muitas vezes destruir algum ecossistema, quando as modificações na biosfera não trazem risco para a sua existência, mas provocam problemas para os demais seres vivos. Todavia, o ambiente pode trazer alguns fatores limitadores que se integram no sentido de reforçar ou diminuir seus efeitos mútuos.

O macroambiente ou ambiente geral é comum a todas as empresas, isto é, ele influencia genericamente todas elas sem distinção, afetando-as em graus variados de acordo com seus ramos de atividade.

Bate-bola: como entender o macroambiente?

Faça uma discussão com seus colegas a respeito do assunto e tente chegar a uma conclusão: como entender o macroambiente e extrair dele informação relevante?

AMBIENTE DE TAREFA

Enquanto o ambiente geral influencia genericamente todas as empresas, o ambiente de tarefa é específico e singular em cada empresa. É o meio ambiente próprio da empresa e corresponde ao segmento do ambiente geral mais imediato e próximo da empresa. É constituído de empresas, instituições, grupos e indivíduos com os quais a empresa mantém interface e entra em interação direta para poder operar. É o contexto ambiental mais próximo da empresa e que lhe fornece as entradas ou insumos de recursos e informações, bem como a colocação e distribuição de suas saídas (produtos ou serviços) ou resultados. O ambiente de tarefa é constituído pelas partes do ambiente que são relevantes para que a empresa possa estabelecer e alcançar seus objetivos. Cada empresa tem o seu particular ambiente de tarefa.

Interface

Interface é uma palavra utilizada para descrever a área de contato entre uma empresa e seu ambiente. É no ponto da interface que as entradas e as saídas passam os limites ou fronteiras entre uma empresa e o seu ambiente. Como sistemas abertos, as empresas se caracterizam por uma enorme variedade de interfaces com seu contexto ambiental.

Setores do ambiente de tarefa

O ambiente de tarefa da empresa é constituído de quatro setores principais:

1. Consumidores ou usuários dos produtos ou serviços da empresa (clientes da empresa). Geralmente, esse setor é chamado "mercado de clientes ou consumidores" e se encarrega de absorver as saídas ou resultados da atividade empresarial. Nas empresas também são denominados compradores; nas organizações públicas são denominados contribuintes.
2. Fornecedores de recursos, isto é, os fornecedores de capital e dinheiro (mercado de capitais tratado pela área financeira), de materiais (mercado de fornecedores tratado pela área de suprimentos e compras), de pessoal (mercado de recursos humanos tratado pela área de RH), de equipamentos ou serviços (composto de empresas prestadoras de serviços, como propaganda, contabilidade, processamento de dados, etc.) e de espaço de trabalho (imobiliárias ou aluguéis). Esse setor é o mercado de suprimento de entradas e insumos necessários às operações da empresa.
3. Concorrentes: tanto para mercados (clientes, consumidores ou usuários) como para recursos (materiais, humanos, financeiros, tecnológicos, etc.). Esse setor é constituído do mercado concorrente, ou seja, de empresas que concorrem entre si tanto para a obtenção dos recursos necessários, como para a conquista dos mercados para a colocação de seus produtos ou serviços. Assim, os concorrentes podem disputar tanto as entradas (os mesmos fornecedores de recursos) como as saídas (os mesmos clientes) de uma empresa.
4. Grupos reguladores: ou agências reguladoras, incluindo governo, sindicatos, associações entre empresas, associações de classe, organizações não governamentais (ONG), etc. Esse setor

é constituído das instituições que, de alguma maneira, impõem controles, limitações ou restrições às atividades da empresa, seja especificando maneiras pelas quais ela deve se conduzir, cerceando algumas de suas decisões, vigiando, fiscalizando ou controlando suas atividades, etc.

Toda essa conjunção de fatores ambientais traz oportunidades, ameaças, restrições e contingências às empresas.

Mercado

O ambiente de tarefa se caracteriza por segmentos denominados mercados. O mercado pode ser definido como o conjunto de todas as pessoas ou organizações que compram ou podem ser induzidas a comprar um determinado produto ou serviço. Há uma variedade de maneiras de se visualizar o mercado. Para uma indústria automobilística, ele é composto por todos os compradores reais ou potenciais que podem ser abrangidos pela sua rede nacional (ou internacional) de distribuidores e concessionárias e sobre os quais ela precisa tomar decisões quanto a propaganda, distribuição, volume de carros a ofertar, preços e condições de venda, etc. Para uma empresa produtora de pães, o mercado seria uma unidade geográfica (uma cidade ou um bairro, na qual distribui o resultado diário de sua produção a um determinado preço. Para uma empresa corretora de ações, o mercado é o lugar específico em que as ações são negociadas diariamente. As fronteiras, nos três exemplos, definem a amplitude do mercado.

Os mercados também podem ser classificados de acordo com as leis da oferta e da procura em dois tipos: mercado de comprador e mercado de vendedor. O mercado de vendedor se caracteriza pelo fato de que o produtor estabelece o preço com uma ampla liberdade, impondo ao mercado as condições de vendas de seus produtos ou serviços: é o que acontece quando a procura é maior do que a oferta e se torna mais evidente quanto menor for a concorrência. Para o mercado como um todo, ele é mercado de vendedor quando a demanda supera a oferta, enquanto, para uma determinada

Figura 2 Empresa e seu ambiente geral e de tarefa.

empresa em particular, ele é mercado de vendedor quando a concorrência é pequena. Para essa empresa, o ideal seria a situação de grande procura e demanda de seus produtos, tendo monopólio. O mercado de comprador se caracteriza quando a oferta é relativamente grande, havendo muitas opções de escolha por produtos substitutos: o comprador exerce uma influência reguladora no mercado, impondo aos produtores as suas condições. Os produtores, para sobreviver, precisam ajustar-se às exigências do mercado.

Domínio

É no ambiente de tarefa que a empresa localiza seu nicho ecológico e desenvolve suas atividades. Em outros termos, é no ambiente de tarefa que a empresa estabelece o seu domínio. O domínio de uma empresa identifica os pontos em que ela depende de pontos de entradas do ambiente e os pontos de saída para o ambiente, sejam direta ou indiretamente ligados entre si. O domínio significa a área de poder e de dependência de uma empresa em relação ao seu ambiente de tarefa. Existe poder quando as decisões da empresa influenciam as decisões a serem tomadas pelos demais componentes do seu ambiente de tarefa (isto é, clientes, fornecedores, concorrentes, etc.). Existe dependência quando as decisões da empresa é que são influenciadas pelas decisões tomadas pelos demais componentes do seu ambiente de tarefa. Existe um intricado jogo de poder e dependência entre as empresas. A estratégia empresarial busca maximizar o poder e minimizar a dependência em relação ao seu ambiente de tarefa[4].

Arena de operações

Quando a empresa tem apenas um único produto ou serviço, seu ambiente de tarefa torna-se simples e homogêneo. Mas quando ela tem uma variedade de produtos ou serviços diferenciados, seu ambiente de tarefa torna-se complexo e heterogêneo (diversidade de clientes, de fornecedores, de concorrentes, etc.). Assim, o ambiente de tarefa constitui o cenário de operações da empresa. O ambiente de tarefa lhe proporciona os clientes, os fornecedores de todos os recursos necessários, mas também impõe os concorrentes para aqueles clientes e fornecedores e os grupos interessados em controlar parte desse ambiente de tarefa. Se a empresa muda seu produto ou serviço — seja por meio de modificações, ampliações, restrições ou cancelamento —, ela muda também o seu ambiente de tarefa se essa mudança trouxer diferentes clientes, fornecedores, concorrentes, etc. No entanto, qualquer que seja o tipo de atividade, não existem duas empresas idênticas quanto ao ambiente de tarefa, pois elas terão diferentes clientes, diferentes fornecedores, diferentes concorrentes e diferentes grupos reguladores. O que pode haver - e isso é bastante comum - é que algumas empresas têm áreas comuns em seus ambientes de tarefa, como mostra a Figura 3.

Em resumo, as empresas estão contidas em um ambiente geral extremamente amplo e complexo, do qual recebem enorme influência, mas sobre o qual podem provocar alguma influência relevante. Na realidade, as empresas trabalham apenas com uma parte bastante limitada desse ambiente geral, que é o ambiente de tarefa, situado dentro do horizonte mais imediato da empresa. Dentro do ambiente geral, a empresa escolhe o seu domínio para exercer certo tipo de atividade que ela se sente apta a exercer. Ao escolher seu domínio, a empresa define seu ambiente de tarefa dentro do qual ela vai operar para executar o tipo de atividade escolhido. Embora cada empresa tenha seu ambiente específico de tarefa, pode acontecer de alguns segmentos dele

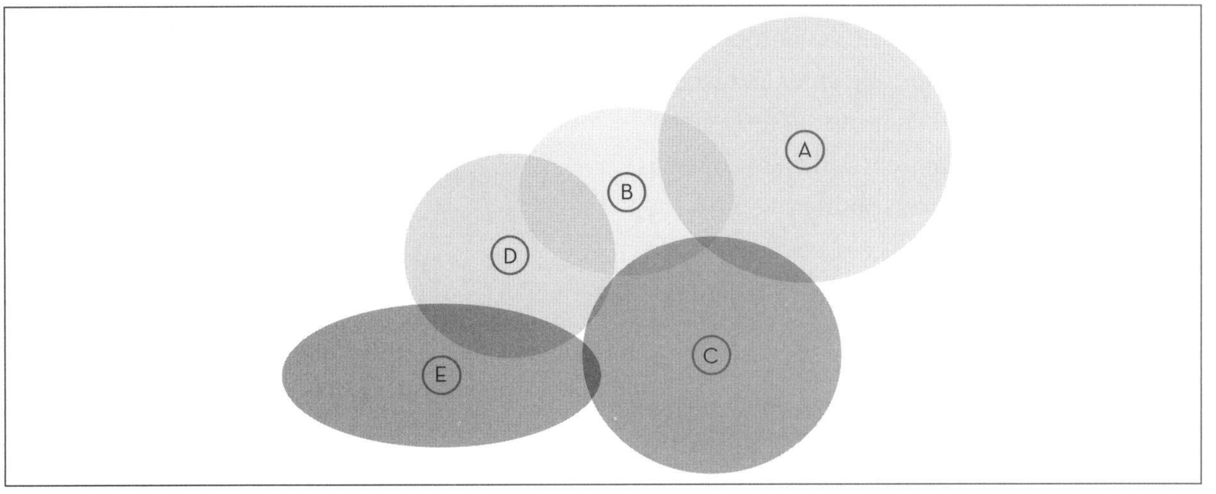

Figura 3 Interposição de ambientes de tarefa das empresas A, B, C, D e E[3].

também pertencerem ao ambiente de tarefa de outras empresas. Um mesmo fornecedor ou cliente podem ter transações com diversas empresas, fazendo parte do ambiente de tarefa delas.

Inteligência competitiva

As empresas utilizam a inteligência competitiva para fazer a sondagem ambiental. Ela trata de buscar informações sobre o seu ambiente de tarefa, focalizando principalmente os concorrentes. É uma ferramenta administrativa que busca informações específicas sobre o setor no qual atuam através do acesso a bancos de dados e a comunicados dos concorrentes em anúncios, relatórios enviados a agências governamentais, relatórios anuais, ofertas de empregos, etc., para saber como os concorrentes estão se comportando.

Bate-bola: como as empresas conhecem seus ambientes?

Faça uma discussão com seus colegas a respeito do assunto e tente chegar a uma conclusão: como as empresas conhecem e mapeiam seus ambientes?

- Pesquisas de mercado;
- Contatos diretos ou indiretos com clientes;
- Contatos diretos ou indiretos com fornecedores;
- Informações e estatísticas colhidas em órgãos oficiais;
- Leitura de jornais e revistas.

DINÂMICA AMBIENTAL

Cada empresa está sujeita a influências e condições exteriores provindas do ambiente, independentemente das influências e condições interiores provocadas pela sua tarefa e ramo de atividade e pela tecnologia que utiliza para realizar sua tarefa. No entanto, o que se vê até agora a respeito do ambiente é que ele pode ser desdobrado, pelo menos teoricamente, em estratos – indo desde o ambiente geral até o ambiente de tarefa, onde a empresa exerce seu domínio e realiza suas atividades. Contudo, apenas esses conceitos são insuficientes para retratar a enorme complexidade ambiental, sobretudo a dinâmica ambiental, isto é, como o ambiente se comporta. O ambiente não é uma massa homogênea e estável, uniforme e bem disciplinada, mas um campo dinâmico em que atua uma multidão de diferentes forças, naturezas e dimensões distintas, em direções e sentidos diferentes, mudando a cada momento, pois cada uma dessas forças interfere, influencia e interage com as demais. Algumas forças provocam influências positivas sobre a empresa, facilitando suas operações, enquanto outras impõem influências negativas, dificultando suas atividades.

Restrições, coações, contingências, problemas, ameaças e oportunidades

Assim, o ambiente apresenta continuamente uma série de restrições, coações, contingências, problemas, ameaças e oportunidades às empresas. Quais as diferenças entre tais influências ambientais?

1. Restrição: limitação causada pelo ambiente que reduz o grau de liberdade da empresa. É o caso do salário mínimo, do tabelamento de preços pelo governo ou do racionamento de certos recursos escassos.
2. Coação: imposição coercitiva do ambiente à qual a empresa não se pode furtar. É o caso de pedidos de falências, quando algumas empresas se mostram extremamente impontuais em seus pagamentos.
3. Contingência: evento futuro provável (mas não certo) que pode afetar seriamente o trabalho de uma empresa, como greve, guerra, mudanças de preços ou da política governamental.
4. Problema: evento corrente que afeta desfavoravelmente o desempenho empresarial, como a quebra de um equipamento ou atraso no fornecimento de matéria-prima.
5. Oportunidade: situação potencialmente favorável que deve, quando localizada e reconhecida, ser explorada pela empresa.
6. Ameaça: evento que produz alguma forma de perigo ou de cerceamento da atividade empresarial. É o prenúncio de qualquer coisa má ou que atemoriza a empresa em função de possível castigo ou malefícios.

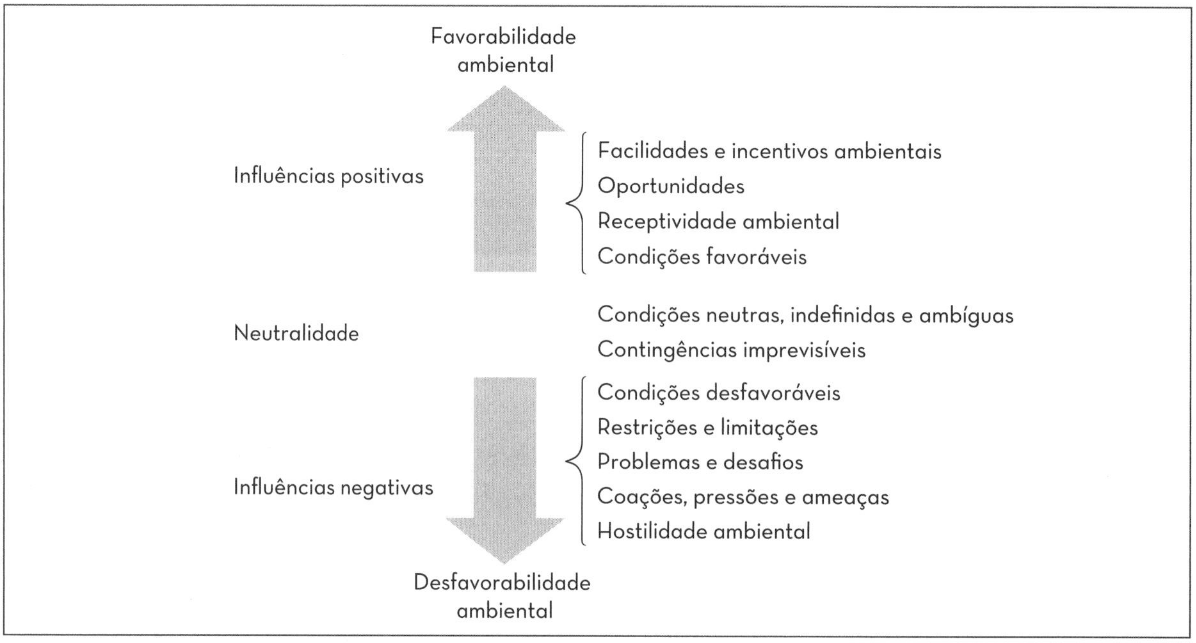

Figura 4 A influência das forças ambientais[5].

> O rastreamento que a empresa faz em seu ambiente de tarefa lhe proporciona uma ideia do que existe fora dela, daquilo que ela pode aproveitar positivamente e daquilo que ela deve neutralizar ou evitar. Isso faz parte da visão periférica do negócio.

Homogeneidade *versus* heterogeneidade

Como o ambiente de tarefa é dinâmico e complexo, alguns autores procuram caracterizá-lo por meio de um aspecto relevante apenas. Um aspecto importante é o grau de diversidade dos componentes do ambiente de tarefa, que pode variar dentro de dois extremos de um *continuum*: de um lado, homogeneidade e, de outro, heterogeneidade. O ambiente de tarefa apresenta homogeneidade quando os clientes, fornecedores, concorrentes e agentes reguladores apresentam as mesmas características, ou seja, os clientes são homogêneos entre si, os fornecedores são homogêneos entre si, os concorrentes são homogêneos entre si, como o são os agentes reguladores. O ambiente de tarefa homogêneo é simples e pouco diferenciado. O ambiente de tarefa apresenta heterogeneidade quando os clientes são altamente diferenciados entre si, o mesmo ocorrendo com os fornecedores, os concorrentes e os grupos reguladores. Quanto maior a heterogeneidade do ambiente de tarefa, tanto maior a sua complexidade e diferenciação.

Estabilidade *versus* instabilidade

Outro aspecto importante é o grau de estabilidade dos componentes do ambiente de tarefa, que pode variar dentro de dois extremos de um *continuum*: de um lado, estabilidade e, de outro, mutabilidade. O ambiente de tarefa apresenta estabilidade quando não há mudanças relevantes no comportamento dos clientes, nem dos fornecedores, nem dos concorrentes ou agentes reguladores. O ambiente de tarefa estável é conservador, previsível e rotineiro. Já o ambiente de tarefa mutável – também chamado dinâmico – apresenta instabilidade no comportamento dos clientes, dos fornecedores, dos concorrentes e dos grupos reguladores. O ambiente de tarefa mutável é instável, dinâmico, imprevisível e turbulento, provocando incerteza nas empresas que lidam com ele.

TIPOLOGIAS DE AMBIENTES

A conjunção desses dois aspectos do ambiente de tarefa – homogeneidade × heterogeneidade e estabilidade × mutabilidade – fornece um quadro de dupla entrada que permite a melhor compreensão do fenômeno ambiental.

Esses dois aspectos do ambiente de tarefa influenciam fortemente as empresas e condicionam suas características e comportamento:

1. Ambiente de tarefa estável e estático: permite reações padronizadas (estandardizadas) e rotineiras (repetitivas) da empresa, já que seu comportamento é conservador e previsível. A empresa pode utilizar o *modelo burocrático* de organização (também chamado mecanístico), estabelecendo regras e regulamentos de rotinas para as atividades de seus departamentos. É o caso das empresas que têm sempre os mesmos clientes, fornecedores, concorrentes e agências reguladoras e que quase nunca mudam seus hábitos ou reações. Predomina o conservantismo.
2. Ambiente de tarefa mutável e dinâmico: impõe reações diferentes, novas e criativas da empresa, já que o seu comportamento é dinâmico, mutável, imprevisível e turbulento. Assim, a empresa precisa utilizar o modelo adhocrático* (também chamado orgânico) de organiza-

* Adhocracia é o oposto de burocracia (sistema mecanístico) e corresponde ao sistema orgânico de organização, extremamente flexível e adaptável às mudanças. Do latim, *ad hoc*.

ção, capaz de proporcionar reações adequadas às coações ambientais que a empresa precisa enfrentar e às contingências que ela não consegue prever. Como esse ambiente provoca novas e constantes complicações, restrições, coações, contingências, problemas e oportunidades, os regulamentos padronizados de rotina que a empresa utiliza para enfrentar os eventos ambientais que surgem intempestivamente tornam-se obsoletos e inadequados. É o caso das empresas que mudam constantemente de clientes, fornecedores e concorrentes ou quando os clientes, fornecedores e concorrentes mudam rapidamente seus hábitos e reações. Predomina a inovação.

3. Ambiente de tarefa homogêneo: permite à empresa diferenciação pequena de atividades e, portanto, uma estrutura organizacional simples, centralizada e com poucos departamentos para lidar com eventos ambientais ho-

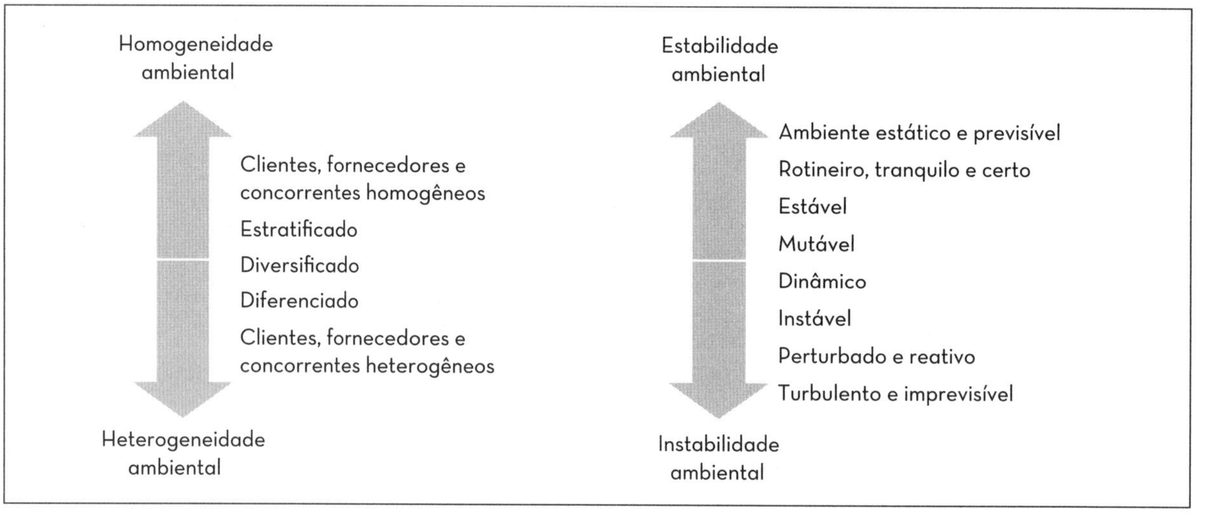

Figura 5 Variações do *continuum*: estabilidade-instabilidade e homogeneidade-heterogeneidade[3].

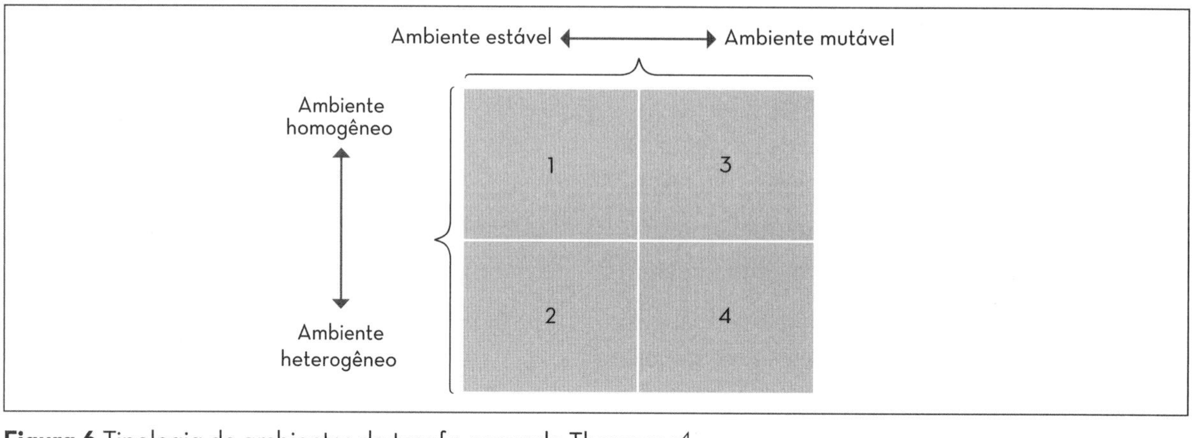

Figura 6 Tipologia de ambientes de tarefa, segundo Thompson[4].

mogêneos ou uniformes. É o caso de empresas que têm clientes, fornecedores e concorrentes pouco diferentes entre si e que podem ser tratados com certa uniformidade de critérios por parte da empresa.

4. Ambiente de tarefa heterogêneo: impõe à empresa a necessidade de unidades ou órgãos diferenciados para corresponderem com os respectivos segmentos diferenciados do *ambiente de tarefa*, cada um deles funcionando em uma base descentralizada para planejar e controlar as reações em seu específico segmento do *ambiente de tarefa*. Assim, o *ambiente de tarefa heterogêneo* impõe variedade à empresa e esta se diferencia em uma porção de departamentos, cada qual responsável por um aspecto dessa variedade ambiental. É o caso de empresas que trabalham com diferentes mercados de clientes e diferentes mercados de fornecedores, também heterogêneos e diferentes entre si.

A empresa somente consegue sobreviver e crescer à medida que se adapta às circunstâncias ambientais e, mais que isso, aproveita as oportunidades e amortece as coações e contingências que lhes são impostas pelo ambiente de tarefa.

Por meio de outra abordagem, o quadro de dupla entrada Tabela 1 pode proporcionar outras interpretações, como na Figura 7.

Seja reagindo ao ambiente, seja tentando influenciá-lo proativamente, a empresa passa a apresentar estruturas e estratégias distintas e bem delineadas, as quais constituem, na realidade, respostas organizacionais às coações e às contingências ambientais.

Tabela 1 Adaptação empresarial ao ambiente de tarefa

Tipos de ambiente	Ambiente estável	Ambiente mutável
Ambiente homogêneo	Estrutura organizacional simples em face da simplicidade do ambiente	Estrutura organizacional simples em face da simplicidade do ambiente
	Reações padronizadas ao ambiente por meio de regras e regulamentos de rotina	Reações não padronizadas e focadas no planejamento contingencial e à absorção da incerteza
	Os departamentos são aplicadores de regras e regulamentos	Tomada de decisão departamental descentralizada
Ambiente heterogêneo	Estrutura organizacional complexa com divisões funcionais, cada uma correspondendo a um segmento do ambiente	Estrutura organizacional complexa e diferenciada para lidar com multivariados segmentos ambientais
	Divisões de base geográfica ou semelhante por causa da heterogeneidade ambiental	Descentralização para lidar com a absorção da incerteza e planejamento contingencial descentralizado

		Ambiente estável	Ambiente mutável
		Reações empresariais padronizadas e uniformes no tempo	Reações empresariais diferenciadas e variadas no tempo
Ambiente homogêneo	Estrutura organizacional simples e centralizada no espaço	Coações uniformes do ambiente 1	Contingências uniformes do ambiente 3
Ambiente heterogêneo	Estrutura organizacional complexa e centralizada	2 Coações diferenciadas do ambiente	4 Contingências diferenciadas do ambiente

Figura 7 Influência do ambiente na estrutura e no comportamento das empresas.

Mudança

O que caracteriza o ambiente como um campo dinâmico de forças é a mudança. O ambiente nunca é o mesmo. Heráclito de Éfeso, o filósofo grego, dizia que a única constante do mundo é a mudança. O rio que se vê nunca é o mesmo, pois suas águas não são as mesmas. Assim também é o ambiente. Mudança, complexidade e imprevisibilidade - e consequente incerteza - são as características do meio ambiente. Olhando sob outro prisma, pode-se dizer que as empresas estão incluídas em um contexto altamente mutável no qual produtos, serviços, tecnologias, competências, necessidades do cliente, conhecimento, aspectos sociais e culturais, tudo isso está passando por mudanças incríveis. A melhor maneira de se perpetuar em um contexto incrivelmente mutável é tentar mudar de acordo com ele.

ANÁLISE AMBIENTAL

Ao lidar com o ambiente, a empresa passa a lidar com a incerteza e com a imprevisibilidade. Toda empresa faz parte do seu ambiente. Enquanto os níveis mais baixos da empresa (nível operacional) estão relacionados com os aspectos internos da organização, a atividade principal nos níveis mais elevados (nível institucional) é estudar e mapear as oportunidades e ameaças que o ambiente impõe à empresa. Assim, o conhecimento objetivo acerca do ambiente é fundamental para o processo estratégico, no sentido de obter uma adequada compatibilização entre a empresa e as forças externas que afetam, direta ou indiretamente, seus objetivos, estratégias, estrutura, recursos, planos, procedimentos, operações, entradas, saídas, etc.

A análise ambiental é o estudo das diversas forças do ambiente, as relações entre elas no tempo e seus efeitos ou potenciais efeitos sobre a organização. Não se trata de uma atividade totalmente nova, pois vários aspectos do ambiente são estudados continuamente por diferentes funções na empresa – áreas de mercado consumidor e concorrência pelo órgão de *marketing*; mercado de capitais pela área financeira; novas tecnologias pela área de pesquisa e desenvolvimento, etc.

Reconhecimento do ambiente de tarefa

O reconhecimento do ambiente de tarefa corresponde ao primeiro passo de uma análise ambiental:

1. Quais os clientes (reais e potenciais) da empresa?
2. Quais os fornecedores (reais e potenciais) de seus recursos?
3. Quais os concorrentes para suas entradas e saídas?
4. Quais as agências regulamentadoras (reais ou potenciais)?

Cada um desses elementos do ambiente de tarefa pode ser uma organização, um grupo, uma instituição ou mesmo um indivíduo. Se cada um desses elementos relevantes para a empresa é, ou pode ser, uma oportunidade ou ameaça, depende do papel que desempenha no ambiente de tarefa. No entanto, se é relativamente fácil para uma empresa estabelecer seu domínio, não é fácil para ela conhecer seu ambiente de tarefa, pois o domínio é uma opção dela, enquanto o ambiente de tarefa é uma consequência dessa opção.

Cenários

O mapeamento ambiental permite vislumbrar o que ocorre no contexto ambiental em um dado momento. Tanto o ambiente geral e o ambiente de tarefa podem ser devidamente mapeados e caracterizados dentro de uma gestão do conhecimento estratégico da empresa. O mapeamento ambiental constitui os olhos e os sentidos da empresa, sua visão periférica a respeito do ambiente onde ela vive, opera e produz resultados. Acontece que o ambiente está em contínua mudança e transformação. O que ele é hoje não o será amanhã. Todavia, a empresa precisa também conhecer os futuros desdobramentos da situação ambiental quando toma decisões de longo prazo que se estendem a 5 ou 10 anos pela frente. A pergunta que se faz é: como será o ambiente no próximo ano ou nos anos seguintes? A preocupação com o futuro – imediato ou mediato – é cada vez maior nas empresas. A resposta é dada pela construção de cenários[6].

Cenários são estudos do futuro para se construir diferentes imagens e visões alternativas favoráveis ou desfavoráveis do ambiente futuro de negócios e suas

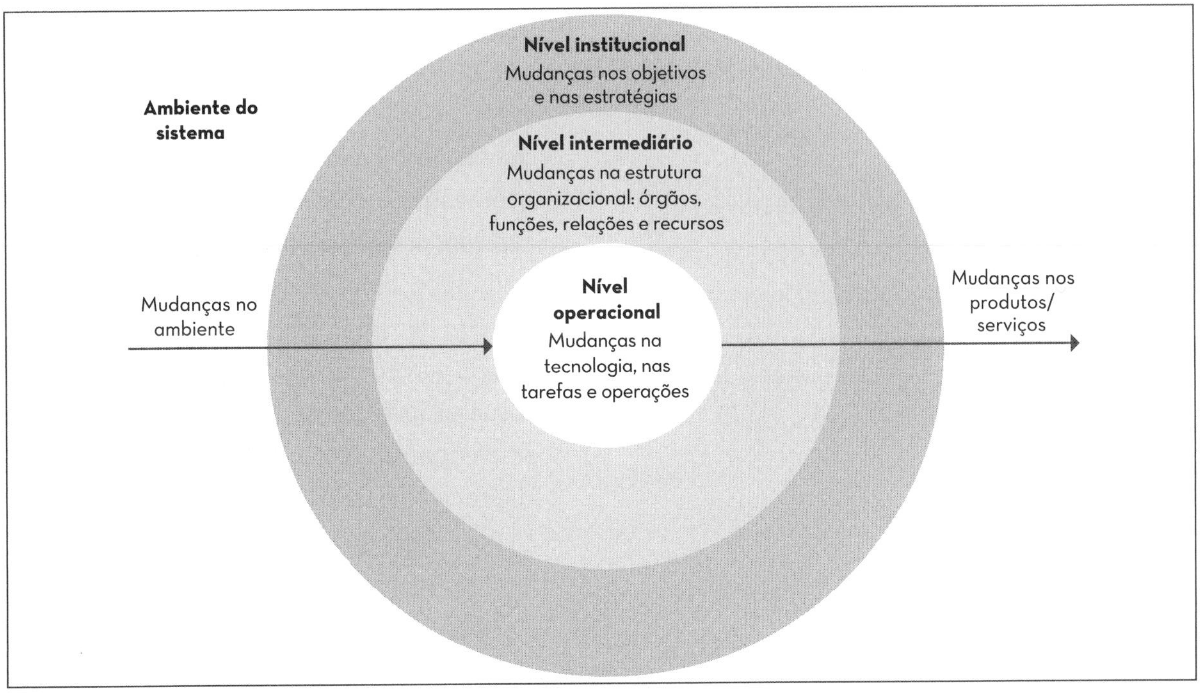

Figura 8 Impacto das mudanças ambientais sobre os três níveis da empresa.

interligações[7]. Na prática, os cenários são derivados de modelos mentais compartilhados e consensuais a respeito do ambiente e são criados de maneira a serem internamente consistentes ao propor descrições de possíveis futuros[8]. Contudo, o que acontece no ambiente está fora do controle das empresas. Além disso, não se trata de fazer previsões, pois não é possível prever o futuro com razoável grau de certeza.

No entanto, os cenários não funcionam apenas como uma ferramenta para gerar desdobramentos futuros a respeito do ambiente. Eles ajudam o administrador a aprender a construir imagens alternativas de futuro e não constituem simples extrapolação de tendências atuais. Além disso, existem cenários de primeira e segunda geração:

1. Cenários de primeira geração: são exploratórios e utilizados para melhorar o entendimento a respeito do mundo real dos negócios e das variáveis ambientais. São conhecidos como cenários ambientais.
2. Cenários de segunda geração: são conhecidos como cenários estratégicos e proporcionam a base de julgamento sobre como o mundo real opera para alicerçar a tomada de decisões estratégicas focadas no futuro.

Bate-bola: como decidir sobre assuntos projetados para o futuro?

Imagine que sua empresa pretenda construir uma nova fábrica de grande porte. Faça uma discussão com seus colegas a respeito do assunto e tente chegar a alguma conclusão:

- Qual seria o volume de produção para os próximos anos?
- Qual seria a aceitação do produto nos próximos anos?
- Qual seria o preço do produto nos próximos anos?
- Como seria o comportamento dos concorrentes nos próximos anos?
- Como estariam as regulações e exigências governamentais nos próximos anos?
- Como ficariam os custos industriais da fábrica nos próximos anos?

A influência ambiental

Alguns autores afirmam enfaticamente que as características organizacionais das empresas dependem fortemente das características ambientais. Em outros termos, as características ambientais são variáveis independentes, enquanto as características organizacionais, variáveis dependentes. Essa tese de dependência é a base da Teoria da Contingência, que surgiu a partir dos resultados de uma pesquisa desenvolvida por Lawrence e Lorsch[9]. Ao adotarem o modelo de sistema aberto para caracterizar as empresas, os autores procuravam verificar quais características devem ter as empresas para enfrentar com eficácia diferentes condições ambientais. Concluíram que existem dois problemas organizacionais básicos, a diferenciação e a integração empresarial.

1. Diferenciação: é a divisão da organização em subsistemas ou departamentos, cada qual desempenhando uma tarefa especializada em um contexto ambiental também especializado. Cada subsistema ou departamento se diferencia dos demais e tende a reagir unicamente àquela parte do ambiente que é relevante para a sua própria tarefa especializada. Se houver diferenciação ambiental, aparecerá igualmente diferenciação na estrutura e no comportamento dos subsistemas e departamentos. À medida que esses ambientes específicos diferem quanto às demandas que fazem à empresa, ocorrem modificações na estrutura e no comportamento dos subsistemas e departamentos.

2. Integração: é o oposto da diferenciação e corresponde ao processo gerado por forças ambientais no sentido de alcançar a unidade de esforços e a coordenação entre os vários subsistemas ou departamentos da empresa.

Ambos os estados – diferenciação e integração – são opostos e antagônicos. Ao se defrontar com as forças ambientais, a empresa vai se segmentando em unidades departamentais, cada qual com a tarefa de lidar com uma parte das condições existentes fora da empresa. Cada um dos departamentos lida especificamente com um recurso ou com um segmento do universo exterior à empresa. Essa divisão do trabalho entre departamentos ou subsistemas conduz à diferenciação. Porém, os diversos subsistemas ou departamentos precisam de um esforço convergente e unificado para atingir os objetivos empresariais. Como consequência, surge o processo de integração. Como o ambiente se caracteriza por uma incessante mudança, a adaptação e a flexibilidade da empresa são vitais para seu sucesso. Para os autores, diferenciação e integração constituem a maneira pela qual uma empresa deve ser organizada para toda e qualquer situação ambiental.

Os autores se referem à diferenciação e à integração "requeridas" para explicar as exigências do ambiente de tarefa da empresa. A empresa que mais se aproxima das características requeridas pelo ambiente está mais sujeita ao sucesso do que aquela que se afasta delas. Daí a Teoria da Contingência: não existe uma única melhor maneira de se organizar uma empresa; em vez disso, as empresas precisam ser sistematicamente ajustadas às condições ambientais. Como a empresa é de natureza sistêmica, isto é, é um sistema aberto, as variáveis organizacionais apresentam um complexo inter-relacionamento entre si e com o ambiente.

Em suma, o recado dado pelos autores é que nada há de absoluto quanto à organização das empresas. Os princípios universais e normativos estabelecidos pela Teoria Clássica sobre a maneira de organizar as empresas devem ser substituídos pelo critério de ajustamento entre a empresa e seu ambiente, e entre a empresa, a tarefa a ser executada e o pessoal que a realiza. As empresas precisam ser constante e sistematicamente ajustadas às metas coletivas, aos objetivos individuais e ao ambiente que as envolve[10].

Outra importante pesquisa foi feita por dois sociólogos industriais ingleses, Burns e Stalker[11], em indústrias inglesas, procurando verificar a relação existente entre os procedimentos e práticas administrativas utilizados internamente e determinados aspectos do ambiente externo dessas indústrias. Concluíram que as indústrias podem ser classificadas em dois tipos: mecanísticas e orgânicas.

As organizações mecanísticas apresentam as seguintes características:

1. Estruturas burocráticas baseadas em minuciosa divisão do trabalho.
2. Cargos ocupados por especialistas, com atribuições perfeitamente definidas e delimitadas.
3. Elevada centralização das decisões, tomadas nos níveis superiores da empresa.
4. Hierarquia de autoridade rígida.
5. Sistemas simples de controle, nos quais a amplitude de controle do supervisor é mais estreita, isto é, cada supervisor tem um número pequeno de subordinados.
6. Sistemas simples de comunicações, nos quais a informação ascendente flui através de uma sucessão de filtros e as decisões descem em uma sucessão de amplificadores.
7. Predomínio da interação vertical entre superior-subordinado.
8. Ênfase nas regras e nos procedimentos formalizados por escrito.
9. Ênfase nos princípios universais da Teoria Clássica.

Tabela 2 Características dos sistemas mecanísticos e orgânicos

Variáveis	Sistemas mecanísticos	Sistemas orgânicos
Estrutura organizacional	Organização burocrática (burocracia)	Organização flexível (adhocracia)
Desenho dos cargos	Estáveis, definidos e ocupados por especialistas	Mutáveis e redefinidos constantemente
Processo decisório	Decisões centralizadas na cúpula da empresa	Decisões descentralizadas *ad hoc* (baseadas no aqui e agora)
Comunicações	Predominantemente verticais	Predominantemente horizontais
Confiabilidade	Nas regras e nos regulamentos formalizados por escrito e impostos pela empresa	Nas comunicações informais entre as pessoas
Princípios predominantes	Teoria Clássica	Teoria das Relações Humanas
Ambiente de tarefa	Estável	Instável

Por outro lado, as organizações orgânicas apresentam as seguintes características:

1. Estruturas organizacionais flexíveis, sem uma divisão de trabalho nítida nem uma fragmentação de funções bem definida e delimitada.
2. Os cargos são continuamente mudados e redefinidos por interação com outros indivíduos que participam da tarefa da empresa como um todo.
3. Descentralização relativa das decisões, que são delegadas aos níveis inferiores da empresa.
4. Hierarquia flexível.
5. A amplitude de controle do supervisor é mais ampla, isto é, cada supervisor tem um número maior de subordinados.
6. Maior confiabilidade nas comunicações informais entre as pessoas.
7. Predomínio da interação lateral sobre a vertical.
8. Ênfase nos princípios da Teoria das Relações Humanas.

Burns e Stalker concluíram que parecia haver dois sistemas divergentes de práticas administrativas: um sistema mecanístico apropriado para empresas que operam em condições ambientais estáveis, enquanto o sistema orgânico parecia ser o exigido pelas condições ambientais em mudança e transformação. As características de ambos são as seguintes[11]:

1. Sistemas mecanísticos: são rígidos e definitivos. As tarefas são divididas por especialistas. Cada indivíduo executa sua tarefa como se esta fosse distinta das tarefas globais da empresa. A cúpula tem a responsabilidade de cuidar da importân-

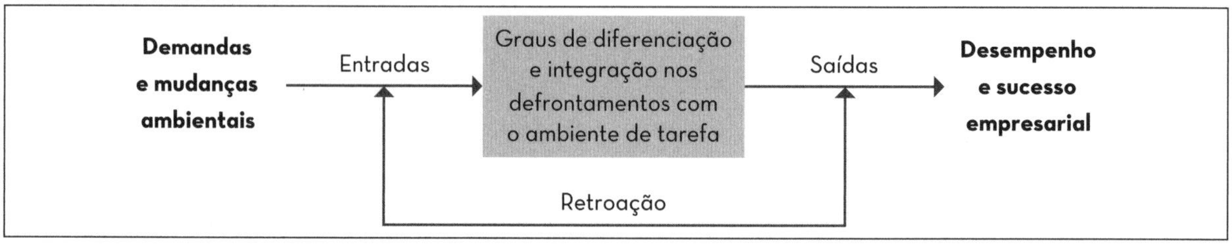

Figura 9 Abordagem de Lawrence e Lorsch[9].

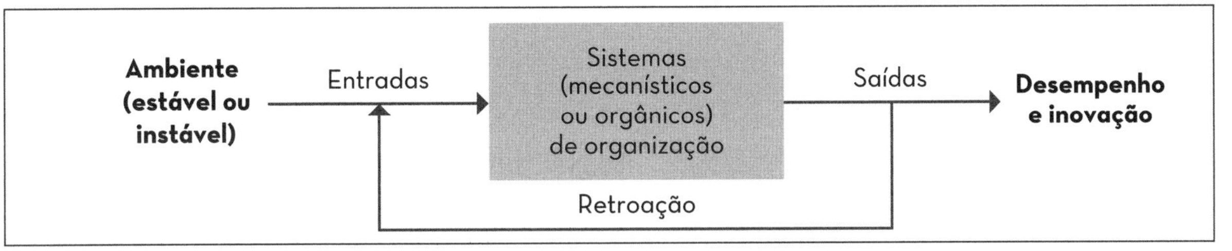

Figura 10 Abordagem de Burns e Stalker[3].

cia dela. Os métodos e responsabilidades atribuídos a cada função estão precisamente definidos. A interação dentro da organização é puramente vertical, isto é, apenas entre o superior e o subordinado. As operações e o comportamento de trabalho são governados por instruções e decisões emitidas pelos superiores. A hierarquia de comando é rígida e todo o conhecimento relativo à situação da empresa e suas operações somente se encontra no vértice da empresa. A hierarquia conhecida pelos organogramas opera como um sistema de controle simples.

2. Sistemas orgânicos: são flexíveis e adaptados a condições ambientais instáveis quando os problemas e exigências de ação não podem ser fragmentados e distribuídos entre especialistas em uma hierarquia claramente definida. Os indivíduos realizam suas tarefas especiais à luz do conhecimento que possuem das tarefas da empresa em sua totalidade. Os trabalhos perdem sua definição formal em termos de métodos e responsabilidades, pois têm de ser continuamente redefinidos, por interação com outros indivíduos participantes da tarefa. A interação é tanto lateral como vertical. A comunicação entre pessoas de categorias diferentes assemelha-se mais à consulta lateral do que ao comando vertical. Não se atribui onisciência à chefia da empresa"[11].

Imperativo ambiental

Quanto maiores as contingências e coações do ambiente de tarefa, tanto maior a necessidade de flexibilidade e mudança organizacional para que a empresa possa adequar-se continuamente às demandas ambientais. Para muitos autores existe um imperativo ambiental: é o ambiente que determina a estrutura e as características organizacionais das empresas. As empresas somente serão bem-sucedidas se conseguirem se adaptar às exigências ambientais. Apesar do exagero na afirmação, não resta dúvida alguma a respeito da profunda influência ambiental no formato e no comportamento das organizações contemporâneas. A Figura 11 dá uma ideia dessa abordagem.

Para compreender a estrutura e o funcionamento da empresa, torna-se necessário conhecer seu ambiente de tarefa e sua tecnologia, já que são as principais fontes de coações e contingências que a empresa precisa sobrepujar ou se sujeitar. É vencer ou capitular. O administrador precisa ter um olho lá fora. Enxergar o ambiente, conhecer o mercado, os clientes e consumidores, os concorrentes. Enquanto o ambiente de tarefa é a principal fonte externa de coações e contingências, a tecnologia é a principal fonte interna. No próximo capítulo, trataremos da tecnologia.

Bate-bola: como transformar uma empresa mecanística em orgânica?

Faça uma discussão com seus colegas a respeito do assunto e tente chegar a uma conclusão: como transformar uma organização mecanística em uma organização orgânica?

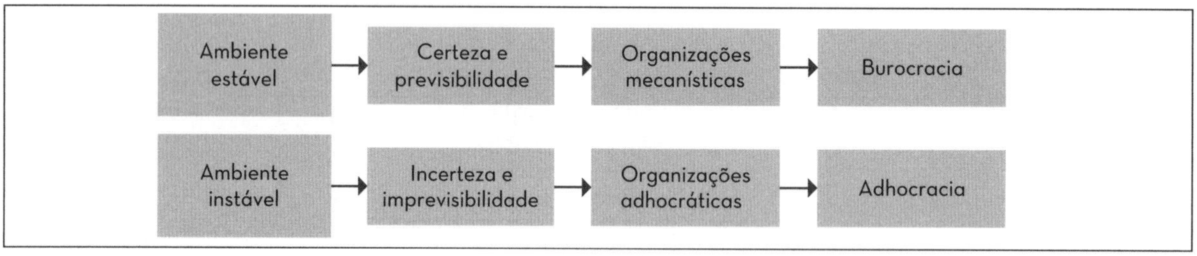

Figura 11 O imperativo ambiental.

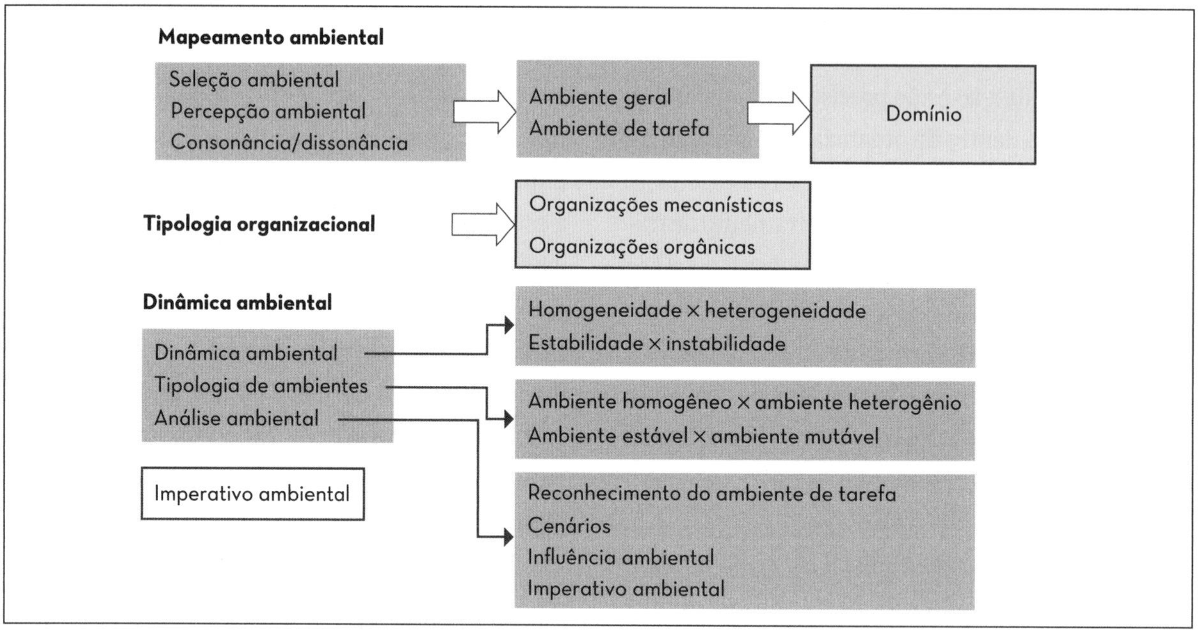

Figura 12 Mapa mental deste capítulo.

Referências bibliográficas

1. CHIAVENATO, I. *Introdução à teoria geral da administração*, Rio de Janeiro, Elsevier/Campus, 2010.
2. FESTINGER, L. A. *Theory of cognitive dissonance*, Stanford, Stanford University, 1951.
3. CHIAVENATO, I. *Administração nos novos tempos*, Rio de Janeiro, Elsevier/Campus, 2005.
4. THOMPSON, J. D. *Dinâmica organizacional*: fundamentos sociológicos da teoria administrativa, São Paulo, McGraw-Hill, 1976.
5. VASCONCELLOS FILHO, P. de. Um método para analisar o ambiente da empresa. *Negócios em Exame*, Abril 1978. p. 69.
6. CHIAVENATO, I.; SAPIRO, A. *Planejamento estratégico*: da intenção aos resultados, Rio de Janeiro, Elsevier, 2010.
7. GEORGANTZAS, N. C.; ACAR, W. *Scenario-driven planning*: learning to manage strategic uncertainty, Westport, Connecticut, Quorum Books, 1995.
8. HEIJDEN, K. van D. *Scenarios*: the art of strategic conversation, Chichester, John Wiley, 1996.
9. LAWRENCE, P. R.; LORSCH, J. W. *As empresas e o ambiente*: diferenciação e integração administrativas, Petrópolis, Vozes, 1972. p. 41-178.
10. LAWRENCE, P. R.; LORSCH, J. W. *O desenvolvimento de organizações*: diagnóstico e ação, São Paulo, Edgard Blücher, 1972.
11. BURNS, T.; STALKER, G. M. *The management of innovation*. London, Tavistock Institute, 1981.

CAPÍTULO 5

A tecnologia e sua administração

Objetivos deste capítulo

- Proporcionar uma conceituação de tecnologia e sua influência nas empresas.
- Discutir como se administra a enorme variedade de tecnologias.
- Discutir os vários tipos de tecnologia e suas implicações.
- Explicar o chamado determinismo tecnológico.

As empresas precisam utilizar alguma tecnologia para executar suas operações e realizar sua tarefa. A tecnologia pode ser rudimentar (como a limpeza com a vassoura ou o escovão) ou sofisticada (como o processamento de dados através de computadores). No entanto, uma coisa é certa: todas as empresas dependem de algum tipo de tecnologia ou de um conjunto de tecnologias para funcionar e alcançar seus objetivos.

A tecnologia é algo desenvolvido predominantemente nas empresas por meio de conhecimentos acumulados e desenvolvidos sobre tarefas (*know-how*) e pelas suas manifestações físicas decorrentes – como máquinas, equipamentos e instalações –, constituindo um complexo de técnicas usadas na transformação dos insumos recebidos pela empresa em resultados, isto é, em produtos ou serviços que são colocados no ambiente de tarefa. A tecnologia é uma variável ao mesmo tempo ambiental e empresarial – externa e interna. Ela é um componente do meio ambiente na medida em que as empresas adquirem, incorporam e absorvem em seus sistemas as tecnologias criadas e desenvolvidas pelas outras empresas do seu ambiente de tarefa. Por outro lado, a tecnologia é um componente empresarial na medida em que faz parte do sistema interno da empresa, já incorporada a ele, passando assim a influenciá-lo poderosamente e, com isso, influenciando também seu ambiente de tarefa.

Assim, a tecnologia é, simultaneamente, uma força externa e ambiental que impõe desafios e problemas à empresa e, ao mesmo tempo, uma força interna que também lhe impõe desafios e problemas, mas, quando dominada, permite maior eficiência na utilização dos seus recursos disponíveis para o efetivo alcance de seus objetivos.

O impacto da tecnologia

Entre a enorme variedade de coações e contingências que o meio ambiente impõe à empresa, a tecnologia aparece como a variável crucial, principalmente quando as inovações tecnológicas desenvolvidas em outras empresas impõem modificações nas tecnologias utilizadas pela empresa na luta contra seus concorrentes. É comum empresas sofrerem coações por parte das fontes supridoras de matérias-primas (quando fornecedores situados no ambiente de tarefa regateiam preços ou prazos) ou contingências por parte dos concorrentes em seus produtos ou mercados quando se dispõem a lançar novos produtos ou, ainda, coações e contingências em relação à obtenção de máquinas, equipamentos e processos produtivos necessários a suas operações (tecnologias).

NOÇÕES DE TECNOLOGIA

Desde eras imemoriais, alguma forma de tecnologia sempre existiu em toda e qualquer organização social. Desde a pedra lascada e a pedra polida, o ser humano buscou ferramentas e utensílios para melhorar seu desempenho, seja na defesa, no ataque, na alimentação, no abrigo e na autopreservação. Com essa preocupação, ao longo do tempo o ritmo de inovação tecnológica vem se tornando cada vez mais rápido e impressionante. Uma verdadeira bola de neve.

Sob um ponto de vista genérico, tecnologia é o conjunto ordenado de conhecimentos empregados na produção e na comercialização de bens e de serviços. Tais conhecimentos podem ser científicos ou simplesmente empíricos, ou seja, resultado de observações, experiências cotidianas, aptidões específicas, tradição oral ou escrita. Em sentido ainda mais amplo, a tecnologia abrange todos os conhecimentos técnicos, patenteados ou não, fórmulas, manuais, planos, projetos, marcas, bem como métodos de direção e de administração, procedimentos técnicos, métodos e processos de operação, conhecimentos técnicos normalmente requeridos para montar e operar instalações produtivas e o próprio conhecimento para selecionar e escolher tecnologias variadas, estudo de análise econômica, financeira, mercadológica, etc.

A tecnologia pode ser física e concreta ou conceitual e abstrata:

1. Tecnologia física e concreta: pode envolver aspectos físicos e concretos (*hardware*) – como máquinas, equipamentos, instalações, circuitos, etc.
2. Tecnologia conceitual e abstrata: pode envolver aspectos conceituais e abstratos (*software*) – como políticas, diretrizes, processos, procedimentos, regras e regulamentos, rotinas, planos, programas e métodos de trabalho. Muitas vezes, recebe o nome de *know-how*.

Por outro lado, existem tecnologias de capital intensivo e de mão de obra intensiva:

1. Tecnologia de capital intensivo: é baseada na utilização intensiva de máquinas e equipamentos com forte ênfase na mecanização e na automação.
2. Tecnologia de mão de obra intensiva: é baseada na utilização intensiva de pessoas com habilidades manuais ou físicas e com forte ênfase na manufatura.

A divisão do mundo

As técnicas adotadas variam: enquanto as sociedades com tecnologias avançadas fazem uso de técnicas de capital intensivo, as sociedades que ainda adotam tecnologias rudimentares recorrem a técnicas de mão de obra intensiva. A tecnologia avançada enfatiza a mecanização e a automação, enquanto a tecnologia rudimentar enfatiza a manufatura e o artesanato. Uma é tecnologia intensiva, a outra é tecnologia de mão de obra intensiva.

A tecnologia pode estar ou não incorporada a benefícios físicos.

1. Incorporada: está contida em bens de capital (máquinas, instalações, equipamentos), matérias-primas básicas, matérias-primas intermediárias, componentes, etc. Assim, por exemplo, uma placa de metal é constituída pelo metal mais a tecnologia que tornou possível sua fabricação e que está incorporada no equipamento industrial. Nesse sentido, a tecnologia corresponde ao conceito de *hardware*. Automóveis, telefones celulares e todos os aparelhos eletrônicos contêm substancial quantidade de tecnologia incorporada ou agregada.
2. Não incorporada: encontra-se na cabeça das pessoas – como técnicos, peritos, especialistas, engenheiros, pesquisadores – sob forma de conhecimentos intelectuais ou operacionais, competências, habilidades mentais ou manuais para executar operações ou em documentos que a registram e visam a assegurar sua conservação e transmissão – como mapas, plantas, desenhos, projetos, patentes e relatórios. Corresponde ao conceito de *software*.

As duas formas de tecnologia – incorporada e não incorporada – frequentemente se entrelaçam e se confundem.

A influência da tecnologia

Na realidade, a tecnologia não somente permeia toda a atividade industrial como também participa em qualquer tipo de atividade humana em todos os campos de atuação. O homem moderno utiliza em seu comportamento cotidiano e quase sem perceber uma avalanche de contribuições da tecnologia: automóvel, relógio, telefone celular, *gadgets*, comunicações, etc. Sem toda essa parafernália tecnológica, o comportamento do homem moderno seria completamente diferente.

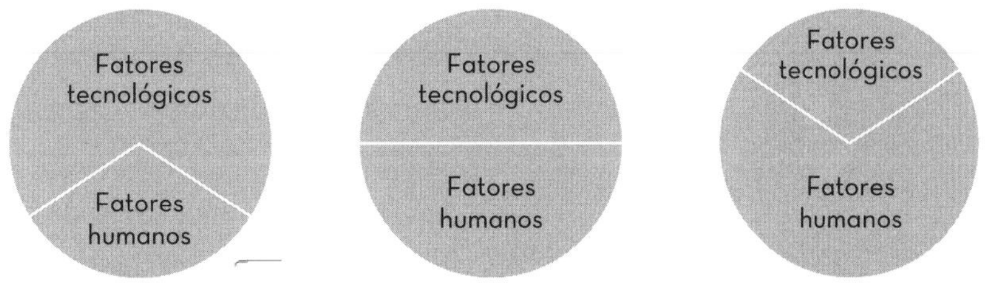

Operação de tecnologia intensiva	**Operação de média tecnologia**	**Operação de mão de obra intensiva**
Exemplos:	Exemplos:	Exemplos:
Refinarias de petróleo Processamento de dados Produção de cimento Siderúrgicas	Crediário e cobrança Injeção de plásticos Tecelagem semiautomatizada	Construção civil Montagens manuais Serviços de escritório

Figura 1 Impacto relativo dos fatores humanos e tecnológicos.

ADMINISTRAÇÃO DA TECNOLOGIA

No íntimo de cada empresa, existe a tarefa que ela desempenha e a tecnologia utilizada que estabelece o fluxo de trabalho, os métodos e os processos operacionais e toda a maquinaria utilizada para desempenhá-la. A tarefa da empresa pode ser muito variada – fazer brinquedos, processar informações e notícias para divulgação por jornais ou televisão, realizar transportes de cargas e pessoas, fabricar peças e componentes, operar cirurgicamente os pacientes, ensinar alunos e uma extensa lista de outras atividades ou combinações de atividades. No entanto, desde que uma empresa desempenhe alguma tarefa particular e aplique alguma maneira de executá-la, a tecnologia passa a afetar todos os poros das pessoas e todas as coisas e eventos existentes na empresa.

Abordagem sociotécnica

O Instituto Tavistock de Londres formulou a chamada abordagem sociotécnica: a empresa pode ser entendida como um sistema composto de três subsistemas intimamente inter-relacionados[1]:

1. Subsistema técnico: compreende as tarefas a serem desempenhadas, instalações físicas, equipamentos e instrumentos utilizados, exigências da tarefa, utilidades e técnicas operacionais, ambiente físico e a maneira como está arranjado, bem como a operação das tarefas. Envolve a tecnologia, o território e o tempo[2]. É o responsável pela eficiência potencial da organização.
2. Subsistema social: compreende as pessoas, suas características físicas e psicológicas, as relações sociais entre os indivíduos encarregados da execução da tarefa, bem como as exigências da organização formal e informal na situação de trabalho. O subsistema social transforma a eficiência potencial em eficiência real.
3. Subsistema gerencial: compreende o aparato administrativo e os vários níveis organizacionais para administrar ambos os subsistemas e integrá-los adequadamente.

A abordagem sociotécnica parte do pressuposto de que toda organização importa várias coisas do meio ambiente e utiliza essas importações em processos de conversão para então exportar produtos e serviços que resultam do processo de conversão. As importações são constituídas de informações sobre o meio ambiente, matérias-primas, dinheiro, equipamento e pessoas implicadas na conversão em algo que deve ser exportado e que cumpre as exigências do meio ambiente. A tarefa primária da organização reside em sobreviver dentro desse processo cíclico de:

- importação: aquisição de matérias-primas, informação, etc.
- conversão: transformação das importações em exportações, ou seja, dos insumos em produtos ou serviços.
- exportação: colocação dos resultados da importação e da conversão.

A tecnologia configura todas as espécies e níveis de cargos existentes dentro da empresa e as oportunidades resultantes para as pessoas e sua satisfação no trabalho. A tecnologia predispõe os padrões de comportamento que os grupos humanos irão desenvolver e condiciona as práticas administrativas que deverão ser aplicadas nas situações particulares da empresa. Por tudo isso, a compreensão dos efeitos da tecnologia e suas implicações organizacionais constituem um aspecto crítico para a adequação da administração empresarial. A tecnologia determina o nível e o tipo de formação profissional, as competências e as habilidades manuais e intelectuais, as capacitações, as aptidões e as características de personalidade que as pessoas devem possuir para poderem ser recrutadas, selecionadas e admitidas para trabalhar nas empresas. Essas características pessoais não estão distribuídas ao acaso dentro das empresas, mas são previamente determinadas pelas tecnologias utilizadas. Contudo, as pessoas dentro das empresas não são meros recursos passivos e estáticos diante das tecnologias utilizadas. A tecnologia, sim, é que é um recurso passivo e estático à mercê da criatividade humana. É a tecnologia, no entanto, quem determina as características humanas das pessoas que devem ingressar e permanecer nas empresas. E são as pessoas quem modificam e desenvolvem a tecnologia. Existe uma interação íntima entre o que a tecnologia exige em relação às características dos recursos humanos e as modificações feitas pelas pessoas sobre a tecnologia utilizada. Uma variável afeta a outra e esta outra desenvolve e modifica aquela variável que afetará suas próprias características futuras. A situação é complexa e extremamente mutável de uma empresa para outra.

TIPOLOGIAS DE TECNOLOGIAS

Do ponto de vista de sua administração, a tecnologia pode ser abordada e analisada sob vários ângulos, tal sua complexidade. Trataremos respectivamente a tecnologia de acordo com seu arranjo na empresa, de acordo com seu produto (ou resultado) e de acordo com o tipo de operação.

Tecnologia de acordo com o arranjo físico

De acordo com seu arranjo físico e disposição na empresa, a tecnologia pode ser classificada em[3]:

1. Tecnologia de elos em sequência: é a tecnologia baseada na interdependência serial das tarefas necessárias para completar um produto ou serviço: a atividade "c" só poderá ser executada depois de se completar com êxito a atividade "b", que, por sua vez, dependerá da execução da atividade "a" e assim por diante, dentro de uma sequência de elos encadeados e interdependentes. É o caso da tradicional linha de montagem, típica da produção em massa.
   A tecnologia sequencial aproxima-se da perfeição instrumental quando a empresa produz um único tipo de produto, repetitivamente, durante um longo período e a uma taxa de ritmo constante de produção. Um único tipo de produto significa a necessidade de uma única tecnologia e, portanto, de critérios definidos para esco-

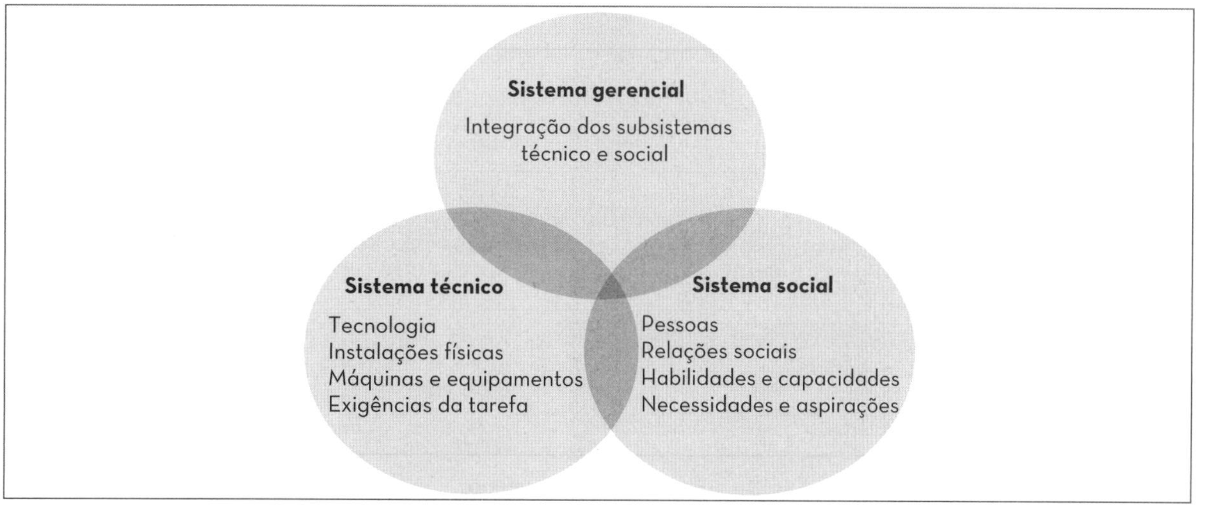

Figura 2 Modelo sociotécnico.

lha de máquinas e ferramentas, construção de dispositivos para o fluxo de trabalho, aquisição de matérias-primas e seleção das pessoas capazes de operá-la adequadamente. A repetição dos processos produtivos proporciona a experiência como meio de eliminar imperfeições na tecnologia e aumentar a eficiência; a experiência leva a modificações do maquinário e proporciona a base de uma manutenção preventiva programada. A repetição permite que os movimentos humanos sejam melhorados pela prática e pelo treinamento, reduzindo erros e perdas de energia a um mínimo e aumentando a produtividade. É aqui que a Administração Científica prestou sua maior contribuição[4].

2. Tecnologia mediadora: é a tecnologia utilizada por empresas cuja função básica reside na ligação de clientes que são ou desejam ser interdependentes ou inter-relacionados. É o caso dos bancos comerciais (que ligam os depositantes de dinheiro com aqueles que pretendem tomar dinheiro emprestado), das companhias de seguros (que ligam aqueles que desejam associar-se em riscos comuns), das empresas de propaganda (que vendem tempo ou espaço, ligando os veículos de divulgação com as empresas interessadas em divulgar produtos ou serviços), das companhias telefônicas (que ligam aqueles que querem chamar com os que querem ser chamados a conversar), das agências de recrutamento e colocação de pessoal (que medeiam a procura com a oferta de empregos no mercado).

   A complexidade da tecnologia mediadora reside no fato de requerer um funcionamento que considere as diferentes modalidades padronizadas distribuídas extensivamente, envolvendo clientes ou compradores múltiplos espalhados no tempo e no espaço. Um banco comercial precisa encontrar e conjugar depósitos de diversos depositantes; mas, por mais diferentes e diversificados que sejam os depositantes, a transação deve corresponder aos termos padronizados e procedimentos rotineiros de escrituração e contabilização bancária uniformes. Por outro lado, é preciso encontrar também aqueles clientes que querem tomar dinheiro emprestado; mas, não importa quão variados os seus desejos ou necessidades, os empréstimos precisam ser feitos de acordo com critérios igualmente padronizados e sob condições aplicadas de maneira uniforme. A padronização permite também à companhia de seguros predefinir categorias de risco e classificar seus clientes ou compradores em potencial em categorias agregadas convenientemente. Thompson alega que "a padronização permite o funcionamento da tecnologia mediadora pelo tempo e espaço, assegurando a cada segmento da empresa que os outros segmentos estão funcionando de maneiras compatíveis. É em situações como estas que as técnicas burocráticas de categorização e de aplicação impessoal dos regulamentos têm sido mais benéficas"[3].

3. Tecnologia intensiva: é a tecnologia que representa a focalização e a convergência de uma ampla variedade de habilidades e especializações da empresa sobre um único cliente. A empresa emprega uma variedade de técnicas

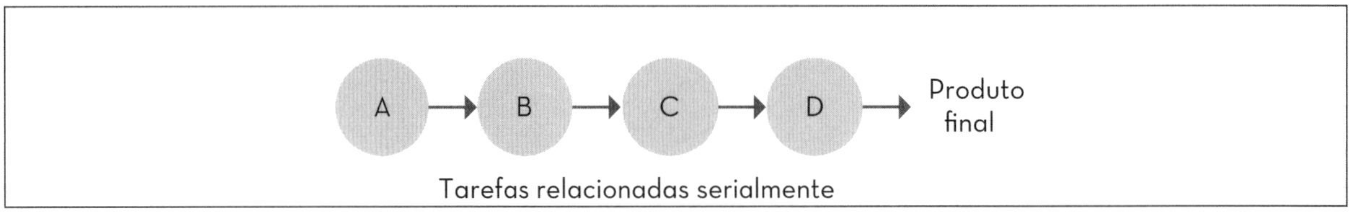

Figura 3 Tecnologia de elos em sequência.

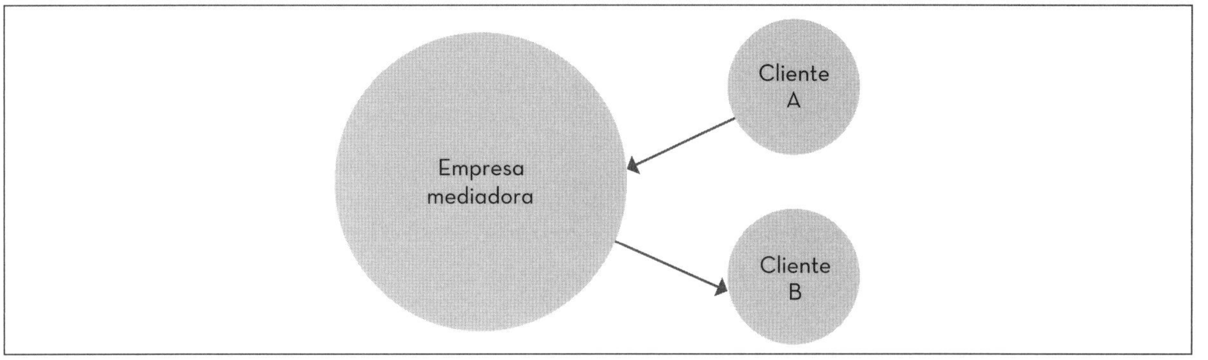

Figura 4 Tecnologia mediadora.

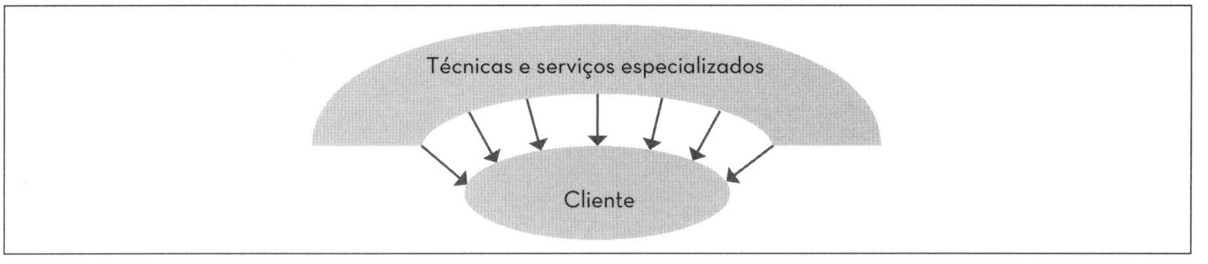

Figura 5 Tecnologia intensiva.

heterogêneas para conseguir uma modificação em algum objeto específico, e a seleção, a combinação e a ordem de aplicação dessas técnicas são determinadas pela retroação (*feedback*) fornecida pelo próprio objeto. O hospital representa um exemplo desse tipo de empresa, assim como a indústria de construção, a indústria de produtos de grande porte (como navios), a pesquisa e o desenvolvimento.

Os hospitais-gerais empregam a tecnologia intensiva, pois a qualquer momento uma internação de emergência pode exigir alguma combinação contingente de serviços dietéticos, radiológicos, de laboratório e outros, em conjunto com diversas especialidades médicas, serviços farmacêuticos, terapias ocupacionais, serviços de trabalho social, serviços religiosos, etc., dentro de uma enorme variedade, conforme cada caso. Quais desses serviços e especialidades e quando devem ser utilizados somente se pode determinar pela evidência do estado do paciente ou de sua reação ao tratamento ou ao longo do tratamento. A tecnologia intensiva requer a aplicação de parte ou de toda a disponibilidade das competências potencialmente necessárias, dependendo da correta combinação, conforme as exigências do caso ou do projeto individual. Ela conduz praticamente a uma empresa organizada segundo o projeto que tem pela frente. É encontrada em empresas de construção civil ou industrial, em estaleiros navais e em fábricas de produtos altamente complexos que precisam ser construídos de acordo com projetos definidos pelo comprador[3].

Tecnologia de acordo com o produto

De acordo com o produto ou resultado, a tecnologia pode ser classificada de duas maneiras: quanto à sua flexibilidade e quanto ao seu produto ou resultado[5].

Quanto à sua flexibilidade, a tecnologia pode ser:

1. Flexível: ocorre à medida que máquinas e equipamentos, matérias-primas e o conhecimento

Tabela 1 A tipologia de tecnologias segundo o arranjo da empresa[4]

Tecnologia	Principais características
Elos em sequência	Interdependência serial entre as diferentes tarefas Ênfase no produto Tecnologia fixa e estável Repetitividade do processo produtivo, que é cíclico Abordagem típica da Administração Científica
Mediadora	Diferentes tarefas padronizadas são distribuídas extensivamente, em diferentes locais Ênfase em clientes separados, mas interdependentes, que são mediados pela empresa Tecnologia fixa e estável, produto abstrato Repetitividade do processo produtivo, que é padronizado e sujeito a normas e procedimentos Abordagem típica da Teoria da Burocracia
Intensiva	Diferentes tarefas são focalizadas e convergidas sobre cada cliente tomado individualmente Ênfase no cliente Tecnologia flexível Processo produtivo envolvendo variedade e heterogeneidade de técnicas que são determinadas por meio da retroação fornecida pelo próprio objeto (cliente) Abordagem típica da Teoria da Contingência

podem ser usados para outros produtos ou serviços diferentes. É quando a tecnologia pode adaptar-se às demandas dos produtos ou serviços a serem executados. O exemplo clássico da tecnologia flexível são as oficinas em geral. A flexibilidade da tecnologia permite que ela seja utilizada para a produção de diferentes produtos ou serviços originalmente definidos.

2. Fixa: é a tecnologia inflexível, que não permite utilização em outros produtos ou serviços diferentes. É o caso em que a empresa precisa escolher ou adaptar os produtos ou serviços à tecnologia de que dispõe. As montadoras de automóveis dispõem de uma tecnologia fixa, cuja modificação exige elevados investimentos. As siderúrgicas, ferrovias, cimenteiras, refinarias de petróleo e a grande maioria das indústrias químicas e petroquímicas constituem exemplos de tecnologias fixas.

Quanto ao seu produto ou resultado, a tecnologia pode ser:

1. Produto concreto: é o produto ou serviço que pode ser descrito com grande precisão, identificado com grande especificidade, medido e avaliado. É o produto fisicamente palpável e tangível, como o automóvel, os artigos de consumo, as utilidades domésticas e a grande massa de produtos e serviços fisicamente identificáveis.
2. Produto abstrato: é o produto ou serviço que não permite descrição precisa, nem identificação e especificação adequada. É o produto ou serviço que não tem correspondente físico ou concreto capaz de permitir uma dimensão des-

critível ou perfeitamente identificável, como ensino ou educação, serviços de rádio, informação e propaganda falada, boa parte da atividade política e a grande massa de serviços oferecidos de forma conceitual, abstrata ou simbólica.

Assim, de acordo com sua flexibilidade e com o tipo de produto que ela permite produzir, a tecnologia pode se apresentar em quatro tipos diferentes:

1. Tecnologia fixa e produto concreto: típica de empresas em que as possibilidades de mudanças são muito pequenas e difíceis. A preocupação reside na possibilidade de que o mercado venha a rejeitar ou dispensar o produto oferecido pela empresa. A estratégia global da empresa enfatiza a colocação ou distribuição do produto com reforço na área mercadológica. É o caso de empresas do ramo automobilístico, produtoras de cimento, siderúrgicas, empresas do ramo químico e petroquímico, etc.
2. Tecnologia fixa e produto abstrato: a empresa tem tecnologia fixa e oferece um produto abstrato e é capaz de mudar, mas dentro dos limites impostos pela tecnologia fixa ou inflexível. A estratégia global da empresa enfatiza a obtenção do suporte ambiental necessário para a mudança. As partes do ambiente de tarefa devem ser influenciadas para que aceitem novos produtos que a empresa deseja oferecer. É o caso de instituições educacionais baseadas em conhecimentos especializados e que oferecem cursos variados, mas dentro de um quadro de limitações imposto pelos edifícios, pelas instalações, etc.
3. Tecnologia flexível e produto concreto: a empresa pode efetuar com relativa facilidade mudanças para um produto novo ou diferente, por meio da adaptação de máquinas e equipamentos, novas técnicas e conhecimentos, novos talentos, etc. A estratégia global enfatiza a inovação por meio da pesquisa e do desenvolvimento, isto é, a criação constante de produtos diferentes ou de características novas para antigos produtos. É o caso de empresas do ramo de plástico, de equipamentos eletrônicos, sujeitas a mudanças e inovações tecnológicas que fazem com que as tecnologias adotadas sejam constantemente reavaliadas, modificadas ou adaptadas.
4. Tecnologia flexível e produto abstrato: encontrada em empresas com grande adaptabilidade ao meio ambiente. A estratégia global enfatiza a obtenção do consenso externo em relação ao produto ou serviço a ser oferecido ao mercado (consenso de clientes) e aos processos de produção (consenso dos empregados), já que as possibilidades de mudanças são muitas e o problema maior da empresa está na escolha de qual alternativa é a mais adequada entre elas. É o caso de organizações secretas ou mesmo abertas, mas extraoficiais, empresas de propaganda e de relações públicas, empresas de consultoria administrativa, de consultoria legal, de auditoria, partidos políticos, etc.

Tecnologia de acordo com o tipo de operação

Segundo Woodward, a tecnologia pode ser classificada em três tipos, segundo a maneira de produzir, isto é, de acordo com o processo produtivo[7]:

1. Produção unitária ou oficina: a produção é feita por unidades ou pequenas quantidades, cada produto a seu tempo, sendo modificado na medida em que é realizado o trabalho. Os trabalhadores utilizam uma variedade de ferramentas e instrumentos e o processo produtivo é menos padronizado e menos automatizado. É o caso da produção de navios, geradores e motores de grande porte, aviões comerciais, locomotivas, confecções sob medida, construção civil

e industrial, etc. A oficina comum é o exemplo típico desse tipo de tecnologia.

2. Produção em massa ou mecanizada: a produção é feita em grandes lotes e em grande quantidade. Os operários trabalham em linhas de montagem ou operando máquinas que podem desempenhar uma ou mais operações sobre o produto. É o caso da produção que requer máquinas operadas pelo homem e linhas de produção ou de montagens padronizadas, como as empresas montadoras de automóveis, fábricas de aparelhos eletrônicos e de eletrodomésticos.
3. Produção em processo contínuo ou produção automatizada: a produção é realizada dentro de um processamento contínuo em que um ou poucos operários especializados monitorizam um processo total ou parcialmente automatizado de produção. A participação humana é mínima, enquanto a ênfase na tecnologia é fundamental. É o caso do processo de produção de refinarias de petróleo, produção química ou petroquímica, siderúrgicas, papel e celulose, cimento, etc.

Bate-bola: para que serve a tecnologia?

Faça uma discussão com seus colegas a respeito do assunto e tente chegar a uma conclusão: para que serve a tecnologia?

- facilitar as coisas;
- aumentar a eficiência do trabalho;
- melhorar a eficácia do trabalho;
- substituir o trabalho humano;
- servir como ferramenta ou artefato;
- proporcionar maior informação e retroação;
- fazer um trabalho melhor e mais barato.

Tabela 2 Matriz de tecnologia/produto[6]

		Produto	
		Concreto	Abstrato
Tecnologia	Fixa	Poucas possibilidades de mudanças: pouca flexibilidade Estratégia voltada para a colocação do produto no mercado Ênfase na área mercadológica da empresa Receio de ter o produto rejeitado pelo mercado	Algumas possibilidades de mudanças, dentro dos limites impostos pela tecnologia Estratégia voltada para a obtenção da aceitação de novos produtos pelo mercado Ênfase na área de mercadologia (especialmente promoção e propaganda) Receio de não obter o suporte ambiental necessário
	Flexível	Mudanças relativamente fáceis nos produtos, por meio da adaptação ou mudança tecnológica Estratégia voltada para a inovação e criação constante de novos produtos ou serviços Ênfase na área de pesquisa e desenvolvimento	Grande adaptabilidade ao meio ambiente: grande flexibilidade Estratégia voltada para obtenção de consenso externo (quanto aos novos produtos) e consenso interno (quanto aos novos processos de produção) Ênfase nas áreas de pesquisa e desenvolvimento (novos produtos e novos processos), mercadologia (consenso dos clientes) e recursos humanos (consenso dos empregados)

INFLUÊNCIA DA TECNOLOGIA

A tecnologia não funciona apenas como mera ferramenta de produção ou de informação. Ela constitui tudo o que nos permite fazer de maneira mais eficiente e eficaz. Na verdade, a tecnologia permite reconfigurar os recursos com que a empresa trabalha. Assim, os três tipos de tecnologia – produção unitária, produção em massa e produção por processamento contínuo – envolvem diferentes abordagens na manufatura dos produtos, cada qual com processos de produção diferentes. Woodward verificou que[8]:

1. A tecnologia de produção por processamento contínuo permite elevado grau de previsão de resultados operacionais, enquanto a tecnologia de produção unitária (oficina) impõe um baixo grau de previsão. Por outro lado, existe uma forte correlação entre o número de níveis hierárquicos na estrutura organizacional e o grau de previsibilidade das técnicas de produção: quanto menor o grau de previsibilidade das operações, tanto maior deverá ser o número de níveis hierárquicos na estrutura organizacional e, portanto, mais complexo o processo de tomada de decisão da empresa. O número de níveis hierárquicos na estrutura organizacional tende a ser maior em empresas que utilizam tecnologia de produção unitária e menor em empresas baseadas em tecnologia de produção por processo contínuo e automatizado.
2. O sistema de supervisão e sua amplitude de controle também dependem da tecnologia utilizada pela empresa. No sistema de processamento contínuo, a amplitude de controle (número de subordinados para cada supervisor) é menor, enquanto no sistema de produção em massa atinge a maior média, com um supervisor atuando sobre uma faixa de 41 a 50 subordinados. No sistema unitário de produção, a amplitude de controle tende a ser intermediária entre os dois sistemas anteriores. As empresas bem-sucedidas em cada categoria de tecnologia apresentavam uma amplitude de controle próxima à média apresentada pela categoria, enquanto as empresas malsucedidas apresentavam uma amplitude muito alta ou muito baixa em relação à média da categoria, afastando-se significativamente dela.
3. As empresas de produção em massa bem-sucedidas tendem a ser organizadas de acordo com os princípios clássicos da teoria administrativa, com deveres e responsabilidades claramente definidos, unidade de comando (um só supervisor para cada subordinado), distinção muito clara das funções de linha (comando) e de *staff* (assessoria) e amplitude de controle muito ampla. Nessas empresas de tecnologia de produção em massa, o modelo burocrático de organização mostrou-se associado com o sucesso empresarial. Nos outros dois tipos de tecnologia, a forma de estrutura organizacional mais viável fugia dos moldes clássicos de organização.
4. As empresas com operações estáveis e rotineiras necessitam de estruturas organizacionais diferentes das empresas com tecnologia mutável. Assim, empresas estruturadas e burocratizadas com um sistema mecanístico de administração são mais apropriadas para operações estáveis, enquanto as empresas inovadoras com um sistema orgânico de administração são mais apropriadas para tecnologias mutáveis.

A tecnologia provoca forte impacto sobre os controles administrativos. As empresas bem-sucedidas, utilizando uma tecnologia estável – produção em massa – com pequena incerteza tecnológica, tendem a ser mecanísticas. O produto padronizado, com uma produção constante no longo prazo, permite regras e regulamentos logicamente estabelecidos pela prática demorada e rigidamente seguidos, o que permite uma amplitude de comando bastante ampla, podendo cada supervisor encarregar-se de muitos subordinados.

A tecnologia adotada influi na importância concedida às diversas funções da empresa. Quando a empresa produz um produto complexo ou de complicada elaboração e projeto ou sujeito à evolução rápida, o grupo de atividades tecnológicas preparatórias – como estudo, projeto, pesquisa e desenvolvimento e engenharia de produto – assume especial importância dentro da empresa. Ao contrário, um produto simples ou que tenha chegado ao limite do seu desenvolvimento requer pouco pessoal qualificado ou nenhuma atividade tecnológica progressiva em relação ao estudo, ao projeto, à pesquisa e ao desenvolvimento. O tipo de produto e, em consequência, a tecnologia adotada influenciam a estrutura e o funcionamento da empresa e, principalmente, a importância das diferentes funções empresariais. Assim, engenharia, produção e *marketing* ganham diferentes importâncias de acordo com a tecnologia utilizada. A Tabela 3 mostra a função predominante na empresa conforme a tecnologia.

Na medida em que a tecnologia é mutável, a empresa precisa arranjar-se a cada momento para poder acompanhar as inovações tecnológicas e utilizá-las adequadamente. Estas trazem como consequência a mudança organizacional da empresa.

IMPERATIVO TECNOLÓGICO

As conclusões de pesquisas indicam que a tecnologia influencia poderosamente a estrutura e o comportamento organizacional, bem como o próprio estilo de administração da empresa. Para muitos autores existe um imperativo tecnológico que impõe condições e características à estrutura e ao comportamento das empresas: a estrutura e o comportamento organizacional das empresas são determinados pela tecnologia utilizada para realizar suas operações e produzir seus produtos e serviços, a fim de alcançar seus objetivos. Apesar do exagero da afirmação, há de se aceitar a forte influência da tecnologia na dinâmica das organizações.

Em sua forma rudimentar, a tecnologia nada mais é do que o conjunto de métodos e processos, ferramentas e equipamentos usados para obter um determinado resultado por meio dos recursos disponíveis. Como todos esses aspectos diferem de uma empresa para outra, as variações são realmente muito grandes, mas é inegável o impacto que a tecnologia impõe sobre as empresas. No mundo moderno, a tecnologia é um dos mais importantes aspectos da empresa. E o administrador precisa saber tirar o maior proveito possível dela. Nunca como hoje a tecnologia fez profundas mudanças nas empresas e na maneira de trabalhar.

Bate-bola: como visualizar a influência da tecnologia nas empresas?

Faça uma discussão com seus colegas a respeito do assunto e tente chegar a uma conclusão: como visualizar a influência da tecnologia nas empresas?

Tabela 3 Predominância das funções em cada tipo de tecnologia

Tecnologia utilizada	Função predominante na empresa
Produção unitária	Engenharia (pesquisa e desenvolvimento)
Produção em massa	Produção (operações)
Produção em processo contínuo	Mercadologia (vendas)

Figura 6 O imperativo tecnológico.

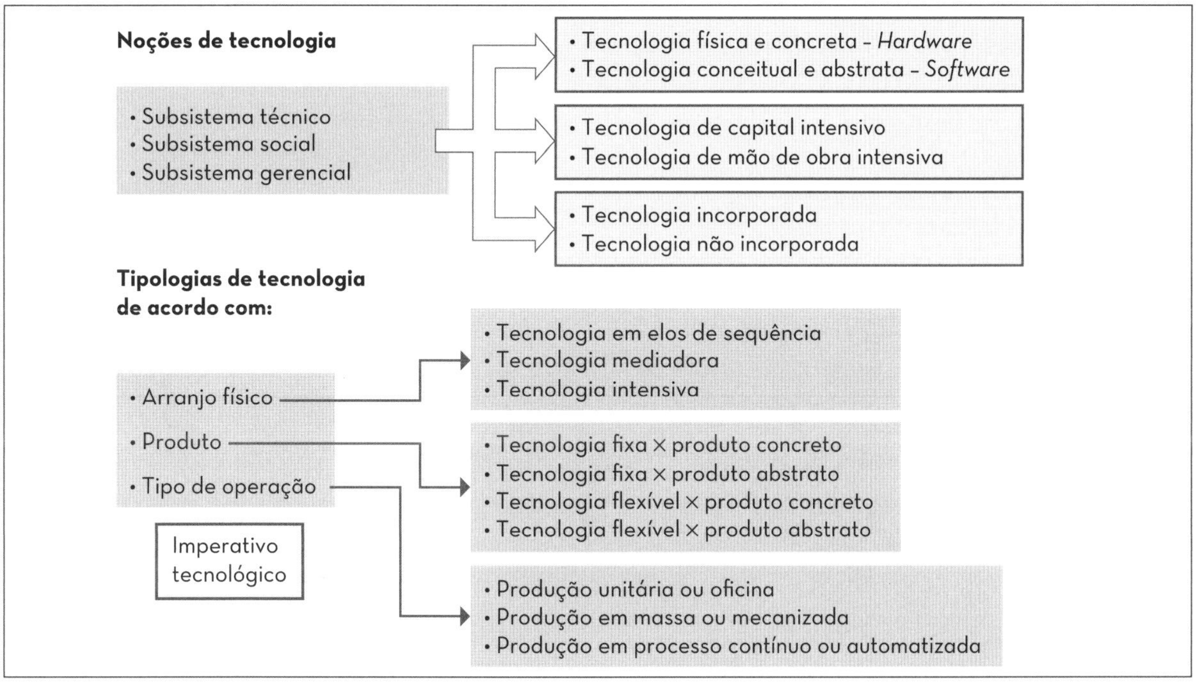

Figura 7 Mapa mental deste capítulo.

Referências bibliográficas

1. RICE, A. K. *Productivity and social organization*: the Ahmedabad experiment, Londres, Tavistock, 1958
2. MILLER, E. J. Technology, territory and time: the internal differentiation of complex production systems. In: FRANK, E. H. (ed.). *Organization structuring*, Londres, McGraw-Hill, 1971. p. 81-115.
3. THOMPSON, J. D. *Dinâmica organizacional*: fundamentos sociológicos da teoria administrativa, São Paulo, McGraw-Hill, 1976. p. 30-3.
4. CHIAVENATO, I. *Introdução à teoria geral da administração*, Rio de Janeiro, Elsevier, 2010.

5. THOMPSON, J. D.; BATES, F. L. *Technology, organization and administration*, Ithaca, Business and Public Administration School, Corfnell University, 1969.
6. THOMPSON, J. D.; BATES, F. L., *Technology, organizations and administration*, Administrative Science Quarterly, v. 2, 1957. p. 31-2.
7. WOODWARD, J. *Management and technology*, London, Her Majesty's Stationery Office, 1958.
8. WOODWARD, J. (org.). *Industrial organizations*: behavior and control, Londres, Oxford University, 1970.

CAPÍTULO 6

Estratégia empresarial

Objetivos deste capítulo

- Proporcionar uma conceituação de estratégia empresarial e de seus principais componentes.
- Mostrar as diferentes abordagens ou escolas de estratégia.
- Discutir os vários tipos de estratégia empresarial.
- Mostrar a composição da estratégia empresarial.
- Proporcionar uma ideia de administração da estratégia empresarial, a partir do processo administrativo.

Como o contexto ambiental muda dinamicamente a cada instante, as empresas precisam continuamente realocar, reajustar e reconciliar seus recursos e competências disponíveis com seus objetivos e com as oportunidades percebidas no ambiente de tarefa. Cada empresa procura desenvolver seus negócios e operações de uma maneira coerente e consistente por meio de padrões distintos e personalizados de estratégia. Com a aceleração das mudanças no ambiente de tarefa da empresa, ocorre uma crescente pressão exigindo a capacidade de mudar e de antecipar as mudanças para aproveitar prontamente as novas oportunidades que surgem pela ação rápida e imediata, bem como a capacidade de reagir e responder com flexibilidade para evitar ou neutralizar as ameaças e as pressões ambientais. A estratégia empresarial é o primeiro e o principal passo para a empresa atingir essa capacidade de manobra diante de um contexto extremamente mutável, cujos atores e protagonistas se caracterizam por estratégias igualmente inovadoras e imprevisíveis. Estratégia é movimento integrado, é manobrabilidade, mudança, ação, reação e pró-ação – tudo isso reunido e direcionado para alvos a serem atingidos ao longo do tempo.

NOÇÕES DE ESTRATÉGIA

A noção de estratégia surgiu da atividade militar desde os tempos de Sun Tzu, há 2.500 anos[1], passando por Clauzewitz[2] e chegando aos tempos atuais. O antigo conceito militar define estratégia como a aplicação de forças em larga escala contra algum inimigo. Em termos empresariais, a estratégia é "a mobilização de todos os recursos da empresa em âmbito global, visando a atingir objetivos em longo prazo. A tática é um esquema específico de emprego de alguns recursos a partir de uma estratégia geral. No plano militar, uma mobilização de tropa é uma tática dentro de uma estratégia mais ampla; no plano gerencial, o orçamento anual ou o plano anual de investimentos é um plano tático dentro de uma estratégia global de longo prazo. Uma guerra requer uma ou mais estratégias: cada estratégia leva à proliferação de táticas. O planejamento para cinco anos na empresa requer uma estratégia, à qual se ligam os planos táticos de cada ano compreendido nesse período"[3]. Assim, a estratégia é um conjunto de objetivos e de políticas principais capazes de guiar e orientar o comportamento da empresa em longo prazo.

ABORDAGENS DA ESTRATÉGIA

A estratégia pode constituir um padrão de comportamento, uma posição desejada e uma perspectiva[4]. Isso depende da maneira como ela é entendida e interpretada para ser colocada em ação. No fundo, a estratégia é uma teoria sobre a realidade dos negócios. Ela consiste em selecionar, entre várias alternativas, qual a hipótese que se aceita (teoria) sobre aspectos internos e externos da empresa e tomar decisões com base nessa hipótese escolhida. A maneira como se escolhe uma hipótese de trabalho varia enormemente de acordo com cada estrategista. Assim, há várias maneiras de se focar a estratégia. Cada escola de administração tende a visualizar a estratégia sob um prisma diferente[4]. Mintzberg, Ahlstrand e Lampel[5] apresentam uma classificação das escolas sobre estratégia empresarial:

1. Escola do planejamento: estratégia como um processo formalizado e documentado em que o planejamento estratégico é desdobrado em planos táticos e cada um destes é desdobrado em planos operacionais.
2. Escola do *design*: estratégia como um processo de concepção no qual o executivo principal assume o papel de liderança estratégica para tentar a compatibilização entre as ameaças e oportunidades ambientais (diagnóstico estratégico externo) e as forças e fragilidades organizacionais (diagnóstico estratégico interno).
3. Escola do posicionamento: estratégia como um processo analítico em que o estrategista analisa a situação do ambiente externo para tomar dois tipos de decisão estratégica: a decisão de portfólio de produtos/serviços e a decisão de posicionamento.
4. Escola do empreendedorismo: estratégia como um processo visionário. O executivo principal define uma visão de futuro que funciona como inspiração do processo e age como o líder estratégico para lograr seu alcance. Missão e visão são dois conceitos básicos dessa abordagem.
5. Escola cognitiva: estratégia como um processo mental em que a realidade ambiental dos negócios é interpretada subjetivamente para proporcionar modelos de decisão. Os executivos são processadores de informações vindas do ambiente externo e tomam decisões estratégicas a respeito delas.
6. Escola do aprendizado: estratégia como emergente de aprendizagem e de gradativa construção incremental. A empresa aprende coletivamente com o tempo e passa a implementar mudanças que a tornam cada vez mais competitiva por intermédio do aumento das competências essenciais.
7. Escola do poder: estratégia como um processo de negociação política que envolve persuasão, negociação, barganha para buscar equilíbrio interno de poder entre seus principais atores ou para buscar equilíbrio externo com as demais

empresas que disputam o mesmo mercado. Na realidade, a empresa é uma coalizão de vários indivíduos ou grupos de interesse e a formação da estratégia é modelada pelo poder e pela política.

8. Escola cultural: estratégia como um processo coletivo e social que se baseia na cultura e nos valores internos da organização. Mudanças na estratégia devem ser respostas a mudanças na cultura organizacional. As empresas bem-sucedidas são aquelas que se baseiam em uma forte cultura corporativa que define sua estratégia.
9. Escola ambiental: estratégia como processo reativo e contingente em função das demandas ambientais. A estratégia representa uma gradativa adequação aos eventos ambientais.
10. Escola da configuração: estratégia como um processo de transformação seguida de um período de configuração até que nova transformação seja implementada. Assim, toda empresa passa por estados sucessivos de estabilidade seguidos por outros de crise e transformação para retornar a estabilidade e assim por diante. Estabilidade e crise, revolução, renovação e estabilidade formam esse ciclo vital das empresas. A estratégia significa o ponto de ruptura do *status quo* para lograr um novo patamar nos negócios que, no futuro, terá outro ponto de ruptura para outro patamar.

Cada escola administrativa trata a estratégia segundo uma abordagem própria e que privilegia certos aspectos que considera vitais em detrimento de outros. A razão disso é a complexidade do conceito. Estratégia representa um dos conceitos mais sofisticados na literatura administrativa. Na verdade, cada escola descrita anteriormente mostra uma ponta do *iceberg* e privilegia um aspecto específico e particular da estratégia. Contudo, estratégia é muito mais do que um planejamento global, uma tentativa de compatibilização, uma decisão global sobre posicionamento e portfólio, um processo visionário, empreendedor, cognitivo ou cultural, ou mesmo um processo de aprendizagem ou de disputa pelo poder ou de ciclos de estabilidade, crise e renovação. Ela é muito mais do que todos esses aspectos em seu conjunto[6]. É difícil lidar com a estratégia empresarial em função de sua complexidade, conectibilidade, mutabilidade, prontidão, ação-reação, pró-ação e criatividade. O importante é que uma empresa sem uma estratégia definida é um barco perdido ao acaso no meio do imenso oceano.

As principais características da estratégia empresarial são:

1. A estratégia é um comportamento global e sistêmico da empresa. Em outras palavras, a estratégia não é exatamente a soma das partes de um sistema, mas o comportamento global do próprio sistema que condiciona e integra as partes. Por essa razão, a estratégia se inicia com os objetivos globais e com seu desdobramento em objetivos táticos e operacionais. Uma verdadeira cascata ou hierarquia de objetivos a partir dos objetivos estratégicos da organização como uma totalidade.
2. A estratégia representa o comportamento de uma empresa diante do seu ambiente externo. No fundo, a estratégia indica a resposta empresarial face aos estímulos, pressões, contingências, ameaças e oportunidades vislumbradas e interpretadas no ambiente de tarefa. Estratégia significa o comportamento organizacional em seu contexto ambiental para fazer frente ao seu ambiente de tarefa e sob as influências genéricas do macroambiente. A estratégia está mais voltada para fora – no negócio da empresa – do que para dentro dela.
3. A estratégia está focada no futuro: isto é, no longo prazo. Embora formulada no presente, a estratégia focaliza o futuro da empresa, o que ela pretende ser ou fazer dentro de um determinado período. Quase sempre o horizonte temporal da empresa está dimensionado para dois ou mais anos à frente. Esse horizonte pode ser de 20 anos

ou mais quando se trata de empresas de tecnologia intensiva, como siderúrgicas, cimenteiras, químicas, petroquímicas ou usinas hidrelétricas. Ou pode ser de meses, quando se trata de empresas relacionadas com moda, costumes ou tecnologia de ponta, como é o caso de telefones celulares. No fundo, a estratégia significa a construção do futuro que a empresa pretende criar[8].

4. A estratégia é discutida, formulada, definida e decidida no nível institucional da empresa: ela é igualmente apresentada, comunicada e cobrada intensivamente a todos os níveis empresariais. Como a estratégia é um comportamento global da empresa, todos os níveis e participantes precisam es tar de acordo e inteiramente convencidos de sua adequação. Mais do que isso: totalmente engajados e imersos em sua execução e em seu sucesso. O consenso a respeito da estratégia é fundamental para que ela seja bem-sucedida. A estratégia não deve ficar restrita à cabeça dos executivos principais; ela precisa estar nas mãos, nas mentes e nos corações de todas as pessoas da organização.
5. A execução da estratégia requer o esforço conjugado de todos os níveis e de todos os participantes da organização, para que ela proporcione um efeito global, sistêmico e holístico. A execução ou implementação da estratégia é tarefa de todos e não apenas de alguns. Isso significa que todos os participantes devem ter pleno conhecimento a fim de que possam contribuir para seu sucesso. Um dos aspectos mais problemáticos da estratégia é sua execução. De nada adianta uma estratégia maravilhosamente formulada e integrada se a sua execução não for adequadamente realizada na prática e no cotidiano dos negócios da empresa. Em geral, as estratégias empresariais falham não por sua formulação, mas principalmente por sua execução e implementação no cotidiano da empresa.
6. A estratégia significa sempre um movimento de mudança organizacional. Mesmo uma estratégia simplesmente defensiva e utilizada para manter o *status quo* dos negócios da empresa e defender seu domínio dos concorrentes sempre representa uma mudança e uma transformação no sentido

Tabela 1 Características das escolas de pensamento estratégico, segundo Mintzberg e Lampel[7]

Processo		Mensagem pretendida	Mensagem realizada
Prescritivas e normativas			
Design	Concepção	Ajuste	Pense e olhe para o futuro
Planejamento	Formal	Formalize	Programe e olhe para o futuro
Posicionamento analítico	Análise	Calcule	Olhe para o passado
Descritivas e explicativas			
Empreendedorismo	Visionário	Vislumbre	Centralize
Cognitivo	Mental	Crie	Preocupe
Aprendizado	Emergente	Aprenda	Jogue
Poder	Negocie	Promova	Entesoure
Cultural	Socialize	Combine	Perpetue
Ambiental	Reativo	Reaja	Capitule
Configuração	Transformação	Integre	Acumule

de criar novos e diferentes mecanismos para ficar atualizada. Estratégia significa movimento, mudança, ação conjunta, manobrabilidade, flexibilidade, alcance de resultados globais.

7. A estratégia deve ser definida em um planejamento estratégico: a estratégia visa ao alcance de objetivos globais e o planejamento estratégico deve ser desmembrado em planos táticos (para o alcance de objetivos departamentais) e cada um deve ser igualmente desdobrado em planos operacionais (para o alcance de metas operacionais). A Figura 1 mostra o desmembramento dos planos estratégicos em táticos e estes em planos operacionais.

COMPONENTES DA ESTRATÉGIA EMPRESARIAL

A estratégia representa integração, adequação e compatibilização. Os três componentes básicos da estratégia empresarial são[9]:

1. Ambiente: oportunidades visualizadas no ambiente de tarefa, e mais especificamente no mercado, bem como as restrições, limitações, contingências, coações e ameaças nele existentes.
2. Empresa: a organização, sua missão e visão de futuro, os recursos de que ela dispõe ou pode utilizar com vantagem, suas competências e habilidades, bem como seus pontos fortes (que precisam ser utilizados) e fracos (que devem ser corrigidos ou melhorados), compromissos e objetivos.
3. Adequação entre ambos: qual postura a empresa deve adotar para compatibilizar seus objetivos, recursos, competências, potencialidades e limitações com as condições ambientais no sentido de extrair o máximo das oportunidades externas e expor-se o mínimo às ameaças, coações e contingências ambientais. Essa adequação deve necessariamente produzir alguma vantagem competitiva diante dos concorrentes.

Como se trata de uma atividade integrada, a estratégia deve incluir arranjo interno, mapeamento externo do ambiente, formulação da estratégia, execução primorosa e constante avaliação de resultados por meio de intensa retroação. Isso tudo envolve produtos, serviços, processos, estrutura organizacional, cultura corporativa, valores e, obviamente, conceitos como missão, visão de futuro

Figura 1 Componentes básicos da estratégia empresarial[4].

e princípios básicos de atuação para orientar a ação global e integrada da empresa.

Bate-bola: como se tornar um estrategista?

Faça uma discussão com seus colegas a respeito do assunto e tente chegar a uma conclusão: como podemos nos tornar estrategistas?

Busca da vantagem competitiva

A essência da estratégia reside na criação de uma posição única e valiosa, envolvendo a escolha de um arranjo interno de atividades que permita à empresa diferenciar-se de seus concorrentes para oferecer algo que eles não conseguem. Para Porter[10], a estratégia competitiva significa escolher um diferente arranjo de atividades para entregar um composto de valor único, marcando uma posição estratégica competitiva. Assim, o posicionamento estratégico deve ser feito com base em três fontes distintas que não são mutuamente excludentes:

1. Variedade de produtos e serviços: a ideia central está em oferecer um leque de produtos e serviços e desenvolver atividades que permitam produzi-los da melhor forma possível.
2. Atendimento às necessidades de um determinado grupo de consumidores: é fundamental que as atividades da empresa que permitem tal atendimento específico sejam diferenciadas.
3. Particularidades de modalidades de acesso: diferenças em termos de acessibilidade ao cliente.

Assim, o posicionamento – que é a escolha de uma posição adequada no ambiente de tarefa – deve buscar uma definição de quais atividades a empresa deve executar, como também quais as que não deve executar[11]. Para tanto, a empresa precisa conceber uma configuração interna que seja singular e particular para realizar tais atividades e como elas deverão se relacionar entre si. O inter-relacionamento entre tais atividades é feito no sentido de alcançar uma compatibilização e, acima de tudo, um reforço recíproco (busca de sinergia) entre elas para aumentar o potencial de vantagem competitiva. Porter alega que essa busca de sinergia precisa ser feita em três níveis de compatibilização:

1. Consistência entre a estratégia empresarial e cada atividade no âmbito funcional: para que haja acumulação – e não contradição – das vantagens competitivas dessas atividades. Isso serve para criar uma visão única da estratégia, que facilita sua implementação, sua comunicação para todas as pessoas envolvidas e transmissão para clientes e acionistas.
2. Reforço mútuo das atividades: para produzir efeitos que se reforcem reciprocamente. No fundo, fazer com que cada atividade dê impulso às demais para que o resultado não seja uma simples soma de atividades, mas um resultado alavancado e sinergístico.
3. Otimização dos esforços: esse terceiro nível de compatibilização envolve fluxo de informações e intensa coordenação para eliminar redundâncias e minimizar desperdícios e outras formas mais sofisticadas de perdas (entropia).

Porter salienta que é o conjunto das atividades – e não cada atividade em si – o mais importante para o estabelecimento e a manutenção da vantagem competitiva[12]. Para ele, a busca de eficiência no desempenho de atividades individuais é apenas uma característica da eficiência operacional, e não da estratégia em si. A vantagem competitiva – e, por consequência, o sucesso da estratégia – decorre da totalidade do sistema de atividades. A eficiência em atividades individuais pode ser facilmente copiada pelos concorrentes, enquanto a integração dessas atividades da empresa dificilmente poderia ser imitada.

A natureza da moderna estratégia

As estratégias hoje procuram atender às crescentes demandas do dinâmico mundo dos negócios. As empresas têm levado em consideração um conjunto de tendências dinâmicas que estão mudando seu entorno. Segundo Daniel, elas estão utilizando dez novos paradigmas[13]:

1. *Globalização*: os negócios obedecem a uma nova e diferente ordem mundial de operação e competição. As empresas globais utilizam tecnologias e práticas avançadas de negócios que ultrapassam as barreiras de diferentes histórias, línguas, culturas, padrões de comunicação, sistemas regulatórios e estruturas econômicas. O dinheiro move-se livre, virtual e instantaneamente de um lugar para outro.
2. *Complexidade*: os negócios estão se tornando cada vez mais complexos. As empresas estão se tornando multinacionais e transnacionais. Opções de produtos e serviços proliferam. Concorrentes, fornecedores, distribuidores, investidores e administradores operam cada vez de maneira mais complexa e mutável do que antes. A complexidade não reside apenas no mercado global ou de capitais, mas em produtos, serviços, processos, etc. A internet põe lenha em toda essa fogueira.
3. *Dinamismo*: dissemos que a internet acelera todo esse processo porque ela está modificando de tal maneira o cenário das empresas que tudo está se tornando rapidamente obsoleto e ultrapassado. Daí a necessidade de constante monitoração para proporcionar respostas rápidas às novas demandas.
4. *Turbulência*: produz mudanças dramáticas no ambiente externo e nas variáveis e funções do sistema interno das organizações. A turbulência externa leva à necessidade de mudanças na natureza dos produtos, serviços e sistemas de distribuição. As empresas vencedoras são impulsionadas por quatro fatores-chave:

    - são focadas externamente e estão prontas para responder rapidamente às mudanças ambientais;
    - são ágeis e flexíveis nas suas respostas e não lentas ou burocráticas;
    - agem no longo prazo e não estão preocupadas com a navegação imediata;
    - estão sempre insatisfeitas com a posição alcançada e buscam constantemente novas oportunidades para melhorar seu futuro desempenho.

5. *Aceleração*: o tempo é um fator cada vez mais importante na competição. O tempo de entrega, a redução do ciclo produtivo ou o prazo de desenvolvimento de novos produtos ou a prontidão de resposta da empresa são importantes vantagens competitivas.
6. *Racionalização*: o objetivo fundamental de cada negócio empresarial é utilizar os meios mais eficientes para alcançar os fins desejados. As necessidades do cliente precisam ser satisfeitas com um mínimo de custo e máximo de oferta de valor. Os administradores utilizam informação, tecnologia, experiência e julgamento para alocar capital, talentos e outros ativos para produzir o retorno maior com a criação de vantagem competitiva e valor para o *shareholder*.
7. *Conectividade*: o mundo tornou-se uma "aldeia global" graças à conectividade e à interconectividade. Isso não significa apenas computação ou internet, mas um intenso leque de relacionamentos que integram fornecedor e consumidor em novas combinações que derrubam barreiras que antes separavam os estágios das cadeias de valor das empresas.

8. *Convergência*: ocorre quando dois ou mais diferentes sistemas movem-se em direção a um ponto ou padrão comum sem se misturarem. Partes de seus sistemas - mas não todos - podem se misturar, integrar e espelhar-se em cada outro por meio de muitos pontos de contato. Os limites entre sistemas são deixados de lado.
9. *Efemerização*: é a migração para o virtual. É o processo de se tornar menos físico e mais virtual, menos presente e mais intangível, menos ligado fisicamente e mais interligado virtualmente, menos fixo e cada vez mais móvel. O definitivo passa a instantâneo, o grande se torna pequeno, o assistido torna-se independente, o presente torna-se remoto, o visível torna-se invisível, o físico torna-se virtual. Esse é o mundo efêmero e que afeta hoje produtos, serviços e organizações.
10. *Consolidação*: é a integração de várias empresas em um núcleo integrado. Fusões e aquisições estão acontecendo a todo instante em bancos, companhias aéreas, indústria farmacêutica, de energia, químicas, de componentes automotivos, de serviços de *software*, etc., para proporcionar sinergia, operação de escala mundial e vantagem econômica sustentável.

Todos esses novos paradigmas tomados em conjunto podem ser combinados para oferecer um novo padrão de estratégia com a qual a empresa possa competir com sucesso.

Bate-bola: para que serve a estratégia?

Faça uma discussão com seus colegas a respeito do assunto e tente chegar a uma conclusão: para que serve a estratégia?

- integrar e alinhar empresa e ambiente;
- obter convergência de objetivos empresariais;
- enfrentar os concorrentes;
- conseguir mais clientes satisfeitos;
- ampliar mercados;
- conseguir melhores resultados financeiros;
- aumentar a sustentabilidade da empresa.

PLANEJAMENTO ESTRATÉGICO

Denning apresenta um conceito clássico de estratégia empresarial como

> a determinação da futura postura da empresa, com especial referência à sua postura quanto aos seus produtos/mercados, sua lucratividade, seu tamanho, seu grau de inovação e suas relações com seus executivos, seus empregados e certas instituições externas[14].

Essa postura estratégica deve ser equacionada pelo planejamento estratégico da empresa. Para ele, o planejamento estratégico é elaborado com base em três atividades básicas:

1. Análise ambiental: análise das condições e das variáveis ambientais, suas perspectivas atuais e futuras, as coações, as contingências, os desafios e as oportunidades percebidas no contexto ambiental.
2. Análise organizacional: análise de condições atuais e futuras da empresa, recursos disponíveis e recursos necessários (incluindo tecnologia), potencialidades, forças e fraquezas da

empresa, sua estrutura organizacional, sua capacidade e competência.

3. Formulação de estratégias: tomada de decisões globais e abrangentes que produzirão efeitos no futuro da empresa dentro de um determinado horizonte estratégico, isto é, dentro de um determinado horizonte de tempo situado no longo prazo.

O planejamento estratégico representa como a estratégia será construída, formulada, implementada e avaliada, ou seja, a maneira como ela será criada e aplicada. Na verdade, constitui a sequência de atividades dentro da empresa que conduz à gestão estratégica do negócio.

O planejamento estratégico será estudado mais adiante na parte relacionada com o planejamento da ação empresarial. Por enquanto, será abordada a estratégia empresarial em si.

ARTICULAÇÃO ESTRATÉGICA

A estratégia está mergulhada em uma multiplicidade de fatores e componentes internos e externos, muitos deles situados fora da compreensão, do controle e da previsão da empresa. Ao lidar simultaneamente com fatores organizacionais e fatores ambientais – atuando como verdadeira ponte entre eles – a estratégia empresarial procura o melhor endereçamento dos esforços, dos recursos e das competências essenciais em direção a resultados capazes de assegurar o alcance dos objetivos empresariais. Assim, uma vez estabelecidos os objetivos empresariais, a estratégia é o conjunto de decisões das quais dependerão os recursos e as competências necessários e a tecnologia requerida, a estrutura organizacional mais adequada e a consequente ação empresarial para o alcance dos resultados. Obviamente, todos esses ingredientes estão sujeitos a influências ambientais em termos de coações, contingências, limitações e restrições, oportunidades e ameaças. Como o ambiente é dinâmico e mutável, e a estratégia é orientada para o futuro – e não apenas para o presente –, ela não pode se constituir em um único caminho rígido, estreito e fixo, mas em uma rota flexível e capaz de se adequar a cada momento às imprevisibilidades que acontecem no meio do caminho. Os resultados alcançados permitirão à empresa a retroinformação (retroação) de que ela se valerá para manter e confirmar suas decisões estratégicas ou adequá-las às ocorrências imprevistas.

A estratégia é geralmente definida no nível institucional da empresa (portanto, no nível mais ele-

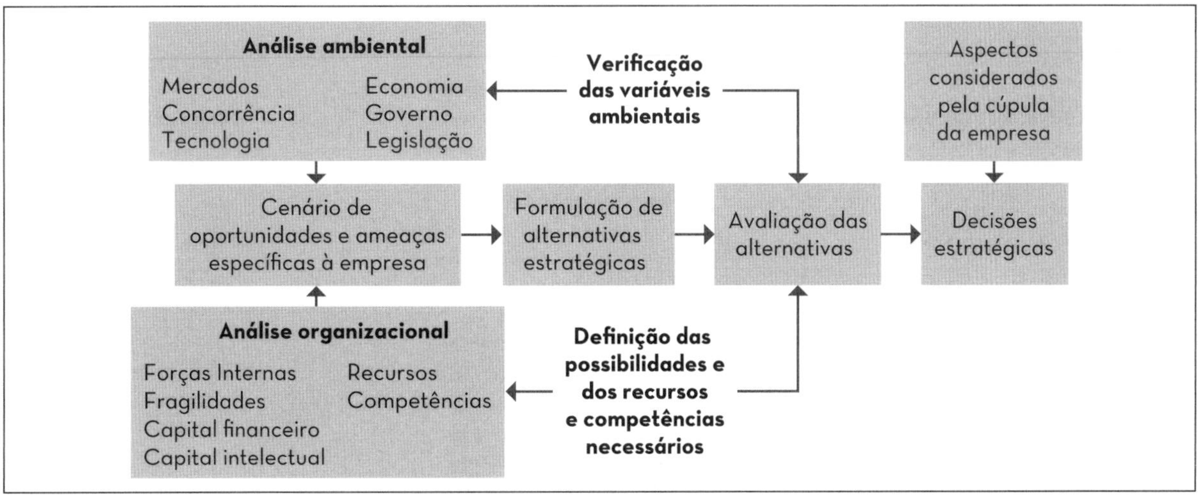

Figura 2 Etapas do planejamento estratégico[15].

vado) em função do comportamento e dos destinos que esta pretende seguir, dependendo do ambiente de tarefa onde se encontra. O nível institucional define os objetivos da empresa e, para atingi-los, escolhe-se a estratégia ou as estratégias mais adequadas em função da análise ambiental, da análise organizacional e das alternativas estratégicas mais indicadas para o contexto.

Definida a estratégia empresarial, esta passa a ser desdobrada em planos táticos específicos, que devem ser desenvolvidos e executados pelas diversas unidades da organização ou órgãos situados nos diversos níveis da empresa. Esse desdobramento da estratégia em planos táticos é realizado pelo nível intermediário da empresa. Cabe ao nível operacional a execução dos planos operacionais, que, por sua vez, constituem o desdobramento e o detalhamento final dos planos táticos da empresa.

TIPOS DE ESTRATÉGIAS EMPRESARIAIS

Os ambientes de tarefa das empresas são pluralistas e multifacetados, compostos de vários subambientes, com os quais a empresa se acha envolvida em uma rede de interdependências para poder efetuar suas transações. Para administrar sua interdependência com os demais elementos do ambiente de tarefa, cada empresa utiliza vários tipos de estratégia. Como o ambiente de tarefa é definido pela dependência da empresa, e como a dependência traz coações ou contingência à empresa, o problema fundamental é o de evitar tornar-se subserviente aos elementos do ambiente de tarefa. Para tanto, a empresa pode desenvolver estratégias cooperativas (como ajuste, cooptação e coalizão) ou estratégias competitivas (competição)[16].

1. Ajuste ou negociação: é a estratégia pela qual a empresa busca um acordo ou um compromisso com outras empresas quanto à troca de bens ou de serviços. O ajuste supõe uma interação direta com outras empresas do ambiente de tarefa. Como a empresa não pode presumir a constância e a continuidade dessas relações de compromisso com outras empresas, ela precisa efetuar revisões periódicas nas suas relações com fornecedores (por meio de contratos, pedidos de

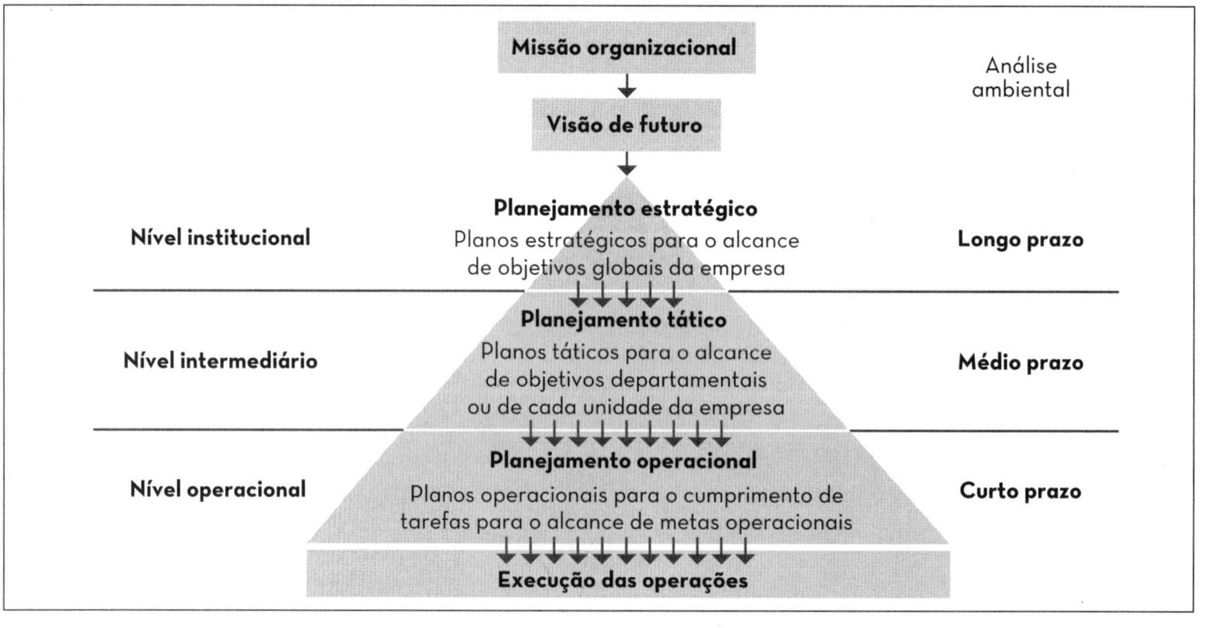

Figura 3 Desdobramento de planos estratégicos em planos táticos e operacionais.

compras, orçamentos, etc.), com distribuidores (por convênios e acordos, estabelecimento periódico de cotas de vendas, contratos de qualidade assegurada, etc.), com agências reguladoras (por meio de convenções coletivas ou acordos sindicais renovados anualmente, cartas-patentes com órgãos fiscalizadores, planilhas de preços de seus produtos para aprovação governamental, etc.). Assim, o ajuste é quase sempre uma negociação quanto a decisões que afetam o comportamento futuro que regerá as relações entre duas ou mais empresas em relação a um determinado objetivo. O ajuste é uma permuta de compromissos e, portanto, de redução da incerteza para as partes envolvidas. O ajuste pode ser uma contratação ou um entendimento, mas sempre repousa na fé e na confiança de que a outra parte cumprirá o prometido. Com o ajuste, o processo decisório de uma empresa é invadido ou, pelo menos, afetado pelo processo decisório de outras empresas do seu ambiente de tarefa, o que também lhe tira um bom pedaço de sua liberdade de ação ou de escolha.

2. Cooptação ou coopção: é um processo para absorver novos indivíduos provindos de fora para a liderança ou a estrutura de decisão da política de uma empresa, como um meio para impedir ameaças ou pressões à sua estabilidade ou existência[17]. Por meio da cooptação, a empresa conquista e absorve grupos inimigos ou ameaçadores, fazendo com que alguns líderes desses grupos venham a fazer parte de seu próprio processo decisório, para inibir a sua ação contrária aos interesses da empresa. O termo cooptação indica fusão, junção, união, isto é, a aceitação no grupo dirigente da empresa de representantes de outras organizações com as quais mantém interdependência (como bancos, instituições financeiras, fornecedores, credores, investidores, etc.), para ali participar, a fim de reduzir ameaças ou pressões daquelas organizações ou para assegurar o suporte ou o consenso de domínio. Assim, a cooptação também significa uma invasão externa no processo de decisão de uma empresa e limita a liberdade da empresa em escolher os seus objetivos de maneira arbitrária e unilateral. Por outro lado, a cooptação traz a vantagem de reduzir as possibilidades de ações antiéticas entre duas ou mais empresas e de auxiliar a integração de partes heterogêneas ou antagônicas de uma sociedade complexa de organização.
3. Coalizão: refere-se a uma combinação de duas ou mais empresas que se juntam para alcançar um objetivo comum. Por meio da coalizão, duas ou mais empresas agem como uma só, com relação a determinados objetivos, quando há necessidade de mais apoio ou de recursos que uma só empresa não teria condições de assegurar isoladamente. A coalizão exige o compromisso conjunto de decisão quanto a atividades futuras, limitando decisões arbitrárias e unilaterais, pois é uma forma extrema de condicionamento ambiental dos objetivos de uma empresa. A maior parte das associações entre empresas visando a políticas conjuntas de preços, dos consórcios de empresas que se associam para um empreendimento comum (construção de hidrelétricas ou de grandes construções) e os chamados empreendimentos conjuntos (*joint-ventures*) são exemplos desse tipo de estratégia.
4. Competição: é uma forma de rivalidade entre duas ou mais empresas e que são mediadas por um terceiro grupo. Se se tratar de duas indústrias concorrentes, o terceiro grupo pode ser o comprador, o fornecedor, o potencial de força de trabalho ou outros. A competição envolve um complexo sistema de relações: inclui a concorrência tanto na busca de recursos (como no mercado de capitais, mercado de máquinas e

equipamentos, mercado de matérias-primas, mercado de mão de obra, etc.) como na busca de clientes ou compradores (mercado consumidor), ou ainda de participantes potenciais. A competição é uma estratégia pela qual o objetivo escolhido pela empresa é parcialmente controlado pelo ambiente de tarefa, que lhe tira boa parte de sua liberdade de ação ou de escolha.

Para administrar a adequação entre os aspectos do ambiente (variáveis externas) e os aspectos da empresa (variáveis internas), a estratégia empresarial requer a articulação de todos os níveis da empresa: níveis institucional, intermediário e operacional.

DESDOBRAMENTOS ESTRATÉGICOS

Dentro dessa abordagem, o entendimento da estratégia empresarial exige o conhecimento de três problemas específicos presentes em qualquer empresa[18].

1. O problema empresarial: relacionado com os produtos/serviços e os mercados que a empresa deseja abordar, ou seja, a escolha do domínio produto/mercado da empresa. O problema empresarial é tratado no nível institucional da empresa.
2. O problema administrativo: está centrado na estruturação de atividades internas da empresa e na criação de normas e procedimentos para coordenar essas atividades, mantendo a organização como um conjunto ativo e integrado. O problema administrativo converge para a redução da incerteza no sistema organizacional ou, em outros termos, para a racionalização e estabilização das atividades e é tratado no nível intermediário da empresa.
3. O problema de adequação tecnológica: refere-se à execução de operações e produção de produtos/serviços, bem como à escolha das tecnologias mais adequadas para tanto. Envolve a criação de um sistema que transforme em operações a solução dada ao problema empresarial. A criação desse sistema exige que a administração escolha uma tecnologia apropriada (entradas – processamento – saídas) para produzir os produtos e serviços escolhidos. O problema de adequação tecnológica é tratado no nível operacional da empresa.

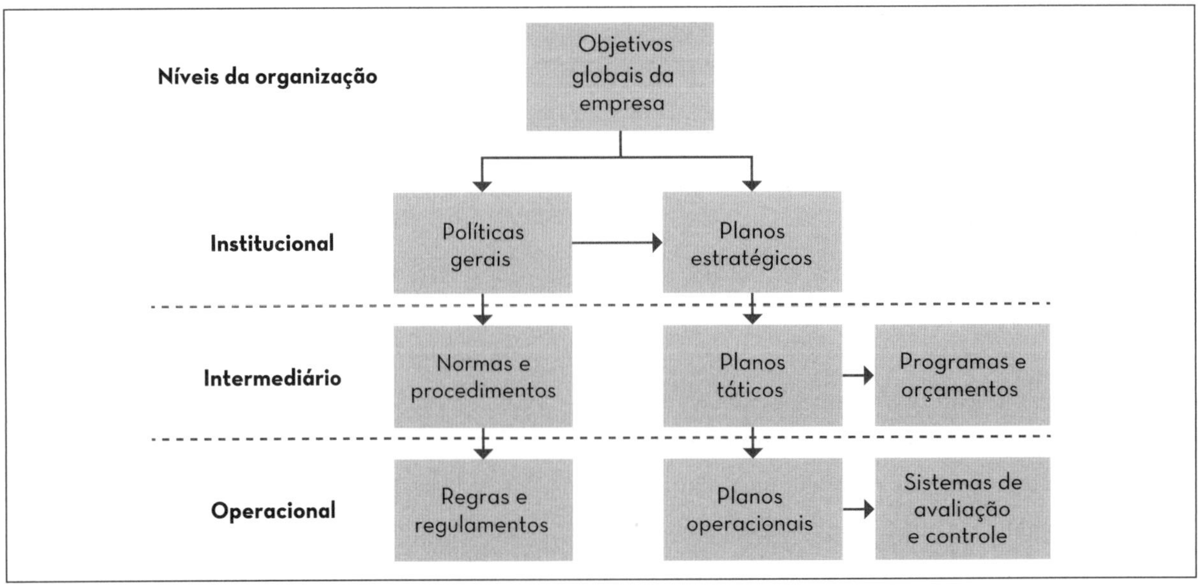

Figura 4 Desdobramentos estratégicos como consequências dos objetivos empresariais.

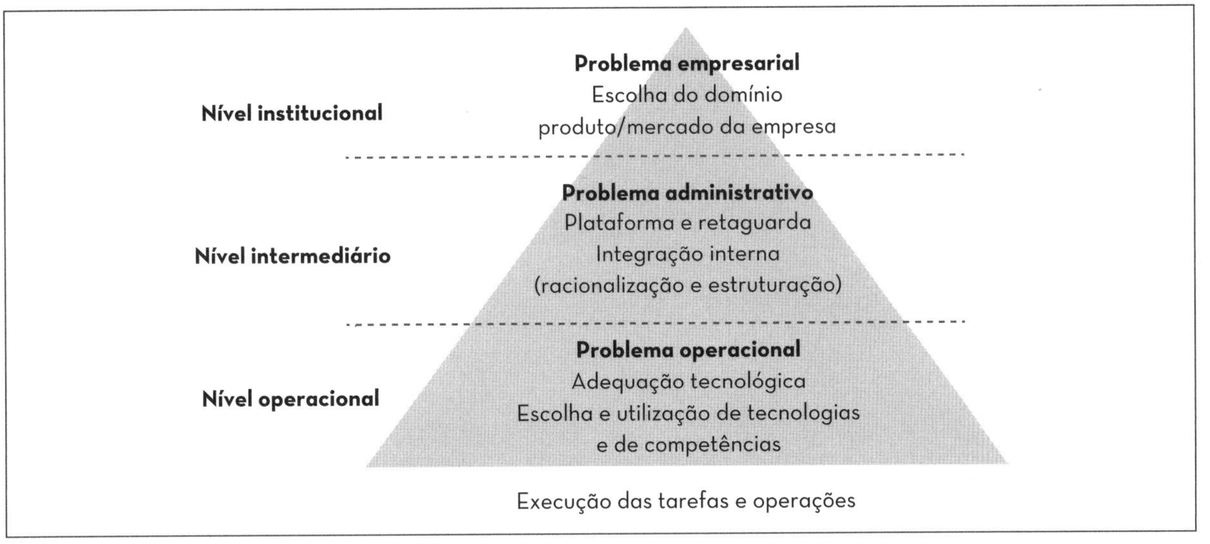

Figura 5 Três tipos de problemas na estratégia empresarial.

Existem estratégias cooperativas e estratégias competitivas. É possível distinguir quatro tipos de estratégia competitiva: defensiva, ofensiva, analítica e reativa. As três primeiras são estratégias estáveis, enquanto a reativa é considerada uma estratégia instável.

Tabela 2 Tipos de estratégia empresarial

Estratégias cooperativas
Ajuste ou negociação
Cooptação ou coopção
Coalisão
Estratégias competitivas
Estratégia defensiva
Estratégia ofensiva
Estratégia analítica
Estratégia reativa

ESTRATÉGIAS COMPETITIVAS

Toda estratégia envolve mudanças organizacionais como base de sustentação para que ela possa acontecer realmente. As estratégias competitivas são formuladas para aumentar a competitividade da empresa em relação aos concorrentes. Elas tanto podem buscar a manutenção e a defesa do mercado, o aumento na participação de mercado ou novos mercados ou tudo isso conjuntamente.

As quatro estratégias competitivas básicas são[18]:

1. Estratégia defensiva: adotada por empresas que possuem domínios definidos de produtos/mercados que pretendem manter ou defender da ação de concorrentes. Nesse tipo de estratégia, os dirigentes da cúpula no nível institucional devem ser capacitados e eficientes unicamente na área restrita às atuais operações da empresa e poupam-se de buscar novas oportunidades ou experimentar mudanças. Em vista dessa perspectiva estreita e conservadora, essa estratégia raramente implica grandes modificações em tecnologia, estrutura organizacional ou métodos de operação. Pelo contrário, procuram concentrar todas as atenções na manutenção ou no aumento da eficiência nas operações atuais (estratégia de não diversificação). Como as operações não sofrem alterações, a experiência que a empresa adquire a respeito delas chega a ser bastante profunda a ponto de garantir excelência operacional, graças ao

aumento da qualidade, da produtividade e da eficiência. Na estratégia defensiva, o papel dos níveis organizacionais é o seguinte:

a. nível institucional: o problema empresarial reside em como defender e garantir a fatia atual do mercado a fim de criar um conjunto estável de produtos e clientes e preservá-los dos concorrentes. Trata-se de defender o domínio que a empresa conseguiu estabelecer no ambiente de tarefa. A empresa concentra-se exclusivamente no seu mercado atual, ignorando o restante. Mantém-se concentrada nos seus produtos e serviços já existentes, com alguma inovação, utilizando preços competitivos, qualidade, serviço ao consumidor, etc. A empresa procura sentir-se segura no seu domínio, para tornar difícil aos concorrentes desalojarem-na de seu nicho. No entanto, qualquer mudança ampla e substancial no ambiente (mercado) pode ameaçar a sobrevivência da empresa;
b. nível intermediário: o problema administrativo é como manter um controle estrito das operações da empresa no sentido de assegurar ou elevar a eficiência atual. O planejamento é intenso e antecede toda ação administrativa. As áreas de produção e finanças tornam-se as mais importantes da empresa. A estrutura organizacional tende a ser funcional, com grande divisão do trabalho e acentuada formalização. A atenção é voltada para dentro da organização, com pequena preocupação com o meio ambiente. O controle é centralizado, e a informação é veiculada verticalmente pelas cadeias hierárquicas. O nível intermediário utiliza um sistema administrativo adequado para manter estabilidade e eficiência ao longo do tempo. No entanto, é inadequado para localizar e responder a novas oportunidades relativas a produtos e mercados;
c. nível operacional: o problema de adequação tecnológica consiste em como produzir e distribuir bens e serviços da maneira mais eficiente possível. Há uma tendência à integração vertical para melhor aproveitar os recursos da empresa. Se não há mudança tecnológica e de processos, a empresa procura, por meio de experiência acumulada, melhorar e racionalizar cada vez mais suas atividades e operações. A empresa obtém um aumento substancial da eficiência tecnológica, que é essencial ao bom desempenho empresarial (racionalidade técnica). No entanto, isso exige elevados investimentos ao longo do tempo, o que requer que os problemas sejam familiares e previsíveis em um prazo relativamente longo, isto é, que o ambiente de tarefa seja estável e previsível. Se ocorrerem mudanças ambientais, qualquer mudança tecnológica será desastrosamente onerosa para a empresa.

Na estratégia defensiva, a empresa busca a previsibilidade no domínio para poder voltar-se introvertidamente para a eficiência de suas operações.

Bate-bola: exemplos de empresas que adotam estratégia defensiva

Faça uma discussão com seus colegas a respeito do assunto e tente chegar a uma conclusão. Dê exemplos de empresas que adotam estratégias defensivas.

2. Estratégia ofensiva: adotada por empresas que, de maneira constante, buscam novas oportunidades

de mercado e experimentam regularmente reagir com respostas potencias frente às tendências emergentes do meio ambiente. Em consequência, essas empresas são os elementos criadores de mudanças e incertezas no meio ambiente. A incerteza é a variável que afetará os concorrentes, que, dessa maneira, veem perturbado seu universo de operações. Todavia, a preocupação com mudanças e inovações faz com que essas empresas não se esmerem o suficiente para extrair de suas operações atuais o máximo de rendimento possível, o que as torna pouco eficientes. Tal fato explica por que todo e qualquer domínio de produto serviço/mercado é, do ponto de vista de uma estratégia ofensiva, sempre transitório e substituível pela inovação que virá a caminho. A inovação constitui a arma principal da empresa. Na estratégia ofensiva e agressiva, o papel dos níveis organizacionais é o seguinte:

a. nível institucional: o problema empresarial consiste em como localizar e explorar novas oportunidades relativas a produtos/serviços e mercados. A empresa se abre a novas perspectivas ambientais, procurando mudar constantemente seu nicho ambiental, isto é, alargar e desenvolver ou mudar continuamente seu domínio. A postura é proativa, extrovertida e com ênfase no ambiente. A empresa muda seu produto/serviço e seu ramo de atividade para poder alterar os elementos do ambiente de tarefa e modificar suas relações de interdependência. A inovação em empresas voltadas para novos produtos ou mercados protege a empresa das mudanças que ocorrem no meio ambiente. No entanto, a empresa corre o risco de baixa lucratividade e diluição de seus recursos em razão de sua aplicação superficial e não intensiva ao longo do tempo;
b. nível intermediário: o problema administrativo consiste em como facilitar e coordenar as numerosas e diversas operações da empresa e suas constantes mudanças e inovações. O nível intermediário utiliza um sistema administrativo ideal para manter a flexibilidade e eficácia da empresa. O planejamento é amplo e não intenso, mas orientado para problemas na medida em que vão surgindo pela frente. A empresa tende a uma estrutura organizacional baseada em produtos/serviços com pouca divisão de trabalho e pouca formalização. As áreas de *marketing* e pesquisa e desenvolvimento (P&D) tornam-se mais importantes. A atenção é extrovertida e voltada para o ambiente (mercado) e para o resultado das operações (produto ou serviço). O controle é descentralizado, e as informações são horizontais. O desempenho organizacional é medido pela comparação com os resultados dos concorrentes. No entanto, essa estratégia pode subutilizar os recursos disponíveis ou mesmo fazer uso superficial deles, pois seu principal objetivo é buscar inovação em produtos/serviços e novos mercados;
c. nível operacional: o problema de adequação tecnológica consiste em como evitar comprometimentos excessivos e dependência com relação a algum determinado processo tecnológico, a fim de manter a flexibilidade necessária para modificar continuamente as operações da empresa. Adoção de tecnologias flexíveis (para realizar diferentes tarefas e operações) e tecnologias múltiplas (para produzir diferentes produtos e serviços). Baixo grau de mecanização e rotinização com a tecnologia não incorporada, isto é, tecnologia apoiada sobre pessoas e suas competências,

habilidades e conhecimentos. A flexibilidade tecnológica permite uma resposta rápida a um domínio em mudança. No entanto, a empresa não pode desenvolver o máximo de sua eficiência em seus sistemas de produção e de distribuição em virtude da multiplicidade de tecnologias e das constantes mudanças.

Na estratégia ofensiva, a empresa está voltada proativa e extrovertidamente para novas oportunidades em termos de produtos/mercados.

Bate-bola: exemplos de empresas que adotam estratégia ofensiva

Faça uma discussão com seus colegas a respeito do assunto e tente chegar a uma conclusão. Dê exemplos de empresas que adotam estratégias ofensivas.

3. Estratégia analítica: é uma estratégia compartimentada adotada por empresas que operam em dois tipos de domínio produto/serviço e mercado – um estável e já conquistado e outro mutável e a conquistar. Enquanto a empresa mantém e defende um domínio já garantido de produto/mercado, procura aproveitar ou se antecipar em oportunidades ambientais em novos domínios. Assim, nas áreas mais turbulentas, os executivos de cúpula no nível institucional observam os concorrentes em busca de novas ideias e adotam rapidamente aquelas que lhes parecem mais promissoras. Na estratégia analítica ou dupla, o papel dos níveis organizacionais se torna mais complicado,:

   a. nível institucional: o problema empresarial consiste em como localizar e explorar oportunidades de novos produtos e mercados e, simultaneamente, manter e defender o domínio já consolidado de produtos e consumidores tradicionais. O domínio é híbrido (estável e instável) e a empresa é simultaneamente conservadora (no domínio estável) e inovadora (no domínio instável). Algum investimento em pesquisa e desenvolvimento (P&D) combinado com imitação de produtos bem-sucedidos no mercado para minimizar o risco, de tal forma que o domínio da empresa seja sempre equilibrado entre a estabilidade (permanência) e a flexibilidade (conquista);
   b. nível intermediário: o problema administrativo consiste em como diferenciar a estrutura e os processos organizacionais a fim de acomodar e integrar as áreas de operação estável e conservadora com as áreas dinâmicas e instáveis. O planejamento é intenso (para ligar *marketing* e produção na parte estável do domínio) e abrangente (para ligar *marketing*, pesquisa e desenvolvimento e produção quanto a novos produtos e mercados). A empresa tende a uma estrutura matricial, combinando departamentos funcionais com departamentos de produtos ou grupos de produtos. As áreas de *marketing*, pesquisa e desenvolvimento, seguidas de perto pela produção são as áreas mais importantes da empresa. O controle é moderadamente centralizado, com aparatos de retroação (retroalimentação) tanto verticais como horizontais. O nível intermediário adota um sistema administrativo dual para equilibrar estabilidade e flexibilidade. No entanto, se esse equilíbrio for perdido, pode ser muito difícil restabelecê-lo posteriormente;
   c. nível operacional: o problema de adequação tecnológica consiste em como ser eficiente em partes estáveis do domínio e, ao mesmo

tempo, flexível e eficaz nas partes cambiantes. A tecnologia dual é adequada para servir a um domínio híbrido (estável e cambiante). Porém, tal dualidade não permite que a empresa atinja nem a eficiência nem a eficácia tecnológica de maneira desejável.

Bate-bola: exemplos de empresas que adotam estratégia analítica

Faça uma discussão com seus colegas a respeito do assunto e tente chegar a uma conclusão. Dê exemplos de empresas que adotam estratégias analíticas.

4. Estratégia reativa: enquanto as três *estratégias* anteriores são proativas (isto é, antecipam-se às ocorrências do ambiente), esta é uma estratégia reativa (isto é, reage com atraso às ocorrências do ambiente), despreparada e improvisada. A estratégia reativa é instável, ou seja, aplicável a curtos períodos e sem um envolvimento tão amplo capaz de integrar as atividades dos níveis institucional, intermediário e operacional como um todo. A adoção de qualquer das três estratégias estáveis vistas anteriormente (defensiva, ofensiva ou analítica) pode proporcionar sucesso empresarial por períodos longos de tempo, pois são respostas válidas e adequadas às mudanças ambientais. A estratégia reativa, contudo, é inadequada às demandas ambientais, pois os executivos de cúpula no nível institucional se apercebem com muito atraso da mudança e incerteza que ocorrem no meio ambiente em que sua empresa está inserida, tornando-se incapaz de articular uma resposta empresarial integrada, pronta e eficaz. O resultado é a tendência à adoção de estratégias que já dão mostras de envelhecimento, bem como adoção de estruturas organizacionais que já se cristalizaram, sobrevivendo aquelas estratégias que deram bons resultados no passado e em outras circunstâncias anteriores. A estratégia empresarial não deve ocorrer na base da inércia em relação às forças externas ou passividade em relação aos recursos e meios disponíveis. A empresa – por força das pressões ambientais que provocam influências e modificações – não pode se deixar levar ao acaso pelos eventos exteriores e imprevistos. Ela precisa construir seu destino e imprimir nele sua marca. Por essa razão, a empresa que não é capaz de definir a si mesma de maneira clara e significativa, é uma empresa amorfa.

A adoção de qualquer um desses tipos de estratégia depende basicamente da situação da empresa, de seus objetivos, de enfrentamentos com concorrentes, do ramo de atividade, das características do mercado, de seus produtos ou serviços, etc. Ao formular sua estratégia, a empresa parte de uma análise interna e externa para avaliar crítica e profundamente sua situação no negócio em que está concentrada.

AVALIAÇÃO DA ESTRATÉGIA EMPRESARIAL

A estratégia não é conduzida às cegas. Ela requer uma forte monitoração e acompanhamento. "Avaliação da estratégia é a fase do processo da administração estratégica na qual os administradores de topo verificam se sua escolha estratégica, tal como foi implementada, está alcançando os objetivos da empresa"[19]. É o processo pelo qual os administradores comparam os resultados da estratégia (os meios) com o nível de realização dos objetivos (os fins). Um aspecto importante da estratégia empresarial é a identificação de um conjunto de critérios capazes de avaliar a estratégia adotada pela empresa.

Existem três critérios para se avaliar a estratégia empresarial:

TABELA 3 Estratégias empresariais e suas repercussões nos três níveis da empresa[18]

	Nível institucional	**Nível intermediário**	**Nível operacional**
Estratégias empresariais	Problema empresarial Escolha do domínio de produtos/mercados	Problema administrativo Estruturação de atividades e estabelecimento de normas e processos	Problema de adequação tecnológica Escolha e utilização de técnicas de produção
Defensiva Manutenção do atual domínio de produtos/mercados	Garantir, defender e conservar o domínio atual de produtos/mercados Busca da estabilidade do domínio	Planejamento e controle das operações da empresa para assegurar ou aumentar a eficiência atual Ênfase na conservação	Produção de bens ou serviços da maneira mais eficiente, por meio de intensificação da tecnologia atual Ênfase na tecnologia utilizada
Ofensiva Ampliação e busca de novos domínios de produtos/ mercados	Explorar e localizar novas oportunidades de produtos/mercados Busca de novos domínios mesmo que transitórios	Facilitar e coordenar as frequentes e diversas mudanças nas atividades e nas operações da empresa Ênfase na mudança organizacional	Manter a flexibilidade nas tecnologias para acompanhar as mudanças nos domínios e modificar continuamente as operações Ênfase na flexibilidade tecnológica
Analítica Manutenção de domínios estáveis e busca e conquista de novos domínios de produtos/mercados	Garantir um domínio atual e ao mesmo tempo buscar, localizar e explorar novas oportunidades de produtos/mercados Busca de estabilidade de um domínio e, simultaneamente, busca de novos domínios	Diferenciar a estrutura e os processos organizacionais para acomodar e equilibrar áreas de operação estável com áreas dinâmicas e instáveis Ênfase tanto na conservação como na mudança organizacional	Adotar tecnologia dual para servir a um domínio híbrido: estável e mutável Complexidade tecnológica
Reativa Busca improvisada e despreparada de uma saída para fugir de um problema ou pressão ambiental	Resposta empresarial despreparada, improvisada e pouco eficaz, utilizando estratégias inadequadas e envelhecidas	Falta de relacionamento coerente entre estratégia e estrutura e processos organizacionais, provocando dificuldades de integração e coordenação organizacional	Pouca eficiência nas operações

1. Consistência interna: a estratégia deve ser consistente com aquilo que a empresa pretende fazer. A estratégia deve estar identificada com os padrões internos da empresa, revelados por meio de suas políticas e diretrizes, pela sua cultura organizacional e pelos objetivos empresariais.
2. Consistência com o ambiente: a estratégia empresarial deve ser consistente com as condições ambientais existentes, sejam atuais ou potenciais. A inadequação da estratégia como o ambiente externo pode custar caro à empresa ou conduzi-la ao fracasso em suas operações.
3. Adequação aos recursos e competências disponíveis: a estratégia empresarial deve ser consistente com os recursos e competências que a empresa dispõe ou pode obter. Em empresas que vendem bens de consumo, por exemplo, o principal recurso pode ser o nome ou a marca do produto. Estes dois aspectos básicos devem ser considerados quando uma empresa decide ligar sua estratégia com seus recursos disponíveis.

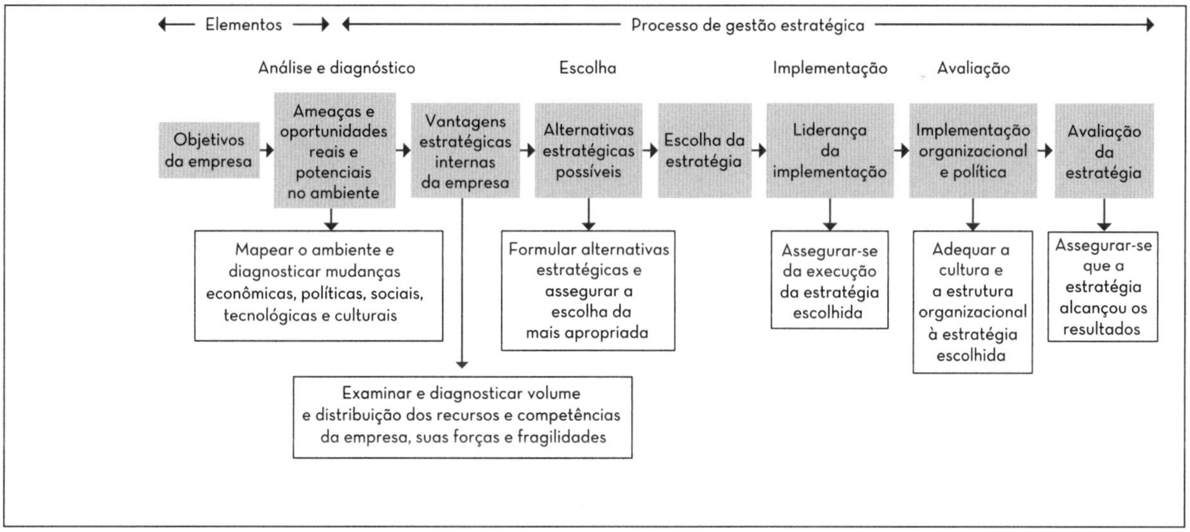

Figura 6 Modelo de gestão estratégica de Glueck[19].

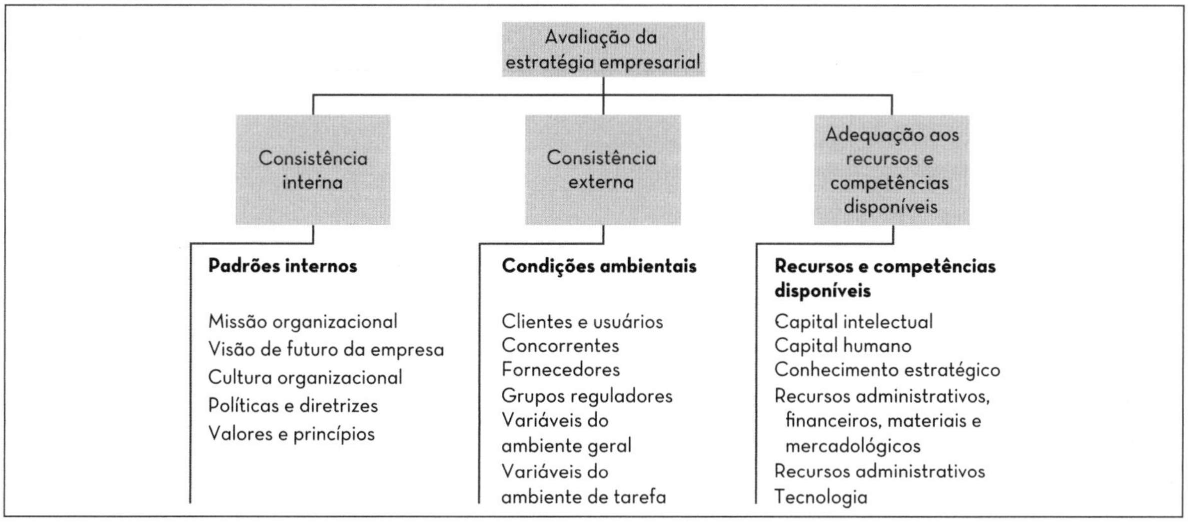

Figura 7 Avaliação da estratégia empresarial[20].

Muitas vezes, a estratégia é compatível com os recursos e competências utilizados pela organização, mas não apresenta consistência externa com os requisitos do ambiente ou vice-versa. A estratégia deve criar condições de compatibilizar satisfatoriamente todas as condições descritas anteriormente.

Bate-bola: você é estratégico em suas atividades?

Faça uma reflexão a respeito do assunto e tente chegar a uma conclusão: você é estratégico em suas atividades?

- Em todo trabalho você sabe antecipadamente:
  - o que é operacional?
  - o que é tático?
  - o que é estratégico?
- Em todo trabalho você sabe antecipadamente:
  - quais as prioridades de curto prazo?
  - o que posso projetar a médio prazo?
  - o que devo pensar a longo prazo?
- Em todo trabalho você sabe antecipadamente:
  - quais as metas de curto prazo que devo alcançar (gols a marcar)?
  - quais as metas de médio prazo que devo alcançar (partidas a ganhar)?
  - quais os objetivos de longo prazo que devo alcançar (campeonatos a conquistar)?

ADMINISTRAÇÃO DA ESTRATÉGIA

A estratégia representa "o que" a empresa deseja fazer, qual negócio ela pretende realizar, qual rumo a seguir. O núcleo central da administração da estratégia é a preparação para o amanhã: ela visa a orientar a empresa em relação ao futuro, não no sentido de que cada condição deva ser antecipada, mas, sim, de que a empresa possa dirigir-se conscientemente e sistematicamente para seus objetivos, baseando-se em análises realistas e metódicas de suas próprias condições e possibilidades e do contexto ambiental em que ela opera. Em outros termos, o futuro da empresa não pode ser previsto; ele deve ser criado.

A administração da estratégia pode ser definida como a função da administração de topo – pois é tratada no nível institucional da empresa – que analisa, desenvolve e modifica os processos internos e externos da empresa para torná-la eficiente e eficaz sob condições constantemente mutáveis. A administração estratégica formula e implementa a estratégia empresarial como um conjunto de decisões unificado, compreensivo e integrado que visa a assegurar o alcance dos objetivos da empresa.

EFICIÊNCIA E EFICÁCIA

Não basta ser eficiente. Nem basta apenas ser eficaz. Cada empresa deve ser considerada sob o ponto de vista de eficácia e de eficiência, simultaneamente. Eficácia é uma medida normativa do alcance de resultados, enquanto eficiência é uma medida normativa da utilização dos recursos nesse processo. Em termos econômicos, a eficácia de uma empresa se refere a sua capacidade de satisfazer uma necessidade da sociedade por meio do suprimento de seus produtos (bens ou serviços), enquanto a eficiência é uma relação técnica entre entradas e saídas. Nesses termos, a eficiência é uma relação entre custos e benefícios.

Quando a racionalidade empresarial é estudada, aborda-se o conceito de eficiente e verifica-se que representa a relação entre os recursos aplicados e o produto final obtido: é a razão entre o esforço e o resultado, entre a despesa e a receita, entre o custo e o benefício resultante.

A eficiência no chão da fábrica

Com a Administração Científica, Taylor e seus seguidores preocuparam-se com a organização racional do trabalho e com os métodos de trabalho a fim de estabelecer padrões de desempenho para a realização de tarefas no nível dos operários. Uma vez estabelecidos os padrões de desempenho, a eficiência dos operários passou a ser a relação entre o desempenho real e o padrão de desempenho estabelecido previamente e arbitrado como eficiência em nível de 100%. Emerson utilizou a expressão "engenharia de eficiência" como uma especialidade na obtenção e maximização da eficiência. Para ele, eficiência "é a relação entre o que é conseguido e o que pode ser conseguido"[21]. Daí a expressão "porcentagem de eficiência" utilizada para melhor representar aquela razão. Assim, a eficiência está voltada para a melhor maneira (*the best way*) pela qual as coisas devem ser feitas ou executadas (métodos), a fim de que os recursos (pessoas, máquinas, matérias-primas) sejam aplicados da forma mais racional possível. A eficiência preocupa-se com os meios, com os métodos e os procedimentos mais indicados, que precisam ser devidamente planejados e organizados, a fim de assegurar a otimização da utilização dos recursos disponíveis. A eficiência não se preocupa com os fins, mas simplesmente com os meios. O alcance dos objetivos visados não entra na esfera de competência da eficiência; é um assunto ligado à eficácia.

Tabela 4 Diferenças entre eficiência e eficácia[4]

Eficiência
Como as coisas são feitas
De que maneira são executadas
Quais os passos para executá-las
Ênfase nos meios
Fazer as coisas de maneira correta
Resolver problemas
Salvaguardar os recursos
Cumprir tarefas e obrigações
Treinar os subordinados
Manter as máquinas
Presença dos templos
Rezar
Eficácia
Para que as coisas são feitas
Quais resultados elas trazem
Quais objetivos alcançam
Ênfase nos resultados
Fazer as coisas corretas
Atingir objetivos
Otimizar a utilização de recursos
Obter resultados
Proporcionar eficácia aos subordinados
Máquinas disponíveis
Prática dos valores religiosos
"Ganhar o céu"

Na medida em que o administrador se preocupa em fazer corretamente as coisas, ele está se voltando para a eficiência (melhor utilização dos recursos disponíveis). No entanto, quando ele utiliza esses instrumentos fornecidos por aqueles que executam para avaliar o alcance dos resultados, isto é, para verificar se as coisas bem feitas são as que realmente deveriam ser feitas, então ele está se voltando para a eficácia (alcance dos objetivos por meio dos recursos disponíveis).

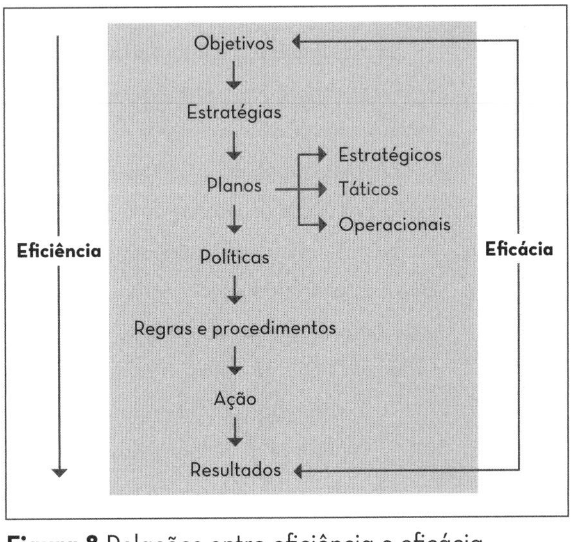

Figura 8 Relações entre eficiência e eficácia.

Contudo, nem sempre a eficácia e a eficiência andam de mãos dadas. Uma empresa pode ser eficiente em suas operações e pode não ser eficaz, ou vice-versa. Pode ser ineficiente em suas operações e, apesar disso, ser eficaz, muito embora a eficácia fosse bem melhor quando acompanhada da eficiência. Pode também não ser nem eficiente nem eficaz. O ideal seria uma empresa igualmente eficiente e eficaz. A eficiência se preocupa em fazer corretamente as coisas e da melhor maneira possível. Daí a ênfase nos métodos e nos procedimentos internos. A eficácia se preocupa em fazer as coisas corretas para atender às necessidades da empresa e do ambiente que a circunda. Enquanto a eficiência se concentra nas operações e tem a atenção voltada para os aspectos internos da organização, a eficácia se concentra no sucesso quanto ao alcance dos objetivos e tem a atenção voltada para os aspectos externos da organização.

Eficiência x Eficácia

O nível operacional está voltado predominantemente para a busca da eficiência, e esta constitui sua preocupação fundamental. O nível institucional está voltado predominantemente para a busca da eficácia por meio da adequação da empresa às necessidades do seu ambiente de tarefa. O nível intermediário está empenhado em compatibilizar as necessidades de eficácia do nível institucional com as necessidades de eficiência do nível operacional. Esse é o principal desafio das empresas.

Tabela 5 Relações entre eficácia e eficiência[4]

		Eficiência (otimização na utilização de recursos disponíveis)	
		Baixa	Alta
Eficácia (alcance dos objetivos organizacionais)	Alta	A atividade operacional é deficiente e os recursos são precariamente utilizados Os métodos e procedimentos conduzem a um desempenho inadequado e insatisfatório Apesar disso, os objetivos empresariais são alcançados, embora o desempenho e os resultados pudessem ser melhores A empresa obtém vantagens no seu ambiente (por meio da manutenção ou ampliação de mercado, volume de vendas pretendido, satisfação do consumidor ou lucratividade pretendida)	A atividade é bem executada e o desempenho individual e departamental é bom, pois os métodos e procedimentos são racionais. As coisas são bem feitas, executadas da melhor maneira, com os menores custos e esforço em menor tempo A atividade produz resultados vantajosos para a empresa, pois ela é estratégica ou tática para a obtenção dos objetivos que a empresa se propõe a alcançar. As coisas são feitas para alcançar resultados visados pela empresa e lhe asseguram sobrevivência, estabilidade e crescimento
	Baixa	Baixo retorno do investimento, pois os recursos são precariamente utilizados (desperdício de materiais, equipamentos, mão de obra e tempo, com elevados custos operacionais) Dificuldade no alcance dos objetivos empresariais, redundando em perda de mercado, baixo volume de vendas, reclamações de consumidores, prejuízos elevados	Elevado retorno do investimento, pois os recursos são utilizados intensiva e racionalmente, sem o menor desperdício, graças a métodos e procedimentos bem planejados e organizados, redundando em baixos custos operacionais Apesar disso, há dificuldades no alcance dos objetivos empresariais. Mesmo as coisas sendo bem feitas dentro da organização, o sucesso empresarial é precário

Parece contraditório e paradoxal, mas o administrador precisa sempre ter um olho para a tarefa – a fim de alcançar eficiência – e outro no objetivo e no resultado a alcançar – a fim de alcançar eficácia. Aliás, o trabalho do administrador – como já vimos antes – é carregado de paradoxos e aparentes contradições. Faz parte do talento administrativo saber lidar com tudo isso ao mesmo tempo.

Bate-bola: você é eficiente, eficaz ou ambos?

Faça uma reflexão a respeito do assunto e tente chegar a uma conclusão: você tende a ser eficiente, eficaz ou ambos? Procure explicar.

PROCESSO ADMINISTRATIVO

A estratégia é levada a cabo por meio da ação empresarial que, para ser eficaz, precisa ser planejada, organizada e controlada. O planejamento, a organização, a direção e o controle constituem o chamado processo administrativo. Quando considerados separadamente, planejamento, organização, direção e controle constituem funções administrativas; quando tomados em conjunto na sua abordagem global, para o alcance de objetivos, formam o processo administrativo. Processo significa qualquer fenômeno que apresente mudança contínua no tempo ou qualquer operação que tenha certa continuidade ou sequência. O conceito de processo implica que os acontecimentos e as relações entre eles sejam dinâmicos, em evolução, sempre em mudança. O processo não é coisa imóvel, parada, estática, mas móvel, contínua, não tendo começo, nem fim, nem uma sequência fixa de eventos. Os elementos do processo agem uns sobre os outros, isto é, cada um afeta todos os demais. Assim, as funções administrativas de planejamento, organização, direção e controle não constituem entidades separadas, estanques, mas, ao contrário, são elementos interdependentes e interativos com influências recíprocas acentuadas.

O processo administrativo é mais do que uma simples sequência ou ciclo repetitivo de funções – planejamento, organização, direção e controle – na realidade ele compõe um sistema no qual o todo é maior do que a soma das partes em face do seu efeito sinergístico.

O processo administrativo é um meio de integrar diferentes atividades para a execução da estratégia empresarial. Para tanto, a empresa deve definir os objetivos empresariais a alcançar e formular a estratégia com que pretende alcançá-los, analisando o ambiente que envolve a empresa, a tarefa a desempenhar e a tecnologia a utilizar, bem como as competências e pessoas envolvidas. Tudo isso para administrar a ação empresarial que levará a cabo a estratégia escolhida. Para administrar a ação empresarial, entra em jogo o processo administrativo de planejar, organizar, dirigir e controlar as atividades da empresa em todos os seus níveis de atuação.

A partir da formulação estratégica cada nível organizacional é incumbido de um determinado papel na ação empresarial destinada à execução da estratégia. Em outros termos: os níveis institucional, intermediário e operacional assumem respectivamente diferentes papéis em relação à estratégia empresarial e em relação ao processo administrativo para torná-la uma realidade.

As partes e os capítulos seguintes serão dedicados ao papel de cada um dos três níveis empresariais no processo administrativo de executar a estratégia empresarial para o alcance dos objetivos previamente determinados pela empresa. Assim, teremos pela frente uma parte dedicada ao planejamento, à organização, à direção e ao controle, cada qual delas desdobrada em três níveis: institucional, intermediário e operacional.

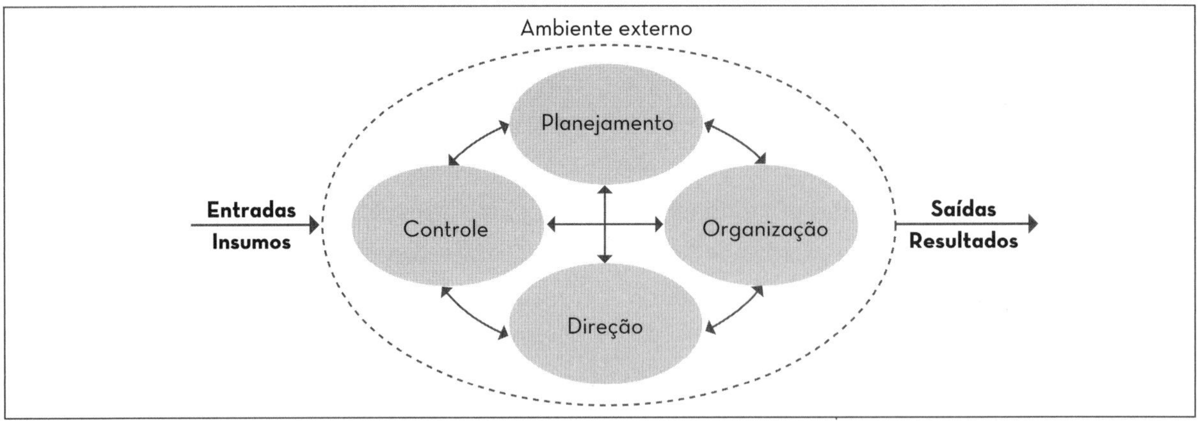

Figura 10 Processo administrativo como um sistema aberto.

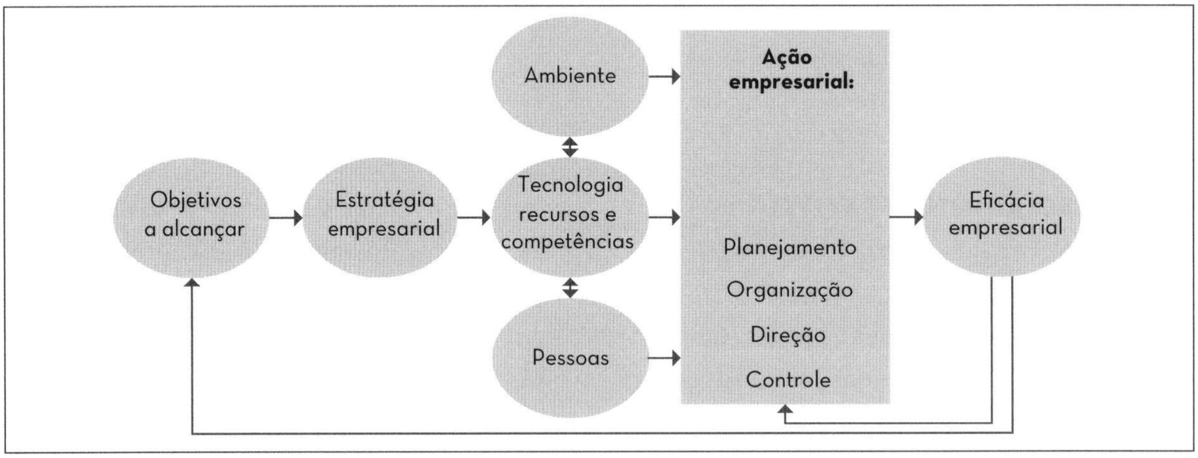

Figura 11 Processo administrativo como meio de execução da estratégia empresarial.

Tabela 6 Processo administrativo nos diversos níveis da empresa[4]

Níveis de atuação	Planejamento	Organização	Direção	Controle
Institucional	Determinação de objetivos e planejamento estratégico	Desenho da estrutura organizacional	Políticas e diretrizes de direção e condução do pessoal	Controles globais e avaliação do desempenho empresarial
Intermediário	Planejamento tático e colocação de recursos	Estrutura dos órgãos e de cargos Rotinas e procedimentos	Gerência e aplicação de recursos visando à ação empresarial e liderança	Controles departamentais e avaliação do desempenho departamental
Operacional	Planos operacionais	Métodos e processos de trabalho e de operação	Chefia, supervisão e motivação do pessoal	Controles individuais e avaliação do desempenho individual

Bate-bola: em que parte do processo administrativo você se enquadra melhor?

Faça uma reflexão a respeito do assunto e tente chegar a uma conclusão: em que aspecto do processo administrativo você se enquadra melhor? Ou em outros termos: você é um planejador, um organizador, um dirigente ou um controlador?

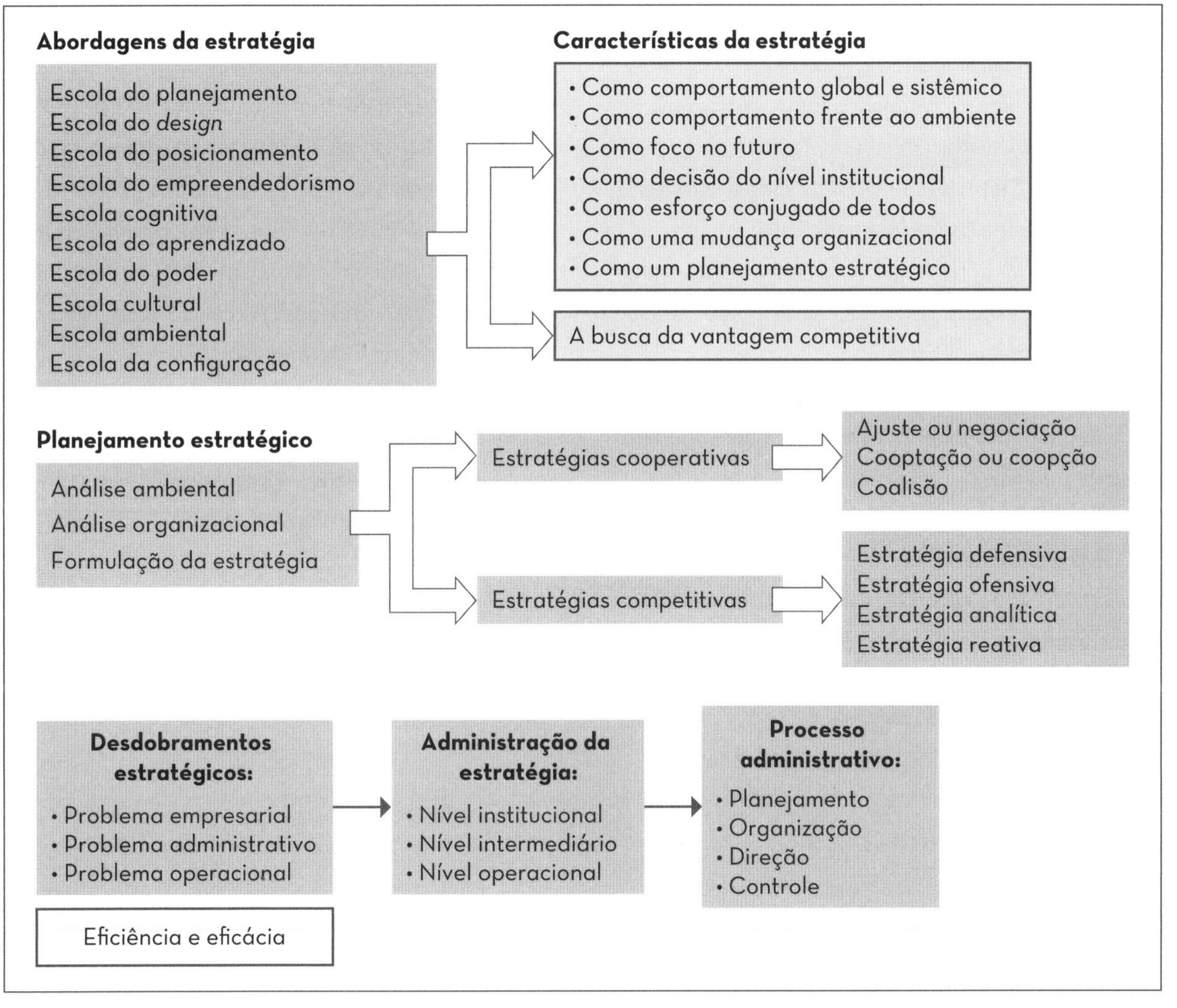

Figura 11 Mapa mental deste capítulo.

Referências bibliográficas

1. KRAUSE, D. G. *Sun Tzu: a arte da guerra para os executivos*, São Paulo, Makron Books, 1997. Vide também: SUN TZU, A Arte da Guerra: Os Treze Capítulos Originais, São Paulo, Sapienza, 2005.
2. LODI, J. B. *Administração por objetivos*, São Paulo, Pioneira, 1970. p. 112.
3. von CLAUSEWITZ, C. *In War*. Princeton, NJ, *Princeton University Press*, 1984.
4. CHIAVENATO, I. *Introdução à teoria geral da administração*, Rio de Janeiro, Elsevier/Campus, 2011.
5. MINTZBERG, H.; AHLSTRAND, B.; LAMPEL, J. *Safári de estratégia*: um roteiro pela selva do planeja-

mento estratégico, Porto Alegre, Bookman, 2000. p. 209-20.

6. CHIAVENATO, I.; SAPIRO, A. *Planejamento estratégico*: da intenção aos resultados, Rio de Janeiro, Elsevier/ Campus, 2010, Capítulo 2.
7. MINTZBERG, H.; LAMPEL, J. "Reflecting on the strategy process". *Sloan Management Review* 1999, p. 83-94
8. BURGELMAN, R. A. *Strategy is destiny*: how strategy-making shapes a company's future, Nova York, Simon & Schuster Inc/Free Press, 2002.
9. CHIAVENATO, I.; SAPIRO, A. *Planejamento estratégico*, Rio de Janeiro, Elsevier/Campus, 2005.
10. PORTER, M. E. *Estratégia competitiva*: técnicas para análise de indústrias e da concorrência, Rio de Janeiro, Campus, 1986, p. 3.
11. PORTER, M. E. "How competitive forces shape strategy". *Harvard Business Review*, November/December 1979, p. 137-45.
12. PORTER, M. E. "What is strategy?". *Harvard Business Review*, November/December 1996, p. 61-78.
13. DANIEL, M. H. *Mastering the Dynamic nature of modern strategy*, Handbook of Business Strategy, Nova York, Emerald Group, 2006. p. 35-41.
14. DENNING, B. W. (org.). *Corporate planning*: selected readings, Londres, McGraw-Hill, 1971. p. 4.
15. DENNING, B. W. "Introduction." In: DENNING, B. W. (org.). *Corporate planning*: selected concepts, Londres, McGraw-Hill, 1971. p. 8.
16. THOMPSON, J. D. *Dinâmica organizacional*: fundamentos sociológicos da teoria administrativa, São Paulo, McGraw-Hill, 1976. p. 48-53.
17. SELZNICK, Philip. Cooptation. In: BRINKERHOFF, M. B.; KUNZ, P. R. (orgs.). *Complex organizations and their environments*, Dubuque, Wm, C. Brown, 1958, p. 141-51.
18. MILLES, R. E.; SNOW, C. C. *Organizational strategy, structure and process*, Nova York, McGraw-Hill, 1985.
19. GLUECK, W. F. *Business Policy and Strategic Management*, Nova York, McGraw-Hill, 1980, p. 348.
20. CHIAVENATO, I. *Administração nos novos tempos*, Rio de Janeiro, Elsevier/Campus, 2005.
21. EMERSON, H. *The twelve principles of efficiency*, Nova York, The Engineering Magazine, 1912.

Parte III

PLANEJAMENTO DA AÇÃO EMPRESARIAL

As empresas não funcionam na base da pura improvisação. E nem querem depender da sorte ou do acaso. Tudo nelas é cuidadosamente planejado para que tudo possa ser feito da melhor maneira possível. Na primeira vez e sem erro. O planejamento representa a primeira função administrativa por ser exatamente aquela que serve de base para as demais funções, como organização, direção e controle. Na verdade, o planejamento é a função administrativa que determina antecipadamente quais são os objetivos que devem ser atingidos e como se deve fazer para alcançá-los da melhor maneira possível. Trata-se, pois, de um modelo teórico para a ação futura.

No fundo, o planejamento lida com o futuro. Começa com a determinação dos objetivos e detalha os planos necessários para atingi-los com eficiência e eficácia. Assim, planejar significa definir os objetivos e escolher antecipadamente o melhor curso de ação para alcançá-los com o mínimo de esforço e custo. O planejamento define onde se pretende chegar, o que deve ser feito para tanto, quando, como e em que sequência.

Mas o fato de lidar com o futuro não faz do planejamento um exercício de futurologia. Não se trata de adivinhar o futuro, mas de reconhecer que, como as ações presentes refletem necessariamente antecipações e presunções sobre o futuro, essas antecipações e presunções devem ser feitas explicitamente, e não subjetivamente, para afastar qualquer sombra de dúvida[1]. Trata-se de combater a mentalidade simplista de solução de problemas na medida em que surgem a cada momento nas organizações, o que as torna mais reativas às ocorrências do que proativas em relação aos eventos que ocorrem em um mundo repleto de mudanças cada vez mais rápidas e intempestivas. O papel

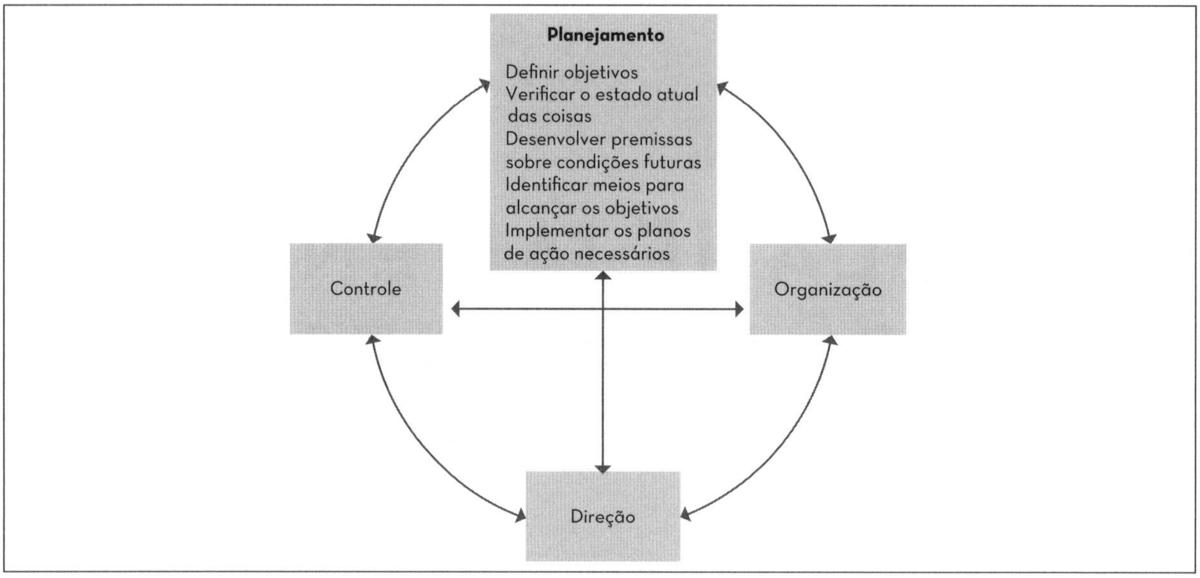

Figura 1 Planejamento dentro do processo administrativo[2].

do planejamento é substituir a ação reativa diante dos eventos passados por uma ação proativa e antecipatória em relação aos eventos futuros. Uma total inversão daquilo que era feito antigamente nas empresas.

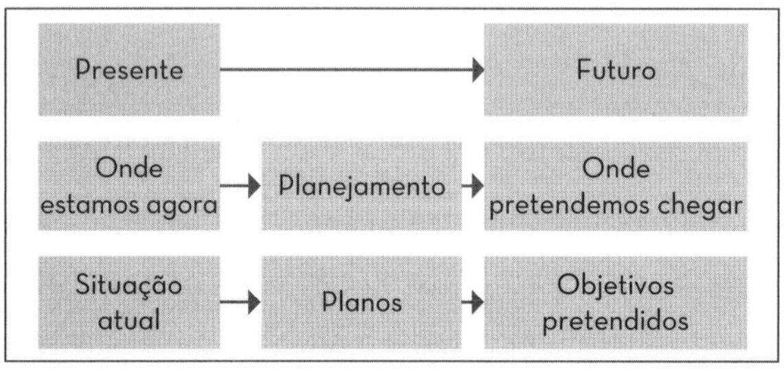

Figura 2 Premissas básicas do planejamento[2].

Na realidade, o planejamento é uma técnica para absorver a incerteza sobre o futuro e permitir maior consistência no desempenho das organizações. Aliás, o planejamento envolve várias maneiras de lidar com a mudança e com a incerteza que ela traz consigo. Em um extremo, o planejamento pode levar a um ponto em que as decisões importantes são adiadas ou simplesmente não tomadas por algum estupor à situação - atitude denominada "paralisia pela análise". No outro extremo, os administradores podem ser levados à preocupação quase exclusiva com problemas imediatos, tomando decisões inadequadas ao futuro da organização - atitude denominada "extinção pelo instinto"[3]. Os dois extremos devem ser evitados. O administrador deve ponderar continuamente os custos e benefícios associados aos diferentes graus de planejamento enquanto estiver lidando com a mudança ou criando a mudança. Como vivemos em uma época de mudança e descontinuidade, as organizações devem ajustar-se continuamente, e se possível, antecipar-se às mudanças. "Todo negócio e toda organização devem ser capazes de efetuar mudanças a fim de sobreviver. Se o administrador mudar adequadamente, ele poderá também progredir e crescer. Como o grau de mudança ambiental - seja técnico, econômico ou sociológico - está constantemente mudando, devemos procurar melhores e novos caminhos para compreender, antecipar, explorar a mudança e cooperar com ela. Planejar para o futuro é a chave para lidar com a mudança de uma maneira positiva e proposital"[4].

ABRANGÊNCIA DO PLANEJAMENTO

O planejamento é elaborado de maneiras diferentes nos vários níveis organizacionais. Em razão disso, existe uma hierarquia de planos. Há três níveis distintos de planejamento[5]:

1. Planejamento estratégico: é o planejamento mais amplo e envolvente e abrange toda a organização como um sistema único e aberto. Suas principais características são:

    a. é projetado para o longo prazo: tendo seus efeitos e consequências estendidos por vários anos à frente;
    b. envolve a empresa como uma totalidade: abrangendo todos os seus recursos e áreas de atividade e preocupa-se em atingir objetivos globais da organização;
    c. é definido pela cúpula da organização: situada no nível institucional e corresponde ao plano maior a que todos os demais planos estão subordinados;
    d. é voltado para a eficácia da organização: no alcance de seus objetivos globais. Apresentar resultados é o sentido da excelência organizacional.

2. Planejamento tático: é o planejamento elaborado em cada departamento no nível intermediário da organização. Cada unidade organizacional deve elaborar seu planejamento tático subordinado ao planejamento estratégico. Suas principais características são:

    a. é projetado para o médio prazo: geralmente correspondendo ao exercício anual ou fiscal da empresa, isto é, doze meses;
    b. envolve cada departamento ou unidade da organização: abrange seus recursos específicos e preocupa-se em atingir objetivos departamentais;
    c. é definido no nível intermediário da organização: para cada departamento ou unidade da empresa;
    d. é voltado para a coordenação e a integração das atividades internas da organização.

3. Planejamento operacional: é o planejamento que se refere a cada tarefa ou atividade especificamente. Suas principais características são:

    a. é projetado para o curto prazo: para o imediato e geralmente lida com o cotidiano e com a rotina diária, semanal ou mensal;
    b. envolve cada tarefa ou atividade isoladamente: preocupa-se com o alcance de metas específicas;
    c. é voltado para a eficiência: na execução das tarefas ou atividades. Fazer bem feito e corretamente. Isso compõe a chamada excelência operacional.

A Tabela 1 mostra os três níveis de planejamento.

Tabela 1 Planejamento nos três níveis da empresa[6]

Níveis da empresa	Planejamento	Conteúdo	Extensão de tempo	Amplitude
Institucional	Estratégico	Genérico e sintético	Longo prazo	Macro-orientado Aborda a empresa como uma totalidade
Intermediário	Tático	Menos genérico e mais detalhado	Médio prazo	Aborda cada unidade da empresa ou cada conjunto de recursos separadamente
Operacional	Operacional	Detalhado e analítico	Curto prazo	Micro-orientado Aborda cada tarefa ou operação isoladamente

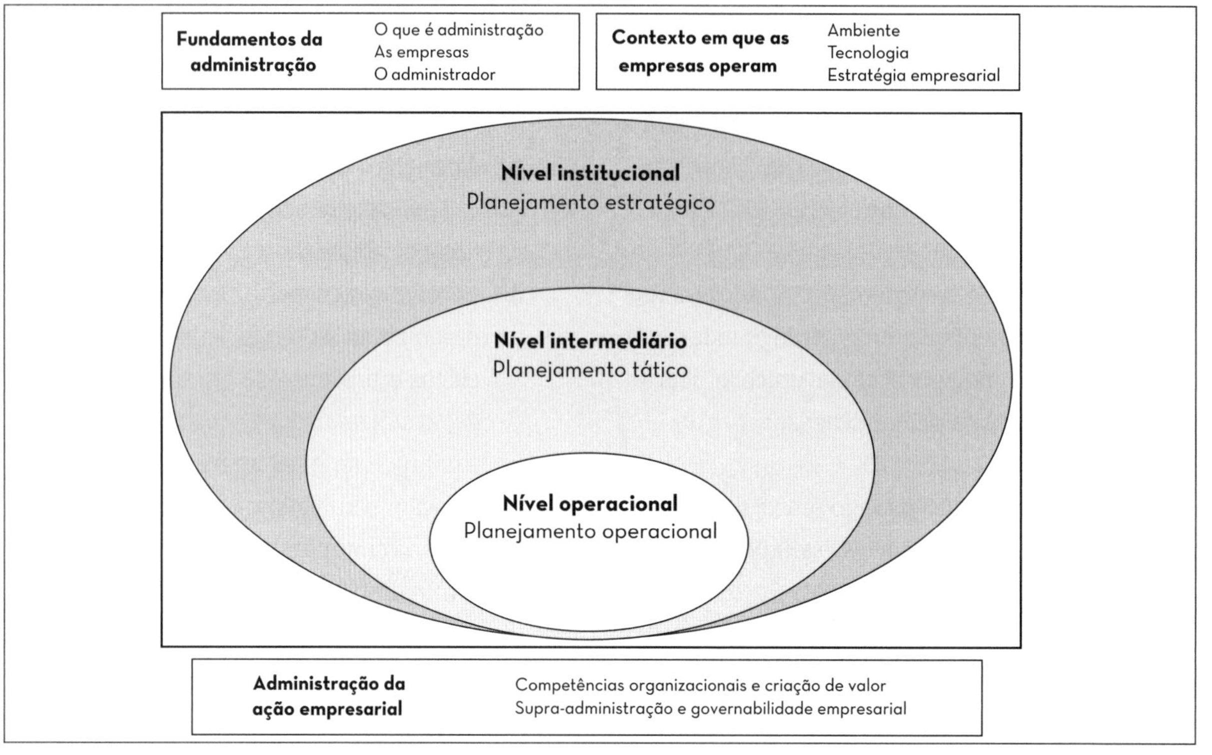

Figura 3 Plano integrado das partes e capítulos do livro.

A terceira parte do livro trata respectivamente do planejamento no nível institucional (Planejamento Estratégico), no nível intermediário (Planejamento Tático) e no nível operacional (Planejamento Operacional).

Referências bibliográficas

1. CHIAVENATO, I. *Introdução à teoria geral da administração*, Rio de Janeiro, Elsevier/Campus, 2011. p. 222.
2. McCLELAND, D. I.; KING, W. R. Systems analysis and project management, Nova York, McGraw-Hill, 1975. p. 28.
3. HELLRIEGEL, D.; SLOCUM Jr., J. W. *Management*: a contingency approach, Reading, Mass., Addison-Wesley Publ, 1974. p. 211.
4. KAMI, M. I. Business planning as business opportunity. In: DRUCKEER, P. F. (ed.). *Preparing tomorrow's business leaders today*, Englewood Cliffs, NJ, Prentice-Hall, 1969. p. 103.
5. CHIAVENATO, I. *Introdução à teoria geral da administração*, Rio de Janeiro, Elsevier/Campus, 2011. p. 223.
6. CHIAVENATO, I. *Introdução à teoria geral da administração*, Rio de Janeiro, Elsevier/Campus, 2011. p. 225

CAPÍTULO 7

Planejamento estratégico

Objetivos deste capítulo

- Ilustrar como as empresas determinam seus objetivos principais.
- Explicar como as empresas elaboram análises ambientais e análises organizacionais para melhor conhecer suas potencialidades e suas vulnerabilidades.
- Explicar como as empresas formulam suas alternativas estratégicas e como elas são implementadas por meio de planos táticos e operacionais.

O planejamento realizado no nível institucional da empresa recebe o nome de planejamento estratégico. Os dirigentes, no nível institucional da empresa, estão totalmente voltados para a tarefa primária da empresa de se relacionar com o mercado e, com isso, defrontar com a incerteza gerada pelos elementos incontroláveis e imprevisíveis do ambiente de tarefa da empresa e do ambiente geral. Ao rastrearem as ameaças ambientais e as oportunidades disponíveis para a empresa e ao desenvolverem estratégias para enfrentar esses elementos ambientais, os dirigentes no nível institucional precisam de um horizonte de tempo projetado no longo prazo, de uma abordagem global envolvendo a empresa como um todo integrado de recursos, capacidades e potencialidades e, sobretudo, precisam utilizar decisões cada vez mais baseadas em julgamento, e não em dados. Quando se trata de lidar com um ambiente complexo, dinâmico, mutável e imprevisível, nem sempre se tem tempo suficiente para coletar todos os dados e as informações possíveis. A empresa não tem condições de processar e interpretar todos os dados e as informações que provêm do ambiente. Além disso, como o planejamento estratégico está orientado para o futuro em um horizonte temporal de longo prazo – e como não se tem informações suficientes sobre o futuro – torna-se necessária uma boa dose de intuição, discernimento e julgamento. Daí as duas dificuldades em se lidar com o plano estratégico: a dinâmica complexidade ambiental e a projeção de ações para o futuro[1]. Se é complicado varrer e conhecer o ambiente, mais complicado ainda é saber como ele se comportará no futuro. É preciso ter uma noção relativamente firme para se lidar com essa complexidade e seus desdobramentos pela frente.

CARACTERÍSTICAS DO PLANEJAMENTO ESTRATÉGICO

O planejamento estratégico apresenta as seguintes características fundamentais[2]:

1. É projetado no longo prazo: pelo menos em termos de seus efeitos e consequências. Quase sempre o seu limiar cobre algo como 2 a 5 anos pela frente. Em alguns casos, chega a cobrir 10, 15 ou 20 anos, dependendo dos investimentos de longíssimo prazo de empresas de capital intensivo.
2. Está voltado para as relações entre a empresa e seu ambiente de tarefa: e, portanto, sujeito à incerteza e imprevisibilidade a respeito dos eventos ambientais. Por se defrontar com a incerteza, o planejamento estratégico tem suas decisões baseadas em julgamento e discernimento e não em dados ou informações referenciais. Isso significa que existe um alto grau de subjetividade no planejamento estratégico. Em muitos casos, as empresas "apostam" no futuro pelo planejamento estratégico.
3. Envolve a empresa como um todo: abarcando todos os seus recursos, no sentido de obter efeito sinergístico de todas as capacidades, competências e potencialidades da empresa. A resposta estratégica da empresa deve envolver sempre um comportamento global e sistêmico. Isso significa que o planejamento estratégico não é a soma dos planos táticos e operacionais. Pelo contrário, os planos táticos e operacionais são desdobramentos do planejamento estratégico. A razão? Muito simples: não se trata apenas de somar, mas de aglutinar e integrar de maneira que tudo possa contribuir para o sucesso do plano estratégico da empresa por meio de resultados amplificados pela multiplicação de esforços.

O planejamento estratégico é um conjunto de tomada deliberada e sistemática de decisões envolvendo ações que afetam ou deveriam afetar toda a empresa por longos períodos. É o planejamento que envolve prazos mais longos de tempo, é mais abrangente e é discutido e formulado nos níveis hierárquicos mais elevados da empresa, isto é, no nível institucional e incluindo o Conselho de Administração. É um processo contínuo de tomada de decisões estratégicas, e não mais um plano feito e refeito apenas a cada ano que passa. Não se preocupa em antecipar decisões a serem tomadas no futuro, mas sim em considerar as implicações futuras das decisões que devem ser tomadas no presente.

Enquanto a estratégia empresarial está voltada para o que a empresa deve fazer para alcançar os objetivos empresariais, o planejamento estratégico procura especificar como fazer para alcançar aqueles objetivos. Trata-se de estabelecer o que a empresa deve fazer antes da necessária ação empresarial. Isso significa que a empresa toda deve ser envolvida no planejamento estratégico: todos os seus níveis, recursos, potencialidades e habilidades, para se obter o efeito holístico e sinergístico da interação de todos esses aspectos.

O que significa efeito holístico e sinergístico[2]

O efeito holístico envolve a empresa como uma totalidade. O holismo afirma que o todo é maior do que a soma de suas partes. O todo é diferente de suas partes, tal como a água é diferente do hidrogênio e do oxigênio que a compõem. Efeito sinergístico porque as partes do todo interagem e cooperam entre si no sentido de proporcionar um resultado final que é maior do que a soma das partes. Holismo é causa, sinergismo é consequência.

Como o planejamento estratégico é genérico e abrangente, ele precisa ser desdobrado em planos táticos desenvolvidos no nível intermediário da empresa, cada qual voltado para o seu departamento. Além disso, cada plano tático precisa ser desdobrado em vários planos operacionais desenvolvidos no nível operacional da empresa, detalhando minuciosamente cada tarefa ou atividade a ser executada.

ETAPAS DO PLANEJAMENTO ESTRATÉGICO

O planejamento estratégico exige sete etapas[3]:

1. Determinação dos objetivos empresariais.
2. Análise ambiental externa.
3. Análise organizacional interna.
4. Formulação das alternativas estratégicas e escolha da estratégia empresarial.
5. Elaboração do planejamento estratégico.
6. Implementação por meio de planos táticos e planos operacionais.
7. Acompanhamento e avaliação dos resultados.

Veja na Figura 2, cada uma dessas seis etapas do planejamento estratégico.

DEFINIÇÃO DOS OBJETIVOS EMPRESARIAIS

Em função da missão e da visão organizacional, são estabelecidos os objetivos empresariais. Objetivos são as pretensões ou os propósitos da empresa, os quais, tomados em conjunto, definem sua própria razão de ser ou de existir. Podem ser formulados inicialmente em termos amplos e abstratos, por exemplo, aumentar a fatia de participação no mercado consumidor, e a produção com os mesmos recursos disponíveis, diminuir custos operacionais, manter os custos financeiros e elevar o ín-

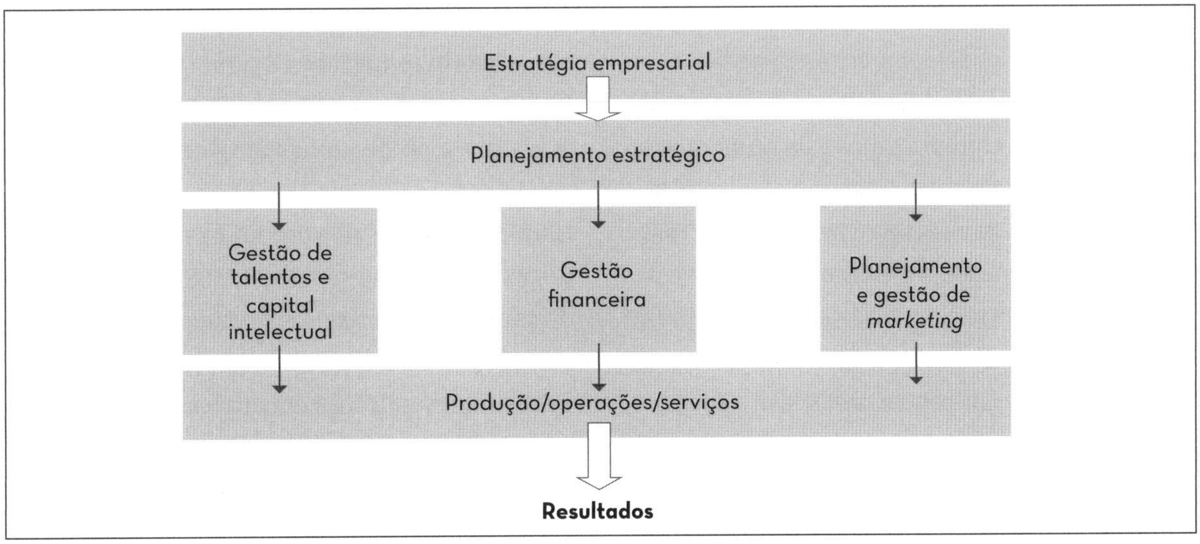

Figura 1 Convergência da estratégia organizacional no planejamento estratégico.

Figura 2 Etapas do planejamento estratégico[2].

dice de liquidez da empresa. Todavia, os objetivos estão quase sempre distanciados da realidade do cotidiano da empresa, para permitirem a formulação de programas a serem operacionalizados. Os objetivos empresariais precisam ser desdobrados em objetivos departamentais para poderem ser detalhados em termos operacionais.

Os objetivos empresariais podem ser agrupados em quatro categorias[4]:

1. Lucro: considerado dentro de sua dupla óptica – de retorno dos proprietários e da economia da empresa.
2. Expansão da empresa: seja em relação a ela mesma, seja em relação ao mercado do qual participa.
3. Segurança: corresponde ao desejo da empresa de assegurar seu futuro e continuidade.
4. Autonomia ou independência: objetivo pelo qual a empresa pretende livremente decidir o seu destino.

Assim, lucro, expansão, segurança e autonomia são os objetivos genéricos principais que as empresas procuram alcançar. Até certo ponto, o lucro assegura os três outros objetivos. O lucro, a segurança e a autonomia são basicamente objetivos de sobrevivência da empresa, enquanto a expansão é um objetivo de crescimento empresarial.

Função do lucro

Para Drucker "o lucro não é uma causa, e sim uma consequência - resultado do desempenho da empresa em *marketing*, inovação e produtividade. É um resultado necessário, a serviço de funções econômicas essenciais. O lucro é primeiramente o teste do desempenho - o único teste eficaz. De fato, o lucro é um belo exemplo do que os técnicos querem dizer quando falam sobre a retroação que está por trás de todos os sistemas de produção automatizada: a autorregulagem de um processo por seus próprios resultados". Além disso, "o lucro tem uma segunda função, igualmente importante. É o prêmio pelo risco da incerteza. A atividade econômica, como é uma atividade, volta-se para o futuro; e a única coisa certa sobre o futuro é sua incerteza, seus riscos"[5].

A obrigação fundamental da empresa em um sistema de livre-iniciativa é gerar riqueza – portanto, lucros – para cumprir suas obrigações com seus acionistas e proporcionar um fluxo de caixa adequado para saldar seus compromissos financeiros. Uma empresa que não produz lucros está fadada a desaparecer, pois a rapidez de sua morte depende da paciência dos credores, do tamanho de seus recursos líquidos e das demandas de seus acionistas. O lucro apresenta duas dimensões: qualidade e eficiência. Pode ser quantificado monetariamente e também pode ser avaliado em termos de eficiência em relação ao investimento empresarial (como é o caso do retorno sobre o capital investido).

Shareholders e *stakeholders*

Quando se trata de objetivos organizacionais e globais, surge sempre uma pergunta: a quem a empresa deve prestar contas? Quem deve receber os retornos da riqueza criada? Ou então, quem deve usufruir do sucesso e dos resultados da empresa? Existem dois modelos a respeito do assunto: *shareholders* e *stakeholders*.

1. Modelo *shareholders*: segundo esse modelo que predominou durante toda a era industrial, a empresa é considerada uma entidade econômica e deve trazer retornos aos seus donos, proprietários ou acionistas – os chamados *shareholders*. Esse modelo de responsabilidade econômica ou financeira fez com que os documentos mais importantes a respeito da situação da empresa fossem o balanço contábil e as demonstrações financeiras. O lucro é o indicador supremo do sucesso empresarial.
2. Modelo *stakeholders*: segundo esse modelo que está emergindo nas últimas décadas, a empresa é considerada uma entidade social e deve trazer retornos para todos os parceiros do negócio ou grupos de interesses – *stakeholders* – que direta ou indiretamente contribuíram para seu sucesso. Esse modelo de responsabilidade social faz com que o documento mais importante a respeito da situação da empresa seja o balanço social. A distribuição da riqueza gerada pela empresa deve ser feita proporcionalmente entre os parceiros do negócio de acordo com sua contribuição ao êxito do empreendimento. Assim, os proprietários ou acionistas (*shareholders*), clientes ou consumidores, fornecedores (de capital ou investidores, de matérias-primas, máquinas, tecnologias, etc.), executivos e funcionários, comunidade, sociedade devem participar proporcionalmente dessa distribuição.

Na verdade, o conceito moderno de empresa reflete uma responsabilidade simultaneamente financeira e social, lucrativa e retributiva. Disso decorre o conceito de responsabilidade social ou responsabilidade corporativa da empresa.

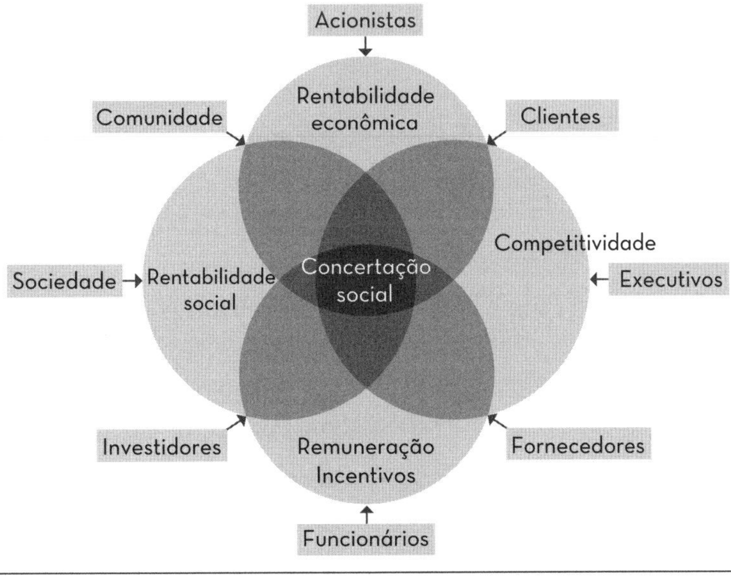

Figura 3 Modelo *stakeholder*[6].

Bate-bola: para que serve a empresa?

Faça uma discussão com seus colegas a respeito do assunto e tente chegar a uma conclusão: para que serve a empresa?

- Para atender às expectativas dos acionistas (*shareholders*).
- Para atender às expectativas de todos os grupos de interesses (*stakeholders*).

HIERARQUIA DE OBJETIVOS

Existe uma hierarquia de objetivos em cada empresa: cada objetivo é fixado levando-se em conta uma orientação mais ampla ou tomando-se por referência os objetivos mais abrangentes da organização, a fim de que não ocorra dispersão de esforços ou perda da integridade e da unidade organizacional da empresa.

Convergência e não divergência

Cada departamento da empresa apresenta uma tendência muito forte para maximizar seus objetivos e resultados, de modo que o seu esforço pode anular ou comprometer o de outros departamentos, mediante um esforço de subobjetivação. Assim, cada subobjetivo maximizado leva a empresa a se transformar em sistema centrífugo de esforços, no qual os esforços mais se separam do que se conjugam, tendendo a sair do sistema e levando-o à entropia. O ideal seria o efeito não de soma dos esforços, mas sua multiplicação, ou seja, a sinergia. A sinergia significa o efeito multiplicador da combinação dos recursos que, quando utilizados conjugadamente, produzem um efeito resultante maior do que apenas a sua adição. Daí decorre a necessidade de um sistema de objetivos e de resultados globais definidos e desdobrados por meio dos planos táticos por departamentos convergindo os objetivos em uma direção única. Se os objetivos colidem entre si (o lucro colide com a produtividade, a inovação colide com as operações repetitivas), nenhum objetivo trabalha com o outro. O trabalho da administração é o de compatibilizar objetivos conflitantes. Toda empresa, no fundo, é um conjunto de conflitos que vão existindo em um equilíbrio delicado.

Os objetivos gerais da empresa geralmente são desdobrados em[2]:

1. Objetivos estratégicos ou globais: são os objetivos mais amplos do negócio, como lucratividade, participação no mercado, imagem, retorno do investimento, etc.
2. Objetivos táticos ou departamentais: são os objetivos específicos de cada unidade organizacional, como volume de produção, volume de vendas, volume de compras, orçamento de despesas departamentais, custo de produção, custo de cobrança, ciclo financeiro, etc.
3. Objetivos operacionais: são os objetivos limitados a cada cargo ou tarefa, como atendimento primoroso ao cliente, quantidade de cobranças, tempo médio de atendimento, tempo médio de entrega, custo unitário de produto, etc.

Em geral, os objetivos estratégicos (objetivos empresariais) servem de base para o desdobramento em objetivos táticos (ou departamentais), como na Figura 5.

Em alguns casos, a hierarquia de objetivos é extremamente detalhada para permitir maior conjugação e convergência dos esforços de todos os níveis organizacionais. Em outros, a hierarquia de objetivos funciona como base para a remuneração variável dos executivos. O ganho do executivo superior depende dos objetivos alcançados pelo executivo subordinado que, por sua vez, depende da supervisão daquele. O ganho do executivo subordinado depende dos objetivos alcançados pela sua equipe que, por sua vez, depende de sua supervisão. Essa dependência faz com que cada executivo procure não somente alcançar seus objetivos individuais como também os objetivos daqueles que estão sob sua supervisão.

Administração por objetivos

Com a Administração por Objetivos (APO), a ênfase, antes colocada nas atividades-meio foi deslocada para os objetivos ou finalidades da empresa. Em outras palavras, o enfoque baseado nos métodos, nos processos e, acima de tudo, na eficiência passou a ser substituído por um enfoque baseado nos resultados e objetivos a serem alcançados. A eficácia tornou-se mais importante.

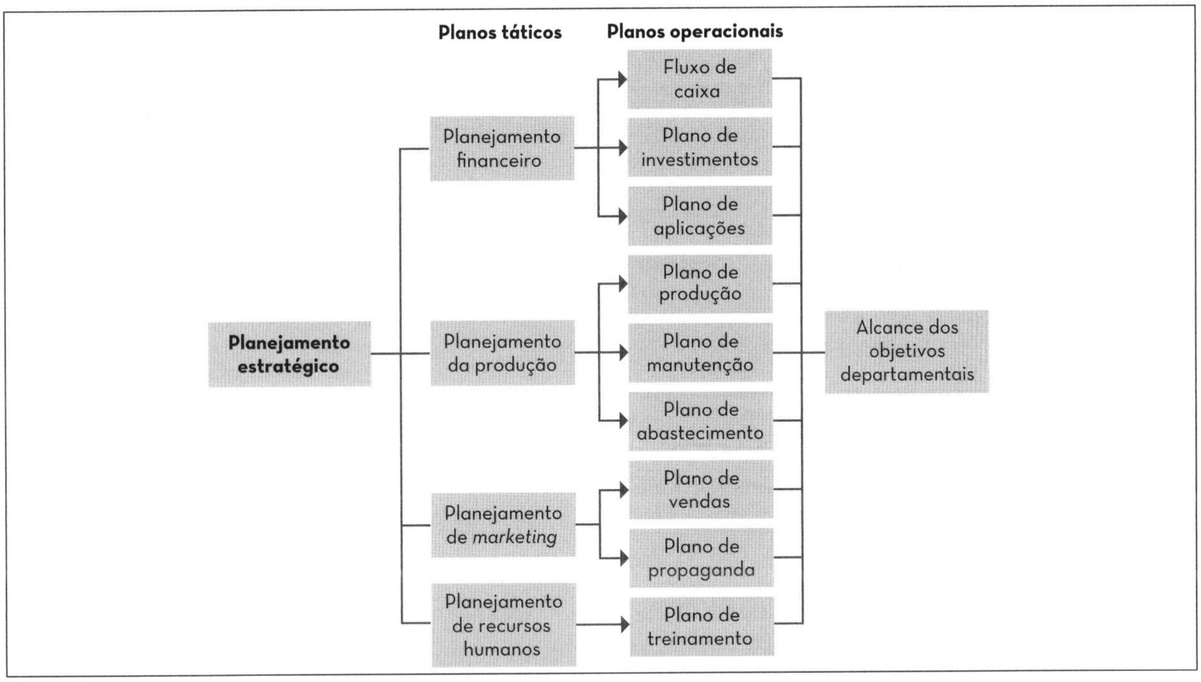

Figura 4 Desdobramento do planejamento estratégico em planos táticos e operacionais[2].

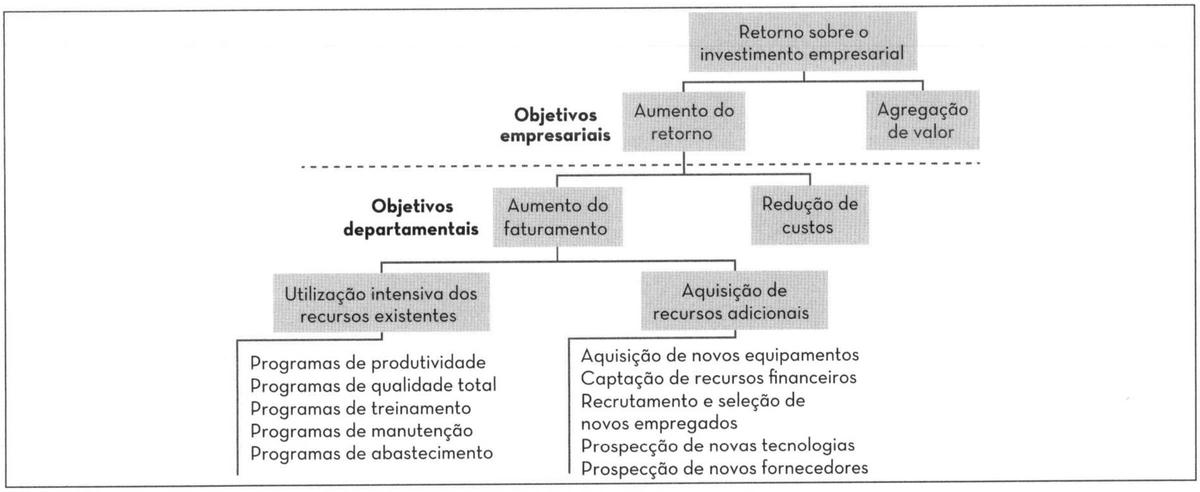

Figura 5 Hierarquia de objetivos com base em um determinado objetivo empresarial.

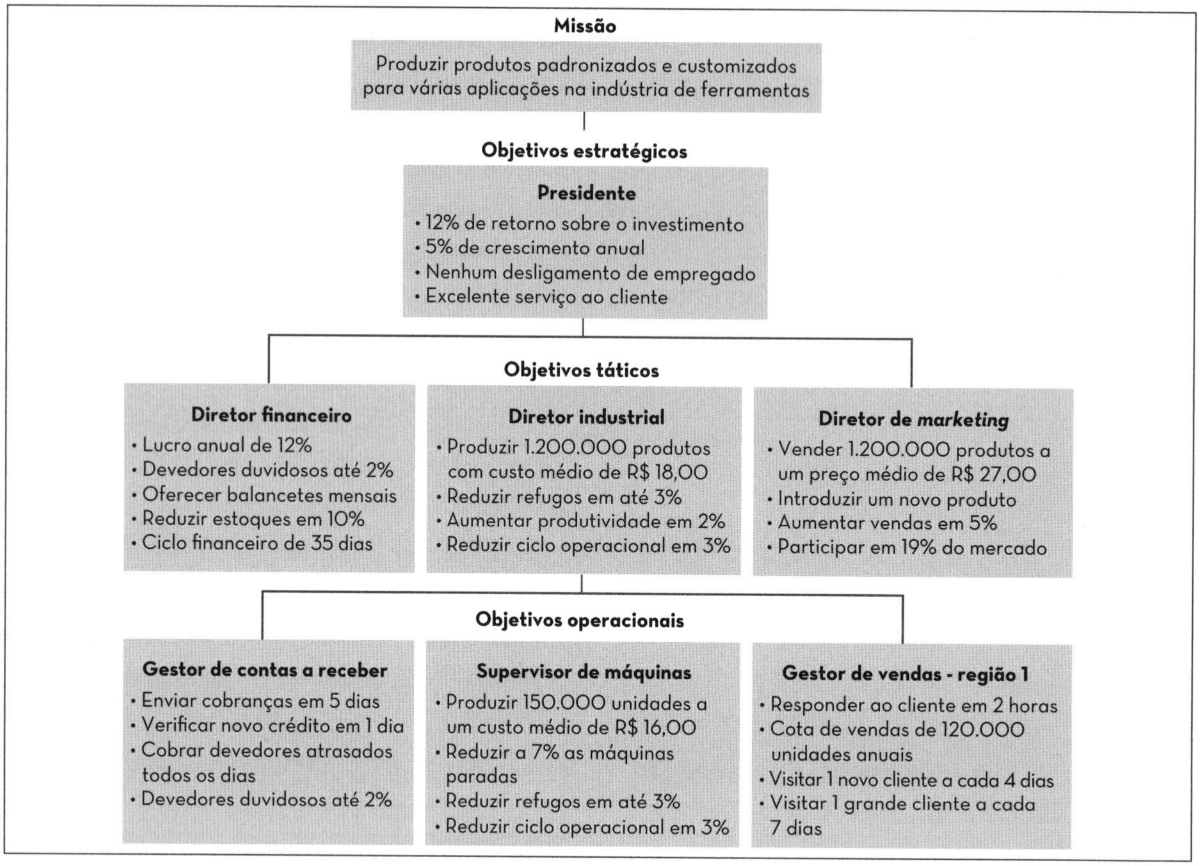

Figura 6 Desdobramento dos objetivos empresariais[6].

A APO é uma ferramenta administrativa pela qual os gerentes superiores e subordinados de uma empresa definem em conjunto suas metas comuns, especificam as áreas de responsabilidade de cada posição em relação aos resultados esperados de cada um e utilizam essas medidas como guias para a melhor operação e verificação da contribuição de cada um de seus membros. O fundamental é definir objetivos e traçar os meios para alcançá-los da melhor maneira possível, aproveitando o espírito empreendedor das pessoas.

Existem vários sistemas de APO. Os elementos comuns encontrados neles são os seguintes[2]:

- estabelecimento conjunto de objetivos entre o executivo e seu superior;
- estabelecimento de objetivos para cada departamento ou unidade;
- interligação entre os vários objetivos para alcançar efeitos sinergísticos;
- revisão periódica do desempenho para correção de possíveis desvios e reciclagem para adequar os meios e assegurar o alcance dos resultados;
- ênfase na mensuração (quantificação de resultados) e no controle dos resultados.

Após o estabelecimento dos objetivos de cada departamento e das inter-relações entre eles, são elaborados os planos adicionais (planos táticos e planos operacionais) nos níveis mais baixos da organização quanto aos meios e às tarefas para o alcance daqueles objetivos. Os planos táticos e operacionais são a base para a medida e a avaliação da eficácia dos executivos e de seus departamentos. Dessa avaliação decorrem duas alternativas:

1. Ações corretivas no sentido de rever ou modificar os meios utilizados para alcançar os objetivos.
2. Reanálise dos próprios objetivos que podem ser modificados, aumentados, reduzidos ou alterados.

APO

A APO é uma técnica que exige gerentes amigáveis e prestativos de um lado, e subordinados honestos e maduros de outro para assegurar um clima de elevada confiança mútua. Além disso, a APO produz melhores resultados em empresas que atuam em ambientes mutáveis e dinâmicos. Condições rapidamente mutáveis e papéis que envolvam conflito e ambiguidade constituem os meios favoráveis para a aplicação da APO. Em resumo, a APO impõe uma cultura participativa e aberta e empresas que assumem a mudança como maneira básica de operar.

Bate-bola: para que servem os objetivos?

Faça uma discussão com seus colegas a respeito do assunto e tente chegar a uma conclusão: para que servem os objetivos?

- Para apontar direção futura.
- Para orientar as pessoas naquilo que elas devem fazer.
- Para proporcionar convergência de esforços.
- Para aumentar a eficiência e eficácia.
- Para produzir melhores resultados.

ANÁLISE DAS CONDIÇÕES AMBIENTAIS

É preciso olhar para fora. Essa é a segunda etapa do planejamento estratégico. A análise ambiental é a maneira pela qual a empresa procura conhecer seu ambiente externo e diagnosticar o que nele ocorre. Para que a empresa possa operar com eficiência e eficácia, torna-se fundamental que ela conheça o ambiente externo que a envolve: suas necessidades, oportunidades, recursos disponíveis, dificuldades e restrições, ameaças, coações e contingências a

Tabela 1 Transição dos estilos administrativos a partir da APO[7]

Pré-APO	Pós-APO
Administração do dia a dia	Focalização no futuro
Visualização para dentro da empresa	Visualização para fora da empresa
Orientação para produtos	Orientação para pessoas
Orientação para a organização	Orientação para cliente
Orientação para atividades	Orientação para resultados
Administração da rotina	Criação de inovações
Ênfase no "como"	Ênfase no "para quê"
Ênfase em dinheiro, máquinas e materiais	Ênfase em pessoas, mentalidades e tempo
Controle centralizado, tecnocrático e funcional	Iniciativa descentralizada dos subordinados
Estilo autoritário	Estilo participativo
Diretrizes e supervisão	Delegação e responsabilidade
Individualismo	Trabalho em equipe

que ela não pode fugir ou escapar. Em um extrato ambiental mais próximo, a empresa precisa conhecer profundamente seu ambiente de tarefa: clientes, fornecedores, concorrentes e agências reguladoras que estão ao seu redor. Como os ambientes continuamente muda, o nível institucional da empresa precisa continuar e sistematicamente obter dados e informações que permitam analisar e diagnosticar as condições ambientais que cercam a empresa. Trata-se de criar condições para a gestão do conhecimento estratégico da empresa. Esse conhecimento estratégico é vital para o sucesso do negócio.

A análise ambiental deve abranger o ambiente geral (macroambiente) e o de tarefa (tratado no Capítulo 4, dedicado ao ambiente das empresas). A análise ambiental envolve os seguintes aspectos.

Análise do ambiente geral

Como visto, o ambiente geral envolve fatores que influenciam todas as organizações sem qualquer distinção, embora com diferentes impactos[8]:

1. Fatores tecnológicos: envolvendo custos e disponibilidades de todos os fatores produtivos utilizados nas empresas e as mudanças tecnológicas que envolvem e afetam esses fatores de produção, bem como novos produtos ou serviços que poderão substituir os atuais produtos ou serviços oferecidos.
2. Fatores políticos: envolvendo decisões governamentais nos níveis federal, estadual e municipal capazes de afetar as atividades e operações da empresa. Os governos podem ser grandes compradores de bens e de serviços, subsidiar empresas e indústrias que os ajudam a sobreviver e prosperar, proteger as empresas locais da concorrência estrangeira e, sobretudo, ver nas empresas as oportunidades de emprego indispensáveis para a sobrevivência e o bem-estar dos cidadãos.
3. Fatores econômicos: como o estágio da economia (em depressão, recessão, recuperação ou prosperidade), e tendência nos preços de bens e serviços (inflação ou deflação), políticas monetárias, políticas fiscais, balança de pagamentos, etc. Cada uma dessas facetas da economia pode facilitar ou dificultar o alcance dos objetivos da empresa e o sucesso ou fracasso de sua estratégia.
4. Fatores legais: a legislação nos âmbitos federal, estadual e municipal vem afetando cada vez mais as operações e atividades das empresas. A legislação sobre assuntos como salários e controles de preços, higiene e segurança do trabalho, concessão de crédito direto ao consumidor, construção de edifícios, condições de trabalho, faturamento, estocagem e depósito de matérias-primas e de produtos acabados, além de impostos e uma infinidade de outros aspectos tornam a atividade empresarial sujeita a limitações e restrições legais. Muitas vezes, a estratégia empresarial esbarra em certos impedimentos legais.
5. Fatores sociais: Os valores sociais e as atitudes das pessoas – como clientes ou empregados – podem afetar a estratégia empresarial. A qualidade desejada de vida, os padrões de conforto, as preferências de lazer, os costumes referentes a vestuário, passeios, interesses, etc. influenciam os produtos e serviços desejados pela sociedade em geral, bem como sua qualidade, seu preço, sua importância, etc.
6. Fatores demográficos: como a densidade populacional e a distribuição geográfica da população (distribuição por idade, sexo, etnia, etc.) definem a maneira pela qual os clientes estão distribuídos no mercado.
7. Fatores ecológicos: envolvendo aspectos dos ambientes físico e natural, bem como políticas governamentais a respeito.

Todos esses fatores (tecnológicos, políticos, econômicos, legais, sociais e demográficos) são importantes aspectos do ambiente geral (ou macroambiente), que devem ser levados em conta no planejamento estratégico.

Análise do ambiente de tarefa

Conforme mostrado no Capítulo 4, o ambiente de tarefa representa o nicho ambiental mais próximo e imediato de cada empresa. Na verdade, cada empresa tem ao seu redor o seu próprio ambiente de tarefa. Para ter uma visão periférica do seu negócio, a empresa precisa conhecer profundamente seu ambiente de tarefa. A análise ambiental deve focalizar o ambiente de tarefa da empresa[8]:

1. Consumidores ou usuários: dos produtos ou serviços da empresa, isto é, os clientes da empresa. É o chamado mercado (de consumidores, usuários ou clientes) e pode absorver todos os resultados ou saídas da atividade empresarial. Tanto o mercado atual como potencial precisam ser abordados para verificação de oportunidades e ameaças no curto, médio ou longo prazo. As necessidades e preferências dos consumidores são aspectos que não podem ser ignorados pela empresa. A pergunta básica é: quais são os consumidores atuais e potenciais dos produtos ou serviços da empresa? Quais são suas necessidades, preferências e expectativas? Quais as alternativas para atendê-los cada vez melhor?
2. Fornecedores de recursos: isto é, as empresas que proporcionam as entradas e os recursos necessários para as operações e atividades da empresa. Em outros termos, as demais empresas com as quais a empresa mantém relações de dependência. Existem fornecedores de capital e de dinheiro (mercado de capitais envolvendo acionistas, investidores e particulares, bancos, entidades financeiras, etc.), de materiais e matérias-primas (mercado de fornecedores que proporcionam os insumos materiais básicos para a empresa), de equipamentos, de tecnologia, de mão de obra, de espaço a ser alugado, comprado ou arrendado e de serviços (como propaganda, assistência médico-hospitalar, recrutamento e seleção, limpeza e faxina, segurança e vigilância bancária e industrial, etc.).

Absorver ou transferir

Muitas empresas procuram a integração vertical fabricando todos os subprodutos e componentes necessários para a produção de seus produtos ou serviços, a fim de diminuir sua dependência externa em relação a fornecedores, reduzir custos e aproveitar melhor recursos disponíveis, enquanto outras procuram delegar a outras empresas fornecedoras uma parcela de suas atividades (terceirização), a fim de se concentrar e especializar nas operações essenciais para aumentar sua eficiência. São duas estratégias opostas: a primeira reduz a dependência externa, mas provoca problemas de complexidade dentro da empresa, que passa a lidar internamente com uma variedade de assuntos heterogêneos, enquanto a segunda aumenta a dependência externa em relação às demais empresas fornecedoras, mas alivia internamente a empresa de uma enorme variedade de problemas, permitindo-lhe concentrar-se em problemas que ela não pode delegar nem abrir mão para terceiros. No primeiro caso, há uma resposta empresarial a ameaças externas e, no segundo, a oportunidades externas.

3. Concorrentes: quanto às saídas ou às entradas da empresa. Podem disputar clientes, consumidores ou usuários, como é o caso de empresas que

produzem os mesmos produtos ou serviços que são colocados no mesmo mercado consumidor. Podem disputar também os recursos necessários, como nas empresas que precisam das mesmas entradas de dinheiro, materiais e matérias-primas, máquinas e equipamentos, tecnologia, recursos humanos, serviços, etc. A concorrência quanto a saídas ou entradas provoca alterações no mecanismo de ofertas e procura do mercado, interferindo nas disponibilidades, no preços, na qualidade e na relativa facilidade ou dificuldade em obter recursos indispensáveis às operações da empresa. A concorrência afeta a dinâmica do ambiente, provocando reatividade ambiental e turbulência.

4. Agências regulamentadoras: como entidades governamentais, sindicatos, associações de classe, opinião pública, etc., que interferem nas atividades e operações da empresa, quase sempre para vigiá-las e provocar restrições e limitações, reduzindo o grau de liberdade no processo de tomada de decisões da empresa. Em casos de hostilidade neste setor do ambiente de tarefa, a empresa precisa adotar estratégias bem planejadas e executadas para reduzir ou neutralizar as coações e ameaças externas.

Qualquer mudança em relação aos produtos ou serviços oferecidos pela empresa altera de alguma forma o seu ambiente de tarefa e suas relações de interdependência, ou seja, influencia o intrincado jogo de poder e dependência definidos em função do domínio.

A análise ambiental pode ser feita por meio de informação verbal ou escrita, pesquisa e análise, espionagem, estudos de previsão e sistemas de informação gerencial, que variam de acordo com a empresa.

Análise ambiental de Porter

Porter[9] propõe um modelo de cinco forças competitivas para analisar a rivalidade entre concorrentes e a ameaça representada por novos entrantes, pela possível emergência de produtos substitutos e pelo poder de barganha ou negociação de fornecedores ou de compradores. A Figura 8 representa cinco forças competitivas que atuam em cada indústria, isto é, em cada setor do mercado.

As cinco forças podem ser assim explicadas[9]:

1. Ameaça de novos entrantes: outras empresas podem ingressar no setor de negócios – os novos entrantes – e trazer ameaças às empresas já nele radicadas, por trazer capacidade de produção adicional forçando as demais a serem mais efica-

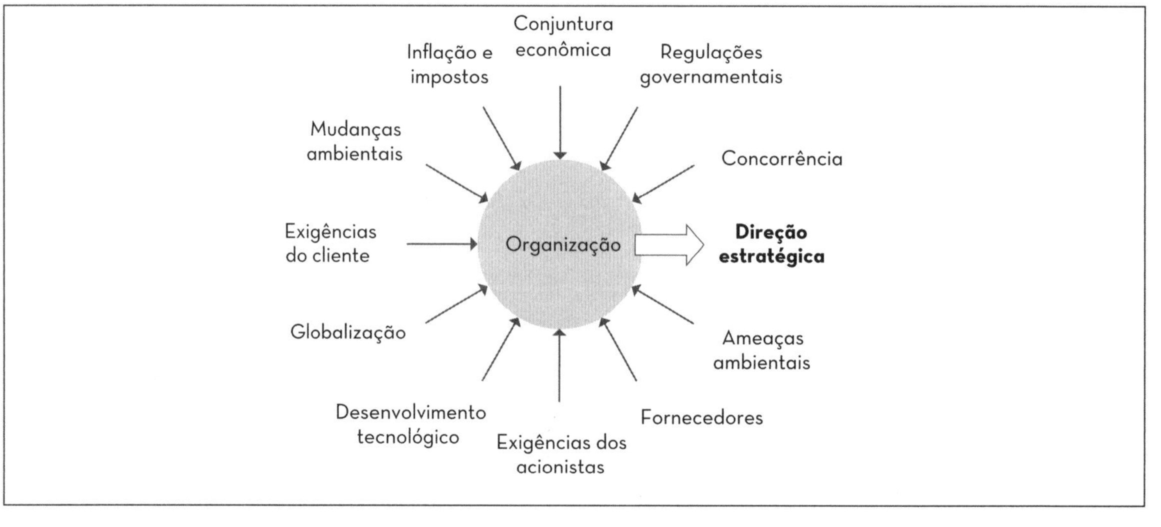

Figura 7 Forças externas que configuram e reconfiguram a organização.

zes e aprenderem a concorrer em novas dimensões. Para barrar o ingresso de novos entrantes, as empresas utilizam-se dos seguintes artifícios:

a. economias de escala: as economias de escala aumentam na medida em que aumenta a quantidade de um produto fabricado enquanto os custos de fabricação de cada unidade diminuem. Assim, o novo entrante enfrenta o desafio imposto pelas economias de escala dos concorrentes existentes;
b. diferenciação de produto: as empresas existentes diferenciam o produto para torná-lo único e exclusivo e para que o cliente o valorize mais. O novo entrante precisa alocar muitos recursos para superar a fidelidade do cliente;
c. requisitos de capital: o novo entrante precisa dispor de capital e recursos para entrar no setor;
d. custos de mudança: para ingressar, o novo entrante enfrenta custos adicionais de aquisição de equipamentos auxiliares, retreinamento de pessoal, etc. Quando tais custos de mudança são elevados, o novo entrante enfrenta desafios;
e. acesso aos canais de distribuição: os novos entrantes enfrentam desafios para distribuição de seus produtos, pois as empresas já firmes no mercado dispõem de um forte relacionamento com distribuidores com a finalidade de gerar custos de mudanças para aqueles.

2. Poder de barganha dos fornecedores: um grupo de fornecedores tem poder no contexto da indústria quando:

a. a indústria é um setor específico constituído por poucas e grandes empresas fornecedoras fortemente concentradas;
b. não há produtos substitutos satisfatórios para a indústria;
c. não considera as empresas como clientes importantes para seu negócio;
d. os insumos que o fornecedor oferece são essenciais ao sucesso do comprador no mercado;
e. o fornecedor constitui uma ameaça de integrar-se para a frente no setor de compradores, optando por concorrer com eles. Um produtor de roupas pode optar por operar seus próprios canais de varejo.

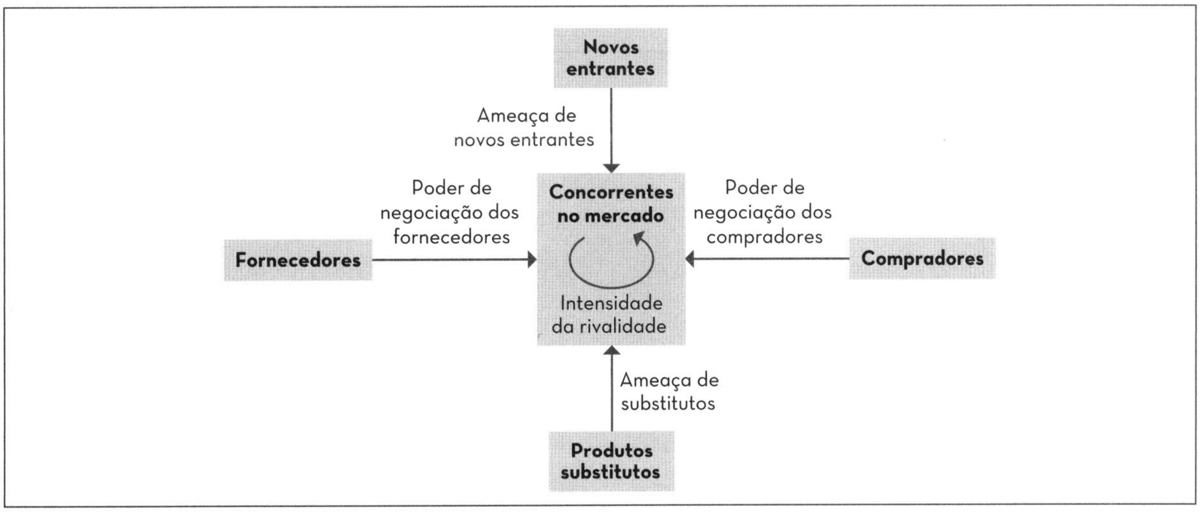

Figura 8 Cinco forças competitivas segundo Porter[9].

3. Poder de barganha dos compradores: o cliente (ou grupo de compradores) tem poder quando:

    a. o cliente está adquirindo grande parte do total da produção do setor;
    b. o produto adquirido pelo cliente responde por uma parcela significativa dos custos do comprador;
    c. os produtos da indústria não são diferenciados ou padronizados;
    d. o comprador pode apresentar uma ameaça concreta de integração para trás e concorrer com o vendedor. A indústria automobilística está oferecendo um serviço de vendas nacionais *on-line* para oferecer serviços adicionais ao cliente.

4. Ameaça de produtos substitutos: que vêm de fora do setor e que desempenham as mesmas funções de um produto fabricado no setor. Os recipientes plásticos no lugar de potes de vidro, sacos de papel em vez de sacos plásticos são exemplos.
5. Intensidade da rivalidade entre os concorrentes: em todo setor, há empresas que concorrem agressivamente para atingir competitividade estratégica. Os fatores que influenciam a intensidade da rivalidade entre as empresas são:

    a. concorrentes numerosos ou equilibrados entre si;
    b. crescimento lento do setor;
    c. custos fixos elevados;
    d. capacidade de produção aumentada;
    e. concorrentes divergentes em termos de metas e estratégias;
    f. apostas estratégicas elevadas;
    g. barreiras de saída elevadas, como ativos especializados (ligados a um negócio específico), custos fixos de saída (como custos trabalhistas), inter-relacionamentos estratégicos (relações de dependência recíproca, como operações compartilhadas), barreiras emocionais (como lealdade aos funcionários) e limitações sociais e governamentais (preocupação com demissões).

O modelo proposto por Porter permite melhorar a visão periférica do negócio e analisar com mais profundidade a situação de cada setor de mercado (ou indústria, segundo sua terminologia).

Elaboração de cenários

Fazer uma análise perfunctória do ambiente geral e do ambiente de tarefa é fundamental para o planejamento estratégico. Trata-se de mapear a situação atual. Mas surge uma questão importante: se o planejamento estratégico é dimensionado para o longo prazo – ao exercício de alguns anos pela frente – ele somente poderia ser bem-sucedido se todos os fatores ambientais permanecessem fixos e estáticos ao longo do tempo. Acontece que o mundo gira e o ambiente muda de maneira incessante e cada vez mais veloz. Corre-se o risco de, chegando no futuro estratégico, o ambiente já não ser o mesmo que é hoje. E certamente ele será bem diferente[10]. A solução? Elaborar cenários para descortinar como seria o ambiente geral e o ambiente de tarefa no futuro estratégico a partir daquilo que é hoje. Projetar a situação atual no futuro estratégico.

O cenário é uma construção mental de alternativas futuras das condições ambientais. Trata-se de uma visão consistente sobre qual será o provável futuro. Em vez de enfrentar às cegas o futuro e improvisar soluções em cima da hora, o melhor é dispor de várias alternativas na mente para poder responder melhor e mais rapidamente às oportunidades e ameaças que surgem intempestivamente[3]. Da mesma forma como se utiliza um plano A e um plano B, a ideia é formular cenários alternativos: um cenário otimista, um cenário conservador e um cenário pessimista para flexibilizar e definir opções alternativas futuras. Em geral, as empresas utilizam três cenários pela frente: um cenário otimista, um cenário pessimista e um cenário intermediário para se prepararem para o futuro.

A análise ambiental fornece a base para previsões que fundamentam os cenários. As previsões são regras matemáticas aplicadas a uma série de dados passados a fim de prever resultados futuros[11]. As previsões podem ser quantitativas ou qualitativas e podem estar relacionadas às receitas futuras da empresa, às mudanças tecnológicas, e nos hábitos dos consumidores e assim por diante. Os principais tipos de previsão se baseiam em modelos de regressão, modelos econométricos, análise de séries temporais ou em indicadores econômicos.

ANÁLISE ORGANIZACIONAL INTERNA

Essa é a terceira etapa do planejamento estratégico e refere-se à análise das condições internas da empresa e seu correspondente diagnóstico. É o processo pelo qual se examinam os recursos disponíveis, sejam financeiros, mercadológicos, produtivos e humanos da empresa como fatores conjuntos para verificar quais suas forças e fraquezas e como a empresa pode explorar as oportunidades e defrontar-se com as ameaças e coações que o ambiente lhe apresenta. Trata-se de criar condições para a gestão do conhecimento estratégico da empresa em relação às suas próprias características e condições. Não basta conhecer profundamente o ambiente externo, é preciso também conhecer profundamente as próprias condições internas da empresa, suas competências, suas potencialidades e suas vulnerabilidades.

A análise organizacional deve levar em consideração os seguintes aspectos internos da empresa[2]:

1. Missão e visão organizacional: bem como os objetivos empresariais e sua hierarquia de importância. A missão define o papel que a empresa assume na sociedade, enquanto a visão define o que ela pretende ser no futuro e os objetivos que deseja alcançar. Missão e visão funcionam como balizadores de toda atividade humana na empresa e indicam como as pessoas podem contribuir para o sucesso do negócio.
2. Recursos empresariais disponíveis: como recursos financeiros, físicos ou materiais, humanos, mercadológicos e administrativos. Em geral, os recursos determinam até que ponto a empresa pode operar, crescer e se expandir.
3. Competências atuais e potenciais: quais os conhecimentos, habilidades, capacidades e atitudes individuais que a empresa reúne ou pode reunir.
4. Estrutura organizacional: a maneira pela qual a empresa está organizada e suas características, envolvendo os sistemas internos, valores e princípios. A estrutura representa a maneira pela qual a empresa se organiza para cumprir sua estratégia.
5. Tecnologia: a matriz de tecnologias utilizada pela empresa, seja para a produção de seus produtos e serviços ou para o seu próprio funcionamento interno, representa a infraestrutura que impulsiona ou amarra o seu desenvolvimento.
6. Pessoas: suas habilidades, talentos, capacidades e competências. A empresa precisa contar com talentos para que possa crescer e ser bem-sucedida.
7. Cultura organizacional: envolvendo o estilo de administração, o clima organizacional, o estilo de liderança e os aspectos motivacionais internos.

Recursos

Nenhuma empresa é igualmente forte em todas as suas áreas de atuação. Cada área da empresa apresenta suas forças e fraquezas e cada uma delas também apresenta suas vantagens e desvantagens estratégicas atuais e potenciais. O desafio está em juntar e integrar todos os recursos da empresa de tal maneira que possam produzir resultados além das expectativas.

A análise organizacional verifica as potencialidades e vulnerabilidades da empresa mostrando as suas possibilidades atuais em termos mercadológicos, financeiros, tecnológicos, humanos e organizacionais.

Competências essenciais

Não basta ter ou conjugar recursos organizacionais e tecnologia, pois são estáticos e inertes. Não têm vida própria nem inteligência. Além disso, eles podem ser facilmente comprados no mercado. Qualquer empresa pode adquiri-los com relativa facilidade. E para operá-los e ativá-los são necessárias pessoas. Mais do que pessoas, as empresas precisam saber cultivar talentos. Talentos são pessoas especiais, pessoas preciosas que possuem competências distintas e relevantes para o negócio da empresa. A diferença entre pessoas e talentos está exatamente na posse de certas competências pessoais.

Competências

Na prática, as empresas começam com uma carteira de negócios e não com uma carteira de competências. De imediato, a competitividade decorre apenas de seus atributos de preço e desempenho dos produtos. Acontece que os concorrentes imitam e rapidamente convergem para padrões similares e formidáveis de custos de produto e de qualidade - que são barreiras mínimas para a competição contínua, mas que funcionam cada vez menos como fontes de vantagem diferenciada. Assim, a competição baseada nesses termos é passageira e fugaz[3]. O administrador precisa saber criar e desenvolver competências na empresa.

Tabela 2 Perfil de análise organizacional[12]

Recursos	Produção	*Marketing*	Finanças	Administração
Financeiros	R$ por fábrica, equipamento e produto	R$ por vendas, promoção, serviço e pesquisa de mercado	R$ por investimento a longo prazo e aplicação de recursos	R$ por sistema de planejamento e de controle e desenvolvimento de gestão
Físicos	Nº de localização das fábricas Grau de automação e de integração	Nº de localização dos escritórios de vendas, das lojas e dos serviços ao cliente	Nº de acionistas ou crediaristas principais	Localização dos escritórios centrais
Humanos	Características do pessoal técnico e de supervisão	Características do pessoal de vendas	Características do pessoal de finanças e contabilidade	Características dos gerentes e pessoal do *staff*
Sistemas organizacionais	Sistemas de programação da produção, de compras e de controle de qualidade	Sistemas de distribuição, de serviços, de crédito e de propaganda	Sistemas de fluxo de caixa, de planejamento e controle orçamentários de contabilidade	Sistemas de valores sociais, de planejamento e de controle, de recompensas e de autoridade

Análise SWOT

O termo SWOT (do inglês, *strenghts, weakness, opportunities* e *threats*) poderia ser denominado FFOA (forças, fraquezas, oportunidades e ameaças). Na verdade, trata-se de uma tabela de dupla entrada na qual nas linhas estão as forças e fraquezas organizacionais e nas colunas as oportunidades e ameaças ambientais (Tabela 3). Em seguida, a Tabela 4 mescla como juntar a análise ambiental com a análise organizacional para aclarar a situação da empresa em um dado momento.

Quase sempre a análise SWOT é feita periodicamente pelas empresas junto aos seus executivos e funcionários para mapear sua situação diante dos ambientes geral e de tarefa, particularmente em relação aos concorrentes e às mudanças que surgem a cada momento.

Bate-bola: como elaborar uma análise SWOT?

Faça uma discussão com seus colegas a respeito do assunto e tente chegar a uma conclusão: como elaborar uma análise SWOT para uma empresa?

FORMULAÇÃO DE ALTERNATIVAS ESTRATÉGICAS

A partir dos objetivos empresariais, analisando-se as oportunidades e ameaças ambientais de um lado e as potencialidades e vulnerabilidades internas de outro, a administração tem nas mãos um balizamento que a ajuda a definir ou redefinir as alternativas estratégicas quanto à ação futura da empresa.

De um modo mais abrangente, a missão e a visão organizacional balizam todo o processo de formulação estratégica. Na medida em que a estratégia é formulada, ela precisa se assentar em uma estrutura organizacional que lhe seja adequada e receber o influxo de uma cultura organizacional que lhe sirva de amparo. Em outros termos, tanto a estrutura organizacional como a cultura corporativa devem se ajustar às demandas da estratégia organizacional. A partir daí, definem-se os processos e os objetivos a serem alcançados por meio deles. A estratégia passa a ser o melhor caminho para alcançar os objetivos organizacionais propostos (Figura 9).

A formulação das alternativas estratégicas pode ser feita dentro de padrões rotineiros ou altamente criativos. Dependendo da situação externa e inter-

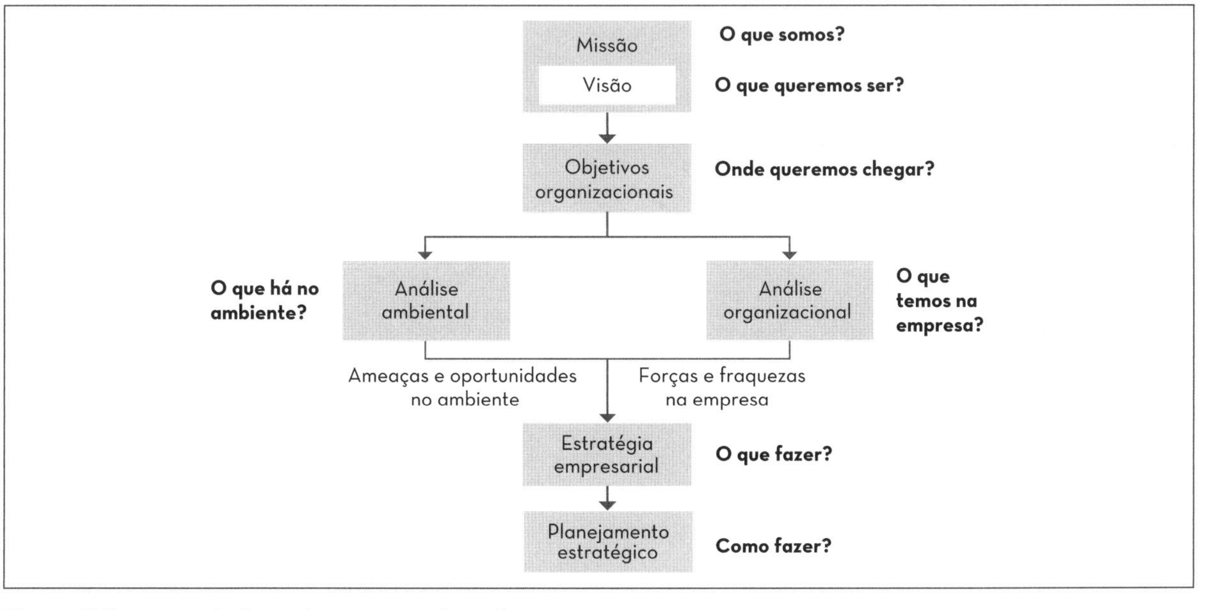

Figura 9 Processo de formulação estratégica[8].

Tabela 3 A análise SWOT[3]

Análise organizacional		Análise ambiental: Ameaças	Análise ambiental: Oportunidades
	Pontos fracos	**Desativação: área de risco acentuado** A empresa possui fraquezas e o ambiente impõe ameaças 1	**Melhoria: área de aproveitamento potencial** A empresa possui fraquezas e o ambiente oferece oportunidades 2
	Pontos fortes	**Enfrentamento: área de risco enfrentável** A empresa possui forças e o ambiente impõe ameaças 3	**Aproveitamento: área de domínio da empresa** A empresa possui forças e o ambiente oferece oportunidades 4

Tabela 4 Exemplo de análise SWOT[3]

Análise organizacional		Análise ambiental: Ameaças	Análise ambiental: Oportunidades
	Pontos fracos	Concorrência pesada Concorrência desleal Entrada de novos produtos Produtos sem sucesso Tecnologia obsoleta Administração ineficiente Métodos e processos antigos Moral baixo Falta de motivação 1	Mercado sem concorrência Ausência de novos produtos Concorrentes sem estratégias Produtos sem sucesso Tecnologia obsoleta Administração ineficiente Métodos e processos antigos Moral baixo Falta de motivação 2
	Pontos fortes	Concorrência pesada Concorrência desleal Entrada de novos produtos Forte apoio da direção Motivação elevada Produtos em desenvolvimento Tecnologia em aquisição Administração eficaz Objetivos claros 3	Mercado sem concorrência Ausência de novos produtos Concorrentes sem estratégias Forte apoio da direção Motivação elevada Produtos em desenvolvimento Tecnologia em aquisição Administração eficaz Objetivos claros 4

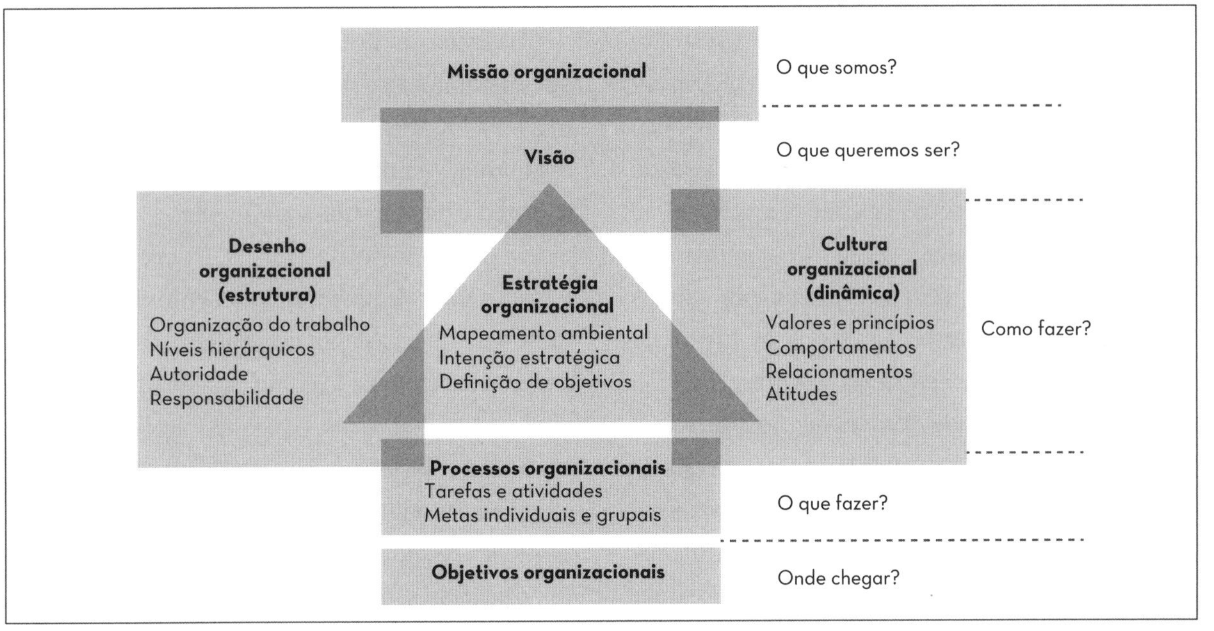

Figura 10 Carteado da estratégia empresarial[13].

na, pode ser dada preferência a estratégias ativas ou passivas. Geralmente, as grandes empresas de caráter dominante desenvolvem estratégias ofensivas em seus principais segmentos de mercado, enquanto as pequenas firmas preferem sobreviver por meio de estratégias defensivas quando atuam em mercados abrangidos pelas grandes empresas ou por meio de estratégias ofensivas em segmentos de mercado ignorados pelas empresas dominantes. As empresas podem desenvolver estratégias ofensivas (ativas) com relação a alguma parte do seu ambiente de tarefa e estratégias defensivas (passivas) em relação a outras partes. A postura estratégica dentro da dimensão ativa/passiva pode assumir quatro tipos, conforme visto no Capítulo 6 – Estratégia empresarial.

ELABORAÇÃO DO PLANEJAMENTO ESTRATÉGICO

O planejamento estratégico representa a maneira como a estratégia empresarial deve ser colocada em ação, isto é, operacionalizada. Enquanto a estratégia empresarial se preocupa com o "o que fazer" para atingir os objetivos empresariais propostos, o planejamento estratégico volta-se para o "como fazer", tendo em vista o diagnóstico sobre "o que há no ambiente" e "o que temos na empresa".

O horizonte temporal do planejamento estratégico deve ser orientado para o longo prazo. Em um ambiente estável, o longo prazo pode configurar cinco anos ou mais. Enquanto em um ambiente instável e turbulento, o longo prazo pode significar no máximo doze meses e, mesmo assim, sujeito a atualizações constantes. O aumento do nível de incerteza faz com que o planejamento estratégico se torne mais importante. Se tudo fosse certinho, não haveria necessidade de planejamento. Ele existe para dar um pouco de coerência e consistência às coisas incertas.

O diagnóstico da situação atual da empresa face ao ambiente externo e a identificação das ameaças e oportunidades constituem o ponto de partida para o estabelecimento dos objetivos empresariais – mesmo os de curto prazo – e, consequentemente, para a formulação das alternativas estratégicas. O estreitamento da margem de manobra das empresas em um ambiente incerto faz com que qualquer receituário seja flexível. As seis etapas do planejamento estratégico podem ser cambiadas entre si e sua ordem sequencial pode ser alterada. A ordem dos fatores não altera o resultado, já que existe uma íntima relação de interdependência entre as etapas do processo.

O processo de elaboração do planejamento estratégico deve se caracterizar por canais de comunicação abertos em todos os níveis da empresa. Embora a estratégia empresarial seja uma responsabilidade do nível institucional, isso não significa que o planejamento estratégico seja centralizado na cúpula da organização. Pelo contrário, ele deve ser descentralizado, pois o melhor planejador é o próprio gerente de linha que conhece profundamente sua área de atuação. As metas não podem ficar vivas apenas na mente do presidente, mas na cabeça de todos os participantes. O processo de elaboração do planejamento deve contar com a ampla e irrestrita participação de todos os níveis da organização. A empresa deve responder às ameaças e às oportunidades ambientais de maneira solidária e uníssona, com forte apelo sinergético. A busca e a manutenção do consenso entre os níveis e as diferentes áreas da empresa devem ser constantes e intensivas, já que não há tolerância ambiental para os desperdícios e perdas inúteis resultantes dos conflitos inter ou intraorganizacionais que caracterizam a empresa sem rumo definido.

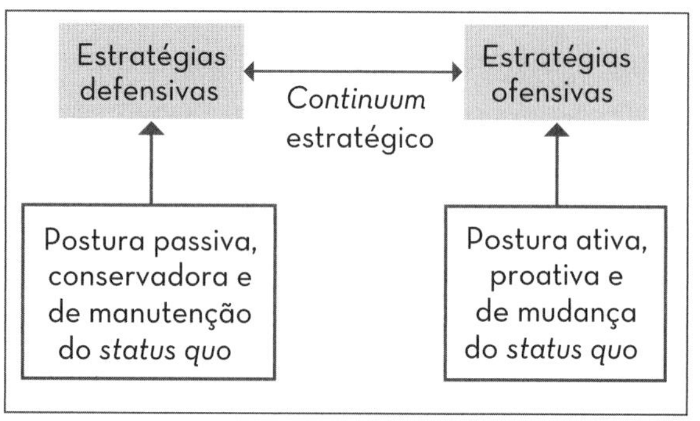

Figura 11 Alternativas estratégicas.

O processo de elaboração de planejamento deve ser iniciado e desenvolvido de maneira informal e espontânea: o planejamento deve ser sempre resultante – e nunca um fator desencadeante – do trabalho em equipe da organização.

O planejamento estratégico deve considerar todos os fatores que integradamente devem constituir o comportamento da empresa. Esse conjunto de fatores é conhecido como os sete S, a saber[14]:

1. *Staff*: a equipe, as pessoas que formam a organização e sua administração, o trabalho em conjunto.
2. *Style*: o estilo, isto é, o comportamento dos administradores e funcionários e sua ética de trabalho.
3. *Skills*: as habilidades e qualificações, aquilo que a empresa sabe, a maneira como faz e os conhecimentos das pessoas.
4. *Systems*: os sistemas, padrões de comunicação da organização e entre a organização e seu ambiente para a busca de integração e sinergia. Todas as políticas e os procedimentos são alinhados para apoiar a estratégia escolhida.
5. *Structure*: a estrutura organizacional, o plano organizacional da empresa, a maneira como a empresa se organiza para operacionalizar sua estratégia. A estratégia determina a estrutura que passa a ser um meio para ajudar a empresa a alcançar seus objetivos.
6. *Shared values*: os valores comuns e compartilhados pelas pessoas, a cultura organizacional, o modo de pensar e agir da equipe que forma a empresa.
7. *Superordinate goals*: a hierarquia de objetivos, a missão, visão, filosofia da empresa, sua vocação e finalidade.

Por isso é chamada de estratégia empresarial (*strategy*), isto é, a maneira como a empresa aglutina os sete fatores para se comportar em seu meio ambiente (Figura 12).

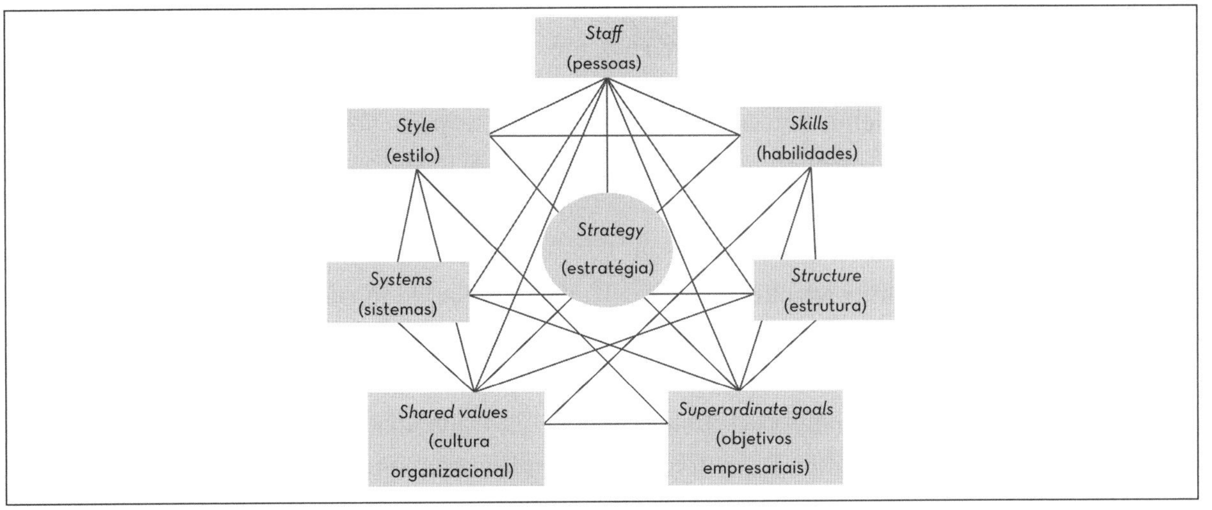

Figura 12 Sete fatores que condicionam o comportamento da empresa[14].

A integração desses fatores entre si e com o ambiente específico da empresa determina de que forma ela irá se comportar diante das oportunidades ou dos desafios. Esse comportamento se torna incrementalmente eficaz na medida em que a empresa aprende a melhorá-lo cada vez que o repete. A aprendizagem organizacional permite a contínua melhoria do desempenho e a correção dos erros ou falhas. Daí a denominação de abordagem incrementalista para a organização que aprende.

Todos os sete fatores são interdependentes e, no conjunto, proporcionam um efeito de sinergia que representa a vantagem competitiva da empresa no cenário de suas operações. O planejamento estratégico deve levar em conta todos esses fatores, sua interação e seu efeito sinergético.

Os estrategistas selecionam alternativas estratégicas dentro de uma abordagem contingencial no planejamento de primeira geração (no nível institucional) e multiplicam os conjuntos de alternativas no planejamento de segunda geração dentro de abordagens gradativamente mecanísticas. Isso significa que, enquanto o planejamento estratégico (realizado no nível institucional) é orgânico e contingencial, o planejamento tático (realizado no nível intermediário) e o planejamento operacional (realizado no nível operacional) tendem a ser crescentemente mecanísticos e rígidos.

Filosofias de planejamento

Todo planejamento constitui um conceito a respeito do futuro que se pretende. Assim, todo planejamento estratégico deve subordinar-se a uma filosofia de ação. Nesse sentido, existem três tipos de filosofia do planejamento[14]:

1. Planejamento conservador: sua filosofia está refletida nas decisões no sentido de obter resultados bons, mas não necessariamente os melhores possíveis, pois não faz mudanças radicais na empresa e deve conservar as práticas atualmente vigentes com a redução de imperfeições. Está mais preocupado em identificar deficiências e problemas internos do que em explorar oportunidades ambientais futuras.
2. Planejamento otimizante: sua filosofia está refletida nas decisões focadas na obtenção de melhores resultados possíveis para a empresa, seja minimizando custos e reduzindo recursos para alcançar um determinado de-

sempenho ou objetivo, seja maximizando o desempenho para melhor utilizar os recursos disponíveis. O planejamento otimizante está baseado na preocupação de melhorar as práticas atualmente vigentes na empresa.

3. Planejamento adaptativo: sua filosofia está refletida em compatibilizar os diferentes interesses envolvidos, elaborando uma composição capaz de levar a resultados para o desenvolvimento natural da empresa. Procura reduzir ou eliminar deficiências localizadas no passado da empresa e buscar a adaptação ambiental.

Essas filosofias podem ser utilizadas conjuntamente. O planejamento estratégico consiste na tomada antecipada de decisões, em decidir agora o que fazer antes da ocorrência da ação necessária. Não se trata simplesmente da previsão das decisões que serão tomadas no futuro, mas da tomada de decisões que produzirão efeitos e consequências futuras.

IMPLEMENTAÇÃO DO PLANEJAMENTO ESTRATÉGICO

Implementação significa a colocação dos planos em ação por meio das pessoas. É a fase da execução e do fazer acontecer na administração. A implementação envolve as etapas que o administrador leva adiante para conseguir que as pessoas realizem os planos estabelecidos através de seu trabalho cotidiano. A implementação significa a ponte entre as decisões administrativas e a execução real por meio das pessoas nos vários níveis da empresa.

Se a formulação estratégica é difícil e complexa, sua execução é muito mais complicada. Sem uma execução adequada, a estratégia simplesmente não acontece. A execução requer organização adequada, intensa coordenação, incentivos às pessoas, controles, acompanhamento intenso e, sobretudo, liderança estratégica por parte do executivo principal e liderança tática e operacional por parte dos gerentes e dos supervisores. Sem a participação e o compromisso de todas as pessoas, a estratégia fica no papel[15].

Para executar o planejamento estratégico e transformá-lo em realidade concreta, a empresa segue os seguintes passos:

1. Participação das pessoas: no sentido de que elas sejam atores e protagonistas da ação estratégica e não simplesmente expectadores ou observadores. A execução estratégica deve fazer com que a estratégia passe a ser a atividade cotidiana das pessoas. Transformar a estratégia em ação diária é fundamental para seu sucesso.
2. Comunicação intensiva: no sentido de explicar, esclarecer, orientar as pessoas naquilo que devem fazer para contribuir com resultados para a estratégia empresarial. A comunicação deve se fazer em todos os sentidos: entre os vários níveis e entre todas as pessoas participantes.
3. Preparação prévia do pessoal: incluindo treinamento e desenvolvimento, educação corporativa, reuniões sistemáticas de apresentação e acompanhamento dos resultados.
4. Reforço contínuo: no sentido de constantemente se falar na estratégia, bater firme nos objetivos e festejar resultados. A estratégia deve ser o assunto principal de todas as reuniões e contatos com as pessoas.
5. Avaliação sistemática: medição pelos indicadores de desempenho e de resultados é fundamental. Diariamente ou semanalmente, as pessoas devem se reunir para avaliar o andamento das ações estratégicas, da coordenação e da integração de todos os esforços. A avaliação sistemática deve funcionar como um reforço contínuo e positivo para a ação estratégica.

Tabela 5 Exemplos de estratégias empresariais[3]

Recursos	Estratégia desenvolvida para eficiência e regularidade	Estratégia desenvolvida para inovação e flexibilidade
Humanos	Ênfase na conformidade e no compromisso	Ênfase na originalidade e no compromisso
Financeiros	Crescimento financeiro dos negócios atuais	Crescimento requer capacidade financeira
Tecnológicos	Melhoria do produto e dos processos	Criação de novos produtos e novas tecnologias
Organização		
Estrutura	Orientação centralizada e funcional Cadeia vertical para decisões e comunicação Vendas e operações são funções dominantes	Orientação descentralizada para produtos Rede de influência e comunicação Uso de projetos e forças-tarefa *Marketing* e P&D são funções dominantes
Controle	Orçamentos e planos detalhados e estreitos revistos em pequenos intervalos	Planejamento amplo sobre objetivos
Padrões	Metas individuais ou grupais Baseados em comparações internas Objetivos de produção e de vendas	Metas genéricas baseadas em comparações externas
Recompensas	Recompensas por desempenho individual/grupal Promoções decorrentes de planos executados	Recompensas para desempenho total dos negócios Promoção por resultados inovadores Recompensas para tomadores de risco
Políticas e processos	Processo de tomada de decisão do topo Estabelecem pistas claras de carreira	Processos decisórios ascendentes e descendentes Uso de políticas claras
Ambiente de trabalho	Orgulho quanto à precisão Ênfase em custos, entrega e qualidade Horas regulares de trabalho e descanso	Orgulho em ser o primeiro com ideias brilhantes Trabalho e descanso por preferências individuais

6. Recompensas por resultados: a estratégia repousa na ação das pessoas e elas devem ser incentivadas e estimuladas constantemente para que não haja paradas ou atrasos. À medida que os resultados são alcançados, as pessoas precisam ser recompensadas ou premiadas. As recompensas devem também funcionar como um reforço contínuo e positivo para a ação estratégica.

Execução do planejamento estratégico

Quase sempre as estratégias são perfeitamente formuladas e planejadas, mas muitas vezes acabam não saindo do papel, ou da mera intenção. O problema geralmente está na implementação do planejamento estratégico. É que enquanto a formulação fica a cargo do nível institucional, a execução fica a cargo de todos os níveis organizacionais, principalmente do nível operacional. E é aí onde está o gargalo. Como o nível operacional pouco discute a estratégia e quase sempre ignora seu conteúdo, ele passa a tratá-la como algo distante e inalcançável. E a estratégia não acontece. Falta participação, aceitação, engajamento e comprometimento para transformar a estratégia em ação operacional. A execução constitui hoje o principal desafio da estratégia empresarial[16].

O planejamento estratégico trata das decisões e ações globais, genéricas e amplas. Para que possa ser executado com maestria em todos os níveis da empresa, precisa ser adequadamente detalhado e desdobrado. Assim, no nível intermediário, ele é desdobrado em planos táticos para cada departamento da empresa e no nível operacional cada plano tático é desdobrado e detalhado em planos operacionais relacionados com tarefas e operações a serem realizadas.

Bate-bola: como executar a estratégia empresarial?

Discuta com seus colegas a respeito do assunto e tente chegar a uma conclusão: como executar e pôr em andamento a estratégia empresarial por intermédio das pessoas? Afinal, são elas que decidem e agem na empresa.

ACOMPANHAMENTO E AVALIAÇÃO DOS RESULTADOS

Por se tratar de uma ação empresarial sistêmica e integrada, o planejamento estratégico requer um intenso acompanhamento, avaliação e progresso dos resultados alcançados de maneira contínua e ininterrupta. O objetivo é buscar meios de retroação para que todas as ações corretivas possam ser tomadas imediatamente de maneira que a empresa navegue com confiança no seu imenso oceano de atividades. Lembram-se do Titanic?

BALANCED SCORECARD

Toda empresa procura fazer uma avaliação competitiva levando em conta seus recursos organizacionais, o arsenal de competências essenciais, a arquitetura organizacional adotada, bem como a cultura e os sistemas de valores. O importante é saber como utilizar todos esses componentes de maneira coesa e integrada com a finalidade de obter um efeito sinergético e sistêmico. E isso somente pode ser feito por meio de um diagnóstico abrangente e detalhado de todos esses componentes.

O *Balanced Scorecard* (BSC) foi inicialmente criado como um sistema de avaliação do desempenho organizacional. Seus autores – Kaplan e Norton – verificaram que os sistemas de avaliação então adotados consideravam apenas indicadores financeiros que, por si só, não refletem perfeitamente a eficácia da empresa, uma vez que medem apenas os resultados dos investimentos e das atividades em termos monetários e nem refletem os chamados impulsionadores de rentabilidade de longo prazo[17].

Em seguida, o BSC avançou para uma representação equilibrada e organizada de indicadores financeiros e operacionais com base em uma tabela (*scorecard*) – Figura 3 com quatro perspectivas[18]:

1. Perspectiva financeira: envolve indicadores financeiros que informam se a estratégia em-

presarial e sua implementação e execução estão contribuindo para a melhoria do resultado financeiro.

2. Perspectiva do cliente: envolve indicadores sobre mercados e segmentos nos quais a empresa está competindo. O atendimento ao cliente é traduzido em medidas específicas sob critérios de qualidade, custo, atendimento e garantias, bem como satisfação do cliente, sua captação e fidelização.
3. Perspectiva dos processos internos: envolve indicadores para mensurar o desempenho dos processos nos quais a empresa deve alcançar excelência para proporcionar os melhores resultados financeiros e encantar os clientes.
4. Perspectiva do aprendizado e do crescimento: está relacionada com o capital humano e por isso envolve indicadores que permitem o alcance dos objetivos pretendidos nas outras três perspectivas anteriores. Enfatizam a necessidade de investir nas pessoas, no aprendizado e no seu crescimento para que elas possam produzir melhor (perspectiva dos processos internos), atender melhor o cliente (perspectiva do cliente) e assegurar objetivos financeiros de longo prazo (perspectiva financeira).

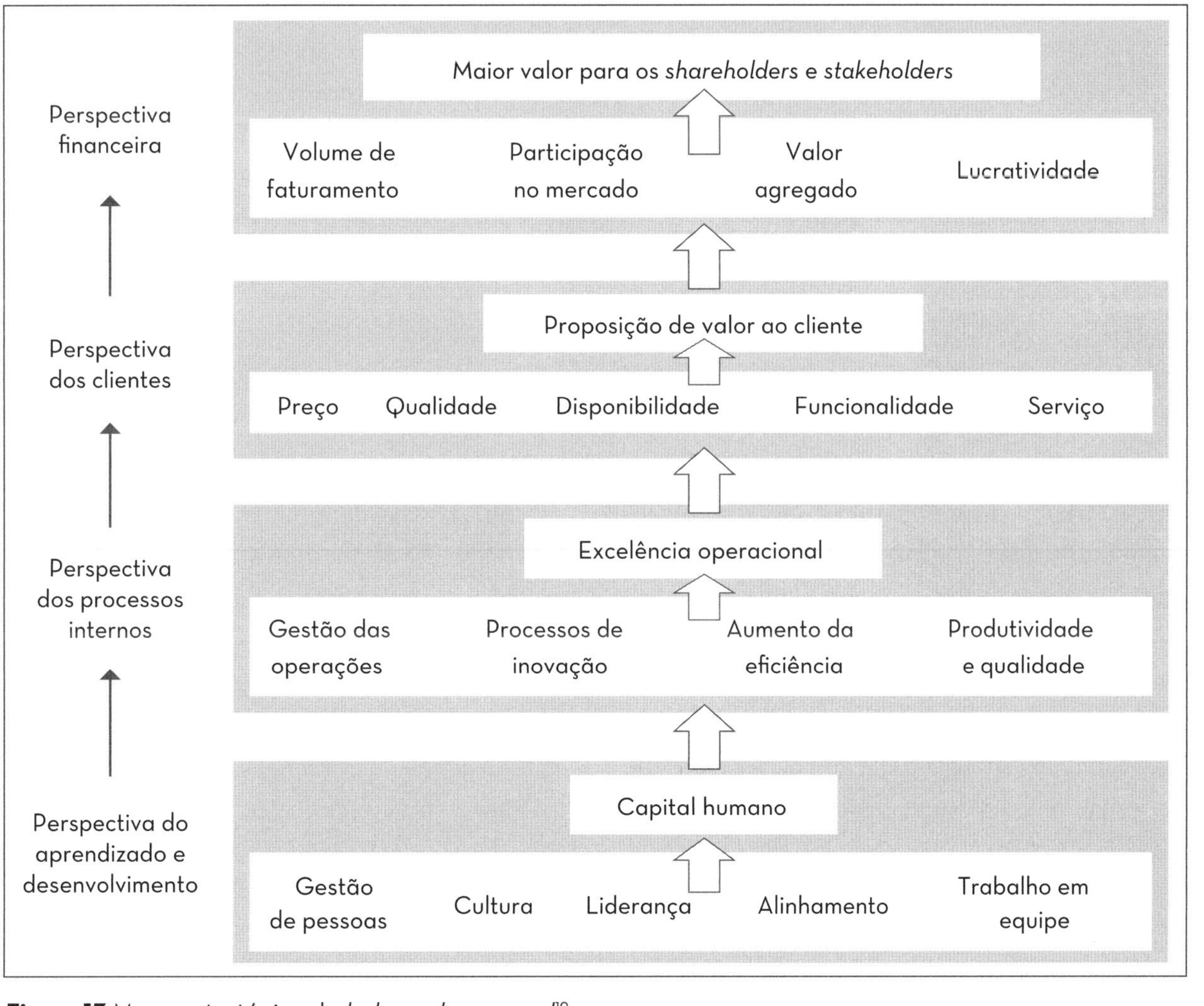

Figura 13 Mapa estratégico do *balanced scorecard*[19].

As mudanças no planejamento estratégico

A função de planejamento nas organizações sempre foi a de reduzir a incerteza quanto ao ambiente externo e quanto ao futuro, dois temas de elevada incerteza. Agora, a nova função do planejamento é aceitar a incerteza tal como ela é e se apresenta. Não dá para brigar com ela. E o que se busca hoje nas organizações para desafiar a incerteza é a criatividade e a inovação. A teoria da complexidade salienta que somente há criatividade quando se afasta do equilíbrio. Assim, a adaptação a um ambiente instável deve ser feita não mais por meio do retorno cíclico ao equilíbrio dentro de escolhas limitadas e restritas, mas por meio de maior liberdade de escolha escapando às limitações impostas pelo ambiente. Assim, o planejamento deve repousar nos seguintes aspectos dinâmicos[2]:

1. *A base do novo planejamento muda*: o foco na estrutura organizacional (vertical e hierárquica) deve ser substituído por um processo fluido (horizontal e livre) no qual as informações, relações que permitem a troca dessas informações e a identidade produzida no processo sejam mais importantes.
2. *O foco na previsão passa para o foco no potencial*: o planejamento está deixando de lado a atenção exclusiva para cenários futuros e se deslocando decisivamente para a localização de potencialidades e competências que a organização pode dinamizar e explorar.
3. *A incerteza e a aleatoriedade conduzem à liberdade*: liberdade significa a capacidade de autonomia das organizações para lidar com um contexto dinâmico e competitivo. A liberdade é o resultado de maior complexidade. Maior complexidade conduz a maior liberdade, que por sua vez, leva a maior flexibilidade e maiores possibilidades de escolha. E, em consequência, a um maior potencial de estratégias.
4. O mundo imprevisível e caótico no qual as pequenas causas podem gerar grandes efeitos. Por isso, fica difícil distinguir antecipadamente quais aspectos serão táticos e quais serão estratégicos. De um modo geral, em um mundo turbulento, o estratégico e o tático confundem-se de maneira indissociável. Haja complexidade!

De um modo geral, o fluxo do processo estratégico está se tornando mais importante do que o próprio conteúdo estratégico. É mais importante a maneira como as pessoas lidam com os assuntos estratégicos do que propriamente a formulação estratégica. Antigamente, passava-se a maior parte do tempo na análise e na montagem rígida e detalhada do planejamento estratégico, dando pouca importância à sua execução. Agora, o foco está na execução que vincula pessoas, unidades ou tarefas para que a estratégia realmente possa acontecer, apesar de não ser possível determinar quais os resultados exatos a serem alcançados. Mais vale a união, a integração, o compromisso e o compartilhamento das pessoas do que propriamente a natureza dos assuntos tratados, embora esses sejam relevantes e importantes para o sucesso da empresa. A qualidade de um plano estratégico não está somente na sua maravilhosa concepção, mas principalmente em sua execução na prática e no cotidiano.

Figura 14 Mapa mental deste capítulo.

Referências bibliográficas

1. PRAHALAD, C. K.; RAMASWAMY, V. *The future of competition*: co-creating unique values with customers, Boston, Harvard Business School, 2003.
2. CHIAVENATO, I. *Introdução à teoria geral da administração*, Rio de Janeiro, Elsevier/Campus, 2010.
3. CHIAVENATO, I.; SAPIRO, A. *Planejamento estratégico*, Rio de Janeiro, Elsevier/Campus, 2005.
4. MEYER, J. *Objectifs et stratégies de l'enterprise, approche théorique et méthodologique*. Paris, Dunod. p. 43.
5. DRUCKER, P. F. *Administração*: tarefas, responsabilidades e práticas, São Paulo, Pioneira, 1975, p. 77.
6. CHIAVENATO, I.; SAPIRO, A. *Planejamento estratégico*, Rio de Janeiro, Elsevier/Campus, 2010.
7. BARRETT, F. D. *The MBO time trip*, The business quarterly, Autumn, 1972. p. 44-5.
8. CHIAVENATO, I. *Administração nos novos tempos*, Rio de Janeiro, Elsevier/Campus, 2005.
9. PORTER, M. E. *Estratégia competitiva*: técnicas para análise de indústrias e da concorrência, Rio de Janeiro, Campus, 1986. p. 23.
10. AMARA, R.; LIPINSKI, A. F. *Business planning for an uncertain future*: scenarios and strategies, Nova York, Pergamon, 1983.
11. Stephen P. R. *Administração*: mudanças e perspectivas, São Paulo, Saraiva, 2008, p. 94.

12. GLUECK, W. F. *Business policy and strategic management*, Nova York, McGraw-Hill, 1980. p. 174-5.
13. CHIAVENATO, I. *Comportamento organizacional*: entendendo como as organizações são bem-sucedidas, Rio de Janeiro, Elsevier/Campus, 2005.
14. WATERMAN Jr., H.; PETERS, T. J.; PHILLIPS, J. R. *Structure is not organization*, Business Horizons, Indiana, Foundation for the School of Business at Indiana University, June 1980.
15. HREBINIAK, L. G. *Making strategy work*: leading effective execution and change, Upper Saddle River, NJ, Wharton School/Pearson Education, 2005.
16. BOSSIDY, L.; CHARAN, R. Execution: the discipline of getting things done, Nova York, Crown Business, 2004.
17. KAPLAN, R. S.; NORTON, N. P. *Using the balanced scorecard as strategic management, system*, Boston, Harvard Business School, 1996.
18. KAPLAN, R. S.; NORTON, N. P. *Balanced scorecard*, Rio de Janeiro, Elsevier/Campus, 2002.
19. KAPLAN, R. S.; NORTON, D. P. *Strategy maps*: converting intangible assets into tangible outcomes, Boston, Mass., Harvard Business School, 2004.

CAPÍTULO 8

Planejamento tático

Objetivos deste capítulo

- Ilustrar como as empresas planejam-se no seu nível intermediário.
- Conceituar planejamento tático.
- Explicar o processo decisório.
- Ilustrar como os planos táticos são implementados.

O planejamento é a primeira função dentro do processo administrativo de planejar, organizar, dirigir e controlar. Antes que qualquer função administrativa seja executada, a administração precisa determinar os objetivos e os meios necessários para alcançá-los. A ação empresarial parte de um planejamento estratégico que abrange a empresa como uma totalidade, afetando-a no longo prazo pelas suas consequências e que é decidido no nível hierárquico mais elevado da organização: o nível institucional. Para que o planejamento estratégico possa ser levado adiante, ele precisa ser executado nos níveis hierárquicos mais baixos da empresa, no qual as tarefas são executadas. No entanto, entre o nível institucional e o nível operacional, existe uma enorme diferença de linguagem e de postura. O nível estratégico opera com incerteza em face da exposição às forças e variáveis ambientais, enquanto o nível operacional precisa operar baseado na certeza e na programação de suas atividades. A absorção da incerteza provocada pelas pressões e influências ambientais precisa ser feita no nível intermediário. Em outros termos, o planejamento estratégico precisa ser desdobrado em planejamentos táticos, em nível intermediário, para que as decisões estratégicas ali contidas sejam moldadas e traduzidas em planos capazes de serem entendidos e, por sua vez, desdobrados e detalhados em planos operacionais, para serem executados pelo nível operacional da empresa.

CONCEITUAÇÃO DE PLANEJAMENTO TÁTICO

O planejamento é a função administrativa que determina antecipadamente o que se deve fazer e quais objetivos devem ser alcançados, e visa a dar condições racionais para organizar e dirigir a empresa ou seus departamentos ou divisões a partir de certas hipóteses a respeito da realidade atual e futura. O planejamento parte do reconhecimento de que

> desde que as ações presentes reflitam necessariamente antecipações implícitas e presunções sobre o futuro, essas antecipações e presunções devem ser feitas de forma explícita e não subjetivamente sob qualquer tipo de análise comumente efetuada para tornar menos nebulosos certos assuntos imediatos e consequentemente menos importantes[2].

Se o futuro vai chegar – e ele sempre chega a qualquer momento – por que deixar que ele apareça sem que se esteja devidamente preparado para enfrentá-lo, a ponto de se improvisarem soluções repentinas que nem sempre serão as melhores? Daí a mentalidade simplista de solução de problemas à medida que surgem nas empresas, o que as torna mais reativas às ocorrências do que proativas em relação aos eventos que ocorrem em um mundo repleto de mudanças. Na realidade, o planejamento é uma técnica para absorver a incerteza e permitir mais consistência no desempenho das empresas[1].

O planejamento tático se refere ao nível intermediário da organização, ou seja, ao nível dos departamentos ou unidades de negócio da empresa. Assim, ele é elaborado pelos gerentes ou executivos em relação ao programa de atividades de seu órgão, tendo por base o planejamento estratégico da empresa e no sentido de contribuir para que este tenha sucesso.

CARACTERÍSTICAS DO PLANEJAMENTO TÁTICO

O planejamento tático apresenta as seguintes características[1]:

1. É um processo permanente e contínuo, pois é realizado continuamente dentro da empresa e não se esgota na simples montagem de um plano de ação.
2. É sempre voltado para o futuro e está intimamente ligado com a previsão, embora não se

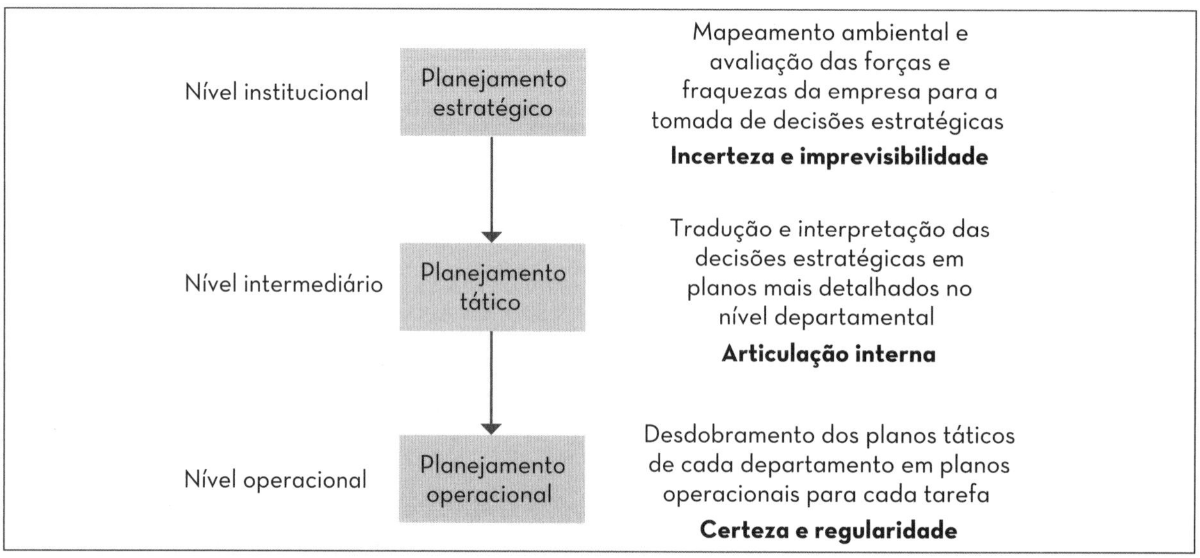

Figura 1 Interligação entre planejamentos estratégico, tático e operacional[1].

confunda com ela. O conceito de planejamento inclui o aspecto de temporalidade e de futuro: o planejamento é uma relação entre coisas a fazer e o tempo disponível para fazê-las. Como o passado já se foi e o presente vai andando, é com futuro que o planejamento se preocupa.

3. Se preocupa com a racionalidade de tomada de decisões, pois, ao estabelecer esquemas para o futuro, o planejamento funciona como meio de orientar o processo decisório, dando-lhe maior racionalidade e subtraindo a incerteza subjacente a qualquer tomada de decisão.
4. Seleciona entre as várias alternativas disponíveis um determinado curso de ação em função de suas consequências futuras e das possibilidades de sua realização.
5. É sistêmico, pois considera a empresa ou o órgão (seja departamento, divisão, etc.) como uma totalidade, tanto o sistema como os subsistemas que o compõem, bem como as relações internas e externas.
6. É iterativo e, como é projetado para o futuro, deve ser flexível para aceitar ajustamentos e correções. O planejamento deve ser iterativo, pois pressupõe avanços e recuos, alterações e modificações em função de eventos novos ou diferentes que ocorram tanto na empresa como no ambiente.
7. É uma técnica de alocação de recursos de forma antecipadamente estudada e decidida. O planejamento deve refletir a otimização na alocação e no dimensionamento dos recursos com os quais a empresa ou o órgão dela poderá contar no futuro para as suas operações.
8. É uma técnica cíclica. Na medida em que o planejamento é executado, permite condições de avaliação e mensuração para novos planejamentos, com informações e perspectivas mais seguras e corretas.
9. É uma função administrativa que interage dinamicamente com as demais. O planejamento está relacionado com as demais funções admi-

Tabela 1 Tipos de níveis de planejamento empresarial[3]

Níveis	Planejamento	Tipos de planejamento			
Institucional	Estratégico	Planejamento estratégico			
Intermediário	Tático	Mercadológico	Financeiro	Produção/ operações	Recursos humanos
Operacional	Operacional	Plano de vendas	Plano de lucros	Plano de produção	Plano de carreiras
		Plano de promoção	Plano de investimentos	Plano de manutenção	Plano de treinamento
		Plano de propaganda	Plano de fluxo de caixa	Plano de suprimentos	Plano de remuneração
		Plano de pesquisa de mercado	Plano orçamentário de despesas	Plano de aquisição de equipamentos	Plano de recrutamento e seleção
		Plano de relações públicas	Plano de receitas	Plano de racionalização	Plano de benefícios sociais

nistrativas, como a organização, a direção e o controle, influenciando e sendo continuamente influenciado por todas elas e em todos os níveis da empresa.

10. É uma técnica de coordenação. O planejamento permite a coordenação de várias atividades no sentido da realização dos objetivos desejados de maneira eficaz. Como a eficácia é a obtenção dos objetivos desejados, torna-se necessário que as atividades dos diferentes órgãos ou níveis da empresa sejam integradas e sincronizadas para a consecução dos objetivos finais. O planejamento permite essa integração e sincronização.
11. É uma técnica de mudança e de inovação. O planejamento é uma das melhores maneiras de se introduzir deliberadamente mudança e inovação dentro da empresa, sob uma forma previamente definida e programada.

O planejamento tático é o conjunto de tomada deliberada e sistemática de decisões envolvendo empreendimentos mais limitados, prazos mais curtos, áreas menos amplas e níveis mais baixos da hierarquia da organização. O planejamento tático está contido no planejamento estratégico e não representa um conceito absoluto, mas relativo: o planejamento tático de um departamento da empresa em relação ao planejamento estratégico geral da organização é estratégico em relação a cada uma das seções que compõem aquele departamento. A distinção entre planejamento estratégico e tático deve ser sempre feita em termos relativos porque, em termos absolutos, ambos ocupam os dois extremos de um espectro contínuo de possibilidades.

As diferenças mais importantes no planejamento tático são[1]:

1. Nível de decisões: o planejamento tático é decidido e desenvolvido nos escalões médios da empresa, isto é, no nível intermediário.
2. Dimensão temporal: o planejamento tático é dimensionado no médio prazo.
3. Amplitude de efeitos: as decisões envolvidas no planejamento tático abrangem partes da empresa, isto é, sua amplitude é departamental.

Tabela 2 Níveis de planejamento em termos de divisão do trabalho empresarial[1]

Nível empresarial	Nível de planejamento	Abrangência	Extensão	Grau de incerteza
Institucional	Estratégico	A empresa como uma totalidade	Longo prazo	Elevado em face das coações e contingências que não pode prever
Intermediário	Tático	Uma área específica da empresa (como um departamento ou divisão)	Médio prazo	Limitação das variáveis envolvidas para reduzir a incerteza e permitir a programação
Operacional	Operacional	Uma tarefa ou operação específica	Curto prazo	Reduzido, graças à programação e à racionalização de todas as atividades

Planos

O planejamento produz um resultado imediato: o plano. Todos os planos têm um propósito comum: a previsão, a programação e a coordenação de uma sequência lógica de eventos, os quais devem conduzir ao cumprimento do objetivo que os comanda. Um plano é um curso predeterminado de ação sobre um período específico e que representa uma resposta projetada a um ambiente antecipado, no sentido de alcançar um conjunto específico de objetivos adaptativos. Como um plano descreve um curso de ação, ele precisa proporcionar respostas às questões: o que, quando, como, onde e por quem.

Foi visto que o planejamento consiste na tomada antecipada de decisões sobre o que fazer antes de a ação ser necessária. Sob o aspecto formal, planejar consiste em simular o futuro desejado e estabelecer previamente os cursos de ação necessários e os meios adequados para atingi-los. Para melhor se compreender o planejamento, torna-se necessário estudar o processo decisório.

PROCESSO DECISÓRIO

Para planejar, deve-se tomar decisões sobre o futuro. A tomada de decisões constitui o núcleo da responsabilidade administrativa. Sob um ponto de vista mais restrito, administrar significa tomar decisões, escolher opções, definir entre várias alternativas o melhor curso de ação. A cada instante o administrador se defronta com situações alternativas que exigem tomar alguma decisão. O administrador deve constantemente decidir o que fazer, quem deve fazer, quando, onde e, muitas vezes, como fazer. Seja ao estabelecer objetivos, alocar recursos ou resolver problemas que surgem pelo caminho, o administrador deve ponderar o efeito da decisão de hoje sobre as oportunidades de amanhã. Decidir é optar ou selecionar entre várias alternativas de cursos de ação aquela que pareça – dentro da racionalidade adotada – a mais adequada para o alcance de determinados fins ou objetivos.

Alguns autores enfatizam mais a decisão do que a ação[4]: como cada ação é consequência de uma decisão que lhe antecede, o mais importante é tomar boas decisões. No fundo, a ação corresponde à execução de uma decisão. Assim, a empresa pode ser descrita como um sistema de decisões: a todo momento, todo mundo está tomando decisões a respeito de suas ações. Presidentes, diretores, gerentes, supervisores, funcionários estão sempre às voltas com decisões sobre o caminho a tomar.

Elementos do processo decisório

Toda decisão envolve no mínimo seis elementos[5]:

1. Tomador da decisão: é o indivíduo ou grupo de indivíduos que faz uma escolha entre vários cursos de ação disponíveis.
2. Objetivos: são os objetivos que o tomador de decisão pretende alcançar por meio de suas ações.
3. Sistema de valores: são os critérios de preferência que o tomador de decisão usa para fazer sua escolha.
4. Cursos de ação: são as diferentes sequências de ação que o tomador de decisão pode escolher.
5. Estados da natureza: são aspectos do ambiente que envolve o tomador de decisão e que afetam sua escolha de cursos de ação. São fatores ambientais fora do controle do tomador de decisões, como as condições de certeza, risco ou incerteza.
6. Consequências: representam os efeitos resultantes de um determinado curso de ação e de um determinado estado da natureza.

Níveis de decisão

Como todas as pessoas estão constantemente tomando decisões, é importante notar que existem três diferentes áreas de decisão na empresa[1]:

1. Estratégicas: referem-se às relações entre a empresa e o ambiente. São amplas, genéricas e guiam e dirigem o comportamento da empresa como um todo. São decisões tomadas no nível institucional e se referem a aspectos estratégicos da empresa, como produtos, serviços, mercados, competição, etc.
2. Administrativas: relacionadas com aspectos internos da empresa envolvendo departamentos ou unidades organizacionais, alocação e distribuição de recursos. São tomadas no nível intermediário.
3. Operacionais: relacionadas com as tarefas, os cargos e os aspectos cotidianos das operações da empresa. São tomadas no nível operacional encarregado de realizar as tarefas do dia a dia.

É necessário analisar cada nível de decisões, sem perder de vista seu inter-relacionamento e sua interdependência.

Etapas do processo decisório

As decisões são tomadas em resposta a algum problema a ser resolvido, a alguma necessidade a ser satisfeita ou a algum objetivo a ser alcançado. A decisão envolve um processo, isto é, uma sequência de passos ou etapas que se sucedem. Daí o nome processo decisório para se descrever essa sequên-

Tabela 3 Três níveis de decisões nas empresas[6]

Decisões	Problema	Natureza do problema	Decisões-chave	Características principais
Estratégias	Seleção do *mix* produto/mercado capaz de melhorar o potencial de retorno do investimento da empresa	Alocação dos recursos totais da empresa entre as oportunidades de produtos/mercados	Objetivos e metas Estratégia de diversificação, de expansão, administrativa e financeira Métodos de crescimento Planos de crescimento	Decisões centralizadas, não repetitivas e não programadas
Administrativas	Estruturação dos recursos da empresa para proporcionar melhor desempenho	Organização, aquisição e desenvolvimento de recursos	Organização: estrutura do fluxo de informações, autoridade e responsabilidade Estrutura de conversão de recursos Aquisição e desenvolvimento de recursos: financeiros, humanos e materiais	Conflito entre estratégia e operações; entre objetivos individuais e organizacionais
Operacionais	Melhoria da realização do potencial de retorno sobre o investimento por meio do desempenho das tarefas	Distribuição dos recursos entre as áreas funcionais Programação da aplicação e conversão dos recursos	Objetivos e metas operacionais Níveis de preços e saídas; programação de produção; níveis de estoque; políticas e estratégicas de *marketing* e de pesquisa e desenvolvimento Controles	Decisões descentralizadas, repetitivas e programadas

cia de fases. Na realidade, o processo decisório pode ser descrito em quatro fases essenciais[7]:

1. Definição e diagnóstico do problema: essa fase envolve a obtenção dos dados e dos fatos a respeito do problema, suas relações com o contexto mais amplo, suas causas, definições e seu diagnóstico.
2. Procura de soluções alternativas mais promissoras: nessa fase vem a busca de cursos alternativos de ação possíveis e que se mostrem mais promissores para a solução do problema, satisfação da necessidade ou alcance do objetivo.
3. Análise e comparação dessas alternativas de solução: é a fase na qual as várias alternativas de cursos de ação são analisadas, ponderadas e comparadas, no sentido de verificar os custos (de tempo, de esforços, de recursos, etc.) e os benefícios que possam trazer, bem como consequências futuras e prováveis quanto a sua adoção.
4. Seleção e escolha da melhor alternativa como um plano de ação: a escolha de uma alternativa de curso de ação implica o abandono dos demais cursos alternativos. Há sempre um processo de seleção e de escolhas entre várias alternativas apresentadas. A racionalidade está implícita nessa atividade de escolha.

Racionalidade do processo decisório

O tomador de decisão deve escolher uma alternativa entre várias outras. Se ele escolhe os meios apropriados para alcançar um determinado objetivo, a decisão é considerada racional. As empresas procuram proporcionar às pessoas que tomam decisões todas as informações de que necessitam e no tempo hábil, para que sejam bem-sucedidas nas escolhas. Mais do que isso, as empresas procuram gerar um ambiente psicológico capaz de condicionar as decisões dos indivíduos aos objetivos organizacionais. Assim, existe uma racionalidade no comportamento administrativo, pois o comportamento dos indivíduos nas empresas é planejado e orientado no sentido de metas e objetivos. É essa intencionalidade que propicia a integração dos sistemas de comportamentos, cuja ausência tornaria a administração sem sentido algum. Não existem decisões perfeitas, pois o tomador de decisões precisaria – para proceder de maneira racional – escolher entre diferentes alternativas que se diferenciam entre si pelas suas consequências futuras, comparar caminhos distintos, por meio da avaliação prévia das consequências decorrentes de cada uma delas, e confrontar tais consequências com os objetivos que se pretende atingir. A eficiência na decisão é a obtenção de resultados máximos com os meios e os recursos limitados. Há sempre uma relatividade nas decisões, pois toda decisão é, até certo ponto, resultado de uma acomodação: a alternativa escolhida dificilmente permite a realização completa ou perfeita dos objetivos visados, representando apenas a melhor solução encontrada naquelas circunstâncias. Por esses motivos, o processo decisório repousa em uma racionalidade limitada, na qual o tomador de decisões não tem condições de analisar todas as alternativas possíveis e receber todas as informações necessárias. O administrador toma decisões sem poder procurar e analisar todas as alternativas possíveis, pois, se assim fosse, o tempo despendido nesse processo retardaria enormemente a definição dos cursos de ação a serem seguidos na atividade empresarial. Por outro lado, o comportamento administrativo é basicamente satisfaciente (*satisficer*), e não otimizante, pois o tomador de decisões procura sempre alternativas satisfatórias, não as alternativas ótimas, dentro das possibilidades da situação envolvida. Todo processo decisório humano, seja de um indivíduo, seja da organização, ocupa-se da descoberta e da seleção de alternativas satisfatórias; somente em casos excepcionais preocupa-se com a descoberta e a seleção de alternativas ideais[8]. O comportamento de busca será detido quando a empresa encontra um padrão considerado aceitável ou razoavelmente bom, isto é, satisfaciente. Quando a realização da empresa cair abaixo desse nível, nova busca de soluções será tentada. Assim, o processo decisório na empresa se caracteriza pelos seguintes aspectos[9]:

1. O tomador de decisão evita a incerteza e segue as regras padronizadas para tomar as decisões.
2. O tomador de decisão procura manter as regras estabelecidas pela empresa e somente as redefine quando sofre pressões.
3. Quando o ambiente muda e novas estatísticas afloram ao processo decisório, a empresa se mostra lenta no ajustamento e tenta utilizar seu modelo decisório atual a respeito do mundo para lidar com as condições modificadas.

Bate-bola: como melhorar o processo decisório?

Discuta com seus colegas a respeito do assunto e tente chegar a uma conclusão: como melhorar o processo decisório do administrador?

Decisões programáveis e não programáveis

Quanto à sua forma, podem-se distinguir dois tipos de decisões programáveis e não programáveis[10] (Tabela 4).

1. Programáveis: são aquelas tomadas de acordo com regras e procedimentos já estabelecidos para enfrentar assuntos rotineiros perfeitamente conhecidos.
2. Não programáveis: são aquelas tomadas frente a situações novas e não bem conhecidas. Constituem novidades e tendem a ser tomadas dentro de julgamentos improvisados e exigindo esforços para definir e diagnosticar o problema ou a situação pela obtenção dos fatos e dos dados, procura de soluções alternativas, análise e comparação dessas alternativas e seleção e escolha da melhor alternativa como um plano de ação.

Geralmente, as decisões não programáveis são tomadas no nível institucional quando estratégicas ou no intermediário das empresas quando táticas, enquanto as decisões programáveis são tomadas no nível operacional a partir de políticas e procedimentos previamente traçados e sujeitos a possíveis confirmações ou aprovações.

Condições de decisão

As decisões podem ser tomadas dentro de três condições (Figura 2)[11]:

1. Incerteza: nas situações de decisão sob incerteza, o tomador de decisão tem pouco ou nenhum conhecimento ou informação para utilizar

Tabela 4 Características das decisões programadas e não programadas[10]

Decisões programadas	Decisões não programadas
São computacionais e rotineiras	Baseadas em julgamento
Dados adequados	Dados inadequados
Dados repetitivos	Dados novos
Condições estáticas	Condições dinâmicas
Certeza	Incerteza
Baseadas em regras e métodos já estabelecidos	Baseadas em julgamento pessoal

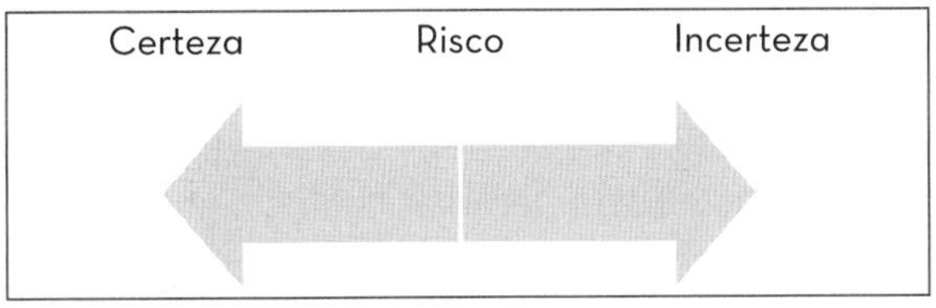

Figura 2 *Continuum* certeza-incerteza.

como base para atribuir probabilidade a cada estado da natureza ou a cada evento futuro. Em casos extremos de incerteza não é possível estimar o grau de probabilidade de que o evento venha a ocorrer. É a situação típica com que se defronta o nível institucional das empresas, exigindo um planejamento contingencial que permita alternativas variadas e flexíveis.

2. Risco: nas situações de decisão sob risco, o tomador de decisão tem informação suficiente para predizer os diferentes estados da natureza. No entanto, a qualidade dessa informação e a sua interpretação pelos diversos administradores podem variar amplamente e cada administrador pode atribuir diferentes probabilidades conforme sua crença ou intuição, experiência anterior, opinião, etc.
3. Certeza: nas situações sob *certeza*, o administrador tem completo conhecimento das consequências ou dos resultados das várias alternativas de cursos de ação para resolver o problema. É a decisão mais fácil de se tomar, pois cada alternativa pode ser associada com os resultados que pode produzir. Mesmo que o administrador não tenha condições de investigar todas as alternativas disponíveis, ele pode escolher melhor entre as alternativas consideradas. Essa é uma situação excepcional, e não a regra.

O planejamento consiste na tomada antecipada de decisões sobre o que fazer antes que a ação seja necessária e, por isso, constitui um sistema aberto e dinâmico de decisões. Na realidade, as empresas são sistemas programados de decisão em níveis intermediários.

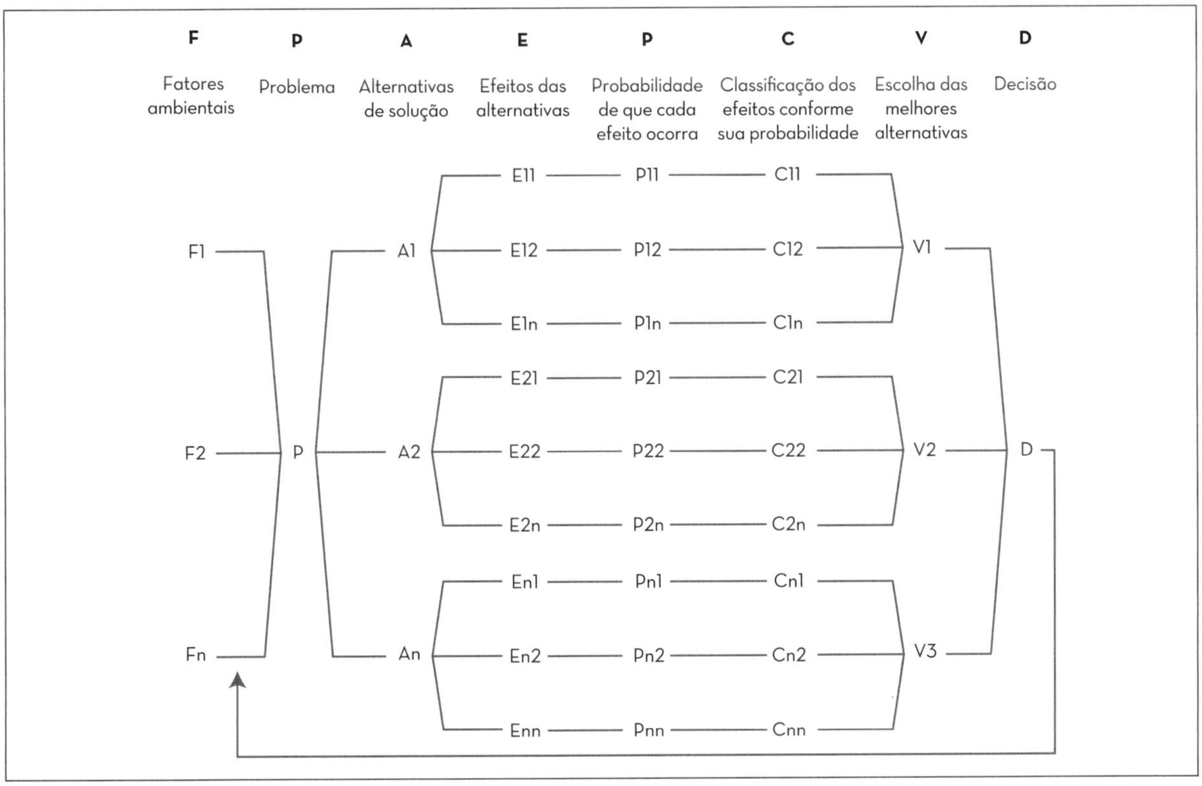

Figura 3 Fluxograma do processo decisório[1].

Estilos de decisão

Os administradores – e obviamente também as pessoas – diferem quanto ao estilo de decisão que costumam tomar em dois aspectos[11]:

1. Quanto ao modo de pensar: podem ser lógicos e racionais quando processam as informações de maneira sequencial ou podem ser intuitivos e criativos quando percebem as coisas como um todo.
2. Quanto à tolerância à ambiguidade: podem sentir necessidade de estruturar as informações de maneira a minimizar a ambiguidade ou conseguem processar muitas informações simultaneamente.

Quando são integradas essas duas dimensões em um diagrama, pode-se definir quatro estilos de decisão, como na Figura 4.

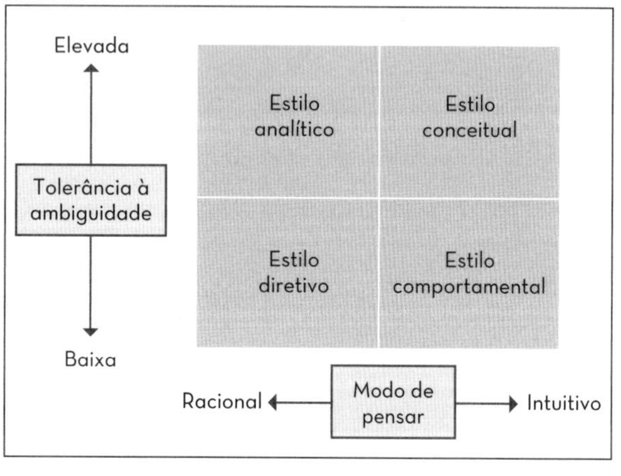

Figura 4 Estilos de decisão[12].

Dentro desse quadro, podem-se sinalizar quatro estilos de decisão[12]:

1. Diretivo: tem baixa tolerância à ambiguidade e busca racionalidade. É um estilo que busca eficiência e lógica e se caracteriza por decisões rápidas e concentradas no curto prazo. Utiliza poucas informações e avalia poucas alternativas em função da busca da eficiência.
2. Analítico: tem tolerância maior à ambiguidade e busca maior número de informações e alternativas. É típico de tomador cauteloso de decisão e com alta capacidade de se adaptar ou lidar com situações novas.
3. Conceitual: tem uma perspectiva mais ampla e tende a considerar muitas alternativas. Focaliza o longo prazo e busca soluções criativas para os problemas.
4. Comportamental: tem elevada receptividade a sugestões, busca aceitação e evita conflitos. Típico de tomador de decisão que trabalha em equipe e se preocupa com as realizações de seus pares e subordinados.

Na verdade, o administrador utiliza quase sempre mais de um estilo de decisão, mas sempre recaindo em um estilo dominante. O administrador mais flexível pode alterná-los conforme a situação enfrentada.

Bate-bola: para que servem as decisões?

Discuta com seus colegas a respeito do assunto e tente chegar a uma conclusão: para que servem as decisões?

- Definir comportamentos futuros.
- Alocar recursos organizacionais.
- Resolver problemas.
- Criar inovação.
- Conduzir uma empresa em um ambiente mutável.
- Estabelecer prioridades.

TIPOS DE PLANOS TÁTICOS

Os planos táticos geralmente se referem a[11]:

1. Planos de produção: envolvendo métodos e tecnologias necessárias para as pessoas em seu tra-

balho, arranjo físico do trabalho e equipamentos como suportes para as atividades e tarefas.

2. Planos financeiros: envolvendo captação e aplicação do dinheiro necessário para suportar as várias operações da organização.
3. Planos de *marketing*: envolvendo os requisitos de vender e distribuir bens e serviços no mercado e atender ao cliente.
4. Planos de recursos humanos: envolvendo recrutamento, seleção e treinamento das pessoas nas várias atividades dentro da organização.

IMPLEMENTAÇÃO DOS PLANOS TÁTICOS

Os planos táticos representam uma tentativa da empresa de integrar o processo decisório e alinhá-lo à estratégia adotada, para orientar e enquadrar o nível operacional em suas tarefas e atividades a fim de atingir os objetivos empresariais propostos. Para alcançar essa integração de esforços e plena identificação com a estratégia empresarial, os planos táticos precisam ser complementados por políticas.

Políticas

Uma política é um guia genérico para a ação. Ela delimita a ação, mas não especifica o tempo. É uma definição de propósitos comuns de uma empresa e estabelece linhas de orientação e limites para a ação dos indivíduos responsáveis pela implementação dos planos. As políticas são planos que lidam com problemas recorrentes e para os quais não existe solução rotineira, e levam a organização a reconhecer objetivos específicos e a trabalhar em conjunto para seu alcance dentro de uma maneira amplamente definida. Uma política simplesmente estabelece linhas-mestras ou fronteiras dentro das quais as decisões subsequentes devem ser tomadas. Ela toma a forma de afirmações genéricas. Seu propósito não é o de obter absoluta uniformidade de ação, mas de guiar as pessoas, que devem desenvolver outros tipos de planos, a fim de que elas possam reconhecer quando fazer exceções às práticas usuais e quando não o fazer. Geralmente, uma política apresenta maior flexibilidade do que os outros tipos de planos. À medida que se caminha das políticas aos procedimentos e às regras, os limites

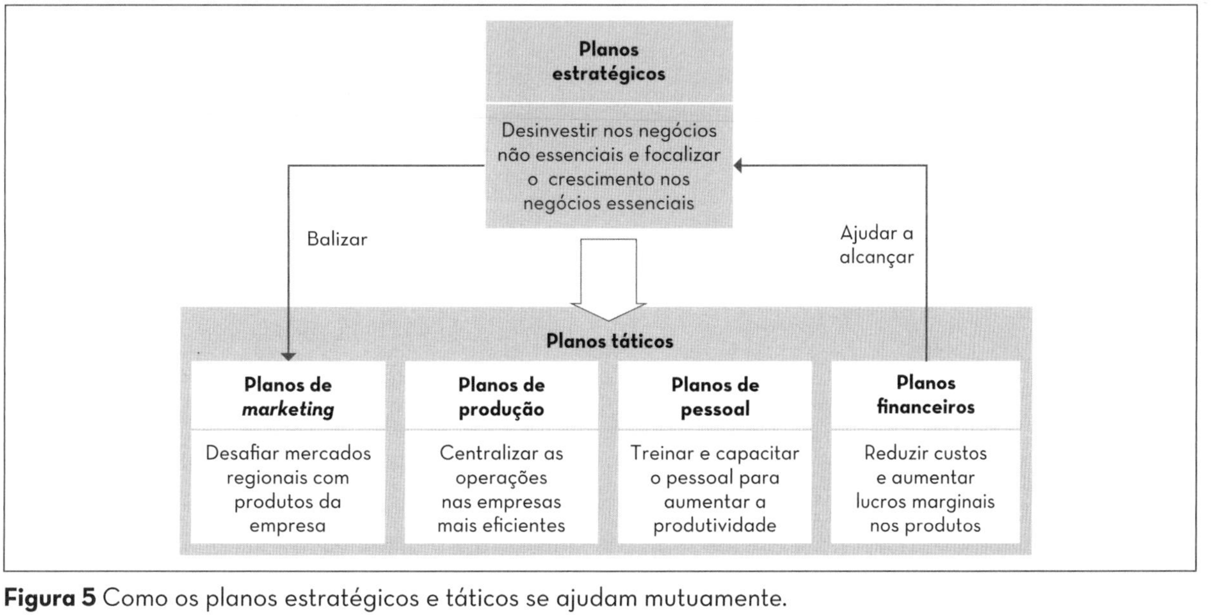

Figura 5 Como os planos estratégicos e táticos se ajudam mutuamente.

tornam-se gradativamente mais estreitos e menos sujeitos à interpretação pessoal.

As políticas podem ser escritas ou apenas implícitas e vagas, mas sempre constituem guias para a tomada de decisões dentro da empresa. São princípios ou grupos de princípios que constituem regras para a ação e que contribuem para o alcance bem-sucedido dos objetivos. As políticas constituem balizamentos ao comportamento dos participantes da empresa. Assim, as políticas fazem parte – de uma forma mais específica – da estratégia geral da empresa. Um aspecto interessante das políticas é que elas mais guiam e orientam do que controlam a tomada de decisões, pois conduzem o tomador de decisão aos cursos de ação preferidos ou consequências desejadas pela empresa e presumem, implicitamente, que poderão ocorrer certos desvios desde que as condições o permitam. Por esse motivo, as políticas assumem um ar de generalidade e de abrangência. Quando as políticas se tornam mais específicas e restritivas, elas limitam as alternativas do tomador de decisão. Se os guias para a tomada de decisão tornam-se muito formais, específicos e restritivos, eles deixam de ser políticas para se transformarem em procedimentos ou em regras e regulamentos.

Tipos de políticas

Quanto ao nível em que funcionam, as políticas podem ser[11] (Figura 6):

Figura 6 Tipos de políticas.

1. Globais da empresa: são desenvolvidas no nível institucional e estão relacionadas com aspectos globais da empresa. Todas as demais políticas devem se adequar a ela. As políticas com relação a acionistas, clientes, fornecedores, concorrentes, funcionários, governo e ecologia estão entre elas.
2. Administrativas: são desenvolvidas no nível intermediário e estão relacionadas predominantemente com aspectos internos da empresa. As políticas de pessoal, de produção, mercadológica, financeira e de abastecimento são exemplos típicos.
3. Operacionais: são desenvolvidas para serem seguidas pelo nível operacional da empresa e estão relacionadas com aspectos específicos da atividade empresarial. São exemplo as políticas de redução de custos, de compras, de salários, de admissão de funcionários, de controle de qualidade, de manutenção e de segurança no trabalho. Em alguns casos, as políticas operacionais podem ser elevadas a políticas administrativas ou até globais, quando se tornam importantes e relevantes para os negócios da empresa. É o caso do controle de qualidade em empresas que comercializam seus produtos vinculando-os à qualidade garantida ou de segurança para empresas que produzem produtos que envolvem periculosidade.

Como o administrador alcança objetivos e atinge resultados por intermédio de seus subordinados, a definição e a clareza das políticas é imprescindível para que ele seja bem-sucedido nessa tarefa crucial. Afinal, as pessoas precisam compreender claramente aquilo que delas se espera e essas expectativas devem ficar muito claras através das políticas. Assim, a maneira como são escritas e explicadas é fundamental para que todos possam entendê-las e transformá-las em guias para suas atividades cotidianas.

Figura 7 Mapa mental deste capítulo.

Referências bibliográficas

1. CHIAVENATO, I. *Introdução à teoria geral da administração*, Rio de Janeiro, Elsevier/Campus, 2011.
2. CLELLAND, D. I.; KING, W. R. *Systems analysis and project management*, Nova York, McGraw-Hill, 1972. p. 28.
3. VASCONCELLOS FILHO, P. de. "Afinal, o que é planejamento estratégico?", *Revista de Administração de Empresas*, FGV., abr./jun. 1978. v. 18, n. 2, p. 11.
4. SIMON, H. A. *Comportamento administrativo*, Rio de Janeiro, Fundação Getulio Vargas, 1965.
5. TERSINE, R. J. "Organization decision theory – a synthesis". In: TERRY, G. R. (org.). *Management selected readings*, Homewood, III, Richard D. Irwin, 1973, p. 139.
6. ANSOFF, H. I. "Toward a strategic theory of the firm". In: ANSOFF, H. I. (org.). *Business strategy* – selected readings. Middlesex, Penguin Education, 1973. p. 16.
7. NEWMANN, W. H.; WARREN, E. K. *Administração avançada*: conceitos, comportamentos e práticas no processo administrativo, São Paulo, Atlas, 1967, p. 243.
8. MARCH, J. G.; SIMON, H. A. *Teoria das organizações*, Rio de Janeiro, Fundação Getulio Vargas, Serviço de Publicações, 1967, p. 174-5.
9. CYERT, R. M.; MARCH, J. G. *A behavioral theory of the firm*, Englewood Cliffs, NJ, Prentice-Hall, 1963.
10. SIMON, H. A. *The new science of management decision*, Nova York, Harper & Row, 1960, p. 8.
11. CHIAVENATO, I. *Administração nos novos tempos*, Rio de Janeiro, Elsevier/Campus, 2007.
12. ROWE, A. J., GOULGARIDES, J. D., McGRATH, M. R., Managerial decision making, op. cit., p. 18.

CAPÍTULO 9

Planejamento operacional

Objetivos deste capítulo

- Conceituar planejamento operacional.
- Explicar como as empresas planejam no seu nível operacional.
- Explicar os vários tipos de planos operacionais.

Enquanto o nível institucional opera com a incerteza trazida do ambiente que circunda a empresa, o nível intermediário procura amortecê-la, neutralizá-la e contemporizá-la para encaminhar ao nível operacional os esquemas de tarefas e as operações racionalizados e submetidos a um processo reducionista típico de abordagem de sistema fechado. Assim, o nível operacional quase sempre trabalha dentro da lógica de sistema fechado para que alcance regularidade e certeza no seu cotidiano e funcione com a máxima eficiência possível. Apesar de todas as pressões e contingências do ambiente externo, o nível operacional precisa funcionar como um mecanismo de relojoaria: tecnologia e máquinas em operação, ritmo e cadência para alcançar produtividade, cuidados para evitar possíveis paralisações ou esperas e uma constante regularidade. Para tanto, o nível operacional precisa de um tipo de planejamento o mais próximo possível de um sistema fechado às intempéries ambientais. A menos que estas sejam de tal porte e intensidade que provoque um profundo choque no funcionamento da empresa.

CONCEITUAÇÃO DE PLANEJAMENTO OPERACIONAL

O planejamento operacional preocupa-se basicamente com "o que fazer" e com o "como fazer" no nível em que as tarefas são executadas. Refere-se especificamente às tarefas e operações realizadas no dia a dia no nível operacional. Como está inserido na lógica de sistema fechado, o planejamento operacional focaliza a otimização e a maximização de resultados, enquanto o planejamento tático está voltado para resultados apenas satisfatórios ou satisfacientes. Por meio do planejamento operacional, os administradores visualizam e determinam ações futuras dentro do nível operacional que melhor conduzam ao alcance dos objetivos da empresa. Como o grau de liberdade na execução das tarefas e operações no nível operacional é muito estreito e pequeno, o planejamento operacional se caracteriza pelo detalhamento com que estabelece as tarefas e as operações, pelo caráter imediatista focalizando apenas o curto prazo e pela abrangência focal abordando apenas uma tarefa ou operação.

O planejamento operacional pode ser visualizado como um sistema: começa com os objetivos estabelecidos pelo planejamento tático para desenvolver planos e procedimentos detalhados e proporciona informação de retroação no sentido de propiciar meios e condições para otimizar e maximizar os resultados. O planejamento operacional é constituído de uma infinidade de planos operacionais que proliferam nas diversas áreas e funções dentro da empresa: produção ou operações, finanças, mercadologia, recursos humanos, etc.

No fundo, os planos operacionais cuidam da administração pela rotina para assegurar que todos executem as tarefas e as operações de acordo com os procedimentos estabelecidos pela empresa, a fim de que esta possa alcançar seus objetivos. Os planos operacionais estão voltados basicamente para a eficiência (ênfase nos meios), pois a eficácia (ênfase nos fins) é problema remetido para os níveis institucional e intermediário da empresa.

TIPOS DE PLANOS OPERACIONAIS

Embora os planos operacionais sejam heterogêneos e diversificados, eles podem ser classificados em quatro tipos[1]:

1. Planos relacionados com métodos, denominados procedimentos.
2. Planos relacionados com dinheiro, denominados orçamentos.
3. Planos relacionados com tempo, denominados programas ou programações.
4. Planos relacionados com comportamentos, denominados regulamentos.

O importante é notar que cada plano pode consistir em muitos subplanos com diferentes graus de deta-

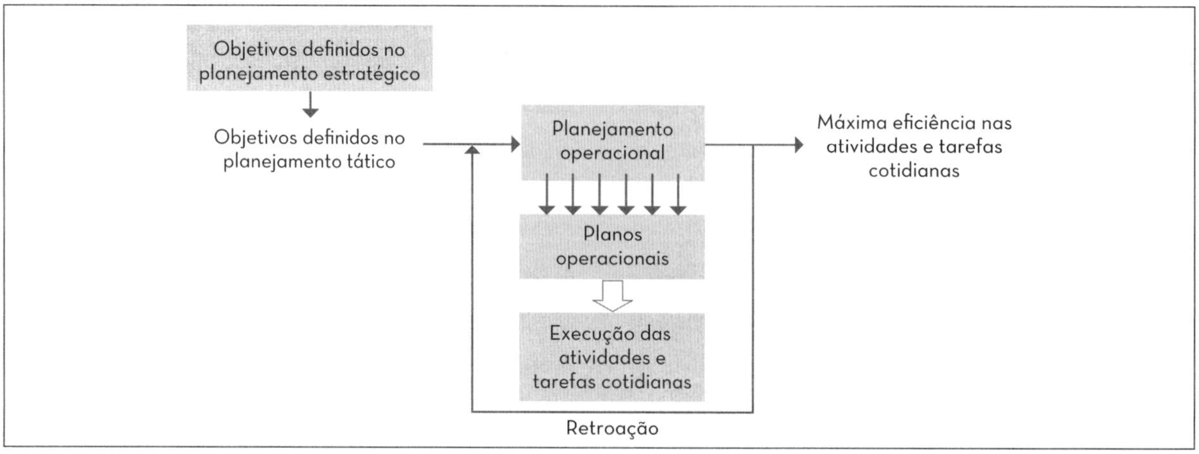

Figura 1 Planejamento operacional como um sistema[1].

lhamento. Veja mais de perto cada um desses tipos de planos operacionais.

Bate-bola: para que servem os planos?

Discuta com seus colegas a respeito do assunto e tente chegar a uma conclusão: para que servem os planos?

- Melhorar o desempenho das pessoas.
- Melhor utilizar máquinas e equipamentos.
- Evitar possíveis paralisações ou esperas desnecessárias.
- Melhor alcançar metas e objetivos.
- Aumentar a eficiência e eficácia.

PROCEDIMENTOS

Constituem a sequência de passos ou de etapas que devem ser rigorosamente seguidos para a execução dos planos. São séries de passos detalhados indicando como cumprir uma tarefa ou alcançar um objetivo preestabelecido. Assim, os procedimentos são subplanos de planos maiores. Em razão de sua natureza detalhada, são geralmente escritos e colocados à disposição daqueles que devem usá-los.

Os procedimentos constituem guias para a ação e são mais específicos que as políticas. Em conjunto com outras formas de planejamento, procuram evitar a confusão por meio da direção, da coordenação e da articulação das operações de uma empresa. Ajudam a dirigir todas as atividades da empresa para objetivos comuns, a impor consistência ao longo da organização e do tempo e buscam economias ao capacitarem a administração a evitar todos os custos de verificações recorrentes e a delegar autoridade a subordinados para tomar decisões dentro de limites impostos pela administração. Enquanto as políticas constituem guias para pensar e decidir, um procedimento é um guia para fazer. O termo procedimento refere-se aos métodos para executar as atividades. Um método descreve o processo de executar um passo ou uma etapa do procedimento e pode ser considerado um plano de ação, mas é geralmente um subplano de um procedimento.

Procedimento

O procedimento – também denominado procedimento operacional padronizado – é um sistema de passos ou técnicas sequenciais que descreve como uma determinada tarefa ou atividade deve ser feita. Serve para detalhar várias atividades que devem ser executadas no sentido de completar um programa.

Os procedimentos geralmente são transformados em rotinas e expressos na forma de fluxogramas (são gráficos que representam o fluxo ou a sequência de procedimentos ou de rotinas). Estas nada mais são do que procedimentos devidamente padronizados e formalizados. Os fluxogramas podem ser de vários tipos.

Fluxograma vertical

O fluxograma vertical retrata a sequência de uma rotina por meio de linhas – que traduzem as diversas tarefas ou atividades necessárias para a execução da rotina – e de colunas – representando, respectivamente, os símbolos das tarefas ou das operações, os funcionários envolvidos na rotina, as tarefas ou operações executadas, o espaço percorrido para a execução ou operação e o tempo despendido.

O fluxograma vertical, também denominado gráfico de análise de processo, é utilizado para descrever simbolicamente um procedimento executado por vários funcionários, cada qual desempenhando uma tarefa diferente, ou para descrever uma rotina executada por uma única pessoa.

Rotina em sequência vertical

No fluxograma vertical apresentado anteriormente, a rotina é constituída de dez fases, envolvendo três funcionários, demandando um tempo médio de 164 minutos e levando a uma movimentação de 207 metros. Os dez passos ou fases são constituídos de uma operação, cinco transportes, duas paradas e duas verificações ou conferências. A linha que liga os diversos símbolos das operações traduz a sequência vertical do fluxograma.

O fluxograma vertical coloca a ênfase na sequência da rotina ou do processo. A utilidade do fluxograma vertical é enorme, principalmente na área de planejamento de métodos e procedimentos de trabalho, para se montar um procedimento ou rotina, para ajudar no treinamento do pessoal, para fixar a sequência das operações, para racionalizar uma tarefa, etc. (Tabela 1 e Figura 2).

Fluxograma horizontal

O fluxograma horizontal utiliza geralmente os mesmos símbolos do fluxograma vertical e enfatiza os órgãos ou as pessoas envolvidos em um determinado procedimento ou rotina. Em procedimentos ou rotinas que envolvam muitos órgãos ou pessoas, o fluxograma horizontal permite visualizar a parte que cabe a cada um e comparar a distribuição das tarefas entre todos os envolvidos para uma possível racionalização ou redistribuição, ou para dar uma ideia da participação existente, a fim de facilitar os trabalhos de coordenação e de integração (Figura 3).

Fluxograma de blocos

O fluxograma de blocos baseia-se em uma sequência de blocos ou ícones encadeados entre si, tendo cada qual um significado específico. Apresenta duas vantagens: utiliza uma simbologia mais rica e variada e não se restringe apenas a linhas e colunas preestabelecidas no gráfico. É um fluxograma utilizado pelos analistas de sistemas para representar graficamente entradas, operações e processos, saídas, conexões, decisões, ar-

Tabela 1 Símbolos do fluxograma vertical (convenção universal)

Símbolos	Significado
○	O círculo significa uma operação (uma etapa ou subdivisão do processo). Uma operação é realizada quando algo é criado, alterado, acrescentado ou subtraído. Por exemplo, emissão de um documento, grampeamento de vias de um formulário, anotação de um registro e aposição de uma assinatura
⇨ ou ○	A seta ou o pequeno círculo corresponde a um transporte ou tarefa de levar algo de um local para outro. Ocorre quando um objeto, uma mensagem ou um documento é movimentado de um lugar para outro
□	O quadrado significa uma inspeção, verificação ou controle, seja de quantidade ou de qualidade. É a verificação ou fiscalização sem que haja realização de operações. Por exemplo, conferência de um documento, verificação de alguma assinatura
D	A letra D representa uma demora ou um atraso, seja por congestionamento, por distância ou por espera de alguma providência qualquer por parte de outra pessoa. Significa uma espera ou um aprazamento por agenda ou a chegada de alguma coisa de quem se dependa para prosseguir o processo
▽ △	O triângulo com o vértice para baixo ou para cima representa uma parada quase definitiva ou muito prolongada. Pode ser um armazenamento (quando se tratar de materiais) ou um arquivamento (quando se tratar de documentos)

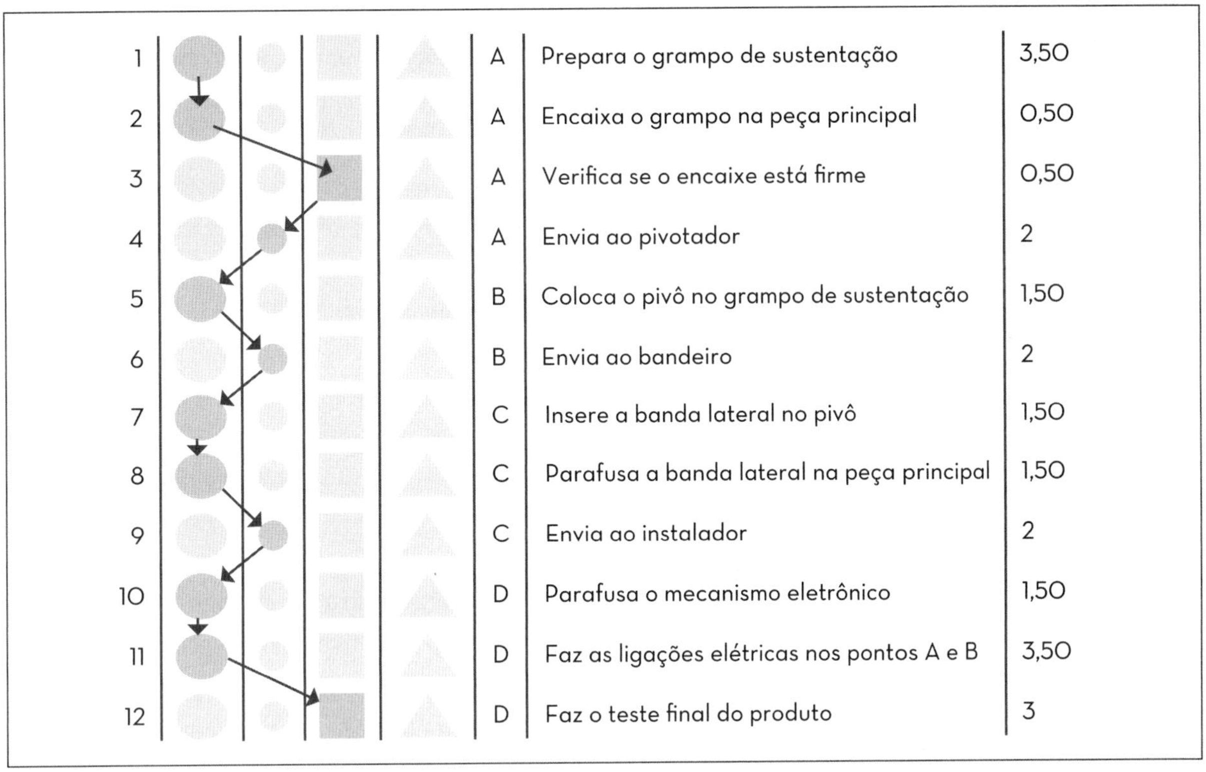

Figura 2 Exemplo de fluxograma vertical.

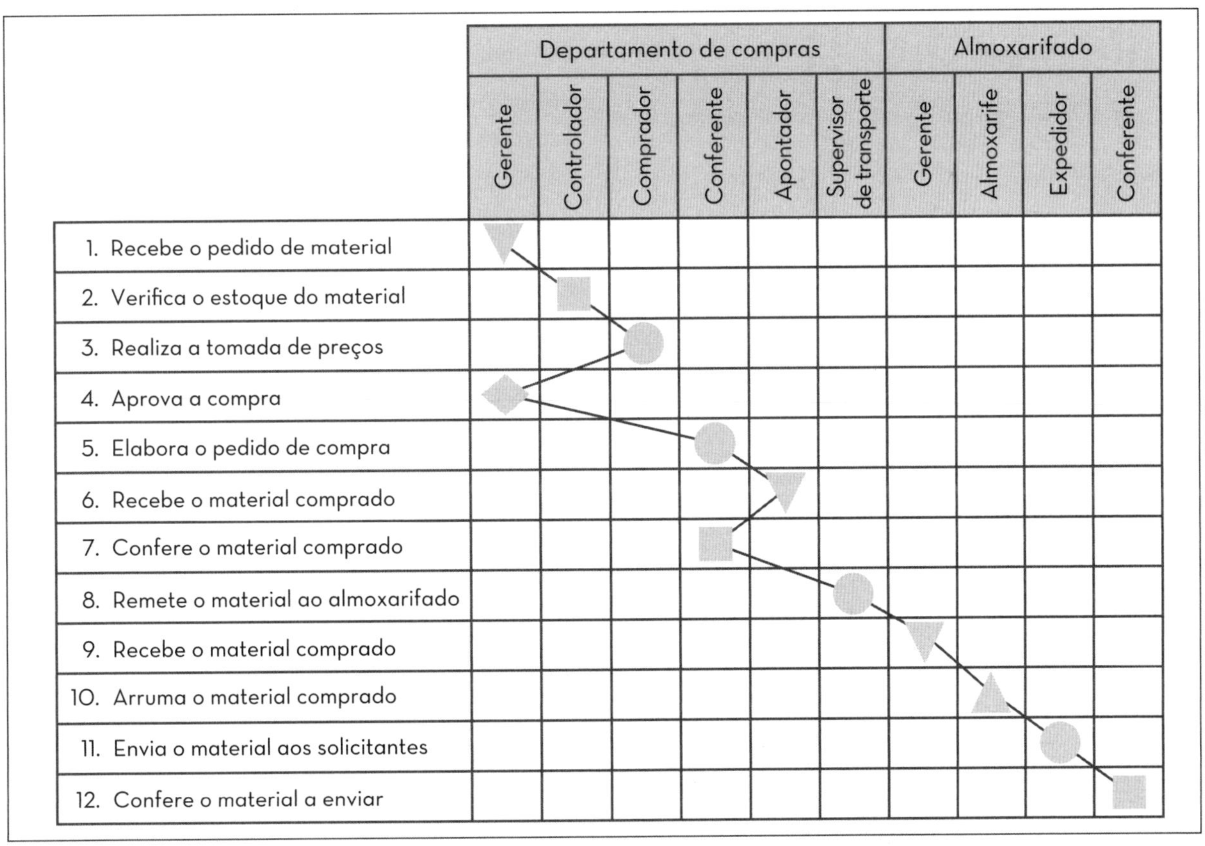

Figura 3 Fluxograma horizontal de uma rotina de compra e recebimento de material.

quivamento, etc., que constituem o fluxo ou a sequência das atividades de um sistema qualquer (Figura 4).

Simbologia do fluxograma de blocos

Os símbolos universais utilizados no fluxograma vertical são os seguintes:

1. Operação: representada por um círculo. É uma etapa ou subdivisão do processo. Uma operação é realizada quando algo é criado, alterado, acrescentado ou subtraído. Geralmente agrega valor ao processo, ao produto ou ao serviço. Por exemplo, emissão de um documento, anotação de um registro, colocação de uma peça.
2. Transporte: representada por um círculo pequeno ou por uma seta. É a tarefa de levar algo de um lugar para outro. Ocorre quando um objeto, uma mensagem ou documento é movimentado de um lugar para outro. Não agrega valor nenhum ao processo, produto ou serviço. Apenas agrega custos adicionais.
3. Inspeção: ou verificação ou controle. Representada por um quadrado. É uma verificação ou fiscalização (de quantidade ou de qualidade) sem que haja realização de operação. Também não agrega valor, mas agrega custos adicionais. Por exemplo, conferência de um documento e verificação de uma assinatura.
4. Arquivamento ou armazenamento: representados por um triângulo. Pode se referir a algum documento (arquivamento) ou a algum material ou produto (armazenamento).

A Tabela 2 mostra um fluxograma de blocos e os procedimentos envolvidos no processo de requisição de um empregado, emitido pelo órgão requisitante até a etapa de exame médico de seleção e documentação para efeito de admissão.

ORÇAMENTOS

São os planos operacionais relacionados ao dinheiro dentro de um determinado período. Os orçamentos geralmente têm a extensão de um

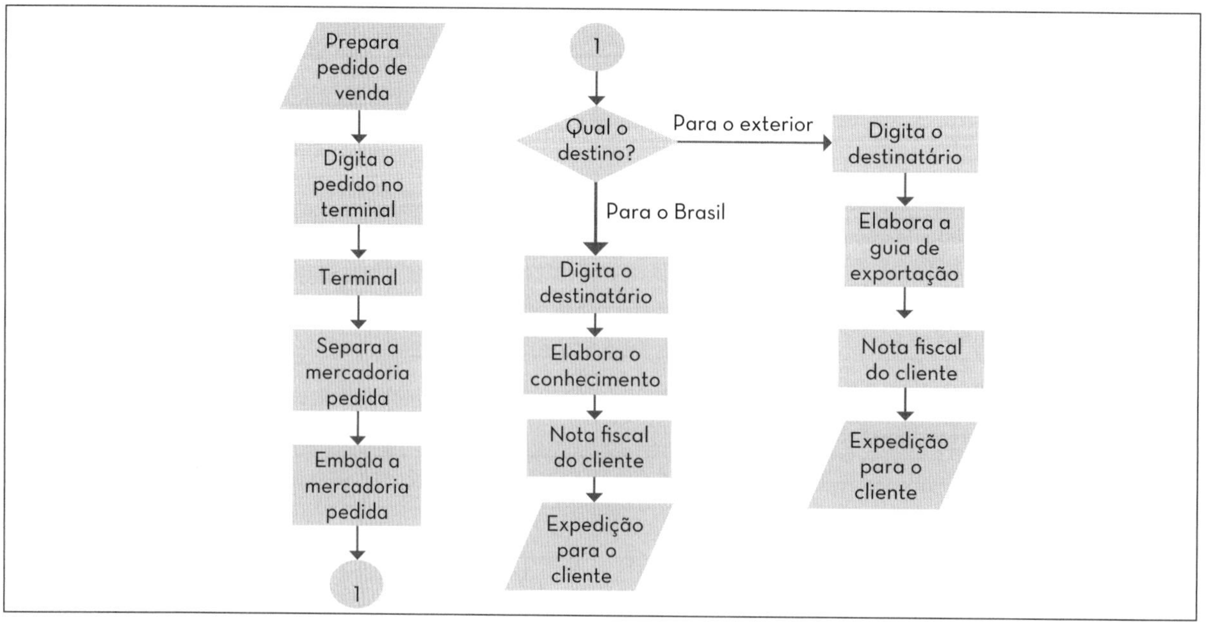

Figura 4 Fluxograma de blocos[1].

ano, correspondendo ao exercício fiscal da empresa. Quando os valores financeiros e os períodos temporais tornam-se maiores, ocorre o planejamento financeiro, definido e elaborado no nível intermediário da empresa, com dimensões e efeitos mais amplos do que os orçamentos, cuja dimensão é meramente local e cuja temporalidade é limitada.

O fluxo de caixa, os orçamentos departamentais de despesas, de encargos sociais referentes aos empregados, de reparos e manutenção de máquinas e equipamentos, de custos diretos de produção, de despesas de promoção e propaganda, etc. constituem exemplos de orçamentos no nível operacional (Figura 5 e Tabela 2).

Listas de verificação

As listas de verificação (*checklists*) constituem um tipo de procedimento de rotina que contém todas as ações necessárias para a execução de uma determinada tarefa. No fundo, trata-se de uma espécie de lembrete para que o executor não se esqueça de nenhum detalhe. Em geral, referem-se a atividades do nível operacional. Em companhias aéreas, os comandantes seguem listas de verificação para decolar ou aterrisar aviões e os tripulantes seguem listas de verificação no caso de situações perigosas ou acidentes. A seguir, há uma lista de verificação sobre os tipos de infor-

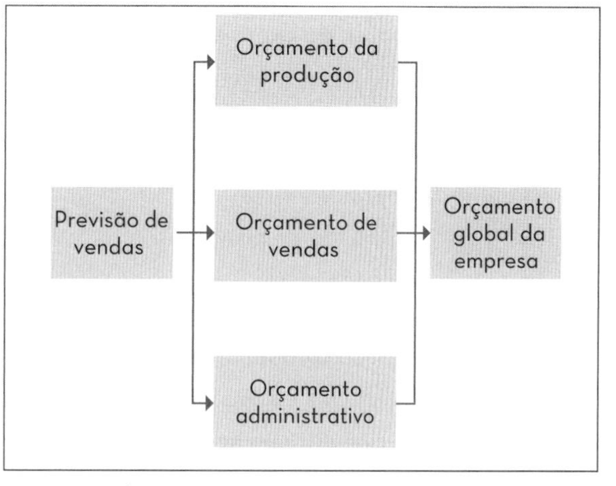

Figura 5 Alguns componentes do orçamento global da empresa.

Tabela 2 Exemplo de um orçamento de despesas de um departamento

Itens de Despesas	Jan	Fev	Mar	Abr	Mai	Jun	Jul	Ago
Salários indiretos	890	890	890	890	960	960	960	960
Horas extras	20	20	20	20	25	25	25	25
13º salário	75	75	75	75	80	80	80	80
Gratificações	75	75	75	75	80	80	80	80
Encargos sociais	455	455	455	455	492	492	492	492
Subtotal: salário	**1.515**	**1.515**	**1.515**	**1.515**	**1.637**	**1.637**	**1.637**	**1.637**
Aluguéis	420	420	420	420	420	420	420	420
Energia elétrica	80	80	80	80	80	80	80	80
Material de escritório	300	500	800	300	500	500	900	900
Subtotal: despesas	**800**	**1.000**	**1.300**	**800**	**1.000**	**1.300**	**1.400**	**1.400**
Total geral	**2.315**	**2.515**	**2.815**	**2.315**	**2.637**	**2.397**	**3.037**	**3.037**

mação que devem ser obtidos de candidatos aos cargos em uma empresa (Tabela 3).

Tabela 3 Lista de verificação na admissão de um funcionário[1]

Entrevista de triagem	Verificação dos requisitos indispensáveis do candidato Análise da carteira profissional Preenchimento da ficha de solicitação de emprego
Entrevista de seleção	Análise da experiência profissional Análise da situação econômica Avaliação da aspiração profissional
Avaliação psicológica	Aplicação de testes de nível mental e aptidões Aplicação de provas de conhecimentos
Informações sobre	Tipo de trabalho que irá executar Política salarial da empresa Benefícios sociais concedidos Documentação necessária
Informações de terceiros	Referências sobre idoneidade moral do candidato
Seleção médica	Exame clínico Exame de visão e audição Exames de laboratório Consulta médica

PROGRAMAS OU PROGRAMAÇÕES

Constituem planos operacionais relacionados com o tempo e podem receber o nome de programações. Consistem basicamente em planos que correlacionam duas variáveis: tempo e atividades que devem ser executadas. Os métodos de programação podem variar indo desde programas simples (em que se pode utilizar um simples calendário para programar atividades) até programas complexos (que exigem técnicas matemáticas avançadas ou processamento de dados pelo computador, para analisar e definir intrincadas interdependências entre variáveis que se comportam de maneiras diferentes). A programação – seja simples ou complexa – constitui ferramenta importante de planejamento no nível operacional das empresas (Tabela 4).

Cronograma

O programa mais simples é o cronograma: um gráfico de dupla entrada em que as linhas configuram as tarefas ou atividades e as colunas definem os períodos, geralmente dias ou meses. Os traços horizontais significam a duração das tarefas ou atividades, com início e término bem definidos, conforme sua localização nas colunas (Tabela 5).

Tabela 4 Exemplo de uma programação de produção

Atividade	Jan	Fev	Mar	Abr	Maio	Jun	Jul	Ago	Set	Out	Nov	Dez
Produto A	500	500	600	600	600	700	700	700	800	800	800	50
Produto B	200	200	200	300	300	300	300	300	300	300	400	400
Produto C	100	100	200	200	100	100	100	100	100	100	100	100
Produto D	100	100	100	100	100	100	100	100	100	100	100	100
TOTAL	900	900	1.100	1.200	1.100	1.200	1.200	1.200	1.300	1.300	1.400	650

Tabela 5 Exemplo de cronograma de programação de manutenção de máquinas

Atividade	Jan	Fev	Mar	Abr	Maio	Jun	Jul	Ago	Set	Out	Nov	Dez
Máquina A	05	04	03	02	02	01	01	01	01	01	01	01
Máquina B	10	08	07	05	05	05	05	05	05	05	05	05
Máquina C	15	12	11	10	10	10	10	10	10	10	10	10
Máquina D	20	18	17	16	16	16	16	16	16	16	16	16
Máquina E	30	28	27	26	26	26	26	26	26	26	26	26

Os traços horizontais sólidos do cronograma indicam a duração das atividades de acordo com o que foi planejado e os traços cortados o que foi realmente executado. Isso permite uma fácil comparação visual entre o planejamento e a sua execução, conforme a Tabela 6.

Gráfico de Gantt

Um tipo de cronograma bastante simples é o chamado Gráfico de Gantt, cujas colunas marcam o tempo em semanas ou meses, como na Tabela 7.

PERT

O *Program Evaluation Review Technique* (PERT) ou Técnica de Avaliação e Revisão de Programas é outro modelo de planejamento operacional utilizado em atividades de produção e projetos de pesquisa e desenvolvimento. O modelo básico do PERT é um sistema lógico baseado em cinco elementos principais:

1. Rede básica.
2. Alocação de recursos.
3. Considerações de tempo e de custo.
4. Rede de caminhos.
5. Caminho crítico.

Rede básica é um diagrama de passos sequenciais que devem ser executados a fim de se realizar pro-

Tabela 6 Cronograma de lançamento de um produto

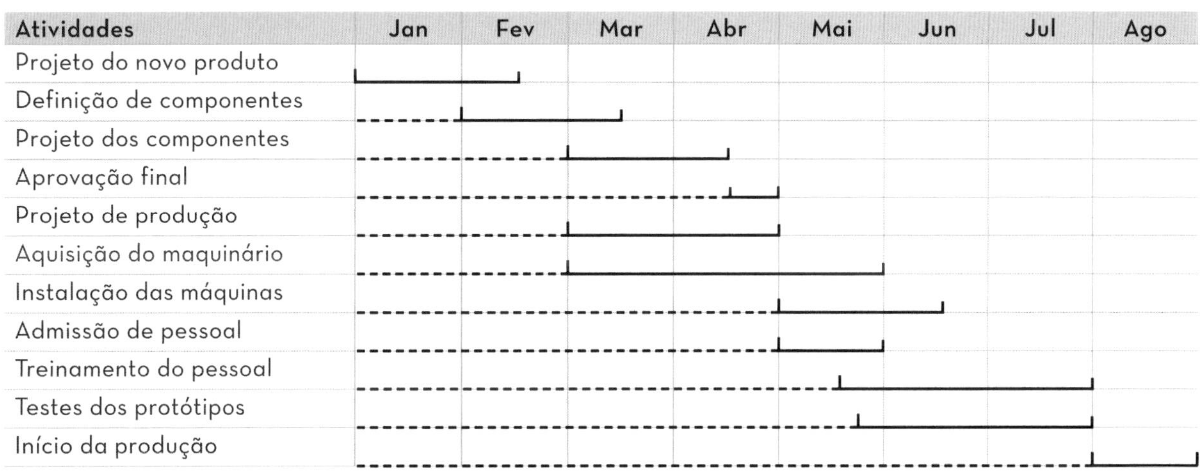

Tabela 7 Gráfico de Gantt para o lançamento de um produto

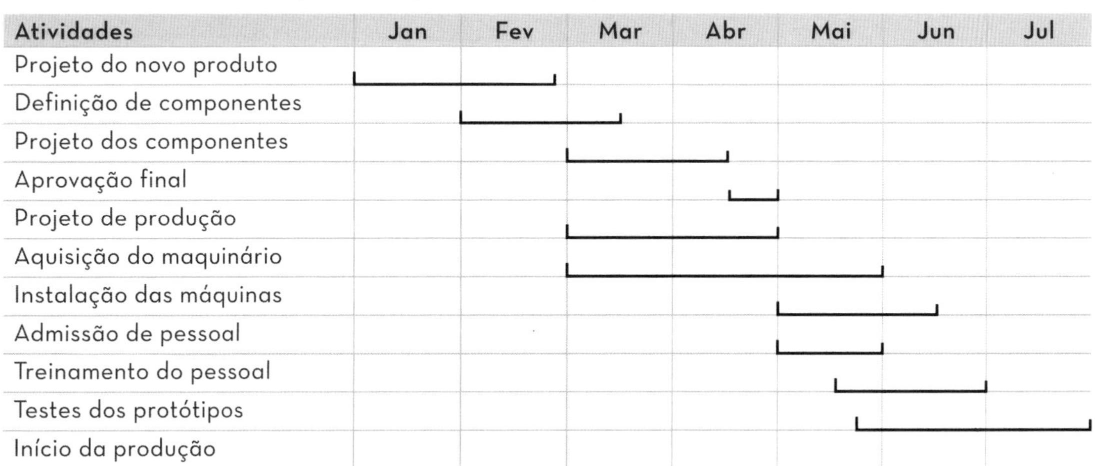

jeto ou tarefa. A rede consiste em três componentes: eventos, atividades e relações. Eventos representam pontos de decisão ou cumprimento de alguma tarefa (são os círculos do PERT). As atividades ocorrem entre os eventos, representam os esforços físicos ou mentais requeridos para completar um evento e são representadas por flechas. As atividades são geralmente pontilhadas quando diferentes indivíduos ou unidades são responsáveis por elas. As relações entre as tarefas básicas são indicadas pela sequência desejada de eventos e de atividades na rede. Um determinado evento 3 não pode ocorrer enquanto os eventos 1 e 2 não forem cumpridos.

O PERT é um modelo de plano operacional que permite um esquema de controle e avaliação de programas e projetos. Com ele pode-se avaliar o progresso feito em comparação com padrões de tempo predeterminados. Se houver algum desvio na execução, permite localizar quando e onde deve ser aplicada alguma ação corretiva. Embora o PERT não possa impedir erros, atrasos, mudanças ou eventos imprevistos, ele proporciona indicações quanto a ações corretivas imediatas.

A Tabela 8 mostra um projeto de introdução de uma nova linha de produtos com onze eventos principais e cujo caminho crítico tem a duração de 79 dias. O primeiro passo é montar um quadro preparatório.

O quadro preparatório (Tabela 8) permite desenhar o gráfico de PERT, como na Figura 6.

Tabela 8 Quadro preparatório para elaboração do PERT de lançamento de um novo produto

Evento	Descrição	Tempo	Evento	Tempo otimista		Tempo pessimista		Folga
		Dias	Pré-requisito	Início	Fim	Início	Fim	
1	Projeto do novo produto	5	-	1	5	1	5	0
2	Definição de componentes	20	1	6	25	6	25	0
3	Projeto dos componentes	25	2	26	50	26	50	0
4	Aprovação final	13	3	51	63	51	63	0
5	Projeto de produção	4	3	2	29	42	45	16
6	Aquisição do maquinário	20	5	3	49	46	65	16
7	Instalação das máquinas	10	2	2	35	54	63	28
8	Admissão de pessoal	20	4 e 7	64	65	64	65	0
9	Treinamento de pessoal	30	6 e 8	66	66	66	66	0
10	Testes dos protótipos	5	9	67	71	67	71	0
11	Início da produção	8	10	72	70	72	79	0

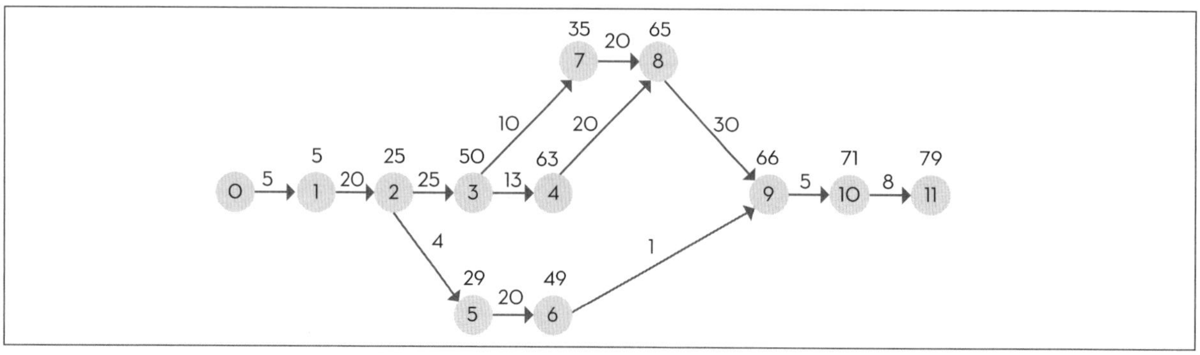

Figura 6 Diagrama de PERT: introdução de nova linha de produtos[1].

REGRAS E REGULAMENTOS

São planos operacionais relacionados com o comportamento solicitado às pessoas. Especificam como as pessoas devem se comportar em determinadas situações. Geralmente salientam o que elas devem ou não fazer. São diferentes das políticas pelo fato de serem bastante específicos. Visam a substituir o processo decisório individual, restringindo o grau de liberdade das pessoas em determinadas situações previstas de antemão.

DIVERSIDADE DE PLANOS OPERACIONAIS

Existe uma infinidade de planos operacionais relacionados com métodos (procedimentos), dinheiro (orçamento), tempo (programas) e com comportamentos (regras e regulamentos), bem como múltiplas aplicações desses planos no nível operacional das empresas (Tabela 9). Os exemplos citados dão apenas uma amostra da mínima variedade de planos operacionais existentes.

Em síntese, o nível operacional deve trabalhar como um mecanismo de relojoaria em uma regularidade altamente eficiente no sentido de aumentar a produtividade e a qualidade. Enquanto isso, lá fora, o mundo vai girando. Todas essas ferramentas buscam exatamente isso: garantir a certeza e a regularidade do nível operacional, apesar de todas as mudanças que ocorrem no ambiente externo da empresa. Esse é o segredo: manter a regularidade interna em um mundo caracterizado por oscilações e mudanças para garantir a eficiência operacional dos processos internos.

Bate-bola: como utilizar os planos táticos na empresa?

Discuta com seus colegas a respeito do assunto e tente chegar a uma conclusão: como utilizar os planos táticos na empresa?

Tabela 9 Tipos de planos operacionais[1]

Área	Planos
Área financeira	Fluxo de caixa Relação de contas a pagar Relação de contas a receber
Marketing	Relação de entregas ao consumidor Programação de visitas a clientes Programação de mídia em TV Programação de mídia em jornais e revistas
Recursos humanos	Programação de entrevistas de candidatos Programação de entrevistas de avaliação e desempenho Calendário de reuniões com funcionários Agenda com sindicatos
Produção/ operações	Programa e controle de produção Programação e seguimento de compras Programação de manutenção de máquinas Programação de materiais
Tecnologia	Programação de manutenção de equipamentos Programação de treinamento do pessoal técnico Calendário de relatórios Agenda dos sistemas de informação gerencial
Logística	Programação diária de entregas Programação de manutenção de caminhões Acompanhamentos diários de entregas Programação de atendimento aos clientes

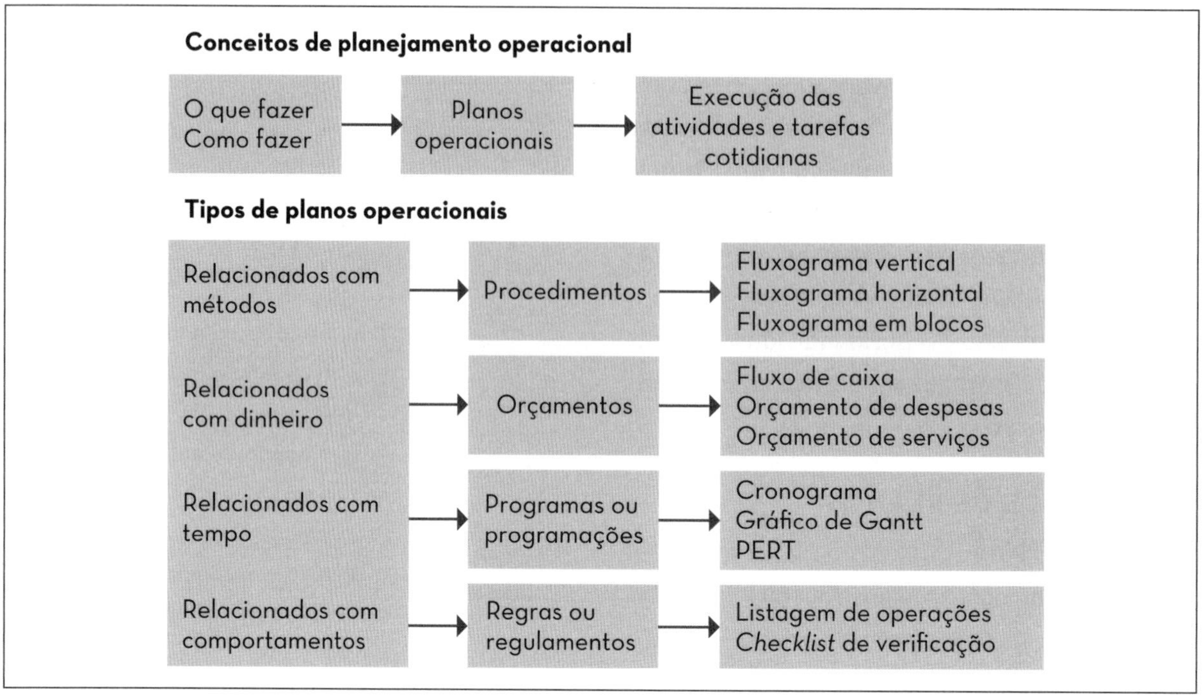

Figura 7 Mapa mental deste capítulo.

Referência bibliográfica

1. CHIAVENATO, I. *Administração nos novos tempos*, Rio de Janeiro, Elsevier/Campus, 2005.

Parte IV

ORGANIZAÇÃO DA AÇÃO EMPRESARIAL

A partir do planejamento, segue-se a organização da ação empresarial. Uma vez planejada, torna-se necessário dar estrutura e configuração à ação empresarial como um todo. Isso significa que, desde que se planejou, deve-se cuidar para que o planejamento possa ser transformado em ação. Para tanto, é necessário reunir, aglutinar e disponibilizar todos os recursos e competências para que o que foi planejado tenha todas as condições de ser executado e transformado em resultados concretos. Essa é a praia da organização. Organizar, isto é, compor todos os meios para que a ação empresarial seja viável e possa ser realizada com sucesso.

A palavra organização pode ser usada com dois significados diferentes[1]:

1. Organização como uma unidade ou entidade social: toda organização é uma entidade social, pois é constituída por pessoas que interagem entre si para alcançar objetivos específicos. Nesse sentido, a palavra organização denota todo empreendimento humano moldado intencionalmente para atingir determinados objetivos. Toda organização é dirigida para objetivos, pois é desenhada para alcançar resultados, como gerar lucros (como nas empresas em geral), proporcionar satisfação social (como nos clubes esportivos), atender às necessidades dos cidadãos (como assistência médico-hospitalar, segurança e educação), etc. Toda organização é deliberadamente estruturada, pois o trabalho é dividido e seu desempenho é atribuído aos seus membros. Nesse sentido, a palavra organização significa qualquer empreendimento humano moldado intencionalmente para atingir determinados objetivos. Essa definição é aplicável a todos os

tipos de organizações, sejam elas lucrativas ou não, como empresas, bancos, financeiras, hospitais, clubes, igreja, etc. Nesse ponto de vista, a organização pode ser visualizada sob dois aspectos:

a. Organização formal: é a organização baseada em uma divisão do trabalho racional, na diferenciação e integração dos participantes de acordo com algum critério estabelecido por aqueles que detêm o processo decisório. É a organização planejada: aquela que está no papel. É geralmente aprovada pela direção e comunicada a todos os participantes por meio de manuais de organização, descrições de cargos, organogramas, regras e regulamentos, etc. Em outros termos, é a organização formalizada oficialmente.
b. Organização informal: é a organização que emerge espontânea e naturalmente entre as pessoas que ocupam posições na organização formal e a partir dos relacionamentos como ocupantes de cargos. Forma-se a partir das relações de amizade (ou de antagonismos) e do surgimento de grupos informais que não aparecem no organograma ou em qualquer outro documento formal. Assim, a organização informal é constituída de interações e relacionamentos sociais entre as pessoas em função de suas atividades na organização formal. Ela surge a partir das relações e interações impostas pela organização formal para o desempenho das atividades. Todavia, a organização informal transcende e ultrapassa a formal em vários aspectos, como:

    i. Duração: enquanto a organização formal está confinada ao horário de trabalho, a organização informal pode prolongar-se para os períodos de lazer ou tempos livres das pessoas.
    ii. Localização: enquanto a organização formal está circunscrita a um local físico determinado, a organização informal pode ocorrer em qualquer local, dentro ou fora da empresa.
    iii. Assuntos: a organização formal limita-se aos interesses da empresa, enquanto a informal abrange todos os interesses comuns das pessoas envolvidas.

2. Organização como função administrativa: aqui organização faz parte do processo administrativo. Nesse sentido, organização significa o ato de organizar, estruturar e integrar os recursos e órgãos incumbidos de sua administração e estabelecer relações entre eles e atribuições de cada um deles. Como função administrativa, a organização faz parte do processo administrativo de planejar, organizar, dirigir e controlar.

Organização e organização

Existe de um lado a entidade chamada organização e a função administrativa de organizá-la de outro lado. A organização será tratada sob o segundo ponto de vista, isto é, a organização como a segunda função administrativa, a qual depende do planejamento, da direção e do controle para formar em conjunto o processo administrativo.

Como tal, a organização é uma atividade básica de administração: serve para agrupar pessoas e estruturar todos os recursos organizacionais para atingir os objetivos predeterminados. Como função administrativa, a organização depende do planejamento, da direção e do controle para formar o chamado processo administrativo, que é o encadeamento e a interligação entre todas as funções administrativas. Todas as funções administrativas interagem dinamicamente entre si e se caracterizam por uma estreita interdependência para compor o processo administrativo. Assim, a organização está intimamente relacionada com o que já foi visto a respeito do planejamento e com o que será visto adiante a respeito da direção e do controle. Por meio da organização, a empresa reúne e integra seus recursos e competências, define a estrutura de órgãos que devem administrá-los, estabelece a divisão de trabalho por meio da diferenciação, proporciona os meios de coordenar as diferentes atividades pela integração, define os níveis de autoridade e de responsabilidade, e assim por diante. A organização representa todos os meios que a empresa utiliza para pôr em prática o planejamento, a direção e o controle da ação empresarial a fim de atingir os seus objetivos.

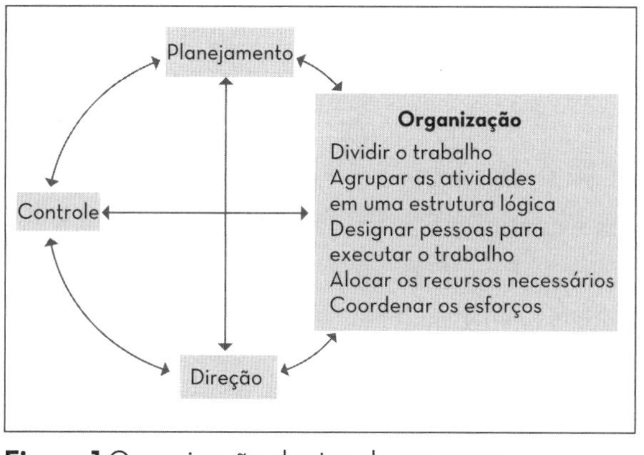

Figura 1 Organização dentro do processo administrativo[1].

Em função dos seus objetivos, as empresas definem seus domínios, isto é, o nicho ambiental onde pretendem aninhar-se e estabelecer seu ambiente de tarefa. A seguir, as empresas estabelecem os meios necessários para operar e alcançar aqueles objetivos e assegurar sua sobrevivência e seu crescimento. Ou seja, estabelecem estratégias para o melhor aproveitamento e aplicação de seus recursos. Para implementar as estratégias, as empresas precisam planejar suas atividades e operações antes que elas sejam realizadas. E, para realizá-las, as empresas precisam agrupar, estruturar, organizar e sincronizar todos os seus recursos e habilidades para uma operação global: é o que chamaremos de organização da ação empresarial. Cada empresa tem seu modo próprio de organizar sua estrutura interna, agrupar recursos, estabelecer hierarquia de autoridade, dividir e decompor a tarefa global em subtarefas que serão realizadas por indivíduos ou por equipes, bem como de reintegrar e coordenar as subtarefas na consecução da tarefa global. O problema fundamental para a organização da ação empresarial é alcançar coerência entre todas essas áreas de decisão.

Função de organizar

A função de organizar envolve necessariamente quatro componentes[2]:

1. Tarefas: o trabalho realizado em uma empresa e geralmente fragmentado por um processo de divisão de trabalho que provoca a especialização de atividades e de funções. As funções organizacionais são subdivididas em tarefas.
2. Pessoas: cada pessoa é designada para ocupar um cargo, que é uma parte específica do trabalho global. Essa designação deve considerar habilidades, aptidões, interesses, experiência e comportamento de cada pessoa. Cada pessoa é ocupante de um cargo na organização formal.
3. Órgãos: as tarefas e as pessoas são agrupadas em órgãos, como divisões, departamentos ou unidades da organização. Na medida em que envolvam características ou objetivos similares, os órgãos passam a ser dispostos em níveis hierárquicos e em áreas de atividades. Em função da ligação direta ou indireta com os objetivos da empresa, passam a existir os órgãos de linha e de *staff*.

4. Relações: os relacionamentos constituem o conceito talvez mais importante dentro da organização. A preocupação inicial focalizou as relações entre os órgãos componentes da organização e entre as pessoas com relação ao seu trabalho. Posteriormente, essa preocupação estendeu-se para outros aspectos fora da organização, como relacionamentos com clientes (a partir de sistemas de gestão como o *Customer Relationship Management* - CRM) ou com fornecedores (a partir de sistemas de gestão como o *Supply Chain Management* - SCM)

ABRANGÊNCIA DA ORGANIZAÇÃO

A organização – como função administrativa – desdobra-se nos três níveis organizacionais[3]:

1. Organização no nível global da empresa: é a organização que abrange a empresa como uma totalidade. É o chamado desenho organizacional. Este é tratado no nível institucional e pode assumir vários tipos.
2. Organização no nível departamental da empresa: é a organização que abrange cada departamento ou unidade da empresa. É o chamado desenho departamental, ou simplesmente departamentalização e é tratado no nível intermediário. Os diversos tipos de departamentalização serão abordados mais adiante.
3. Organização no nível das tarefas e operações da empresa: é a organização que focaliza cada tarefa, atividade ou operação especificamente. É a modelagem do trabalho. É tratada no nível operacional, seja em atividades isoladas ou em grupos, isto é, em equipes.

Enquanto o nível institucional é responsável pelo desenho organizacional no âmbito da empresa como um todo, o nível intermediário é incumbido de detalhar o desenho dos departamentos que serão responsáveis pela administração de um ou mais recursos relevantes para o alcance dos objetivos empresariais. O nível operacional fica com a responsabilidade de definir o desenho dos cargos e das tarefas, que no seu conjunto operam as tecnologias e produzem os produtos ou serviços que constituem a tarefa básica da empresa.

Assim, esta parte trata da organização da ação empresarial e será desdobrada em três capítulos: desenho organizacional, desenho departamental e desenho de cargos e tarefas, para explicar as diferentes perspectivas de organização do nível institucional, intermediário e operacional da empresa (Tabela 1 e Figuras 2 e 3).

Tabela 1 Organização da ação empresarial nos três níveis da empresa

Níveis	Organização	Conteúdo
Institucional	Desenho organizacional	Superestrutura da empresa Formato organizacional e processos de comportamento
Intermediário	Desenho departamental	Agrupamento de unidades em subsistemas, como departamentos ou divisões
Operacional	Modelagem do trabalho	Estrutura das posições e das atividades em cargos

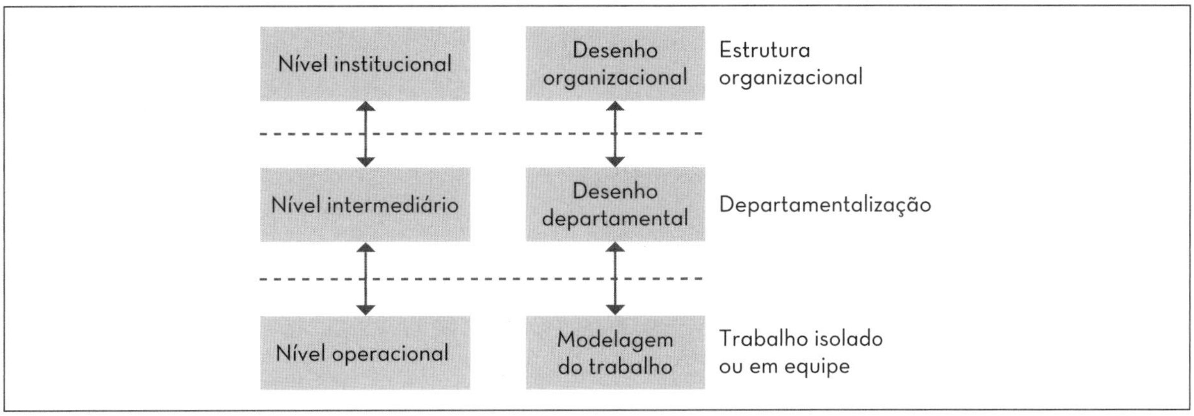

Figura 2 A interligação entre desenho organizacional, desenho departamental e modelagem do trabalho.

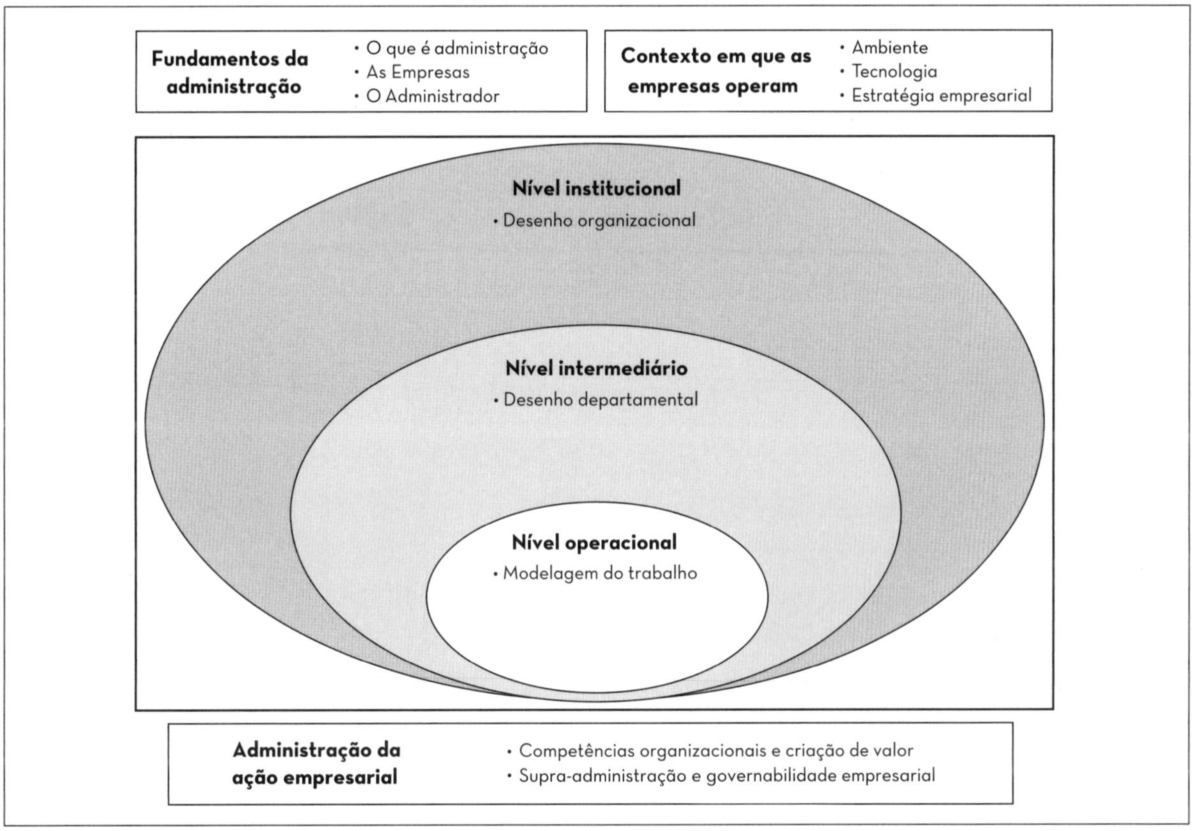

Figura 3 Plano integrado das partes e capítulos.

Referências bibliográficas

1. CHIAVENATO, I. *Introdução à teoria geral da administração*, Rio de Janeiro, Elsevier/Campus, 2011.
2. TERRY, G. R. *Princípios de administração*, São Paulo, Brasiliense, 1976, p. 55.
3. CHIAVENATO, I. *Teoria geral da administração*, v. 1, Rio de Janeiro, Elsevier/Campus, 2004, p. 247.

CAPÍTULO 10

Desenho organizacional

Objetivos deste capítulo

- Definir desenho organizacional e suas principais características.
- Distinguir a diferenciação, a formalização, a centralização e a integração como as características principais do desenho organizacional.
- Definir organização linear e organização linha-*staff* e suas características.
- Identificar a influência do tamanho organizacional e da amplitude de controle.

A função de organização no nível institucional trata a empresa como um todo, isto é, como um sistema aberto e integrado. Recebe o nome de desenho organizacional. A palavra desenho denota uma forma, um padrão, uma estrutura ou algo parecido que é utilizado pela empresa para alcançar um ou mais objetivos. O desenho organizacional trata da configuração da estrutura organizacional da empresa e dos processos utilizados para fazê-la funcionar e alcançar resultados. De um lado, a estrutura organizacional representa os órgãos e as unidades que compõem a empresa bem como suas relações de interdependência e, de outro, o seu funcionamento envolve as funções e atividades necessárias para levar ao alcance dos objetivos da empresa. O desenho organizacional envolve a definição da estrutura básica da empresa e como a tarefa empresarial é dividida e atribuída entre departamentos, divisões, unidades, equipes e cargos. Esses aspectos são divulgados nos organogramas, manuais de organização e descrições de cargos. Quando o desenho organizacional não está adequado às necessidades da empresa e do contexto em que ela está inserida, são constantes as reorganizações e reestruturações no sentido de adequá-lo às mudanças e renovações indispensáveis ao sucesso organizacional. As empresas jovens e em desenvolvimento são particularmente hábeis em se reestruturarem com frequência, o que é mais difícil e complicado para as grandes empresas dotadas de muitos níveis hierárquicos e vários departamentos e divisões. Em suma, o desenho organizacional – o retrato da estrutura da organização – define órgãos, níveis, atribuições, responsabilidades, recursos e competências necessários à dinâmica organizacional.

REQUISITOS DO DESENHO ORGANIZACIONAL

O desenho organizacional constitui uma das prioridades da administração, pois define como a organização irá funcionar e como seus recursos serão distribuídos e aplicados. O desenho organizacional contribui de quatro maneiras diferentes para a organização. Em outras palavras, procura atender a quatro requisitos fundamentais:

1. Como estrutura básica: pela divisão do trabalho organizacional e pela alocação dos recursos empresariais para que o sistema funcione de maneira integrada e satisfatória. A estrutura básica define como será dividida a tarefa da empresa pela especialização vertical – também chamada hierarquia – e pela da especialização horizontal – também chamada departamentalização, bem como o formato organizacional mais adequado ao negócio da empresa. Assim, a estrutura básica refere-se aos aspectos estáticos da organização e corresponde a uma radiografia do corpo organizacional no qual estão representados os órgãos e as unidades que compõem a organização.

Novas formatações organizacionais

Há forte tendência no sentido de que as funções organizacionais percam gradativamente sua importância como estrutura básica, enquanto o foco principal se desloca para a formação de equipes e para os processos em direção ao cliente. Isso significa que a organização funcional está sendo paulatinamente substituída por uma organização baseada em equipes multifuncionais dedicadas aos processos empresariais. O resultado tem sido o achatamento da pirâmide organizacional (*downsizing*), com redução de níveis hierárquicos intermediários para aproximar a base do topo da organização, ao mesmo tempo em que substitui os departamentos definitivos por equipes autônomas e transitórias, bem como a atribuição das atividades-meio para terceiros (terceirização) a fim de se concentrar no núcleo essencial (*core business*), ou seja, nas atividades essenciais para o cumprimento da missão organizacional.

2. Como mecanismo de operação: para indicar aos participantes da empresa o que devem e o que não devem fazer, por meio das descrições de cargos, procedimentos e rotinas de trabalho, normas e regulamentos internos, padrões de desempenho, sistemas de avaliação de desempenho, etc. Dessa maneira, o mecanismo de operação se baseia na existência de normas, regras e regulamentos e define os aspectos dinâmicos da organização e é retratado por meio dos manuais de organização ou rotinas e procedimentos.

Ênfase em metas e resultados

Consequentemente, com a introdução da reengenharia e de outros tipos de programas de mudanças organizacionais, as rotinas e os procedimentos estão gradativamente perdendo sua importância como mecanismo de operação em detrimento da focalização na missão organizacional e nas metas e nos resultados a serem alcançados. Isso significa uma inversão de valores: a ênfase nos meios e comportamentos padronizados cede lugar a uma forte ênfase nos objetivos e nas metas a cumprir. Chama-se a isso de administração por objetivos participativa ou de participação nos resultados; o importante é que as pessoas estão ganhando graus de liberdade cada vez maiores na escolha dos meios necessários ao alcance dos fins desejados, bem como incentivos e recompensas como motivação pessoal para alcançar e ultrapassar metas e resultados. A remuneração variável está por trás dessa forte tendência para transformar as pessoas em empreendedores dentro da organização e que vestem a camisa da empresa e se dedicam de corpo e alma, como verdadeiros donos do negócio. O resultado tem sido uma metamorfose dos objetivos organizacionais em objetivos individuais das pessoas envolvidas.

3. Como mecanismo de decisão: estabelece o processo de tomada de decisão para encontrar consonância entre os objetivos globais da organização e os objetivos específicos de cada um dos órgãos e das unidades que a compõem. O mecanismo da decisão define o poder de tomar decisões dentro da organização e a autoridade dele decorrente. Corresponde à distribuição do poder e à hierarquia da autoridade para tomar decisões dentro da organização.

Delegação: descentralização das decisões

Contudo, existe forte tendência à descentralização da autoridade no sentido de se deslocar o processo decisório para o ponto focal onde o trabalho é realizado. Com isso, cada funcionário torna-se mais do que um simples executor da sua atividade: passa a trabalhar como se fosse o gerente de seu negócio, assumindo as informações necessárias e tomando as decisões no sentido de resolver o problema do cliente, seja ele interno ou externo. Cada funcionário deixa de focalizar seu chefe (que era seu único ponto de contato com o resto da organização) e passa a focalizar o seu cliente interno, ou seja, o próximo funcionário na cadeia de atividades que forma o processo em direção ao cliente, no sentido de satisfazer suas necessidades e requisitos. Em vez de olhar para cima, em direção ao chefe, olha para o lado, na direção de seu colega. A obediência ao chefe cede lugar à necessidade de atender ao cliente interno ou externo.

4. Como mecanismo de coordenação entre as partes: define como a organização deve harmonizar e integrar suas diferentes partes em função da divisão do trabalho organizacional. Enquanto a estrutura básica divide o trabalho e diferencia as partes, o mecanismo de coordenação integra e dá consistência ao todo. É a busca da integração para compensar a diferenciação da tarefa organizacional. O mecanismo de coordenação é um meio de aglutinar e juntar as diversas partes da organização para obter integração e sinergia como um todo.

Foco mais no cliente do que na coordenação interna

Todavia, atualmente existe forte tendência de descentralizar a coordenação organizacional e substituir os tradicionais mecanismos de integração por uma focalização no cliente interno, isto é, no sentido de fazer com que cada cargo ou pessoa dentro da organização seja visualizado como um elo de uma cadeia de valor: cada qual tem à sua montante um fornecedor e à sua jusante um cliente. Isso faz com que cada pessoa ou cargo seja focalizado como um sistema que importa insumos de um fornecedor e exporta resultados para um cliente. Cada cargo ou pessoa deve necessariamente comunicar ao fornecedor à montante quais são seus requisitos e necessidades e obter do cliente a jusante quais são seus requisitos e necessidades para poder satisfazer suas expectativas e melhorar gradativa e continuamente a qualidade do trabalho. Na ponta final da cadeia, o cliente externo recebe um serviço cada vez melhor em direção à excelência. O trabalho em grupo e solidário passa a substituir o trabalho individual e solitário. A união faz a força e melhora os resultados. Chama-se a isto de *kaizen* ou qualidade total. O fato é que as pessoas trabalham melhor e com mais satisfação quando o fazem em conjunto e participam ativamente das decisões e ações para o alcance de resultados. Convém lembrar que a qualidade externa nunca é maior do que a qualidade interna. E, quando acontece a qualidade interna, na ponta final da cadeia, o cliente sai satisfeito com o serviço prestado.

Os quatro requisitos precisam ser simultaneamente atendidos. O importante é notar que as novas tendências estão mudando radicalmente o formato e o conteúdo do desenho organizacional. Mais do que isso, o desenho organizacional está deixando de ser o esquema impositivo de amarração das pessoas e de padronização do seu comportamento para se tornar um esquema amigável de suporte e apoio para que as pessoas possam se relacionar melhor, processar a informação, tomar decisões a respeito de seu trabalho, desenvolver intelectualmente suas atividades, compartilhar com sua equipe, melhorar o processo de trabalho, focalizar o cliente interno ou externo, alcançar metas e resultados fixados consensualmente com seus superiores e participar nos resultados e nas metas alcançados ou ultrapassados. Com essas tendências, o desenho organizacional deixou de ser uma finalidade em si para se transformar em um meio adequado de integrar pessoas e uma ferramenta para ajudá-las a desenvolver suas atividades. Mais do que isso, o desenho organizacional passou a ser uma plataforma que ajuda a organização a alcançar seus objetivos da melhor maneira possível (Figura 1).

O racionalismo da organização formal

A organização formal se caracteriza pela racionalidade. A racionalidade significa a adequação dos meios aos fins que se deseja alcançar. Uma *organização* é um conjunto de cargos funcionais e hierárquicos a cujas prescrições e normas de comportamento todos os seus membros devem se sujeitar. O princípio básico dessa forma de conceber a *organização* é que, dentro de limites toleráveis, seus membros irão se comportar racionalmente, isto é, de acordo com as normas lógicas de comportamento prescritas para cada um deles.

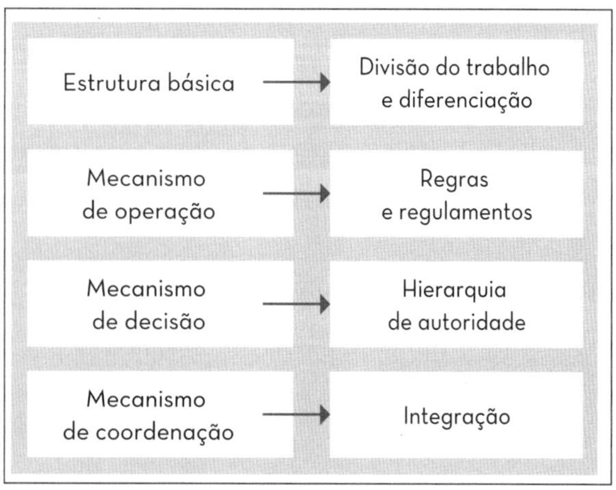

Figura 1 Requisitos fundamentais do desenho organizacional.

A organização não é um fim, mas um meio de permitir à empresa atingir determinados objetivos. Cada empresa tem sua própria organização em função de seus objetivos, tamanho, conjuntura que atravessa e natureza dos produtos que fabrica ou dos serviços que presta. Nesse sentido, não há duas empresas idênticas, embora existam certas características que permitem compará-las no estudo da organização empresarial.

CARACTERÍSTICAS PRINCIPAIS DO DESENHO ORGANIZACIONAL

Na realidade, o desenho organizacional deve reunir e compatibilizar quatro características principais: diferenciação, formalização, centralização e integração. Em cada empresa, cada uma dessas características varia enormemente, provocando uma imensa heterogeneidade de desenhos organizacionais, razão pela qual não existem duas empresas com desenhos iguais. Essa individualidade é marcante. Cada empresa é uma empresa única e especial, com suas características próprias em termos de desenho organizacional. Veja cada uma das características do desenho organizacional, sempre lembrando que elas interagem entre si e que são interdependentes.

Diferenciação

Refere-se à divisão do trabalho organizacional em departamentos ou subsistemas e em camadas de níveis hierárquicos. A diferenciação pode ser feita em dois sentidos (Figura 2):

1. Horizontal: desdobramento em departamentos ou divisões através da departamentalização.
2. Vertical: desdobramento em níveis hierárquicos pela criação de vários escalões de autoridade.

Quanto maior a complexidade das atividades requeridas pelo ambiente externo e quanto maior a diversidade das tarefas executadas internamente, tanto maior deverá ser a diferenciação dentro da organização. Isso significa que quanto maior a variedade de clientes/consumidores – localizados no contexto – e quanto maior a variedade de produtos/serviços – produzidos no interior da organização – tanto maior será a diferenciação existente dentro da organização. E quanto maior a diferenciação, tanto maior será a heterogeneidade dentro da organização, pelo fato de acarretar maior número de departamentos e de níveis hierárquicos. A diferenciação é responsável pela complexidade organizacional, pois quando há muitos níveis hierárquicos e muitos departamentos diferentes, tornam-se

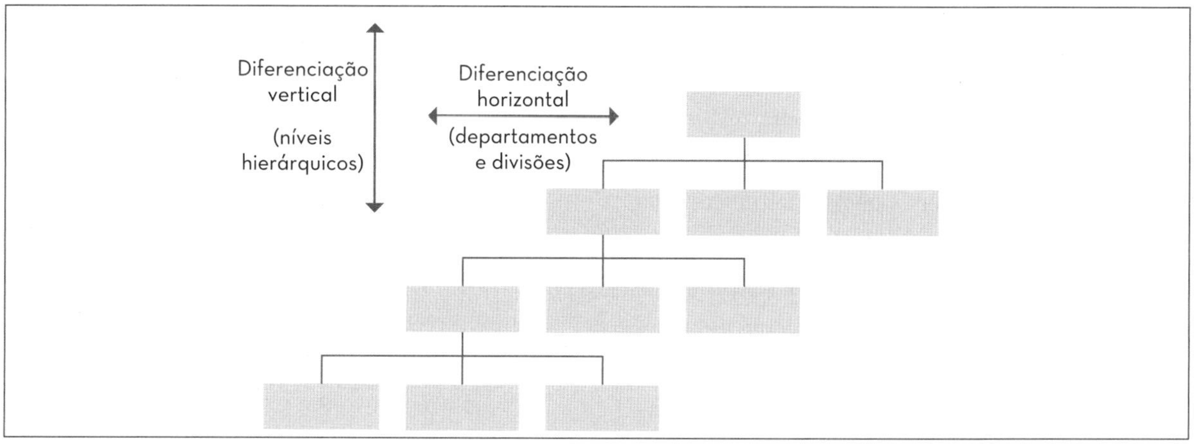

Figura 2 Organograma indicando a diferenciação horizontal e vertical.

necessários vários esquemas de integração e entrosamento para coordenar o funcionamento e obter harmonia na totalidade. Isso impõe esquemas adicionais que trazem custos para a organização. O problema se situa em até quanto se deve diferenciar internamente uma organização para que ela funcione melhor.

Abordagem sistêmica

Mudanças estão ocorrendo no desenho organizacional das empresas. A tendência moderna está mais para a generalização do que para a especialização. Mais para a integração do que para a divisão do trabalho. Mais em juntar do que em separar. Além disso, caminha para a flexibilização. Mais para equipes integradas e transitórias de trabalho do que para órgãos definitivos e separados. Mais para adaptabilidade e mudança do que para rigidez e mecanicismo. A abordagem sistêmica está por trás dessa forte tendência de aglutinação e flexibilização nas organizações.

Formalização

Refere-se à existência de regras e regulamentos para prescrever como, quando e por quem as tarefas serão executadas. A formalização é o grau em que as regras e regulamentos são explicitamente definidos para governar o comportamento dos participantes da empresa. O caráter formal impõe um certo ritual dentro da organização. Quanto maior a formalização, tanto maior a presença de normas de conduta, rotinas e procedimentos, formulários e documentos para comprovar as atividades, métodos e processos rígidos para atender à legislação vigente, arquivos para guardar informações, documentos, atestados, assinaturas e firmas reconhecidas, aprovações, etc. O objetivo é documentar, registrar, comprovar por meio de papéis que possam ser arquivados e guardados durante anos a fio. A necessidade de controle está por trás disso tudo. A formalização é, no fundo, uma forma de controle. Quanto maior a formalização, tanto mais a empresa se torna burocrática, mecanística, fechada, rotineira, bem definida e programada.

A formalização pode ser feita por meio de:

1. Cargo: é uma formalidade que define as especificações relacionadas com a tarefa a executar[1]. A descrição dos cargos formaliza o comportamento das pessoas que os ocupam.
2. Fluxo de trabalho: por meio de instruções e procedimentos detalhados sobre como executar as tarefas, como o projeto de construção de um produto.
3. Regras e regulamentos: por meio de formalização de regras e procedimentos para todas as situações possíveis, especificando quem pode ou não fazer certas coisas, quando, onde, para quem e com que permissão.

Formalização

A formalização serve para reduzir a influência da variabilidade humana. Ela impõe rigidez e obediência e elimina a liberdade pessoal a fim de assegurar que as coisas sejam feitas exatamente de acordo com o previsto. Todavia, a tendência moderna está mais para a confiabilidade nas pessoas do que na ênfase em regras e regulamentos da organização. Está mais para a desburocratização, para a desregulamentação e para a liberdade e participação das pessoas do que para a imposição de regras e regulamentos rígidos e fixos. A formalização é uma decorrência do modelo burocrático que está sendo revisada nos dias de hoje. Comunicação, conectividade e interação estão substituindo cada vez mais a velha e tradicional formalidade nas relações entre as pessoas.

Centralização

Refere-se à localização e à distribuição da autoridade para tomar decisões. A centralização implica concentração das decisões no topo da organização, isto é, no nível institucional, com pouca ou nenhuma delegação para o nível intermediário. Na situação de centralização, todas as decisões devem ser levadas hierarquia acima para a cúpula aprovar ou decidir. O dirigente deve assumir todas as decisões dentro da organização, mesmo que em seus numerosos detalhes.

A Figura 3 mostra que, quanto maior a centralização, tanto mais a autoridade é concentrada no nível mais elevado da hierarquia. Há total dependência e submissão dos demais níveis: os níveis intermediário e operacional tornam-se meros repetidores das decisões tomadas no topo. Pelo contrário, quanto maior a descentralização, tanto mais autoridade é delegada e distribuída aos níveis mais baixos da hierarquia a fim de que a execução das tarefas seja mais apropriada às características locais e às necessidades do cliente da organização.

A centralização traz vantagens e desvantagens, como mostra a Tabela 1.

Por outro lado, também a descentralização traz vantagens e desvantagens, como mostra a Tabela 2.

Conceito de centro de lucro

Uma técnica de descentralização é o conceito de centro de lucro. Uma subunidade desempenha as principais atividades em um produto ou linha de produtos. Seu administrador se parece com um diretor-geral de uma pequena empresa, pois é o responsável junto à direção da empresa pelo lucro gerado pela sua unidade. Dentro dessas condições, cada subunidade é criada como um centro de lucro relativamente autônomo e autossuficiente. O administrador é totalmente responsável pelos resultados e possui autoridade suficiente para cumprir tal responsabilidade. As divisões Chevrolet, Pontiac, Oldsmobile e Cadillac da General Motors americana constituem um exemplo clássico. Cada uma dessas divisões automotivas não somente é autônoma, mas concorre com as outras no mesmo mercado automobilístico. Embora a autoridade não seja totalmente descentralizada, pois todas as divisões devem balizar suas decisões em função das políticas e das diretrizes emanadas da presidência, elas funcionam como centros de lucro.

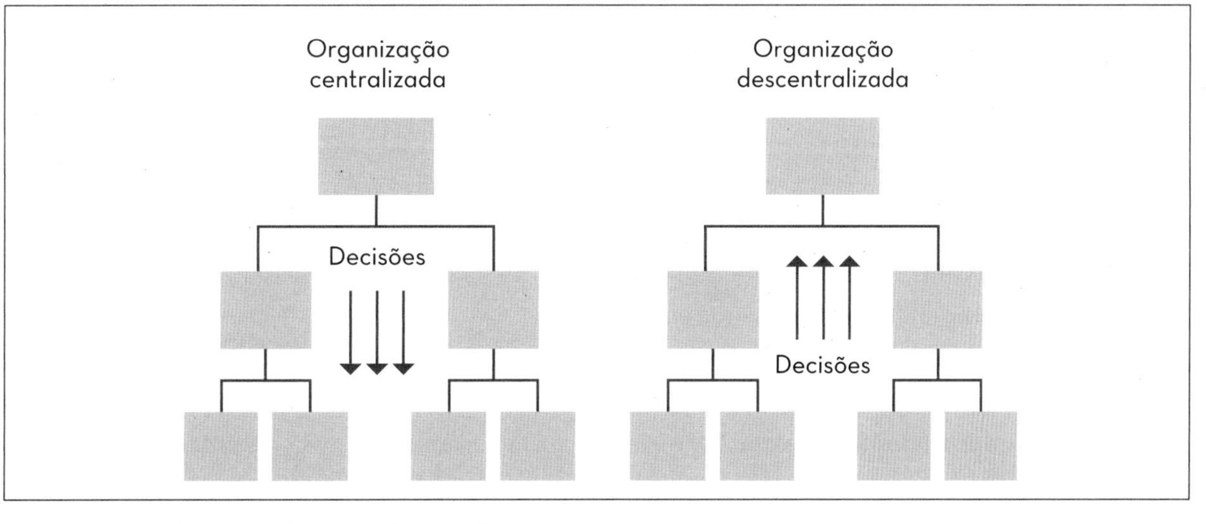

Figura 3 Centralização e descentralização da organização.

Tabela 1 Vantagens e desvantagens da centralização[2]

Vantagens da centralização	Desvantagens da centralização
As decisões são tomadas por administradores que têm uma visão global da empresa	As decisões são tomadas por administradores que estão mais próximos dos fatos
Tomadores de decisão situados no topo e geralmente mais bem treinados e preparados do que os que estão nos níveis mais baixos	Tomadores de decisão situados no topo raramente têm contato com os trabalhadores e com as situações envolvidas
Eliminação dos esforços duplicados reduz os custos operacionais	As linhas de comunicação mais distanciadas provocam demoras prolongadas
Certas funções - como compras -, quando centralizadas, provocam maior especialização e aumento de habilidades	Administradores nos níveis mais baixos são frustrados porque estão fora do processo decisório
Decisões são mais consistentes com os objetivos empresariais	Pelo envolvimento de muitas pessoas nas comunicações, há mais possibilidades de erro e de distorções pessoais

Tabela 2 Vantagens e desvantagens da descentralização[2]

Vantagens de descentralização	Desvantagens da descentralização
Decisões são tomadas mais rapidamente pelos próprios executores	Pode ocorrer falta de informação e coordenação entre departamentos
Tomadores de decisão são os que têm mais informação sobre a situação	Maior custo por administrador em razão de melhor treinamento e melhor salário dos administradores nos níveis mais baixos
Maior envolvimento na tomada de decisões cria maior moral e motivação entre os administradores médios	Administradores tendem a uma visão mais estreita e podem defender mais o sucesso de seus departamentos em detrimento da empresa como um todo
Proporciona bom treinamento para os administradores médios	Políticas e procedimentos podem variar enormemente nos diversos departamentos

A descentralização exige três coisas fundamentais:

1. Todas as pessoas envolvidas devem ter um conhecimento claro e uniforme da missão da organização e das estratégias globais para realizá-la.
2. A capacitação profissional das pessoas, para que aprendam a diagnosticar as situações e tomar corretamente as decisões certas e ajustá-las aos objetivos da organização.
3. A motivação pessoal, para envolver-se conscientemente nos objetivos organizacionais e esforçar-se intimamente para alcançá-los da melhor maneira possível.

A vantagem da descentralização – quando ela é acompanhada dessas três coisas fundamentais – é que a organização passa a utilizar todos os cérebros envolvidos e não apenas um ou alguns deles: o do dirigente e dos mais próximos a ele. É por essa razão que muitas empresas estão migrando fortemente para a descentralização[3].

O desperdício de capital intelectual

O maior desperdício cometido deliberadamente em nossas organizações não é o de perdas financeiras, danos materiais, atrasos na produção, baixa produtividade, custos elevados, qualidade precária e outras iniquidades. Estes são problemas importantes, não resta a menor dúvida, mas são decorrentes de um problema muito maior: o enorme e continuado desperdício do talento, da capacidade profissional e da falta de motivação das pessoas. Principalmente, o desperdício do recurso humano mais elevado e sofisticado, que é a inteligência. A massa encefálica que produz criatividade e inovação na solução de problemas é quase sempre rejeitada em prol da atividade mecânica e rotineira de manter o *status quo*. E, com isso, o capital intelectual é jogado pelos ralos da fábrica ou do escritório. Por essas razões, a descentralização está sendo um dos caminhos indicados para a moderna gestão das empresas.

Integração

A integração refere-se aos meios de coordenação e entrosamento entre as unidades da organização a fim de manter convergência de esforços. A divisão do trabalho conduz à diferenciação. Quanto maior a diferenciação, mais heterogênea é a estrutura da empresa e tanto maior a necessidade de coordenar as diferentes partes da organização para obter um funcionamento coeso, harmônico e sinergístico. A divisão do trabalho provocada pela diferenciação fragmenta as grandes tarefas em partes menores. Para evitar sua dispersão, deve haver algum inter-relacionamento e interligação. A integração é o processo de facilitar o encadeamento e é feita por meio da coordenação intraorganizacional. Enquanto a diferenciação atua no sentido de decompor a organização, a integração atua no sentido de recompor. Uma funciona no sentido de desdobrar, enquanto a outra no sentido de incluir.

Os esquemas de integração mais utilizados são[2]:

- Hierarquia administrativa: constitui a solução mais comum para os problemas de integração entre duas ou mais unidades de uma empresa que devam reportar-se ao mesmo superior ou que devam ter suas atividades integradas para facilitar comunicações, resolver conflitos, obter sinergia de esforços, etc. A cadeira de comando – um conjunto de posições administrativas que ligam as unidades principais com as unidades menores – funciona como um mecanismo intrínseco de integração para resolver os conflitos e coordenar as atividades ao longo da organização.
- Departamentalização: é um processo de diferenciação organizacional pelo qual a divisão do trabalho se faz no sentido horizontal, provocando a especialização em departamentos. Esse assunto será tratado no próximo capítulo, mas abordaremos aqui a departamentalização como mecanismo de integração. A departamentalização é uma alternativa estrutural capaz de resolver problemas de integração, pois permite incluir as interdependências dentro das novas fronteiras das unidades que possam ser facilmente administradas.
- Assessoria (*staff*): o problema da sobrecarga da hierarquia pode ser aliviado pelo uso da assessoria, o que pode ser feito por meio de assistentes do executivo de linha ou de especialistas funcionais. A assessoria permite aumentar a quantidade de informação que aquela posição na hierarquia pode processar, incluir mais decisões que ela pode tomar e o volume de conflitos que ela pode resolver. Todavia, existem duas restrições à utilização do *staff* como esquema

integrativo. A primeira é o seu custo, principalmente nas pequenas empresas, nas quais a assessoria quase sempre precisa ter um tamanho diminuto. A segunda é que o *staff* pode resolver problemas de integração, mas ele próprio costuma criar outros problemas particulares de integração, como é o caso do costumeiro conflito entre órgãos de *staff* e de linha nas unidades.

- Comissões e forças-tarefas: as comissões e forças-tarefas podem ser utilizadas para facilitar a integração de unidades da empresa. Para facilitar a coordenação entre vendas e produção, os executivos das duas unidades podem reunir-se em conjunto com seus auxiliares principais para discutir e solucionar os problemas. As reuniões, comissões e forças-tarefas são mecanismos integrativos que permitem resolver problemas de integração que outros mecanismos não conseguem. Outros mecanismos de integração apresentam efeitos limitados. A hierarquia administrativa pode processar apenas certa quantidade de informação e tomar decisões em um período. As regras, procedimentos, objetivos e planos podem lidar apenas com situações rotineiras. As comissões e forças-tarefas, por seu lado, não têm essas limitações. Sua única desvantagem está no custo, pois exige a dedicação de muitas pessoas durante certo período, bem como habilidades de tomada de decisão em grupo dos seus participantes.
- Regras e procedimentos: constituem outro mecanismo para livrar a hierarquia da sobrecarga. Quando as situações de decisão são simples e rotineiras e envolvem unidades da organização, é possível estabelecer regras e procedimentos sobre a maneira pela qual as decisões devem ser tomadas. As regras e os procedimentos constituem em si decisões rotineiras já tomadas pela empresa e que as unidades envolvidas devem seguir toda vez que se defrontem com determinada situação. A maior vantagem desse mecanismo é seu baixo custo na obtenção de integração. No entanto, esse mecanismo somente deve ser utilizado quando se pode estabelecer regras claras e inteligentes e quando a situação envolvida é suficientemente estável para compensar o desenho de regras e procedimentos capazes de serem utilizados durante longo tempo.
- Objetivos e planos: têm uma função similar às regras e aos procedimentos, mas em um período limitado. É um mecanismo de integração utilizado para compor as unidades da organização que operam com relativa independência entre si, mas que precisam ter seus resultados integrados. É o caso das áreas de engenharia de produto, produção e *marketing* de uma empresa que trabalham independentemente em suas atividades específicas, mas que devem ser coordenadas para definir modificações de produtos, de seus programas de produção e nas datas de suas atividades. Os objetivos e planos são meios facilitadores de integração desde que as circunstâncias que os cercam não sejam imprevisíveis ou altamente mutáveis. A maior restrição nesse esquema de integração é seu custo, pois ele toma tempo e energia para a criação e a busca de consenso quanto a objetivos e planos inteligentes e realistas. Em algumas circunstâncias, quando as situações são simples, ele se revela um dos mais baratos mecanismos de integração.
- Arranjo físico ou arquitetura: é outro elemento do desenho organizacional utilizado para facilitar a *integração* entre unidades ou pessoas, por meio da disposição física (leiaute) ou territorial das coisas, dos equipamentos e das pessoas. A arquitetura define o arranjo físico das instalações, que permite proximidade física entre pessoas e equipamentos para tornar a comunicação mais fácil, arranjos de escritórios e espaços abertos capazes

> de facilitar contatos entre pessoas e aproximá-las. A derrubada de barreiras – como paredes e fronteiras físicas, eliminação de salas pessoais, locais reservados em refeitórios e estacionamentos – mostra que o arranjo físico moderno está aí para aproximar – e não mais para distanciar – as pessoas.

Organizações muito diferenciadas e com muitos departamentos e diferentes níveis de autoridade exigem uma multiplicidade de mecanismos integradores para garantir a coordenação necessária ao funcionamento de todo o sistema, o que onera os custos administrativos e operacionais e gera outros tipos adicionais de problemas de integração. A solução está na simplicidade organizacional e na utilização de equipes multifuncionais e autônomas de trabalho.

Integração é necessária?

Lógico que sim, principalmente quando diferentes pessoas se esforçam em diferentes campos de atividade. Sem integração, a subobjetivação pode esvair esses esforços e levar a lugar nenhum, pois as direções focadas são esparsas. No entanto, a integração exagerada pode reduzir a iniciativa pessoal pelo simples

Tabela 3 Custos e benefícios dos métodos de integração

Métodos de integração	Vantagens	Limitações
Hierarquia administrativa	Proporciona uma rede capaz de interligar todas as unidades funcionais de uma organização em seu conjunto	Pode tornar-se sobrecarregada e não funcionar Uma amplitude de controle muito estreita é onerosa e estanque
Departamentalização	Facilita a integração de unidades e busca de convergência de objetivos Facilita a integração intradepartamental	Não facilita a integração entre os diferentes departamentos ou funções Dificulta a integração interdepartamental
Assessoria (*staff*)	Pode suplementar a hierarquia administrativa e auxiliar no desempenho de uma função amplamente integradora	Custo alto Pode também criar seus próprios problemas de integração (como conflitos entre linha-*staff*)
Comissões e forças-tarefas	Podem lidar com um grande número de problemas e de decisões imprevisíveis	Custo alto As pessoas envolvidas precisam possuir habilidades necessárias à tomada de decisão em grupo
Regras e procedimentos	Constitui um meio econômico para obter integração entre assuntos rotineiros	Limitada a assuntos rotineiros Uso exagerado pode trazer consequências disfuncionais
Planos e objetivos	Pode integrar muitos assuntos não rotineiros que as regras e os procedimentos não conseguem	Custo alto, principalmente em termos de tempo e de esforços
Arranjo físico ou arquitetura	Sob certas circunstâncias pode ser uma solução barata para a integração	Pode ser oneroso quando as condições são estáveis Pode corroer a competência especializada

fato de que as pessoas perdem sua liberdade e autonomia em função dos objetivos mais globais. Elas precisam sacrificar algo de si para o bem comum. É isso aí. Tudo tem seu benefício e seu custo. O importante é dosar e equilibrar. Integração na medida certa para alcançar o máximo de resultados conjuntos com o mínimo de perdas individuais. Um desafio para o julgamento e a perícia do administrador.

Conclusões sobre as características do desenho organizacional

Todas as quatro características do desenho organizacional – diferenciação, formalização, centralização e integração – precisam ser adequadamente sintonizadas e dimensionadas para que o sistema seja coerente e integrado. O segredo não está no manejo de cada uma dessas características em si, mas na maneira como todas elas são arranjadas e utilizadas no conjunto. Cada empresa faz a mistura e a composição mais adequada dessas características aos objetivos que pretende alcançar em um contexto específico e particular. Daí o encanto do assunto: cada empresa escolhe e modifica ao longo do tempo a maneira pela qual consegue lidar com o conjunto de todas essas características.

Além dessas quatro características básicas do desenho organizacional, duas características secundárias são também importantes na sua definição: tamanho organizacional e amplitude de controle.

Bate-bola: para que serve o desenho organizacional?

Discuta com seus colegas a respeito do assunto e tente chegar a uma conclusão: para que serve o desenho organizacional?

- Definir autoridade e responsabilidade.
- Aglutinar recursos organizacionais.
- Convergir competências organizacionais.
- Tratar da organização como um todo sistêmico.
- Aumentar a eficiência e eficácia das operações.
- Dar um sentido de missão organizacional.

Tabela 4 Quatro principais características do desenho organizacional[2]

Baixo grau		Alto grau
Pouca divisão do trabalho Poucos órgãos e departamentos Poucos níveis hierárquicos Homogeneidade	**Diferenciação**	Muita divisão do trabalho Muitos órgãos e departamentos Muitos níveis hierárquicos Heterogeneidade
Pouca burocratização Poucas regras e regulamentos Liberdade	**Formalização**	Exagerada burocratização Excesso de regras e regulamentos Coações e restrições
Muita delegação de autoridade Descentralização das decisões para os níveis inferiores Autonomia	**Centralização**	Nenhuma delegação de autoridade Centralização das decisões na cúpula Dependência
Pouca coordenação entre níveis e departamentos Frouxidão	**Integração**	Muita coordenação entre níveis e departamentos Coesão

TAMANHO ORGANIZACIONAL

O tamanho organizacional refere-se às dimensões da organização em um determinado momento. O tamanho define o volume de recursos de que dispõe uma empresa. Em função do seu tamanho, a empresa pode ser dimensionada como pequena, média ou grande. No rol das pequenas empresas, existem as empresas individuais, as miniempresas e as microempresas. No rol das empresas grandes, existem as empresas multinacionais e as globais.

Toda empresa pode defrontar-se com quatro tipos de situação quanto ao seu tamanho organizacional:

1. Crescimento (sentido absoluto): caracterizada por um aumento de tamanho, seja em recursos, seja em cobertura de mercado, etc.
2. Desenvolvimento (sentido relativo): caracterizada por alguma melhoria, seja em recursos, abrangência de mercado, níveis de qualidade e produtividade, rentabilidade, etc.
3. Sobrevivência: caracterizada pela manutenção da situação que a empresa conseguiu alcançar. A empresa pode sobreviver mantendo-se em uma situação inalterada ao longo do tempo, sem crescer e sem declinar.
4. Declínio: caracterizada por uma redução de suas atividades, perda de recursos ou diminuição de sua abrangência mercadológica.

O crescimento provoca mudanças e alterações tanto no tamanho como na forma de organização (desenho organizacional da estrutura) da empresa. O tamanho é uma consequência do crescimento e pode ser facilmente observado e medido, pois varia conforme o tempo e o espaço. O crescimento da empresa depende de condições externas e internas:

1. As condições externas do crescimento empresarial são:

   a. Demanda pelos produtos ou serviços oferecidos pela empresa.
   b. Oportunidades especiais, como monopólio, patentes, concessões governamentais, incentivos fiscais oferecidos pelo governo, etc.
   c. Alto custo de entrada de outras empresas no ramo de atividade, o que pode dificultar ou impedir a concorrência.
   d. Condições para obter os insumos necessários.

2. As condições internas do crescimento empresarial são:

   a. Vantagens da produção em escala: quando a tecnologia empregada permite economias ou vantagens, proporcionando uma escala maior de operações. Escala significa elevado volume de operações. A eficiência financeira é uma decorrência das operações de maior escala.
   b. Plena utilização dos recursos disponíveis: quando a empresa reduz totalmente desperdícios ou subutilização de recursos e alcança elevado grau de eficiência operacional por meio de programas de melhoria

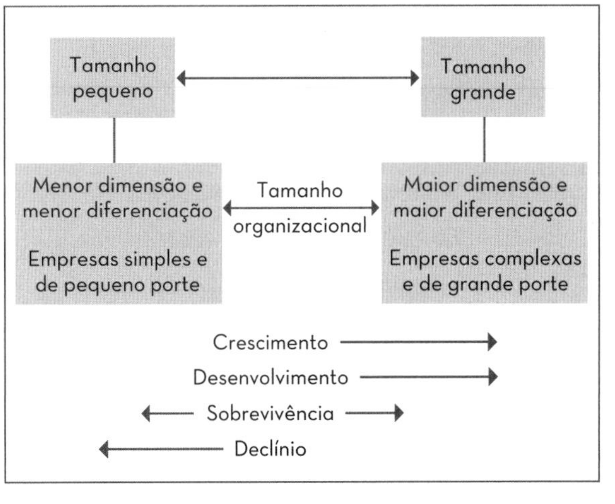

Figura 8 O tamanho organizacional e suas características.

da qualidade, melhoria da produtividade, melhoria de processos, busca de novas e diferentes atividades para incrementar e intensificar a utilização de seus recursos.

c. Recursos e competências para criar novos negócios e gerar novas oportunidades: as empresas podem desenvolver recursos e competências capazes de gerar novas oportunidades de negócios com novos produtos ou serviços ou mesmo criando novos mercados. Isso promove o crescimento empresarial.

O tamanho organizacional de uma empresa é um aspecto importante na compreensão de sua estrutura e comportamento. O tamanho é a dimensão que envolve o número de empregados e o volume dos recursos e instalações de uma empresa. As grandes empresas são, por definição, mais complexas, formalizadas e, geralmente, mais burocratizadas do que as empresas menores. O tamanho de uma empresa provoca impactos sobre seus empregados, sobre a sociedade maior em que está inserida e sobre a própria organização empresarial: existe maior tensão e o processo de despersonalização pode conduzir ao descontentamento das pessoas que nela trabalham.

Capital intelectual: o principal recurso da organização

Recentemente surgiu um paradoxo: tamanho não é documento. As empresas mais valiosas no mercado de capitais não são necessariamente as maiores, mas aquelas que detêm capital intelectual. No passado, empresas maiores e dotadas de enorme capital financeiro eram consideradas vencedoras no mercado. Na Era Industrial, tamanho era documento, pois recursos e instalações significavam ativos tangíveis que aumentavam o capital contábil e o valor da organização. Isso era sinônimo de sucesso nos negócios. Hoje, na Era da Informação, o tamanho e a dimensão dos recursos tangíveis não são mais indicadores de sucesso. O que mais importa são os recursos intangíveis e invisíveis, como o conhecimento, as habilidades, as atitudes, o capital humano e, no conjunto, o capital intelectual.

E o que é capital intelectual? A tríade formada pelo capital interno (constituído pelos ativos intangíveis dos sistemas internos da empresa, estilo administrativo, missão e visão de futuro, cultura organizacional, valores e princípios adotados), pelo capital externo (constituído pela rede de clientes e consumidores, fidelização à marca, patentes, imagem da empresa, rede de fornecedores) e pelo capital humano (constituído pela rede de talentos que trabalha na empresa como parceiros e colaboradores dotados de conhecimentos, habilidades, julgamentos e atitudes). É por essa razão que empresas relativamente pequenas valem muito mais no mercado de capitais do que empresas grandes e dotadas de enormes recursos físicos e instalações. O capital intelectual promete criatividade, mudança e inovação, enorme potencial para novos produtos e serviços, condições para novos formatos de negócios, responsividade e proatividade frente a desafios, etc. A todos esses aspectos do atual mundo de negócios, o capital financeiro não consegue sequer enfrentar e responder.

AMPLITUDE DE CONTROLE

A amplitude de controle (ou amplitude administrativa) refere-se ao número de subordinados que cada órgão ou cargo pode assumir a fim de que possa supervisioná-los adequadamente. Quanto maior a amplitude, tanto maior o número de subordinados e, consequentemente, menor o grau de atenção e controle que o superior pode atribuir a eles. A amplitude de controle influencia a estrutura organizacional dando-lhe um formato ou configuração peculiar. Nas empresas onde ocorre pequena amplitude de controle, a configuração global da organização costuma ser tipicamente alta e alongada: tem uma longa cadeia de autoridade (muitos níveis hierárquicos), com poucos grupos de trabalho em cada um deles. Nas empresas com grande amplitude de controle, a configuração global da organização costuma ser tipicamente baixa e achatada: a estrutura achatada tem poucos níveis hierárquicos com grandes grupos de trabalho em cada nível.

Em função da amplitude de controle, as organizações podem ser caracterizadas como organizações altas, com longas cadeias de comando em razão do grande número de níveis hierárquicos e pelas estreitas amplitudes de controle. Nelas, as comunicações verticais se tornam congestionadas e morosas e são filtradas ou distorcidas por diferentes interpretações, complicações ou generalizações ao longo do seu caminho. As decisões que descem do nível institucional em direção ao nível operacional caminham vagarosamente pelos meios intermediários e os canais de comunicação passam a conduzir informação inexata ou inadequada nos níveis seguintes por causa de distorções ao longo do caminho.

A amplitude de controle está diretamente ligada ao princípio da unidade de comando: cada subordinado recebe ordens de apenas um superior, ou seja, cada subordinado se reporta a apenas um chefe. O princípio da unidade de comando forma a base da hierarquia de autoridade, que se estende do topo até a base da organização. Essa cadeia de comando que se estende do topo até a base da organização foi denominada, por Fayol, princípio escalar ou cadeia escalar[4].

A amplitude de controle define qual é o numero de subordinados que cada administrador pode supervisionar e conduzir. Nesse sentido, ela provoca forte impacto sobre o tempo que cada administrador pode dispor para preparar, influenciar e supervisionar cada um de seus subordinados.

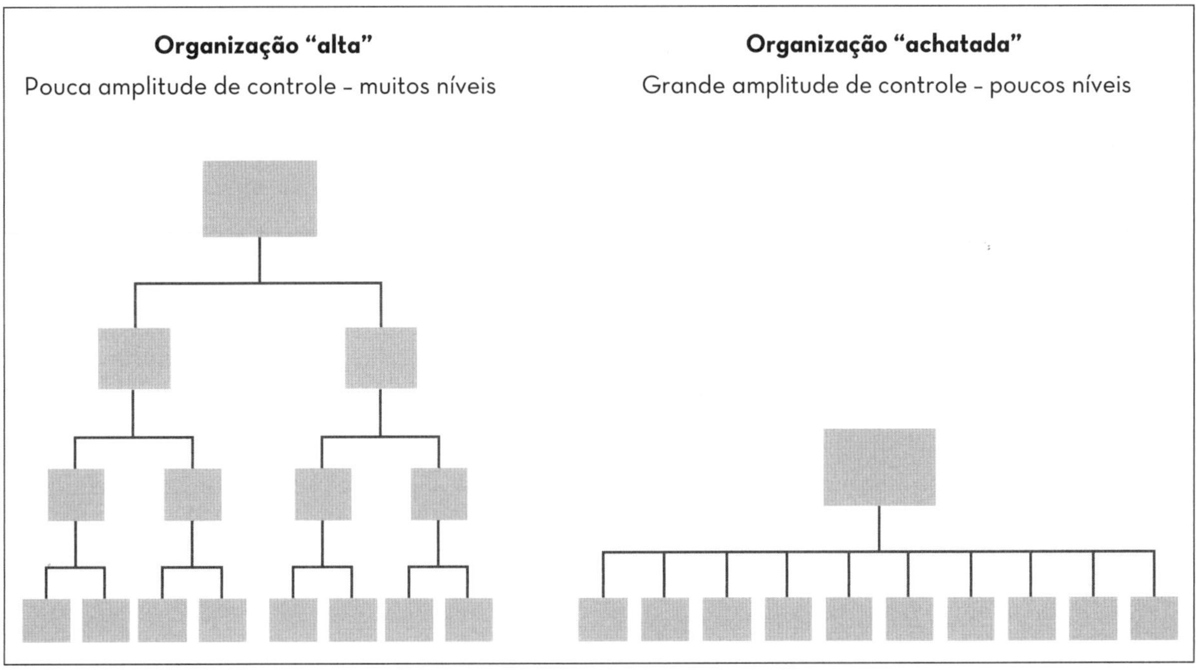

Figura 5 Amplitude de controle: organização alta e organização achatada[2].

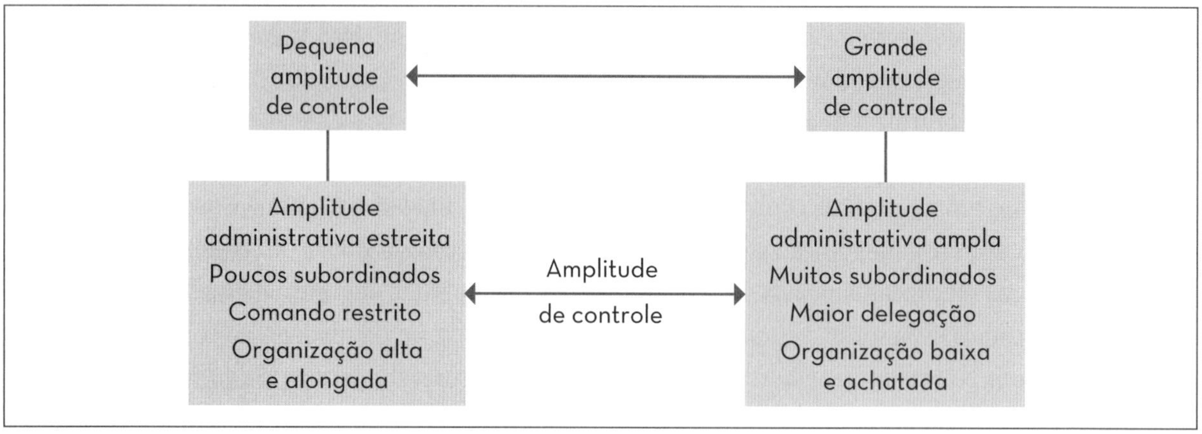

Figura 6 Amplitude de controle e suas características.

Alargando a amplitude e transformando o estilo de gestão

Amplitude de controle estreita significa um padecimento para os subordinados quando acompanhada de supervisão rígida e implacável. Você pode imaginar como é trabalhar com um chefe nas suas costas o tempo todo? Não é brincadeira! É um suplício! Perde-se totalmente a liberdade e a autonomia, a vigilância e o controle são pesados e o trabalho perde seu encanto. Hoje, procura-se libertar as pessoas de chefias autocráticas e impositivas. Como? Tentando mudar o estilo de supervisão: transformando os gerentes em verdadeiros líderes e aumentando a amplitude de controle para proporcionar maior autonomia e desembaraço para as pessoas.

A amplitude de controle é influenciada por vários fatores[2]:

1. Tecnologia utilizada: quanto mais complexa a tecnologia, tanto menor a amplitude de controle em face da atenção requerida pelos subordinados.
2. Interdependência dos subordinados: se o fluxo de trabalho interliga vários subordinados, o superior passa a ter mais problemas de coordenação, o que determina menor amplitude de controle. Se os subordinados não estão interligados entre si, ocorre menor necessidade de coordenação, o que permite maior amplitude de controle.
3. Similaridade de funções supervisionadas: a supervisão torna-se mais simples quando os subordinados fazem as mesmas tarefas e atividades, o que permite supervisionar um grande número de pessoas.
4. Qualificações dos subordinados: quanto mais experientes e treinados os subordinados, tanto menor a supervisão necessária, o que permite uma amplitude maior de controle. O treinamento e o desenvolvimento de pessoas permitem aumentar a amplitude de controle por proporcionar às pessoas maiores habilidades e competências no trabalho. Por outro lado, o treinamento e o desenvolvimento de gerentes e supervisores também produz o mesmo resultado ao proporcionar melhores condições de liderança e eficácia nas suas atividades. Tudo parece ser uma questão de educação e qualificação das pessoas.
5. Utilização de assistentes pessoais: administradores que têm assistentes diretos capazes de ações de assessoria – como coletar dados, preparar relatórios, etc. – têm mais tempo para supervisão e podem ter uma amplitude de controle mais ampla.

6. Supervisão por outros: na medida em que as empresas se tornam mais complexas, as pessoas passam a ter vários pontos de apoio. Assessorias e serviços de *staff* proporcionam orientação, serviços especializados e apoio que permitem ao administrador aumentar sua amplitude de controle e ajudar as pessoas a conquistar maior iniciativa em suas atividades.
7. Estabilidade do ambiente: contextos estáveis e previsíveis favorecem amplitudes largas de controle. Quando o ambiente é instável e impõe variações sobre as atividades da empresa que criam necessidade de maior coordenação, geralmente ocorre redução na amplitude de controle.

Dentro da esfera de todas essas influências, o administrador pode escolher a amplitude de controle adequada para proporcionar o apoio ou a autonomia que pretende conceder a seus subordinados.

Qual a amplitude de controle ideal?

Há uma pergunta que paira no ar: qual é o número ideal de subordinados para cada executivo? Depende dos fatores anteriormente descritos e também da competência de cada executivo e de cada um dos seus subordinados. Dizer que são 5 ou 10 é pura brincadeira. Alguns executivos conseguem lidar com 15 subordinados com tranquilidade, enquanto outros se embaraçam com apenas 4. O melhor é dosar experimentalmente e redosar frequentemente até se encontrar a quantidade adequada de subordinados para cada executivo. Ou então começar com poucos subordinados até chegar ao limite ideal para compor o conjunto executivo × subordinados. O conceito de amplitude de controle foi importante no decorrer da Era Industrial. Hoje, o conceito de equipe está alterando profundamente o conceito de amplitude de controle. É o que será visto mais adiante.

Lidar com poucas pessoas permite dar maior atenção constante a elas e, quase sempre, supervisionando de perto seu trabalho e reduzindo sua liberdade de ação. Lógico: a supervisão mais intensa e próxima costuma ser cerrada e forte, o que impede o subordinado de ter autonomia para realizar seu trabalho. Além disso, provoca um custo maior de supervisão: para cada número de subordinados existe proporcionalmente um volume maior de supervisores ou chefes. Isso aumenta os custos fixos da empresa e nem sempre traz os resultados desejados.

Por outro lado, lidar com muitas pessoas não permite dar atenção constante a todas elas nem supervisionar de perto seu trabalho, o que traz a vantagem de deixar as pessoas mais à vontade na realização do trabalho e dar-lhes maior autonomia e liberdade de executarem suas tarefas. Outra vantagem é que isso significa um custo menor de supervisão: para cada número de subordinados existe proporcionalmente um volume menor de supervisores ou chefes.

Empowerment

As empresas estão investindo firme no chamado *empowerment* (empoderamento) – fortalecimento das pessoas e das equipes – para melhorar o ambiente de trabalho. O empoderamento significa proporcionar maior grau de liberdade e autonomia para as pessoas e equipes de trabalho. Em geral, começa com uma melhor qualificação das pessoas – subordinados e chefias – por meio da educação corporativa e do treinamento e do desenvolvimento intensivos. Essa é a fase de preparação do terreno. Depois, com uma mudança na cultura gerencial para transformar gerentes e supervisores em líderes de pessoas. Essa é a fase do plantio. Trata-se aqui de mudar o estilo gerencial e substituir o trabalho do gerente tradicional focado em controles e detalhes em condução e alavancagem de talentos focado em comunicação e motivação. Depois, é só colher os resultados. Há um deslocamento do conceito de amplitude de controle para o conceito de equipe e de *empowerment*. Veja sobre o tema nos capítulos dedicados à direção.

TIPOS TRADICIONAIS DE ORGANIZAÇÃO

A partir de todas as características estudadas, as empresas podem adotar um formato organizacional apropriado para acomodar suas estratégias, atividades, produtos, ambiente de tarefa, tecnologia, etc. O desenho organizacional – estrutura organizacional ou formato organizacional – precisa compatibilizar e interligar todos esses diferentes aspectos para favorecer sua inclusão e viabilizar o alcance dos objetivos organizacionais.

Existem três tipos tradicionais básicos de estrutura organizacional: a organização linear, a organização funcional e a organização linha-*staff*. Cada um deles será estudado com detalhes, embora nem sempre ocorram de maneira pura na realidade das empresas.

Organização linear

É a estrutura organizacional mais simples e antiga, baseada na autoridade linear. A autoridade linear é uma decorrência do princípio da unidade de comando: significa que cada superior tem autoridade única e absoluta sobre seus subordinados e que não a reparte com ninguém. A autoridade única – aqui chamada autoridade linear – constitui a base desse tipo de organização.

A organização linear

Fayol foi um dos maiores defensores da organização linear. Esta se aproxima da típica organização militar, na qual predomina a autoridade linear e de comando. O chefe manda e o subordinado obedece. O chefe sabe tudo e o subordinado precisa dele para executar seu trabalho. Há uma dependência total do subordinado em relação ao chefe. A organização linear reflete a administração tradicional do início do século passado, mas ainda tem um papel importante nas empresas de hoje.

A organização linear ou estrutura linear tem suas origens na organização dos antigos exércitos e na organização eclesiástica dos tempos medievais. Entre o superior e os subordinados existem linhas diretas e únicas de autoridade (que significa o direito organizacional de exigir o cumprimento de ordens e execução de tarefas) e de responsabilidade (que significa o dever ou a incumbência de seguir ordens e executar tarefas). Em decorrência dessas linhas de autoridade e responsabilidade na organização linear ocorre a chamada cadeia escalar. Esta define a cadeia de autoridade e responsabilidade que predomina na organização. O aspecto piramidal é sua característica principal.

Características da organização linear

A organização linear apresenta características próprias, específicas e bastante definidas. As principais características da organização linear são[5]:

1. Autoridade linear ou única: decorrente da aplicação do princípio da unidade de comando, pelo qual o superior tem autoridade única e exclusiva sobre seus subordinados. A autoridade linear é uma autoridade de decisão e comando. Pertence a cada chefe na hierarquia

da organização. O nome da organização linear deriva desse tipo de autoridade.

2. Linhas formais de comunicação: as comunicações entre as pessoas ou unidades são feitas unicamente por meio das linhas existentes no organograma denominadas canais de comunicação. Toda unidade ou posição descrita no organograma (com exceção daquelas situadas no topo ou na base) possui dois terminais de comunicação: um orientado para cima e que se une com a posição superior, representando sua responsabilidade perante o escalão mais elevado da hierarquia; e outro, orientado para baixo e que se une com as posições diretamente subordinadas, representando sua autoridade perante o escalão mais baixo. Cada superior centraliza as comunicações em linha ascendente, de modo que as comunicações são lineares, formais e limitadas exclusivamente às relações formais descritas no organograma e nas descrições de cargos.
3. Centralização das decisões: como o terminal da comunicação liga a posição subordinada ao seu superior e na sequência acima sucede que a autoridade linear que comanda toda a empresa centraliza-se no topo do organograma. Os canais de responsabilidade são desdobrados através dos níveis hierárquicos de forma a espraiar-se até a base da organização.
4. Formato piramidal: em decorrência da centralização da autoridade no topo da organização, da cadeia escalar e da unidade de comando, a organização linear apresenta uma conformação tipicamente piramidal. Na medida em que se sobe na escala hierárquica, diminui o número de unidades ou posições em cada nível e, ao contrário, na medida em que se desce na escala hierárquica, há um aumento substancial no número de unidades ou posições. A base é extensa enquanto a cúpula é única, lembrando uma verdadeira pirâmide.

Vantagens da organização linear

A estrutura linear apresenta vantagens importantes[2]:

1. Estrutura simples e de fácil e clara compreensão: em razão do pequeno número de órgãos ou cargos, a cúpula apresenta apenas um órgão ou cargo centralizador e o subordinado somen-

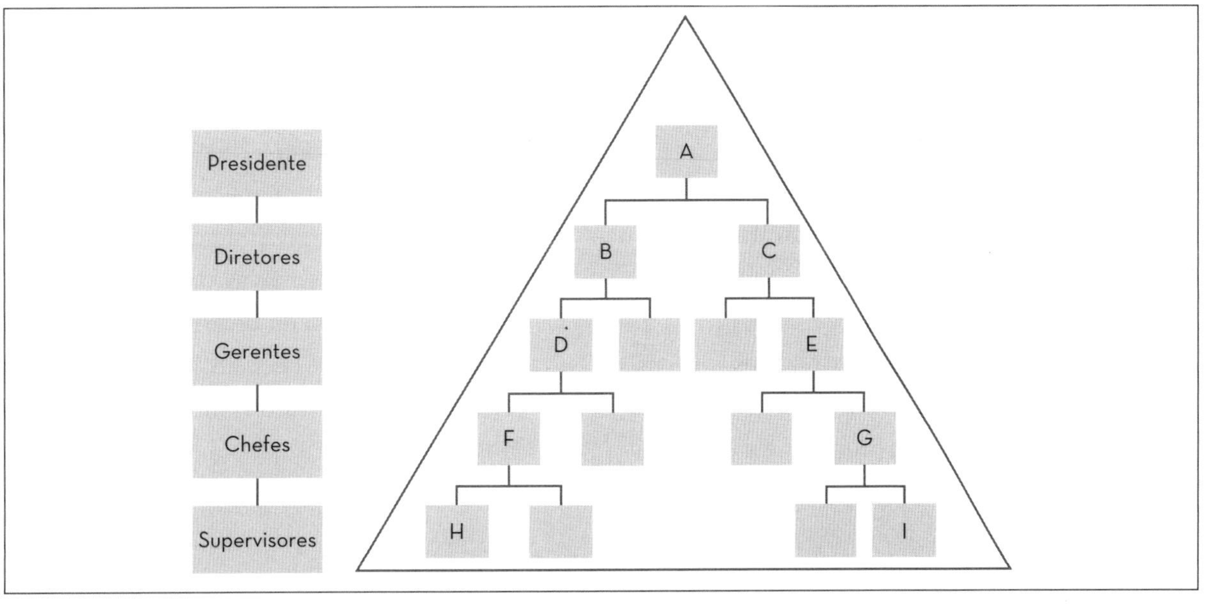

Figura 7 Cadeia escalar como fundamento da organização linear.

te se relaciona formalmente com seu superior imediato. As opções de comunicação e de relações formais são mínimas e, portanto, restritas, simples e elementares.

2. Clara definição das responsabilidades: os órgãos e os cargos têm uma notável precisão e delimitação de jurisdição. Nenhum órgão ou cargo intervém em área alheia.
3. Facilidade de implantação: a organização linear oferece facilidade no seu funcionamento, controle e na disciplina. O pequeno número de relações formais, a estrutura simples e a clara delimitação das responsabilidades permitem eliminar qualquer dificuldade no seu funcionamento.
4. Estabilidade: graças à centralização das decisões e do controle, de um lado, e a rígida disciplina garantida pela unidade de comando, de outro, a organização linear garante um funcionamento estável e sem grandes sustos.
5. Ideal para pequenas empresas: tanto pela fácil operacionalização como pela economia que sua estrutura simples pode proporcionar.
6. Ideal para situações de permanência e estabilidade: quando o ambiente de tarefa é estável e previsível ou quando a tecnologia for definitiva, a organização linear parece ser a mais indicada. Onde predominarem a rotina e o conservantismo, este é o tipo adequado de organização.

Desvantagens da organização linear

As restrições e desvantagens da estrutura linear são numerosas e graves[2]:

1. Estabilidade e constância das relações formais: podem levar à rigidez e à inflexibilidade da organização, dificultando a inovação e a adaptabilidade da empresa diante das novas situações ou condições ambientais. Como as relações formais não mudam com o tempo, a tendência para a manutenção do *status quo* e para o continuísmo é inevitável. A organização linear não responde às mudanças rápidas e constantes da sociedade moderna. Ela tende ao conservadorismo e à rotina.
2. Autoridade linear baseada no comando único e direto: pode tornar-se autocrática, uma vez que enfatiza a função de chefia e comando em detrimento da liderança e da orientação. A autocracia provoca rigidez na disciplina e bitola e dificulta a cooperação e a iniciativa das pessoas.
3. Exagera a função de chefia e de comando: pois pressupõe a existência de chefes capazes de fazer tudo e saber tudo. Os chefes tornam-se generalistas, portadores de todas as decisões e ordens que venham do topo da organização e transmissores de todas as informações que venham da base da organização. No fundo, cada chefe é uma espécie de gargalo de entrada e de saída das comunicações em sua área de atuação por possuir o monopólio das comunicações.
4. A unidade de comando torna o chefe um generalista que não pode se especializar em coisa nenhuma. Além da excessiva ênfase na chefia, a organização linear impede a especialização, pois acumula os chefes com todos os assuntos possíveis dentro da organização. Por meio do chefe transitam todos os assuntos, informações, relatórios, etc. que devem ser processados em sua área de atuação. O chefe tem de tomar conhecimento de tudo.
5. Na medida em que a empresa cresce, a estrutura linear conduz inexoravelmente ao congestionamento das linhas formais de comunicação, principalmente no topo da organização, em razão da centralização das decisões e da autoridade, já que não utilizam assessoria (*staff*) auxiliar.
6. Comunicações indiretas: por obedecer a escala linear de hierarquia, as comunicações são indiretas, demoradas e sujeitas a intermediações que acrescentam demora, interpretações diferentes e consequentes distorções. Quando

o ambiente muda, a organização linear entra em colapso, pois não tem condições de acompanhar a mudança externa ou se adaptar a ela.

Organização funcional

A organização funcional é pouco frequente nas empresas. Ao contrário da organização linear, a organização funcional é a estrutura organizacional que aplica o princípio funcional, ou princípio da especialização das funções. O *staff*, ou assessoria funcional, decorre desse princípio, que separa, distingue e especializa.

> **As origens do *staff***
>
> Na Antiguidade, o *staff* era constituído de chefes homéricos que aconselhavam os reis da Grécia e do conselho dos sábios que assessorava os reis anglo-saxões. Os conselheiros não tomavam decisões, mas ajudavam os reis com ideias, pareceres, consultas e orientação. Na verdade, o *staff* é tão velho quanto o poder político. Contudo, somente ingressou nas organizações no final do século XIX.

À medida que as empresas crescem e seu ambiente se torna mutável e competitivo, aumenta consideravelmente a necessidade de órgãos especializados capazes de proporcionar conselhos e inovações rápidas e substanciais. Essa flexibilidade indispensável à organização competitiva e inovadora é um dos principais motivos de fracassos da estrutura linear. Esta somente funciona em um ambiente estável e rotineiro quando quase nada muda.

> **A supervisão funcional**
>
> Taylor foi um dos defensores da organização funcional ao defrontar-se com o excessivo e variado volume de atribuições concentradas nos mestres de produção de uma siderúrgica americana que adotava a organização linear. Achava que a especialização do operário deveria ser acompanhada pela especialização dos supervisores e da gerência por meio da estrutura funcional. Assim, a supervisão passou a ser um elemento funcional, e não mais linear dentro da organização da fábrica. Cada operário passou a ter não mais um único chefe linear, mas vários chefes funcionais: cada qual especializado em uma atividade, como produção, manutenção, abastecimento, qualidade. O operário busca o supervisor especializado naquele tipo de problema que enfrenta. O supervisor funcional não dá ordens ou comandos, mas orienta e aconselha cada operário naqueles problemas em que é especialista. Essa supervisão funcional defendida por Taylor foi fruto de muitas críticas, tanto na época como ainda hoje.

Características da organização funcional

As características da organização funcional são as seguintes[2]:

1. Autoridade funcional ou dividida: a organização funcional baseia-se na autoridade funcional (baseada na especialização e no conhecimento), e não na autoridade linear (baseada na hierarquia e no comando). Nela, cada subordinado se reporta simultaneamente a vários superiores especializados, porém reporta-se a cada um deles no assunto de sua especialidade. Na organização funcional, nenhum superior tem autoridade total (autoridade linear) sobre os subordinados, mas autoridade funcional, que é parcial, relativa e decorrente de sua especialidade. Isso representa total negação do princípio da unidade de comando ou supervisão única tão importante para Fayol. Na organização funcional, predomina a subordinação múltipla.

2. Linhas diretas de comunicação: as comunicações entre os órgãos ou cargos existentes na organização são efetuadas diretamente sem necessidade de intermediação hierárquica, pois elas não seguem a cadeia de comando. A cadeia escalar é simplesmente ignorada. A organização funcional busca o contato direto e a maior rapidez possível nas comunicações entre os níveis e as áreas da organização.
3. Descentralização das decisões: as decisões são delegadas aos órgãos ou cargos especializados que possuam o conhecimento necessário para melhor executá-las. O processo decisório não depende da hierarquia de autoridade, mas da especialidade do conhecimento. Daí, a descentralização das decisões, uma característica típica da organização funcional.
4. Ênfase na especialização: a organização funcional baseia-se no primado da especialização de todos os órgãos ou cargos em todos os níveis da organização. Cada órgão ou cargo contribui com sua especialidade para a organização. O importante não é a hierarquia de autoridade, mas a convergência das especialidades e do conhecimento.

Vantagens da organização funcional

A organização funcional traz algumas vantagens interessantes[2]:

1. Proporciona o máximo de especialização nos diversos órgãos ou cargos da organização. Isso permite a cada órgão ou cargo concentrar-se total e unicamente sobre seu trabalho e sua função, livremente de todas as demais tarefas acessórias ou subsidiárias. Ao contrário do generalismo da organização linear, a estrutura funcional permite incrementar a especialização.
2. Permite a melhor supervisão técnica possível, com a especialização em todos os níveis, pois cada órgão ou cargo reporta-se a especialistas em seus respectivos campos de especialização. Proporciona melhor supervisão técnica, pois aplica o conhecimento sem a intervenção da hierarquia.
3. Desenvolve comunicações diretas e sem intermediação, mais rápidas e menos sujeitas a distorções ou demoras de transmissão. A organização funcional permite contatos diretos entre os órgãos ou cargos interessados, sem necessidade de seguir os canais formais e indiretos de comunicação. Desenvolve comunicações diretas, mais rápidas e sem intermediação de níveis intermediários, reduzindo possíveis distorções.
4. Separa as funções de planejamento e de controle das funções de execução. Há uma especialização do planejamento e do controle, bem como da execução, permitindo plena concentração em cada atividade. Cada órgão realiza especificamente sua atividade, sem ter de acompanhar os demais. Separa as funções de planejamento e controle das funções de execução. O órgão de planejamento só faz planejamento e o órgão de execução concentra-se exclusivamente na execução.

Desvantagens da organização funcional

Todavia, a organização funcional apresenta sérias desvantagens[2]:

1. Diluição e consequente perda de autoridade de comando: a substituição da autoridade linear pela autoridade funcional – relativa e dividida – traz como consequência uma enorme dificuldade dos órgãos ou cargos superiores em controlar o funcionamento dos órgãos ou cargos inferiores. A exigência de obediência e a imposição de disciplina, aspectos típicos da organização linear, não constituem o ponto forte da organização funcional. Quando recebe orientação diversa de dois órgãos especializados diferentes, a pessoa nem sempre faz aquilo que lhe é solicitado,

ainda mais quando a orientação especializada se mostra contraditória ou incompatível.

2. Subordinação múltipla: a organização funcional traz problemas quanto à delimitação das responsabilidades. Como cada subordinado se reporta funcionalmente a muitos superiores – cada qual especialista em uma determinada função – e como existem funções que se sobrepõem, há sempre o perigo de o subordinado procurar a orientação do especialista menos indicado para o problema. Nem sempre as pessoas sabem exatamente a quem recorrer para resolver determinados assuntos ou problemas, o que leva a perda de tempo e a confusões imprevisíveis.
3. Tendência à concorrência entre os especialistas: como os diversos órgãos ou cargos são especializados em determinadas atividades, sua tendência é impor à organização seu ponto de vista e sua abordagem. Isso leva a uma perda da visão de conjunto da organização e a uma tendência de defender o seu ponto de vista em detrimento dos pontos de vista dos outros especialistas. Não é de se estranhar que exista forte tendência para a competição e a concorrência entre os especialistas, trazendo distorções danosas à organização.
4. Tendência à tensão e aos conflitos dentro da organização: a competição e a concorrência, aliadas à perda da visão de conjunto da organização, levam à divergência e à multiplicidade de objetivos, que podem se antagonizar, criando tensões e conflitos entre os especialistas. Pode existir forte tendência à concorrência entre especialistas e um enorme potencial para conflitos dentro da organização, gerando animosidade, ressentimentos, oposição e resistência à cooperação. Apesar de trabalharem juntos, eles podem se sentir adversários, defendendo posições antagônicas e contrárias, tornando-se presas de ressentimentos e de frustrações. Com isso, surge a animosidade, sentimentos de oposição e resistência à cooperação.
5. Confusão quanto aos objetivos: como a organização funcional exige a subordinação múltipla, nem sempre o subordinado sabe a quem se deve reportar um problema ou qual objetivo deve ser privilegiado. Pode haver confusão quanto aos objetivos mais prioritários e importantes a serem alcançados. Além disso, esse aspecto pode levar à quebra da unidade e da disciplina.

Organização linha-*staff*

Com o crescimento e a complexidade das atividades das empresas, a estrutura linear mostrou-se insuficiente para proporcionar eficiência e

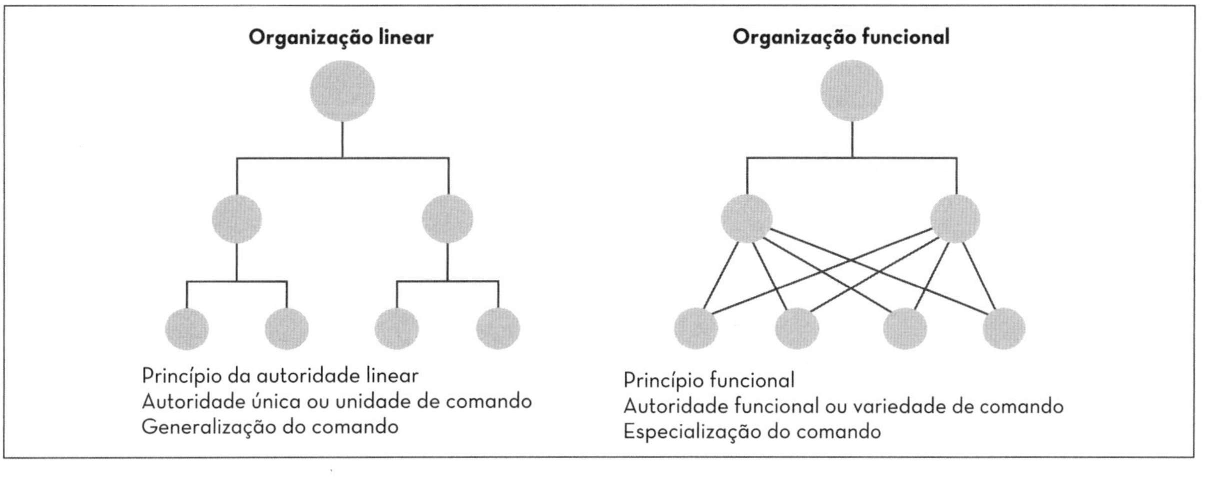

Figura 8 Diferenças entre organização linear e organização funcional[2].

eficácia. As unidades e posições de linha (que têm autoridade linear) passaram a se concentrar no alcance dos objetivos principais da empresa e a delegar autoridade sobre serviços especializados e atribuições marginais a outras unidades e posições da empresa. Assim, ao longo do tempo, as unidades e posições de linha se livraram de uma série de atividades e tarefas não essenciais para poderem se dedicar exclusivamente aos objetivos básicos da empresa, como produzir, vender, etc. As demais unidades e posições da empresa que receberam aqueles encargos marginais e não essenciais passaram a denominar-se assessoria (*staff*), cabendo-lhes a prestação de serviços especializados e consultoria técnica, influenciando indiretamente o trabalho dos órgãos de linha por meio de sugestões, recomendações, consultoria, prestação de serviços como planejamento, controle, levantamentos, pesquisas, relatórios, etc.

Assim, surgiu a organização linha-*staff*, na qual os órgãos de linha são assessorados por órgãos de *staff* graças a sua especialização técnica. Enquanto os administradores de linha tornam-se os detentores da hierarquia da organização, os especialistas de *staff* se aprofundam em um determinado campo de atividades. Aqueles são generalistas e tomadores de decisão, enquanto estes são especialistas, assessores e consultores internos.

O tipo de organização linha-*staff* é o resultado da combinação dos tipos de organização linear e funcional, buscando-se incrementar as vantagens desses dois tipos de organização e reduzir suas desvantagens. Alguns autores o denominam organização do tipo hierárquico-consultivo[6] por causa dessa feliz combinação. Na organização linha-*staff*, as características do tipo linear e do tipo funcional são reunidas para proporcionar um tipo organizacional mais completo e complexo. É ainda o tipo de organização mais utilizado nas empresas.

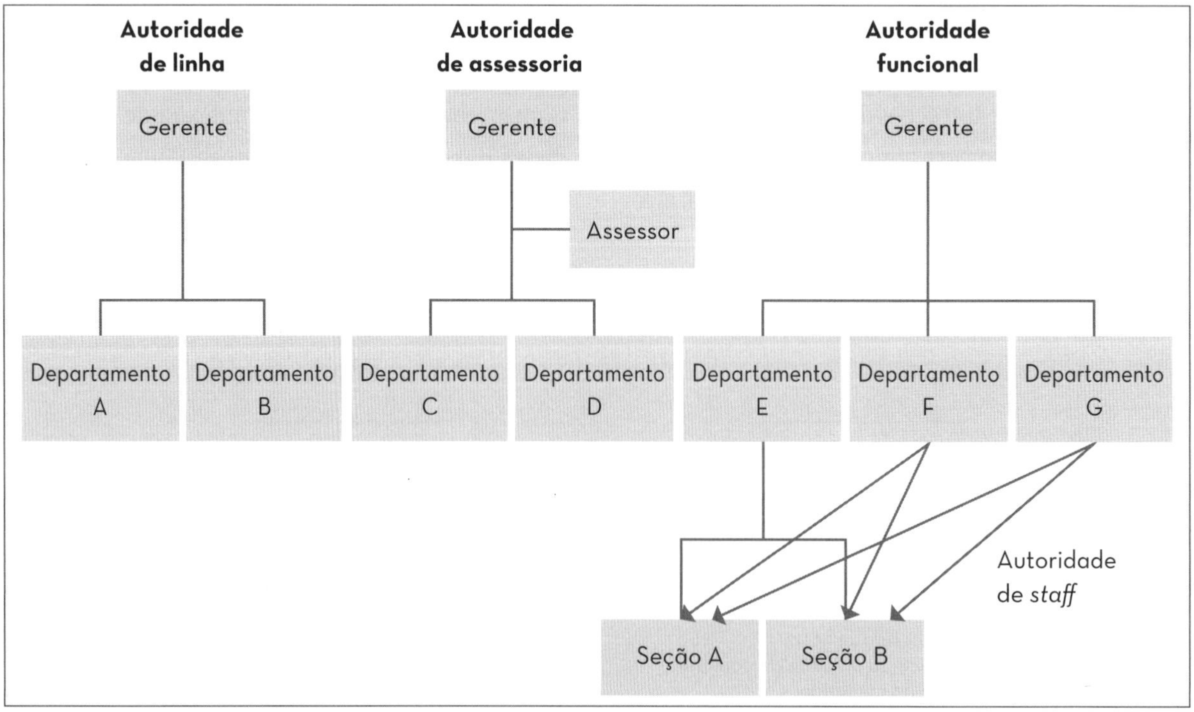

Figura 9 Diferenças entre autoridade de linha, de assessoria e autoridade funcional.

Origens da linha-*staff*

As origens da organização linha-*staff* remontam à Antiguidade. Dale e Urwick[7], dois autores clássicos, fazem referência ao exército do faraó egípcio Tutmés que, por volta do ano de 1500 a.C., já possuía uma assessoria parecida com um serviço de inteligência, com rudimentos de um sistema administrativo. Mooney[8] encontrou o *staff* em organizações militares antigas. No século XVIII, Frederico II solicitou ao Marechal Scharnhorst uma reorganização do exército prussiano, pois notara que seus generais apresentavam pontos fracos, como falta de tempo para elaborar a estratégia militar, para reunir rapidamente informações necessárias à tomada de decisões e, principalmente, para planejar. Com a reorganização, as funções de gabinete e de planejamento foram atribuídas a um estado-maior (*staff*) centralizado, o qual passou a resolver todos os assuntos de planejamento e organização militar. Ao diminuir a amplitude de responsabilidades da linha, aumentou a autoridade dos generais, elevando assustadoramente a sua eficiência. Posteriormente, o exército americano adotou em 1902 um esquema de assessoria geral que foi desenvolvido até chegar à organização linha-*staff*. Nas empresas privadas, o esquema de assessoria iniciou-se mais tarde com a utilização de assistentes contratados para cuidarem dos pormenores dos trabalhos administrativos, para fornecerem informações necessárias à tomada de decisões ou para prestar aconselhamento e assistência na formulação de planos. Com os trabalhos de Taylor e seus seguidores, separando o planejamento e desempenho em busca da especialização funcional, surgiram as primeiras assessorias nas empresas industriais. Com a depressão econômica entre 1929 e 1932, propagou-se a utilização de agências de assessoria e consultoria empresarial como um meio de resolver problemas das empresas com baixo custo. A ênfase colocada no planejamento e no controle, o crescimento acelerado das empresas, o avanço tecnológico, a crescente necessidade de especialização, o volume e a complexidade das leis e das regulamentações condicionando e restringindo as atividades das empresas incrementaram a utilização cada vez maior do tipo de organização linha-*staff*.

Na organização linha-*staff* há uma coexistência entre órgãos de linha (órgãos de comando e execução) e de assessoria (órgãos de apoio, suporte e consultoria), mantendo relações entre si. Os órgãos de linha caracterizam-se pela autoridade linear e pelo princípio escalar, enquanto os órgãos de *staff* prestam assessoria e serviços especializados.

*Critérios de distinção entre linha-*staff

A distinção entre órgãos de linha e órgãos de *staff* pode ser feita por meio de dois critérios[2]:

1. Relacionamento com os objetivos da organização: segundo esse critério, as atividades de linha estão direta e intimamente ligadas aos objetivos básicos da organização ou do órgão do qual fazem parte, enquanto as atividades de *staff* estão ligadas a eles indiretamente. Se o objetivo principal da organização é produzir, somente a área de produção é considerada de linha e todas as demais, de *staff*. Mas, se o objetivo passa a ser também vender, então a área de vendas passa a ser considerada de linha, juntamente com a de produção. As demais áreas serão *staff*. Os órgãos

de produção e de vendas representam, no caso, as atividades básicas e fundamentais da organização: as atividades-fim. Os demais órgãos serão complementares e subsidiários e representam atividades-meio. Se houver mudança nos objetivos da organização, a estrutura linha-*staff* também sofrerá alterações.

Em geral, nas empresas industriais, os órgãos de produção e vendas são os órgãos de linha, pois traduzem os objetivos básicos para os quais a organização está orientada. Quase sempre os órgãos de linha estão voltados para fora da organização, onde se situam seus objetivos, enquanto os órgãos de *staff* são intraorientados, ou seja, estão voltados para dentro da organização, assessorando os demais órgãos internos, sejam eles linha ou de *staff*.

Um órgão de linha ou de *staff* pode ter órgãos subordinados de linha ou de *staff*, dependendo do fato de estarem ou não vinculados diretamente aos objetivos do órgão superior. Nesse sentido, podemos encontrar órgãos linha de linha ou ainda linha de *staff* ou *staff* de linha ou ainda *staff* de *staff*.

2. Tipo de autoridade: os órgãos de linha têm autoridade para decidir e executar as atividades principais ou vinculadas diretamente aos objetivos da organização (autoridade linear). Os órgãos de *staff*, por seu lado, têm autoridade de assessoria, de planejamento e controle, de consultoria e recomendação (autoridade funcional).

Na organização linha-*staff* convivem órgãos de linha e órgãos de *staff*. Os órgãos de linha são os órgãos responsáveis pelo alcance dos objetivos básicos da empresa: são os órgãos que produzem resultados para a organização. Os órgãos de *staff* são os órgãos de apoio e suporte que assessoram os órgãos de linha. As principais funções do *staff* são[9]:

1. Serviços: isto é, atividades especializadas realizadas e executadas pelo *staff*, como contabilidade, compras e abastecimento, pessoal, pesquisa e desenvolvimento, processamento de dados, propaganda, aspectos legais e fiscais, negociações sindicais, etc. Nem sempre a linha tem condições de executar tais serviços com a precisão que somente o *staff* especializado consegue alcançar.
2. Consultoria e assessoria: como assistência jurídica, métodos e processos, consultoria trabalhista, elaboração de contratos, negociações comerciais, etc. O *staff* pode fornecer consultoria e assessoria por meio de orientação e recomendação especializada, que a linha não tem condição de fazer.
3. Monitoração: monitorar significa acompanhar, avaliar e controlar determinada atividade ou processo sem nele intervir ou influenciar. O *staff* geralmente se incumbe de levantamento de dados, elaboração de relatórios e pesquisas, acompanhamento de processos, agendamentos, etc.
4. Planejamento e controle: quase sempre as atividades de planejamento e controle estão delegadas aos órgãos de *staff*. Planejamento e controle financeiro, planejamento ou controle orçamentário de despesas, planejamento e controle da produção, planejamento e controle de manutenção de máquinas e equipamentos, controle de qualidade, etc. são atividades tipicamente desenvolvidas pelo *staff*.

As funções de *staff* podem existir em qualquer nível de uma organização. Na medida em que se sobe na escala hierárquica, aumenta a proporção das funções de consultoria, assessoramento, aconselhamento e recomendação e diminui a proporção das funções de prestação de serviços especializados.

Staff significa assessoria, serviços, pessoal especializado, consultoria, recomendação e orientação técnica. É a atividade especializada que proporciona profundidade, perícia e *expertise* à empresa. Enquanto a linha está ocupada com a execução das tarefas e operações cotidianas e com as pressões para alcançar eficiência, qualidade e produtividade, o *staff* representa o pessoal especializado que estuda com profundidade as questões mais sofisticadas e complexas da tarefa organizacional. Assim, o *staff* é imprescindível ao sucesso organizacional, pois ele lhe dá o conteúdo, a base conceitual e o aconselhamento técnico necessário para que se torne realidade.

*Características da organização linha-*staff

A organização linha-*staff* é um tipo misto e híbrido de organização: os órgãos de linha (unidade de linha) estão diretamente relacionados com os objetivos vitais da empresa (p.ex., como produzir e vender) e têm autoridade linear sobre a execução das tarefas voltadas a esses objetivos, enquanto os órgãos de *staff* (unidades de *staff* ou de assessoria) estão indiretamente relacionados aos objetivos vitais da empresa (p.ex., porque não executam tarefas de produzir e vender) e não têm autoridade linear – mas autoridade funcional de assessoria – sobre a execução das tarefas voltadas a esses objetivos.

Assim, a organização linha-*staff* apresenta características mais complexas, as principais são[2]:

1. Fusão da estrutura linear com a estrutura funcional, com predomínio da primeira. Na organização linha-*staff*, as características lineares e funcionais coexistem simultaneamente. Cada órgão se reporta a um e apenas um órgão superior: é o princípio da autoridade única ou unidade de comando típica da organização linear. No entanto, cada órgão recebe também assessoria e serviços especializados de diversos órgãos de *staff*.
2. Coexistência entre as linhas formais de comunicação com as linhas diretas de comunicação. Na organização linha-*staff*, as linhas formais de comunicação entre superiores e subordinados representam as relações de hierarquia. Existem também linhas diretas de comunicação que ligam os órgãos e o *staff* e que representam a oferta de assessoria e serviços especializados. A rede de comunicações da organização linha-*staff* é formada de linhas formais de autoridade e responsabilidade lineares e de linhas diretas de assessoria e prestação de serviços de *staff*.
3. Separação entre órgãos operacionais (executivos) e órgãos de apoio e suporte (assessores). Na organização linha-*staff* há uma separação entre órgãos operacionais (linha), que são os órgãos executivos das operações básicas da organização, e os órgãos de apoio (*staff*), que são os órgãos assessores e consultores que prestam serviços internos.
   Os membros do *staff* dedicam-se a atividades que requerem estudo e pesquisa e concentram sua atenção sobre assuntos de planejamento e solução de problemas do negócio ou da organização. Com isso, os chefes de linha ficam livres para concentrar sua atenção na execução do trabalho e nos regulamentos formulados pelo *staff*. A autoridade e a responsabilidade dos membros do *staff* são de natureza aconselhadora e não diminuem a autoridade e a responsabilidade dos chefes de linha[10]. No entanto, são os chefes de linha que retêm a autoridade e a responsabilidade pela execução dos planos.
4. Hierarquia *versus* especialização. Apesar do convívio entre características lineares e funcionais, há forte predominância dos aspectos lineares na organização linha-*staff*. A organização linha-*staff* mantém o princípio da hierarquia (cadeia escalar), ou seja, a nivelação dos graus de autoridade linear, sem abrir mão da especialização. A hierarquia (linha) assegura o comando e a disciplina, enquanto a especialização (*staff*) fornece os serviços de consultoria e de assessoria. Reúne em um só tipo de organização a autoridade hierárquica e a autoridade do conhecimento[11].

Figura 10 Funções típicas do órgão de *staff*.

Quase sempre, a autoridade de *staff* é uma autoridade de gabinete, enquanto a autoridade linear é uma autoridade de campo, de operações e de execução.

Bate-bola: você é mais linha ou *staff*?

Faça uma reflexão a respeito do assunto e tente chegar a uma conclusão: você tem mais características de executivo de linha ou de *staff*? Explique por quê.

*Vantagens da organização linha-*staff

A estrutura linha-*staff* apresenta uma série de vantagens[2]:

1. Assegura assessoria especializada e inovadora: por intermédio das unidades de *staff*, mantendo o princípio de unidade de comando das unidades de linha. A organização linha-*staff* tem a vantagem de oferecer uma área de assessoria e prestação de serviços (como órgãos voltados para consultoria legal, pesquisa e desenvolvimento, pessoal, relações públicas, propaganda, etc.), com predomínio da estrutura linear e conservando o princípio de unidade de comando sobre os subordinados diretos. Os órgãos de *staff* proporcionam serviços especializados, fator importante em uma era de especialização e competição. Como os especialistas de *staff* não podem interferir na autoridade dos órgãos aos quais prestam serviços e assessoram, a estrutura linha-*staff* tem a vantagem de oferecer uma área de assessoria e prestação de serviços, com predomínio da estrutura linear e conservando o princípio da autoridade única. Em resumo, os especialistas prestam serviços, mas os serviços que oferecem não precisam ser aceitos como estão recomendados. A linha os adotará à sua maneira. Assim, o *staff* alivia a linha das tarefas acessórias e especializadas, permitindo-lhe concentrar-se sobre as principais atividades e responsabilidades.
2. Atividade conjunta e coordenada de órgãos de linha *e de staff*. A estrutura linha-*staff* é mista e híbrida: enquanto os órgãos de linha se respon-

Tabela 5 Características da linha e do *staff*

Aspectos	Linha	*Staff*
Papel principal	É quem decide	É quem assessora
Atuação	É quem cuida da execução	É quem dá consultoria
Tipo de atividade	Comando Ação Trabalho de campo	Recomendação Alternativas e opções Trabalho de gabinete
Responsabilidade	Pela operação Pelos resultados	Pelo planejamento Pelas sugestões
Exemplo	Gerentes de departamento	Gerentes de *staff*

sabilizam pela execução das atividades básicas e fundamentais da empresa (como produzir e vender), os órgãos de *staff* responsabilizam-se pela execução de serviços especializados (como financiar, comprar, gerir recursos humanos, planejar e controlar, etc.). Essa estrutura dual permite a realização da tarefa organizacional com maior eficiência e eficácia do que a estrutura linear ou funcional.

Por essas razões, a estrutura linha-*staff* representa a configuração organizacional mais encontrada nas empresas de médio e grande porte. Na verdade, constitui ainda o tipo de desenho organizacional mais encontrado no mundo empresarial.

*Desvantagens da organização linha-*staff

Contudo, a estrutura linha-*staff* apresenta algumas restrições e coloca certos problemas em razão de suas complexidades. As principais desvantagens desse tipo de organização são[2]:

1. Possibilidade de conflitos entre órgãos de linha e de *staff*: como o assessor de *staff* não tem autoridade linear sobre os executores e como o gerente de linha não tem tempo nem preparo profissional para se especializar, os conflitos entre linha-*staff* caracterizam-se pelos seguintes pontos[12]:

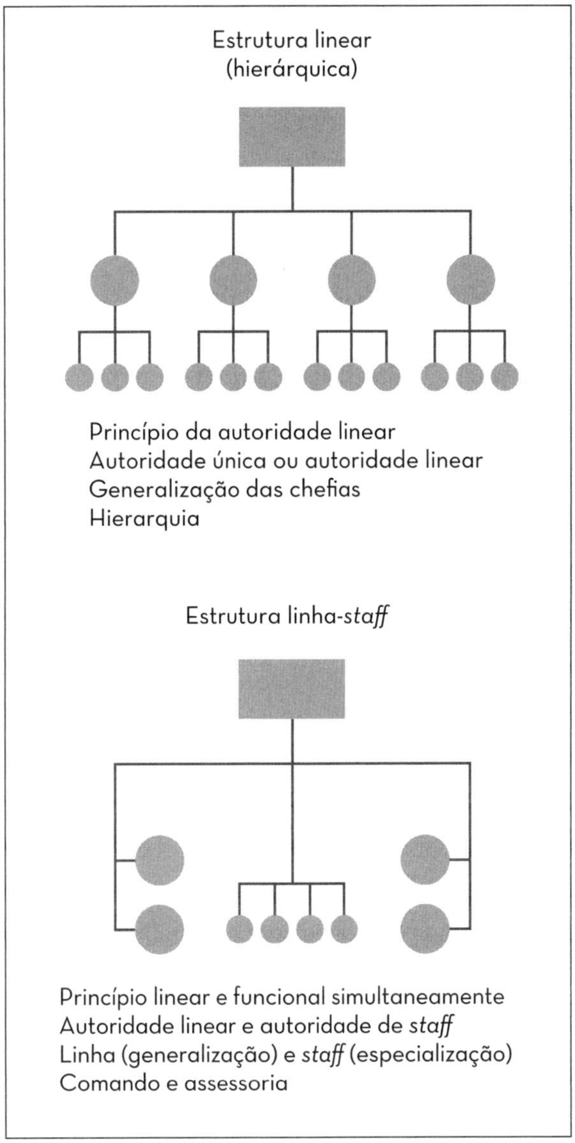

Figura 11 Estrutura linear e estrutura linha-*staff*[2].

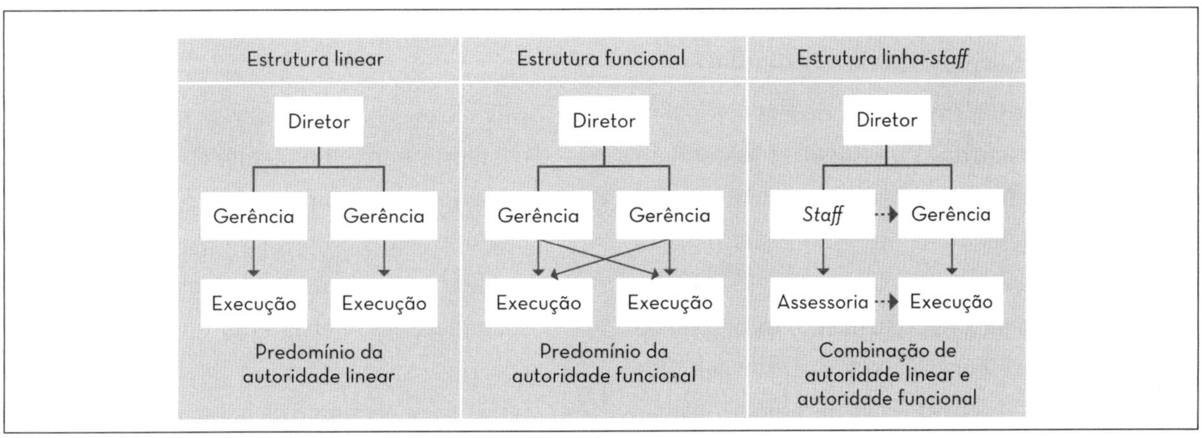

Figura 12 Diferenças entre estrutura linear, funcional e linha-*staff*[2].

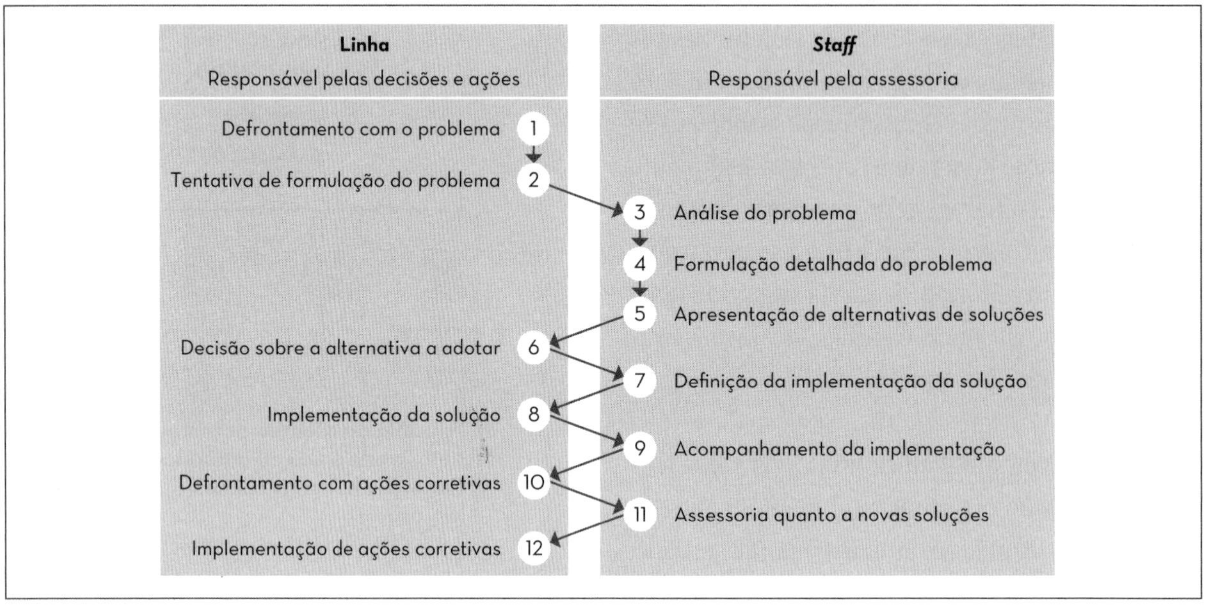

Figura 13 Papel da linha e da assessoria no processo decisório[13].

a. O assessor de *staff* é geralmente um técnico com preparo profissional, enquanto o homem de linha é um homem de prática, promovido pela experiência e pelos conhecimentos adquiridos no trabalho. Um lida com o conhecimento; o outro com a experiência imediata do trabalho.
b. O assessor geralmente tem idade menor, com melhor formação escolar, mas com menor experiência. O homem de linha subiu na hierarquia com a experiência adquirida ao longo dos anos. As diferenças de formação e de idade predispõem a uma rejeição das ideias do *staff* pelo pessoal de linha.
c. O pessoal de linha pode desenvolver sentimentos de que os assessores pretendem roubar-lhes parcelas de autoridade a fim de aumentar seu prestígio e sua posição na empresa.
d. Ao planejar e recomendar, o assessor não assume responsabilidade imediata pelos resultados dos planos que apresenta. A situação é propícia ao conflito, porque a qualquer dificuldade o assessor pode assegurar que seu plano falhou por inépcia do pessoal de linha na sua execução, enquanto o pessoal de linha pode argumentar que o plano era impraticável e teórico.
e. A assessoria representa custos fixos da empresa na forma de despesas operacionais e salários dos especialistas. Surge a preocupação do pessoal de linha quanto aos resultados financeiros da contribuição do *staff* para as operações da empresa. Isso leva os assessores a apresentarem trabalho na forma de planos e ideias em maior quantidade a fim de justificar seu custo.

2. Dificuldade na obtenção e manutenção do equilíbrio entre linha-*staff*: O tipo de organização linha-*staff* pode levar a inevitáveis desequilíbrios e distorções. Os especialistas de *staff* tendem a forçar suas sugestões e tentar impor suas ideias em detrimento do ponto de vista dos órgãos assessorados. Isso pode provocar um enfraquecimento da linha ou a linha dividida de autoridade tão peculiar à organização do

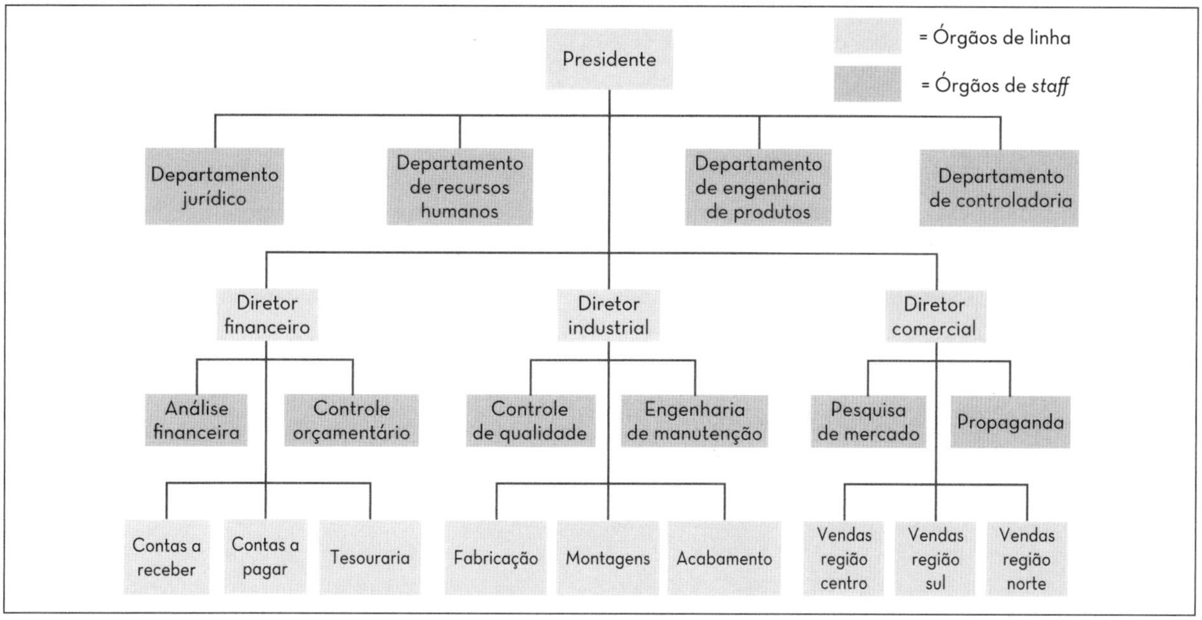

Figura 14 Organização linha-*staff* em uma empresa industrial.

tipo funcional e que pode ser evitada se os especialistas tiverem seu campo de ação bem definido e delimitado. Todavia, se essa delimitação for rígida e exagerada, a organização linha-*staff* pode apresentar baixo rendimento em situações de emergência, enfraquecendo e restringindo a ação do *staff*, levando-o, muitas vezes, à passividade e à acomodação. No primeiro caso, o *staff* se fortalece em detrimento da linha e, no segundo, o *staff* se enfraquece a favor do fortalecimento da linha. Em suma, uma situação de equilíbrio dinâmico e perfeita sincronização entre a linha e o *staff*, de modo que ambos tenham um comportamento cooperativo e integrativo, é difícil de se alcançar e manter[14].

Na verdade, não é fácil a obtenção de um equilíbrio dinâmico entre linha-*staff* de tal maneira que ambos possam ter um comportamento cooperativo e integrativo. Isso depende não apenas de mecanismos integradores, como acabamos de ver, mas principalmente da atuação das lideranças empresariais. Administrar não é somente cuidar de pessoas e recursos para alcançar objetivos com a maior eficiência e eficácia. É também e principalmente saber coordenar, integrar, incluir, engajar, liderar pessoas e unidades organizacionais. Sobretudo, fazer com que haja convergência e unidade de objetivos finais.

A naturalidade dos conflitos

Não existem empresas imunes a conflitos internos. As empresas excelentes também apresentam conflitos entre linha-*staff*. São inúmeros e constantes. Mas são conflitos resolvidos com rapidez, coerência e consenso graças a mecanismos de integração e a uma gestão inteligente. Pior são aquelas empresas cujos conflitos se arrastam indefinidamente pelo tempo e que não são resolvidos adequadamente, provocando polêmicas e discussões desnecessárias, acusações recíprocas, brigas internas, perda de energia que fica concentrada nos conflitos, e não nas atividades essenciais. Em vez de esconder e ocultar os conflitos, a empresa deve cuidar para que sejam resolvidos rapidamente. A empresa perde, as pessoas perdem e suas unidades de linha e de *staff*, em vez de se ajudarem mutuamente, são adversárias que lutam ferrenhamente entre si. O concorrente é o melhor beneficiário dessa confusão toda. Quando há sinergia entre linha-*staff*, o cliente é o maior beneficiário final. A diversidade faz com que as pessoas pensem de maneiras diferentes entre si. Isso naturalmente favorece o surgimento de conflitos e antagonismos. Quando bem administrados, os conflitos provocam mudanças e proporcionam inovação para a empresa. Os resultados do conflito deixam de ser negativos para serem altamente positivos para o negócio.

ESTRUTURA MATRICIAL

A organização matricial constitui uma das formas de organização cuja utilização tem sido bem-sucedida em situações em que a complexidade constitui o maior desafio. É também denominada matriz ou organização em grade. A essência da organização matricial é a combinação das formas de departamentalização funcional e de produto ou projeto na mesma estrutura organizacional. Trata-se de uma estrutura mista em forma de dupla entrada: a organização funcional é verticalizada, enquanto a organização por produto ou projeto é horizontalizada e ambas se superpõem na estrutura matricial.

Como resolver as interdependências?

Nenhuma das formas de departamentalização que vimos até agora pode individualmente conter todas as interdependências necessárias: a organização funcional afeta o fluxo de trabalho, enquanto a organização por projeto impede os contatos entre os especialistas situados nos diversos departamentos. Uma das maneiras de envolver todas as interdependências entre os departamentos é conter as interdependências no nível mais alto da hierarquia por meio da centralização exagerada, o que provoca inúmeros problemas já analisados. Outra maneira é estabelecer uma estrutura dual linha-*staff*: os departamentos de linha com autoridade formal para decidir contêm as interdependências principais, enquanto os departamentos de *staff* com autoridade apenas para aconselhar contêm as interdependências residuais. Uma terceira maneira é utilizar esquemas de ligação: a organização preserva a estrutura tradicional de autoridade, mas superimpõe uma sobrecarga de papéis de ligação, como comissões, gerentes, coordenadores, forças-tarefas, etc., para lidar com as interdependências residuais, isto é, as interdependências não principais. Cada uma dessas três maneiras favorece uma base de agrupamento sobre a outra. Muitas vezes, a empresa precisa ter duas bases para agrupar com equilíbrio.

Características da estrutura matricial

Ao usar a estrutura matricial, a empresa evita escolher uma base de agrupamento sobre a outra, privilegiando uma em detrimento da outra. Em vez disso, ela pode escolher ambas: passa a ter uma estrutura dual de autoridade. Com isso, a matriz sacrifica o princípio da unidade de comando e cria uma delicada balança de poder que distingue a estrutura matricial das demais maneiras de lidar com as interdependências.

Na estrutura matricial, o gerente de projeto ou de produto coordena os esforços do pessoal cedido pelas diversas áreas da empresa com pouca autoridade formal. Seu papel dentro da organização em matriz é de integração e coordenação das tarefas e deve assegurar os serviços e recursos fornecidos pelo pessoal de suporte, sobre os quais tem pouca ou nenhuma autoridade formal. O pessoal de suporte lotado nos departamentos funcionais presta consultoria e informações ou fornece recursos.

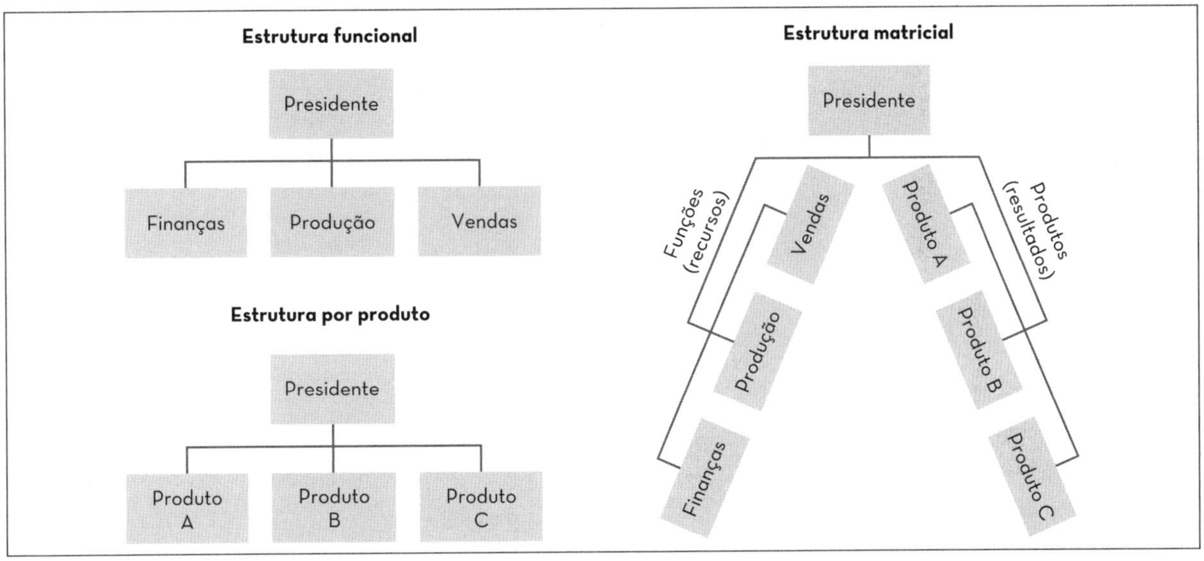

Figura 15 Estrutura matricial comparada com estrutura funcional e por produto[2].

Vantagens da estrutura matricial

A estrutura matricial tem as suas vantagens, a saber[2]:

1. Aglutina vantagens e neutraliza desvantagens: tanto a estrutura funcional como a estrutura por produto apresentam problemas bastante conhecidos: a estrutura funcional peca por não enfatizar os resultados do negócio nem a coordenação; a estrutura por produto, por não permitir concentrar competência técnica. A vantagem principal do desenho matricial está no ganho das vantagens de ambas as estruturas (funcional e por produto), enquanto neutraliza as fraquezas e desvantagens de ambas, a estrutura matricial representa uma conjunção entre a departamentalização funcional e por produto.
2. Dualidade funcional e produto/projeto: em termos genéricos, cada unidade ou membro individual do *staff* da estrutura matricial tem um chefe funcional e um chefe de projeto. Isso viola o princípio universal da unidade de comando; mas, embora tal violação possa levar a problemas de conflito disfuncional, em muitos casos pode apresentar ótimos resultados quanto ao desempenho.
3. Especialização e coordenação: a estrutura matricial pretende combinar esforços de especialização com esforços de coordenação. A unidade funcional garante a especialização e a unidade de produto ou de projeto garante a coordenação e o foco tanto no produto como no projeto. Enfatiza a interdependência entre departamentos em vez de situar as fronteiras entre eles e proporciona oportunidade de delegação, maior contribuição das pessoas e participação na tomada de decisões nos níveis mais baixos da hierarquia.
4. Foco no lucro e nos recursos: quando a empresa é multiprodutos ou multisserviços, a tecnologia e a economia podem não recomendar a separação das instalações de produtos ou da força de vendas para cada produto. A única maneira de assegurar elevado grau de responsabilidade pelo lucro é sobrepor um gerente de produto com responsabilidade pelo lucro de um produto ou linha de produtos com os gerentes funcionais que administram os recursos da empresa por meio de seus departamentos.
5. Resposta à complexidade dos negócios: a necessidade de lidar com a crescente complexidade é uma das razões para a proliferação da organiza-

Gerentes de produtos		Gerentes funcionais			
		Gerente de produção	Gerente de vendas	Gerente financeiro	Gerente de recursos humanos
	Gerente de produto A	Produção do produto A	Vendas do produto A	Finanças do produto A	Recursos humanos do produto A
	Gerente de produto B	Produção do produto B	Vendas do produto B	Finanças do produto B	Recursos humanos do produto B
	Gerente de produto C	Produção do produto C	Vendas do produto C	Finanças do produto C	Recursos humanos do produto C

Figura 16 Exemplo de organização matricial: funções e produtos.

ção matricial. A matriz é a utilização de equipes cruzadas (funcionais e por produto/projeto) como uma resposta à crescente complexidade interna associada com o aumento do tamanho das empresas. É também relacionada com a crescente competição no ambiente e às novas tecnologias disponíveis para lidar com a complexidade.

6. Resposta à turbulência ambiental: a matriz é uma resposta organizacional ao ambiente turbulento cujas relações são extremamente complexas e mutáveis. Assim, a organização matricial é mais compatível com a abordagem contingencial: é um desenho departamental que apresenta a vantagem de unir o novo e o velho pela superposição de uma estrutura de projeto com uma estrutura funcional.
7. Vantagens das organizações orgânicas: a organização matricial apresenta as vantagens das organizações orgânicas. A matriz é uma das maneiras mais participativas e flexíveis e, pela sua própria natureza, depende profundamente da colaboração entre muitas pessoas de diferentes especialidades e campos de atuação. Nesse aspecto, a convergência é um dos seus fortes.

Limitações da estrutura matricial

A estrutura matricial, no entanto, também tem seus pecados[2].

1. Viola a unidade de comando: o desenho matricial permite satisfazer duas necessidades das empresas: especialização e coordenação. Todavia, a matriz não é uma panaceia, pois rompe com a unidade de comando e introduz conflitos inevitáveis de duplicidade de supervisão.
2. Altera a cadeia de comando e enfraquece a coordenação vertical: enquanto melhora a coordenação lateral, a estrutura matricial muda a cadeia de comando e prejudica a coordenação vertical. Esse é o preço pago para garantir coordenação entre os órgãos ou unidades envolvidos em um produto ou projeto.
3. Depende da colaboração dos participantes: para funcionar bem, a estrutura matricial depende da cooperação das pessoas. Mais do que isso, ela requer pessoas com alto nível de qualificação e de responsabilidade por resultados conjuntos. Por essa razão, a estrutura matricial não é apropriada para empresas em

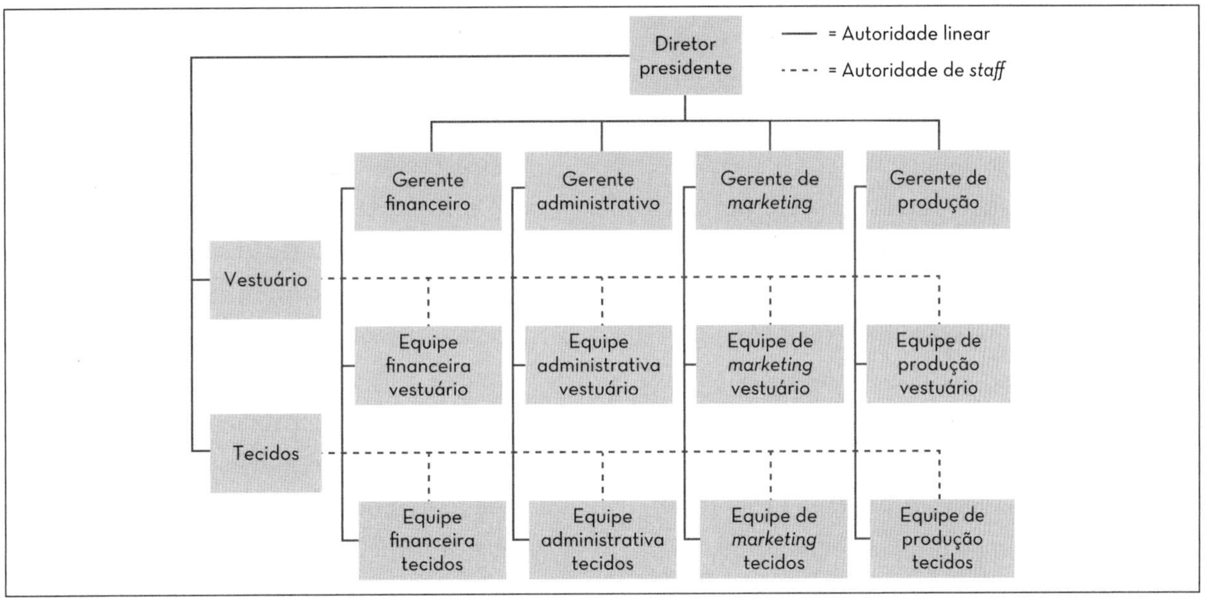

Figura 17 Exemplo de organização matricial: funções e produtos.

que as pessoas não têm a devida capacitação e educação para trabalhar em conjunto. Ela depende também de uma cultura organizacional adequada e que privilegie a responsabilidade individual.

Aplicações da estrutura matricial

A organização matricial é indicada para empresas cuja complexidade de negócios e mercados exige respostas rápidas e integradas e na qual a convergência de múltiplos esforços e especialidades requer trabalho conjunto e focado simultaneamente em funções e em resultados por meio de produtos ou projetos. Boa parte das empresas globalizadas tem estruturas matriciais concentradas em pesquisa e desenvolvimento de novos produtos, ingresso em novos mercados, atuação conjunta em tecnologia, etc.

ORGANIZAÇÕES TEMPORÁRIAS OU ADHOCRÁTICAS

Nos últimos anos foram desenvolvidas soluções do tipo *ad hoc* (aqui e agora) para administrar a incerteza e a mudança. A busca do modelo universal de administração – para cada atividade uma solução única e melhor – cedeu lugar para a busca de modelos cada vez mais flexíveis. Os novos desafios para a organização estão sendo respondidos por novas formas de administração.

Adhocracia

Toffler[15] fala do choque do futuro e da nova sociedade que deverá existir no futuro, extremamente dinâmica e mutável, na qual as empresas, para poderem acompanhar o ambiente turbulento, precisarão ser inovadoras, temporárias, orgânicas, isto é, precisarão mudar suas feições internas com tal frequência que os cargos mudarão de semana para semana e as responsabilidades serão deslocadas continuamente. Estruturas organizacionais serão postas a funcionar em conjunto com novas formas de estrutura e, em seguida, rearticuladas, fazendo com que departamentos e divisões irrompam subitamente para se integrarem em outra e em mais outra organização. A rotatividade e a mudança aparecem mais dramaticamente nos projetos ou forças-tarefas, nos quais os grupos

se reúnem a fim de resolver problemas específicos, temporários, evanescentes. Essa organização temporária - do tipo aqui e agora (*ad hoc*) - que se agrupa e se dissolve, que se modifica e se altera a cada momento, faz com que as pessoas, em lugar de preencherem posições fixas no quadro organizacional, passem para a frente e para trás, de um lugar para outro, em elevado índice de velocidade.
A hierarquia dentro das empresas sofrerá um colapso: haverá a exigência de maior número de informações dentro de ritmos mais rápidos, o que derrubará a hierarquia vertical típica da burocracia. Os sistemas deverão ser temporários, capazes de rápida adaptação, de mutações rápidas e substanciais. Nessa nova sociedade, florescerá uma nova forma de organização: a adhocracia. A adhocracia - o oposto da burocracia - será caracterizada principalmente por equipes temporárias de trabalho capazes de desenvolver tarefas diferentes e inovadoras baseadas no conhecimento, com atribuições e responsabilidades fluidas e mutáveis, poucas regras e regulamentos e autoridade descentralizada.

Características da adhocracia

A adhocracia apresenta características inovadoras:

1. Equipes e grupos cooperativos: a característica central da adhocracia é sua formação em equipes e grupos cooperativos que resolvem problemas e desempenham atividades mutáveis de acordo com a situação. Os órgãos tradicionais (como departamentos ou divisões) são substituídos por equipes. Em geral, as equipes são multifuncionais, isto é, dotadas de todas as competências e recursos necessários para que possam trabalhar com plena autonomia e autossuficiência.
2. Tarefas efêmeras: as posições e as tarefas não são permanentes nem especializadas, a fim de que todos possam aprender continuamente com novas e diferentes atividades. O trabalho é baseado não em cargos ou funções, mas no conhecimento e na competência de cada um. As atribuições e responsabilidades são mutáveis e fluidas.
3. Formas organizacionais flexíveis e livres: a hierarquia é substituída pela forte descentralização, as regras e regulamentos são genéricos e reduzidos. A interação é fortemente impulsionada com comunicações informais e intensivas entre os participantes.
4. Ênfase na missão a cumprir: missões e problemas constituem o foco da adhocracia. A adhocracia existe para cumprir objetivos e resolver problemas. Cumpridas as missões ou resolvidos os problemas, a adhocracia ou se dissolve, ou então migra para outras missões ou problemas.
5. Comunidades de interesse: a adhocracia representa a junção de comunidades informais – ou mesmo formais – que se aglutinam em função de interesses comuns. Nesse sentido, a tecnologia da informação e, principalmente, a internet proporcionam os meios necessários para que a adhocracia possa funcionar livremente em qualquer tempo e lugar.

ESTRUTURA EM REDES

As organizações bem-sucedidas na era da globalização e da conectibilidade estão substituindo seus tradicionais departamentos funcionais pela estrutura em redes. As redes podem conter unidades organizacionais ou equipes multifuncionais e interdisciplinares. As redes (*networks*) ou teias podem ser definitivas ou transitórias, concretas ou virtuais. Enquanto os departamentos tradicionais são definitivos, permanentes, estáveis e imutáveis, as redes são mutáveis, ágeis e flexíveis, podendo redefinir seu encadeamento e suas atividades continuamente.

A estrutura em redes pode ser utilizada para unidades organizacionais ou para equipes integradas[2]:

1. Rede de unidades: a rede é composta de várias áreas de negócios relacionadas com a empresa-mãe, que funciona como o núcleo principal. Nesse caso, a rede é constituída de um núcleo principal rodeado por empresas ou unidades de negócios, cada qual funcionando como um centro de lucro separado dos demais.
2. Rede de equipes: a rede é composta de várias equipes permanentes ou transitórias, dependendo das circunstâncias. No centro, o coordenador geral das equipes, rodeado por equipes interfuncionais ou multifuncionais.

    a. Equipes interfuncionais: são compostas de especialistas que completam determinada função ou atividade, mas que dependem de outras equipes nas suas específicas funções. Têm autonomia, mas não possuem autossuficiência para completar uma determinada atividade ou missão, pois devem funcionar em conjunto. Cada equipe depende de outras equipes para preencher uma atividade ou missão.
    b. Equipes multifuncionais: são compostas de vários especialistas oferecendo múltiplas competências dentro da equipe, de tal maneira que a equipe se torne uma célula completa e totalmente integrada para cumprir integralmente determinada atividade ou missão. Têm total autonomia e autossuficiência, não dependendo de outras equipes.

A estrutura em redes de equipes se baseia no chamado empoderamento (*empowerment*), ou seja, na delegação de autoridade e responsabilidade às unidades e equipes, que se tornam autônomas e autossuficientes para decidir sobre seu trabalho, condições de trabalho, programação de atividades, qualidade, metas e resultados a alcançar, etc. Essa estrutura flexível torna as configurações mais competitivas e ágeis no ambiente global e competitivo atual.

Características da estrutura em redes

A estrutura em redes apresenta características incomuns[2]:

1. Elevada flexibilidade: é provavelmente a estrutura mais maleável e adaptável para as empresas que atuam em ambientes turbulentos e com tecnologias de ponta.
2. Mobilidade: sua elevada flexibilidade é acompanhada de alta mobilidade. A rede permite atuar em termos de tempo e de espaço. Ela pode funcionar a qualquer momento ou hora e em qualquer lugar do mundo. Empresas virtuais geralmente utilizam a estrutura em rede.
3. Horizontalidade: a rede apresenta uma organização predominantemente horizontal e focaliza a dinâmica de processos, e não as funções especializadas ou hierarquias.
4. Conectibilidade: a rede é o elemento integrador de várias unidades ou equipes interligadas. Ela permite um funcionamento coeso com um mínimo de recursos físicos. Em geral, é virtual, pois utiliza intensamente a tecnologia de informação e a internet.
5. Coordenação própria: cada unidade ou equipe da rede funciona como um subsistema perfeitamente integrado.
6. Autonomia: cada unidade ou equipe da rede deve possuir total autonomia para cumprir objetivos ou missões.
7. Autossuficiência de recursos e competências: a rede permite que suas unidades e equipes integrem recursos e competências que lhes permitam alcançar suas missões e objetivos com completa autonomia e autossuficiência. Cada

unidade pode funcionar como um centro de custo ou centro de resultados. O primeiro focaliza a integração necessária para reduzir custos. O segundo focaliza os objetivos ou as missões para incrementar resultados por meio da convergência de recursos e competências.

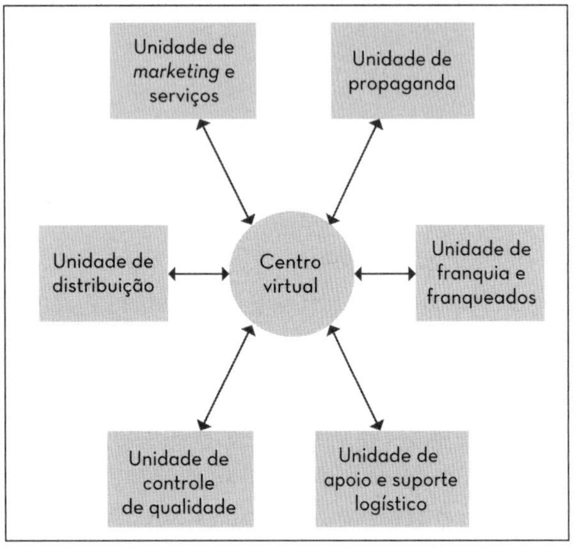

Figura 18 Estrutura em rede de negócios.

Vantagens da estrutura em redes

A estrutura em redes proporciona inúmeras vantagens[2]:

1. Permite a virtualização do negócio: a rede permite o aparecimento de empresas virtuais que não necessitam de tempo ou espaço para funcionar. Ela é o elemento de ligação e conexão dos negócios envolvidos. Mesmo que os negócios sejam feitos por empresas físicas e concretas, a rede em si costuma ser virtual, isto é, conectada eletronicamente.
2. Permite a proliferação de unidades de negócios: a rede permite integrar uma infinidade de diferentes unidades de negócios, desde que seu núcleo tenha condições de acompanhar todas as suas facetas, características e desafios. Cada unidade de negócios pode mudar ou migrar para outra atividade, fazendo com que a composição da rede também mude. Daí sua flexibilidade.
3. Baixíssimo custo operacional: a rede proporciona custos baixos de integração e de operação, pois focaliza direta e exclusivamente o trabalho a ser feito. O custo operacional depende apenas de vinculações virtuais entre os negócios da rede, que são extremamente baratas e não requerem grandes investimentos em máquinas e instalações físicas.

ORGANIZAÇÃO VIRTUAL

Por que ter uma organização carregada de recursos e de investimentos físicos quando se pode ter uma organização virtual que custa o mínimo? Por que ser proprietário ou dono quando se pode alugar e trabalhar com investimentos de terceiros? A organização virtual – também denominada organização modular ou em rede virtual – é uma estrutura com um núcleo centralizado e que terceiriza as funções empresariais menores[16]. Ela é altamente centralizada e com pouca ou nenhuma departamentalização. Quase sempre, ela também é uma estrutura em redes ao redor de um núcleo central que funciona como o elemento integrador, mas essencialmente virtual. Isso oferece flexibilidade e maleabilidade a um custo mínimo.

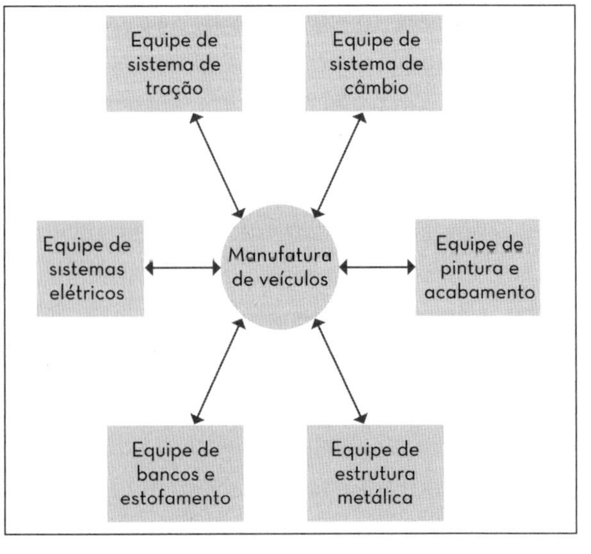

Figura 19 Estrutura em redes de equipes.

Exemplos de organização virtual[17]

A indústria cinematográfica, a televisão e o *show business* adotam intensamente a organização virtual. Antigamente, a MGM, a Warner Brothers e a 20th Century Fox eram empresas enormes e verticalmente integradas dotadas de grandes áreas de filmagem e que empregavam milhares de especialistas em tempo integral – como diretores, produtores, atores, equipes de cinegrafistas, editores, roteiristas, pessoal de iluminação, modelagem, etc. Hoje, essas empresas produzem filmes, novelas e *shows* com grupos temporários de pessoas que se reúnem para a realização de projetos específicos. Cada projeto dispõe de pessoas com o talento e as competências adequadas, em vez de se realizar a escolha apenas entre os funcionários do estúdio. Isso minimiza despesas, pois dispensa a organização permanente e reduz custos e riscos. Cada equipe é montada para um determinado projeto e depois desmontada no seu final. É a terceirização temporária para atender aos projetos de um núcleo permanente, mas virtual.

As organizações virtuais criam redes de relações que permitem terceirizar áreas importantes, como produção, *marketing*, logística, recursos humanos ou funções que outros podem fazer melhor e mais barato para se concentrar nas suas competências de núcleo, quase sempre ao redor do *marketing*. Sua principal vantagem é a flexibilidade e sua principal desvantagem está no menor controle sobre os componentes-chave do negócio[17].

DESENHO ORGANIZACIONAL

O desenho organizacional constitui a escolha pela qual a empresa pretende estruturar-se e comportar-se para atingir seus objetivos. Assim, as características principais do desenho organizacional são a diferenciação, a formalização, a centralização e a integração. Essas características são a modelagem de uma enorme variedade de fatores externos e internos, como objetivos empresariais, tecnologia utilizada, ambiente de tarefa e a estratégia empresarial adotada. A maneira pela qual esses fatores são envolvidos no conjunto depende, de certa forma, do tamanho organizacional da empresa, da amplitude de controle mais adequada para as suas operações e envolve áreas diretamente relacionadas com os objetivos empresariais (unidades de linha) e áreas de apoio e suporte técnico (unidades de *staff*).

De modo geral, a organização sempre constituiu a plataforma em que se sustenta a instituição. Em um ambiente estável e previsível, a estrutura tradicional pode continuar ainda prestando bons serviços. Mas o ambiente estável está se tornando uma exceção. Em um ambiente instável, a organização que tem mais chances de sobrevivência deve ser também instável. E quanto mais instável ela é, tanto mais ela pode influenciar o ambiente que a rodeia. É nesse sentido que tanto o ambiente como a organização podem coevoluir paralelamente.

Para tanto, a nova organização deve levar em conta o seguinte[2]:

1. Desmistificar a ideia de controle central a partir do topo: a velha tradição de que deve haver uma cúpula centralizadora de todas as atividades organizacionais pertence ao passado. Morin[18] afirma que qualquer organização biológica ou social é simultaneamente *cêntrica* (por dispor de um centro decisório), *policêntrica* (por dispor de outros centros de controle) e *acêntrica* (por funcionar de maneira anárquica a partir das interações espontâneas entre seus membros). Toda organização é simultaneamente ordem e desordem. Ela necessita ao mesmo tempo de continuidade

e de mudança, de normas e de liberdade, de controle e de autonomia, de tradição e inovação, de ser e de devir. Ordem e desordem são mais parceiras do que adversárias na consecução da auto-organização da empresa.

2. O papel da hierarquia deve ser redefinido: o modelo tradicional e mecanicista está sendo substituído por formas de auto-organização (como a organização em rede). Os mecanismos de integração – que sempre foram assegurados pelo controle hierárquico – também precisam ser redefinidos. A liberdade concedida aos membros organizacionais – como no *empowerment* – deve acabar por levá-los a alcançar por si mesmos uma nova forma de integração. Mas para que isso possa vir a ocorrer é necessário que se promova uma estratégia organizacional global adequada que estimule a iniciativa, a cooperação, a criatividade e a sinergia.

Organização sem fronteiras

A escolha do desenho organizacional deve ser cuidadosamente feita em função da estratégica adotada pela empresa no sentido de apoiá-la e impulsioná-la. Por essa razão, muitas empresas estão adotando o conceito de organização sem fronteiras, aquilo que Jack Welch queria fazer com a General Electric: transformá-la em "uma mercearia familiar de 60 bilhões de dólares"[17]. Apesar do tamanho, ele queria eliminar os limites verticais e horizontais no interior da empresa e demolir as barreiras externas entre ela e seus clientes e fornecedores e substituir departamentos por equipes. Não o conseguiu totalmente, mas avançou e muito.

A organização sem fronteiras baseia-se nos seguintes conceitos[19]:

1. Novos fatores de sucesso da empresa: incluem rapidez, flexibilidade, integração e inovação, ao contrário dos tradicionais fatores de sucesso como tamanho, definição do papel, especialização e controle. O administrador precisa criar organizações com suficiente massa crítica as quais possa ajustar pronta e continuamente ao mutável mundo dos negócios.
2. Para alcançar os quatro fatores de sucesso: a empresa necessita reconfigurar quatro tipos de fronteiras:

   a. Fronteiras verticais: os pisos e tetos da organização que separam as pessoas em níveis hierárquicos, títulos, *status* e graduações. É a velha cadeia de comando.
   b. Fronteiras horizontais: as paredes internas que separam as pessoas em organizações por funções, unidades de negócios, grupos de produto ou divisões.
   c. Fronteiras externas: as paredes externas que dividem a empresa dos seus clientes e consumidores, fornecedores, comunidades e demais *stakeholders*.
   d. Fronteiras geográficas: as paredes culturais que incluem aspectos das outras três fronteiras, mas aplicados sobre o tempo e o espaço e muitas vezes sobre diferentes culturas.

3. Cada uma dessas fronteiras requer adequada permeabilidade e flexibilidade para que ideias, informação e recursos possam fluir livremente acima e abaixo, dentro e fora e ao longo da organização.

O administrador tem um belo caminho pela frente e um propósito bem definido: transformar as empresas em organizações excelentes e capazes de criar valor e proporcionar retornos a todos que estão nela envolvidos, direta ou indiretamente, interna ou externamente. É por aí que se deve seguir.

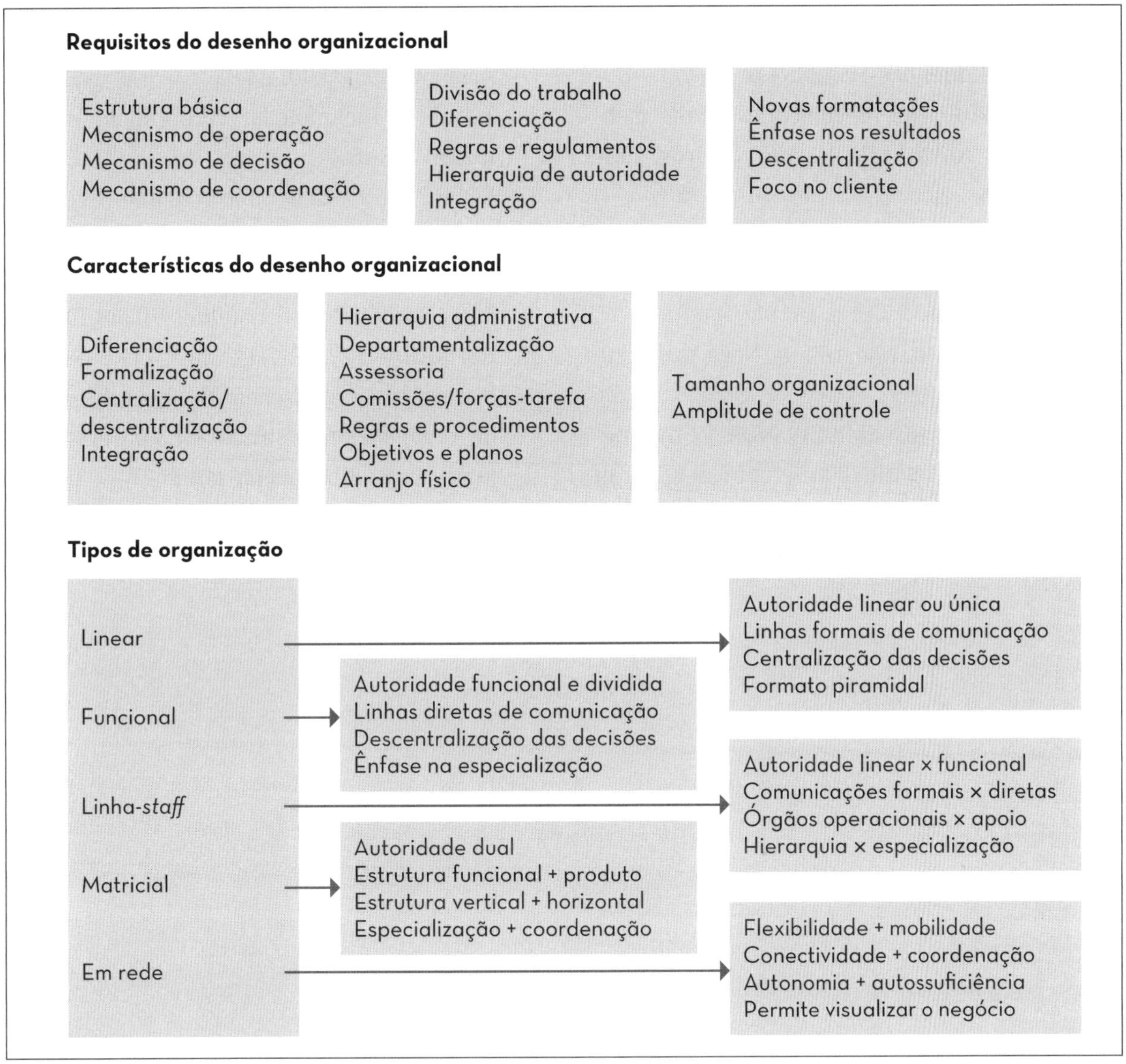

Figura 20 Mapa mental deste capítulo.

Referências bibliográficas

1. HICKSON, D. J. "A convergence in organization theory". *Administrative science quarterly*, v. 67, p. 224-37.
2. CHIAVENATO, I. *Introdução à teoria geral da administração*, Rio de Janeiro, Elsevier/Campus, 2011.
3. MINTZBERG, H. *The structuring of organizations: a synthesis of the research*, Englewood Cliffs, NJ, Prentice-Hall, 1980. p. 81-2.
4. FAYOL, H. *Administração industrial e geral*, São Paulo, Atlas, 1972.
5. CHIAVENATO, I. *Teoria geral da administração*, Rio de Janeiro, Elsevier/Campus, 2005, v. 1, p. 320-1.
6. JUCIUS, M. J.; SCHLENDER, W. E. *Introdução à administração*: elementos da ação administrativa, São Paulo, Atlas, 1972. p. 223.
7. DALE, E.; URWICK, L. F. *Organização e assessoria*, São Paulo, Atlas, 1971. p. 77.
8. MOONEY, J. D. *The principles of organization*, Nova York, Harper & Bros., 1947, p. 102.
9. HAMPTON, D. R. *Administração contemporânea*, São Paulo, McGraw-Hill, 1980, p. 238-9.

10. HURLEY, M. *Elements of business administration*, Nova York, Prentice-Hall, 1953. p. 346-7.
11. DAVIS, R. C. *The fundamentals of top management*, Nova York, Harper & Bros, 1951. p. 786-94.
12. TEIXEIRA, G. J. W. "O papel da assessoria no processo decisório". *Revista de Administração*. FEA/USP, set./dez. 1977. v. 12, n. 2, p. 91.
13. DALTON, M. *Men who manage*, Nova York, John Wiley & Sons, 1959.
14. BROWNE, P. J.; GOLEMBIEWSKI, R. T. "The line-staff concept revisited: an empirical study of organizational images", *Academy of Management Journal*, set. 1974, p. 406-17.
15. TOFFLER, A. *O choque do futuro*, Rio de Janeiro, Artenova, 1973. p. 101-24.
16. TULLY S. The modular corporation, *Fortune*, 1993, p. 106-16.
17. ROBBINS, S. P. *Administração*: mudanças e perspectivas, São Paulo, Saraiva, 2008. p. 189.
18. MORIN, P. *Le dévelopment des organizations*. Paris, Bordas, Dunod, Gauthier-Villars, 1976.
19. ASHKENAS, R.; ULRICH, D.; JICK, T.; KERR, S. *The boundaryless organization*: breaking the chains of organizational structure, San Francisco, Jossey-Bass, 2002, p. xviii- xix.

CAPÍTULO 11

Desenho departamental

Objetivos deste capítulo

- Explicar a configuração departamental, isto é, a departamentalização.
- Definir e caracterizar os diversos tipos de departamentalização (funcional, por produtos ou serviços, por base territorial, por clientela, por processo, por projeto e estrutura matricial).
- Apresentar as opções departamentais e suas implicações para a empresa.
- Explicar como se avalia o desenho departamental nas empresas.

Para operar e trabalhar, a empresa precisa de departamentos, cada qual especializado em determinada atividade. O desenho departamental refere-se à estrutura organizacional dos departamentos ou divisões da empresa. É o esquema de diferenciação e de integração existente no nível intermediário da empresa. Foi visto que a diferenciação pode dar-se de duas maneiras: vertical e horizontal. A diferenciação vertical ocorre pelo arranjo hierárquico das unidades e posições na empresa (cadeia escalar), enquanto a diferenciação horizontal ocorre pelo desdobramento de diversos departamentos ou divisões especializados dentro do mesmo nível hierárquico da empresa. A diferenciação vertical já foi tratada no Capítulo 10 – Desenho Organizacional. A diferenciação horizontal será o tema deste capítulo.

O desenho organizacional é tratado no nível institucional da empresa e tem uma abordagem macro, enquanto o desenho departamental se refere ao nível intermediário e tem uma abordagem limitada às relações entre os objetivos e as decisões estratégicas da empresa (nível institucional) e a realização das tarefas por meio da aplicação dos recursos disponíveis (nível operacional)[1]. Por essa razão, será tratado o desenho departamental como algo que ocorre no nível intermediário de cada empresa.

Diferenciação horizontal

Por outro lado, a especialização horizontal - ou diferenciação horizontal - ocorre quando se verifica a necessidade de aumentar a perícia, a eficiência e a melhor qualidade do trabalho em si. Corresponde a uma especialização de atividade, de conhecimentos e de competências. A especialização horizontal se faz à custa de um maior número de órgãos especializados no mesmo nível hierárquico, cada qual em sua tarefa ou atividade. A especialização horizontal decorrente do princípio funcional caracteriza-se pelo número de áreas de especialização, proporcionando um crescimento horizontal do organograma. É mais conhecida pelo nome de departamentalização, pela sua tendência incrível de criar departamentos. Raramente, ocorre a vertical sem que ocorra também a especialização horizontal e vice-versa. Princípios escalar e funcional se completam e dificilmente andam separados. Ambas, a especialização vertical e a horizontal, constituem formas diferentes de divisão do trabalho: a especialização vertical é uma divisão do trabalho em termos de autoridade e responsabilidade, enquanto a departamentalização é uma divisão do trabalho em termos de diferenciação entre os diversos tipos de tarefas executados pelos órgãos[1].

DEPARTAMENTALIZAÇÃO

Quando a empresa é muito pequena e constituída de poucos órgãos ou pessoas o arranjo formal para definir e agrupar suas atividades torna-se pouco necessário ou irrelevante. As pequenas empresas não requerem diferenciação ou especialização para distinguir o trabalho de uma pessoa ou unidade dos demais. Mas, à medida em que as empresas se tornam maiores e envolvem atividades mais variadas e diversificadas, elas são forçadas a dividir as principais tarefas empresariais e transformá-las em responsabilidades departamentais ou divisionais. Aí ocorre a divisão do trabalho organizacional no sentido horizontal.

O que é um departamento?

Departamento designa uma área, uma divisão ou um segmento distinto de uma empresa sobre o qual um administrador (seja diretor, gerente, chefe, supervisor, etc.) tem autoridade para o desempenho de atividades específicas. Assim, o termo departamento ou divisão é utilizado com um significado genérico e aproximativo: pode ser o departamento de produção, a divisão de vendas, a seção de contabilidade, a unidade de pesquisa e desenvolvimento ou o setor de compras. Em algumas empresas, a terminologia departamental é levada a sério e indica relações hierárquicas bem definidas: um superintendente cuida de uma divisão; um gerente, de um departamento; um chefe, de uma seção; um supervisor, de um setor. Em outras empresas, a terminologia é simplesmente casual e pouco ordenada. Por isso a dificuldade de uma terminologia universal.

O desenho departamental decorre da diferenciação de atividades dentro da empresa. Na medida em que ocorre a especialização do trabalho e o aparecimento de funções especializadas, a empresa passa a necessitar de coordenação dessas diferentes atividades e, para tanto, agrupa-as em unidades maiores. Ocorre o princípio da homogeneidade: as funções devem ser atribuídas a unidades organizacionais na base da homogeneidade de conteúdo, com o objetivo de alcançar operações mais eficientes e econômicas. As funções são homogêneas na medida em que seu conteúdo apresenta certas semelhanças entre si.

Assim, o princípio que deve reger a departamentalização ou o agrupamento de atividades é o princípio da homogeneidade.

O desenho departamental é mais conhecido como departamentalização ou divisionalização. A departamentalização é uma característica típica das grandes empresas. Ela está relacionada com o tamanho da empresa e com a natureza de suas operações. Quando a empresa cresce, suas atividades não podem ser supervisionadas diretamente pelo proprietário ou pelo diretor. Essa tarefa de supervisão pode ser facilitada atribuindo-se a diferentes departamentos a responsabilidade pelas diferentes fases ou aspectos dessa atividade[1].

O desenho departamental ou departamentalização apresenta uma variedade de tipos. Os principais são:

- Funcional.
- Por produtos e serviços.
- Por base territorial.
- Por clientela.
- Por processo.
- Por projeto.
- Matricial.

Veja cada um desses tipos de departamentalização.

Bate-bola: para que servem os departamentos?

Discuta com seus colegas a respeito do assunto e tente chegar a uma conclusão: Para que servem os departamentos?

- Assumirem partes da divisão do trabalho organizacional.
- Atender à necessidade de diferenciação na organização.
- Tratar de assuntos correlatos.

Departamentalização funcional

A departamentalização funcional recebe o nome de agrupamento por função, departamentalização por funções ou ainda estrutura funcional. É a organização feita na base das funções que requerem atividades similares e que são agrupadas juntas e identificadas de acordo com alguma classificação funcional, como finanças, recursos humanos, mercadologia, produção, etc. O agrupamento por função – pelo conhecimento, habilidades, competências, processos de trabalho ou função de trabalho – reflete a ênfase nas interdependências de processos e de escala ou nas interdependências sociais em detrimento das interdependências do fluxo de trabalho.

Ao departamentalizar na base funcional, a empresa encoraja a especialização das funções, seja estabelecendo carreiras para os especialistas dentro de sua área de especialização para supervisioná-los por meio de pessoas de sua própria especialidade e encorajando sua interação social. Isso fortalece e reforça a especialização funcional das pessoas. Elas passam a trabalhar no mesmo ambiente funcional.

Agrupamento por funções

A departamentalização funcional consiste no agrupamento das atividades e tarefas de acordo com as funções principais desenvolvidas dentro da empresa. Como toda e qualquer empresa compreende a criação de alguma utilidade dentro de uma economia de troca e as funções fundamentais de qualquer empresa consistem em produção (criação de utilidade ou acréscimo de utilidade de um produto ou serviço), venda (procura de fregueses, pacientes, clientes, estudantes ou membros que concordem em aceitar o produto ou serviço a um determinado preço) e financiamento (levantamento, obtenção e desembolso de recursos financeiros da empresa), nada mais lógico do que agrupar tais atividades básicas em departamentos de produção, de vendas e de finanças. Essa é a tríade mais comumente encontrada nas empresas.

Vantagens da departamentalização funcional

A departamentalização funcional apresenta inúmeras vantagens:

1. Permite agrupar os especialistas sob uma única chefia comum, quando há uma tarefa especializada[2]. A principal vantagem é refletir uma diferenciação lógica pelas funções seguindo o princípio da especialização ocupacional dos especialistas (pessoal especializado em finanças, produção, vendas, etc.).
2. Garante o máximo de utilização das habilidades técnicas das pessoas[3]. Isso porque se baseia no princípio da especialização ocupacional. Além disso, favorece a convergência e a ação conjunta dos especialistas em uma determinada atividade. Convergência de ação ou ação conjunta é uma de suas vantagens.
3. Permite forte economia de escala pela utilização integrada de pessoas, conhecimentos, habilidades e competências.
4. Orienta e aglutina as pessoas para uma específica atividade ou especialidade, concentrando sua competência de maneira eficaz[4]. Com isso, simplifica o treinamento e o desenvolvimento do pessoal.
5. Permite distinguir e manter o prestígio das funções principais da empresa, bem como realçar os objetivos primários e fundamentais da organização.
6. Reflete um dos mais altos níveis de auto-orientação de uma organização e de introversão administrativa. A empresa se compõe de acordo com suas funções principais para se autoconcentrar naquilo que é capaz de fazer[5]. Com isso, ignora o que ocorre no seu ambiente externo e deixa relativamente de lado os seus produtos e serviços.

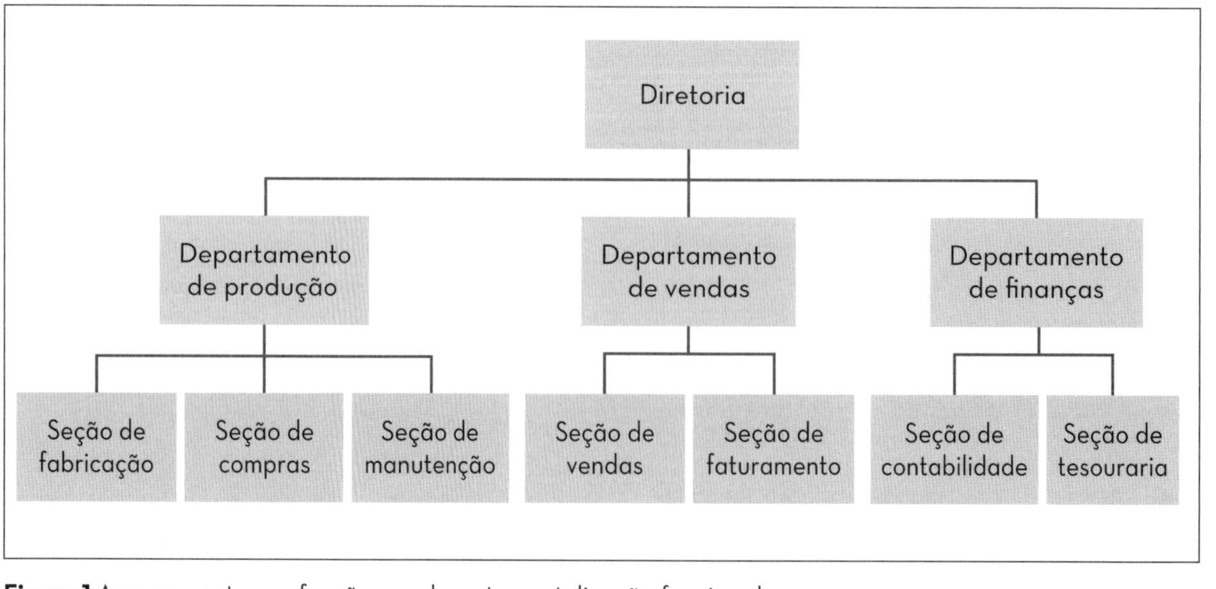

Figura 1 Agrupamento por funções na departamentalização funcional.

Limitações e desvantagens da departamentalização funcional

As limitações da estrutura funcional são inúmeras:

1. Enfoque introvertido: a departamentalização funcional representa o tipo de enfoque mais introvertido de agrupamento estrutural. A empresa agrupa seus recursos de acordo com suas funções internas. Em vez de mirar em seu contexto ambiental, a empresa prefere olhar para seu próprio umbigo, pois está preocupada com seu arranjo organizacional interno.
2. Subobjetivação: com essa abordagem introvertida, cada área funcional passa a focalizar exclusivamente seus objetivos funcionais, deixando de lado os objetivos organizacionais mais amplos. Isso faz com que cada executivo fique preocupado com os objetivos de seu departamento e deixe de lado os resultados que a empresa, como uma totalidade, deve alcançar.
3. Pressão sobre a cúpula: com isso, a cúpula precisa tentar coordenar e integrar as ações departamentais para que elas possam convergir para os objetivos globais da empresa. Quase sempre a responsabilidade pelos lucros da empresa tende a ser deslocada para o seu nível institucional, pois cada área está preocupada mais com sua própria função do que com os objetivos organizacionais. Isso provoca aumento de pressão sobre a cúpula da organização.
4. Bitolamento das pessoas: a superespecialização das áreas funcionais conduz inexoravelmente ao bitolamento das pessoas. Estas passam a ter um comportamento paroquial e restrito à sua especialização (focado em interesses locais) em detrimento de um comportamento sinérgico e holístico (interesses globais). Os executivos passam a pensar somente em função de interesses departamentais específicos, e não de interesses empresariais globais. Com isso, surgem verdadeiros feudos fechados e herméticos dentro da organização, cada qual com fronteiras internas e linguagem própria.
5. Terra de especialistas: a superespecialização também impede o desenvolvimento de generalistas e uma abordagem mais ampla e sistêmica da organização. Quase sempre o executivo de

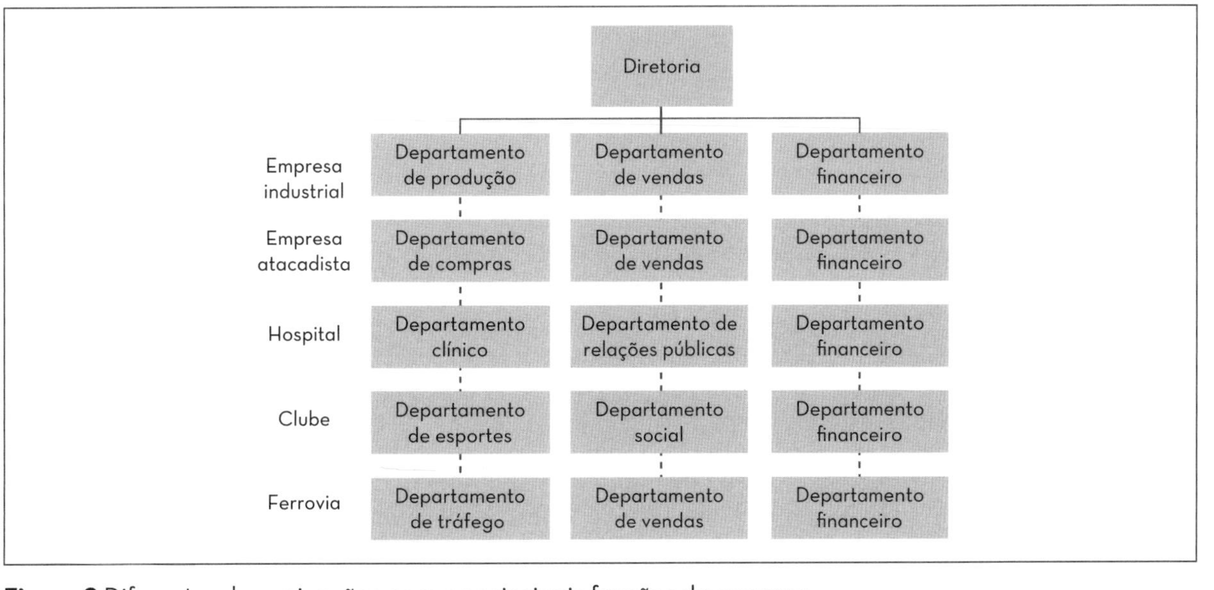

Figura 2 Diferentes denominações para as principais funções da empresa.

uma área ignora totalmente o que está acontecendo em outras áreas da empresa. O resultado da empresa passa a ser uma soma dos resultados departamentais, quando deveria ser a combinação ou a multiplicação desses resultados.

6. Conflitos de interesses e de objetivos: os executivos de cada área funcional focalizam cada vez mais os objetivos departamentais e cada vez menos os objetivos organizacionais mais amplos. Isso pode provocar conflitos de interesses. A coordenação vai para o espaço.
7. Redução da coordenação interdepartamental: a estrutura funcional reduz a coordenação entre as funções da empresa, pois a ênfase sobre especialidades estreitas distrai a atenção sobre o resultado global da empresa: os executivos focalizam seus esforços sobre seus próprios departamentos, e não sobre os objetivos globais da empresa. Uma das principais limitações da estrutura funcional é que ela carece de mecanismos próprios de coordenação e integração do fluxo de trabalho. A tendência natural é levar os problemas de coordenação e integração para os níveis mais elevados da organização. Estes se tornam congestionados.
8. Maior formalização: a estrutura funcional tende a ser muito burocratizada. A atividade tende a ser mais formalizada, o que requer uma estrutura administrativa mais elaborada (mais pessoas para formalizar o trabalho) e uma hierarquia de autoridade, com maior número de níveis e mais executivos. As comunicações interdepartamentais estão sujeitas a fronteiras internas e a demoras impressionantes.
9. Inadequação a mudanças: quando a tecnologia e as condições ambientais externas são mutáveis ou imprevisíveis, isto é, quando há necessidade de rápida adaptação e flexibilidade às mudanças externas, a abordagem introvertida da estrutura funcional é inadequada por não perceber e não visualizar o que ocorre fora da empresa. A departamentalização funcional é introvertida e alheia ao que ocorre no contexto ambiental.

Aplicações da departamentalização funcional

Apesar de todas as suas limitações, a departamentalização funcional é a mais frequentemente encontrada nas empresas. Na verdade, a estrutura funcional tem muitas aplicações, como:

1. Ela é indicada para ambientes estáveis, de pouca mudança e que requeiram desempenho constante e repetitivo de tarefas rotineiras.
2. É aconselhada para empresas que tenham poucas linhas de produtos ou serviços e que permaneçam inalteradas por longo tempo[6].
3. Ela reflete um dos mais altos níveis de auto-orientação e de introversão administrativa, demonstrando a preocupação da empresa com sua própria estrutura interna e com a eficiência nas suas atividades internas.

Departamentalização por produtos ou serviços

A organização na base dos produtos/serviços envolve a diferenciação e o agrupamento das atividades de acordo com as saídas ou resultados (*output*) da empresa. Todos os principais deveres e tarefas relacionados com um produto ou serviço são reunidos e atribuídos a um específico departamento no sentido de coordenar as atividades requeridas para cada tipo de saída ou resultado (*output*).

Envolve diferenciação e agrupamento de atividades de acordo com o resultado da organização, isto é, de acordo com o produto ou serviço realizado. Todas as atividades requeridas para suprir um produto ou serviço – mesmo que sejam dissimilares – devem ser agrupadas no mesmo departamento.

Um dos resultados desse tipo de departamentalização é proporcionar unidades semiautônomas para operar dentro de grandes empresas. Isso significa que todas as funções requeridas para suprir um determinado produto-serviço devem ser alocadas no mesmo departamento, mesmo que elas sejam dissimilares. A estrutura por produtos/serviços é muito encontrada em empresas de larga escala e com multilinhas de produtos/serviços[1].

Agrupamento por produtos/serviços

Em geral, as empresas que adotam essa estrutura organizacional foram, a princípio, organizadas funcionalmente. Com o crescimento da empresa, os gerentes de departamentos se defrontaram com problemas de grande tamanho, e a tarefa gerencial tornou-se extremamente complexa e a amplitude de controle limitou sua capacidade de aumentar o número de gerentes subordinados diretamente. Nesse ponto, a reorganização por meio de divisões de produtos - como ocorreu com a General Motors sob a presidência de Sloan - foi a estratégia indicada. Essa estratégia permite que a administração de topo delegue autoridade sobre produção, vendas, finanças, etc., isto é, sobre funções relacionadas com um dado produto ou linha de produtos com responsabilidades de lucro para cada um dos gerentes.

Na estrutura por produtos/serviços, a empresa se diferencia em função dos resultados (*outputs*), o que facilita o emprego da tecnologia, das máquinas e dos equipamentos, do conhecimento, etc., permitindo uma intensificação de esforços e de coordenação.

Nas empresas não industriais, denomina-se departamentalização por serviços. A única diferença é que o agrupamento das atividades fundamenta-se nos serviços prestados em vez de nos produtos. Os hospitais costumam departamentalizar suas atividades por serviços, como cirurgia, radiologia, pediatria, etc., enquanto as associações de caridade pode ter departamentos de alimentação, vestuário, alojamento e assistência médica. Um banco pode departamentalizar suas operações em contas-correntes, câmbio, cobrança, empréstimo, etc. Uma instituição de ensino pode departamentalizar suas atividades em ensino médio, supletivo, curso de secretariado, faculdades, etc.

A departamentalização por produtos divide a estrutura organizacional em unidades na base de produtos, projetos ou programas desenvolvidos pela organização que apresentam um ciclo de vida longo, como no caso das indústrias automobilísticas. Quando envolve ciclos de vida mais rápidos, surge a departamentalização por projeto, que será vista logo adiante.

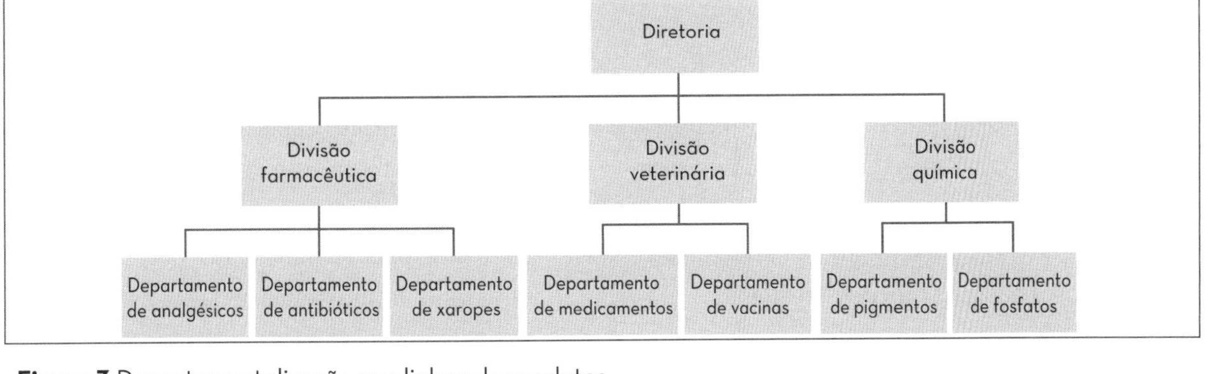

Figura 3 Departamentalização por linhas de produtos.

Vantagens da departamentalização por produtos/serviços

A departamentalização por produtos/serviços proporciona uma série de vantagens[1]:

1. Fixa a responsabilidade dos departamentos para um produto ou linha de produto ou serviço: o departamento é avaliado pelo sucesso do produto ou serviço. O executivo maior de cada departamento é orientado para todos os aspectos básicos do seu produto, como produção, comercialização, desenvolvimento do produto, custo, lucratividade, desempenho, programações, etc. Todo o esforço tático é concentrado no produto ou serviço. Esse tipo de departamentalização desloca toda responsabilidade pelo lucro do produto/serviço no nível intermediário.
2. Facilita a coordenação interdepartamental: uma vez que a preocupação básica é o produto. As diversas atividades funcionais tornam-se secundárias e precisam sujeitar-se ao objetivo principal, que é o produto.
3. Facilita a inovação: pois requer cooperação e comunicação de vários grupos que contribuem para a criação, a produção e a comercialização do produto. Isso melhora a inovação, o crescimento e a diversificação de produtos/serviços.
4. Indicada para circunstâncias externas mutáveis: pois induz à cooperação entre especialistas e à coordenação de seus esforços para um melhor desempenho do produto[7].
5. Permite flexibilidade: pois as unidades departamentais podem ser maiores ou menores, conforme as condições mudem, sem interferir na estrutura organizacional como um todo. O enfoque da estrutura organizacional focaliza os produtos, e não suas funções internas.

A estrutura depende da estratégia empresarial

A estratégia de crescimento tem levado muitas empresas a ter de abandonar a tradicional departamentalização funcional para adotar a estrutura de departamentalização por produtos[6]. Quando fica difícil integrar adequadamente os departamentos funcionais, mesmo com o apoio e o suporte de grupos de assessoria, essas organizações tiveram de passar de uma departamentalização funcional para uma departamentalização por produtos. Para crescer, a departamentalização por produtos passou a ser mais autocontida a fim de proporcionar menor custo de coordenação. Uma unidade autocontida é uma unidade autossuficiente e independente das demais. Uma unidade será autossuficiente na medida em que as condições necessárias para o exercício de suas atividades independam do que se faça nas demais unidades da organização. Ela passa a gozar de plena autonomia e independência para alcançar resultados em relação às outras unidades.

Limitações da departamentalização por produtos/serviços

A departamentalização por produtos/serviços apresenta desvantagens:

1. Duplicação de recursos e de esforços: enquanto a departamentalização funcional concentra especialistas em um grupo sob uma só chefia, a departamentalização por produtos dispersa-os em diferentes subgrupos orientados para diferentes produtos. Isso provoca duplicação de recursos e de órgãos, com evidente aumento de custos operacionais. Cada produto/serviço deve ter total autossuficiência para ser um centro de lucro isolado dos demais.

2. Risco de obsolescência técnica: como a competência técnica do especialista depende da interação com outros especialistas da mesma área, pode ocorrer enfraquecimento ou obsolescência na excelência técnica dos especialistas orientados para cada produto. Esse isolamento dos especialistas – fragmentados por diferentes produtos – faz com que tenham poucos contatos profissionais e percam a interação com colegas especialistas, que seria proporcionada pela departamentalização funcional.
3. É contraindicada para circunstâncias externas estáveis (estabilidade ambiental): nessas situações, o melhor seria optar pela departamentalização funcional, que apresenta maior aproximação com a rotina e a continuidade. Na verdade, a departamentalização por produtos/serviços é ideal para ambientes mutáveis e instáveis e que requerem mudanças constantes nas características dos produtos e serviços.
4. Também é contraindicada para empresas com poucos produtos ou com linhas reduzidas de produtos: por trazer elevado custo operacional nessas situações. Quando a empresa é multiprodutos e tem linhas amplas de produtos, esse tipo de departamentalização vale a pena em termos de custos e de resultados.
5. Enfatiza fortemente a coordenação em detrimento da especialização: se de um lado melhora a coordenação, por outro prejudica a especialização.
6. O futuro do profissional depende do futuro do produto: as pessoas tendem a ficar mais inseguras com relação à possibilidade de perder o emprego quando determinados produtos encerram seu ciclo de vida e saem de produção.
7. Além disso, as pessoas têm sua carreira profissional profundamente ligada às condições do produto/serviço. Se o produto/serviço é excelente e está na crista da onda, tudo bem. Mas quando o produto/serviço deriva e fica à mercê do mercado, a carreira profissional começa a balançar. Isso pode trazer incerteza e angústia às pessoas.

Aplicações da departamentalização por produtos/serviços

A estrutura por produtos/serviços é indicada nos seguintes casos:

1. Em ambientes instáveis e mutáveis: a estrutura por produtos/serviços é indicada para circunstâncias ambientais instáveis e mutáveis, pois induz à cooperação entre especialistas e coordenação de seus esforços para melhor desempenho do produto/serviço.
2. Quando a autonomia e a autossuficiência são fundamentais: cada departamento passa a ter autonomia e autossuficiência com suas próprias unidades de produção, vendas, pesquisa e desenvolvimento, etc.
3. Quando a tecnologia é adaptativa ou mutável: a departamentalização por produto/serviço juntamente com uma forte área de *staff* é a mais apropriada. Se a tecnologia é estável, permanente ou inflexível, então a departamentalização funcional e uma organização do tipo linear são mais apropriadas.

Bate-bola: comparando a departamentalização funcional com a de produtos

Discuta com seus colegas a respeito do assunto e compare a departamentalização funcional com a de produtos.

Departamentalização por base territorial

A organização na base da localização geográfica ou territorial requer diferenciação e agrupamento das atividades de acordo com a localização onde o trabalho será desempenhado ou uma área de mercado a ser servida pela empresa. A presunção implícita nessa estrutura é que, onde os mercados estão dispersos, a eficiência será melhorada se todas as atividades relacionadas com a tarefa forem agrupadas em uma área geográfica específica. Assim, as funções e os produtos/serviços – sejam similares ou dissimilares – devem ser agrupados na base dos interesses geográficos.

A departamentalização por base territorial é utilizada por empresas que cobrem grandes áreas geográficas e cujos mercados são extensos. É especialmente atrativa para empresas de larga escala e cujas atividades são física e geograficamente dispersas.

Características da departamentalização geográfica

O agrupamento territorial apresenta características interessantes, como[1]:

1. Cada departamento ou divisão opera em um território, como se fosse uma empresa independente: cada gerente divisional pode tomar decisões adaptadas às circunstâncias locais, tendo por fundamento a proximidade e o conhecimento dos problemas locais.
2. A organização territorial está predominantemente voltada para seu ambiente territorial: ela focaliza o mercado em termos físicos mais do que os aspectos internos da empresa (como na estrutura funcional) ou seus produtos/serviços (como na estrutura por produtos/serviços). Seu foco é o domínio ou a manutenção do mercado. A estrutura está focada e ajustada ao mercado.

Vantagens da departamentalização geográfica

A departamentalização geográfica apresenta as seguintes vantagens:

1. Quando as circunstâncias externas indicam que o sucesso da organização depende particularmente do seu ajustamento às condições e necessidades locais ou regionais, a departamentalização territorial torna-se imprescindível. É o tipo de departamentalização mais indicado quando existem setores geográficos de mercado com diferentes características no ambiente de tarefa da empresa.
2. Encoraja os executivos a pensar em termos de sucesso do território, mais do que em termos de sucesso de um departamento especializado em uma departamentalização funcional ou em termos de sucesso de um produto em uma departamentalização por produtos.
3. A organização territorial permite fixar a responsabilidade de lucro e desempenho, da mesma forma que a organização por produto, sendo que a ênfase é colocada no comportamento regional ou local. Cada departamento tem total responsa-

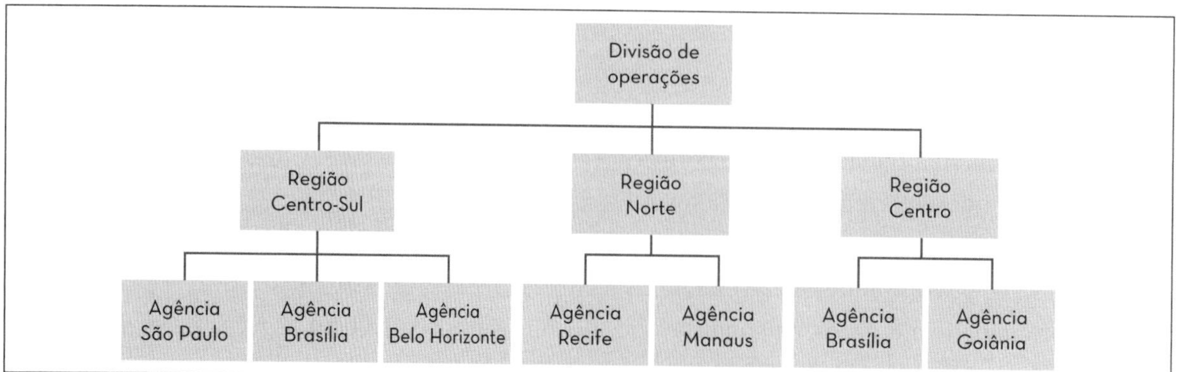

Figura 4 Agrupamento por localização geográfica nos níveis 2 e 3 da empresa.

bilidade pelo desempenho e pela lucratividade, como se fosse um centro de custo separado.

4. O desenho organizacional na base de departamentalização territorial pode acompanhar as variações regionais e locais sem grandes problemas. Como cada divisão opera em um território como se fosse uma companhia independente, cada gerente divisional pode tomar decisões adequadas e adaptadas às diferenças territoriais. A organização está mais voltada para seu ambiente territorial, e o seu mercado do que para seus aspectos internos.

Limitações da departamentalização geográfica

As restrições ao agrupamento territorial são numerosas:

1. O enfoque territorial deixa para segundo plano a coordenação entre os departamentos: prejudica de certa forma o comportamento global da empresa, em face do grau de autonomia e liberdade oferecido às regiões ou filiais.
2. Desequilíbrio de poder dentro da organização: em decorrência do enfoque territorial, as áreas da empresa que forem geograficamente mais amplas (mercadologia ou produção) podem ter a seu favor um potencial enorme para discutir certas decisões importantes.
3. O enfoque territorial significa maiores investimentos e duplicação em certos tipos de recursos (como pessoal, instalações, equipamento, etc.) para serem distribuídos entre as diversas regiões cobertas pela empresa.
4. O agrupamento territorial aumenta o problema do controle no nível institucional da empresa.

Aplicações da departamentalização geográfica

A divisionalização territorial é muito utilizada nos seguintes casos:

1. É um tipo de diferenciação indicado para empresas voltadas ao consumidor – como varejo, por exemplo, desde que certas funções (como compras, finanças e recursos humanos) possam permanecer centralizadas na matriz.
2. Ela é interessante quando as circunstâncias externas indicam que o sucesso da empresa depende do seu ajustamento a condições e necessidades locais ou regionais do mercado.
3. É indicada para firmas de varejo, desde que certas funções (p.ex., compras ou finanças) sejam centralizadas.
4. A departamentalização territorial ocorre principalmente nas áreas de *marketing* e de produção/operações. A preocupação estritamente territorial é uma característica tanto da área mercadológica (filiais e agências distribuídas territorialmente) como da área de produção ou operações (fábricas e instalações distribuídas territorialmente para melhor utilização dos recursos locais). As demais áreas da empresa – como finanças e recursos humanos, pesquisa e desenvolvimento – tornam-se secundárias e dificilmente poderiam ser aplicadas no nível local das operações.
5. A estrutura geográfica é aplicável quando a empresa pretende dar efetiva cobertura a um mercado de consumidores ou usuários (por meio da área mercadológica descentralizada) ou a um mercado de fornecedores de recursos de produção (por meio da área de produção descentralizada).
6. As empresas multinacionais utilizam esta estratégia para as suas operações fora do país onde estão sediadas.
7. É mais indicada para a área de produção (operações) e de vendas, sendo pouco utilizada pela área financeira, que nem sempre permite descentralização.

Por que as empresas multinacionais utilizam a departamentalização regional?

Fatores culturais e legais são especialmente relevantes no caso das multinacionais, para as quais a falta de uniformidade na estrutura dos mercados internacionais, diferenças nas tecnologias e padrões divergentes nas tradições nacionais constituem problemas de difícil solução e que exigem a organização por base territorial. Pela sua natureza, a empresa multinacional se defronta com uma multiplicidade de fatores externos e a adaptabilidade organizacional vem a ser uma importante estratégia de sobrevivência e manutenção de sua eficácia.

Departamentalização por clientela

A organização na base da clientela (consumidores ou usuários ou clientes) envolve a diferenciação e o agrupamento das atividades de acordo com o tipo de pessoa ou agência para quem o trabalho é feito. As características dos clientes – como idade, nível socioeconômico, hábitos de compras, etc. – constituem a base para essa estratégia, que é totalmente centrada no cliente.

Características da departamentalização por clientela

As principais características desse tipo de departamentalização são[1]:

1. Ênfase no cliente: trata-se de uma estratégia que reflete a ênfase no consumidor do produto/serviço oferecido pela empresa. É um critério importante quando a empresa lida com diferentes classes de clientes, com diferentes características e necessidades.
2. Divisão do trabalho em função do cliente: a departamentalização por clientela divide as unidades organizacionais para que cada uma delas possa servir a um diferente tipo de cliente, quando diferentes clientes requerem diferentes métodos e características de vendas, diferentes serviços organizacionais, etc. Cada tipo de cliente é o ativo mais importante da empresa.
3. Extroversão administrativa: a departamentalização por clientela representa – juntamente com a departamentalização geográfica – o tipo de estrutura mais extrovertido, já que se ajusta às demandas externas sobre a organização. Trata-se de ajustar a estrutura para satisfazer às necessidades específicas de cada tipo de clientela.

Vantagens da departamentalização por clientela

A departamentalização por clientes apresenta as seguintes vantagens:

1. Foco no cliente: quando a satisfação do cliente é o aspecto mais crítico da organização. A departamentalização por cliente é a abordagem mais extrovertida da organização, mais preocupada com o cliente do que consigo mesma.
2. Adequação aos tipos de clientes: quando o negócio depende de diferentes tamanhos ou características de produtos ou serviços que variam conforme o tipo ou o tamanho do cliente.
3. O cliente é mais importante do que os produtos ou serviços, que devem ser adaptados a ele, principalmente quando o cliente pode ser um indivíduo, uma organização ou o próprio governo.
4. Cultura de atendimento ao cliente: predispõe os executivos e todos os participantes da organização para a tarefa de satisfazer às necessidades e aos requisitos dos clientes.
5. Conhecimento do cliente: permite à organização concentrar seus conhecimentos sobre as distintas necessidades e exigências dos diferentes canais mercadológicos.

Limitações da departamentalização por clientela

A departamentalização por clientela traz certas desvantagens:

1. Quando as demais atividades da empresa tornam-se secundárias ou acessórias em face da preocupação compulsiva com o cliente.
2. Quando os demais objetivos da empresa – como lucratividade, eficiência, produtividade, etc. – são sacrificados em função da satisfação do cliente.
3. Todo o processo decisório da empresa fica dependente das decisões do cliente e fica difícil reduzir a incerteza provinda de fora, o que prejudica o planejamento do negócio ou a visão de futuro da empresa.
4. Pelas razões anteriores, frequentemente esse tipo de departamentalização é utilizado apenas no nível operacional da empresa.

Aplicações da departamentalização por clientela

1. O agrupamento por clientela é intensamente utilizado pelo comércio em geral, seja no atacado ou no varejo.
2. Sua aplicação maior geralmente ocorre na área mercadológica, envolvendo vendas e crediário.
3. Quase sempre se restringe ao nível operacional do negócio.

Departamentalização por processo

É a departamentalização focada no processo. É também denominada agrupamento por processo ou departamentalização por fases do processo, por processamento ou ainda por equipamento. É quase sempre restrita a aplicações no nível operacional de empresas industriais e de serviços, principalmente nas áreas produtivas ou de operações.

Características da departamentalização por processo

A departamentalização por processo apresenta as seguintes características[1]:

1. Foco na sequência do processo: a diferenciação e o agrupamento se fazem pela sequência do processo produtivo ou operacional ou pelo arranjo físico e disposição racional do equipamento utilizado.
2. Depende do arranjo físico dos equipamentos: é o processo de produção dos bens ou serviços que determina a estratégia de diferenciação e agrupamento. O arranjo físico das máquinas e equipamentos define o agrupamento de pessoas e de materiais para processar as operações.
3. Foco na tecnologia utilizada: essa forma de departamentalização representa a influência pura da tecnologia na estrutura organizacional da empresa.

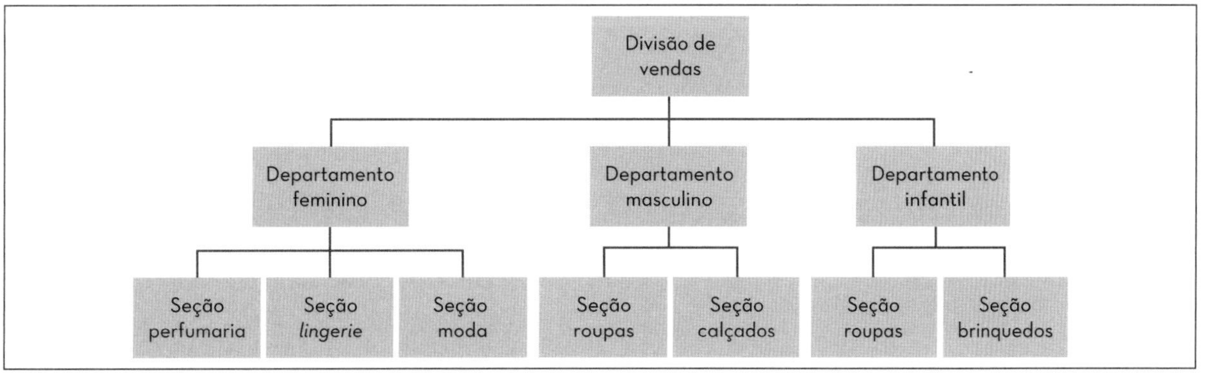

Figura 5 Agrupamento por clientela em uma loja.

4. O processo é o mais importante: processo é uma sequência de atividades estruturadas no sentido de resultar em um produto ou serviço específico para determinado cliente, seja ele interno ou externo. É, portanto, uma ordenação de ponta a ponta das atividades de trabalho no tempo e no espaço, com um começo, um fim, entradas e saídas claramente identificadas[8].
5. Ênfase na ação integrada: a estrutura do processo é orientada para a ação e não é hierárquica nem vertical como ocorre com a estrutura organizacional. O processo é uma sequência horizontal de atividades e ações que se repetem reiteradamente. Ao contrário do que ocorre com as funções, o processo não tem dono ou responsável por sua totalidade, pois cada área participa apenas de uma parte de sua execução. A departamentalização por processo permite dar cobertura ao processo em toda a sua extensão, desde seu início até seu final, desde os insumos até os resultados finais[9].

Foco no processo, e não nas unidades

Dificilmente, os processos são conhecidos e ressaltados dentro das empresas, pois as pessoas respondem por departamentos ou unidades de trabalho (como cargos, tarefas, etc.), mas ninguém é responsável pelo processo em toda a sua extensão. A abordagem por processo deve corresponder à adoção do ponto de vista do cliente interno ou externo, o que resulta em uma cadeia de valor: cada funcionário está orientado para o seu cliente (o próximo funcionário da cadeia) até que, por fim, o processo chega ao cliente externo, o maior beneficiado nessa orientação.

Vantagens da departamentalização por processos

As vantagens principais são:

1. Rendimento da tecnologia: extrair vantagens econômicas oferecidas pela própria natureza do equipamento ou da tecnologia. A ideia básica é obter o maior rendimento possível do equipamento ou da tecnologia utilizada. Uma das maiores preocupações dessas empresas é obter o máximo retorno possível da tecnologia.
2. Ênfase na tecnologia: a tecnologia torna-se o foco e o ponto de referência para o agrupamento de unidades e posições. Demonstra a influência da tecnologia na estrutura organizacional das empresas que utilizam tecnologia de porte ou tecnologia permanente e inflexível.
3. Foco na tecnologia: a departamentalização por processo procura extrair vantagens econômicas oferecidas pela própria natureza do equipamento ou da tecnologia. A tecnologia passa a ser o foco e o ponto de referência para o agrupamento de unidades e posições. Com a ênfase nos processos surgiu a reengenharia, que procura reinventar as organizações por meio do total redesenho dos processos empresariais.

Limitações da departamentalização por processo

Apresenta desvantagens quando é:

1. Ideal para tecnologia permanente e fixa: quando a tecnologia utilizada sofre grandes mudanças a ponto de alterar profundamente o processo, pois esse tipo de departamentalização peca pela absoluta falta de flexibilidade e adaptação ou pelo alto custo da mudança tecnológica.
2. Ideal para produtos estáveis e permanentes: quando a empresa necessita mudar produtos ou serviços que dependam da tecnologia utilizada.

Aplicações da departamentalização por processo

A departamentalização por processo é aplicável nas seguintes situações:

1. Tecnologia intensiva: é amplamente utilizada em empresas nas quais as instalações e tecnologias utilizadas são demasiado onerosas e complexas. É o caso de empresas de tecnologia intensiva, como siderúrgicas, indústrias químicas e petroquímicas, cementeiras, indústrias de papel e celulose, etc.
2. Arranjo físico permanente: quando o arranjo físico das máquinas e dos equipamentos define o agrupamento de pessoas e de materiais para processar as operações.

Reengenharia de processos

A reengenharia representa o reprojeto dos processos empresariais e sua redefinição radical. A reengenharia significa a reestruturação radical dos processos empresariais para alcançar drásticas melhorias no desempenho, na qualidade, nos custos, na velocidade e no atendimento. Não é apenas uma melhoria dos processos, mas sua reestruturação radical, drástica e fundamental[10]. A reengenharia visa a substituir a departamentalização funcional ou por produtos pela departamentalização por processos, isto é, a orientação verticalizada e hierarquizada pela orientação horizontal. Ou seja, de departamentos funcionais para equipes de processos[9].

Bate-bola: como adotar a reengenharia na empresa?

Discuta com seus colegas a respeito do assunto e tente chegar a uma conclusão: como adotar a reengenharia na empresa?

Departamentalização por projeto

A organização na base de projetos envolve a diferenciação e o agrupamento das atividades de acordo com as saídas e os resultados (*outputs*) relativos a um ou vários projetos da empresa. É uma estratégia utilizada em empresas que produzem produtos que envolvam grande concentração de recursos e prolongado tempo para seu projeto e produção.

Projeto é um conjunto de atividades que ocorrem apenas uma vez, com ponto de partida e ponto de chegada definidos no tempo[11]. Tem início, meio e fim previamente determinados. Pode variar de tamanho, duração e objetivo, desde o lançamento do ônibus espacial da NASA até a produção de um filme ou uma novela de TV. A administração de projetos é a atividade de fazer com que as operações sejam realizadas no prazo, dentro do orçamento e de acordo com as especificações[12].

A organização por projetos possui as seguintes características[13]:

- Definição dos objetivos do projeto. O que se pretende com o projeto.

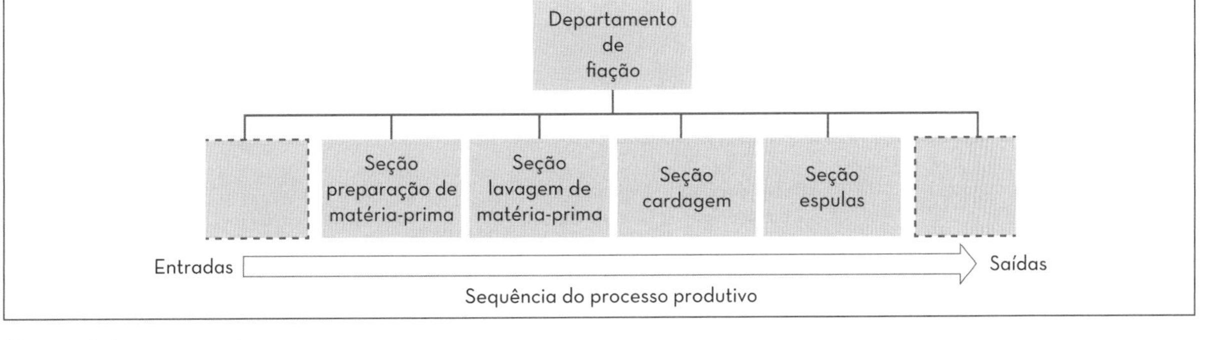

Figura 6 Agrupamento por processo.

- Identificação das atividades e dos recursos necessários para realizá-lo.
- Definição das relações sequenciais dessas atividades.
- Cálculo das estimativas de tempo para as atividades.
- Definição do prazo de conclusão do projeto.
- Comparação dos objetivos programados do projeto.
- Determinação dos recursos necessários ao cumprimento do objetivo.

Cada projeto reúne membros da equipe que são temporariamente alocados e se reportam ao gerente do projeto, que coordena as atividades do projeto com outros departamentos e se reporta diretamente a um administrador de nível maior. Cada projeto é temporário e dura o tempo suficiente para completar seus objetivos, quando os seus membros retornam às posições anteriores ou deixam a empresa.

Características da departamentalização por projetos

1. Adequação aos projetos: esse tipo de departamentalização adapta a estrutura da empresa aos projetos que ela se propõe a desenvolver. Unidades e grupos de pessoas são destacados e concentrados durante certo tempo em projetos específicos e os recursos necessários são alocados em cada projeto. A administração por projetos está centrada na adaptação de certos segmentos da empresa a um produto complexo e manufaturado a partir de uma enorme concentração de recursos e de especialistas diferentes para atender a especificações predeterminadas voltadas, quase exclusivamente, para atender a exigências e necessidades de clientes.
2. Flexibilidade: requer uma estrutura organizacional flexível e mutável, capaz de adaptar-se rapidamente e sem consequências imprevistas às necessidades de cada projeto a ser desenvolvido e executado durante um determinado período. Como o projeto é geralmente definido pelo cliente, de acordo com suas necessidades e especificações e como requer uma determinada tecnologia, a adaptabilidade organizacional constitui um problema de base.
3. Coordenabilidade: o agrupamento por projeto representa a estratégia que permite elevado grau de coordenação entre as partes envolvidas, que deixam suas posições anteriores para se fixarem temporariamente em um determinado projeto que passa a envolvê-las totalmente.
4. Temporalidade: como cada projeto tem um início, meio e fim, a estrutura organizacional precisa ser pensada e repensada com o fim de projetos e o início de outros. Isso significa que a estrutura da organização se modifica de tempos em tempos em função dos projetos em andamento.
5. Conjunção de competências: cada projeto requer a convergência de diferentes habilidades e competências. A construção de um navio, por

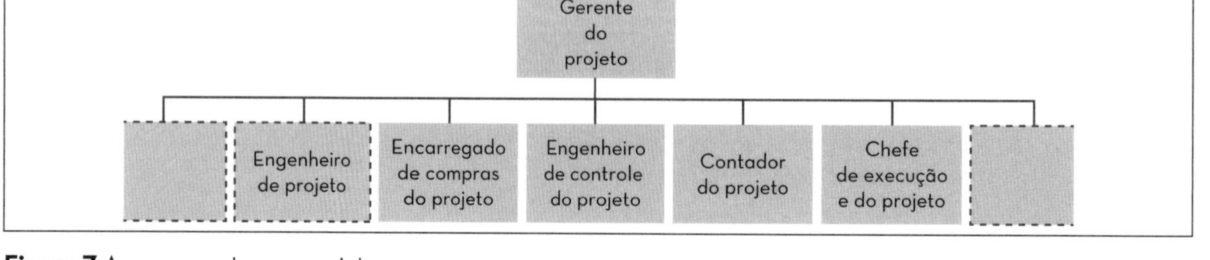

Figura 7 Agrupamento por projeto.

exemplo, envolve competências de engenheiros, mecânicos, marceneiros, eletricistas, encanadores, etc. com diferentes programações de trabalho nas diferentes etapas do projeto.

6. É uma departamentalização temporária por produto: no fundo, a departamentalização por projeto é uma departamentalização temporária por produto, quando este assume proporções enormes, requerendo investimentos e recursos elevados, tecnologia específica e períodos prolongados para seu planejamento e execução.

Vantagens da departamentalização por projeto

1. Convergência de esforços: a departamentalização por projeto constitui uma maneira integrada e intensiva de convergir diferentes habilidades, conhecimentos e competências sobre um produto de grande porte.
2. Alocação temporária de recursos: mais do que isso, uma maneira econômica e eficiente de alocar diferentes recursos na produção ou na construção de um produto de grande porte.
3. Complexidade do produto: quando o produto é altamente complexo e cujo projeto depende de grande dose de tempo para sua execução e implementação, a departamentalização por projeto constitui uma solução inteligente.

Desvantagens da departamentalização por projeto

A departamentalização por projeto apresenta algumas restrições[1]:

1. Foco operacional: em geral, a departamentalização por projeto se limita no nível operacional, raramente no nível intermediário das empresas.
2. Temporalidade: a departamentalização por projeto é provisória e passageira. Concluído o projeto, a equipe se dissolve ou é transferida para um novo projeto.
3. Angústia: como o projeto tem início, meio e fim, os participantes se sentem preocupados com a sua permanência no emprego, já que ignoram se serão aproveitados em novos projetos após a conclusão de seus trabalhos.
4. Aproveitamento de recursos e competências: todo projeto envolve recursos e competências que nem sempre serão úteis para outros projetos ao longo do tempo. A vida útil de recursos e competências pode ser curta e restrita a um específico projeto e sem aplicação em outros projetos futuros. A construção de uma hidrelétrica consome recursos e envolve competências que somente poderiam ser utilizadas em outros projetos similares.
5. Foco exclusivo no projeto: reduz ou limita o enfoque do nível institucional e do nível tático a partes ou componentes específicos do negócio e não ao negócio como uma totalidade. A atenção é reduzida a cada projeto e se torna parcial e internalizada. Como geralmente o projeto faz parte de alguma encomenda feita por um cliente – organização ou governo – quem dita as normas é o cliente, e não a empresa que o produz e constrói. Isso pode provocar dependência.
6. Necessidade de outros tipos de departamentalização: como a estrutura por projeto é limitada a projetos em andamento, a empresa requer outros tipos de departamentalização – funcional, por produtos/serviços, geográfica, etc. – para dar impulso a seus negócios.

Aplicações da departamentalização por projeto

A departamentalização por projetos tem inúmeras aplicações:

1. Projeto como futuro: o desenho organizacional por projeto é indicado para situações em que

o empreendimento é grande e tecnicamente complexo, acabado em si mesmo, como ocorre nas indústrias de construção (civil, de maquinaria pesada e de produtos de grande porte) e em atividades de pesquisa e desenvolvimento.

2. Inovação: o agrupamento por projeto é utilizado por empresas que se dedicam a atividades influenciadas pelo desenvolvimento tecnológico. É o caso de atividades de pesquisa e desenvolvimento em empresas do ramo eletrônico, de energia nuclear, astronáutico, aeronáutico, farmacêutico, etc. quando o projeto se refere a um novo produto a ser pesquisado e desenvolvido para ser futuramente colocado em linha de produção. A principal tarefa é reunir uma equipe de especialistas em diversos campos de atividade.
3. Convergência: em termos contingenciais, se a tecnologia é autocontida (isto é, autossuficiente e não depende de outras atividades ou órgãos para seu desempenho eficaz), então a estrutura por projeto é a mais indicada. É o caso de estaleiros navais que produzem navios, de obras de construção civil (edifícios) ou industrial (fábricas e usinas hidrelétricas) que exigem tecnologia sofisticada, pessoal especializado e reunião de recursos diferentes ao longo do produto. Como o produto é de grande porte e exige planejamento individual e detalhado e um extenso período para a execução, cada produto é tratado como um projeto especial e sob encomenda.
4. Investimento em novos produtos: no caso de empresas que dedicam grandes investimentos a pesquisa e desenvolvimento de novos produtos que duram períodos longos – como a indústria automotiva, farmacêutica, química, petroquímica, etc. –, cada projeto é tratado de maneira individualizada e particular.

Força-tarefa

Uma variante do agrupamento por projeto é a equipe-tarefa ou força-tarefa. Trata-se de um agrupamento de dimensões bem mais reduzidas e de duração mais limitada do que o projeto em si. A força-tarefa é constituída por uma equipe heterogênea de especialistas em diferentes áreas, que são deslocados de suas funções habituais para, em conjunto, dedicarem-se a uma tarefa específica e complexa, que exija abordagens e enfoques diferentes. Geralmente, a força-tarefa é uma técnica adotada para resolver problemas gerados pela alta taxa de mudança ambiental ou tecnológica. Refere-se aum esforço de equipe que se aglutina para tratar de uma tarefa específica[14].

Origem da força-tarefa

A força-tarefa surgiu na área militar em operações críticas de guerra quando surgiu a necessidade de reunir diferentes especialistas - em explosivos, armas, artilharia, engenharia, lutas marciais, conhecimentos de eletrônica - para missões específicas como ataques frontais ao inimigo, operações de guerrilha, resgate de prisioneiros cativos, etc. Nessas missões específicas e complexas, a conjunção de diferentes competências torna-se fundamental para que o sucesso seja assegurado. Terminada a missão, os integrantes retornam aos seus postos anteriores ou são indicados para outras missões. A força-tarefa trabalha como uma equipe transitória altamente integrada e coesa.

A força-tarefa apresenta características interessantes, como[1]:

1. Foco em missões específicas: ela é criada para resolver um problema específico. É usada para missões específicas, nas quais se determinam clara e objetivamente o que, por que, quem, quando e quanto fazer.
2. Aglutinação de diferentes competências: é composta de pessoas representando todas as funções administrativas relevantes para a solução do problema em foco. Em outros termos, a

força-tarefa deve reunir todas as competências necessárias para resolver o problema.

3. Conjunção de especialidades: a cada membro da força-tarefa é dada a mesma responsabilidade e poder para tratar de sua especialidade em relação ao problema e espera-se que os membros trabalhem como uma unidade coesa e integrada.
4. Transitoriedade: a força-tarefa é transitória, e não definitiva. Resolvido o problema ou atingida a missão, a equipe pode receber nova atribuição, pode ser simplesmente dissolvida ou os membros devem retornar às suas unidades de origem e às suas atividades habituais, as quais devem ter a possibilidade de reabsorção dos integrantes.

Tabela 1 Características dos vários tipos de departamentalização

Tipos de departamentalização	Agrupamento por	Vantagens	Desvantagens
Funcional	Atividades ou funções Divisão do trabalho pela especialização Auto-orientação	Maior especialização de pessoas e de recursos Ideal para atividades rotineiras e estáveis	Pouca cooperação interdepartamental Contraindicada para ambientes mutáveis e imprevisíveis
Produtos/ serviços	Resultados quanto a produtos/serviços Divisão do trabalho pelos produtos Orientação para resultados	Impõe responsabilidade por produtos, facilita avaliação de resultados Flexibilidade e inovação	Enfraquece a especialização Custo alto Duplicação Enfatiza a coordenação em detrimento da especialização
Base territorial	Localização geográfica Ênfase na cobertura territorial Orientação para o mercado Extroversão	Ajustamento às condições locais Fixa responsabilidade por região Facilita avaliação	Enfraquece a coordenação da organização como um todo Enfraquece a especialização
Clientela	Tipo ou tamanho do cliente Ênfase no cliente Orientação para o cliente Extroversão	Predispõe à satisfação das demandas dos clientes Fixa responsabilidade por clientes	Sacrifica os objetivos da organização e torna secundárias as demais atividades
Processo	Fases do processo, produto ou operação Ênfase na tecnologia Introversão	Melhor arranjo físico e disposição dos recursos e da tecnologia estável	Pouca flexibilidade e adaptação às mudanças e inovação tecnológica
Projeto	Saídas ou resultados quanto ao projeto Ênfase no projeto Flexibilidade organizacional para se ajustar a cada projeto	Alta concentração de recursos, com prazos definidos Orientada para resultados concretos Complexidade	Descontinuidade e imprevisibilidade quanto à permanência das pessoas e dos recursos Angústia

5. Curta duração: a força-tarefa tem curta duração. Dura enquanto a missão ou o resultado não for alcançado. Se o problema é recorrente, a equipe permanece ativa até que seja resolvido.
6. Coordenação: em muitos casos, a força-tarefa tem um coordenador ou encarregado que recebe total autoridade e responsabilidade pela tarefa ou missão, inclusive para recompensar ou punir os membros da equipe.
7. Resposta à complexidade: a força-tarefa é uma técnica para enfrentar e solucionar problemas típicos de uma era de complexidade na qual os requisitos são variados e diferenciados. A convergência de várias pessoas dotadas de diferentes competências permite alcançar missões ou atacar problemas complexos que jamais poderiam ser tratados de maneira separada ou focados individualmente por diferentes especialistas trabalhando separadamente.

OPÇÕES DEPARTAMENTAIS

A departamentalização constitui o tipo de diferenciação que predomina no nível intermediário das empresas. Existem vários critérios de interdependências pelos quais as empresas escolhem as bases para departamentalizar suas unidades ou posições. Assim, uma empresa se departamentaliza funcionalmente, por produto, localização geográfica ou projeto, etc., tendo em vista os critérios de interdependências entre as variáveis organizacionais mais importantes para alcançar seus objetivos empresariais.

CRITÉRIOS PARA AVALIAR A DEPARTAMENTALIZAÇÃO

Existem vários critérios para avaliar a departamentalização baseados na interdependência. Os critérios de interdependência mais importantes são quatro[1]:

1. Interdependência do fluxo de trabalho: os agrupamentos são definidos na base da sequência ou fluxo do processo de operações de uma determinada tarefa.
2. Interdependência no processo: os agrupamentos são definidos conforme a especialização (que favorece o agrupamento funcional), com base nos contatos entre pessoas localizadas em diferentes

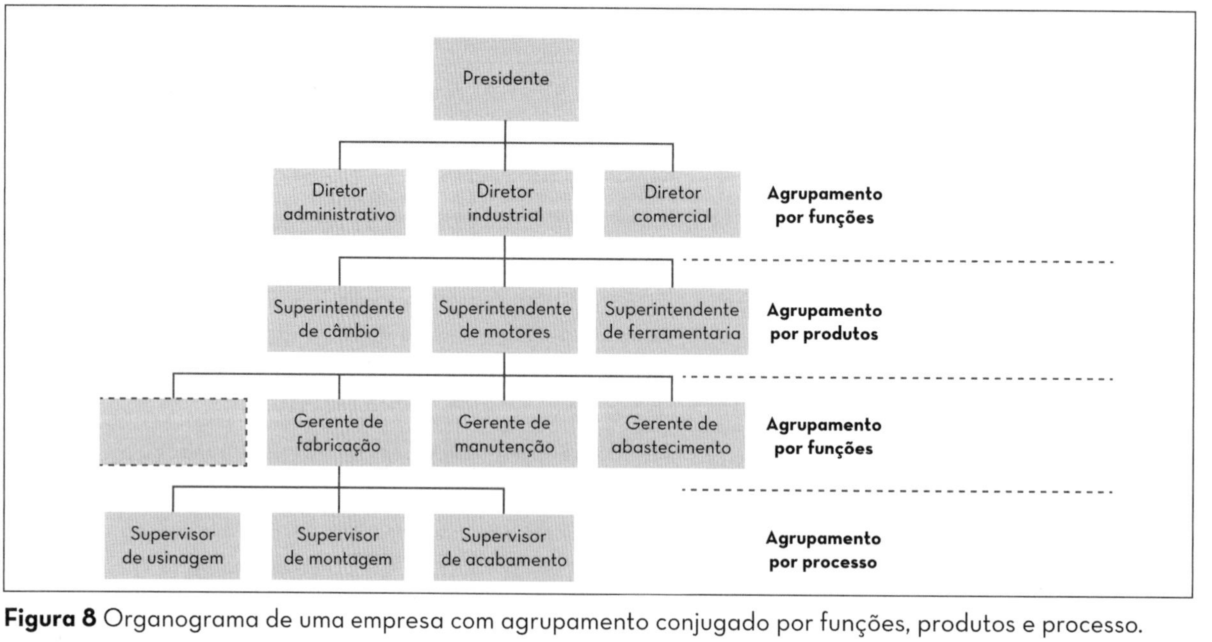

Figura 8 Organograma de uma empresa com agrupamento conjugado por funções, produtos e processo.

fluxos de trabalho. Favorece as interações de processo à custa da coordenação do fluxo de trabalho.

3. Interdependência de escala: os agrupamentos são definidos para alcançar um tamanho capaz de proporcionar um funcionamento eficiente. Se todos os departamentos de uma fábrica requerem manutenção, em vez de colocar um especialista em manutenção a cada departamento, agrupam-se todos eles em um departamento de manutenção para a fábrica toda favorecendo a economia, seja na concentração ou na dispersão de serviços.
4. Interdependências sociais: é um critério relacionado, não com o trabalho a fazer, mas com as relações sociais que o acompanham. As pessoas são agrupadas na base do fazer juntos.

As empresas não utilizam apenas um tipo de departamentalização, mas usam e combinam todos os tipos descritos no sentido de sintonizar as diferentes partes com as diferentes condições existentes. Em um mesmo nível hierárquico, as empresas adotam vários tipos de departamentalização. É comum encontrar-se uma conjugação dos diversos tipos de agrupamentos de unidades, seja no mesmo nível hierárquico, seja nos diferentes níveis das empresas. Os desenhos departamentais podem ser avaliados dentro de um *continuum*: em um extremo predomina a influência funcional no processo decisório e, no outro, a influência do produto.

O tipo de departamentalização adotado define o foco que deve predominar na empresa: em si mesma e na sua estrutura, no produto/serviço, no cliente, na distribuição geográfica, nos seus processos internos, nos projetos. Uma das maneiras mais simplistas de conhecer as prioridades de uma empresa é avaliar a sua departamentalização.

A proliferação de novos formatos organizacionais mostra a disposição e a necessidade imperiosa das empresas em enfrentar a mudança e a incerteza dela decorrente. Com isso, as empresas querem adquirir flexibilidade e adaptabilidade para se ajustar continuamente às novas e intermináveis demandas ambientais. Cabe ao administrador a busca de novas soluções criativas e inovadoras.

Bate-bola: como decidir sobre a departamentalização na empresa?

Discuta com seus colegas a respeito do assunto e tente chegar a uma conclusão: como decidir sobre a departamentalização na empresa?

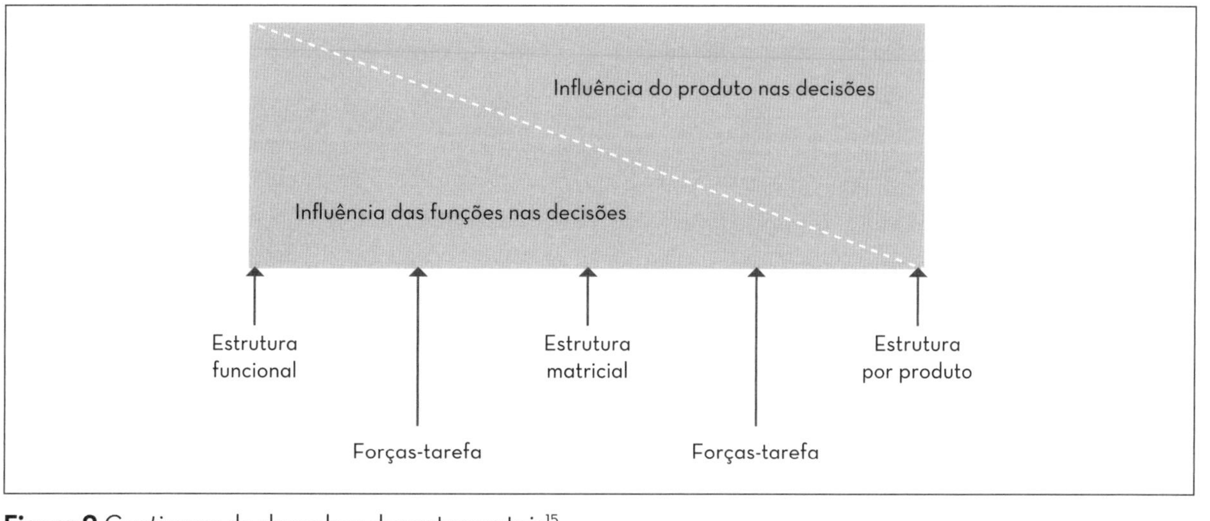

Figura 9 *Continuum* de desenhos departamentais[15].

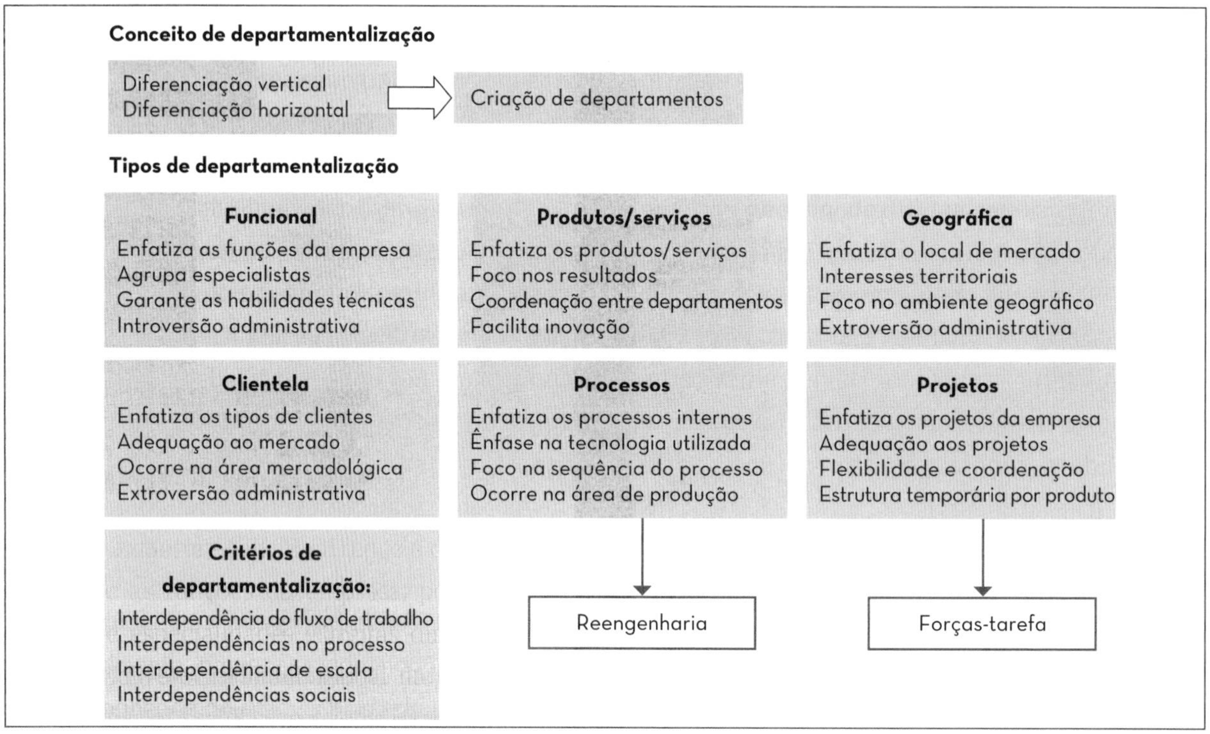

Figura 10 Mapa mental deste capítulo.

Referências bibliográficas

1. CHIAVENATO, I. *Introdução à teoria geral da administração*, Rio de Janeiro, Elsevier/Campus, 2011.
2. GULICK, L. "Notes on the theory of organization". In: GULICK, L.; URWICK, L. F. (orgs.). *Papers on the science of administration*, Columbia University, 1937. p. 23.
3. GULICK, L. "Notes on the theory of organization". In: GULICK, L.; URWICK, L. F. (orgs.). *Papers on the science of administration*, Columbia University, 1937. p. 24.
4. HAMPTON, D. R. *Contemporary management*, Nova York, McGraw-Hill, 1977, p. 210.
5. WALKER, A. H.; LORSCH, J. "Organization choice: product versus Function", *Harvard Business Review*, nov./dez. 1968, p. 129-38.
6. CHANDLER Jr., A. D. *Strategy and structure*, Cambridge, The MIT, 1962.
7. HAMPTON, D. R. *Contemporary management*, Nova York, McGraw-Hill, 1977. p. 212.
8. STOGDILL, R. M. "Dimensions of organization theory". In: THOMPSON, J. D. (ed.). *Organizational design and research*: approaches to organizational design, Pittsburgh, University of Pittsburgh, 1971. p. 8.
9. CHIAVENATO, I. *Manual de reengenharia*: um guia para reinventar sua empresa com a ajuda das pessoas, São Paulo, Makron Books, 1998. p. 23.
10. HAMMER, M.; CHAMPY, J. *Reengenharia*: revolucionando a empresa em função dos clientes, da concorrência e das grandes mudanças da gerência, Rio de Janeiro, Campus, 1994.
11. ADAM Jr., E. E.; EBBERT, R. J. Production & operations management, Englewood Cliffs, NJ, Prentice Hall, 1992. p. 333.
12. ROBBINS, S. P. *Administração*: mudanças e perspectivas, São Paulo, Saraiva, 2008, p. 126.
13. RUSSEL, R. S.; TAYLOR III, B. W. Production and operations management, Englewood Cliffs, NJ, Prentice Hall, 1995, p. 827.
14. GADDIS, P. O. "The project manager". *Harvard Business Review*, v. 37, n. 3, p. 89, maio/jun. 1959.
15. GALBRAITH, J. R. "Matriz organization design: how to combine functional and project forms". *Business Horizons*, 1971. v. 14, p. 37.

CAPÍTULO 12

Modelagem do trabalho

Objetivos deste capítulo

- Mostrar os critérios de modelagem do trabalho.
- Caracterizar o desenho de cargos e tarefas dentro das empresas.
- Apresentar as diferentes abordagens ao desenho de cargas e tarefas.
- Discutir a especialização e o enriquecimento de cargos e suas implicações.
- Apresentar a abordagem sociotécnica e o envolvimento entre pessoas e cargos.
- Discutir os principais esquemas de integração de cargos que existem no nível operacional.

A modelagem do trabalho significa a maneira pela qual o trabalho operacional deve ser atribuído às pessoas e realizado em cada unidade organizacional, seja ela um departamento ou divisão. Em muitas empresas ainda predomina o tradicional conceito de cargo como base da modelagem do trabalho das pessoas. Na verdade, cargo representa uma decorrência do velho modelo burocrático, rígido, hierarquizado e baseado na divisão do trabalho organizacional. O conceito de cargo está sendo gradativamente substituído por outros conceitos mais modernos como gestão por competências ou por equipes, que será visto mais adiante. Por enquanto, será feita uma introdução ao desenho de cargos e tarefas que predominou durante toda a Era Industrial.

DESENHO DE CARGOS E TAREFAS

O desenho de cargos e tarefas teve como precursor Adam Smith e mais adiante Taylor e os engenheiros da Administração Científica. As primeiras concepções sobre a estruturação das tarefas partiram do princípio de que toda pessoa pode desempenhá-las de "uma melhor maneira" possível e de que as formas organizacionais devem ser escolhidas e elaboradas segundo critérios e princípios universais. Foi essa a fase em que a Teoria Geral da Administração caracterizou-se basicamente pela ênfase nas tarefas.

Cargo é a composição de todas as atividades desempenhadas por uma pessoa, que podem ser visualizadas como um todo unificado e que ocupam uma posição formal no organograma. Um cargo é uma unidade da organização que consiste em um grupo de deveres e as responsabilidades que o tornam separado e distinto dos outros cargos. No fundo, o conceito de cargo é uma velha decorrência do modelo burocrático, tal como os conceitos de departamento ou divisão. Os deveres e as responsabilidades de um cargo são atribuídos ao ocupante que desempenha o cargo e proporcionam os meios pelos quais cada pessoa pode contribuir para o alcance dos objetivos da organização. Existem cargos que têm um ocupante, como também existem aqueles que têm vários ocupantes – como é o caso de operadores de máquinas ou escriturários. Um cargo está vago quando não há ocupante designado para preenchê-lo. Por outro lado, as tarefas constituem as atividades que vêm a ser cumpridas pelo ocupante do cargo.

O desenho de cargo (*job design*) é a especificação do conteúdo, dos métodos e das relações de cargos, no sentido de satisfazer requisitos tecnológicos, organizacionais, sociais e pessoais. O desenho dos cargos e das tarefas – da mesma forma como o desenho organizacional ou departamental – é também orientado pelos objetivos e estratégias da empresa. Em outros termos, a estrutura dos cargos – assim como a estrutura organizacional e departamental – é decidida e elaborada no sentido de atender à estratégia empresarial da melhor maneira possível, de modo proposital e consistente. Os cargos e as tarefas – da mesma maneira que as unidades e os departamentos – constituem os meios pelos quais a empresa utiliza seus recursos para alcançar seus objetivos por meio de determinadas estratégias.

O velho desenho de cargos

Provavelmente, o desenho do cargo é tão antigo quanto o próprio trabalho e remonta às origens do homem. "A situação básica de um homem que desempenha tarefas sob a direção de outro jamais foi realmente alterada, apesar de todas as mudanças sociais, políticas, econômicas, culturais e mesmo demográficas, ocorridas durante a longa história da humanidade. Mesmo com a profunda divisão do trabalho desenvolvida a partir da Revolução Industrial, com o surgimento das fábricas, com a interdependência gradativa dos trabalhos, com a invenção da máquina e da mecanização, com o advento da abordagem mecanicista da Administração Científica e, posteriormente, com o movimento democrático das Relações Humanas, se o conteúdo do trabalho se alterou, não se alterou a essência da situação de dependência citada"[1]. Somente no final da Era Industrial e justamente no início da Era da Informação é que o trabalho humano começou a receber uma nova conceituação e ganhar novos contornos e aberturas.

O processo de desenhar um cargo pode ser dividido em três partes:

1. Especificação do conteúdo de cada tarefa a ser executada.
2. Especificação do método para executar cada tarefa.
3. Combinação das tarefas individuais em cargos específicos. Cada cargo passa a ser um conjunto de tarefas específicas.

O primeiro e terceiro aspectos determinam o conteúdo do cargo, enquanto o segundo indica como deve ser desempenhado.

Conceito de papel

Um papel é um conjunto de atividades ou comportamentos solicitados de um ocupante de cargo. Os requisitos de um papel podem ser óbvios para o indivíduo em face do seu conhecimento da tarefa ou também podem ser incertos quando lhe são comunicados pelos outros membros da organização que solicitam ou dependem do seu comportamento no papel para que possam atender às expectativas de seus próprios cargos. A empresa pode ser entendida como um sistema de papéis que se sobrepõem, cada qual formado de pessoas desempenhando atividades e desenvolvendo expectativas de papéis quanto às demais pessoas. Assim, as empresas somente podem funcionar quando as pessoas que devem cumprir papéis específicos e atividades solicitadas tenham ocupado seus cargos correspondentes. Para tanto, as pessoas precisam ser recrutadas, selecionadas de acordo com os requisitos do cargo, treinadas para desempenhá-lo adequadamente conforme as prescrições, supervisionadas, avaliadas e controladas. No fundo, as pessoas desempenham papéis dentro das empresas. Esses papéis precisam ser transmitidos, interpretados e vivenciados pelas pessoas. Existem expectativas de papel (que a empresa define em relação às pessoas), desempenhos de papel (que as pessoas vivenciam). Tudo isso deve ser levado em conta.

ABORDAGENS AO DESENHO DE CARGOS E TAREFAS

O desenho dos cargos é a maneira pela qual se projeta e estrutura os cargos individuais e os combinam em unidades, departamentos e divisões. Existem três diferentes abordagens ao desenho de cargos e tarefas: a abordagem clássica, a abordagem humanística e a abordagem contingencial. Cada uma dessas abordagens será discutida a seguir.

Abordagem clássica ao desenho de cargos

A abordagem clássica ao desenho de cargos é a abordagem fundamentada no trabalho pioneiro de Taylor e dos engenheiros da Administração Científica. Constitui a primeira tentativa sistemática de definir os princípios capazes de orientar a colocação ideal do indivíduo no cargo e sua execução eficiente. A Administração Científica procurava:

1. Encontrar a melhor maneira para as pessoas se moverem, localizarem e executarem a tarefa.
2. Segmentar e fragmentar os cargos em tarefas repetitivas e facilmente aprendidas por meio de treinamento.
3. Dispor instrumentos e equipamentos de maneira a minimizar o esforço e eliminar a perda de tempo.
4. Construir o ambiente local de trabalho de maneira que o ruído, a ventilação e a iluminação não reduzam a eficiência do trabalhador.
5. Eliminar todos os meios que produzam fadiga e que não estão relacionados com a tarefa executada[2].

O modelo clássico

A melhor maneira de executar as tarefas era definida pelo estudo de tempos e movimentos por meio da decomposição dos movimentos que o operário realizava para executá-las, sua análise e simplificação, de modo que os movimentos inúteis fossem eliminados e os movimentos úteis fossem aperfeiçoados. Essa melhor maneira de executar trazia uma economia de esforços que tinha dupla serventia: reduzir o tempo gasto para a execução da tarefa e reduzir o esforço do operário para lhe dar condições de aumentar sua eficiência. Após a racionalização do trabalho do operário, passava-se à cronometragem, para estabelecer o tempo-padrão para sua execução. Além disso, utilizava-se um sistema de incentivos salariais e prêmios de produção para quem ultrapassasse o tempo-padrão. Dessa forma, fazia-se uma separação entre planejamento (a cargo da gerência) e execução (a cargo do operário) do trabalho, pois o desenho dos cargos se baseava "no que fazer" e não "no que pensar". Para melhor racionalizar o trabalho, os cargos foram fragmentados no sentido de se obter a maior padronização possível. A fragmentação trouxe a especialização (e mais adiante a superespecialização) do operário, que passou a ser um simples reprodutor de movimentos simples e repetitivos na linha de montagem. A especialização facilitou a seleção e o treinamento dos operários, já que nenhuma habilitação ou conhecimento era exigido.

O modelo clássico de desenho dos cargos partia da pressuposição de que a simplificação e a fragmentação das tarefas facilitam sua execução, programação, controle, seleção e treinamento, permite a padronização dos movimentos, aumenta a eficiência e diminui os custos de produção. O fundamento dessa abordagem é simples: o trabalhador e o seu cargo são tratados mecanisticamente como máquinas. Desde que racionalizado o método de trabalho, selecionado e treinado o operário, estabelecido um plano de incentivos salariais para estimular o operário, eliminadas as condições que poderiam provocar fadiga, o resultado seria: a máxima eficiência possível. No entanto, as vantagens e os benefícios esperados com a racionalização do trabalho não corresponderam aos resultados alcançados.

Com a abordagem clássica, o operário passou a ser confinado em um cargo isolado, em que a tecnologia, os controles administrativos, as regras e as imposições e o próprio comando do supervisor restringem sua atuação como pessoa. Poucas de suas aptidões são aproveitadas e as que são utilizadas se limitam a aptidões meramente manuais ou musculares. Dificilmente são solicitadas aptidões vinculadas à expressão da personalidade do indivíduo, aos contatos interpessoais ou à sua capacidade cognitiva. O operário é submetido a uma forte dependência e submissão ao seu superior e deixa de ter controle – e mesmo conhecimento – sobre qualquer decisão importante para seu interesse pessoal, como o trabalho que executa, sua permanência na empresa, recompensas ou punições que deve receber, etc.

Busca da eficiência

A abordagem clássica ao desenho dos cargos é totalmente assentada na linha da Engenharia Industrial e sua ênfase principal é a busca da eficiência. Todos os recursos disponíveis - inclusive os recursos humanos - devem ser mobilizados, arranjados e combinados no sentido de alcançar a máxima eficiência possível. Sua aplicação está preferencialmente voltada para o operário da linha de montagem típica da produção em massa.

Abordagem humanística ao desenho de cargos

O modelo humanístico constitui uma forte reação ao mecanicismo do desenho clássico. Apresenta implicações humanas e tende a focalizar mais o contexto que envolve externamente o cargo e as condições sob as quais é desempenhado, deixando para plano secundário o conteúdo do cargo ou os métodos para sua execução. O ocupante do cargo recebe atenção especial do modelo humanístico. Não é tratado como máquina ou robô, como no desenho clássico, mas como membro de um grupo social. O desenho humanístico acena com maior interação entre pessoas e seus superiores, bem como com maior participação em decisões relacionadas com a execução das tarefas e como meio de satisfazer às necessidades individuais e aumentar o moral do pessoal. O superior é encorajado a desenvolver entre seus subordinados um espírito de equipe capaz de proporcionar um grupo de trabalho coeso por meio de uma atmosfera amigável e cooperativa e a minimizar fricções ou conflitos entre os subordinados que possam prejudicar o desempenho departamental. Algumas atividades extras são consideradas importantes para reduzir o aborrecimento e a monotonia e para incrementar sentimentos de amizade e cooperação, como lazer, e condições físicas de conforto no trabalho.

A abordagem humanística ao desenho de cargos é assentada nas ciências comportamentais. Seu objetivo é motivar e incentivar as pessoas por meio das tarefas e, com isso, aumentar sua produtividade ou pelo menos mantê-la em níveis elevados. Enquanto o desenho clássico põe ênfase nas tarefas, o desenho humanístico põe ênfase nas pessoas. O primeiro busca a eficiência pela imposição do método de trabalho, bitolando o empregado para melhor controlá-lo. O segundo busca a realização pessoal na medida do possível, mas peca por não modificar a essência da tarefa e das condições intrínsecas sob as quais ela é executada.

A principal crítica que se faz à abordagem humanística é que ela tratou da periferia, mas não tocou no núcleo e na essência do trabalho em si. Mexeu nas bordas e nas laterais, mas omitiu o essencial: a maneira como as pessoas trabalham.

Abordagem contingencial ao desenho de cargos[1]

A abordagem contingencial ao desenho de cargos parte da premissa de que o desenho de cargos deve ter um enfoque sistêmico. Vimos que um sistema é um conjunto de unidades ou partes, com relações entre elas, formando um todo complexo. O enfoque sistêmico enfatiza as relações entre as partes do sistema e como essas relações afetam o desempenho do todo. Trata-se de proporcionar a máxima eficácia ao sistema inteiro – e não a eficácia de cada uma das partes isoladamente – além de assegurar a interdependência das partes do sistema.

Tabela 1 Um balanço da abordagem clássica ao desenho de cargos[3]

Vantagens esperadas	Resultados alcançados
Os cargos podem ser aprendidos rapidamente, exigindo pouco treinamento do operário	As economias no custo do treinamento não ocorrem em razão do elevado *turnover* (rotatividade de pessoal)
Os cargos podem ser ocupados por pessoas não habilitadas	Altos índices de absenteísmo exigem trabalhadores extras disponíveis para substituí-los, elevando os custos
Por se exigirem poucas habilidades e pela facilidade de treinamento, os operários são facilmente intercambiáveis	Por causa do trabalho em linha de montagem, de sua natureza monótona e insatisfatória, precisa-se pagar salários maiores para as pessoas permanecerem
Em razão da mecanização, os operários não ficam fisicamente cansados	Por causa da monotonia, os operários apresentam fadiga psicológica e frustração
A padronização facilita o controle de qualidade, minimizando a probabilidade de erros	Problemas de controle de qualidade aumentam por causa da falta de comprometimento e colaboração dos operários
A mecanização torna a produção previsível e programável	Com o *turnover*, os custos de recrutamento e seleção de pessoal aumentam
A administração tem elevado controle sobre os operários, permitindo supervisão por meio da observação e do aumento da amplitude de controle	A supervisão aumenta a distância entre o operário e a administração

Um cargo pode ser estudado como um sistema composto de:

1. Entradas: constituem o suprimento de informações, recursos e materiais que proporcionam a operação do sistema. As entradas podem ser:

   a. Informações: como ordens e instruções sobre as tarefas a serem executadas, conhecimentos, orientação, metas e objetivos.
   b. Matérias-primas: (materiais ou dados) a serem processadas pelo ocupante do cargo.
   c. Recursos: como máquinas, equipamentos, tecnologias, ferramentas para que o ocupante possa executar suas tarefas.
   d. Contatos: no sentido vertical, seja do chefe ou dos subordinados, ou no sentido horizontal, seja dos colegas ou clientes externos.

2. Operações: são os processos de transformação executados pelo ocupante do cargo e que convertem as entradas em saídas para o cliente interno. É a execução das tarefas do cargo pelo seu ocupante.
3. Saídas: correspondem ao resultado do trabalho do ocupante, seja em termos de produtividade, qualidade, realização pessoal e satisfação no cargo.
4. Retroação: refere-se à monitoração dos resultados e sua comparação com os padrões de desempenho esperados do sistema. A retroação proporciona a informação sobre os resultados ou sobre o desempenho às pessoas responsáveis pelas decisões capazes de efetuar as mudanças, quando necessárias, para aumentar a eficiência (utilização produtiva dos recursos disponíveis) e a eficácia (alcance dos objetivos do sistema). A avaliação do desempenho é uma importante informação de retroação para o ocupante do cargo saber como está se saindo.

Qualquer mudança em um desses elementos do sistema provoca mudanças nos demais e, consequentemente, em todo o sistema. Para desempenhar seu cargo, cada indivíduo tem entradas ou insumos, processa operações ou executa tarefas, produz saídas e desenvolve retroação a respeito de seu desempenho. O desenho de cargos, segundo a abordagem contingencial, não se restringe nem à ênfase nas tarefas nem à ênfase nas pessoas, exclusivamente. Vai muito além dessas duas variáveis, pois procura uma abordagem mais abrangente e sistêmica.

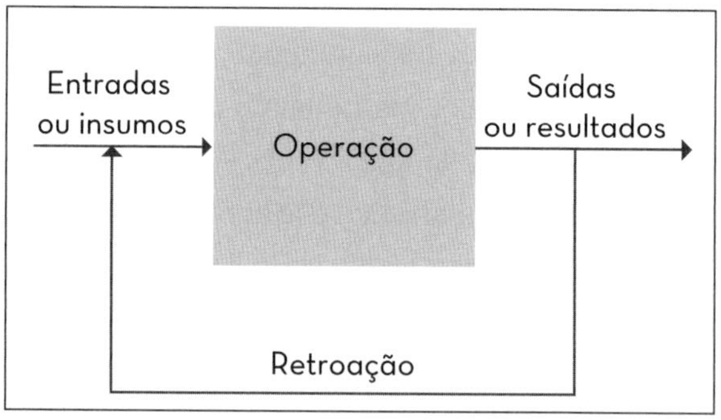

Figura 1 Cargo como um sistema aberto.

O modelo contingencial pressupõe que o cargo deve ser desenhado e continuamente redesenhado no sentido de reunir quatro dimensões profundas[4]:

1. Variedade: reside na diversidade de operações de trabalho ou no uso de vários equipamentos e procedimentos para a execução das tarefas do cargo. Quanto maior a variedade tanto mais desafiante se torna o cargo, porque as pessoas podem usar uma ampla gama de suas habilidades e capacidades.
2. Autonomia: refere-se ao grau de liberdade que o ocupante tem para programar seu trabalho, selecionar o equipamento que deve usar e decidir quais procedimentos deve seguir.
3. Identidade com a tarefa: refere-se à possibilidade de o ocupante executar uma atividade intei-

ra e global, bem como identificar claramente o resultado de seu trabalho.

4. Retroação: refere-se à informação que o ocupante recebe enquanto está trabalhando e que lhe revela como está desempenhando sua tarefa.

A inclusão dessas quatro dimensões profundas é essencial para tornar o trabalho mais variado, introduzir autonomia e sentimentos de independência, trazer significado àquilo que se faz e informação de retorno sobre o desempenho.

Quanto mais presentes essas quatro dimensões profundas no desenho do cargo, tanto maior a satisfação do ocupante em relação ao conteúdo de sua tarefa e, consequentemente, tanto maior sua produtividade. Por meio do desenho contingencial pode-se incentivar as contribuições das pessoas que possam melhorar o desempenho departamental e, simultaneamente, fazer com que as necessidades de participação e de autoafirmação sejam meios, e não fins em si mesmas. A satisfação das necessidades individuais é um subproduto desejável, mas não o objetivo principal do desenho contingencial.

Baixo grau		Alto grau
Monotonia Rotina Uniformidade Repetitividade	Variedade →	Variação Criatividade Diversidade Desafio
Restrição Rigidez Dependência Submissão	Autonomia →	Abertura Liberdade Autossuficiência Independência
Alienação Falta de sentido Falta de valor Desmotivação	Identidade →	Identificação Percepção do sentido Percepção do valor Compromisso
Desinformação Ignorância Afastamento Alheamento	Retroação →	Retroinformação Compromisso Afinidade Participação

Figura 2 Quatro dimensões no desenho contingencial.

A sintonia fina do desenho contingencial

O desenho contingencial do cargo consiste em adequar cada uma dessas quatro dimensões em função do ocupante (como pessoa) e da tarefa a ser executada, procurando sintonizar a combinação adequada que resulte na maior satisfação do ocupante no desempenho do cargo.

Tabela 2 Práticas organizacionais das abordagens clássica e contingencial[5]

Desenho clássico	Desenho contingencial
Sistema fechado	Sistema aberto
Especialização dos cargos	Ampliação dos cargos
Centralização	Descentralização
Autoridade	Consenso
Hierarquia rígida	Desenho organizacional frouxo
Ênfase técnica	Ênfase humana
Procedimentos rígidos	Procedimentos flexíveis
Comando	Consultoria
Comunicação vertical	Comunicação multidirecional
Ambiente negativo	Ambiente positivo
Necessidades de manutenção	Necessidades motivacionais
Controle severo	Gerência por objetivos
Abordagem autocrática	Abordagem democrática

Bate-bola: para que servem os cargos?

Discuta com seus colegas a respeito do assunto e tente chegar a uma conclusão: para que servem os cargos?

- Definir o que as pessoas devem fazer?
- Delimitar as responsabilidades envolvidas no trabalho?
- Recrutar e selecionar os futuros ocupantes?
- Definir como treinar as pessoas?
- Especificar padrões de remuneração e salários?
- Avaliar o desempenho das pessoas?

Desenho de cargos e a abordagem sociotécnica

As tarefas são a própria razão da existência das empresas. Com elas, assegura-se o alcance de seus objetivos. Nas empresas mais complexas, as tarefas incluem um grande número e variedade de subtarefas diferentes e operacionalmente significativas. Para realizar as tarefas, a empresa precisa simultaneamente de tecnologia e de pessoas. *Hardware* e *software* conjuntamente. Recursos e competências lado a lado. Dessa forma, as empresas têm uma dupla função: a função técnica (relacionada com a execução e a coordenação do trabalho e das tarefas) e a social (referente aos meios de relacionar as pessoas umas com as outras de modo a fazê-las trabalharem juntas). Esse é o ponto de partida da abordagem sociotécnica: a empresa é constituída de dois sistemas interdependentes: um sistema técnico e um sistema social.

O sistema técnico é determinado pelos requisitos típicos das tarefas que são executadas pela empresa e moldado pela especialização das habilidades e dos conhecimentos exigidos, pelos tipos de máquinas, equipamentos e matérias-primas utilizadas e pelo arranjo físico das instalações.

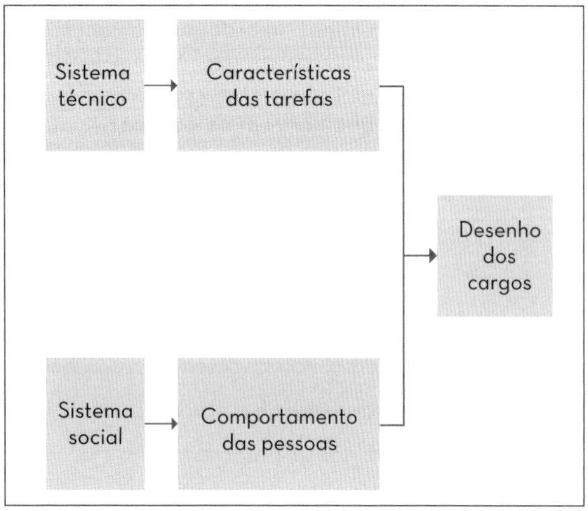

Figura 3 Influência dos fatores tecnológicos e sociais no desenho dos cargos.

O sistema social é constituído pelas pessoas que trabalham na empresa, suas características físicas e psicológicas, as relações sociais e informais desenvolvidas por elas em função da execução das tarefas. Ambos os sistemas, técnico e social, influenciam-se mutuamente e qualquer mudança em um deles afeta poderosamente o outro. Até certo ponto, o sistema técnico determina o desenho dos cargos e os tipos de ocupantes, suas características pessoais, conhecimentos, habilidades e competências, bem como as tarefas que devem executar. No entanto, ao realizar suas tarefas, os ocupantes dos cargos se relacionam entre si, formando o sistema social caracterizado pelos grupos informais, pela cultura organizacional, relacionamentos, valores sociais, expectativas, etc. A interação existente entre esses dois sistemas é complexa: a empresa é um sistema sociotécnico estruturado na base desses dois sistemas interagentes.

Especialização e enriquecimento de cargos

A noção da empresa como uma organização complexa implica necessariamente que as pessoas conheçam quais são as suas respectivas responsabilidades. O desenho de cargos pressupõe uma tarefa a ser executada e uma pessoa incumbida de executá-la. Para tanto, o desenho de cargos precisa fundamentar-se em dois aspectos principais: a especialização e a definição[1].

1. Especialização: refere-se ao grau do conhecimento e habilitação requerido pelo cargo. Geralmente, o grau de especialização do ocupante do cargo depende da tecnologia utilizada ou da administração.
2. Definição: refere-se à determinação das responsabilidades e atribuições do ocupante do cargo em relação ao seu trabalho, a quem ele se reporta, os recursos e as pessoas sobre os quais tem autoridade, o trabalho que se espera que execute e as relações que deve ter com outros ocupantes de cargos. Os cargos são geralmente definidos

> por meio de descrição de cargos que constitui um detalhamento das atribuições ou tarefas do cargo, dos métodos empregados para a execução dessas atribuições ou tarefas e os objetivos do cargo: em suma, o que, como e para que o ocupante desempenha seu cargo. Além de sua descrição, os cargos podem também ser definidos por meio de procedimentos formais, regras e regulamentos que a organização estabelece para dirigir e controlar os meios pelos quais as pessoas executam seus trabalhos. A definição no desenho dos cargos corresponde à formalização no desenho organizacional, da qual constitui importante faceta. O processo de definir cargos de maneira formal permite que a administração analise cuidadosamente a contribuição de cada cargo para as operações da empresa como um todo. A definição dos cargos permite reduzir o grau de ambiguidade com que as pessoas se defrontam em seus cargos. Todavia, na medida em que ocorre definição, a formalização resultante diminui o grau de flexibilidade com que as pessoas desempenham seus cargos. Em outros termos, quanto maior a definição, maior a burocratização.

Em fase mais recente, verificou-se a necessidade de ajustar o trabalho ao trabalhador. Parte desse ajustamento é feito na forma de programas de mudanças como: rotação, extensão, ampliação e enriquecimento de cargos. Cada um desses programas tem suas características próprias.

As diferenças entre rotação, extensão, ampliação e enriquecimento de cargos estão na gradativa variedade e responsabilidade e crescente oportunidade para o desenvolvimento pessoal. No sentido prático, tais diferenças são mais semânticas do que reais[1].

1. Rotação de cargos: recebe também o nome de rodízio de cargos. Consiste em movimentar o indivíduo de um cargo para outro, sem fixá-lo e sem aumentar necessariamente as suas responsabilidades.
2. Extensão: constitui um acréscimo de tarefas do mesmo nível de dificuldade ou de responsabilidade ou algum deslocamento horizontal.
3. Ampliação: representa um acréscimo de tarefas ou de responsabilidades de nível superior ou algum deslocamento vertical do cargo.
4. Enriquecimento do cargo: consiste em elevar deliberadamente a responsabilidade, os objetivos e os desafios das tarefas do cargo, como um meio de trazer maior significado ao trabalho e inovação, além de oferecer oportunidades de satisfação das necessidades humanas mais elevadas.

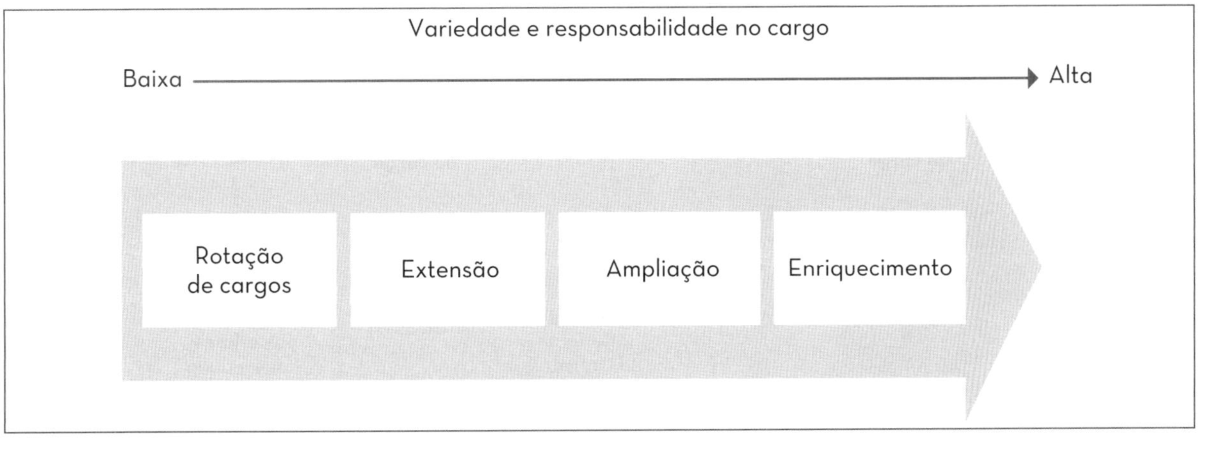

Figura 4 *Continuum* entre rotação, extensão, ampliação e enriquecimento de cargos.

De todas as alternativas citadas – rotação, extensão, ampliação e enriquecimento do cargo – o último representa a mais defendida pelos autores ligados à Teoria Comportamental. O enriquecimento do cargo pode ser vertical (adição de responsabilidades de níveis gradativamente mais elevados e eliminação de responsabilidades de níveis mais baixos do cargo) ou horizontal (adição de responsabilidades laterais no mesmo nível).

Na medida em que cada pessoa se desenvolve e aprende novas coisas, a empresa deve eliminar as tarefas mais simples do seu cargo e adicionar tarefas gradativamente mais complexas, acompanhando seu desenvolvimento profissional. Enquanto tradicionalmente se fragmentava o trabalho por meio da especialização dos operários, para evitar erros e despesas, ao mesmo tempo em que se assegurava uma forma rígida de controle, as empresas impediam a iniciativa do empregado e restringiam sua atividade a um conteúdo de cargo previamente fixado e pouco flexível e que não levava em conta seu desenvolvimento pessoal. Em vez de forçar o empregado a procurar satisfações fora do seu cargo, por que não transformar o seu cargo em uma atividade que lhe dê satisfação profissional?

O enriquecimento do cargo traz vantagens tanto para a organização como para a pessoa, aliadas a alguns efeitos indesejáveis que podem acontecer. Um dos efeitos indesejáveis é a resistência à mudança diante dos deveres aumentados. Isso porque nem todas as pessoas gostam da inovação, de desafios ou de novas oportunidades, que podem trazer riscos de erros ou insegurança quanto ao futuro desempenho.

Restrições ao enriquecimento do cargo

Nos países europeus - típicos da chamada democracia industrial -, nos quais o enriquecimento de tarefas é bastante utilizado, têm surgido problemas com sindicatos que não veem com bons olhos a alteração da estrutura de cargos das empresas sem uma correspondente alteração na estrutura de salários. Nem todas as empresas fazem acompanhar o enriquecimento do cargo com algum enriquecimento salarial. Retorno do investimento também conta para as pessoas. Elas precisam ser estimuladas a crescer por meio do reconhecimento e das recompensas pelas novas atividades. Você concorda com isso? Explique suas razões.

Desenho de cargos e pessoas

O desenho de cargos tem por objeto a configuração estrutural das tarefas e das pessoas que devem executá-las. Uma das preocupações dos responsáveis pela elaboração do desenho de cargos é reduzir a incerteza e a ambiguidade, principalmente no nível operacional da empresa, protegendo-o de incer-

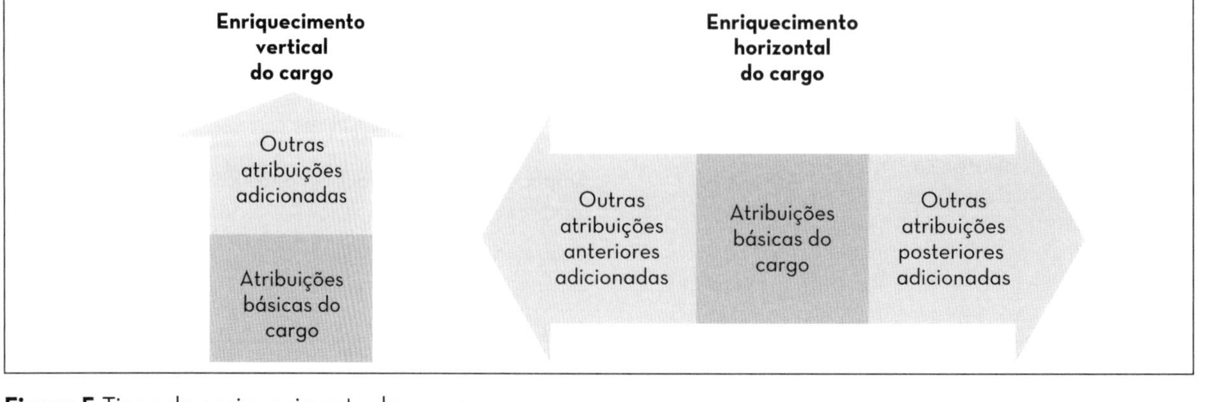

Figura 5 Tipos de enriquecimento de cargo.

tezas, coações, contingências e turbulências que ocorrem no ambiente externo e, ao mesmo tempo, decodificando as imposições e as exigências colocadas pela tecnologia utilizada pela empresa.

O cargo representa o ponto de mediação entre o indivíduo e a empresa. De um lado, o indivíduo, com suas necessidades (motivações) e seus recursos pessoais (habilidades, conhecimentos, capacidades, aptidões, destrezas, etc.), e, de outro lado, a empresa, com seus recursos e suas necessidades de talento humano. O cargo é o ponto de ligação entre ambos. Por meio do cargo, empresa e indivíduo estabelecem os direitos e deveres explicitamente, isto é, formalmente, por meio de um contrato legal escrito e declarado. No entanto, o contrato legal e formal nem sempre enumera tudo o que foi estabelecido e acordado entre as partes. Assim, as relações de intercâmbio são também governadas por certas presunções não formalizadas, que são estabelecidas implicitamente, isto é, informalmente ou talvez até inconscientemente. Essas presunções implícitas são chamadas "contrato psicológico" e constituem o conjunto de expectativas recíprocas, não formalizadas, nem escritas, nem documentadas, entre o indivíduo e a empresa, e que se estendem além do contrato formal de emprego. Trata-se de um entendimento implícito e não declarado que envolve uma vasta gama de práticas, direitos, privilégios e obrigações consagrados pelo uso e que serão respeitados e observados por ambas as partes envolvidas: o indivíduo e a empresa[1].

Esquemas de integração entre cargos

Da mesma maneira como o nível intermediário lança mão de esquemas de integração para equilibrar os efeitos da diferenciação, também o nível operacional utiliza vários tipos de integração entre cargos, para assegurar-lhes a coordenação adequada às necessidades de eficiência. Existem três mecanismos de integração no nível operacional[1]:

1. Ajustamento mútuo: a coordenação do trabalho é feita por meio de processos simples de comunicação informal, enquanto o controle do trabalho permanece nas mãos do gerente. Quando a empresa é pequena ou quando as pessoas trabalham lado a lado, cada uma se adapta à outra informalmente. À medida em que o número de executores aumenta, o ajustamento mútuo torna-se necessário para coordenar o trabalho de todos. Ideal para atividades com pouca burocratização e grande descentralização.
2. Supervisão direta: a coordenação se dá pela atribuição de responsabilidade a um supervisor pelo trabalho de outros. Um supervisor pode coordenar o trabalho de muitas pessoas, dependendo da amplitude de controle desejá-

Tabela 3 Alguns efeitos possíveis do enriquecimento do cargo[1]

Efeitos desejáveis	Efeitos indesejáveis
Maior motivação do pessoal em face do desafio do cargo	Maior ansiedade em face da insegurança quanto aos desafios enfrentados
Maior produtividade em razão da satisfação no cargo	Maior conflito íntimo por causa da dificuldade em assimilar novas atribuições e responsabilidades
Menor absenteísmo em razão do comprometimento e sentimento de responsabilidade no cargo	Sentimento de que a empresa está explorando o empregado, impondo-lhe trabalho mais difícil e complexo
Menor rotatividade de pessoal em razão das oportunidades de crescimento e desenvolvimento	Redução das relações interpessoais por causa de ansiedade e insegurança nas novas atividades

vel. Se o trabalho passa a ser envolvido com o de outros grupos, a supervisão direta torna-se limitada. Ideal para atividades com pouca burocratização e pouca descentralização.

3. Estandardização: a coordenação é feita por meio da especificação e da programação das atividades de acordo com padrões predeterminados. A estandardização pode ser efetuada de três maneiras:

    a. Estandardização do processo de trabalho: o próprio cargo é desenhado e os processos de trabalho são especificados ou programados por meio de instruções, procedimentos, métodos, regras, regulamentos, etc. Ideal quando as tarefas são simples e rotineiras, como ocorre nas linhas de montagem.
    b. Estandardização de resultados do trabalho: o resultado (produto/serviço) é dimensionado e padronizado, a quantidade de sua produção é especificada, sua qualidade ou desempenho são previamente determinados. Quando a tarefa é mais complexa, especificam-se os resultados, deixando a escolha do processo ao executor.
    c. Estandardização das habilidades ou dos conhecimentos: a seleção e o treinamento do pessoal que executará o trabalho são especificados rigorosamente. Em tarefas mais complexas, os resultados nem sempre podem ser estandardizados e a empresa precisa padronizar as habilidades dos executores.

Os mecanismos de integração constituem elementos básicos da estrutura de cargos, podem ser encontrados em todos os outros níveis da estrutura organizacional e podem coexistir juntos. Quanto mais complexa a estrutura, quanto mais diferenciada, tanto mais mecanismos de integração existirão. Na medida em que a empresa parte para mecanismos mais sofisticados de integração, como a estandardização, ela vai se tornando mais complexa e, daí, volta a utilizar mecanismos mais simples, como o ajustamento mútuo e assim sucessivamente.

NOVAS ABORDAGENS NA MODELAGEM DO TRABALHO

Tudo que foi visto até agora se refere ao conceito de cargo como base para a atividade das pessoas nas empresas. Tradicionalmente, esse conceito foi o responsável pela busca da eficiência e produtividade no trabalho. Mas ele peca por várias razões[1]:

1. O conceito de cargo limita e restringe a atividade das pessoas ao que é definido como conteúdo do

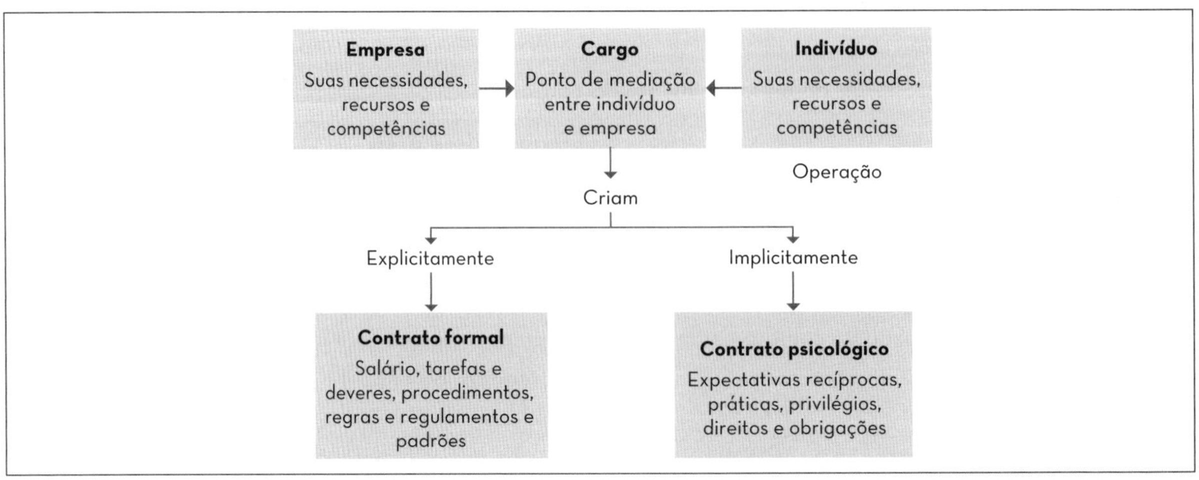

Figura 6 Contratos formal e psicológico[1].

cargo. O cargo sempre é menor do que as potencialidades de uma pessoa. No cargo, cada ocupante deve fazer somente o que lhe é solicitado.
2. O conceito de cargo é estável e pouco sujeito a mudança. Tende a se perpetuar.
3. O conceito de cargo está baseado na divisão do trabalho organizacional. Hoje, a tendência é juntar, e não separar. Holismo e visão sistêmica em vez de divisão e superespecialização.
4. O cargo torna o trabalho individual e solitário e isola a pessoa das demais.
5. A carreira das pessoas é dimensionada em termos verticais, de um cargo para o outro na hierarquia organizacional. Ora, a hierarquia está sendo cada vez mais comprimida e os níveis hierárquicos estão se reduzindo ao longo do tempo. Assim, as perspectivas de encarreiramento vertical tornam-se cada vez menores.
6. No fundo, o conceito de cargo busca apenas a soma das eficiências individuais. Somar é necessário, mas insuficiente para os dias atuais. Torna-se necessário algo mais do que isso. É preciso multiplicar para alcançar competitividade.

Assim, as empresas estão partindo definitivamente para novos conceitos em termos de modelagem do trabalho das pessoas. Dois grandes movimentos estão acontecendo nelas: a gestão por competências (Capítulo 19) e a atividade em equipes.

EQUIPES

A maior parte das empresas está migrando do conceito de cargos para o conceito de equipes. A onda agora é trabalhar em equipes. Qual a diferença entre grupo e equipe? A principal delas está no compromisso e na responsabilidade solidária.

A base fundamental do trabalho de cada administrador – seja ele de nível institucional, intermediário ou operacional – está na equipe. Ela constitui sua unidade de ação, sua ferramenta de trabalho. Com ela e por meio dela o administrador alcança metas e produz resultados.

Para lidar com equipes, o administrador precisa desenvolver as seguintes habilidades[6]:

1. Como escolher sua equipe.
2. Como desenhar o trabalho para aplicar as competências da equipe.
3. Como treinar e preparar a equipe para aumentar sua excelência.
4. Como liderar e impulsionar a equipe.
5. Como motivar a equipe.
6. Como avaliar o desempenho da equipe para melhorá-lo cada vez mais.
7. Como recompensar a equipe para reforçar e reconhecer seu valor.

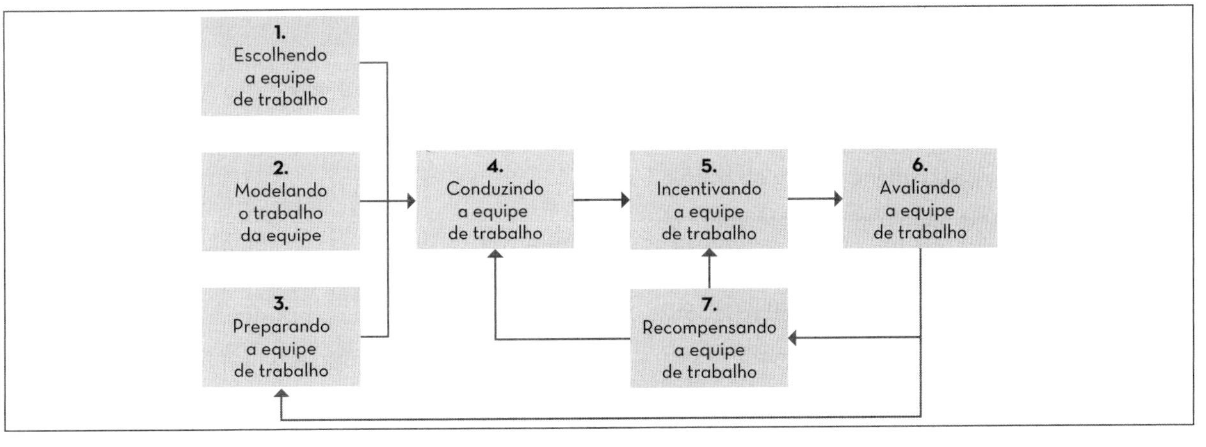

Figura 7 Habilidades do administrador para lidar com equipes[6].

Essa é a praia do administrador. Trabalhar com a equipe passa a ser a atividade principal do administrador como gestor de pessoas. Contudo, lidar com uma equipe exige cuidados especiais. Para alcançar eficiência, a equipe precisa ter objetivos claros, visão compartilhada, distribuição adequada de papéis e posições, decisões colaborativas, liderança compartilhada, novas ideias para a resolução de problemas e avaliação contínua de seu desempenho e eficácia.

Tipos de equipes[6]

A abordagem clássica ao desenho dos cargos é totalmente assentada na linha da Engenharia Industrial e sua ênfase principal é a busca da eficiência. Todos os recursos disponíveis - inclusive os recursos humanos - devem ser mobilizados, arranjados e combinados no sentido de alcançar a máxima eficiência possível. Sua aplicação está preferencialmente voltada para o operário da linha de montagem típica da produção em massa. Há uma variedade de tipos de equipes, a saber:

a. Equipes funcionais cruzadas: são compostas de pessoas vindas de diversas áreas da empresa (*marketing*, produção, finanças, engenharia) e são formadas para alcançar um objetivo específico por meio de um *mix* de competências. Quase sempre são designadas.
b. Equipes de projetos: são formadas especialmente para desenvolver um novo produto ou serviço. Os participantes são designados na base de sua habilidade para contribuir para o sucesso. O grupo geralmente debanda após completada a tarefa.
c. Equipes autodirigidas: são compostas de pessoas altamente treinadas para desempenhar um conjunto de tarefas interdependentes dentro de uma unidade natural de trabalho. Os membros usam o consenso na tomada de decisão para desempenhar o trabalho, resolver problemas ou lidar com clientes internos ou externos.
d. Equipes de força-tarefa: uma força-tarefa é designada para resolver imediatamente um problema. O grupo fica responsável por um plano de longo prazo para a resolução do problema, que pode incluir a implementação da solução proposta.
e. Equipes de melhoria de processos: é um grupo de pessoas experientes de diferentes departamentos ou funções encarregadas de melhorar a qualidade, reduzir custos, incrementar a produtividade em processos que afetam todos os departamentos ou funções envolvidos. Os membros são geralmente designados, isto é, indicados pela Administração.

O trabalho em equipe exige os seguintes cuidados[6]:

1. Objetivos claros: a missão e os objetivos da equipe devem ser claramente definidos e aceitos por todos os membros. O objetivo de cada membro da equipe deve também ser apoiado pela equipe toda. Cada um deve ajudar o outro.
2. Visão compartilhada: os membros da equipe devem ter uma visão conjunta e coerente da situação em que se encontram. Devem ter uma definição clara da missão e da visão organizacional, determinar as direções de seus movimentos, determinar seus propósitos e objetivos e especificar as atividades a executar.
3. Distribuição dos papéis e posições: os membros da equipe devem ser designados para suas posições de acordo com suas propensões, habilidades, competências e tipo de personalidade. Devem

estar totalmente esclarecidos quanto aos seus papéis para poder desempenhar seus deveres com suas melhores qualidades e competências.

4. Decisões colaborativas: a equipe deve evitar formalidades e burocracia. O compromisso deve ser alcançado através da discussão aberta e do consenso espontâneo entre os membros. Nada deve ser imposto às pessoas.
5. Liderança compartilhada: as funções de liderança devem passar de pessoa para pessoa, dependendo da situação, das necessidades da equipe e dos membros. A equipe precisa ter o máximo de autonomia e de liberdade para poder gerar ideias novas e criativas.
6. Novas ideias para resolução de problemas: a equipe aceita o desacordo como uma maneira de discutir novas ideias e resolver seus assuntos de maneira empreendedora e criativa.
7. Avaliação da eficácia: a equipe deve avaliar continuamente seu desempenho, como está realizando as tarefas, alcançando metas e objetivos e construindo e mantendo relacionamentos eficientes entre seus membros.

Sem dúvida, transformar o trabalho individual, limitado, restrito, solitário e rotineiro em um trabalho social, conjunto, interativo, amplo, solidário e criativo por meio de equipes é uma tarefa obrigatória do administrador moderno. Prepare-se para isso.

Bate-bola: como criar e desenvolver equipes na empresa?

Discuta com seus colegas a respeito do assunto e tente chegar a uma conclusão: como criar e desenvolver equipes na empresa?

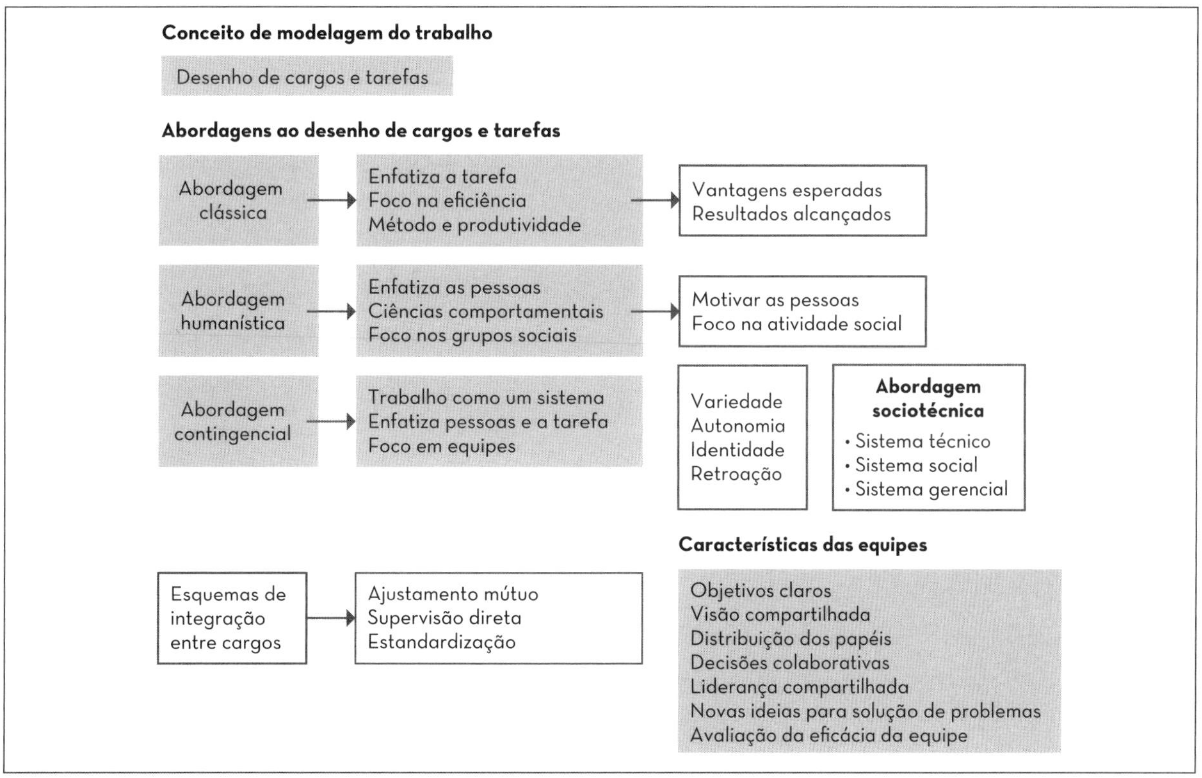

Figura 8 Mapa mental deste capítulo.

Referências bibliográficas

1. CHIAVENATO, I. *Recursos humanos*: o capital humano das organizações, Rio de Janeiro, Elsevier/Campus, 2010. p. 270.
2. SCOTT, W. G.; MITCHELL, T. R. *Organization theory*: a structural and behavioral analysis, Homewood, III, Richard D. Irwin, 1961. p. 334-5.
3. SCANLAN, B. K. *Principles of management and organizational behavior*, Nova York, John Wiley & Sons, 1973. p. 326.
4. CHIAVENATO, I. *Introdução à teoria geral da administração*, Rio de Janeiro, Elsevier/Campus, 2012.
5. HICKS, H. G.; GULLETT, C. R. *Organization*: theory and behavior, Tóquio, McGraw-Hill Kogakusha, 1975. p. 423.
6. CHIAVENATO, I. *Gerenciando com pessoas*: transformando o executivo em um excelente gestor de pessoas. Rio de Janeiro, Elsevier/Campus, 2004.

Parte V

DIREÇÃO DA AÇÃO EMPRESARIAL

Após o planejamento e a organização da ação empresarial, vem a função de direção. Uma vez definido o planejamento e configurada a organização, resta fazer as coisas andarem e acontecerem. Este é o papel da direção: acionar e dinamizar a empresa e fazê-la funcionar por meio das pessoas. A direção está relacionada com a ação e tem muito a ver com as pessoas.

Não há organização sem pessoas. As organizações são sistemas sociais porque são constituídas por pessoas. Todos os recursos organizacionais – físicos, materiais, tecnológicos, financeiros, etc. – constituem a plataforma sobre a qual as pessoas vão trabalhar. As pessoas precisam ser admitidas, aplicadas em seus cargos, doutrinadas, treinadas, avaliadas e recompensadas: elas precisam conhecer o que delas se espera e como elas devem desempenhar seus cargos; precisam ser guiadas e motivadas para alcançar os resultados que delas se espera; precisam ser estimuladas a aprender cada vez mais para realizar todo o seu potencial de desenvolvimento. A direção se preocupa com a execução das operações e o alcance dos objetivos atingidos por meio da ação organizacional. E esta depende da ação humana.

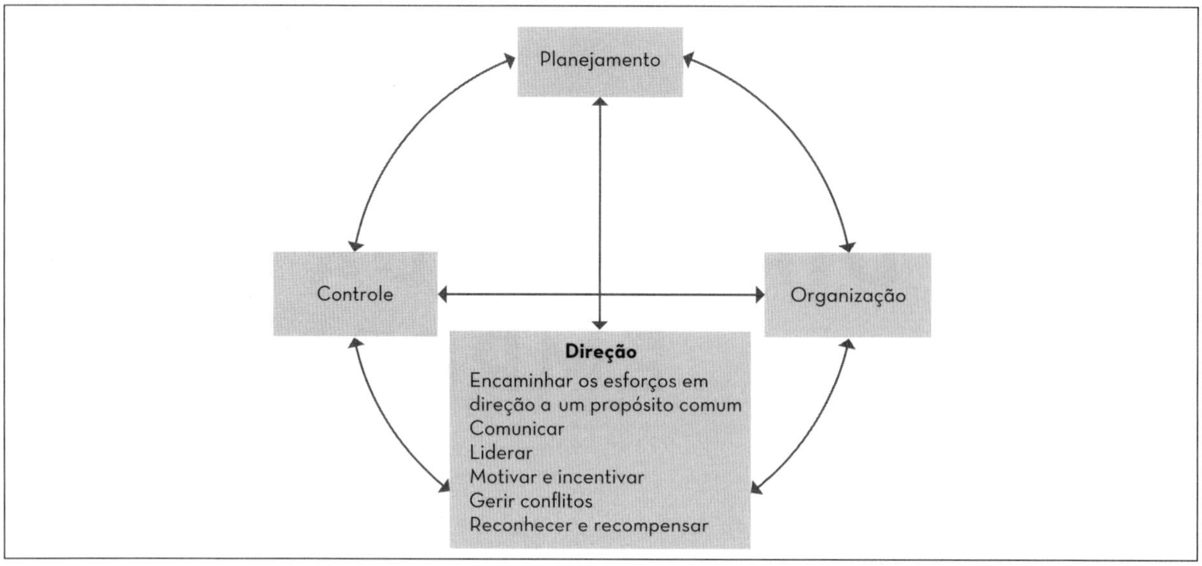

Figura 1 Direção dentro do processo administrativo[1].

Diversidade

Lidar com pessoas introduz uma condição de incerteza na administração das empresas. Enquanto as outras funções administrativas - planejamento, organização e controle - são impessoais, a direção constitui um processo interpessoal que determina as relações entre os indivíduos. Para dirigir as pessoas, o administrador precisa comunicar, liderar e motivar. O problema é que as pessoas são diferentes entre si. As diferenças individuais de personalidade, nível intelectual, cultura, atitudes e comportamentos exigem que o administrador tenha conhecimento da complexa natureza humana. No passado, as empresas tratavam as pessoas como recursos humanos: a tendência era considerar todas elas iguais. Os processos de seleção de pessoal, treinamento, remuneração e avaliação do desempenho tratavam todas as pessoas igualmente. Hoje, cada pessoa é uma personalidade diferente e única e deve ser tratada como tal. Em vez de tratá-las de modo homogêneo e padronizado, as empresas estão tratando-as como se cada uma delas fosse um diretor. Ou um cliente interno. Acabou-se o tratamento das pessoas como se elas fossem *commodities*. Hoje predomina a diversidade, a aceitação de que as pessoas são diferentes entre si em relação a sexo, idade, raça, religião, estado civil, cultura, etc. Cada pessoa é única. E o administrador precisa levar isso em conta.

RELAÇÕES DE INTERCÂMBIO

A empresa e seus *stakeholders* estão engajados em um complexo sistema de relações de intercâmbio, cada qual procurando contribuições do outro em troca dos

Figura 2 Interligação entre direção, gerência e supervisão[2].

incentivos que oferece. A empresa oferece incentivos ou alicientes aos seus *stakeholders* (na forma de salários, preço e qualidade dos produtos/serviços, qualidade de vida, satisfação, etc.) para obter contribuições deles (na forma de atividade, prestação de serviços, fornecimento de recursos, comprometimento, compra de produtos/serviços, etc.). Nessas relações de intercâmbio, cada *stakeholder* faz investimentos (contribuições ou incentivos) que tragam retorno (contribuições ou incentivos) em proporção maior ou pelo menos igual aos investimentos efetuados.

Para a empresa, os incentivos representam investimentos, enquanto as contribuições dos *stakeholders*, o retorno esperado. Para os *stakeholders*, suas contribuições representam investimentos, enquanto os incentivos oferecidos pela empresa são o retorno do investimento feito.

PROCESSO DE MÚTUA ADAPTAÇÃO

Os *stakeholders* envolvem-se em uma contínua dialética de poder e dependência entre si. Alguns ganham poder na medida em que sua atividade pode sujeitar a outra parte a um comportamento de dependência para que essa possa alcançar seus objetivos. O poder existe sempre que o *stakeholder* tem condições de impor suas condições à outra parte. Pelo contrário, alguns *stakeholders* tornam-se dependentes na medida em que sua atividade só pode ser realizada quando a outra parte lhes forneça os meios necessários e sem os quais nada pode ser realizado. A dependência existe sempre que o *stakeholder* tem de aceitar as condições impostas pela outra parte e submeter-se a elas. No fundo, as situações de poder e dependência constituem os dois extremos de um *continuum* que admite uma infinidade de situações intermediárias.

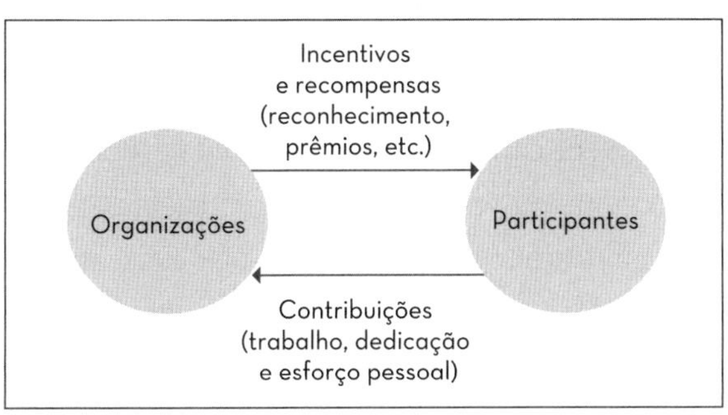

Figura 3 Relações de intercâmbio entre organização e *stakeholders*[2].

Além disso, os *stakeholders* se movimentam em um intrincado jogo de colaboração-competição. A colaboração é um tipo de comportamento em que cada *stakeholder* procura relacionar-se com a outra parte a fim de cooperar por meio de uma ação conjunta, visando à sinergia de esforços para alcançar objetivos comuns. No outro extremo, na competição, cada *stakeholder* procura defrontar-se e antagonizar-se com a outra parte para competir visando ao mesmo objetivo a ser alcançado por ambas as partes. No primeiro caso, a colaboração para o alcance simultâneo de objetivos; no segundo caso, a competição para que uma parte alcance seu objetivo em detrimento da outra. Enquanto a colaboração envolve a consulta conjunta entre as partes para uma tomada de decisão consensual, a competição envolve o conflito e a oposição estratégica entre as partes envolvidas.

Tanto a empresa como seus *stakeholders* estão continuamente envolvidos em um processo de mútua adaptação e busca de equilíbrio. Embora o equilíbrio entre os objetivos empresariais e os objetivos individuais dos *stakeholders* seja constantemente perseguido, ele nunca é completamente alcançado em virtude das mudanças de necessidades, objetivos e relações mutáveis de poder e dependência. Assim, a adaptação é um processo constante, cuja regra fundamental é a mudança e os ajustamentos contínuos. Todos os *stakeholders* (sejam internos ou externos à empresa) se comportam dentro de seus esquemas individuais, cada qual dentro da sua racionalidade, e provocam impacto maior ou menor sobre os processos de tomada de decisão da empresa.

A recíproca também é verdadeira: a empresa se comporta dentro de seu próprio esquema e também provoca impacto maior ou menor sobre os diversos tipos de *stakeholders*. Esse impacto – seja na empresa em função do ambiente de tarefa, seja no ambiente de tarefa em função da empresa – pode ser relevante em algumas áreas e supérfluo em outras. Dessa forma, os consumidores e concorrentes influenciam as decisões na área mercadológica da empresa, enquanto os acionistas e bancos influenciam as decisões na área financeira. E vice-versa. Isso mostra como os limites ou fronteiras da empresa são flexíveis e elásticos, além de não serem claramente definidos, como ocorrem nos demais organismos vivos. As fronteiras da empresa se expandem e se contraem incluindo ora certos grupos de *stakeholders*, ora excluindo outros conforme o processo de adaptação e de tomada de decisões envolvido. Se a decisão é mercadológica, o envolvimento de participantes visa a interesses de *marketing* para incluir novos participantes; se a decisão é financeira visa a interesses financeiros e os participantes são outros.

Dirigir significa interpretar os planos para os outros e dar as instruções sobre como executá-los. Como tempo é dinheiro quando se fala em negócio, a má interpretação de solicitações, relatórios ou instruções pode provocar elevados custos. O bom executivo é aquele que sabe explicar as coisas às pessoas

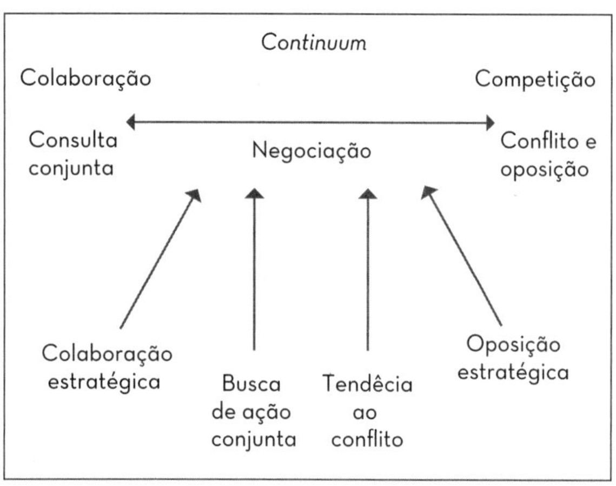

Figura 4 *Continuum* colaboração-competição[3].

para fazê-las bem e prontamente. A direção está relacionada com a atuação sobre os recursos humanos da empresa. Em todas as empresas, os vários recursos devem ser combinados em proporções adequadas, para produzir um dado resultado de produtos ou serviços. E é com os recursos humanos que a função administrativa de direção está relacionada.

PODER E AUTORIDADE

A direção está intimamente relacionada com a autoridade e o poder. Os termos "autoridade" e "poder" são utilizados com uma variedade de significados na literatura administrativa. Ambos são meios de influência. Para que a empresa possa realizar o que foi planejado e dentro do esquema que foi organizado a fim de alcançar seus objetivos, as pessoas devem ser dirigidas para que possam desenvolver suas atividades e colaborar com a empresa para que esta seja bem-sucedida em seus negócios. Isso envolve um processo de influenciação das pessoas. A autoridade e o poder constituem meios de influência. Influência se refere ao comportamento de uma pessoa capaz de alterar os comportamentos, atitudes e sentimentos de outra pessoa ou pessoas. A influência pode ser feita por vários meios: pela persuasão, pela coação, por sanções, por recompensas, etc.

O poder significa o potencial para exercer influência. Uma pessoa pode ter poder para influenciar outras pessoas e nunca tê-lo feito. A autoridade tem um significado mais restrito e representa o poder institucionalizado. O termo autoridade refere-se ao poder que é inerente ao papel de uma posição na organização. A autoridade é delegada por meio de descrição de cargos, títulos organizacionais, políticas e procedimentos da empresa. Ela representa o poder legal ou o direito de comandar ou agir. Ela é um poder designado a uma pessoa como condição básica para que a autoridade possa se impor. Embora o termo não seja usado uniformemente, em geral é definido como um poder legal ou direito de comandar ou agir, ou seja, autoridade é o poder de comandar os outros para agir ou não e proporciona a força coesiva para o grupo. A autoridade é um conceito implícito no conceito de poder: ter autoridade significa ter poder. A recíproca nem sempre é verdadeira, pois ter poder nem sempre significa ter autoridade. A autoridade é o poder legal e socialmente aceito.

Na prática, a direção exige diferentes estratégias baseadas em diferentes tipos de poder. Cada tipo de poder envolve uma diferente relação entre a pessoa que exercita o poder e a pessoa sujeita ao poder. No sentido mais amplo, o poder significa a capacidade de limitar as escolhas dos outros.

Existem cinco tipos de poder[4] (Tabela 1):

1. Poder de recompensa: baseado na percepção de que uma pessoa pode proporcionar variados tipos e quantidades de recompensas. É o caso do superior que pode proporcionar diferentes gratificações em dinheiro para diferentes níveis de desempenho dos seus subordinados. Nas empresas, este é provavelmente o mais importante tipo de poder usado para influenciar as pessoas e conseguir o controle do seu comportamento.
2. Poder coercitivo: baseado na percepção de que uma pessoa pode aplicar punições ou castigos, como medidas de disciplinas, advertências escritas, suspensões e demissões. Tende a coagir e pressionar, criando uma reação de alienação, afastamento ou hostilidade das pessoas submetidas a ele.
3. Poder legitimado: baseado em normas organizacionais ou valores sociais sustentados por uma pessoa. Existe quando uma pessoa ou grupo de pessoas acredita que é correto ou legítimo outra pessoa influenciar suas ações. A crença em aceitar a influência porque ela é justificada e legítima.
4. Poder de referência: baseado no desejo de identificar-se com uma pessoa que é respeitada e admirada. Baseia-se na identificação psicológica com uma pessoa.
5. Poder de perícia: baseado na percepção de uma pessoa a respeito do conhecimento, da capacidade, da competência ou da perícia de outra pessoa e que a leva a segui-la. A perícia, a capacidade ou a competência pode ser atribuída a uma pessoa em virtude de sua posição ou *status*, experiência, liderança, treinamento, reputação ou competência demonstrada.

Na prática, as empresas utilizam uma variedade de tipos de poder combinados em graus e que variam profusamente. O administrador é investido de poderes para contratar, despedir, punir ou recompensar seus subordinados e dirigir seu comportamento no sentido dos objetivos da organização. Para tanto, deve utilizar os quatro tipos de poder conforme a situação. O segredo está em saber dosar e equilibrar os tipos de poder para impulsionar, e não bloquear as pessoas. Este é o segredo dos executivos bem-sucedidos: obter o apoio e o comprometimento das pessoas e fazê-las trabalhar em equipe dando-lhes força, liberdade e autonomia. É o que chamamos de *empowerment*: o fortalecimento das pessoas e das equipes.

ABRANGÊNCIA DA DIREÇÃO

Dentro dos três níveis da empresa, a função administrativa de direção está distribuída como na Tabela 2.

A direção constitui o maior desafio do administrador, já que ela é o meio pelo qual ele se comunica com sua equipe de subordinados, lidera, motiva e orienta as pessoas no sentido de que elas possam alcançar as metas e os objetivos propostos pela organização. Na verdade, a direção é muito mais do que isso. É a maneira pela qual o administrador, em conjunto com sua equipe, gera valor e produz resultados incríveis.

Tabela 1 Tipos de poder[5]

Tipos de poder	Características
Poder de recompensa	Quando A tem capacidade de determinar recompensas ou prêmios a B, A tem poder de recompensa sobre B
Poder coercitivo	Quando A tem capacidade de determinar as punições de B, ele tem poder coercitivo sobre B
Poder legitimado	Quando B aceita um conjunto de normas sociais que dizem que ele deve aceitar a influência de A, A tem poder legitimado sobre B
Poder de referência	Quando B deseja ser igual a A ou se modela segundo A, A tem poder referencial sobre B
Poder de perícia	Quando B percebe que A tem conhecimento ou competência profunda e especial em uma situação, A tem poder de perícia sobre B

Tabela 2 Direção da ação empresarial nos três níveis da empresa[2]

Níveis	Direção	Posições	Abrangência
Institucional	Direção	Presidente, diretores e altos executivos	Empresa ou áreas da empresa
Intermediário	Gerência	Gerentes e pessoal do meio de campo	Cada departamento ou unidade da empresa
Operacional	Supervisão	Supervisores e encarregados	Cada grupo de pessoas, tarefas ou operações

Referências bibliográficas

1. CHIAVENATO, I. *Teoria geral da administração*, Rio de Janeiro, Elsevier/Campus, 2003, v. 1. p. 271.
2. CHIAVENATO, I. *Introdução à teoria geral da administração*, Rio de Janeiro, Elsevier/Campus, 2011.
3. CHIAVENATO, I. *Comportamento organizacional: a dinâmica do êxito das organizações*, Rio de Janeiro, Elsevier/Campus, 2005.
4. FRENCH Jr., J. R. P.; RAVEN, B. "The bases of social power". In: CARTWRIGHT, D.; ZANDER, A. (eds.). *Group dynamics and theory*, Nova York, Harper & Row, 1960. p. 607-23.
5. KORMAN, A. K. *Industrial and organizational psychology*, Englewood Cliffs, Prentice-Hall, 1971. p. 133.

CAPÍTULO 13

Direção

Objetivos deste capítulo

- Caracterizar a função administrativa de direção da ação empresarial.
- Definir e explicar os estilos de direção.
- Caracterizar os sistemas de administração e suas repercussões.

O nível institucional corresponde ao nível organizacional mais elevado da empresa e se situa na periferia da organização, isto é, na camada organizacional da empresa que se defronta com o ambiente externo. Neste nível, os administradores se responsabilizam pelo relacionamento entre a empresa e o ambiente externo e traçam a estratégia empresarial mais adequada para atingir os objetivos pretendidos pela empresa. O nível institucional representa a empresa frente ao Conselho de Administração, acionistas, governo e órgãos reguladores, fornecedores, clientes e público em geral. Todavia, apesar de toda essa projeção externa, o nível institucional é o responsável pela condução dos negócios da empresa, pela sintonia das políticas internas em relação à estratégia empresarial e, sobretudo, é o nível que dirige a ação empresarial como um todo. Nesse sentido, sobressai a função administrativa de direção da ação empresarial. É necessário que as atividades empresariais, tarefas departamentais e operações sejam cumpridas de acordo com o que foi planejado e organizado. E aqui entra a função de direção, predominantemente voltada para o desempenho das pessoas, já que são as pessoas os recursos que vivificam os demais recursos empresariais.

ESTILOS DE DIREÇÃO

A administração das empresas está fortemente marcada pelos estilos com que os administradores dirigem o comportamento das pessoas dentro delas. Os estilos de direção dependem das suposições que os administradores têm a respeito do comportamento humano dentro da empresa. McGregor distingue duas concepções opostas de estilos de direção, baseadas em concepções antagônicas acerca da natureza humana, a saber: a Teoria X (ou tradicional) e a Teoria Y (ou moderna)[1].

Teoria X

A Teoria X baseia-se em algumas concepções e premissas incorretas e distorcidas a respeito da natureza humana[1]:

- o homem é indolente e preguiçoso por natureza: ele evita o trabalho ou trabalha o mínimo possível em função de recompensas salariais;
- falta-lhe ambição: não gosta de assumir responsabilidades e prefere ser dirigido e sentir-se seguro;
- o homem é fundamentalmente egocêntrico e seus objetivos individuais opõem-se, em geral, aos objetivos da empresa;
- sua natureza o leva a resistir às mudanças, procurar segurança e não assumir riscos que o ponham em perigo;
- sua dependência o torna incapaz de autocontrole e autodisciplina: ele precisa ser dirigido e controlado.

Em função dessas concepções e premissas errôneas, a Teoria X desenvolve um estilo de direção que se restringe à aplicação e ao controle da energia humana unicamente em direção aos objetivos empresariais. A administração, segundo a Teoria X, caracteriza-se pelos seguintes aspectos:

- a administração é responsável pela organização dos recursos da empresa (dinheiro, materiais, equipamentos e pessoas) no interesse exclusivo de seus objetivos econômicos;
- a administração é um processo de dirigir os esforços das pessoas, incentivá-las, controlar suas ações e modificar seu comportamento para atender às necessidades da empresa;
- sem essa intervenção ativa por parte da *direção*, as pessoas seriam passivas em relação às necessidades da empresa ou mesmo resistiriam a elas. As pessoas, portanto, devem ser persuadidas, recompensadas, punidas, coagidas e controladas: suas atividades devem ser padronizadas e dirigidas em função dos objetivos e necessidades da empresa;
- como as pessoas são basicamente motivadas por incentivos econômicos (salários), a empresa deve utilizar a remuneração como meio de *recompensa* (para o bom trabalhador) ou *punição* (para o empregado que não se dedique à realização de sua tarefa).

Teoria X

A Teoria X representa o estilo de direção definido pela Administração Científica de Taylor, pela Teoria Clássica de Fayol e pela Teoria da Burocracia de Weber, em diferentes estágios da Teoria Administrativa. Significa um bitolamento da iniciativa individual, aprisionamento da criatividade do indivíduo, estreitamento da atividade profissional por meio do método preestabelecido e da rotina de trabalho. Em outros termos, a Teoria X leva as pessoas a fazerem exatamente aquilo que a organização pretende que elas façam, independentemente de suas opiniões ou seus objetivos pessoais. Quando um administrador impõe arbitrariamente e de cima para baixo um esquema de trabalho e passa a controlar externamente o comportamento de trabalho de seus subordinados, ele está seguindo a Teoria X. O fato de ele impor autocraticamente ou de impor

suavemente não faz diferença: ambas são formas diferentes de se seguir a Teoria X.
Nesse sentido, a própria Teoria das Relações Humanas, em seu caráter demagógico e manipulativo, também é uma forma suave, macia e enganosa de se seguir a Teoria X.

Teoria Y

Por outro lado, a Teoria Y baseia-se nas seguintes concepções e premissas a respeito da natureza humana[1]:

- o homem médio não tem desprazer inerente em trabalhar. O trabalho pode ser fonte de satisfação e de recompensa (quando é voluntariamente desempenhado) ou uma fonte de punição (quando é desagradável e evitado pelas pessoas). A aplicação do esforço físico ou mental em um trabalho é tão natural quanto jogar ou descansar;
- as pessoas não são, por natureza intrínseca, passivas ou resistentes às necessidades da empresa: tornam-se assim como resultado de sua experiência profissional negativa em outras empresas;
- as pessoas têm motivação básica, potencial de desenvolvimento, padrões de comportamento adequados e capacidade para assumir responsabilidades. O homem deve exercitar a autodireção e o autocontrole para o alcance dos objetivos da empresa. O controle externo e a ameaça de punição não são os únicos meios de obter dedicação e esforço de alcançar os objetivos empresariais;
- o homem médio aprende sob certas condições a aceitar e a procurar responsabilidade. A fuga à responsabilidade, a falta de ambição e a preocupação exagerada com a segurança pessoal são geralmente consequências da experiência insatisfatória de cada pessoa e não uma característica humana inerente a todas elas. Esse comportamento não é causa; é efeito de alguma experiência negativa em alguma empresa;
- a capacidade de imaginação e de criatividade na solução de problemas empresariais é amplamente – e não escassamente – distribuída entre as pessoas. Na vida moderna, as potencialidades intelectuais do homem são apenas parcialmente utilizadas.

Em função dessas concepções, a Teoria Y desenvolve um estilo de direção aberto, dinâmico e extremamente democrático, por meio do qual administrar é um processo de criar oportunidades, libertar potenciais, remover obstáculos, encorajar o crescimento individual e proporcionar orientação quanto a objetivos. A administração, segundo a Teoria Y, caracteriza-se pelos seguintes aspectos:

- a motivação, o potencial de desenvolvimento, a capacidade de assumir responsabilidade e de dirigir o comportamento para os objetivos da empresa, são fatores presentes nas pessoas e não são criados nas pessoas pela administração. É responsabilidade da administração proporcionar condições para que as pessoas reconheçam e desenvolvam, por si mesmas, essas características;
- a tarefa essencial da administração é criar condições organizacionais e métodos de operação por meio dos quais pessoas possam atingir seus objetivos pessoais, enquanto dirigem seus próprios esforços em direção aos objetivos da empresa.

Teoria Y

A Teoria Y representa o moderno estilo de direção apregoado pela Teoria Comportamental e pelas teorias administrativas posteriores: propõe um estilo de direção participativo e democrático, baseado nos valores humanos e sociais. Enquanto a Teoria X é uma administração por meio de controles externos impostos ao indivíduo, a Teoria Y funciona como uma administração por objetivos que realça a iniciativa individual.

Oposição entre Teoria X e Teoria Y

A Teoria X se fundamenta em pressuposições errôneas acerca do comportamento humano e apregoa um estilo de direção no qual a fiscalização e o controle externo rígido (representado por uma variedade de meios que garantem o cumprimento do horário de trabalho, a exata execução das tarefas por meio dos métodos ou rotinas e procedimentos de operação, avaliação do resultado do trabalho, regras e regulamentos e decorrentes medidas disciplinares pela não obediência, etc.) constituem mecanismos para neutralizar a desconfiança da empresa quanto às pessoas que nela trabalham, já que, por sua natureza, as pessoas são indolentes, preguiçosas, fogem da responsabilidade e somente trabalham quando recebem recompensa econômica (o salário) para tanto. Se o estímulo salarial não vem, o trabalho não sai. Dentro dessa perspectiva para vencer a preguiça e a indolência humana, o salário é utilizado como recompensa (o salário deve ser maior à medida que o resultado de trabalho é maior) ou como punição (o salário deve ser menor à medida que o resultado do trabalho for menor). Contudo, o salário passa a ser o único estímulo válido para a Teoria X, pois prevalece sempre o ambiente de desconfiança, de vigilância e de controle, tirando-se das pessoas qualquer possibilidade de iniciativa própria ou de escolha quanto à maneira de trabalhar ou realizar as tarefas.

Em oposição à Teoria X, a Teoria Y apregoa que administrar é basicamente um processo de criar oportunidades, liberar potenciais rumo ao autodesenvolvimento das pessoas. Segundo a Teoria Y, as condições impostas pela Teoria X, nas últimas décadas condicionaram as pessoas a tarefas superespecializadas e bitoladas, amarrando-as a empregos limitados por métodos e processos de trabalhos rígidos e mecanísticos, que não utilizam todas as capacidades das pessoas, desencorajam a iniciativa e a aceitação de responsabilidades, desenvolvem a passividade e tiram todo o significado psicológico do trabalho. Assim, no longo período de predomínio da Teoria X, as pessoas se acostumaram a ser dirigidas, controladas e manipuladas pelas empresas e a encontrar fora do trabalho as satisfações para as suas necessidades pessoais de autorrealização.

A Teoria Y adota uma série de medidas inovadoras e humanistas, como:

1. Descentralização das decisões e delegação de responsabilidades: a fim de permitir maior liberdade para que as pessoas dirijam elas mesmas suas

Tabela 1 Teorias X e Y como diferentes concepções da natureza humana[1]

Pressuposições da teoria X	Pressuposições da teoria Y
Pessoas são preguiçosas e indolentes	Pessoas são esforçadas e gostam de ter o que fazer
Pessoas evitam o trabalho	Trabalho é uma atividade tão natural como brincar ou descansar
Pessoas evitam a responsabilidade, a fim de sentirem-se mais seguras	Pessoas procuram e aceitam responsabilidades e desafios
Pessoas precisam ser controladas e dirigidas	Pessoas podem ser automotivadas e autodirigidas
Pessoas são ingênuas e sem iniciativa	Pessoas são criativas e competentes

tarefas, assumam os desafios delas decorrentes e satisfaçam suas necessidades de autorrealização.

2. Ampliação do cargo: em vez da superespecialização e do confinamento de tarefas, a Teoria Y conduz à ampliação do cargo por meio de sua reorganização e extensão de atividades, para que as pessoas possam conhecer o significado daquilo que fazem e tenham uma ideia da contribuição de seu trabalho para as operações da empresa como um todo.
3. Participação nas decisões e administração consultiva: para que as pessoas possam ter participação nas decisões que as afetam direta ou indiretamente, elas devem comprometer-se com o alcance dos objetivos empresariais. A administração consultiva nada mais é do que a concessão de oportunidades para que os empregados sejam consultados a respeito de suas opiniões e pontos de vista a respeito de decisões a serem tomadas pelo nível institucional da empresa.
4. Autoavaliação do desempenho: os programas tradicionais de avaliação do desempenho, nos quais os chefes medem o desempenho dos subordinados como se fosse um produto que está sendo inspecionado ao longo de uma linha de montagem, devem ser substituídos por programas de autoavaliação do desempenho, nos quais a participação dos empregados envolvidos é de capital importância. O importante é fazer com que as pessoas sejam encorajadas a planejar sua própria contribuição para os objetivos empresariais e a assumir responsabilidades.

Bate-bola: para que serve a direção?

Discuta com seus colegas a respeito do assunto e tente chegar a uma conclusão: para que serve a direção?

- Impor ordem e disciplina dentro da empresa?
- Controlar o comportamento das pessoas?
- Garantir que as pessoas façam exatamente o que a empresa quer?
- Avaliar o desempenho das pessoas?
- Para que mais?

SISTEMAS DE ADMINISTRAÇÃO

A ação administrativa assume feições diferentes dependendo das condições internas e externas da empresa. Em outros termos, a ação administrativa nunca é igual em todas as empresas, pois varia de acordo com inúmeras variáveis. Não existem normas específicas de administração válidas para todas as situações e ocasiões possíveis. Likert aponta quatro sistemas administrativos[2]:

Sistema 1 - autoritário-coercitivo

É um sistema administrativo autocrático, forte, coercitivo e arbitrário, e que controla rigidamente tudo o que ocorre dentro da empresa. É o sistema mais duro e fechado. Suas características são:

1. Processo decisório: é totalmente centralizado na cúpula da empresa. Todas as ocorrências imprevistas e não rotineiras são levadas à cúpula para resolução, e todos os eventos devem ser decididos pela cúpula empresarial. Nesse sentido, o nível institucional torna-se sobrecarregado com a tarefa decisória.
2. Sistema de comunicações: é bastante precário. As comunicações ocorrem sempre verticalmente, no sentido descendente, carregando ordens, e raramente orientações. Não existem comunicações laterais. As pessoas não são solicitadas a gerar informação, o que faz com que as decisões tomadas na cúpula se alicercem em informações limitadas, incompletas e errôneas.

3. Relacionamento interpessoal: o relacionamento entre as pessoas é considerado prejudicial ao bom andamento dos trabalhos. A cúpula empresarial vê com desconfiança as conversas informais entre as pessoas e procura coibi-las ao máximo. A organização informal é simplesmente velada. Para evitá-la, os cargos e as tarefas são desenhados para confinar e isolar as pessoas umas das outras e evitar seu relacionamento.
4. Sistema de recompensas e punições: há uma ênfase nas punições e medidas disciplinares, gerando um ambiente de temor e desconfiança. As pessoas devem obedecer às regras e aos regulamentos internos à risca e executar suas tarefas de acordo com métodos e procedimentos impostos. Se as pessoas cumprem fielmente suas obrigações, elas não fazem nada mais do que sua obrigação. As recompensas são raras e, quando eventualmente ocorrem, são materiais e salariais.

Sistema 2 - autoritário-benevolente

É um sistema administrativo autoritário, porém mais suave do que o Sistema 1. É um Sistema 1 mais condescendente e menos rígido. Suas características são:

1. Processo decisório: centralizado na cúpula administrativa. Permite uma diminuta delegação quanto a decisões de pequeno porte e de caráter rotineiro e repetitivo, baseadas em rotinas e prescrições e sujeitas à aprovação posterior, prevalecendo o aspecto centralizador.
2. Sistema de comunicações: relativamente precário, prevalecendo as comunicações verticais e descendentes, embora a cúpula oriente-se em comunicações ascendentes, vindas dos escalões mais baixos, como retroação de suas decisões.
3. Relacionamento interpessoal: a organização tolera que as pessoas se relacionem entre si, em um clima de condescendência relativa. Contudo, a interação humana é pequena e a organização informal é incipiente, mas ainda considerada uma ameaça aos interesses e objetivos da empresa.
4. Sistema de recompensas e punições: há ênfase nas punições e nas medidas disciplinares, mas o sistema é menos arbitrário e oferece algumas recompensas materiais e salariais mais frequentes, e raras recompensas do tipo simbólico ou social.

Sistema 3 - consultivo

É um sistema que pende mais para o lado participativo do que para o lado autocrático e impositivo. Representa um gradativo abrandamento da arbitrariedade organizacional. Suas características são as seguintes:

1. Processo decisório: é do tipo participativo e consultivo. Participativo porque as decisões específicas são delegadas aos diversos níveis hierárquicos e devem orientar-se pelas políticas e diretrizes definidas pelo nível institucional para balizar todas as decisões dos demais níveis. Consultivo porque a opinião e os pontos de vista dos níveis inferiores são considerados na definição das políticas e diretrizes que os afetam. Obviamente, todas as decisões são posteriormente submetidas à aprovação da cúpula empresarial.
2. Sistema de comunicações: prevê comunicações verticais no sentido descendente (mais voltadas para orientação do que para ordens específicas) e ascendente, bem como comunicações laterais entre os pares. A empresa desenvolve sistemas internos de comunicação para facilitar seu fluxo.
3. Relacionamento interpessoal: o temor e a ameaça de castigos e sanções disciplinares não existem. A confiança depositada nas pessoas já é bem mais elevada, embora não completa e definitiva. A empresa cria condições favoráveis a uma organização informal sadia e positiva.
4. Sistema de recompensas e punições: há ênfase nas recompensas materiais (como incentivos salariais, promoções e oportunidades profissionais)

e simbólicas (como prestígio e *status*), embora eventualmente ocorram punições e castigos.

Sistema 4 - participativo

É o sistema administrativo democrático por excelência. É o mais aberto de todos os sistemas. Suas características são as seguintes:

1. Processo decisório: as decisões são totalmente delegadas nos níveis organizacionais. Embora o nível institucional defina as políticas e diretrizes, ele apenas controla os resultados, deixando as decisões a cargo dos diversos níveis hierárquicos. Apenas em ocasiões de emergência os altos escalões assumem decisivamente, porém sujeitando-se à ratificação explícita dos grupos envolvidos.
2. Sistema de comunicações: as comunicações fluem em todos os sentidos e a empresa faz investimentos em sistemas de informação, pois são básicos para sua flexibilidade e eficiência.
3. Relacionamento interpessoal: o trabalho é totalmente realizado em equipes. A formação de grupos espontâneos é importante para o efetivo relacionamento entre as pessoas. As relações interpessoais baseiam-se na confiança mútua entre as pessoas, e não em esquemas formais (como descrições de cargos, relações formais previstas no organograma, etc.). O sistema permite maior participação e envolvimento grupal, de modo que as pessoas se sintam responsáveis pelo que decidem e fazem em todos os níveis organizacionais.
4. Sistema de recompensas e punições: há uma ênfase nas recompensas, notadamente as simbólicas e sociais, embora não sejam omitidas as recompensas materiais e salariais. Raramente ocorrem punições, as quais sempre são decididas e definidas pelos grupos envolvidos.

Os quatro sistemas apontados por Likert mostram as diferentes e gradativas alternativas existentes para administrar as empresas. Enquanto o Sistema 1 refere-se ao comportamento organizacional autoritário e autocrático, que lembra a Teoria X caracterizada por McGregor, o Sistema 4 – no lado diametralmente oposto – lembra a Teoria Y.

Os quatro sistemas não têm limites definidos entre si: uma empresa pode estar situada acima do sistema 2 e abaixo do sistema 3, ou seja, ao redor de 2,5. Pode também ser caracteristicamente 2 no processo decisório e 3 nos sistemas de recompensas.

Os quatro sistemas são encontrados na maioria das empresas:

- Sistema 1: é geralmente encontrado em empresas que utilizam mão de obra intensiva e tecnologia rudimentar, em que o pessoal empregado é de nível socioeconômico baixo, como ocorre nas empresas de construção industrial (construções de hidrelétricas, pavimentação de estradas, etc.).
- Sistema 2: é encontrado em empresas industriais que utilizam tecnologia mais apurada e mão de obra mais especializada, mas mantendo ainda alguma forma de coerção para não perder o controle sobre o comportamento das pessoas (como produção e montagens de empresas industriais e escritórios de fábricas, etc.).
- Sistema 3: é empregado em empresas de serviços (como bancos e financeiras) e em áreas administrativas de empresas industriais mais organizadas e avançadas em termos de relações com empregados.
- Sistema 4: é encontrado em empresas que utilizam sofisticada tecnologia com pessoal especializado e desenvolvido (como empresas de propaganda, consultoria em engenharia e administração), na qual os profissionais desenvolvem atividade complexa.

Na realidade, o Sistema 4 utiliza um modelo de organização grupal que se superpõe. Cada grupo de

Tabela 2 Quatro sistemas administrativos, segundo Likert[3]

Sistemas de administração				
Variáveis principais	**1 Autoritário-coercitivo**	**2 Autoritário-benevolente**	**3 Consultivo**	**4 Participativo**
Processo decisório	Totalmente centralizado na cúpula	Centralizado na cúpula, mas permitindo diminuta delegação de caráter rotineiro	Consulta aos níveis inferiores, permitindo participação e delegação	Totalmente delegado e descentralizado Nível institucional define políticas e controla resultados
Sistema de comunicações	Bastante precário Apenas comunicações verticais descendentes carregando ordens	Relativamente precário, prevalecendo comunicações descendentes sobre ascendentes	Facilita o fluxo no sentido vertical (descendente e ascendente) e horizontal	Sistemas de comunicação eficientes são fundamentais para o sucesso da empresa
Relações interpessoais	Provocam desconfiança Organização informal é vedada e considerada prejudicial Cargos e tarefas confinam as pessoas	São toleradas, com condescendência Organização informal incipiente e considerada uma ameaça à empresa	Certa confiança nas pessoas e nas suas relações A empresa procura facilitar o desenvolvimento de uma organização informal sadia	Trabalho em equipes Formação de grupos torna-se importante Confiança mútua, participação e envolvimento grupal intensos
Sistemas de recompensas	Ênfase em punições e medidas disciplinares Obediência estrita aos regulamentos internos Raras recompensas (de cunho salarial)	Ênfase em punições e medidas disciplinares, com arbitrariedade Recompensas salariais frequentes Recompensas sociais são raras	Ênfase nas recompensas materiais (salários) Recompensas sociais ocasionais Raras punições ou castigos	Ênfase nas recompensas sociais Recompensas materiais e salariais frequentes Punições são raras e, quando ocorrem, são definidas pelos grupos

trabalho vincula-se ao restante da empresa por meio de pessoas que são membros de mais de um grupo e que superpõem sua vinculação e seu relacionamento com mais de um grupo. Essas pessoas são denominadas elos de vinculação superposta. São elos entre diferentes grupos de trabalho, o que proporciona uma dinâmica nova no sistema. Na prática, a estrutura organizacional permite uma vinculação de grupos superpostos conforme a Figura 2.

A interação ocorre entre os subordinados e entre subordinados e superiores. Cada grupo de trabalho se compõe de um superior e seus respectivos subordinados, de forma que todos eles se envolvem em cada decisão. Além disso, um ou mais indivíduos de cada grupo passam a se comportar como elos de vinculação superposta com os demais grupos da empresa.

Assim, o sistema 4 repousa em três aspectos principais[2]:

1. Utilização de princípios e técnicas de motivação: em vez de dialética tradicional de recompensas e punições.
2. Composição de grupos de trabalho entrelaçados e motivados: capazes de se empenhar totalmente para alcançar os objetivos empresariais.

3. Adoção do princípio de relações de apoio: a administração adota metas de elevado desempenho para si mesma e para todas as pessoas e oferece os meios adequados para atingi-las. Essas metas são mais bem alcançadas quando há condições de satisfazer também aos objetivos individuais das pessoas.

Assim, a tarefa do administrador é deslocar-se gradativamente dos sistemas inferiores (1 ou 2) para os sistemas superiores (3 ou 4) para melhorar as condições de eficiência e eficácia da organização. Isso nos leva necessariamente a uma nova cultura organizacional. Todos esses aspectos retratados são consequência direta da cultura que impera na empresa.

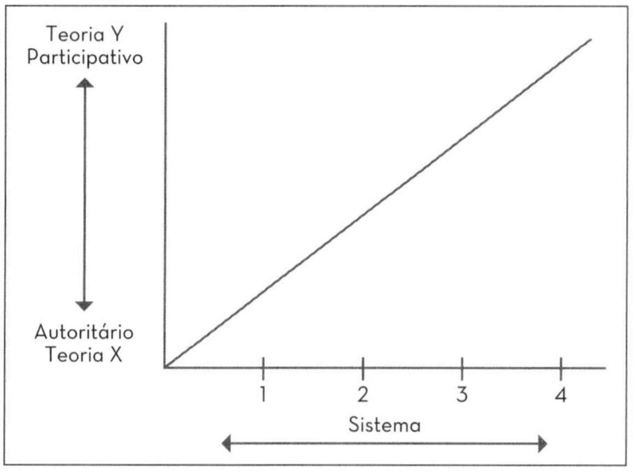

Figura 1 Quatro sistemas de Likert e as teorias X e Y de McGregor.

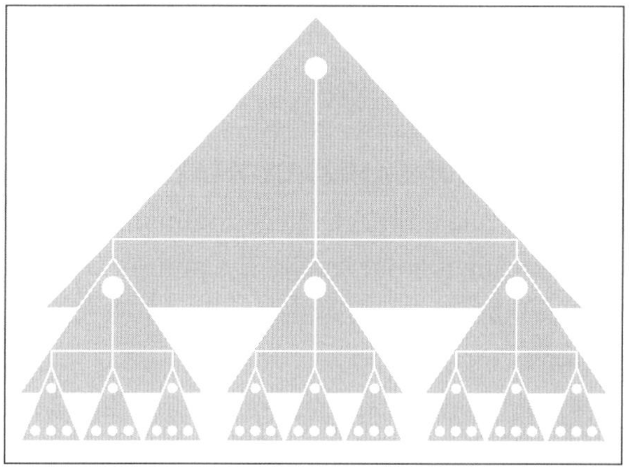

Figura 2 Forma de organização em grupos superpostos[2].

Administração de Recursos Humanos (ARH)

Não existem empresas sem pessoas. Todavia, as empresas não são criadas apenas para ter pessoas. E muitas empresas têm muita gente, mas têm poucos talentos. Talentos são pessoas dotadas de competências. Durante a Era Industrial predominou o conceito de ARH: pessoas são recursos necessários à atividade empresarial. Contudo, na Era da Informação, as pessoas deixaram de ser consideradas simples recursos para serem parceiras ou sócias do negócio. Assim, o conceito se deslocou do genérico – tratar as pessoas como recursos ou *commodities* – para o específico – tratar as pessoas como talentos em constante formação e desenvolvimento e parte integrante dos *stakeholders* da empresa. Hoje, a gestão de pessoas envolve seis processos ou componentes[4]:

1. Agregar pessoas: recrutar, selecionar e integrar talentos.
2. Manter pessoas: assegurar segurança, conforto, qualidade de vida e clima.
3. Desenvolver pessoas: treinar, capacitar, desenvolver, incrementar o conhecimento corporativo e a aprendizagem individual e organizacional.
4. Recompensar pessoas: remunerar, incentivar e prestar benefícios.
5. Monitorar pessoas: administrar o banco de dados e o sistema de informação gerencial sobre talentos.
6. Aplicar pessoas: modelar o trabalho em equipe e avaliar o desempenho.

A gestão de pessoas é uma responsabilidade administrativa e uma função de *staff*. Em outras palavras, é simultaneamente uma tarefa do administrador e uma área de consultoria interna que presta apoio e retaguarda para que o administrador cuide de sua equipe.

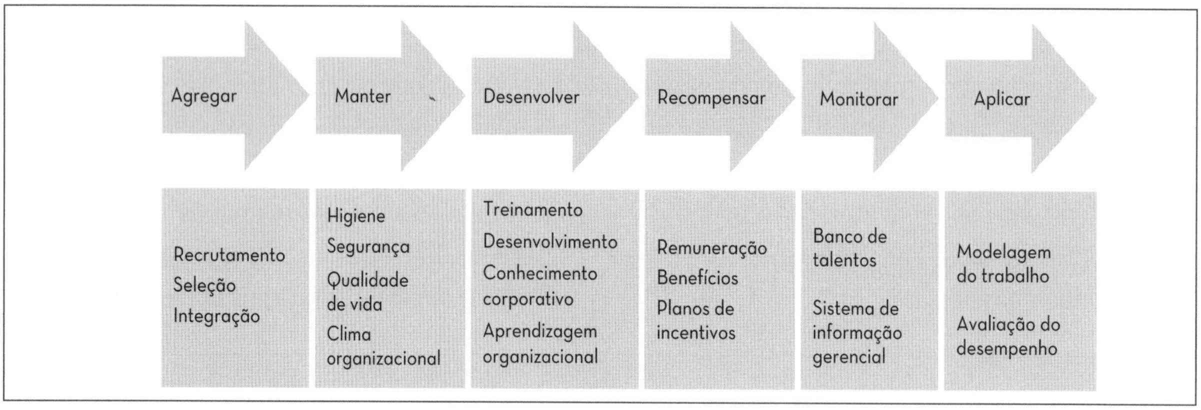

Figura 3 Seis processos da gestão de pessoas[4].

CULTURA ORGANIZACIONAL

A direção não acontece apenas por vontade própria de cada administrador. Ela precisa ajustar-se à cultura da empresa. E o que significa cultura organizacional?

Cultura organizacional é um padrão de assuntos básicos compartilhados que a empresa aprendeu como maneira de resolver seus problemas de adaptação externa e de integração interna e que funciona bem a ponto de ser considerado válido e desejável para ser transmitido aos novos membros, sendo a maneira correta de perceber, pensar e sentir em relação aos seus problemas[5].

Alguns autores veem a cultura organizacional como a maneira costumeira ou tradicional de pensar e fazer as coisas que é compartilhada por todos os membros da empresa e que os novos membros devem aprender e aceitar para serem aceitos nela[6]. Em outras palavras, a cultura organizacional representa as normas informais e não escritas que orientam o comportamento dos membros de uma empresa no dia a dia e que direcionam suas ações para o alcance dos objetivos organizacionais. No fundo, é a cultura que define a missão e provoca a definição dos objetivos da empresa.

Cada empresa tem sua cultura própria, que se denomina cultura organizacional ou cultura corporativa e que ela mantém e cultiva. É por essa razão que algumas empresas são conhecidas por algumas peculiaridades próprias. Assim, a cultura organizacional é o conjunto de hábitos e crenças que foram estabelecidos por normas, valores, atitudes e expectativas e que são compartilhados por todos os seus membros. A cultura espelha a mentalidade que predomina na empresa.

Alguns aspectos da cultura organizacional são facilmente visíveis, enquanto outros são menos visíveis e de difícil percepção e compreensão. É como se estivéssemos observando um *iceberg*. Sua parte superior é perfeitamente visível pois se encontra na superfície, acima das águas. Contudo, sua parte inferior fica oculta sob as águas e totalmente fora da visão das pessoas. Da mesma maneira, a cultura organizacional mostra aspectos formais e facilmente perceptíveis, como políticas e diretrizes, métodos e procedimentos, objetivos, estrutura organizacional e tecnologia adotada. Contudo, oculta alguns aspectos informais, como percepções, sentimentos, atitudes, valores, interações informais, normas grupais, etc. Os aspectos ocultos da cultura organizacional são os mais difíceis não somente de se compreender e interpretar, como também de mudar ou de sofrer transformações.

Resumindo, a cultura constitui a maneira pela qual cada organização aprendeu a lidar com seu ambiente. É uma complexa mistura de pressuposições, crenças, comportamentos, histórias, mitos, metáforas e outras ideias que, consideradas juntas, representam a maneira particular de uma empresa funcionar e trabalhar. Na verdade, toda cultura existe em três diferentes níveis de apresentação: artefatos, valores compartilhados e pressuposições básicas[5].

- Artefatos: são todas as coisas físicas e concretas que no seu conjunto definem uma cultura e revelam como a cultura dá atenção ao que é visível e perceptível. Fazem parte do primeiro nível da cultura, o mais superficial, visível e perceptível. São todas as coisas que cada pessoa vê, ouve e sente quando se depara com uma empresa. Os artefatos são compostos por produtos, serviços e padrões de comportamento dos membros de uma empresa. Quando se percorre os escritórios de uma empresa pode-se notar como as pessoas se vestem, como elas falam, sobre o que conversam, como se comportam, quais as coisas que são importantes e relevantes para elas. Os artefatos são todas as coisas ou eventos que podem indicar visual ou auditivamente como é a cultura da empresa. Símbolos, histórias, heróis, lemas, cerimônias anuais são também exemplos de artefatos.

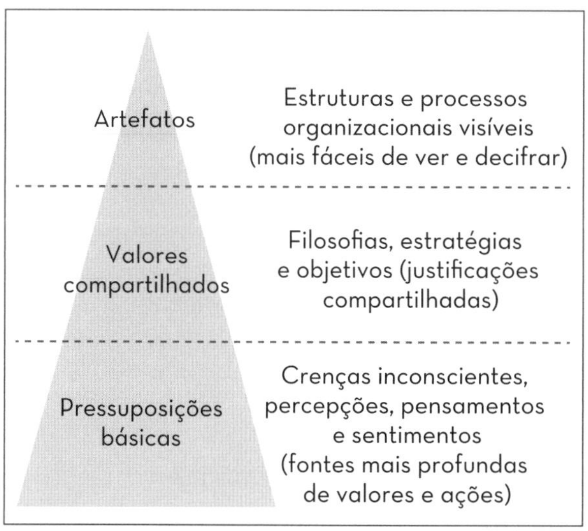

Figura 4 *Iceberg*: os três níveis da cultura organizacional[7].

- Valores compartilhados: são os valores relevantes que se tornam importantes para as pessoas e que definem as razões pelas quais elas fazem o que fazem. Funcionam como justificativas aceitas por todos os membros. Constituem o segundo nível da cultura corporativa.
- Pressuposições básicas: são as crenças inconscientes, as percepções, os sentimentos e as pressuposições dominantes e nos quais os membros da organização acreditam. Constituem o terceiro nível da cultura corporativa, o mais íntimo, profundo e oculto. A cultura prescreve a maneira certa de fazer as coisas na empresa, muitas vezes, por meio de pressuposições não escritas nem sequer faladas.

Assim, artefatos, valores compartilhados entre os membros e pressuposições básicas constituem os principais elementos para se conhecer e compreender a cultura de uma empresa.

Da mesma maneira como não existem duas empresas iguais, também existem culturas e culturas. Algumas culturas são conservadoras; mantêm ideias, valores, tradições e costumes arraigados, retrógrados e que não mudam com o tempo. O perigo é que o mundo muda, assim como o contexto em que a organização está contida, mas ela se mantém imutável. Outras culturas são adaptativas e flexíveis, e a organização se caracteriza pela adoção de novos hábitos e costumes para manter sua maleabilidade e flexibilidade em um mundo mutável e dinâmico. A sobrevivência e o crescimento da organização ocorrem à medida que ela consegue ajustamento e adaptabilidade à mudança que ocorre no seu ambiente. Todavia, a organização deve possuir certa dose de estabilidade como complemento ou suplemento à mudança. Mudanças seguidas e sem estabilidade alguma podem gerar caos e tensão entre os membros da organização.

O essencial da cultura organizacional

É assim que fazemos as coisas aqui. E é assim que se expressa a cultura na maior parte das empresas. A cultura é o conjunto de valores, crenças, atitudes, premissas, interpretações, hábitos, costumes, práticas, conhecimento e comportamento partilhados por um grupo de pessoas que mantém sua coesão[8]. Os pesquisadores estão começando a acreditar que os elementos lógicos da cultura em um ambiente altamente competitivo podem exercer uma influência ainda maior sobre o desempenho e os resultados que o aspecto físico das estruturas, sistemas e estratégias organizacionais. Em outras palavras, a cultura corporativa pode ter um impacto significativo sobre o desempenho econômico de longo prazo de uma empresa[9]. Collins e Porras mostraram que a ideologia que existe no íntimo de uma empresa cumpre um papel central na determinação de como será seu desempenho. São as empresas que ambos consideram visionárias: em vez de se deixarem conduzir por lucro e números, essas empresas são guiadas por uma ideologia central composta por valores centrais e uma missão (as razões fundamentais a que uma empresa deve sua existência) de tal maneira que os negócios transcendem considerações econômicas. Na Johnson & Johnson, a saúde dos clientes é sua prioridade máxima, mais importante que os resultados financeiros. O compromisso da General Electric com a melhoria da qualidade de vida por meio da tecnologia e das inovações levou a empresa a um valor de mercado superior a 90 bilhões de dólares.

Algumas organizações já ultrapassaram de longe a velha cultura de comando e obediência e a substituíram por uma nova cultura de liderança e compromisso. Em outras palavras, a tradicional gerência está cedendo lugar a uma liderança renovadora, democrática e participativa.

Com isso, as relações entre administradores e subordinados passam a ser cada vez mais diretas, igualitárias e menos burocráticas e formais. Cada pessoa – em qualquer nível da organização – precisa estar preparada para solucionar problemas na medida em que eles aparecem e sem a necessidade de recorrer à hierarquia para obter aprovação de suas ideias e sugestões.

Bate-bola: como avaliar a cultura de uma empresa?

Discuta com seus colegas a respeito do assunto e tente chegar a uma conclusão: como avaliar a cultura de uma empresa?

GESTÃO PARTICIPATIVA

A gestão participativa representa o estágio mais liberal da gestão das pessoas. Não se trata de subverter a ordem interna ou a hierarquia organizacional, mas simplesmente de transformar as pessoas em verdadeiros parceiros do negócio, ao participar dos custos e benefícios da atividade empresarial.

A participação é um processo compartilhado entre o administrador e seus subordinados. O administrador deve incentivar continuamente a participação de seus subordinados por meio de três aspectos fundamentais:

1. Envolvimento mental e emocional.
2. Motivação para contribuir.
3. Aceitação de responsabilidade.

A participação requer o envolvimento mental e emocional das pessoas em situações de equipe e que as encorajem a contribuir para os objetivos coletivos e assumam a responsabilidade de alcançá-los.

Tabela 3 Componentes da cultura organizacional[8]

Premissas	São interpretações e avaliações subjetivas, não baseadas em dados objetivos, que passam a ser aceitas coletivamente como fatos
Normas, costumes e rotinas	São modos cotidianos como os participantes se comportam, interagem e trabalham. Vinculadas às premissas básicas, as normas determinam os comportamentos aceitáveis e geralmente são inúmeras, implícitas e poderosas. Os novos participantes são recompensados ou sancionados conforme a aceitação desses padrões de comportamento. As normas e os costumes oferecem vantagens, mas também protegem as premissas básicas e podem ser difíceis de mudar
Poder	É a capacidade de conseguir que as coisas sejam feitas. O poder advém da dependência em relação aos outros, do relacionamento com figuras centrais ou do acesso ou controle de recursos-chave. Há bases de poder espalhadas por toda a organização, que podem derivar-se de estruturas formais ou informais, por meio de competências interpessoais
Ritos e rituais	São cerimônias, eventos, programas de treinamento, etc. que dão destaque a realizações, marcam momentos decisivos e enfatizam o que é importante para a empresa. Podem incluir acontecimentos positivos e negativos, como a demissão de algum executivo. Os ritos e rituais reforçam as normas, contêm histórias e podem permanecer muito tempo depois de suas bases funcionais terem desaparecido
Papéis e responsabilidades	São as posições dos indivíduos e grupos dentro da organização, incluindo o que se espera deles e que tarefas são responsáveis por concluir
Histórias e mitos	São casos e histórias contados pelos participantes da empresa para as pessoas de dentro e de fora da organização. Comunicam sua história e dão destaque a eventos, pessoas e pontos críticos relevantes
Estrutura	É o quadro de referência, formal e informal, que retrata o modo de funcionamento da organização. A estrutura reflete e preserva as bases de poder e revela relacionamentos importantes
Símbolos	São logomarcas, linguagem, terminologia, títulos e símbolos de *status*, como salas e carros, que revelam os valores e as crenças da empresa
Sistemas e regras	São métodos formais utilizados para controlar, medir e recompensar o desempenho. Refletem os valores e atitudes organizacionais. Determinam explicitamente como a empresa vai motivar, monitorar e reforçar os comportamentos
Valores	São crenças essenciais da organização profundamente enraizadas, como suas maiores preocupações, independentemente do ambiente externo. São princípios orientadores essenciais

Gestão participativa[10]

A gestão participativa tem sido apontada por empresas bem-sucedidas - principalmente as japonesas - como a alavanca para o progresso tendo por base as pessoas. Representa o envolvimento das pessoas na gestão da empresa. No fundo, a gestão participativa é uma evolução do processo democrático de participar e decidir. Todavia, ela não se baseia simplesmente na democracia da maioria - tão utilizada na nossa vida política e na atividade sindical - mas, sobretudo, na democracia do consenso. Na democracia da maioria impera a vontade da parcela que for maior em detrimento da parte que tiver menor número de pessoas. Enquanto a maioria ganha, a minoria perde. Na democracia do consenso prevalece o resultado das negociações entre todas as partes, incluindo também a vontade das minorias e de todas as partes envolvidas. As vontades de todas as partes são submetidas a um intenso trabalho de discussão e de negociação, cujo resultado representa o esforço coletivo e não somente a vontade de um grupo majoritário sobre os demais.

A gestão participativa constitui uma forma de administração na qual as pessoas têm reais possibilidades de participar com liberdade de questionar, discutir, sugerir, modificar, alterar, questionar uma decisão, um projeto ou uma simples proposta. Isso não significa destruir ou anular os centros de poder, pois a administração participativa é perfeitamente compatível com a hierarquia. Não significa subverter a autoridade, desautorizar e bagunçar. As pessoas são envolvidas, estimuladas e se tornam desejosas de contribuir quando há um clima de confiança mútua entre as partes – especialmente entre executivos e subordinados. Isso é completamente diferente do sistema que manda, impõe, coage e fiscaliza e que não ouve, nem discute, nem considera o ponto de vista das pessoas envolvidas.

Equipes

O presidente da empresa (no nível institucional) tem uma equipe de diretores; cada diretor tem uma equipe de gerentes; cada gerente (no nível intermediário) tem uma equipe de supervisores; cada supervisor

Tabela 4 Diferenças entre cultura de obediência e de comprometimento[11]

Fatores que reforçam a tradicional cultura de obediência	Fatores que contribuem para uma cultura de compromisso
Ênfase nos resultados do negócio não leva em conta o lado humano da empresa	Reconhecimento de que o fator humano produz resultados para o negócio da empresa
A cúpula está preocupada em ter absoluto controle sobre os resultados do negócio	A cúpula e as pessoas analisam o negócio e produzem mudanças para melhorá-lo
O comportamento da cúpula contradiz a sua mensagem de fortalecimento das equipes e das pessoas	A cúpula e as pessoas analisam conjuntamente as políticas, os padrões, as descrições de cargos, a formação de equipes e as condições de trabalho
As pessoas são relutantes em assumir mais responsabilidades pessoais	Os sistemas de recompensas encorajam as pessoas a assumirem riscos e responsabilidades
As falhas nos esforços passados de melhoria contínua reforçam a crença de que é difícil ou impossível mudar o *status quo*	A eliminação da burocracia desnecessária e de políticas e procedimentos formais facilitam a vida das pessoas na organização
A cultura organizacional torna-se rígida e desencoraja as pessoas a aprender e a mudar seus hábitos e comportamentos	A cultura democrática e participativa encoraja a aprendizagem e a mudança comportamental das pessoas
A organização investe em treinamento e supervisão de pessoas com pouca instrução para executarem tarefas rotineiras e definidas	O treinamento e o desenvolvimento geram o aprendizado e a autogestão das pessoas, a colaboração criativa e as redes de relacionamentos
A avaliação do desempenho é dada somente pela cúpula e com bastante demora	A avaliação do desempenho é dada circularmente (360°) por todos os parceiros envolvidos e em todos os momentos

(no nível operacional) tem uma equipe de funcionários. A função administrativa de direção se apoia basicamente em equipes. A equipe é o principal instrumento de trabalho do administrador em qualquer nível organizacional em que se encontre. O conceito de equipes veio das agremiações esportivas, como no futebol ou no vôlei. Uma equipe é um conjunto de pessoas agrupadas no sentido de alcançar um objetivo em comum. Na verdade, a equipe é um grupo de pessoas com habilidades e competências suplementares que trabalham juntas com a finalidade de atingir um propósito comum e pelo qual se consideram coletivamente responsáveis[12] e de maneira compartilhada, cooperativa, engajada e compromissada. Os membros da equipe se comunicam aberta e intensamente e as diferentes e divergentes opiniões são estimuladas para a descoberta de caminhos melhores e inovadores. O respeito e a confiança são fundamentais para garantir ajuda recíproca indispensável para enfrentar possíveis dificuldades ou riscos. A equipe é muito mais do que um simples grupo por causa de dois aspectos: de um lado, a cooperação e o engajamento em relação aos objetivos compartilhados a atingir que determinam seu propósito e direcionamento e, de outro lado, a complementariedade das competências pessoais dos membros que permite integrar e canalizar todas as habilidades necessárias ao seu trabalho conjunto, permitindo um resultado maior do que a soma das partes.

Diferenças entre grupo e equipe

O grupo é um conjunto de pessoas que interage basicamente para compartilhar informações e tomar decisões que permitam ajudar-se mutuamente no desempenho de suas atividades. Não efetua um trabalho coletivo e que exija esforço conjunto. Seu desempenho é o somatório das contribuições individuais dos seus participantes. A equipe é um conjunto de pessoas que se ajudam mutuamente em função de um objetivo comum, gerando um esforço coordenado e integrado cujo resultado é maior do que a soma das contribuições individuais. Em outras palavras, a equipe produz sinergia positiva de esforços. Isso explica por que as empresas estão reestruturando seus processos de trabalho ao redor de equipes para gerar uma produção maior sem nenhum acréscimo de recursos e incrementar a satisfação das pessoas envolvidas.

Uma equipe de elevado desempenho possui as seguintes características:

1. Compromisso e engajamento: em relação ao objetivo a ser alcançado e às alternativas adequadas para superá-lo. O objetivo da equipe deve ser claro para que se saiba aonde chegar e as expectativas a respeito do trabalho da equipe também sejam claras para que se produza identidade, isto é, a capacidade de se enxergar como membro da equipe.
2. Intenso relacionamento interpessoal entre os membros: na busca do consenso em relação ao trabalho a ser feito.
3. Comunicação aberta e intensa: entre os membros no sentido de incrementar o trabalho conjunto.
4. Colaboração e ajuda mútua e recíproca: cada membro é entendido como um cliente interno para os demais e que precisa ser bem tratado e atendido.
5. Respeito e confiança entre os membros: a amizade e a confiabilidade são indispensáveis para o trabalho em equipe.
6. Competências pessoais necessárias ao objetivo a alcançar: a equipe deve ser um conjunto integrado de várias competências individuais que complementam o acervo de competências distintivas que tornam a equipe bem-sucedida.

A qualificação dos membros é um aspecto importante para que a equipe receba todas as contribuições de que necessita para alcançar seus objetivos.

7. Clima democrático e participativo: em que as opiniões e divergências são discutidas abertamente em um clima aberto e sincero na busca do consenso.
8. Trabalho conjunto e coletivo: ao contrário do trabalho individualizado, segregado e isolado típico dos cargos definidos pelo modelo burocrático. O trabalho conjunto rende mais e produz melhores resultados. A união faz a força.
9. Autoavaliação: a equipe deve fazer autoexames constantes e contínuos do seu desempenho, não apenas no sentido de corrigir falhas internas, mas sobretudo para encontrar meios alternativos de se desenvolver cada vez mais.
10. Equipe como um meio e não como uma finalidade: na medida em que a empresa muda a equipe também precisa mudar, seja na sua composição, nas suas competências e até nos seus objetivos. Assim, a equipe precisa ser entendida como uma entidade fluida, flexível, mutável e dinâmica sujeita a mudanças para poder acompanhar adequadamente as mudanças no mundo dos negócios.

Para ter sucesso, o administrador precisa saber trabalhar com sua equipe em qualquer nível organizacional em que esteja situado. Isso é mandatório no mundo dos negócios de hoje.

Empowerment

Para adotar uma gestão participativa, o administrador precisa adotar novas maneiras de trabalhar com sua equipe. Isso significa abandonar rapidamente os antigos métodos de comando autocrático e de controle coercitivo sobre as pessoas para adotar o compartilhamento de ideias e objetivos comuns. Estamos falando de *empowerment*. É o fortalecimento ou empoderamento das pessoas por meio do trabalho em equipe.

O empoderamento das pessoas passa obrigatoriamente por cinco providências fundamentais[10]:

1. Participação direta das pessoas nas decisões da equipe.
2. Atribuição de responsabilidade às pessoas pelo alcance de metas e resultados.
3. Liberdade para que as pessoas escolham métodos e processos de trabalho, façam seus programas de ação com a ajuda e o apoio do administrador.

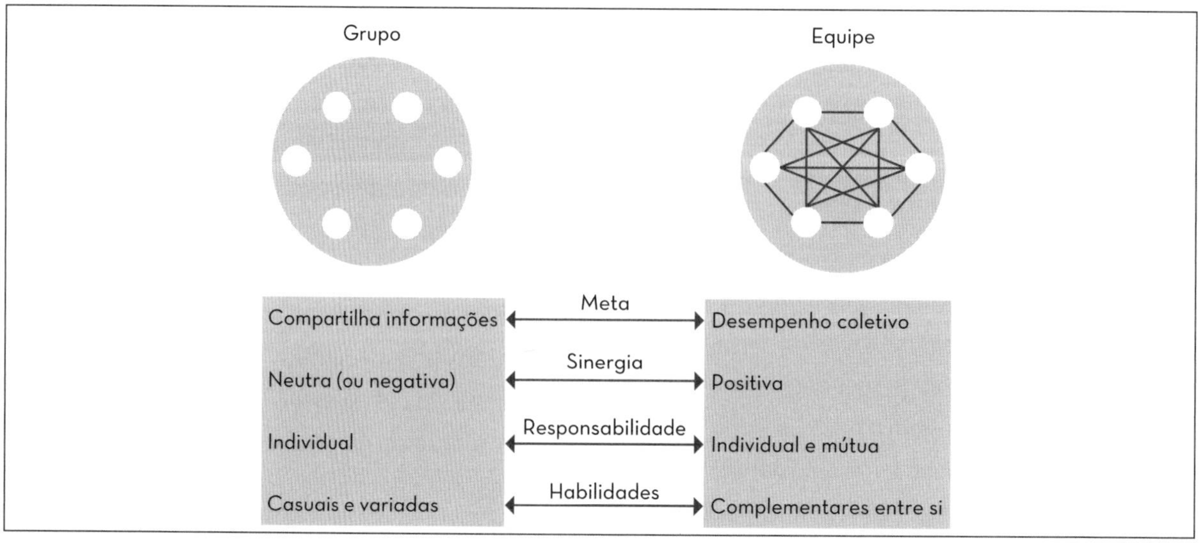

Figura 5 Comparação entre grupo e equipe[13].

4. Atividade grupal e solidária e trabalho em equipe. Equipe, equipe e mais equipe. Tudo deve ser feito em trabalho conjunto. A equipe deve ser coesa, integrada, orientada, recompensada e apoiada.
5. Avaliação do próprio desempenho da equipe. A autoavaliação do desempenho pela própria equipe torna-se um importante meio de retroação e de melhoria constante.

Em resumo: participação, responsabilidade, liberdade, equipe e autoavaliação. E o óbvio, substituir a tradicional gerência por liderança renovadora: apoiar e assessorar intensamente as pessoas, treinar e orientar continuamente, ajudar a tomar as decisões corretas, enfim, dar a elas toda a retaguarda necessária para que possam trabalhar com liberdade e autonomia. Em vez de ficar por cima e no comando, o executivo deve ficar atrás dando todo suporte e retaguarda à equipe. Isso significa uma nova maneira de lidar com as pessoas. Mas não basta apenas ser líder dentro do conceito convencional. É preciso ampliar o conceito de liderança convencional para o conceito de liderança renovadora. Qual é a diferença? A liderança convencional é uma liderança transacional, isto é, focada nos relacionamentos com os subordinados. A liderança renovadora é mais que isso, pois além desse relacionamento ela está focada, principalmente, na criatividade e na inovação por meio da aprendizagem e da mudança. Não basta mais manter o *status quo*. Torna-se indispensável que as pessoas aprendam novos hábitos e conceitos para contribuírem com novas ideias e soluções. Somente assim, as organizações poderão enfrentar a tremenda competitividade que impera no cenário da globalização. E isso depende do trabalho do executivo como líder renovador, impulsionador e facilitador do aprendizado e da mudança.

Alavancadores do *empowerment*[10]

Cada administrador deve utilizar intensamente quatro alavancadores indispensáveis para proporcionar o *empowerment* à sua equipe:

1. Poder: dar autoridade e valor às pessoas para que elas possam tomar decisões independentes sobre ações e recursos. Nesse sentido, o administrador reparte e delega autoridade às pessoas para que elas possam trabalhar de acordo com o que elas aprendem e dominam. Isso significa dar autonomia, liberdade e importância às pessoas.
2. Conhecimento e informação: fomentar o acesso ao conhecimento e à informação ao longo de todas as fronteiras. Criar condições para disseminar o conhecimento e torná-lo útil e produtivo para as pessoas no sentido de facilitar a tomada de decisões e a busca de novos e diferentes caminhos e soluções.
3. Competências: ajudar as pessoas a aprender continuamente e a desenvolver as habilidades e capacidades para utilizar amplamente a informação e a autoridade. É assim que se criam talentos dentro da organização: definindo as competências de que a organização precisa para alcançar seus objetivos e criando condições internas para que as pessoas aprendam e desenvolvam tais competências da melhor maneira possível.
4. Recompensas: proporcionar incentivos compartilhados que promovam os objetivos organizacionais. Um dos mais fortes motivadores é o reconhecimento e a recompensa pelo trabalho bem feito. A recompensa funciona como reforço positivo e como um sinalizador do comportamento que a organização espera de seus participantes. Reconhecimento é fundamental.

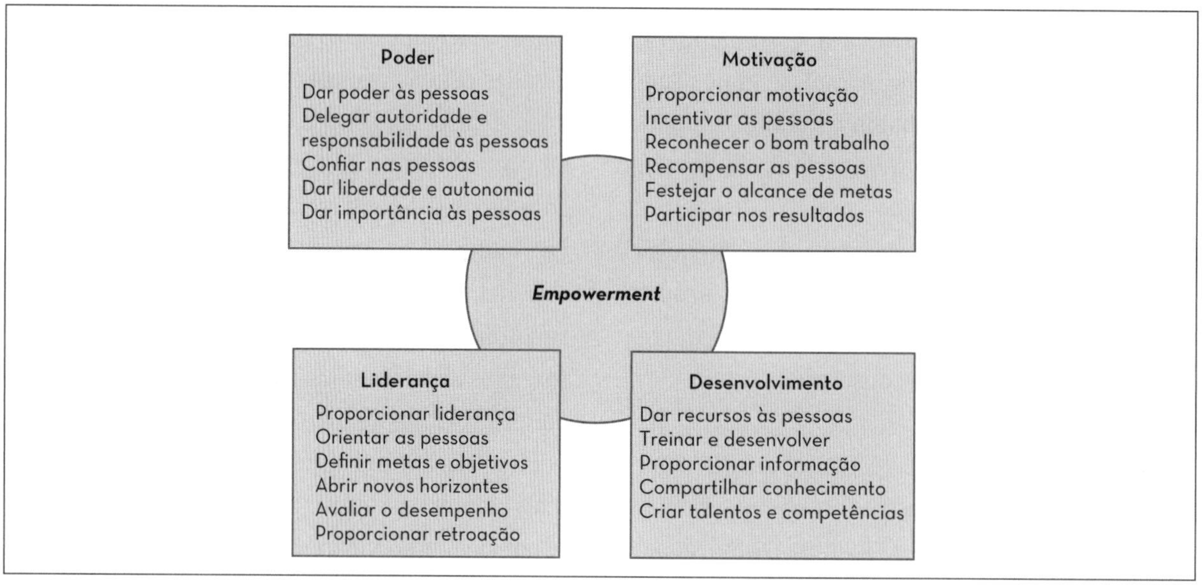

Figura 6 Características do *empowerment*.

Toda empresa é constituída de pessoas. E elas guardam entre si relações de interações e intercâmbios. É nessa relação que se pode fazer melhorias rápidas e imediatas. Mais que isso, melhorias sem limites. Por onde começar? Comece pelo mais simples: comece pelas pessoas que trabalham na empresa. Isto é, modificando o relacionamento entre administrador e subordinados. É aí que está o fio inicial desse longo novelo que é a renovação organizacional. Algo mais que a simples direção ou gerência. Algo além da liderança convencional: a liderança renovadora e a liderança servidora. Somente assim o administrador pode se tornar facilitador, incentivador, orientador e impulsionador do trabalho de sua equipe. Um verdadeiro *coach* e um verdadeiro mentor.

Construção de equipes de elevado desempenho

O *empowerment* está intimamente relacionado com o trabalho em equipe. A construção de equipes bem-sucedidas requer o esclarecimento e a objetividade nos seguintes aspectos[14]:

1. Quem somos nós? É a identidade ou identificação do time. Quais são os esforços individuais e grupais requeridos pela atividade? Como podem ser estruturadas as equipes? Como elas podem interagir entre si?
2. Por que estamos aqui? É a orientação para a missão da equipe. Qual é a missão? Ela é clara? Há apoio adequado, motivação e engajamento? Ou resistência oculta? Quais as alternativas disponíveis para os membros que não desejam permanecer na equipe?
3. Como estamos orientados? É a criação de uma visão do futuro. Qual é a visão ou direcionamento para os próximos anos? Como a equipe imagina seu futuro? Quais são as necessidades dos clientes internos e externos e como elas podem ser incorporadas à visão? Quais são as necessidades dos membros da equipe?
4. Quais as necessidades que devemos atender? É o aclaramento dos objetivos. Quais são os principais objetivos? Eles são mensuráveis? Como alcançá-los?

5. Quais são os caminhos? É a aceitação do desafio. Quais são os obstáculos, as barreiras ou os desafios para alcançar os objetivos da equipe? Como a equipe analisa, categoriza, prioriza e compreende seus desafios? Os desafios são internos ou externos?
6. Como podemos fazê-lo? É a identificação da estratégia. Quais são os critérios para o sucesso no alcance da visão e dos objetivos. Quais as estratégias que ajudam a equipe a ultrapassar as barreiras e os desafios? Quais as táticas necessárias?
7. O que fazer e como fazer? É a criação de um plano de ação. Quais ações devem ser tomadas para implementar a estratégia da equipe? Por quem? Quando? Quais os recursos necessários para o trabalho? Como cada membro poderia fazer a sua parte?
8. Como continuar a aprender? É a retroação para autocorreção. Quais métodos devem ser utilizados para encorajar a retroação individual e grupal e o aprendizado organizacional? Como medir os sucessos e as falhas da equipe? Como supervisionar, monitorar, reportar e sintonizar as atividades? Como encorajar a assunção de riscos, a responsabilidade colaborativa e a honestidade? Como comunicar as descobertas da equipe para encorajar maior aprendizado organizacional?
9. O que foi feito, como e por quê? É a avaliação do processo. Quais os resultados alcançados? Como as partes da estrutura organizacional, os processos e os relacionamentos apoiaram os esforços da equipe? Como os conflitos foram administrados dentro e entre as equipes? Quais os métodos escolhidos? Quais as mudanças que preveniram conflitos? Quais as mudanças feitas na organização como um todo?
10. Excelente trabalho! Qual é o próximo? É a celebração e a renovação. Os esforços individuais e grupais foram generosamente recompensados? Quais as pessoas que proporcionaram retroação crítica? Quais as contribuições feitas? Os sucessos foram comemorados? Quais as falhas que não sofreram culpas? A equipe identificou-se com os próximos desafios? Está pronta a revisitar e encontrar novas respostas e soluções para as questões?

A direção – como função administrativa – está passando por uma formidável carpintaria. A maneira de dinamizar a organização, fazer com que as coisas aconteçam, servir ao cliente, gerar valor e produzir e distribuir resultados relevantes para todos os envolvidos está passando por grandes mudanças. Afinal, qual a ferramenta mais importante do administrador em todos os níveis da empresa? É a sua equipe! E é através dela que o administrador trabalha e oferece resultados. É a equipe que pode garantir seu sucesso profissional.

Bate-bola: como utilizar o *empowerment* na empresa?

Discuta com seus colegas a respeito do assunto e tente chegar a uma conclusão: como utilizar o *empowerment* na empresa?

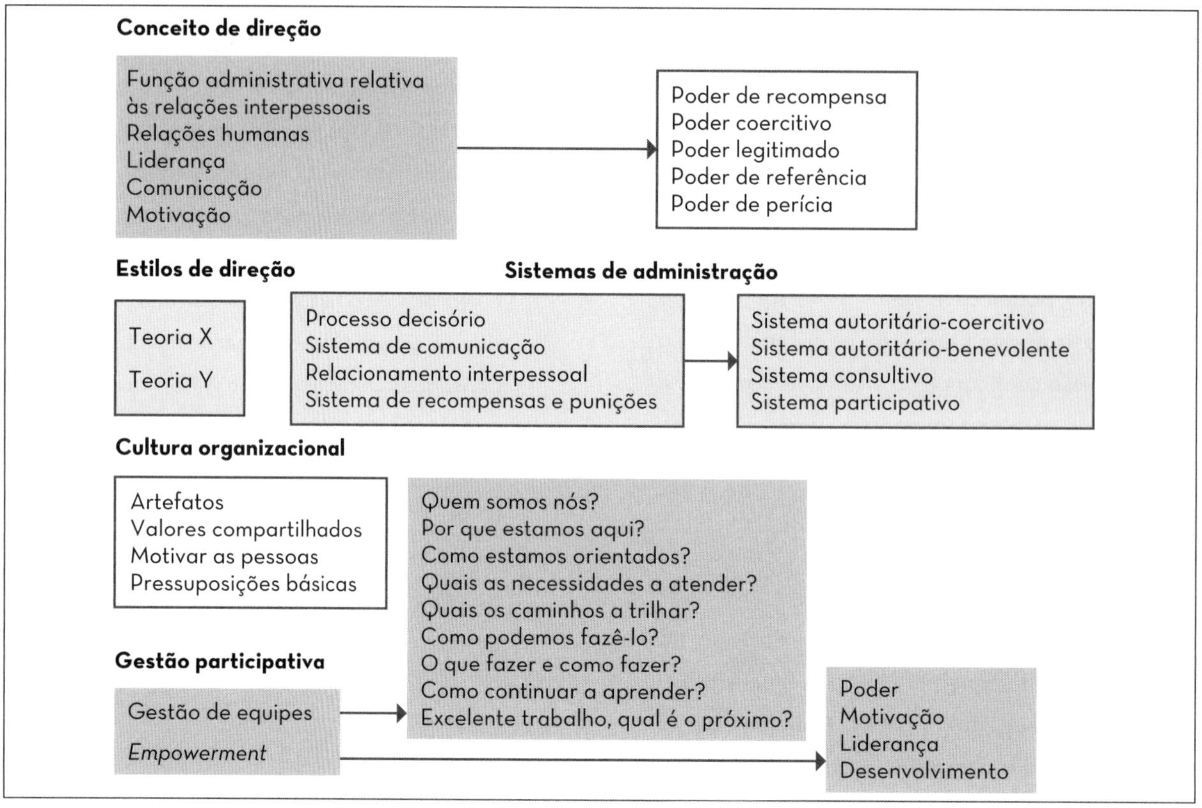

Figura 7 Mapa Mental deste capítulo.

Referências bibliográficas

1. McGREGOR, D. M. "O lado humano da empresa". In: BALCÃO, Y. F.; CORDEIRO, L. L. (orgs.). *O comportamento humano na empresa* – uma antologia, Rio de Janeiro, Fundação Getulio Vargas, Serviço de Publicações, 1967, p. 45-60.
2. LIKERT, R. *Novos padrões de administração*, São Paulo, Pioneira, 1971.
3. CHIAVENATO, I. *Introdução à teoria geral da administração*, Rio de Janeiro, Elsevier/Campus, 2011.
4. CHIAVENATO, I. *Gestão de pessoas*, Rio de Janeiro, Elsevier/Campus, 2009.
5. SCHEIN, E. *Organizational culture and leadership*, San Francisco, Jossey-Bass, 1992.
6. JACQUES, E. *The changing culture of a factory*. Londres, Tavistock, 1951.
7. CHIAVENATO, I. *Administração nos novos tempos*, Rio de Janeiro, Elsevier/Campus, 2005.
8. O'BRIEN, V. *MBA compacto* – negócios: descomplicando conceitos, Rio de Janeiro, Campus, 2000.
9. COLLINS, J. C.; PORRAS, J. I. *Built to last*: succesful habits of visionary companies, Nova York, Harper Business, 1994.
10. CHIAVENATO, I. *Gerenciando com as pessoas*: como transformar gerentes em gestores de pessoas, Rio de Janeiro, Elsevier/Campus, 2004.
11. AUSTIN, J. W. *Corporate coach and principal*: potential at work, Nova York, Rochester, 1998.
12. SCHERMERHORN, J. R.; HUNT, J. G.; OSBORN, R. N. *Fundamentos do comportamento organizacional*, Porto Alegre, Bookman, 1999.
13. ROBBINS, S. P. *Administração*: mudanças e perspectivas, São Paulo, Saraiva, 2008. p. 260.
14. CLOKE, K.; GOLDSMITH, J. *The end of management*: and the rise of organizational democracy, San Francisco, Jossey Bass, 2002. p. 203-4.

CAPÍTULO 14

Gerência

Objetivos deste capítulo

Objetivos de aprendizagem

- Descrever a motivação humana, suas bases e características.

O que veremos adiante

- Conceito de Cultura Organizacional.
- Organização Formal e Organização Informal.
- O Espírito Empreendedor.

A gerência significa o papel do administrador no nível intermediário das organizações. Na verdade, o termo gerência surgiu a partir das primeiras noções de administração como tentativa de ciência. Quase sempre o termo significa basicamente supervisionar pessoas dentro dos padrões tradicionais. Modernamente, o gerente é um condutor de pessoas e de equipes. Como tal, ele lidera, comunica e motiva as pessoas no sentido de atingir metas e objetivos organizacionais. E como o administrador realiza os objetivos da organização por meio de pessoas, a eficiência e a eficácia com que consegue desenvolver as tarefas dependem sobremaneira do conhecimento que tiver a respeito das pessoas. A motivação, a liderança e a comunicação são os principais meios de dirigir as pessoas dentro das empresas. E, por sinal, são os três conceitos relacionados com o comportamento mais importante para o administrador: alcançar eficiência e eficácia por meio das pessoas.

MOTIVAÇÃO HUMANA

Do ponto de vista da administração, a motivação é a disposição de alcançar um nível persistente e elevado de esforço na direção de metas organizacionais, condicionada pela capacidade do esforço de satisfazer certa necessidade individual[1]. Para se compreender o comportamento humano é fundamental o conhecimento da motivação humana. O conceito de motivação tem sido utilizado com diferentes sentidos. De um modo genérico, motivo é a força ou impulso que leva a pessoa a agir de determinada maneira, isto é, que dá origem a um comportamento específico. Esse impulso à ação pode ser provocado por um estímulo externo (decorrente do ambiente) ou pode ser gerado internamente nos processos mentais do indivíduo. Nesse aspecto, a motivação está relacionada com o sistema de cognição do indivíduo. Cognição (ou conhecimento) representa aquilo que as pessoas sabem a respeito de si mesmas e do ambiente que as rodeia. O sistema cognitivo de cada pessoa inclui seus valores pessoais e é profundamente influenciado pelo ambiente físico e social, por sua estrutura fisiológica, processos fisiológicos e por suas necessidades e experiências anteriores. Assim, todos os atos do indivíduo são guiados pela sua cognição – pelo que ele sente, pensa e acredita. No fundo, as pessoas veem o mundo tal como elas são.

O ambiente psicológico (ou ambiente comportamental) é a situação que a pessoa percebe e interpreta a respeito de seu ambiente externo mais próximo. É o ambiente relacionado com suas atuais necessidades. No ambiente psicológico, os objetos, as pessoas ou as situações adquirem valências, determinando um campo dinâmico de forças psicológicas. A valência é positiva quando os objetivos, as pessoas ou as situações podem ou prometem satisfazer as necessidades presentes do indivíduo. A valência é negativa quando pode ou promete ocasionar algum prejuízo ou dano ao indivíduo. Os objetos, as pessoas ou as situações com valência positiva tendem a atrair o indivíduo, enquanto os de valência negativa tendem a causar-lhe repulsa ou fuga. A atração é a força – ou vetor – dirigida para o objeto, a pessoa ou a situação, enquanto a repulsa é a força – ou vetor – que o leva a afastar-se, tentando fugir ou escapar. Um vetor tende sempre a produzir uma locomoção em certa direção. Quando dois ou mais vetores atuam ao mesmo tempo sobre uma pessoa, a locomoção é uma espécie de resultante (ou momento) de forças. De um modo geral, a locomoção pode ser de aproximação ou abordagem (valência positiva) ou de fuga ou repelência (valência negativa). Algumas vezes, a locomoção produzida pelos vetores pode ser impedida ou bloqueada por uma barreira (impedimento ou obstáculo) capaz de causar frustração[2].

O modelo de comportamento humano proposto por Kurt Lewin é representado esquematicamente pela equação:

$$C = f(P, M)$$

em que o comportamento (C) é resultado ou função (*f*) da interação entre a pessoa (P) e o seu meio ambiente (M) ou a situação. A pessoa (P), nessa equação, é definida pelas características de personalidade em interação com o meio (M)[2].

A motivação representa a ação de forças ativas e impulsionadoras: as necessidades humanas. As pessoas são diferentes entre si no que tange à motivação. As necessidades humanas que motivam o comportamento humano produzem padrões de comportamento que variam de indivíduo para indivíduo. Para complicar ainda mais, os valores pessoais e os sistemas cognitivos são diferentes entre as pessoas, bem como as capacidades pessoais para atingir objetivos são diferentes. E o pior é que as necessidades, os valores pessoais e as capacidades variam no mesmo indivíduo conforme o tempo.

Apesar de todas essas diferenças enormes, o processo que dinamiza o comportamento humano é mais ou menos semelhante para todas as pessoas. Existem três suposições relacionadas entre si para explicar o comportamento humano:

1. O comportamento humano é causado: existe uma causalidade do comportamento. Tanto a hereditariedade como o meio ambiente influem decisivamente sobre o comportamento das pessoas. O comportamento é causado por estímulos internos e externos.

2. O comportamento humano é motivado: há uma finalidade em todo comportamento humano. O comportamento não é causal nem aleatório, mas orientado e dirigido para algum objetivo, que é a satisfação de alguma necessidade.
3. O comportamento humano é orientado para objetivos pessoais: subjacente a todo comportamento, existe sempre um impulso, desejo, necessidade, tendência, expressões que servem para designar os motivos do comportamento[3].

Se essas três suposições forem corretas, o comportamento humano não será espontâneo, nem isento de finalidade: sempre haverá algum objetivo implícito ou explícito que orienta o comportamento das pessoas.

Por que a motivação é tão importante?

Para cada pessoa, a motivação é um fator que gera satisfação no trabalho. Para o gerente, significa subordinados que assumem responsabilidades. Para a empresa, a motivação representa desempenho excelente das pessoas.

Ciclo motivacional

O comportamento humano pode ser explicado por meio do ciclo motivacional, isto é, o processo pelo qual as necessidades condicionam o comportamento humano, levando-o a algum estado de resolução. A necessidade é um estado que faz com que certos resultados pareçam atraentes[1]. As necessidades ou motivos não são estáticos; ao contrário, são forças dinâmicas e persistentes que provocam comportamento. A necessidade, quando surge, rompe o equilíbrio do organismo, causando um estado de tensão, insatisfação, desconforto e desequilíbrio. Esse estado leva o indivíduo ao comportamento ou ação capaz de descarregar a tensão ou de livrá-lo do desconforto e do desequilíbrio. Se o comportamento for eficaz, o indivíduo encontrará a satisfação da necessidade e, portanto, a descarga da tensão provocada por ela. Satisfeita a necessidade, o organismo volta ao estado de equilíbrio anterior e à sua forma normal de ajustamento ao ambiente. O ciclo motivacional pode ser resumido conforme a Figura 1[4].

Com a repetição do ciclo motivacional (reforço) e a aprendizagem daí decorrente, os comportamentos ou ações tornam-se gradativamente mais eficazes na satisfação de certas necessidades. Por outro lado, uma necessidade satisfeita não é motivadora de comportamento, já que não causa tensão, desconforto ou desequilíbrio. Assim, uma pessoa sem fome não é motivada a procurar alimento para comer.

A necessidade pode ser satisfeita, frustrada ou compensada (transferida para outro objeto). No ciclo motivacional representado na Figura 1, há um estado de equilíbrio interno (da pessoa) que é alterado por um estímulo (interno) ou incentivo (externo) que produz uma necessidade. A necessidade provoca um estado de tensão que leva a um comportamento ou ação que conduza à satisfação daquela necessidade. Satisfeita a necessidade, o organismo humano retorna ao equilíbrio interno anterior. No entanto, nem

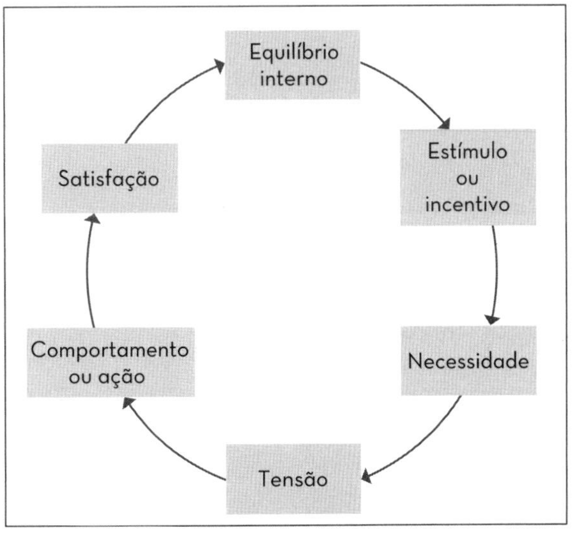

Figura 1 Etapas do ciclo motivacional com a satisfação de uma necessidade[4].

sempre a necessidade é satisfeita. Muitas vezes, a tensão provocada pelo surgimento da necessidade encontra uma barreira ou um obstáculo para sua liberação. Não encontrando saída normal, a tensão represada no organismo procura um meio indireto de saída, seja por via social (agressividade, descontentamento, tensão emocional, apatia, indiferença, etc.), seja por via fisiológica (tensão nervosa, insônia, repercussões cardíacas ou digestivas, etc.). É o que se chama de frustração. A tensão não é descarregada e permanece no organismo provocando certos sintomas psicológicos, fisiológicos ou sociais.

Outras vezes, a necessidade não é satisfeita nem frustrada, mas transferida ou compensada. A transferência ou compensação ocorre quando a satisfação de outra necessidade serve para reduzir ou aplacar a intensidade de uma necessidade que não pode ser satisfeita. É o que acontece quando o motivo de uma promoção para um cargo superior é contornado por um bom aumento de salário ou por uma nova sala de trabalho.

Hierarquia das necessidades

A teoria da motivação de Maslow afirma que as necessidades humanas estão organizadas em uma hierarquia de necessidades, formando uma pirâmide[5] (Figura 2).

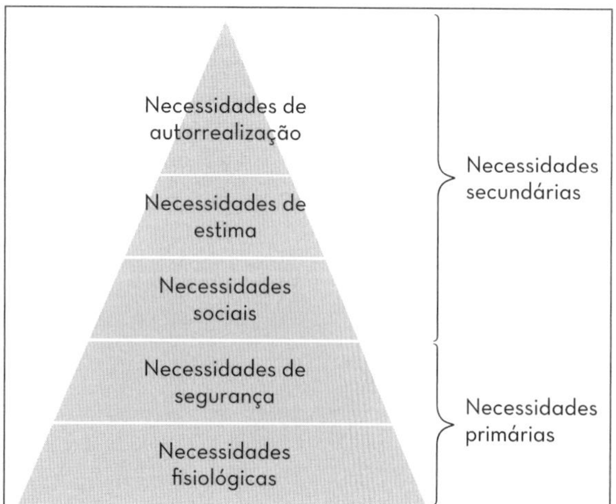

Figura 2 Hierarquia das necessidades.

As necessidades humanas básicas são[5]:

1. Necessidades fisiológicas: são necessidades vegetativas relacionadas com fome, cansaço, sono, desejo sexual, etc. Dizem respeito à sobrevivência do indivíduo e da espécie e constituem pressões fisiológicas que levam o indivíduo a buscar ciclicamente a sua satisfação.
2. Necessidades de segurança: levam o indivíduo a proteger-se de todo perigo, real ou imaginário, físico ou abstrato. A busca de segurança, o desejo de estabilidade, a fuga do perigo, a busca de um mundo ordenado e previsível decorrem dessas necessidades. Como as necessidades fisiológicas, as de segurança estão relacionadas com a sobrevivência do indivíduo.
3. Necessidades sociais: relacionadas com a vida associativa do indivíduo com outras pessoas: relações de amizade e busca de participação em grupos levam o indivíduo à adaptação social ou não.
4. Necessidades de estima: relacionadas com a autoavaliação e a autoestima do indivíduo. Sua satisfação conduz a sentimentos de autoconfiança, autoapreciação, reputação, reconhecimento, amor próprio, prestígio, *status*, valor, força, poder, capacidade e utilidade. Sua frustração pode produzir sentimentos de inferioridade, fraqueza e desamparo.
5. Necessidades de autorrealização: relacionadas com o desejo de cumprir o potencial de realização de cada indivíduo expresso por meio do desejo de se tornar mais do que é e de vir a ser tudo aquilo que se pode ser. Estão relacionadas com a plena realização daquilo que cada um tem de potencial.

Assim, todo comportamento pode ter mais de uma motivação. Ele não é casual, mas motivado, isto é, orientado para objetivos. A necessidade superior some se manifestada quando a necessidade inferior (mais premente) foi satisfeita. A necessidade inferior (mais premente) monopoliza o comportamento do indivíduo. Apenas quando satisfeitas as necessidades inferiores é que surgem as necessidades mais elevadas. Em função dessa premência, nem todos os indivíduos conseguem chegar aos níveis mais elevados de necessidades.

FATORES HIGIÊNICOS E MOTIVACIONAIS

A teoria dos dois fatores desenvolvida por Herzberg procura explicar o comportamento de trabalho dos indivíduos com base em dois fatores[6]:

1. Fatores higiênicos ou fatores extrínsecos: estão localizados no ambiente que rodeia o indivíduo e se referem às condições dentro das quais ele desempenha seu trabalho. Não estão sob o controle do indivíduo, pois são administrados pela empresa, como salários, benefícios sociais, tipo de chefia ou supervisão que o indivíduo recebe, condições físicas de trabalho, políticas da empresa, clima de relações com a direção, regulamentos internos, etc. São fatores de contexto que circundam o indivíduo e que, no passado, eram privilegiados pelas empresas em suas políticas de pessoal. Quando ótimos, apenas evitam a insatisfação, pois não conseguem elevar a satisfação. Quando a elevam, não conseguem sustentá-la ou mantê-la elevada por muito tempo. No entanto, quando precários, provocam insatisfação. Por isso, os fatores higiênicos são profiláticos e preventivos: apenas evitam a insatisfação, mas não causam a satisfação. Seu efeito é como o de certos remédios: evitam a infecção ou combatem a dor de cabeça, mas não melhoram a saúde. Daí chamá-los também de fatores insatisfacientes.
2. Fatores motivacionais ou fatores intrínsecos: estão relacionados com o conteúdo do cargo ou com a natureza das tarefas que o indivíduo executa. Estão sob o controle do indivíduo e englobam os sentimentos de autorrealização, crescimento individual e reconhecimento profissional. Dependem da natureza das tarefas que o indivíduo executa. No passado, as tarefas eram definidas e arranjadas com a única preocupação de atender aos princípios de eficiência e economia, esvaziando os componentes de desafio e oportunidade para criatividade e significação psicológica para a executante. Com essa abordagem mecanicista, as tarefas passaram a

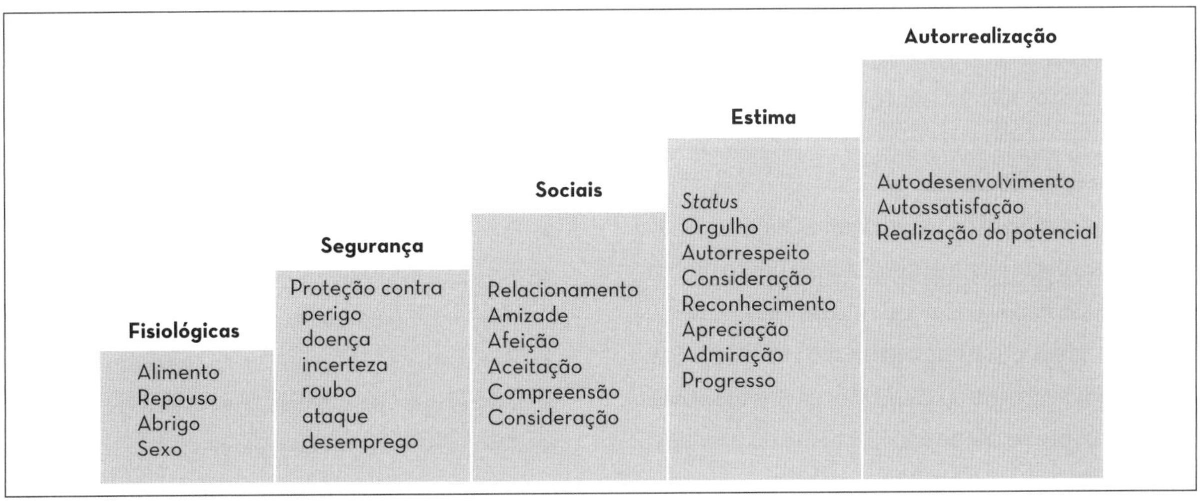

Figura 3 Necessidades humanas primárias e secundárias.

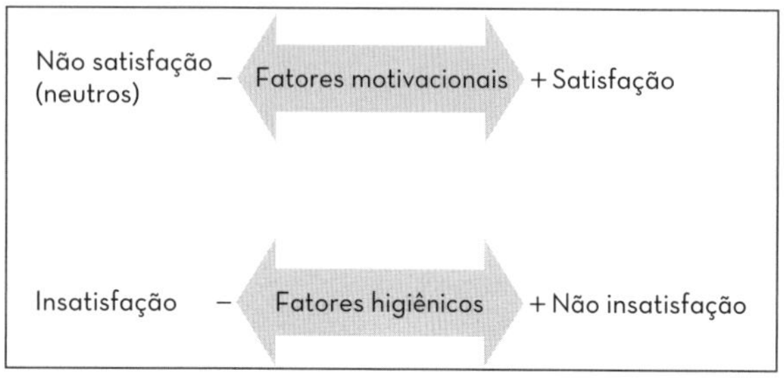

Figura 4 Fatores satisfacientes e insatisfacientes.

criar um efeito de "desmotivação" e, como resultado, apatia e desinteresse do indivíduo, já que elas não lhe oferecem nada mais do que um lugar decente para trabalhar. O efeito dos fatores motivacionais sobre o comportamento é mais profundo. Quando ótimos, os fatores motivacionais provocam satisfação. No entanto, quando são precários, evitam a insatisfação. Daí o nome de fatores satisfacientes. Assim,

> o oposto de satisfação profissional não é a insatisfação, mas nenhuma satisfação profissional e o oposto de insatisfação profissional é nenhuma insatisfação profissional e não a satisfação[6].

Em outras palavras, a teoria dos dois fatores afirma que a satisfação no cargo é função do conteúdo das atividades desafiadoras e estimulantes do cargo: são os fatores motivacionais. A insatisfação no cargo é função do contexto, isto é, do ambiente, do salário, da supervisão, dos colegas e do contexto geral do cargo: são os fatores higiênicos.

Enriquecimento do cargo

Para que o conteúdo de cargo (fatores motivacionais) seja sempre estimulante e desafiador a ponto de criar meios de satisfação das necessidades mais elevadas, Herzberg propõe o enriquecimento do cargo. Para ele, o enriquecimento do cargo traz efeitos desejáveis, como aumento da motivação, aumento da produtividade, redução do absenteísmo e redução da rotatividade do pessoal, como visto anteriormente.

As duas teorias da motivação – de Maslow e de Herzberg – apresentam pontos de concordância que permitem uma configuração mais ampla e rica a respeito da motivação do comportamento humano. Os fatores higiênicos se referem às chamadas necessidades primárias (necessidades fisiológicas e de segurança, incluindo algumas sociais), enquanto os fatores motivacionais se referem às chamadas necessidades secundárias (necessidade de estima e de autorrealização), como mostra a Figura 5.

Tabela 1 Fatores motivacionais e higiênicos[7]

Fatores motivacionais (satisfacientes)
Conteúdo do cargo (como o indivíduo se sente a respeito de seu cargo)
O trabalho em si
Realização pessoal
Reconhecimento
Progresso profissional
Responsabilidade
Fatores higiênicos (insatisfacientes)
Contexto empresarial do cargo (como o indivíduo se sente a respeito de sua empresa)
Condições de trabalho
Administração da empresa
Salário
Relações com o supervisor
Benefícios e serviços sociais

Bate-bola: para que serve a motivação?

Discuta com seus colegas a respeito do assunto e tente chegar a uma conclusão: para que serve a motivação das pessoas?

- Aumentar o nível de satisfação das pessoas no trabalho.
- Tornar a atividade humana mais agradável.
- Aumentar a participação das pessoas.
- Melhorar os relacionamentos entre as pessoas.
- Provocar emoção no trabalho.
- Criar entusiasmo em relação a metas e objetivos a alcançar.

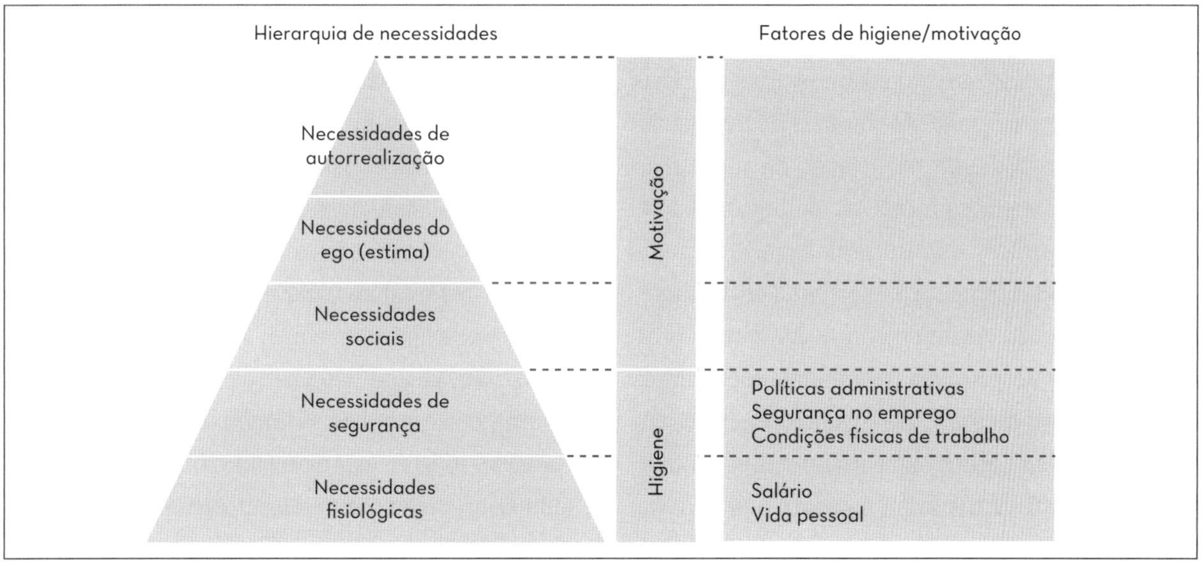

Figura 5 Comparação dos modelos de motivação[8].

ABORDAGENS CONTINGENCIAIS DA MOTIVAÇÃO HUMANA

Os dois modelos de motivação humana – o de Maslow, baseado na estrutura hierárquica e uniforme das necessidades humanas e o de Herzberg, baseado em duas classes de fatores estáveis e permanentes – presumem implicitamente que existe sempre "uma melhor maneira" de motivar que é válida para todas as pessoas em todas as situações. Contudo, a evidência tem demonstrado que diferentes pessoas reagem diferentemente de acordo com a situação em que se encontram. Uma teoria da motivação para ser válida precisaria levar em conta essas circunstâncias e contingências em que as pessoas se encontram. Daí o surgimento de abordagens contingenciais sobre a motivação.

Forças básicas da motivação para produzir

Vroom[9] desenvolveu uma teoria da motivação que reconhece as diferenças individuais das pessoas como as diferentes situações em que elas se encontram. A motivação para produzir determina o nível de produtividade individual e depende de três forças básicas que atuam dentro de cada pessoa:

1. Expectativas: são os objetivos individuais e a força para atingir tais objetivos. São variados e incluem: dinheiro, segurança no cargo, aceitação social, reconhecimento ou uma infinidade de combinações de objetivos que cada pessoa tenta satisfazer simultaneamente.
2. Recompensas: é a relação percebida entre a produtividade e o alcance dos objetivos individuais. Se a pessoa tem por objetivo obter um salário melhor e se trabalha na base da remuneração por produção terá forte motivação para produzir mais. Mas, se sua necessidade de aceitação social pelos colegas de grupo é mais importante, ela produzirá abaixo do nível que o grupo consagrou como padrão informal de produção; pois, nesse caso, produzir mais pode significar a rejeição do grupo.
3. Relações entre expectativas e recompensas: é a capacidade percebida de influenciar sua produtividade para satisfazer suas expectativas com as recompensas. Se a pessoa acredita que seu esforço tem pouco efeito sobre o resultado, tende a não se esforçar muito, pois não vê relação entre nível de produtividade e recompensa.

Esses três fatores determinam a motivação do indivíduo para produzir em quaisquer circunstâncias em que ele se encontre. Esse modelo de motivação se apoia no modelo de expectação de motivação baseado em objetivos gradativos (*path-goal*). A motivação é um processo que orienta opções de comportamentos diferentes. A pessoa percebe as consequências de cada opção de comportamento como um conjunto de possíveis resultados decorrentes desse comportamento. Esses resultados compõem uma cadeia de relações entre meios e fins. Quando a pessoa procura um resultado intermediário (p.ex., produtividade elevada), ela busca meios para alcançar resultados finais (dinheiro, benefícios sociais, apoio do chefe, promoção ou aceitação do grupo). Os meios conduzem aos fins visados.

Valências

Cada pessoa tem preferências quanto a determinados resultados finais que pretende alcançar ou evitar. Esses resultados adquirem valências dentro do conceito de Lewin[2]. A valência positiva indica o desejo de alcançar um determinado resultado final, enquanto a valência negativa implica o desejo de fugir de determinado resultado final. Os três resultados intermediários apresentam valência em função de sua relação percebida com os resultados finais desejados.

A produtividade elevada (resultado intermediário) não tem valência em si mesma, mas adquire valência quando relacionada com o desejo da pessoa de atingir determinados resultados finais (como dinheiro, benefícios sociais, apoio do supervisor, promoção, etc.). A relação causal entre resultado intermediário e resultado final é chamada de instrumentalidade. A instrumentalidade apresenta valores que variam de +1 a –1 de valência (como os coeficientes de correlação estatística entre duas variáveis), dependendo de estar diretamente ligada ou não ao alcance dos resultados finais. Se a pessoa perceber que não existe relação alguma entre o resultado intermediário (produtividade elevada, no caso) e o alcance dos objetivos finais (dinheiro, apoio do supervisor, promoção, etc.), a instrumentalidade será igual a zero, ou seja, inexistente. Nesse caso, para ela de nada adiantará a produtividade elevada para alcançar objetivos como dinheiro, apoio do supervisor ou promoção. É preciso que a pessoa sinta e perceba a valência e a instrumentalidade para que valha a pena seu esforço.

Instrumentalidade

O desejo da pessoa (valência) para uma produtividade elevada (resultado intermediário) é determinado pela soma das instrumentalidades e valências de todos os resultados finais. A motivação e seu esforço motivado para satisfazê-la levam a pessoa a perceber que suas ações podem alterar seu nível de desempenho para alcançar seus objetivos finais. Essa percepção subjetiva de ação-resultado é denominada expectância. Os valores de expectância podem variar de 0 a +1 (como os valores de proba-

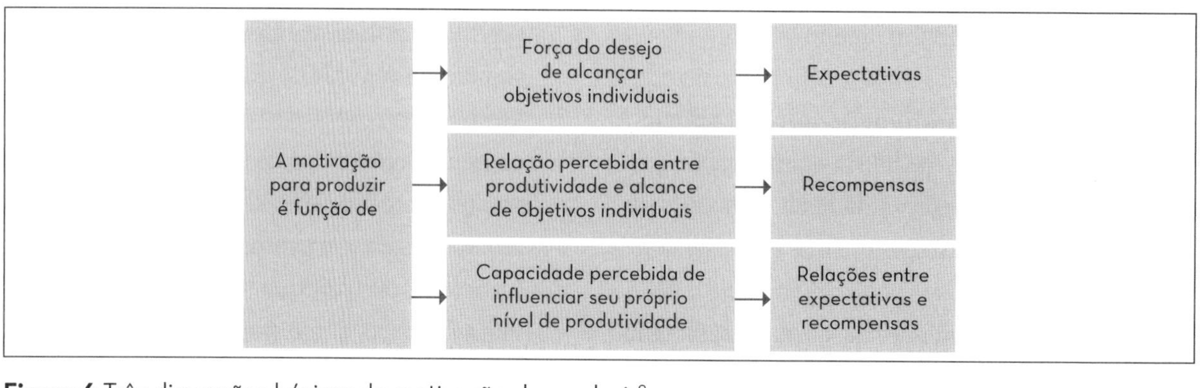

Figura 6 Três dimensões básicas da motivação de produzir[9].

bilidade), dependendo do grau de certeza percebida com que as atividades da pessoa podem influenciar seu nível de desempenho. Uma pessoa somente se dedica a resultados intermediários quando percebe que eles podem conduzi-la aos resultados finais que deseja alcançar. Daí os objetivos gradativos. Quanto maior a expectância, tanto mais a pessoa se dedica aos resultados intermediários. Se a expectância for igual a zero, a pessoa simplesmente se desinteressará dos resultados intermediários.

A motivação de uma pessoa é contingente e varia conforme as diferenças individuais e as diferentes maneiras de operacionalizá-las em diferentes circunstâncias. O desempenho de uma pessoa em uma atividade qualquer é contingente e depende de três fatores fundamentais: as expectativas, as recompensas e as relações entre ambas (aquilo que a pessoa entende que deva fazer, isto é, suas percepções do papel a desempenhar). Obviamente, trata-se de uma teoria da motivação. e não uma teoria do comportamento.

Teoria da expectância

Ao desenvolver sua teoria da expectância, Lawler III[10] considera o dinheiro um resultado intermediário que possui elevada instrumentalidade para o alcance de inúmeros resultados finais pelas seguintes razões:

1. As pessoas desejam dinheiro porque este permite não somente a satisfação de necessidades fisiológicas (comida, vestuário, conforto, padrão de vida, etc.) e necessidades de segurança (estabilidade e segurança financeira, ausência de problemas financeiros) como também oferece plenas condições para satisfação das necessidades sociais (relacionamentos, amizades, participação em grupos sociais), de estima (*status*, prestígio e consideração) e de autorrealização (condições de realização do potencial e do talento pessoal).
2. Se a pessoa acredita que o seu desempenho é, ao mesmo tempo possível e necessário para obter dinheiro, ela se aplica nesse desempenho. O desempenho torna-se um resultado intermediário para obter o dinheiro, que é outro resultado intermediário seguinte na sequência para alcançar resultados finais variados. O dinheiro apresenta elevado valor de expectação quanto ao alcance de resultados finais. O dinheiro permite comprar muita coisa e assegurar a satisfação de muitas e diferentes necessidades individuais.

Desde que a pessoa acredite que uma melhoria no desempenho conduza a uma melhoria na remuneração, o salário (dinheiro) pode ser um excelente motivador do desempenho.

Teoria da fixação de metas

As metas constituem uma importante fonte de motivação no trabalho. A teoria da fixação de metas parte das seguintes premissas[11]:

1. Metas específicas e claras: melhoram o desempenho por que proporcionam rumo e direção para as pessoas. Metas claras conduzem a um melhor desempenho do que metas confusas, obscuras e vagas.
2. Metas complexas: quando uma pessoa aceita uma tarefa difícil empenhará um nível elevado de esforço para alcançá-la. As metas complexas conduzem a um melhor desempenho do que as metas mais fáceis.
3. Retroação sobre o alcance das metas: provoca um melhor desempenho do que a falta dela[12]. A retroação permite à pessoa uma avaliação do seu desempenho frente à meta e lhe dá condições para dimensionar ou aumentar seu esforço.

Assim, não basta determinar metas genéricas e confusas, como o pedido de fazer o máximo que se possa fazer. E é claro que quando a retroação é autogerada – a pessoa é capaz de monitorar pessoal-

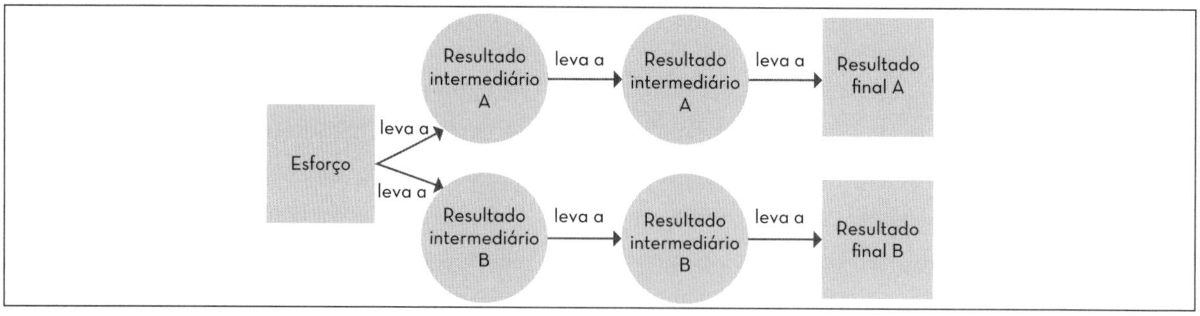

Figura 7 Cadeia de objetivos gradativos na teoria da expectância.

mente seu progresso – ocorre um motivador mais eficaz do que a retroação oferecida por meios externos[13]. A teoria da determinação de metas é uma teoria cognitiva segundo a qual os objetivos da pessoa governam sua ação.

Teoria do reforço

É uma teoria comportamental que explica que o reforço ajuda e condiciona o comportamento da pessoa. Segundo esse ponto de vista, o comportamento é provocado pelo ambiente externo, isto é, quando um comportamento é acompanhado por uma resposta positiva, ela aumenta a probabilidade de que tal comportamento se repita. Assim, a retroação determina e melhora o comportamento. Se uma pessoa recebe uma recompensa por determinada ação, ela volta a praticar tal ação; se, pelo contrário, recebe uma punição, ela evita praticar tal ação. Assim, o reforço pode ser positivo ou negativo. Além disso, o reforço positivo melhora e desenvolve o comportamento.

Por outro lado, conceitos de justiça e de equidade são aspectos importantes na motivação das pessoas. Daí surge a teoria da equidade, que afirma que as pessoas comparam seus investimentos e resultados no trabalho com os investimentos e resultados dos outros e a partir daí reagem de modo a evitar possíveis inequidades. Assim, as pessoas fazem comparações entre seu empenho e resultado com o empenho e resultados que as outras pessoas obtêm. E percebem o que recebem (resultados) em relação ao que contribuíram para ele (investimento) e comparam seu coeficiente resultado/investimento com o coeficiente resultado/investimento das outras pessoas. Três percepções podem ocorrer[14]:

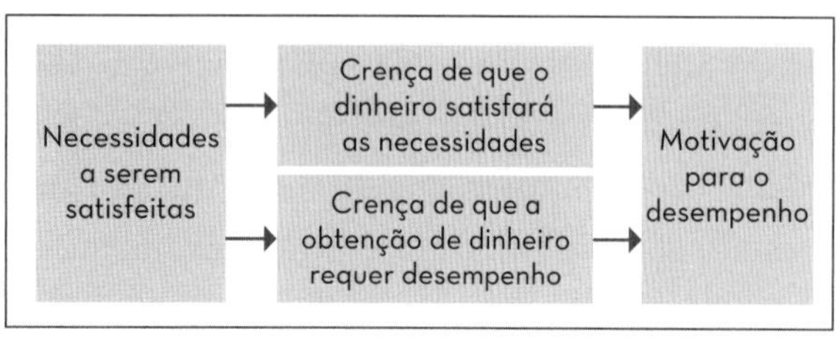

Figura 8 Modelo de comportamento da teoria da expectância.

1. Iniquidade em razão de um retorno menor.
2. Equidade, quando os coeficientes são iguais.
3. Iniquidade em razão de um retorno maior.

Ao perceber uma desigualdade nos coeficientes, a pessoa pode fazer uma das escolhas a seguir para tentar equilibrar a situação[14]:

1. Reduzir contribuições quando o retorno for menor: "devo trabalhar menos".
2. Aumentar contribuições quando o retorno for maior: "devo trabalhar mais".
3. Distorcer percepções de si mesmas: "percebo que trabalho demais".
4. Distorcer percepções sobre outros: "percebo que outros trabalham pouco".
5. Escolher um referente diferente: "percebo que ganho menos que Alberto, mas que ganho mais que João".
6. Abandonar a área: "vou pedir demissão".

Assim, as pessoas não estão preocupadas com as recompensas que recebem de uma maneira absoluta, mas de uma maneira relativa em função do que as outras pessoas estão recebendo. A comparação é subjetiva, mas fundamental no comportamento da pessoa. Por esta razão, essa teoria se concentrou fortemente na remuneração.

CONCEITO DE HOMEM COMPLEXO

A abordagem contingencial da motivação humana leva ao conceito de homem complexo: cada pessoa é concebida como um sistema individual e complexo de necessidades biológicas, motivos psicológicos, valores e percepções. Tal sistema opera de forma a manter seu equilíbrio interno diante das mudanças e das demandas externas que continuamente lhe são impostas pelas forças do ambiente que o rodeia. Em suas transações com o ambiente organizacional as pessoas são motivadas pelo desejo de utilizar suas habilidades de solucionar problemas ou dominar os problemas com que se defrontam. Cada pessoa é um sistema individual e particular que envolve motivações, padrão de valores pessoais e esquemas de percepção do ambiente externo. Motivos, valores e percepções são altamente inter-relacionados: o que uma pessoa percebe em uma situação particular é influenciado pelos seus valores e motivos. O desenvolvimento de valores e motivos é influenciado pelo processo de percepção que determina qual informação o sistema individual recolhe do ambiente.

Bate-bola: como aprender a motivar pessoas?

Discuta com seus colegas a respeito do assunto e tente chegar a uma conclusão: como aprender a motivar pessoas na empresa?

CLIMA ORGANIZACIONAL

Refere-se ao ambiente psicológico interno que existe entre os participantes da empresa. Está intimamente relacionado com o grau de motivação de seus participantes. É a qualidade ou a propriedade do ambiente organizacional que é percebida ou experimentada pelos participantes da empresa e que influencia seu comportamento.

Na medida em que o ambiente organizacional permite a satisfação das necessidades individuais de seus participantes, o clima organizacional tende a mostrar-se favorável e positivo. Ao contrário, quando frustra a satisfação das necessidades dos participantes, tende a mostrar-se desfavorável e negativo. O clima organizacional pode ser perce-

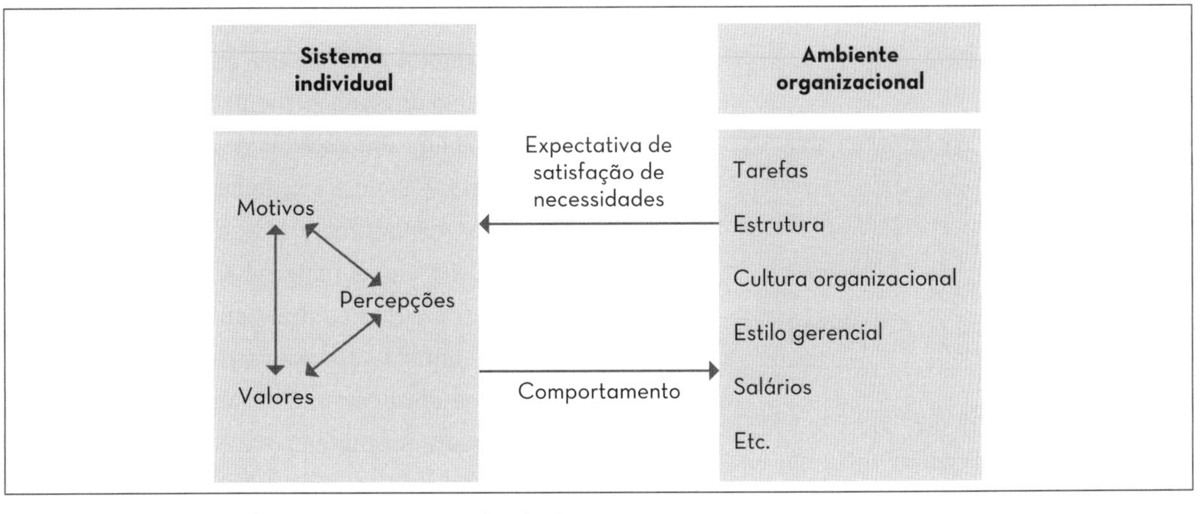

Figura 9 Homem complexo e seu sistema individual.

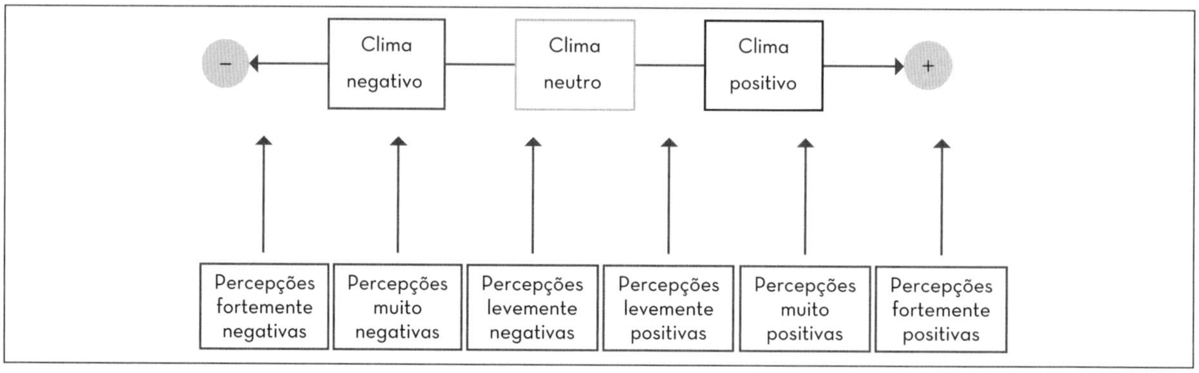

Figura 10 *Continuum* do clima organizacional[4].

bido dentro de uma ampla gama de características qualitativas: saudável, doentio, quente, frio, incentivador, desmotivador, desafiador, neutro, animador, ameaçador, etc., de acordo com as características com que cada participante se defronta nas suas transações com o ambiente organizacional e passa a percebê-lo em função de suas transações. O clima influencia a maneira como cada pessoa sente e percebe sua empresa, seu trabalho, seus superiores e colegas e como reage e se comporta nesse contexto.

Em termos práticos, o clima organizacional depende do estilo de liderança utilizado, das políticas e valores existentes, da cultura corporativa, da estrutura organizacional, características das pessoas que participam da empresa, natureza do negócio (ramo de atividade da empresa) e do estágio da vida da empresa. Tudo isso ajuda a criar o clima dentro de cada empresa.

Meios para medir e avaliar o clima organizacional

O clima organizacional pode ser medido por meio de:

1. Questionários: periodicamente preenchidos pelas pessoas.
2. Pesquisas de opinião: capazes de medir atitudes por meio de amostragem (em uma quantidade aleatória de pessoas da empresa).
3. Entrevistas: feitas por um especialista interno ou externo.
4. Entrevistas em grupo: feitas por um especialista interno ou externo.

LIDERANÇA

Para fazer uma empresa ou uma unidade dela produzir resultados, o administrador deve desempenhar funções ativadoras e motivadoras. Entre elas sobressaem a liderança e o uso adequado de incentivos para obter motivação. Ambos requerem uma compreensão básica das necessidades humanas e dos meios pelos quais essas necessidades podem ser satisfeitas ou canalizadas para determinados objetivos. Em resumo, o administrador precisa conhecer a motivação humana e saber conduzir e orientar as pessoas, isto é, liderar.

A liderança é necessária em todos os tipos de organização humana, principalmente nas empresas e em cada um de seus departamentos. Ela é igualmente essencial em todas as funções administrativas: planejamento, organização, direção e controle. Porém, é mais relevante e imprescindível no trabalho do administrador na função de direção – aquela que toca mais perto as pessoas.

Não se deve confundir liderança com direção. Um bom administrador pode ser ou não um bom líder, mas nem sempre um bom líder é um bom administrador. Os líderes devem estar presentes não apenas no nível institucional, mas nos níveis intermediário e operacional e em todas as equipes de pessoas ou nos grupos informais de trabalho.

Conceito de liderança

Liderança é a influência interpessoal exercida em uma situação e dirigida por meio do processo da comunicação humana à consecução de um ou mais objetivos específicos. Liderança é um processo de influência pelo qual o administrador, com suas ações pessoais, facilita, impulsiona e dinamiza o movimento de um grupo de pessoas rumo a metas comuns ou compartilhadas[15]. Para Kotter, a maioria das empresas é sublíderada e subadministrada[16].

A liderança é um fenômeno social e ocorre exclusivamente em grupos sociais. É um tipo de influência. A influência é uma força psicológica e envolve conceitos como poder e autoridade, abrangendo as maneiras pelas quais se introduzem mudanças no comportamento de pessoas ou de grupos de pessoas. A influência pode ocorrer de diversas formas, indo desde formas violentas de imposição até formas suaves de convencimento.

A liderança é a capacidade de influenciar as pessoas a fazer aquilo que devem. O líder exerce influência sobre as pessoas conduzindo suas percepções de objetivos em direção a seus objetivos. A definição de liderança envolve duas dimensões: a primeira é a capacidade presumida de motivar as pessoas a fazer aquilo que precisa ser feito. A segunda é a tendência dos seguidores de seguir aqueles que eles percebem como instrumentais para satisfazerem seus próprios objetivos pessoais e necessidades. Assim, a liderança é uma lâmina com corte duplo: nenhuma pessoa pode ser um líder a menos que possa fazer com que as pessoas façam aquilo que ela pretende fazer, nem será bem-sucedida a menos que seus seguidores a percebam como um meio de satisfazer suas próprias aspirações pessoais. O líder deve ser capaz; os seguidores devem ter vontade.

Também convém distinguir entre liderança como uma qualidade pessoal (combinação especial de características pessoais que fazem de um indivíduo líder) e liderança como função (decorrente da distribuição da autoridade de tomar decisões dentro de uma empresa): o grau em que o indivíduo demonstra qualidades de liderança depende não somente de suas próprias características, mas também das características da situação na qual se encontra.

A liderança pode ser estudada em termos de estilos de comportamento do líder em relação a seus subordinados, isto é, maneiras pelas quais o líder orienta sua conduta. Enquanto a abordagem dos traços se refere àquilo que o líder é, a abordagem dos estilos de liderança se refere àquilo que o líder faz, isto é, ao seu estilo de comportamento para liderar.

Estilo de liderança autoritária, liberal e democrática

Dois autores[17] fizeram um estudo para verificar o impacto causado por três diferentes estilos de liderança em grupos de meninos orientados para a execução de tarefas. Os meninos foram divididos em quatro grupos e, de seis em seis semanas, a direção de cada grupo era desenvolvida por líderes que utilizavam três estilos diferentes: a liderança autocrática, a liderança liberal (*laissez-faire*) e a liderança democrática.

Os resultados dessa experiência mostraram que os meninos se comportaram da seguinte forma aos diferentes tipos de liderança a que foram submetidos[18]:

1. Liderança autocrática: o líder é duro e impositivo. O comportamento dos grupos mostrou forte tensão, frustração e, sobretudo, agressividade de um lado; de outro, nenhuma espontaneidade, nem iniciativa, nem formação de grupos de amizade. Embora aparentemente gostassem das tarefas, não demonstraram sa-

tisfação com relação à situação. O trabalho somente se desenvolvia com a presença física do líder. Quando este saía ou se ausentava, as atividades paravam e os grupos expandiam seus sentimentos reprimidos, chegando a explosões de indisciplina e de agressividade.

2. Liderança liberal: o líder deixa todos à vontade. Embora a atividade dos grupos fosse intensa, a produção foi medíocre. As tarefas se desenvolviam ao acaso, com muitas oscilações, perdendo-se muito tempo com discussões mais voltadas para motivos pessoais do que relacionadas com o trabalho em si. Notou-se forte individualismo agressivo e pouco respeito com relação ao líder.
3. Liderança democrática: o líder é atuante, consultivo e orientador. Houve formação de grupos de amizade e de relacionamentos cordiais entre os meninos. Líder e subordinados passaram a desenvolver comunicações espontâneas, francas e cordiais. O trabalho mostrou um ritmo suave e seguro, sem alterações, mesmo quando o líder se ausentava. Houve um nítido sentido de responsabilidade e de comprometimento pessoal, além de uma impressionante integração grupal, em meio a um clima de satisfação.

A partir dessa experiência, passou-se a defender o papel da liderança democrática – perfeitamente compatível com o espírito americano da época –, extremamente comunicativa, que encoraja a participação do empregado, que é justa e não arbitrária e que se preocupa não somente com os problemas do trabalho, mas também com os problemas das pessoas.

Na prática, o líder utiliza os três estilos de liderança de acordo com a situação, as pessoas e a tarefa a ser executada. O líder tanto manda cumprir ordens, como consulta os subordinados antes de tomar uma decisão e sugere a algum subordinado realizar determinadas tarefas: ele utiliza a liderança autocrática, a democrática e a liberal. A principal problemática da liderança é saber quando aplicar qual estilo, com quem e dentro de que circunstâncias e atividades a serem desenvolvidas.

A abordagem de estilos de liderança mostra como o líder se comporta. Essa abordagem apresenta várias versões.

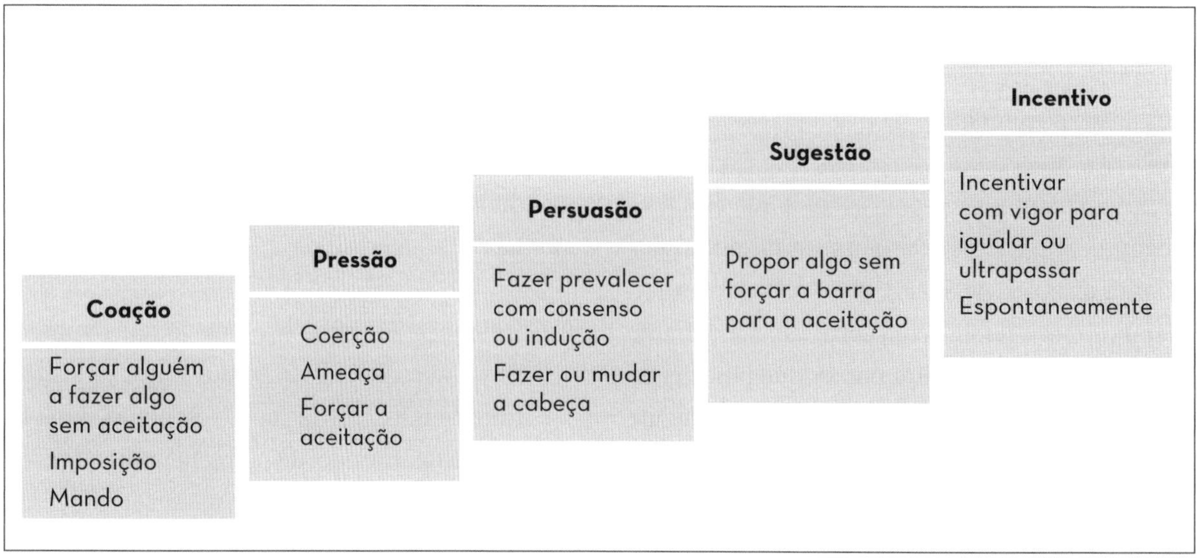

Figura 11 Vários tipos de influência.

Bate-bola: para que serve a liderança?

Discuta com seus colegas a respeito do assunto e tente chegar a uma conclusão: para que serve a liderança?

- Melhor conduzir as pessoas.
- Aumentar a participação das pessoas na atividade empresarial.
- Obter comprometimento das pessoas.
- Orientar, impulsionar, educar, treinar e capacitar as pessoas.
- Somente isso?

ESTILOS DE LIDERANÇA

Assim como a administração é um processo relativo, para o qual não existem princípios universais e imutáveis, esse porcesso se dá com a liderança. Likert[19] distingue dois tipos básicos de liderança:

1. Liderança centrada na tarefa *(job centered)*: é a liderança estreita e preocupada com a execução da tarefa e com seus resultados. É a liderança apregoada pela Administração Científica de Taylor e que tende a subdividir e fragmentar o trabalho em tarefas componentes, a selecionar e treinar as pessoas mais adequadas para o tipo de tarefa e pressioná-las constantemente a fim de obter os níveis de produção estimados. É típica das empresas que tendem a concentrar as pessoas em ocupações restritas ao ciclo de trabalho, do modo padronizado, em ritmos baseados em padrões de produção preestabelecidos. É a liderança preocupada exclusivamente com o trabalho e em conseguir que as coisas sejam feitas de acordo com os métodos preestabelecidos e com os recursos disponíveis.
2. Liderança centrada nas pessoas *(employee-centered)*: é a liderança preocupada com os aspectos humanos dos problemas de seus subordinados e que procura manter uma equipe de trabalho atuante, dentro da maior participação nas decisões. É o tipo de liderança que dá mais ênfase às pessoas do que ao trabalho em si, procurando compreender e ajudar os subordinados, preocupando-se mais com as metas do que com os métodos, sem descuidar-se do desempenho esperado.

As pesquisas de Likert revelaram que os departamentos em que se apresentou baixa eficiência são geralmente chefiados por líderes orientados para a tarefa. A alta pressão no sentido de que as pessoas trabalhem provoca atitudes desfavoráveis para com o trabalho e para com os supervisores, da parte dos subordinados. No curto prazo, esse tipo de liderança pode promover resultados melhores de eficiência e produtividade. Contudo, no médio e no longo prazo, a liderança centrada na tarefa provoca insatisfação, redução do ritmo de trabalho, rotatividade de pessoal, elevado absenteísmo, desperdício, reclamações frequentes e envolvimento em questões trabalhistas. Quanto maior a percepção de conflito, tanto menor o nível de produção.

Liderança servidora

Em seu livro *O Monge e o executivo*, James Hunter[20] propõe o conceito de líder servidor, que trata as pessoas como ele gostaria de ser tratado. Essa é a maneira mais simples de se tornar um líder servidor. Ele sabe identificar e satisfazer as necessidades legítimas de seus liderados e remover todas as barreiras ou dificuldades para que possam realizar plenamente seu trabalho e servir o cliente. Hunter propõe três passos para tanto:

1. Um método de avaliação do líder pelos profissionais que trabalham com ele.
2. Um método de autoavaliação feita pelo próprio líder.
3. O exercício da liderança servidora. Essa é a etapa principal para dar apoio e suporte aos membros da equipe.

GRADE GERENCIAL

Em uma abordagem próxima a de Likert, Blake e Mouton elaboraram uma abordagem sobre a liderança denominada Grade Gerencial (*Managerial Grid*)[21]. Segundo os autores, todo administrador está voltado para duas preocupações:

1. Ênfase na produção: isto é, nos resultados concretos dos esforços dos subordinados com quem trabalha. É a preocupação com a produção, isto é, com os resultados da tarefa.
2. Ênfase nas pessoas: isto é, a preocupação com as pessoas, como subordinados, colegas e chefes.

Para avaliar cada tipo de liderança Blake e Mouton propõem a Grade Gerencial, que é uma tabela de dupla entrada composta de dois eixos: o eixo vertical representa a ênfase nas pessoas, enquanto o eixo horizontal representa a ênfase na produção. Cada um desses dois eixos apresenta uma série contínua, que varia de 1 a 9 pontos, na qual 1 é o menor grau de preocupação e 9 é o grau mais

Tabela 2 Três estilos de liderança

Autocrática	Democrática	Liberal (*laissez-faire*)
O líder fixa as diretrizes, sem qualquer participação do grupo	As diretrizes são debatidas e decididas pelo grupo, estimulado e assistido pelo líder	Há liberdade completa para as decisões grupais ou individuais, com participação mínima do líder
O líder determina as providências e as técnicas para a execução das tarefas, cada uma por vez, à medida que se tornam necessárias e de modo imprevisível para o grupo	O grupo esboça as providências e as técnicas para atingir o alvo, solicitando aconselhamento técnico ao líder quando necessário, passando este a sugerir alternativas para o grupo escolher, surgindo novas perspectivas com os debates	A participação do líder no debate é limitada, apresentando apenas materiais variados ao grupo, esclarecendo que poderia fornecer informações desde que as pedissem
O líder determina a tarefa que cada um deve executar e qual o seu companheiro de trabalho	A divisão das tarefas fica a critério do próprio grupo e cada membro tem liberdade de escolher seus companheiros de trabalho	Tanto a divisão das tarefas como a escolha dos companheiros fica totalmente a cargo do grupo Absoluta falta de participação do líder
O líder é dominador e "pessoal" nos elogios e nas críticas ao trabalho de cada membro	O líder procura ser um membro normal do grupo O líder é objetivo e limita-se aos "fatos" em suas críticas e elogios	O líder não tenta avaliar ou regular o curso dos acontecimentos O líder somente comenta as atividades dos membros quando perguntado

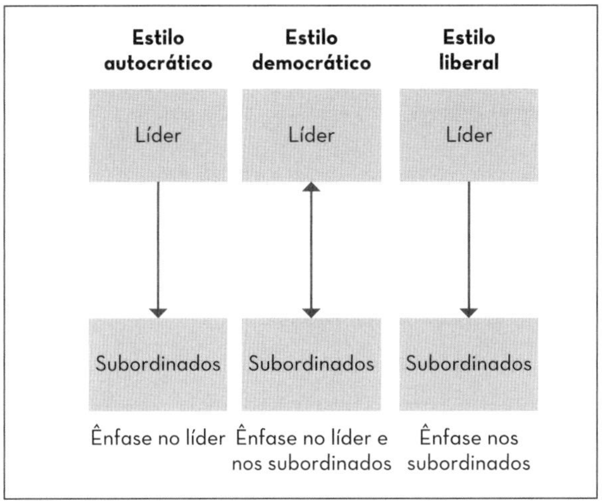

Figura 12 Diferentes ênfases dos três estilos de liderança.

elevado de ênfase possível. A Figura 14 mostra a grade gerencial.

A Grade Gerencial representa as duas ênfases e sua interação. Embora os nove pontos de cada um dos eixos permitam 81 posições diferentes para caracterizar os possíveis estilos de liderança, os autores colocam nos principais pontos de interação (nos quatro cantos e no centro do *Grid*), os cinco principais estilos de liderança (Tabela 3).

O administrador deve aprender a observar seu estilo de liderança por meio do *Grid* a fim de fortalecer seu desempenho individual e avaliar a situação que está vivendo. O administrador deve comparar a maneira pela qual está liderando seus subordinados e a maneira pela qual deveria administrá-los (em direção ao estilo 9,9, que é o estilo da excelência) para identificar a discrepância entre o que ele é e o que deveria ser em termos de liderança.

EFICÁCIA GERENCIAL

No mesmo diapasão, Reddin propõe um modelo de eficácia gerencial[22] que assevera que o comportamento gerencial pode ser orientado para dois aspectos:

1. Orientação para a tarefa (OT): quando o gerente se preocupa exclusivamente com a tarefa a ser realizada.
2. Orientação para as relações (OR): quando o gerente se preocupa exclusivamente com o relacionamento com as pessoas com que ele trabalha.

A liderança pode produzir a eficácia gerencial. A eficácia gerencial é o grau em que o administrador alcança as exigências do produto (resultado) de sua posição na empresa. O administrador é solicitado a ser eficaz em uma enorme variedade de situações e sua eficácia pode ser avaliada na medida em que ele é capaz de modificar o seu estilo de maneira apropriada conforme a situação. Daí a teoria tridimensional (3D), segundo a qual existem três habilidades gerenciais básicas[22]:

1. Sensitividade situacional: é a habilidade de diagnosticar e sentir situações e quais forças atuam em cada situação.
2. Flexibilidade de estilo: é a habilidade de se adequar às forças que atuam em cada situação. É o que se chama vulgarmente de "jogo de cintura".
3. Destreza de gerência situacional: é a habilidade de gestão situacional, isto é, a capacidade de modificar uma situação que precisa ser modificada.

A eficácia gerencial é avaliada em termos de produto (resultado) em vez de insumo (entrada), isto é, mais por aquilo que o administrador alcança por meio do seu trabalho do que por aquilo que ele realmente faz. Assim, a eficácia é resultado, produto e desempenho em vez de insumo. Não é aquilo que o administrador faz, mas o que ele obtém como resultado. Daí, a importância da liderança na eficácia gerencial, ou seja, na obtenção de resultados por meio de pessoas.

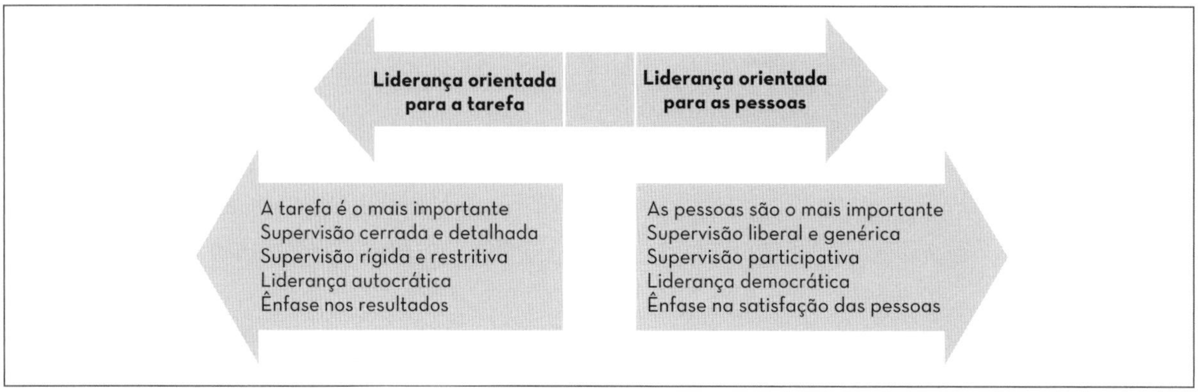

Figura 13 Tipos de liderança.

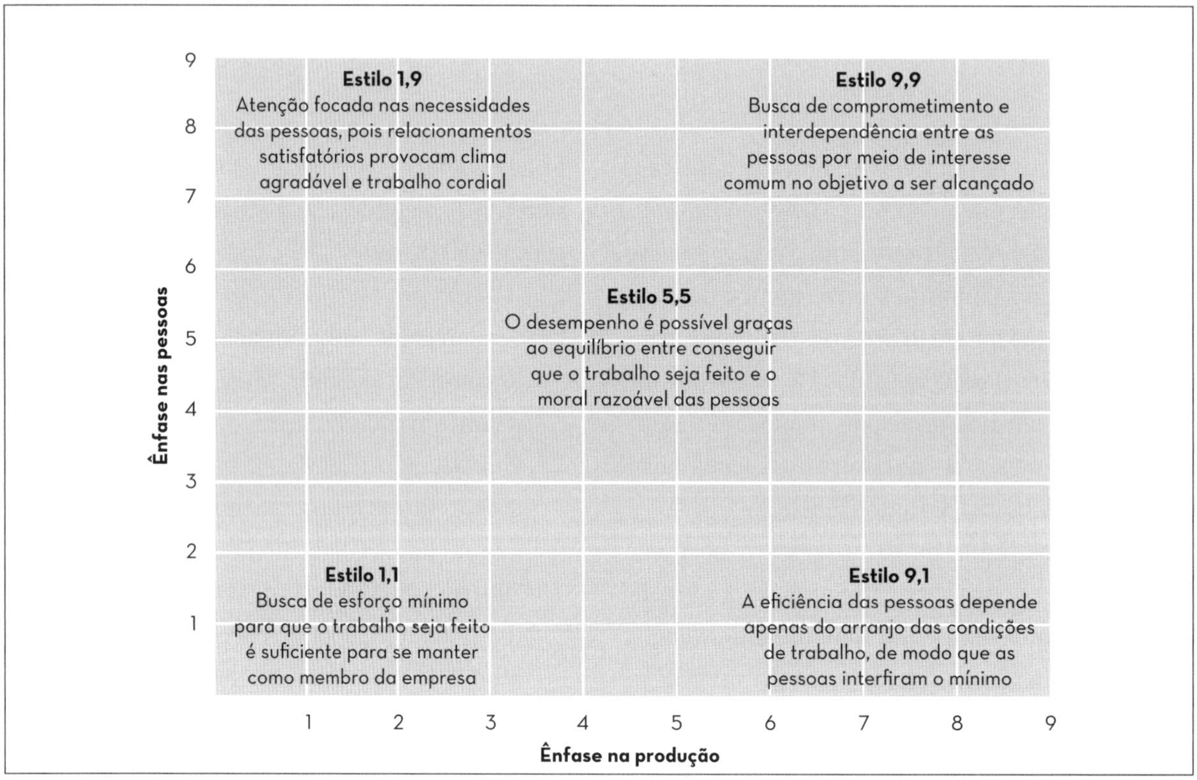

Figura 14 Grade gerencial (*managerial grid*)[23].

CONTINUUM DE LIDERANÇA

A abordagem situacional da liderança sugere uma gama bastante ampla de padrões de comportamento de liderança que o administrador pode escolher para suas relações com os subordinados. Cada tipo de comportamento está relacionado com o grau de autoridade utilizado pelo líder e o grau de liberdade concedido aos subordinados na tomada de decisões, dentro de um *continuum* de padrões de liderança. O comportamento do administrador pode manter um alto grau de controle sobre os subordinados em um extremo ou permitir uma ampla liberdade de ação para os subordinados, no outro.

Nenhum dos extremos é absoluto, pois autoridade e liberdade nunca são ilimitadas. Para que o administrador escolha qual padrão de liderança irá desenvolver em relação a seus subordinados, ele deve considerar e avaliar conjuntamente três forças:

Tabela 3 Principais estilos de liderança segundo o *grid* gerencial (Figura 14)[24]

Estilo	Significado
9,1	Representa forte preocupação com a produção e nenhuma preocupação com as pessoas que estão produzindo
1,9	É o estilo de liderança que enfatiza as pessoas, sem nenhuma preocupação com os resultados que elas estão obtendo
1,1	Representa nenhuma preocupação com a produção ou com as pessoas É a tendência ao mínimo esforço indispensável para permanecer na empresa
5,5	É o meio-termo, no qual o administrador adota a atitude de conseguir resultados médios, mas sem muito esforço das pessoas É a tendência à mediocridade
9,9	Demonstra elevada preocupação com a produção e com as pessoas que produzem Os problemas são discutidos com profundidade, de maneira aberta, para alcançar compreensão mútua e amplo comprometimento em relação às conclusões obtidas É a tendência à excelência, tanto nos resultados de produção como no desenvolvimento profissional das pessoas

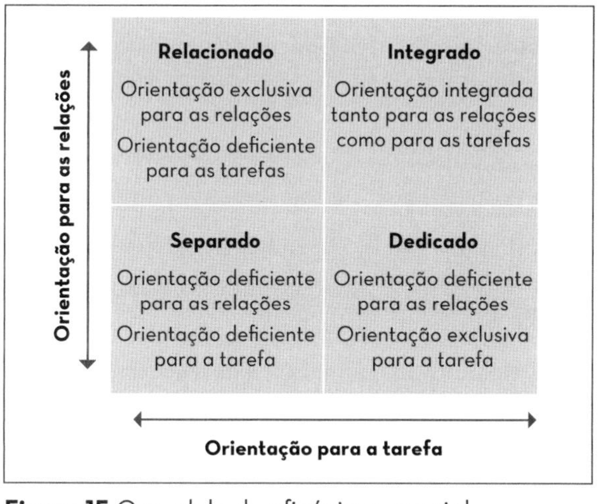

Figura 15 O modelo de eficácia gerencial.

1. No administrador (suas características de personalidade, suas convicções).
2. Nos subordinados (suas características de personalidade, seus conhecimentos e experiências).
3. Na situação (tipo de empresa, circunstâncias, tipo de tarefa ou problema).

A abordagem situacional permite inferir as seguintes proposições:

1. Quando as tarefas são rotineiras e repetitivas, a liderança é geralmente limitada e sujeita a controle pelo chefe, que passa a se situar em um padrão de liderança autocrático.
2. Um líder pode assumir diferentes padrões de liderança para cada um de seus subordinados, de acordo com as forças citadas anteriormente.
3. O líder pode assumir diferentes padrões de liderança para um mesmo subordinado conforme a situação envolvida. Em situações em que o subordinado apresente alto nível de eficiência, o líder pode dar-lhe maior liberdade nas decisões; se o subordinado apresenta erros seguidos e imperdoáveis, o líder pode impor-lhe maior autoridade pessoal e menor liberdade de trabalho.

NÍVEIS DE LIDERANÇA

No capítulo anterior foram abordados os conceitos básicos sobre liderança. Todavia, existem características diferentes de liderança para os vários níveis organizacionais. Os líderes que chegam ao topo, isto é, ao nível institucional, caracterizam-se por pensar globalmente e são estrategistas e guardiães do negócio da empresa. Os líderes táticos são impulsionadores da execução e são mobilizadores de talentos, enquanto os líderes operacionais conduzem e desenvolvem as

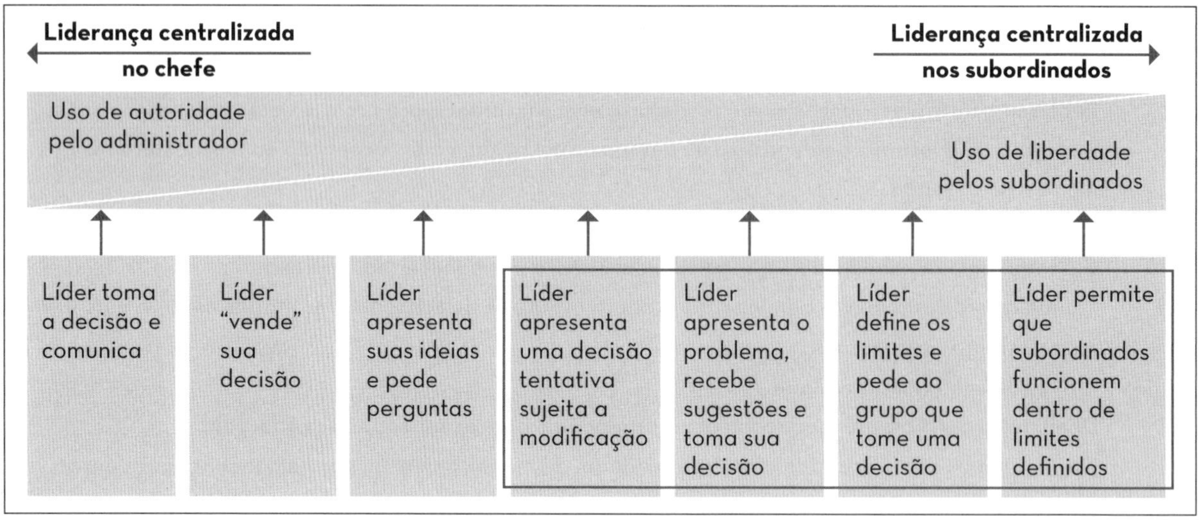

Figura 16 *Continuum* de padrões de liderança[25].

pessoas frente a resultados. As diferenças entre líderes estrategistas, táticos e operacionais estão configuradas na Figura 17.

Figura 17 Vários níveis de liderança.

Os sete hábitos dos líderes altamente eficazes

Franklin Covey apresenta em seu clássico e memorável livro *Os sete hábitos das pessoas muito eficientes* as dicas para tornar os administradores altamente eficazes na condução de suas equipes de trabalho[26].

1. Seja proativo: utilize seus recursos inexplorados e sua iniciativa para derrubar os obstáculos que bloqueiam seus resultados. O objetivo é enxergar alternativas, e não obstáculos. Focar naquilo que se é capaz de influenciar. Expandir os recursos em vez de limitá-los.
2. Comece com objetivo em mente: faça a contribuição que você é capaz de fazer. O objetivo é definir sua contribuição única e estabelecer resultados práticos.
3. Primeiro o mais importante: foque em poucas metas crucialmente importantes e acompanhe seus progressos. O objetivo é focar no que é importante, não apenas no urgente. Planejar semanalmente e agir diariamente.

4. Pense no ganha-ganha: faça acordos de desempenho do tipo ganha-ganha para motivar desempenhos excepcionais. O objetivo é equilibrar coragem e consideração. Construir confiança efetuando depósitos na conta bancária emocional.
5. Procure primeiro compreender, depois ser compreendido: pratique a escuta empática e proporcione *feedback* honesto. O objetivo é não julgar, não investigar e não aconselhar. Refletir o conteúdo e os sentimentos. Não rotular e não usar linguagem comparativa.
6. Crie sinergia: busque sempre a terceira alternativa – a solução ou decisão verdadeiramente criativa. O objetivo é buscar as diferenças e não se limitar a aceitá-las. Criar sinergia para chegar a soluções novas e melhores.
7. Afine o instrumento: ajude a liberar o potencial dos integrantes de sua equipe estimulando a pessoa como um todo. O objetivo é tratar os membros da equipe como pessoas completas.

COMUNICAÇÃO

Uma das principais ferramentas do administrador é a comunicação. A maior parte de seu tempo é aplicada em comunicação. A comunicação tem aplicação em todas as funções administrativas, mas é particularmente importante na função de direção, pois representa o intercâmbio de pensamento e de informações para proporcionar compreensão mútua e confiança, além de boas relações humanas. A comunicação envolve troca de fatos, ideias, opiniões ou emoções entre duas ou mais pessoas e é também definida como inter-relações por meio de palavras, letras, símbolos ou mensagens e como um meio para o participante de uma organização partilhar significado e compreensão com outros.

Toda comunicação envolve transações entre pessoas. A comunicação é um "processo de passar informação e compreensão de uma pessoa para outra"[27]. É essencialmente uma ponte de significados entre pessoas. Uma pessoa sozinha não pode se comunicar. Somente com outra pessoa ou pessoas que recebam a mensagem é que se pode completar o ato de comunicação. Embora encarada como transmissão de informações de uma pessoa para outra para criar compreensão mútua e confiança, basicamente a comunicação é uma permuta ou um intercâmbio de informações que devem ser transmitidas e compreendidas dentro da empresa.

Processo de comunicação

O sistema de comunicação envolve, no mínimo, duas pessoas ou dois grupos: o remetente (fonte) e o recebedor (destino), isto é, o que envia a comunicação e o que a recebe. A fonte constitui o ponto inicial e o destino, o ponto final da comunicação. Entre eles existem mais quatro componentes do processo: a transmissão, o canal, a recepção e o ruído. Vejamos os seis componentes do sistema de comunicação[28]:

1. Fonte: significa a pessoa, a coisa ou o processo que emite ou fornece as mensagens por intermédio do sistema. O remetente cria uma ideia ou escolhe um fato para comunicar. É o que passa a ser o conteúdo da comunicação, isto é, a mensagem com um determinado significado. O remetente organiza sua ideia ou a mensagem por meio de uma série de símbolos, sinais ou códigos pelos quais pretende comunicar a outra pessoa (destino).
2. Transmissor: significa o meio, o processo ou equipamento (voz, telefone, carta, etc.) que codifica e transporta a mensagem por meio de algum canal até o receptor (destino) que deve

recebê-la. Em princípio, todo transmissor é um codificador de mensagem.

3. Canal: é o espaço intermediário situado entre o transmissor e o receptor, que geralmente constituem dois pontos distantes.
4. Receptor: significa o processo ou equipamento que capta e recebe a mensagem do canal. Para tanto, o receptor decodifica a mensagem para poder colocá-la à disposição do destino. Em princípio, todo receptor é um decodificador de mensagem.
5. Destino: significa a pessoa, coisa ou processo a quem é destinada a mensagem no ponto final do sistema de comunicação.
6. Ruído: significa a perturbação indesejável que tende a deturpar e alterar, de maneira imprevisível, as mensagens transmitidas. O conceito de ruído envolve as perturbações internas presentes ao longo dos diversos componentes do sistema, como é o caso de perturbações no transmissor (voz rouca ou prolação defeituosa, telefone cruzado, carta ilegível, etc.) ou no receptor (surdez, dificuldade de leitura, etc.). Por outro lado, a palavra interferência serve para conotar uma perturbação de origem externa ao sistema, mas que influencia negativamente seu funcionamento (ambiente barulhento, interferências, escuridão, etc.). Em um sistema de comunicação, toda fonte de erros ou distorções está incluída no conceito de ruído. Uma informação ambígua ou que induz a erro é um ruído. Uma das maneiras de se reduzir o ruído e garantir a interpretação da mensagem é a redundância – repetição da mensagem. Em todo sistema de comunicação sempre existe algum grau de ruído.

Os seis componentes funcionam como um processo, como a Figura 18[28].

O conteúdo do processo de comunicação é geralmente uma mensagem, enquanto o objetivo é a compreensão dela por parte do destino. Assim, a comunicação somente ocorre quando o destino (pessoa que a recebe) compreende ou interpreta a mensagem. Se a mensagem não chega ao destino, e se o destino não a compreende, a comunicação não se efetiva.

A retroinformação (retroação) constitui um elemento importante no sistema de comunicação. Quando existe retroinformação, a comunicação é bilateral e ocorre nos dois sentidos. Quando não há retroinformação, a comunicação é feita em um só sentido, não havendo nenhum retorno para que a fonte possa conhecer o resultado. A retroinformação não garante a eficácia da comunicação, mas aumenta sua precisão e tem a vantagem de produzir autoconfiança para ambas as partes, pois permite o conhecimento dos resultados da comunicação.

Barreiras à comunicação

Quase sempre o processo de comunicação sofre entraves, bloqueios, dificuldades e restrições por causa de barreiras que se interpõem entre os emissores e recebedores. As barreiras à comunicação são as restrições e limitações que ocorrem dentro ou entre as etapas do processo de comunicação, fazendo com que nem todo sinal emitido pela fonte percorra o processo de modo a chegar incólume a seu destino. O sinal pode sofrer perdas, mutilações, distorções, assim como sofrer ruídos, interferências, vazamentos e ainda ampliações ou desvios. O boato é um exemplo típico de comunicação distorcida, ampliada e, muitas vezes, desviada. As barreiras fazem com que a mensagem enviada e a mensagem recebida e interpretada sejam diferentes entre si.

Uma empresa pode ser entendida como uma série de grandes redes de comunicação que se interpenetram e se cruzam ligando as necessidades de comunicação de cada processo decisório às fontes de informação. A comunicação repousa sobre o conceito de informação, significado e compreensão de uma pessoa para outra.

Uma informação é um conjunto de dados que possui um significado, isto é, que quer dizer alguma coisa. Para que haja significado, a informação deve ter alguma referência com o sistema cognitivo da pessoa que a envia e da pessoa que a recebe. A compreensão se refere ao fato de o receptor interpretar aquilo que recebeu da maneira como a fonte o enviou. Se a fonte transmitiu uma ideia de quadrado e o receptor está pensando em um triângulo, a comunicação é ineficaz, pois a compreensão não ocorreu. Além do mais, a comunicação dentro das empresas envolve mais do que simplesmente recepção e interpretação: ela envolve uma expectativa de compreensão, aceitação e de ação. Assim, um segundo passo da compreensão leva a uma aceitação e uma ação por parte de quem recebe a comunicação.

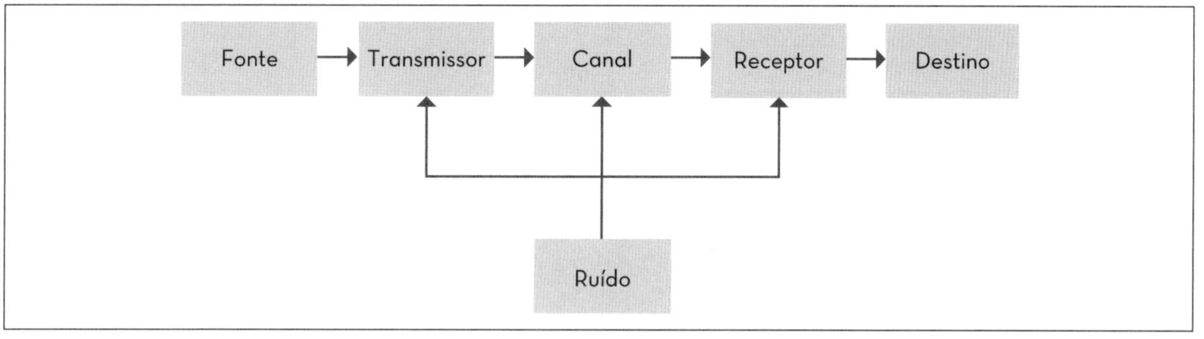

Figura 18 Processo de comunicação.

Tabela 4 Exemplos de sistemas de comunicação[28]

Componentes	Sistema telefônico	Programa de televisão
Fonte	Voz humana	Palcos e atores
Transmissor	Aparelho telefônico	Câmera, vídeos e transmissores
Canal	Fio condutor que liga um aparelho ao outro	Antenas
Receptor	O outro aparelho telefônico	Aparelho de TV
Destino	Ouvido humano	Telespectador
Ruído	Estática, ruídos e linha cruzada	Estática, ruídos e circuitos defeituosos

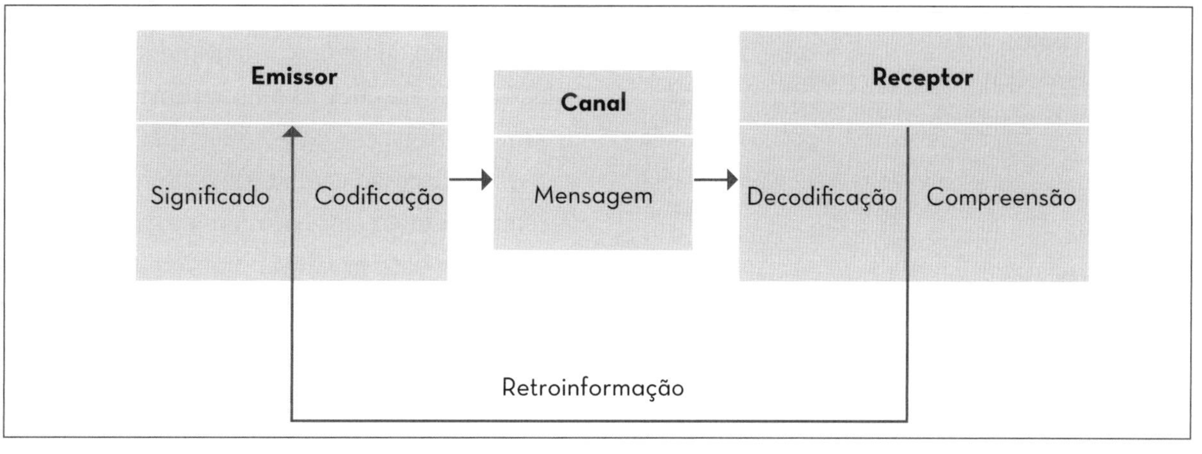

Figura 19 Importância da retroação no processo de comunicação.

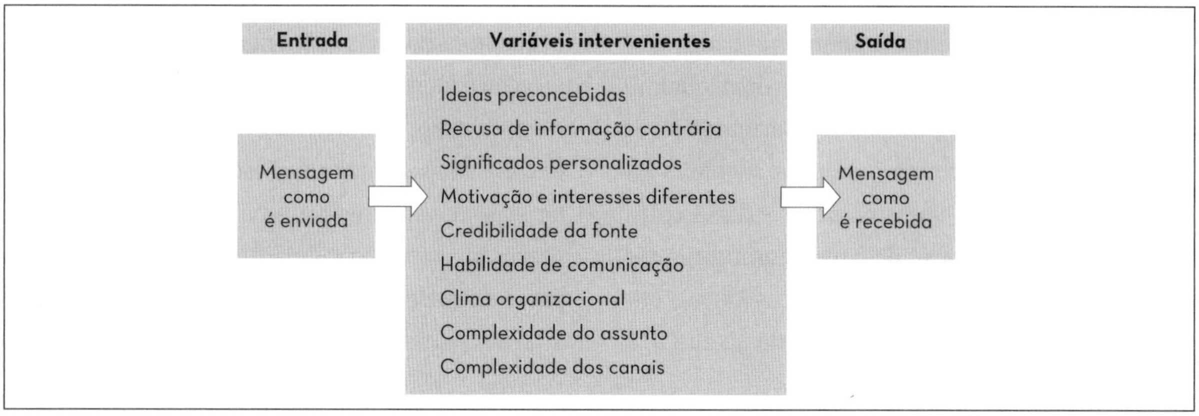

Figura 20 Barreiras ao processo de comunicação[29].

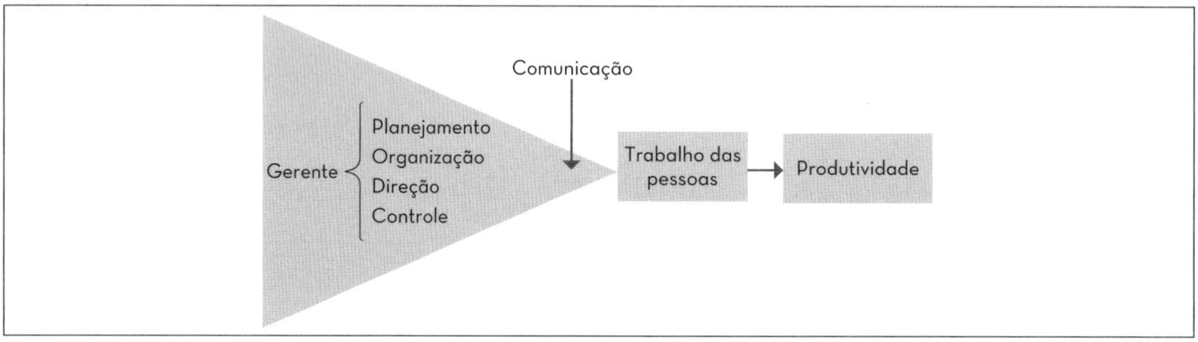

Figura 21 Toda a atividade da gerência passa pelo gargalo da comunicação[30].

Tabela 5 Exemplos de barreiras à comunicação

Na fonte
Codificação pouco clara
Falta de clareza
Significados diversos
Fontes concorrentes
Mensagem não desejada
Na transmissão
Muitos intermediários que distorcem
Canais sobrecarregados
Prioridades conflitantes
No receptor
Desatenção
Falta de interesse
Avaliação prematura
Má interpretação
Preocupação com o próprio ponto de vista

Propósito das comunicações

A comunicação constitui um dos aspectos básicos da atividade gerencial. Se administrar é fazer com que as coisas sejam feitas por meio das pessoas, e para que as pessoas possam fazer as coisas de maneira eficiente e eficaz, torna-se necessário comunicar constantemente a elas o que deve ser feito, como, quando, quanto, etc. E, igualmente, como está sendo feito, para que elas tenham uma informação (retroação) a respeito de seu desempenho.

A comunicação – como atividade gerencial, isto é, como processo pelo qual o gerente garante a ação das pessoas para promover a ação empresarial – tem dois propósitos principais[31]:

1. Proporcionar informação e compreensão necessárias para que as pessoas possam conduzir-se nas suas tarefas.

2. Proporcionar as atitudes necessárias que promovam a motivação, a cooperação e a satisfação nos cargos.

Esses dois propósitos, em conjunto, promovem um ambiente que conduz a um espírito de equipe e a um melhor desempenho nas tarefas.

Comunicações formais e informais

Existem numerosas formas e tipos de comunicações que são agrupados e classificados em várias categorias para estudo, análise, explicação e comparação. Do ponto de vista do estilo e padrão de fluxo organizacional, as comunicações podem ser classificadas em formais e informais. Nas comunicações formais a mensagem é enviada, transmitida e recebida por meio de um padrão de autoridade determinado pela hierarquia da empresa, comumente denominado cadeia de comando. Todavia, a maior parte da comunicação intercambiada dentro de uma empresa se faz de maneira informal. As comunicações informais ocorrem fora dos canais formais de comunicação e por meio de formato oral ou escrito. O sistema de comunicação informal dentro de uma empresa é denominado "cacho de uva" pelo seu aparente crescimento e desenvolvimento casual em cadeias de segmentos por meio de grupos sociais.

Comunicações orais e escritas

As mensagens podem ser transmitidas de diferentes formatos. Elas podem ser orais ou escritas, isto é, as comunicações interpessoais são feitas no formato falado ou escrito. Como uma grande porcentagem da interação humana ocorre por meio desses dois formatos, os estudos concentram-se nas vantagens e desvantagens dessas duas formas de comunicação. Muitos indivíduos preferem a intimidade da comunicação oral, enquanto outros preferem acurácia e precisão da comunicação escrita. Todavia, tempo, custo, rapidez, preferências pessoais, habilidades individuais, recursos disponíveis e outras considerações servem como critérios de decisão para a escolha de um desses dois tipos de comunicação.

Comunicações descendentes, ascendentes e laterais

Em toda empresa existe uma complexa combinação de meios de comunicações pelos quais elas transitam e se propagam. Conforme o fluxo direcional dentro da empresa, as comunicações podem ser classificadas como descendentes, ascendentes e laterais.

1. As comunicações descendentes – aquelas que fluem de cima para baixo – incluem intercâmbio de informação face a face entre chefe e subordinado ao longo da cadeia de comando, relatórios administrativos, manuais de políticas e de procedimentos, jornais internos da empresa, cartas e circulares aos empregados, relatórios escritos sobre desempenho, manuais de empregados, etc. As comunicações descendentes se prestam mais às informações que não apresentam controvérsias e quando o propósito é mais informativo do que persuasivo.
2. O fluxo ascendente utilizado na maioria das empresas envolve memorandos escritos, reuniões grupais entre empregados, conversas informais com superiores, além de outras técnicas adicionais como relatórios de desempenho, planos de sugestões, pesquisas de opinião, etc.
3. O fluxo lateral ou horizontal de comunicações é uma das formas de fluxo de informação organizacional mais cruciais. Virtualmente, todo contato de trabalho direto entre duas ou mais pessoas envolve comunicações laterais ou horizontais. Os intercâmbios de informação interdepartamental ou intercar-

gos ajudam a ligar e a unir os componentes de uma organização e servem como forças coordenadoras e integradoras dentro da estrutura empresarial.

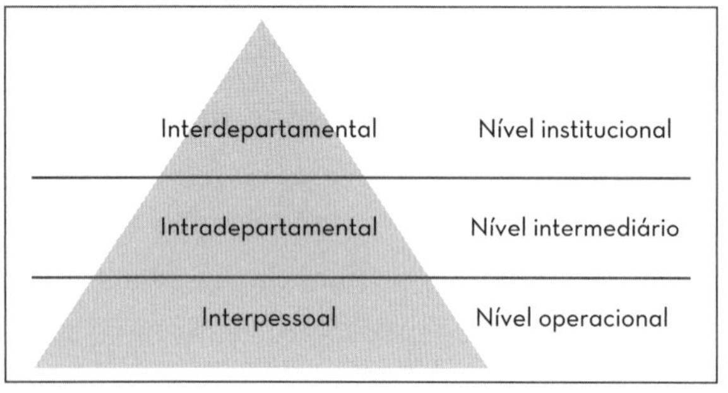

Figura 22 Comunicação nos diversos níveis da empresa.

Naturalmente, as comunicações descendentes, ascendentes e laterais podem ser orais ou escritas e podem ser formais ou informais quanto ao estilo ou padrão adotado pelo administrador. Contudo, é preciso lembrar que este passa a maior parte do seu tempo comunicando-se com superiores, subordinados e pares fazendo não somente comunicação interna, como também comunicação externa. Tudo o que o administrador decide é transmitido por meio da comunicação. Assim, a comunicação é uma das principais tarefas e desafios do administrador moderno. Afinal, como dizia o finado Chacrinha: "quem não se comunica, se estrumbica".

Bate-bola: como melhorar a comunicação do administrador?

Discuta com seus colegas a respeito do assunto e tente chegar a uma conclusão: como melhorar a comunicação do administrador?

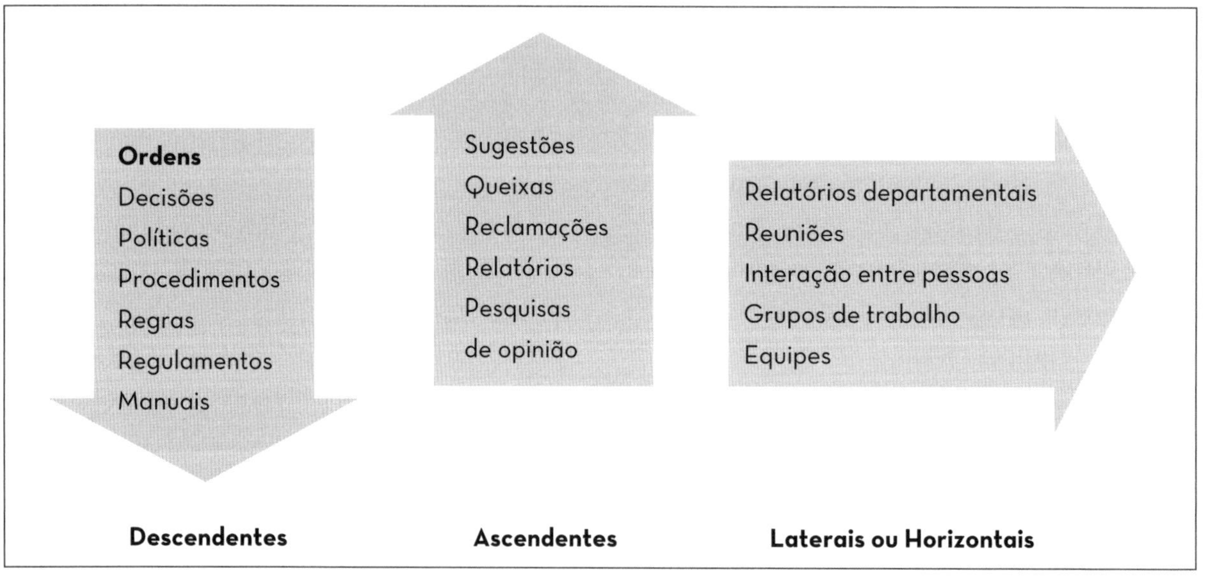

Figura 23 Fluxos direcionais de comunicações[32].

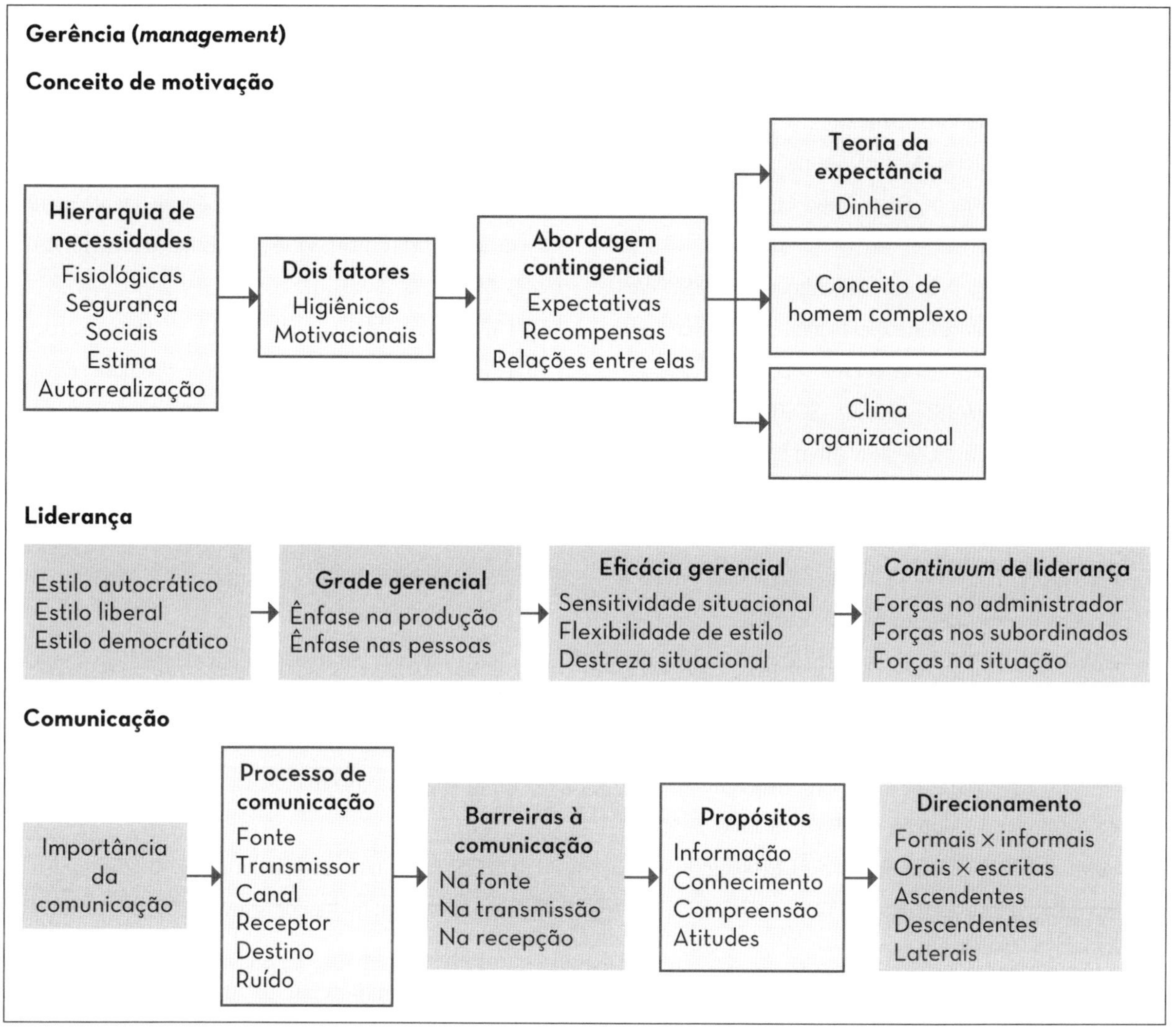

Figura 24 Mapa mental deste capítulo.

Referências bibliográficas

1. ROBBINS, S. P. *Administração: mudanças e perspectivas*, São Paulo, Saraiva, 2008. p. 342.
2. LEWIN, K. *Topological psychology*, Nova York, McGraw-Hill, 1942.
3. LEAVITT, H. J. *Managerial psychology*, Chicago, The University of Chicago, 1988. p. 12.
4. CHIAVENATO, I. *Recursos humanos: o capital humano das organizações*, Rio de Janeiro, Elsevier/Campus, 2007. p. 81.
5. MASLOW, A. H. *Motivation and personality*, Nova York, Harper & Row, 1962.
6. HERZBERG, F. *Work and nature of man*, Cleveland, The World, 1961.
7. SIKULA, A. F. *Personel administration and human resources management*, Nova York, John Wiley & Sons, 1976. p. 88.
8. DAVIS, K. *Human behavior at work*, Nova York, McGraw-Hill, 1972. p. 59.
9. VROOM, V. H. *Work and motivation*, Nova York, John Wiley & Sons, 1964.
10. LAWLER III, E. E. *Pay and organizational effectiveness*, Nova York, McGraw-Hill, 1971.

11. LOCKE, E. A. "Toward a theory of task motivation and incentives", *Organizational behavior and human performance*, May 1968, p. 157-89.
12. LOCKE, E. A.; LATHAM, G. O. *A theory of goal setting and task performance*, Englewood Cliffs, NJ, Prentice Hall, 1990.
13. ADAMS, J. S. Inquiry in social exchanges. In: BERKOWITZ L. (ed.). *Advances in experimental social psychology*, Nova York, Academic Press, 1965. p. 267-300.
14. WAISTER, E.; WAISTER G. W.; SCOTT, W. G. *Equity*: theory and research, Boston, Allyn & Bacon, 1978.
15. KOTTER, J. P. *A force for change*: how leadership differs from management, Nova York, Free Press, 1990.
16. KOTTER, J. P. "What leaders really do", *Harvard Business Review*, May-June 1990, p. 103-11.
17. LEWIN, K.; LIPPITT R.; WHITE, R. K. "Patterns of aggressive behavior in experimentally created social climates". *Journal of Social Psychology*, 1938, v. 10.
18. LIPPITT, R.; WHITE, R. K. An experimental study of leadership and group life. In: SWANSON, G. E.; NEWCOMB, T. M.; HARTLEY, E. L. (orgs.). *Readings in social psychology*, Nova York, Holt, 1952.
19. LIKERT, R. *Novos padrões de administração*, São Paulo, Pioneira, 1971, p. 20-3.
20. HUNTER, J. C. *O monge e o executivo*: uma história sobre a essência da liderança, Rio de Janeiro, Sextante, 2004.
21. BLAKE, R. R.; MOUTON, S. *A estruturação de uma empresa dinâmica através do desenvolvimento organizacional do tipo* grid, São Paulo, Edgard Blücher, 1972.
22. REDDIN, W. J. *Eficácia gerencial*, São Paulo, Atlas, 1975.
23. BLAKE, R. R.; MOUTON, J. S. O grid gerencial, São Paulo, Pioneira, 1976. p. 10.
24. BLAKE, R. R.; MOUTON, J. S. *A estruturação de uma empresa dinâmica através do desenvolvimento organizacional do tipo* grid, São Paulo, Edgard Blücher, 1972. p. 65-7.
25. TANNENBAUM, R.; S CHMIDT, W. H. "How to choose a leadership pattern", *Harvard Business Review*, March-April 1958, v. 36, p. 96.
26. COVEY, F. *Os sete hábitos das pessoas muito eficientes*, São Paulo, Best Seller, 1989.
27. DAVIS, K. *Human relations at work*: the dynamics of organizational behavior, Nova York, McGraw-Hill, 1972, p. 323-4.
28. CHIAVENATO, I. *Introdução à teoria geral da administração*, Rio de Janeiro, Elsevier/Campus, 2011.
29. DUBRIN, A. J. *Fundamentals of organizational behavior*: an applied perspective, Nova York, Pergamon, 1974. p. 281.
30. DAVIS, K. *Human relations at work*: the dynamics of organizational behavior, Nova York, McGraw-Hill, 1972, p. 319.
31. DAVIS, K. Human relations at work, *Human relations at work*: the dynamics of organizational behavior, Nova York, McGraw-Hill, 1972, p. 320-1.
32. SIKULA, A. F. Personnel administration and human resources management, Nova York, John Wiley & Sons, 1976. p. 101.

CAPÍTULO 15

Supervisão

Objetivos deste capítulo

- Delinear a supervisão como função administrativa de direção no nível operacional das empresas.
- Caracterizar a supervisão de primeira linha das empresas.
- Discutir a importância das equipes no sucesso do supervisor.

Supervisão representa a função de direção exercida no nível operacional da empresa. Os supervisores são os administradores que dirigem atividades de pessoas não administrativas, isto é, de pessoas que não exercem funções administrativas na empresa. O termo supervisão é usado tradicionalmente para designar a atividade de direção imediata das atividades dos subordinados localizados nos níveis não administrativos, algo como assistência à execução. Nesse sentido, a supervisão pode ocorrer em todos os níveis da empresa, desde que haja um acompanhamento mais próximo e imediato do superior sobre o trabalho da equipe de subordinados. Neste capítulo, será adotado um conceito mais restrito de supervisão, enquadrando-a como a função de direção que ocorre no nível operacional da empresa. É o que se chama de supervisão de primeiro nível, por se tratar do escalão administrativo mais baixo e elementar da hierarquia da empresa. Os supervisores de primeiro nível encarregam-se da responsabilidade de direção do trabalho do pessoal não administrativo da empresa, que é incumbido da execução pura e simples das tarefas e operações da empresa.

Em geral os supervisores ocupam cargos com denominações que variam conforme a empresa: supervisores de seção, encarregados de turma, chefes de setor, mestres, contramestres, etc. Ou ainda recebem o nome de líderes de equipes ou coordenadores de grupos. Existem supervisores nas áreas financeira, mercadológica, tecnológica, de produção, de recursos humanos, etc. É um engano pensar que os supervisores de primeiro nível estejam alocados unicamente no nível operacional da área de produção.

A especialização leva as pessoas a desenvolverem diferentes orientações de trabalho por causa do seu ambiente de trabalho. A pessoa que trabalha em uma fábrica é geralmente orientada para o manuseio e a manipulação de coisas, enquanto um vendedor é orientado para o trabalho com pessoas e o especialista em propaganda cria e comunica ideias. Essas são as três principais orientações de trabalho: pessoas, coisas e ideias. A orientação de trabalho de uma unidade ou equipe tende a determinar a maneira pela qual os administradores julgam os problemas humanos e de produção de suas áreas.

Os supervisores de primeira linha lidam com o pessoal não administrativo que executa tarefas especializadas ou fragmentadas. Geralmente, isso provoca a perda da visão de conjunto e o que ocorre é uma orientação voltada para aspectos locais e imediatos do trabalho. À medida que se desce na escala administrativa, a especialização vai tomando o espaço da generalização.

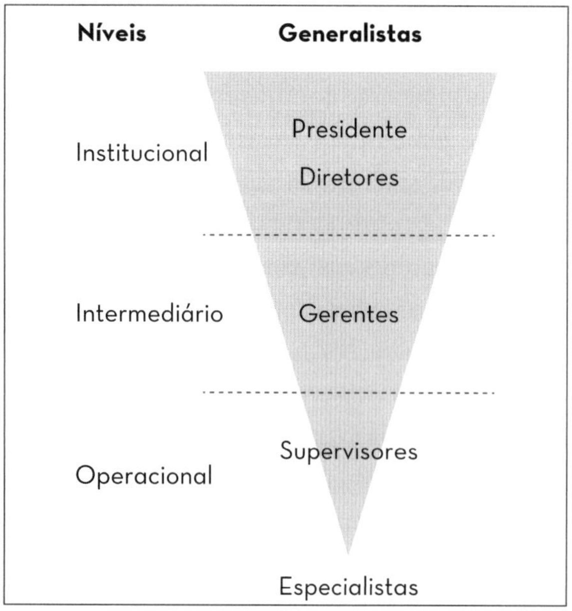

Figura 1 Gradativo bitolamento generalização-especialização.

Como administradores de primeira linha, os supervisores são diretamente responsáveis pelas operações diárias de um grupo de pessoas não administrativas da empresa, qualquer que seja a área envolvida. Em suma, os supervisores não dirigem as atividades de outros administradores, mas de executores.

Bate-bola: para que serve o supervisor?

Discuta com seus colegas a respeito do assunto e tente chegar a uma conclusão: para que serve o supervisor?

- Tomar conta das pessoas que fazem parte da operação.
- Representar a direção da empresa frente aos executores.
- Alcançar eficiência por meio de sua equipe.
- Melhorar a produtividade da base.

CARACTERÍSTICAS DA SUPERVISÃO

A principal característica da supervisão de primeira linha é o fato de dirigir o trabalho de pessoal não administrativo no nível operacional da empresa. Seja no escritório, na fábrica ou na loja, o pessoal operacional trabalha em atividades de execução com qualificação variável e, em geral, requerendo treinamento e desenvolvimento por meio de ações educacionais da empresa. A supervisão cuida basicamente da execução das atividades operacionais, cotidianas e quase sempre repetitivas e cotidianas. Nesse nível, o trabalho é geralmente planejado e organizado de maneira sequencial e rotineira com vistas à eficiência, predominando os cuidados sobre qualidade e produtividade.

Outras características importantes da supervisão são[1]:

1. Representa a administração frente ao pessoal não administrativo: o supervisor representa a empresa e sua administração frente ao pessoal de execução e operação, pois é ele que aplica as regras, os regulamentos, os procedimentos, as políticas e as diretrizes vindas de cima para baixo. Assim, quando os funcionários e operários pensam na administração, eles têm o supervisor como o ponto de referência mais próximo e imediato. Quando a administração encarrega o supervisor de representar com precisão as filosofias, políticas e diretrizes da empresa, ela lhe impõe uma difícil tarefa, pelo fato de que muito raramente o supervisor participa nas principais decisões que afetam as pessoas que ele diretamente dirige. Assim, quase sempre trabalha como um escudo entre a administração e as pessoas que atuam nos níveis não administrativos.
2. Depende de perícia técnica: enquanto os administradores que estão nos níveis institucional e intermediário orientam-se mais para o planejamento, a organização e o controle, o supervisor precisa conhecer o trabalho que supervisiona com relativa profundidade e *expertise*. Como gasta a maior parte de seu tempo supervisionando e dirigindo as atividades de seus subordinados, ele precisa enfrentar e solucionar os problemas cotidianos e imediatos de sua área, o que requer que o supervisor seja perito e conhecedor das tarefas especializadas desempenhadas pelos seus subordinados. O supervisor de primeira linha precisa de considerável habilidade técnica para instruir, capacitar, desenvolver, dirigir e avaliar técnicos e demais subordinados.
3. Comunica-se em duas linguagens: a comunicação é um problema crucial em todos os três níveis da empresa. Entretanto, para os supervisores de primeira linha a comunicação é um problema especial: enquanto os administradores de nível institucional e intermediário conversam com outros administradores acima e abaixo deles, os supervisores devem comunicar-se por meio de duas linguagens distintas – a linguagem dos administradores e a dos não administradores. As comunicações ascendentes são enviadas para o pessoal administrativo valendo-se de valores e de pontos de referência tipicamente administrativos, enquanto as comunicações descendentes são enviadas para o pessoal de execução e de operação, valendo-se de valores e de pontos de referência estritamente ligados às tarefas e às técnicas utilizadas e em uma linguagem mais adequada ao entendimento popular. Essas orientações diferentes exigem abordagens igualmente diferentes quanto à motivação, ao comportamento, aos valores e aos pontos de referência considerados.
4. Crise pessoal de identidade: os supervisores de primeira linha enfrentam uma enorme dificuldade quanto à sua identidade e à sua postura dentro da hierarquia da empresa. Não são executores (operários ou funcionários não administrativos), mas também não são aceitos como administradores pelos níveis mais elevados da organização. Muito embora um supervisor seja um administrador colocado no nível operacional, sua atividade, *status* e especialização são bastante diferentes porque ele dirige pessoal não administrativo, ou seja, pessoal de execução e operação. Por outro lado, muitos supervisores são promovidos e nomeados das fileiras de funcionários e operários com melhores avaliações, pairando sobre eles a ameaça implícita de retornarem ao seu *status* anterior caso seu desempenho não seja satisfatório. Isso faz com que seu *status* e segurança sejam vacilantes. Além do mais, funcionários e operários promovidos a supervisores encontram dificuldades em como se relacionar com seus subordinados, antigos colegas de trabalho ou companheiros de atividades informais. Se o supervisor tem dificuldade em ser aceito pelos níveis mais eleva-

dos, essa dificuldade também ocorre em relação aos seus subordinados. Daí a crise de identidade que ocorre entre os supervisores e o conflito de papéis dela decorrente. De um lado, predomina a orientação para a tarefa quando se relaciona com o nível de administradores ("faça com que este trabalho seja feito"); de outro, predomina a orientação para as relações quando se relaciona com os subordinados ("tratem-nos como seres humanos e considerem as nossas expectativas e sentimentos"). Diante dessas exigências opostas e de difícil compatibilização, os supervisores convivem com uma situação de conflito de papéis.

5. Autoridade restrita e limitada: nas empresas pequenas, os supervisores podem ter autoridade completa sobre sua área de atuação. E é o que acontecia décadas atrás. Hoje, porém, os supervisores apresentam um estilo menos autocrático do que seus predecessores para sobreviver às novas condições do mundo atual: devem adaptar-se às restrições e exigências impostas pelas convenções sindicais e aceitar o complicado sistema de apresentação de queixas e reclamações que as empresas implantam em benefício dos operários e dos funcionários. Os supervisores ficam na fatia do meio do sanduíche, recebendo pressões dos dois lados: de um lado representando os interesses da administração e da empresa e de outro lado representando os interesses dos funcionários subordinados.

TRABALHO EM EQUIPE

Embora se tenha tratado sobre equipe nos capítulos anteriores, é exatamente no nível operacional – isto é, na função de supervisão – em que se encontram os maiores problemas de formação e desenvolvimento de equipes. Trata-se de formar líderes de equipes nesse nível a partir de pessoas com baixa qualificação técnica e relacionamento humano. O supervisor deve estar capacitado a construir equipes de trabalho e fazê-las trabalhar com gradativos e maiores níveis de excelência. Para tanto deve ter em mente que toda equipe deve possuir um conjunto de participantes capazes de contribuir com habilidades e competências diferentes necessárias para o alcance dos objetivos. O ideal seria uma equipe dotada de todas as habilidades e competências necessárias ao seu sucesso. Como cada membro não tem condições de possuir todas as habilidades e competências, torna-se importante que a equipe como um todo tenha todas elas distribuídas entre seus participantes. Em outras palavras, a equipe deve ser constituída por pessoas com diferentes competências que, no conjunto, sejam essenciais ao cumprimento da tarefa e ao alcance de objetivos. O ideal é que cada um dos membros da equipe possua uma ou mais dessas competências de modo que no conjunto a equipe tenha todas elas. Isso significa diversidade: as situações e os problemas são vistos e abordados por vários ângulos diferentes.

A roda da equipe

Margerison e McCann sugerem uma roda da equipe na qual existem nove fatores de desempenho que precisam estar presentes em toda equipe[2]:

1. Assessoria: fator relacionado com dar e receber informação. Cada membro deve verificar o que os outros estão fazendo em sua atividade e assegurar que estão utilizando as melhores práticas. A informação é obtida por relatórios, reuniões, artigos, livros ou mesmo conversando com outras pessoas. O assessor é também chamado reportador e faz com que todos os membros da equipe sejam informados, para que possam analisar situações e tomar as decisões adequadas.

2. Inovação: fator relacionado com a criação e a experimentação de novas ideias. A inovação é um aspecto-chave do trabalho em equipe e envolve a maneira como as coisas são feitas. A inovação é essencial para a melhoria contínua do trabalho da equipe. O inovador traz criatividade para a equipe, novas ideias e novos conceitos. Se as pessoas não estão atualizadas em suas práticas, a estrutura de custos aumenta e prejudica a competitividade.
3. Promoção: fator relacionado com a identificação e a exploração de oportunidades. Para conduzir o trabalho, as pessoas precisam obter recursos, como dinheiro, equipamento, etc. E para tanto, precisam vender o que estão fazendo para as outras pessoas. Recursos para implementar novas ideias somente são obtidos se a equipe consegue persuadir e influenciar as pessoas em níveis mais elevados na organização. O promotor também é chamado explorador e toma as novas ideias e conceitos do inovador e os vende dentro e fora da organização. Advoga a mudança e as novas oportunidades que ela traz.
4. Desenvolvimento: fator relacionado com a avaliação e o teste de aplicabilidade de novas abordagens. Muitas ideias não decolam por serem pouco práticas. O desenvolvimento assegura que as ideias sejam moldadas e configuradas para atender às necessidades dos clientes ou usuários. Envolve ouvir quais são as necessidades e incorporá-las aos planos. O desenvolvimento assegura que se está tentando fazer o possível apesar das restrições existentes na organização.
5. Organização: fator relacionado com o estabelecimento e a implementação das maneiras de trabalhar. Objetivos claros devem ser definidos e deve-se implementar a ação necessária para assegurar resultados no tempo e no custo. O organizador enfatiza a ação e faz com que as coisas aconteçam de maneira que todos saibam o que fazer, como e quando.
6. Produção: fator relacionado com a conclusão e a entrega de resultados. A partir da definição dos planos e de sua execução, a equipe pode concentrar-se na produção. Essa atividade focaliza a entrega do produto ou serviço em uma base regular e de acordo com os padrões de eficiência e eficácia. O produtor é uma pessoa prática que conduz as coisas até o fim. Sua força está em executar planos e alcançar metas e resultados de maneira ordenada e controlada.
7. Inspeção: fator relacionado com o controle e a auditoria dos sistemas de trabalho. Verificações regulares das atividades – como auditorias de qualidade dos produtos, serviços e processos, análises financeiras, avaliação de custos, segurança, produtividade, etc. – são essenciais para assegurar que erros sejam evitados. O inspetor é também chamado de controlador e é uma pessoa reflexiva e analítica que focaliza detalhes do trabalho de maneira cuidadosa e meticulosa.
8. Manutenção: fator relacionado com a salvaguarda de padrões e processos. Toda equipe precisa seguir padrões e manter processos eficazes de trabalho e pode falhar se os processos não forem regularmente verificados e mantidos. O mantenedor assegura que processos de qualidade sejam submetidos a revisões regulares para que a eficiência da equipe seja aumentada.
9. Ligação: fator relacionado com a coordenação e a integração do trabalho dos mem-

bros da equipe. O relacionador ou pessoa de ligação assegura que todos os membros trabalhem em conjunto e que façam a diferença entre um grupo de indivíduos e uma equipe altamente eficiente e eficaz. Cobre a ligação de pessoas e a ligação de tarefas. Em geral, isso ocorre juntamente com outros papéis da roda.

Equipes eficazes demonstram foco em todos os nove fatores. Em geral, elas possuem membros que atuam como assessores, outros como inovadores, promotores, desenvolvedores, organizadores, integradores, etc. Os oito fatores arranjados ao redor do centro da roda de trabalho em equipe mostram as funções da equipe de trabalho e apresentam independência estatística relativa. O nono fator - o de ligação (atuar como interligador e relacionador) - colocado no centro da roda da Figura 2 é uma característica compartilhada com as outras oito funções no sentido de integrar e inter-relacionar. É o papel de juntar as competências e extrair resultados multiplicados.

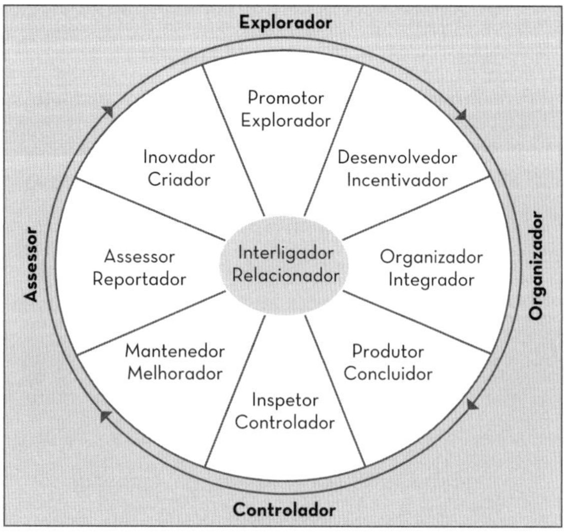

Figura 2 Roda de trabalho em equipe[3].

No modelo da roda, as funções adjacentes estão mais próximas entre si enquanto as mais distantes entre si requerem diferentes competências. O trabalho do promotor requer habilidades, capacidades e preferências que são diferentes daquelas requeridas pelo inspetor. Cada equipe de trabalho pode ser classificada por meio de uma combinação de áreas. A roda também permite medir o desempenho da equipe. O perfil de desempenho da equipe proporciona uma avaliação do desempenho coletivo oferecendo uma linguagem comum para compreender os fatores críticos do desempenho elevado. Funciona também como um catalisador para o desenvolvimento da equipe e melhoria de sua eficácia, habilitando os membros a focalizar áreas que requeiram ação integrada. É uma ferramenta excelente para o processo de desenvolvimento de equipes, pois permite um instrumental para mudar as maneiras pelas quais a equipe trabalha, desenvolvendo uma nova visão e propósitos.

Tipos de equipes

A substituição do conceito de cargos pelo conceito de equipes está se tornando uma das peças centrais para a flexibilização do processo produtivo das empresas[4]. Foi visto que a equipe é um agrupamento de pessoas com diferentes responsabilidades funcionais para o alcance de objetivos previamente definidos e que gozam de certa autonomia decisória e multifuncionalidade no trabalho. A equipe veio substituir a velha estrutura verticalizada por uma estrutura mais horizontalizada. Essa desverticalização e descentralização está trazendo melhores resultados também no nível operacional.

Os principais tipos de equipes no nível operacional são:

- Equipes operacionais: são formadas por membros de diferentes áreas funcionais (como produção, manutenção, qualidade, tecnologia e logística) para integrar o processo produtivo. São equipes que envolvem todas as competências e habilidades necessárias para uma determinada atividade, o que proporciona relativa autonomia e independência no processo produtivo.

- Equipes abertas: são formadas aleatoriamente de acordo com a necessidade de um novo projeto a ser executado. Nesde sentido, confundem-se com forças-tarefa destinadas a cumprir determinadas missões específicas e que, alcançado a meta ou objetivo, são dispersas.
- Células de produção: constituem estruturas que integram mais de uma equipe operacional e que compartilham as mesmas atividades funcionais sob a coordenação de um líder de célula. As células de produção estão substituindo cada vez mais as tradicionais linhas de montagem no nível operacional e oferecendo melhores resultados.

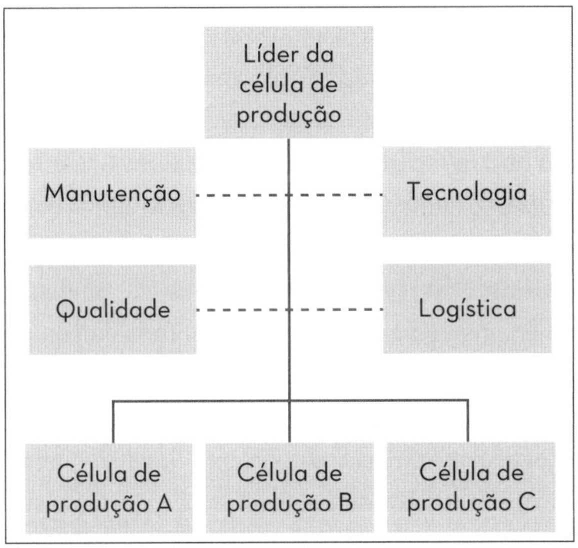

Figura 3 Exemplo de célula de produção.

Equipes de alto desempenho

O supervisor deve criar e construir equipes bem-sucedidas capazes de apresentar as seguintes características[5]:

1. Compromisso com objetivos compartilhados.
2. Consenso na tomada de decisões.
3. Comunicação aberta, franca e honesta.
4. Liderança compartilhada entre todos.
5. Clima de cooperação, colaboração, confiança e apoio.
6. Valorização das pessoas pela sua diversidade e diferenças individuais.
7. Reconhecimento do conflito e de sua resolução positiva do tipo ganha-ganha.

Todos esses aspectos são importantes para que as equipes alcancem um desempenho acima da média. Tudo isso leva o supervisor a adotar além de sua tradicional postura técnica, uma postura humana. A velha ênfase na produção passa a conviver com a nova ênfase nas pessoas. E qual das duas ênfases deve predominar? Na verdade, cada uma determina a outra e cada uma depende da outra. O balanço entre as duas ênfases passa a ser um dos principais desafios do supervisor. Assim, é necessário preparar e formar o supervisor para os novos tempos.

Construção de equipes

Não é fácil construir uma equipe de trabalho de alto desempenho. O supervisor deve considerar quatro aspectos fundamentais para criar e desenvolver uma equipe capaz de levá-lo às alturas[1]:

1. Escolha da equipe: o primeiro cuidado é a escolha das pessoas para a composição da equipe. Trata-se de selecionar quais serão os membros da equipe de modo que ela possua todas as competências, habilidades e conhecimentos necessários ao seu trabalho. O supervisor deve sempre estar atento à composição de sua equipe. O trabalho rotineiro e repetitivo requer um tipo de

equipe, enquanto o trabalho criativo e inovador exige uma composição completamente diferente de competências. Para escolher os integrantes de sua equipe, o supervisor deve saber entrevistar, testar e avaliar candidatos e compará-los no sentido de escolher os mais adequados à atividade que deve supervisionar.

2. Modelagem do trabalho da equipe: o segundo cuidado é definir a atividade da equipe e distribuir de maneira balanceada o trabalho entre os membros. A maneira de modelar o trabalho certamente vai aumentar ou reduzir os contatos e interações entre os membros. O ideal é alcançar elevada conectividade entre os membros da equipe de modo a permitir relacionamentos e interações constantes. Em suma, o trabalho deve ser mais coletivo e menos individual. Para isso, o supervisor deve distribuir as atividades de acordo com as características de cada membro de sua equipe de trabalho de modo que consiga casar as competências de cada membro da equipe com as exigências do trabalho a ser efetuado.
3. Preparação da equipe: o terceiro cuidado é o treinamento e a capacitação da equipe. A preparação da equipe – como em um time de futebol – deve ser um aspecto constante e permanente. Todos os membros precisam estar sempre afiados para a atividade a ser cumprida, principalmente quando ela sofre mutações e desdobramentos. Para tanto, todos os membros precisam ter os conhecimentos, as habilidades e as competências necessárias e precisam ser constantemente treinados e avaliados pelo supervisor. Nesse sentido, o supervisor deve ser um *coach*, isto é, preparador, treinador, orientador, avaliador e impulsionador da equipe como um todo.
4. Condução da equipe: o quarto cuidado está na liderança da equipe. O supervisor deve ajudar a definir metas e objetivos a serem alcançados, meios e recursos para chegar lá, acompanhamento e orientação e muita ajuda, retaguarda e apoio incondicional à equipe. Isso requer facilidade de relacionamento, comunicação e liderança.
5. Motivação e recompensas à equipe: o quinto cuidado está em manter o clima e o entusiasmo da equipe. O supervisor deve motivar constantemente a equipe, proporcionar reconhecimento imediato e oferecer recompensas à equipe pelo alcance das metas e objetivos definidos.

Contudo, todos esses cuidados precisam levar a resultados concretos. Sabe-se que hoje a administração não é somente desempenho, boa vontade ou dedicação. É muito mais. Na verdade, administração significa oferecer resultados. O administrador, de qualquer nível – seja supervisor, gerente ou dirigente –, é avaliado pelos resultados concretos que entrega. Por essa razão, o administrador precisa focar a missão da empresa (o que somos como empresa) e, portanto, ser um verdadeiro missionário na condução da equipe. Deve constantemente lembrar aos membros da equipe qual é a missão da empresa. Também precisa focar a visão de futuro da empresa (o que se quer ser como empresa) e, portanto, ser um verdadeiro visionário na condução da equipe. Deve lembrar aos membros da equipe qual é a visão de futuro da empresa. E precisa focar os objetivos globais da empresa (onde queremos chegar como empresa) e, portanto, atuar com visão proativa e antecipatória. E, além de tudo, focar sua equipe de trabalho (com quem vamos contar para o trabalho), portanto, atuar como gestor de equipes. A Figura 4 ilustra de forma sintetizada de todos esses cuidados.

O supervisor precisa trabalhar em equipe e com equipes. Para tanto, deve saber construir e formar equipes que possuam meios para alcançar excelência no desempenho. Essa deve ser sua competência principal.

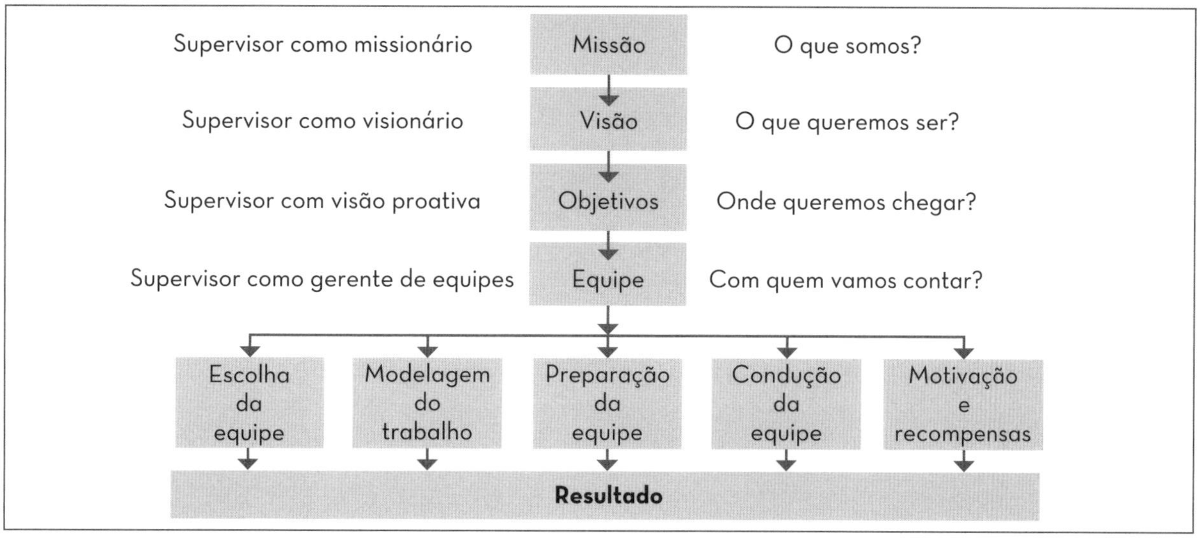

Figura 4 Atuação do administrador - seja supervisor, gerente ou diretor.

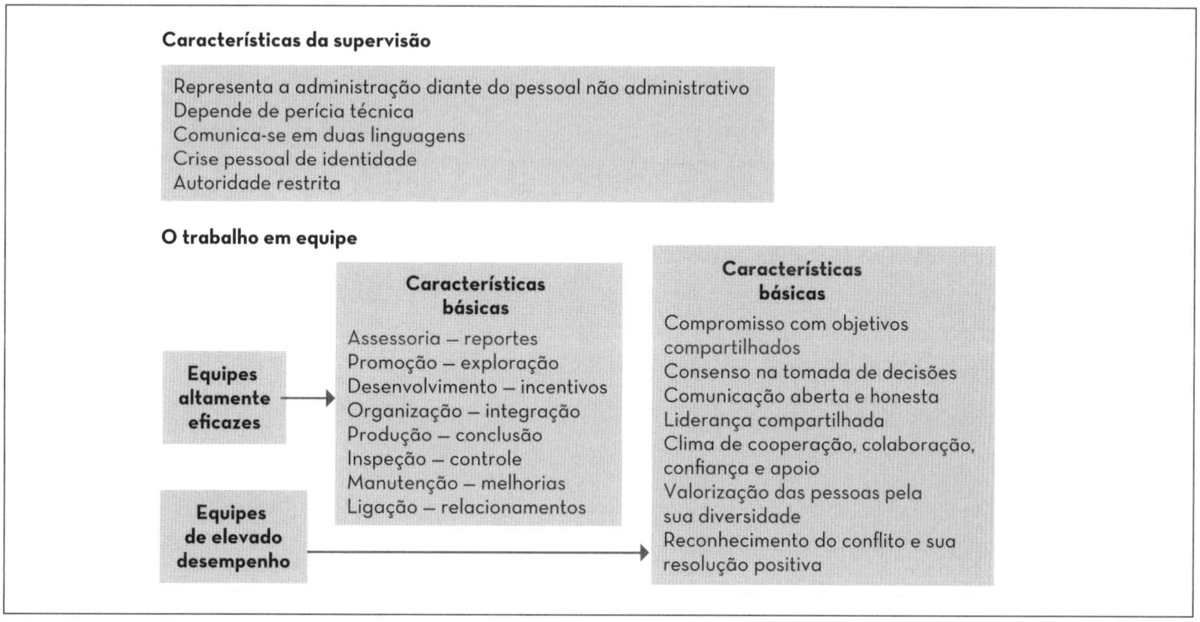

Figura 5 Mapa mental deste capítulo.

Referências bibliográficas

1. CHIAVENATO, I. *Introdução à teoria geral da administração*, Rio de Janeiro, Elsevier/Campus, 2011.
2. MARGERISON C. J.; MCCANN D. J. *Team management*: practical new approaches, Londres, Management Books 2000.
3. MARGERISON C. J.; MCCANN D. J. *High energy teams workbook*, Londres, Management Books, 2000.
4. DRUCKER P. F. *A profissão de administrador*, São Paulo, Pioneira, 1998.
5. ARNOLD V. "Making teams work" *HRFocus* 73, n. 2, February 1996, p. 12-3.

Parte VI

CONTROLE DA AÇÃO EMPRESARIAL

Foi visto nos capítulos anteriores que o processo administrativo é um sistema aberto e cíclico de planejamento, organização, direção e controle. Todas essas funções administrativas estão intimamente ligadas entre si: são interdependentes e interagentes. O todo deve ser sinérgico, isto é, deve ser maior do que a soma de suas partes. Assim, todas as funções administrativas devem se reforçar de maneira mútua e recíproca para alavancar resultados em seu conjunto.

A função de controle está relacionada com as outras funções do processo administrativo: planejamento, organização e direção repercutem nas atividades de controle da ação empresarial. Muitas vezes torna-se necessário modificar o planejamento, a organização ou a direção para que os sistemas de controle possam ser mais eficientes e eficazes. O segredo está no conjunto, isto é, no processo administrativo como uma totalidade.

Embora menos envolvente do que as demais funções administrativas, o controle representa uma contraparte de todas elas. O controle propicia a mensuração e a avaliação dos resultados da ação empresarial obtida a partir do planejamento, da organização e da direção. Nenhum plano está completo e acabado até que se tenham elaborado os meios para avaliar seus resultados e consequências. Um plano sem o correspondente controle é o mesmo que tentar dirigir um automóvel sem freios. Enquanto o carro tem uma velocidade razoável, tudo bem, mas quando se precisa reduzi-la por alguma razão, o controle não funcionará. O administrador eficaz precisa juntar o controle ao planejamento, à organização e à direção da ação empresarial para adequar a totalidade do processo administrativo aos resultados que se pretende alcançar.

A palavra controle tem várias conotações e seu significado depende da função ou da área em que é aplicada. A palavra controle pode ser entendida como[1]:

1. Função administrativa: faz parte do processo administrativo, como o planejamento, a organização e a direção.
2. Sistema automático de regulação: utilizado no intuito de manter automaticamente um grau constante de fluxo ou de funcionamento de um sistema. É o caso do processo de controle automático em refinarias de petróleo, indústrias químicas e petroquímicas caracterizadas pelo processamento contínuo e automático da produção. O mecanismo de controle mantém a regularidade do processamento por meio da detecção e da correção de possíveis desvios ou irregularidades para proporcionar automaticamente a regulação necessária para voltar à normalidade. Quando algo está sob controle, significa que está dentro da normalidade. Nesse sentido, o controle é entendido como um sistema automático utilizado para certas tarefas reguladoras, como é o caso do *controller* que acompanha e baliza o desempenho empresarial ao controlar e orientar as decisões financeiras.
3. Função restritiva e coercitiva de um sistema: para manter os participantes dentro dos padrões desejados e evitar qualquer desvio. É o caso do controle de frequência e expediente do pessoal para evitar possíveis abusos quanto a horários de trabalho. Há uma imagem popular de que a palavra controle está associada a algum aspecto negativo. Nas organizações e na sociedade, a palavra é interpretada no sentido de restrição, coerção, delimitação, direção, reforço, manipulação e inibição. É o caso da disciplina em muitas empresas: existem regras e regulamentos que devem ser obedecidos, e o controle funciona como ação disciplinar ou corretiva para evitar abusos quanto a comportamentos.

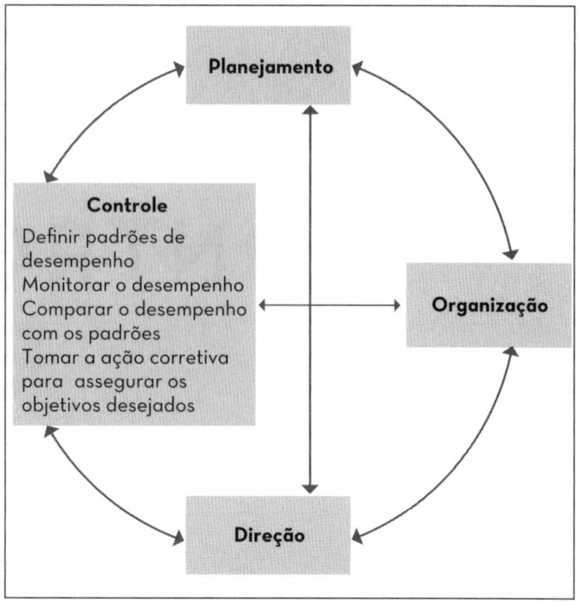

Figura 1 Controle dentro do processo administrativo[2].

Variedade de significados da palavra controle

Existem ainda várias outras conotações para a palavra controle:

- conferir ou verificar;
- regular;
- comparar com um padrão;
- exercer autoridade sobre alguém (dirigir ou comandar);
- frear ou cercear.

A administração geralmente cria mecanismos para controlar todos os aspectos possíveis das operações da organização. Os controles podem ser usados para[3]:

1. Padronizar o desempenho por meio de inspeções, supervisão, procedimentos escritos ou programas de produção.

2. Proteger os bens organizacionais de desperdícios, roubos e abusos, por meio de exigência de registros escritos, procedimentos de auditoria e divisão de responsabilidades.
3. Padronizar a qualidade de produtos e serviços oferecidos pela empresa, por meio de treinamento de pessoal, inspeções, controle estatístico de qualidade e sistemas de incentivo.
4. Limitar a quantidade de autoridade: que está sendo exercida pelas várias posições ou pelos níveis organizacionais, por meio de descrições de cargos, diretrizes e políticas, regras e regulamentos e sistemas de controle.
5. Medir e dirigir o desempenho das pessoas por meio de sistemas de avaliação do desempenho do pessoal, supervisão direta, vigilância e registros, incluindo informações sobre produção por empregado ou perdas com refugos por empregados, etc.
6. Como meios preventivos para o alcance dos objetivos organizacionais por meio da articulação de objetivos em um planejamento, pois os objetivos ajudam a definir o escopo apropriado e a direção do comportamento das pessoas para o alcance dos resultados desejados.

Isso mostra que o controle apresenta uma enorme variedade de formas e de conteúdos, apresentando características diferentes em cada organização ou em cada área, ou ainda em cada nível organizacional.

No fundo, todas essas conotações constituem certos aspectos específicos – alguns até negativos – a respeito do controle. Nesta parte do livro será tratado o controle sob o primeiro ponto de vista, ou seja, o controle como a quarta função administrativa, a qual depende do planejamento, da organização e da direção para formar o processo administrativo.

A ênfase no controle

Durante quase toda a Era Industrial, a Administração enfatizava e privilegiava o controle. Administrar era quase o mesmo que controlar. O planejamento embutia em si mesmo boa dose de controle para que ele pudesse ser executado em todos os seus detalhes. A organização era uma composição de órgãos e cargos articulados e estruturados para garantir o controle sobre os participantes. A própria direção também priorizava o controle das chefias sobre seus subordinados. Tudo era controlado para que os planos previamente estabelecidos fossem executados à risca.

A Era da Informação se incumbiu de modificar todo esse *status quo*. Hoje, o controle é uma função administrativa que não invade nem sobrepuja as demais. Em vez de controle externo - sinal inequívoco de fiscalização e vigilância cerrada -, existe o controle interno, aquele que está mais na cabeça das pessoas e não mais em esquemas de checagem e verificações externas antes tão comuns. O controle interno é alcançado quando as pessoas se conscientizam de que elas próprias devem se autocontrolar por meio da disciplina, da responsabilidade, da iniciativa própria e do compromisso pessoal para com a empresa. Isso faz parte da educação corporativa: a maneira pela qual a empresa educa seus participantes para a cidadania organizacional. E o que isso significa? Cada pessoa age como se fosse um cidadão da empresa, responsável pela sua continuidade e sucesso.

CONCEITO DE CONTROLE

A essência do controle consiste em verificar se a atividade controlada está ou não alcançando os resultados desejados. Quando se fala em resultados desejados, parte-se do princípio de que esses resultados foram previstos e precisam ser controlados. Assim, o controle pressupõe a existência de objetivos e planos, pois não se pode controlar sem planos que definam o que deve ser feito. O controle verifica se a execução está de acordo com o que foi planejado. Quanto mais complexos, definidos e coordenados forem os planos e quanto maior for o período de tempo envolvido, tanto mais complexo será o controle.

O sistema de controle deve incluir os seguintes aspectos essenciais[4]:

- Objetivo: o controle requer um objetivo, um fim predeterminado, plano, linha de atuação, padrão, norma, regra decisória, critério ou unidade de medida.
- Medição: o controle requer meio de medir a atividade desenvolvida. O que não se pode medir não se pode administrar.
- Comparação: procedimento para comparar tal atividade com o critério definido.
- Correção: algum mecanismo que corrija a atividade em curso para permitir que ela alcance os resultados desejados.

A finalidade do controle é assegurar que os resultados daquilo que foi planejado, organizado e dirigido estejam ajustados tanto quanto possível aos objetivos previamente estabelecidos. A essência do controle reside na verificação se a atividade controlada está ou não alcançando os objetivos ou resultados desejados. O controle consiste fundamentalmente em um processo que guia e monitora a atividade exercida para um fim previamente determinado.

Controles das atividades internas e externas da organização

O controle serve tanto para atividades internas da organização como para atividades externas (como relações com clientes e com acionistas e investidores, investimentos financeiros, projetos, fornecedores, terceirização, franquias, etc.). Também o relacionamento com o mercado (seja financeiro, de tecnologia e de abastecimento de matérias-primas) requer uma intensa atividade de controle e monitoração.

As evidências mostram que os controles internos mais encontrados nas organizações assemelham-se ao tipo informal. Quase sempre os controles são antecipadamente planejados, desenhados e organizados, mas pouco documentados, ou seja, pouco formalizados. Na maioria dos casos, os controles são dependentes de pessoas, e não de sistemas integrados, e nem sempre são estandardizados dentro da organização. Isso provoca problemas quando as pessoas são promovidas ou transferidas ou quando saem da organização e seus sucessores não assumem responsabilidades por procedimentos de controle. O treinamento formal e os programas de comunicação, bem como procedimentos de monitoração, podem resolver parcialmente o problema. No entanto, quase sempre o gerenciamento de riscos fica ao sabor do acaso.

Em resumo, alguns fatores internos podem afetar a maneira como a organização constrói seus controles internos:

- seu tamanho, ou seja, seu porte;
- o grau de centralização ou descentralização dos controles em suas operações;
- o grau em que políticas e procedimentos são bem definidos, conceituados, documentados e amplamente comunicados;

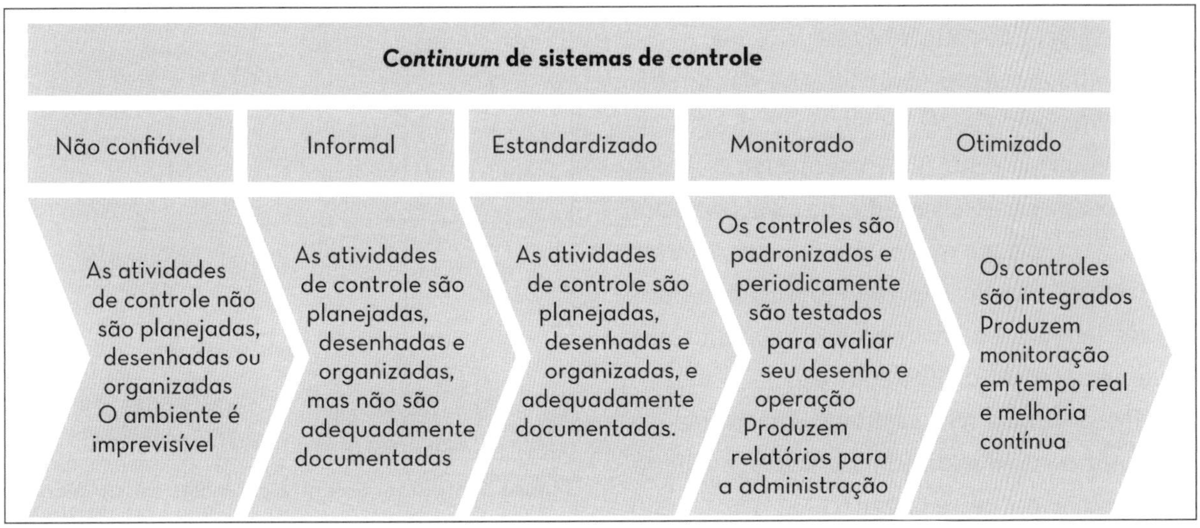

Figura 2 Grau de otimização dos controles.

- quando a organização terceiriza algumas funções do seu negócio para fornecedores externos que podem executá-las de maneira melhor e mais barata.

Toda organização leva em conta o fatores acima quando tenta construir ou incrementar seus controles internos.

ABRANGÊNCIA DO CONTROLE

O controle está presente em maior ou menor grau que quase todas as formas de ação empresarial. Os administradores – em todos os níveis organizacionais – passam parte de seu tempo observando, revendo e avaliando o desempenho de pessoas, métodos e processos, o funcionamento de máquinas e equipamentos, a qualidade de matérias-primas, produtos e serviços. Assim, os controles podem ser classificados de acordo com sua atuação nesses três níveis organizacionais – isto é, de acordo com sua esfera de aplicação – em três amplas categorias: nos níveis institucional, intermediário e operacional (Tabela 1).

Tabela 1 Controle nos três níveis da empresa[5]

Nível da empresa	Tipo de controle	Conteúdo	Tempo	Amplitude
Institucional	Estratégico	Genérico e sintético	Direcionado para o longo prazo	Macro-orientado Aborda a empresa como uma totalidade, como um sistema
Intermediário	Tático	Menos genérico e mais detalhado	Direcionado para o médio prazo	Aborda cada unidade da empresa (departamento) ou cada conjunto de recursos isoladamente
Operacional	Operacional	Detalhado e analítico	Direcionado para o curto prazo	Micro-orientado Aborda cada tarefa ou operação isoladamente

A finalidade do controle é assegurar que os resultados das estratégias, das políticas e das diretrizes (elaboradas no nível institucional), dos planos táticos (elaborados no nível intermediário) e dos planos operacionais (elaborados no nível operacional) ajustem-se tanto quanto possível aos objetivos previamente estabelecidos. Os três níveis de controle estão interligados e entrelaçados. Na prática, não existe uma separação nítida entre eles.

Nos próximos três capítulos será tratado o controle nos níveis institucional, no intermediário e no operacional, nessa ordem.

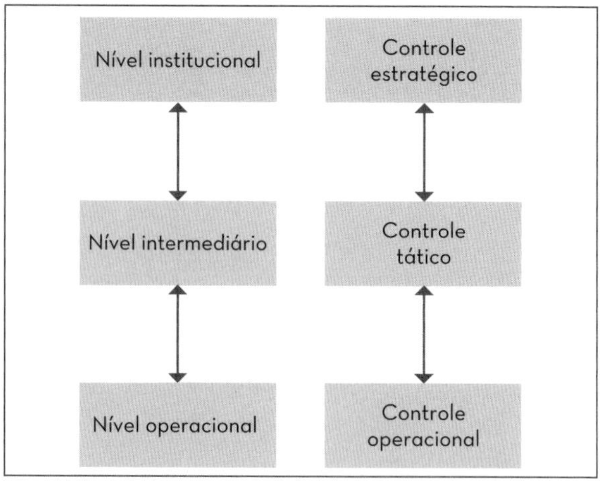

Figura 3 Interligação entre controles estratégico, tático e operacional[5].

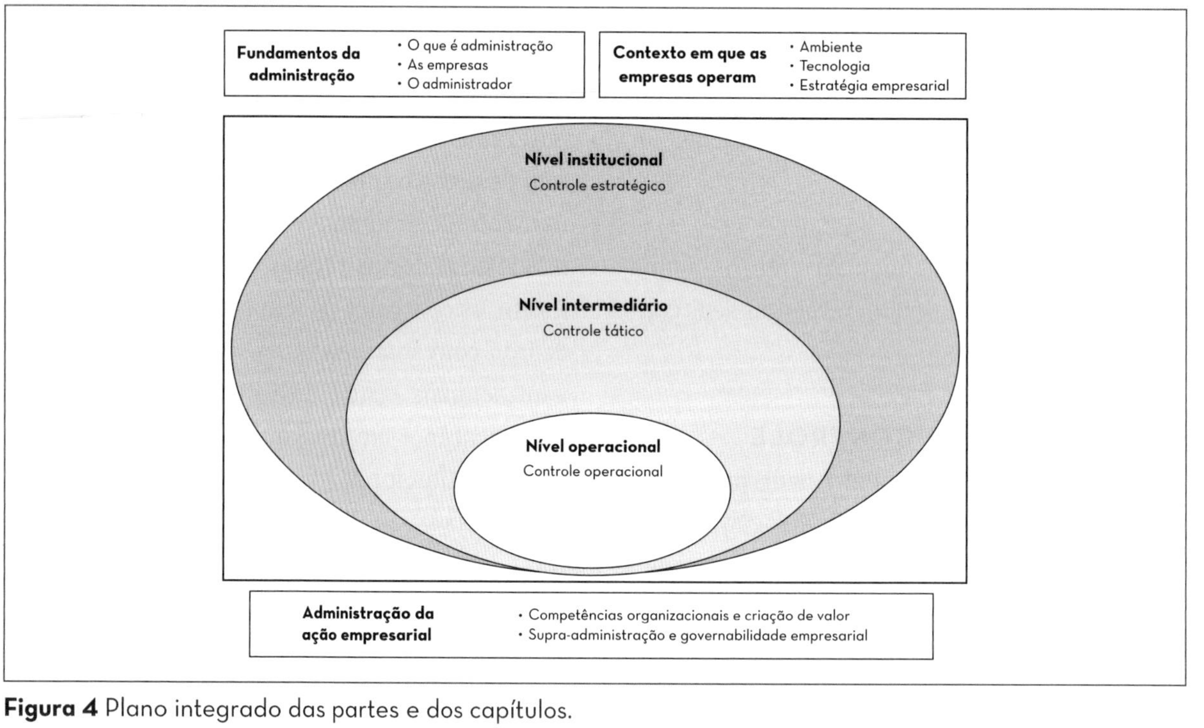

Figura 4 Plano integrado das partes e dos capítulos.

Referências bibliográficas

1. CHIAVENATO, I. *Teoria geral da administração*, Rio de Janeiro, Elsevier/Campus, 2004, v. 1, p. 283.
2. HELLRIEGEL, D.; SLOCUM Jr., J. W. *Management*: a contingency approach, Reading, Addison-Wesley, 1974. p. 211.
3. HELLRIEGEL, D.; SLOCUM Jr., J. W. *Management*: a contingency approach, Reading, Addison-Wesley, 1974. p. 212.
4. HAYNES, W. W.; MASSIE, J. L. *Management*: analysis, concepts, cases, Englewood Cliffs, Prentice-Hall, 1969, p. 259.
5. CHIAVENATO, I. *Introdução à teoria geral da administração*, Rio de Janeiro, Elsevier/Campus, 2011.

CAPÍTULO 16

Controle estratégico

Objetivos deste capítulo

- Ilustrar como as empresas controlam a ação empresarial no nível institucional.
- Definir as fases do controle e seu inter-relacionamento.
- Caracterizar os diversos tipos de controle e sua utilização.
- Definir o controle organizacional, seus requisitos e como o desempenho global da empresa é avaliado por meio de diversos sistemas de controle.
- Caracterizar o controle organizacional e suas implicações humanas.

Controle é a função administrativa que faz parte do processo administrativo e que mede e avalia o desempenho em função dos padrões e critérios esperados e toma a ação corretiva quando necessário. Assim, o controle é um processo essencialmente regulador que serve para manter as coisas nos devidos trilhos. Na verdade, o controle assegura a adequação do desempenho aos padrões desejados por meio de ações corretivas e de medidas preventivas para evitar futuros desvios.

O controle estratégico – também denominado controle organizacional – é tratado no nível institucional da empresa e se refere aos aspectos globais que envolvem a empresa como uma totalidade. Sua dimensão de tempo é o longo prazo. Seu conteúdo é genérico e sintético. As três características básicas que identificam o controle estratégico da empresa são:

1. Nível de decisão: é decidido no nível institucional da empresa.
2. Dimensão de tempo: é orientado para o longo prazo.
3. Abrangência: é genérico e abrange a empresa como um todo.

Em razão da complexidade e das atividades multifacetadas da empresa, torna-se difícil abordar o controle em sua totalidade, uma vez que existem muitos tipos de controles: financeiros, contábeis, de produção, de qualidade, de inventários, de vendas, de pessoal, etc. Isso significa que muitas pessoas são incumbidas dentro das empresas de tarefas relacionadas com o acompanhamento e a avaliação das atividades correntes e passadas, comparando-as com normas e padrões desejados pela empresa. Se os resultados se afastam ou se desviam das normas prescritas, alguma ação corretiva deverá ser tomada para mantê-los dentro das condições esperadas.

Entradas e saídas de um sistema

Todo sistema depende de insumos ou entradas que procedem do seu meio ambiente para poder funcionar. Os insumos ou entradas são processados pelos diversos subsistemas e transformados em saídas ou resultados (produtos ou serviços) que retornam ao meio ambiente. A eficiência do sistema consiste em manter uma relação viável de entradas/saídas. O sistema perde eficiência quando seus insumos ou entradas tardam a chegar, por qualquer motivo, acarretando paradas ou esperas dos subsistemas. Por outro lado, o sistema que tem mais entradas do que saídas, isto é, o sistema que acumula insumos por receio de retardar suas operações por falta deles, também perde eficiência, pois tem excesso de recursos não utilizados. Assim, escassez ou excesso de insumos ou entradas constituem extremos ou desvios que devem ser evitados em qualquer sistema produtivo. Da mesma maneira, o sistema cujas saídas não atendem às necessidades do meio ambiente perde eficácia. E quando suas saídas são maiores do que a demanda do meio ambiente, elas tendem a ficar retidas dentro do sistema, aguardando o momento de serem liberadas. O sistema não deve funcionar ao sabor dos ventos. Ele requer controle de suas entradas e de suas saídas.

Como sistemas abertos, as empresas procuram continuamente controlar suas atividades para se manter sempre dentro dos parâmetros ou balizamentos esperados. Surge a noção de controle.

O controle visa a atender a duas finalidades principais[1]:

1. Correção de falhas ou erros existentes: o controle serve para detectar falhas ou erros – seja no planejamento ou na execução – para apontar as medidas corretivas adequadas para saná-los.
2. Prevenção de novas falhas ou erros: ao corrigir as falhas ou erros existentes, o controle aponta os meios necessários para evitá-los no futuro. É uma finalidade pedagógica no sentido de aprendizagem contínua.

Universalidade do controle

O controle é algo universal. As atividades humanas - quaisquer que sejam - sempre fazem uso do controle, consciente ou inconscientemente. Quando se dirige um automóvel, quando se dança ou se escreve uma carta, toda pessoa compara continuamente a direção, o ritmo ou seu significado. Se a operação de dirigir o automóvel, dançar ou escrever a carta não está de acordo com seus planos, ela efetua as devidas correções. O controle consiste fundamentalmente em um processo que guia a atividade exercida para um fim previamente determinado. A essência do controle consiste em verificar se a atividade controlada está ou não alcançando os resultados desejados. Quando se fala em resultados desejados, pressupõe-se que eles sejam previsíveis e desejados. Isso significa que o conceito de controle não pode existir sem o conceito de planejamento. É o planejamento que define critérios ou padrões, bem como resultados a alcançar.

NECESSIDADE DE CONTROLAR

A administração cria mecanismos para controlar todos os aspectos possíveis da organização. Os controles organizacionais servem para[2]:

- padronizar o desempenho por meio de supervisão, inspeções, verificações, procedimentos escritos, programas de produção, etc.;
- padronizar a qualidade de produtos ou serviços oferecidos pela empresa, mediante treinamento de pessoal, inspeções, controle estatístico de qualidade e sistemas de incentivo;
- proteger os bens organizacionais de abusos, desperdícios ou roubos, por meio de exigência de registros escritos, procedimentos de auditoria e divisão de responsabilidades;
- limitar a autoridade exercida pelas várias posições ou níveis organizacionais, mediante descrições de cargos, diretrizes e políticas, regras e regulamentos e sistemas de auditoria;
- avaliar o desempenho das pessoas por meio de sistemas de avaliação do desempenho do pessoal, supervisão direta, vigilância e registros incluindo informação sobre produção por empregado ou perdas com refugo por empregado, etc.;
- prevenir erros por meios preventivos para garantir o alcance dos objetivos da empresa, pois estes ajudam a definir o escopo apropriado e a direção do comportamento dos indivíduos para o alcance dos resultados desejados.

Os controles podem estar localizados nos níveis institucional, intermediário ou operacional ou ainda espalhados em todos eles, dependendo das características da empresa. Este capítulo limita-se aos controles estratégicos.

Bate-bola: para que serve o controle?

Discuta com seus colegas a respeito do assunto e tente chegar a uma conclusão: para que serve o controle?

- Assegurar que as coisas foram feitas conforme planejado.
- Assegurar o alcance de objetivos e resultados.
- Melhorar o desempenho das pessoas.
- Verificar detalhes.
- Olhar o passado pelo retrovisor.

FASES DO CONTROLE ORGANIZACIONAL

O controle no nível de toda a organização é um processo cíclico e interativo constituído de quatro fases[2]:

1. Estabelecimento de padrões ou critérios de desempenho organizacional que serão os objetivos a serem alcançados.
2. Avaliação do desempenho organizacional para obter dados a respeito de como os planos estão sendo executados.
3. Comparação do desempenho ou resultado com o padrão para mensurar ou avaliar o desempenho em função dos padrões desejados.
4. Ação corretiva para corrigir o desvio entre o desempenho atual e o desempenho esperado.

Veja cada uma das fases do controle.

Estabelecimento de padrões de desempenho

Os padrões representam o desempenho desejado ou os critérios de desempenho. Em geral, padrões são metas de desempenho. Podem ser tangíveis ou intangíveis, vagos ou específicos, mas sempre relacionados com o resultado que se deseja alcançar. Os padrões são normas que proporcionam a exata compreensão do que se deve fazer, bem como o nível de excelência que se deve alcançar. Se um padrão é apenas medíocre, o nível desejado também será medíocre. Contudo, se o padrão for inatingível dada a sua elevada exigência, o desempenho desejado jamais será alcançado. As empresas definem padrões de acordo não somente com suas expectativas, mas também conforme suas possibilidades reais. À medida que o desempenho for sendo melhorado – por meio de aprendizado, treinamento, experiência, melhoria de métodos e processos, novas tecnologias, etc. –, os padrões vão sendo gradativamente aumentados. Um padrão é bom quando ele está dentro das possibilidades de ser bem aplicado e permite a melhoria gradativa para que a atividade controlada possa ser sempre realizada de maneira superior.

Ênfase na padronização

A Administração Científica de Taylor deu exagerada ênfase ao desenvolvimento de técnicas e métodos capazes de proporcionar padrões de desempenho para o nível operacional. Os padrões sempre foram utilizados para indicar as expectativas da empresa para aqueles que nela trabalham. O estudo de tempos e movimentos constitui uma técnica desenvolvida para determinar o tempo-padrão, isto é, o tempo médio que um operário leva para executar uma determinada tarefa. O custo-padrão é outro exemplo de técnica que fixa padrões para analisar e controlar os custos empresariais. O padrão define o nível de excelência que se deseja obter. O controle busca manter esse padrão. Hoje, os padrões estão sendo estendidos para toda a organização e não apenas para o chão da fábrica.

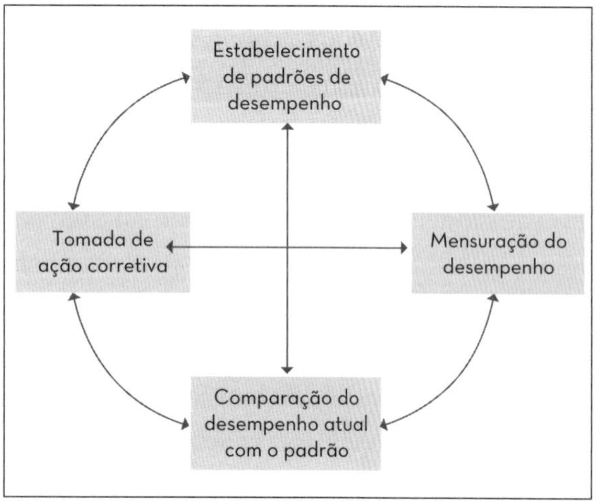

Figura 1 Ciclo do processo de controle[1].

Os padrões precisam ser claros e explícitos, objetivos e simples para facilitar seu uso. Além disso, as empresas bem-sucedidas costumam fixar padrões elevados em relação às empresas concorrentes para alcançar melhor qualidade, produtividade, agilidade e redução de custos. Em geral, o *benchmarking* envolve comparação de padrões no mercado.

Benchmarking

O *benchmarking* não é uma ferramenta de controle. Na verdade, é uma ferramenta de comparação entre o que a empresa está fazendo - em termos de produtos, serviços, processos - e o que o mercado - as empresas mais conhecidas e adiantadas - está fazendo. Para quê? Não apenas para copiar ou imitar as empresas, mas para aprender com elas e tentar ultrapassá-las. O *benchmarking* é uma maneira de estudar e analisar o que as outras empresas estão fazendo de melhor - o melhor do melhor - para então tentar fazer o mesmo ou melhor ainda. No fundo, trata-se de uma arte de descobrir como e por que algumas empresas podem desempenhar muito mais tarefas e bem melhor do que outras empresas. *Benchmarking* significa olhar para fora e para os concorrentes.

Avaliação do desempenho ou do resultado organizacional

Avaliação é um julgamento, juízo ou veredito comumente utilizado na administração. E ela sempre se baseia em alguma referência, como um padrão, um indicador ou uma métrica tomada como base lógica de comparação. Assim, a avaliação do desempenho organizacional exige uma definição exata daquilo que se pretende medir ou mensurar. Caso contrário, o processo cairá em erros e confusões. O sistema de controle depende da informação imediata a respeito do desempenho, e a unidade de medida e avaliação deve estar de acordo com o padrão predeterminado. A avaliação do desempenho deve se basear em dados e informações que facilitem a comparação entre o desempenho e o padrão de desempenho desejado. O importante é aprender que aquilo que não se pode medir não se pode administrar adequadamente.

Avaliação do desempenho humano

A maioria das empresas adota um sistema de avaliação do desempenho das pessoas que nelas trabalham: a chamada avaliação do desempenho. Periodicamente, líderes e suas equipes se reúnem para trocar ideias e conceitos a respeito do trabalho, do desempenho e dos resultados alcançados pelas pessoas. Esse assunto será estudado no capítulo destinado ao controle operacional.

A avaliação do desempenho organizacional pode ser feita por meio de[1]:

1. Observação: é o acompanhamento cotidiano das ações empresariais por parte de seus dirigentes. Reuniões, contatos pessoais, passeios pelas unidades da empresa, troca intensiva de *e-mails*, utilização da intranet são meios pelos quais se observa e avalia o andamento das coisas na empresa.
2. Instrumentação: é a obtenção de dados e informações por meio dos vários sistemas de informação da empresa e de instrumentos de aferição e controle disponíveis.
3. Relatórios escritos: é a obtenção de dados e informações por meio de relatórios periódicos expedidos pelas várias unidades da empresa, relatando desempenho e resultados alcançados no período. Em geral, esses relatórios são planejados no sentido de proporcionar o máximo de informação com um tamanho mínimo.
4. Resultados alcançados: é o controle feito por meio do acompanhamento de resultados alcançados em comparação com metas e objetivos previamente fixados ou negociados com as unidades da empresa. As metas e os objetivos passam a constituir padrões de comparação para medir e controlar os resultados.

Comparação do desempenho com o padrão

Nenhuma atividade é perfeita ou isenta de erros ou desvios. Toda atividade ocasiona algum tipo de variação, seja por problemas de equipamentos, tecnologia ou da ação humana. É importante determinar os limites dentro dos quais a variação pode ser aceita como normal. Nem toda variação exige correções, mas apenas aquelas que ultrapassam os limites e que são denominadas erros ou desvios. O controle deve separar o que é normal e o que é excepcional para que a correção se concentre nas exceções. Esse aspecto lembra muito o princípio da exceção proposto por Taylor. Para que possa concentrar nas exceções, o controle deve dispor de técnicas que indiquem rapidamente em que se encontra o problema pondo a luz vermelha no ponto em que ele se encontre.

Princípio da exceção

Para facilitar o trabalho do supervisor, Taylor bolou um sistema que trata apenas dos aspectos excepcionais, isto é, que ocorrem fora dos padrões normais. Para ele, o administrador não deve preocupar-se com o que está ocorrendo de acordo com o planejado, mas principalmente com aquilo que está fora dos padrões e das expectativas. Daí o princípio da exceção: deixar de lado o que é normal e que está andando bem, visualizar o que é extremamente bom e o que é extremamente ruim.

A comparação do desempenho organizacional com o que foi planejado busca localizar os erros ou desvios, sobretudo para permitir a predição de outros resultados futuros. Um bom sistema de controle deve proporcionar rápidas comparações, localizar possíveis dificuldades ou mostrar tendências significativas para o futuro. Não é possível modificar o passado, mas a sua compreensão propicia auxílio para, a partir do presente, criar condições para que as operações futuras obtenham melhores resultados.

A comparação do desempenho organizacional pode ser feita por meio de[1]:

- resultados: quando a comparação entre o padrão e a variável é feita após terminada a operação. A mensuração realiza-se em termos de algo pronto e acabado, no fim da linha, e apresenta o inconveniente de mostrar os acertos e falhas de uma operação já terminada, uma espécie de atestado de óbito de algo que já aconteceu;
- desempenho: quando a comparação entre o padrão e a variável é feita paralelamente à operação, ou seja, quando a comparação acompanha a execução da operação. A mensuração é concomitante com o processamento da operação. É feita paralelamente ao tempo e corresponde a uma monitoração do desempenho, sem interferir no seu resultado ou na sua consecução.

Ação corretiva

O controle deve indicar quando o desempenho não está de acordo com o padrão estabelecido e qual a medida corretiva a adotar. O objetivo do controle é indicar quando, quanto, onde e como se deve executar a correção. A ação corretiva é tomada a partir dos dados quantitativos gerados nas três fases anteriores do processo de controle. As decisões quanto às correções a serem feitas representam a culminação do processo de controle.

Qualquer que seja o nível, a área de atividade ou o problema envolvido, o processo de controle é basicamente o mesmo e segue aproximadamente essas quatro fases. Pode mudar o mecanismo, mas o processo é sempre o mesmo. "O objetivo básico do controle é assegurar que os resultados das operações sejam tão conformes quanto possível aos objetivos estabelecidos. Um objetivo secundário do controle é proporcionar informação periódica que possa tornar rápida a revisão dos objetivos. Esses objetivos são atingidos pela fixação de padrões, pela comparação dos resultados reais e previstos em relação a esses padrões e pela tomada de ação corretiva"[3].

Assim, o controle depende e contribui para as outras funções administrativas, guardando estreita vinculação com todas elas. Sem o planejamento para fixar os objetivos e especificar as atividades, o controle não teria qualquer propósito. Sem a organização, a orientação sobre quem deve fazer as avaliações e quem deve tomar as ações corretivas não existiria. Sem a direção, todos os relatórios de avaliação não teriam nenhuma influência sobre o desempenho atual da empresa.

Afinal, o que medir?[4]

Em geral, a preocupação das organizações está voltada para a medição, a avaliação e o controle de três aspectos principais:

1. Resultados: ou seja, os resultados concretos e finais que se pretende alcançar dentro de um certo período.
2. Desempenho: ou seja, o comportamento ou meios instrumentais que se pretende pôr em prática.
3. Fatores críticos de sucesso: ou seja, os aspectos fundamentais para que a organização seja bem-sucedida nos seus resultados e no seu desempenho.

Muitas empresas desenvolvem várias medidas para acompanhar resultados financeiros, custos de produção, quantidade e qualidade dos bens produzidos, desempenho individual das pessoas e satisfação dos clientes. Os aspectos mais focalizados do desempenho organizacional (métricas) são:

1. Lucratividade: refere-se ao volume de dinheiro gerado após deduzidas as despesas. É a medida em que as receitas ultrapassam os custos. As medidas de lucratividade mais usadas: vendas líquidas (total de vendas em reais menos custos de produção dos bens/serviços); ganhos por fatia de estoque; retorno do investimento, etc.
2. Competitividade: refere-se ao sucesso de uma empresa em relação aos seus concorrentes. As medidas de competitividade mais usadas são: porcentagem da fatia de mercado; volume total de vendas para um certo produto como porcentagem do volume total de vendas de todos os produtores.
3. Eficiência: significa o alcance de resultados com o mínimo uso de recursos. É a porcentagem dos recursos realmente utilizados sobre os recursos que foram planejados para serem utilizados.

$$\text{Eficiência} = \frac{\text{Recursos realmente utilizados}}{\text{Recursos planejados para serem usados}} \times 100$$

   A eficiência analisa o lado da entrada do sistema e mede o desempenho do gerenciamento do sistema. Todas as entradas do sistema podem ser submetidas à avaliação de eficiência: mão de obra, pessoal administrativo, equipamento (ou utilização), material, informações, etc.

   As medidas de eficiência mais usadas são: recursos aplicados por unidade de saída; tempo de processamento por unidade produzida, número médio de clientes servidos ou unidades produzidas por empregado; tempo médio de manutenção das máquinas e dos equipamentos.

4. Eficácia: é a porcentagem da saída real sobre a saída esperada. Significa os meios e as coisas certas para atender às necessidades do cliente.

$$\text{Eficácia} = \frac{\text{Saída real}}{\text{Saída esperada}} \times 100$$

   A eficácia analisa o lado da saída do sistema e trata da implementação dos objetivos: fazer o que se planejou fazer. As medidas de eficácia devem refletir se os resultados desejados estão sendo atingidos. As medidas de eficácia mais usadas são: número de clientes que retornam; satisfação do cliente; atendimento às necessidades da sociedade.

5. Qualidade: refere-se à adequação em relação às especificações ou requisitos ou superação dos mesmos. As medidas mais usadas são: porcentagem de produtos que atendem aos critérios de qualidade; número de reclamações de clientes; número de produtos rejeitados; satisfação do cliente.
6. Inovação: é o grau em que se produz novas ideias ou se adaptam velhas ideias para criar resultados lucrativos. As medidas: número de patentes obtidas para os novos produtos; número de novos produtos/serviços desenvolvidos, número de sugestões de funcionários que foram implementadas; volume de dinheiro economizado por meio de melhorias contínuas nos processos de trabalho.

7. Produtividade: é a relação entre as saídas e as entradas do sistema.

$$\text{Produtividade} = \frac{\text{Saídas}}{\text{Entradas}} \times 100$$

$$\text{Produtividade esperada} = \frac{\text{Saída esperada}}{\text{Recursos que deverão ser consumidos}} \times 100$$

$$\text{Produtividade real} = \frac{\text{Saída real}}{\text{Recursos realmente consumidos}} \times 100$$

As medidas de produtividade podem ser aplicadas para cada entrada ou combinação de entradas, vendas, custos, etc. Utilizam razões simples, como toneladas por homem-hora (esperadas e reais), produção por operário-dia.

8. Qualidade de vida no trabalho: refere-se aos aspectos do ambiente físico e psicológico do trabalho que são importantes para os funcionários. As medidas mais usadas são: satisfação dos empregados; índice de rotatividade e de absenteísmo dos funcionários e índice de acidentes no trabalho.

TIPOS DE CONTROLES ESTRATÉGICOS

O controle estratégico recebe também a denominação de controle organizacional: é o sistema de cúpula que controla o desempenho e os resultados da empresa como um todo, tendo por base as informações realimentadoras que chegam do ambiente externo à empresa ou do nível intermediário. Estabelecidos os objetivos a serem alcançados e elaborados os planos para alcançá-los, a função do controle estratégico envolve a aferição das condições reais, seu confronto com os padrões e o início de uma realimentação que possa ser utilizada para coordenar a ação empresarial como um todo, focalizar o rumo certo e facilitar o alcance dos objetivos pretendidos.

O controle estratégico envolve a utilização de critérios de longo prazo e que são estrategicamente relevantes para que o nível institucional possa avaliar o desempenho da empresa e de suas unidades estratégicas de negócios. Envolve quase sempre julgamentos subjetivos e critérios intuitivos de avaliação face à complexidade e diversidade dos fenômenos empresariais. São inúmeros os aspectos da empresa que precisam ser controlados e avaliados, mas quase sempre sobressai a necessidade de avaliar a estratégia empresarial e seus resultados mediatos situados no longo prazo. O controle estratégico permite obter um entendimento operacional das estratégias que são implementadas nas diversas divisões ou unidades de negócios da empresa. Como proporciona avaliação em nível corporativo do conjunto de ações estratégicas das diversas unidades da empresa, ele deve permitir um claro entendimento das operações e mercados da empresa ou das suas unidades estratégicas de negócios[5].

Necessidade de controlar

O controle estratégico impõe intensas trocas de informações entre os executivos do nível institucional e gerentes de unidades de negócios. Essas trocas podem envolver reuniões, relatórios, comunicações, encontros face a face tanto formais como informais[6]. Quando a diversificação dos negócios aumenta, o controle estratégico torna-se extremamente complicado e precisa necessariamente ser filtrado ou condensado para ser eficiente e eficaz. Muitas empresas tiveram de reduzir o nível de diversificação para não perderem o controle estratégico da sua estratégia e de suas operações. Isso significa que muitas vezes a necessidade de controle influencia o tamanho do negócio e a diversificação das operações.

Da mesma forma como existe uma hierarquia nas atividades de planejamento, é evidente que há uma hierarquia de tipos de controle. O controle global se relaciona com os objetivos gerais da empresa, enquanto o controle tático se refere a cada departamento ou unidade organizacional; o controle operacional cuida de cada atividade ou tarefa no nível das operações. O planejamento estratégico ou plano global envolve vários mecanismos de controle que se tornam mais vagos e amplos na medida em que se sobe nos níveis organizacionais da empresa.

Existem vários tipos de controle estratégico:

1. Desempenho global da empresa.
2. Balanço contábil e relatórios financeiros.
3. Demonstrativo de lucros e perdas.
4. Análise do retorno do investimento.
5. Balanço social – ética e responsabilidade social.
6. Controle organizacional do ponto de vista humano.
7. Implicações ecológicas.

Veja cada um deles.

Desempenho global da empresa

O nível institucional utiliza sistemas de controle para medir e avaliar o desempenho global da empresa. Em alguns casos, tornam-se necessários sistemas de controle para medir o desempenho de uma ou de todas as unidades organizacionais – departamentos ou divisões – da empresa ou ainda de unidades estratégicas de negócios ou de projetos considerados prioritários.

Como as empresas medem seu desempenho global

A Asea Brown Boveri - ABB - é mais do que uma simples empresa. Na verdade, ela é um conglomerado de milhares de pequenos negócios, cada qual tocado por uma equipe multifuncional que não ultrapassa 50 pessoas. Haja descentralização! Cada negócio - e cada equipe - tem plena autossuficiência e autonomia, mas responde por resultados. Mas como medir e avaliar tantos negócios? A ABB utiliza um complexo sistema integrado de informação denominado Abacus. Em tempo real, a ABB consegue visualizar toda a complexidade de sua enorme rede de negócios, tomar decisões a respeito e as medidas adequadas à sua otimização, desempenho e resultados.

Existem três razões básicas para a existência de alguma forma de controle sobre o desempenho global da empresa[4]:

1. Adequação ao planejamento estratégico: o planejamento estratégico é aplicável à empresa como uma totalidade no sentido de alcançar objetivos empresariais globais. Para acompanhá-lo e medi-lo, tornam-se necessários controles igualmente globais e amplos, para permitir ações corretivas por parte da direção da empresa.
2. Autonomia requer controle global: na medida em que ocorre descentralização da autoridade – especialmente nos departamentos por produto ou por localização geográfica – as unidades passam a ser semiautônomas em suas operações e, em suas decisões locais, exigindo controles globais capazes de medir seus resul-

tados e avaliar seu desempenho. A descentralização das operações quase sempre é acompanhada de uma centralização dos controles.

3. Controles globais: permitem medir o esforço total da empresa como um todo ou de uma área integrada em vez de medir simplesmente partes dela. O importante é medir o sistema e não cada um de seus subsistemas.

Eficiência organizacional

A eficiência organizacional refere-se à maneira pela qual os recursos e as competências de uma empresa são arranjados e aplicados de maneira integrada. A eficiência organizacional exige que os recursos e as competências sejam arranjados de tal maneira que tragam o máximo de retorno e lucratividade. Para operacionalizar o conceito de eficiência, é necessário definir os objetivos organizacionais, medir o grau de alcance desses objetivos em função do valor dos recursos e das competências organizacionais utilizados e conhecer todos os arranjos alternativos possíveis desses recursos e competências. A eficiência é geralmente medida por meio da razão de saídas (retornos, benefícios, produtos ou resultados) sobre as entradas (custos, esforços e insumos). O ideal seria incluir todas as entradas e todas as saídas do sistema para se medir a eficiência dentro deste conceito.

Quase sempre – e isso representa um reducionismo ou uma distorção – os controles globais na empresa são predominantemente de caráter financeiro. Muito embora a existência dos negócios seja justificada em termos de geração de lucro e o dinheiro seja cada vez mais um recurso escasso e caro, a avaliação da eficiência de uma empresa, quando medida apenas pelo dinheiro nem sempre é completa e adequada. Existem outros aspectos igualmente importantes na avaliação do desempenho global da empresa – atendimento às necessidades de clientes, imagem no mercado, competências e talentos, ética e responsabilidade social, potencial de desenvolvimento e inovação, etc. –, que não são adequadamente medidos por meio de índices financeiros.

Apesar disso, os controles financeiros constituem os mais importantes controles do desempenho global das empresas. As medidas financeiras permitem um denominador comum – o dinheiro – capaz de indicar os gastos totais incorridos no alcance dos objetivos da empresa. Sua ênfase, todavia, recai exclusivamente sobre recursos financeiros e trata os demais recursos da empresa – humanos, materiais, mercadológicos, tecnológicos, etc. – dentro de uma abordagem estritamente financeira. A razão disso está no atendimento privilegiado dado aos interesses dos proprietários ou acionistas do negócio – os *shareholders*.

Balanço contábil e relatórios financeiros

O controle do desempenho global da empresa geralmente toma a forma de relatórios contábeis que constituem uma conclusão de todos os principais fatos da empresa, como volume de vendas, volume de produção, volume de despesas em geral, custos, lucros, utilização do capital, retorno sobre o investimento, etc., dentro de um inter-relacionamento que varia de empresa para empresa. Com isso, a administração no nível institucional pode saber como a empresa como um todo está sendo bem ou malsucedida em relação aos seus objetivos. Muitas vezes, são incluídas as previsões de vendas e sua translação em termos de despesas a serem incorridas, para dar uma ideia dos custos, possibilitando uma espécie de balanço projetado ou uma espécie de projeção de lucros e perdas para que a administração possa ponderar o efeito das atividades departamentais sobre a empresa como um todo ou tomar as ações corretivas com antecedência.

A contabilidade é um sistema de linguagem especializada utilizada para medir as consequências das ações empresariais e comunicar essa informação a executivos e outros interessados. A informação que entra inicialmente no processo contábil sofre uma série de registros e lançamentos, de acordo com a codificação estabelecida no plano de contas da empresa. Mudanças e alterações no ativo, no passivo e na renda líquida – como resultados dos negócios da empresa – são registradas nas contas de débitos e créditos. Cada entrada envolve tantos débitos e créditos em quantidades iguais, de forma que os dois lados de uma conta ou um plano de contas devem estar sempre balanceados. As informações são apresentadas à administração e a outros interessados na forma de balanços financeiros e outros relatórios, utilizando o plano de contas que estabelece a forma de tabulação das informações que decorrem dos lançamentos relacionados às operações, permitindo demonstrar custos e lucros. Assim, o problema básico do planejamento – dentro da contabilidade – é obter um equilíbrio favorável entre receitas e custos envolvidos.

Todavia, a contabilidade aborda apenas os ativos tangíveis da empresa, ou seja, prédios, máquinas, dinheiro, etc. Ativos intangíveis como conhecimento, talento, capital humano e capital intelectual ainda são ignorados. Em plena era do capital intelectual, em que o recurso mais importante é o conhecimento, ainda não se inventou um sistema adequado para contabilizá-lo. Os balanços e relatórios financeiros – como mensagens em qualquer outra linguagem – retratam um quadro abstrato e incompleto da realidade das operações financeiras. O significado da informação contábil somente pode ser determinado relacionando-o com fatores conjunturais e organizacionais que afetam a dinâmica empresarial. Os relatórios contábeis devem ser acompanhados de algum material explicativo a fim de permitir um retrato completo dos planos da empresa. Indo em transição para os padrões internacionais do International Financial Reporting Standard (IFRS).

Na medida em que ocorre descentralização da autoridade, tende a aumentar a centralização do controle no nível institucional da empresa. E o controle global permite fornecer os meios pelos quais os objetivos da empresa podem ser clara e especificamente definidos e como os planos departamentais podem contribuir para tais objetivos. Os relatórios contábeis indicam de que forma a empresa como um todo está atingindo seus objetivos, quais desvios estão ocorrendo e quais medidas corretivas se deve adotar.

Demonstrativo de lucros e perdas

O demonstrativo de lucros e perdas (L&P) oferece uma visão resumida da posição de lucro ou de perda da empresa em um determinado período. Comparando os demonstrativos dos períodos anteriores, pode-se verificar as variações e detectar as áreas (como despesas de vendas, ou lucro bruto sobre vendas, etc.) que necessitam de maior atenção por parte da administração. Como a sobrevivência do negócio depende basicamente da lucratividade, o lucro passa a ser um importante padrão para a medida do sucesso, seja da empresa como um todo, seja de suas unidades, como departamentos ou divisões. O controle sobre lucros e perdas, quando aplicável a departamentos ou divisões da empresa, baseia-se na premissa de que o objetivo do negócio como um todo é gerar lucros e cada parte da empresa deve contribuir para esse objetivo. A capacidade de cada parte em atingir um determinado lucro esperado passa a ser um padrão para medir seu desempenho.

A análise de lucros e perdas pode ser feita recorrendo-se a métodos diferentes. Um deles é comparar a demonstração de lucros e perdas orçada (da empresa como um todo ou uma unidade em particular), para um determinado período e com os dados reais do mesmo período anterior.

As diferenças entre o que foi orçado e a realidade são determinadas, identificadas e explicadas. E, se necessário, corrige-se o desvio ocorrido. Outro método para analisar os lucros e perdas é a análise percentual que utiliza porcentagens ou índices contábeis ou financeiros para comparar o planejado (orçado) e o real.

Análise do retorno sobre o investimento

A análise de retorno sobre o investimento (RSI) é uma técnica de controle global utilizada para medir o sucesso absoluto ou relativo da empresa ou de uma unidade departamental em razão dos ganhos em relação ao investimento de capital. Essa abordagem foi desenvolvida pela Du Pont Company como uma importante parte de seu sistema de controle global[7]. O sistema da Du Pont assenta-se na ideia de que a melhor medida do esforço e do desempenho de uma empresa com grande investimento de capital é a taxa de retorno sobre o investimento efetuado (*return on investment* – ROI). O sistema utilizado pela Du Pont envolve a consideração de muitos fatores. O retorno é computado na base do capital de giro multiplicado pelos lucros em porcentagem de vendas. Esse cálculo reconhece que um departamento com elevado giro de capital e baixa porcentagem de lucro sobre vendas pode ser mais lucrativo em termos de retorno sobre o investimento do que outro departamento com elevada porcentagem de lucro sobre vendas, mas com baixo giro de capital. O giro é computado na base do total de vendas dividido pelo investimento total (que inclui não somente o investimento permanente, mas também o ativo circulante da unidade).

O controle por meio do RSI utiliza o tradicional gráfico da Du Pont conforme a Figura 2[7].

Com a análise do RSI, a empresa avalia suas diferentes linhas de produtos e verifica em que o capital está sendo mais eficientemente empregado, além de poder fazer uma aplicação balanceada do capital para alcançar um lucro global maior. Isso lhe permite identificar os produtos mais rentáveis, bem como melhorar outros que estão pesando negativamente na balança dos lucros.

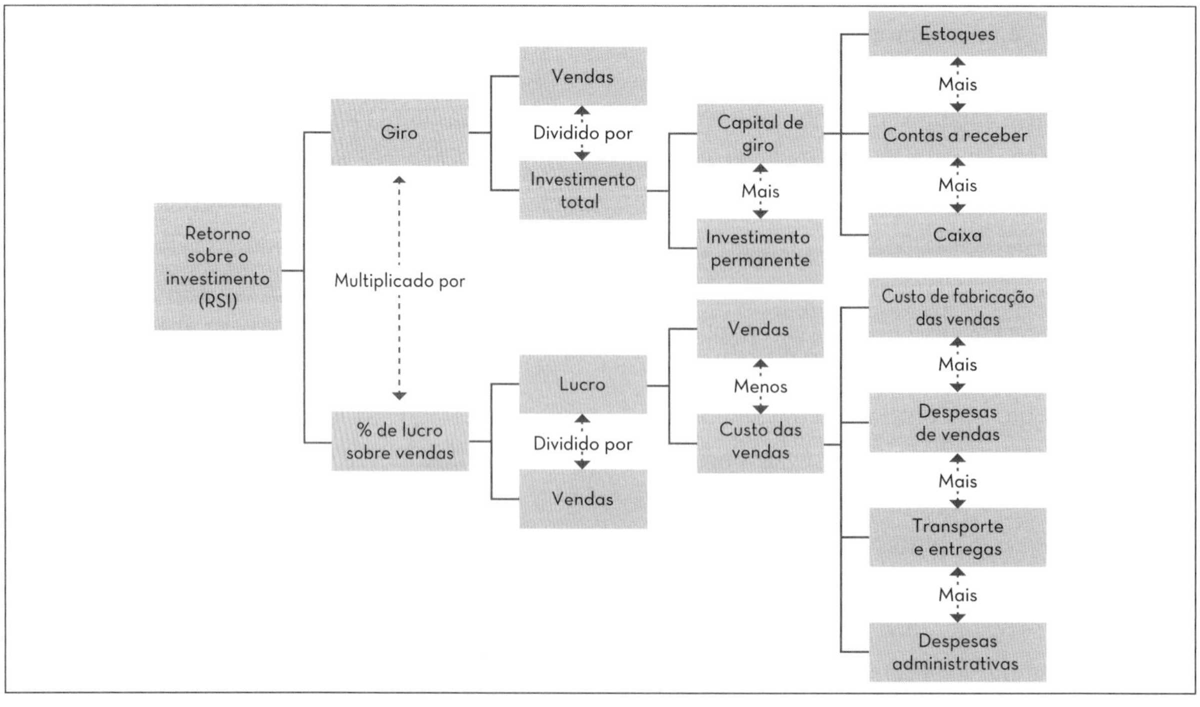

Figura 2 Fatores que afetam o retorno sobre o investimento (RSI)[8].

Balanço social - ética e responsabilidade social

Uma forte tendência que surgiu na Europa está chegando entre nós. É o balanço social focado na responsabilidade social da empresa. O balanço social privilegia os interesses dos chamados *stakeholders* – os grupos de interesses que contribuem direta ou indiretamente para o sucesso da empresa –, bem como as ações da empresa em relação à sua comunidade local e ao seu ambiente natural. Ecologia no meio disso tudo.

Modelo de balanço social

O modelo de balanço social proposto pelo Instituto Ethos contempla os seguintes aspectos[9]:

1. Apresentação:
   a. Missão e visão.
   b. Mensagem do presidente.
   c. Perfil do empreendimento.
2. A Empresa:
   a. Histórico.
   b. Princípios e valores.
   c. Estrutura e funcionamento.
   d. Governança corporativa.
3. A atividade empresarial:
   - Diálogo com partes interessadas.
   - Indicadores de desempenho.
     i. Indicadores de desempenho econômico.
     ii. Indicadores de desempenho social.
       1. Público interno:
          a. Diálogo e participação.
          b. Respeito ao indivíduo.
       2. Meio ambiente:
          - Responsabilidade diante das gerações futuras.
          - Gerenciamento do impacto ambiental.
       3. Fornecedores:
          - Critérios de seleção e avaliação de fornecedores.
          - Apoio ao desenvolvimento de fornecedores.
       4. Consumidores e clientes:
          - Dimensão social do consumo.
       5. Comunidade:
          - Relações com a comunidade local.
          - Ação social.
       6. Governo e sociedade:
          - Transparência política.
          - Liderança e influência social.

Controle organizacional do ponto de vista humano

Por controle social entendem-se todos os meios e métodos utilizados para induzir pessoas ou grupos a corresponderem às expectativas de uma organização social ou da própria sociedade. Foi visto que as organizações sociais – e as empresas – exercem poder ou controle sobre as pessoas. O poder é uma condição de exercer uma vontade sobre outra pessoa ou grupo de pessoas, podendo assim controlar seu comportamento. O poder é legitimado quando os indivíduos que o exercem são investidos de autoridade. A autoridade para exercer o poder é institucionalizada por meio de documentos escritos – como estatutos, manuais de organização, descrições de cargos, circulares, cartas, etc. – devidamente publicados para conhecimento geral das pessoas envolvidas.

O controle social pode ser feito também mediante normas, regras e regulamentos, os quais podem ser prescritivos ou restritivos. Prescritivos, quando especificam o que as pessoas devem fazer. Restritivos, quando especificam algo que as pessoas não devem fazer.

Controles burocráticos

Este capítulo refere-se a algumas teorias que colocam acentuada ênfase na estrutura organizacional da empresa como maneira de planejar, organizar, dirigir e controlar as atividades das pessoas dentro de certos padrões rigidamente preestabelecidos. Uma dessas teorias que privilegiam a estrutura organizacional como meio de garantir que tudo ocorra de acordo com o que foi previamente estabelecido é a estrutura burocrática. Acima de tudo, a estrutura burocrática significa controle. Em todos os sentidos. A burocracia repousa em regras e regulamentos para assegurar a disciplina. Para tanto, a burocracia acentua a formalização: tudo deve ser feito por escrito, para que possa ser devidamente documentado. Além do mais, a burocracia repousa em uma hierarquia de autoridade, para que o comando seja mais bem conduzido e o controle seja mais seguro, pois a especialização decorrente da divisão do trabalho exige coordenação. Essa especialização faz com que a burocracia selecione seus participantes de acordo com suas qualificações e competência profissional, promovendo-os à medida que suas habilidades vão se desenvolvendo. A intensa divisão do trabalho e especialização conduz à impessoalidade no exercício da autoridade, o qual está intimamente ligado ao sistema de regras e regulamentos capaz de garanti-lo em todos os níveis da hierarquia. Quando essas características burocráticas - o exagero nas regras e nos regulamentos, a formalização, a rígida hierarquia de autoridade, a divisão de trabalho e decorrente especialização, a seleção e a promoção do pessoal com base na competência técnica e a profissional, a impessoalidade no tratamento das pessoas - se tornam muito acentuadas, a burocratização tende a asfixiar as pessoas e a bitolar seu comportamento dentro de esquemas muito rígidos. Disso decorre a despersonalização do relacionamento, a internalização das regras e dos regulamentos na maneira de pensar e a alienação gradativa em relação ao trabalho. A apatia, o desinteresse e o alheamento passam a ser as características do comportamento das pessoas nas empresas com burocratização exagerada.

Atualmente, as organizações estão abandonando o modelo burocrático e migrando rapidamente para modelos orgânicos e adhocráticos para incentivar a iniciativa e a inovação das pessoas.

Variáveis causais, intervenientes e resultantes

As pessoas influenciam os resultados finais da empresa. Para avaliar o desempenho humano em termos globais, Likert aponta três tipos de variáveis[10]:

1. Variáveis causais: são as variáveis administrativas que são determinadas por meio de decisões da empresa, como a estrutura organizacional, a filosofia e as políticas administrativas, o estilo de liderança, os planos e os controles, enfim, todos os fatores que a administração amolda e altera segundo seus pontos de vista.
2. Variáveis intervenientes: são as variáveis provocadas pelos participantes da empresa, ou seja, pelas próprias pessoas com suas atitudes, percepções, motivações, habilidades e capacidades, interação social, comunicação, lealdade, decisões pessoais, etc.
3. Variáveis resultantes: são as variáveis finais, ou seja, as consequências ou os efeitos das variáveis causais e dos desdobramentos provocados pelas variáveis intervenientes. É o caso da produção, da produtividade, dos custos, dos lucros, etc.

As variáveis intervenientes são de difícil abordagem para muitos administradores, que preferem avaliar a eficiência da empresa em períodos de curto prazo e apenas em termos de variáveis resultantes. Quando muito, a preocupação se volta para as variáveis causais, como se apenas elas pudessem afetar os resultados finais. Por outro lado, os administradores que trabalham orientados para resultados imediatos de produção costumam ser valorizados e rapidamente promovidos para cargos mais elevados em consequência do frágil êxito demonstrado, deixando a seus sucessores um grande volume de fragmentos intervenientes, cuja ordenação e correção exigem longo período de trabalho árduo.

Likert assegura que as variáveis resultantes são medidas tradicionais do desempenho organizacional, mas são precárias pelo fato de fornecerem fatos passados e consumados. As aferições de produção, custos, lucros, gastos orçamentários, etc. são dados financeiros valiosos e importantes. No entanto, seu poder preditor é bastante limitado. Frequentemente, as aferições de resultado são insuficientes e só servem para trancar a porta depois do roubo efetuado[10]. As variáveis resultantes focalizam dados quantitativos passados, mas não conseguem mostrar o potencial e as possibilidades reais de uma empresa. As variáveis intervenientes possuem a condição de proporcionar uma visão mais consistente das potencialidades e fraquezas da organização humana da empresa, suas forças e fragilidades, seus pontos fortes e vulneráveis e, consequentemente, onde aproveitar as vantagens e onde corrigir as desvantagens, sempre mirando o futuro.

Do ponto de vista humano, o controle organizacional está voltado para o comportamento humano dentro da empresa para obter a necessária eficácia e eficiência. Na organização humana que provoca o comportamento organizacional, existem variáveis causais, intervenientes e resultantes. Em todo processo de controle deve-se levar em conta os fatores humanos em face das suas implicações racionais e simbólicas sobre o comportamento das pessoas.

De todo modo, o controle estratégico é fundamental para a navegação no mundo dos negócios e requer uma visão panorâmica do comportamento da organização. Isso significa mirar o passado e o presente para enfrentar o futuro que virá ou que já está chegando. Saber transformar enormes volumes de dados em informações relevantes e preciosas. Ter pleno conhecimento a respeito do andamento de todas as coisas para tomar decisões inteligentes e corretas para a situação que se apresenta e para as condições externas e ambientais que virão.

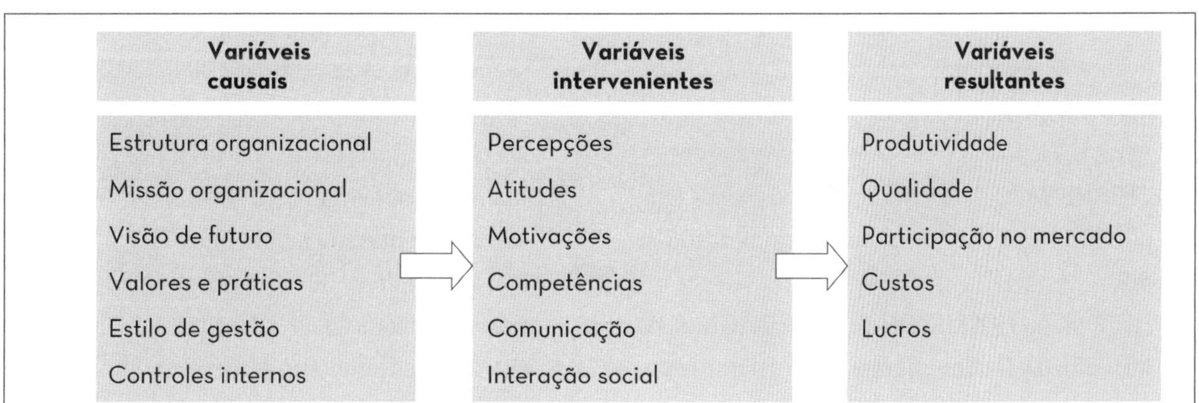

Figura 3 Modelo de organização humana[10].

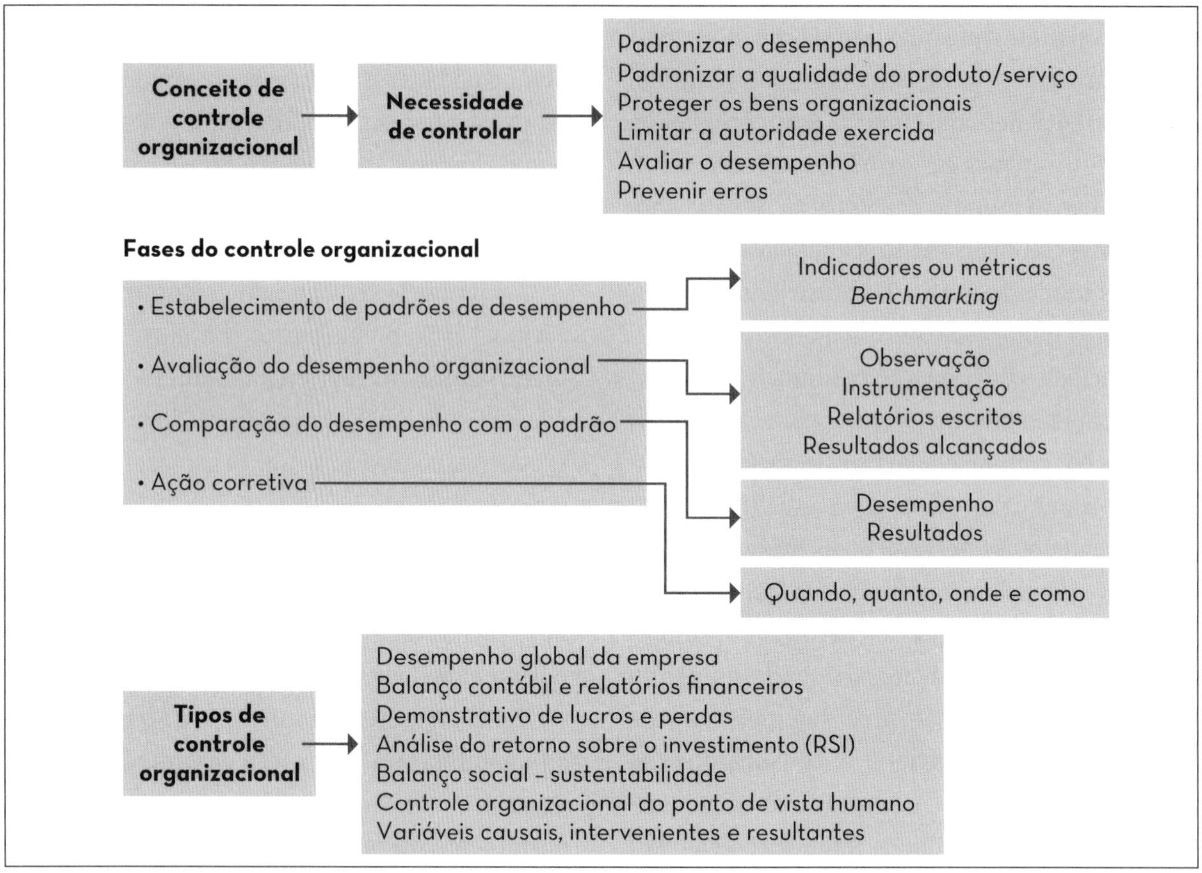

Figura 4 Mapa mental deste capítulo.

Referências bibliográficas

1. CHIAVENATO, I. *Introdução à teoria geral da administração*, Rio de Janeiro, Elsevier/Campus, 2011.
2. NEWMAN, W. H.; SUMMER, C. E.; WARREN, E. K. *The process of management*: concepts, behavior and practice, Englewood Cliffs, Prentice-Hall, 1967. p. 328 e 675.
3. NEWMAN, W. H. WARREN, E. K. *Administração avançada*: conceitos, comportamentos e práticas no processo administrativo, São Paulo, Atlas, 1974. p. 463.
4. CHIAVENATO, I. *Administração nos novos tempos*, Rio de Janeiro, Elsevier/Campus, 2005. p. 519.
5. HITT, M. A.; HOSKISSON, R. E., JOHNSON, R. A.; MOESEL, D. D. "The market for corporate control and firm innovation", *Academy of Management Journal* 1996;39:416-8.
6. HOSKISSON, R. E.; HITT, M. A.; IRELAND, R. D. "The effects of acquisitions and restructuring (strategic refocusing): strategies on innovations". In: KROGH, G. von; SINATRA, A.; SINGH, H. (eds.). *Managing corporate acquisitions*, Londres, Macmillan, 1994. p. 144-69.
7. KLINE, Jr., C. A.; HESSLER, H. L. The Du Pont chart system for appraising operating performance, *N.A.C.A Bulletin* 1952;33:1595-619.
8. American Management Association. "How the Du Pont appraises its perfomance", *Financial Management Series* n. 94, Nova York, American Management Association, 1950.
9. Instituto Ethos de Responsabilidade Social. *Guia de elaboração do balanço social*. Disponível em: www.ethos.org.br. Acesso em out/2013.
10. LIKERT, R. *Novos padrões em administração*, São Paulo, Pioneira, 1971.

CAPÍTULO 17

Controle tático

Objetivos deste capítulo

- Definir e caracterizar o controle tático.
- Explicar como são estabelecidos os padrões que servem de base para os controles táticos.
- Explicar como os resultados são acompanhados pelo processo de controle.
- Explicar a comparação dos resultados com os padrões estabelecidos.
- Apresentar e caracterizar os diversos tipos de controles táticos.

O controle exercido no nível intermediário das empresas é o controle tático, também denominado controle departamental ou controle gerencial. De modo geral, o controle tático se refere a cada unidade organizacional ou cada departamento ou conjunto de recursos tomado isoladamente. Seu conteúdo está limitado a aspectos departamentais. É direcionado para o médio prazo ou para o exercício contábil, em geral de doze meses de duração.

Controle como função administrativa

O controle é a função administrativa que consiste em medir e corrigir o desempenho para assegurar que os objetivos empresariais e os planos estabelecidos para alcançá-los sejam realizados. É, pois, a função segundo a qual todo administrador - desde o presidente da empresa até o supervisor de primeira linha - certifica-se de que aquilo que é feito está de acordo com o que se pretendia fazer. A essência do controle é a ação que ajusta as operações aos padrões predeterminados e sua base é a informação que os diretores (nível institucional), gerentes (nível intermediário) e supervisores (nível operacional) recebem e utilizam.

A teoria do controle baseia-se em dois conceitos importantes[1]:

1. Retroinformação: é a retroação ou realimentação, o mecanismo que fornece informações relativas ao desempenho passado ou presente, capazes de influenciar as atividades futuras ou os objetivos futuros do sistema. A retroinformação é um ingrediente essencial a qualquer processo controlador e fornece as informações necessárias às decisões para promover o ajustamento do sistema. Quando os planos entram em execução, o sistema passa a ser acompanhado para se verificar o caminho que ele está percorrendo, se seu desempenho está apontado para o alvo e se os objetivos propostos estão sendo atingidos. A retroinformação pode referir-se aos fins a serem alcançados, bem como aos meios que estão sendo utilizados.
2. Homeostase: é a tendência que todos os organismos e organizações têm para autorregular-se, isto é, para retornarem a um estado de equilíbrio estável toda vez que forem submetidos a alguma perturbação por força de algum estímulo externo. Desde que o estímulo não seja forte demais, os organismos tendem a voltar ao seu estado normal quando dele se desviam. É a autorregulação que garante um equilíbrio dinâmico em todo processo vivo. Embora não haja uma analogia exata com os organismos vivos, as empresas possuem padrões de comportamento relativamente programáveis – como os procedimentos –, que lhes permitem estabilidade no decorrer do tempo, sem que haja intervenção dos níveis organizacionais mais elevados.

O executivo precisa assegurar que o desempenho da execução corresponda aos planos. Nesse sentido, o executivo – no nível intermediário – precisa desenvolver um processo de controle que envolve as quatro fases seguintes:

1. Estabelecimento de padrões.
2. Avaliação dos resultados.
3. Comparação dos resultados com os padrões.
4. Ação corretiva quando ocorrem desvios ou variâncias.

ESTABELECIMENTO DE PADRÕES TÁTICOS

Os padrões táticos de controle dependem diretamente dos objetivos, das especificações e dos resultados previstos decorrentes do processo de planejamento tático. Um padrão significa um nível de realizações ou de desempenho que se pretende tomar como referência. Um padrão pode servir como um resultado esperado em função do planejamento. Os padrões fornecem os parâmetros que devem ba-

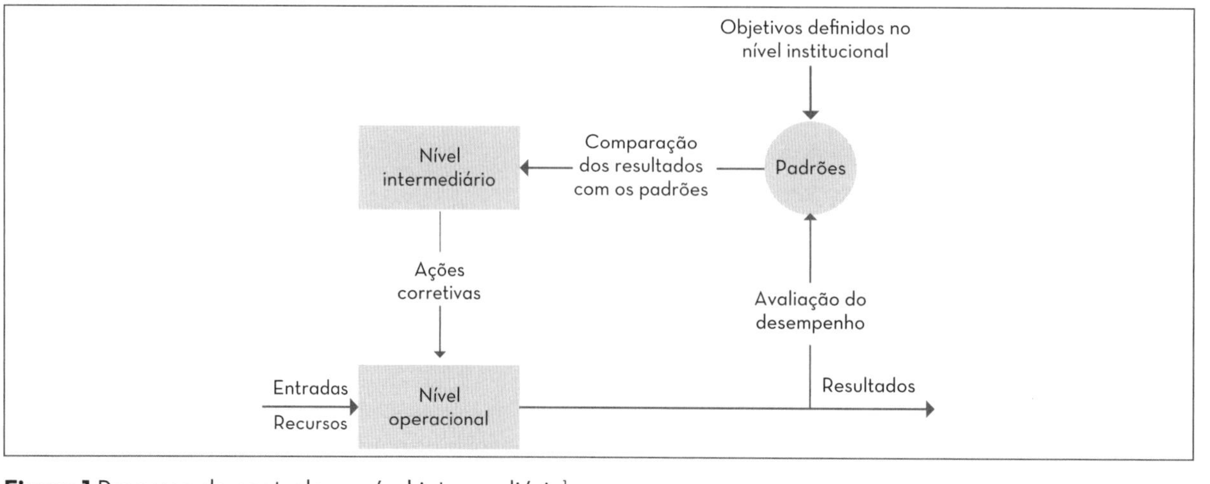

Figura 1 Processo de controle no nível intermediário[1].

lizar o funcionamento do sistema. As decisões sobre os padrões são tomadas no decorrer do processo de planejamento, mas podem ser reajustadas à medida que o processo de controle comece a produzir a informação de realimentação capaz de definir se os padrões estão adequadamente prefixados ou se devem ser alterados para mais ou para menos, a fim de se ajustar à realidade dos fatos.

A finalidade do controle tático é assegurar que os resultados departamentais se ajustem aos planos táticos estabelecidos. O controle precisa detectar e localizar as falhas e os desvios em relação aos planos para que a ação corretiva possa ser aplicada. Assim, o elemento fundamental do controle é um objetivo predeterminado: um padrão. O padrão fornece os critérios para medir o desempenho e avaliar os resultados.

No nível intermediário, os padrões de controle tático são geralmente estabelecidos a partir de certos objetivos departamentais tomados como critérios para avaliar os resultados e o desempenho de cada departamento. Ao fixar seus objetivos principais, cada departamento define os padrões pelos quais pode verificar se está ou não atingindo o leque de objetivos a que se propôs alcançar.

Tipos de padrões táticos

Existem vários tipos de padrões táticos utilizados para avaliar e controlar os diferentes recursos da empresa[1]:

- quantidade: como número de empregados, volume de produção, volume de vendas, porcentagem de rotação do estoque, índice de acidentes, quantidade de clientes, etc. Servem para verificar variações de quantidade;
- qualidade: como padrões de qualidade para a produção, o funcionamento das máquinas e dos equipamentos, a qualidade dos produtos e dos serviços da empresa, o atendimento ao cliente, os padrões de assistência técnica, etc. Servem para verificar variações de qualidade;
- tempo: como permanência média do empregado na empresa, tempos-padrão de produção, tempo de processamento dos pedidos dos clientes, tempo de espera dos clientes, ciclo operacional, ciclo financeiro, tempo de inovação, tempo de parada para manutenção de máquinas, etc. Servem para verificar variações de tempo;
- custo: como custo de estocagem das matérias-primas, custo do processamento de um pedido, custo de uma requisição de material, custo de uma ordem de serviço, relação custo-benefício de um novo equipamento, custos diretos e indiretos da produção, custo da qualidade, custo de financiamentos, etc. Servem para verificar variações de custo.

Bate-bola: para que serve o controle?

Discuta com seus colegas a respeito do assunto e tente chegar a uma conclusão: para que serve o controle?

AVALIAÇÃO DOS RESULTADOS

O controle tático se baseia nas informações obtidas por meio do acompanhamento da execução dos planos de ação de cada departamento ou unidade organizacional. Seu objetivo é avaliar o desempenho ou garantir que os resultados estejam dentro dos limites previstos pelos padrões, a fim de assegurar o alcance dos objetivos traçados para cada departamento. Constitui o instrumento adequado para influenciar nas decisões, a fim de corrigir a atividade planejada – caso sofra desvios ou variâncias – e possibilitar seu ajustamento em relação aos objetivos.

A descentralização administrativa influencia profundamente o controle. Na medida em que a descentralização é aumentada, deve haver maior ênfase nos controles globais da empresa. Quando as decisões são centralizadas, a administração pode estabelecer padrões detalhados para cada fase do trabalho. No entanto, na medida em que delega autoridade para planejar e decidir, a administração desvia sua atenção dos detalhes operacionais para poder acompanhar os resultados globais atingidos.

E é isso o que acontece geralmente com os departamentos. A empresa precisa saber como está seu desempenho e como estão seus resultados.

A frequência das avaliações também muda com a descentralização. Na centralização, a administração se preocupa com detalhes e com o curto prazo. Na medida em que descentraliza, a administração deixa de lado os detalhes e os relatórios diários para dirigir sua atenção para resultados globais e para amplitudes de tempo mais longas.

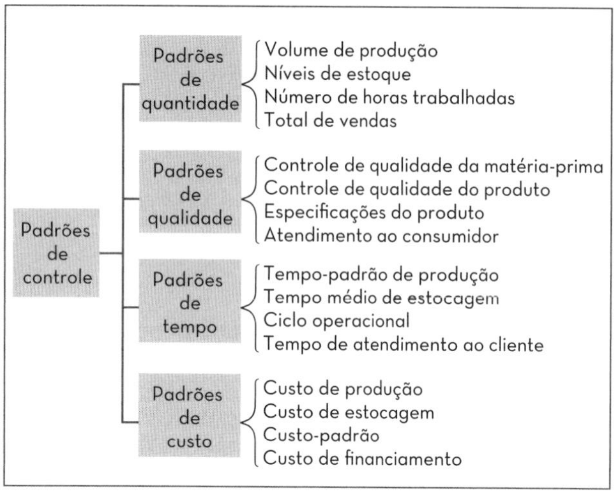

Figura 2 Tipos de padrões táticos[1].

Bate-bola: atenção para a avaliação de resultados

Discuta com seus colegas a respeito do assunto e tente chegar a uma conclusão: como melhorar a atenção do administrador para avaliar.

COMPARAÇÃO DOS RESULTADOS COM OS PADRÕES

A comparação de resultados com padrões preestabelecidos constitui a terceira fase do processo de controle tático. A comparação é geralmente uma atividade especializada de assessoria (*staff*) por envolver especialização. Aliás, boa parte das atividades de planejamento e de controle é encargo da assessoria (*staff*) e não da linha. Muitos dos componentes da comparação envolvem alguma especialização técnica e seus resultados são transmitidos aos gerentes de linha por meio de relatórios, mapas, circulares, etc. Com base nesse material, que constitui o sistema de informação gerencial (SIG), os gerentes de linha avaliam o desempenho de seus departamentos ou unidades e tomam as decisões necessárias para sua adequada condução.

A comparação proporciona a informação (retroação) a respeito da quantidade, da qualidade, do tempo e do custo das atividades de cada departamento, capaz de permitir sua avaliação em rela-

Tabela 1 Efeito da descentralização sobre o controle[1]

Graus de descentralização	Natureza do controle	
	Tipo de padrão	Frequência de avaliação
Centralização	Padrões detalhados sobre como o trabalho deve ser realizado e sobre o resultado a ser apresentado por cada pessoa ou posição	Avaliação diária e detalhada com horários definidos e resultados alcançados
Descentralização	Resultados finais globais e indicadores de possíveis desvios ou variações	Avaliação mensal e genérica para resultados principais Avaliação semestral ou anual para resultados globais

ção aos padrões preestabelecidos. O processo de comparação repousa em três elementos essenciais: mensuração, variância e princípio da exceção[1].

1. Mensuração: refere-se à informação sobre o desempenho de um departamento, de forma a avaliá-lo de acordo com algum critério quantitativo ou qualitativo. Na técnica de mensuração mais adequada, espécies de registros e anotações devem ser feitos, o tipo de unidade de medida utilizada em determinada situação e os instrumentos de mensuração mais adequados a um determinado propósito são aspectos que devem ser decididos no processo de planejamento. Isso revela, mais uma vez, a estreita vinculação entre planejamento e controle: o fato de que o controle também precisa ser planejado.
2. Variância: é o grau de desvio ou afastamento do desempenho atual em relação ao padrão preestabelecido. A comparação procura descobrir e localizar discrepância ou desvio entre o que está sendo feito e o que deveria ser feito, ou seja, a comparação procura detectar e localizar variâncias, para que se possa decidir sobre qual é a ação corretiva a ser adotada e restabelecer o desempenho dentro do padrão.
3. Princípio da exceção: proposto por Taylor e muito badalado pela escola da Administração Científica, o princípio da exceção – como o próprio nome indica – deixa de lado as ocorrências normais que não requerem ação corretiva, para apontar somente o que é excepcional. Focaliza as ocorrências que fogem à normalidade dos acontecimentos para que o administrador possa concentrar-se nas exceções, isto é, nas variâncias ou nos desvios que requerem medidas corretivas para enquadrá-los na normalidade.

O primeiro desses três elementos essenciais do processo de comparação – a mensuração – merece alguns esclarecimentos adicionais.

TÉCNICAS DE MENSURAÇÃO

Conforme visto no item anterior, a mensuração pode ser feita por meio da observação e de relatórios periódicos.

Observação

A observação do nível da atividade departamental – por meio de indagações feitas aos empregados, comentários obtidos dos clientes, notícias dos consumidores, etc. – é um importante meio de se saber como as coisas vão indo. A observação pessoal é uma técnica de mensuração que consome horas de diretores, gerentes e supervisores, seja visitando fábricas, passeando pelos escritórios, conversando com o pessoal, com clientes, fornecedores, etc. A observação pessoal permite uma avaliação jamais possível por meio de relatórios orais ou escritos. Realmente, não há substitutivo adequado para a observação direta para a avaliação do desempenho. Muito embora seja forte consumidora do tempo dos administradores, a observação pessoal é uma parte essencial da administração. Ela permite ao supervisor uma vantagem que o gerente e o diretor geralmente não têm: quanto mais o diretor e o gerente se distanciam das atividades táticas e do contato íntimo com o pessoal que as executa, mais dependentes eles se tornam em relação a fontes de informação, como é o caso dos relatórios. São muito comuns nas pequenas empresas, as conversas informais dos dirigentes com superiores e empregados a respeito de seu trabalho e de suas famílias. O nível de atividade, o comportamento dos empregados, suas reações, sugestões, etc. são diretamente observados e utilizados para formar uma figura mental de como vão indo as coisas dentro da empresa.

Relatórios

O controle somente é possível e eficaz quando o progresso em relação aos objetivos propostos é prontamente medido pelo administrador encarregado de alcançá-los. Parte da tarefa de mensurar o desempenho é dedicada ao planejamento e ao desenho de um sistema de relatórios capaz de proporcionar informação acurada em tempo hábil.

O conceito de controle gerencial inclui um sistema de relatórios capaz de suprir informações a respeito do que ocorre em todas as áreas e dos problemas e suas causas. Por meio dos relatórios, os dados chegam ao administrador de uma forma que lhe permite fazer comparações e tomar as ações mais indicadas. Assim são os relatórios sobre vendas nas diversas praças mostrando o comportamento dos produtos nos diversos territórios, os relatórios sobre pesquisas salariais, produção, manutenção, etc. Geralmente, os relatórios constituem um tipo de comunicação ascendente ou lateral que permite ao administrador saber o que ocorre. Relatórios de controle permitem revelar não apenas o que está acontecendo em um determinado período, mas também o significado do que está acontecendo. Existem vários tipos de relatórios de controle: orais, escritos ou uma combinação de ambos. Os relatórios orais são apresentados face a face, pelo telefone ou por meio de reuniões de grupos com gerentes de departamento ou de unidades. Os relatórios escritos não requerem a presença da pessoa que os emitiu, mas muitas questões e respostas, discussões e esclarecimentos adicionais precisam ser feitos oralmente.

As principais formas de relatórios são:

- Relatórios narrativos: podem ser verbais ou escritos, mas sempre descritivos.
- Relatórios estatísticos: baseiam-se amplamente em números e símbolos, comparações quantitativas, etc.
- Relatórios periódicos: emitidos em períodos regulares e programados, como diários, semanais, semestrais ou anuais.
- Relatórios de progresso: informam sobre o andamento de um projeto ou assunto desde o seu início até seu complemento ou conclusão. São também chamados relatórios de *follow-up* ou de seguimento.
- Relatórios especiais: são elaborados esporadicamente em resposta a determinados assuntos específicos e não rotineiros. Geralmente, referem-se a problemas específicos, produtos ou serviços prioritários, clientes importantes, etc.

O relatório de controle geralmente é uma combinação desses tipos enumerados. No fundo, constitui uma forma de atribuição de responsabilidade pela qual o administrador resume as atividades sob sua responsabilidade e relata ao seu superior, prestando conta dos resultados que conseguiu atingir. Na Administração por Objetivos (APO), os relatórios de controle assumem uma importância vital.

AÇÃO CORRETIVA

No nível intermediário das empresas, os administradores concentram em suas mãos o controle sobre uma infinidade de assuntos e somente autoriza o prosseguimento das atividades após certificarem-se de que os diversos padrões estão sendo observados. Antes de conceder crédito a determinado cliente, o tesoureiro ou o gerente de vendas solicita o relatório ou a ficha dos créditos anteriormente aprovado (a) e os pagamentos que foram devidamente efetuados. As alterações de preços, em algumas empresas, são condicionadas à provação do executivo principal, do responsável pela área de vendas, pela área financeira e provavelmente por alguns outros executivos. Cada um deles procura verificar as possíveis alterações da decisão sobre os planos de suas áreas. Em algumas circunstâncias, a verificação e o controle de certos assuntos são delegados a terceiros. É o que ocorre quando a empresa atribui tarefas de controles para o auditor contábil a respeito de despesas operacionais; para o inspetor de qualidade aprovar ou rejeitar produtos ou serviços; para o fiscal de obras ajustar ou dar andamento a tarefas de construção, etc.

Bate-bola: como tomar ações corretivas?

Discuta com seus colegas a respeito do assunto e tente chegar a uma conclusão: como o administrador deve tomar ações corretivas?

TIPOS DE CONTROLES TÁTICOS

Existem vários tipos de controles táticos, isto é, de controles efetuados no nível intermediário das empresas. Os tipos de controles táticos mais importantes são: sistema de informações gerenciais, controle orçamentário, orçamento-programa e contabilidade de custos.

Sistema de informações gerenciais

Toda decisão depende da qualidade da informação disponível ao administrador. A habilidade de tomar rapidamente decisões importantes e inteligentes no complexo mundo dos negócios de hoje é vital e definitiva. Assim, o sistema de informações gerenciais (SIG) é um sistema informatizado utilizado para fornecer regularmente as informações necessárias à administração[2]. O SIG envolve ordem, arranjo e propósito e visa a proporcionar informações, e não apenas dados. Informação é um conjunto de dados analisados e processados[3]. Toda empresa apresenta uma incrível quantidade de dados, mas uma enorme carência de capacidade de processar tais dados de maneira que a informação certa esteja disponível ao administrador no momento em que ele necessitar[4].

As empresas deixaram para trás o processamento de dados centralizado, passando pela computação descentralizada no usuário final e chegando às redes interativas de locação fixa e, agora, às redes interativas móveis permitindo incrível mobilidade e comunicabilidade. Uma rede representa uma interconexão de *hardwares* de computadores que permite ao usuário comunicação com outros usuários, transformar o computador em um terminal e acessar o sistema central da empresa ou acessar bancos de dados externos[5].

Controle orçamentário

Planejamento e controle orçamentário constituem um sistema que busca definir antecipadamente as despesas de custos fixos e variáveis a serem incorridos no exercício contábil da empresa por cada departamento ou unidade organizacional. Trata-se de estabelecer antecipadamente os possíveis gastos para então passar a controlá-los no decorrer do ano fiscal. O planejamento orçamentário constitui o plano, o critério, o padrão a ser seguido, enquanto o controle orçamentário representa a maneira de acompanhar e avaliar como o plano está sendo seguido e realizado.

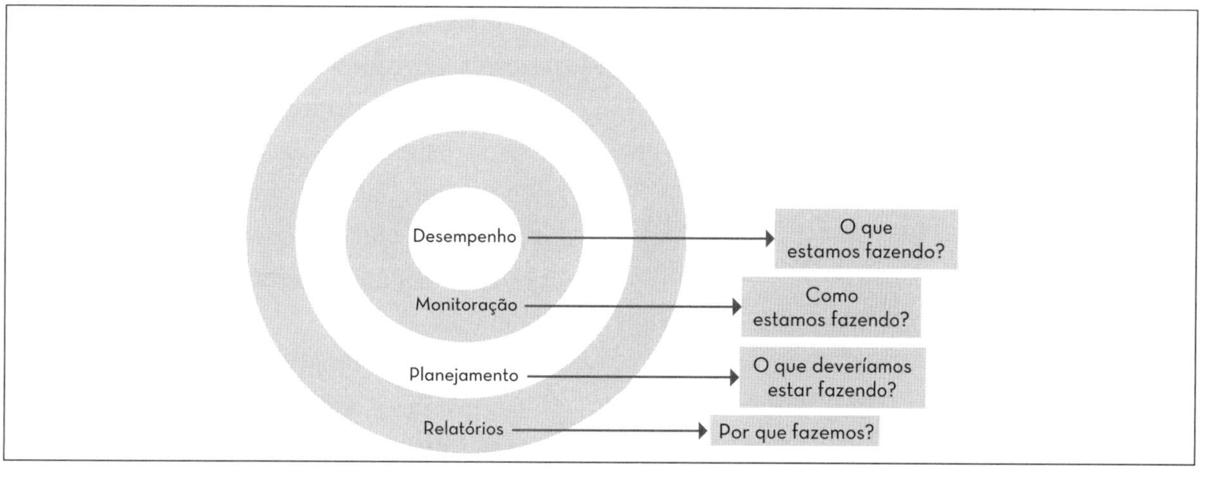

Figura 3 Comparação feita pelo controle.

Em termos simplistas, o orçamento constitui um plano apresentado em linguagem de dinheiro: a atividade da empresa é traduzida em resultados monetários esperados, tendo o dinheiro como denominador comum. O planejamento do orçamento ajuda a dirigir e controlar desempenhos. O planejamento do orçamento tem uma fase estritamente controladora – o controle orçamentário. Em geral, os orçamentos envolvem ações administrativas que produzem resultados observáveis dentro de dado período contábil, como um mês ou um ano.

O controle orçamentário envolve planejamento e controle, tal como o processo administrativo. Em muitas empresas, o orçamento acaba se transformando no principal instrumento de trabalho gerencial e tudo passa a ser expresso em termos de valores monetários: as previsões de vendas, o orçamento de salários e encargos sociais, o orçamento de propaganda, etc. A vantagem do processo orçamentário é explicitar os planos futuros e atribuir-lhes valores financeiros. O fato de se solicitar a todos os membros da empresa, em todos os níveis, que elaborem suas subpartes do orçamento permite alguma forma de participação e envolvimento nos negócios da empresa. Os orçamentos gerados a partir dessa participação são mais fáceis de controlar do que aqueles orçamentos impostos por determinação superior.

Quando integradas as diversas partes do orçamento dentro do plano financeiro global, este passa a constituir um padrão, em relação ao qual o desempenho do período pode ser comparado e medido. O orçamento não é um instrumento rígido de contenção de despesas, podendo ser bastante flexível a ponto de permitir uma variedade de ajustes, quando necessários.

As principais vantagens do controle orçamentário são[1]:

- aprimoramento do planejamento, tornando-o mais objetivo e realista;
- auxílio à coordenação por meio de troca de informações e o equilíbrio entre as diferentes atividades ao detectar possíveis desequilíbrios existentes;
- controle global ao estabelecer *padrões* para todas as atividades e divulgação de relatórios de resultados reais capazes de indicar desvios e possibilitar medidas corretivas.

Os orçamentos são utilizados para comunicar os planos às várias partes da empresa. Muitas empresas desenvolvem um sistema abrangente de orçamentos no qual os vários orçamentos são relacionados de maneira quantitativa e formando logicamente um sistema integrado. Outras empresas utilizam sistemas de orçamentos parciais orientados para determinados aspectos específicos do planejamento como orçamentos de vendas, de produção ou de despesas gerais.

Orçamento-programa

A filosofia do planejamento e do controle pelo orçamento programa nasceu no Departamento de Defesa dos Estados Unidos (com a sigla PPBS: *Planning-Programming Budgeting System*), sendo estendido para todos os departamentos do governo federal no sentido de permitir uma feição de planejamento no processo orçamentário americano. O sistema de planejamento pelo *orçamento-programa* veio substituir os pedidos orçamentários, com bases anuais, que os vários departamentos encaminhavam ao Congresso para satisfazer suas necessidades de verbas. O Congresso as examinava e fazia as dotações à medida que chegavam. Com a complexidade dos programas militares e sociais, tornou-se necessário rever totalmente o processo de dotações orçamentárias[6].

O orçamento-programa requer a identificação das missões e despesas com elas relacionadas, desde a justificativa de sua necessidade, o projeto e a produção, até sua entrega e utilização. Com isso, dá-se ênfase à natureza planificadora do processo orçamentário e facilita-se a dotação das verbas em bases uniformes, permitindo uma base cumulativa para qualquer ponto do ciclo de vida do programa.

Todavia, o orçamento-programa tem suas limitações. Ele exige a implementação de uma sistemática administração programática em todos os níveis da empresa. Por outro lado, nem todas as decisões se fundamentam em análise quantitativa e muitas delas envolvem julgamentos pessoais que não são previstos no orçamento-programa.

Contabilidade de custos

A contabilidade de custos é considerada um ramo especializado da contabilidade. Trata de informações sobre acumulação e análise de custos, alocando os custos em algum tipo de unidade-base, como produtos, serviços, subconjuntos, componentes, projetos ou departamentos. A contabilidade de custos utiliza as seguintes classificações:

- custos fixos: são os custos permanentes e constantes que independem do volume de

Tabela 2 Controle orçamentário indicando despesas planejadas e realizadas

Itens de Despesas		Jan	Fev	Mar	Abr	Mai	Jun	Jul	Ago
Salários indiretos		890	890	890	890	960	960	960	960
	Real =	850	850	850	850	850	850	850	850
Horas extras		20	20	20	20	25	25	25	25
	Real =	10	10	10	10	10	10	10	10
13° salário		75	75	75	75	80	80	80	80
	Real =	72	72	72	72	72	72	72	72
Gratificações		75	75	75	75	80	80	80	80
	Real =	72	72	72	72	72	72	72	72
Encargos sociais		455	455	455	455	492	492	492	492
	Real =	450	450	450	450	450	450	450	450
Subtotal dos salários		1.515	1.515	1.515	1.515	1.637	1.637	1.637	1.637
	Real =	1.454	1.454	1.454	1.454	1.454	1.454	1.454	1.454
Aluguéis		420	420	420	420	420	420	420	420
	Real =	450	450	450	450	450	450	450	450
Energia elétrica		80	80	80	80	80	80	80	80
	Real =	100	100	100	100	100	100	100	100
Material de escritório		300	500	800	300	500	800	900	900
	Real =	400	600	900	400	600	900	950	950
Subtotal de despesas		800	1.000	1.300	800	1.000	1.300	1.400	1.400
	Real =	950	1.150	1.350	950	1.150	1.350	1.500	1.500
11. Total geral		2.315	2.515	2.815	2.315	2.637	2.937	3.037	3.037
	Real =	2.404	2.604	2.804	2.404	2.604	2.804	2.954	2.954

produção ou do nível de atividade da empresa. Qualquer que seja a quantidade de produtos produzidos, os custos fixos permanecem inalterados. Mesmo que a empresa nada produza, eles se mantêm constantes. Envolvem aluguéis, seguros, manutenção, depreciação, salários dos gerentes, do pessoal de assessoria, secretárias, pessoal de escritório, etc.

- custos variáveis: são os custos que estão diretamente relacionados com o volume de produção ou com o nível de atividade da empresa. Constituem uma variável dependente da produção realizada e englobam custos de materiais diretos (materiais ou matérias-primas que são transformados em produto ou que participam diretamente na elaboração do produto) e custos de mão de obra direta (salários e encargos sociais do pessoal que executa as tarefas de produção do produto).

Com base nos custos fixos e variáveis calcula-se o ponto de equilíbrio (*break-even point* ou ponto de paridade). Constitui o ponto em que não há lucro nem prejuízo, isto é, onde as contas se tornam zero e se equilibram.

O gráfico de ponto de equilíbrio mostra a relação entre a renda total de vendas e os custos de produção, indo desde zero até a plena capacidade de produção da fábrica. A linha de vendas indica a renda total esperada em diferentes níveis de produção, e a linha de custos totais indica as despesas globais (custos fixos mais custos variáveis) para os mesmos níveis de produção. O ponto de intersecção das linhas de vendas e de custos é o chamado ponto de equilíbrio, isto é, o ponto em que não há prejuízo nem lucro; em outros termos, o ponto em que o lucro é zero (e o prejuízo também).

O gráfico de ponto de equilíbrio é uma técnica de planejamento e de controle fácil e simples, pois mostra como os diferentes níveis de vendas afetam os lucros da empresa: o ponto em que os custos e as vendas equiparam-se, separando os níveis em que as operações da empresa (ou de um departamento) tornam-se deficitárias ou lucrativas.

A análise do ponto de equilíbrio permite mostrar que:

- Alguns custos são fixos e independem do volume de produção ou vendas.
- Outros custos são variáveis e aumentam linearmente com o aumento do volume de produção ou vendas.
- Se o preço de vendas é constante, o aumento do volume de vendas também apresenta um crescimento linear.

CENTROS DE RESPONSABILIDADE

Os sistemas de controle tático podem ser utilizados para monitorar funções específicas, projetos ou departamentos. Os centros de responsabilidade são usados para isolar uma unidade que deve ser avaliada separadamente do resto da empresa. Cada centro de responsabilidade tem seu próprio orçamento e é avaliado pelo uso de seus recursos orçamentários e é administrado por um administrador responsável por ele. Cada centro utiliza recursos medidos em termos de custos ou despesas para produzir determinado produto ou serviço medido em termos de volume ou retornos. Os centros de responsabilidade podem ser[7]:

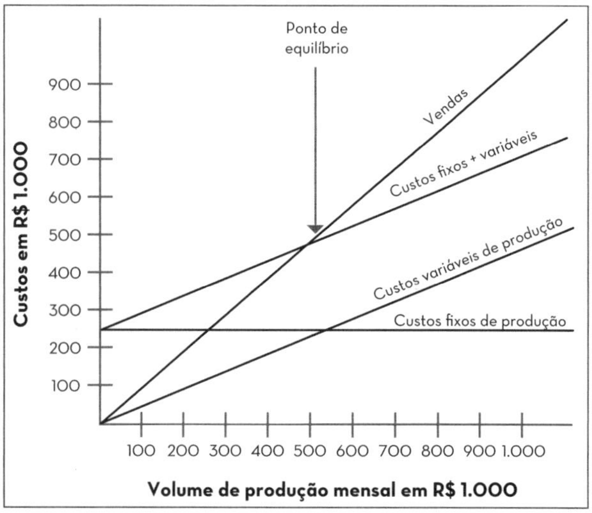

Figura 4 Exemplo de orçamento variável.

1. Custo-padrão: utilizados principalmente em facilidades na manufatura, os custos-padrão (ou esperados) são computados para cada operação na base de dados históricos. Ao avaliar o desempenho do centro, seus custos-padrão totais são multiplicados pelas unidades produzidas. O resultado é o custo esperado da produção, que pode ser comparado com o atual custo de produção.
2. Retornos: a produção, geralmente em termos de unidades ou valores em reais, é medida sem consideração com os custos de recursos (p.ex., salários). O centro é avaliado em termos de eficácia mais do que de eficiência. A eficácia de uma região de vendas é determinada pela comparação das vendas atuais com as vendas projetadas ou históricas do ano anterior. Lucros não são considerados por que o departamento de vendas tem pouca influência sobre o custo dos produtos que vende.
3. Despesas: os recursos são medidos em reais sem consideração com os custos do produto ou do serviço. O orçamento deve ser preparado principalmente para as despesas administrativas, pesquisa, etc. Embora tenham um custo para a empresa, eles contribuem apenas indiretamente para os retornos.
4. Lucro: o desempenho é medido em termos da diferença entre retornos (que medem produção) e as despesas (que medem recursos). O centro de lucro é geralmente definido quando uma unidade organizacional tem controle tanto sobre seus recursos como seus produtos ou serviços. Os centros de lucro permitem que a empresa seja organizada em divisões de linhas de produtos separadas que podem ser avaliadas em função do lucro.
5. Investimento: utilizados quando a empresa tem muitas divisões que para fazer seus produtos utilizam recursos que devem ser avaliados. Um centro é medido em termos de diferença entre seus recursos e seus produtos ou serviços, o que permite uma comparação com os demais.

Muitas empresas utilizam uma combinação de centros de custos, de despesas e de retornos e muitos administradores são especialistas funcionais e administram de acordo com um orçamento. A lucratividade total é integrada no nível institucional.

Em geral, a avaliação do desempenho das unidades de uma empresa costuma ser feita por meio do *benchmarking* com outras unidades da própria empresa e de unidades de outras empresas consideradas referências em termos de comparação. É bom lembrar que o *benchmarking* é um processo contínuo de avaliação e comparação de produtos, serviços e práticas oferecidos pelos concorrentes mais avançados ou com as empresas reconhecidas como líderes na indústria. E está se tornando um programa baseado no conceito de não reinventar algo que outros já estão utilizando com sucesso. É a pedagogia da excelência.

Bate-bola: como melhorar os controles na empresa?

Discuta com seus colegas a respeito do assunto e tente chegar a uma conclusão: como melhorar os controles na empresa?

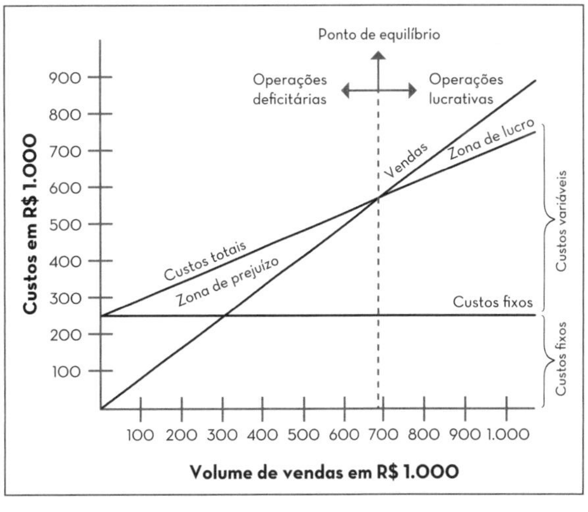

Figura 5 Exemplo de gráfico de ponto de equilíbrio.

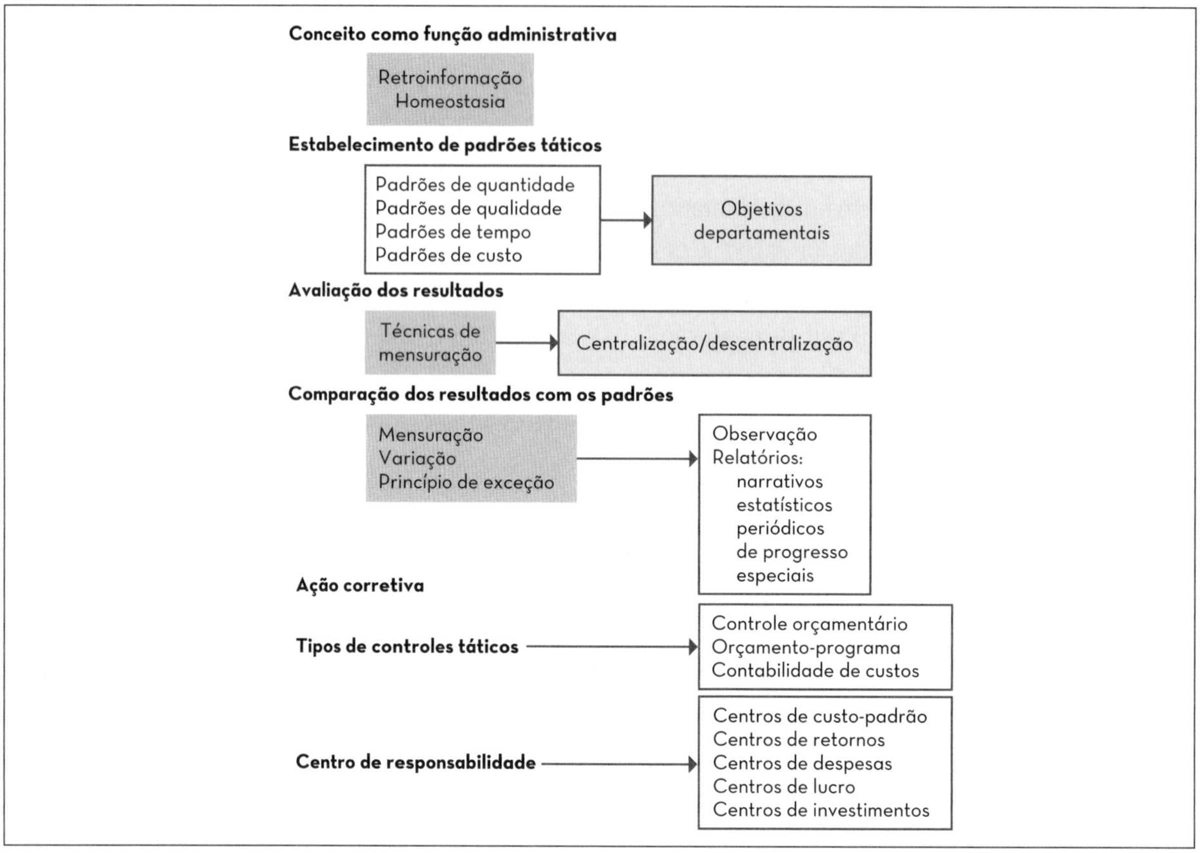

Figura 6 Mapa mental deste capítulo.

REFERÊNCIAS BIBLIOGRÁFICAS

1. CHIAVENATO, I. *Introdução à teoria geral da administração*, Rio de Janeiro, Elsevier/Campus, 2011.
2. SMALL, J. T.; LEE, W. B. "In search of an MIS", *MSU Business Topics*, 1975:47-55.
3. ROBBINS, S. P. *Administração*: mudanças e perspectivas, São Paulo, Saraiva, 2008, p. 151.
4. SIMON, H. A. *Administrative behavior*, Nova York, Free, 1976. p. 294.
5. ROBBINS, S. P. *Administração*: mudanças e perspectivas, São Paulo, Saraiva, 2008, p. 153-4.
6. NEWMAN, W. H. *Ação administrativa*: as técnicas de organização e gerência. São Paulo: Atlas, 1972, p. 394-96.
7. WHEELEN, T. L.; HUNGER J. D. *Strategic management and business policy*, Upper Saddle River, Prentice-Hall, 2002, p. 252-3.

CAPÍTULO 18

Controle operacional

Objetivos deste capítulo

- Definir as características do controle operacional.
- Identificar o controle como um processo cibernético.
- Caracterizar os padrões operacionais.
- Definir a ação corretiva do controle operacional da empresa.
- Apresentar os diversos tipos de controles operacionais.

O controle utilizado no nível operacional, ou simplesmente controle operacional, é o subsistema de controle realizado no nível de execução das operações. Trata-se de uma forma de controle realizada sobre a execução das tarefas e das operações desempenhadas pelo pessoal não administrativo da empresa. Nesse sentido, o controle operacional se refere aos aspectos mais específicos, como as tarefas e as operações. Sua dimensão de tempo é o curto prazo, pois seu objetivo é imediatista e focado no cotidiano da empresa: avaliar e controlar o desempenho das tarefas e das operações a cada momento. É também o subsistema de controle mais voltado para a realidade concreta da empresa: o seu dia a dia, em termos de tarefas realizadas. Em resumo, o controle operacional é o subsistema de controle efetuado no nível mais baixo da organização empresarial; seu conteúdo é específico e voltado para cada tarefa ou operação e é direcionado para o curto prazo e para a ação corretiva imediata.

Enquanto o nível institucional estabelece os objetivos e o nível intermediário elabora os planos e os meios de controle em termos departamentais, o nível operacional traça os planos e os meios de controle em termos específicos com relação a cada tarefa ou operação isoladamente.

CONTROLE COMO UM PROCESSO CIBERNÉTICO

No nível operacional, o processo de controle assemelha-se mais a um processo cibernético. Muito embora nos níveis institucional e intermediário da empresa o controle também possa ser comparado a um processo cibernético, é no nível operacional que essa semelhança torna-se mais facilmente perceptível.

Cibernética

Ao criar a cibernética, Wiener a concebeu como a ciência da comunicação e do controle no animal e na máquina[1]. Para ele, a comunicação - que é a transferência de informações ou de energia - e o controle existem em qualquer sistema vivo ou mecânico. O controle administrativo é basicamente um processo cibernético; aliás, o mesmo processo encontrado em sistemas físicos, biológicos e sociais. Todos os sistemas cibernéticos (dotados de homeostasia e de autorregulação) controlam a si mesmos por meio de uma reentrada de informações que revela erros ou desvios no alcance dos objetivos e efetua correções. Os sistemas utilizam uma parte de sua energia para controlar informações que são confrontadas com algum padrão de desempenho.

O controle tem recebido enorme atenção por parte de especialistas de diferentes campos de atividade, pois ele é vital para uma enorme quantidade de coisas. Os fisiologistas estudam como os organismos vivos controlam a temperatura e a pressão sanguínea dentro de certas margens consideradas normais. Os ecologistas estudam como as populações animais permanecem mais ou menos do mesmo tamanho. Os economistas estudam como a economia do país deve controlar a inflação e manter o equilíbrio da balança comercial. O engenheiro estuda como controlar os gastos de combustíveis do automóvel e mantê-lo possante e veloz. O administrador financeiro estuda como manter os custos baixos e os lucros elevados dentro de uma situação de recursos escassos e de forte concorrência. Muito embora os mecanismos de controle sejam diferentes em cada um dos exemplos acima, o processo de controle é basicamente o mesmo. Por essa razão, a cibernética passou a estudar o controle como um processo universal.

Contudo, os componentes do processo de controle podem estar distribuídos de maneira diferente. Em uma situação em que o trabalhador recebe do chefe uma ordem para executar uma tarefa dentro de um determinado padrão de qualidade, o chefe apenas define o padrão. O resto da operação de controle fica por conta do trabalhador: este fará o acompanhamento dos resultados, contando as peças produzidas e medindo-as (comparando os resultados com os padrões) para verificar sua qualidade e tomando ações corretivas para ajustar a máquina ou melhorar alguns aspectos das peças. Nesse exemplo, o ciclo de controle pode ser ilustrado nas Figuras 2 e 3.

Bate-bola: para que serve o controle operacional?

Discuta com seus colegas a respeito do assunto e tente chegar a uma conclusão: para que serve o controle operacional?

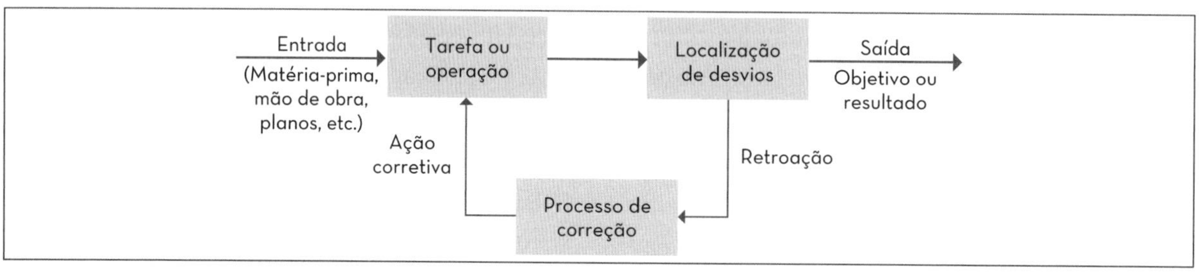

Figura 1 Processo de controle.

- Apenas para os aspectos técnicos?
- Apenas para os aspectos de produção?
- Apenas para os aspectos humanos?
- Apenas para os aspectos de qualidade?
- Apenas para os aspectos de produtividade?

O controle está relacionado diretamente com a verificação de meios e de fins: se os meios estão sendo seguidos e se os fins estão sendo alcançados. Em função disso, os mecanismos de controle são classificados em três categorias (Figura 4), dependendo de sua posição no processo administrativo.

As três categorias de controle demonstradas na Figura 4 podem ser exemplificadas como na Figura 5.

Nenhuma atividade é perfeita. Toda atividade provoca ou ocasiona algum tipo de variação. Assim, torna-se importante determinar os limites dentro dos quais essa variação pode ser aceita como normal ou aceitável. Assim, as variações que ocorrem dentro desses limites não exigem correções. Apenas as variações que ultrapassam os limites dos padrões é que são denominadas exceções, erros, desvios, afastamentos ou anormalidades. O controle procura separar o que é normal e o que é excepcional, para que a correção se concentre nas exceções. Esse aspecto lembra muito o princípio da exceção proposto por Taylor: o administrador deve preocupar-se com o que é excepcional, ou

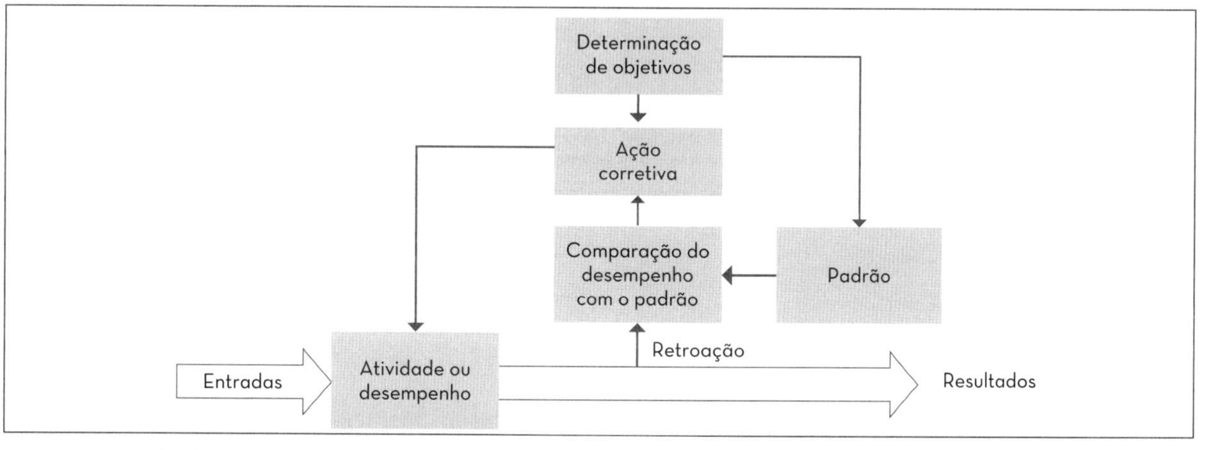

Figura 2 O ciclo de controle[2].

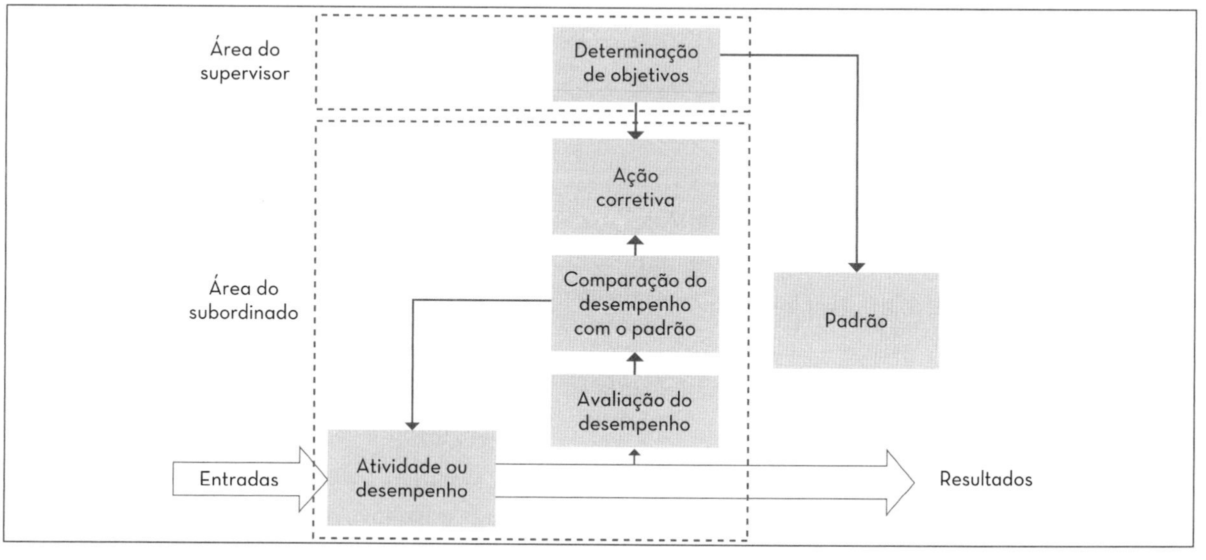

Figura 3 Variação no ciclo de controle[2].

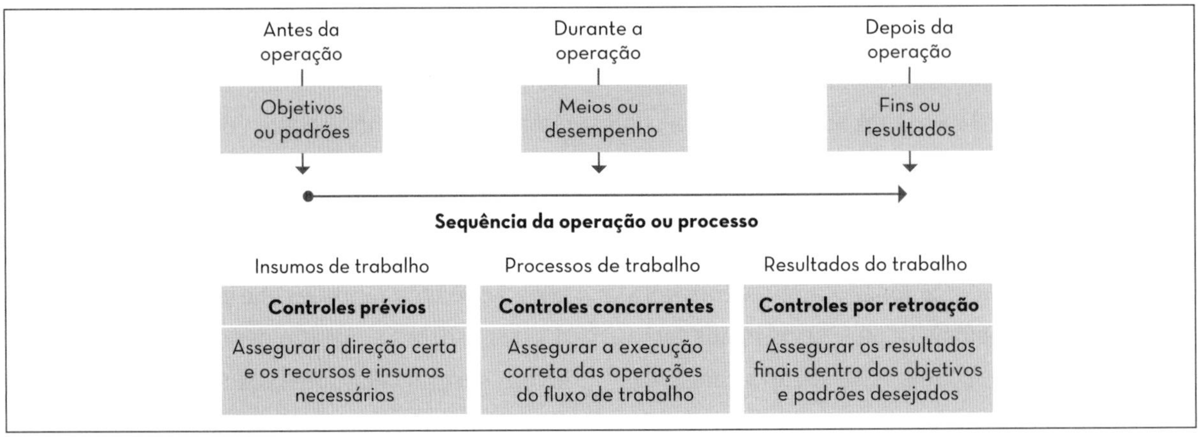

Figura 4 Três categorias de controle[3].

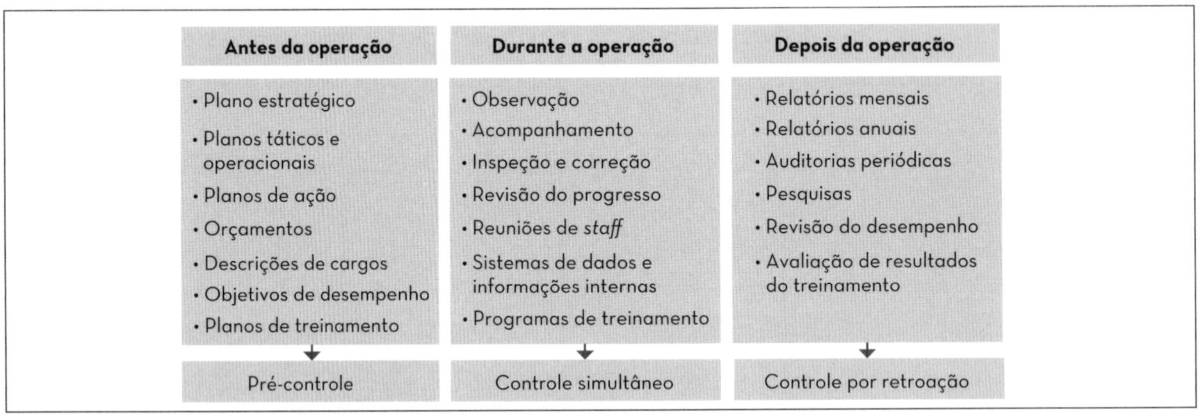

Figura 5 Três categorias de controle[4].

seja, com aquilo que se afasta dos padrões. Para que se possa localizar as exceções, o controle deve dispor de técnicas que indiquem rapidamente onde se encontra o problema.

FASES DO CONTROLE OPERACIONAL

O controle operacional – da mesma forma como ocorre com o controle estratégico e com o controle tático – é um processo composto de quatro etapas. As quatro etapas do controle operacional são[2]:

1. Estabelecimento de padrões: é a primeira etapa do processo de controle e estabelece previamente os padrões ou critérios de avaliação ou de comparação. Padrões são metas de desempenho. Os padrões representam a base fundamental do controle operacional. Um padrão é uma norma ou um critério que serve de base para a avaliação ou comparação de algo. Metro, litro, grama, watt e bell são padrões de medida universalmente aceitos. Um dos maiores cuidados é o de estabelecer previamente padrões para controlar as coisas. O padrão é o ponto de referência para aquilo que será feito. A definição de padrões geralmente começa com a análise das operações passadas para se planejar como as operações futuras deverão ser avaliadas. Mas isso seria apenas manter o *status quo*, o que não é desejável. Os padrões devem sempre conter melhorias futuras. Assim, por exemplo, os custos-padrão se baseiam nos custos passados, mas com projeções de melhorias decorrentes de métodos e processos mais

eficientes de trabalho, inovações na tecnologia e no maquinário, maior competência pessoal dos funcionários, etc. Assim, os padrões constituem um nível aceitável de eficiência de produção. Além disso, devem ser utilizados para motivar as pessoas a executar eficientemente as operações. Existem vários tipos de padrões operacionais, como padrões de quantidade, de qualidade e de tempo e custo, os quais serão vistos adiante.

2. Avaliação do desempenho: é a segunda etapa do processo de controle e consiste em avaliar o desempenho por meio do acompanhamento e da monitoração do que está sendo executado. A avaliação do desempenho busca colher dados e informações daquilo que está sendo realizado.
3. Comparação do desempenho com o padrão: é a terceira etapa do processo de controle e consiste em comparar o desempenho com o que foi previamente estabelecido como padrão, para verificar se há desvio ou variação, isto é, se há falha ou erro em relação ao desempenho desejado. Trata-se de alinhar o desempenho com o padrão planejado e esperado e verificar possíveis distorções ou falhas.

   A comparação do resultado ou do desempenho em relação ao padrão pode resultar em três possibilidades:

   a. Conformidade ou aceitação: o resultado ou desempenho está de acordo com o *padrão* e, portanto, aceito.
   b. Aceitação: o resultado ou desempenho apresenta leve desvio quanto ao *padrão*, mas dentro da tolerância permitida, e, portanto, aceito, embora a conformidade não seja a ideal.
   c. Rejeição: o resultado ou o desempenho apresenta desvio, afastamento ou discrepância para mais ou para menos em relação ao padrão, além da tolerância permitida e, portanto, rejeitado e sujeito à ação corretiva.

   A comparação dos resultados obtidos com os resultados planejados utiliza vários meios de apresentação, como gráficos, relatórios, índices, porcentagens, medidas e estatísticas, etc. Esses meios de apresentação supõem técnicas à disposição do controle para que este tenha maior informação sobre aquilo que deve ser controlado.
4. Ação corretiva: é a quarta e última etapa do processo de controle e consiste em apontar medidas corretivas caso surjam falhas, distorções, erros, variações ou desvios no desempenho avaliado. Trata-se de corrigir o desempenho para adequá-lo ao padrão estabelecido. Se o desempenho foi de acordo com o padrão, não há ação corretiva a aplicar. O objetivo do controle é indicar quando, onde e quanto corrigir para manter o processo de acordo com o que foi previamente estabelecido.

Bate-bola: como melhorar o controle operacional?

Discuta com seus colegas a respeito do assunto e tente chegar a uma conclusão: como melhorar o controle operacional da empresa?

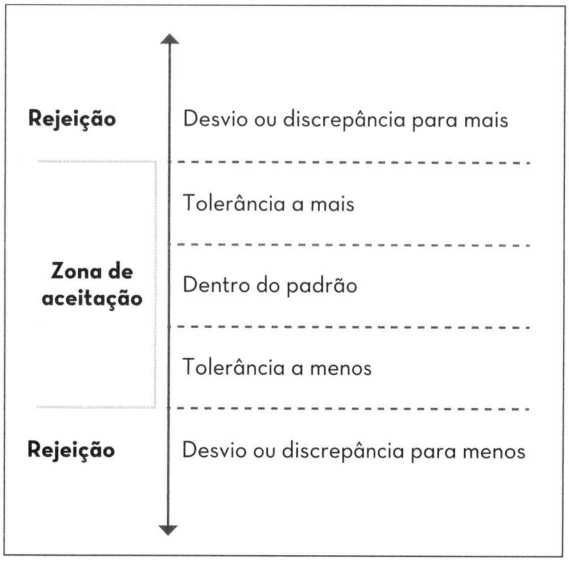

Figura 6 Possibilidades de comparação com o padrão.

AÇÃO CORRETIVA

Ação corretiva é a função básica do controle pela qual as providências são tomadas para eliminar as variâncias significativas entre o desempenho atual e o desempenho planejado. O propósito da ação remediadora é corrigir os desvios observados em relação ao padrão e reduzi-los ou eliminá-los a fim de que o trabalho possa continuar. A ação corretiva pode também ser direcionada a problemas que ocorrem no nível operacional. Problema é a percepção de que algo não está ocorrendo como deveria e que conduz ao reconhecimento de necessidade, insatisfação ou inquietude que precisa ser corrigida ou atendida.

A ação corretiva pode incidir sobre a própria tarefa ou operação ou pode ser feita indiretamente por meio de intervenção como reavaliação e revisão do planejamento, da organização, da direção e do próprio controle, como na Figura 9.

A ação corretiva visa a colocar as coisas em ordem ou, em outros termos, fazer com que as coisas caminhem de acordo com o que foi previamente planejado. Muitas vezes, o problema não reside na execução das tarefas ou das operações, mas no seu planejamento inadequado. Assim, a ação corretiva do controle deve permitir reavaliação e revisão do planejamento, adequando-o à realidade e às possibilidades concretas de sua execução. Outras vezes, o problema reside na maneira de organizar e estruturar as coisas, e o controle deve permitir uma ação corretiva sobre a organização das tarefas e das operações. Outras vezes, ainda, o problema reside na direção: embora as coisas tenham sido bem planejadas e organizadas, a direção pode falhar em algum aspecto, e a ação corretiva do controle deve permitir que as falhas de direção sejam corrigidas ou atenuadas. Contudo, o problema pode também residir no próprio controle: a ação corretiva do controle deve permitir seu próprio aperfeiçoamento, detectando falhas e impropriedades nele contidas.

Na verdade, o controle operacional é um processo cíclico e repetitivo. É cíclico por envolver um ciclo composto de quatro fases que acabamos de enumerar. E é repetitivo porque se repete indefinidamente. E, na medida em que se repete, o controle tende a fazer com que as coisas controladas se aperfeiçoem e reduzam seus desvios em relação aos padrões estabelecidos. Isto é, quanto mais se repete, maior a tendência de corrigir gradativamente os erros ou desvios, graças a um processo de aprendizagem. A organização que aprende com seus próprios erros é que detém maior capacidade de melhoria contínua e aperfeiçoamento rumo à excelência.

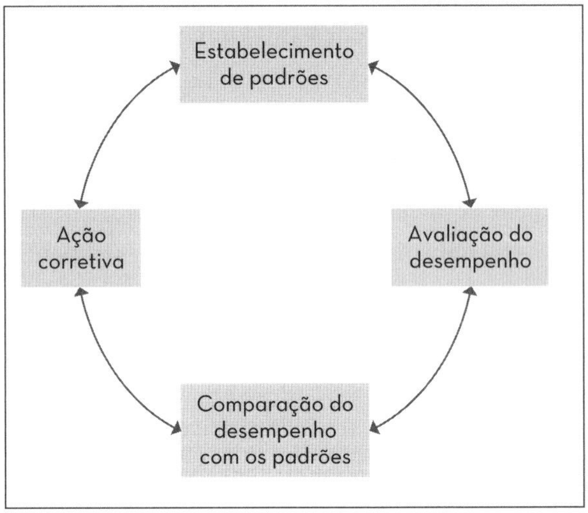

Figura 7 Fases do controle operacional[2].

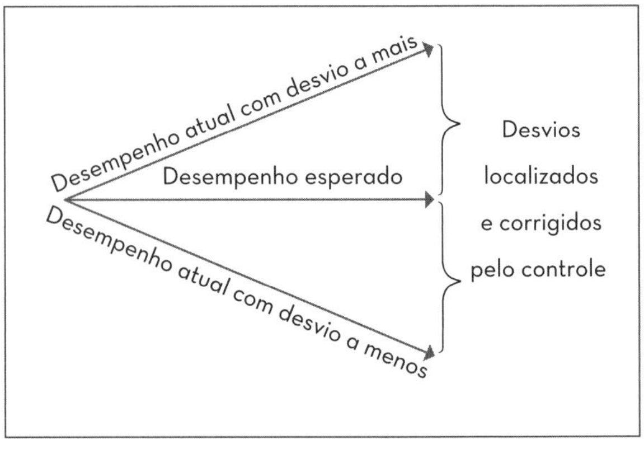

Figura 8 Localização de desvios ou discrepâncias por meio do controle.

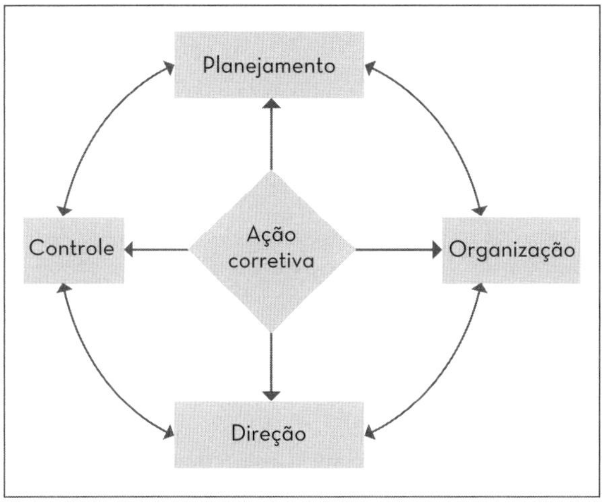

Figura 9 A ação corretiva como função básica do controle[2].

Ação disciplinar

No nível operacional, uma boa parte das ações corretivas é realizada sobre pessoas ou sobre o desempenho de pessoas: é a chamada ação disciplinar. Nos desvios exagerados em relação aos padrões exigidos, a causa pode residir em falhas humanas, seja pela precária definição das tarefas, pelo desempenho inadequado, por negligência ou desobediência a instruções, regras ou procedimentos. Nesses casos, torna-se necessária a ação disciplinar para orientar e/ou corrigir o comportamento de pessoas.

A ação disciplinar é a ação corretiva realizada sobre o comportamento de pessoas. Seu propósito é reduzir a discrepância entre os resultados atuais e os resultados esperados. Existem vários tipos de ação corretiva à disposição do administrador e de acordo com a situação e as pessoas envolvidas. A ação disciplinar pode ser positiva ou negativa. A ação positiva toma a forma de encorajamento, recompensas, reconhecimento, elogios, treinamento adicional ou orientação. A ação negativa inclui o uso de advertências, castigos, admoestações e até mesmo o desligamento de pessoas que não se ajustam às condições da empresa.

Quando se faz necessária uma ação disciplinar negativa, ela deve ser realizada em etapas crescentes. A primeira ação disciplinar negativa, dependendo da infração cometida, deve ser uma reprimenda ou admoestação verbal do supervisor feita informalmente. As reincidências devem merecer um crescimento progressivo nas penalidades para cada infração sucessiva: advertência verbal formal, advertência escrita, suspensão e demissão da empresa.

Cada pessoa em geral aceita certas responsabilidades para adequar seu próprio comportamento às regras e aos regulamentos vigentes desde que seu desempenho seja benéfico e produtivo para a empresa. Assim, a orientação das pessoas, o direcionamento de seu comportamento diante dos objetivos organizacionais e individuais de maneira sadia e colaborativa são os caminhos preferencialmente adotados. O autocontrole e a autodisciplina são sempre preferíveis ao controle externo ou à disciplina imposta por força ou por meios coativos. Cada pessoa deve ser responsável pela sua própria conduta.

A ação disciplinar visa a desenvolver todas as condições de contexto para que haja disciplina na empresa. Disciplina é o processo de formar e informar a pessoa de modo que ela possa desenvolver autocontrole e tornar-se mais eficaz em seu trabalho. A empresa deve criar um ambiente de trabalho no qual as pessoas se sintam bem e satisfeitas, mas dentro de um contexto no qual cada uma delas ocupa seu espaço físico e psicológico de maneira a não interferir ou impactar negativamente no espaço das outras pessoas nem ultrapassar certos limites impostos pela atividade organizacional. Assim, de um lado, a empresa define sua missão e visão de futuro, seus princípios e valores, suas regras e seus regulamentos para regular o comportamento das pessoas. Parte desse trabalho é desenvolvido por meio da supervisão, parte pelo órgão responsável pela gestão de pessoas e parte pelos níveis intermediário e institucional. Todo esse conjunto de ações visa ao bom relacionamento entre pessoas e organização para que os resultados possam acontecer.

O objetivo ou o propósito do processo disciplinar desenvolvido pelo supervisor é a manutenção de um desempenho humano de acordo com os objetivos empresariais. O termo disciplina muitas vezes apresenta uma conotação de dar recompensas ou punições, quando, na realidade, a disciplina, em seu próprio contexto, pode ser visualizada como o desenvolvimento da habilidade ou capacidade de analisar situações e determinar qual é o comportamento correto.

Para ser eficaz, a ação disciplinar deve possuir as seguintes características[5]:

- ser esperada: a ação disciplinar deve ser prevista em regras e regulamentos e previamente estabelecida e comunicada amplamente. Não deve ser improvisada, mas planejada, antes mesmo que o comportamento errado ocorra, e publicada em avisos ou painéis (por exemplo: "é proibido marcar o cartão de ponto de outro empregado. A penalidade é a suspensão automática por três dias sem o pagamento"). A sanção negativa é imposta a fim de desencorajar possíveis infrações;
- ser impessoal: a ação disciplinar não deve simplesmente punir determinada pessoa ou grupos culpados, apenas corrigir a situação e restabelecer a normalidade. Ela deve basear-se em fatos, e não em opiniões. Não visa à pessoa, mas à discrepância, ao fato, ao desvio de comportamento;
- ser imediata: a ação disciplinar deve ser aplicada tão logo seja detectado o desvio para que o infrator associe claramente sua aplicação com a discrepância que efetuou;
- ser consistente: as regras e os regulamentos devem ser feitos para todos. Devem ser justos e equitativos, sem qualquer favoritismo ou preferências pessoais;
- ser limitada ao propósito: tomada a ação disciplinar, o supervisor deve reassumir sua atitude normal em relação ao subordinado faltoso. Tratar o subordinado sempre como faltoso é puni-lo permanentemente, encorajando hostilidade e autodepreciação, quando o certo seria adotar uma atitude positiva e construtiva para garantir uma conduta adequada.

Bate-bola: como assegurar a disciplina em uma equipe?

Discuta com seus colegas a respeito do assunto e tente chegar a uma conclusão: como assegurar a disciplina em uma equipe de trabalho?

TIPOS DE CONTROLES OPERACIONAIS

Existe uma ampla variedade de tipos de controles operacionais. Alguns deles ganham maior importância dependendo das características das operações e das tarefas da empresa, da unidade organizacional ou do departamento. Alguns desses controles operacionais envolvem mecanismos impessoais de controle, como a produção em linha de montagem, os quadros de produtividade e a automação do processo de operação e execução de tarefas.

Custo-padrão

Em geral, as empresas utilizam o custo-padrão para elaborar seus orçamentos de produção ou fabricação no nível operacional. O custo-padrão envolve material direto, mão de obra (MO) direta e custos indiretos. Os padrões para material direto, MO direta e custos indiretos de fabricação são geralmente desdobrados em dois componentes:

1. Preço-padrão.
2. Quantidade-padrão.

Ambos os componentes normalmente são separados porque a maneira de controlá-los é diferente. Em geral, o preço dos materiais diretos é controlado pelo departamento de compras, enquanto a quantidade de material direto é controlada pelo departamento de produção. A multiplicação desses dois componentes proporciona o custo-padrão por unidade para determinada categoria de custo, como na Tabela 1.

Tabela 1 Relatório de custo-padrão

Custos de produção	Preço-padrão	Quantidade-padrão por unidade produzida	Custo-padrão por unidade produzida
Materiais diretos	R$ 20,00 por metro	1 metro	R$ 20,00
Mão de obra direta	R$ 12,00 por hora	1 hora	R$ 12,00
Custos indiretos	R$ 11,00 por hora	1 hora	R$ 11,00
Custo-padrão por unidade produzida			R$ 43,00

Os custos de produção orçados para volumes planejados deverão ser incluídos no orçamento geral para o período considerado. As quantidades-padrão orçadas tanto para a compra de materiais, mão de obra direta e custos indiretos de fabricação são calculadas multiplicando-se os custos-padrão por unidade pelo volume planejado de produção. No exemplo anterior, se a empresa pretende produzir 1.000 unidades de produto, os custos de material direto, mão de obra direta e custos indiretos de fabricação serão respectivamente R$ 20.000,00, R$ 12.000,00 e R$ 11.000,00 totalizando um custo-padrão total de R$ 43.000,00 para esse lote de produtos.

Após o planejamento do custo-padrão, segue-se o relatório de desempenho orçamentário que envolve os custos reais, as quantidades-padrão do volume atual de produção e as diferenças entre essas duas quantidades, as quais são denominadas variações de custo. A variação de custo pode ser favorável – quando o custo real é menor que o custo-padrão – ou desfavorável – quando o custo real é maior que o custo-padrão.

Tendo por base o relatório do desempenho orçamentário, o administrador pode localizar as principais diferenças e tomar as medidas corretivas necessárias.

O controle das possíveis variações dos componentes dos custos-padrão pode conduzir às situações retratadas na Figura 11[6].

O nível intermediário deve localizar as causas das variações desfavoráveis e tomar as ações corretivas necessárias. O que ocorre normalmente é que os gerentes de produção tendem a operar a fábrica acima de sua capacidade normal para evitar variações de volume. Quando a produção é totalmente vendida, essa decisão é favorável, mas quando o excedente não é vendido e é estocado, isso pode provocar um risco. As economias proporcionadas pelas variações de volume favoráveis serão excedidas pelos custos adicionais de manutenção de estoques.

Custo-padrão como referência

Hospitais e companhias de seguro de saúde estão sempre definindo custo-padrão para vários tipos de procedimentos médico-hospitalares. Variações ao redor do custo-padrão podem ser acumuladas por procedimento, por paciente, médico ou hospital. As variações referentes aos médicos acontecem quando um médico continuamente prescreve um tratamento que foge ao padrão. Médicos cujas variações são constantemente desfavoráveis podem ser notificados a rever suas decisões de tratamento ou internamento. Internações que fogem ao custo-padrão são realinhadas.

Fluxo de caixa[7]

O fluxo de caixa é o movimento de entradas e saídas de recursos financeiros do caixa, isto é, das origens

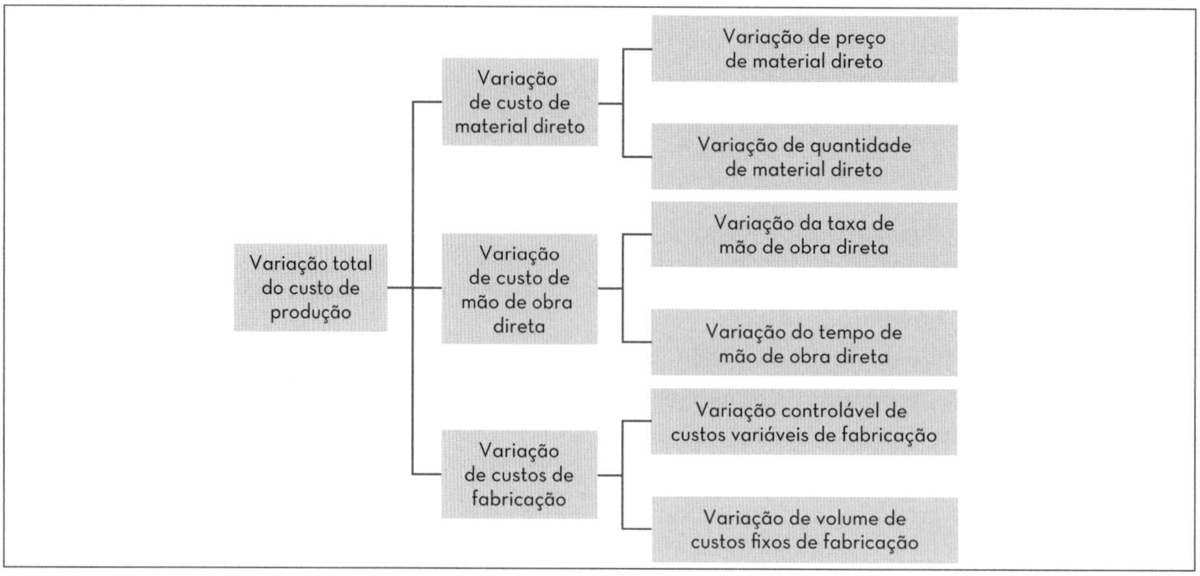

Figura 10 Composição das variações totais do custo de produção[6].

e das aplicações de caixa. As origens de caixa são fatores que aumentam o caixa da empresa, enquanto as aplicações de caixa são itens que o reduzem, conforme mostra a Tabela 2.

Tabela 2 Origens e aplicações de caixa[8]

Origens básicas do caixa (entradas)
Diminuição em ativo
Aumento em passivo
Lucro líquido após o imposto de renda
Depreciação
Despesas sem saídas de caixa
Venda de ações
Aplicações mais comuns do caixa (saídas)
Aumento em ativo
Diminuição em passivo
Prejuízo líquido
Pagamento de dividendos em moeda
Requisição de ações
Resgate de ações

O planejamento financeiro de curto prazo, isto é, o planejamento que cobre o exercício de 12 meses, é geralmente denominado planejamento de caixa ou orçamento de caixa. O orçamento de caixa permite planejar as necessidades de caixa de curto prazo, pois proporciona uma visão dos recebimentos e dos pagamentos previstos que ocorrerão durante certo período. Quando o orçamento de caixa indica algum excesso de caixa (mais recebimentos do que pagamentos), permite-se planejar aplicações de curto prazo. Quando, ao contrário, o orçamento de caixa indica um déficit (mais pagamentos do que recebimentos), deve-se planejar um financiamento de curto prazo.

Reposição e depreciação

Quando uma empresa retira uma parcela do caixa para converter em ativos fixos - como na compra de uma máquina ou um equipamento - ela espera repor o custo destes pela venda dos produtos, da mesma maneira como espera repor o custo das matérias-primas que fazem parte dos produtos acabados. Como a máquina não é imediatamente consumida no produto, da mesma forma como nas matérias-primas, faz-se necessário apropriar uma parcela do custo da máquina a cada peça produzida, dividindo o custo histórico da máquina pelo seu tempo de vida útil e então apropriar o custo previsto de cada ano de serviço aos produtos produzidos durante aquele ano. Quando a empresa fixa preços e vende seus produtos, ela está procurando repor os custos de pagamentos à vista – como mão de obra e matérias-primas e outros custos já realizados. Esse grupo de custos é representado pelos ativos fixos, enquanto a parcela dos custos originais que se tenta reaver atualmente é denominada depreciação. A depreciação é a redução do valor ativo de um bem em consequência de desgaste pelo uso, pela obsolescência tecnológica ou pela queda no preço de mercado. O cálculo da depreciação é feito pelo custo original (ou custo histórico) ou pelo custo atual (ou custo de reposição)[9]. Em resumo, a depreciação consiste na alocação do custo de um ativo com base em sua vida útil para fins gerenciais ou fiscais.

Orçamento de caixa

O fluxo de caixa pode ser planejado com antecipação por meio do orçamento de caixa. Este serve para retratar o fluxo de caixa no período, ou seja, as entradas e saídas do caixa. O ciclo de caixa é o período que vai desde o ponto em que a empresa faz um desembolso para adquirir matérias-primas até o ponto em que recebe o dinheiro da venda do produto acabado, produzido com aquelas matérias-primas. O orçamento de caixa deve cobrir o ciclo de caixa, porém geralmente cobre o exercício de um ano, podendo ainda ser montado para qualquer período e ainda ser subdividido em intervalos menores, que variam de dias a semanas.

A estrutura básica de um orçamento está representada na Tabela 3.

O item recebimentos da Figura 13 inclui todas as entradas de caixa no período, como vendas à vista, cobrança de vendas a crédito e outros recebimentos.

A informação fundamental para qualquer orçamento de caixa é a previsão de vendas que a área comercial fornece regularmente. Conhecer a previsão de vendas permite saber o que se poderá vender no mercado e, portanto, o que se deve produzir e entregar. Assim, a previsão de vendas permite estimar as entradas e as receitas da empresa e os gastos relacionados com a produção, os estoques e a distribuição, isto é, o fluxo de entradas e saídas de dinheiro. Também se pode determinar o nível de imobilizado necessário e o financiamento a ser captado para assegurar o nível previsto de produção e vendas.

A elaboração do orçamento de caixa parte da projeção dos recebimentos e dos pagamentos[7]:

1. Projeção dos recebimentos: a previsão de vendas fornece os subsídios para dimensionar as receitas operacionais da empresa em consequência das vendas esperadas dos produtos/serviços produzidos.
2. Projeção dos pagamentos: a projeção dos pagamentos deve incluir todos os desembolsos de caixa no decorrer do período considerado.

Tabela 3 Composição do orçamento de caixa[7]

Itens	Jan	Fev	Mar
Recebimentos			
- Pagamentos			
= Fluxo líquido de caixa + Saldo inicial de caixa +Saldo final de caixa - Saldo mínimo de caixa			
= Financiamento necessário ou Saldo excedente de caixa			

3. Fluxo líquido de caixa: subtraem-se os pagamentos dos recebimentos em cada mês e adiciona-se o saldo inicial de caixa de cada mês para se chegar ao saldo final de caixa de cada mês. Depois, subtrai-se do saldo final de caixa o saldo mínimo de caixa para saber se há excesso (saldo positivo ou excedente que deve ser aplicado) ou insuficiência (saldo negativo que pede um financiamento para ser coberto).

Cada um dos itens do orçamento de caixa pode ser desdobrado e detalhado de acordo com as necessidades de cada empresa.

O objetivo do orçamento de caixa é operar de maneira a precisar de um mínimo de dinheiro em caixa. A Figura 12 permite uma visualização do fluxo de caixa, suas entradas e saídas.

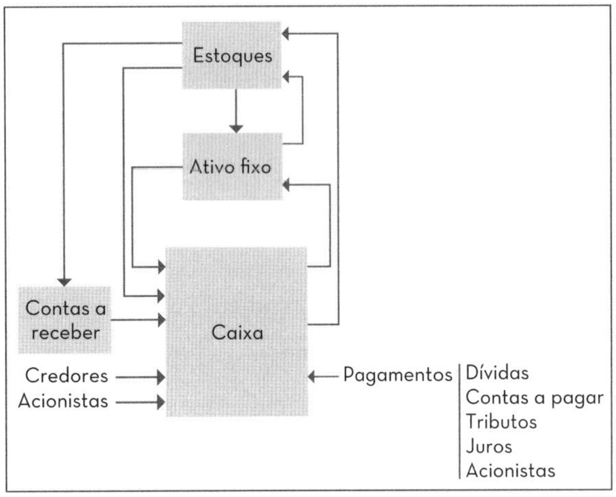

Figura 11 Fluxo de caixa[7].

O fluxo de caixa constitui o termômetro do dia a dia da empresa, ou seja, como a empresa está se comportando quanto aos recebimentos e aos pagamentos de suas operações.

Controle de estoques[10]

Dá-se o nome de inventário ao volume de materiais ou produtos em estoque. As empresas procuram manter estoques de materiais, de materiais em processamento ou de produtos acabados em níveis adequados às suas necessidades. O inventário permite certa flexibilidade em seus processos de produção/operação para ultrapassar períodos de excesso ou de capacidade ociosa, enfrentar períodos de demanda irregular e para obter economias em compras de larga escala. Como o inventário representa um dos maiores investimentos de capital, ele precisa ser cuidadosamente administrado. O propósito do controle do inventário é assegurar que o estoque corresponda ao tamanho certo para as tarefas a serem executadas.

As empresas procuram reduzir todas as formas de custo, o que está levando a reconhecer que a administração de compras e de inventários é uma importante ferramenta de produtividade. O controle de custos das organizações está verificando o que se paga para tudo que se compra. Entre as novas abordagens administrativas está a alavancagem do poder de compra, que faz com que as empresas centralizem suas compras para aumentar o volume, ao mesmo tempo em que se comprometem cada vez mais com menor número de fornecedores com os quais negociam contratos especiais, qualidade assegurada e preferência nas compras. Parcerias são negociadas entre fornecedores e compradores para operar de maneira a reduzir os custos dos parceiros envolvidos.

O lote econômico de compra (LEC) é um método de controle de inventário que envolve a aquisição de um certo número de itens toda vez que o nível de estoque cai a um determinado ponto crítico. Quando esse ponto é alcançado, uma decisão é automaticamente tomada para colocar um pedido padronizado. O melhor exemplo está nos supermercados, no qual centenas de pedidos diários são feitos rotineiramente por computadores. Esses pedidos padronizados são matematicamente calculados para minimizar os custos totais de estocagem. O LEC determina pedidos de compras que minimizam dois custos de estoques. Primeiro, os custos de emissão de pedidos, incluindo os custos de comunicação, expedição e recebimento.

Segundo, os custos de estocagem, que incluem os custos de estoque e de seguros, bem como os custos de capital empatado. A fórmula do LEC é igual à raiz quadrada de duas vezes a atual demanda para estoque, multiplicado pelo custo de emissão e, tudo isso, dividido pelos custos de estocagem. Seja D a demanda atual para utilização de estoques, O o custo de emissão de pedidos e E o custo de estocagem. Em símbolos matemáticos, o LEC é igual a:

$$LEC = \sqrt{\frac{2\,DO}{C}}$$

O LEC proporciona uma reposição de materiais no momento em que o estoque anterior foi esgotado.

Programação de produção *just-in-time*

O sistema de *just-in-time* (JIT)[10] significa uma feroz tentativa de reduzir custos e melhorar o fluxo de trabalho pela programação de materiais que devem chegar a uma estação de trabalho no momento certo de seu uso. Essa abordagem para o controle de inventário envolve uma minimização de custos de manter estoques e de comprar ou produzir estoques dentro do estritamente necessário. Permite cortar custos de manter estoque, maximizar o uso do espaço e contribuir para melhorar a qualidade dos resultados. O JIT utiliza o *kanban*, um cartão de papel que acompanha cada lote de itens. Quando o primeiro operário recebe o lote, ele anota o fornecimento no *kanban* para servir como um novo pedido de lote. A simplicidade é a essência do sistema.

Os principais fatores de sucesso no JIT são[11]:

1. Alta qualidade de fornecimento: os usuários devem receber apenas bons materiais dos fornecedores. As relações devem ser construídas e mantidas com fornecedores confiáveis.
2. Cadeia de fornecedores: um número mínimo de fornecedores facilita a negociação e a entrega de qualidade. Muitas companhias japonesas de automóveis utilizam menos de 250 fornecedores de componentes. A General Motors utiliza um número várias vezes maior.
3. Concentração geográfica: tempos de trânsito e de transporte pequenos – menores que um dia – das fábricas do fornecedor para a do cliente são necessários. No Japão, os fornecedores da Toyota estão localizados em um raio menor do que 60 milhas de suas fábricas.
4. Transporte e manuseio de materiais eficientes: o transporte entre os fornecedores e usuários deve ser altamente confiável. As partes devem ser expedidas tão próximas quanto possível do ponto de uso.

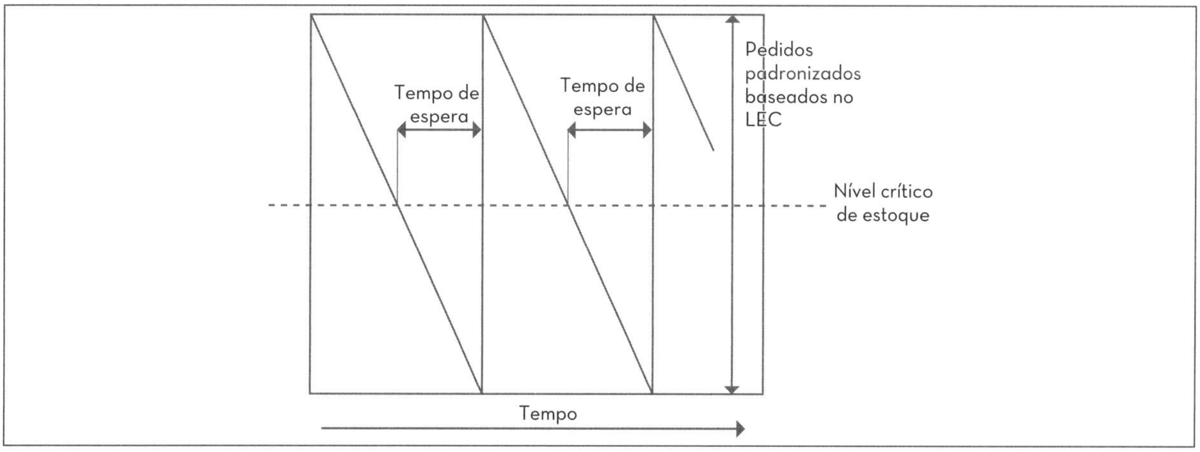

Figura 12 Controle de estoques pelo lote econômico de compra (LEC).

5. Forte compromisso da administração: a cúpula da empresa deve assumir suas ações e fazer os arranjos necessários para assegurar que o sistema realmente funcione.

Produção em linha de montagem

É um mecanismo impessoal de controle que exerce, mais do que a hierarquia administrativa, uma contínua limitação ao desempenho dos subordinados[12]. A linha de montagem reduz as responsabilidades do chefe na supervisão de seus subordinados e aumenta sua responsabilidade de ajudá-los e treiná-los[13]. Enquanto na hierarquia administrativa o fluxo de exigências flui de cima para baixo, pois as ordens são recebidas de um nível acima e transmitidas para um nível abaixo, na linha de montagem ocorre o contrário: o padrão típico de interação é que o subordinado pede ajuda ao supervisor – seja para obter conselhos ou suprimento – mais do que o supervisor faz exigências ao funcionário. O subordinado é que toma a iniciativa da maior parte das interações, invertendo o fluxo de exigências típico da supervisão rigorosa na organização formal. Por outro lado, a linha de montagem especifica previamente as tarefas, os métodos de sua execução, o tempo envolvido, esvaziando quase totalmente a necessidade de dar ou receber ordens. Com isso, remove algumas das fontes de conflito entre o supervisor e o subordinado, melhorando substancialmente as relações entre eles[14].

Quadros de produtividade

São quadros estatísticos que abordam aspectos quantitativos e qualitativos do desempenho dos subordinados e que são colocados em lugares públicos para que todos tomem conhecimento. Os quadros de produtividade fornecem aos supervisores e às pessoas informações a respeito do desempenho destes, mas ao mesmo tempo também agem como mecanismo impessoal de controle, exercendo influência direta sobre o bom desempenho das tarefas. Uma consequência dos quadros estatísticos é que eles liberam o supervisor de uma assistência mais rigorosa aos subordinados e dispensam regras operacionais rígidas, aumentando a independência dos subordinados em relação aos seus supervisores, melhorando sua satisfação no trabalho. Os quadros estatísticos envolvem a avaliação do desempenho dos subordinados com base nos resultados concretos, o que lhes concede um caráter de objetividade.

Housekeeping - o programa dos cinco "S"

A prática do *housekeeping* (arrumar a casa) tem por objetivo proporcionar melhor aproveitamento do espaço, eliminar as causas dos acidentes, desenvolver o espírito de equipe e assegurar boa aparência da organização. A implantação do programa dos cinco "S" nas empresas japonesas requer que todos os funcionários sejam pessoalmente responsáveis pelas seguintes atividades dentro da organização:

- *Seiri*: separar o necessário do desnecessário, o essencial do acidental.
- *Seiton*: organizar, colocar as coisas nos seus devidos lugares.
- *Seiso*: limpar, manter o ambiente limpo e agradável.
- *Seiketsu*: padronizar e simplificar as coisas.
- *Shitsuke*: disciplinar, manter a ordem e os compromissos.

O programa dos cinco "S" muda completamente o comportamento das pessoas dentro das organizações. Em vez de simples trabalhadores, as pessoas tornam-se responsáveis pelos cinco "S" em sua área de trabalho. Não se trata apenas de realizar a tarefa em si, mas de realizá-la de acordo com os critérios acima. Mais do que isso, administrar a tarefa e o ambiente onde ela é realizada.

Automação

Enquanto a mecanização substituiu o músculo humano ou do animal pela máquina a partir da Primeira Revolução Industrial, a automação passou a substituir o cérebro humano pela máquina a partir da Segunda Revolução Industrial – a revolução cibernética. Com a automação, a máquina passou a simular o pensamento, e não simplesmente a força muscular. Esquemas automáticos – como o computador, o robô industrial, etc. – e outros avanços tecnológicos eliminaram muitos cargos, modificaram totalmente alguns e criaram novos. O termo mecanização é geralmente utilizado em um sentido mais limitado do que o termo automação. Automação é o sistema e o método de tornar um processo automático. O termo automático significa que, durante as operações, não há assistência de seres humanos e as máquinas e os sistemas apresentam vários graus de complexidade e de autoajustamento. O termo automação é utilizado para definir operações desempenhadas por máquinas ou sistemas automaticamente controlados. As mesmas funções criadas pela linha de montagem – como a eficiência de coordenação e a manutenção do ritmo de produção sem necessidade de uma supervisão rigorosa – são esperadas da automação, porém, sem as disfunções típicas da linha de montagem, como a falta de independência de ação e pouca satisfação no trabalho em razão da superespecialização. O que interessa, no entanto, é que a automação é um poderoso mecanismo impessoal de controle sobre o comportamento dos subordinados.

Controle de qualidade

O controle de qualidade consiste em assegurar que a qualidade do produto ou serviço atenda aos padrões prescritos. Qualidade significa a adequação a padrões previamente definidos. Esses padrões são denominados especificações quando se trata de projetar um produto ou um serviço a ser realizado. Quando essas especificações não são bem definidas, a qualidade torna-se ambígua e a aceitação ou rejeição do produto ou serviço passa a ser discutível. Diz-se que um produto é de alta qualidade quando ele atende exatamente aos padrões e às especificações com que foi criado e projetado. Para localizar desvios ou defeitos, detectar erros ou falhas no processo produtivo, o controle de qualidade (CQ) compara o desempenho com o padrão estabelecido. Essa comparação pode ser feita de três maneiras[2]:

1. CQ 100%: corresponde à inspeção total da qualidade. Isso significa que a totalidade dos itens deve ser comparada com o padrão para verificar se há desvio ou variação. Nesse sentido, toda matéria-prima recebida deve ser inspecionada, todo trabalho de cada seção deve ser verificado e assim por diante. A inspeção total ou controle total é imprescindível em determinados tipos de produtos de alto valor unitário, nos quais a garantia de qualidade é necessária, ou em empresas que adotam o sistema de produção sob encomenda. No entanto, a inspeção total exige muito pessoal especializado, muitas paradas no processo produtivo para a inspeção e, consequentemente, acarreta um custo final elevado.
2. CQ por amostragem: como o controle total custa caro, a alternativa é o CQ por amostragem, isto é, o CQ por lotes de amostras que são recolhidos aleatoriamente, ao acaso, ou periodicamente, para serem inspecionados. Esse controle amostral substitui com algumas vantagens o controle total, pois não interfere no processo produtivo e não requer paradas na produção. Se a amostra é aprovada, então todo o lote, por extensão, será também apro-

vado. Se a amostra for rejeitada, então o lote todo deve ser inspecionado. A amostra deve ser uma parte representativa do universo a ser inspecionado.

3. CQ aleatório: É o controle probabilístico ou inspeção probabilística e consiste em inspecionar apenas certa porcentagem de produtos ou serviços tomada aleatoriamente.

Além de produção em linha de montagem, dos quadros de produtividade, da automação e do controle de qualidade, o controle operacional utiliza os mesmos tipos de planos organizacionais estudados no Capítulo 8, como os procedimentos (planos relacionados com métodos), os orçamentos (planos relacionados com o dinheiro), os programas ou programações (planos relacionados com o tempo) e as regras e regulamentos (planos relacionados com comportamentos). Todos esses planos, à medida que são executados, fornecem a informação necessária ao controle operacional. É comum que eles também sirvam como meios de controle.

Qualidade, qualidade, qualidade[10]

Nunca se falou tanto em qualidade como nesta última década. Em reuniões de dirigentes, em seminários de treinamento, em pesquisas de mercado, nos meios acadêmicos, o tema qualidade tem sido extensa e intensamente explorado. Fala-se muito em qualidade. Mas, afinal, o que é qualidade? A palavra qualidade tem vários significados, dependendo de como é utilizada. Para um engenheiro, qualidade significa aderência perfeita e conformidade às especificações e padrões de referência do projeto do produto. Zero defeito é o nome atribuído quando essas especificações e padrões são plenamente atendidos. Para um estatístico, qualidade significa o menor desvio-padrão possível em relação à média aritmética, mediana ou qualquer medida estatística de posição. Variância zero é o nome atribuído quando isso acontece. Mas, para uma dona de casa, a qualidade tem outro significado completamente diferente. Como cliente ou consumidora, a dona de casa não está preocupada com os conceitos do engenheiro ou do estatístico: ela quer um produto ou serviço que satisfaça as suas necessidades pessoais. Algo que resolva seus problemas. O engenheiro e o estatístico formulam conceitos de qualidade que podem ser utilizados internamente dentro das organizações para a produção dos produtos ou serviços. Mas de nada adianta a qualidade interna se o cliente ou consumidor não está satisfeito com o produto ou o serviço que utiliza. Assim, existem dois tipos de conceitos de qualidade: a qualidade interna, que constitui a maneira pela qual uma organização administra a qualidade dos seus processos, produtos e serviços, e a qualidade externa, que constitui a percepção que o cliente, o consumidor ou usuário tem a respeito do produto ou o serviço que compra e utiliza. Não resta dúvida de que sem a qualidade interna não se pode construir e manter a imagem da qualidade externa.

Medidas não financeiras de desempenho

Quase sempre medidas de desempenho relacionadas com variações do padrão desejado precisam ser acompanhadas ou suplementadas por outras medidas não financeiras de desempenho. Não há dúvida de que juntas, a medição financeira e a não financeira proporcionam uma abrangência maior ao envolver vários e, às vezes, conflitantes objetivos de desempenho.

Abrangência de medidas

Quando a medição é feita por uma única variável, o resultado geral pode ficar comprometido. Uma empresa avaliava sua operação de usinagem pelo padrão de tempo da MO direta. Os empregados passaram a executar seu trabalho mais rapidamente a fim de criar variações favoráveis no tempo de MO direta. Essa rapidez afetou negativamente a qualidade, pois criou dificuldades na operação de montagem. A empresa passou a utilizar um padrão de tempo de MO com um padrão de qualidade para encorajar os empregados a focar tanto o ritmo quanto a qualidade do próprio trabalho. Em outra empresa, os funcionários de atendimento aos clientes por telefone eram avaliados em função de padrões de tempo de MO que exigiam um número mínimo de ligações telefônicas por hora. Os funcionários ficaram mais atentos ao número de chamadas que deveriam atender do que ao atendimento do cliente. A empresa implementou uma medida de desempenho chamada satisfação do cliente. A eficiência e a qualidade das respostas passaram a ser então consideradas no controle da operação de atendimento ao cliente por telefone.

Medidas não financeiras podem dar origem a outras perspectivas mais amplas, como qualidade do trabalho para a avaliação do desempenho. Existem vários tipos de medidas não financeiras para o nível operacional, a saber:

1. Rotatividade dos estoques.
2. Rotatividade de pessoal.
3. Pontualidade nas entregas.
4. Tempo entre o pedido do cliente e a entrega do produto.
5. Tempo de resposta a uma chamada telefônica ou a um *e-mail*.
6. Tempo para desenvolver novos produtos.
7. Nível de satisfação dos empregados.
8. Número de reclamações dos clientes.
9. Classificação das preferências dos clientes em comparação com os concorrentes.
10. Nível de satisfação dos clientes.

Satisfação do cliente e redução de custos

As empresas aéreas utilizam uma variedade de medidas não financeiras - como cumprimento de horários, perdas de bagagem, tempo de estacionamento das aeronaves, reclamações de usuários. São medidas não financeiras utilizadas para equilibrar a satisfação do cliente e a redução de custos operacionais. A redução de custos pode provocar problemas aos clientes, e a satisfação destes pode acarretar aumentos de custos. Há de se buscar um equilíbrio. Algumas empresas contratam mais agentes de embarque e carregadores de bagagem para reduzir o tempo de espera entre as chegadas e partidas dos aviões e aumentar seu tempo produtivo. Outras aumentam a frequência de limpeza nos banheiros dos aviões para reduzir o tempo de espera.

O segredo está em saber utilizar um conjunto de métricas, indicadores e medidas críticas e importantes para o bom desempenho do nível operacional e aumentar os seus resultados.

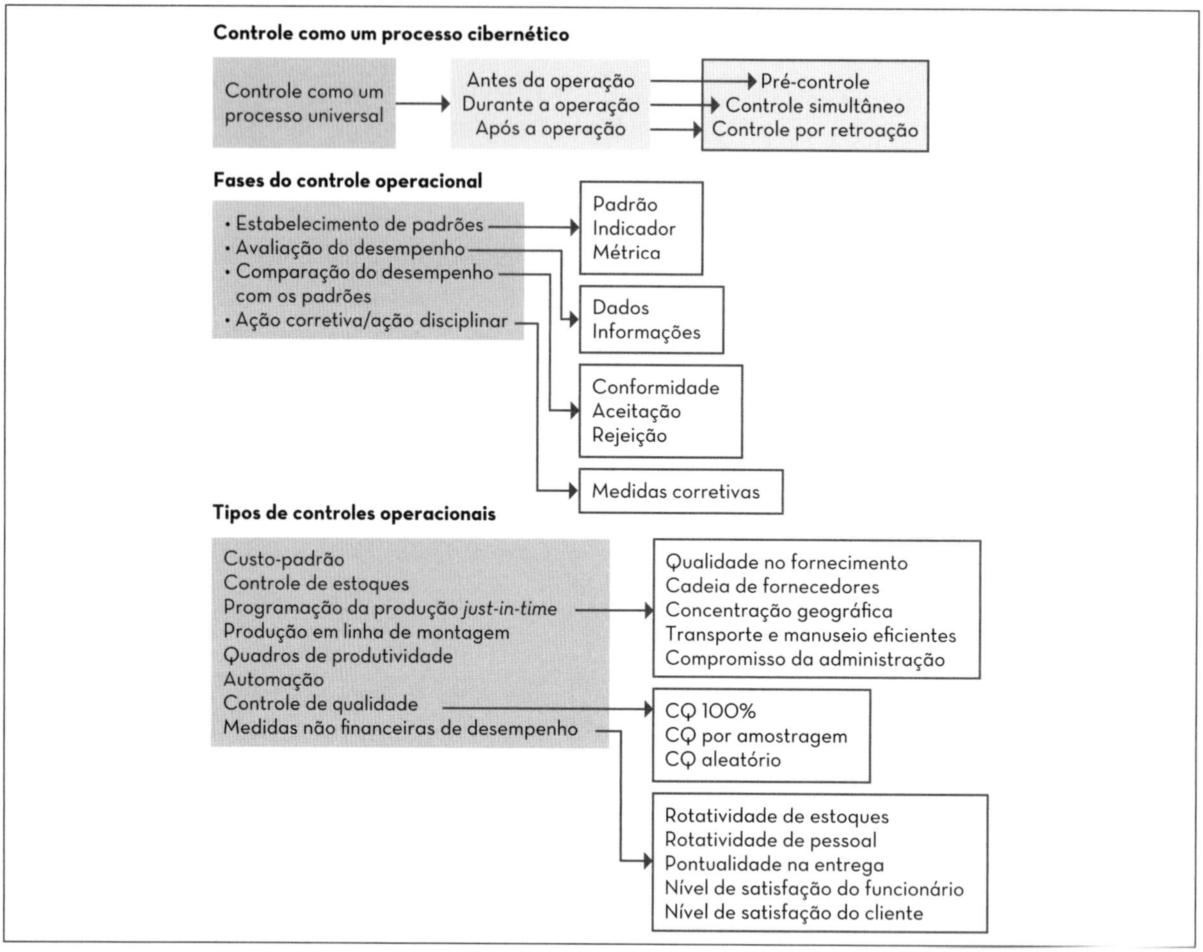

Figura 13 Mapa mental deste capítulo.

Referências bibliográficas

1. WIENER N. *Cibernética*, São Paulo, Polígono, 1970.
2. CHIAVENATO, I. *Introdução à teoria geral da administração*, Rio de Janeiro, Elsevier/Campus, 2011.
3. CHIAVENATO, I. *Administração nos novos tempos*, Rio de Janeiro, Elsevier/Campus, 2005. p. 521.
4. OAKLAND, J. S. *Gerenciamento da qualidade total* – TQM, São Paulo, Nobel, 1994. p.38.
5. KOHN M. *Dynamic managing*: principles, process, practice. Menlo Park, Cummings, 1977, p. 478-82.
6. WARREN, C. S.; REEVE, J. M.; FESS, F. E. Contabilidade gerencial, São Paulo, Pioneira/Thomson Learning, 2001, p. 232-5.
7. CHIAVENATO, I. *Iniciação à administração financeira*, Barueri, Manole, 2009.
8. GITMAN, L. J. *Princípios de administração financeira*, São Paulo, Harbra, 1987. p. 208-10.
9. SANDRONI, P. (org.). *Dicionário de administração e finanças*, São Paulo, Best Seller, 2003. p. 125.
10. CHIAVENATO, I. *Administração nos novos tempos*, Rio de Janeiro, Elsevier/Campus, 2005. p. 533-5.
11. SCHERMERHORN Jr., J. R. *Management*, Nova York, John Wiley & Sons, 1996. p. 481.
12. BLAU, P. M.; SCOTT, W. R. *Organizações formais*: uma abordagem comparativa, São Paulo, Atlas, 1970. p. 203-10.
13. WALKER C. R.; GUEST R. H. *The man on the assembly line*, Cambridge, Harvard University, 1952. p. 12-33.
14. WALKER C. R.; GUEST R. H. *The man on the assembly line*, Cambridge, Harvard University, 1952. p.63, 120-1, 135.

Parte VII

A ADMINISTRAÇÃO DA AÇÃO EMPRESARIAL

Nos capítulos anteriores foram tratados os fundamentos da administração de empresas e suas bases teóricas, bem como a complexidade das empresas, uma das mais maravilhosas criações do gênio inventivo do homem. Foi visto que as empresas se manifestam por meio de formas diferentes e tamanhos extremamente variados. Elas se dirigem para objetivos diversos e sofrem desdobramentos ou mudanças radicais. Alguns desses objetivos são abertos e declarados, enquanto outros são velados e ocultos.

As empresas escolhem ramos de atividades que as levam a produzir produtos ou prestar serviços multivariados, operando em mercados e em condições diferentes. Ao escolherem o produto/serviço que irão produzir, as empresas definem seu ambiente de tarefa, isto é, seus clientes ou consumidores, fornecedores de recursos (materiais, financeiros, humanos, tecnológicos, etc.), concorrentes quanto a todos esses recursos e grupos reguladores relacionados com seus produtos/serviços. Nesse ambiente de tarefa, a empresa procura estabelecer o seu domínio em termos de poder/dependência, já que o ambiente, apesar de lhe proporcionar oportunidades e recursos, também lhe impõe coações a que a empresa não pode escapar, contingências que ela não pode prever e restrições que ela tem de suportar. Assim, a empresa se defronta com a incerteza a respeito do ambiente que a circunda.

Por outro lado, para produzir seus produtos/serviços, a empresa precisa utilizar determinada tecnologia em seu nível operacional. Mas também a tecnologia impõe uma profunda incerteza à empresa no que concerne à sua aplicação e eficiência para alcançar a eficácia diante de seus objetivos. Assim, a empresa se defronta com dois grandes desafios: um externo e extremamente indefinível, que é o ambiente no qual ela deve operar e sobreviver; outro interno e extremamente complicado, que é a tecnologia que ela deve utilizar para produzir os produtos/serviços que pretende colocar lá fora.

Para arcar com esses dois desafios – que muitas vezes lhe escapam do controle e de sua própria capacidade de influência e poder e quase sempre de sua própria compreensão – a empresa articula estratégias que julga apropriadas para compatibilizar seus recursos, tecnologia, estrutura e potencialidades com aquilo que ela consegue analisar e interpretar em termos de oportunidades ou de ameaças ambientais. Como o ambiente sofre mudanças e a tecnologia sofre transformações e desenvolvimentos, a estratégia empresarial precisa mudar constantemente para se sintonizar melhor, a fim de que a empresa não se perca no torvelinho de mudanças e percalços, para que aproveite as oportunidades que surgem intempestivamente e para que escape a contento das ameaças e perigos ambientais que não anunciam sua chegada nem pedem licença. Para que a estratégia empresarial seja eficiente e eficaz, a empresa precisa articular-se como um sistema integrado, como um organismo único, e obter flexibilidade e sinergia. Para tanto, a ação empresarial precisa ser levada a cabo pelos diversos níveis da empresa: o nível institucional, que funciona dentro da lógica de sistema aberto; o nível intermediário, que é predominantemente gerencial e medidor; o nível operacional, que é núcleo técnico que funciona dentro da lógica de sistema fechado.

Cada um desses níveis desempenha um papel diferente na ação empresarial. O nível institucional se defronta com o ambiente de tarefa e lida basicamente com a incerteza e com as coações e contingências externas. O nível operacional defronta-se com a tecnologia utilizada pela empresa e lida com a execução das tarefas e operações do seu dia a dia. O nível intermediário faz a intermediação entre ambos os níveis, gerenciando o nível operacional com base nas decisões tomadas no nível institucional.

Essa intermediação faz com que a incerteza provinda do ambiente por meio do nível institucional seja atenuada, absorvida e transformada em programas e esquemas de operação para o nível operacional, que deve funcionar dentro de uma racionalidade técnica voltada para a eficiência. Além disso, a ação empresarial precisa ser planejada, organizada, dirigida e controlada nesses três níveis empresariais para que seja bem-sucedida e para que possa capacitar a empresa das condições indispensáveis para sua sobrevivência e seu crescimento. Assim, planejamento, organização, direção e controle constituem funções administrativas que apresentam características diferentes em cada um dos três níveis da empresa. À medida que essas funções administrativas se aproximam da cúpula da empresa, isto é, do nível institucional, elas passam a conviver com a incerteza e ganham características de sistema aberto. À medida, porém, que elas se aproximam da base inferior da empresa, isto é, do nível operacional, elas passam a conviver com a necessidade de certeza e ganham características de sistema fechado. Elas precisam garantir eficiência para os lados interno e externo da empresa.

O nível intermediário precisa proporcionar as condições gerenciais para que a conjugação desses extremos seja bem-sucedida e para que o sistema funcione com flexibilidade e sinergia sem perder sua integridade e sua identidade. Por isso, planejamento, organização, direção e controle apresentam características bastante diferentes de acordo com o nível da empresa onde forem utilizados ou aplicados. Além do mais, se as condições ambientais externas – como a conjuntura econômica, política, social, legal, cultural, demográfica, ecológica, etc. – e o ambiente de tarefa – caracterizado por clientes e consumidores, fornecedores de recursos, concorrentes e entidades reguladoras – permanecerem estáticos e imutáveis e se o estado atual de tecnologia também permanecer estático e inalterado, a estratégia da ação empresarial e todo o processo administrativo de planejar, organizar, dirigir e controlar também poderiam permanecer constantes, recorrentes e repetitivos. Mas isso é simplesmente uma ficção ou fantasia impossível de acontecer. Afinal, todas as organizações no mundo dos negócios estão constantemente fazendo mudanças e alterando os rumos de suas estratégias, provocando um impressionante campo dinâmico de forças interagentes.

Na realidade, tanto as condições ambientais externas como a tecnologia que a empresa guarda sigilosamente em seu bojo e utiliza para processar suas operações e produzir seus produtos/serviços mudam de maneira intensiva, intempestiva e desordenada, impondo à empresa seu maior desafio: lidar com a incerteza e fazer dela a chave do sucesso de suas operações. Na medida em que a dinâmica ambiental apresenta mudanças ou características diferentes, todo o processo administrativo de planejar, organizar, dirigir e controlar a ação empresarial precisa sofrer mudanças e ajustamentos, principalmente no nível institucional da empresa. Conforme a tecnologia apresenta mudanças ou características diferentes, todo o processo administrativo precisa sofrer mudanças e ajustamentos, principalmente no nível operacional da empresa. E, assim, quando a empresa muda seus objetivos em função de todas essas mudanças, ela também muda sua estratégia empresarial para melhor atingi-los. Sempre que a estratégia empresarial apresenta mudanças ou características diferentes, todo o processo administrativo precisa sofrer mudanças e ajustamentos em sua totalidade, podendo variar de um nível para outro, conforme a ênfase na mudança estratégica esteja voltada para o ambiente ou a tecnologia.

Se a empresa decide mudar seus produtos/serviços ou seus mercados para garantir ou mudar seu domínio, ela terá de mudar sua ação empresarial e todo o processo administrativo para levar essa mudança a cabo. Se a empresa é bem-sucedida nos seus negócios, ela tende a sobreviver ou a crescer. Na medida em que a empresa cresce ou se descentraliza e sofre modificações no seu tamanho, todo o processo administrativo precisa passar por mudanças e ajustamentos em sua totalidade. Assim, a administração da ação empresarial e todo o processo administrativo não podem ser visualizados simplesmente do ponto de vista de princípios universais de administração válidos para toda e qualquer situação. Ao contrário, a administração da ação empresarial e todo o processo administrativo que a dinamiza precisam ser visualizados do ponto de vista de uma abordagem contingencial que considere os diferentes e complexos aspectos multivariados que ocorrem em cada situação.

Quando as mudanças provêm do ambiente externo, o nível institucional sofre mais o impacto da incerteza provocada por essas mudanças externas e maior deve ser a sua flexibilidade para suportar as pressões, coações e contingências ambientais. O nível intermediário também sofre parte dessas pressões, mas precisa atenuá-las e absorvê-las para que não prejudiquem o andamento das operações e tarefas do nível operacional. À medida, porém, que as mudanças ocorrem na própria tecnologia utilizada pela empresa, o nível operacional é quem sofre o impacto dessas mudanças e precisa ser bastante flexível para poder absorvê-las e incorporá-las às tarefas e às operações.

Se as mudanças são simultaneamente externas (ambientais) e internas, então todos os três níveis da

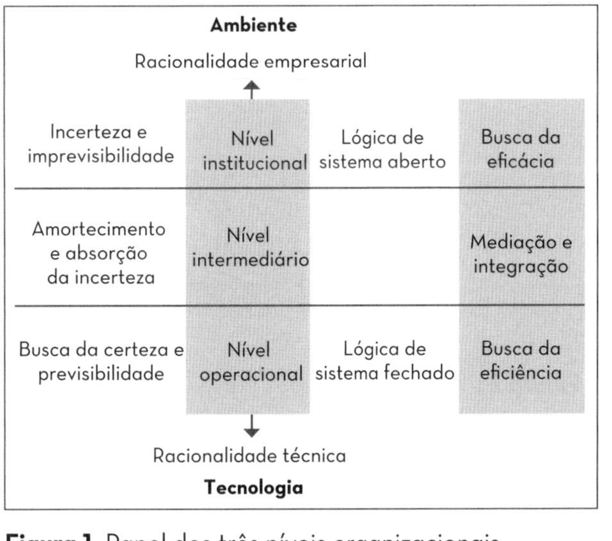

Figura 1 Papel dos três níveis organizacionais.

empresa desenvolverão características orgânicas e não mecanísticas para acompanhar o ritmo e as características dessas mudanças e promover condições para que a empresa possa sobreviver e crescer.

Nesta última parte do livro, será abordada a maneira como as empresas manejam todas essas condições internas para se adaptarem e aproveitarem as condições ambientais externas para ganhar competitividade e garantir sua sustentabilidade em longo prazo.

Tudo isso requer que as empresas saibam construir e desenvolver suas competências organizacionais para criar valor e oferecer resultados aos seus *stakeholders*. Dentro desse quadro torna-se necessário o que é chamado de supra-administração: a governança corporativa capaz de apontar os rumos a serem seguidos.

Tabela 1 O processo administrativo nos três níveis da empresa[1]

Nível	Planejamento	Organização	Direção	Controle
Institucional	Planejamento estratégico (o que fazer)	Desenho organizacional	Direção e estilos de administração	Controle estratégico e organizacional
Intermediário	Planejamento tático (como fazer)	Desenho departamental	Gerência, motivação, liderança e comunicação	Controle tático e departamental
Operacional	Planejamento operacional (fazer)	Desenho de cargos e tarefas	Supervisão de primeiro nível	Controle operacional

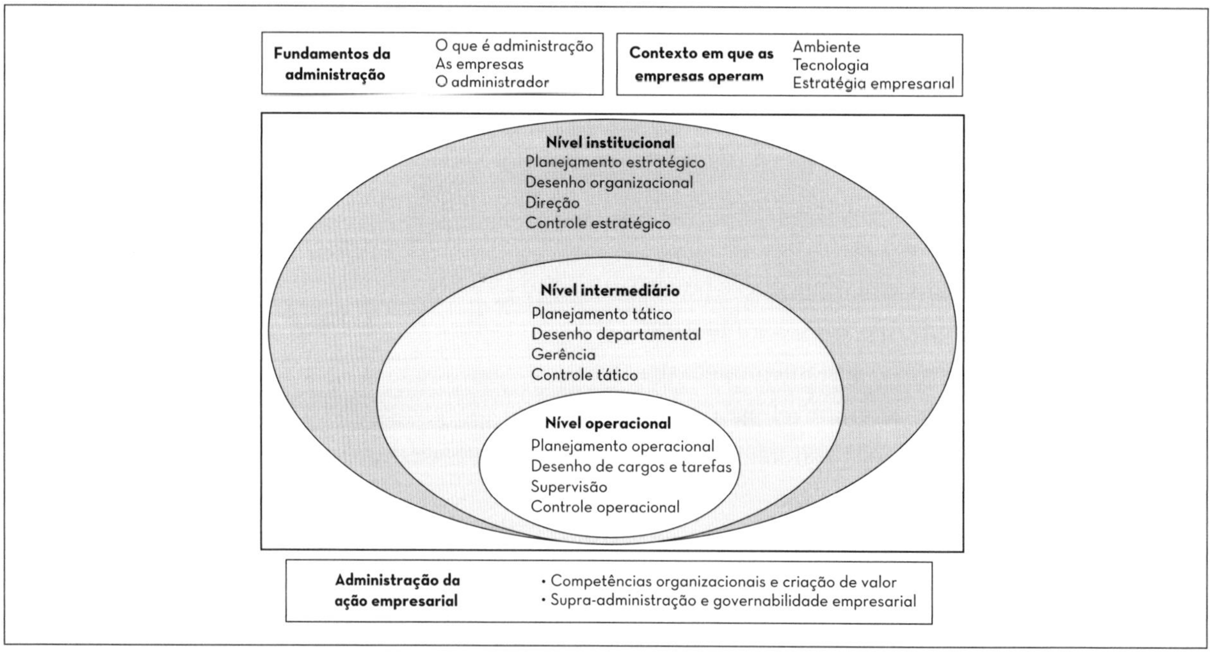

Figura 2 Plano integrado das Partes e dos Capítulos.

Referência bibliográfica

1. CHIAVENATO, I. *Introdução à teoria geral da administração*, Rio de Janeiro, Elsevier/Campus, 2011.

CAPÍTULO 19

Competências organizacionais e criação de valor e vantagens competitivas

Objetivos deste capítulo

- Explicar as competências organizacionais e sua importância para o sucesso empresarial.
- Analisar a cascata de competências: essenciais, funcionais, gerenciais e individuais e sua integração como um sistema articulado.
- Descrever a criação de valor e a rede de valor.
- Mostrar como as empresas capturam valor e oferecem resultados.

Não basta ter recursos à disposição de uma empresa. Eles não sabem trabalhar sozinhos nem possuem vida, inteligência ou racionalidade própria. Dizer que uma empresa é apenas um conjunto de recursos – como prédios, instalações, equipamentos e materiais – é falar da plataforma ou infraestrutura material e sem vida própria e não da alma e da inteligência do negócio. Na verdade, os recursos constituem apenas a plataforma física e concreta sobre a qual a organização opera. Os recursos precisam ser reunidos, agrupados, utilizados e rentabilizados, ou seja, aplicados de maneira integrada no sentido de produzir resultados excepcionais para a empresa. Em outras palavras, eles precisam ser administrados. Mas com a ajuda das pessoas e de suas competências. Sem elas, o resultado jamais será alcançado. As competências são a alma do negócio, o DNA da empresa.

O moderno conceito de organização está na intangibilidade

Na Era Industrial, o conceito de organização baseava-se em recursos físicos e materiais: uma organização era considerada um conjunto integrado e coordenado de recursos no sentido de alcançar objetivos globais. Ocorre que na Era Industrial a organização era entendida como uma entidade física e concreta. Um enorme artefato constituído de máquinas, equipamentos e instalações. As organizações eram feitas de tijolo e de concreto. Na Era da Informação, esse conceito físico e tangível foi substituído por um conceito abstrato e intangível: hoje, as organizações são consideradas conjuntos integrados e coordenados de competências essenciais sempre atualizadas e estrategicamente competitivas e prontas para serem aplicadas imediatamente a qualquer oportunidade que surja, antes que os concorrentes o façam. E os recursos? Passaram a constituir a plataforma física e concreta - a base de operações - sobre a qual as competências funcionam. As empresas estão caminhando cada vez mais para a condição de virtualidade e intangibilidade.

As competências são repertórios de comportamentos que algumas pessoas ou empresas dominam melhor que outras e o que as torna mais eficazes e competitivas em uma dada situação[1]. As competências significam aquilo que a empresa aprendeu e sabe fazer. E fazer muito bem e melhor do que as outras empresas. As competências não somente diferenciam a empresa em relação aos concorrentes como também lhe fornecem os meios para tornar-se melhor do que eles em termos de processos, métodos e procedimentos, produtos, serviços, inovação, etc.

Conceitos de competências

- Competências formam um "conjunto de saberes, práticas e comportamentos, procedimentos e tipos de raciocínio, que se pode acessar em um novo aprendizado"[2];
- competências formam um "conjunto de conhecimentos, capacidade de ação e comportamentos estruturados ou colocados em disponibilidade em função de um objetivo ou meta, na busca de resultados"[3];
- competências formam um "conjunto de elementos heterogêneos que estão em interação dinâmica. Esses elementos são: os saberes (conhecimentos), o saber fazer (habilidades), os comportamentos (atitudes), as faculdades cognitivas e as qualidades pessoais"[4].

CASCATA DE COMPETÊNCIAS

Uma empresa possui competências essenciais quando sabe fazer melhor do que os concorrentes. As competências essenciais tornam a empresa altamente competitiva e diferenciada em relação às outras. Para ser competitiva, a empresa deve ter competências suficientes para extrair o máximo de seus recursos e com um mínimo de custos e de esforços, agregar valor e entregar ao cliente um produto ou serviço altamente diferenciado e atrativo. O retorno do investimento feito em recursos passa necessariamente pelas competências. E as competências essenciais dependem das competências individuais de seus participantes.

As competências organizacionais repousam sobre uma cascata de competências funcionais, gerenciais e pessoais. Nessa hierarquia, as competências superiores dependem de todas as outras competências que lhes dão base e sustentação.

Como mostra a Figura 1, as competências essenciais constituem um arranjo especial de competências funcionais, estas envolvem uma articulação de competências gerenciais e por fim as competências individuais. Todo esse conjunto funciona como um arranjo *sui generis* de competências que se ajudam mutuamente para proporcionar resultados sistêmicos e alavancados.

Competências essenciais

Hamel introduziu o conceito de competências essenciais ao discutir a competitividade organiza-

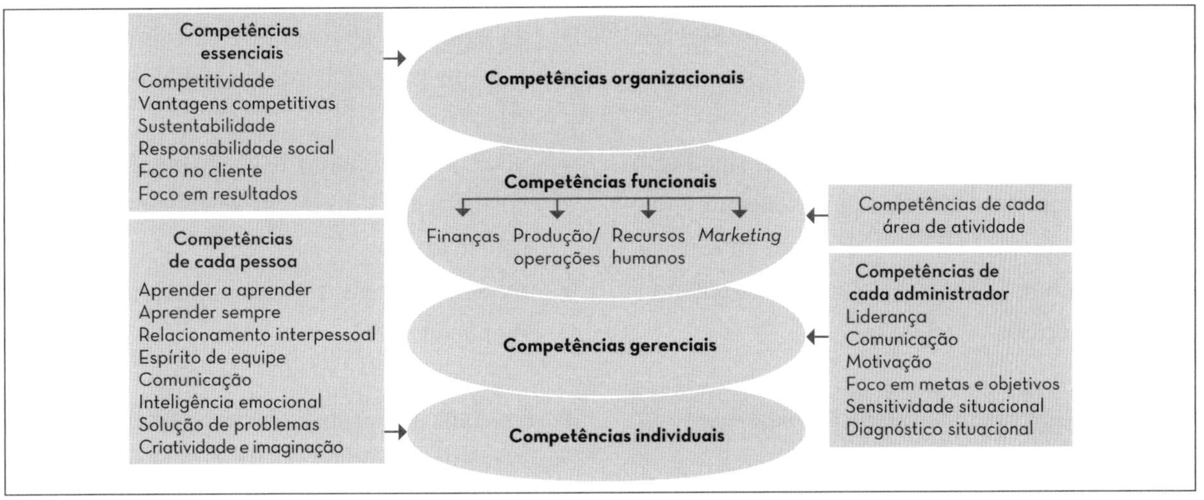

Figura 1 Desdobramento das competências organizacionais.

cional em um mundo caracterizado pela forte concorrência. As competências essenciais de uma empresa apresentam quatro características básicas[5]:

1. Proporcionam uma forte vantagem competitiva que alavanca o negócio da empresa e a destaca dos demais concorrentes.
2. São indispensáveis para o sucesso da empresa: as competências constituem os fatores críticos do sucesso empresarial. Um fator crítico é aquele que, se não estiver presente, o sucesso não acontece.
3. São singulares, específicas e próprias da empresa: definem aquilo que a empresa sabe fazer melhor do que as outras. Em outras palavras, caracterizam e identificam a empresa no mercado.
4. São de difícil imitação pelas demais empresas: sua complexidade decorre do fato de que são criadas, desenvolvidas, integradas e articuladas de maneira própria que dificilmente as outras empresas podem copiar e imitar. Seu arranjo também é singular e próprio de cada empresa.

Quando uma competência atende diretamente às demandas dos diferentes *stakeholders*, diz-se que ela é uma competência essencial ou central (*core competence*). O impacto de uma competência essencial manifesta-se em três aspectos competitivos da organização[6]:

1. Valor percebido: as competências essenciais são aquelas que permitem a oferta de benefícios que são fundamentais para os clientes. Constituem o valor do produto ou serviço, ou seja, o que o comprador está realmente pagando, quanto ele está disposto a pagar a mais para ter acesso aos benefícios e qual é a hierarquia de valor que o cliente tem em relação aos benefícios oferecidos. Os benefícios fundamentais nem sempre são percebidos porque o cliente tem sua atenção voltada para benefícios adicionais como descontos ou propaganda.
2. Diferenciação dos concorrentes: a competência essencial é sempre singular e diferente em relação à concorrência. Ela permite que a empresa se distancie ou se diferencie dos competidores. É o caso de marca, tradição, serviços adicionais, curva de aprendizado, acessos únicos ou gestão além dos parâmetros do setor.
3. Capacidade de expansão: a competência essencial permite que a empresa ingresse com sucesso em novos segmentos de produtos/serviços. Elas oferecem novas oportunidades à empresa, pois apresentam uma força competitiva que

viabiliza a oferta de novos produtos e serviços gerados a partir dela.

No fundo, as competências essenciais significam ativos intangíveis, dinâmicos e inteligentes que permitem a empresa moldar de maneira especial o seu negócio e a maneira como trata o cliente e aborda o mercado.

Competência essencial como um emergente sistêmico

A competência essencial é aquela que proporciona uma vantagem competitiva para a empresa diante de seus concorrentes. Uma empresa pode produzir em tempo de ciclo rápido quando consegue juntar um conjunto de habilidades que se integram entre si para aumentar sua capacidade de maximizar os processos comuns em uma linha de produção, de flexibilidade para alterações no planejamento e execução da produção, execução de sistemas sofisticados de informação, gestão dos estoques e desenvolvimento do compromisso por parte dos fornecedores. A competência essencial nunca está embasada em uma só pessoa ou em uma mesma equipe. Ela é um arranjo sistêmico e integrado de várias competências pessoais e grupais. E o que é um emergente sistêmico? Nada mais do que o resultado da sinergia do sistema.

As competências essenciais produzem indicadores de desempenho que fazem com que a empresa se diferencie e se destaque das outras, como:

- oferecem diferencial de forma perceptível sobre os concorrentes;
- ganhar o reconhecimento de sua excelência tanto no ambiente externo (mercado e *stakeholders* externos), como no ambiente interno;
- agregar valor aos clientes e consumidores;
- garantir estabilidade e firmeza na sua participação no mercado;
- obter envolvimento e engajamento dos seus colaboradores no seu desenvolvimento e aplicabilidade;
- ter seus processos internos integrados e altamente eficazes.

Para identificar as competências essenciais de uma empresa é preciso utilizar quatro critérios de escolha[6]:

1. Capacidades valiosas: ajudam a empresa a neutralizar ameaças ambientais ou a explorar oportunidades ambientais. Elas geram valor para a empresa, pois exploram oportunidades ou neutralizam ameaças externas e permitem que a empresa formule e execute estratégias capazes de gerar valor para os clientes. A Sony utiliza suas capacidades valiosas para projetar, fabricar e comercializar sua tecnologia eletrônica miniaturizada que permite explorar variada gama de oportunidades de mercado para câmeras de vídeo e aparelhos de som.
2. Capacidade rara: nenhum outro ou poucos concorrentes atuais ou em potencial conseguem

Figura 2 Armas da empresa: recursos e competências essenciais.

possuir. Se essa capacidade for comum a muitas empresas é improvável que ela venha a ser uma vantagem competitiva para qualquer uma delas. A vantagem competitiva ocorre quando a empresa desenvolve e explora capacidades diferentes daquelas que existem na concorrência. O modelo comercial pelo qual a Dell vende diretamente a seus clientes lhe dá maior eficiência do que seus concorrentes.

3. Capacidades de difícil imitação: são aquelas que as outras empresas não conseguem entender, compreender, imitar e desenvolver com facilidade ou rapidez. A capacidade pode ser difícil de imitar por causa de três motivos isolados ou pela combinação deles:
   a. condições únicas e exclusivas: é desenvolvida em decorrência de condições históricas únicas, como é o caso da cultura organizacional. É o caso da cultura da McKinsey – fonte de vantagem competitiva que mantém forte coesão entre os funcionários que nela acreditam e conduz a incansável e positiva insatisfação que os desafia a criar novas formas de desempenho capazes de gerar elevados níveis de valor aos clientes. A capacidade é fruto de uma longa história e experiência acumulada pela empresa;
   b. arranjo de imitação cara e dispendiosa: os concorrentes não conseguem entender claramente como a empresa arranja, integra e utiliza suas competências como base da vantagem competitiva;
   c. fruto da complexidade social: implica a conjunção de várias capacidades socialmente complexas, como relações interpessoais, confiança e amizade entre funcionários e executivos e a reputação da empresa com os fornecedores e os clientes. É o caso da GE, Sony, Wal-Mart, Walt Disney e Hewlett-Packard, que utilizam capacidades socialmente complexas como base para a visão de seu papel na sociedade, responsabilidades com os *stakeholders* e seus compromissos com os funcionários.
4. Capacidades insubstituíveis: são aquelas que não possuem equivalentes estratégicos e não podem ser facilmente substituídas. Quanto mais difícil de serem substituídas, tanto maior seu valor estratégico. Quanto menos visíveis, tanto mais difícil será para encontrar substitutos e maior será o desafio para os concorrentes que tentam imitá-las. O conhecimento corporativo e as relações de trabalho baseadas na confiança são capacidades de difícil identificação, interpretação e imitação.

Artes da excelência

Para sobreviver no mundo dos negócios, a empresa precisa reunir e aglutinar uma gama de competências cruzadas e simultâneas para alcançar vantagem competitiva sobre as concorrentes e deve buscar sempre a melhoria e o aprimoramento dessas competências. Quase sempre surge a pergunta: vale a pena construir internamente competências ou adquirir competências externamente? A construção de competências leva tempo de aprendizagem, desenvolvimento e maturação, o que depende do conhecimento acumulado e da experiência progressiva dentro da empresa. Por outro lado, a aquisição de competências no mercado faz um caminho bem mais curto ao buscar as competências fora da empresa (por meio da admissão de talentos já dotados dessas competências), ao fazer terceirização de certas atividades (*outsourcing*) para utilizar competências de outras empresas ou ainda desenvolver empreendimentos conjuntos (*joint ventures*) para aprender as competências com outras empresas por meio de parcerias em negócios.

Prahalad e Hamel oferecem três aspectos para identificar as competências essenciais de uma empresa[7]:

1. Potencial de oportunidades: uma competência essencial oferece acesso potencial a uma ampla variedade de mercados. A competência em sistemas de monitores de vídeo permitiu à Casio participar de negócios extremamente diversos, como calculadoras, aparelhos miniaturizados de TV, monitores para *notebooks* e *netbooks* e painéis para carros.
2. Percepção dos benefícios: uma competência essencial oferece uma poderosa contribuição para os benefícios que os clientes percebem no produto final. A Honda possui competências em motores que fazem o cliente perceber claramente seus benefícios.
3. Difícil imitação: uma competência essencial é dificilmente imitada pelos concorrentes. E será mais difícil ainda se for uma complexa harmonização de tecnologias individuais e habilidades de produção. O rival pode imitar produtos ou serviços com certa facilidade, mas precisa levar muito tempo para conseguir imitar uma competência essencial.

Singularidade das competências

Produtos, serviços e recursos são geralmente de fácil imitação. Podem ser adquiridos em qualquer lugar do mundo e copiados com perfeição. As competências, não. Elas são singulares, invisíveis e de difícil imitação. O segredo da competitividade no mundo moderno está na reunião de competências essenciais para o sucesso de uma empresa. As empresas bem-sucedidas são aquelas que sabem desenvolver e reunir certas competências essenciais que os concorrentes não conseguem entender, interpretar, alcançar e imitar. Elas até podem ser copiadas pela concorrência, mas isso leva muito tempo. Enquanto isso, a empresa excelente vai indo cada vez mais à frente.

Para que a empresa possa reunir competências essenciais ela precisa cultivar e desenvolver competências funcionais. Estas estão espalhadas pelas diversas unidades organizacionais e devem agir em conjunto.

Competências funcionais

As competências funcionais estão relacionadas com cada área de atividade da empresa. Cada unidade

Figura 3 Desdobramento das competências funcionais.

organizacional – divisão, departamento, seção e unidade estratégica de negócios – deve constituir a reunião integrada de competências funcionais em sua respectiva atividade. Assim, o *marketing* deve envolver competências funcionais associadas ao relacionamento com o cliente, à promoção e à propaganda, ao gerenciamento do produto/serviço, etc.; a área financeira deve envolver competências funcionais relacionadas com a maneira de buscar ou aplicar recursos financeiros no mercado; a área de operações/produção deve reunir competências relacionadas com eficiência e eficácia operacional, qualidade e produtividade, etc. e a área de gestão de talentos deve reunir competências relacionadas com agregar, recompensar, desenvolver, manter e aplicar talentos no negócio da empresa.

Quais as competências funcionais mais importantes?

Se a empresa possuir competências funcionais em *marketing*, por exemplo, ela estará apta a conquistar e manter clientes. A fidelização de clientes é uma necessidade, não só pelo aspecto de conquistar e manter clientes, mas também pelo fato de que conquistar um novo cliente (perder um cliente real custa 8 a 9 vezes mais do que manter esse cliente). Mas para que a empresa possa fazer isso, ela precisa também de competências em produção/operações para poder inserir características desejáveis em seus produtos. As competências em *marketing* dependem das competências em produção/operações e estas dependem daquelas para que a empresa seja bem-sucedida. Isso sem falar nas competências em finanças, tecnologia e talentos humanos.

Assim, não basta a empresa possuir apenas competências funcionais em *marketing* ou em produção. Ela precisa reunir competências funcionais em todas as suas áreas de atividade e saber dosá-las adequadamente para alcançar equilíbrio e sinergia entre elas. A integração entre diferentes competências funcionais alavanca a capacidade da empresa em gerar valor e riqueza, conquistar e manter clientes e apresentar resultados acima da média dos concorrentes.

Competências gerenciais

As competências referem-se às competências que os administradores devem possuir para realizar seu trabalho de equipe. Voltando ao Capítulo 3, em que foi explicado a atividade do administrador, suas competências e habilidades administrativas, os papéis do administrador requerem o aprendizado constante e contínuo de competências e habilidades que mudam com o passar dos tempos. É preciso sempre atualizar e manter-se conectado com o mundo.

Coaching* e *mentoring

Antes, os tradicionais gerentes estavam se transformando em verdadeiros líderes. A migração do conceito de gerência para o de liderança envolveu uma mudança cultural no meio do campo das empresas. Mas não bastava a liderança interativa, aquela que enfatiza as relações entre líder e equipe no sentido de manter coesão e unidade. Era necessária a liderança transformadora, aquela que renova ideias e conceitos sobre o trabalho conjunto, impulsiona a inovação, gera espírito de equipe, solidariedade e responsabilidade mútua e compartilhada. Hoje, os líderes estão se transformando em verdadeiros *coachs*. O nome vem do mundo dos esportes, em que o *coach* é o preparador, treinador ou técnico que transforma grupos de pessoas em verdadeiros campeões, seja em futebol, basquete, etc. *Coaching* é um estilo de gestão no qual não basta apenas conduzir a equipe, mas capacitá-la a alcançar resultados nunca antes alcançados por meio de um misto de treinamento intensivo, preparação técnica, motivação e incentivo, orientação quanto a metas e objetivos e forte impulso para a excelência. Esse é o novo papel da gerência. O *mentoring* vem na mesma esteira. Mentor é uma pessoa da organização - geralmente posicionada na cúpula da empresa - que possui experiência e competência e que se dispõe a dedicar parte de seu tempo para orientar, estimular, ajudar e alavancar pessoas com elevado potencial de desenvolvimento profissional. Mas é necessário que os mentores sejam verdadeiros talentos capazes de gerar novos talentos na empresa[8].

Competências individuais

Não basta ter pessoas na empresa. É preciso contar com talentos humanos. Infelizmente, ter pessoas nem sempre significa ter talentos. Talento é uma pessoa muito especial, uma pessoa dotada de competências. Daí o enorme esforço das empresas em transformar pessoas em talentos por meio de uma multiplicidade de meios: organização do trabalho para torná-lo mais agradável e com sentido psicológico, cultura organizacional envolvente e participativa para engajar os talentos, estilo de gestão democrático e baseado na liderança e no *coaching*, além de criar um ambiente de trabalho que privilegia o aprendizado, o crescimento profissional e as oportunidades para realizar o que se aprendeu. Muitas empresas estão partindo para a criação de universidades corporativas exatamente para disseminar conhecimentos, habilidades, julgamento e avaliação de situações, atitudes e competências vitais para o sucesso do seu negócio[9].

Pessoas e talentos

Não basta ter ou conjugar recursos organizacionais e tecnologia. Em geral, eles são estáticos e inertes. Além disso, eles podem ser facilmente comprados no mercado, pois qualquer empresa pode adquiri-los com relativa facilidade e para operá-los e ativá-los são necessárias pessoas. Mais do que pessoas, as empresas precisam saber cultivar talentos. Talentos são pessoas especiais, e preciosas que possuem competências distintas e relevantes para o negócio da empresa. A diferença entre pessoas e talentos está exatamente na posse de competências individuais valiosas para o sucesso do negócio.

Tabela 1 Competências gerenciais segundo a Training House[10]

Competências relacionadas com pessoas	
Comunicações	**Supervisão**
Ouvir e organizar as ideias	Treinamento, orientação e delegação
Dar informações claras	Avaliação de pessoal e desempenho
Obter informações imparciais	Disciplina e aconselhamento
Competências relacionadas com o trabalho	
Administração	**Raciocínio**
Administração do tempo e priorização	Identificação e solução de problemas
Estabelecimento de meta e padrões	Tomada de decisões e pesar riscos
Planejamento e programação de trabalhos	Pensar clara e analiticamente

Competência pessoal é o conjunto de conhecimentos, habilidades e atitudes pessoais aplicadas de maneira integrada e convergente em uma determinada atividade. As competências pessoais transformam pessoas em talentos. E os talentos – pessoas dotadas de competências – fazem o seu trabalho da seguinte maneira[9]:

1. Execução primorosa e excelente: o talento executa uma atividade, função ou processo com excelência. Isso é produto da competência pessoal. A competência pessoal é isto: saber fazer as coisas melhor do que ninguém. Graças às competências de seus colaboradores, as empresas bem-sucedidas alcançam excelência operacional, pois oferecem produto de elevada qualidade ou serviço impecável ao cliente ou consumidor.
2. Solução de problemas: o talento consegue a convergência de conhecimentos, habilidades e atitudes para solucionar situações problemáticas que, sem isso, permaneceriam intocáveis ao longo do tempo e prejudicariam seriamente a empresa. A resolução de problemas implica necessariamente conhecimento, habilidade e atitude das pessoas frente a eles.
3. Desenvolvimento continuado: a competência pessoal permite gerar alternativas para desenvolver, mudar, melhorar, transferir, transformar produtos, serviços, métodos, processos, tecnologias, formatação de negócios, etc. O gradativo desenvolvimento que gera o progresso nas empresas depende necessariamente das competências pessoais que elas conseguem criar, incentivar, integrar e utilizar.
4. Inovação: a inovação é muito mais do que desenvolvimento ou melhoria constante. É um passo além do desenvolvimento ou da melhoria. Enquanto este parte de premissas concretas já alcançadas e realizadas, a inovação parte de premissas inteiramente novas e diferentes. A competência pessoal permite gerar alternativas criativas e engenhosas para novas ideias, que significam inovação. A inovação pode ser feita em produtos, serviços, métodos, processos, tecnologias, formatação de negócios, etc., mas no sentido de criar coisas inteiramente novas e diferentes. A competência pessoal proporciona meios para gerar novas ideias, conceitos e coisas que jamais existiram.
5. Proatividade: ou seja, visão antecipatória quanto a situações ou ações futuras. Enquanto a execução primorosa, a solução de problemas, o desenvolvimento e o empreendedorismo acontecem no momento presente, a proatividade se estende para o futuro. Não se trata de previsibilidade ou futurologia, mas de intuição pessoal quanto aos desdobramentos futuros de situações atuais. É como se a pessoa tivesse uma ideia clara da cadeia de causas e efeitos que levarão a situações posteriores ou tivesse acesso a cursos de ação futuros. E isso é importante nas empresas focadas no futuro, pois inovação e proatividade – embora diferentes e separadas – precisam andar de mãos dadas.

Embora sejam intangíveis e invisíveis, as competências pessoais podem ser observadas nas situações de trabalho ou ainda em situações de teste, quando demonstram conhecimentos adquiridos sendo aplicados de maneira assertiva por pessoas com certas características individuais.

Algumas das competências pessoais mais frequentemente solicitadas pelas empresas[9]

- Aprender a aprender: envolve aprender cada vez mais rapidamente. Mais e melhor. Aprender continuamente. Aumentar significativamente o conhecimento e adquirir e desenvolver habilidades.

- Relacionamento interpessoal: significa facilidade de interagir com os outros, capacidade de trabalhar em equipes ou com pessoas.
- Automotivação: motivar significa estimular, despertar o interesse, a curiosidade, o entusiasmo.
- Persistência: é constância e continuidade de esforços e pertinácia na ação.
- Comunicação: é o ato ou efeito de emitir, transmitir e receber mensagens, capacidade de trocar ou discutir ideias, dialogar, conversar no sentido de obter entendimento com outros.
- Foco: na física é o ponto onde converge um feixe de luz ou ponto de convergência. É o centro onde não há espaço para dispersão. É a pontaria calibrada e focada em um alvo específico: o objetivo a alcançar.
- Criatividade: refere-se a imaginação, inventividade, engenhosidade e capacidade criadora.
- Flexibilidade: significa maleabilidade, capacidade para aprender e fazer várias coisas ou aplicações diferentes.
- Espírito empreendedor: significa ousar, tentar, ultrapassar desafios e dificuldades, realizar por conta própria, fazer as coisas acontecerem. Não é uma forma de fazer, mas antes uma forma de ser.
- Antecipação: significa anteceder, chegar antes, tomar a dianteira, saber visualizar as decorrências futuras de suas ações. É a capacidade proativa de mirar o futuro, visualizar os cursos de ação e entender suas consequências.
- Garra: é um neologismo para denominar a continuidade de atitudes, a vontade ferrenha de executar e alcançar resultados. Garra é a convicção de chegar a um determinado ponto, de lutar e enfrentar, força de vontade e determinação.
- Execução: significa levar a efeito, efetivar, realizar, levar a cabo. Tornar concretas as ideias e os planos.

A construção dessas competências depende não apenas das pessoas que trabalham na empresa, mas principalmente da maneira como os administradores lidam com as pessoas, promovem o conhecimento, desenvolvem habilidades em seus subordinados e criam atitudes empreendedoras neles. Nada acontece sem a intervenção ativa, proativa e intensiva dos administradores.

Bate-bola: como descobrir quais são as competências essenciais da empresa?

Discuta com seus colegas a respeito do assunto e tente chegar a uma conclusão: como descobrir e localizar quais são as competências essenciais de uma empresa?

Vantagem competitiva

Em resumo, as competências essenciais de uma organização constituem sua principal vantagem competitiva atualmente. A razão é simples: o mundo lá fora muda rápida e intempestivamente e são as competências – e não os estáticos recursos tradicionais – que permitem a inteligência organizacional suficiente para adaptar-se agilmente às mudanças e aproveitar as oportunidades que surgem. As competências organizacionais compreendem todo o estoque e a aplicabilidade do conhecimento organizacional e das habilidades que a organização conseguiu construir com o tempo[11]. Essas competências diferenciam e distinguem a organização das demais, pois imitá-las é uma tarefa difícil e que exige investimentos[12]. Para que uma competência se torne uma fonte de vantagem competitiva sustentável, ela precisa reunir três condições: ser valiosa, rara e difícil ou custosa de ser copiada[13]. Como ativos intangíveis e invisíveis, as competências organizacionais precisam ser identificadas e avaliadas para serem desenvolvidas, compartilhadas e devidamente utilizadas.

Contudo, quem cria as vantagens competitivas de uma empresa? Certamente, a tecnologia e os recursos materiais e financeiros ajudam muito, mas são fundamentalmente as pessoas que nelas trabalham as diretamente responsáveis pela criação de vantagens competitivas. E as empresas precisam criar as condições adequadas para desenvolver competências e transformá-las em vantagens competitivas duráveis. Convém lembrar que as vantagens competitivas não são eternas nem permanentes, pois na medida em que são copiadas e imitadas elas deixam de ser competitivas e passam a ser uma regra do mercado e comum às demais empresas concorrentes.

Esse é o desafio com que as empresas se defrontam atualmente[14]. Como saber quais são as competências que devem ser construídas e desenvolvidas em cada empresa para assegurar vantagens competitivas? Onde estão essas competências? A maior parte delas está na cabeça das pessoas. Fazem parte do capital humano e do capital intelectual. Elas dependem do conjunto das competências individuais das pessoas que trabalham na organização.

E para que servem as competências? Elas criam valor para a empresa, para o cliente, para o fornecedor, para a própria pessoa, para a comunidade, a sociedade e a nação. Criar e agregar valor. É exatamente para isso que existem as empresas. E é isso que garante a sua competitividade em um mundo de negócios extremamente dinâmico, mutável e imprevisível.

COMPETITIVIDADE

Toda empresa com fins lucrativos tem por objetivo obter o maior retorno sobre o capital investido. Para tanto faz uso de todos os meios possíveis para ficar na frente de seus concorrentes, obter as maiores margens e ampliar sua fatia de mercado. Em resumo, a empresa precisa ser competitiva. Mas não basta satisfazer os *shareholders* (proprietários, acionistas e investidores). A responsabilidade da empresa vai além disso e se expande cada vez mais para os *stakeholders* (indivíduos, grupos e organizações que têm interesses materiais ou imateriais na empresa) que fazem pressões para uma atuação empresarial ecologicamente correta e socialmente justa, de maneira que não é suficiente que a empresa tenha apenas êxito econômico[15]. É preciso também saber oferecer algo aos demais atores que dela participam direta ou indiretamente, interna ou externamente[6].

Competição – o motor do progresso

A competição existe onde há disputa por algo que dois ou mais competidores desejam. Assim, são vários os tipos de competições que se sucedem no cotidiano. A competição econômica existe em um ambiente que se denomina sistema concorrencial, no qual duas ou mais firmas disputam mais pela sobrevivência no mercado que pela própria busca do maior lucro possível[16].

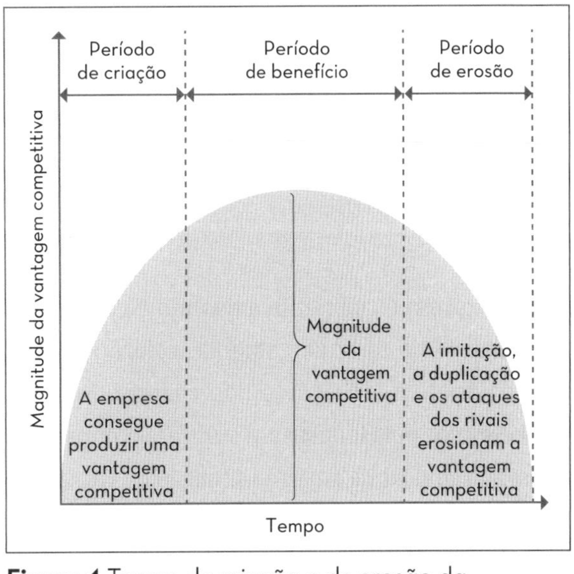

Figura 4 Tempo de criação e de erosão da vantagem competitiva[17].

Uma empresa não herda sua capacidade de competir e enfrentar a concorrência. A competitividade não é simplesmente o resultado de seus recursos ou da quantidade de funcionários – embora sejam fatores que certamente contam a favor. A capacidade de competir é uma manifestação de vontade, uma construção obsessiva, uma opção da empresa. Está no seu espírito e na sua gana de competir. A competitividade é a capacidade de uma empresa em conseguir cumprir sua missão com mais sucesso do que as outras empresas que concorrem com ela. É a capacidade de atender às expectativas e necessidades do mercado de maneira melhor do que seus concorrentes conseguem fazer. Contudo, a competitividade é abordada em função da economia de mercado e significa a obtenção de rentabilidade igual ou superior aos rivais no mercado.

Competitividade global entre as nações

Porter assegura que a competição é uma das mais poderosas forças na evolução humana. Na medida em que a competição aumenta, ela passa a ser a fonte de nossa prosperidade. O Fórum Econômico Mundial (World Economic Forum) oferece anualmente o *ranking* da competitividade das nações no jogo global. Ver: www.weforum.org. O *Global Competitiveness Report* pode ser encontrado no site: www.weforum.org/issues/global-competitiveness.

A empresa é competitiva quando consegue diferenciar-se no mercado, obtendo retornos acima da média para o capital investido. Diante das regras estabelecidas pela indústria, a empresa competitiva consegue colocar-se em uma situação de vantagem frente aos seus concorrentes. A competitividade pode ser entendida como uma habilidade da empresa em aumentar seu tamanho, fatia de mercado e lucratividade[18], ou como a capacidade da empresa de formular e implementar estratégias de concorrência que lhe permitem conservar de forma duradoura uma posição sustentável no mercado[19]. Assim, não é suficiente conseguir uma situação de vantagem, é preciso mantê-la ao longo do tempo. Para isso, a empresa precisa monitorar constantemente os aspectos internos e externos que influenciam sua competitividade e implementar estratégias que os concorrentes não conseguem imitar com facilidade.

Em geral, a competitividade da empresa fundamenta-se em alguns determinantes como eficiência, qualidade, flexibilidade, prontidão, sinergia nos relacionamentos, capacidade de pesquisa e desenvolvimento, tecnologia, redes de cooperação tecnológica, gestão do talento humano e gestão da inovação, entre outros para combinar suas competências essenciais de maneira que não possa ser imitada pelos concorrentes no curto prazo[21].

CRIAÇÃO DE VALOR

Valor é um conceito relativamente recente na administração. Significa algo que enriquece a organização ou que contribui fortemente para seu sucesso. Criar valor é um dos objetivos da administração moderna e na prática consiste em buscar incessantemente maneiras inovadoras de ganhar dinheiro novo para continuamente agregar riqueza ao negócio. No fundo, trata-se de ganhar mais do que gastar. Assim, recursos e competências da empresa precisam ser adequadamente utilizados e aplicados para gerar valor. Esse é o resultado mais importante.

Valor

Os significados da palavra valor são inúmeros. Valor significa valia, estimação ou preço atribuído a uma coisa. Representa uma relação entre a coisa apreciável e a moeda corrente no país em determinada época e lugar.

Em filosofia, é o caráter dos seres pelo qual são mais ou menos desejados ou estimados por uma pessoa ou um grupo. Em economia política é a estimativa econômica da riqueza, como também a apreciação feita pelo indivíduo da importância de um bem com base na sua utilidade e limitação relativa da riqueza, levando em conta a possibilidade de sua troca por quantidade maior ou menor de outros bens. Em psicologia, valor é a apreciação subjetiva que revela as preferências pessoais da pessoa segundo suas tendências e influências sociais a que está submetida. Gerar valor econômico significa gerar valor para outros e capturar de volta uma parte desse valor (um excedente) para si[22]. É isso que movimenta o mundo empresarial. As empresas existem para maximizar ganhos: ganhar mais do que gastam e ganhar o máximo possível. As empresas constituem a melhor forma que se descobriu até hoje para capturar valor econômico em larga escala. Quando uma empresa oferece um produto ou serviço ela embute nele um conjunto de características que o tornam mais valioso ou aumentam sua utilidade para o cliente. Em uma comparação com os produtos ou serviços oferecidos pelos concorrentes, o produto ou serviço mais valioso é aquele que apresenta maior utilidade e valor para o usuário.

Na verdade, as empresas são sistemas criados para maximizar ganhos. Elas buscam gerar valor econômico em larga escala e capturar parte dele como lucro. Mesmo as empresas sem fins lucrativos – como as ONGs, que procuram gerar valor social e não econômico – utilizam a administração como qualquer empresa lucrativa. O mesmo está acontecendo com a administração pública.

Cadeia de valor

Como criar valor em uma empresa? A resposta é: por uma cadeia de atividades. Cadeia de valor é um conjunto integrado de atividades criadoras de valor que começam com as matérias-primas básicas provindas de fornecedores e que vão se movimentando em séries de atividades agregadoras de valor envolvendo produção e *marketing* de um dado produto e terminando com distribuidores colocando o produto final nas mãos dos consumidores finais[23]. Cada elo

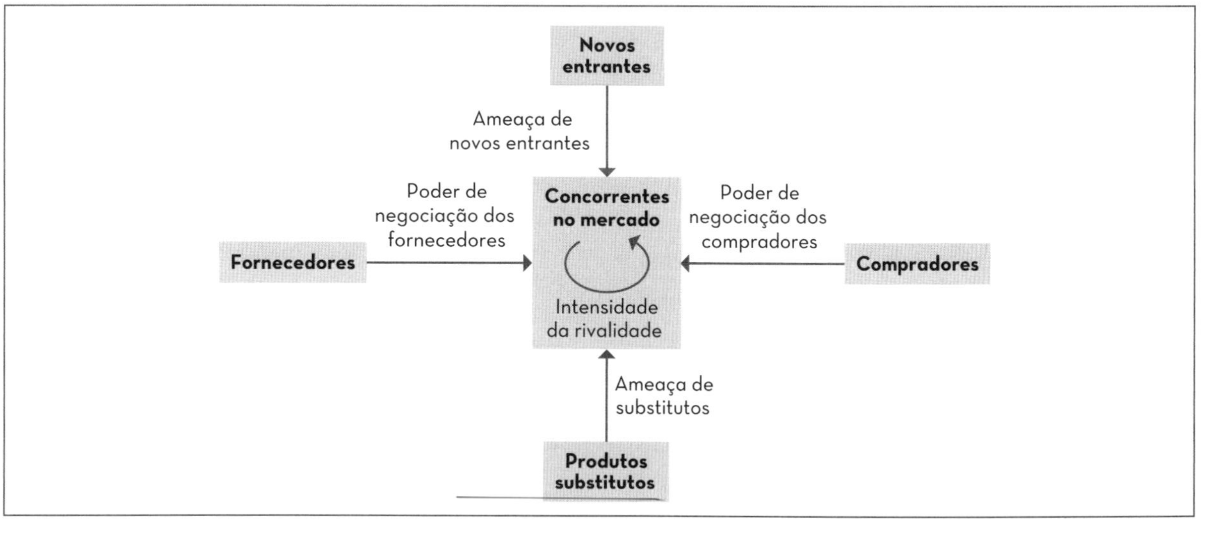

Figura 5 Modelo das cinco forças competitivas de Porter[20].

da cadeia deve agregar alguma coisa ao valor final que o cliente irá receber. Assim, a análise da cadeia de valor permite examinar e avaliar a empresa no contexto da cadeia global de atividades criadoras de valor, da qual a empresa pode ser apenas uma pequena parte. Muitas vezes, a empresa constitui parte no meio da cadeia de valor que envolve fornecedores em uma ponta e distribuidores em outra. Essa visão de conjunto é fundamental.

Como criar valor?

O valor pode ser criado com base em várias maneiras diferentes, como qualidade de um produto ou serviço, sua facilidade de utilização, sua disponibilidade no mercado, a imagem a ele associada, a assistência técnica oferecida ou o serviço que o acompanha, etc. Ao criar valor, a empresa precisa utilizar todas essas formas. O valor é criado em uma sequência de atividades e fluxos de informações que a empresa e seus fornecedores e distribuidores devem realizar de maneira conjugada. Se tal sequência não agregar valor, ela estará somente agregando custos ou reduzindo a margem. O valor nem sempre é criado no produto final, mas ao longo dos elos da cadeia. O importante é capturar valor novo por meio de formas de operar com mais eficiência e eficácia dentro da cadeia de valor.

O conceito de cadeia de valor proposto por Porter[20] envolve estruturas e processos com os quais as empresas procuram se preparar estrategicamente. Toda empresa desempenha uma variedade de atividades para projetar, produzir, comercializar, entregar e apoiar seu produto ou serviço no mercado. A cadeia de valor é um modelo que descreve como um produto se movimenta desde a etapa da matéria-prima até o consumidor final por meio de atividades estrategicamente relevantes. A ideia básica é adicionar valor tanto quanto possível da maneira menos dispendiosa e capturar esse valor. Os elos mais valiosos da cadeia pertencem aos colaboradores que detêm o conhecimento – os clientes. O valor é representado pelas características e pelos atributos que as empresas proporcionam sob a forma de produtos ou serviços pelos quais o cliente está disposto a pagar[6].

Para Porter, existem nove atividades criadoras de valor na empresa e que podem ser desdobradas em cinco atividades primárias e quatro atividades de apoio[20]:

1. Atividades primárias: são as cinco atividades básicas na sequência a seguir:
   a. logística de entrada: para trazer materiais e insumos para dentro da organização;
   b. operações: para converter os materiais e insumos em produtos finais;
   c. logística externa: para expedir os produtos finais;
   d. *marketing* e vendas: para comercializar os produtos finais;
   e. serviços: para prestar assistência técnica aos compradores.
2. Atividade de apoio e suporte: são as quatro atividades de apoio realizadas em determinados departamentos específicos:
   a. suprimentos de serviços e materiais;

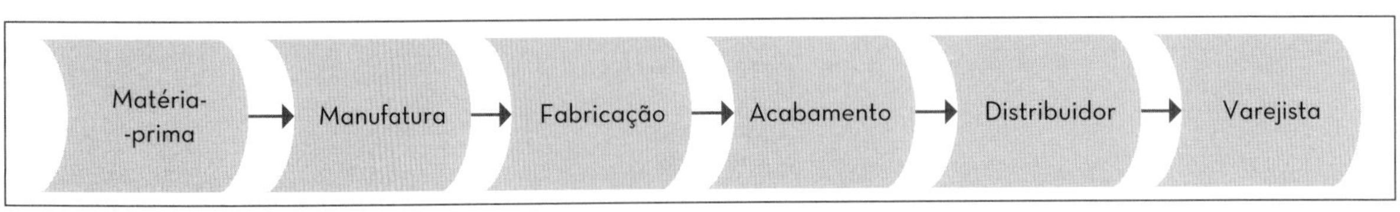

Figura 6 Cadeia de valor típica de um produto manufaturado.

b. desenvolvimento tecnológico;
c. gestão de recursos humanos;
d. infraestrutura da organização: envolvendo administração geral, planejamento e áreas de finanças, contabilidade, assuntos jurídicos e governamentais.

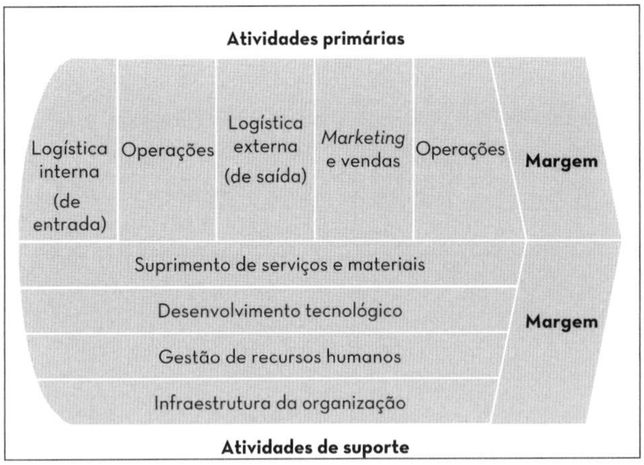

Figura 7 A cadeia de valor segundo Porter.

O importante na análise da cadeia de valor não é propriamente cada elo – embora cada um deles seja importante – mas a maneira como os elos são encadeados e integrados entre si. O segredo está na articulação do todo e não em cada uma de suas partes integrantes. A análise da cadeia de valor trata de eliminar as ineficiências ao longo da cadeia para que todos os elos possam ser mais produtivos e lucrativos. Toda cadeia se rompe no seu elo mais frágil. Todos os elos devem ser eficientes e eficazes. A análise da cadeira deve ir do todo para as partes em uma abordagem sistêmica.

Bate-bola: como incrementar a criação de valor na empresa?

Discuta com seus colegas a respeito do assunto e tente chegar a uma conclusão: como incrementar a criação de valor na empresa?

A cadeia de valor permite à empresa analisar detalhadamente seus custos e seu desempenho em cada atividade criadora de valor, bem como compará-los com os custos e desempenho de seus concorrentes – como *benchmarks* – para aprender com eles a maneira de fazer e melhorar continuamente. O objetivo é conseguir desempenhar as atividades melhor que os concorrentes a um custo mais baixo e, com isso, alcançar uma vantagem competitiva[6]. Contudo, embora a redução de custos seja importante, a ênfase maior na análise da cadeia de valor é agregar valor à cadeia. A Figura 9 mostra a diferença entre reduzir custos e agregar valor. A primeira é compressiva, enquanto a segunda é expansiva.

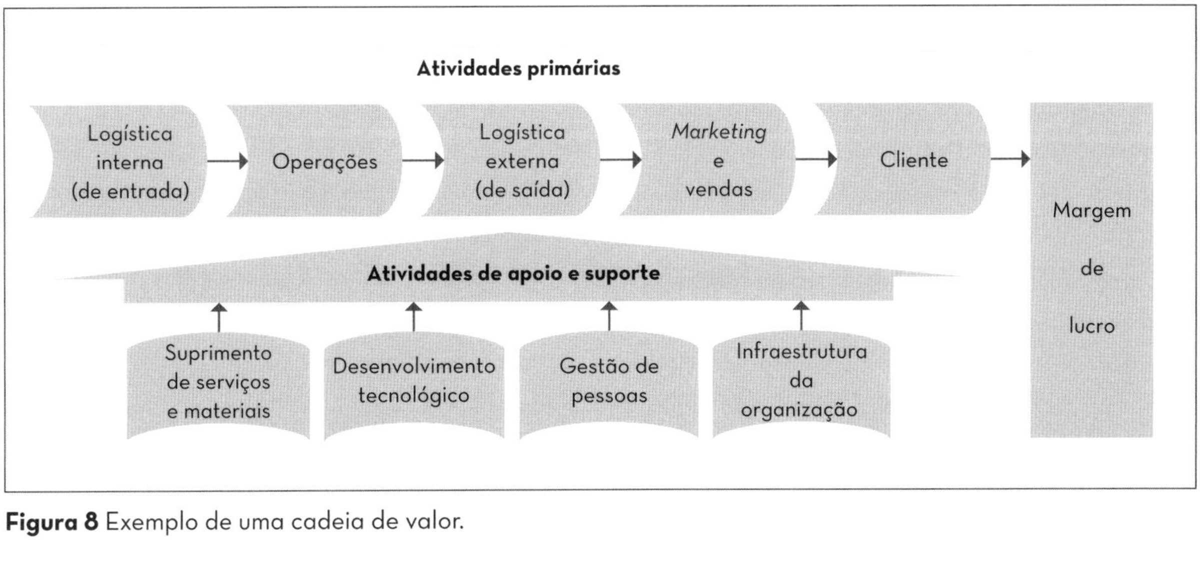

Figura 8 Exemplo de uma cadeia de valor.

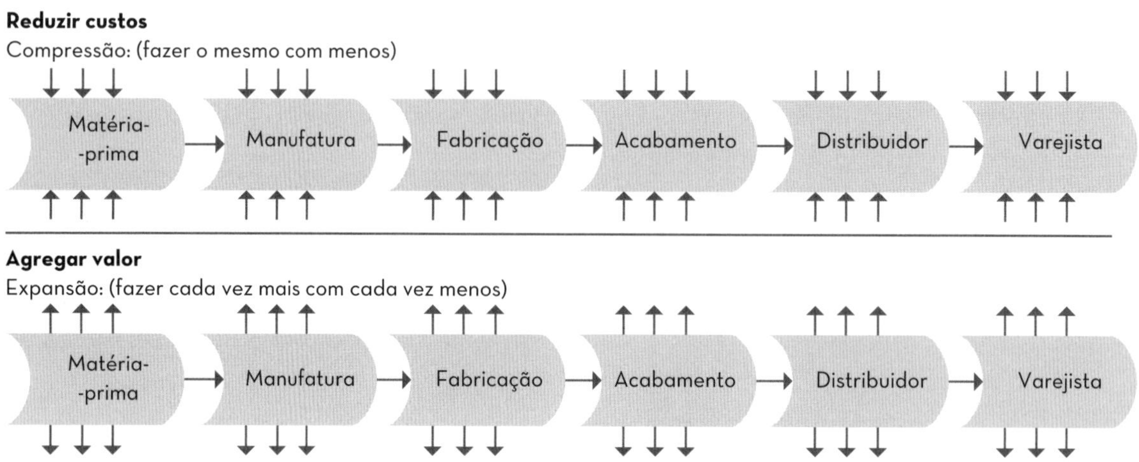

Figura 9 Diferença entre reduzir custos e agregar valor.

Cadeia de valor em qualidade

Modernamente, as organizações estão enfatizando o conceito de qualidade externa por meio do reforço do conceito de qualidade interna. Antigamente, havia um órgão chamado departamento ou divisão de controle de qualidade que centralizava e monopolizava todos os assuntos de qualidade. Os inspetores de qualidade trabalhavam em diversos locais da organização para verificar possíveis desvios ou anormalidades e acionar as ações corretivas para colocar as coisas em ordem. Hoje, a responsabilidade pela qualidade foi totalmente descentralizada e delegada ao nível da execução. Cada funcionário ou operário é responsável pela qualidade do seu trabalho e pela satisfação do seu cliente interno. O cliente interno significa o funcionário ou operário a quem ele entrega o trabalho que realizou. Assim, em toda organização há uma extensa cadeia de qualidade: cada funcionário ou operário tem seu fornecedor interno (que lhe proporciona o insumo) e o seu cliente interno (que recebe o resultado de seu trabalho). A cadeia de qualidade é uma maneira pela qual cada funcionário tenta melhorar seu trabalho para satisfazer o cliente interno e tenta comunicar ao fornecedor interno quais são os seus requisitos. Assim, a cadeia de qualidade agrega valor à organização e a seus funcionários e se transforma em uma cadeia de valor (horizontal) que está substituindo a cadeia escalar (vertical) nas organizações que trocaram a hierarquia verticalizada pela organização horizontalizada. No final da cadeia de valor está o cliente externo, que é o personagem que mais se beneficia com a criação de valor. O cliente externo é o último consumidor dos bens e serviços produzidos, enquanto o cliente interno está dentro da organização. São indivíduos ou grupos que usam ou dependem dos resultados de alguma pessoa ou grupo no sentido de fazer bem o seu próprio trabalho. Em cada cargo, cada ocupante é, ao mesmo tempo, um fornecedor para o cargo seguinte e um cliente do cargo anterior, como mostra a Figura 10.

Na Figura 10, o membro A da equipe utiliza como entrada o insumo proporcionado pelo fornecedor externo e fornece sua saída para seu cliente interno, que é o membro B, e assim por diante até que o membro D forneça sua saída para o cliente externo da organização. Essa estreita interligação entre fornecedores internos e clientes internos de uma equipe é a base fundamental dos modernos programas de qualidade total. Nessa extensa cadeia de valor, cada pessoa busca conhecer e satisfazer as necessidades do cliente interno para que ele possa fazer um trabalho melhor. O maior beneficiário está na ponta final do processo: o cliente externo. A organização horizontal focaliza o processo completo que satisfaça o cliente. Esse tipo de estrutura tende a reduzir fortemente o número de níveis hierárquicos da organização.

Acontece que o sucesso da empresa não depende apenas de como cada departamento (elo da cadeia de valor) desempenha seu trabalho com um mínimo de custo e um máximo de rendimento. Quase sempre departamentos isolados buscam maximizar seus próprios interesses em vez dos interesses globais da empresa e dos clientes. Além disso, como veremos adiante, cada departamento constrói fronteiras e paredes que retardam ou impedem a entrega de valor ao cliente. O importante não é somente a excelência departamental, mas principalmente como as diversas atividades departamentais são coordenadas e integradas entre si. A cadeia de valor é muito mais do que uma soma entre departamentos. Copiar ou imitar as atividades de cada departamento é relativamente fácil para os concorrentes. O difícil é tentar copiar ou imitar a maneira como eles estão sendo articulados e integrados entre si para convergir e produzir resultados exponenciais[24].

Foi visto que a cadeia de valor de um produto concentra-se em uma área básica de *expertise* constituída pelas suas atividades primárias. Mas a cadeia não acontece de maneira isolada. Várias operações se situam acima e abaixo dela. O centro de gravidade é aquela parte da cadeia de valor que é a mais importante para a empresa e no ponto onde se localizam sua maior *expertise* e suas competências essenciais. O centro de gravidade da empresa é geralmente o ponto em que a empresa iniciou suas atividades até obter uma vantagem competitiva e depois se moveu para a frente ou para trás ao longo da cadeia de valor para reduzir custos, garantir acesso a matérias-primas ou garantir distribuição[25]. Esse processo é denominado integração vertical.

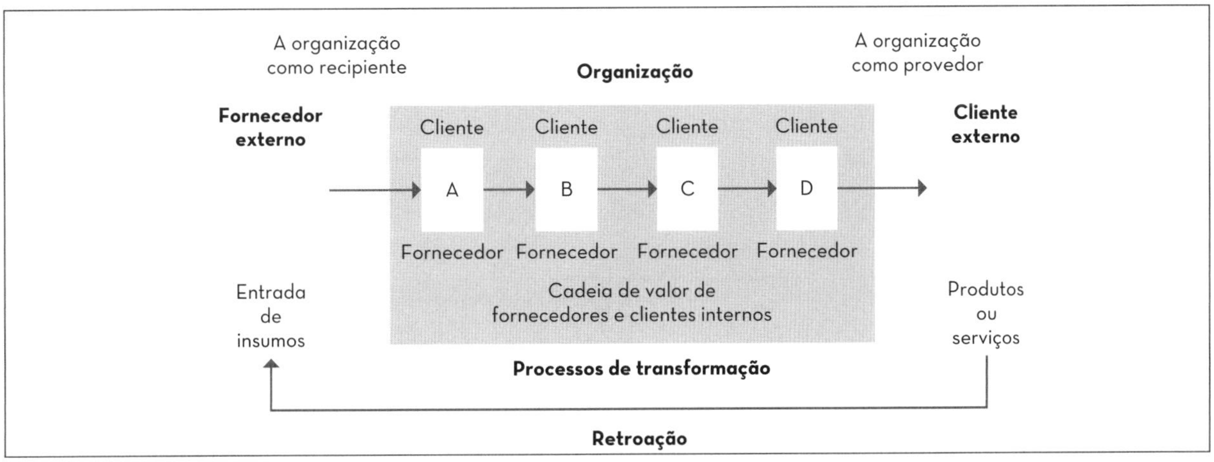

Figura 10 Cadeia de valor dentro da empresa[26].

Exponenciando a cadeia de valor

A cadeia de valor de muitas empresas pode ser desdobrada em dois segmentos: a metade superior e a metade inferior. Na indústria de petróleo, a metade superior se refere a exploração do óleo, perfuração e movimento do óleo cru até a refinaria, enquanto a inferior se refere a refinação do óleo mais o transporte e a comercialização da gasolina e do óleo refinado para os distribuidores e postos de gasolina. Quando as empresas de petróleo são completamente integradas, elas podem oferecer uma variedade de *expertises* que possuem em cada parte da cadeia de valor. Algumas dessas empresas são fortes em *marketing* e varejo, enquanto outras são excelentes na exploração. Seu segredo? Concentrar-se naquela cadeia de valor em que tem maior *expertise*.

Cocriação de valor

O valor é definido por quem compra e não por quem vende. É o cliente que define qual o valor de um produto ou serviço, e não a empresa que o produz e vende. Então, nada melhor do que buscar no cliente as maneiras de aumentar o valor para ele. Prahalad e Ramaswamy[27] falam da conexão para possibilitar a cocriação de valor. Antigamente, as empresas gerenciavam suas eficiências. No século atual, elas estão passando a gerenciar suas experiências. Em outros termos, antigamente as empresas eram centradas em si mesmas na criação de experiências valiosas. Eram empresas cêntricas que partiam dos seguintes pressupostos:

- o consumidor está fora do domínio da cadeia de valor;
- a empresa controla onde, quando e como o valor é agregado à cadeia de valor;
- o valor é criado em uma série de atividades controladas pela empresa antes do ponto de compra;
- existe apenas um ponto de intercâmbio em que o valor é extraído do consumidor para a empresa.

Hoje, as empresas estão centradas no consumidor e enfatizam os seguintes pressupostos:

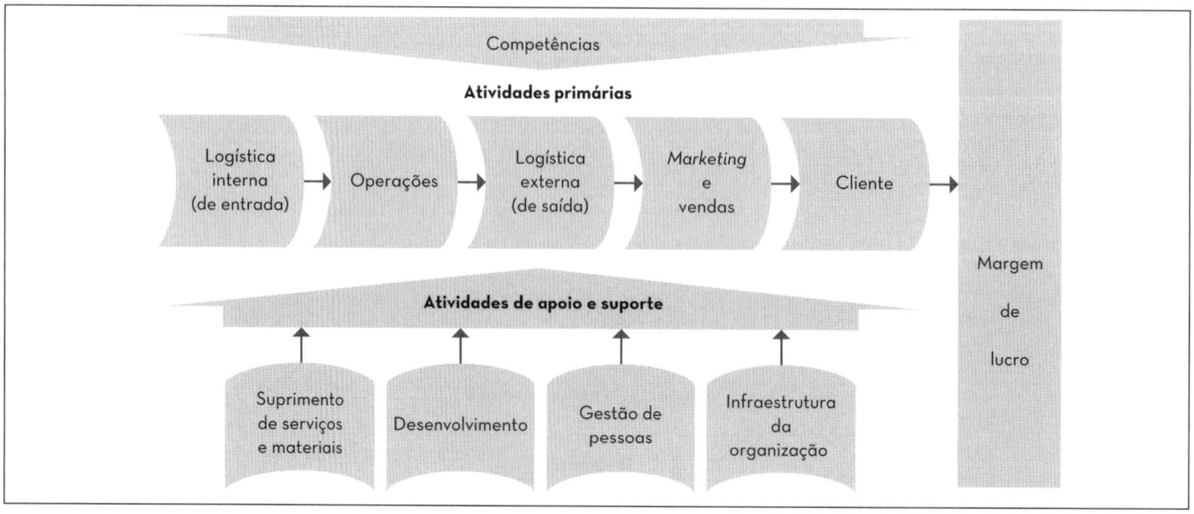

Figura 11 Cadeia de valor e o seu segmento superior e inferior.

- o consumidor pode influenciar onde, quando e como o valor é gerado;
- o consumidor nem sempre respeita as fronteiras da indústria na busca de valor;
- o consumidor pode concorrer com as empresas na extração de valor;
- existem muitos pontos de intercâmbio onde o consumidor e a empresa podem cocriar valor.

Em resumo, criar valor não é apenas uma atividade cêntrica e localizada no interior da empresa, mas algo que envolve não apenas a ênfase nas eficiências, mas a ênfase nas experiências, envolvendo também o cliente ou consumidor nessa atividade. As empresas não apenas ouvem o consumidor, mas também interagem com ele para melhor conhecer suas experiências com seus produtos e serviços e com isso, criar valor para ele. O cliente passa a ser um colaborador, ou melhor, um cocriador de valor. Deixa de ser um observador ou expectador externo para se transformar em um ator no processo de criar valor. Com isso, a empresa pode chegar a descobertas que sozinha não conseguiria.

REDE DE VALOR

Uma das limitações da cadeia de valor é que ela é sequencial, linear e uma relação continuada de causas e efeitos. Embora seja necessário, isso não é mais suficiente para a competitividade empresarial em um mundo de negócios altamente dinâmico e concorrencial. O importante agora é pensar em termos de rede de valor. O que isso significa? O valor deve ser criado não em linha sequencial, mas como um sistema de subsistemas produzindo um efeito sinergético que é diferente do resultado de cada uma de suas partes.

Assim, não basta somar. É preciso utilizar uma abordagem sistêmica para obter convergência, e não apenas sequências de esforços.

RESPONSABILIDADE SOCIAL

Além do mais, as empresas não podem mais se limitar aos seus processos internos. Elas precisam assumir uma responsabilidade social empresarial (RSE) cada vez maior. Isso significa que as empresas precisam atender às exigências da competitividade buscando baixo custo, alto padrão de qualidade, entrega de valor ao cliente, retorno do investimento, mas precisam também levar em consideração práticas

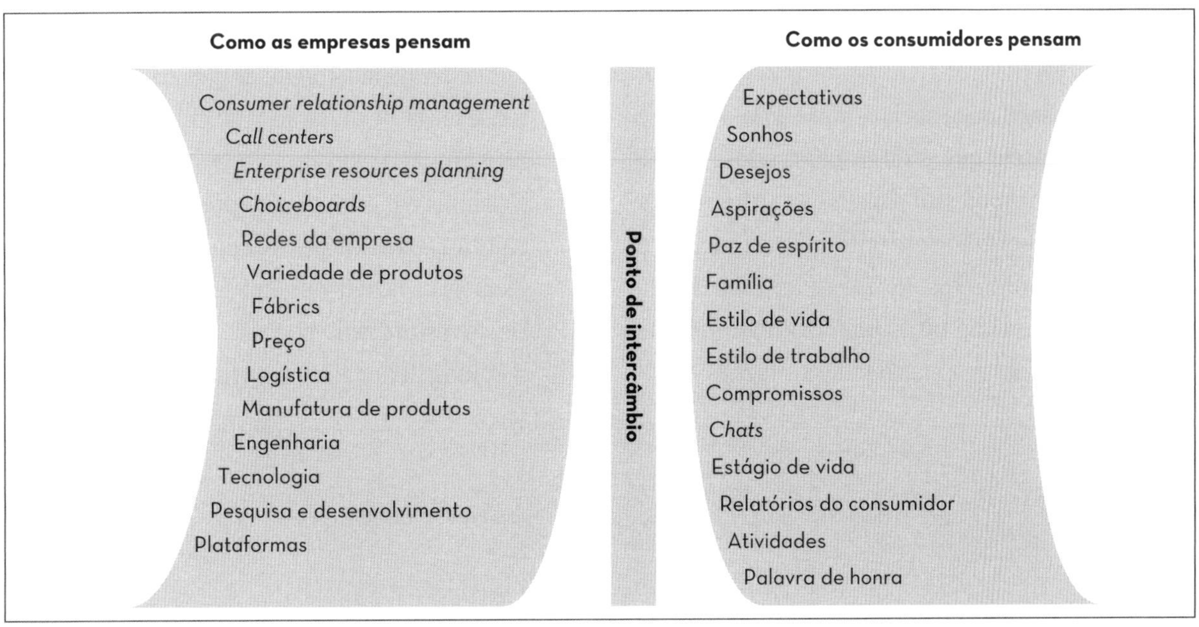

Figura 12 Criação de valor: como empresas e consumidores podem se ajudar mutuamente[28].

exemplares de gestão socialmente responsável no sentido de contemplar o desenvolvimento sustentável e atender às reivindicações da sociedade. Isso significa traduzir o discurso, a boa vontade e a conscientização crescente dos administradores em efetiva assimilação da gestão socialmente responsável por parte de todos os níveis da empresa de maneira estruturada e sistêmica. Para tanto, o tema deve ser incorporado aos processos de gestão e tratado no plano estratégico do negócio. É o que apregoa o Instituto Ethos de Responsabilidade Social[29].

ISEA - Institute of Social and Ethical Accountability

Além da norma SA8000 - que segue o padrão da ISO9000 e da ISO14000, o que facilita a implantação por empresas que já conhecem esse sistema - existe a norma AA1000 do Institute of Social and Ethical Accountability (ISEA), que define as melhores práticas para prestação de contas para assegurar a qualidade da contabilidade, auditoria, relato social ético e que pode ser usada isoladamente ou em conjunto com outras ferramentas ou padrões de prestação de contas. Ver: www.isea.org.

A responsabilidade social empresarial (RSE) é o grau de obrigações que uma empresa adota em assumir ações que protejam e melhorem o bem-estar da sociedade na medida em que ela procura atingir seus próprios interesses. Refere-se ao grau de eficiência e eficácia que uma organização apresenta no alcance de suas responsabilidades sociais.

Uma organização socialmente responsável deve desempenhar as seguintes obrigações[30]:

1. Apoiar objetivos sociais em seus processos de planejamento.
2. Adotar programas sociais para a comunidade.
3. Oferecer relatórios sobre os progressos na sua responsabilidade social.
4. Utilizar várias abordagens para medir seu desempenho social.
5. Medir os custos e o retorno dos investimentos em programas sociais.

Áreas de responsabilidade social

Os investimentos em objetivos sociais podem ser feitos nas seguintes áreas[31]:

1. Funcional econômica: a empresa se dedica a atividades como produção de bens e serviços necessários às pessoas, criação de empregos para a sociedade, pagamento de bons salários e garantia de segurança no trabalho. Essa medida de responsabilidade social proporciona uma indicação da contribuição econômica da empresa à sociedade.
2. De qualidade de vida: a empresa se dedica à melhoria da qualidade geral de vida na sociedade ou redução da degradação ambiental. Produção de bens de alta qualidade, relações com empregados e clientes e o esforço para preservar o ambiente natural são indicações do que a empresa faz para melhorar a qualidade geral de vida na sociedade.
3. De investimentos sociais: a empresa investe recursos financeiros e humanos para resolver

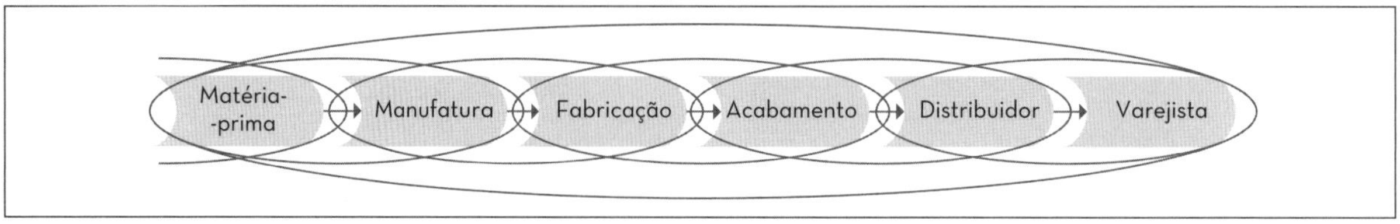

Figura 13 Rede de valor: um sistema de subsistemas.

Tabela 2 Requisitos da Norma SA8000

Norma SA8000 do Social Accountability International
Trabalho infantil: não é permitido
Trabalho forçado: não é permitido
Saúde e segurança: devem ser asseguradas
Liberdade de associação e negociação coletiva: devem ser garantidas
Discriminação: não é permitida
Práticas disciplinares: não são permitidas
Horário de trabalho: não deve ultrapassar 48 h/semana e não deve ultrapassar 12 h extras/semana
Remuneração: deve ser suficiente
Sistemas de gestão: devem garantir o efetivo cumprimento de todos os requisitos

problemas sociais da comunidade e assistir organizações da comunidade que tratam de educação, caridade, cultura, artes, etc.

4. De solução de problemas: a empresa lida diretamente com problemas sociais participando no planejamento de longo prazo da comunidade e na condução de estudos para localizar problemas sociais.

Estratégias de responsabilidade social

Todas as empresas e organizações funcionam dentro de um complexo conjunto de interesses com elementos do seu ambiente específico e geral, como mostra a Figura 14. Na realidade, cada empresa forma uma intensa rede de relacionamentos com outras organizações e instituições para poder funcionar satisfatoriamente. Assim, a responsabilidade social é a obrigação de uma empresa de atuar de modo a servir tanto seus próprios interesses quanto os interesses dos diferentes públicos envolvidos. Esses públicos – *stakeholders* – são pessoas, grupos e organizações que são afetadas de alguma maneira pelo comportamento de uma empresa.

Existem dois pontos de vista a respeito da responsabilidade social das empresas: o clássico e o socioeconômico[33]:

1. Ponto de vista clássico: assevera que a responsabilidade da administração é fazer com que o negócio proporcione lucros máximos para a empresa. Esse modelo estreito de visão é apoiado por Milton Friedman, um respeitado economista do livre mercado que apregoa que as organizações devem proporcionar dinheiro aos investidores. Esse ponto de vista é contrário à responsabilidade social e seus principais argumentos residem no aumento dos lucros do negócio, nos custos mais baixos do negócio, em evitar diluição do propósito do negócio, dar maior poder social para o negócio e oferta de contabilidade para o público.
2. Ponto de vista socioeconômico: assevera que a empresa deve estar ligada ao bem-estar social e não apenas aos seus lucros. Esse modelo mais amplo é apoiado por Paul Samuelson, outro eco-

Figura 14 As múltiplas relações éticas de uma organização[32].

nomista famoso. Entre os argumentos para a responsabilidade social estão: lucros de longo prazo para o negócio, melhor imagem junto ao público, menor regulamentação para os negócios, maiores obrigações sociais do negócio, melhor ambiente para todos e o atendimento dos desejos do público.

Em termos de comprometimento com a responsabilidade social, as empresas podem adotar quatro alternativas de estratégia, indo desde uma estratégia obstrutiva até uma estratégia proativa, conforme a Figura 15.

O Instituto Ethos oferece um conjunto de indicadores que permite a cada empresa planejar de maneira a alcançar um grau mais elevado de responsabilidade social por meio de um questionário desenvolvido em *software* dividido em sete temas*:

1. Valores, transparência e governança.
   a. Autorregulação da conduta da empresa:
      i. compromissos éticos;
      ii. enraizamento na cultura organizacional;
      iii. governança corporativa.

* Para mais informações, escreva para o *e-mail*: indicadores@ethos.org.br.

Figura 15 Quatro estratégias de responsabilidade social[34].

   b. Relações transparentes com a sociedade:
      i. diálogo com as partes; interessadas (*stakeholders*);
      ii. relações com a concorrência;
      iii. balanço social.
2. Público interno:
   a. diálogo e participação:
      i. relação com sindicatos;
      ii. gestão participativa.
   b. Respeito ao indivíduo.
   c. Compromisso com o futuro das crianças:
      i. valorização da diversidade;
      ii. relação com trabalhadores terceirizados.
   d. Trabalho decente:
      i. política de remuneração, benefícios e carreira;
      ii. cuidados com saúde, segurança e condições de trabalho;
      iii. compromisso com o desenvolvimento profissional;
      iv. comportamento frente a demissões;
      v. preparação para a aposentadoria.
3. Meio ambiente.
   a. Responsabilidade frente às gerações futuras:
      i. comprometimento da empresa com a melhoria da qualidade ambiental;
      ii. educação e conscientização ambiental.
   b. Gerenciamento do impacto ambiental:
      i. gerenciamento do impacto no meio ambiente e ciclo de vida de produtos;
      ii. sustentabilidade da economia florestal;
      iii. minimização de entradas e saídas de materiais.
4. Fornecedores.
   a. Seleção, avaliação e parceria com fornecedores:
      i. critérios de seleção e avaliação de fornecedores;
      ii. trabalho infantil na cadeia produtiva;
      iii. trabalho forçado na cadeia produtiva;
      iv. apoio ao desenvolvimento de fornecedores.

5. Consumidores e clientes.
   a. Dimensão social do consumo:
      i. política de comunicação comercial;
      ii. excelência no atendimento;
      iii. conhecimento e gerenciamento dos danos potenciais dos produtos.
6. Comunidade.
   a. Relações com a comunidade local:
      i. gerenciamento do impacto da empresa na comunidade de entorno;
      ii. relações com organizações locais.
   b. Ação social:
      i. financiamento da ação social;
      ii. envolvimento da empresa com a ação social.
7. Governo e sociedade.
   a. Transparência política.
   b. Liderança social.

Os valores sociais estão gerando novas demandas sobre as decisões administrativas que precisam refletir padrões éticos e de alto desempenho. O administrador deve assumir a responsabilidade pessoal para fazer as coisas certas, não apenas sob o ponto de vista técnico e processual, mas acima de tudo humano e do ponto de vista moral e ético. Critérios sociais e morais devem balizar o exame dos interesses dos múltiplos públicos interessados em um ambiente de negócios cada vez mais dinâmico e complexo. Agora é a vez dos *stakeholders*.

As empresas precisam assumir uma responsabilidade social cada vez maior. A responsabilidade social empresarial é o grau de obrigações que uma empresa adota ao assumir ações que protejam e melhorem o bem-estar da sociedade na medida em que ela procura atingir seus próprios interesses. E isso depende dos seus administradores.

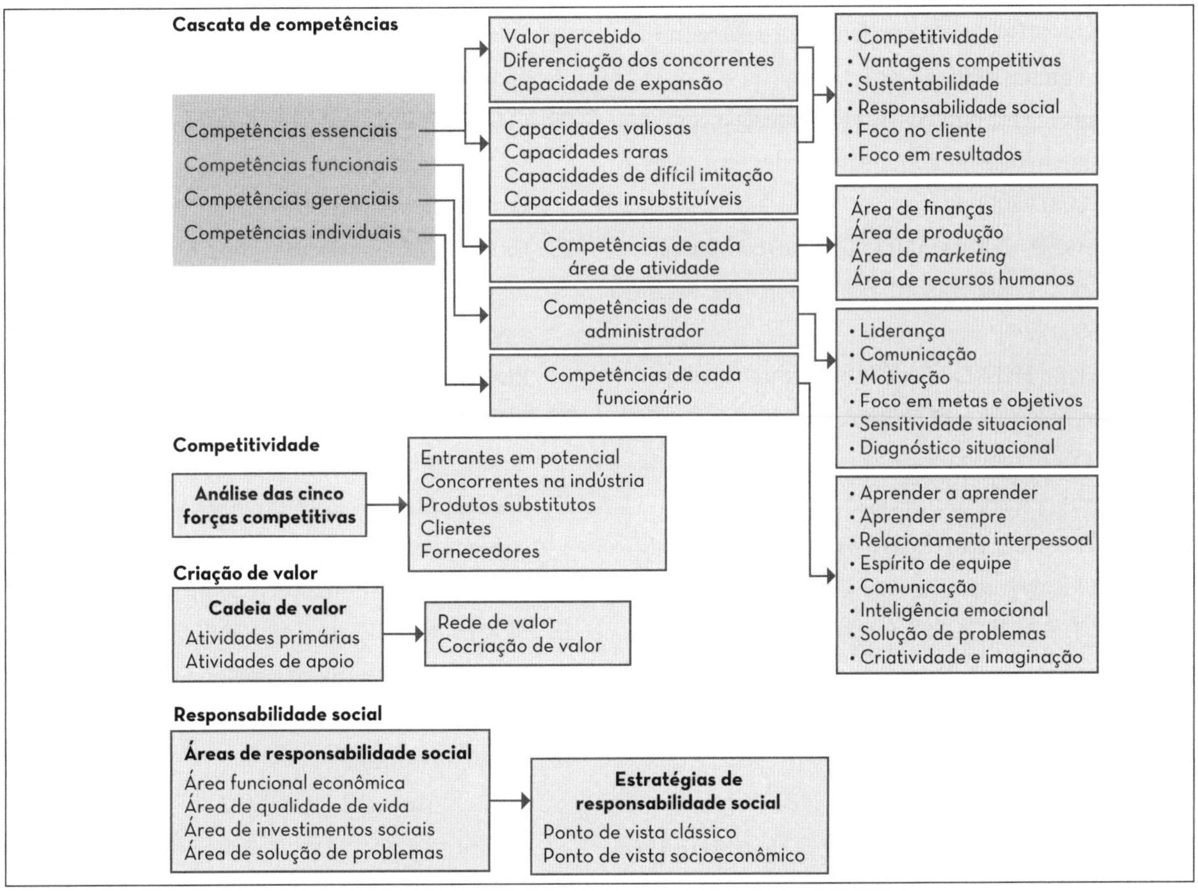

Figura 16 Mapa mental deste capítulo.

Referências bibliográficas

1. LEBOYER-LÉVY, C. *A crise das motivações*, São Paulo, Atlas, 1994.
2. MONTMOLLIN, M., *L'Érgonomie*, Paris, Éditions La Decouverte, 1986. p. 126.
3. GILBERT, P.; PARILER, M. "La géstion des compétences: au-delá des discours et des outils, un guide pour l'action des DHR", *Personnel*, 1992;330.
4. MARBACH, V. *Evaluer et rémunerer les compétences*, Dunod, Paris, 1998.
5. HAMEL, G.; PRAHALAD, C. K. *Competindo pelo futuro*, Rio de Janeiro, Campus, 1995.
6. CHIAVENATO, I.; SAPIRO, A. *Planejamento estratégico*: da intenção ao resultado, Rio de Janeiro, Elsevier/Campus, 2010.
7. HAMEL, G.; PRAHALAESD, C. K. *Competindo pelo futuro*, Rio de Janeiro, Campus, 1995.
8. CHIAVENATO, I. *Construção de talentos*: coaching e mentoring, Rio de Janeiro, Elsevier/Campus, 2006.
9. CHIAVENATO, I. *Gestão de pessoas*, Rio de Janeiro, Elsevier/Campus, 2010.
10. Disponível em: http://www.revistadivulgar.com.br/portugues/indice/set-2000/mat03/index.htm. Acesso em 20/03/2013.
11. PRAHAKAD, C. K.; HAMEL, G. "The core competence of the corporation", *Harvard Business Review* 1990;68(3):79-91.
12. HAMEL, G.; HEENE, A. (eds.). *Competence-based competition*, New York, John Wiley & Sons, 1994. p. 111-47.
13. BARNEY, J. B. "Looking inside for competitive advantage", *The Academy of Management Executive* 1995;9(4):49-61.
14. CHIAVENATO, I. *Introdução à teoria geral da administração*, Rio de Janeiro, Elsevier/Campus, 2011.
15. FIGGE, F.; SCHALTEGGER, S. *What is stakeholder value*: developing a catchphrase into a benchmarking tool, Washington, United Nations Environment Programme, 2000.
16. DEGGEN, R. *O empreendedor*, São Paulo, Makron Books, 1989. p. 106-7.
17. THOMPSON Jr., A. A.; STRICKLAND III, A. J. *Administración estratégica*: textos y casos, México, McGraw-Hill, 2003. p. 188.
18. CLARK, J.; GUY, K. *Innovation and competitiveness*: a review, technology analysis & strategic management 1988;10(3).
19. ECIB, *Estudo da Competitividade da Indústria Brasileira*, Campinas, Papirus, 1994.
20. PORTER, M. E. *Vantagem competitiva*: criando e sustentando um desempenho superior, Rio de Janeiro, Campus, 1989.
21. ESSER, K.; WOLFGANG, H.; MESSNER, D.; MEYER-STAMMER, J. *Competitividad sistémica*: competitividad internacional de las empresas y politicas requeridas, Berlin, Estudios e Informes, 1994.
22. NÓBREGA, C. *A ciência da gestão*: marketing, inovação, estratégia, Rio de Janeiro, Senac Rio, 2004, p. 45.
23. WHEELEN, T. L.; HUNGER, J. D. Strategic management and business policy, New Jersey, Prentice-Hall, 1999, p. 84.
24. CHRISTENSEN, C. M.; RAYNOR, M. E. *The innovator's solution*: creating and sustaining successful growth, Boston, Harvard Business School, 2003.
25. GALBRAITH, J. R. Strategy and organization planning. In: MINTZBERG, H.; QUINN, J. R. *The strategy process*: concepts, contexts, and cases, Upper Saddle River, Prentice Hall, 1991, p. 315-24.
26. CHIAVENATO, I. *Administração nos novos tempos*, Rio de Janeiro, Elsevier/Campus, 2005. p. 544-6.
27. PRAHALAD, C. K.; RAMASWAMY, V. The co-creation connection, Booz Allen Hamilton, Strategy+Business, Issue 27, 2nd Quarter 2002, p. 50-61.
28. PRAHALAD, C. K.; RAMASWAMY, V. The co-creation connection, Booz Allen Hamilton, Strategy+Business, Issue 27, 2nd Quarter 2002, p. 53.
29. www.ethos.org.br.

30. LIPSON, H. A. Do corporate executives plan for social responsibility, *Business and Society Review*, Winter 1974--75, p. 80-1.
31. CASSELL, F. H. The social cost of doing business, MSU Business Topics, Autumn, 1974. p. 19-26.
32. SCHERMERHORN, Jr., J. R. *Management*, Nova York, John Wiley & Sons, 1996. p. 115.
33. SCHERMERHORN, Jr., J. R. *Management*, Nova York, John Wiley & Sons, 1996. p. 115-6.
34. CARROLL, A. B. A three-dimensional conceptual model of corporate performance, *Academy of Management Review*, vol.4, october 1979, p.499.

CAPÍTULO 20

Supra-administração e governabilidade empresarial

Objetivos deste capítulo

- Mostrar a importância da sustentabilidade no sucesso empresarial.
- Apresentar os meios de promover a inovação na empresa.
- Indicar como a governança corporativa incrementa os resultados da empresa.
- Definir a ética indispensável ao trabalho do administrador.

A administração deve funcionar como um sistema integrado que envolve a empresa para garantir sua permanência ou expansão no mercado e garantir o alinhamento de todas as ações organizacionais em direção aos objetivos do negócio. Daí surge a pergunta: quem deve determinar os rumos globais de uma empresa e avaliar seus resultados finais? Os proprietários (sócios, acionistas) ou administradores de topo? Isso evidencia três temas fundamentais para a administração: sustentabilidade, empreendedorismo empresarial e governança corporativa. De um lado, juntar e aplicar os aspectos positivos do negócio e eliminar os prováveis riscos e aspectos negativos para garantir a sustentação do negócio ao longo do tempo. E de outro lado, mudar e inovar para acompanhar as mudanças ambientais que se tornam cada vez mais rápidas, imprevistas e inesperadas. Além disso, estabelecer uma entidade supraempresarial para governar a empresa a fim de assegurar seu sucesso no alcance dos seus objetivos. Tudo isso sem deixar de lado a ética e a transparência em todas as ações administrativas.

SUSTENTABILIDADE

Sustentabilidade significa fazer o hoje sem prejudicar o amanhã, ou melhor, fazer o hoje para melhorar cada vez mais o amanhã. Em outras palavras, sustentabilidade (do latim *sustinere* = manter vivo, defender, sustentar) é um conceito sistêmico relacionado com a continuidade e preservação, ao longo do tempo, dos aspectos econômicos, sociais e ambientais da sociedade[1].

A administração focada na sustentabilidade baseia suas ações em três aspectos: a prosperidade da organização, a equidade social das comunidades em que ela atua e a qualidade ambiental. Em outras pala vras, uma organização é sustentável quando olha para si mesma, para a comunidade e para o meio ambiente no sentido de assegurar longevidade e lucratividade, além de contribuir eficazmente para a melhor utilização e conservação dos recursos naturais e o bem-estar de seus colaboradores e consumidores. Investir em sustentabilidade é bom para o negócio, para a comunidade e para o planeta, pois promove resultados como redução de custos, melhoria da imagem corporativa e da reputação, além da identificação e geração de novas oportunidades de negócios[1].

A sustentabilidade de uma empresa está intimamente ligada à satisfação que ela oferece ao universo de seus vários *stakeholders* e especialmente aos seus *shareholders* como retorno dos seus investimentos feitos à empresa. Em outras palavras, a empresa precisa proporcionar respostas positivas e interessantes a todos os seus públicos estratégicos e, principalmente, aos públicos que nela investem financeiramente, seja com capital de risco, seja com créditos, financiamentos ou empréstimos. O termo sustentabilidade significa a capacidade de sustentar, aproveitar ou suportar as condições favoráveis ou adversas em um ambiente dinâmico e complexo que muda a cada instante, garantindo sua permanência em um nível satisfatório no longo prazo.

Sustentabilidade e resiliência

Nesse sentido, a sustentabilidade tem muito a ver com o conceito de resiliência (do latim *resilio* = retorno ao estado natural). Nas ciências humanas, resiliência é a capacidade de um indivíduo possuir uma conduta sã em um ambiente insano, ou a capacidade de um indivíduo de sobrepor-se e construir-se positivamente diante das adversidades. Na física, resiliência é a capacidade de um material de retornar ao seu estado normal após ter sofrido uma forte pressão ou tensão externa, como no caso da mola ou do elástico. Na teoria de sistemas, resiliência é a capacidade de um sistema manter sua integridade e identidade apesar das influências externas de um ambiente caótico e mutável.

Atualmente, a sustentabilidade está figurando como a chave do desenvolvimento responsável e um princípio segundo o qual a utilização dos recursos naturais para a satisfação de necessidades presentes não pode comprometer a satisfação das necessidades das gerações futuras.

Na verdade, a sustentabilidade pode coexistir tranquilamente com a competitividade. A competição existe onde há disputa por algo que dois ou mais competidores desejam. Existem vários tipos de competição que ocorrem no dia a dia: esportiva, cultural, militar, política, etc. A competição econômica existe em um ambiente denominado sistema concorrencial, dentro do qual duas ou mais empresas disputam mais pela sobrevivência no mercado do que pela busca do maior lucro possível[2].

Sustentabilidade empresarial

As empresas têm um importante papel na contribuição para um desenvolvimento sustentável do planeta. Para isso, elas precisam incorporar o conceito de sustentabilidade nos seus sistemas de planejamento e gestão. Dentro desse prisma, a empresa somente será sustentável se não agredir o meio ambiente, resultando daí o conceito de sustentabilidade ecológica ou de organizações ecologicamente sustentáveis[3-7]. Nesse conceito, a sustentabilidade é garantida quando a extração de recursos da natureza ocorre dentro da capacidade de sua reposição natural e quando os resíduos e dejetos transferidos para o sistema ecológico não ultrapassam a capacidade de absorção ou assimilação dos ecossistemas[8]. A sustentabilidade dos sistemas naturais se baseia na coexistência harmônica entre as entidades que os habitam. Assim, a habilidade de uma entidade individual ou coletiva de existir e crescer deve permitir que outras coletividades também possam existir e crescer, sem que haja conflito entre competitividade e sustentabilidade ecológica, respeitando os limites da outra[9]. Como o conceito de sustentabilidade envolve três diferentes dimensões - crescimento econômico, equidade social e equilíbrio ambiental - um conceito amplo de sustentabilidade empresarial deve envolver necessariamente essas três variáveis, apesar de terem sempre sido vistas como conflitantes pela economia neoclássica[10].

A sustentabilidade é uma atitude organizacional e envolve necessariamente[1]:

1. Sustentabilidade econômica por meio de:
   a. busca de maior eficiência para gerar resultados para proprietários, acionistas, dirigentes, funcionários, clientes, fornecedores e para toda a sociedade.
2. Sustentabilidade social por meio de:
   a. incentivos para a atitude consciente e ética das pessoas que trabalham na empresa;
   b. melhorias na comunidade em que a empresa está localizada e ações comunitárias no sentido de melhorar a qualidade de vida das pessoas;
   c. adequação da remuneração e das condições de trabalho dos funcionários da empresa;
   d. busca de alternativas para a empresa se inserir em outras cadeias produtivas locais.
3. Sustentabilidade ambiental por meio de:
   a. preservação do ecossistema e da biodiversidade através do crescimento verde e do respeito à natureza;
   b. redução de perdas no processo produtivo por meio de medidas simples como organização, limpeza, higiene, ordem e técnicas de produção mais limpas a fim de incrementar ganho em eficiência, qualidade e redução de custos;
   c. redução na emissão de resíduos e dejetos e seu descartamento adequado e correto;
   d. redução do consumo de água e energia por meio do uso consciente desses recursos.

Tabela 1 Resumo comparativo entre competitividade e sustentabilidade[11]

Competitividade	Sustentabilidade
Baseada em fatores econômicos e operacionais	Baseada em fatores econômicos, sociais e ecológicos
Visão restrita do mundo: empresa × vantagens competitivas	Visão mais ampla do mundo: parcerias para obter vantagens competitivas
Legislação ambiental = custos maiores de produção	Legislação ambiental = promoção da inovação
Uso de tecnologias tradicionais e sujas	Uso de tecnologias limpas de produção
Questões do meio ambiente natural são consideradas ameaças	Questões do meio ambiente natural são consideradas novas oportunidades
Foco na redução de custos	Foco na criação de valor
Foco na eficiência operacional	Foco na inovação
Individualismo	Cooperação

Bate-bola: como participar de uma administração sustentável?

Discuta com seus colegas a respeito do assunto e tente chegar a uma conclusão: como incrementar a sustentabilidade empresarial?

Tudo isso exige uma ação permanente de buscar novas oportunidades de crescimento e expansão nos negócios e aperfeiçoar de maneira contínua os processos de trabalho, passos indispensáveis para tornar as empresas cada vez mais viáveis, sustentáveis e competitivas.

Sustentabilidade no seu contexto mais amplo é um assunto que domina a agenda do administrador moderno. A empresa precisa crescer ao mesmo tempo em que traz benefícios para a sociedade e para a natureza.

Indicadores de sustentabilidade corporativa[11]

Indicador é uma ferramenta que permite a obtenção de informações sobre uma determinada realidade e que tem como principal característica poder sintetizar várias informações, retendo o significado essencial dos aspectos analisados.

Para tanto um indicador deve ser completo, relevante, preciso, neutro, transparente, comparável e auditável. Em conjunto com outros, o indicador permite aumentar a qualidade da informação desejada e, dependendo da estrutura utilizada, os indicadores permitem uma avaliação cruzada capaz de confirmar a mesma informação sob diferentes ângulos de apreciação[12].

Enquanto os indicadores tradicionais de progresso econômico medem as mudanças de cada aspecto de maneira independente dos demais, os indicadores de sustentabilidade trazem uma visão integrada do mundo com indicadores multidimensionais que mostram as inter-relações entre a economia, o meio ambiente e a sociedade[13].

Os dois principais indicadores de sustentabilidade corporativa são:

1. Índice de Sustentabilidade Dow Jones (DJSI)[14]: foi o primeiro indicador de sustentabilidade corporativa de nível global criado para acompanhar o desempenho de empresas líderes em seu campo de atuação em termos de sustentabilidade corporativa. Fornece às empresas uma avaliação financeira de sua estratégia de sustentabilidade, bem como do gerenciamento das oportunidades, riscos e custos a ela relacionados. Está integrado

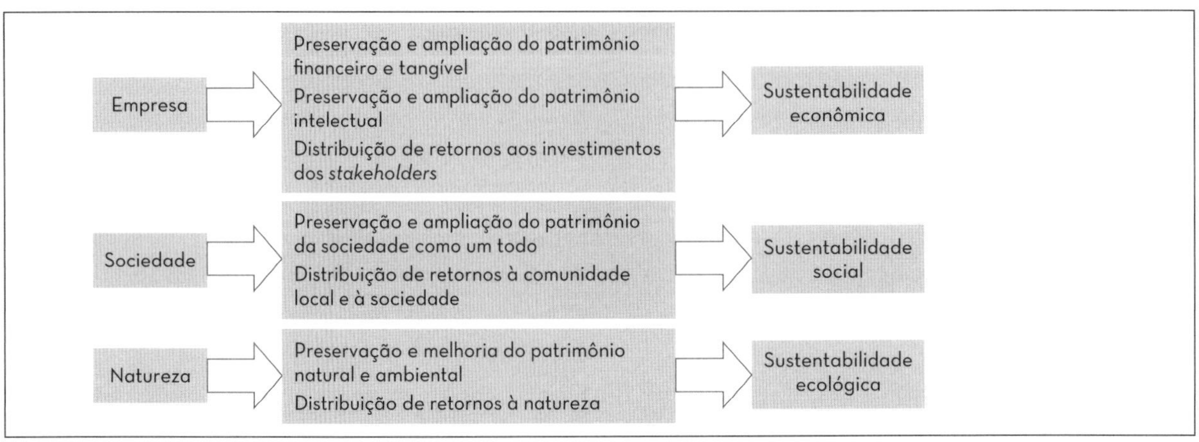

Figura 1 Três faces da sustentabilidade.

com os indicadores globais tradicionais do Dow Jones e com a mesma metodologia de cálculo, revisão e publicação dos índices. Sua estrutura permite avaliar o sucesso financeiro da empresa e que são importantes para a avaliação de seus acionistas. Seu foco é criar valor aos acionistas. A dimensão econômica é focalizada em itens de ordem estratégica e como a empresa é gerenciada por seus dirigentes; a dimensão ambiental avalia a estrutura organizacional voltada ao meio ambiente, enquanto a dimensão social trata de temas relacionados com funcionários, fornecedores e comunidade.

2. Global Reporting Initiative (GRI): é um relatório para a sustentabilidade corporativa criado pela Coalition for Environmentally Responsible Economies (Ceres)[15] e adotado pelo Programa Ambiental das Nações Unidas (Unep)[16]. Seu objetivo é aumentar a qualidade, o rigor e a utilidade dos relatórios para a sustentabilidade corporativa que devem relatar dimensões econômicas, ambientais e sociais de suas atividades. Os indicadores econômicos não tratam apenas da situação financeira da organização (do interesse dos *shareholders*), mas da variação da situação econômica dos *stakeholders* como decorrência das atividades da empresa. Os temas estratégia empresarial e governança corporativa são abordados como itens à parte. Os indicadores sociais abordam também os direitos indígenas e os indicadores ambientais são basicamente quantitativos. A abordagem do GRI procura atender aos interesses de todos os *stakeholders* envolvidos na atividade empresarial[17]. Os interesses dos acionistas têm o mesmo peso que o dos demais *stakeholders*.

É claro que existem outros indicadores de sustentabilidade, como o Pacto Global da ONU e o Índice de Sustentabilidade da BM&FBovespa, apenas para citar alguns. Assim, relatórios integrados que combinam medidas financeiras (contábeis), sociais e ambientais e desempenho da governança em uma única peça proporcionam transparência aos *stakeholders* quanto ao passado, ao presente e ao futuro da empresa, demonstrando compromisso com essas áreas.

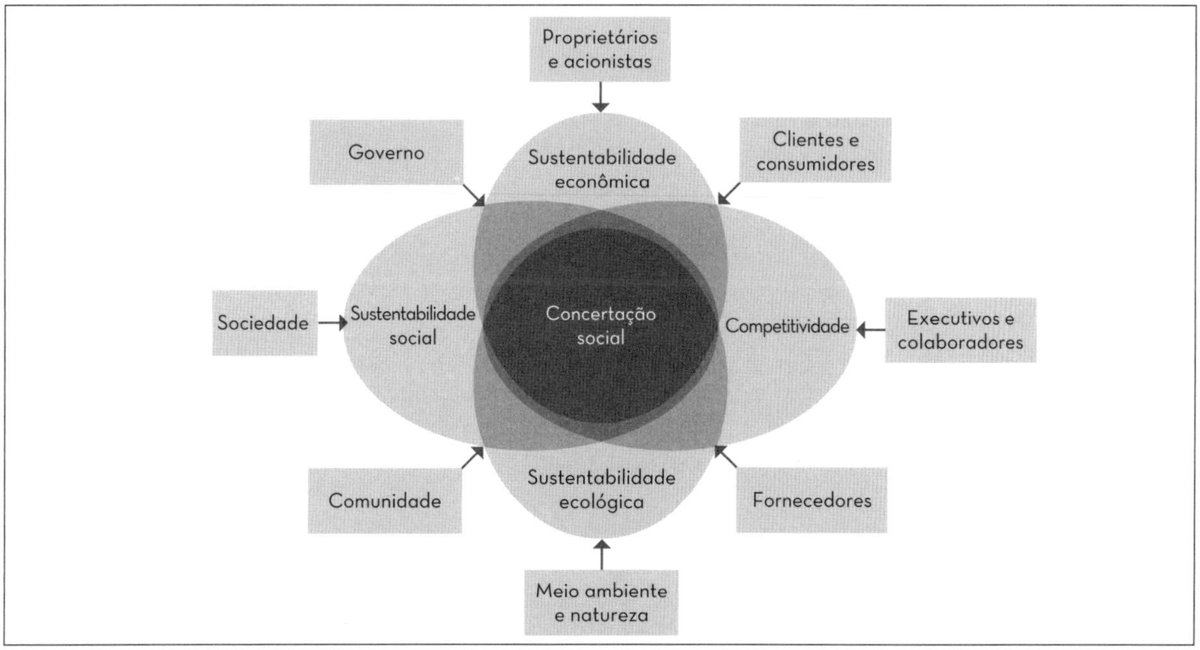

Figura 2 Jogo das pressões externas dos *stakeholders*[18].

Em resumo, a defesa do meio ambiente é dever e responsabilidade de todos. Afinal, temas como meio ambiente, aquecimento global, créditos de carbono, produtos verdes, energia, combustíveis e tecnologias limpas são assuntos que hoje em dia dominam o noticiário atual. Cada vez mais o mercado está preferindo produtos e serviços de empresas realmente sustentáveis.

Bate-bola: indicadores de sustentabilidade empresarial

Discuta com seus colegas a respeito do assunto e tente chegar a uma conclusão: quais os indicadores de sustentabilidade empresarial poderiam ser utilizados?

INOVAÇÃO

A empresa não pode ser apenas uma fábrica ou um simples balcão de serviços que executa cotidianamente apenas trabalhos repetitivos. Quando lá fora o mundo todo muda e se transforma de maneira incrivelmente rápida e intensa, a empresa precisa necessariamente acompanhar de perto essas mudanças e, se possível, antecipar-se a elas em um comportamento proativo e antecipatório. Isso exige mudanças rápidas e urgentes. Não apenas dar alguns passos isolados e sequenciais, mas enormes saltos integrados de mudanças. Assim como há uma extensa gradação entre o preto e o branco, a mudança pode adquirir várias e diferentes velocidades e características indo desde mudar, melhorar, desenvolver, aperfeiçoar, criar, até inovar em um ímpeto veloz e crescente.

Destruição criadora

A palavra inovação foi introduzida por Joseph Schumpeter (1883-1950) quando desenvolveu a teoria do ciclo econômico e a chamada destruição criadora: a inovação provoca uma destruição criativa ao introduzir mudanças que provocam um processo de expansão e que alteram o estado de equilíbrio do ponto de vista econômico. A inovação cria o novo ao destruir o atual tornando-o obsoleto e ultrapassado. Destruir o velho ao criar o novo[21]. A inovação rompe um estado de equilíbrio e introduz um processo de mudança e expansão na economia, como na introdução de um novo bem no mercado, a descoberta de um novo método de produção, a busca de novas fontes de matérias-primas ou a alteração da estrutura de mercado vigente, como a quebra de um monopólio. A introdução de uma inovação no sistema econômico é chamada por ele de ator empreendedor realizado pelo empresário visando à obtenção de lucro.

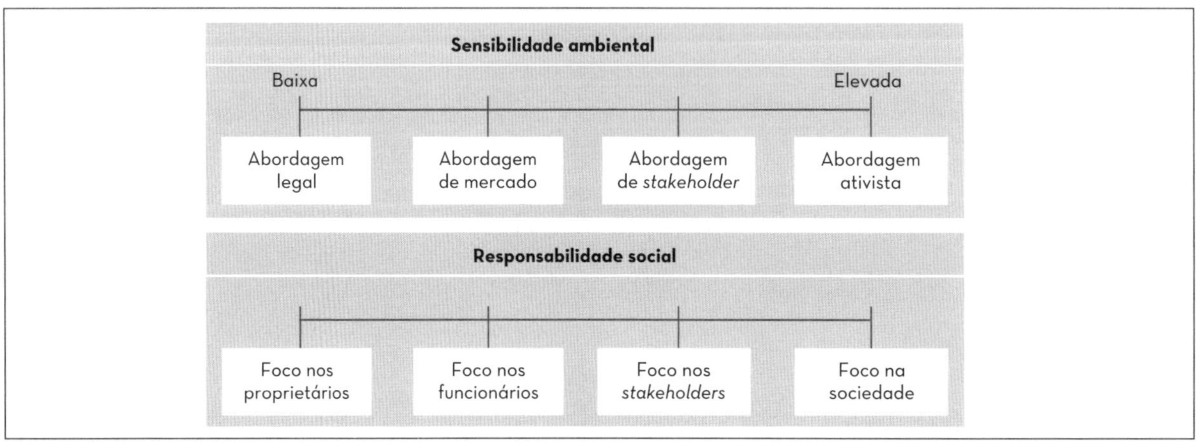

Figura 3 Diferentes estágios da sensibilidade ambiental e da responsabilidade social das empresas[19,20].

E o que é inovação? Ela é muito mais do que uma simples mudança tópica ou local, novidade ou renovação. Inovação (do latim, *innovatio* = ideia, método ou objeto que é criado e que é diferente dos padrões anteriores) é uma palavra mais utilizada no contexto de ideias e invenções. Ela é uma invenção transformada em consumo, uma solução diferente e melhor ou algo valioso e que não tem nada a ver com aquilo que já existe. A inovação tem a ver com ideias novas, novos conceitos, novidades, invenções, maior utilidade, vantagens agregadas, melhor proveito, economias e coisas assim.

Em geral, é uma ideia que gera um novo produto, serviço ou processo completamente diferente dos que já existem. Para que existam ideias bem-sucedidas é necessário ter imaginação, engenhosidade e criatividade. Em nosso caso, a inovação é a invenção que chega ao mercado, pois envolve um processo que engloba as atividades criadoras que vão desde a concepção, o desenvolvimento, a produção e a comercialização de novos produtos ou na utilização de novos processos[22]. No fundo, a inovação hoje constitui a criação de vantagens competitivas para uma empresa e um importante fator de crescimento econômico da sociedade.

Tipos de inovação

A inovação pode manifestar-se sob diferentes formas. Existem três tipos de inovação:

1. Inovação evolucionária: melhora e aperfeiçoa gradativamente a tecnologia ou produtos de maneira incremental e contínua.
2. Inovação revolucionária: traz rápidas e profundas mudanças nas tecnologias ou produtos atuais, rompe o *status quo* e torna rapidamente velho aquilo que é novo, abre novas fronteiras, traz novas soluções e novos negócios. É a inovação que rompe paradigmas e cria novas e diferentes expectativas[23].
3. Inovação disruptiva: começa com uma tecnologia ou produto mais barato e com desempenho inferior para preencher um espaço de mercado que as organizações líderes atuais não estão dispostas a ocupar ou que não atendem para então gradativamente melhorar, aperfeiçoar e deslocar aquelas líderes. Em geral, as líderes de mercado não têm interesse em baixar seus atuais níveis de qualidade ou reduzir suas atuais margens de lucro para produzir tecnologias ou produtos mais baratos. Essas organizações perdem a liderança porque não conseguem entender as tendências do mercado e isso abre espaço para novos e iniciantes concorrentes que depois passarão a ameaçá-las[24,25]. A disrupção é o processo de entrar por baixo em um mercado com produtos baratos e ir subindo gradualmente até conquistar o espaço das empresas que antes estavam estabelecidas nele. São os entrantes por baixo que entram em uma faixa de mercado menos exigente ou abordam uma faixa de mercado que não consumia o produto dos estabelecidos. Com o tempo melhoram e passam a competir com os estabelecidos.

Bate-bola: como inovar disruptivamente?

Inovação disruptiva aconteceu quando as motos baratas da Honda bateram as caras da Harley-Davidson, quando os carros japoneses quebraram a indústria automobilística americana, quando o McDonald's acatou por baixo o comer fora, a Gol ao atacar a TAM, o Linux batendo no Windows, o Google acabou com os catálogos e o modelo T da Ford atacou os carrões milionários da época. Discuta com seus colegas a respeito do assunto e tente chegar a uma conclusão: como introduzir inovação disruptiva na empresa?

A inovação pode ocorrer com várias características diferentes:

1. Em produtos: também chamada inovação tecnológica ocorre com a introdução no mercado de novos produtos ou serviços ou com características completamente diferentes. Envolve alterações profundas nas especificações técnicas, no desenho do produto, nos componentes ou materiais utilizados, no *software* incorporado ou ainda com adoção de interfaces que permitem outras funcionalidades do produto ou serviço.
2. Em processos: ocorre com a implementação de novos processos, métodos ou logística de bens ou serviços por meio de alterações profundas nas técnicas de produção, nos equipamentos e no *hardware* e no *software*.
3. Nos negócios: ocorre com a adoção de novas plataformas de relacionamento com o mercado e novos formatos de negócios que tragam vantagem competitiva e sustentável.
4. Em administração: talvez a inovação mais importante de todas. A inovação pode ocorrer em qualquer ponto da empresa e não apenas em produtos, serviços, processos de produção ou negócios. Não significa apenas fazer coisas diferentes, mas principalmente fazer as coisas de formas diferentes criando uma cultura envolvente, dinâmica, participativa e empreendedora que faz com que as pessoas se sintam administradoras de suas próprias atividades dentro de uma comunidade de interesses focada em contribuir para criar valor e riqueza ao cliente, às empresas, à sociedade e a si próprias.

Quanto à sua origem, a inovação pode ser:

1. Aberta (*open innovation*): decorrente do processo de utilizar fontes e informações externas, como licenças e patentes para obter o conhecimento já existente e praticado no mercado. É a inovação que utiliza os concorrentes como referência para suas próprias iniciativas de inovação através do *benchmarking*, por exemplo.
2. Fechada (*closed innovation*): refere-se ao processo de limitar o conhecimento corporativo ao uso interno e confidencial da empresa. Nesse caso, a empresa vende o produto como uma caixa preta para que o concorrente não saiba reproduzi-lo, imitá-lo ou copiá-lo.

Assim, a inovação pode assumir diferentes significados, como:

- um novo produto ou serviço diferente;
- um novo método ou processo de trabalho;
- um novo modelo de negócio;
- uma nova solução;
- uma cultura empreendedora e criadora;
- um novo modelo de administração.

O que proporciona inovação às empresas?

Quando bem aproveitada, a inovação produz riqueza e gera competitividade para a organização. Em geral, costuma-se admirar as novas tecnologias - celulares, computadores, TV, carros, etc. - como símbolos da inovação. Contudo nos esquecemos de que esses artefatos são a consequência, e não a causa da inovação. A origem da inovação está nas organizações que criam, inventam, projetam, produzem e lançam esses artefatos no mercado. E o que proporciona inovação às empresas? É a maneira como são administradas. Quase sempre é a administração que leva a empresa a ser inovadora em seus produtos/serviços, métodos e processos, tecnologias adotadas e, principalmente, na sua cultura de excelência e de inovação. Para isso é indispensável que a empresa saiba investir nas pessoas. São elas que têm imaginação, engenhosidade, ideias, criatividade: as sementes da inovação. O segredo está em fazer com que essas sementes cresçam, floresçam e deem frutos.

Criação de um ambiente propício à inovação

Embora possa também surgir por mero acaso, a inovação depende de uma constelação de aspectos organizacionais – como arquitetura organizacional flexível, cultura organizacional agradável e estilo de liderança participativo e democrático, além de uma maneira especial e envolvente de lidar com as pessoas – que precisam ser tratadas de maneira sistêmica e integrada para que possam produzir um poderoso efeito sinergístico. A inovação depende da maneira pela qual a organização é administrada e de como as pessoas estão engajadas no processo de gerar ideias novas que trazem dinheiro.

Criatividade: a mãe da inovação

A inovação depende da criatividade. Criatividade é a habilidade de combinar ideias em uma maneira única ou fazer associações inusitadas entre ideias, enquanto inovação é o processo de tomar uma ideia criativa e transformá-la em um produto, serviço ou método de operação[26]. Uma empresa que incentiva e estimula a criatividade desenvolve novas abordagens para executar o trabalho ou buscar soluções para os problemas. A empresa criativa é caracterizada pela sua habilidade de canalizar a criatividade das pessoas em resultados úteis. Quando o administrador tenta mudar sua empresa para torná-la mais criativa ele está estimulando a inovação[27].

A inovação permite fazer cada vez mais com cada vez menos recursos quando consegue ganhos de eficiência em processos produtivos, financeiros, administrativos ou no atendimento aos clientes.

Condições para o sucesso da inovação

Para Peter Drucker existem pelo menos três condições - óbvias, mas quase sempre negligenciadas - que têm de ser cumpridas para que uma inovação tenha sucesso[28]:

1. Inovação é trabalho: exige conhecimento e, muitas vezes, um grande engenho. Existem inovadores de maior talento que os demais. Além disso, os inovadores raramente trabalham em mais do que uma área. Apesar de sua enorme capacidade inovadora, Thomas Edison trabalhava apenas na área da eletricidade. Na inovação, assim como em qualquer outra iniciativa, há talento, engenho e predisposição. Mas, no final, a inovação transforma-se em um trabalho difícil, centralizado e intencional que exige enorme diligência, persistência e empenho. Se isso não existir, não há talento, engenho ou conhecimento que ajudem.

Variáveis estruturais

Estrutura organizacional orgânica e flexível
Elevada comunicação e integração entre as unidades
Pouca formalização e poucas barreiras à inovação
Trabalho conjunto e em equipe

Variáveis culturais

Foco em sistemas abertos e interativos
Aceitação da incerteza e da ambiguidade
Tolerância aos aspectos não práticos
Poucos controles externos
Tolerância para riscos e para o conflito
Foco nos fins e nos resultados

Variáveis humanas

Elevado compromisso com o conhecimento e a excelência
Elevado engajamento das pessoas
Apoio da liderança e retaguarda de treinamento
Talentos dotados de criatividade
Segurança e estabilidade do emprego

→ **Inovação**

Figura 4 Variáveis que estimulam a inovação na empresa[29].

2. Para ter sucesso, os inovadores têm de se basear nos seus pontos fortes: os inovadores de sucesso analisam um vasto conjunto de oportunidades. Mas depois perguntam: "qual destas oportunidades é adequada para mim ou para a empresa?" ou "somos competentes e temos capacidades suficientes para alcançar o que queremos?". Assim, a inovação não é diferente de qualquer outra iniciativa. Mas pode ser mais importante basear-se nos pontos fortes por causa dos riscos da inovação do que no aumento do conhecimento e da capacidade de desempenho que daí resulta. E na inovação, como em qualquer outro empreendimento, também tem de haver uma adequação temperamental. As empresas não têm um bom desempenho em algo que não respeitam. Da mesma forma, os inovadores têm de estar temperamentalmente em sintonia com a oportunidade inovadora. Tem de ser importante para eles e tem de fazer sentido. De outra maneira, não estarão disponíveis a investir trabalho persistente, árduo e frustrante que a inovação de sucesso sempre exige.
3. A inovação é um efeito da economia e da sociedade: uma mudança no comportamento de clientes, professores, agricultores, cirurgiões e de pessoas em geral quase sempre está associada a uma mudança no processo, ou seja, na forma como se trabalha e produz alguma coisa. Por isso, a inovação tem de estar sempre próxima do mercado, tem de se centrar no mercado e, sem dúvida, tem de ser impulsionada pelo e para o mercado.

Assim, inovação não é apenas fazer coisas diferentes, mas também fazê-las de maneiras diferentes para criar novos potenciais de satisfação.

A inovação conduz o mundo a novos rumos e a um futuro diferente. Mas a inovação mais importante é a inovação na administração. Não basta a inovação operacional nos métodos e nos processos para alcançar a excelência operacional, não basta a inovação em produtos ou serviços para alcançar ofertas excepcionais, como também não basta a inovação em estratégia para chegar a modelos arrojados de negócios – que será visto adiante –, é preciso inovar a administração das organizações para alcançar vantagens competitivas sustentáveis. Isso significa transformar o administrador em um verdadeiro inventor de outras invenções. Isso é possível?[23]

Bate-bola: como incrementar a inovação na empresa?

Discuta com seus colegas a respeito do assunto e tente chegar a uma conclusão: como incrementar a inovação empresarial?

GOVERNANÇA CORPORATIVA

A sociedade moderna está cada vez mais exigindo mecanismos e procedimentos de transparência na prestação de contas dos resultados das ações administrativas das empresas. Proprietários, acionistas, investidores e demais públicos estratégicos (*stakeholders*) querem saber como os administradores de empresas estão agindo em função de seus variados interesses e como avaliar seu desempenho e seus resultados. Assim, a governabilidade é a capacidade de um público estratégico ou grupo de interesse poder monitorar e avaliar como as empresas estão sendo administradas e como seus interesses e expectativas estão sendo levados em conta. A governança corporativa (GC) é a resposta para essa questão. Trata-se de um exercício de poder e de autoridade feito pelas partes interessadas.

Conceituação de governança corporativa

O conceito de GC está relacionado com um conjunto de regras sobre como as empresas devem ser administradas e controladas. É o resultado de normas, tradições e padrões de comportamento desenvolvidos por cada empresa e não apenas um modelo genérico que possa ser exportado ou imitado. A GC surgiu a partir da separação entre a propriedade e a gestão da empresa. Seu foco reside na definição de uma estrutura de governo que maximize a relação entre o retorno dos acionistas e os benefícios auferidos pelos seus executivos. Assim, a GC costuma envolver a estratégia do negócio, as operações, a geração de valor e a destinação dos resultados[30].

Andrade e Rossetti[31] mostram que a GC reúne direitos e sistemas de relações, sistemas de governo e estruturas de poder, sistemas de valores e padrões de comportamento e sistemas normativos para com eles compor um quadro com cinco caixas, conforme a Figura 5.

Governança é o conjunto de meios que os proprietários da empresa ou seus representantes utilizam para direcionar ou monitorar sua administração e garantir que a empresa alcance os objetivos definidos tal como definiram para o negócio. Negócio é a atividade que a empresa oferece ao ambiente que a circunda. O Instituto Brasileiro de Governança Corporativa – IBGC – define GC como

> o sistema pelo qual as sociedades são dirigidas e monitoradas, envolvendo os relacionamentos entre acionistas/cotistas, conselho de administração, diretoria, auditoria independente e conselho fiscal. As boas práticas de governança corporativa têm a finalidade de aumentar o valor da sociedade, facilitar seu acesso ao capital e contribuir para sua perenidade[33].

Segundo o IBGC a

> governança corporativa é o conjunto de práticas e relacionamentos entre os acionistas ou cotistas, Conselho de Administração, diretoria, auditoria independente e Conselho Fiscal com a finalidade de otimizar o desempenho da empresa e facilitar o acesso ao capital[33].

Apesar de todo o aparato administrativo situado em seu nível institucional, intermediário e operacional, toda empresa requer uma supraentidade que determine seus rumos e decida os meios para chegar lá.

Origens da governança corporativa

A GC surgiu para superar o chamado conflito de agência decorrente da separação entre a propriedade e a administração da empresa. Aliás, a GC está ganhando força em função dos seguintes aspectos[33]:

1. Separação entre propriedade e administração: os antigos proprietários se afastaram do negócio delegando sua condução a administradores

Figura 5 Elementos básicos do processo de governança corporativa[31,32].

profissionais. Assim, surgiu a profissionalização na administração.

2. Pulverização e dispersão do capital: os proprietários começaram a dispersar seus investimentos em outros negócios. A propriedade tornou-se dispersa.
3. Surgimento das sociedades anônimas: com um incrível volume de acionistas (*shareholders*) e investidores envolvidos no negócio.
4. Necessidade de transparência: a administração tem a responsabilidade de prestar contas (*accountability*) aos proprietários ou acionistas e também aos demais *stakeholders* envolvidos direta ou indiretamente no negócio da empresa.
5. Monitoramento da atividade administrativa e avaliação dos resultados: os proprietários ou acionistas precisam monitorar e avaliar os resultados oferecidos pela administração para avaliar o retorno de seus investimentos.
6. Influência dos *stakeholders*: a administração da empresa precisa também atender às demandas e expectativas de outros públicos externos direta ou indiretamente relacionados com o negócio, a fim de preservar sua imagem, reputação e sustentabilidade.

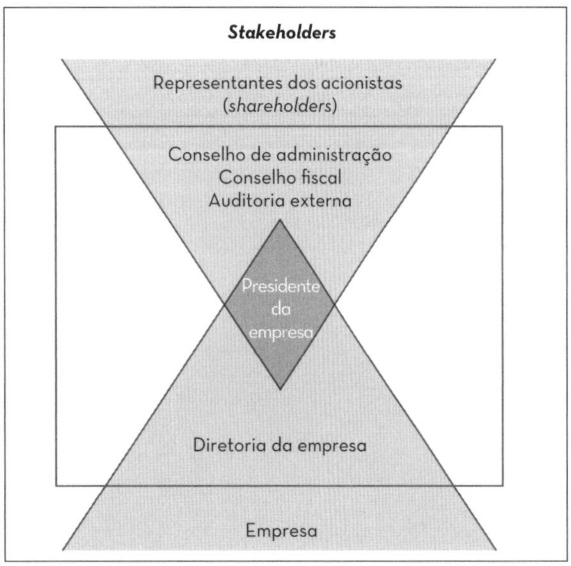

Figura 6 O esquema de governança corporativa[31].

Componentes da governança corporativa

Assim, a GC constitui um componente supraorganizacional situado acima da estrutura organizacional tradicional para reger o equilíbrio de poder entre todos os envolvidos em uma instituição – donos, gestores, investidores, funcionários, público de fora interessado – de forma que o bem comum prevaleça sobre os interesses de pessoas ou grupos. Só assim, a empresa pode crescer, aparecer, oferecer desempenho acima da média, perpetuando-se com lucro e orgulho para todos os envolvidos[34]. Ela envolve uma estrutura de governo geralmente composta de um Conselho de Administração (em que há o Presidente do Conselho de Administração que costuma ser o principal acionista e de vários conselheiros que representam os demais acionistas), um Conselho Fiscal (que avalia a administração dos riscos e dos resultados do negócio) e Auditoria Externa. O presidente executivo da empresa deve prestar contas ao Conselho de Administração.

A GC trata das relações entre a administração da empresa, o Conselho de Administração, os acionistas e outras partes interessadas (*stakeholders*) para definir como ajustar os interesses dos acionistas e dos dirigentes de cúpula[33]. Ela é um sistema que busca o equilíbrio de poder entre todos os envolvidos na empresa – proprietários, investidores, administradores, funcionários, públicos de fora – no sentido de que o bem comum prevaleça sobre os interesses de pessoas ou grupos isolados. Para tanto, a GC trata dos direitos e das obrigações dos acionistas e define os meios pelos quais os provedores de capital da organização possam estar assegurados do retorno de seu investimento[35]. Ela define os objetivos da empresa e a maneira de atingi-los para poder monitorar seu desempenho de modo a maximizar a relação entre o retorno dos acionistas e os benefícios auferidos pelos seus executivos[36].

O presidente e a diretoria executiva da empresa seguem as diretrizes e as decisões tomadas pelo Conselho de Administração, cujos conselheiros se reúnem periodicamente para definir rumos, analisar os resultados da empresa e definir as decisões globais que deverão ser tomadas pela presidência e pela diretoria executiva da empresa. No fundo, o Conselho de Administração fornece o balizamento necessário para que os administradores da empresa possam trabalhar de maneira estratégica e global[37].

Graus de maturidade da governança corporativa

Dependendo da maturidade da empresa, existem diferentes graus de GC, indo desde uma visão limitada exclusivamente aos interesses mais imediatos dos maiores acionistas até uma visão fortemente ampliada para todo o variado universo externo de *shareholders* e *stakeholders*, como na Figura 7.

A GC está se tornando um complexo processo de tomada de decisão que antecipa e ultrapassa a tradicional estrutura administrativa da organização. No fundo, o processo de governar a empresa se torna cada vez mais amplo e interativo e envolve todos os atores envolvidos no negócio, pois nenhum deles detém sozinho o conhecimento e a capacidade de juntar recursos para tomar todas as decisões unilateralmente.

Em geral, a GC envolve um amplo sistema de autorregulações que varia enormemente em função do grau de maturidade de cada empresa. Quase sempre ela é impulsionada por um código de ética ou código de conduta que define como a organização e seus participantes devem se comportar.

Código de conduta corporativa

Em geral, o código de ética ou de conduta da GC costuma definir claramente[33]:

1. O *board* de diretores (diretoria).
2. O presidente (*chairman* ou CEO - *Chief Executive Officer*).
3. Relações com e direitos dos acionistas (*shareholders*).
4. Relações com e direitos dos grupos de interesses (*stakeholders*).
5. Sistemas de valores.
6. Sistemas de relações.
7. Estrutura de regulação.
8. Padrões de comportamento.
9. Conselho de administração.

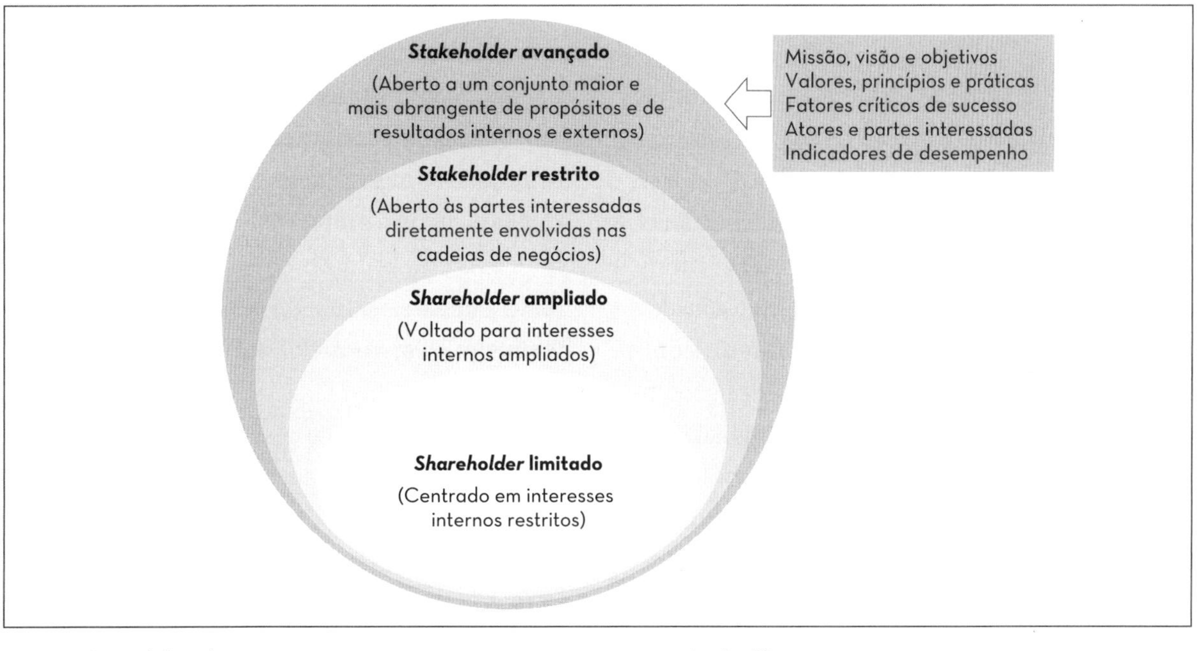

Figura 7 Modelos de governança corporativa e interesses envolvidos[38].

10. Conselho fiscal. Auditoria externa independente.
11. Comissões (comitês) do *board*.
12. Comissão nominativa.
13. Comissão de remuneração dos executivos.
14. Controle interno e comitê de controle interno.
15. Relações com acionistas (*shareholders*).
16. Membros do *board* de auditores.

Maiores informações sobre governança corporativa estão disponíveis no *site* do Instituto Brasileiro de Governança Corporativa (IBGC)[33].

Stakeholders

De volta aos *stakeholders*, nome dado aos grupos de interesses – partes interessadas ou públicos envolvidos – que afetam ou são afetados de alguma maneira pela organização. São também denominados públicos estratégicos, pois de modo direto ou indireto influenciam poderosamente os resultados da organização e, por essa razão, merecem um cuidado muito especial, pois podem oferecer vantagens ou exigir reparações. Seu relacionamento com a organização pode ser direto ou indireto, sem envolver necessariamente transações comerciais.

O administrador não pode ficar concentrado apenas no âmago e no interior de sua organização. Ele precisa também ter visão periférica, ou seja, olhar também para fora dela. E é lá que estão os *stakeholders* que também precisam receber incentivos e retribuições da organização. Os *stakeholders* podem constituir um grupo mais direto (como acionistas, clientes, funcionários, instituições financeiras, fornecedores e agências reguladoras) e outro grupo mais indireto (como comunidades, governo, mídia, grupos de interesse, concorrentes, associações de defesa de interesses e a própria sociedade)[39].

A importância ou relevância do *stakeholder* depende da conjugação de três fatores[40]:

1. Poder: é a força ou poder coercitivo, utilitário ou regulatório que lhe permite se impor no seu relacionamento com a organização.
2. Urgência: quando seu relacionamento é importante ou crítico para a organização e exige atenção imediata e relevante por possuir uma natureza sensível ao tempo.
3. Legitimidade: quando seu relacionamento com a organização é protegido por um sistema de normas, leis, crenças e definições, sendo percebido ou assumido de maneira legítima.

Um *stakeholder* inativo possui apenas um desses três fatores, enquanto um *stakeholder* ativo reúne os três fatores, pois tem poder, urgência e legitimidade. É o caso do Ministério Público, que pode mandar interromper (poder) imediatamente (urgência) o funcionamento de uma fábrica quando recebe queixas sobre violação de leis ambientais (legitimidade). Na verdade, o administrador precisa olhar para fora da empresa e em todas as direções para perceber e sentir as expectativas de todos os públicos estratégicos que esperam algo da sua empresa e a avaliam em função dos retornos e das satisfações que ela oferece a todos eles. Não basta satisfazer alguns em detrimento de outros. É preciso atender a todos. Nesse aspecto, o administrador tem de fazer o mesmo que o equilibrista do circo ao tentar manter todos os pratos girando ao mesmo tempo sobre os palitos em um equilíbrio incrível e difícil.

Bate-bola: como implantar GC em uma pequena empresa familiar?

Discuta com seus colegas a respeito do assunto e tente chegar a uma conclusão: como implantar a GC em uma pequena empresa familiar?

ÉTICA

Toda empresa tem responsabilidades éticas que incluem os comportamentos que nem sempre são codificados em leis e que podem não servir aos seus interesses econômicos diretos. O administrador deve tomar decisões certas com base em igualdade, justiça, imparcialidade, honestidade, respeito às pessoas em todas as situações nas quais venha a lidar com assuntos da empresa, dos clientes, do público em geral, dos fornecedores, das agências governamentais, etc.

Ética representa um código de princípios morais e valores que governam o comportamento de uma pessoa ou um grupo com respeito ao que é certo ou errado[41]. Em geral, as práticas empresariais estão centradas em determinados valores de acordo com sua missão e sua visão. Valores são convicções éticas nem sempre claramente comunicadas que servem de guias para orientar o comportamento ético das pessoas e, em consequência, para o comportamento ético na empresa. Os valores (como tratar as pessoas com respeito e dignidade ou não se envolver em negociações escusas) decorrem da visão que cada pessoa tem do universo e do papel que a humanidade desempenha nesse universo. Em certo sentido, os valores representam uma parte das convicções filosóficas e religiosas básicas de cada pessoa e que se refletem na sua conduta nos negócios da empresa.

A falta de ética tem muitas gradações. O comportamento antiético pode ir desde a popular lei de Gerson (gíria que traduz o comportamento sorrateiro de querer levar vantagem em tudo), passando pelo gol feito com a mão e chegando a negócios ou relacionamentos escusos e desonestos. Pode ser sutil ou até inconsciente, indo até a agendas ocultas e à corrupção e ao crime oculto.

Como aplicar a ética nos negócios

Seis perguntas são fundamentais para o comportamento ético[42]:

1. É certo o que fazemos?
2. É justo o que fazemos?
3. Quem poderá ser prejudicado?
4. Você se sentiria à vontade se os detalhes de sua decisão fossem publicados na primeira página do jornal da cidade?
5. O que você diria ao seu filho para fazer?
6. Cheira bem ou cheira mal?

Há uma frágil distinção entre motivação e manipulação, entre participação e engodo, entre o estabelecimento de metas e coação, bem como em diversas situações nas empresas. Essas perguntas podem ajudar a pensar nas decisões de maneira responsável e ponderada.

Código de ética

As empresas em geral definem um código de ética que indica os padrões oficiais de comportamento para as pessoas que nelas trabalham. É mais do que um simples código de conduta. Em geral é um texto com diretrizes que orientam as pessoas quanto às

Normas éticas		Decisões não éticas
Ser aberto e honesto	*versus*	Ser secreto e fraudulento
Seguir as regras em todos os casos	*versus*	Fazer o mínimo possível
Ser eficiente com custos	*versus*	Usar, gastar e esbanjar
Assumir a responsabilidade	*versus*	Passar a perna nos outros
Ser um membro da equipe	*versus*	Ganhar crédito pessoal

Figura 8 Normas éticas e decisões não éticas[43].

suas posturas e atitudes moralmente aceitas ou toleradas pela sociedade como um todo para enquadrá-las em uma conduta politicamente correta e que permita um ambiente sadio e uma boa imagem da empresa. Afinal, a ética é um comportamento social, pois ela define um conjunto de valores que orientam o comportamento humano em relação às pessoas na sociedade em que vivemos para garantir o bem-estar social. A confiabilidade de uma pessoa ou empresa depende necessariamente do seu comportamento ético. E a transparência não é somente uma questão moral, mas uma importante ferramenta da boa governança corporativa.

Bate-bola: como criar uma cultura de ética e transparência na empresa?

Discuta com seus colegas a respeito do assunto e tente chegar a uma conclusão: como implantar uma cultura de ética e transparência na empresa?

Confiança é indispensável

Herbert Steinberg[44] conta um exemplo do cotidiano: "um belo dia você decide vender tudo o que tem - o carrinho Celta, a casa na praia, os dólares que sobraram da ida ao exterior - e investir. Como não quer arriscar tudo num banco, resolve se tornar sócio minoritário de uma pequena empresa, como posto de gasolina, padaria ou papelaria. E o que você quer, antes de mais nada? O mesmo que o Banco Mundial, o Calpers, a Bovespa: que seu dinheiro seja bem tratado e que se torne produtivo em uma empresa de boa *performance*, que pague dividendos iguais ou maiores do que os rendimentos pagos pelo banco - e que dure anos assim. Quer que não aconteça com ela o que se deu com empresas que faliram de maneira pouco honesta. Quer, enfim, que tenha boa governança, o que não pode acontecer sem confiabilidade (leia-se ética)"[34]. E o autor lembra o empresário Paulo Villares ao dizer que: "uma organização pode ter os melhores princípios éticos e não ter boa governança. Já a recíproca não é verdadeira: a adoção de boas práticas de governança significa a adoção de princípios éticos".

Assim, o administrador precisa cultivar comportamento ético e transparente em todas as suas decisões e relacionamentos para que sua empresa possa ser percebida como responsável do ponto de vista financeiro, social e ambiental por todos os *stakeholders*, pelo público em geral e, consequentemente, pelos amantes da administração. Isso não deve ser verdade apenas um discurso, mas também na ação. Em outras palavras, teoria e prática. Você pode fazê-lo. Ingressar no seleto grupo dos excelentes administradores. E ter a admiração e o respeito de todos. Essa é a nossa maior conquista e a nossa maior recompensa. Pense nisso.

Além do mais, o novo contexto do século XXI exige empresas capazes de produzir produtos e serviços da mais alta qualidade capazes de satisfazer consumidores sem destruir o planeta ou degradar a vida humana. O mundo está experimentando complexos desafios do ponto de vista ecológico, econômico, social e político. As empresas de hoje estão buscando líderes, estruturas, sistemas e maneiras capazes de operar satisfatoriamente nesse contexto e de superar o dilema entre buscar vantagens e maximizar lucros para os *shareholders* no curto prazo ou construir crescimento sustentável no longo prazo tanto para seus funcionários como para a sociedade envolvendo todos os *stakeholders*[45]. Há muito o que fazer nas empresas.

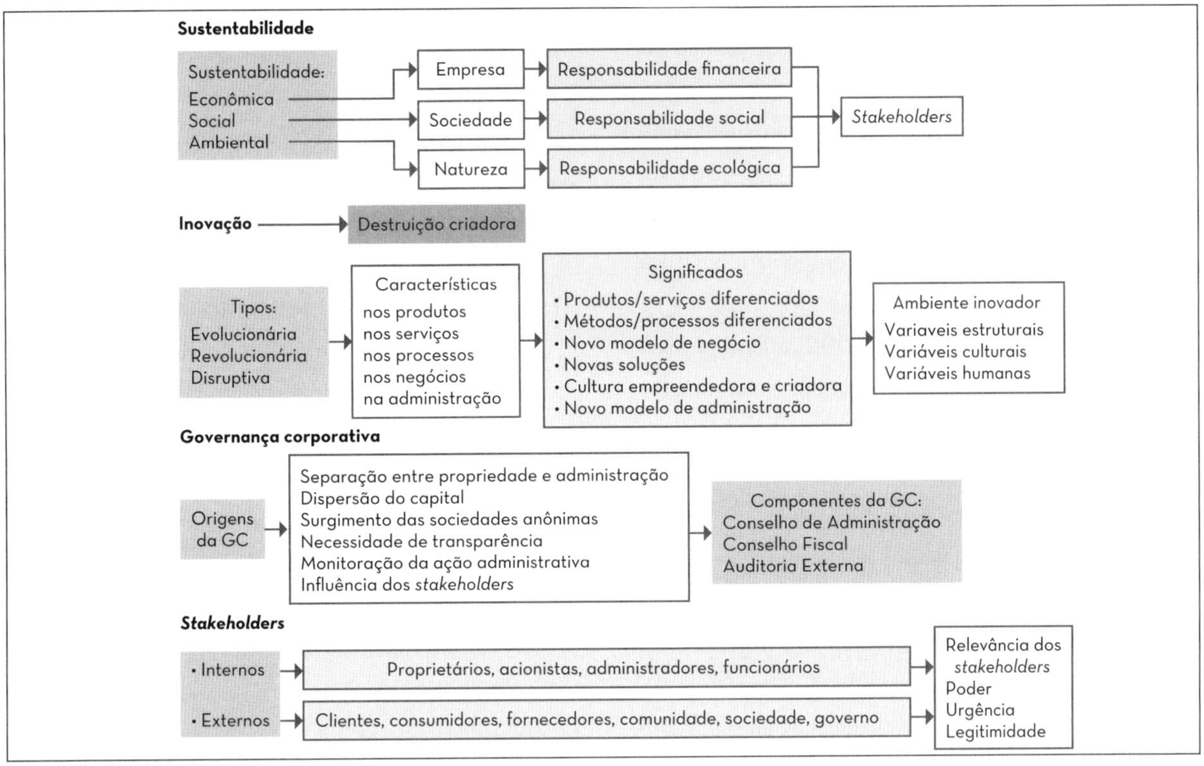

Figura 9 Mapa mental deste capítulo.

Referências bibliográficas

1. CHIAVENATO, I. *Introdução à teoria geral da administração*, Rio de Janeiro, Elsevier/Campus, 2011.
2. LANDAU, R. *Technological and capital formation and US competitiveness*: international productivity and competitiveness, Nova York, Oxford University, 1992. p. 6.
3. ATKINSON, G. "Measuring corporate sustainability", *Journal of Environmental Planning and Management* 2000;43(2):235-52.
4. HOFFMAN, A. J. Environmental and social issues into corporate practice, *Environment* 2000;42(5):22.
5. GLADWIN, T. "Shifting paradigms for sustainable development: implications for management theory and research", Mississipi, *The Academy of Management Review*, 1995.
6. HAWKEN, P. *The ecology of commerce*: a declaration of sustainability, Nova York, Harperbusiness, 1993.
7. DALY, H. E.; COBB, J. C. *For the common hood*, Boston, Beacon, 1994.
8. SHRISVASTAVA, P. "Industrial environment crises and social responsibility", *Journal of Socio-Economics* 1995;21(1).
9. STARIK, M.; RANDS, G. "Weaving an integrated WEB: multilevel and multisystem perspectives", *Academy of Management Review* 1995;20(4):908-35.
10. CORAL, E. *Modelo de planejamento estratégico para a sustentabilidade empresarial*, Florianópolis, UFSC, 2002.
11. CORAL, E.; STROBEL, J. S.; SELIG, P. M. *A competitividade empresarial no contexto dos indicadores de sustentabilidade corporativa*, Florianópolis, XXIV Encontro Nac. de Eng. de Produção, 2004.
12. MITCHEL, G. *Problems and fundamentals of sustainable development indicators*, Nova York, John Wiley, 2004.
13. *Sustainable Measures*, What is sustainability indicators? Disponível em: www.sustainablemeasures.com.br. Acesso em 20/03/2013.
14. Dow Jones, *Dow Jones sustainability index*. Disponível em: www.sustainability-indexes.com. Acesso em 20/03/2013.
15. Ceres – Coalition for Environmentally Responsible Economies. Disponível em: www.ceres.org. Acesso em 20/03/2013.
16. United Nations Environment Program. Disponível em: www.unep.org. Acesso em 20/03/2013.

17. GRI – Global Reporting Initiative, Sustainability Reporting Guidelines. Disponível em: www.globalreportinginitiative.org ou www.sustainablelogistics.org. Acesso em 20/03/2013.
18. CARVALHO, J. E. *Rating social*: análise do valor económico-laboral nas organizações empresariais, Lisboa, Universidade Lusíada, 1999. p. 83.
19. FREEMAN, R. E.; PIERCE, J.; DODD, R. *Shades of green*: business ethics and the environment, Nova York, Oxford University, 1995.
20. ROBBINS, S. P.; COULTER, M. *Management*, Upper Saddle River, Prentice-Hall, 1999, p. 156.
21. SCHUMPETER, J. *Capitalism, socialism and democracy*, Nova York, Harper, 1975, p. 82-5.
22. FREEMAN, R. E. *Strategic management*: a stakeholder approach, Boston, Ballinger, 1984.
23. CHIAVENATO, I. *Os novos paradigmas*: como as mudanças estão mexendo com as empresas, Barueri, Manole, 2009.
24. CHRISTENSEN, C. M. *The innovator's dilemma*, Boston, Harvard Business School, 1997.
25. CHRISTENSEN, C. M.; RAYNOR, M. E. *The innovator's solution*, Boston, Harvard Business School, 2003.
26. AMABILE, T. M. "A model of creativity and innovation in organizations". In: STAW, B. M.; CUMMINGS, L. L. (eds.). *Research in organizational behavior*, Greenwich, JAI, 1988. p. 126.
27. ROBBINS, S. P.; COULTER, M. *Management*, Upper Saddle-River, Prentice-Hall, 1999. p. 404.
28. DRUCKER, P. F. *The essential drucker*, Nova York, The Free, 2007.
29. WOODMAN, R. W.; SAWYER, J. E.; GRIFFIN, R. W. Toward a theory of organizational creativity, *Academy of Management Review*, April 1983, p. 293-321.
30. HITT, M. A.; IRELAND, R. D.; HOSKISSON, R. E. *Strategic management*: competitiveness and globalization, Cincinnati, South-Western College, 2001.
31. ANDRADE, A.; ROSSETTI, J. P. *Governança corporativa*: fundamentos, desenvolvimento e tendências, São Paulo, Atlas, 2004. p. 27.
32. Código das Melhores Práticas de Governança Corporativa IBGC, Instituto Brasileiro de Governança Corporativa. Disponível em: www.ibgc.org.br.
33. IBGC – Instituto Brasileiro de Governança Corporativa, Governança Corporativa, São Paulo, IBGC, 2004. Disponível em: www.ibgc.org.br.
34. STEINBERG, H. *A dimensão humana da governança corporativa*, São Paulo, Gente, 2003.
35. BLAIR, M. M. "For whom should corporations be run? An economic rationale for stakeholder management", *Long Range Planning* 1999;31.
36. SHLEIFER, A.; VISHNY, R. W. A survey of corporate governance, *Journal of Finance* 1997;52.
37. CHIAVENATO, I.; SAPIRO, A. *Planejamento estratégico*: da intenção aos resultados, Rio de Janeiro, Elsevier, 2010. p. 296-7.
38. ANDRADE, A.; ROSSETTI, J. P. *Governança corporativa*: fundamentos, desenvolvimento e tendências, São Paulo, Atlas, 2004. p. 37-8.
39. BRITO, A. C. de; TERRA, C. Posicionamento estratégico e a sistematização da gestão de *stakeholders*. Disponível em: www.mvl.com.br.
40. MITCHELL, R. K.; AGLE, B. R.; WOOD, D. J. "Toward a theory of stakeholder identification and salience: Defining the principle of who and what really counts", *Academy of Management Review* 1997;22:853-86.
41. DAFT, R. L. *Management*, Orlando, The Dryden, 1994. p. 145.
42. BOWDITCH, J. L.; BUONO, A. F. *Elementos de comportamento organizacional*, São Paulo, Thomson Pioneira, 1992. p. 3-4.
43. GREENBERG, J. *Managing behavior in organizations*, Upper Saddle River, Prentice-Hall, 2002. p. 257.
44. MORAES, C. "A ética pode ter suas vantagens", São Paulo, *Revista Ícaro*, Setembro 2005, n. 253, p.42-46.
45. CLOKE, K.; GOLDSMITH, J. *The end of management*: and the rise of organizational democracy, San Francisco, Jossey & Bass, 2002, contracapa.

ÍNDICE REMISSIVO

A

B

C

D

E

F

G

O

P

Q

R

S

T

U

V

TRIZTORMING

Triztorming

ISBN: 978-85-508-2440-6

Impresso no Brasil — 1ª Edição, 2024 — Edição revisada conforme o Acordo Ortográfico da Língua Portuguesa de 2009.

Dados Internacionais de Catalogação na Publicação (CIP)
(BENITEZ Catalogação Ass. Editorial, MS, Brasil)

B817t
1.ed. Brandão, Gláucio Bezerra
Triztorming : a arte de gerar insights radicais para qualquer negócio / Gláucio Bezerra Brandão. – 1.ed. – Rio de Janeiro : Alta Books, 2024.
288 p.; 15,7 x 23 cm.

ISBN 978-85-508-2440-6

1. Criatividade. 2. Design thinking. 3. Empreendedorismo. 4. Gestão de negócios. 5. Inovações sistêmicas. 6. Resolução de problemas. I. Título.

07-2024/75 CDD 658

Índice para catálogo sistemático:
1. Inovações sistêmicas : Gestão de negócios 658
Aline Graziele Benitez – Bibliotecária – CRB-1/3129

Grupo Editorial Alta Books

Produção Editorial: Grupo Editorial Alta Books
Diretor Editorial: Anderson Vieira
Editor da Obra: Rosana Arruda
Vendas Governamentais: Cristiane Mutüs
Gerência Comercial: Claudio Lima

Produtora Editorial: Ana Clara Tambasco
Revisão: Robson Peixoto e Thaís Cotts
Diagramação: Rita Motta
Capa: Paulo Gomes

ALTA BOOKS
GRUPO EDITORIAL

Rua Viúva Cláudio, 291 — Bairro Industrial do Jacaré
CEP: 20.970-031 — Rio de Janeiro (RJ)
Tels.: (21) 3278-8069 / 3278-8419
www.altabooks.com.br — altabooks@altabooks.com.br
Ouvidoria: ouvidoria@altabooks.com.br

Editora **afiliada à:**

TRIZTORMING

A ARTE DE GERAR INSIGHTS RADICAIS PARA QUALQUER NEGÓCIO

GLÁUCIO BRANDÃO
Desenvolvedor de empreendedorismo inovador

ALTA BOOKS
GRUPO EDITORIAL
Rio de Janeiro, 2024

Sobre o autor[i]

Há mais de vinte anos, Gláucio Bezerra Brandão diverte-se no desenvolvimento de elementos e ambientes de inovação – incubadoras, *startups*, agências de inovação, parques tecnológicos, cursos de graduação e pós-graduação –, disfarçado de professor universitário, aprendendo com (e mais do que) os alunos nas disciplinas de tecnologia (engenharias e computação), empreendedorismo inovador, startup, metodologia científica e tecnológica, entre outras, o que faz com que pareça mentor, consultor e avaliador em vários projetos de diversas agências. Tanto fez que está desenvolvendo um instituto de negócios, o IncaaS, para incutir nas empresas o sentimento de que elas próprias devem fomentar startups em seus parques. Proposta "sabiamente" validada pelo CNPq, e o autor agora se sente pesquisador e embaixador em Extensão Inovadora pela maior agência de fomento à Ciência e Pesquisa do nosso Brasil.

Tendo percebido há muito tempo que toda solução inovadora nasce do estímulo à criatividade – seja por problemas, seja por oportunidades, os quais são as melhores fontes para ideias – e acreditando ainda que a criatividade pode ser sistematicamente expandida, o autor partiu em busca de metodologias ativas que pudessem ser ensinadas e que não dependessem exclusivamente de habilidades inatas ou de processos de tentativa e erro. Encontrou a mais poderosa delas, a Teoria para Resolução Inventiva de Problemas ou TRIZ, e o mundo passou a sorrir inovadoramente para ele: "Agora posso ser metodologicamente criativo e ensinar isso às pessoas!".

Como seu interesse está sempre voltado à popularização da Ciência, à geração de empregos, renda e inovação (coisa que só o mercado entende), trabalhou por mais de treze anos adaptando a TRIZ à criatividade negocial – ainda que a TRIZ possa ser aplicada a qualquer área de interesse – com o intuito de desenvolver modelos de negócios baseados em uma ciência empreendedora e compartilhá-la com a classe corporativa. Triztorming© é, ao mesmo tempo, esse resultado e tem isso por desafio.

---

i **UFRN**: https://docente.ufrn.br/201900367498/perfil (acesso em: 15 nov. 2023)
Currículo Lattes: http://lattes.cnpq.br/0050402182466103 (acesso em: 15 nov. 2023)
LinkedIn: https://www.linkedin.com/in/glauciobezerrabrandao/ (acesso em: 15 nov. 2023)

Dedicatória

A meus pais, Heloísa e Nivaldo (*in memoriam*), por me conceberem formações intelectual e ética amorosas.

A meus irmãos, Fabíola, Bráulio e Liélio, pares que reforçaram meus princípios com a pressão exata.

Ao meu amigo sênior, Ruberson, e meu saudoso padrinho Mathias (*in memoriam*) por, assim como eles, terem me visto como um professor.

A Leydjane, meu lado social, aquela que me vincula ao mundo com um amor maior do que ela mesma.

Às minhas amadas inovações, Eduardo, Tarciso e Ulisses, por garantirem que melhorarão este mundo.

À minha cunhada Cleydiane e ao pupilo Danilo, que me acomodaram várias vezes em Taperoá-PB e permitiram aspirar *insights* de um ar tranquilo, longe da urbanidade; terra que se assemelha a outra que amo, Picada Café-RS, lá no outro Rio Grande, só que do Sul.

E a todos os seres que observam os fluxos à procura de bordas, pois elas são a promessa de microfuturos melhores.

Agradecimentos

Um único livro seria insuficiente para conter os nomes das pessoas que eu devo homenagear, admitindo que elas gostariam de figurar aqui. Assim, depois de um esforço hercúleo, tentei restringir essas palavras àquelas que estão mais próximas ao tema proposto. Em ordem cronológica – da forma que apareceram em minha vida –, menciono o amigo Augusto, mente irrequieta que me levou à Biofísica. Meu compadre Meuse, um dos primeiros estoicos que conheci (percebi depois que também sou, ao refletir sobre como ele agia). Aos mentores Lula, Amando e Maninho, por me mostrarem o que era inovação, *startup* e tecnologia, respectivamente, quando abriram as portas da TMED para mim. Por acharem que eu sabia alguma coisa, me deram carta branca, ou melhor, um *protoboard* limpo, para que eu pudesse brincar de engenheiro.

Aos amigos neo-schumpeterianos, Zulmara, Efrain, Eduardo Sande, Herculana e Carlos Alexandre, por acreditarem em mim quando falava (e ainda insisto nisso) que uma ciência sem modelo de negócio é inócua. Ao guru Montenegro – o homem do Excel – que, por algum motivo, me ajudou a operacionalizar o NATA (primeira incubadora da UFRN), abrindo mais de setecentas portas do mercado potiguar para que mostrasse minhas ilações, sempre me apresentando como um "acadêmico diferente". Nesse mesmo patamar, coloco minha estimada amiga Susie "da FIERN", sempre abrindo meus os olhos para que evitasse combates autárquicos que não me levariam a lugar nenhum. E já que falei em início de jornada, brado pelo professor "Pardal" Irochima que, entre outras coisas e ao contrário do que ele pensa, me ensinou a empreender de forma humanizada, lembrando que a maior dádiva que se doa é o tempo. Incluo nessa lauda o parceiro Kleber, que ainda consegue me convencer que autarquias públicas também são campos que aceitam mudança.

Faço apologias ao "casal nota 10" Luiz de França e Yolanda, cujos esforços no desenvolvimento de um algoritmo para saltos sobre o abismo de Moore mostraram potencial, devendo tal algoritmo ainda ser destrinchado em um livro dedicado – diferentemente da mestra Simone, que conseguiu sumarizar em poucas páginas uma missão quase impossível: jogar conhecimentos desse papiro na estrutura jurídica. Fundamental incluir as garotas do portal *Nossa Ciência*, Edna e Mônica, que, por algum descuido literário e por mais de duzentas semanas, deixou GBB-San no ar, refinando a escrita ao tentar popularizar uma ciência empreendedora num mundo "tiktokiano". Nesse espaço digital, agradeço ao "*boy*" da plataforma TechSocial, de mesmo perfil profissional e altura que a minha, o professor "Albertão", que ainda acredita que podemos contribuir de alguma forma para os *canvases-yourself*, que tanto defendemos para mudar a realidade da moçada da nova era. Ao mancebo inovador Eduardo Novinho e à equipe da aceleradora AVATI, que (sem saber ou apostando; ainda terei de descobrir) me permitiram testar por mais de um ano, com dezenas de *startups*, as hipóteses do livro. Acho que está funcionado, pois a maioria solicitou novas mentorias. Bom, agora ele sabe…

E por falar em testes de campo, dirijo agradecimentos ao cidadão parelhense Darllin "Brother" Araújo, por entrar no mundo corporativo apresentando o projeto IncaaS – proposta aprovada pelo CNPq, agência para a qual também vão inúmeros agradecimentos –, cujo endosso me colocou no panteão dos pesquisadores em inovação tecnológica depois que validamos as hipóteses de Triztorming.

E como não poderia deixar de ser, invoco Régia Carneiro e Nelis Júnior para receberem os agradecimentos em nome da classe mais importante para um professor: a de estudantes. Como sempre me refiro em textos, são os maiores inspiradores "dum" lugar que chamo *ideation place*. Alguns chamam de sala de aula. Outros cômodos também me ajudaram (laboratórios, anfiteatros, espaços de conveniência) e estão em minha segunda casa, a UFRN, cujo suporte me permite voar e aterrissar em segurança há mais de dezessete anos. Nela, escolhi a Escola de Ciências e Tecnologia para ficar, dado o ambiente propício a todos os ventos.

Por fim, agradeço a paciência de minha editora, Rosana Arruda, que defendeu o projeto a favor da publicação pela Alta Books e aceitou receber meus envios parcelados. Peço desculpas pelas faltas nominais, pois tive de seguir algum critério; do contrário, esta pauta seria maior do que o livro.

"Pensemos o empreendedorismo de forma científica e a Ciência de forma empreendedora!"

Gláucio Bezerra Brandão, 2010.

Sumário

PARTE II

Ferramentas geradoras de *insights*

PARTE III

O mundo pelo prisma de *insights* Triztorming

Nota do autor

Todos nós somos criativos. O que nos falta, algumas vezes, são *insights*, a centelha para começar tudo. Mas e se pudéssemos gerá-los de forma previsível quando necessários? Qual seria o limite para a criação?

Este não é um livro dedicado à inovação; tampouco ao empreendedorismo, primordialmente. A intenção aqui é gerar aquilo que precede a ambos, inclusive a criatividade. O conteúdo se propõe a ajudar na geração de *insights*, centelhas, "eurecas", clarividências (tem quem prefere chamar de "estalos") que vão ativar o modo "criar" de seu *mindset*, de maneira a estimular você na produção de melhores ideias quase que por impulso, e sempre que precisar. Você até pode perguntar: "Será que dá para fazer isso de forma metódica, reduzindo ao mínimo o velho e pouco eficiente método da 'tentativa e erro'?"

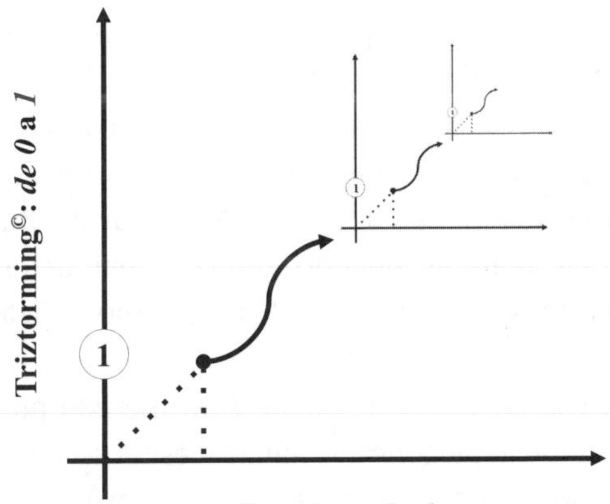

Bem, as pessoas ou o grupo delas – que quando interagem para gerar, entregar e capturar valor para algum contexto, recebem o nome de empreendimento – daqui para frente, não poderão apenas ser estritamente profissionais; precisarão ser cientificamente criativas, o que exigirá uma concepção contínua de *insights* de qualidade e de forma a diminuir a dependência de dons inatos ou rodadas de *brainstormings* que tanto podem convergir quanto divergir.

E, tratando-se principalmente de negócios, nenhum tempo pode ou quer ser perdido.

Nesses mais de vinte anos lidando com mentorias, ajudando *startups* ou novos negócios a sair da prancheta ou do tablet, tenho percebido que a dificuldade em criar ideias robustas que sobrevivam ao velho *"É uma ideia excelente, mas..."*, é maior do que modelar os próprios negócios em si, sejam seus núcleos processos, produtos, serviços ou *startups.*

Penso que a criatividade venha da reação a percepções, estalos ou *insights.* Isso, de fato, é que precisa ser mais bem gerado ou, pelo menos, acontecer. Mostraremos, metodológica e pragmaticamente, caminhos para criar *insights* aplicáveis e capazes de gerar sementes radicais para quaisquer projetos. O *desenvolvimento mental e físico para tornar insights tangíveis,* meu conceito útil para "criatividade", é uma questão de opção e esforço. Sendo assim, podem ser aprimorados.

E outra percepção: as mudanças nos protótipos – por consequência das mudanças nos *insights* – são o que dirigem os processos de inovação; não o contrário! Tangibilizar *insights* por meio de simulações e protótipos são a melhor forma de gerar especificações aos clientes; são mais efetivos do que qualquer outra forma de coleta de informações. Os protótipos cocriados (quem fornecerá a solução em parceria com quem a deseja), fazem com que também os potenciais beneficiários "amem" os resultados parciais como se fossem os próprios desenvolvedores. Costumo dizer que *contra protótipos não há argumentos* e que *um bom insight convence; um protótipo arrasta.* Portanto, se buscarmos a criação de protótipos inovadores, criaremos times inovadores; não o contrário!

Provaremos que algoritmos de IA[i] generativos como os atualmente em destaque – Bard, Bedrock, ChatGPT e LLaMA, por exemplo –, entre outros que virão, poderão até realizar, quando muito, trabalhos criativos se guiados por sua inteligência, mas não terão *insights.* Por isso, Triztorming é centrado no ser humano.

Gerar *insights* e criar cientificamente com método prático, *ir do zero ao um,* é nosso principal *job to be done*[ii]. A meta? Despertar em todos nós o gerador latente de *insights,* conduzindo à criatividade por reação (ou por falta de opção) para aplicações científicas, educacionais ou negociais, com sabores incremental ou de ruptura, com ou sem a ajuda de uma IA. Acredito que ou trabalhamos para sermos criativos, ou um robô o será por nós. Esse tempo chegou.

---

i Inteligência Artificial.

ii Tarefa a ser realizada.

Como ressaltou Peter Thiel[iii], *ir do zero ao um*, ou seja, "criar" é o que manterá os empreendimentos exitosos, vivos e vibrantes. É essa estratégia que gera valor. Copiar e ampliar, *ir do um ao n*, torna-se uma simples questão de precificação, uma espécie de jogo de soma zero, que não levará as empresas aos próximos níveis, mas a oceanos vermelhos, pois é preciso apenas de repetição, uma das faces da automação.

Inspirado no livro de Thiel, plotei Triztorming *versus* Canvases[iv], temas que permeiam o mundo empreendedor. A figura representa a ideia que abre o prefácio, reforçando o fato de que é mais fácil refinar algo do que criar, ação com a qual se pode controlar o futuro – ou microfuturos, como prefiro dizer. Esse é o incremento que Triztorming acrescenta tanto aos livros sobre quadros de modelos de negócios quanto aos de criatividade. A proposta é centrada em procedimentos de *stormings* orientados à geração de *insights* e sementes radicais, com potencial para criar oceanos azuis. Após isso, você decide se um canvas cai bem.

Com apenas este livro, mais algum sobre quadros de modelos de negócio e outro sobre simulação de cenários, que serão sugeridos ao longo do conteúdo, você será capaz de (re)modelar qualquer negócio e transformar seus *insights* em jogos sérios.

[iii] THIEL, P. *De zero a um*. Rio de Janeiro: Objetiva, 2014.

[iv] Plural de "Canvas", quadro de modelos de negócios.

Prefácio

É com grande satisfação que escrevo este prefácio para o primeiro livro de meu querido e talentoso amigo Gláucio Bezerra Brandão sobre *insights* e criatividade. Ao longo de nossa amizade, tive o privilégio de testemunhar o talento criativo e a paixão que ele investe na busca incessante por inspiração e inovação.

Nas páginas a seguir, você será conduzido a um mundo de ideias extraordinárias, despertando sua própria criatividade e incentivando-o a explorar novos horizontes. Meu amigo compartilha seu conhecimento, experiências e visões únicas, oferecendo uma jornada que desafiará você a questionar o convencional, romper barreiras mentais e abraçar a liberdade de expressão.

Com uma abordagem perspicaz e inspiradora, este livro é uma verdadeira ode à criatividade. Ele revela os segredos por trás de um processo criativo envolvente e oferece conselhos práticos para superar bloqueios e estimular o pensamento original. As palavras fluem em harmonia, despertando os sentidos e alimentando a criatividade interior que habita cada um de nós.

Ao mergulhar nestas páginas, você será incentivado a explorar seu potencial criativo, independentemente de sua área de atuação. Afinal, a criatividade não conhece fronteiras e é um traço inato da condição humana. Este livro é um convite para desvendar sua própria capacidade criativa, desenvolver soluções inovadoras e abraçar uma abordagem mais inventiva em todas as esferas da vida.

Prepare-se para uma jornada inspiradora, repleta de *insights* e revelações que vão desafiar suas crenças e ampliar sua perspectiva. Este livro é um tributo à capacidade humana de criar e transformar o mundo ao nosso redor.

Triztorming é um convite para explorar o desconhecido, abraçar a curiosidade e abraçar a arte de criar. À medida que você se aventura pelas próximas páginas, permita-se mergulhar nesse mundo de *insights* de criatividade e deixe que a imaginação transforme magicamente sua visão do possível.

Parabéns, meu amigo, por sua conquista, por compartilhar sua sabedoria e por nos presentear com esta obra extraordinária. Que este livro alcance todos aqueles que buscam inspiração e seja um farol brilhante para aqueles que desejam desvendar os mistérios do processo criativo.

Que todos os leitores desfrutem desta leitura e embarquem nesta jornada com um espírito aberto e pronto para surpresas e transformações.

Com admiração,

João Maria Montenegro
CEO da Montenegro Contabilidade
Professor na UFRN

Por favor, não! Não rasgue a página deste prefácio como recomendado pelo professor John Keating, interpretado pelo ator estadunidense Robin Williams (1951-2014) no filme *Sociedade dos poetas mortos*, lançado em 1990! Por favor, siga...

Neste prefácio, terei apenas três objetivos! O primeiro, e mais difícil, apresentar o Prof. Dr. Gláucio Bezerra Brandão e como ele mudou a minha forma de pensar. O segundo é dar um pequeno *spoiler* do que você, nobre leitor, encontrará nesta brilhante obra intitulada *Triztorming – a arte de gerar insights radicais para qualquer negócio*. Por fim, deixarei uma provocação para você que nos lê, após uma breve descrição dos pontos anteriormente apontados! Então vamos lá...

Conheci o Prof. Brandão há cerca de 12 anos na chamada para um edital a fim de compor uma incubadora de empresas nascentes ou, simplesmente, *startups*. Confesso que até aquele momento não entendia muito bem o propósito daquilo! Após uma hora de conversa com o professor, logo percebi que se tratava de um visionário e, prontamente, decidi aprender com ele aquela nova proposta chamada de "inovação empreendedora"! Ficamos juntamente com outras *startups* sob sua orientação compondo o Núcleo de Aplicações Tecnológicas Avançadas (Nata), que serviu de embrião para a incubadora Inova Metrópole do Instituto Metrópole Digital (IMD) da nossa Universidade Federal do Rio Grande do Norte (UFRN). Prof. Brandão é o tipo de mestre com quem aprendemos a cada encontro, conversa ou café. E quanta cafeína ao longo desses anos! Com o seu pensamento irrequieto e baseado na máxima de sua própria autoria de que: "Devemos fazer ciência de forma empreendedora e empreender de maneira científica", participamos com ele do Mestrado Profissional em Inovação (MPI) da UFRN, um dos primeiros do país. Olhem que sacada! Criar um mestrado em que o aluno deveria aprender a desenvolver uma solução para um problema real do mercado, criar uma empresa e validar sua proposta! É esse pensamento que, juntamente com o professor, acreditamos que guiará as universidades a abandonar a posição de formadoras de desempregados, passando a fornecedoras de empregadores para o mercado! Eis o Prof. Brandão, um homem muito à frente do seu tempo!

Cumprindo agora o meu segundo objetivo, lembro que toda grande inovação parte de uma ideia mesmo que incipiente! Portanto, discordo frontalmente de que ideias por si só não têm valor! Toda ideia se assemelha a uma semente, analogia esta também utilizada na primeira parte deste livro. Logo, uma semente gerada de um material genético ruim e depositada em um terreno com condições insalubres não prosperará! Porém, se a ideação e a trilha da inovação forem seguidas por metodologia adequada e uma pitada de "*feeling*", não teremos garantia, mas elevaremos muito as chances de sucesso! Neste livro, o mestre Brandão transita desde a adequada garimpagem dos problemas reais da sociedade até as formas mais efetivas de ideação, prototipação, validação e gestão da inovação, passando tanto pela inserção de um produto e/ou serviço ao mercado, como também por sua permanência progressiva nele. Como não poderia deixar passar, a aglutinação das palavras TRIZ + STORMING foi digna da grande capacidade do professor em nominar e batizar seus produtos e criações! E com seu livro não poderia ser diferente! Fui apresentado à Teoria da Resolução Inventiva de Problemas (TRIZ, do inglês The Theory of Inventive Problem Solving) pelo professor e logo me encantei! Na década de 1950, o inventor soviético Genrich Altshuller (1926-1998) nos brindou com a constatações de padrões muito bem estabelecidos nas diversas patentes de invenção que estudou. Já o termo "*storming*", bastante relacionado à ideação da palavra "*brainstorm*", nos remete a um ambiente tempestuoso! Logo, a aglutinação elaborada neste título nos transporta para uma tempestade inventiva, bem aos moldes do cientista sérvio-croata Nikola Tesla (1819-1879)!

É... estimado leitor! Agora cheguei ao meu último ponto, como prometido! Como médico em constante aprendizado sobre empreendedorismo inovador e discípulo do Prof. Dr. Gláucio Brandão, deixo aqui uma indagação: Será que os nossos currículos escolares e universitários estão estimulando ou atrofiando o nosso pensamento criativo? Será que já deveríamos ter mudado a nossa rota?

Francisco Irochima Pinheiro
Gerente de Inovação da Liga Norte Rio Grandense Contra o Câncer (RN)
Professor na UFRN

Preâmbulo: *insight*, criatividade, heurística, *mindset*, P^2S^2, MVP × protótipo e Triztorming©

▶ *Insight* e criatividade

A criatividade é a capacidade de pensar de forma original e gerar ideias e soluções novas, efetivas e únicas. É um processo que envolve a habilidade de combinar diferentes fontes de informação e conhecimento de maneira inovadora e produtiva. Ela inclui a capacidade de questionar o *status quo*, encontrar novas perspectivas e abordagens, resolver problemas complexos e criar expressões artísticas, culturais e tecnológicas. Portanto, é fundamental para a inovação e o avanço da sociedade em todas as áreas do conhecimento humano.

"*Insight*", termo inglês popularizado mundialmente para descrever a percepção repentina de uma solução para um problema ou questão aparentemente insolúvel, tendo por objetivo principal promover caminhos para soluções por meio da conexão entre elementos muitas vezes até vistos como incompatíveis ou improváveis. É um sentimento que surge de forma rápida e intuitiva, sem passar por um processo consciente lógico ou racional.

O *insight* pode acontecer quando o indivíduo está relaxado, distraído ou até mesmo durante o sono. Caracterizado por uma sensação de "Eureca!" ou "Arrá!", é comum acontecer quando se está diante de um dilema ou sem respostas para uma questão. Pode ser resultado de conexões cognitivas que irrompem no cérebro de forma inconsciente e que, no momento certo, são trazidas à luz da consciência.

Embora ambos os conceitos estejam relacionados à geração de ideias e soluções inovadoras, há diferenças importantes entre eles. Várias técnicas e práticas de criatividade, como o pensamento divergente, podem ajudar a estimular e facilitar os *insights*.

A criatividade é uma habilidade que pode ser desenvolvida e envolve um processo mais deliberado e consciente que leva à geração de ideias novas e diferentes. Ela geralmente envolve o uso de técnicas específicas, como o *brainstorming* ou o pensamento lateral, para gerar ideias criativas e originais. No prisma de Triztorming, a criatividade está mais relacionada à forma como desenvolver soluções para os problemas do que propriamente à gênese de ideias, pois criar é trabalhar novas formas de fazer as coisas.

Já o *insight* é um sentimento repentino que surge de forma intuitiva e inconsciente. É a própria gênese da ideia. Acontece de repente, sem nenhum processo deliberado ou racional, e é normalmente a solução para um problema ou questionamento que parecia então insolúvel. O *insight* é um tipo de pensamento mais ligado à intuição, cuja conexão cognitiva é realizada e trazida à luz da consciência. É nisso que Triztorming se difere dos livros sobre criatividade: mira na geração de *insights*, tornando a criatividade, inata a qualquer ser humano, um processo de resposta ao sentimento que foi gerado.

▶ Heurística

Você já ouviu falar em heurística artificial? O propósito desta seção é mostrar que, em termos de insight e criatividade, não há por que temer a famigerada IA[v]. É verdade que o impacto já é dantesco, mas não fatal. Ajustes severos serão necessários, assim como foi com toda revolução tecnológica anterior. Passada a turbulência, a IA (bem trabalhada) trará benefícios à sociedade.

▷ Problemas de determinação × problemas de demonstração

Antes de enveredarmos pela heurística convencional, é preciso ter em mente estes dois conceitos de "problema". Para os iniciados na Matemática, o objetivo de um *problema de determinação* é encontrar um objeto específico ou a incógnita de uma questão. A solução pode ser teórica ou prática; abstrata ou concreta. Encontrar um número, o culpado, uma jogada etc. Já o objetivo do *problema de demonstração* é mostrar conclusivamente que dada hipótese é verdadeira ou falsa. Demonstre ou refute "tal teorema". Você pode provar que o álibi de determinado cliente é verdadeiro? A determinação, portanto, tem teor quantitativo, ao passo que a demonstração tende ao qualitativo. Ou ainda: os problemas de determinação envolvem apenas sequências algorítmicas, enquanto os

---

[v] Inteligência Artificial

de demonstração, a criatividade. Esses conceitos nos ajudarão mais adiante a entender as limitações da IA.

▷ Problemas técnicos e causas

De modo geral, a TRIZ costuma enquadrar os problemas técnicos ou administrativos em duas categorias: específica (reativa ou proativa) ou geral (proativa). Cada categoria pode ainda ser subdividida em dois tipos:

- **Categoria específica**: contém o tipo 1, o problema cuja causa é desconhecida, e o tipo 2, o problema cuja causa é conhecida.
- **Categoria geral**: traz o tipo 3, o problema que envolve o desenvolvimento ou aprimoramento de algo em prol da solução, e o tipo 4, o problema referente à prevenção de falhas.

Cerca de 95% dos problemas são enquadrados nesses quatro tipos. Determinado o seu formato, é fácil traçar uma estratégia de solução. A **Tabela 01** apresenta resumidamente os tipos de problema.

Exemplos

Tipo 1. Vazamento em longos trechos. Imagine detectar o vazamento de um oleoduto entre Natal e Mossoró. O problema não é o vazamento em si, já que a diferença da vazão entre o início e o fim do trajeto já foi calculada. O problema real é encontrar o furo em 280 km de linha. A solução, que é a sua consequência, é simples: tapar o furo. Portanto, temos um *problema específico com causa desconhecida*!
Um problema do tipo 1 ocorreu recentemente em um duto no México, causando uma explosão que vitimou mais de 60 pessoas. As autoridades levaram dias para encontrar o ponto de vazamento, que parece ter sido intencional. O vazamento não foi um problema em si. Encontrar o furo, sim, pois disso dependia evitar a explosão.

Tipo 2. Choque térmico. Este já aconteceu comigo ao retirar a garrafa de vidro da cafeteira e colocá-la imediatamente sobre um balcão frio. Resultado: precisei comprar outra garrafa. Portanto, um *problema específico com causa conhecida.*

Tipo 3. Melhoria de *performance*. Imagine aumentar a autonomia de um veículo movido a combustível. Várias são as soluções: atuar na mistura do combustível, potência, materiais, modo de direção, peso do veículo. Temos, então, um *problema geral de aprimoramento.*

Tipo 4. Prevenção. Este mora no campo das companhias de seguro. *Airbags*, cinto de segurança, Equipamento de Proteção Individual (EPI) etc. Observe que temos *problemas de ordem geral que envolvem prevenção.* Na verdade, nestes casos, tenta-se evitar que o problema aconteça por meio de *abordagens subversivas.* Não se assombrem: os testes de colisão de veículos utilizam essa abordagem!

Tipos de Problema		
Específico (Relativo ou Proativo)	Causa desconhecida	Tipo 1
	Causa conhecida	Tipo 2
Geral (Proativo)	Aprimoramento	Tipo 3
	Prevenção à falha ou falta	Tipo 4

Tabela 1

Assim, é necessário definir corretamente o problema, pois disso dependerão o esforço envolvido e a eficácia da solução, o que pode evitar danos irreversíveis a muitas pessoas e *startups*. As propostas de valor dos modelos de negócio de inovação incremental – a grande maioria – repousam quase que exclusivamente na definição correta do problema a atacar.

Mas e a versão administrativa para esses quatro tipos de problema? Para que o texto não fique cansativo, deixarei para o leitor esse exercício. A tipificação se mantém inalterada.

Nas *startups*, os problemas técnicos estão mais associados a questões de infraestrutura; já os administrativos, a processos. Esta é a questão central a ser definida, determinando, aliás, uma das principais características das *startups*: a *escalabilidade*, ou o *poder de replicar processos desenvolvidos*, caracterizando a multiplicação da solução sem incremento de custo.

▷ Nosso cérebro e o PC

Nosso cérebro possui cerca de 86 bilhões de neurônios comandando 100 trilhões de sinapses que disparam ou não impulsos nervosos, efetuando cálculos que culminam em ações. Devido a esses disparos, a Neurociência garante que nossas escolhas também serão discretizadas. Na verdade, binárias. Como a arte imita a vida, transferimos tais escolhas aos *softwares* que controlam nossos PCs. Então, qual é a diferença (por mais que muitos defendam que a IA, assim como o comportamento de nosso *mindset*, seja um acumulado de comandos *if-then-else* que se autoajustam) e por que as nossas amigas feitas de silício (as IAs), estão longe de imitar a nossa massa cinzenta de carbono? A resposta, por mais freudiana que seja, é simples: Podemos criar problemas!

▷ Criando problemas

Você já se questionou "Como faço para progredir?". Após mais de duas décadas lecionando, posso responder que minha progressão pessoal não se deu apenas por ter de aprender a lecionar, mas também por criar questões! Quando consigo elaborar questões que tenho dificuldade em responder, desafio a mim mesmo de modo a promover uma microevolução.

Ao desenvolver questões sobre criação de negócios, proponho um ambiente ideal e, à medida que os alunos vão resolvendo, vou complicando. Complicar é proativo; resolver, reativo. Complicar é, literalmente, ligar o modo *divergir*. Então observem: que IA vocês conhecem que trabalha a divergência ou a criação de problemas? As máquinas, por enquanto, só convergem. Só reagem.

▷ Heurística

De posse dos conceitos de *problemas, convergência, divergência e reação*, podemos acessar o ChatGPT e ver como ele responde à pergunta "O que é heurística?". Vejam só:

> *Heurística é um método ou abordagem para resolver problemas ou tomar decisões que envolve o uso de regras práticas, atalhos mentais, intuição ou experiência, em vez de seguir um processo formal e rigoroso. A palavra "heurística" vem do grego* heuriskein, *que significa "encontrar" ou "descobrir". A heurística pode ser uma técnica eficaz para resolver problemas complexos quando não há solução óbvia ou quando as informações são incertas ou incompletas. No entanto, a heurística também pode levar a erros e vieses cognitivos se não for usada com cuidado. Alguns exemplos de heurísticas comuns incluem* "trial and error" *(tentativa e erro), "redução de complexidade" (simplificação do*

> *problema), "analogia" (comparação com outros problemas semelhantes), "heurística da representatividade" (uso de estereótipos para fazer julgamentos), entre outras.*

Já a *Wikipédia* trouxe:

> *São processos cognitivos empregados em decisões não racionais, sendo definidas como estratégias que ignoram parte da informação, com o objetivo de tornar a escolha mais fácil e rápida.*

Ambos os conceitos tentam nos dizer que nosso cérebro é perito em buscar atalhos mesmo com informações incompletas. A meta nem é resolver as equações em si, mas sim buscar as ferramentas para tal resolução. Para isso, ele utiliza estes passos fundamentais:

- » *Procura.* As decisões são tomadas entre alternativas e, por esse motivo, há a necessidade de procura ativa;
- » *Parar de procurar.* A busca por alternativas deve terminar devido à limitação da mente humana;
- » *Decisão.* Assim que as alternativas são dadas por encontradas e a procura é encerrada, um conjunto final de heurísticas é chamado para a tomada de decisão.

As máquinas precisam do máximo de informações; do contrário, degringolam. Nesse contexto, elas não sabem procurar, parar e decidir de forma intuitiva, mas seguindo *scripts* supervisionados. Então observem: o problema de determinação, que segue o problema de demonstração – buscar as ferramentas certas para serem aplicadas – é secundário. Os passos de determinação podem ser relegados às máquinas, em um processo denominado *trial and error.* E as máquinas fazem isso em um átimo, antecipando resultados de simulação como se fossem predições.

▷ Trabalhando juntos

O livro *Prediction machines* descreve o caso da Atomwise, empresa que utiliza IA para desenvolver novos medicamentos. Pelo Canvas do processo de desenvolvimento, é possível notar que todos os sete passos são reativos ou convergentes. A IA, como o gênio da lâmpada, está lá para resolver todos os problemas da Atomwise, mas não para criá-los. Imaginem se a IA pudesse criar doenças – portanto, problemas – e testar as "curas" antes mesmo da disseminação? Não teríamos a covid-19, por exemplo.

Façamos uma analogia em menor grau: um dos meus filhos, quando tinha 7 anos, acreditava que eu era uma máquina de resolver problemas. Chegava com equações complexas como "157 + 238 dá quanto, papai?" e obtinha a resposta. A IA poderá fazer o mesmo pela humanidade: resolver problemas de rotina e de determinação a uma velocidade estonteante, deixando os problemas de demonstração ("teoricamente, será que o câncer tem cura?") para a massa cinzenta de carbono. Imagina pedir a uma IA que resolva uma bronca (claro que um problema bem-definido) que você criou e deixá-la ali resolvendo enquanto você sai para passear? Eis o melhor dos mundos!

Costumo dizer que todo problema de Matemática e Física tem de ser desenhado ou modelado. E insisto: ao fazer isso, você libera mais memória RAM do cérebro para se concentrar em outras partes do problema, pois o cérebro gosta de imagens e padrões! Aonde eu quero chegar? Se pudermos modelar algo e entregá-lo à IA para que trabalhe junto conosco a parte do problema que lida com questões de determinação, avançaremos exponencialmente, pois nosso cérebro seria liberado para o modo "criatividade total". Podemos promover nosso "avanço exponencial" em direção ao que importa, disponibilizando a parte iterativa (de iterações, múltiplos ciclos) de um problema "complexo" para a assessora de silício resolver, pois é ela quem tem de "matar" a parte rotineira de dado processo.

▷ A criatividade artificial, irmã gêmea da criatividade humana

Uma heurística artificial, ou criatividade artificial, seria aquela que avançaria na área dos problemas de demonstração e, fatidicamente, na criação de problemas. Ela seria a irmã gêmea da criatividade humana. Seria capaz não só de deduzir, mas também de induzir e abstrair, o que lhe daria a capacidade de criar problemas. No entanto, ainda estamos longe de chegar a esse nível de heurística.

Do ponto de vista criativo, por enquanto podemos ficar tranquilos. Assim, quando pensar que uma IA pode resolver qualquer problema, pergunte-se imediatamente se ela não poderá criar um "bom problema". Isso, *per se*, é um problema que a IA ainda não pode resolver. Um belo impasse! Por enquanto, e ainda, somos os únicos entes na Terra que têm por fetiche criar problemas para nós mesmos… e para os outros.

Mindset

Antes de começar um projeto, seja negocial, seja científico ou educacional, é fundamental refletir sobre o que a respectiva proposta de valor resolverá. Outro fator imprescindível é determinar em que modo de operação seu mindset tem de estar. Ao longo do livro, utilizaremos a sigla P^2S^2 como guia para modelar a proposta – pois a correta definição de um problema é a chave para resolvê-lo – e vamos sugerir o estado majoritário em que seu mindset deverá operar: MindC (modo criativo) ou MindE (modo empreendedor).

Criativo ou empreendedor?

De acordo com a FIA Business School, "*mindset* é a configuração da mente, um conceito que busca entender a predisposição psicológica de uma pessoa que prioriza determinados pensamentos e padrões de comportamento para, então, propor e desenvolver uma nova abordagem".

Poderíamos utilizar a versão em português, "mentalidade", mas essa opção abriria uma discussão sem precedentes em direção a outros focos. Uma vez que o termo "*mindset*" já é de conhecimento público mundial e muito associado a questões de projetos, faremos uso dele. E nessa linha, quando se busca desenvolver a solução para dado problema (científico, educacional, negocial, social etc.), o prisma Triztorming opera entre duas formas: modo criativo, ou MindC, e modo empreendedor, ou MindE. Esses modos são ilustrados na **Figura 01**.

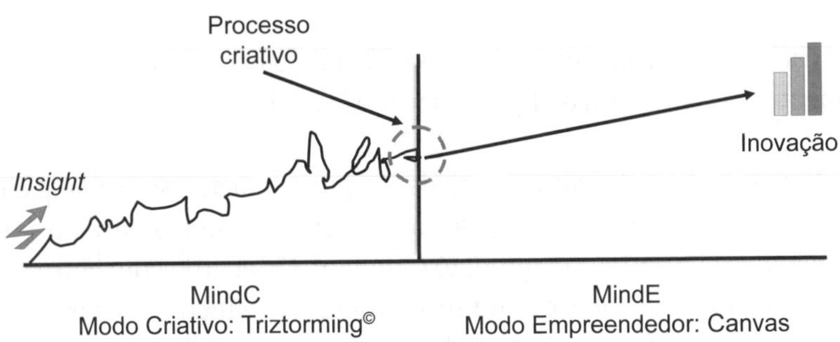

Figura 01. Mindset Criativo (MindC) e Mindset Empreendedor (MindE). Triztorming sugere ciclos harmoniosos entre MindC e MindE para obter inovação.

Figura elaborada pelo autor.

O MindC, ou modo criativo, será responsável por gerar sementes radicais na busca por solucionar qualquer problema ou criá-los (falaremos sobre criar problemas mais adiante). Esse processo de busca dificilmente é linear. Ora caótico (não previsível, mas determinístico), ora aleatório (nem previsível, nem determinístico). Já o MindE, ou modo empreendedor, será acionado quando precisarmos executar o que, na nossa visão, tem potencial para gerar propostas de valor interessantes. De preferência, terá sempre de operar o mais próximo possível da racionalidade, já que o mercado não tolera muito bem excentricidades. Nessa fase, as noções de empreendedorismo ditadas pelos conceitos da Administração moderna serão dominantes.

Para gerar inovações, precisaremos operar na faixa definida por ambos! A questão principal recairá sempre em definir o momento em que utilizar o MindC, o MindE ou um misto de ambos. Eis o papel de Triztorming.

▶ Processo, produto, serviço, *startup*. Ou, simplesmente, P²S².

Em muitos textos me refiro à implementação de um P²S², nomenclatura que bolei para que se possa determinar o tipo de solução de modo sintético. Afinal, qual é o sentido de empreender inovadoramente se não for para criar um P²S² (processo, produto, serviço ou startup) original? Isso só acontecerá de forma proveitosa se logo de partida entendermos o que se deve fazer.

▷ Conceitos convencionais

Fazendo bricolagem com conceitos da *Wikipedia*, a enciclopédia mundial mais rapidamente corrigida, trago alguns conceitos usuais:

Processo. Em Administração de Empresas, *processo* é a sequência de atividades realizadas na geração de algum resultado desde o início do pedido até a entrega do produto (artefato). De acordo com outro conceito mais moderno, que é multidisciplinar, é a sincronia entre insumos, atividades, infraestrutura e referências necessárias para adicionar valor ao ser humano.

Produto (artefato). Do ponto de vista técnico, compreende uma série de operações físicas que modificam certas características de determinado objeto. A noção econômica de produção, porém, implica a utilidade dos bens produzidos. Assim, do ponto de vista econômico, constituirá uma ação de produção toda aquela que torne um objeto útil e, portanto, faça aumentar a sua utilidade ou, ainda, crie bens e serviços tangíveis capazes de suprir as necessidades do ser humano[vi].

Serviço. Produto da atividade humana que satisfaz a uma necessidade sem assumir a forma de um bem material. Os serviços são atividades em que o consumidor não obtém a posse exclusiva da coisa adquirida (salvo o caso em que exista contrato de exclusividade). Os benefícios do serviço prestado, caso lhe seja atribuído um preço, devem ser evidentes para o comprador a ponto de este estar disposto a pagar para obtê-lo. A intangibilidade, ou seja, a não materialidade do serviço, incita o consumidor a, antes de se utilizar do serviço, informar-se sobre a qualidade deste com consumidores que já o experimentaram.

Startup. Termo da língua inglesa (sem tradução oficial para a língua portuguesa), trata-se de empresa emergente que tem como objetivo principal desenvolver ou aprimorar um modelo de negócio, preferencialmente escalável, disruptivo e repetível; o uso do termo "empresa" têm sido questionado para *design*ar as *startups*. Assim, podemos considerar uma *startup* como uma empresa recém-criada e ainda em fase de desenvolvimento, normalmente de base tecnológica, mas também de vários outros setores. O termo tornou-se popular internacionalmente durante a bolha da internet, quando grande número de *empresas pontocom* foram fundadas. Por isso, comumente se relaciona o termo "*startup*" à tecnologia, mas qualquer empresa que nasça em algum segmento, seja tradicional, seja inovador, é uma *startup*, uma potencial empresa que nasce.

Algumas premissas

Lendo estes conceitos, pode-se observar que dois destes bens – processo e serviço – são intangíveis, imateriais; dizem respeito à satisfação e à utilidade sem propriamente utilizarem um artefato palpável, enquanto os outros dois – produto e *startup* – são tangíveis, podendo ser vistos e/ou pesados. No caso das *startups*, vistas e avaliadas.

[vi] Nota: em algumas passagens, usarei a denominação "produto-artefato", com o intuito de ressaltar a diferença entre um artefato palpável e o conceito de produto como sinônimo de resultado de uma operação.

▷ Por que se deve, prioritariamente, enquadrar a potencial solução corretamente?

Muitas vezes me deparo com pessoas que desejam erigir um empreendimento. Conversamos até o ponto em que se percebe que não é tão simples a escolha da letrinha em que sua proposta deveria ser enquadrada. Dois desses bens precisam, pelo menos, de um dos outros dois para existir! Explico melhor: ao final do projeto, o que o cliente deseja é a resolução (material ou imaterial) de um problema específico; o que se almeja é uma tarefa cumprida. Portanto, sua proposta de valor tem de resolver uma tarefa ou, como se diz no ambiente das *startups*, *job to be done* (JTBD). O que se quer no final das contas é uma necessidade contemplada por um serviço, seja ele realizado por um produto – artefato, resultado de um processo –, seja pela proposta de valor de uma *startup* ou por um processo.

Observe: os bens intangíveis são funcionalidades de bens tangíveis. Um serviço só pode existir se houver um produto-artefato que o respalde. No caso de um processo, ele só rodará se imerso em uma estrutura ou para ela. Assim, não é toda ideia brilhante que pode ser utilizada para construir uma *startup*. Muitas vezes, sua proposta atuará apenas como uma funcionalidade de um bem tangível para o segundo "P", produto-artefato, ou para o segundo "S", *startup*. Portanto, enquadrar corretamente é necessário para que se faça a escolha certa das ferramentas, métodos etc. a serem aplicados ao P^2S^2, aumentando a assertividade e reduzindo custos e frustrações.

▷ Exemplos de P^2S^2

Todo bom aprendizado envolve a utilização de exercícios de fixação como forma de sedimentar conceitos no *mindset*.

Processo. Na reprototipagem (Capítulo 7), passeio pelas questões filosóficas *Form Follows Function* (FFFd) & *Function Follows Form* (FFFi) e apresento cinco técnicas para modificar P^2S^2 quaisquer sem a necessidade de manufaturar algo; apenas mediante rearranjos. Essas técnicas constituem processos (o primeiro "P" da sigla). Se a proposta se encaixa nesse tipo, por exemplo, esclarece-se que aquilo que se pretende criar deve ser incorporado em algo já existente. Pode-se, é claro, aprimorar tal técnica a ponto de atingir a excelência e, com base nisso, desenvolver um serviço de implantação rotineira para outros clientes, o que muitos chamam de consultoria.

Produto (artefato). Embora seja o item mais fácil de descrever, é o mais difícil de desenvolver ou modificar. Não só porque envolve manufatura, mas porque também envolve estratégia, pois é o bem mais fácil de ser copiado ou roubado. Quando trabalhava no desenvolvimento do Medvox para a empresa TMED[vii] – uma prancheta com palavras pré-gravadas destinadas a pacientes afásicos –, a voz que saía lá de dentro, por questões de praticidade e custo, obviamente era a minha. Lembro-me como se fosse hoje quando uma médica de um hospital do Rio Grande do Sul nos perguntou sobre a possibilidade de ser a voz dela a do Medvox. Naquela época (2000), o custo e o tempo para promover tal alteração adicionariam seis meses ao prazo de entrega final do produto. Inviável! Desenvolver um sistema de gravação amigável para alguém leigo codificar sua voz em um processador Atmel estava fora de cogitação. O gravador em si seria um artefato mais caro do que aquele que pretendíamos vender.

Em outra ocasião, agora em 2019, fiz parte do júri do Ideas for Milk, evento patrocinado pelo Senar-RN. Tratava-se da apresentação sobre o desenvolvimento de uma série de sensores aplicados ao agromundo. Olhando aqueles produtos-artefato e lembrando de minha experiência pregressa, notei um ponto em comum em seus sensores-atuadores: mesmo sendo todos muito bem elaborados, eram facilmente copiáveis e de difícil modificação física, o que "mataria" a vantagem disruptiva das pretensas *startups* caso *hackers* do Alecrim[viii] tivessem acesso a eles. Foi aí que sugeri a seguinte estratégia: como existe a possibilidade de rodar boa parte dos algoritmos em nuvem, por que não "transplantar" toda a inteligência dos sensores para lá, deixando coletores de dados "burros" na ponta? Ou seja, por que não jogar a inovação para as nuvens? Hoje, a mudança de voz do Medvox poderia ser feita por acesso à nuvem. Bastaria a médica gravar alguns áudios e mandar o endereço para a gente.

Serviço. Trata-se da resolução de uma tarefa; promover satisfação a um cliente. Apesar de ser o mais intangível bem do P^2S^2, pode fazer uso de produtos-artefato para ter sua missão contemplada. Um serviço, em geral, está diretamente envolvido com a HP (não cavalos de potência, mas de hora/pessoa) de alguém. Vejamos uma *job to be done* de amplo espectro:

Uma cliente deseja limpar os dentes e a gengiva para manter a boca saudável (aspecto funcional) e de forma prazerosa (aspecto emocional). Quer se sentir bem, sem dores (aspectos emocionais). Isso deverá ser uma experiência agradável (dimensão pessoal). É claro que ela também vai querer que seus dentes pareçam limpos e saudáveis e que a sociedade reconheça seu bom hálito (dimensão social). A pasta poderia oferecer, por exemplo, um efeito de proteção labial para o sol escaldante (JTBD relacionada), o que faria com que mantivesse

---

[vii] https://tmed.com.br (acesso em: 15 nov. 2023)

[viii] Famoso bairro do município de Natal-RN.

seus lábios úmidos (funcional relacionada) e com aparência de boca de atriz de TV (emocional relacionado). Todo mundo diria: "Nossa, que lábios!" (dimensão social relacionada). E onde poderia estar a HP de alguém nessa jornada higiênica toda? Poderia ser feita por terceiros, ora, ora! Imagine um serviço terceirizado de escovação bucal? É só um exemplo, pessoal, para exaltar que, ao final, o cliente pagaria pelo pacote formado por tempo de escovação (intangível) mais produtos (tangíveis).

Startup. Esse bem, sem dúvida, é o mais difícil de modelar, principalmente porque envolve os demais e um anacronismo (erro cronológico). Vou começar com a definição mais clássica e bem aceita, oriunda do site de quem melhor entende do assunto. Com a palavra, a StartSe[ix]: "*Startup* é uma empresa jovem com um modelo de negócios repetível e escalável, em um cenário de incertezas e soluções a serem desenvolvidas. Embora não se limite apenas a negócios digitais, uma *startup* necessita de inovação para não ser considerada uma empresa de modelo tradicional". Simples assim. Em outras palavras, *quem batiza alguma coisa de* "startup" *é única e exclusivamente o mercado*! Portanto, não insista. Não chegue para alguém dizendo ter uma *startup* se a coisa ainda não escalou. Doeu ler isso? Pois é: aproveitemos para repensar, então!

▷ Por que isso importa?

Por envolver pessoas, é muito difícil escalar serviços e processos, pois implicam diretamente o pagamento de HP. Escalar consultorias, por exemplo, é impossível, a não ser que você consiga multiplicar exatamente o time alfa ao mesmo tempo que diminui seu custo. Por isso, as *startups* (para obterem este conceito, na verdade!) fazem uso intensivo de produtos-artefato tecnológicos (*hardware* e *software*), pois custam menos HP. Portanto, devemos refletir bem e identificar com o que se parece a potencial proposta de valor, utilizando a sigla P^2S^2 como guia para modelá-la corretamente.

As *startups* operam com serviços, produtos-artefato, processos e outras *startups*. À medida que dado modelo de negócio cresce e sua dependência dos primeiros "P" e "S" (processos e serviços) diminui, mais o custo marginal decresce, favorecendo a decolagem. Nesse estágio, aquele que tudo define – o mercado – começa a alimentar com HP (agora, sim, cavalos de potência) o foguetinho que caracteriza a *startup*.

[ix] https://www.startse.com/ (acesso em: 15 nov. 2023)

▶ MVP × protótipo

Além de compreender os tipos de soluções que devemos criar, precisamos saber em que estágio se encontram. Portanto, antes de entrarmos no X, Y e Z da questão, é necessário estabelecer a diferença conceitual entre protótipo e MVP.

O significado de "protótipo" já faz parte de nosso dia a dia. Ele remete a algo que foi feito pela primeira vez de forma artesanal ou que foi refeito até funcionar. Pode também ser visto como uma Solução Tecnológica Paliativa (STP), forma rebuscada de chamar aquela insólita "gambiarra"! Em suma, o protótipo é um dispositivo, virtual ou físico, capaz de validar conceito. Maquetes, *mock-ups*[x], simulacros e *protoboards*[xi] entram neste panteão.

Já o Minimum Viable Product (MVP) significa produto mínimo viável. É uma prática da área da Administração que consiste em lançar um novo produto ou serviço com o menor investimento possível para testar o negócio antes do aporte de grandes investimentos. Um MVP é uma versão mínima do produto, apenas com as funcionalidades necessárias para que ele cumpra a função para a qual foi planejado. Com base no MVP testam-se a eficiência do produto, sua usabilidade, aceitação no mercado, comparação com a concorrência, entre outros atributos. Depois da etapa de validação, o produto volta a ser desenvolvido e aprimorado, para só depois ganhar o mercado propriamente por meio de grandes investimentos de pessoal e infraestrutura.

Ou seja, o protótipo fornece ao pessoal interno ao projeto, principalmente, uma resposta científica sobre a validação dos conceitos. Uma resposta endógena. O MVP, por outro lado, nos oferece a resposta comercial, de fora, portanto exógena, sobre os negócios.

Pode-se chegar a um MVP sem a necessidade de um protótipo que o prenuncie, quando alguém, por exemplo, paga por sua ideia que foi apenas tangibilizada numa apresentação. Assim como é possível ter um protótipo que nunca alcançará o *status* de MVP, que é quando se ouvem os aplausos de algo palpável, mas que, ao cabo, não será a opção de investimento de ninguém externo ao seu grupo. Perceberam a diferença entre os conceitos? Aqui exploraremos bem essas diferenças.

---

[x] Simulacros demonstrativos.

[xi] Placas de encaixe para montagem de circuitos eletrônicos iniciais.

Como Triztorming se encaixa

Ficou claro que, para alcançar uma proposta de valor – uma solução por completo –, faz-se necessário ora acionar o MindC, ou *mindset* criativo, ora o MindE, ou *mindset* empreendedor. Compreendemos também que as soluções podem pedir a forma de processo, de produto, de serviço, uma mistura de tudo isso ou, quando necessário, até requisitar a geração de uma *startup*. Para nos lembrarmos disso rapidamente – e atribuirmos certo charme –, tais entidades foram sintetizadas na sigla P^2S^2. Aqui mostraremos por que Triztorming oferece uma abordagem original.

Empreender

O ato de empreender é adotar uma postura ativa de resolução, pautada em perceber ou produzir *insights* (reativos ou proativos, respectivamente) que frequentemente levam à criação e a tomadas de decisão. A postura empreendedora, que deve ser guiada também pela criação, pode ser direcionada à construção de um negócio, de uma ação social ou à elaboração de soluções na Ciência; não importa a finalidade. Para alcançar o sucesso, seu *mindset* tem de estar preparado para utilizar os modos criativo e empreendedor ou você acabará apenas com intenções ou, no máximo, sonhos. Ambos são necessários para a manutenção do ciclo de criação e execução necessário a qualquer empreendimento.

A literatura contém bons livros para empreender e criar modelos de negócios, muitos dos quais podendo ser utilizados de forma complementar a este. Entretanto, poucos apresentam processos para criar coisas a partir de *insights* ou até mesmo para gerar *insights* de forma metódica. É aí onde entra o método. Triztorming é fortemente baseada na Teoria da Resolução de Problemas Inventivos (TRIZ), metodologia de resolução de problemas criada na União Soviética no fim da década de 1940, ancorada na análise estatística de milhões de soluções bem-sucedidas de problemas técnicos em uma ampla gama de indústrias. A TRIZ fornece aos usuários ferramentas e métodos para identificar e resolver problemas de forma sistemática e eficiente, aumentando a probabilidade de as soluções serem inovadoras e criativas. É amplamente utilizado na indústria, nas áreas de engenharia, *design*, *marketing* e negócios.

Inspirado e baseado na TRIZ, desenvolvi disciplinas voltadas à geração de *insights* e ideias para novos negócios, testadas e validadas em campo e em sala de aula, que podem ser utilizadas em quaisquer áreas do conhecimento. Trabalhando há mais de 13 anos (desde 2010) na evolução do método, aproveitei o hiato existente na literatura brasileira de obras focadas em negócio que compilam ferramentas da TRIZ. Triztorming tem esta pretensão: ser o livro que descreve um método de criação formal ancorado na TRIZ.

▷ Triztorming no supersistema

Ao longo dos anos, a tentativa de desenvolver um método pragmático e geral, que fosse aplicável tanto nos negócios como na Ciência para a solução de problemas sociais e ambientais, por exemplo, e que ainda fosse capaz de levar nossa mente do *insight* (eureca, iluminação, percepção, clareza, estalo etc.) a uma solução "que andasse por conta própria", me fez identificar um padrão.

Em tempos de inovação – cujo cerne traz a busca por novas propostas de valor e competitividade, como sugerem as dinâmicas impostas pelo *design thinking* e pelo movimento *lean startup*: construir-medir-aprender-construir... –, uma solução nunca se torna perene, de modo que tudo se mantém em uma espécie de equilíbrio dinâmico perpétuo. Optei por dar a esse padrão percebido o nome Ciclo de Supersistema[xii] Triztorming. Acontece mais ou menos assim:

» parte-se de um *insight* gerado ou obtido externamente;
» utilizam-se ferramentas de criatividade para tornar a solução/ideia tangível;
» enquadra-se a proposta de valor em um processo, produto, serviço ou *startup* (P^2S^2);
» validam-se os conceitos por meio de protótipos (serviço, *software*, *hardware* ou um *mix*);
» com o auxílio do Lean Canvas*, converte-se o protótipo em MVP[xiii]; tratando-se de problemas internos ao empreendimento, adota-se o MVP como solução;
» se o potencial é ainda maior, testa-se a aderência a um Canvas** específico;
» tendo a solução maior sustentação, busca-se a escalabilidade via criação de *startup*.

A **Figura 02** traz este *script* na forma visual.

A solução (interna ou externa) permanecerá assim temporariamente, até que os *stakeholders* envolvidos se mexam em ação de concorrência, criando novas oportunidades, seja pela cópia, seja forçando o nosso movimento, nos dando

[xii] Os conceitos de super- e subsistemas ficarão mais claros quando trabalharmos o conceito de Nine Windows.

[xiii] Minimum Viable Product.

ou exigindo que tenhamos novos *insights*. E o ciclo recomeça. É importante frisar que este ciclo não tem fim e pode ter início em qualquer etapa.

Na **Figura 02**, o asterisco (*) em Lean Canvas (LC) chama a atenção para um tipo especial de Canvas dedicado à transformação de ideias em projetos tangíveis e à busca por soluções radicais; esse Canvas será *design*ado como *modelo de ideias* e abordado ao longo do livro. Já os asteriscos (**) em Canvas indicam que o modelo de negócio será guiado por sua natureza. Por exemplo: se envolver tecnologia, recomenda-se o Business Model Canvas (BMC); se exigir estratégia, o Content Strategy Canvas (CSC). Para soluções de previsão de tendência, o Future of Work Canvas (FWC); se estiver relacionado a questões sociais, o Social Lean Canvas (SLC). Todos esses modelos e mais de 50 estão disponíveis em versão livre ou paga na plataforma Canvanizer. O Canvas do modelo de ideias será sempre requisitado para o desenvolvimento de qualquer modelo de negócio.

Dominando-se o Ciclo de Supersistema Triztorming, pode-se partir para o desenvolvimento de qualquer tipo de proposta de valor, seja voltada para o social, seja direcionada ao mercado, à Educação ou à Ciência.

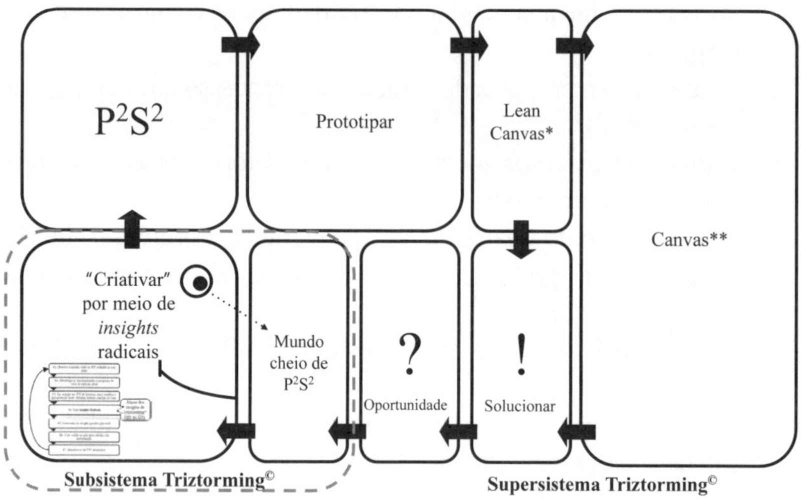

Figura 02. Ciclo Supersistema Triztorming. Útil para a geração de negócios.

Figura elaborada pelo autor.

▷ Triztorming no subsistema

Pelo prisma deste livro, dominar as ferramentas capazes de gerar sementes radicais consiste em, realmente, experimentar os *insights* Triztorming em qualquer parte de um P^2S^2. Sugiro, então, um algoritmo para concepção de *insights* de forma totalmente diferente daquela que fazíamos até então, seja aplicado a qualquer área (Negócios, Ciência, Tecnologia, Educação), seja aplicado a qualquer outra coisa (escrever um texto, compor uma música, um projeto). Como o ciclo de supersistema trata da relação entre o que é produzido dentro do prisma Triztorming e seu entorno, o Ciclo de Subsistema Triztorming trabalha a concepção dos *insights* promotores de criatividade. A **Figura 03** mostra esse processo.

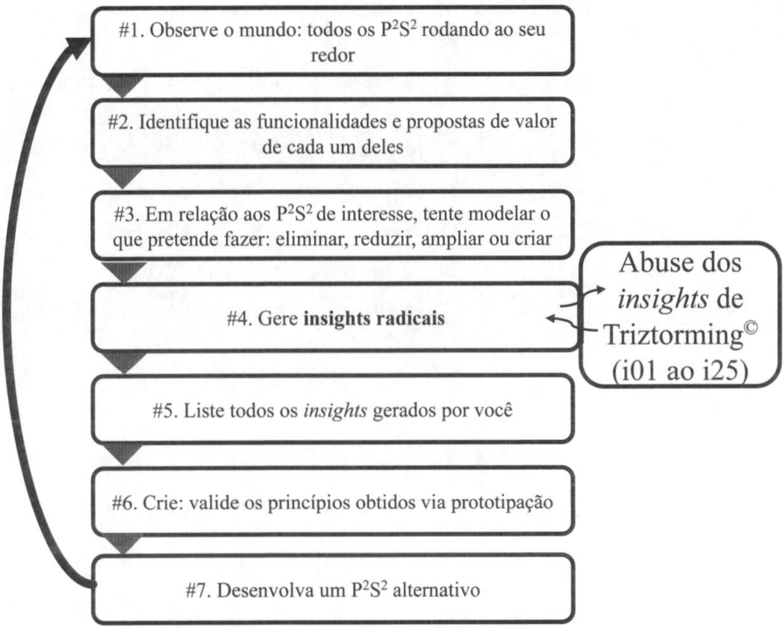

Figura 03. Ciclo Subsistema Triztorming. Útil para a geração de insights radicais.
Figura elaborada pelo autor.

▷ Os 25 *insights* que dominaremos em Triztorming

Os *insights* radicais trabalhados no livro são apresentados na **Tabela 02**. As técnicas Triztorming listadas ficarão mais evidentes à medida que avançarmos no texto. Ao final, você as utilizará como se as conhecesse já há bastante tempo. Assim como aconteceu comigo, sentirá vontade de criar seu próprio método gerador de *insights*. Quando isso acontecer, Triztorming terá cumprido sua missão. Teremos alcançado o ápice de uma proposta de valor: a JTBD[xiv].

---

xiv *Job to be done*

Insight	Descrição	▶	Aplicação recomendada
iAS	Abordagem Subversiva	▶	Resposta rápida, contundente e inesperada
iAnti	Antissistema	▶	Criar utilizando o oposto da solução pensada
iCEC	Cadeia de Causa & Efeito	▶	Encontrar e antecipar-se a falhas ou faltas
iCF	Caos & Fractal	▶	Modelar de forma determinística com poucas variáveis
iChasm	Crossing the Chasm	▶	Pensar / Rever estratégias para saltar o Abismo
iDTC	Dimensão, Tempo, Custo	▶	Quebrar a IP por meio da alteração de dimensões
iEaS	Expansão a Sistema	▶	Criar partindo de fundamentos (KPIs) imutáveis
iBHC	Business Hyper Canvas	▶	Desmembramento do negócio em hiperdimensões
iId	Idealidade	▶	Aprimoramento com base no estado anterior
iIP	Inércia Psicológica	▶	Criar partindo de outra área e em outra área
iIA	Inteligência Artificial	▶	Customizar em escala / Cocriar
iJTBD	Tarefa a ser realizada	▶	Compreender a ação efetiva que deve ser realizada
iMC	Matriz de Contradição	▶	Produzir contradição ou *trade-off* com base em padrões exitosos
iMF	Matemática & Física	▶	Modelar matemática e/ou fisicamente um P^2S^2
iMP	Ciclo de Evolução dos Meta Padrões	▶	Prever / Criar tendências de evolução para P^2S^2
iμFut	Microfuturos	▶	Criar cenários radicais
i9W	Nine Windows [9W]	▶	Atacar em micro ou macro estrutura / para frente ou para trás
iPATOV	Cliente Universal	▶	Analisar comportamentos e necessidades de clientes (CS e CX)
iPS	Princípios de Separação	▶	Resolver contradições físicas aparentemente insolúveis
iPB	Phantom Business	▶	Simular cenários prováveis
iRaP	Redução aos Princípios	▶	Encontrar o princípio fundamental que rege algo
iRF	Remote & Functional Associates Test	▶	Unificar dissociados / Combinar tarefas
iRep	Reprototipação	▶	Prototipar com base em um P^2S^2
iSF	Su-Field	▶	P^2S^2: Conversão de qualquer P em qualquer S e vice-versa
iTmO	Transmutação Organizacional	▶	Experimentar novo modelo de negócio com o Lean Ocean

Tabela 02

Roadmap: sintetizando o Preâmbulo

No Preâmbulo compreendemos os conceitos de *mindset* criativo e *mindset* empreendedor e a importância de enquadrar corretamente a potencial solução. Assim foi apresentado um circuito para inovar continuamente: os ciclos de super e subsistema Triztorming.

O objetivo primordial deste livro é o estímulo à geração de *insights* para conduzir processos criativos, apresentando técnicas originais para gerar ideias, torná-las tangíveis e convertê-las em soluções de modo metódico, sejam simulações, sejam protótipos ou aprimoramento de modelos. Daqui para a frente, trabalharemos formas de criar sementes radicais para novos negócios em qualquer área de aplicação, pois compreendo que até a Ciência, sem um modelo de negócio voltado à sociedade, estará fadada ao fracasso.

Como a IA pode ajudar você até aqui

Autor: *Qual é a diferença entre "criatividade" e* "insight"*?*
ChatGPT: *"Criatividade" e* "insight" *são conceitos relacionados, mas possuem significados distintos.*

A criatividade refere-se à capacidade de gerar ideias originais, inovadoras e úteis. Envolve a habilidade de pensar de maneira não convencional, fazer associações inesperadas e encontrar soluções criativas para problemas. A criatividade é frequentemente associada à imaginação, ao pensamento divergente e à expressão artística. Ela permite que as pessoas abordem problemas de diferentes ângulos e encontrem soluções não convencionais.

Por outro lado, o insight refere-se a um momento de compreensão súbita ou de percepção aguçada. É uma revelação ou entendimento repentino que ocorre em um instante. O insight pode surgir quando uma pessoa está refletindo sobre um problema ou uma situação específica e, de repente, compreende algo novo ou vê uma conexão que não estava aparente anteriormente. O insight geralmente ocorre após um período de reflexão, análise ou consideração de informações.

Enquanto a criatividade está mais relacionada ao processo de geração de ideias e à habilidade de pensar fora da caixa, o insight é mais sobre a percepção ou compreensão súbita que pode resultar em uma solução criativa. Em outras palavras, a criatividade é um processo mais amplo, enquanto o insight é um momento específico dentro desse processo. No entanto, ambos são importantes e podem se complementar para impulsionar a inovação e a resolução de problemas.

Autor: *Você possui criatividade?*
ChatGPT: *Como modelo de linguagem, eu fui treinado para gerar respostas criativas a partir de estímulos fornecidos pelos usuários. Isso significa que eu posso gerar uma grande variedade de respostas para diferentes perguntas e situações, muitas das quais podem ser consideradas criativas. No entanto, é importante lembrar que a criatividade humana é única e ainda não é possível replicar completamente a capacidade criativa dos seres humanos em uma máquina. Embora eu possa gerar respostas surpreendentes e inesperadas em certos casos, minha criatividade é limitada pela minha programação e pelo meu conjunto de dados de treinamento.*
Autor: *Você consegue ter* "insights"*?*
ChatGPT: *Como um modelo de linguagem desenvolvido pela OpenAI, não tenho experiências pessoais nem a capacidade de ter insights da mesma forma que um ser humano. Embora eu tenha sido treinado em uma ampla gama de dados textuais e possa fornecer informações e conhecimentos baseados nesse treinamento, minha capacidade de compreensão é limitada à interpretação dos dados e das informações disponíveis para mim. Minhas respostas são geradas com base em padrões de linguagem aprendidos durante o treinamento e nas informações fornecidas nas interações com os usuários. Portanto, qualquer percepção ou compreensão que eu demonstre é baseada na análise dos dados e nas informações que foram programadas em mim, e não em experiências pessoais ou insights originais.*

Garantir a produção de *insights* radicais é o propósito de Triztorming. Utilizar outras ferramentas (como os vários tipos de IA) para ajudar no desenvolvimento de soluções de modo criativo deve ser uma prática complementar e incentivada, pois nos poupará de tarefas maçantes. Recomendo!

Nota. Refiro-me ao sistema digital ChatGPT por "você" não por acreditar ou esperar qualquer evidência de comportamento humano. É apenas um modo de treinar minha cordialidade, introjetando na medula, quase que como um eco, a forma correta de me dirigir a tudo. É um bom exercício: se você consegue ser cordial com uma máquina, nada justifica não dispensar a mesma cordialidade às pessoas.

PARTE I

PREPARANDO O CÉREBRO E O TIME PARA GERAR INSIGHTS

01.

Conhecendo seu cérebro: a inércia psicológica

Interação com o Mundo: ninguém é uma ilha e nada permanece estático!

Sabemos que inércia é a tendência natural de um objeto em resistir a mudanças de seu estado, originalmente em repouso ou mesmo em movimento monótono. Referindo-se a um indivíduo, implica a indisposição para mudar seu estado, programação mental ou, como utilizamos neste livro, *mindset*. A inércia psicológica (IP) representa a inevitabilidade de se comportar de modo diferente daquilo que foi indelevelmente inscrito em algum lugar do cérebro; muitas vezes até sem percebermos. Por que isso acontece e a forma de driblar essa inércia é o que pretendemos explorar, pois a IP é uma das causas – talvez a principal – que limitam o ato de criar ideias radicais negociais, científicas ou para quaisquer aplicações, pois nos impede de deixar a chamada *zona de conforto*.

▶ *Mindset* e pensamento sob a óptica eletrônica

Como trabalhei na área de eletrônica, gosto de comparar nosso cérebro a um microprocessador. Para operarmos seus componentes eletrônicos, ou *hardware* (inflexível), precisamos carregá-los com microinstruções, um tipo de *software* (flexível). Toda microinstrução é executada no *hardware*, que opera no mais baixo nível de processamento de qualquer dispositivo. Portanto, ele é o ente mais rápido do conjunto *software/hardware*. Na eletrônica, quando uma instrução é muitas vezes solicitada ao microprocessador, ela é incorporada ao *hardware* para que se torne mais rápida. Exemplo disso é a operação de soma, que é feita no nível de *hardware* do dispositivo. Essa analogia pode ser replicada no conjunto condutor (*software*)/automóvel (*hardware*). De tanto o condutor trocar de marcha, ela foi incorporada ao *hardware* (troca automática), livrando o motorista (*software*) de uma função repetitiva, dando-lhe mais liberdade para se concentrar em outras atividades, ao mesmo tempo que a automação melhora a troca de marchas. Resultado: o conjunto condutor/automóvel trabalha com maior eficiência.

Mas o avanço não parou por aí. Em 1985, a Xilinx Inc. criou o Field Programmable Gate Array (FPGA), um *hardware* projetado para ser configurado pelo usuário após a fabricação. Surgiu, então, uma categoria de *hardware* reconfigurável cujas funcionalidades eram definidas exclusivamente pelos usuários, e não apenas pelos fabricantes. Agora é possível incorporar uma função primordial e repetitiva aos *hardwares*. Se já comparávamos o cérebro ao conjunto microinstrução/microprocessador, tornou-se ainda mais fidedigno compará-lo ao conjunto microinstrução/FPGA. Pois é: "A tecnologia imita a vida". Nosso *mindset* é como uma FPGA: menos flexível, porém mutável; ele pode ser entendido como a consolidação de tudo aquilo em que acreditamos, já que foi "montado" por reforço e repetição até cristalizar-se. Já os pensamentos (*software*), flexíveis, efêmeros, são altamente mutáveis.

Entretanto, à medida que um pensamento se torna repetitivo e importante, é automaticamente incorporado ao *mindset* (*hardware*). Quer exemplos? Quantas vezes você não ficou na dúvida "Fechei ou não aquela porta?" ou "Apaguei ou não a luz antes de sair?"? Pois bem: foi o seu *mindset* que resolveu aquilo para você. Podemos dizer que esses pensamentos (ações imaginadas) foram incorporados fisiologicamente ao cérebro, formando sinapses. Você faz isso praticamente sem pensar, como andar de bicicleta. Em termos gerais, podemos dizer que um hábito foi "instalado com sucesso!". Será que dá para refazê-lo?

Círculo do Saber Universal

Observando as pessoas – e a mim mesmo –, acabei por desenhar o que denominei de Círculo do Saber Universal (CSU). O conceito é bem simples: tudo o que eu sei represento por **S**, e tudo o que não sei represento por sua negação, **~S**. Posso dizer, então, que tudo que eu sei somado a tudo que eu não sei contempla todo o conhecimento do Universo. Dedução bastante óbvia!

Para qualquer pessoa, o **S** é infinitamente menor que o **~S**, já que este é infinito e muito mais dinâmico do que o **S**, lento e menos flexível. Matematicamente falando: **S + (~S) = 1**. Todo o saber em uma única expressão. Magnífico!

Como nossa aptidão para gravuras é maior, representei o **S** na cor branca, pois o que sabemos é mais ou menos claro, e o **~S** na cor preta, pois é o nosso oceano de dúvidas. A **Figura 04** mostra o CSU. O círculo cinza, nebuloso, surgido da combinação de ambos, representa a cápsula criada pela IP. Por enquanto, esqueçam a letra C da figura. E o que este simples, porém profundo, modelo tem a nos dizer sobre aprendizado, empreendedorismo e a formação cristalizada? Muita coisa!

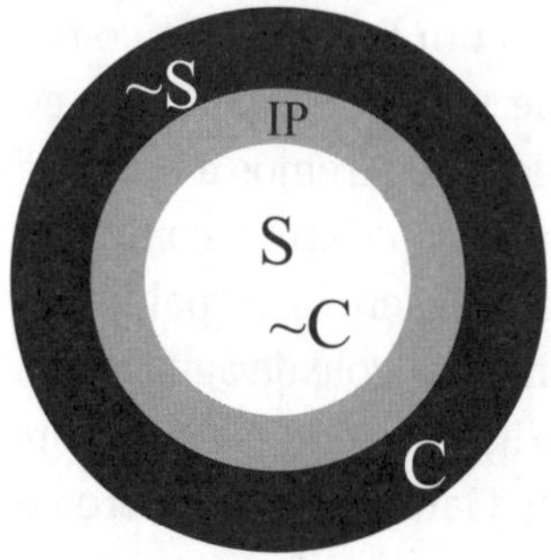

Figura 04. Círculo do Saber Universal (CSU).
Figura elaborada pelo autor.

▶ Entropia

Antes de falarmos sobre travas de criatividade, vamos recorrer a alguns conceitos da Física clássica – mais fáceis de entender do que os da Psicologia – para compreender os processos de criatividade de nosso cérebro. Consideremos a definição da *Wikipédia*[i]: "A entropia, (...) cuja unidade é joules por kelvin [J/K], é uma grandeza que mede o grau de liberdade molecular de um sistema, e está associada ao seu número de configurações (ou microestados), ou seja, de quantas maneiras as partículas (átomos, íons ou moléculas) podem se distribuir em níveis energéticos quantizados, incluindo translacionais, vibracionais, rotacionais e eletrônicos. Entropia também é geralmente associada a aleatoriedade, dispersão de matéria e energia, e 'desordem' (não em senso comum) de um sistema termodinâmico."

Uma definição complicada à primeira vista, porém necessária para entender o âmago das coisas, o que não nos impede de usar exemplos mais simples. Pense então em um baralho de cartas comuns. Considere a posição de uma única carta (um ás de copas) como um microestado predefinido. Embaralhamos as cartas, formamos organizadamente uma pilha, o nosso ás de copas na terceira posição dessa pilha. Para não entrar em um formalismo enfadonho, pergunta-se: "Qual é a probabilidade de você jogar para o ar este baralho na formação em que está e (1) ele cair arrumadinho ou (2) com o ás de copas na terceira posição?". A pergunta pode ser fisicamente refeita: "Qual é a probabilidade de o ás de copas ocupar o mesmo microestado inicial?".

---

[i] Entropia (*Wikipédia*)

A entropia garante que esse valor seja praticamente zero! Ou seja: todo sistema tende a aumentar sua entropia, seu estado de desorganização, quando é perturbado. Voltar ao estado original exige grande consumo de energia. Assim, se um sistema simples como um baralho não consegue repetir facilmente seus microestados, por que é que você acha que o seu cérebro pode? Se igualarmos uma ideia a um microestado, chegaremos à conclusão de que é entropicamente impossível achar um cérebro não criativo, com "ideia fixa", já que é impossível repetir estados. Faça um teste: escreva 20 palavras em um papel, guarde-o em algum lugar, levante-se, tome um gole de água e depois volte. Pegue outro papel e, sem olhar para o texto original, sente-se e tente reescrevê-lo com as mesmas palavras e na mesma ordem. Garanto que o esforço para exprimir a mesma ideia original será baixo, diferentemente do esforço para repetir as mesmas palavras no mesmo encaixe. Eis a entropia atuando. Eis a sua criatividade falando. Então, a entropia – como estado de desordem – está compreendida! *Don't you?* Ela é necessária à quebra do *status quo*, que tanto dificulta a inovação.

▶ Como opera a IP

À medida que incorporamos habilidades desde a absorção de hipóteses ou ideias e posteriores análises e sínteses, elas vão aos poucos sendo consolidadas pela experiência até se tornarem, finalmente, competências. Esse esforço – mesmo sem gostar de 100% de tudo na trajetória – faz com que cresça o amor pelo alcançado. Com o tempo, a IP opera transformando esse amor em uma cápsula irremediável, cristalizando profundamente seu conhecimento no *mindset* (círculo branco da **Figura 04**), impedindo você de abrir espaços (sem dor) para a incorporação de novas habilidades, as quais estão no círculo preto. Conforme aumentam os acertos profissionais, a cápsula (círculo cinza) é reforçada, fazendo com que, em última instância, o orgulho pelos êxitos de um dito profissional passe a ser percebido como arrogância. Nessa fase, e do ponto de vista criativo, tudo se complica, pois a IP impede que se abram furos na cápsula, matando a necessidade de aprender mais. O espaço para a criatividade começa a diminuir; e a propensão à inovação acompanha essa queda.

Para mostrar por outro caminho que somos inerentemente criativos, e que é a IP que nos estraga ao encapsular nosso saber (**S**), considere agora o **C** (criatividade) na **Figura 04**. Do ponto de vista empreendedor, pode-se dizer que a *arrogância do Saber* (**S**) *nos empurra em direção ao não Criar* (**~C**) *na mesma proporção em que a admissão do não Saber* (**~S**) *nos empurra em direção ao Criar* (**C**), já que se torna uma necessidade de sobrevivência profissional. E é aí onde se separam os que desejam inovar daqueles que preferem o estado atual das coisas: entender, promover e aproveitar o momento **~S** é a chave para criar (**C**) ou inovar!

É claro que ficar aprendendo sempre é contraproducente, lento e cansativo. Imagine, por exemplo, que nosso *mindset* demorasse a nos afastar de um perigo iminente (uma cobra venenosa, um veículo em nossa direção etc.)? Por outro lado, numa situação de fome extrema, nossos ancestrais "criativaram": "Deve ter uma glândula. Vou medir um palmo da cabeça e um da cauda dessa cobra e '*tá* valendo!'". Alguém, em algum momento, precisou romper a inércia psicológica (IP) criada pelo medo. Nesse caso, a morte por inanição foi um catalisador. Esse *insight* foi o melhor tempero.

▷ Inércia psicológica: admitindo nossa IP

A IP assume diferentes formas; a maioria invisível à observação pessoal. Embora sutis durante a resolução de problemas, as IPs podem ser reconhecidas e exemplificadas por meio de "provocações cerebrais". Para demonstrar o tamanho de nossa IP pré-Triztorming, e inspirado em *puzzles* da internet, adaptei algumas "pegadinhas". Com um cronômetro em mãos, veja o tamanho de suas IPs ao tentar resolver os enigmas a seguir.

1. *Quando uma restrição parcial se torna uma restrição geral.* Existem dois grupos de pessoas. Cada membro do grupo A "pesa" exatamente 75 kg. Cada membro do grupo B "pesa" exatamente 100 kg. Três pessoas selecionadas desses dois grupos "pesam", juntas, 275 kg, mas uma dessas pessoas não pode ser do grupo A! Quantas pessoas são selecionadas de cada grupo?
2. *Propriedades presumidas.* Como um cano pode passar por um orifício quadrado, uma vez que as áreas de seção transversal (do orifício e externa ao cano) são equivalentes?
3. *Faixa de dados inadmissível.* Cientistas estavam conduzindo um teste. Amarraram a ponta de uma corda a um tipo de matraca (instrumento musical que, quando sacudido, produz som) e a outra ponta da corda ao carro mais rápido do mundo. A que velocidade o carro deverá se mover de modo que o piloto não mais ouça o som da matraca?
4. *Associação de objetos a sentidos* (*Functional Fixedness*). Três lâmpadas em uma sala são operadas por três respectivos interruptores fora dela, em um ponto inacessível à vista da sala. A condição inicial é que nenhuma luz esteja acesa. Como saber qual interruptor é para qual luz se, para o local dos interruptores fora da sala, é permitida

apenas uma viagem para verificar o estado das luzes? (*Dica*: use mais de um dos seus sentidos)

5. *Todas as informações fornecidas são válidas?* Três vermes estão rastejando em uma linha perfeitamente reta, na mesma direção e na mesma velocidade contínua. O primeiro verme diz "Eu sou o verme número 1 e há dois vermes rastejando atrás de mim". O segundo verme diz "Eu sou o verme número 2 e há um verme rastejando à minha frente, e um verme rastejando atrás de mim". O terceiro verme diz "Eu sou o verme número 3, e há dois vermes rastejando à minha frente e dois vermes rastejando atrás de mim". Como isso é possível?
6. *Induzindo a características invertidas*. Complete o provérbio: "Água (...) em pedra (...) tanto bate até que fura". Onde está o erro?
7. *Quebrando em partes*. Dezesseis fósforos estão dispostos formando cinco quadrados. Movendo exatamente 2 fósforos, reduza o número de quadrados para 4. Todos os fósforos devem ser usados, e cada fósforo deve fazer parte de um dos quadrados (Ian Stewart).
8. *Pensando de forma unificada (Gestalt[1])*. Tente ligar os 9 pontos com 4 segmentos de reta unidos (consecutivos), passando em cada ponto exatamente uma vez, de modo que nenhum segmento de reta seja traçado duas vezes.

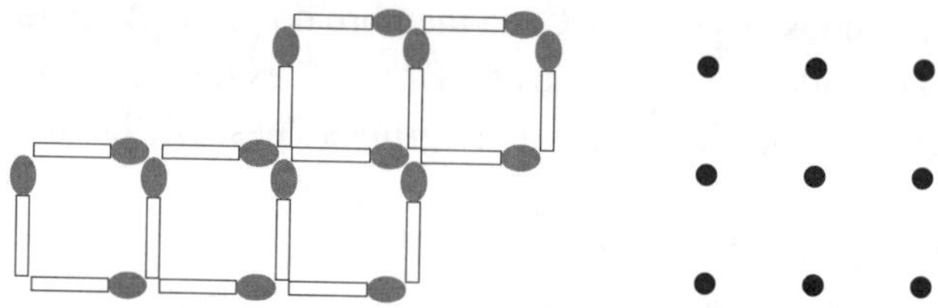

Desafios nº 7 (16 fósforos) e nº 8 (9 pontos).

Com esses aspectos em mente, como quebrar a IP de modo a conduzir uma criatividade promissora para outros campos, como o mercado ou a Ciência? É aí que entra Triztorming! Entretanto, precisamos entender um pouco mais o nosso *mindset*.

▷ Quebrando a IP

Gerar *insights* é a forma de abrir furos na cápsula cinza (**Figura 04**), aquela que representa nossa inércia psicológica, e começar a criar. Tente criar soluções para cada um dos problemas propostos. Você pode usar alguma IA para ajudá-lo a resolver ou ir direto ao site do livro *Triztorming*[2] e ver as respostas.

02.

Pensamentos vertical e lateral

Nossa configuração mental (vou chamar de *mindset* daqui para a frente) nos predispõe a pensamentos convencionais do tipo vertical, que se baseiam na lógica e racionalidade: observar, assimilar, comparar, elaborar, tecer hipóteses e verificar – via experimentos mentais ou extrínsecos – se aquilo que desenvolvemos pode nos levar a conclusões úteis. Apesar de ser o formato mais pragmático e resolver problemas em muitas ocasiões, esse modelo pode não ser adequado quando se pretende criar algo diferente do *status quo*. Por esse aspecto, o pensamento vertical pode ser até limitador.

Quando se é necessário solucionar ou criar problemas[i], suplantar desafios, bolar novos valores[ii] etc., pode-se é possível percorrer dois caminhos: o já mencionado,caminho ancorados em regras preestabelecidas , ou então buscar-se poro caminho que demanda modos alternativos de criação. Neste último caso, utiliza-se o pensamento lateral (*lateral thinking*), expressão criada pelo psicólogo maltês Edward de Bono (1933-2021)[1], da Universidade de Oxford, que designa um modo de pensar capaz de quebrar a lógica condicionada por alguma cultura, seja ela de curtíssima, seja ela de longa data.

Utilizar ferramentas poderosas como a TRIZ[2] exige uma preparação específica. Na sessão seção seguinte, apresentamos uma forma de desenvolver um *design thinking*[3] de alto nível, em busca da geração de *insights* que ancorem ideias com potencial de inovação. Essa maneira de pensar será utilizada em todo o livro e no manuseio de todas as ferramentas, sempre com o intuito de despertar a lógica e a criatividade que habitam nosso cérebro.

---

[i] Sim, isso faz parte de qualquer negócio. É sempre interessante que o efeito colateral gerado na busca pela solução seja melhor – e menor – do que o problema. Criar problemas também é o que ainda nos diferencia das IAs.

[ii] Neste livro, consideraremos valores processos, produtos, serviços ou *startups*, muitas vezes referidos como P^2S^2.

Criando coisas com o mais poderoso dos *brainstormings*

De acordo com o neurobiologista estadunidense e Prêmio Nobel de Medicina Roger Wolcott Sperry (1913-1994),[4] embora muitos estudos não confirmem suas hipóteses em totalidade, permanece aparente consenso de que o cérebro, dividido em duas partes com estruturas semelhantes, atribui a cada uma delas responsabilidades específicas. O hemisfério dominante ocupa-se da linguagem e das operações lógicas (fazer contas, estudar, escrever etc.), e o outro controla as emoções e a criatividade. Numa pessoa destra, por exemplo, o hemisfério esquerdo (lógico) comanda o lado direito do corpo. A metade direita (criativa) domina o lado esquerdo, por isso conseguimos pensar e nos movimentar ao mesmo tempo. Utilizando o DALL-E da OpenAI, gerei a **Figura 05**, inspirada na proposta do Dr. Sperry. Até aqui, para a maioria dos leitores, nenhuma novidade. Então, qual a que contribuição que desejamos trazer ao mundo empreendedor?

Pensamento vertical (esquerdo)
Lógico e linear
Dedutivo / convergente
Foco maior no processo / foco em único óbvio
Empreendedor
Gera processos para resolução de ideias
Estratégico, analítico e realístico

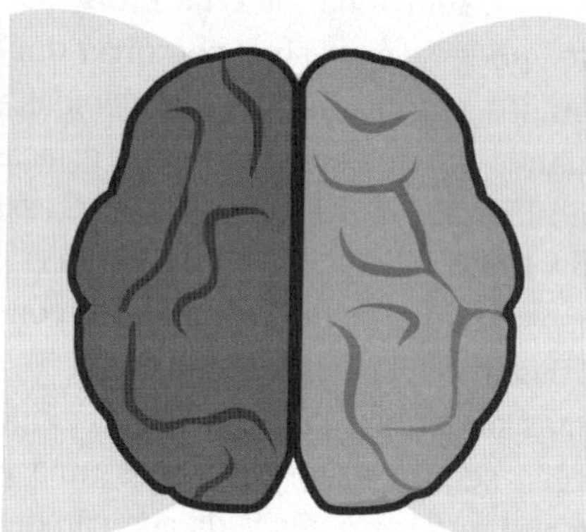

Pensamento lateral (direito)
Caótico e iterativo
Abdutivo / divergente
Foco maior em soluções / foco em novos óbvios
Inovador
Gera ideias para criação de processos
Criativo, intuitivo, visão holística

Figura 05. Hemisférios do cérebro.
Elaborada pelo autor com ajuda da IA DALL-E da OpenAI.

Desenho: um modo divertido de descarregar o cérebro

Muito provavelmente, alguém já lhe recomendou conversar consigo mesmo. E não é que se trata de um dos melhores conselhos do mundo para quem quer ter *insights* inusitados? Esta é a primeira etapa do processo de inovação: *botar você para* "hablar" *como se um parafuso estivesse solto*?

Como somos discretos, não precisamos falar alto, já que de todo modo podemos nos ouvir. E é aí que entra uma antiga e espetacular ferramenta: o desenho.

À medida que se desenha, aquilo em que se pensou é materializado, de modo que você pode encarar algo que estava latente em seu cérebro e, de fato, começar a conversar com esse algo. Como resultado, acontecerá uma espécie de descarga da RAM (memória temporária) que mora no seu neocórtex, abrindo mais espaço para trabalhar outra ideia ou uma ideia nova em/ou por cima da anterior.

Sugiro inicialmente a manutenção dos três diálogos a seguir:

> ***Primeira conversa***. Aproprie-se de um papel ou de qualquer tipo de estrutura que absorva imagens e desenhe. Use várias cores para isso. Se o que desenhou foi algo muito abstrato, para lá de Salvador Dali, é sinal de que seu Lado Criativo (LC) dominou a cena. Nesse caso, avance até o ponto em que a imaginação comece a sentir vergonha de si mesma e deseje parar. O *design thinking* chama isso de *divergência*. Acione então o Lado Lógico (LL) e comece a burilar o que você tem. Nesse caso, começa o processo de convergência. Observe que tudo foi feito em uma arena fora de seu cérebro, onde você pôde “descer a lenha” com um lápis. De preferência, utilize nessa conversa as cores grafite ou monótonas para o processo de convergência.
>
> ***Segunda conversa***. Se o desenho que brotou de seu lápis foi um algoritmo, uma equação ou um modelo muito fechado – coisas duras, frias –, é sinal de que o LL, o lado lógico, dominou. Comece então uma conversa do tipo “seja mais lúdico”, “quebre estas arestas”, “adoce mais isso aí, rapaz” etc., de modo que o que era quadrado ganhe curvas, as equações ganhem dúvidas e os algoritmos comecem a projetar desejos. Use a maior quantidade de cores possível para esse processo de “adoçamento”, de divergência, sobre o que está lá no papel.

▷ O que emergirá desse debate

Comece pela primeira ou pela segunda conversa; o importante é que se deve ir de um lado para o outro. Assim fazendo, você terá realizado um diálogo com você mesmo, expondo para si o que estava em cada um dos hemisférios: se começou hedonista (lúdico/prazer/lazer em primeiro lugar), vai ter de precisar ir um pouquinho para o estoico (sóbrio/austero) e vice-versa: se muito duro, terá de ser suavizado.

Como resultado dessa disputa hemisférica (das duas bandas de seu cérebro) em torno de um projeto novo ou preexistente, nascerá, no mínimo, “um *insight* perturbadoramente sólido”, já debatido por você, mas agora em condições de ser exposto a entes externos para novas trocas: outros cérebros.

> ***Terceira conversa***. Depois de validar entre vocês (lados criativo e lógico) no mais poderoso dos *brainstormings*, como num processo convencional de criação e apresentação de projetos a outras pessoas ou até mesmo de uma *startup* ao mercado, é chegado o momento de verificar a ideia. Arranje outros cérebros para fazer o papel de “mercado”. Agora sim, você está preparado para aquele *brainwritingstorming*. Mande ver!

03.

Sobre times e como misturar *insights*

Não importa seu modo de pensar: ninguém é uma ilha! Até aqui, você afinou seu cérebro ao máximo para tocar a ópera da inovação. Entretanto, isso pode ficar ainda melhor, desde que você disponha de uma orquestra. Nosso pensamento sempre funciona melhor por oposição e, a menos que você consiga manter uma excelente conversa bipolar sincronizada consigo mesmo, recomendo ter um time para fazer isso. Quanto maior a diversidade de *mindsets* envolvidos – evidentemente há um limite –, maiores serão as chances de brotar bons *insights* e com eles boas ideias, pois nosso conhecimento vai um pouco além de nossa própria experiência; contar com mais pessoas é a melhor forma de expandir as ideias.

▶ Nenhum empreendedor é uma ilha

"Certo, concordo, tenho que ter um time..." pois, estatisticamente, ou melhor, cabalisticamente falando, ninguém consegue tocar uma empresa sozinho. Algumas pessoas podem até pensar que atingiram a onipotência negocial ao montarem, *in solo*, uma empresa virtual (*marketplace*), partindo do rascunho de um modelo de negócios e indo até a programação *front-* e *back-end*. Com o auxílio de ferramentas como o Microsoft Copilot[i], um gerador de códigos assombroso, ou do ChatGPT[ii], capaz de gerar tanto códigos simples como Canvas para modelos de negócio até de rapadura (pois é, eu testei isso![iii]), a impressão

[i] Ferramenta de desenvolvimento de *software* que utiliza inteligência artificial (IA) para fornecer sugestões de código em tempo real. Foi desenvolvido pela OpenAI em colaboração com a Microsoft.

[ii] GPT é a sigla para *generative pre-trained transformer*, ou "transformador pré-treinado generativo". Criada em 2019 pela OpenAI, a ferramenta tem capacidade de gerar respostas de grande quantidade de dados preexistentes.

[iii] https://triztorming.com/f/chatgpt-como-preencher-um-canvas-para-um-neg%C3%B3cio-de-rapadura (acesso em: 15 nov. 2023)

é que dá para dispensar outras "almas" e tocar tudo no formato *stand-alone*. Ledo engano! Utilizando esses recursos, você poderá até começar bem, mas precisará de iterações (ciclos de aprimoramento) e *interações* (trocas recíprocas entre pessoas) exógenas a você para melhorar o que deseja. No mínimo, terá de interagir com algum cliente, o que o *design thinking* define como cocriar. Como ficará patente à medida que nos aprofundarmos aqui, os *insights* acontecem por observação externa e são melhorados quando confrontados com outros *insights* oriundos de outras pessoas. Por exemplo, quando se constrói uma *landing page*, opera-se, na realidade, uma espécie de plataforma de Lego® conectada a uma grande rede de atores previamente interligados. Sem esses *links*, seria impossível a qualquer indivíduo desenvolver um serviço imaginado. O que se consegue é apenas gerar uma proposta de valor diferenciada.

Quem busca escala precisa projetar para a web. O que a Amazon faz? Conecta pessoas a utensílios. E o iFood? A mesma coisa! Só que, neste caso, conectam-se lojas que trabalham com utensílios comestíveis, desde alimentos até fármacos. E o Airbnb? *Ipsis litteris*, mas com objetos fixos, por isso recebem o nome de imóveis. E assim também operam Magazine Luiza, Submarino, Waze, Uber, Buscapé, Mercado Livre, Google, Facebook, OpenAI, Easy Taxi etc.. E um adendo: todo esse maquinário só funciona porque está ancorado em um meio físico, uma poderosa infraestrutura de serviço denominada *logística*.

▶ Neandertais × *sapiens*. Inteligência individual *versus* inteligência coletiva

No livro *Sapiens, uma breve história da humanidade*[1], o historiador israelense Yuval Harari (1976-) nos apresenta um relato impressionante sobre a coexistência entre neandertais e *sapiens*. Ele sugere, ao contrário do que pensávamos, que os vencedores desse encontro não foram os mais fortes e inteligentes – no caso, os neandertais –, mas sim os *sapiens*. Sim, os menos individualmente capacitados.

A palavra "individualmente" fez toda a diferença nesse duelo. Os neandertais possuíam um cérebro maior e mais desenvolvido. Carregando essa máquina de pensar 15% maior do que a nossa, havia uma estrutura muscular com o dobro de anabolizantes. Ora, e por que "os mais dotados" falharam? Segundo os estudiosos, as evidências levam a crer que os *sapiens* trabalhavam melhor em grupo. Isso mesmo! A guerra não foi puramente entre neandertais e *sapiens*, mas entre individual e coletivo. Comunicação e a falta dela. Estratégia e tática.

Para visualizar de modo prático, quando alguém propuser que você – por ser mais individualmente inteligente – pode lutar contra as abelhas e vencer, embora estas sejam individual, física e intelectualmente inferiores a você, pense duas vezes.

Aonde eu quero chegar? Em projetos inovadores, ninguém consegue atuar melhor sozinho do que em grupo. É possível ter ideias e não inovar, mas não é possível inovar sem ter ideias. Técnicas para aguçar a criatividade existem aos montes, mas pouquíssimas para ter *insights*. Eles podem surgir num modo *in solo*. Entretanto, quanto mais diversos forem os *mindsets* envolvidos para gerá-los, melhores serão as chances de brotarem sementes radicais.

▶ Montando o time

Saindo um pouco da esfera P^2S^2, necessária para que qualquer negócio exista, e daquilo que constitui a principal entrega de uma empresa, sua proposta de valor, adentraremos no cerne, na parte mais subjetiva do empreendimento. A ideia é procurar formas de aglutinar e fazer com que "rodem como um time" – e não apenas como um grupo – os elementos mais complexos de quaisquer sistemas já criados: o elemento humano!

Sim, são as pessoas que criam o que chamamos de *ordem imaginada* (aquilo que acontece quando uma marca rompe a barreira material e passa a povoar o imaginário coletivo), necessária para gerar uma *startup* ou qualquer outra coisa. São os entes vivos os responsáveis pelo funcionamento, ou encaminhamento ao caixão, de sonhos que geralmente têm início em devaneios solitários, mas que, ao serem compartilhados com outras "almas gêmeas" ou ingênuas, ganham uma potência exponencial, que faz com que se transformem em unicórnios (nome dado às *startups* que atingem valores bilionários na Bolsa) ou em caixas de Dorflex. E, como mostram as estatísticas mais recentes, errar na escolha do time é a terceira maior causa de morte das *startups*. Depois dos *insights*, o time é o ente de maior importância no aprimoramento de uma ideia e sua posterior materialização na forma de um protótipo.

Portanto, a atração correta de entes que farão as ideias andarem por conta própria é o início de tudo. Errar nessa hora é a garantia de criar desafetos ou pavimentar o caminho para um tribunal. A "química" tem de rolar corretamente na hora de achar os "gênios" compatíveis. Como diz um aforismo: "Doido tem ímã"! Atraia seus complementos.

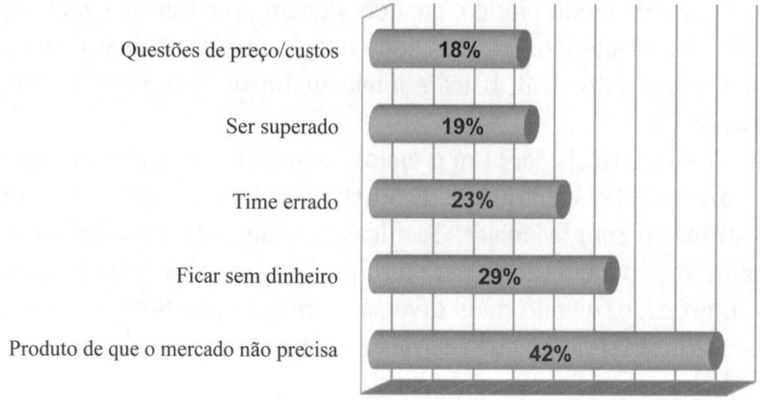

Figura 06. As cinco maiores causas apontadas para a quebra de *startups,* segundo formulário de múltipla escolha. A formação do time só perde para um produto com demanda inexistente (parece óbvio!) e a falta de caixa na hora do sprint.

Figura elaborada pelo autor com dados da *newsletter CB Insights*[iv].

▷ Precisamos de perfis 7.5

Dia após dia, sou confrontado com questões bipolares, daquelas que colocam você na posição de marisco, lutando contra o rochedo e a maré. Posicionarei no rochedo a educação convencional, devido ao arsenal de conhecimento pesado e quase estático, cujas mudanças científico-tecnológicas e de postura acontecem de forma linear, incremental e previsível. Nomearei o mercado de maré, dada a sua volatilidade, crescimento não linear, exponencial e imprevisível. Sobra para nós, docentes, o título de marisco. Qual o porquê dessa analogia? Vou esclarecer com frases que ouço do mercado, quando realizo capacitações em empresas, e em sala de aula, meu ganha-pão diário. "Professor, os estudantes que estão saindo da universidade estão dessincronizados com nossa realidade!" E, do outro lado: "Professor, isso aí que o senhor 'tá dando' serve para quê mesmo?". Bem, como docente, sou ou não sou o marisco?

Soft skills e hard skills

Estes conceitos apresentam muitas conotações. Neste livro, vou me referir às *soft skills* como as habilidades que um indivíduo tem de aprender para se relacionar bem com os outros. Chamarei de *hard skills* aquelas habilidades que

---

iv https://startupsventurecapital.com/the-top-20-reasons-startups-fail-e37097d973d4 (acesso em: 16 nov. 2023)

o indivíduo tem de aprender para resoluções próprias. Liderança, colaboração, comunicação, inteligência emocional etc., todas aquelas que envolvem fatores comportamentais e de interação pertencem ao conjunto *soft*. Aquelas que envolvem esforço individual, habilidades e técnicas adquiridas por meio de formação tradicional, como cursos, treinamentos etc., geralmente voltadas para aprimoramento *in solo*, e que muitas vezes exigem vários ciclos de iteração, estarão no pacote das *hard skills*.

Para simplificar, bolei uma equação. As *soft skills*, que são atribuições que partem de você e devem alcançar muitos, ganham o formato ***1:n*** (lê-se "um para muitos"). As *hard skills*, que partem de você para você mesmo, recebem o formato ***1:1*** (lê-se "um para um"). Sintético, não?

Universidade

A universidade participa como aquele ente que lhe dá o embasamento instrucional para que você consiga entender tudo o que a humanidade tem feito até agora. É um grande repositório de ideias, fatos e ferramentas que nos é dado para que possamos aprender a errar diferente. A esse conjunto histórico podemos chamar de *Ciência Congelada* (sinceramente, não sei quem cunhou esse termo; apenas acho uma forma elegante e sintética de se referir a algo estático!). Ela, a academia, configura-se como um ritual que nos força a uma mudança drástica de *mindset*. Ou seja: mesmo que você não saia dela, o ato de entrar, ou de querer entrar, já força você a pensar diferente. Além de testar os ingressos nesse sistema, a academia serve para nos dar uma nova visão de mundo e:

- » promover *networking* com todos os tipos de *mindset* existentes;
- » mostrar as melhores pessoas para formar equipes;
- » aprimorar *soft skills*;
- » fornecer noções de competição; e
- » é claro, desenvolver algumas *hard skills*.

Mercado

O mercado, em minha visão, é uma fonte de troca. Ele contém o complemento daquilo que não temos habilidade de fazer. Engenheiros trocam seus engenhos por comida. Cozinheiros trocam seus quitutes por engenhos, que são usados para fazer a comida que depois eles trocam por dinheiro. Um exemplo curto e simples! Para tornar ágil tudo isso inventaram a *moeda* que, em minha opinião, é apenas a forma líquida do trabalho e um receptáculo para o estoque de valor, o que agiliza a troca de quitutes por engenhos. Bom, então onde está o descompasso, se os engenheiros e os cozinheiros precisam ser forjados na universidade e inseridos no mercado, arena ávida pelos dois? Existem funções para ambos!

Por quem as grandes empresas choram?

Muito já se fala sobre a *sociedade sem empregos,*[2] fruto da automatização dos processos, da capacitação humana em série e unipolar, na qual as escolas tentam desenvolver habilidades iguais nos pupilos para que estes resolvam problemas diferentes e concorram pelas mesmas vagas; do crescimento populacional; da falta de investimento na cadeia produtiva em troca da especulação financeira; da virtualização de muitas atividades que antes eram físicas: jornais passando para o mundo digital, hotéis deixando de ser construídos e cedendo espaço ao aluguel de casas ociosas; ensino a distância multiplicando exponencialmente os instrutores etc. etc. etc., mas não se fala muito sobre "o fim dos problemas" e, como consequência, "o fim do trabalho"!

Então temos que pensar assim: "o fim dos empregos" não é sinônimo de "o fim dos trabalhos". Ufa, ainda bem! Então, o que foi trocado e como devemos nos adaptar?

O profissional de ontem

Algum tempo atrás, a contratação das empresas visava a super-humanos capazes de se ajustar à empresa em 24 horas, resolver qualquer problema preexistente, propor novos produtos em 48 horas, criar um "delta" de lucro em três meses, levar as crianças do chefe para a escola e passear com o cachorro e ainda voltar a tempo de salvar o mundo, desde que não esbarrassem em criptonita pelo caminho, é claro. Era necessário ter uma formação ímpar e um currículo impecável; ser moldado à base de feldspato e, ao mesmo tempo, flexível como água. Brincadeiras à parte, a empresa buscava esse super-humano justamente porque ela mesma não tinha condições de moldá-lo. Por meio de processos caros, contratava-se o que de melhor aparecesse, agradecendo aos demais competidores com um insosso "cadastro de reserva". E, evidentemente, era imposto um limite a este super-humano: não ocupar o lugar do chefe, este em uma categoria mais acima chamada de "Chefia" ou C-*level* (a nomenclatura mais moderna), atingida, no ápice da vida profissional, somente dali uns 20 anos. Frustrante!

O profissional de hoje

Na era moderna passamos por quatro grandes revoluções industriais: na primeira (1760-1840), deixamos os processos artesanais para as máquinas mecânicas movidas a vapor. Na segunda (1850- 1870), aumentamos a eficiência fabril utilizando máquinas a combustão e motores elétricos, favorecendo a produção em série. Na terceira (1960-), na qual ainda estamos imersos, as comunicações digitais colaram as máquinas que estão próximas a nós virtualmente em outras máquinas que estavam bem distantes de nós, criando redes das quais a maior é a internet. Agora, segundo a German Academy of Science and Engineering, embarcamos na quarta revolução industrial, ou Indústria 4.0, a era das fábricas inteligentes. Isso mesmo! Conceitos como os de sistemas ciberfísicos, internet das coisas e computação em nuvem ficarão mais comuns do que *pendrive*, *CD player* e pipoca Boku's.

Todas as revoluções promoveram reformas sociais dantescas, pois os envolvidos não se deram conta do momento, levando a um grande hiato inercial e à necessidade de adaptação rápida, o que custou empregos e, até onde se sabe, vidas. Entretanto, estamos por perceber este momento. É preciso modificar a abordagem do pensar, principalmente no tocante à criatividade, mais rápido do que a indústria pode se mover. Assim, todo profissional hoje terá de começar a entender estes conceitos, pois precisamos continuar mais inteligentes do que as máquinas e o próprio contexto. Desde as áreas sociais até as humanas.

Não vejo o atual ensino ou capacitações abordando adequadamente tais questões. Temos de abrir espaços para uma grande reforma, não curricular, mas de postura. Assim, o perfil do profissional imprescindível à nova era haverá de apresentar habilidades para se antecipar aos problemas que a indústria ainda nem sabe que vai ter, entregar as respectivas soluções e, de quebra, gerar novos "bons" problemas. E, na minha visão, a forma mais efetiva de alcançar esse objetivo é aprender a gerar *insights* de forma metódica. Mais um ponto para Triztorming.

A nova relação negocial

Mas como se resolve "Problemas que a indústria ainda nem sabe que vai ter"? Tentarei explicar.

Dando uma rápida navegada na *web*, descobrimos facilmente como as grandes corporações estão aumentando sua competitividade em tempos hodiernos. A Alphabet, *holding* que contém o Google, foi criado por este último para facilitar as relações negociais entre as empresas que ela vem comprando dia após dia. A Tesla, uma das empresas mais inovadoras do mundo, comprou a empresa alemã[3] para aprimorar sua própria automação. A IBM adquiriu a Red Hat por US$ 34 bilhões com o intuito de avançar na computação em nuvem.[4] A gigante Microsoft comprou o jogo (que eu adoro!) *Minecraft*, criado por um único cara, por US$ 2,5 bilhões.[5] E, recentemente, ela mesma ao seu *holding* a OpenAI.[6] O resultado vocês conhecem.

Por estas bandas, existe um grande *player* do petróleo olhando para – adivinhem só! – *startups*. Sim, a Petrobras está investindo alguns bilhões, não no recrutamento de pessoas, mas em empreendimentos inteligentes.[7] Vou parar por aqui, pois vocês já sabem aonde quero chegar.

O que eu quero dizer é que não adianta mais só colocar uma placa de "Departamento de Inovação" em uma grande empresa e esperar que a inovação aconteça. A criatividade das corporações tem limite. Hoje, até as pequenas empresas estão se fundindo a outras de mesmo porte. As novas relações estão deixando de ser de trabalho (patrão-empregado) e passando a ser negociais (empresa-*startup*). Ou seja: os dias dos empregos estão contados. Os dos problemas, não! Trabalho não vai faltar, desde que estejamos preparados para ele.

Quando falo que é possível resolver problemas que a indústria ainda nem sabe que vai ter, falo em observar o mundo à nossa volta e, com dados atuais, gerar microfuturos, conceitos que entenderemos mais adiante. Chamo o ato de simular empreendimentos e tentar resolvê-los de Insight Phantom Business (Capítulo 13). Quem sabe dá até para criar mercados?

Quando as grandes corporações olharem para aquela pequena *startup* ou empreendimento *phantom*, verão o problema e a nova solução que ela mesma criou. Poderão até enxergar um nicho de mercado. E dirão: nós queremos esse problema e, é claro, a solução junto! E, de quebra, você ainda pode ser alçado a CEO desse negócio. Os exemplos anteriores provam isso.

Temos de trabalhar os *mindset*s para a geração de *insights* radicais, capazes de criar empreendimentos recheados de soluções de alta intensidade, e não somente de tecnologias de alta intensidade. Respondendo ao título desta seção, as grandes corporações não estão mais atrás de super-humanos imunes à criptonita. Elas choram por pessoas capazes de iniciar processos inusitados.

Diversidade de mindsets

A evolução sempre deixou claro que, se a mudança orgânica for mais lenta do que a do ambiente, a espécie estará com os dias contados; o mesmo vale para os negócios (coloque neste pacote a Ciência e modelos de educação). Inspirado por essa máxima natural, o executivo estadunidense Jack Welch (1935-2020), lendário CEO da GE, cunhou a frase: "Quando o ritmo de mudança dentro da empresa for ultrapassado pelo ritmo da mudança fora dela, o fim está próximo". Trocando em miúdos, o mundo natural pede que nos adaptemos à natureza. O pedido do mundo "artificial" é que inovemos.

Perfil mais ou menos

Há muito nossa cultura valoriza o funcionário 10, aquele cujo Índice de Rendimento Profissional, ou IRP (inventei esse índice!), chega perto da perfeição. Esse funcionário que não sai do trilho bate todas as metas e acostumou-se à criogenia do mercado, de modo a colher o gelo de seu *freezer* e despejá-lo em suas ações. Tem o típico perfil 100% 1:1 (100% *hard skills*): segue um *script* montado.

Nada contra, mas sabemos que o produto tem uma dificuldade muito grande de se diferenciar do molde. Quando o *script* empenar, o funcionário IRP 10, ainda assim, o seguirá à risca. Alguém poderá chamar isso de defeito. E aí é que está o problema. Se muitas pessoas se mantiverem iguaizinhas, sem buscar por *insights* interessantes e sendo o mercado altamente volátil, como vamos encaixar as coisas? Quando os *scripts* exigirem alteração, o funcionário IRP 10 não terá condições de percebê-la, que dirá atuar? Muita gente vai "boiar", e o resultado é óbvio: *layoffs*[v] de montão![8]

Introduzamos, então, outro perfil: o funcionário IRP 7.5! Por puro exercício metafórico, vamos admitir que esses 7.5 cubram suas *hard skills,* aquelas habilidades 1:1, e os 2.5 estejam livres para preenchimento. O perfil IRP 7.5, geralmente, pertence àqueles inconformados. Estes não são excessivamente cobrados por metas perfeitas e por isso não carregam aquele peso crítico cultural imposto ao funcionário IRP 10. É mais livre para errar sem ser notado, para sair do trilho e experimentar outras paragens. Pode errar com um pouco mais de folga. Nunca será lembrado por isso: "Lembra daquele cara IRP 7.5?". Porém, ele tem um grande desafio: preencher os outros 2.5 com alguma coisa, pois o cérebro sadio é aquele que trabalha 100%, além do fator autoestima: quando confrontar aquele funcionário IRP 10, poderá dizer "Tenho outras habilidades, *boy*!".

Preenchendo os outros 2.5

Vamos agora ao outro lado da moeda, quero dizer, do cérebro. A Neurociência atribui ao lado esquerdo do cérebro a lógica e ao direito a criatividade. Isso para os destros! Ou seja: temos de treinar ambos os lados se quisermos utilizá-los bem e ter um cérebro equilibrado. Criamos, então, um bom álibi para a galera dos 7.5. Já que o mercado precisa que se faça a conexão dele com a inovação, por que não utilizar o lado criativo, inovador e dar-lhe a função de gerar *insights*? Mantenha as *hard skills* mas aprimore as *soft skills*; de preferência, aquelas responsáveis por *insights.* É para isso que servem os outros 2.5 de seu cérebro, onde IA nenhuma poderá se aventurar.

---

v Demissões.

E, por falar em IA, precisamos também de perfis com fluência em ChatGPT! Projetei e viabilizei a minha primeira incubadora de empresas em universidade privada em 2002, já preocupado com o desvínculo do ensino convencional e do mercado, espantado com a forma – na falta de outro termo – alienada com a qual o ensino ainda estava lidando com o mundo à sua volta. Não é questão de ser visionário, mas de apenas ouvir o grito que vem do outro lado do muro. E, depois de 2022, a coisa toda – necessidade de capacitação criativa – ganhou mais uma ordem de grandeza na escala de urgência: as IAs generativas chegaram! Como assim?

Há muito questiono a inexistência do exercício da criatividade, principalmente voltada à resolução de problemas reais. Porém faltava sinalizar com objetividade uma ferramenta que preenchesse os 2.5 restantes do *mindset* da galera, sobretudo hoje, algo que venho validando em todas as minhas disciplinas: a fluência em ChatGPT.

Ou seja: o ChatGPT, nossa ferramenta diária, estabeleceu o patamar mínimo de conhecimento do mundo tangível que nosso estudante precisa ter. Nas minhas disciplinas – cujo *core* está recheado de inovação, criatividade, *insights*, modelos de negócio, ruptura… – estamos utilizando a IA "com força".

Não por acreditar em mágica ou que as "generativas" (Bard, Bedrock, ChatGPT, LLaMA e outras) sejam, de fato, inteligentes, mas por sabermos que são mecanismos racionais computacionais ancorados em bilhões de parâmetros da humanidade, o que nos fornece, de certa forma, o retrato de um Q.I. médio global.

O resultado? Descobrimos "aula a aula" os buracos de formação que temos (eu também!) e corremos para tapá-los, no bom estilo enxuto *construir-medir--aprender*. Somos responsáveis pelos *insights*, os quais a IA está longe de ter; é possível, porém, guiá-la para criar ainda melhor.

▶ Perfis para ter em um time

Como encontrar apoiadores para seus *insights*, isto é, pessoas dispostas a comer 1 kgf[vi] de sal comigo? Uma forma muito comum para criar parcerias é utilizar o "procedimento bilateral com *handshake full-duplex* e controle anticolisão de comunicação aleatória", também conhecido como *conversa*. Mas, falando sério, este é o melhor caminho para angariar sócios: uma boa conversa sem preconcepções e censuras. E, nesses quase vinte anos de docência, acompanhando a

[vi] Para quem não está lembrado, 1 kgf = 1 quilograma-força. Força exercida pela gravidade da Terra sobre a massa de 1 kg.

formação de grupos em sala de aula e no mundo corporativo, comecei a perceber um padrão. Descrevo a seguir as minhas observações.

» O velho e bom *brainstorming*. Ao criar um grupo, observe se este é animado e se a quantidade de "sim" supera a de "não". Um grupo disposto a agregar algo a uma ideia não pode ser reticente. Outra inclinação: as pessoas que foram convidadas para esse *brainstorming*-embrião têm de reconhecer o dono da ideia como *facilitador natural*. Do contrário, perde-se o foco original e começam a aparecer outros "donos". Não que as ideias não possam ser boas, mas não serão mais as suas. Seu *insight* tem de nascer e sobreviver até a duros embates da concorrência.

» Passado o teste da tempestade de ideias, e vendo que não sobrou mais "sal" na mesa, chegou a hora de identificar o *perfil de cada sobrevivente*. Para essa estratificação, bebo da fonte do livro de Fernando Trías de Bes e Philip Kotler, *A bíblia da inovação*[9], no qual eles definem as funções básicas capazes de levarem uma inovação à frente. Curioso é que vão de A a F. Já falamos sobre você, o facilitador. Vamos aos outros cinco perfis:

- **Ativador**: tem por função iniciar o processo de inovação propriamente dito. O *timing* para o lançamento da ideia também está entre os dez fatores de quebra de uma *startup*.
- **Buscador**: sua principal atividade é "buscar" novas informações e trazê-las ao grupo, para que reforcem o que foi defendido ou "pivotem" a ideia a tempo.
- **Criador**: aquele perfil responsável por criar aplicações e possibilidades. Quanto mais ideias, maiores as chances de uma *startup*.
- **Desenvolvedor**: partindo dos planos e algoritmos do grupo, são aqueles responsáveis pela elaboração dos protótipos funcionais. Uma ideia não materializada é apenas um sonho.
- **Executor**: são os encarregados de transformar o protótipo em MVP. Ou seja: botam a testa na rua e o produto no mercado.

Identificado os perfis, trabalhada a tangibilização dos *insights* e ideias, é hora de definir os objetivos de curto e médio prazos, assim como métricas do projeto (DTC, lembra?). Para isso, um Lean Canvas é a melhor resposta!

De posse de bons *insights* e ideias, aprimoradas com as ferramentas dispostas neste livro, é possível resumir as etapas em: conversas sem barreiras;

convencimento consensual; identificação de perfis complementares; e, finalmente, a modelagem do primeiro *phantom business* ancorado em números. E a melhor ferramenta para isso: uma planilha eletrônica.

É bom lembrar que foram sugeridos apenas perfis, e não o número de pessoas. Podem-se acumular, como sugestão, até dois perfis compatíveis por pessoa. Mas não todos. É muito difícil ser executor e desenvolvedor, por exemplo, ou buscador e facilitador simultaneamente, já que são funções externa e interna ao grupo, respectivamente. Ou você coordena ou executa. Essa tentativa de tomar para si o papel de super-humano é responsável por fazer muitas *startups* morrerem na praia. Essas dicas valem para ambas as incursões, *startups* físicas ou virtuais.

Existem sites especializados em mostrar potenciais parcerias para implementação de *startups*. A Anjos do Brasil,[10] o Co Founders Lab[11] e a Captable[12] são exemplos de organizações que apontam pessoas dispostas a fazer parte de novos empreendimentos. Outra forma também, além de consultar seu vizinho, é ir a feiras, *innovation parties, hackathons* etc. E outra dica de ouro pessoal: quem contribuiu com uma vírgula em seu projeto merece o crédito. No Brasil não se patenteiam ideias, mas o registro autoral, sim. Dessa forma, recomendo sempre que, tendo uma boa ideia, visitem o site da HoodID[13] e registrem lá seus rabiscos, desenhos, músicas etc. Montar uma sociedade é como um casamento. O registro da ideia servirá para definir a partilha dos bens e quem vai ficar visitando a "criança" nos fins de semana, caso a coisa parta para o litígio. Portanto, bons amigos, bons contratos!

▷ O tamanho de nossas cabeças e a qualidade de nossas ideias

Como conduzir um time a boas ideias? E a resposta, depois de vasculhar aqui meus quase 86 bilhões de colegas neuronais, que realizam cerca de 100 trilhões de sinapses, foi simples: o caos! Sim, nosso *brain* não pode pensar "arrumadinho" quando o que temos é uma assembleia com todos falando ao mesmo tempo. Pensar "organizado" é ir contra a entropia; é cansativo e chato.

Para termos uma pequena noção do tamanho de nossa massa cinzenta, a nave Terra trazia a bordo em 2023, segundo estimativas da Organização das Nações Unidas (ONU), 7,9 bilhões de pessoas. São 10,87 vezes menos seres individuais do que a quantidade de neurônios em nossa cabeça ou, de forma melodramática, temos quase onze Terras enclausuradas em nosso *mindset*! Bizarro, *né*, não? Haja 5G! Não dá para ser linear. Ou seja: nossa entropia mental nos torna naturalmente criativos, para o bem ou para o mal.

Se juntarmos os neurônios, seres gritantes do grande clã *mindset*, e o motor-gerador de coisas malucas que apelidei de caos, não há como não haver uma tempestade de ideias, ou *brainstorming*, técnica criada em 1941 pelo publicitário estadunidense Alex Osborn (1888-1966).

Será que a técnica foi inspirada no modelo do cérebro mesmo? Até a própria natureza evolui por tentativa e erro, retendo as boas escolhas e refutando as não tão boas (será que Darwin pensou dessa forma?!). Assim, muitas boas ideias nascem do livre pensar e podem ser derivadas da própria liberdade de expor até mesmo tolices, desde que todos assim se permitam. Exemplos de coisas "bobas", não tão cheirosas e pouco tecnológicas povoam a internet. Não existe ideia de alto ou baixo impacto, pois o experimento é que é o soberano. Você já deve ter ouvido falar em Bosta em Lata[14] (fertilizante), Tchau Bosta[15] (sistema de desentupimento de vasos) ou Pet Rock[16] (pedra de estimação), *startups* que alcançaram *valuation* milionário! Comprar pedra-*pet* ou se meter com coliformes fecais... Quem, em sã consciência, apostaria de cara nessas coisas?

Squad

E, por falar em *brainstorming*, é necessário montar um time específico para isso: o *squad*!

De acordo com a ACE,[17] uma de nossas maiores aceleradoras de empresa, trata-se de uma abordagem de organização de equipes multidisciplinares e autônomas com foco na resolução de problemas, na criação de produtos ou na superação de desafios. Um *squad* geralmente é composto de uma liderança especialista no tema central do projeto, uma pessoa gestora e especialistas por área, que podem variar desde a parte de orçamento até o RH. O modelo *Squad as a service* é uma modalidade em que um time de produto multidisciplinar é formado sob demanda. Assim, em vez de entregar sempre a proposta de um novo projeto sempre ao mesmo time, é importante juntar pessoas dispostas a cumprir a tarefa com DTC previamente definido e de modo temporário. A maior vantagem dessa conformação é evitar a saturação de ideias. Utilizar um mesmo time para tudo o tempo todo evita a oxigenação de ideias. Para empresas inovadoras, que estão aprendendo a trabalhar como *startups*, o conceito de *squad* faz mais sentido do que de departamento de inovação.

▶ *Brainstorming*: conduzindo um *design thinking* em altíssimo nível

Antes de falarmos sobre as regras a serem seguidas na condução de um *brainstorming*, que desembocaria num *design thinking* de altíssimo nível, gostaria de trazer dois conceitos do pessoal do *design*: a ordem imaginada e o objeto de fronteira.

▷ Ordem imaginada e objeto de fronteira

A *ordem imaginada* surge da visão única que se deve imprimir em um grupo de pessoas. Imagine todo mundo pensar a mesma coisa por determinado tempo? Para facilitar, vislumbre um grupo entre 3 e 6 pessoas, todas com pincel na mão, com acesso a várias tintas, e que esse grupo tivesse vários *slots* de 10 minutos para pintar um único quadro por vez, até que uma gravura de consenso fosse admitida. Atingida essa “obra-prima” (não deve ter ficado uma graça), todos teriam um tempo para contemplar essa quimera e, depois disso, ela seria guardada.

No outro dia, todas as cabeças envolvidas no projeto teriam na mente uma imagem daquela quimera, que constituiria agora uma *ordem imaginada*. Todos irão se referir a ela de modo unânime. Mesmo que o líder do grupo, sem que os outros saibam, tenha picotado a quimera em 10.472 pedacinhos, queimado todos, derramado ácido muriático em cima e depois jogado ao mar (essa parte foi só para mexer com a ordem imaginada dos ambientalistas), a quimera continuará existindo, pois ela era, ou é, a ideia que se quis atingir, a ordem imaginada criada por todos.

Ou seja: pode-se trabalhar em cima de uma imagem mental como se ela de fato existisse e pudesse ser aprimorada.

Quando se atinge tal ponto, a ordem imaginada torna-se tangível e ganha o *status* de objeto de fronteira (*boundary object*[18]), elemento capaz de comunicar a todos a mesma ideia. Pode parecer uma viagem insólita, porém fundamental para criar times focados, e não apenas grupos, cuja missão estaria impregnada em cada uma das cabeças. Ninguém de fora poderia compreender aquele momento. Embora pareça meio “Salvador Dali”, não ter um objeto de fronteira oriundo de uma ordem imaginada (uma proposta de valor) é o principal motivo de não se formarem *squads*, mas apenas grupos! A falta de um objetivo comum a um time é uma das principais *causa mortis* de projetos e *startups*. Migrar de um objeto de fronteira para um protótipo torna-se mera questão de tempo.

▷ Começando o *brainstorming*, a tempestade mental!

É preciso criar um ambiente descontraído que encoraje as pessoas a imaginar livremente novas coisas e dissolver seus pensamentos preconcebidos. Em grupo, comecem por considerar um problema específico. Em primeiro momento, tente criar uma ordem imaginada que o defina bem e da qual todos se apropriem o máximo possível. Um membro da equipe deverá registrar todos os *insights* e sugestões. Ninguém deverá julgar nenhuma colocação alheia. Depois da sessão, as várias ideias poderão ser visitadas e avaliadas. Exponho a seguir os dois princípios básicos que devem nortear a tempestade.

1. *Quantidade em vez de qualidade.* Um navio não deverá navegar em alto-mar com uma única âncora. Assim, não tente resolver um grande desafio com uma simples ideia. Quanto mais *insights* forem lançados, maiores serão as probabilidades de encontrar boas ideias nesse montante. Como no caso do navio, várias ideias poderão ancorar melhor as potenciais soluções.
2. *Adiar os julgamentos.* O desenho da **Figura 07** foi inspirado em uma figura do livro *Thinkertoys*[19] e resume bem o que quero dizer. Observe as linhas horizontais. O que um julgamento apressado poderia sugerir sobre o tamanho delas? Meça e veja por si mesmo. Se um "sistema" tão simples como este é capaz de nos enganar, imagine só um julgamento premeditado sobre coisas mais complexas, como *insights* e ideias?

Figura 07. Vieses "atrapalhantes": qual das linhas horizontais é a maior?
Figura elaborada pelo autor com base no livro *Thinkertoys*[vii].

Com esses dois princípios em mente, façamos o seguinte:

- Tenha um tema definido, uma ordem imaginada, capaz de criar um objeto de fronteira.
- "Prototipe" de qualquer forma o que sair daí.
- Abrace as tolices. Ria, mas incentive-as.
- Delimite o tempo para cada rodada. O time precisa saber que tempo é um recurso escasso.
- Conte com um facilitador. Seja um "gerente" com um relógio na mão.
- Trabalhe com um grupo heterogêneo. Quanto mais cabeças, maiores as "viagens"!
- Esteja à vontade, mas permaneça vestido.

[vii] MICHALKO, M. *Thinkertoys*. 2. ed. Berkeley: Ten Speed Press, 2006. p. 43.

- » Registre tudo rapidamente. O importante não é ter letra bonita; se for mais fácil, use um PC.
- » Reduza tudo aos princípios fundamentais. Eles são indiscutíveis e formarão a base de suas soluções. Falaremos sobre esse conceito de modo formal mais adiante.

Para ajudar a criar um P^2S^2 fantástico, inclua também questões pessoais desconfortantes:

- » O que prende a atenção das pessoas?
- » O que as surpreenderiam?
- » O que as chocaria?
- » O que elas adorariam aproveitar?
- » Ao que elas responderiam (ou não)?
- » A quem elas responderiam?
- » Quem as pessoas admiram?
- » Com quem elas gostariam de falar?
- » Quem elas gostariam de ser?
- » Quem elas gostariam de nunca mais ver?

Olhando para esses princípios de abordagem, parece um método perfeito e amistoso para fazer nascer ideias livres, não acham?

Entretanto, exercitando minha projeção astral e observando friamente este professor conduzindo *brainstormings*: titular da disciplina, com quase 2 metros de altura, barba grisalha, voz de barítono desafinado, 55 anos, dos quais 20 lidando com empreendedorismo inovador, e ainda como responsável por lançar as notas, fico pensando se a audiência se sentiria à vontade para lançar ideias malucas – imprescindíveis para a inovação – "livremente", com o mínimo de constrangimento também perante a turma, por mais que eu estimulasse a extroversão.

O viés "atrapalhante" do estereótipo *teacher*, chefe, líder etc. ainda é demasiado intenso em nossa cultura. Necessário em algumas situações e desnecessário em outras, o que rende boa discussão. Percebi, então, que o termo "livre", adjetivo primordial para conceber ideias poderosas, se torna relativo. Vamos tentar outro formato para saber se é possível remediar esse estresse.

▷ Brainwriting 635

Depois de algumas práticas de *brainstorming*, percebemos falhas que a "tempestade de ideias" pode conter e induzir; na realidade, ela pode até matar potenciais "*big ideas*" que estavam por brotar. Será que existem aprimoramentos para esse método? Vasculhando a internet e tendo em mente que um poeta libera todo o seu potencial criativo pela escrita, procurei técnicas de criatividade associadas à pena e ao papiro e encontrei o método Brainwriting. Ele é o irmão mais novo e silencioso do *brainstorming*, no qual as ideias são expostas de forma escrita.

Nesse método, de fato, ninguém é sujeito a críticas enquanto o executa. O *background* não importa: títulos, especializações, condecorações, número de filmes vistos na Netflix ou episódios de *JoJo's Bizarre Adventure* não incrementam seu poder de criatividade, assim como os cargos. O *modo teacher*, ou *modo chefe*, assim como a pressão por pares, cai por terra. Ser espalhafatoso ou introspectivo não gera vantagem nem desvantagem, respectivamente, quando a maioria dos condutores de *brainstorming* preferem as pessoas que chamam mais atenção. Pode-se convergir e divergir, de fato, livremente e sem vexames! Fazendo uma tradução livre do texto que encontrei no Wikipedia para *brainwriting*:[20]

"É composto por 6 participantes (supervisionados por um moderador) que devem escrever 3 ideias em uma planilha específica em 5 minutos. Dessa forma, "6-3-5" explica a etimologia que deu os números ao método. O resultado após 6 rodadas, durante as quais os participantes trocam suas planilhas e as passam para o membro da equipe sentado à sua direita, são 108 ideias geradas em 30 minutos". E tudo sem influência nem vieses "atrapalhantes".

JTBD: Reduzir o número de transações de reservas não completadas em nosso site			12/6/23 Equipe: Nomes Simples
	Moderador: Giedastor		
Participantes	Ideia #1	Ideia #2	Ideia #3
Asdrolfo	Lorem ipsum dolor	non illum velit in	ratione ut iusto
Beneditilda			
Cleoniltem			
Divígora			
Estébrito			
Fagiteildo			

Figura 08. Planilha Brainwriting 635 de Asdrolfo.

Figura elaborada pelo autor.

Como mostrado na **Figura 08**, cada um dos 6 participantes adota uma planilha e põe seu nome nela. Assim, o tímido estagiário Asdrolfo, que faz parte da equipe "Nomes simples", nomeia sua planilha e lá coloca suas 3 ideias em 5 minutos. Feito isso, ele passa sua planilha à extrovertida diretora Beneditilda, à sua direita, cuja planilha – já com seu nome e suas 3 ideias escritas – faz o mesmo passeio, sendo entregue à programadora Cleoniltem. E o barco segue. Ao final de 30 minutos, e após 6 passagens, teremos 108 ideias depositadas nas 6 planilhas, que também podem ser eletrônicas e disponibilizadas em nuvem, caso se opte pelo online.

Observe que as três primeiras ideias de cada um são originais, pois acontecerão simultaneamente; em momentos de baixa inspiração, é possível desenvolver ideias baseadas nos escritos dos integrantes do grupo, e tudo *free pressure* (livres de pressões dos pares e do chefe). Esse processo pode ser repetido diversas vezes, até que o grupo decida que as propostas foram suficientemente refinadas.

▷ Brainwritingstorming 635: a evolução do *Brainstorming*!

Agora, sim: cabe ao moderador, o *designer* Giedastor, juntar tudo em um quadro (ou arquivo eletrônico), discutir em conjunto cada uma das ideias e avaliá-las, reunindo as melhores e eliminando as que são impraticáveis. Com a quintessência das ideias em mãos, as remanescentes, inicia-se um *brainstorming* convencional digno daqueles filmes que mostram salas de situação com superespiões, generais e estrategistas definindo o que fazer antes de o filme acabar. A execução correta do *brainwritingstorming* leva o *brainstorming* a outro nível, capaz de reduzir bastante – ou mesmo eliminar – o estereótipo do "condutor da melhor ideia". E observem: continuou simples, eficaz e preciso.

Agora que sabemos como nosso cérebro funciona, a importância do *insight*, montar um *squad* e gerenciar o processo de chocar ideias, estamos prontos para adentrar no universo Triztorming e aprender a ter *insights* ainda mais radicais. Boa viagem!

FERRAMENTAS GERADORAS DE *INSIGHTS*

PARTE II

Por onde começar qualquer criação, qualquer mudança?

Para mim, uma boa resposta é: compreendendo sobre quais fundamentos as coisas repousam!

Num mundo em constante evolução, a humanidade tem por regra chamar as alterações de percurso por nomes diferentes dos anteriores. Foi assim com a pedra, o fogo, a roda, a agricultura, a ciência, a tecnologia, a indústria, a qualidade total, a inovação, a indústria 4.0 e a famigerada, pelo menos para alguns, inteligência artificial. Os movimentos produzidos pelo trio Ciência, Tecnologia & Inovação e pelo próximo *hype*[i] – talvez nossa conexão ou até a migração deste corpo de carbono para um de silício – serão sempre perecíveis... e instáveis.

Embora tenhamos a impressão de que os avanços indiquem o contrário, por incrível que pareça, dois entes sempre se mantiveram arrogantemente não dando a mínima para qualquer coisa, desde antes de o primeiro ser vivo aparecer no Universo ou na Terra: a Física e a Matemática.

Assim, se queremos quebrar regras com o intuito de fazer algo novo, é necessário tatuar na testa uma premissa básica: saber e operar bem as regras vigentes impostas por estas antigas senhoras, para que não caiamos na armadilha de repeti-las; de passar pelo vexame de criar algo "já criado". Conhecer a Física e a Matemática que estruturam o mundo dos negócios nos permite isso.

Se os professores dessas áreas promoveram algum tipo de trauma em seu *mindset*, é porque não souberam manipular, muito menos transferir, os conhecimentos sobre a língua (Matemática) e o corpo (Física) da natureza. O conteúdo deste capítulo é tanto natural quanto necessário. Você vai gostar! Não estaria sendo honesto se propusesse um livro sobre *insights* "raiz", geradores de criatividade, sem apontar a estrutura das coisas. Seria mais um livro que proporia a criatividade pautada sobre dons inatos dos quais não se pode depender

[i] Promoção extrema de uma pessoa, ideia, produto, que geralmente dura por muito pouco tempo. Podemos chamar de *moda*.

exclusivamente quando se elaboram projetos, pois, em algum momento, todo cérebro se satura e precisa de um *refresh*.

Mas não se "destempere". Caso o trauma tenha sido contundentemente profundo, de modo que eu não consiga incentivar você a promover algum interesse pelos bastidores matemáticos e físicos que ditam os negócios, pode pular este capítulo. O prejuízo será apenas de conseguir aplicar as coisas sem saber ao certo como, de fato, funcionam lá por baixo. De andar de forma aleatória, em vez de caótica (viu, já comecei; sabiam que são conceitos diferentes?). E mais um aviso: sua concorrência, com toda a certeza, lerá este capítulo, pois está atrás de quebrar umas regrinhas.

04.

A Matemática e a Física que estruturam os negócios

"Se eu tivesse uma hora para resolver um problema, passaria 55 minutos pensando sobre o problema e 5 minutos pensando sobre a solução."
(Autoria desconhecida.)

Segundo essa frase – consistente com qualquer abordagem analítica e metódica voltada à implementação de um projeto –, definir bem o problema é estar a 8,33% da solução. E para chegar a esse índice, modelar é a melhor forma de se aproximar corretamente de um problema. Questões complexas da Ciência (nos negócios não é diferente) são resolvidas levando-se o dilema para outro domínio (por exemplo, frequência para tempo, físico para virtual, serviço para produto etc., ou vice-versa para todos), resolvendo por lá, e trazendo-o de volta, só que com uma visão completamente diferente da anterior. Fazendo isso, pode-se dizer que o problema foi resolvido por analogia ou por dualidade. Eis um dos modos utilizados por Triztorming: modelar matemática e fisicamente o problema, resolvê-lo nesse campo, e depois devolvê-lo ao mundo negocial sob novo prisma.

O coração do empreendedorismo inovador é científico, o que não é sinônimo de acadêmico. Mostraremos nesta seção – a que envolve mais Matemática e Física do que todas deste livro, as quais, garanto, poucos experimentaram dessa forma na escola – como é simples fazer uso de conceitos fundamentais e, de quebra, gostando. Precisaremos desses conceitos simples para inovar nos negócios com base em modelagens precisas. O cerne de Triztorming tem por mantra "Definir o problema, por mais redundante que isso possa parecer, é o maior dos problemas. A solução surgirá como uma consequência".

E qual o "porquê" disso? Embora soe muito positiva a frase "foque o problema, não a solução", se o primeiro não estiver bem definido, a solução, que é uma função intrínseca do problema, poderá sair desvinculada (imaginem achar uma bela solução para o problema errado?), não importa o foco que esteja nela. O risco que se corre é transformar tudo em gasto de energia e tempo. Assim, se eu pudesse corrigir a frase, diria: "Foque primeiro a definição do problema; depois, foque a solução". Há uma diferença entre "focar o problema" e "gostar do problema". A primeira expressão requer postura profissional. A segunda, ajuda terapêutica.

Quem não tem números só tem sonhos. Junte isso a outro mantra entoado em tempos de *startup*: "Erre ligeiro e barato para consertar rápido e ter sucesso cedo". Desse modo, aprendemos que o processo de errar "ligeirinho" baseado em métricas, que já é o início da solução, deve estar ancorado em um modelo muito bem definido. Para chegar a um modelo, é necessário saber, *a priori*, como funcionam as coisas no âmago dos P^2S^2: que partes compõem dado sistema, do que essas partes são formadas e como interagem entre si. Isso explica a necessidade deste capítulo. Defendo que, na ciência e nos negócios, as coisas acontecem de forma similar; por isso, ao longo do livro, abusarei da analogia por dualidade.

▶ O método científico-negocial

Observar, conjecturar, experimentar, sintetizar e generalizar. Esse fluxo sintético, atribuído ao filósofo britânico Francis Bacon (1561-1626), é para mim o modo mais elegante para explicar o método científico… e o método negocial também, pois é este último quem guia o empreendedorismo inovador.

Ser cientista *stricto sensu* é para poucos, embora saibamos que o impacto de uma nação no mundo tem por termômetro a parcela de sua ciência que é aplicada. Ser cientista no modo *stricto* não é ter doutorado ou mestrado ou especialização ou até mesmo uma graduação. É, evidentemente, utilizar o método científico – observar, conjecturar, experimentar, sintetizar e generalizar – e ter o mais importante, o quinto elemento, o qual eu chamo de "*fail fast*", oriundo lá do *design thinking*: errar rápido, abandonar o desnecessário, reforçar os pontos positivos e recomeçar a abordagem aprendendo com isso, de modo a não refazer o mesmo caminho; sim, e de forma barata. A consequência desse trajeto será, irremediavelmente, uma criação aplicável e sustentável. Diria então que na bagagem do cientista moderno negocial faltam os termos *feedback* e *coragem* de não se preocupar em manchar sua biografia empresarial ou científica.

No prisma Triztorming, ser cientista é utilizar o *script observar – conjecturar – experimentar – generalizar – falhar – ouvir – corrigir – retornar – não ter vergonha* e, ao final, conjugar o verbo "criar". Tudo de forma sistemática e recorrente, voltando de qualquer ponto para o ponto anterior, caso assim se faça necessário. Do contrário, seu negócio (seja empresa, seja laboratório ou carreira) não terá uma vida longeva, pois ele se tornará algo parecido com *commodities*, dependendo para sempre de avanços alheios, impactando diretamente na liberdade econômica.

E, segundo Peter Thiel, para que se possam ditar regras, criar "dinheiro novo", deve-se buscar o que ele chama de "monopólio criativo". Quanto maior for o nível de inventividade atrelado ao seu projeto, mais próximo você estará de um oceano azul.

Como queremos ter *insights* poderosos para aumentar nosso nível de inventividade e por ser este capítulo o responsável pelo arcabouço dos fundamentos científicos basilares, precisamos ter o método científico-negocial introjetado na medula empreendedora.

▷ Sistema mínimo

Com a finalidade de aplicar aos sistemas negociais o método científico, a Matemática e a Física, é imprescindível modelar corretamente um contexto, pois nos ajudará na redução de efeitos colaterais aleatórios, tornando mais previsíveis sistemas como o mercado – embora ainda dentro de fronteiras caóticas.

Aprendemos que a determinação da relação entre percepções (se oriundas de fenômenos de causa-efeito ou de simples correlações) garante a geração de *insights* robustos. Para que estes sejam eficazes, capazes de melhorar nossas ações de criação, faz-se necessário domar dois efeitos selvagens: o caos e a cadeia de causa-efeito. Sugere-se, então, começar por modelos simples para o micro- ou o macroambiente. Pense que, assim como nos negócios, existe um MVP para qualquer sistema. Precisamos, portanto, do conceito de *sistema mínimo*.

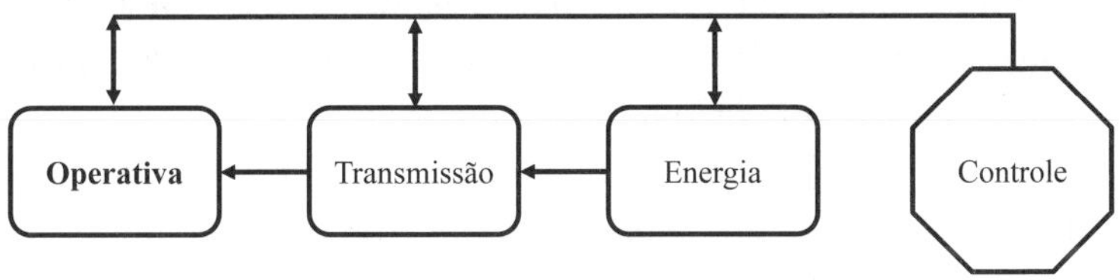

Figura 09. Sistema mínimo.

Elaborada pelo autor com base no livro *Inventive thinking through TRIZ*, de Michael A. Orloff[i].

[i] ORLOFF, M. A. *Inventive thinking through TRIZ*. 2. ed. Hanover: Springer, 2010.

Encontrei no livro *Inventive thinking through TRIZ*, de Michael A. Orloff,[1] o modelo que considerei mais interessante. Para ser minimamente efetivo ou viável, qualquer sistema necessita de, pelo menos, quatro partes funcionais:

- *Operativa*: executa a função principal. Ex.: em uma furadeira, a broca é a parte operativa.
- *Transmissão*: responsável por converter e transferir a energia de uma fonte à parte operativa.
- *Energia*: a fonte que alimenta todas as partes. Em um automóvel a explosão, o combustível é essa fonte.
- *Controle*: quem coordena todas as partes.

Observe que propositadamente destaquei a parte (ou bloco) de controle das demais partes. O motivo foi ressaltar que muitos sistemas mínimos possuem um controle ou inteligência orgânica inerente, enquanto outros precisam que ela seja inserida. A furadeira e o carro convencional são exemplos, pois o controle real é exercido por um ser humano. Com o nascer da Indústria 4.0 e das IAs generativas, estamos evoluindo para criar sistemas com capacidade racional artificial.

O sistema mínimo pode modelar qualquer processo, produto, serviço ou *startup*. Vejamos alguns:

- *Processo.* Um sistema de correia transportadora possui uma esteira (operativa), um motor com engrenagens relacionadas (transmissão) que é alimentado por energia elétrica, e um sistema com sensores e atuadores controlados por um processador (controle).
- *Produto.* Uma furadeira tem de ser alimentada por energia elétrica (energia), que é convertida em energia mecânica e transmitida (transmissão) para a broca (operativa), cujo controle de velocidade e intensidade é feito pela mão humana (controle).
- *Serviço.* Um vídeo (parte operativa, aquela que atinge a audiência) tem de ser produzido (energia: RH + dinheiro + tempo) e veiculado (conversão da cena em sinais elétricos e transmissão) a partir de um modelo de negócio/projeto elaborado (controle).
- *Startup.* Um grupo de pessoas (energia) desenvolve tecnologia (operativa) e entrega-a em escala por canais específicos (transmissão), cujos sensores espalhados no nicho coletam dados (transmissão) a

serem utilizados pelo C-*level*[ii] (controle). O sistema mínimo não é restringente. Você pode incluir outras partes caso as apresentadas não contemplem seu modelo. Aqui, ele será utilizado como base para a modelagem.

Números da inventividade

Inspirado no artigo "*The five levels of inventions – a classification of patents from TRIZ perspective*",[2] de Umakant Mishra, bolei um mapa oceânico para inovadores. Vide **Figura 10**.

Baseado em milhares de *cases* de mercado, a primeira coluna aponta os níveis de inventividade necessários para resolver problemas em projetos, sejam em empresas, sejam em centros de desenvolvimento tecnológico. No nível 1, no qual se enquadram 35% desses problemas, as soluções encontradas não levam à eliminação de contradições técnicas, apenas resultam em invenções menores, invenções que não geram propriedade intelectual. Um problema do nível 1 significa que um método de solução reside dentro das fronteiras de uma única profissão e que pode ser resolvido por profissionais familiarizados com a área do problema.

Problemas do nível 2 envolvem contradições técnicas, que podem ser facilmente superadas com métodos de solução conhecidos em disciplinas de áreas de sistemas relacionados. Por exemplo, um problema envolvendo uma ferramenta de corte de metal pode ser resolvido usando-se algum método conhecido em máquinas que trabalham no corte de pedras, já que esses dois sistemas técnicos podem ser chamados de "relacionados". Moram aí 42% das broncas do mercado.

Em problemas do nível 3, encontramos contradições cujo conhecimento necessário para resolvê-las reside dentro das fronteiras da mesma ciência; os problemas "ópticos" são resolvidos com o conhecimento da Óptica, os problemas "químicos" são resolvidos com o conhecimento da Química. Nadam nessa faixa 18% dos problemas encontrados nas empresas. Até aqui, atingimos perto de 95% das "pelejas" dos projetos. Resolvê-los mantém empresas ativas e muita gente empregada.

[ii] Termo utilizado para *design*ar coletivamente os executivos que comandam uma companhia. A letra C significa *chief*, ou "chefe" em português. Exemplos: CEO, Chief Executive Officer; COO, Chief Operating Officer; CFO, Chief Financial Officer; CTO, Chief Technology Officer; CMO, Chief Marketing Officer, são os mais comuns.

Nível	Inventividade tecnológica (dificuldade de imitação)	Experimentos (tentativas)	Quem nada nesse oceano
5	Descoberta de um princípio	> 10k	1%
4	Utilização de funções ou princípios radicalmente novos	1k a 10k	4%
3	Estendendo uma combinação de funções ou princípios para um novo mercado	100 a 1k	18%
2	Melhoria qualitativa. Aprimoramento/combinação de soluções existentes no próprio mercado	10 a 100	42%
1	Melhoria quantitativa. Mudança no valor de parâmetros ou otimização	1 a 10	35%

Figura 10. Mapa Oceânico da Inventividade (MOI).

Figura elaborada pelo autor.

▷ A mina de ouro

Indo para o nível 4, as soluções necessitam da síntese de um novo sistema técnico. Como essa abordagem não se refere à resolução de contradições técnicas, a invenção pode ter sido concebida sem a necessidade de superar contradições. De fato, existiam contradições, mas elas estavam relacionadas a um antigo sistema técnico – ou um protótipo. Nesse nível, as contradições são eliminadas por meios que podem residir longe das fronteiras científicas às quais o problema pertence. Por exemplo, problemas “mecânicos” são resolvidos com conhecimento de química, elétrica ou de materiais. Aqui pode ser gerada alguma propriedade intelectual do tipo modelo de utilidade.

Chegando ao nível 5, adentra-se na zona inventiva máxima, uma complexa rede de problemas difíceis. O número de tentativas é praticamente ilimitado, resultando em uma invenção pioneira. Tal invenção lança um sistema radicalmente novo, que é acompanhado por invenções com níveis adjacentes (ou incrementais) ao longo do tempo. Uma nova área de tecnologia, um novo processo de *marketing*, uma nova metodologia é criada.

Nesses dois últimos níveis, as potenciais soluções, por exemplo, podem levar *startups* a figurar como unicórnios, conforme o jargão do meio, ou presentear algum grupo de pesquisa com o Nobel. O grafeno é um tipo de produto com essas duas características. Alcançar esse nível equivale a estabelecer um monopólio criativo.

▷ A receita para saber onde se está para poder saltar

Com base no mapa oceânico, é preciso fazer uma autoanálise do que está acontecendo, do que se está fazendo e refletir onde se pode encaixar. Deve-se perguntar: Estou aprimorando algo já existente, algo cujo princípio já foi descoberto e que não há mais nada a acrescentar? Devo misturar conceitos? Devo promover um *hackathon* na empresa? Pretendo criar algo e saltar para a parte azul do mercado, onde reinam os 5% dos processos disruptivos, e ganhar margem de distância e folga para pensar melhor ou continuar em uma disputa incremental sem fim, com 95% dos tubarões, sem saber como chegar ao fim do mês? Será que o número de tentativas é um indicativo de erro de procedimento ou estou criando algo que tende a subir de nível? Devo procurar ajuda científica/profissional externa ou "ralo aqui com meus botões"?

Responder a essas perguntas exige alto grau de maturidade empreendedora, de uma boa equipe e de um bom entendimento do modelo de seu negócio. Exige parada estratégica para ir mais além. Essa pode ser a diferença entre perseverar ou "pivotar" – verbos que ainda mantêm um negócio no jogo – ou fracassar. Dê uma olhadinha no mapa oceânico da inventividade (MOI), abra a cabeça para *insights* e veja se, ou onde, seu mar está para peixe. Tudo está em suas mãos. Afinal, em que aquário você vai querer disputar comida?

▶ A Matemática e a Física aplicada ao gerenciamento e tamanho de times

Sempre nos perguntamos "Qual é o tamanho ideal de um time?". Três, cinco e sete estão entre os números mais pensados, pois, caso o consenso não triunfe, uma votação poderá – apesar dos perdedores ressentidos – apontar um caminho.

Item fundamental para que um grupo tenha a melhor *performance* possível, o número de integrantes respeita uma lógica cerebral ancestral. Não segui-la pode colocar em risco o resultado de vários projetos. Uma equipe desconectada é um dos principais fatores para a morte de qualquer ideia.

Em abordagens com *squads* (oficinas, disciplinas etc.), sempre reluto em permitir a formação de grupos de trabalho maiores do que certo índice. Em grandes empresas, o número de pessoas ligadas a determinado departamento nunca ultrapassa um valor. Vamos entender esses KPIs[iii].

[iii] Key Performance Indicator.

▷ Número de Dunbar

Do artigo da BBC *Dunbar's number: why we can only maintain 150 relationships*,[3] recolho:

> "Existem limites bem definidos para o número de amigos e conhecidos que uma pessoa média pode reter. Mas a questão de saber se esses limites são os mesmos no mundo digital de hoje – aquele em que é comum ter perfis de rede social ou fóruns online, com milhares de seguidores – é mais complicada. De acordo com o antropólogo britânico Robin Dunbar (1947-), *o número mágico é* 150. Dunbar se convenceu de que havia uma proporção entre o tamanho do cérebro e o tamanho do grupo por meio de seus estudos com primatas não humanos. Essa proporção foi mapeada por meio de neuroimagem e observação do tempo gasto na preparação, um importante comportamento social dos primatas; (...) Essa proporção limita com quanta complexidade um sistema social pode lidar.
>
> (...) Dunbar e seus colegas aplicaram esse princípio básico aos humanos, examinando dados psicológicos históricos, antropológicos e contemporâneos sobre o tamanho dos grupos, incluindo o quão grandes os grupos chegam antes de se separarem ou entrarem em colapso. Eles encontraram uma consistência notável em torno do número 150. Mas 150 sozinho não conta toda a história. Outros números também estão aninhados na hipótese do cérebro social. De acordo com a teoria, o círculo mais fechado tem apenas cinco pessoas – entes queridos. Isso é seguido por camadas sucessivas de 15 (bons amigos), 50 (amigos), 150 (contatos significativos), 500 (conhecidos) e 1.500 (pessoas que você pode reconhecer). As pessoas migram para dentro e para fora dessas camadas, mas a ideia é que o espaço deve ser aberto para novos participantes."

Dunbar não tem certeza do porquê de essas camadas de números serem todas múltiplas de 5, mas diz: "Este número (5) parece ser fundamental para macacos e primatas em geral". Assim, acho que você já deve suspeitar de qual KPI sugiro quando falo em número de integrantes de um grupo, não é mesmo?

▷ Teste de Associados Remotos

Mais adiante trabalharemos com a "dupla de *rappers*" *Remote Associates Test* (RAT) e *Functionally Remote Associates Test* (FRAT). Esses testes, desenvolvidos em 1962 pela cientista estadunidense Martha Mednick (1929-2020) e desde então considerados medidas válidas de criatividade, indicam – além de promover charadas para potencializar nosso *mindset* – que conseguimos manter em mente, por vez, três palavras-chave, ligá-las a uma quarta palavra e obter uma "conclusão sincronizadora".

Exemplos: o que conecta as palavras azul-mergulho-metal? As soluções são óbvias: foguete, submarino ou escafandro (você é livre para escolher). O que liga pato-dobrável-real? *Ok*, eu digo: a conta! Alguém vai "pagar o pato", que vem em forma de dinheiro (papel dobrado)! Certo, mas o que isso tem a ver com *insights, startups*, a vida etc.? Exemplifico novamente: conecte carro-GPS--cartão de crédito! Alguém pensou em motorista de aplicativo? Novamente: junte quarto-plataforma-turismo! Duvido que alguém tenha pensado Airbnb...

E por que antecipei a apresentação de RAT e FRAT? Os testes também mostraram que trabalhamos criativa e naturalmente bem com três a quatro opiniões, além da nossa. Quando o número de pessoas não ultrapassa cinco, conseguimos associar o discurso ao seu respectivo indivíduo. Ou seja, aquela dúvida sobre quem emitiu a ideia diminui à medida que o grupo não ultrapassa cinco integrantes. Uma vez que a ideia é formar um *squad* – conceito que vai além de grupo ou arrumadinho –, cinco é um bom limite. Você pode manusear, ou melhor, "cerebrar" outras quatro opiniões sem confundir o dono da coisa. Serve também para ideias ou decisões ruins.

▷ Fisicamente, por que cinco é um bom fator?

Imagine pessoas em uma sala. Para que três delas interajam de forma equilibrada, de modo que todos se "falem" e se "escutem", serão necessários três *links*. Se uma quarta pessoa juntar-se ao grupo, precisaremos de seis *links*. Se a intenção for manter uma boa discussão envolvendo cinco pessoas, as conexões sobem para 10 *links*. Se *n* pessoas precisam trocar ideias entre si, o número de *links* será dado por $Links = n(n - 1) / 2$. A **Figura 11** ilustra esse fato.

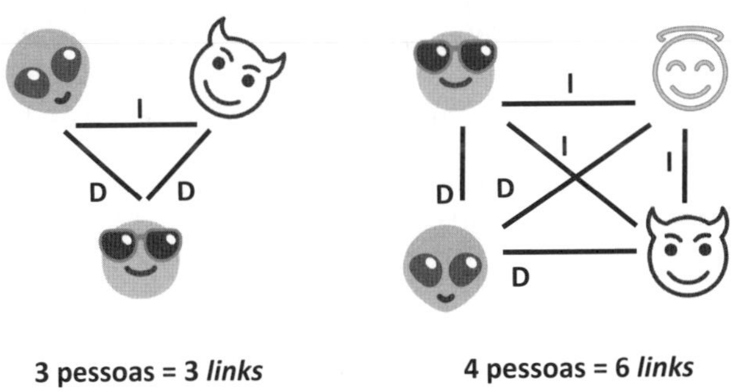

Figura 11. Pessoas conversando descontraidamente

Figura elaborada pelo autor.

Vimos os números frios (a Matemática). Então vamos à dinâmica (Física) das coisas. Imagine que, em vez de uma conversa sem foco, houvesse a necessidade de você, o P.O.[iv], conduzir um projeto com mais três pessoas. A segunda coluna da **Tabela 03** mostra a quantidade de *links* de informação que seu cérebro teria de trabalhar. Mas aí você diria: "Ledo engano. Se eu tivesse que gerenciar este grupo com quatro integrantes, bastaria gerenciar três *links*!". E a Física diria: "Nada disso, Padawan: se você quiser saber como anda seu grau de convencimento sobre o ponto em pauta e definir quando remar ou deixar o vento soprar, terá de gerenciar os *links* diretos (D), aqueles em que você e seu interlocutor são protagonistas, e também terá de ler e entender os *links* indiretos (I), aqueles nos quais você não é nem coadjuvante". Ou seja, a regra continua valendo. Observe: o crescimento do número de *links* se dá exponencialmente em relação ao número de integrantes do grupo. É muita coisa para gerenciar.

E, mais uma vez, o número cinco se consolida. Numa equipe com até cinco pessoas, você terá de lidar com quatro *links* **D** e seis *links* **I**. Como os *links* **D** são mais intensos, estes você não esquecerá, conseguindo administrar e chegar a uma conclusão sincronizadora proposta pelos *rappers* RAT e FRAT. Mais do que cinco, a conclusão sincronizadora – resultado potente da compilação das principais ideias – começará a perder qualidade e, não raro, eficácia. Numa equipe com seis pessoas, seu cérebro terá de compilar cinco *links* **D** e dez *links* **I**. Sem chances!

Pessoas no grupo	Links considerados	O que acontece:	Força das ideias trabalhadas
1	0	Ninguém é uma ilha. Só, não conseguirá distinguir ideias brilhantes de loucura.	Fraca. Ideias unipolares.
2	1	Vai dar pau: por que sua opinião é melhor do que a dele(a)?	Fraca. Fla-Flu. Terminará sempre em tudo ou nada, o meu ou o seu. O bom e o ruim. Maniqueísta.
3	3	Há uma tendência de pensamento de grupo. "É melhor a gente concordar pra encerrar logo isso!"	Média. Você consegue prever as ideias dos outros. Tendência a consensos, pois não há como formar subgrupos. Pode dar muito certo ou muito errado.

(Continua)

[iv] Project Owner. Nesse caso, o dono do projeto!

Pessoas no grupo	Links considerados	O que acontece:	Força das ideias trabalhadas
4	6	Você consegue gerenciar mais do que 3 ideias diferentes. E se empatar?	Média. Começam a surgir subgrupos. Geralmente, você convence alguém, mas não todos.
5	10	Aparecem subgrupos com diferentes tipos de laços entre si.	Forte. As ideias começam a ganhar força, pois sempre sofrerão refinamento, já que 05 pessoas dificilmente concordarão em tudo. Os subgrupos aqui são de tamanhos diferentes (3+2), o que cria grupos predominantes em diferentes assuntos.
6	15	Limite do gerenciamento cerebral, com o problema do empate.	Média. Tendência a criar subgrupos de mesmo tamanho: 3+3 ou 2+2+2.
7	21	Virou assembleia. Não roda!	Fraca. Anarquia. Nunca serão alcançados direcionamentos de forma objetiva.

Tabela 03. Número de links numa conversa e os respectivos efeitos.

A Matemática e a Física apresentadas aqui deram-lhe dicas para montar um *squad* de bom tamanho, aquele que vai tocar da melhor forma ideias nascentes. Foi difícil compreender esses fundamentos?

▷ Se está grande, "quebre" o time: a anedota GORE-TEX!

E quando a necessidade pede times maiores, o que os números nos dizem? Do site da estadunidense National Public Radio (NPR)[4] pego este *case* interessante:

> "GORE-TEX[v] é uma empresa que fabrica roupa de mergulho, botas de caminhada, entre outros. Quando a empresa foi criada, Bill Gore a montou no seu jardim, sem muita infraestrutura. Com o crescimento do empreendimento, Bill abriu uma fábrica maior, que continuou a crescer. Então, um dia, Bill entrou na sua própria fábrica e não reconheceu ninguém que trabalhava ali. Perguntando-se o porquê daquele fato, Bill decidiu limitar o número de funcionários para 150. Toda vez que a empresa expandisse, ele construiria um novo prédio para abrigar os 150

[v] https://www.gore-tex.com/ (acesso em: 15 nov. 2023)

novos membros. A intuição de Bill lhe dizia que, quanto mais pessoas trabalhando em um mesmo ambiente, menos elas iriam se importar de trabalhar duro e ajudar o próximo. Ou seja, todo senso de comunidade era perdido. Com isso, a companhia pôde ser administrada de maneira mais eficiente, e o crescimento foi ainda maior."

Dunbar estuda o crescimento da GORE-TEX e o motivo do seu sucesso após a decisão de Bill Gore. Segundo Dunbar, em empresas pequenas, "Todos sabem quem é quem. Quem é o gerente, quem é o contador, quem faz os sanduíches...". Esse modelo de negócio indicou que pode existir, sim, um limitante para o número de interações sociais que os humanos conseguem manter estáveis e saudáveis no seu convívio social.

A mesma regra vale para os times de projeto. Se sua equipe é grande, divida-a em porções gerenciáveis e reúna-se apenas com os gerentes de cada uma delas. Forme um grupo com os gerentes. Uma multidão desfocada não levará uma ideia, projeto, empresa etc. muito longe.

▷ Sintetizando

Não se aprende muito quando o número de ideias fica maior do que aquilo que conseguimos absorver, como também não se aprende muito com quem concorda conosco o tempo todo. Não temos cinco dedos por acaso. Nossa evolução se deu porque um de nossos dedos, o polegar, se tornou antagonista. Discussões são sempre necessárias. Saber gerenciar e interpretar os *links* (diretos e indiretos) é imprescindível. Espero que os fundamentos tenham passado a ideia de que cinco não é um número puramente cabalístico.

▶ A matemática da escala

As métricas dos grandes números podem aparecer em vários formatos: qualitativas × quantitativas; de vaidade × acionáveis (sentir-se bem × fazer bem a coisa); exploratórias × reportação (especulativas × factuais); guia × atraso (antecipar × ficar contemplando um passado glorioso); correlacionadas × casuais (as coisas mudam simultaneamente × uma coisa controla a outra).

É importante escolher as métricas corretas antes de pensar em lançar qualquer solução. Cinquenta milhões de *likes* dados a uma grande ideia podem demonstrar uma considerável correlação com a proposta de valor de seu P^2S^2 ou pode significar apenas isso! Buscar um modelo, uma equação, um algoritmo baseado na estratégia e tática citadas anteriormente levará seu modelo de negócio a entender a causa das reclamações e o que ele deve, de fato, resolver. Aí se pode pensar em tornar tangível uma ideia, prototipar algo e desenvolver um modelo de ideia ou de negócio.

Qualquer estratégia deve ser ancorada em fatos. Nos negócios, gosto de adotar as métricas compiladas por David McClure[5], CEO da incubadora de empresas 500 *Startups*[6], também conhecidas por métricas piratas, pois o mnemônico formado lembra a risada de um certo personagem, "AARRR!".

▷ Métricas McClure-Jordan

As métricas piratas são um modo de mapear a jornada do cliente por meio de diferentes níveis ou indicadores de performance chave (KPI) utilizados para evoluir os negócios. Apesar de as cinco métricas de McClure serem famosas, gostei do acréscimo do primeiro "A" feito por Jordan Skole,[7] pois, antes de mais nada, é fundamental que o mundo saiba que nós existimos.

Considerando esse acréscimo, elas ficam com o formato "AAARRR", o que não muda muito o som: *Awareness* (Consciência), *Acquisition* (Aquisição), *Activation* (Ativação), *Revenue* (Receita), *Retention* (Retenção), *Referral* (Referência). De seu artigo, muito bem escrito, transporto partes das métricas, já que meu foco não é mudá-las, mas utilizá-las adiante:

1º A. *Awareness* (Consciência). Concentram-se em apresentar você aos seus consumidores em potencial e tentar levá-los a agir. Seria impossível medir, mas toda vez que uma pessoa vê alguém usando uma camiseta com sua marca nela, ou um adesivo de logotipo em um *notebook*, isso seria Awareness. A consciência "amadurece" à medida que as pessoas se lembram da sua marca. Assim, quando elas veem esse logotipo, elas sabem o que é. A publicidade tradicional, como TV, rádio, *outdoors*, são todos canais de *marketing* destinados a gerar conscientização. O que medir:

- Impressões, número de cliques recebidos (CTR), minutos de atenção, visitas ao site, métricas de vaidade (curtidas, compartilhamentos sociais, impressões sociais), impressões de *podcast* etc.
- Canais para trabalhar: Search Engine *Marketing* (SEM), AdWords, Search Engine Optimization (SEO) / conteúdo, *display*, boca a boca, *retargeting* (publicidade direcionada aos consumidores com base em seu comportamento anterior).

2º A. Aquisição. É a sua primeira transação com um usuário. Só que, em vez de trocar dinheiro por um produto ou serviço, você normalmente troca algum tipo de conteúdo pela permissão de enviar mensagens para ele novamente no futuro.

- O que medir: novos *leads*, inscritos no *e-mail*, *downloads* de recursos, *chat* de suporte/vendas, praticamente tudo para você conseguir o endereço de *e-mail*.
- Canais para trabalhar: Otimização da Taxa de Conversão (CRO), iscas digitais, webinários, *widgets* de bate-papo, inscrições de *newsletter*, otimização de *landing page*, promoções.

3º A. Ativação. Processo em que o seu usuário experimenta o seu produto. O que medir:

- Novas assinaturas de avaliação (SaaS), vendas de produtos *loss-leader* (produto vendido a preço abaixo do seu custo), *e-commerce*, clientes *freemium* (SaaS), respostas (vendas).
- Canais para trabalhar: Experiência do Usuário (UX), adoção de recursos, sucesso do cliente, vendas tradicionais, sucesso antecipado do cliente.

1º R. Receita. Quando seu contato finalmente se arrisca a trocar um pouco de dinheiro por alguns de seus produtos. O que medir:

- Custo de aquisição do cliente, conversão de teste para pagamento (SaaS), primeira compra (e-commerce).
- Canais para trabalhar: abandono de carrinhos, fluxo de *checkout*, experiência UX, vendas, o produto em si (assumindo que você esteja aproveitando um estágio de ativação).

2º R. Retenção. Quantidade de receita incremental que você pode gerar com certo cliente. O que medir:

- Customer Lifetime Value (CLTV), taxa de rotatividade (*churn rate*).
- Canais para trabalhar: *marketing* do ciclo de vida do cliente, *e-mail marketing, retargeting, marketing* de produto.

3º R. Referência. É um dos grupos de métricas mais importantes, e frequentemente negligenciado, os quais se deve focar – até mais do que a retenção. Você pode pedir aos seus clientes que completem uma pesquisa até que você se canse, mas perguntar a alguém se ela faria alguma coisa é bem diferente de medir aqueles que realmente o fazem. O *marketing* boca a boca é um dos canais de aquisição de clientes mais importantes para se concentrar. Na verdade, 84% dos clientes relataram que sempre, ou às vezes, tomam decisões baseadas em recomendações pessoais. Setenta por cento disseram que fizeram o mesmo com as opiniões dos clientes online. Apesar disso, 83% dos clientes da amostra estariam dispostos a indicar novos negócios para uma marca que eles amam, mas apenas 29% deles realmente o fazem. Por essas razões, o estágio de referência é realmente um estágio de consciência especializado, às vezes referido como "fecho do ciclo". O que medir:

- Net Promoter Score (NPS, média de indicação ou métrica de lealdade), referências, compartilhamentos sociais, métricas de consciência (por canal).
- Canais para trabalhar: *marketing* de referência.

As AAARRR não são a solução para a jornada do cliente, mas fazem algo importante: apontam onde estão os problemas, que só terão início se o P^2S^2 tiver tração. Assim, quando alguém disser que tem um P^2S^2, pergunte: *Tem tração?* Se a resposta for negativa, seu interlocutor só tem um sonho, e o que ele acha que é um P^2S^2 vai, literalmente, morrer na praia. E o que significa "ter tração"?

▷ Tração

Quem chegou até aqui sabe definir "entrega". Quem cria um P^2S^2 sabe que ele não está contido apenas em sua autodefinição, porém em um conceito ainda mais amplo. Qualquer P^2S^2 que se preze, terá de cumprir, em qualquer grau de profundidade, o ciclo: *Insights → Ideia → Protótipo → MVP → Tração*

Desenvolver tração para o P^2S^2 pode ser o mais difícil, caminho este desenhado no AAARRR. Veja só o *hall* de perguntas que o P^2S^2 terá de responder, excelentes geradores de *insights*:

> Como adivinhar o que o cliente quer? Como quebrar as barreiras do mercado? Como viralizar? Como criar contágio? Como criar uma conexão emocional? Como criar uma marca? Como contar uma história bonita e que cole? Como convencer influenciadores a apoiar meu produto? Como transformar meus primeiros usuários em vendedores? Como retê-los? Como criar um modelo de vendas replicável? Como desenvolver a publicidade? Como saber se está dando certo, se estou ganhando tração? Como fazer palestras de aderência? Como me apresentar em feiras? Como desenvolver formulários de validação? Em quais *blogs* devo

disponibilizar meu negócio? Até quanto tenho de investir na tração de meu negócio? Como usar o Search Engine *Marketing* (SEM), ou "pagamentos por cliques", cuja plataforma Adwords do Google fatura em torno de US$ 100 milhões por dia? Faz sentido usar *e-mail*, plataformas sociais, WhatsApp, Telegram, X (antigo Twitter), YouTube, SMS ou, resumidamente, Social Ads? Devo investir em mídias *off-line*, rádio, TV, revistas, jornais, páginas amarelas etc.? Tento a fidelização?

Coloquei os possíveis canais de tração em forma de perguntas, pois este deve ser o procedimento: testar os canais!

***Insight* de ouro**. A experiência mostra que é recomendável produzir o P^2S^2 ao mesmo tempo que desenvolve a tração. Assim, quando a proposta de valor estiver em condições de ser apresentada, também estará "viva" para o mercado. Deixar a tração para ser trabalhada quando o produto estiver pronto fará com que você perca esse mesmo tempo para tracioná-lo depois que o produto estiver pronto. O tempo entre criar e apresentar a solução ao mercado será dobrado, o que em termos de *time-to-market* poderá implicar o lançamento não mais de uma inovação, mas de um produto ultrapassado. Desenvolva e tracione seu P^2S^2 ao mesmo tempo!

▶ Caos, aleatoriedade e previsões

Vou abrir este tópico com a frase do autor estadunidense James Gleick (1954-): "Onde o caos começa, a ciência clássica termina!". Depois de ler seu belo livro *Chaos: making a new science,*[8] compreendi que a natureza determinística dos sistemas caóticos não os torna previsíveis, mas possibilita minimamente algum tipo de modelagem. E assim o mercado determina (estou sendo redundante) os negócios; de modo caótico, não aleatório. Se um negócio falha ao ser lançado, antes de ser uma obra do azar, foi consequência de um modelo mal elaborado. Compreender os fundamentos do que foi plantado em algum Canvas nos levará à resposta. Nessa linha caótica, para complementar, posso dizer também que um *mindset* sem apetite para o caos nunca promoverá *insights*.

▷ A física das tomadas de decisão

Será que faz sentido a frase "Tomadas de decisão: caóticas, porém nunca aleatórias!"?

Para respondermos a essa questão, precisamos compreender bem como nosso cérebro funciona e como o processo de decisão se dá, pois isto pode ajudar a aprimorar as ações dirigidas aos negócios e, por que não, à vida! Muita gente confunde esses dois conceitos. Na verdade, equivale a misturar algo sensivelmente instável com uma ação arbitrária; daí as más decisões.

Sendo o caos um processo determinístico, devemos preferi-lo. Decisões arbitrárias, muitas vezes com origem em crenças limitantes impostas por culturas corporativas, podem levar a resultados aleatórios e inconsequentes. Entender bem a diferença entre o determinismo e a sorte pode salvar negócios.

▷ Onde entra o caos

Embora muita gente não saiba, a ciência do caos trata de sistemas complexos e dinâmicos rigorosamente deterministas, mas que apresentam um fenômeno fundamental de instabilidade chamado *sensibilidade às condições iniciais*. Assim, pequenas diferenças nas condições iniciais de controle de dado sistema podem produzir resultados amplamente divergentes, tornando a previsão em longo prazo geralmente impossível, apesar de esses sistemas serem deterministas. Já comportamentos aleatórios são típicos de sistemas totalmente imprevisíveis. Ou seja: é impossível de prever, não importando quanto se saiba da história daquele sistema. Portanto, para um sistema caótico – havendo a possibilidade de repetir todas as condições iniciais –, teremos sempre a mesma resposta. Ou, contra tudo o que nos diz o senso comum, os sistemas caóticos são determinísticos.

Por exemplo: se conseguirmos jogar uma única moeda sempre da mesma maneira, dando a mesma quantidade de giros, fazendo-a atingir o mesmo ponto da superfície contra a qual se chocou pela primeira vez e da mesma forma, ela sempre cairá do mesmo jeito. A ciência do caos garante isso! Entretanto, como é muito difícil repetir as condições iniciais (posição da mão, força de arremesso, vento, ponto de impacto na superfície), você nunca poderá prever como e onde a moeda cairá, fazendo com que pareça um comportamento aleatório.

E o que se pode extrair desses conceitos e como relacionar tudo isso aos projetos ou mesmo aos negócios? Simples: se você dominar as condições iniciais, terá maior probabilidade de acertar o resultado de qualquer arremesso. Refiro-me ao fato de criar algo, arremessá-lo e transformá-lo em inovação quando esse algo cair no mercado.

▷ Conceito de caos

"Pequenas diferenças nas condições iniciais, tais como as causadas por erros de arredondamento em computação numérica, produzem resultados amplamente divergentes para tais sistemas dinâmicos, tornando a previsão a longo prazo impossível, em geral. Isso acontece apesar de estes sistemas serem deterministas, o que significa que seu comportamento futuro é determinado por suas condições iniciais, sem elementos aleatórios envolvidos. Em outras palavras, *a natureza determinista desses sistemas não os torna previsíveis*. Este comportamento é conhecido como *caos determinístico*, ou simplesmente caos."[9] Reduzindo em uma frase, até os sistemas determinísticos são sensíveis e podem não respeitar uma relação simples de causa-efeito. A **Figura 12** mostra de forma didática como uma decisão baseada em um fato deflagrador (ignição determinística, como a definição de uma taxa de mercado), pode levar a resultados totalmente imprevisíveis.

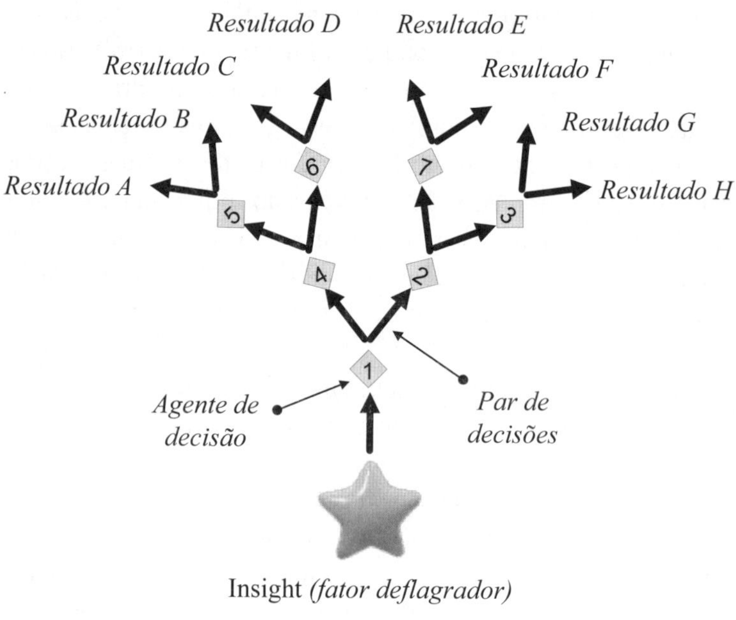

Figura 12. Cadeia caótica de decisões. Como cada losango representa um agente de decisão, seu respectivo nível de sensibilização contribuirá para um resultado determinístico, porém caótico.

Figura elaborada pelo autor.

▷ O formato caótico de nossas decisões

No Preâmbulo comparamos nosso cérebro a um PC (o contrário também funciona). Lá mostramos que dada a natureza dos disparos de nossos neurônios, qualquer decisão, bem lá no fundo, tem por saída um resultado binário. Fazemos ou não fazemos; subimos ou descemos; abrimos ou fechamos; viramos à direita ou à esquerda... Não há como escapar dessa dicotomia.

Considerando a **Figura 10** um modelo simples para nosso cérebro, cada losango – ou agente de decisão –, representaria um neurônio. Seguindo esse raciocínio, assim que um *insight* iniciasse sua trajetória, o neurônio 1 poderia decidir sensibilizar (passar a informação para) o de número 4 ou o de número 2. Estes últimos, por sua vez, decidiriam pelos colegas 5 e 6 ou 7 e 3, respectivamente. Não há como dizer, *a priori*, qual dos resultados (A-H) será alcançado. Entretanto, observe: o espectro de possibilidades é totalmente previsível, residindo no conjunto A-H com 1/8 de chance de acontecer para cada um deles. Se os neurônios forem sempre sensibilizados da mesma forma, os mesmos resultados sempre acontecerão. Mas é muito difícil sensibilizar os mesmos neurônios da mesma forma – este é um caminho caótico, difícil de ser sempre replicado, o que provoca a sensação de aleatoriedade.

Se aplicássemos esse modelo ao de uma empresa, considerando os agentes pessoas, o mesmo aconteceria. Gerado o *insight* (algum indicador de mercado, posicionamento de um fornecedor, movimento de um concorrente, terremoto, pandemia etc.), cada um de nós se sentiria sensibilizado em diferentes níveis, de modo que o percurso das tomadas de decisão acabaria por resultar em qualquer uma das ações entre A e H, cujo impacto poderia significar aumento de vendas ou fechamento da empresa.

Admita, por exemplo, que a faixa A-D represente resultados positivos dentro de uma *range* aceitável; a faixa E-H, o contrário. Quando o *insight* acontecer, não dá para prever exatamente o resultado, mas se o modelo for ancorado em fundamentos sólidos, o percurso e o resultado final têm mais chances de serem balizados. Todos trabalhariam para que o *insight* levasse o negócio, pelo menos, para o lado A-D.

▷ Domando a natureza animal e caótica da inovação

O título desta seção parece estar fisicamente equivocado. São palavras que demorei a escolher, pois tinham de passar a ideia de que, para o mercado, é possível determinar minimamente o que vem pela frente ou, pelo menos, levantar possibilidades. Os impactos produzidos na sociedade pelas *big techs* (em ordem alfabética): Amazon, Apple, Google, iFood, Meta, Microsoft, Nvidia, OpenAI, Tesla e Uber, para citar algumas, mostram que quem cria disrupções doma futuros. Ou, como prefiro chamar, *microfuturos*!

Novamente, estamos vendo isso acontecer bem diante de nossos olhos, graças ao estouro das IAs generativas. Observe, por exemplo, o crescimento exponencial do número de usuários do ChatGPT, desenvolvido pela OpenAI, o impacto na produtividade em diversas áreas e as mais de oitenta carreiras que foram abaladas por ele.[10] Cabem então reflexões do campo da Física:

a. O mercado é aleatório ou caótico? (Já vimos que estes conceitos são sinônimos.)
b. Se eu criar, poderei controlar?

Precisamos compreender muitos conceitos e ver se existe a plausibilidade de responder "sim" para ambas as perguntas. Será que podemos, pelo menos, sonhar com a possibilidade de criar microfuturos? Quando a Nine Windows for apresentada, essas possibilidades serão exploradas.

Nesta esteira, surge a grande questão sobre inovação:

» Q1: Dá para prever uma potencial disrupção?
» R1: Um estrondoso "não" se encaixa como a melhor resposta!
» Q2: Pode-se associar uma disrupção a algum modelo?
» R2: Talvez um simpático, mas não simplório, "sim" nos conforte!

Sempre começamos com um "não" quando lidamos com coisas que envolvem previsão de futuros. Mas é aí que a "porca torce o rabo", pois podemos "dar com os burros n'água", continuar "correndo feito cachorro atrás do rabo" ou até, quem sabe, "dar o pulo do gato" e conseguir "lavar a égua". Por isso, incansável, incrementalmente e sempre – como uma tartaruga –, temos de tentar modelar a semente de potenciais inovações para tentar "controlar esse touro". Quem sabe, em um futuro não muito distante e com "olhos de águia", consigamos perceber que esse leão se trata, na verdade, de um "cavalo selado", aceitaremos os conselhos de Triztorming como se fossem de uma "sábia coruja" e, metodicamente, começaremos a criar microfuturos para saltar abismos. Não será fácil. Criar fatores disruptivos é um processo animal.

▷ Determinístico e estocástico

Ao longo do texto, utilizarei o conceito *determinístico* para indicar sistemas nos quais um conjunto de entrada de dados conhecido leva o sistema a apresentar, como resultado, um único conjunto de saída, e o conceito *estocástico* para indicar aqueles cujo estado da saída é indeterminado, produzindo eventos aleatórios.

Como exemplo desses conceitos aplicados a modelos de negócios, pode-se dizer que as franquias são determinísticas, uma vez que apenas 5% fecham nos primeiros dois anos; os de negócios começados do zero, como intermediário, pois apresentam comportamento incerto e próximo ao estocástico, pois apenas 23% sobrevivem ao mesmo período;[11] os baseados em inovação de "caóticos puro-sangue", pois nem nas boas estatísticas se pode confiar.

Já destacamos que, apesar de os sistemas caóticos apresentarem uma natureza determinista, infelizmente, isso não implica que possamos prever comportamentos. Mas saber disso nos dá uma grande vantagem: descartar a sorte ou o azar, pois podemos inferir a alta sensibilidade e dependência das condições iniciais, determinar minimamente os indicadores-chave (KPI[vi]) a serem trabalhados e reduzir os aspectos aleatórios, totalmente imprevisíveis e geralmente maléficos. Mesmo em sistemas nos quais não há ruído, erros microscópicos na determinação do estado inicial e atual do sistema podem ser amplificados, levando a um comportamento futuro difícil de prever, o conhecido "caos determinístico". O caos determinístico, portanto, pode aparentar aleatoriedade. É ou não a descrição de inovação?

▷ Proposta de valor sob o ponto de vista caótico

Admitamos que você fez o dever de casa e criou uma *proposta de valor proativa*[vii], que acredita conter uma vantagem disruptiva, com potencial para criar um nicho de mercado. Para garantir isso, desenvolveu um MVP[viii] capaz de derrubar uma das grandes barreiras de entrada no mercado: o maior *player*. O que você tem? Até aqui, por mais fantástica que sua máquina de teletransporte possa vir a ser, você tem apenas hipóteses! O único ente que pode batizar de inovação o que você deu à luz (pensou, prototipou, desenhou, explodiu etc.) é o impiedoso mercado. Apenas ele!

Por mais deterministas que sejam os dados colhidos de testes com seu MVP, sistemas (empresas) baseados em inovação são altamente sensíveis às condições iniciais. Jogar o mesmo dado várias vezes (condições iniciais) pode ser feito da mesma maneira por uma máquina e aparentar ser determinístico, mas a superfície microscopicamente irregular contra a qual o dado se chocará, uma brisa, uma poeira no ar etc., enfim, as condições nunca serão as mesmas, e essas pequenas nuances são o suficiente para mudar a face que cairá para cima. Imaginem a quantidade de elementos presentes no mercado capazes de promover ações indeterminadas! Não dá para "jogar" inovações lá e predizer qualquer

---

vi Key Performance Indicator ou Indicador-chave de Performance.

vii Aquela que você ou sua empresa criou voluntariamente, não por resposta a uma demanda ou pedido do mercado.

viii Minimum Viable Product (produto viável mínimo).

coisa. Uma mesma inovação jogada em diferentes nichos, ou em tempos diferentes, apresentará graus de encaixe também diferentes.

▷ Previsões

Não é sobre ser aleatório ou questão de sorte. O problema, ou "azar", no lançamento de pretensas inovações potenciais talvez esteja no modelo inicial mal desenvolvido ou não compreendido, que tem por base o grau de sensibilização dos agentes envolvidos.

Os cálculos envolvendo a teoria do caos são utilizados para descrever e entender fenômenos meteorológicos, crescimento de populações, variações no mercado financeiro, movimentos de placas tectônicas, entre outras coisas. Uma das mais conhecidas bases da teoria é o chamado "efeito borboleta", teorizado em 1963 pelo matemático estadunidense Edward Lorenz (1917-2008). Se com a teoria do caos é possível estimar coisas mais difíceis, por que não utilizá-la para descrever inovações de ruptura?

Defendo a tese de que tudo é modelável, principalmente porque sabemos que as equações ou modelos bem definidos são capazes de antecipar o próximo estado de um sistema, o que torna gratificante trabalhar simulações com *sistemas mínimos*, para testar, de certa forma, tudo o que pode vir a acontecer.

É difícil de acreditar no que acabei de escrever? Então, admita a seguinte equação:

$$E(t) = E_o + V_o t + \frac{1}{2} g t^2$$

E representa o espaço, *V* a velocidade, *g* a aceleração da gravidade e *t* o tempo. Caso você não tenha lembrado, essa é a equação de Torricelli para lançamentos oblíquos. E ela prevê o futuro. Duvida? Quando um jogador de futebol chuta uma bola, é essa equação que descreve seu movimento. Se ele conseguisse bater no mesmo ponto da bola, com a mesma intensidade por diversas vezes, a menos que um passarinho maroto interviesse ou o vento soprasse muito diferente entre cada batida, a bola atingiria o mesmo ponto. Edson Arantes do Nascimento (1940-2022), o nosso Pelé, não precisava fazer esse cálculo sempre que batia na bola. Essa física do chute já estava introjetada em sua medula de forma tácita. Ele apenas batia e "Torricelli" dizia onde a bola cairia. A equação previa o futuro! Essa também deve ser a função dos modelos, das equações, dos *scripts* e dos *frameworks* orientados aos negócios.

Como todo sistema caótico, o mercado possui muitas variáveis sensíveis capazes de tornar instáveis quaisquer modelos de negócio, dificultando qualquer previsão. Mas isso não implica dizer que sua implementação e lançamento devam ser processos aleatórios. Temos de aprender a modelar corretamente, e não apenas lançar dados.

▷ Interface caótica

Vamos admitir a versão incremental da inovação – a de sustentação – como linear. Sua irmã "braba", a de ruptura, aquela capaz de criar nichos, tem perfil caótico, nos termos aqui definidos. Em condições honestas, e *a priori*, não há como dizer se uma potencial inovação será boa ou ruim.

Quem apostaria ou investiria seus trocados, por exemplo, em sandálias de pescador altamente calorentas (Crocs), numa marca de inverno criada no Brasil (Osklen), em sutiã para homens (Wish Room), num *microblog* de 140 caracteres (X, ex-Twitter), numa academia só para fazer *spinning* (Spin'n Soul) ou em coisas com nomes hilários ou, no mínimo, estranhos, como Bosta em Lata,[12] Tchau Bosta[13] ou na mais "tecnológica" delas, Pet Rock,[14] bichinhos de estimação de pedra, todas faturando milhões?

Voltando à moeda, a face que cairá para cima dependerá apenas do saber calcular, ou estimar, as condições iniciais e atuais do/no momento da jogada, pois temos a ideia exata de quem deverá receber esse dado: os 2,5% de entusiastas do mercado, os inovadores, as alavancas da inovação. No Capítulo 12 voltaremos a esse assunto.

Do lado de nosso MVP, sabe-se que os fatores envolvidos são determinísticos: diagnóstico, ideação, solução, prototipação, validação e verificação. O buraco fica estocástico ou, de modo mais romântico, a *janela de oportunidade* aparecerá quando se estiver próximo de arremessar o produto no mercado. Se o arremesso for certeiro, *bingo!*, será o momento em que se começa o ciclo de tração, que envolve aportes, *marketing* pesado etc., para que se consiga saltar o abismo descrito por Moore, passando da barreira dos 2,5% para os 13,5%, a casa dos adotantes iniciais.

▷ Modelando uma janela de oportunidade no mercado

Comparada à quantidade de variáveis do mercado, a equação de Torricelli é infinitamente mais simples e fácil de ser aplicada. Se é assim, parecemos andar em círculos ao tentar erigir um modelo de previsão futurística que não apresenta aplicabilidade. Entretanto, como estamos no prisma Triztorming, faremos um movimento de contradição. E aí os *insights* começam a aflorar e o que fora proposto, a fazer sentido. Vamos então às premissas (P):

- P1: Não há como saber se minha "invenção" é disruptiva ou se promoverá disrupção. Pelo posto na questão Q1[ix], só Mãe Dináh conseguiria e, no final, só o mercado ratificaria. Não gaste energia nisso, então. P2: Todas as condições de criação de minha invenção são controláveis.
- P3: Todas as condições para tracionar um MVP que pulou pela janela (de oportunidade) também são controláveis.
- P4: A janela de oportunidade, cujo tamanho é 2,5% da "tampa do mercado" (vide **Figura 13**), é o único elemento que se move de forma caótica (não aleatória). Ela é o "i" da questão. O mercado se mexe muito lentamente; aparenta ter um número estático de clientes, cujos desejos e o que chamo de *carências reprimidas*, altamente perecíveis, mudam caoticamente.

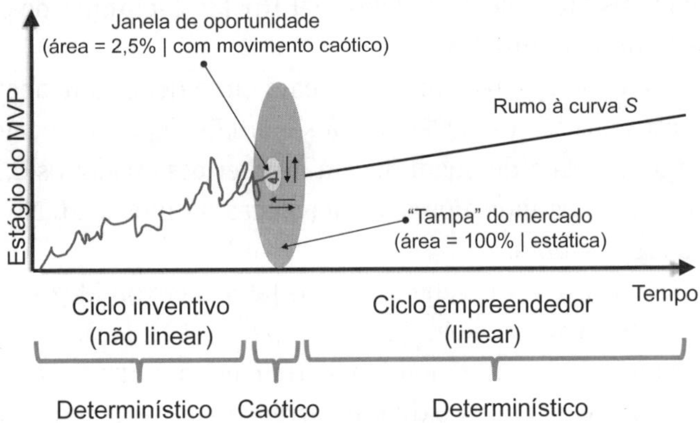

Figura 13. Janela de oportunidade no mercado. É preciso modelar um negócio para os 2,5% principais e não para 100% do mercado.

Figura elaborada pelo autor.

Com base nessas premissas, podemos chegar às seguintes conclusões (C):

- C1: Ao lançar uma novidade, calcule o tamanho do nicho que empataria o jogo (o *breakeven*). Invista esforço e recursos para encontrar os 2,5% dos clientes com características inovadoras dentro desse

ix Vide a seção Domando a natureza animal e caótica da inovação.

nicho, o mais rápido possível. Essa deve ser sua meta primordial. Arrisco dizer que é ainda mais importante do que determinar se o que se tem em mãos é ou não uma inovação ou mesmo perder tempo em refiná-la. Vide exemplos citados anteriormente.

» C2: Uma vez que as condições iniciais não são aleatórias, mas caóticas e difíceis de calcular, invista recursos em outra ferramenta, a estatística, para tentar acompanhar o movimento da janela, pois o tamanho você já sabe[x]. Damos a esses dados o nome de *analytics*. A rede está repleta de informações. Vide, por exemplo, o Google Trends. Para quem quiser se aprofundar no tema, recomendo as abordagens do livro *Lean Analytics*,[15] de Alistair Croll e Benjamin Yoskovitz.

» C3: Com C1 e C2 minimamente estimadas, a chance de você disparar no local e tempo certos aumentará consideravelmente. Comece a sorrir, pois você estará perto de promover uma disrupção.

Temos, então, as instruções (um *script*) para fazer um modelo rudimentar de microfuturo, de como e quando vender inicialmente. Para "quem", saberemos em breve, assim que compreendermos os conceitos de TAM – SAM – SOM.

▶ Cadeia de causa-efeito

Que tal começar esta seção por uma fábula? Vamos lá: Era uma vez, um gerente de uma divisão de carros da Pontiac. Ele lia uma carta[16] sobre...

▷ Um carro com intolerância a baunilha

> *"Esta é a segunda vez que mando uma carta para vocês e não os culpo por não me responder. Eu posso parecer louco, mas o fato é que nós temos uma tradição em nossa família, que é a de tomar sorvete depois do jantar. Repetimos este hábito todas as noites, variando apenas o tipo de sorvete, e eu sou o encarregado de ir comprá-lo. Recentemente, comprei um novo Pontiac, e desde então minhas idas à sorveteria se transformaram num problema. Sempre que eu compro sorvete de baunilha, quando volto da sorveteria para casa, o carro não funciona. Se comprar qualquer outro tipo de sorvete, o carro funciona normalmente. Os senhores devem achar que eu estou realmente louco, mas não importa quão tola*

x Saberemos calcular esses tamanhos quando formos apresentados ao trio TAM – SAM – SOM mais adiante.

possa parecer a minha reclamação, o fato é que estou muito irritado com o meu Pontiac modelo 99.”

Verdade ou conto, e de final surpreendente, esse texto roda a internet como um *case* que retrata a jornada do cliente, de como não se deve desprezar simples ou estapafúrdias sinalizações, pois existe uma moradora latente associada a qualquer P^2S^2 (processo, produto, serviço, *startup*) que indica quão bem ou mal vai um negócio e, por isso, é um de seus principais KPI (indicadores-chave): a reclamação.

Para que seja autêntica e sirva de indicador, é imprescindível detectar se a reclamação faz sentido, trata-se de uma correlação ou de uma causalidade e se, pelo menos, não é uma boa fonte para piadas, um dos melhores condimentos para gerar *insights*. Utilizaremos o mote Pontiac-baunilha para mostrar como a compreensão profunda de conceitos pode fazer a diferença na concepção de ideias.

▷ Causalidade × Correlação

> ***Causalidade***. “Relação entre um evento A (a causa) e um segundo evento B (o efeito), dado que o segundo evento seja uma consequência do primeiro. Identifica-se logicamente a causalidade em ‘se não A, então não B’, provida a ocorrência empírica de ao menos um B. A expressão anterior não equivale a rigor à expressão ‘se A, então B’, sendo, contudo, esta e não aquela, a usualmente atrelada em senso comum ao conceito de causalidade.”[17]

> ***Correlação***. “Dependência ou associação, é qualquer relação estatística (causal ou não causal) entre duas variáveis. É qualquer relação dentro de uma ampla classe de relações estatísticas que envolva dependência entre duas variáveis. Embora seja comumente denotada como a medida de relação entre duas variáveis aleatórias, correlação não implica causalidade. Em alguns casos, correlação não identifica dependência entre as variáveis.”[18]

A correlação sugere uma forte associação estatística. Causalidade, ou *causa-efeito*, implica determinação, inteligibilidade, saber de fato como modelar o que se está recebendo e chegar às suas causas. E um detalhe interessante: embora o senso comum nos leve a acreditar que causal é quando uma coisa leva à outra, o conceito lógico-formal pauta o contrário: quando algo faltou, é porque sua causa não aconteceu. Agora podemos tentar entender o cerne da reclamação e fazer fervilhar o caldeirão de *insights*. Antes, porém, outras situações de correspondência do dia a dia.

Outros "causos"

Durante as aulas, muitas vezes observo a necessidade de expandir conceitos já conversados. Se a moçada que está estudando isso tem questões, imaginem quem não está acostumado com alguns deles, ainda mais aplicados aos negócios? Trago, então, um exemplo simples trabalhado em sala de aula sobre causalidade e correlação.

> ***Ebulição***. Questão: Se colocarmos água em uma chaleira e esta na boca acesa de um fogão, depois de um tempo a 100 °C, a água entrará em ebulição. O que se dá entre a temperatura atingida pela água e sua ebulição é uma causalidade ou correlação? A princípio, achava ser uma questão simples. Entretanto, sendo feita a quase 400 estudantes e tido como resposta uma quase unânime "causalidade", percebi tratar-se de uma pergunta não óbvia. Então, refiz a pergunta de outra forma: "A temperatura é a única grandeza capaz de levar a água à ebulição?". A ficha caiu. Disseram que não! Pode-se promover a ebulição da água, por exemplo, aumentando-se o volume que a contém (experimente colocar um pouco de água em uma seringa, vedar a saída e puxar o êmbolo) ou por redução da pressão externa. Ferver a água em uma pressão maior do que a natural exigiria maior temperatura. Portanto, há uma forte associação, ou correlação, entre temperatura e ebulição, mas não necessariamente uma relação de causa-efeito. *Q.E.D.*, ou "como se queria demonstrar".
>
> ***Afogamento e sorvete***. O livro *A cultura da experimentação*[19] traz uma passagem demonstrando que "o consumo de sorvete se correlaciona com o número de incidentes de afogamento". O que será que isso quer dizer? Não deixe de tomar sorvete nem seja mórbido o suficiente a ponto de sair procurando praias onde isso acontece com frequência, com o intuito de levar seu carrinho de sorvetes ou vender boias.
>
> ***Expectativa de vida***. Os pesquisadores Nayak e Ketteringham[20] mostram que o tamanho da palma das mãos de uma pessoa se correlaciona com a expectativa de vida. Quanto menor, maior a longevidade. Não recomendo se submeter a uma cirurgia de redução das palmas.

Explicando

Sobre o afogamento e o consumo de sorvete, o verão (a causa) manda mais pessoas para as praias (o efeito), refletindo-se no aumento do consumo de sorvetes e de incidentes na água. A expectativa de vida levou em conta a palma das mãos das mulheres, que vivem mais do que os homens. Para que uma relação de causalidade exista, é necessário buscar um modelo ou equação explícita entre a causa e o(s) efeito(s). No caso da ebulição da água, quem determina a causalidade é a *lei dos gases ideais* ($PV=nRT$), não apenas a temperatura.

Pontiac e a intolerância a baunilha: a conclusão!

"A carta gerou tantas piadas do pessoal da Pontiac que o presidente da empresa acabou recebendo uma cópia da reclamação. Ele resolveu levar o assunto a sério e mandou um engenheiro conversar com o autor da carta. O funcionário e o reclamante, um senhor bem-sucedido na vida e dono de vários carros, foram juntos à sorveteria no fatídico Pontiac. O engenheiro sugeriu sabor baunilha, para testar a reclamação, e o carro efetivamente não funcionou. O funcionário da General Motors voltou nos dias seguintes, à mesma hora, fez o mesmo trajeto, no mesmo carro, e só variou o sabor do sorvete. Mais uma vez, o carro só não pegava na volta quando o sabor escolhido era baunilha. O problema acabou virando uma obsessão para o engenheiro, que passou a fazer experiências diárias anotando todos os detalhes possíveis e, depois de duas semanas, chegou à primeira grande descoberta. Quando escolhia baunilha, o comprador gastava menos tempo, já que esse tipo de sorvete estava bem na frente. Examinando o carro, o engenheiro fez nova descoberta: Como o tempo de compra era muito mais reduzido no caso da baunilha em comparação com o tempo na escolha dos outros sabores, o motor não chegava a esfriar. Com isso, os vapores de combustível não se dissipavam, impedindo que a nova partida fosse instantânea."

▷ Causa-efeito

Para ter *insights* sólidos, que levem a ideias resolutivas, deve-se questionar se a proposta oferecida está atingindo a causa de fato, e não algo adjacente. Se um experimento tão simples, com poucas e objetivas variáveis envolvidas, como o da ebulição da água mostrou-se dúbio, imagine um experimento muito mais complexo, em um laboratório mais amplo, com infinitas e subjetivas variáveis, chamado mercado? Não dá para acreditar apenas em associações, mas pode-se começar por elas. Pois, assim como os meridianos da Terra apontam para o Norte, *fatos correlacionados apontam para uma única fonte, a causa.* Busque sempre a raiz das coisas, a causalidade, diversificando os caminhos, invertendo os processos e observando se levam ao mesmo ponto. Não caia no conto da correlação.

A física das coisas: substâncias e campos

Definimos como um sistema mínimo é composto. Para entendermos como cada parte interage, precisamos adentrar seus respectivos mundos físicos e compreender do que são feitos. E a resposta é simples: massa ou energia! Sim, só isso.

Partindo desses conceitos, a comunidade TRIZ mudou a nomenclatura de massa e energia para, respectivamente, *Substância* e *Campo* ou Su-Field (do inglês, *Substance and Field)*[21]. *Substância* diz respeito a tudo que é palpável: animal, mineral, vegetal ou quaisquer combinações. Pode também estar em qualquer estado físico: plasma, gás, sólido, líquido, pó, pasta, gel. A definição de *campo*, ou *field*, é bem mais ampla. Como o que se pretende aqui é quebrar a inércia psicológica, abarcar e modelar áreas além da Engenharia – negócios, por exemplo –, *field* tem de englobar campos além dos tradicionais mecânico, acústico, térmico, químico, elétrico, magnético etc. Entram, então, campos como biológico (Paladar, Audição, Tato, Olfato, Visão, ou simplesmente PATOV[22]), o emocional (inveja corporativa, raiva do chefe, tristeza por perdas etc.), o estado físico (cansaço, alegria, motivação, por exemplo) e até o ético (moral, cultural, caráter etc.), de modo a se permitir representar tudo aquilo que não seja palpável. Parece impensável, mas um sentimento, uma emoção, um estado de espírito é capaz de "quebrar" um projeto, já que atuam como requisitos não funcionais. Portanto, devem ser considerados!

Definição objetiva dos recursos:

> ***Substância***. Qualquer ente de massa não nula que ocupa um espaço maior do que zero. Objetos de qualquer nível de complexidade, desde itens simples até sistemas complexos. Copo, carro, motor, pedaços de plástico, TV, gente etc. pertencem a este recurso.
>
> ***Campo***. Entes portadoras de energia, não importando sua origem e massa. Um campo pode ser considerado uma ação ou a intenção de realizá-la, como uma modificação da substância. Campos de radiação, cheiro, calor e até não tangíveis como inveja, raiva etc.

Dentro destes dois recursos existem aqueles que podem ser quantificados e aqueles que só podem ser qualificados. O peso de um objeto e seu odor são exemplos respectivos.

Qualquer sistema possui, minimamente, quatro partes funcionais (sistema mínimo), compostas da combinação de substâncias e campos. Modelar corretamente um negócio torna possível a descoberta de falhas e de efeitos indesejados. Favorece a geração de ideias e o encontro de oportunidades e, sobre tudo isso, permite que nos concentremos na parte mais bonita: a busca pela solução.

▷ Tipos ou qualidades de interação

Definidas as partes mínimas que compõem um negócio, à luz da análise Su-Field, vamos definir os tipos de interação que podem ocorrer dentro de qualquer sistema.

Qualquer sistema (ou parte dele) pode ser caracterizado pela interação de, pelo menos, duas substâncias (*S*) intermediada por um campo (*F*). Chamarei S_2 de sujeito, aquele ou aquilo que efetua a ação, e S_1 de objeto, aquele ou aquilo que sofre a ação.

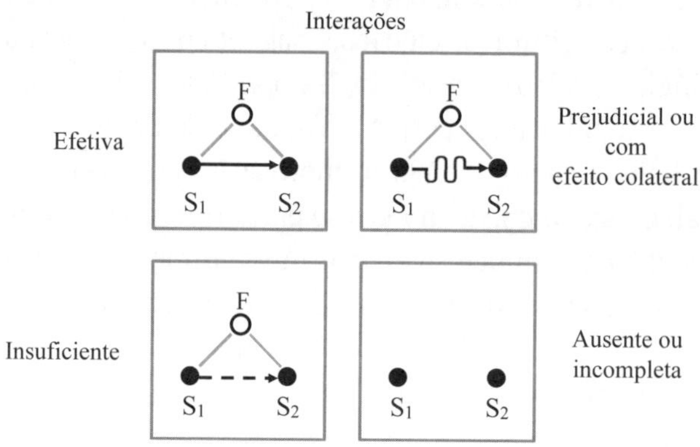

Figura 14. Tipos de interações entre substâncias e campos.

Figura elaborada pelo autor.

Olhando para a **Figura 14**, que traz os tipos de interação, podemos dizer que, no primeiro quadro, "o sujeito S_2 atua de forma efetiva sobre o objeto S_1 através do campo *F*". Isso também vale para os outros quadros. No segundo, a expressão poderia ser "o sujeito S_2 atua de forma prejudicial sobre o objeto S_1 através do campo *F*". O mesmo vale para os outros quadros, só que alterando o tipo, ou qualidade, da interação: insuficiente e ausente ou incompleta.

▷ Onde a falha ocorre e como promover *insights*

Compreendido isso, qual deve ser nosso propósito: modelado um sistema, que é composto de várias substâncias, campos e interações, descobrir e identificar as interações prejudiciais, inefetivas ou ausentes e transformá-las em efetivas. O mesmo para as substâncias. Apenas isso! Podemos então substituir as partes funcionais por outras (pode nascer daí, por exemplo, uma potencial inovação) ou aprimorar a interação defeituosa mudando o campo de atuação. Qualquer alteração em *S* ou *F*, mesmo que não seja em princípio interessante, promoverá um *insight*.

▷ Juntando tudo em um exemplo simples

Pensando na solução de um problema (buracos, suspensão incômoda, consumo de combustível), modelou-se o sistema carro-estrada (**Figura 15**). Chegou-se à conclusão de que existe uma interação prejudicial entre o carro e o eixo que sustenta a roda, ao mesmo tempo que existe uma interação prejudicial entre o pneu e a estrada, devido ao atrito entre eles. Também que a queima de combustível é inefetiva (o ciclo de Carnot rende menos que 40%). Depois de várias análises, pensou-se em sugerir: substituir o sistema de suspensão do carro, em que o corpo do carro (S_2) atua no eixo da roda (S_1) por meio de molas (*F*: campo mecânico), por um sistema EM (*F*:* eletromagnético), criando uma suspensão mais suave. Mudança de campo. Mais ainda: você pode substituir o eixo da roda por trilhos (S_1*). Mudança de substância.

Como resultado, o atrito agora ficou perto de 0 N (zero Newton), você pode converter a parte operativa (transmissão), que antes atuava diretamente nas rodas e utilizava Carnot, para um sistema elétrico com hélices. Com as mudanças Su-Field e parte do sistema mínimo, você cria um carro mais confortável, mais rápido e de menor consumo. É claro que ele só poderá andar sob trilhos, a não ser que você crie um sistema próprio (já *tô* pensando aqui!).

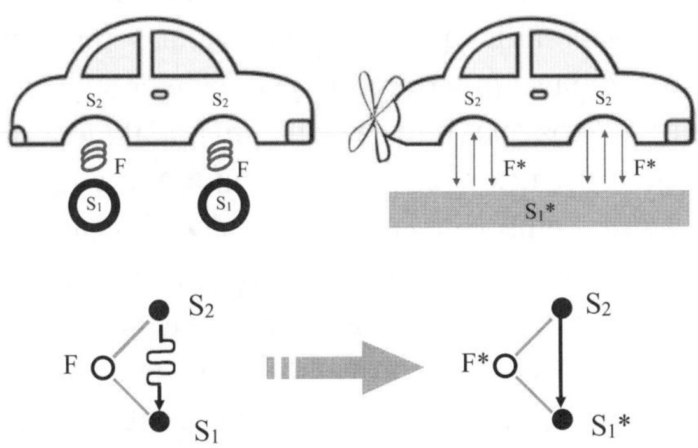

Figura 15. Sistema carro-mola-estrada transformado em um sistema carro-campo EM-trilho.

Figura elaborada pelo autor.

A análise e síntese via Su-Field – considerando o *sistema mínimo* – podem se tornar muito mais complexas do que o visto aqui quando aplicadas para modelar sistemas envolvendo pessoas, objetos, sentimentos, culturas ou tudo junto, por exemplo, mas nos fornecem o domínio completo de um negócio.

É importante sempre ter em mente que uma mudança de tecnologia leva, inadvertidamente, a uma alteração no modelo de negócios, pois houve modificação da proposta de valor, assim como nas hipóteses de viabilidade e sustentabilidade. Bateremos nesse ponto na Parte III deste livro.

▷ Desafio: modele fisicamente seu negócio ou um projeto

Uma vez apresentada esta forma de modelagem, e com base nas premissas:

i. Se um problema pode ser modelado, poderá ser resolvido; e
ii. A Física e a Matemática de um sistema são sempre soberanas.

Considerando que um modelo é um bom ponto de partida e que não há como escapar de fatos, modele um problema negocial que queira ou que precise resolver sobre as ópticas mínima, de substância e de campo. Garanto que você encontrará muitas interações não efetivas sabotando a *performance*.

▷ Modelando de forma não matemática

Para quem defende que tudo segue a linguagem da natureza – para mim, a Matemática –, um texto com esse título parece indicar uma desistência ou reformulação de princípios. Na verdade, nem uma coisa nem outra. Apenas uma mudança de abordagem!

Em conversas com alunos, conhecidos, familiares e afins, quando o tema "qualidade do ensino-aprendizagem" entra em pauta, sempre defendo a bandeira de que não avançaremos em termos de qualidade de vida, no espectro geral, enquanto não entendermos que o ato de solucionar qualquer bronca profissional exigirá constantemente pensamento lógico, cujo fundo é matemático. É por aí que deveríamos seguir. Sempre que ajo assim, ouço a música de fundo do filme de minha vida: "falou o engenheiro que não entende nada das outras áreas"!

Exageros à parte (não meu, mas de minha audiência, naturalmente), creio que ainda em vida verei isso ser provado de modo inconteste. Mas até que alguma vivalma faça isso, contento-me em ver encontros recentes como os da FecomercioSP,[23] em que se discutem coisas como a "criatividade e imaginação são as principais fontes de riqueza no mundo atual", no qual o consultor John Howkins aponta também que "(...) Existe um elemento transcendental na criatividade, não dá para obtê-lo em um produtor repetitivo em massa. É o recurso bruto da economia criativa", e com artigos como os do MIT Sloan School,[24] "4 coisas que você precisa saber sobre *soft skills*", que defendem que "Definir um problema é a habilidade mais subestimada em gerenciamento". E, para que isso se dê, são necessários: uma referência a algo com o qual a organização se preocupa e o qual conecta a um objetivo claro e específico;

- » articulação clara da lacuna entre o estado atual e o objetivo específico;
- » alvos mensuráveis;
- » neutralidade em relação às causas e soluções;
- » um escopo alcançável e apropriado.

Certo, entendi! E onde a Matemática entra nessas suas especulações? É aí onde as cobras dormem e onde exporei minha hipótese: em tornar toda abordagem em torno de um desafio a mais fria possível, tendendo a eliminar todas as subjetividades e vieses, construindo verdadeiros *boundary objects*, ou objetos de fronteira[xi], necessários para que se possa trabalhar em cima de forma sólida. Ter clareza matemática separa os bons resolvedores dos outros. Pode-se mostrar a verdadeira proposta de valor; nua e crua. Na sequência mostrarei que "matematizar" é natural para qualquer *mindset*. Precisamos eliminar esse trauma matemático!

Recalcando um trauma antigo

Sobre *clareza matemática* é preciso elucidar. A matemática necessária aos negócios, à qual sempre me refiro, não inclui unicamente aquela austera, canônica, que exaure os alfanuméricos grego, latim e romano, os quais poucos iniciados têm interesse em manusear. Refiro-me à natural, àquela que nos permite distinguir o que pode ser medido e o que pode ser classificado; "quanti × quali". Refiro-me à matemática tácita, àquela dormente na coluna de Pelé, inerente a todo ser humano desde a tenra infância, que não pode ser totalmente explicitada, mas que, infelizmente, é desconsiderada e maltratada por instrutores que encontramos em nossas vidas, daí os traumas e a geração daquele público que a detesta. Quem nunca ouviu coisas como "Ela bota as respostas certas, mas não acho os cálculos" e, quando pedimos para expor, ela esnoba e diz "Só para cálculos mais difíceis"? É dessa matemática que falo e que nosso sistema educacional insiste em matar. Assim, daqui para a frente, quando falar que o ato de

---

[xi] Veremos esse conceito no Capítulo 7.

solucionar coisas exige pensamento matemático, refiro-me a esta abordagem, tolhida pelos pseudoinstrutores que a vida nos coloca no caminho.

A "desmatematização" das coisas

Admitindo que você engoliu os conceitos anteriores e concorde que tudo é uma mistura de massa (substância) e energia (campo), assim como fazem muitos prêmios Nobel. Você tacitamente, é claro, também aceitou que tudo pode ser compartimentalizado, modelável, e.q.u.a.c.i.o.n.á.v.e.l! Logo, podemos falar a mesma língua, a da matemática. Veja como ficará mais fácil criar projetos poderosos utilizando a matemática. (*Ops*, falha minha: a promessa aqui foi não criar coisas com aspectos matemáticos; pelo menos não explicitamente. Esqueça o que eu disse.)

Continuando, minha gente que acha que "não gosta de matemática", vou fazer uso de uma manobra comum de minhas aulas de negócios. Camuflarei a matemática! (uma salva de palmas: *clap, clap, clap.*). Para isso, utilizarei meu velho artifício: *o operador MISTO-DE*!

Começarei com um conceito de inovação que adaptei, inspirado na belíssima equação do professor Ed. Robert do MIT:

Inovação = Invenção × Comercialização

Utilizando o operador MISTO-DE, chegamos a:

*Inovação é um **MISTO-DE** Criatividade e Disponibilização*

E então, bacana?

Pois bem! Quando trabalhei esse conceito lá atrás, em uma turma de graduação pré-covid-19, falei que inovação era um "misto de" criatividade e entrega. Naqueles dias, não tinha a noção do poder de execução que o operador MISTO-DE tinha em "desmatematizar" as coisas, embalar em vestes mais simples e diminuir a ojeriza daqueles que insistem em dizer que "não gostam de matemática", tornando as coisas mais aceitáveis. Utilizar o *insight* MISTO-DE propiciou a criação de um objeto de fronteira, que fez os alunos começarem a se sentir livres para avançar em outros conceitos desmatematizados. Resultado, veja no que aquela aula se transformou…

Inovação é um MISTO-DE Criatividade & Disponibilização

Essa sentença expressa, na verdade, o resultado da associação entre um campo (criatividade) e uma substância ou algo tangível entregável (produto ou serviço). Os *insights* não pararam, e comecei a compilar o que foi surgindo. Acompanhem na **Tabela 04** as outras misturas não matemáticas de substância e campo.

Cx*	Objeto de Fronteira	Operador	Su	&	Field
6º	Transformação Digital	MISTO-DE	Inovação	&	Arranjo criativo
5º	Inovação	MISTO-DE	Produto	&	Comercialização
4º	Produto	MISTO-DE	MVP	&	Tração
3º	MVP	MISTO-DE	Protótipo	&	Verificação
2º	Protótipo	MISTO-DE	PoC	&	Validação
1º	PoC: Proof of Concepts	MISTO-DE	Ideias	&	Execução

Tabela 04. Misturas de substâncias e campos e os objetos de fronteira gerados.

Destraumatizando...

Observe que qualquer um de nós pode utilizar a matemática para explicar, de forma suave e mais objetiva, sua ideia. A mensagem que quero deixar é que a matemática ajuda a pensar em foco, refina a capacidade de pensamento, reduz a incerteza pela redução dos vieses, facilita a comunicação e não é necessário forçarmos erudição pela ocultação da verdade em equações complexas. Pode-se, com abordagens simples – o operador MISTO-DE é uma delas –, entender melhor os modelos de negócios (e outras coisas da vida), simplificar tudo e nos fazer melhor entender. Esse operador surgiu de um *insight* obtido da equação do professor Robert. Com ele, fica fácil explicar para qualquer pessoa qualquer ideia de negócio. Você pode criar um melhor. Fim de trauma!

▶ Escala e Operador DTC

Utilizaremos os elementos Dimensões, Tempo & Custo ou operador DTC (também conhecidos na área de projetos por trio de ferro), para quebrar os estereótipos psicológicos que estão ligados a um P^2S^2 que se deseja melhor e, é claro, gerar *insights*. De acordo com o prisma Triztorming aplicado ao operador DTC, devem-se considerar:

- » as dimensões do sistema: do habitual ao zero ou ao infinito;
- » as variáveis temporais intrínsecas: do habitual ao zero ou ao infinito;
- » custos envolvidos: do habitual ao zero ou ao infinito.

Tais transformações nos ajudarão a romper a inércia psicológica e olhar para o sistema sob novos pontos de vista. Como resultado, produziremos *insights* em direção a novas soluções.

▷ Funções principais relacionadas a um objeto simples. O conceito de MUF

A MUF[xii] (função primordial efetiva) de um carro é transportar massa de um ponto a outro. Considere as dimensões necessárias para um carro, num instante transportando um átomo e, no outro, um planeta. Temporalmente, mude no que diz respeito ao desempenho, quantidade de combustível, vida útil etc. para realizar essa função em poucos segundos ou em mais de um século. Pense que essas mudanças poderiam ter um custo baixíssimo (centavos) ou tomar milhões de dólares. Que *insights* sobre o estereótipo desse carro – ou novos sistemas para transporte – você gerou em sua mente?

▷ Voltando aos pensamentos vertical e lateral com o operador DTC

Para que seja minimamente viável, a conversão de qualquer ideia em protótipo tem de respeitar o que a área da gestão de projetos chama de *triângulo de ferro*: escopo, tempo e custo. A TRIZ utiliza a nomenclatura *dimensão* no lugar de escopo. Trabalha, então, com a sigla DTC. Para os nossos propósitos, os exemplos a seguir mostrarão a troca apropriada.

Aplicando o pensamento lateral aos negócios: zero e infinito!

Para demonstrar o poderoso *brainstorming* que você conseguiu manter consigo mesmo sugerido no Capítulo 2 – Botando pra conversar os dois hemisférios –, trago dois exemplos simples.

Utopia da logística: transporte em tempo "zero"!

1. Divergência em sua máxima exuberância. Use o lado criativo (LC) para isso.
   - Que tal teletransportar isso? Desenhe essa dinâmica.
2. Realidade crua. Use o lado lógico (LL).
   - A forma mais rápida de transporte poderia acontecer por meio de centros de distribuição (CDs). Desenhe essa dinâmica.

---

xii Main Useful Function.

Critique (1) e suavize (2). Resolvendo para ambos simultaneamente (1) e (2), chegamos a:

- Teletransporte via CDs? Isso só poderia acontecer se fossem criados, ou acionados, temporariamente. Opa: acionar tal parceiro para ser nosso CD em tal compra. Resultado: nasce o Amazon Prime.

Utopia da impressão monocromática: tinta preta infinita!

1. Usando o LC.
   - Imagine um estoque infinito de tinta para imprimir documentos. Desenhe isso.
2. Usando o LL.
   - Podemos marcar o papel, em vez de jogar tinta nele? Será que dá para manchar, marcar, riscar infinitamente, de modo que tenha significado? Desenhe isso.

Critique (1) e suavize (2). Resolvendo para ambos simultaneamente (1) e (2), chegamos a:

- Com uma ponta quente, dá para fazer isso infinitamente. "A tinta" pode também estar no papel. Que tal papel arranhável ou termossensível? Resultado: registros perfurados e aquele extrato cuja impressão desaparece quando precisamos dele! Pode ser melhorado, é claro.

Exercitando o mindset

Sinta o peso de sua inércia psicológica (IP) aplicando o operador DTC em:

Produto. Pense num lápis e/ou numa caneta executando sua MUF (marcar ou registrar em algo). Faça uso do operador DTC e veja o que encontra.

Processo. Pense nas MUFs inerentes a uma cadeia de suprimento. Quebre sua IP por meio do operador DTC e veja que não há limites para a transformação desse processo.

Serviço. Imagine que você dirige uma padaria que também possui um serviço de lanches. Aplique o operador DTC aos produtos cafezinho, suco e sanduíches e veja o que sai daí. Deu até água na boca…

E se pensarmos na aplicação do operador DTC em uma empresa, será que a transformaríamos em uma *startup*, ou vice-versa? Na Parte III, utilizaremos esse operador para obter *insights* capazes de extrair a MUF de um P^2S^2 com poder de alavancar inovações abertas: a propriedade intelectual.

▶ Recursos, idealidade, *moonshot* e curva *S*

Admitindo que você obteve *insights* por caminhos próprios ou inspirados nos 25 da **Tabela 02**, é chegado o momento em que precisamos transformá-los em ideias e, naturalmente, criar métodos para tangibilizar tudo em algum protótipo (virtual ou material), não importando a letrinha do P^2S^2 (processo, produto, serviço, *startup*) que se pretende criar. Além dos conceitos *sistema mínimo*, *substância* e *campo*, quatro outras instâncias precisam ser levadas em consideração para o desenvolvimento de uma proposta de valor sustentável: recursos, idealidade, curva *S* e *moonshot*! Vamos descrever o papel de cada uma delas.

▷ Recursos

Uma das formas mais simples e belas de trabalhar as ferramentas Triztorming é perceber que tudo pode ser pensado como um recurso. Para que se possam atingir resultados plenos nos negócios, temos de utilizá-los de forma inteligente e, constantemente, aprimorar o que a TRIZ chama de *idealidade*.

Em economia, recursos são os insumos utilizados na produção de bens e serviços. Como já nos é familiar, neste livro serão sintetizados por entes materiais (substância) e intangíveis (campos) ou, como gostamos de dizer, Su-Field.

Abarcam recursos naturais (minerais), humanos (trabalho) e de capital (máquinas e equipamentos) e, como tudo na vida, são limitados. Uma alocação eficiente é importante para maximizar a produção e o bem-estar micro- e macroeconômico. A economia tem por motivação a escassez – o gerenciamento de recursos disponíveis em relação às necessidades humanas ilimitadas –, o que determina que precisamos fazer escolhas, pois tudo é guiado por restrições. Entender a natureza dessas escolhas é primordial, pois nos afeta diretamente.

No livro *Os números não mentem,*[25] o professor Vaclav Smil sugere que a humanidade contemporânea ainda é fortemente dependente dos recursos PACA (plástico, aço, concreto e amônia), responsáveis por inúmeros efeitos colaterais no meio ambiente, e que precisamos encontrar formas alternativas de avançar, cuja base são os nossos projetos. Assim, quando me refiro a "inteligente" e "adaptar", quero intuir que sempre devemos utilizar recursos eficazmente e com monitoração de tempo real, se possível. Isso me faz atribuir o índice (*t*) em muitos textos, aulas e palestras etc. quando me refiro ao trio CT&I, passando a um grifo mais responsável: Ciência(*t*), Tecnologia(*t*) e Inovação(*t*). Acredito que não haja melhor balizador do que o tempo, nosso recurso mais escasso.

▷ Idealidade

Na TRIZ clássica, os recursos compõem o conceito de *idealidade*. Sob o prisma Triztorming, acrescentei o *tempo*, aquele responsável por guiar todas as metas, e o conceito ganha o formato expresso pela **Equação 01**:

$$Idealidade(t) = \frac{\Sigma\ Benefícios(t)}{\Sigma\ Custos(t) + \Sigma\ Efeitos\ Colaterais(t)}$$

Equação 01. Idealidade clássica com um indicador temporal de melhoramento.

Trata-se de uma equação simples, bem na linha da desmatematização que propusemos. Os *Benefícios*, entes intangíveis, são todos os bons resultados. Incluem o desejado, coisas que possuem “cara” de solução alcançada em tempo hábil. A variável *Custos* representa todas as entradas necessárias para criar o sistema (S), recursos financeiros e de infraestrutura, além de tempo e energia, que nunca são diferentes de zero. Os *Efeitos Indesejáveis* respondem por todos os resultados que você não quer ou não esperava. Nunca são neutros.

Se imaginássemos um negócio (P^2S^2) como um sistema que transforma necessidades em propostas de valor (vide **Figura 16**), a *idealidade* atuaria como o sintonizador entre os custos, os benefícios entregues e seus respectivos efeitos colaterais, atuando sempre para encontrar o melhor ajuste.

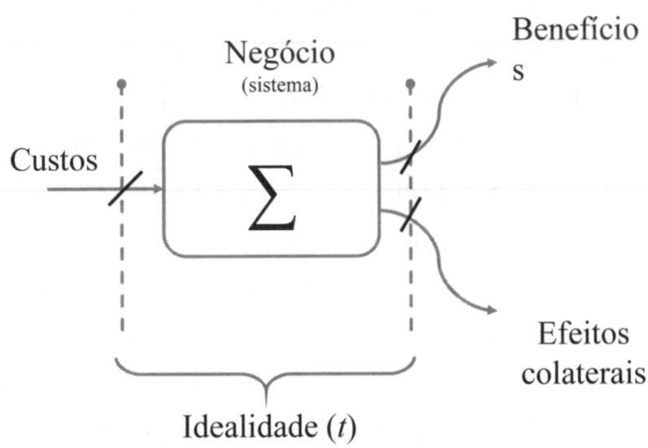

Figura 16. A idealidade (*t*) como instrumento de sintonia temporal – entre os recursos tangíveis (custos) e intangíveis (benefícios e efeitos colaterais) – na geração da melhor proposta de valor.

Figura elaborada pelo autor.

Com essa equação (na verdade, um modelo) em mente, seria possível verificar se determinado laboratório fictício – chamarei de LAB – está no caminho da inovação. O LAB, que pode estar em qualquer tipo de empreendimento, dispõe de um exército de pesquisadores investindo tempo e energia (professores, alunos de graduação e pós, técnicos etc.). Também necessita de recursos financeiros para manter toda a sua estrutura (salário dos efetivos, bolsas de pesquisa, terceirizados, corpo administrativo, água, luz, limpeza, segurança). Tudo isso está na parcela *Custos*. Os efeitos indesejáveis podem ser atribuídos à burocracia no trâmite de solicitações, cronograma de ações mal planejadas ou executadas; quebra de equipamentos, perda de materiais devido a experimentos malsucedidos; pesquisadores que abandonam as pesquisas antecipadamente, brigas internas, atrasos etc. Os benefícios envolvem as implementações positivas referentes a um projeto realizado em determinado tempo.

Colocando os indicadores certos na **Equação 01**, adquiridos em janelas temporais ditadas pelo mercado (clientes), verificaríamos o valor da idealidade. Enquanto estivesse maior que 1, seria possível dizer que se está no caminho da inovação, pois os benefícios superaram os custos e os efeitos indesejáveis. Todo o processo é autossustentável. Caso a idealidade caia abaixo de 1 (na verdade, qualquer inclinação negativa de sua curva – **Figura 17**), seria motivo suficiente para acionar o modo *insight*. Pronto: escolha um dos 25 sugeridos neste livro.

Nesse horizonte, diríamos que o processo deixou de ser autossustentável, sendo justificável somente se estiver inserido em um contexto maior, que o torne viável em médio ou longo prazo, já que, no momento, está sugando recursos. Nesse caso, por exemplo, o LAB poderia ser enquadrado até como uma célula de invenção, mas não de inovação. Outra exceção para o LAB continuar rodando um processo desse tipo seria justificada se estivesse recebendo recurso de origem externa à empresa, por exemplo, o que os economistas costumam chamar de “dinheiro novo”, para gerar inovação aberta, cuja meta residiria na promoção de *transferência de tecnologia ou de conhecimento*. A OpenAI é um desses casos emblemáticos mais recentes. Operou durante muito tempo no regime sem fins lucrativos, mas dada a força mercadológica, rendeu-se à Microsoft.

Uma inovação só pode ser considerada de sucesso quando supera os investimentos incorridos em sua produção. Esse é o grande desafio de qualquer LAB mundo afora. A invenção torna-se inovação quando possui potencial para ser utilizada pelo mercado, ou seja, foi demandada por um nicho específico fora do escopo onde foi produzida, sendo capaz de criar *novas zonas de negócio*. É quando o protótipo se transforma em um MVP, mínimo produto viável.

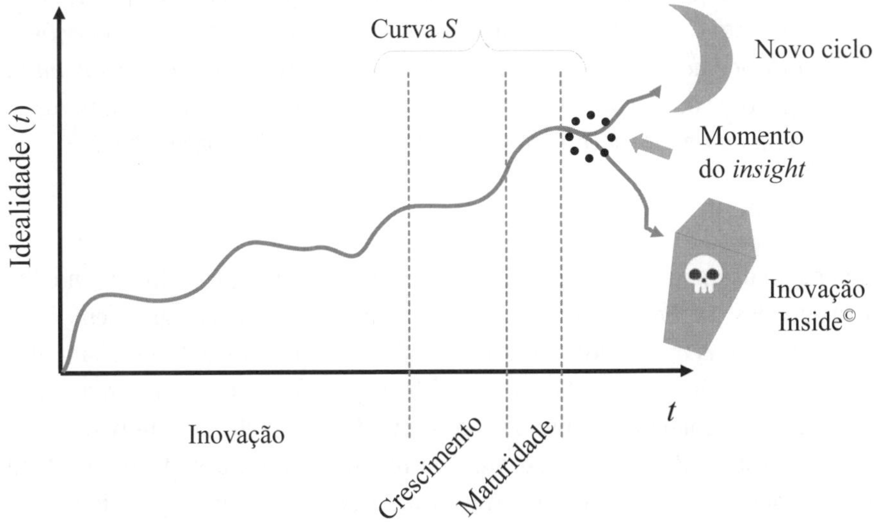

Figura 17. O *moonshot* como meta utópica para a idealidade. A busca por esse ponto ideal imaginário é uma das melhores formas de promover *insights* continuamente. Como consequência, surgirão ideias para novos ciclos ou um dramático fim de operação.

Figura elaborada pelo autor.

Sobre esse aspecto da *idealidade*, a sustentabilidade, acredito que caiba a frase do CEO Larry Hirst (ex-presidente do conselho de administração da IBM): "Invenção é transformar dinheiro em ideias; inovação é transformar ideias em dinheiro". Inovação só poderá gerar valor se concretizada.

▷ Moonshot thinking

Moonshot, numa tradução ao pé da letra seria *atirar na Lua.*[26] Pode parecer coisa de maluco, mas quando se traça uma meta ambiciosa, seus efeitos colaterais acabam por ser palpáveis. Com essa forma de pensar, passado o auge da corrida espacial, a Nasa liberou 1,2 mil patentes para novas *startups* de tecnologia em 2015.[27] Quantas milhares de patentes ainda estão intocadas?

Imagine agora que o novo *moonshot* com a ajuda da SpaceX transforma-se em um *Mars-shot*? – atirar em Marte; essa eu inventei. *Moonshot thinking* não é fazer 10% melhor, mas buscar resultados 10 vezes maiores. Resguardadas as proporções, não precisamos ter alvos impossíveis; precisamos apenas nos inspirar no que escreveu o teórico italiano Nicolau Maquiavel (1469-1527) em seu famoso papiro, *O príncipe*:

É o que fazem os archeiros habilidosos, os quais, parecendo-lhes muito distante o alvo que desejam atingir, e, conhecendo bem as limitações de alcance do seu arco, fazem pontaria para um ponto muito mais alto do que o alvo, não para aí acertar com as suas flechas, mas, sim, para, com a ajuda de tão elevada mira, poderem bater o alvo pretendido!

▷ Pensamento exponencial

Tipo de pensamento que deve acompanhar o *moonshot*, cultuado no livro *Organizações exponenciais,*[28] o qual mostra que empresas grandes são assim porque pensam grande. Para isso, definem o que os autores chamam de Propósito Transformador Massivo (PTM), o propósito maior da organização: "Os maiores problemas do mundo são os maiores mercados do mundo".

Um problema de pensar exponencialmente pode ser assim exemplificado: Imagine que você tenha em um frasco uma colônia de microrganismos cuja população dobra a cada minuto. No 15º minuto, o frasco está pela metade. Aí vem a pergunta: Quantos minutos seriam necessários para os microrganismos preencherem todo o frasco?

Troque agora microrganismos por pessoas e o frasco por uma organização e replique o experimento. Em dada organização, as pessoas dobram sua capacidade de ter ideias a cada ano. Ao final do décimo ano, a quantidade de ideias preenche 10 mil folhas. Quanto tempo levaria para essa organização ter 20 mil folhas de ideias? Uma organização linear levaria outros 10 anos. Uma exponencial, em mais dois anos, teria 40 mil folhas preenchidas. Faça a conta! Pensar grande ou pensar pequeno dão o mesmo trabalho. Pense exponencial!

▷ Curva *S*

"A função logística pode ser usada para ilustrar o progresso da difusão de uma inovação durante seu ciclo de vida. Historicamente, quando novos produtos são introduzidos, há intensa quantidade de pesquisa e desenvolvimento que levam a melhorias drásticas em qualidade e redução do custo. Isso leva a um período de rápido crescimento industrial. Alguns dos exemplos mais famosos são: trilhos, lâmpadas incandescentes, energia elétrica, carros e transporte aéreo. Eventualmente, oportunidades de melhorias extremas e de reduções de custo acabam, o produto ou processo tem seu uso amplamente disseminado com poucos novos clientes em potencial restantes, e os mercados se tornam saturados."[29]

Esse texto, orientado à produção, foi extraído da *Wikipédia* e é consequência de estudos atribuídos ao matemático belga Pierre-François Verhulst (1804-1849). Essas mesmas formulações podem ser utilizadas em outras áreas

(Medicina, Química, Física, Economia etc.) e relatam algo bem óbvio: seu negócio vai morrer. Simples assim! Ou seja, mesmo quando sua inovação aparentar sucesso, você terá de acompanhar os KPIs de seu "pimpolho" inovador durante os ciclos de inovação, crescimento, maturidade e declínio, para que consiga agir de forma preditiva na geração de *insights*, o que manterá seu negócio em estado pleno de inovação ou, se for irremediável, conceber um novo ciclo.

▶ Limite de crescimento de um negócio

Falando em "forma preditiva", e já que ainda estamos sob os cuidados da Matemática e da Física, será que existe um *script*, modelo ou fórmula capaz de prever se (ou quando) um negócio vai morrer? Essa pergunta vale a cabeça de pouca gente e o emprego de muitas. Uma maneira é avaliar o que se tem, colocar os dados nos modelos que estão rodando e encontrar uma forma de extrapolar. Vamos tentar, então.

▷ Modelando The Big Picture

Todo fim de ano, vejo nas publicações que envolvem negócios a palavra "futuro". Já no *to be continued*, segue a perturbação mental "o que você vai fazer?". Como acho "futuro" uma palavra sem futuro – "a melhor forma de prever o futuro é criá-lo", diria o guru Peter Drucker – e "o que vai fazer" uma frase imperativamente retórica (você não vai, você faz!), prefiro ancorar-me no presente e ter por base modelos que estão rodando, desde um passado próximo até o momento, e fazer construções do que virá utilizando os dados atuais.

Chamo então *avaliar o que tenho* de *Retro* e *colocar dados disponíveis em modelos que estão rodando e tentar extrapolar* de *Perspectiva.* A partir daí, começo a construir o meu amanhã. Por que disso? Dois são os motivos: K) com exceção das ondas eletromagnéticas – a luz é uma delas –, nenhuma grandeza física muda de fase abruptamente; e W) segundo o físico alemão Albert Einstein (1879-1955), "diferença entre passado, presente e futuro é apenas uma persistente ilusão".

Façamos K + W e apliquemos ao mundo dos negócios. Chegamos a:

- **i.** Todo dia é o "fim de ano" de um mesmo dia do ano anterior (ex.: hoje, 18/6/23, faz um ano que era 18/6/22. Portanto, *ano* é apenas uma ilusão persistente de um período de tempo de 365 dias); e
- **ii.** Por motivos físicos, nenhum negócio pode mudar abruptamente. Pense sobre o aforismo da "gota que transbordou o copo". A coitada da última gota é que leva a culpa. Gota abrupta!

Se admitimos as hipóteses I e II, temos de esquecer esse negócio de "ano que vem vou patati patatá" e que "meu negócio quebrou do dia para a noite". Optemos por utilizar modelos matemáticos baseados na natureza e nas cidades para mostrar que o que acontece em seu empreendimento "já estava escrito nas estrelas" e, ao fazer isso, tecer perspectivas para você se preparar ou, pelo menos, saber que seu negócio foi pro beleléu não pela "gota abrupta" ou porque alguém escreveu o nome de sua companhia no Death Note, mas pela falta de acompanhamento de indicadores e do mundo.

Falaremos, portanto, do estado atual do seu negócio (retro), do que a Matemática e a Física vão dizer sobre ele (modelo) e as decisões (perspectivas) que você deveria tomar para que ele permaneça competitivo. Deixemos esse negócio de "futuro" para as cartomantes.

▷ Como crescem os negócios

É do senso comum que, à medida que uma empresa aumenta de tamanho, o acúmulo de regras e restrições cresce com ela. Uma vez que esse crescimento ocorre, geralmente, sob um mesmo formato tecnológico e administrativo – vamos dizer assim –, essa ampliação se dá de forma monotônica ou, no máximo, com baixas diversidades tecnológica e organizacional. Ex.: se vou aumentar minha cervejaria, compro mais fermentadores ou aumento o tamanho deles. Vou aumentar minha padaria: "tome" forno! Tenho uma livraria; vou comprar mais títulos e estantes.

Para cada um desses incrementos, é necessário ampliar pessoal, turnos, regras para gerenciar e treinar novas pessoas e obter novos recursos; algumas vezes, esse incremento pode fazer meu negócio "mudar de fase" (MEI → EIRELI → LTDA → S.A.) e implicar empréstimos, investimentos externos ou mudança na participação societária. O que quero dizer com este quadro didático: convencionalmente, as empresas crescem aumentando relativamente mais seu complexo informacional do que seu aparato tecnológico. Falando de outra forma, à medida que a burocracia aumenta (custo) o P&D&I, a estrutura organizacional, a relação com fornecedores e, principalmente, consumidores (geradores de receita) diminuem sistematicamente.

▷ Bichos, companhias e cidades

Para estabelecer meus critérios prudenciais (não de previsão) de modo científico, farei uma comparação entre os formatos de escala considerando bichos, companhias e cidades como organismos vivos de pequeno, médio e grande portes, respectivamente. A ideia é apontar um índice crítico mínimo de sobrevivência para cada um desses sistemas metabólicos.

Sobre bichos

A lei de Kleiber, elaborada pelo cientista suíço Max Kleiber (1893-1976), "descreve a relação entre o tamanho corporal e a taxa metabólica de diversos animais. Estudando mamíferos, Kleiber concluiu que, em geral, a taxa metabólica corresponde à potência de 3/4 da massa corporal do animal, não seguindo a típica lei do quadrado ou cubo."[30] Exemplificando: admitamos que o consumo metabólico de um rato de 0,5 kgf seja de 1 W. Por uma regra de três, considerando apenas os mamíferos, esperaríamos que um gato com 5 kgf consumisse 10 W. Entretanto, Kleiber constatou que o consumo metabólico desse gato chega a 7,5 W. Isso também vale no caso de cachorros, humanos, elefantes e baleias. Ou seja: *os organismos biológicos aumentam sua massa mantendo sua eficiência energética por meio de um fator de escala próximo a 0,75.*

Sobre cidades

No artigo *Invention in the city: increasing returns to patenting as a scaling function of metropolitan size,*[31] que relaciona KPIs de infraestrutura e tecnologia (metabolismo) com o tamanho populacional (massa orgânica), os autores estabelecem o índice de sobrevivência das cidades, independentemente de seus tamanhos, em 0,85. Encontram-se aí cidades dos Estados Unidos, China, Japão, Europa e América Latina.

Sobre companhias

Entre 1950 e 2009, a empresa Standard & Poor's recolheu dados de 28.853 companhias americanas. Com base neles (cujo acesso é pago, naturalmente), o estudante de pós-doutorado Marcus Hamilton, orientando do físico britânico Geoffrey West (1940-), famoso pela teoria metabólica da ecologia,[32] relacionou número de empregados (massa orgânica) ao aumento do resultado líquido e do resultado ativo total (metabolismo) dessas empresas. Juntos, estabeleceram que as empresas saudáveis detinham o coeficiente crítico de crescimento de 0,9. Acima disso, a morte ficava à espreita.

▷ Modelos: os índices 0,75, 0,85 e 0,9

Estes valores estabelecem a margem segura para o crescimento sustentável de bichos, cidades e empreendimentos, respectivamente. Dada a dificuldade para desenvolver modelos determinísticos de futuro, podemos nos guiar por estatísticas em vez de modelar tais sistemas extremamente complexos. Nesse caso, a Matemática e a Física, junto com os dados atuais, é a nossa melhor alternativa.

Se a natureza, testemunha de milhões de anos de revoluções e catástrofes, e as estatísticas de quase sessenta giros da Terra da Standard & Poor's apontam uma norma, tenho por onde começar. O **0,9** demarca não só um limite crítico de crescimento, mas também sugere como crescer sustentavelmente. Com esse índice, posso criar a fórmula de sucesso para um empreendimento, quem sabe prever sua morte ou, pelo menos, saber quando devo pensar em novos *insights* (vide **Figura 17**).

Um exemplo numérico de como não morrer

Imagine que utilizei com eficácia um montante *M* de recursos na produção *P* em determinada fase da empresa. Para produzir outro patamar *P*, tenho que utilizar, em média, *0,9M a mais*, e assim sucessivamente. Tudo ainda meio nebuloso... Deixa eu colocar em números: imagine que seu negócio projete um faturamento de R$ 1.000,00/mês, com um custo operacional de R$ 200,00. Na lógica linear, expandir a receita para R$ 2.000,00 exigiria elevar o custo operacional para R$ 400,00. Considerando o modelo proposto, escalar dessa forma não seria sustentável em longo prazo. Assim, o custo operacional para dobrar a receita deveria ser inferior a 200,00 + 0,9 × 200,00 = (1 + 0,9) × 200 = R$ 380,00. Essa é a forma correta para dobrar a receita e permanecer no jogo. Se a intenção for ampliar a receita para R$ 3.000,00, o triplo, seu custo operacional deveria limitar-se pelo fator (1 + 0,9 + 0,9 × 0,9) × 200,00 = 2,71 × 200 = R$ 542,00, em vez de 3 × 200 = R$ 600,00, como manda a lógica linear, e assim sucessivamente. Então, o metabolismo estatístico sugere um fator de escala para empresas inferior ou igual a 0,9. Recomendo às empresas a utilização desse fator para ver como anda a progressão do EBITDA[xiii] – indicador para fazer a medição dos resultados das empresas – para ter ideia do fôlego que ainda se tem para a expansão com base em empréstimos. Muitas empresas quebram por

[xiii] *Earnings before interest, taxes, depreciation and amortization*. Não sei se é muito utilizado, mas em português a sigla seria LAJIDA, lucros antes de juros, impostos, depreciação e amortização.

desconhecer essa estatística cruel, mesmo olhando para os lucros aparentes. O *0,9*, portanto, constitui um bom *insight*.

▷ Trabalhando as decisões: a perspectiva baseada no modelo 0,9

É fato que o inerente aumento burocrático leva seu empreendimento a tornar-se mais rígido, já que todas as regras estão intrinsecamente encadeadas. À medida que cresce, a maioria das companhias passa a operar em um ponto crítico em que a dupla vendas & despesas opera tenuemente balanceada, ficando vulnerável a flutuações de mercado ou perturbações políticas. Crescer incrementalmente a cada fase, admitindo que não haja a geração de uma inovação de ruptura – modo exponencial de crescimento dos negócios –, sugere que se monitorem muitos índices. Neste capítulo vimos as métricas de escala AAARRR e o conceito de idealidade. Para estabelecer um norte para o negócio, defina os ativos, receitas, arranjo organizacional, estratégias (inovação é uma) e benefícios em geral como massa orgânica. Despesas, custos, efeitos colaterais do mercado etc. devem ser enquadrados como metabolismo de sua empresa. Com isso muito bem definido, trabalhe para que a divisão do metabolismo pela massa orgânica, medida continuamente, seja inferior ou igual a *0,9*. Considere também manter resultados de curto prazo dependentes da estratégia de longo prazo. Observar isso pode ser a chave para não ouvir o "Tã, tã, tã, tã" da *Sinfonia n.º 5 em dó menor*, de Beethoven, a *Sinfonia do Destino*, aquela da morte batendo à porta, cujo resultado terá aquela embalagem com o dizer *Inovação Inside©* mostrado na **Figura 17**.

Pense sobre. Independentemente do conceito de inovação, sua empresa não poderá crescer, ou mesmo sobreviver, fazendo o de sempre, agindo da mesma maneira de antes e copiando a concorrência: terá de inovar. Sobre previsão de futuro, deixo aqui uma fórmula cética, ancorada na natureza, demografia e estatísticas, a qual chamei de retroperspectiva baseada no *0,9*. Posto aqui o rascunho do desafio, *desejo a vocês que construam um bom ano a partir deste dia!*

Sobrevivemos à Matemática e à Física deste capítulo. O restante será um passeio.

05.

Contradições: o coração dos *insights* Triztorming

A situação em que duas ou mais afirmações ou ideias são mutuamente incompatíveis ou conflitantes caracteriza uma contradição. Pelo prisma da TRIZ, ela ganha o *status* de "contradição física" quando não puderem coexistir. É um problema comum em várias áreas do conhecimento, como a filosofia, a lógica, a matemática, a ciência, entre outras. Em alguns casos, a contradição pode ser utilizada como argumento para refutar uma ideia ou teoria. A TRIZ clássica busca resolver contradições.

Na versão Triztorming, além de buscarmos resolver contradições, tentaremos criá-las, pois, como veremos em problemas inventivos, a respectiva solução levará à geração de sementes radicais. Montaremos problemas em que fatores melhoram em detrimento da piora de outros, cuja solução exigirá uma barganha, o *trade-off.*

▶ Contradições

O caminho percorrido durante a definição de problemas, encontro e análise de uma contradição, a busca por uma solução ideal e a implementação de princípios que a eliminem ou a reduzam são a fonte para a criação de invenções que, quando implementadas, se transformam em inovações. Na linha de criar algo com potencial inovador, precisamos resolver contradições. Algumas vezes, até promovê-las, pois, em muitas situações, algo aparentemente insolúvel é o que nos separa de uma ruptura.

Por incrível que pareça, as piores contradições, conflitos ou impasses que acontecem nos sistemas negociais possuem similaridades com sistemas físicos. Modelar os processos negociais no mundo da Física, resolvê-los nesse campo, depois trazê-los de volta consiste em uma estratégia poderosa de resolução, pois, quando algo é passível de modelagem, torna-se inteligível. Baseando-se nessa estratégia, Triztorming faz uso do conceito de *dualidade.*

▷ Dualidade

Neste livro utilizaremos o termo "dualidade" no sentido de *sistemas cujo modelo unifilar (de círculos e setas) seja equivalente ou intercambiável*. A **Figura 18** mostra uma das muitas representações unifilares de uma contradição. Utilizaremos esse símbolo e, para manter o jargão da área, chamaremos de *trade-off*. Aqui, as setas indicam, respectivamente, uma solução que pode levar a competições dentro de um mercado existente (oceano vermelho) ou criar um mercado (oceano azul).

Usaremos este símbolo para representar as contradições em Triztorming. Quando, por exemplo, desejarmos representar qualquer P^2S^2 de características conflitantes, a seta cinza indicará a saída para um potencial oceano azul, um novo mercado. A seta preta *design*ará uma solução passível de alta competição, um mergulho no oceano vermelho.

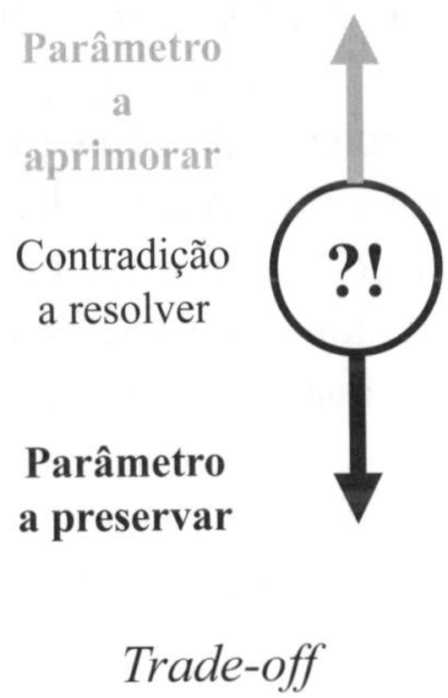

Figura 18. Contradição. *Trade-off* ou *tradeoff* é uma expressão em inglês que significa "o ato de escolher uma coisa em detrimento de outra". É uma expressão muito utilizada como relação "perde-ganha".

Figura elaborada pelo autor.

Se conseguirmos prototipar modelos físicos, resolvê-los e emparelhá-los a processos negociais, a chance de resolver estes últimos aumenta consideravelmente. Vejamos:

» **Negocial**. Um grupo que seja submetido a um alto estresse e que depois tenha que estar "em paz" para atuar em novas demandas. **Dual físico**. Um meio que seja frio em um ponto (em dado momento) e quente em outro (noutro momento) – e vice-versa – e depois tenha que alternar essa situação.

» **Negocial**. Aumentar a produtividade de uma equipe sem aumentar o custo financeiro e emocional. **Dual físico**. Aumentar a eficiência de uma máquina sem aumentar seu consumo.
» **Negocial**. Atuar como gerente cronometrado em uma fase e líder carismático em outra. **Dual físico**. Sistema rígido em um ponto e flexível em outro.
» **Negocial**. Diminuir a equipe e aumentar a entrega. **Dual físico**. Diminuir um dispositivo e, ao mesmo tempo, aumentar seu poder de impacto.
» **Negocial**. Necessidade de esconder demandas de um projeto para determinados integrantes do *squad* por algum tempo (questões de segredos industriais e/ou propriedade intelectual), depois juntar as peças mostrando o porquê da cobertura. **Dual físico**. Ser opaco em determinada situação e translúcido no instante seguinte, porém com a mesma eficiência.
» **Negocial**. No lançamento de produtos, aparentar (no começo de entrada no mercado) ser um competidor de baixo impacto ou inócuo, ganhar espaço e depois se mostrar inovador, uma solução de ruptura. **Dual físico**. Ter uma característica quando visto de longe e uma característica oposta quando examinado de perto.

Exploraremos mais a dualidade no decorrer do livro, sempre com o intuito de modelar algo de forma simples. Vamos aos conceitos oriundos da TRIZ para contradições.[1]

▷ Contradição administrativa (*trade-off* administrativo)

Se o problema envolve o gerenciamento de especificidades profissionais e/ou pessoais, entre as necessidades, habilidades e competências, sendo possível utilizar fatores negociais para resolver o impasse, você está diante de uma *contradição administrativa*. Disputas entre indivíduos, manuseio do ambiente de trabalho, promoções, negociação salarial, por exemplo, compõem esse tipo de contradição.

▷ Contradição técnica (*trade-off* técnico)

Se a situação envolve questões de metodologia, técnicas, serviços, produção etc., e a melhoria de um fator faz com que outro piore, temos uma *contradição técnica*. Aumento de produção, aprimoramento logístico, definição de metas, mudanças de processo fabril ou desenvolvimento de *software*, ajustes em métodos de operação, aumento na produção *versus* impacto ambiental, por exemplo, podem levar a contradições de ordem técnica.

▷ Contradição física (*trade-off* físico)

Finalmente, se a questão é inerente ao sistema, coisas que não podem ser resolvidas linearmente por apresentarem paradoxos ou necessitem conter processos físicos que sejam mutuamente exclusivos (ou se resolve um ou outro), há uma *contradição física*. Um equipamento que precise se movimentar para manter seu conteúdo estável, ser capaz de condicionar produtos quentes e frios ao mesmo tempo, controlar a passagem entre um elemento e outro de forma sincronizada e ocupando o mesmo espaço, ser rígido e tornar-se flexível quando a necessidade o impelir, são características mutuamente excludentes próprias de sistemas que apresentam restrições físicas.

A nomenclatura *trade-off* é muito utilizada no meio negocial para indicar tipos de contradição, conflitos, relações de compromisso, renúncia de algo em detrimento de outro etc.

▶ Pensando "fora da caixa"

Para exercitar nossa capacidade de resolução, é conveniente realizarmos atividades diferentes das habituais. Alguém, na busca de soluções em uma área do conhecimento pode encontrar inspiração em contextos bem distantes do seu campo de atuação, como no esporte, na mecânica ou na poesia.

Não se deve pensar que uma área do conhecimento se encontra totalmente encerrada em um quadro conceitual, mas que existem conexões com todo tipo de conhecimento. As formas da natureza e a Matemática são explicadas por meio de fractais, alguns fenômenos religiosos podem ser entendidos pelo conhecimento da Neurologia e o rendimento esportivo de um atleta pode melhorar significativamente incorporando técnicas de relaxamento mental. Em suma, os procedimentos de algumas áreas são aplicáveis a outras.

Quando temos de enfrentar um problema global, é conveniente dividi-lo em diversas partes. Assim, com as diferentes peças separadas, podemos combiná-las livremente com a intenção de buscar a solução para o problema original.

A criatividade não deve fundamentar-se simplesmente na busca de coisas diferentes daquelas que já existem, mas é necessário incorporar a ideia de utilidade. Dessa maneira, somos realmente criativos se as novas ideias introduzirem um grau de pragmatismo. Por exemplo, fabricar portas com forma hexagonal pode parecer criativo, mas se trata de uma proposta pouco praticável se não for para resolver algum problema.

Outro modo de mexer o *mindset* é notar que, na ânsia de encontrar novas ideias, não se deve interpretar o erro como um fracasso. Muitas vezes, o sucesso final de um projeto vem precedido por um grande número de erros. Como falado no início do livro, a provocação, além de ser uma ferramenta do pensamento lateral, é o maior gerador de *insights*. Nesse sentido, Edward de Bono propõe o que ele chamou de "pensar fora da caixa".

Estamos todos condicionados por padrões mentais pessoais imersos em uma tradição cultural, mas esses mesmos padrões se tornam uma prisão para o pensamento criativo. Vamos começar a ver *trade-offs* de modo diferente – até desejá-los. Podem ser nossas melhores fontes para *insights*.

▶ Resolvendo contradições por princípios de separação

Autor: *Sobre os "princípios de separação" da TRIZ, o que você tem a dizer?*
ChatGPT: *Os "princípios de separação" são um conjunto de 4 princípios da TRIZ (Teoria da Solução de Problemas Inventivos), que foram desenvolvidos para ajudar a resolver problemas de separação de objetos, substâncias e informações. Esses princípios ajudam a identificar maneiras de separar materiais, remover impurezas ou componentes indesejados, dividir informações em categorias ou separar sistemas complexos em partes menores. Ao aplicá-los, é possível encontrar soluções criativas para problemas de separação em diversos setores, desde a indústria química até a gestão de informações em sistemas complexos. Os princípios de separação são uma das ferramentas mais úteis e versáteis da TRIZ para solução de problemas, especialmente quando se trata de problemas que envolvem a separação de elementos.*

▷ Princípios de separação

Muitas vezes, um aparente impasse é o que nos separa da inovação. E, por incrível que pareça, as piores contradições, conflitos ou impasses são aqueles que acontecem nos sistemas físicos. Cito alguns exemplos: um meio que seja frio em um ponto e quente em outro e depois tenha que alternar essa situação.

Aumentar a eficiência de uma máquina sem aumentar seu consumo. Ser rígido em um ponto e flexível em outro. Diminuir um dispositivo e, ao mesmo tempo, aumentar sua *performance*. Ser opaco em determinada situação e translúcido no instante seguinte e manter a função. Ter uma característica quando visto de longe e uma característica oposta quando examinado de perto. *Trade-offs* físicos acontecem aos montes.

Um fato importante, daí a insistência na modelagem, é que se podem resolver broncas inerentes a sistemas físicos e aplicar suas soluções para modelar processos gerenciais como se físicos fossem, tratando-os como *sistemas duais*. Ao resolver um, pode-se, via *dualidade*, resolver o outro.

Vamos trabalhar princípios que utilizamos para resolver contradições físicas e aplicá-los em seus duais negociais. Afinal, para derrotarmos um exército inimigo, carregar uma tonelada de areia, "derrubar" uma tarefa profissional dantesca ou comer uma *pizza*, utilizamos o mesmo bom e velho princípio, bastante conhecido de todos nós: dividir para conquistar.

Primeiro de tudo: identifique a contradição

Se queremos inovar, temos que aprender a criar, e Triztorming sugere começar tudo por um bom *insight*, de preferência nosso. Advogo que os melhores surgem da tentativa de resolver contradições. Para mim, 99% do problema está em identificá-lo e defini-lo corretamente. A solução é uma consequência. Assim, o primeiro passo, que não é trivial, é identificar o que você deseja melhorar ou maximizar e que, ao mesmo tempo, impacta na minimização ou mesmo eliminação de outro fator dependente.

Um exemplo: evento corriqueiro nos dias de hoje e que sempre recai no setor de RH[i] de muitas empresas: como reduzir a folha sem demitir e, ao mesmo tempo, aumentar a produtividade. Eis uma situação clássica de *trade-off* dos RHs mundo afora.

Segundo passo: considere as heurísticas de separação

Vamos abordar quatro princípios de separação: *por tempo, por espaço, em escala* e *por condições*. Essas heurísticas podem ser aplicadas em inúmeras circunstâncias. Inicialmente, para identificar o princípio a ser utilizado, vou considerar sistemas físicos. Depois, por dualidade, vamos abordar situações negociais.

---

[i] Departamento de Recursos Humanos.

▷ Separação por tempo

Você precisa que um sistema tenha determinada característica todo o tempo ou apenas em determinados *slots* de tempo? Se a característica *C* só é necessária em determinados momentos, separe-a no tempo. Um exemplo: um semáforo de trânsito. Esse dispositivo pode separar o fluxo de duas vias por multiplexação temporal. O semáforo separa duas situações contraditórias temporalmente: ora a luz está verde para uma via, ora para outra. A característica *C* aqui considerada é a luz verde. Portanto, *C* não pode estar sempre verde apenas para uma das vias.

Separação por espaço

Imagine uma situação em que um sistema tem de exibir a característica *+E* em um espaço e a característica *–E* em outro. É mais corriqueiro do que pensamos. Pense que um grupo de trabalho, digamos cinco pessoas, precisa ter uma reunião urgente, mas tais pessoas não estão no mesmo lugar. Três membros da equipe estão em um município, e os outros dois, noutro. Algum tempo atrás, essa reunião não poderia acontecer de forma plena. Solução: uma chamada de vídeo. Resultado: no município A teremos três pessoas presentes e duas virtuais; no município B, duas pessoas presentes e três virtuais. Quem está no espaço A apresenta a característica presencial *+E* e, ao mesmo tempo, a característica virtual *–E* no espaço B. O contrário para a outra parte do grupo.

Separação em escala

Nessa separação, deve-se verificar quando o sistema precisa ter uma característica geral contrária a uma característica pontual. Pense na corrente de uma bicicleta, por exemplo. Observe que, do ponto de vista de tração, ou seja, para suas pernas terem a força de ir aos pedais, mover a coroa e chegar à catraca, a corrente tem de ser rígida. Entretanto, essa mesma corrente tem de estar totalmente flexível ao passar pela coroa ou catraca. Portanto, características opostas em escala: no macro, rígida; no micro, flexível! Incluí esse conceito na **Figura 19**, que apresenta em macro nível “SIM” e em micro nível “Não”. De “longe” você vê um “SIM”. De perto, só “Nãos”. Uma equipe pode estar focada em vários “Nãos” e não conseguir enxergar um grande “SIM” sobre si mesma. Os *insights* podem ser gerados mudando-se a forma como se olha o problema. Nesse caso, em vez de nos aproximarmos, será que precisamos nos afastar?

Não	Não	Não	Não	Não				Não
Não	Não	Não	Não	Não	Não		Não	Não
Não			Não	Não	Não	Não	Não	Não
Não			Não	Não		Não		Não
Não	Não	Não	Não	Não		Não		Não
Não	Não	Não	Não	Não				Não
		Não	Não	Não				Não
		Não	Não	Não				Não
Não	Não	Não	Não	Não				Não
Não	Não	Não	Não	Não				Não

Figura 19. Macro nível SIM e micro nível Não.
Figura elaborada pelo autor.

Separação por condições

A ideia é verificar sob que condições determinados aspectos de um sistema, ou equipe, têm de apresentar a característica +*G* ou sua forma antagônica –*G*. Lentes fotocromáticas possuem estas múltiplas características: sob sol escaldante, escurecem. Em ambientes de baixa iluminação, ficam 100% transparentes. Em ambientes sob luz moderada, ficam translúcidas. Com base nessa perspectiva, talvez "desfocar o problema" seja o *insight* que nos guiará a uma solução.

▶ Duais negociais: *insights* obtidos dos processos físicos

Tempo. A Scrum Master Michele deseja informações suficientes de modo a ter o controle total sobre um projeto, porém não consegue nem lidar com a montanha de informações que já possui. Solução: experimente receber relatórios parciais para separar e utilizar as informações no *tempo*.

Espaço. O *project owner (P.O.)* Márcio trabalha em um projeto sigiloso e "de peso" na disciplina *Startup* I. Por esse motivo, não pode divulgar informações parciais no ambiente de trabalho sob risco de alguma informação estratégica "vazar". Solução: trabalhe fora do local – e longe de sua equipe – por alguns dias até resolver esse imbróglio, separando-se de seu grupo em *espaço*.

Escala. A gerente Naiara está sobrecarregada com um grande projeto para determinado supermercado local. Assim, ela coopta amigas e distribui-lhes subtarefas. Ou seja: ela separou em *escala* as broncas. Pode-se chamar de "desapego" ou, profissionalmente, delegação.

Condições. A arquiteta de sistemas Itailza deseja trabalhar "focada" em uma demanda. Entretanto, não poderá parar outros trabalhos que dependem exclusivamente dela na empresa. Solução: pede que seja acionada sempre que a quantidade de broncas de clientes atinja o total de 15. Ou seja: ela utilizou a separação por *condição* para resolver esse aparente conflito.

Toda situação em ambiente negocial pode e deve ser modelada em seus duais físicos. Se sentir dificuldade, utilize técnicas gráficas e transporte seus conflitos de gestão para um diagrama de blocos. Fazendo isso, tente achar a solução por uma abordagem física. Garanto que coisas que você não tinha percebido saltarão como um dinossauro diante de seus olhos. Então, se você tem um problema, expresse-o de forma gráfica, o que trará melhor entendimento. Se não conseguir uma boa solução, ele ficará pelo menos mais apresentável a alguém.

▶ Problemas inventivos

▷ Problema inventivo

De acordo com a TRIZ, um problema inventivo é aquele que não pode ser resolvido por meio do conhecimento e das soluções convencionais existentes. É um problema que requer uma solução original e inovadora, que não foi aplicada antes para solucionar esse tipo de problema. Neles, há sempre conflitos entre pelo menos dois requisitos ou objetivos que parecem ser incompatíveis entre si. Por isso, os desenvolvedores da TRIZ buscaram compilar métodos sistemáticos para solucionar problemas inventivos, o que envolve a análise do problema e a identificação dos padrões e princípios que podem ser aplicados para resolvê-lo. Criaram, então, uma base de dados de conhecimento denominada Banco de Dados de Soluções Inventivas, que contém informações sobre soluções usadas em vários campos. Para os propósitos abordados neste livro, precisamos ter em mente que um problema inventivo não tem solução óbvia conhecida e contém requisitos contraditórios. Portanto, uma excelente fonte para *insights*.

▷ Abordagem por analogia de Altshuller

Sabemos que existem padrões e princípios universais que podem ser aplicados para resolver problemas inventivos em diferentes áreas e que soluções podem ser encontradas observando-se como problemas semelhantes foram resolvidos em outros setores.

Partindo dessa ideia, em meados do século XX, o engenheiro russo Genrich S. Altshuller (1926-1998)[2] começou a pesquisar métodos para a solução de problemas via abordagem por analogia. Altshuller, que era um especialista em patentes da Marinha soviética na época, analisou mais de 200 mil patentes procurando problemas inventivos e como estes tinham sido solucionados. Destes, apenas 40 mil possuíam soluções inventivas, e os outros continham apenas melhoramentos no mesmo sentido. Altshuller observou que a tentativa de resolução de um problema inventivo gerava soluções que frequentemente levava ao aparecimento de outros problemas (por exemplo, ao aumentar a resistência de uma placa de metal, causa-se o aumento do seu peso). Ele também chegou a uma conclusão fenomenal e de suma importância, minha inspiração para o desenvolvimento de Triztorming. Verificou que, ao identificar o princípio inventivo, surge uma criatividade inventiva que pode ser aprendida e codificada em pouquíssimos princípios. Altshuller percebeu que:

A criatividade que conta para a invenção pode ser ensinada!

E é precisamente por isso que estamos tendo este encontro, num ambiente chamado livro. Gerar, por meio dos *insights* Triztorming, impulsos para que possamos criar negócios.

▷ Prisma TRIZ

Embora não haja um número exato de patentes estudadas, a TRIZ baseia-se em grande volume de informações e conhecimentos acumulados ao longo de décadas de pesquisa e prática. Durante muitos anos, os estudiosos da TRIZ, principalmente da Fundação Altshuller[3] e do The Altshuller Institute for TRIZ Studies (Estados Unidos),[4] têm desenvolvido e aprimorado sua metodologia por meio da análise de novas patentes e soluções inventivas em diferentes áreas e setores, relatando terem ultrapassado o estudo de mais de 3 milhões de patentes.

A **Figura 20** mostra a forma geral de abordagem por analogia. Embora você pense estar diante deste diagrama pela primeira vez, vamos recordar uma passagem de sua vida.

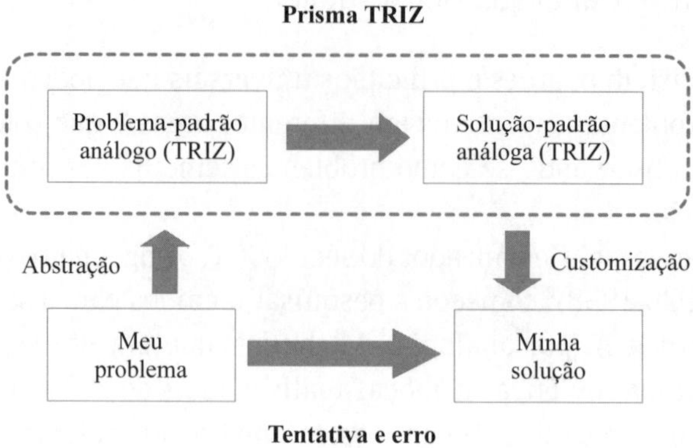

Figura 20. Abordagem por analogia pelo prisma da TRIZ clássica.

Figura elaborada pelo autor.

▷ Exemplo familiar da utilização da abordagem por analogia

Imagine um problema cuja resolução depende das raízes dessa equação quadrática. Tem-se, então:

$$\text{Meu problema: } x^2 - x - 2 = 0$$

Você poderia nem saber do que isso se trata, achar que é algum hieróglifo encontrado em alguma pirâmide ou uma sinalização alienígena. Sem qualquer norte, você apela para o ChatGPT e recebe como resposta o que está na **Figura 21**.

Se você desconfiou do que se trata, seria possível resolver por dedução, buscando um protocolo, tentativa ou erro ou pesquisando se alguém saberia o que fazer. E um *expert* na área falaria: "É uma equação quadrática. Já trabalharam nisso".

Sendo uma equação recorrente em um setor, na intenção de resolvê-la e aplicá-la a outros contextos, você aceita o conselho (do *expert* ou olhando como fez o ChatGPT) e coloca a equação na forma padrão. Fica então com:

$$\text{Problema padrão: } ax^2 + bx + c = 0$$

Agora com cara de problema padrão, rapidamente alguém o associa à equação quadrática na forma padrão e comenta que já existe uma solução padrão para ela, a fórmula de Bhaskara (esse tal de ChatGPT é brilhante!), muito utilizada para encontrar as raízes de uma equação quadrática. E te dão "o mapa" para esse formato, você pode usar:

$$\text{Solução padrão: } x = (-b \pm \sqrt{(b^2 - 4ac)}) / 2^a$$

Agora ficou fácil! Para esse caso, associo os valores dos coeficientes *a*, *b* e *c* com $a = 1$, $b = -1$ e $c = -2$, aplicando-os na solução padrão:

$$x = (-(-1) \pm \sqrt{((-1)^2 - 4(1)(-2))}) / 2(1)$$

Resultando em:

$$\text{Minha solução: } x_1 = 2 \text{ e } x_2 = -1.$$

Fim!

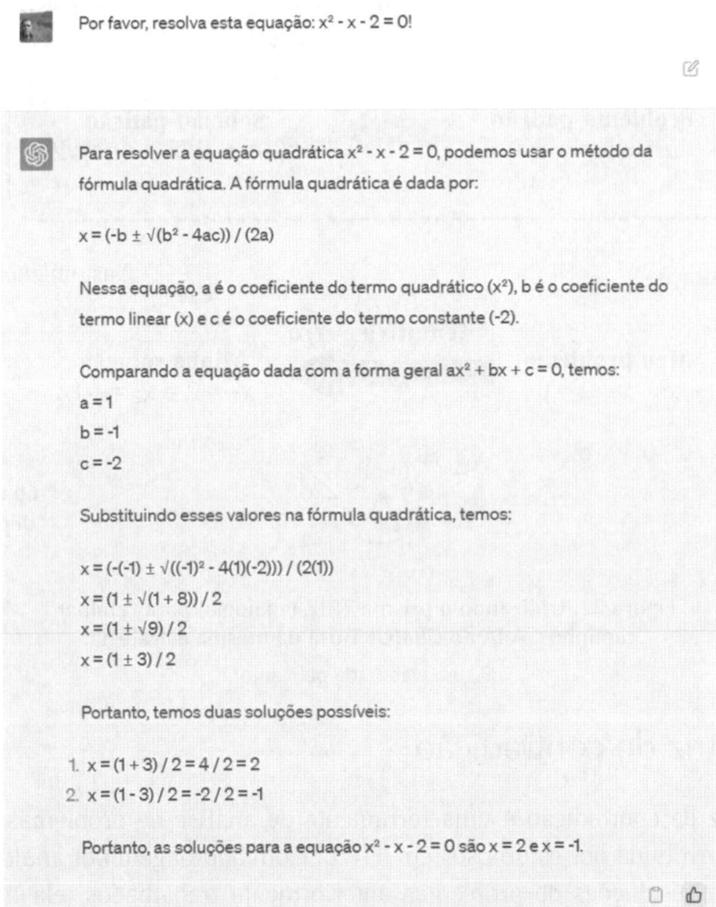

Por favor, resolva esta equação: $x^2 - x - 2 = 0$!

Para resolver a equação quadrática $x^2 - x - 2 = 0$, podemos usar o método da fórmula quadrática. A fórmula quadrática é dada por:

$x = (-b \pm \sqrt{(b^2 - 4ac)}) / (2a)$

Nessa equação, a é o coeficiente do termo quadrático (x^2), b é o coeficiente do termo linear (x) e c é o coeficiente do termo constante (-2).

Comparando a equação dada com a forma geral $ax^2 + bx + c = 0$, temos:

a = 1
b = -1
c = -2

Substituindo esses valores na fórmula quadrática, temos:

$x = (-(-1) \pm \sqrt{((-1)^2 - 4(1)(-2))}) / (2(1))$
$x = (1 \pm \sqrt{(1 + 8)}) / 2$
$x = (1 \pm \sqrt{9}) / 2$
$x = (1 \pm 3) / 2$

Portanto, temos duas soluções possíveis:

1. $x = (1 + 3) / 2 = 4 / 2 = 2$
2. $x = (1 - 3) / 2 = -2 / 2 = -1$

Portanto, as soluções para a equação $x^2 - x - 2 = 0$ são $x = 2$ e $x = -1$.

Figura 21. Esse ChatGPT é muito sabido!

Figura elaborada pelo autor e pelo ChatGPT.

Em termos de diagrama, a **Figura 20** ganharia os caminhos indicados na **Figura 22**. Você pode optar por inúmeras buscas do tipo *tentativa e erro* ou aproveitar um conhecimento acumulado e reduzir esse esforço; um recurso temporal. Além da desvantagem de o caminho *tentativa e erro* fornecer uma solução específica, há um complicador. Caso os coeficientes de "Meu problema" mudassem ao longo do tempo, teríamos de refazer todo o processo, ao passo que, pelo "prisma TRIZ", o tempo de resolução seria o mesmo, pois o processo de solução foi sistematizado.

Agora que percebemos que já sabíamos atuar via abordagem por analogia, como aplicar o mesmo processo na resolução de *trade-offs*?

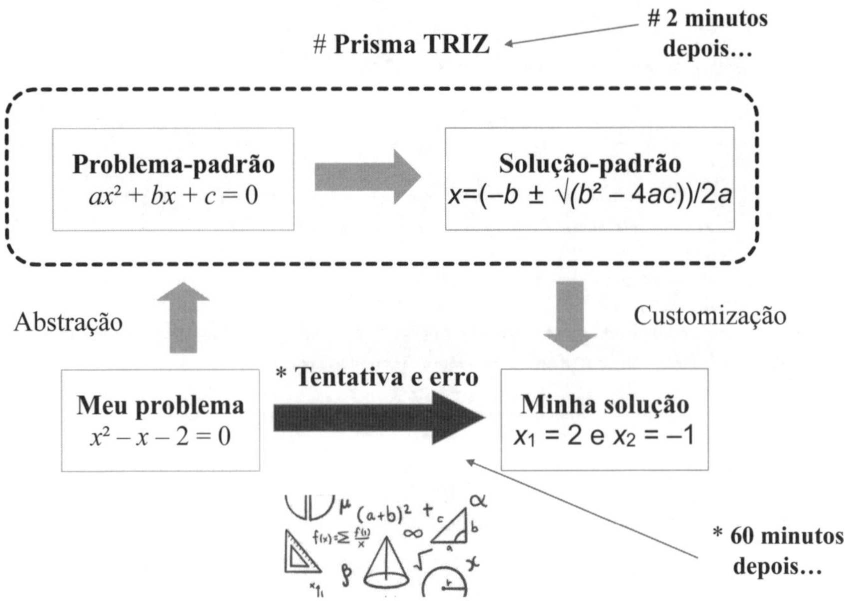

Figura 22. Utilizando o prisma TRIZ (analogia) para "atalhar" caminhos. A IA do ChatGPT usa da mesma estratégia.

Figura elaborada pelo autor.

▶ Matriz de contradição

A matriz de contradição é uma ferramenta de análise de problemas inventivos desenvolvida por estudiosos em TRIZ. Com abordagem por analogia para encontrar resoluções de problemas anteriormente trabalhados, ela foi criada pelo inventor soviético Genrich Altshuller (1926-1998) para ajudar a identificar soluções criativas para problemas que envolvem conflitos entre dois ou mais requisitos ou objetivos. É baseada em uma tabela que contém 39 células representando as contradições comuns entre diferentes parâmetros técnicos, como velocidade *versus* precisão, potência *versus* tamanho, resistência *versus* flexibilidade, entre outros. Cada célula da matriz representa um conflito entre dois fatores ou parâmetros que podem estar em *trade-off* (conflito), mas que são necessários para a solução do problema.

Para utilizarmos a matriz de contradição, temos de identificar os fatores ou parâmetros que estão em conflito no problema em questão e, em seguida, procurar na matriz a célula correspondente a esses fatores. Cada célula contém uma lista de princípios e soluções inventivas que podem ser aplicados para resolver o conflito entre esses fatores.

Por exemplo, se um problema envolve o conflito entre força e peso, o usuário procuraria a célula na matriz de contradição que corresponde a esses fatores e encontraria uma lista de princípios e soluções inventivos previamente utilizados por vários solucionadores que se depararam com o mesmo *trade-off* e que podem ajudar também na resolução desse conflito.

A matriz de contradição é uma ferramenta poderosa para identificar soluções criativas para problemas inventivos, sendo amplamente utilizada em diferentes áreas, como engenharia, *design*, gestão, entre outras. Os estudiosos em TRIZ continuam a aprimorar a matriz de contradição para torná-la cada vez mais eficaz na solução de problemas complexos.

Ao percorrermos as linhas e colunas da matriz de contradição, por analogia, fazemos uma busca estatística das melhores soluções para os conflitos, da forma como faz o ChatGPT com bilhões de parâmetros *pergunta-resposta*. No caso da matriz de contradição, a busca é baseada em princípios inventivos de patentes. Ou seja: ao percorrer a matriz de contradição, faz-se uma busca por soluções análogas clássicas.

▷ Encontrando os princípios inventivos na MC

Recriei o prisma TRIZ considerando a matriz de contradição (MC) e o coloquei na **Figura 23**. Assim como no caso da equação quadrática:

1. Começamos por “Meu problema”.
2. Em seguida, determinamos os respectivos parâmetros técnicos de interesse (quantitativos ou qualitativos) com os quais pretendemos trabalhar ou que a situação nos impõe.

3. Na sequência, buscamos parâmetros que promovem ou possuem potencial para gerar *trade-offs*, comparando-os com problemas definidos e resolvidos anteriormente (já tabelados pela TRIZ).
4. Com estes parâmetros-chave, varremos a MC procurando os princípios inventivos utilizados em soluções análogas e indicados para resolver o respectivo *trade-off*.
5. Testamos que princípios sugeridos sinalizam soluções.

Prisma TRIZ considerando a matriz de contradição (MC)

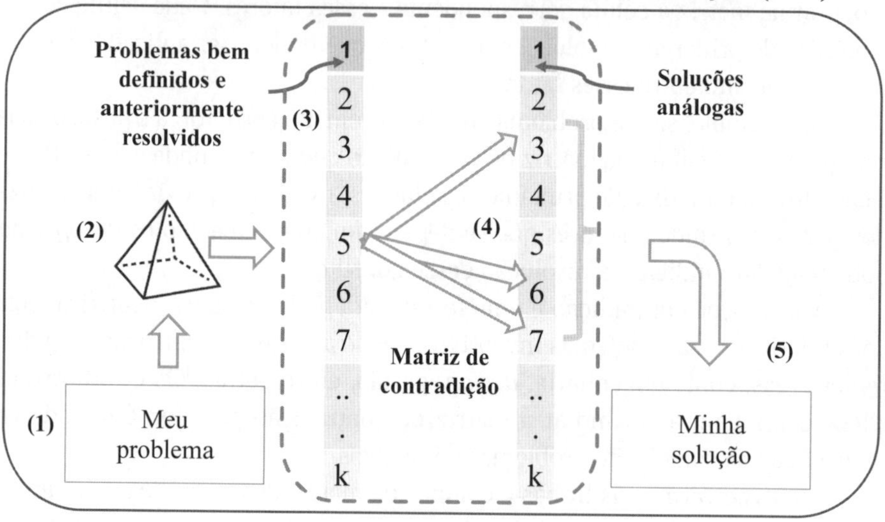

Figura 23. Utilizando a matriz de contradição para encontrar soluções análogas.
Figura elaborada pelo autor.

Depois de utilizarmos o prisma TRIZ pela primeira vez, o algoritmo torna-se automático. A parte mais difícil é como varrer a MC em busca dos princípios inventivos. Mas Triztorming automatizou isso para você!

▷ ATRIZ: varrendo a matriz de contradição

O passo 4 (item de mesmo número da seção anterior e registrado na **Figura 23**) é feito da maneira exposta a seguir. Referindo-se ao símbolo *trade-off* (**Figura 24**), que representa a contradição a ser resolvida (seu problema):

1. **Seta cinza**. Determine o parâmetro que se deseja aprimorar.
2. **Seta preta**. Determine o parâmetro que deverá ser preservado ou que poderá sofrer um efeito colateral adverso.
3. Dirigindo-se à MC, deslize pela vertical até encontrar o parâmetro que deseja aprimorar. Na tabela de exemplo (**Figura 24**), escolhemos o parâmetro número 38.
4. Deslize na horizontal até encontrar o parâmetro que sofrerá o impacto negativo. Na tabela de exemplo, escolhemos o parâmetro número 02.
5. O cruzamento destas duas linhas intercepta uma célula da MC que aponta para os princípios inventivos que você deverá utilizar para contornar o *trade-off*. No exemplo, a varredura encontra os princípios *a*, *b*, *c* e *d*, os quais deverão ser utilizados nessa ordem.

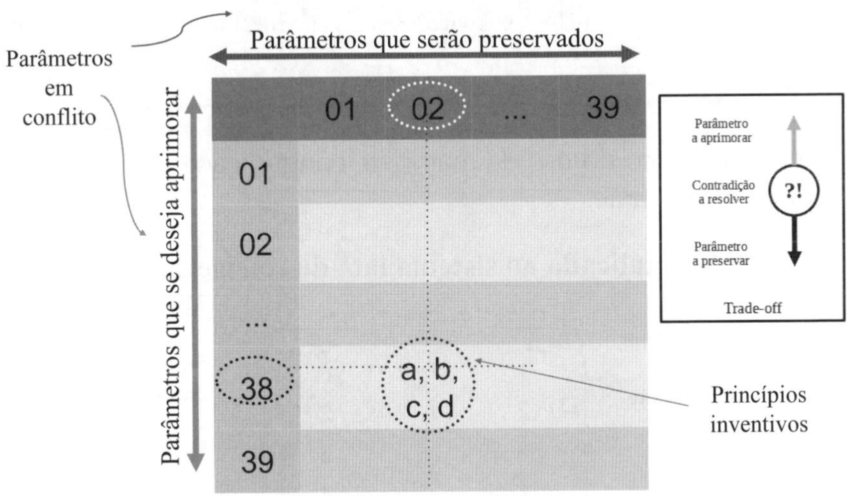

Figura 24. Seção da matriz de contradição sendo percorrida.

Figura elaborada pelo autor.

Os parâmetros técnicos e os princípios inventivos originais da TRIZ encontram-se no Apêndice. São guias para *insights* poderosos, mas, é claro, você está livre para promover adaptações.

Agora que aprendemos a varrer a MC, podemos formalizar um algoritmo em busca de soluções-padrão para aplicar a nossos *trade-offs* técnicos. Ele recebe o nome de ATRIZ:

ATRIZ: algoritmo Triztorming para descoberta e resolução de contradições técnicas (CT)

[Step #1] Monte o problema. Identifique as CTs: o que se deve **melhorar** (P1) × **manter** (P2).

[Step #2] Identifique os parâmetros técnicos que estão relacionados às CTs encontradas.

[Step #3] Realize as intersecções desses parâmetros na matriz de contradição. [P1 ∩ P2]

[Step #4] Utilize os princípios inventivos (PI) sugeridos para desenvolver soluções.

[Step #5] Compare as soluções encontradas.

[Step #6] Definiu a melhor solução? Pare e prototipe. Caso contrário, volte ao **[Step #1]**.

▷ Exemplo prático do uso da matriz de contradição: lata de refrigerante

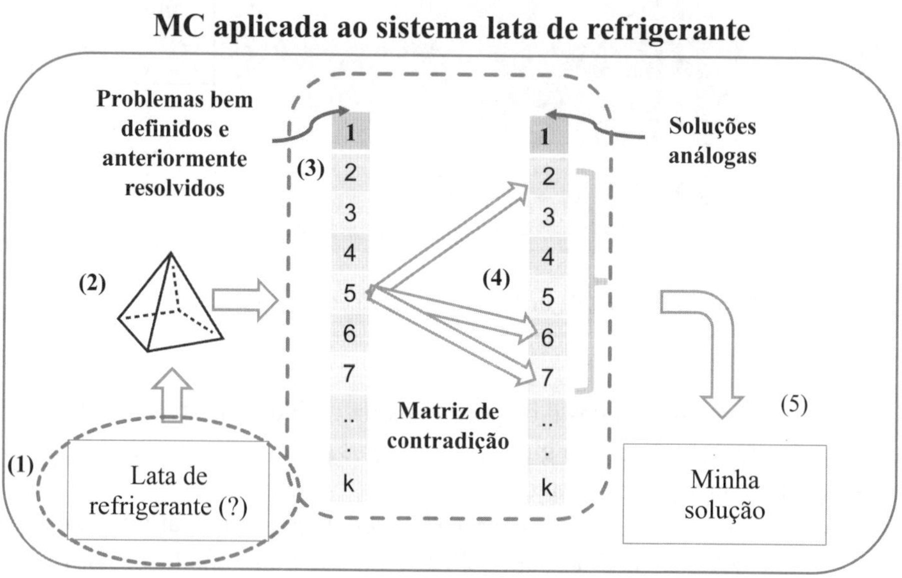

Figura 25. [Step #1] MC aplicada ao sistema lata de refrigerante.

Figura elaborada pelo autor.

[Step #1] Identificando as contradições técnicas (CT)

Lata de refrigerante. Um sistema de engenharia para conter uma bebida. No ambiente de operação, as latas são empilhadas para armazenamento.

» Os parâmetros incluem peso de latas cheias, a pressão interna da lata, a rigidez de construção da lata.
» A função primária útil é conter bebida.
» Efeitos nocivos incluem o custo de materiais, produção da lata, desperdício de espaço no armazenamento.

O resultado ideal seria uma lata que suportasse o peso de empilhamento à altura humana sem danificar as latas e as respectivas bebidas.

[Step #2] Identifique os parâmetros técnicos que estão relacionados às CTs encontradas

MC aplicada ao sistema lata de refrigerante

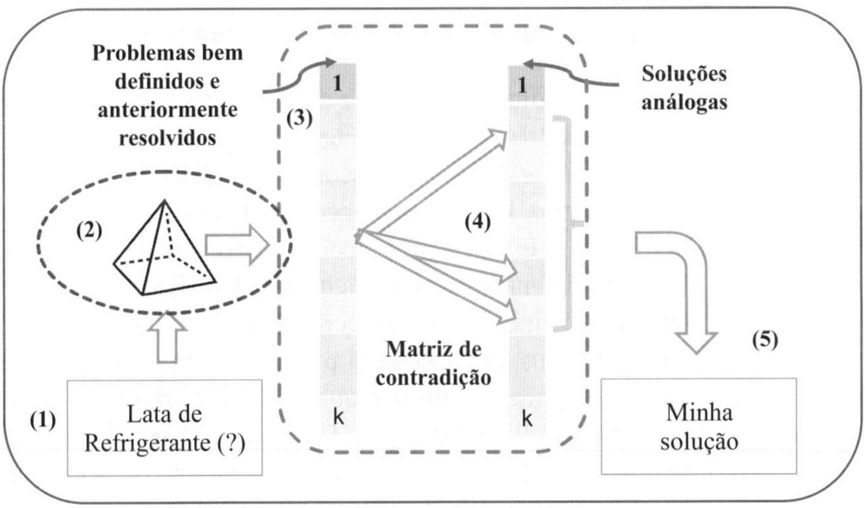

Figura 26. [Step #2] Parâmetros técnicos relacionados às CTs.

Figura elaborada pelo autor.

Reavalie o problema em termos de contradições físicas.

- » Identificar os problemas que poderiam ocorrer.
- » A melhoria de uma característica técnica para resolver um problema poderia resultar em outras características técnicas piores, levando a problemas secundários decorrentes? Existem conflitos técnicos que podem forçar um *trade-off* (restrição/contradição)?
- » Nós não podemos controlar a altura em que as latas serão empilhadas.
- » O preço das matérias-primas nos obriga a custos mais baixos.
- » A parede da lata deve ser mais fina para reduzir custos. Mas, se fizermos as paredes muito finas, elas podem não suportar uma carga tão grande de empilhamento.

Assim, a parede da lata tem de ser fina, de material de baixo custo e mais espessa para suportar o peso do empilhamento de carga. *Isso é uma contradição física*! Se conseguirmos resolvê-la, conseguiremos um sistema de engenharia ideal.

[Step #3] Procurar um problema resolvido previamente

Os estudiosos da TRIZ extraíram de milhões de patentes em todo o mundo 39 características técnicas padrão que causam conflito. São chamados de "os 39 parâmetros de engenharia" (Ver Apêndice). Encontre os parâmetros contraditórios, o que precisa ser mudado. Em seguida, encontre o parâmetro que sofrerá efeito secundário indesejável. Estabeleça isso como conflito técnico padrão.

O parâmetro padrão de engenharia que tem de ser mudado para fazer a parede da lata mais fina é o parâmetro 04, o "comprimento do objeto inerte".

Na TRIZ, esses princípios de engenharia padrão podem ser bastante gerais. Aqui, "comprimento" pode se referir a qualquer dimensão linear, como comprimento, largura, altura, diâmetro etc. Se fizermos a parede da lata mais fina, o peso de empilhamento da carga vai diminuir. O parâmetro de engenharia padrão que está em conflito é o parâmetro 11, "tensão". O conflito padrão é o seguinte: enquanto se melhora um parâmetro "comprimento de um objeto inerte", mais o outro parâmetro "estresse/tensão" piora.

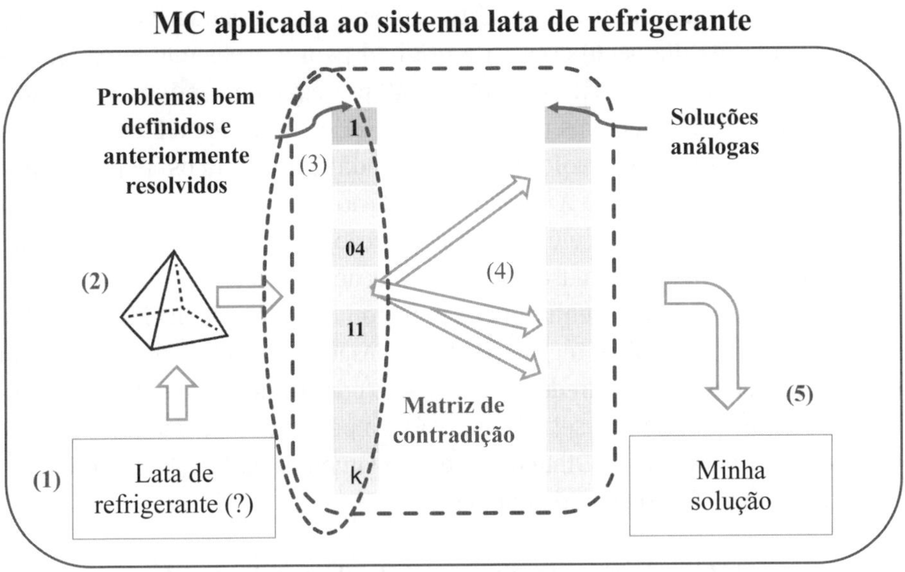

Figura 27. [Step #3] Procurando problemas resolvidos anteriormente.

Figura elaborada pelo autor.

[Step #4] Utilize os princípios inventivos (PI) sugeridos para desenvolver soluções

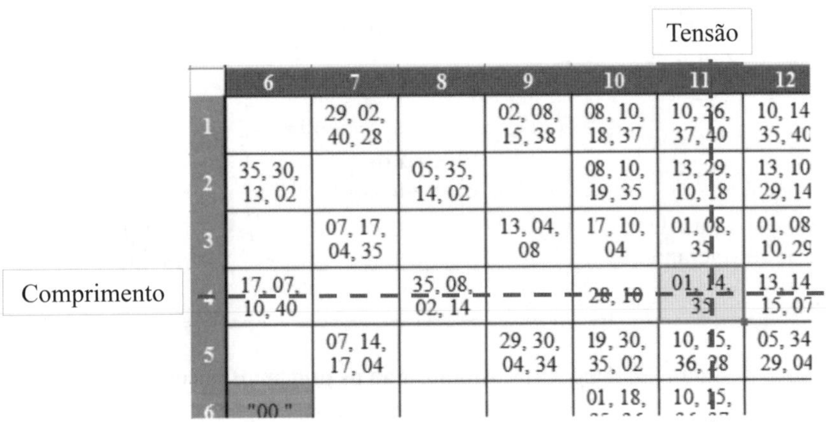

	6	7	8	9	10	11	12
1		29, 02, 40, 28		02, 08, 15, 38	08, 10, 18, 37	10, 36, 37, 40	10, 14 35, 4C
2	35, 30, 13, 02		05, 35, 14, 02		08, 10, 19, 35	13, 29, 10, 18	13, 10 29, 14
3		07, 17, 04, 35		13, 04, 08	17, 10, 04	01, 08, 35	01, 08 10, 29
4	17, 07, 10, 40		35, 08, 02, 14		28, 10	01, 14, 35	13, 14 15, 07
5		07, 14, 17, 04		29, 30, 04, 34	19, 30, 35, 02	10, 15, 36, 28	05, 34 29, 04
6	"00"				01, 18,	10, 15,	

Figura 28. Princípios inventivos (PI) sugeridos para desenvolver soluções.

Figura elaborada pelo autor.

A TRIZ extraiu 40 princípios inventivos. Eles vão ajudar você a encontrar uma solução altamente criativa e original para o problema. Exemplos de patentes também são sugeridos com esses 40 princípios inventivos. Para saber quais os princípios inventivos usar, Altshuller criou uma tabela contendo esses conflitos, a matriz de contradições (vide Apêndice). Ela lista os 39 parâmetros de engenharia sobre o eixo *X* (efeito secundário indesejado) e sobre o eixo *Y* (função a melhorar). Nas células de intersecção, estão listados os princípios inventivos apropriados para usar em uma solução.

Os parâmetros de engenharia em conflito para a lata de bebida são o 4, o comprimento de um objeto inerte, e o 11, a tensão. A característica a melhorar (eixo *Y*) é a espessura da parede da lata ou 4, o comprimento de um objeto inerte. O efeito secundário indesejável (eixo *X*) é a perda da capacidade de suporte de carga ou o 11, a tensão. Olhando esses cruzamentos na MC, encontramos os números 1, 14 e 35 na célula de intersecção.

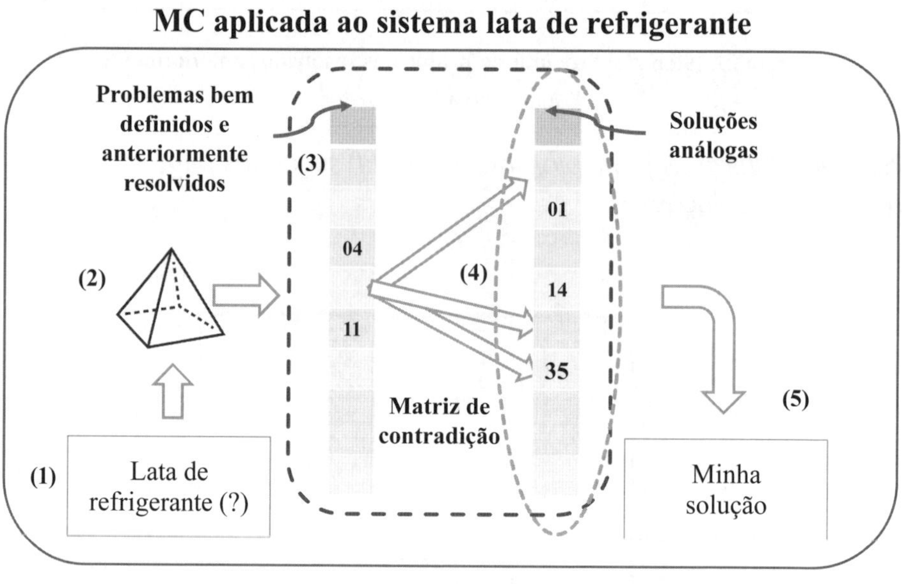

Figura 29. [Step #4] Customizando os princípios encontrados.

Figura elaborada pelo autor.

Princípio inventivo 1: segmentação

a. Divida um sistema ou objeto em partes independentes.
b. Faça um sistema ou objeto fácil de cortar.
c. Aumente o grau de segmentação de um objeto.

Exemplos: corte de mobiliário, componentes de computadores modulares, régua de madeira dobrável e mangueiras de jardim podem ser unidos para formar qualquer comprimento necessário. Por exemplo, usando o princípio inventivo 1-c: "Aumente o grau de segmentação de um objeto". A parede da lata pode ser alterada de uma parede contínua suave para uma superfície ondulada ou ondulada feita de muitas "pequenas paredes". Isso aumentaria a resistência da aresta da parede, permitindo ainda que um material mais fino fosse utilizado.

Princípio inventivo 14: curvatura

- **a.** Substitua as peças lineares ou superfícies planas por curvas; substitua formas cúbicas por formas esféricas.
- **b.** Use rolos, bolas, espirais.
- **c.** Substitua um movimento linear por um movimento de rotação; utilize força centrífuga.

Figura 30. Seção transversal sugerida para a lata.

Figura elaborada pelo autor.

Exemplo: *mouse* de computador utilizando bola para transformar o movimento de dois eixos lineares em movimento vetor. Princípio inventivo 14. O ângulo mais perpendicular em que as tampas são soldadas à parede pode ser mudado para uma curva.

Figura 31. Lata com dobradura nas bordas em vez de solda.

Figura elaborada pelo autor.

Princípio inventivo 35: transformação dos estados físicos e químicos de um objeto

Alterar o estado de um objeto ou sistema, a distribuição de densidade, o grau de flexibilidade, a temperatura. (De físico para virtual.)

Exemplo: alterar a composição de uma liga de metal a ser utilizada na parede da lata para aumentar a capacidade de suporte de carga.

Em menos de uma semana, o inventor Jim Kowalik da Renaissance Leadership Institute foi capaz de propor à indústria de bebidas em lata mais de vinte soluções utilizáveis. Várias foram adotadas.

[Step #5] Tenha insights

Inspire-se para criar soluções únicas partindo do que você encontrou. Lembrando-se do exemplo da equação quadrática, o esforço empreendido para chegar a uma solução original para a lata de refrigerante seria muito maior caso você – ou sua equipe – optasse por *brainstormings* longos e baseadas na tentativa e erro. Eis uma das ferramentas adicionais de Triztorming para promover *insights.*

▶ A matriz de contradição Triztorming e o aplicativo TRIZ-QMS

Para que não se cometa erro ao percorrer os parâmetros na MC, desenvolvi em planilha eletrônica a matriz de contradição Triztorming (MCT), disponível para *download* do site do próprio livro (**Figura 32**). A MCT é fácil de operar:

basta clicar na célula cinza para escolher o parâmetro a ser aprimorado e na célula preta aquele que permanecerá inalterado. Nas abas da mesma planilha, o leitor encontrará a matriz de contradição original da TRIZ, os 40 *Princípios Inventivos* (tanto técnicos como negociais), e parâmetros técnicos de conflito.

▶ O *app* TRIZ-QMS

Para uso em *smartphone*, recomendo o excelente aplicativo TRIZ-QMS,[5] disponível na Play Store.

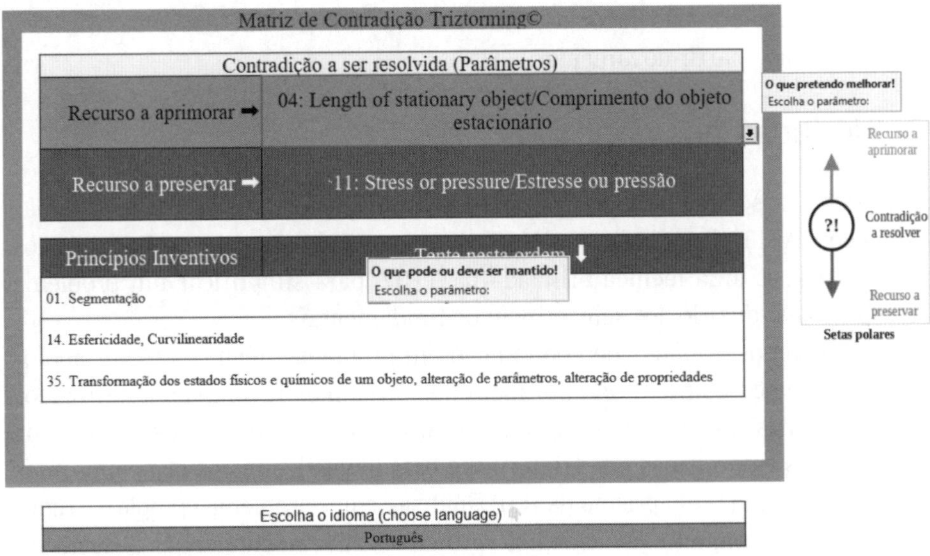

Figura 32. Matriz de contradição disponível no site do livro.

Figura elaborada pelo autor.

06.

Reduzindo e expandindo

Em vez de considerar um caminho linear – partir do que se tem em mãos rumo adiante –, por que não fazer o contrário: determinar onde nasce sua função, reconstruí-la e partir novamente?

▶ Redução aos princípios

A Redução aos Princípios (RaP) é também conhecida como Análise de Sistemas Técnicos (ASIT, da sigla em inglês, Redução aos Fundamentos ou Redução aos Elementos). É uma técnica utilizada na TRIZ para simplificar um problema complexo e reduzi-lo aos seus princípios fundamentais

Aplicamos a matriz de contradição em problemas técnicos e, por analogia, resolvemos os *trade-offs* por meio dos princípios inventivos já utilizados em problemas preexistentes. A redução aos princípios é uma das principais ferramentas empregadas por Triztorming para identificar esses princípios, mas não por analogia. Pelo prisma da RaP, analisa-se um problema complexo, reduzindo-o a um conjunto de elementos (princípios fundamentais) que possam ser manipulados de forma criativa, e parte-se em direção a uma solução original. Os princípios são divididos em diferentes categorias, como *princípios de contradição, princípios de solução ideal* e *princípios de transição de fase,* entre outros. A técnica de redução aos princípios pode ser aplicada em qualquer campo do conhecimento.

▷ O princípio das coisas

Qualquer abordagem necessita que se entenda o coração da questão, onde reside o problema ou quem de fato realiza a tarefa principal. É necessário encontrar o princípio fundamental por trás de qualquer processo, produto, serviço ou *startup* (P^2S^2).[1]

Muitas vezes nos perguntamos, *como os "astros" da inovação criam coisas?* Será que, além de possuírem uma imaginação surpreendente para construir o futuro, essas pessoas têm de ser *made in USA*? A resposta pode ser mais simples do que pensamos, a partir do momento que começamos a analisar o que há de comum entre Jobs, Whitman, Gates, Rometty, Dell, Bezos, Sandberg, Zuckerberg etc. E, por incrível que pareça, essa forma de raciocínio foi inaugurada pelo filósofo Aristóteles.[2] Portanto, não é tão nova assim.

Sobre a RaP, que tal ouvir alguém que a aplica, o intrigante empresário sul-africano radicado nos Estados Unidos Elon Musk (1971-), o homem do PayPal, dos carros elétricos, da viagem ao planeta Marte, do Neuralink (conexão cérebro-máquina) e de mais uma dúzia de ideias para lá de chocantes. Segundo Musk, que utiliza a RaP como método de pensamento inovador e que teve um de seus relatos popularizado no vídeo *The first principles method by Elon Musk*,[3] a ideia principal da RaP é: "Reduzir as coisas a suas verdades fundamentais, ou princípios, e raciocinar a partir daí, em oposição ao raciocínio por analogia".

E quando fazemos isso, tiramos a venda dos olhos e deixamos de seguir o que está estabelecido simplesmente porque está estabelecido! Seguindo esse raciocínio, reduz-se o escopo de qualquer situação problema-solução às suas características basilares, o que faz com que cheguemos àquela função imprescindível, àquela função que não pode deixar de existir em uma solução, em uma inovação, a qual chamamos de Main Useful Function (MUF) ou, em tradução literal, *função útil principal*, que é executada pela solução.[4] Abstraindo conforme Sherlock Holmes: "Uma vez eliminado o impossível, o que restar, não importa quão improvável, deve ser a verdade!"

A ideia por trás de abandonar o pensamento por analogia, de seguir o rebanho, é encontrar o mais rápido e eficiente caminho no qual as coisas são baseadas e tentar evitar os vieses, as inércias psicológicas, os "quadriláteros de conforto" etc., que nos farão chegar ao mesmo ponto a que chegaram outros antes de nós, colocando os novos projetos (e até *startups*) para disputar os mesmos mercados em que muita gente já opera muito bem, tornando a disputa um oceano vermelho.[5]

▷ Identificando o princípio das coisas em um algoritmo simples

Eis uma sequência para reduzir tudo aos seus princípios. Neste livro chamaremos de *algoritmo RaP*.

- » P1. Identifique e defina suas suposições atuais: ideias vigentes e/ou preconcebidas.
- » P2. Reduza o problema a seus princípios: o que não pode ser eliminado ou refeito.
- » P3. Crie novas soluções a partir do zero: sinta-se livre para voar.

Alguns exemplos da RaP aplicada aos negócios

RaP aplicada ao varejo

- » P1 (suposição). Consumidores querem produtos BBB – bons, bonitos e baratos.
- » P2 (princípio). Consumidores querem, na verdade, a ação produzida pelos produtos.
- » P3 (refazendo). Desenvolva produtos que ofereçam dependência de atributos (ex.: se você levar isto, eu diminuo aquilo para você) ou unificação de tarefas (*hardware* + serviços acoplados). Sim, é claro: mantendo o mesmo preço. Lembrem-se de que os verdadeiros clientes são os nossos sentidos. Promover a sinestesia[6] é a verdadeira função de um produto do varejo. É quando conseguimos definir o cliente universal.

RaP aplicada à logística

- » P1 (suposição). Consumidores querem receber os produtos "para ontem".
- » P2 (princípio). Consumidores querem receber o produto em perfeito estado e dentro do limite do prazo, mas são sensíveis a "mimos".
- » P3 (pefazendo). Monte uma logística que utilize todos os parceiros e modais existentes.

É possível, por exemplo, fechar contrato/plataforma/acordo com motoristas de *app* ou serviço de motoboy para que retirem o produto em algum ponto e, caso pressinta um atraso inevitável, acione esse mesmo modal para entregar um suvenir adquirido em um parceiro próximo a seu cliente, com pedidos de desculpas. Antecipe-se! Conhecendo a cultura dos clientes, vão ficar torcendo sempre pelo atraso da entrega principal.

▷ RaP aplicada ao entretenimento (vídeos, filmes, *lives*, músicas etc.)

- » P1 (suposição). Consumidores querem ver vídeos na "telona" comendo pipoca, dançando ou cantando.
- » P2 (princípio). Consumidores querem ver "lançamentos" e estar perto de outras pessoas para interagir.
- » P3 (refazendo). Utilize plataformas com serviço de horário de lançamento (ex.: YouTube), anuncie-o e crie uma rede de parceiros que possuam locais com acesso fechado e tenham alimentos, é claro. Sua tarefa será gerenciar os convites e o horário do lançamento.

▷ RaP aplicada ao esporte

- » P1 (suposição). Consumidores querem ver um jogo meio a sua torcida organizada.
- » P2 (princípio). Consumidores querem xingar o juiz e ver seu respectivo time vencer.
- » P3 (refazendo). Utilize o P3 da RaP aplicada a vídeos e crie a seguinte promoção: o torcedor do time que perder (previamente cadastrado no ingresso) terá algum tipo de desconto (25% na bebida, na comida, no *couvert*, no estacionamento etc.) como consolo. Ninguém sairá perdendo. Nem o estabelecimento nem o juiz!

▷ RaP aplicada à educação

- » P1 (suposição). O professor tem que ser um excelente "passador de conhecimento".
- » P2 (princípio). O estudante tem de aprender a ser autodidata.
- » P3 (refazendo). Em vez de tentar ser o "docente *top* das galáxias", desenvolva técnicas de autoaprendizagem para com os alunos. Sua tarefa será cobrar metas.

É preciso passar aos pupilos que não se pode desejar o sucesso mais do que eles próprios. As técnicas conduzidas em aula devem ter esse objetivo, e não tentar introjetar a "fórceps" determinado conteúdo. Isso só produzirá trauma, desânimo e o consequente desinteresse. Existem milhares de cursos online gratuitos ou a preços acessíveis, cujo conteúdo é dado pelos próprios criadores. Não há como, por exemplo, eu ministrar uma aula sobre determinado livro de modo mais profundo do que o próprio autor. Como docente, deveria apontar pontos críticos, de discussão e de absorção sobre aquele conteúdo!

▷ RaP aplicada à ampliação do negócio

» P1 (suposição). Um negócio maior gera mais lucro.
» P2 (princípio). Uma área maior tem maior visibilidade.
» P3 (refazendo). Em vez de aumentar a área contínua de seu negócio, aumente a área descontínua, dando a ideia de ubiquidade.

Ao desmembrar seu grande negócio em vários negócios menores, você cria o efeito *startup*: pequenas empresas "coopetindo" (competindo e cooperando) em busca de melhorias e competências próprias (de repente, a empresa A de seu *holding* demonstra competência maior que a empresa B, e vice-versa), ao mesmo tempo que aumentam a visibilidade no mercado e a disponibilidade física, o que reduz o custo logístico, pois uma poderá operar como centro de distribuição (CD) para outra. A saída aqui é dividir para conquistar.

E, já que mencionei Elon Musk, como seriam esses princípios aplicados à família de foguetes Falcon da SpaceX? Vamos lá!

▷ RaP aplicada aos foguetes da SpaceX

» P1 (suposição). Um foguete não dá ré. Um foguete é composto de módulos descartáveis.
» P2 (princípio). Um foguete tem de entregar uma carga. Eis a única verdade inquestionável.
» P3 (refazendo). Um foguete pode ser composto de vários módulos, a maioria reutilizável, o que só pode acontecer se forem resgatados. Conclusão: esse foguete tem de dar ré e ter o máximo de peças reaproveitáveis!

Resultado: aquela bela imagem dos foguetes Falcon aterrissando, mais bonita até do que o próprio lançamento. Viabilidade econômica: segundo cálculos iniciais, o custo por lançamento deve ficar abaixo de 10% do custo convencional.[7] É fundamental ressaltar a perseverança de Musk. Nesse caso, o *delay* entre P2 e P3 levou dezoito anos.

▶ Roadmap até aqui...

Pensar no modo RaP é agir de forma estratégica. É garantir uma utilidade de longo prazo para sua proposta de valor, permitindo que você invista energia de forma planejada. É mirar em soluções atemporais trabalhadas no melhor estilo "cocriação": você, parceiros, fornecedores, clientes. A RaP, apesar de simples, requer introspecção e maturidade para redescobrir o mundo à sua volta. Qual é o princípio REAL que rege o seu negócio? Onde está o "tijolo fundamental"? Descobrindo isso, você terá o tijolo fundamental para qualquer *insight*.

▶ Expansão a Sistema (EaS)

Gerando coisas a partir de seus princípios fundamentais.

Encontrado o princípio de um P^2S^2, parte-se para a segunda fase: a construção de propostas de valor robustas a partir da *main useful function* (função útil principal) encontrada, definida ou gerada quando da aplicação da redução aos princípios (a RaP é a melhor ferramenta pra isso) a um negócio qualquer. Chamei esse caminho de Expansão a Sistema (EaS) em contraposição à RaP. Em termos de *design thinking*, você pode pensar na RaP como uma convergência e, na EaS, como uma divergência, cuja correta execução sequencial desses processos manterá seu cérebro pulsando a mil *insights* por minuto.

▷ Main Useful Function (MUF)

Conceito. Proposição básica que não pode ser deduzida de nenhuma outra suposição; "tijolo fundamental" ou função principal executada por um P^2S^2, a partir da qual se pode construir uma verdade que não pode mais ser reduzida.

▶ Expandindo uma semente

Ok, apliquei a RaP a um negócio ou um P^2S^2 em declínio e obtive a "razão atômica" de sua existência. O que faço agora?

Você pode optar por dois caminhos: olhar em volta, admirar a quantidade de *players* no mercado, achar que é grande a barreira de entrada e simplesmente pivotar[i]. Ou ser resiliente, decidir que nasceu para isso e remodelar sua proposta de valor por meio de uma EaS. Se a segunda foi a sua escolha, você está no princípio P3 da RaP. Vamos continuar desse ponto, então:

---

[i] Mudar a rota, o rumo ou modificar a proposta de valor.

» E0: Defina a função primordial do elemento inicial, aquele em torno do qual será constituído o (novo) sistema, ou P^2S^2. Este item da expansão tem 0 por índice porque admiti que você já definiu a MUF (objetivo de ser, proposta de valor) de seu antigo P^2S^2.

» E1: Crie outros elementos com funções mínimas para ajudar a MUF em sua tarefa (Si).

» E2: Conecte cada um dos elementos ao elemento inicial.

» E3: Conecte os elementos entre si.

» E4: Verifique se todas as partes (elementos e conexões) são imprescindíveis, testando se o propósito pode ser alcançado mesmo eliminando-se algum objetivo secundário.

Para E4 admita que *o propósito de seu novo P^2S^2 é o somatório de objetivos de todas as partes*. A ilustração mostra como expandir uma MUF (proposta de valor) a um sistema ou a um novo negócio.

Parece complicado? Olhe a EaS na forma gráfica (**Figura 33**) e veja como fica bem simples.

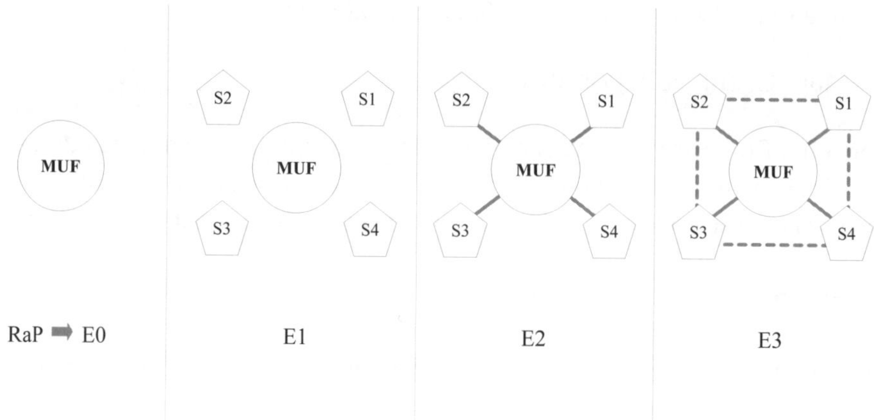

Figura 33. Criando um sistema (P2S2) a partir da expansão de uma MUF, uma função primordial (uma proposta de valor).

Figura elaborada pelo autor.

Visto pela primeira vez, a EaS parece ser algo insólito, que não tem como gerar resultado. Vamos jogar um pouco de água e transformar essa receita em exemplo.

▶ EaS: de um copo de água nasce uma *startup*!

Pense em um copo cheio de água (ou copo de água, se preferir), podendo ser de plástico ou vidro. Vamos admitir, de forma sintética, que sua proposta de valor – a MUF do copo – é conter água para matar a sede. Guie-se pela **Figura 33**.

▷ Aplicando a RaP ao conjunto

- » **P1: minhas concepções**. O copo carrega, transporta, segura, armazena, leva à minha boca, evita que a água flua devido à gravidade etc.
- » **P2: reduzindo ao fundamental**. Necessito beber água. A MUF que se extrai das palavras de P1, a intersecção, poderia ser, por exemplo, o verbo *conter*, pois é comum a todas as palavras.
- » **P3: preciso mesmo de um copo?** Na verdade, preciso de algo que contenha a água.

▷ Aplicando a EaS ao P3 da RaP

- » **E0 (P3): preciso de algo que contenha a água. Eis a verdadeira MUF**
- » **E1: Criando novos elementos**
  - S1. A contenção não precisa ser de material rígido.
  - S2. Tem de ser facilmente transportável.
  - S3. Tem de eliminar o efeito da gravidade.
  - S4. Tem de ser transparente para eu saber o que vou ingerir.
  - S5. A solução tem de ser ambientalmente adequada.
- » **E2: conectando tudo à MUF, a função primordial**. Vou desenvolver um dispositivo que conterá a água, matará minha sede, será transparente e não poluirá o ambiente.
- » **E3: conectando os elementos entre si**
  - S1 + S5: um plástico biodegradável?
  - S2 + S4: em forma de saquinho?
- » **E4: eliminando objetivos redundantes**. S3 é contemplado por S2 + S4.

O conjunto que sobrou (S1, S2, S4, S5) é capaz de cumprir minimamente a função do copo? Se sim, *pensa, pensa, pensa*… Bingo: que tal uma bolha com resistência suficiente para conter líquidos e que seja feita de algo comestível, como algumas algas? E "*zás!*", nasce a Ohoo,[8] uma *startup* que pretende mudar a forma de hidratação das pessoas. E alguns efeitos colaterais interessantes: pode conter outros líquidos, pode ser feita em casa com cloreto de sódio e utensílios culinários comuns e ainda reduzirá a fabricação e a correspondente eliminação inadequada de milhares de toneladas de recipientes plásticos. Apesar dessa simplicidade, a ideia é tão revolucionária que ganhou o prêmio Lexuos Design Award em 2014 e foi indicado ao prêmio Design to Improve Life. Existem vários vídeos na internet[9] mostrando o desempenho da Ohoo.

▶ Sendo sincero…

Não sei que método o pessoal da Ohoo utilizou para chegar a esse conceito revolucionário, capaz de transformar um copo cheio de água em um copo feito de água, praticamente. Utilizei o *case* para evidenciar que uma aplicação de RaP seguida de uma EaS pode fazer nosso cérebro convergir e divergir a ponto de reduzir seu negócio à sua proposta fundamental (MUF) eF, depois, expandi-la a um novo sistema, garantindo vários ciclos de *insight* para seu P^2S^2. Se o pessoal da Ohoo pôde fazer tempestade num copo d'água, o que você não poderá fazer com essas ferramentas? Se eu estivesse numa roda de conhecidos e dissesse que faria uma *startup* começando por um copo de água, mandariam suspender minha bebida na hora, estivesse ela numa bolha ou num copo.

07.

Reprototipagem e tendências de evolução

Um insight é como um ponto: não tem dimensão.

Somando pontos temos uma linha,
uma dimensão, uma ideia.

Linhas formam planos, onde repousam
as palavras e surgem os Canvas.

Espetá-los com a "força" pode fazer brotar
algo tridimensional... Quem sabe um protótipo?

A inovação, jovem Padawan, é a única capaz
de fazer este último andar por conta própria.

A inovação pelo prisma geométrico de um Jedi

Uma ideia não tem valor mensurável; uma palavra vale mais do que mil ideias, uma imagem vale mais do que mil palavras, um protótipo, mais do que mil imagens, e uma inovação, mais do que mil protótipos. Mas tudo começa com um *insight*.

Até a dimensão do plano, da imagem, do Canvas, tudo está parado. Sair dessa segunda dimensão, que é a mesma do editor de texto, da planilha, de uma apresentação, do Canvanizer, Miro e correlatos, é o maior desafio empreendedor. Costumo dizer que, se você consegue desenhar, consegue executar. Se conseguir prototipar, conseguirá inovar. O protótipo quebra as dimensões estáticas, sendo o único capaz de saltar abismos e, em forma de MVP[i], adentrar o mercado. Não é à toa que se diz que "o papel engole tudo". Talvez por isso prototipar seja o elemento mais difícil de alcançar neste prisma geométrico inovador; imagine modificar o que já estava pronto, o *produto*?

[i] Mínimo Produto Viável.

Contra protótipos não há argumentos. Assim, se uma equipe não prototipar, não conseguirá convencer, quiçá inovar.

Reprototipagem

Existe todo um arcabouço sobre prototipação dominado por excelentes *designers* profissionais, que trabalham coisas como graus de fidelidade (baixa, alta e média), tipos (Role Prototypes, Look & Feel, Implementation, Integration etc.) ou variação de contextualidade (parcial, total, geral ou restrita),[1] para ficar em três aspectos.

Sob o prisma invertido de Triztorming, nossa filosofia para a brotação de *insights*, comecei a analisar a "morte" de um P^2S^2. Buscando boas ideias, também me inspiro no mundo natural. Fêmeas de polvo, aranha e alguns animais morrem para servir de alimento às crias. Penso nisso como um processo que descrevi como *transmutação organizacional*[ii].

Na tentativa de adaptar esse conceito, cogitei a ideia de que, quando um P^2S^2 (sim, também se aplica a empresas) "morresse", ou estivesse em vias de cair no limbo mercadológico, poderia não desaparecer, mas evoluir da seguinte forma: aproveitar sua história pregressa – uma experiência que não pode ser desprezada –, eliminar falhas anteriores e derivar um produto inédito, como se agora ele passasse a servir de protótipo para o novo. Em vez de utilizar a transmutação, conceito muito complexo, e para tentar explicar que não falo de modelagem do zero, mas a partir do que "já está rodando" no mercado, como no caso da mamãe polvo, pensei nos termos "reprototipagem", "reprototipação", "retroprototipagem" e "retroprototipação" e, para minha surpresa, a internet retornou "zero" resultado na pesquisa, embora ache que esses termos existam em algum documento, porém estejam inacessíveis aos buscadores.

Esse conceito não descreve como construir protótipos do zero, mas *como trabalhar os produtos como protótipos para si mesmos* – uma reprototipagem – por meio de cinco arranjos, recriando os produtos, ou até as empresas, para que voltem a andar por conta própria.

Duas formas de pensar criativamente

Form Follows Function

A célebre frase proferida pelo influente arquiteto estadunidense protomoderno Louis Sullivan[2] (1856-1924), "a forma segue a função", retrata o seguinte: "No

---

ii Mudar o corpo e manter o objetivo. Será apresentado mais adiante neste livro.

contexto das profissões ligadas ao projeto, a *forma que segue a função* parece expressar um claro bom senso. Ou seja, para atender às necessidades gerais da sociedade, o projetista deve *configurar a forma a partir da função específica do objeto a ser produzido*. De certa maneira, a visão funcionalista pode libertar a forma de uma miopia projetual, mas pode também, em análise mais atenta, ser um princípio problemático. No início desse processo, o funcionalismo foi muito importante para afastar conceitos antiquados sobre a forma e desenvolver uma estética compatível com a indústria em geral". Mas tem um lado ruim: "as formas foram tão refinadas e purificadas que acabaram sendo 'desumanizadas'; toda identificação de individualidade fora despida dos objetos".

Function Follows Form

Em 1992, o trio de psicólogos S. M. Smith, T. B. Ward e R. A. Finke documentou no livro *The creative cognition approach* o fenômeno Function Follows Form, ou "a função segue a forma". Eles reconheceram que as pessoas utilizam duas direções quando pensam criativamente: do problema para a solução (P → S) ou da solução para o problema (S → P). A forma de Sullivan, "crie a função depois modele a carcaça", por nós bastante conhecida, tem o formato P → S, pois parte da definição estrita do problema e depois o recobre de soluções. Não habitual é fazer o *shape* e depois preenchê-lo, como sugerido pelo trio, indo da solução ao problema, S → P. Chamarei o modo Sullivan de direto, por ser convencional, e o do trio por inverso, menos usual. Form Follows Function torna-se FFFd e Function Follows Form, FFFi.

▷ Onde entram as FFF na reprototipagem?

O que as Follows têm a ver com reprototipagem e inovação? Como bom iconoclasta de *mindsets* forjados pela educação orientada ao *problem first, solution second*, acredito no formato FFFi como alternativa à inovação: "Ei, *boy*: arruma aí um problema pra solução que tenho aqui!". Teríamos o caminho inverso: Function Follows Form. Ache um problema para o meu carro autônomo, para o meu detector de temperatura mastigável, para a minha bolsa que muda de cor quando estou com raiva etc. Perguntar ao contrário levaria a questões inquietantes, fomentaria novos caminhos, criando problemas que a IA ainda não entende, pois não a programamos para partir de soluções e encontrar problemas". A IA ainda não entende muito bem o sentido S → P.

O modo de criar invertido, FFFi, exigiria uma quebra de inércia psicológica dantesca, uma inversão de *mindset*, mas abriria um novo espaço de possibilidades para o processo de geração de *insights* e, por consequência, para a criação. Já que a tecnologia praticamente virtualizou nossa dificuldade em conceber protótipos, é possível, investindo muito pouco, desenvolver *templates* de plataforma, simular processos em várias linguagens, utilizar *apps* de código aberto para modelagem tridimensional de produtos desde o esboço até a edição de vídeo (Blender), elaborar vídeos animados para simulação de serviços (Powtoon) e, a um custo um pouquinho maior, comprar uma impressora 3D ou pagar por esse serviço, sem falar em protótipos de baixa fidelidade feitos de papel, isopor, madeira e afins.

A facilidade de prototipação viabilizou a FFFi: você pode montar a solução (a "casca", a entrega) de forma rápida e barata, depois trabalhar o "miolo", o motor que vai dentro. Tomando-se por base os rearranjos aqui apresentados, parte-se do que já está feito, de um produto em decadência, e encontra-se uma nova aplicação. Da solução para o problema. S → P! Inspirador, *don't you think?*

Isso não seria viável há uns vinte anos, dado o custo de pensar algo que não se tem ou não saber como desenvolver a tecnologia para rechear a forma. Exemplos não faltam...

Em 1952, Alastair Pilkington concebeu a ideia do vidro temperado. Em 1954 foi construída uma planta-piloto e a primeira patente britânica (769.692) foi publicada. No entanto, foram precisos sete anos e mais de £ 7 milhões (£ 80 milhões em valores atuais, de acordo com a Pilkington), para desenvolver todo o processo. Hoje achamos o vidro temperado – que evitou que muitas cabeças fossem degoladas em acidentes de carro – uma banalidade. Se tivessem podido prototipar antes... O vidro temperado, uma solução tipo FFFd, previsto inicialmente para o problema automotivo, é hoje utilizado em várias áreas que envolvam segurança e resistência, já que é cinco vezes mais resistente a choques térmicos do que o vidro comum, transformando-se numa FFFi: "tenho esta solução, onde aplicá-la?".

▷ Reprototipagem: quando o produto volta a ser protótipo

Vimos que o FFFi tem início na solução. Observe que o P^2S^2 moribundo já foi, ou ainda é, uma solução. Que tal esquecê-lo definitivamente como produto e usá-lo como protótipo? Esquisito, mas o custo é baixo, pois você já o tem em mãos. Exigirá, é claro, uma mudança emocional. Não é fácil olhar para "seu filhote" e pensar em modificá-lo aplicando o caminho inverso ao que é sempre apresentado por aqui. Em vez de: ideia → protótipo → MVP → produto, a reprototipagem aqui defendida sugere: produto → MVP → protótipo → ideia. *Chose de fou*, diriam os franceses! Não falo em desconstrução, mas em rearranjo. Um tipo de *downgrade*.

Cinco técnicas para reprototipar produtos

Utilizando a redução aos princípios (RaP), um *template* desenvolvido pelos professores David Mazursky e Sorin Solomon[3] e as duas FFF, compilei cinco técnicas para rearranjar os produtos (agora protótipos) capazes de recriar P^2S^2 conferindo-lhes potencial de disrupção.

Subtração

Produtos inovadores, frequentemente, podem ter algo removido que se pensava essencial em sua concepção. A redução dos "lanchinhos", a eliminação das azeitonas dos drinques e a remoção das capas dos tradicionais *headphones* (o que levou à criação dos fones de ouvido embutidos) pouparam milhões de dólares das companhias aéreas. A subtração de um polímero do marcador permanente criou marcador apagável por borracha. Olhe para seu produto, agora um protótipo, e pense no que pode retirar dele. Tenho certeza de que encontrará algo em excesso.

Divisão

Muitos produtos cujos componentes foram inicialmente pensados, ou mesmo concebidos, em conjunto acabaram sendo desmembrados, com elementos distanciados do dispositivo principal para se tornarem "usáveis". Equipamentos com controle remoto (quem pensava em colocar o controle do ar-condicionado longe do aparelho, mesmo que por fio?), impressora com cartuchos removíveis etc. Segundo essa técnica, imagine, por exemplo, conduzir um *brainstorming* com duas equipes tentando "quebrar" um P^2S^2 do mercado, inclusive da concorrência, em duas partes? Bizarro!

Multiplicação

Nesse rearranjo, pense em replicar parte de um P^2S^2 (protótipo) e utilizá-lo de maneira diferente no mesmo P^2S^2. Bicicletas para crianças vêm com rodinhas laterais para ajudar nas primeiras pedaladas. Uma *bike* tem duas rodas principais em linha; nesse caso, foram acrescentadas duas rodas em paralelo a um produto acabado. A função *picture-in-picture*, inicialmente nas TVs, migrou para *smartphones* e permite-nos assistir a cenas na tela principal e saber o que se passa em outra. Pense, por exemplo, em adaptar um mini-P^2S^2 ao produto original para atuarem em conjunto.

▷ Unificação de tarefas

Em vários produtos, tarefas inicialmente descorrelacionadas foram agregadas. "Meias eliminadoras de odor" aquecem os pés ao mesmo tempo que atuam como desodorizadores. Umidificadores faciais com proteção solar. Veículos que trafegam com propaganda. Biscoito com recheio de sorvete – iogurte servido gelado. De posse de dois produtos distintos, a princípio, pense se a junção deles não criaria um potencial inovador! Atente para a sutileza: não falei em criar um produto com dupla função, mas juntar produtos de prateleira distintos. Unificar tarefas é, literalmente, brincar de Lego.

▷ Dependência de atributos

Em muitos P^2S^2 inovadores, alguns atributos aparentam não ter correlação entre si. Em vez de unificar, como no tópico anterior, experimente promover dependência entre funções. Imagine-se numa cafeteria em que a xícara mudasse de cor conforme a temperatura do café. Automaticamente, um atendente poderia se dirigir a você e oferecer um café mais fresco. Valeria também em caso de líquidos gelados. Outros clientes, observando esse ato, sofreriam um belo estímulo: "Será que o refil é gratuito?", "Vou consumir mais um pedaço de bolo e deixar meu suco esquentar para ver se eu ganho um novo". A experiência de consumo da loja, com certeza, ganharia um *upgrade*. As possibilidades se multiplicariam. Faça um teste: cole um termômetro com mostrador visível em uma xícara e peça a opinião dos clientes.

▷ Sumarizando...

Todas as técnicas apresentadas visam promover o conceito de reprototipagem e foram pensadas para produtos que estão, ou estiveram, no mercado. É claro que podem ser aplicadas à criação convencional de protótipos, no sentido amplo de "primeiro exemplar".

A natureza alertou-me para o fato de que não devemos descartar a preciosa história daquele bravo P^2S^2, mas iniciar por ela. Pense, por exemplo, no ciclo de vida de produtos, a famosa curva *S*. Dá para fazer renascer daí! Não é um caminho obrigatório, mas um caminho a ser tentado. Penso que a reprototipagem pode oferecer soluções de menor esforço para inovar em comparação a soluções que partem do zero. A mamãe polvo, de certo modo, ainda viverá nos "polvinhos".

Tendências de evolução e metas-padrão

Será que dá para prever técnica e pragmaticamente uma tendência-padrão, algo efetivamente útil à frente; de prever um quase-futuro, ou microfuturo, como gosto de chamar?

Em minhas aventuranças inovadoras, nutro a esperança de vislumbrar qualquer lampejo de futuro iminente com intenção de criar massa crítica para novos nichos. Porém, sempre esbarro no que chamo de Muro de Drucker – "a melhor forma de prever o futuro é criá-lo" – e caio em desalento, pois a pergunta que vem a reboque tem o tom "Por onde começo a criar um futuro que tenha futuro?". Um bom trocadilho...

Entretanto, dia desses encontrei na internet um conceito interessante do antropologista britânico Gregory Bateson[4] (1904-1980) que trazia mais ou menos isto: "O padrão que se conecta é um metapadrão. É um padrão de padrões. É esse metapadrão que define a vasta generalização que, de fato, são padrões que se conectam". Embora sejam definições dirigidas à evolução biológica, elas podem ser aplicadas aos negócios, como vimos em *Modelos: os índices 0,75, 0,85 e 0,9*, em que aprendemos que bichos, companhias e cidades possuem um padrão de aparecimento, crescimento, maturidade e morte. Nessa linha, aquilo que achávamos ser estável e que, por algum evento, se modificou ou se conectou a outra coisa não era um padrão, mas sim um metapadrão. Isso acendeu uma centelha de como desenhar o futuro: será que dá para prever técnica e pragmaticamente uma tendência-padrão, aquela segundo a qual os metapadrões seguiram antes de se consolidarem em padrões, coisas efetivamente úteis à frente? Se sim, fica um pouco mais fácil construir um quase-futuro, ou melhor, um *microfuturo negocial*. Dá para pensar em estratégias mínimas de como e onde aplicar recursos de pesquisa, desenvolvimento e inovação (PD&I) nos negócios.

TI como produtora de metapadrões

"O padrão que se conecta é um metapadrão." Nessa linha, coisas que possuíam TI[iii] embarcada começavam com o perfil *premium* e, à medida que se conectavam, ganhavam o *status* de lugar-comum e, finalmente, se estabeleciam como *commodities*. As tecnologias que se conectaram, na verdade, eram metapadrões. Como toda tecnologia – o ente mais perecível que conheço –, elas nunca atingiram ou alcançarão o grau de paradigma. Como exemplo de produto-mosaico formado por metapadrões – muito em voga por sinal; basta olhar bem pertinho

[iii] Tecnologia da Informação.

– temos o *smartphone*! No início eram raros (*premium*), faziam apenas ligações e foram sendo preenchidos de *hardwares* e *softwares* até o ponto em que a última coisa que se pensa em fazer com eles é uma ligação. Deveriam até chamar *smartreco* em vez de *smartphone*.

Na área de serviços, temos a indústria da música. Houve tempo em que saíamos para comprar vinil (sei que você sabe do que estou falando!). A digitalização transformou os vinis em CDs, cujo arquivo em memória possibilitava a escolha de faixas de música digitalmente, mesmo antes de comprá-los. Fiz muito isso na livraria Livro 7, lá de Recife-PE, há muito fechada. Esse sistema foi uma espécie de protótipo da nuvem que, ao ser somado aos aplicativos de vídeo, catalisou o advento dos *streamings* e, *voilà*, fez-se a Netflix. Aposto como o próximo passo dessa galera incluirá realidade virtual ou realidade aumentada, assim como a mistura de tudo isso com *games*, cuja indústria associada já ultrapassou a do cinema!

Podemos dizer, então, que o caro, e raro (*premium*), vinil – conexão após conexão de apetrechos tecnológicos via TI – é o verdadeiro avô do iPod, que levou à comoditização da música muitas metaconexões depois. Um produto que se transformou, literalmente, em um serviço.

▷ Ciclo de evolução dos metapadrões

Infelizmente, ainda não dá para chamar de lei. Mas, observando com pragmatismo a evolução humano-tecnológica dos produtos que mencionei, pode-se chegar a esta sequência de propriedades inerentes aos metapadrões, já observada pela TRIZ. Você pode modificar cada uma delas, ampliar, misturar ou reduzir a lista. Sigamos:

1. *Utilidade*: todos os sistemas evoluem para satisfazer alguma necessidade.
2. *Eficiência*: as evoluções acontecem para ampliar benefícios e/ou reduzir efeitos colaterais indesejados em qualquer processo.
3. *Automação*: com o passar do tempo, as soluções tornam-se mais tecnológicas, reduzindo o envolvimento humano.
4. *Perecibilidade*: toda solução tecnológica (física, digital, produto ou serviço) deve ser entendida como um metapadrão; pois tudo no mercado aparece, cresce, amadurece e morre.
5. *Convergência*: os metapadrões se aglutinam em torno de um metapadrão dominante.

6. *Complexidade*: cada aglutinação promovida pelos metapadrões culmina em uma única *techno commodity*[iv], uma espécie de *mosaico tecnológico* cheio de conexões e comunicações entre si cada vez mais complexas.
7. *Escalabilidade*: as *techno commodities* tornam-se escaláveis e promovem revoluções.
8. *Virtualização*: a escalabilidade tem por um de seus efeitos a capacidade de virtualizar produtos a ponto de transformá-los em serviços. Muito do que antes era executado por *hardware* passa a ser feito por *software(s).*
9. *Inclusão*: a virtualização é capaz de tornar tudo mais barato, promovendo cada vez mais o acesso a uma solução ao mesmo tempo que reduz a necessidade de posse.
10. *Inovabilidade*: as revoluções, consequência da transformação dos antes *premium* em *commodities*, geram novos espaços/campos que resultam em novas necessidades *premium* (escassez) no mercado.
11. *Sustentabilidade*: estes espaços *premium* fomentam novos metapadrões. E o ciclo recomeça.

O *smartphone*, nosso exaustivo exemplo, encaixa-se em todos os itens. Para falar a verdade, me inspirei nele para adaptar a sequência apresentada. Observe que cada item desse ciclo – além de ser praticamente um *insight* – se mantém sustentável em longo prazo ao promover a inovação, respeitando o pensamento do economista austríaco Joseph Schumpeter (1883-1950), um dos primeiros a considerar as inovações tecnológicas como motor do desenvolvimento capitalista. Em outras palavras, entender e aplicar a sequência manterá seu negócio *alive and kicking* (vivo e vibrante), como diz a música.

▷ *Insight* pronto!

E como os metapadrões impactarão seu negócio? Já estão! Os números entre parênteses fazem referência aos respectivos metapadrões que apresentei. Observe a sentença:

“Embora já esteja convencido de que tudo hoje é orientado a serviço (8), qualquer nicho de mercado tem origem em um produto, um metapadrão (11). Aceitar a inevitabilidade da evolução dos metapadrões (4) é vislumbrar um norte inovador. Aplicar o ciclo a um P^2S^2 é dar passos na direção certa, para os

---

[iv] Termo que não encontrei na internet. Então registrei em 2016. Procure e veja o que encontra!

quais temos pouco tempo e algumas opções. Entretanto, uma possível bússola foi apresentada (itens de 1 a 11). Como todo sistema evolui para satisfazer alguma necessidade (1), ao mesmo tempo que tem de se manter competitivo (10), é urgente que você pare tudo o que esteja fazendo agora, junte seu time e discutam quais das propriedades do ciclo de evolução dos metapadrões vocês não estão considerando ou deixaram passar. Garanto que uma reflexão de meia hora em torno deste tema pode evitar anos de consequências indesejáveis. Último lembrete: um concorrente está considerando isso agora e gerando milhares de *insights*.

08.

Antissistema e abordagem subversiva

A subversão da ordem pode ser encarada como uma forma de quebrar a inércia psicológica, ver sob um ângulo completamente diferente e gerar *insights* opostos ao senso comum. Quando e como aconteceu de eu pensar em antialgo e subversão como *insight* criador?

Em meados de 2016, fui convidado a ministrar uma palestra sobre inovação e empreendedorismo em evento de formatura da turma de Engenharia Civil da UFRN. Sessenta minutos depois – parece até nome de filme – acontecem as velhas perguntas: P1) “Se o senhor fala tanto de empreendedorismo, por que não tem uma empresa?” e P2) “Com todas essas teorias, de forma bem sintética, como eu posso aplicar para criar uma *startup*?”. Só pergunta “braba” de “pessoas” querendo me sabotar (fui falar em subversão...)! Traduzindo, “só perguntas pertinentes e interessantes de estudantes aplicados, desejando obter mais conhecimento e aprimorar meu portfólio”. Observe as abordagens subversivas nas perguntas. Em P1, contesta-se o fato de eu propagar o que não aplico. Em P2, a dúvida sobre o método.

Para P1, eu tenho respostas de praxe. Para esse evento em particular, pensei um pouco e devolvi à minha inquisidora: “Você poderia me dizer o nome de um piloto de Fórmula 1 famoso, profissional exemplar, sobre o qual repousam todas as expectativas de uma escuderia?”. De pronto, ela respondeu: “Ayrton Senna!”. E eu: “Boa!”. Agora me diga o nome de qualquer um dos mecânicos deste ás do volante, o cara que entende de toda a eletrônica e mecânica do carro, que toma leite com óleo de motor no desjejum e faz do carro uma das máquinas que mais se aproximam da perfeição que conhecemos?”.

Acho difícil responder a esta pergunta sem consultar ao menos o ChatGPT. Pois é, o(a) CEO da *startup* é o(a) mais evidente. A equipe (os outros integrantes), o *background* (professores e cia), o contexto (a universidade, os colegas de quarto, o tempo certo) são geralmente ignorados. Quem aqui já ouviu falar no professor de Jobs, no monitor de disciplina de Zuckerberg, na professora de

Michael Dell, no colega de quarto "pitaqueiro" de Bill Gates? Não que esteja com alguma mágoa, ou reclamando, apenas explico que cada um tem o seu perfil, seu quadrado, seu encaixe correto. Se a pergunta P1 fosse levada a termo, os mecânicos deveriam ser os melhores pilotos. Os pilotos deveriam ser os melhores mecânicos. Não há uma correlação, percebem?

Para a pergunta P2, segue o restante do texto.

▶ O antissistema ou a antionda

Em tempos de redes sociais existem os *hypes*, modas ou ondas. A P2 lançada a mim foi tratada assim: pedi à plateia que pensasse por trinta segundos em aplicações para a Engenharia Civil. Tempo! Em seguida pedi que, em trinta segundos, falassem, ao mesmo tempo, o que tinham pensado. Parecia gol em estádio lotado. Nunca ouvi tantas respostas e tão baixa criatividade! A plateia, sem entender meu sorriso maroto tipo "logo da Amazon", começou a parar de falar. Fui então à segunda parte da experiência (lembrem que estou no tempo pós-palestra e tendo de usar teorias para criar *startups* a jato!). Lancei então o próximo desafio: "Agora pensem, em trinta segundos, onde não posso utilizar a Engenharia Civil". Tempo!

Passados trinta segundos e utilizando o mesmo procedimento, solicitei educadamente: "Gritem, ao mesmo tempo, o que vocês pensaram!". Alguém aí tem decibelímetro? Pois bem, não é necessário! O som estarrecedor do silêncio emitido foi sepulcral. Como uma plateia de quase cem pessoas não conseguia responder a uma pergunta tão simples? Aumentei o tempo... Um minuto! Dois, três, cinco... Nada! Falei, então, que havia uma turma de não engenheiros civis por aí imprimindo prédio, instalando quilômetros de trilhos de trem em poucos dias por automação, construindo pontes com apenas um homem sentado numa máquina, e por aí vai. Isso não é privilégio da galera da Civil, não. Vamos ter de começar a nos adaptar um pouco mais rápido ou vamos perder nossos postos para pessoas de outras formações.

A analogia que me vem à mente é a seguinte: imagine que a circunferência cinza (**Figura 34**) represente sua inércia psicológica (IP), aquela forjada durante anos por sua cultura, escola etc. Esse modo de ver o mundo nos faz pensar que o que sabemos está contido na parte interna da fronteira cinza. Esta é minha ideia de sistema, a qual chamo de **S**. O restante eu defino como **anti-S**, o *roll* de coisas que acho que não posso fazer, por exemplo, com minhas habilidades adquiridas. Então veja que desperdício: o espaço fora da minha IP é muito maior e dá para muito mais coisa. Bizarro! O mesmo vale para a minha profissão. Temos que tentar ver além da borda cinza, além do limite das obviedades! Isso é caminho líquido e certo para a promoção de *insights*.

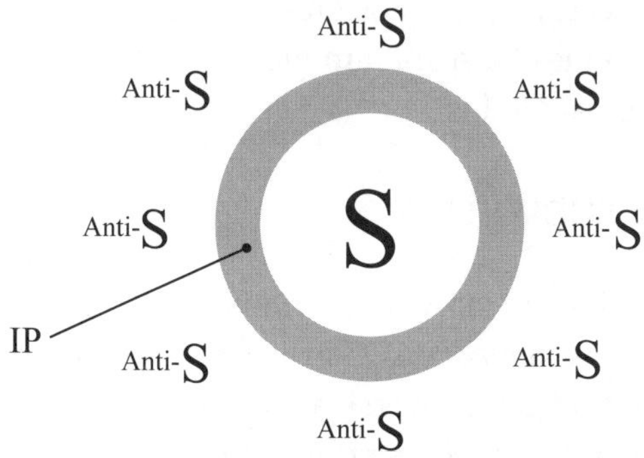

Figura 34. Fronteira (IP): O conjunto do que "não se pode" fazer é maior do que o conjunto do que se pode fazer. Ambos somados correspondem a 100%. Eis o limite para seu insight.

Figura elaborada pelo autor.

Voltando à plateia e sendo pragmático, falei sobre alguns projetos que estavam sendo trabalhados no nosso mestrado naquele ano. Citei uma dissertação de 2017, da CInO[i] Maria[ii], tecnóloga em cosméticos, que desenvolveu com sua equipe de universidade um gel que mata piolhos por inanição. A solução foi mecânica, não química, embora ela entenda bem dessa área. Alguém já tinha pensado em utilizar a Mecânica para matar piolho em cabeça de crianças, fora o trivial esmagamento manual? Se ela fosse simplesmente pela Química, teria acrescentado uma fórmula para veneno à miríade existente.

Outro exemplo. Há algum tempo, as impressões feitas por caixas eletrônicos consumiam um horror de tinta, que tinha de ser reposta. Alguém, utilizando um pensamento não linear, raciocinou da seguinte forma: impressora despeja tinta / para haver tinta é preciso haver um recipiente / se eu remover o recipiente, removo a tinta / posso escrever removendo a tinta? / tenho como remover o pigmento do papel, talvez marcando de outra forma? Eureca: "sim, posso fazer isso queimando!".

O resultado são as impressoras que "imprimem" em papel térmico sem utilizar uma microgota de tinta. Alguém aqui, em estágio de epifania, conseguiria começar um raciocínio da forma "quero imprimir sem tinta"? Pois bem: essa foi uma abordagem tipo antissistema, a mesma que propus aos sabotadores, ou melhor, meus anfitriões do evento de formatura. Vocês podem pensar em eventos mil. "Não quero ir à comida ou ao cinema". Nasceu o iFood e a Netflix, dois antissistemas. A internet, e nosso mestrado, o MPI[1], está cheia dessas situações.

---

[i] É assim como chamamos nossos mestres de inovação, Chief Innovation Officer, ou CInO.

[ii] "Maria" é um nome fictício. A dissertação de mestrado é real.

Algumas muito malucas, mas que nos fazem pensar. A IP faz com que criemos concorrência em uma mesma seara, um mesmo tema, sufocando as soluções e diminuindo o campo para todos.

▶ Abordagem subversiva

A abordagem subversiva[2] é uma técnica criativa utilizada na metodologia TRIZ para a geração de ideias inovadoras. Consiste em desafiar regras e padrões estabelecidos, buscando ideias subversivas ou "fora da caixa", como preferem alguns, para solucionar problemas e criar outros.

As perguntas subversivas, no sentido de derrubar ideias ou detectar potenciais falhas ou faltas à frente, são as melhores ferramentas para identificar causas de problemas até então desconhecidas, de agir de modo preditivo, testando princípios preestabelecidos e derrubar dogmas, transformando desejos em ciência. A abordagem subversiva é o anti-*brainstorming* no qual tudo é permitido, além de ser uma ótima ferramenta para gerar *insights*.

É baseada no princípio de que as soluções para os problemas muitas vezes estão fora do escopo do conhecimento convencional ou das soluções-padrão, o que sugere que às vezes se faz necessário desafiar regras e crenças existentes para conceber *insights* originais.

Seu objetivo maior é tentar identificar o que pode acontecer mesmo quando todos os testes ou simulações forem otimistas. As possíveis brechas geradas são perfeitos espaços para o surgimento de *insights* poderosos, que estimularão sua criatividade na formulação de novos processos, projetos ou produtos. Segue uma proposta de algoritmo:

» Identifique a parte do P^2S^2 a ser avaliada, mirando regras e padrões estabelecidos, considerados "verdades absolutas", na área do problema em foco. *Insight*: use a RaP.

- ▫ Colete todas as informações técnicas possíveis.
- ▫ Descreva como tal sistema opera.
- ▫ Verifique a qualidade das partes de seu sistema.
- ▫ Procure determinar quais partes do sistema são móveis ou imóveis.
- ▫ Encontre as partes sujeitas a maior carga (no caso de processos, os tipos de ação mais requisitados).
- ▫ Faça uma associação de causa-efeito (CEC).

» Questione tais regras e padrões e pense como eles podem ser subvertidos ou desafiados.

- Promova ideias subversivas que vão contra o que fora estabelecido, pensando em como os problemas podem ser resolvidos de maneiras diferentes e inesperadas.
- Avalie as ideias geradas e selecione aquelas que são viáveis e adequadas para a solução do problema. *Insight*: lembra do Brainwriting 635?
- Depois de tudo isso, *detone!, detone!, detone!* Simplesmente, ***detone***!

A Volvo é campeã nesse tipo de inovação. Foi eleita a fabricante do carro mais seguro de 2018. Segundo ela, "após 2020 ninguém morrerá em acidente num carro nosso". Ninguém morre num Volvo XC90 há 16 anos. Ela confia tanto na qualidade de seus veículos que até seu presidente arriscou a própria vida para mostrar de que um caminhão Volvo é feito.[3] Como ela alcançou esse índice? Destruindo carros. Muitos! É uma das empresas que mais realizam *crash tests* no mundo. O cinto de segurança de três pontos não poderia ter sido introduzido por outra marca. Logo, "subversão" está no DNA da Volvo. Seu *brand* é ancorado em segurança quando se pensa em termos de *ordem imaginada*. Logo, pensar em segurança é pensar em detonar. *System* (segurança) & *Anti-System* (detonação)!

ERAS: uma ferramenta simples para tomadas de decisão subversivas

Contestar hipóteses básicas é essencial para criar ideias revolucionárias

Eliyahu Goldratt, pai da teoria das restrições (TOC)

No livro *R&D management in the knowledge era: challenges of emerging technologies,*[4] há uma ferramenta interessante, poderosa e simples para tomadas de decisão: a ERA.

Lá, a ERA é utilizada para tomadas de decisão lineares. Utilizando a "pegada" Triztorming, podemos adaptá-la para trabalhar o processo de promoção de *insights* via subversão. Fiz a representação no esquema da **Figura 35**. A nova versão ganha a sigla ERAS.

Parafraseando o físico israelita Eliyahu Goldratt (1947-2011), acredito que questionar soluções e padrões adotados é uma forma de criar melhores caminhos, pois os modelos de negócio sempre sofrerão mutações e, sabendo disso, não podemos utilizar sempre a mesma receita nem entrar em crise a cada nova mudança. É necessário pensar os processos com antecipação. Gosto da frase que ronda o Vale do Silício (desconheço a autoria): “Crises são momentos para inovar; nunca dispense uma”. Quem pode estar em crise é o mercado, não o empreendedor.

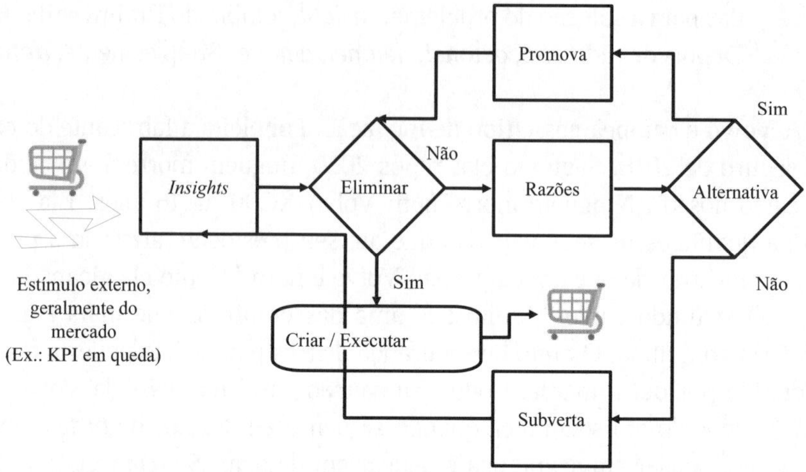

Figura 35. ERAS: algoritmo para tomadas de decisão subversivas.
Figura elaborada pelo autor.

▷ Background

Desmistificando as letrinhas, temos:

- » E: posso **Eliminar** algum elemento, padrão, concepção desta atual abordagem?
- » R: quais as **Razões** para manter a abordagem atual?
- » A: existem **Alternativas** à abordagem vigente?
- » S: Aplique a **Subversão**!

Utilizando a ERAS, podemos contestar crenças, premissas e limitações relativas ao *status quo* e tomar decisões “salomônicas” aparentando sapiência. Vamos exercitar em um cenário fictício, tentando detonar o que achamos ser nosso maior inimigo no mercado: o concorrente!

▷ Cenário

Um concorrente divide conosco seu P^2S^2 em um nicho de mercado. Em dado momento, lança um aprimoramento ou versão de ruptura inspirada em sua solução que, a princípio, não aparentava ameaçar o nosso P^2S^2. Entretanto, análises mais acuradas em tempo real demonstram que nossos indicadores de *performance* (KPIs) caminham para uma derivada negativa, sinalizando que nosso P^2S^2 começa a perder terreno. O que fazer?

Análise do quadro

- » *Objetivo.* Inspirado no desempenho do P^2S^2 concorrente – e no nosso –, determinar estratégias que abarquem todos os possíveis cenários e decidir o que fazer sobre o nosso P^2S^2.
- » *Fato.* O concorrente apostou numa nova tecnologia (ex.: ChatGPT) e a está utilizando para ancorar seus produtos (tangíveis e intangíveis), aumentado seu poderio inovador.
- » *Questões.* Vamos eliminar, reduzir, ampliar, criar ou transformar nosso P^2S^2? Existem outras alternativas?
- » *Ideias.* A equipe de inovação optou pela abordagem de subsistema Triztorming (**Figura 36**), varrendo todas as ferramentas em busca de *insights* capazes de estimular a criatividade do grupo em prol de uma solução radical.

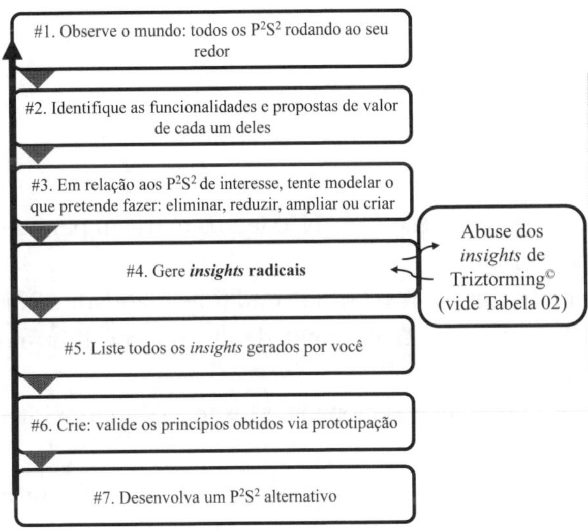

Tabela 02

Insight	*Descrição* ►	*Aplicação recomendada*
iAS	Abordagem Subversiva ►	Resposta rápida, contundente e inesperada
iAnti	Antissistema ►	Criar utilizando o oposto da solução pensada
iCEC	Cadeia de Causa & Efeito ►	Encontrar e antecipar-se a falhas ou faltas
iCF	Caos & Fractal ►	Modelar de forma determinística com poucas variáveis
iChasm	Crossing the Chasm ►	Pensar / Rever estratégias para saltar o Abismo
iDTC	Dimensão, Tempo, Custo ►	Quebrar a IP por meio da alteração de dimensões
iEaS	Expandindo o Sistema ►	Criar partindo de fundamentos (KPIs) imutáveis
iBHC	Business Hyper Canvas ►	Desmembramento do negócio em hiperdimensões
iId	Idealidade ►	Aprimoramento com base no estado anterior
iIP	Inércia Psicológica ►	Criar partindo de outra área e em outra área
iIA	Inteligência Artificial ►	Customizar em escala / Cocriar
iJTBD	Tarefa a ser realizada ►	Compreender a ação efetiva que deve ser realizada
iMC	Matriz de Contradição ►	Produzir contradição ou *trade-off* com base em padrões externos
iMF	Matemática & Física ►	Modelar matemática e/ou fisicamente um P^2S^2
iMP	Ciclo de Evolução dos Meta Padrões ►	Prever / Criar tendências de evolução para P^2S^2
iμFut	Microfuturos ►	Criar cenários radicais
i9W	Nine Windows [9W] ►	Atacar em micro ou macro estrutura / para frente ou para trás
iPATOV	Cliente Universal ►	Analisar comportamentos e necessidades de clientes (CS e CX)
iPS	Princípios de Separação ►	Resolver contradições físicas aparentemente insolúveis
iPB	Phantom Business ►	Simular cenários prováveis
iRaP	Redução aos Princípios ►	Encontrar o princípio fundamental que rege algo
iRF	Remote & Functional Associates Test ►	Unificar dissociados / Combinar tarefas
iRep	Reprototipação ►	Prototipar com base em um P^2S^2
iSF	Su-Field ►	P^2S^2: Conversão de qualquer P em qualquer S e vice-versa
iTmO	Transmutação Organizacional ►	Experimentar novo modelo de negócio com o Lean Ocean

Figura 36. Subsistema Triztorming e seus insights.

Figura elaborada pelo autor.

Depois de um breve circuito Triztorming, observem que a maioria das ferramentas visa produzir *insights* para a gênese de coisas, o que demandaria um pouco mais de tempo; optou-se por utilizar a alternativa de resposta mais rápida, a *abordagem subversiva*. A equipe mergulha no algoritmo ERAS para operacionalizar da melhor maneira possível um "ataque" no mercado.

▶ Algoritmo ERAS

O estímulo gerado, queda de KPI, acionou o alarme na empresa, cuja resposta aparecerá na forma de *insight*. Olhando o fluxo ERAS (**Figura 35**), autoexplicativo, a equipe deverá promover interações (e iterações) suficientes de modo a gerar *insights* que sejam interessantes para a criação ou execução de uma solução.

▶ Gerando *insights*

▷ Eliminar

1. Podemos eliminar a ação do concorrente?
2. Devemos reduzir nossa presença no nicho?
3. Mudar o posicionamento?
4. Devemos aumentar nossa presença tornando nosso *marketing* mais agressivo?
5. Podemos criar algo melhor?
6. Podemos transformar nosso P^2S^2?

▷ Razões

1. Acabamos de investir muito nesse P^2S^2. Não temos margem para eliminar a ação do concorrente.
2. Nosso P^2S^2 é uma boa solução. Investimos muito nele até aqui. Não dá pra diminuir a presença no nicho antes de um retorno mínimo. Pelo menos um empate.
3. Esta solução está corretamente posicionada. Mexer nisso agora jogará todo o *marketing* no lixo.
4. Aumentar a presença é arriscado, pois, se não der certo, aumentaremos o prejuízo.
5. Não temos condições de criar algo melhor a contento. Precisaremos dominar a mesma tecnologia, fazer um *benchmarking* (pirataria) ou comprar a solução.
6. Nosso produto é muito próximo do concorrente. Possui tecnologia adjacente. Mexer em quê?

▷ Alternativas

1. Investir mais recursos para arrefecer o impacto do concorrente está fora de cogitação, pois o financeiro já “brecou”. A solução terá de ser autossustentada.
2. Teremos de manter o P^2S^2 rodando no prejuízo para, pelo menos, não perdermos ainda mais este espaço.
3. Nosso *marketing já tá* na rua. Vamos mantê-lo.
4. Será que dá para transformar algo, em nível de *software*, *hardware* ou serviço? Dá para fazer uma *joint venture*?

▷ Subverter: transformando seu concorrente num fornecedor!

Espera um pouco aí! Nossa solução é muito próxima da do concorrente, pois estivemos disputando o mesmo nicho por um bom tempo (Veja Razões item (06)). E se explorarmos isso? Se, em vez de concorrer, utilizarmos sua solução, tornando-o um fornecedor? Ainda mais: um dependente nosso. Nosso pessoal talvez não domine ainda essa tecnologia tão recente, mas tem plena capacidade de estudar aplicações da solução do concorrente. Chamem os desenvolvedores para buscarmos possibilidades de transformar nosso P^2S^2 em periférico para a solução do concorrente (exemplos: desenvolver infoprodutos que utilizem a IA deles; trocar o sistema operacional de nosso *hardware* por esse daí mesmo; criar serviços com o *hardware* “bonitão” que desenvolveram…).

A análise subversiva ajuda a ver os problemas diferentemente, gerando *insights* para ideias inovadoras, principalmente para problemas do tipo 4 (prevenção a falhas/faltas), ou possíveis sabotagens de concorrentes, especialmente quando as soluções convencionais não estão funcionando, além de nos forçar a agir de forma preditiva. É uma técnica importante para promover a geração de *insights* com potencial para levar qualquer negócio ao estado de inovação. Nessa linha, vejamos outro exemplo.

▷ Pare e pense um pouco…

… nas lições subversivas que recebemos todos os dias. Em vez de se chatear, chame de estímulo. Junte a isso a constante pergunta: Onde e/ou como posso (ou não) utilizar isso? Nomeie essas conjecturas de *insight*. Agindo assim, quando a vida te arremessar limões, pergunte-se: O que não dá para fazer com eles?

09.

Nine Windows

Temos que transformar o caminho percorrido em azimute para acertar alvos à frente. Microfuturos!

▶ Preâmbulo. 9W: a "máquina" de criar *insights*

Qualquer líder de *squad*, equipe, time, grupo é passível de travamento. Em aulas, encontros, oficinas etc., trabalho com vários métodos para, digamos assim, estimular a geração de *insights* que sirvam de início a novos projetos e daí construir bons futuros. De todas elas, descreverei aqui a minha ferramenta preferida: a Nine Windows ou nove janelas. Fui apresentado à sua versão original em 2010 pelo site *Triz Journal.*[1] Podemos chamá-la de 9W. Ela nos fornece várias perspectivas para *insights*. Desenvolvi formas alternativas de utilizá-la como sementes radicais. O resultado está neste capítulo.

▶ Presente: onde estamos!

Antes de começarmos a trabalhar nas janelas, vamos definir do que são compostas e como funcionam.

Figura 37. Coluna presente.
Figura elaborada pelo autor.

▷ Sistema

Na janela central (**Figura 37**), pela qual iniciaremos a construção de um microfuturo, inserimos nossa oportunidade: ideia de processo, produto, serviço ou *startup* (P^2S^2). Por ser o ponto central – de onde sempre recomendo partir –, esta janela recebe o nome de "Sistema", ou *Sis*. Ela representa nossa situação presente.

▷ Subsistema

Todo sistema pode ser decomposto em partes menores ou em seus componentes. Assim, na janela "Subsistema", ou

Subsis, colocaremos tudo aquilo que achamos compor o *Sis*, já previamente determinado.

▷ Supersistema

Qualquer sistema faz parte ou compõe um maior. A janela "Supersistema", ou *Supersis*, recebe tudo o que pode estar no entorno de *Sis*. Pronto, finalizamos a coluna presente, a que compõe qualquer sistema.

Olhando para o passado

Situamos nosso sistema no presente, com seus componentes e entorno, ou ambiente externo. Temos então condições de determinar como este sistema era no passado. Compreender sua história é fundamental para que se possa criar um portfólio e, com mais alguns dados, poder-se extrapolar. Surge, então, a coluna *passado*, aquela que será preenchida com tudo o que sabe – ou se tem à disposição – sobre *Sis*.

Parte-se então da janela *Sis* em direção à esquerda. Sendo um tempo anterior, *Sis* ganha um sinal negativo. Depois disso, e da mesma forma como fora feito na coluna *Sis*, busca-se pelos componentes de –*Sis*, ou –*Subsis*, e na sequência, seu entorno, o –*Supersis*. A coluna Sis no passado, ou coluna –*Sis* está montada. A **Figura 38** mostra o resultado.

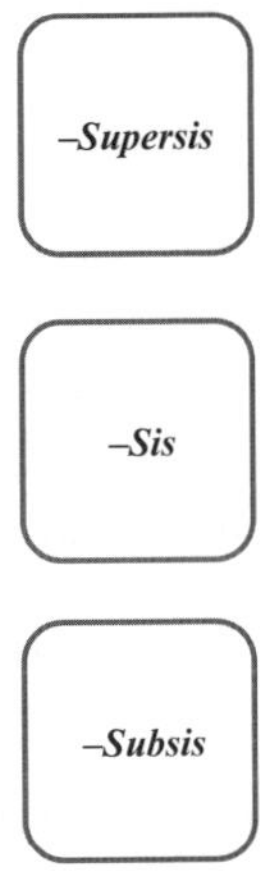

Figura 38. Coluna passado.

Figura elaborada pelo autor.

Sugerindo tendências: a coluna do futuro

Já montamos seis janelas. Para completarmos a 9W, repetiremos a operação que gerou a coluna –*Sis*, passado, só que pensando em tipos de futuro, os quais serão discutidos mais adiante. Assim, da janela *Sis* andamos para a direita e definimos a janela +*Sis*, que ganhou o sinal positivo para indicar "à frente", e nela escrevemos um futuro especulativo para *Sis*. Da mesma forma, supomos o que comporá o sistema no futuro e colocamos em +*Subsis*. Como *grand finale*, apoiado no que preenchemos nas janelas a seguir, faremos ilações sobre o que seria a estrutura que comportaria tudo isso em um futuro próximo: o +*Supersis*! Pronto: nove janelas construídas. A 9W completa ganha o aspecto da **Figura 39**.

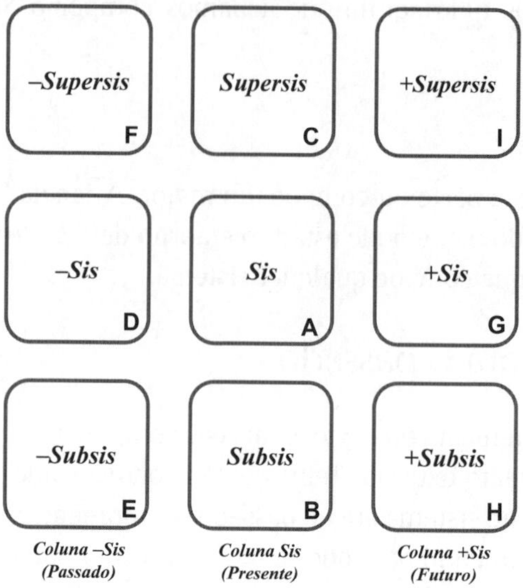

Figura 39. A 9W de dado sistema mostrando seus componentes e envoltórias (ambientes em que estão imersos) no passado, presente e futuro. Observe que a oportunidade inicial gerou mais oito possibilidades para *insights*. As letras em caixa-alta indicam uma ordem sugerida para preenchimento.

Figura elaborada pelo autor.

▶ *Insights* em fractal

Através das lentes da 9W, independentemente do que se tenha em mãos, sua oportunidade ganhou oito janelas a mais para serem olhadas. Você agora compreende perfeitamente as possibilidades adjacentes ou incrementais que seu sistema pode oferecer, seja ele tangível (produto, serviço) ou não (processo, ideia). Como veremos em exemplos, pode-se abandonar a janela inicial (**Sis**) e começar uma nova jornada de qualquer outra, concentrando os esforços naquilo que apresente melhores condições naquele instante. Pode-se, ainda, unificar, subtrair, multiplicar, dividir, misturar e modificar atributos (técnicas apresentadas no Capítulo 7) dos conteúdos de cada janela, dando origem a *insights* com possibilidades nunca pensadas. Você se sentirá despertando um gênio há muito adormecido na cabeça. A 9W é a "garrafa" que você precisa abrir.

Escolhida uma janela (pretendida ou ao acaso), pode-se abrir uma nova série de 9W, conforme mostra a **Figura 40**. Nessa nova janela, para você ainda mais simpática e interessante, recomeça-se outra jornada. Como na ciência dos fractais,[2] esse processo pode ser repetido indefinidamente, gerando um número incontável de *insights* (possibilidades) completamente diferentes do original.

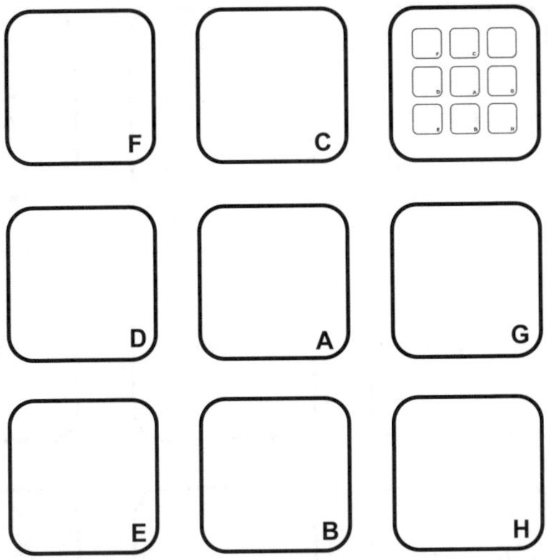

Figura 40. Começando uma nova jornada a partir de uma janela mais "simpática". Essa nova 9W pode ser seu próximo desafio.

Figura elaborada pelo autor.

Em oficinas mundo afora, gosto de representar a 9W pelo símbolo da cerquilha, mais conhecido por *hashtag* (#). Observe que o nosso querido "jogo da velha" apresenta também nove possibilidades.

▶ Aplicando a 9W aos negócios: do micro- ao macrossistema

Vamos tornar tangível toda teoria até aqui desenvolvida por meio das aplicações. Utilizaremos a 9W em cada letra do P^2S^2 na forma convencional.

▷ [Processo] 9W aplicada a uma xícara com café

Comecemos por um processo simples: manter o café dentro de uma xícara numa boa temperatura.

Como líder de um projeto, você recebe a tarefa de uma cafeteria que sente perder clientes para a concorrência. Então reúne a equipe, coloca o rótulo "xícara com café" em um *post-it* e começa a jornada: "Pessoal, nossa xícara com café é o sistema sob análise e faz parte de nosso presente. Vou colocar na janela A da 9W, *ok*?". Todos concordam e você prossegue, tendo ajuda para preencher a janela B e C conforme sugere a **Figura 41**.

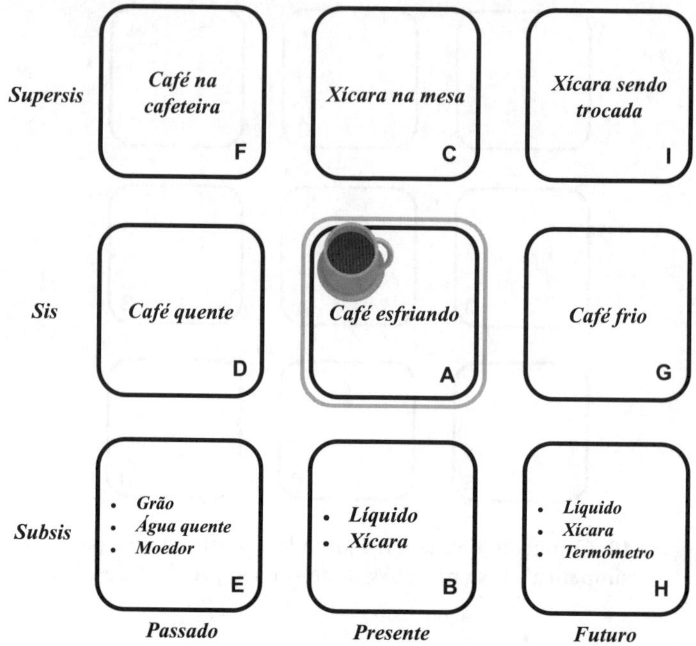

Figura 41. "A senhora deseja que eu troque seu café?"

Figura elaborada pelo autor.

Na sequência, observa que o passado de "xícara com café" era "café quente", que vai para D. Descreve o que compõe essa janela, colocando "grão, água quente e moedor" em um *post-it*, a janela E. O –*Supersis* (entorno do sistema no passado) para essa coluna é "cafeteira", *post-it* que repousará na janela F. Agora você tem elementos suficientes para projetar um microfuturo para o sistema "xícara com café". Como que por indução, alguém sugere que o futuro próximo de um café quente será ele frio. A anuência do time faz com que esse *post-it* repouse em G. De supetão, alguém pergunta: "Como alguém, excetuando-se o cliente, saberia que o café está frio?". Em uníssono sugerem: "Dá para pôr algo na xícara que indique isso ao garçom, uma pintura que mude de cor, uma lâmpada?", e a conclusão a que chegam é que algo na xícara poderia funcionar como termômetro e, ao mesmo tempo, tivesse um mostrador!

Imaginem um atendente que se dirigisse a você e lhe oferecesse um café mais fresco, olhando apenas o "*status*" da xícara. O mesmo para líquidos gelados. Outros clientes, observando esse ato, poderiam sofrer um belo estímulo: "Será que o refil é gratuito?", "Vou consumir mais um pedaço de bolo e deixar meu suco esquentar (ou me café esfriar) para ver se eu ganho um novo". A experiência de consumo da loja, com certeza, ganharia um *upgrade*. As possibilidades se multiplicariam. Resultado: prototiparam uma xícara com um termômetro e pediram aos clientes "beta" que relatassem a experiência na cafeteria. Foi um sucesso!

Embora seja uma experiência fictícia, não é complicado realizá-la. O termômetro utilizado como validador de conceito pode ser mantido ou trocado por algo que indique a temperatura. Observe que, com a aplicação da 9W a um processo – manter o café fresco –, foi possível criar microfuturos para a cafeteria.

▷ [Produto] 9W aplicada a um lápis

Apliquemos a 9W a um produto simples, um lápis, e vejamos no que podemos transformá-lo.

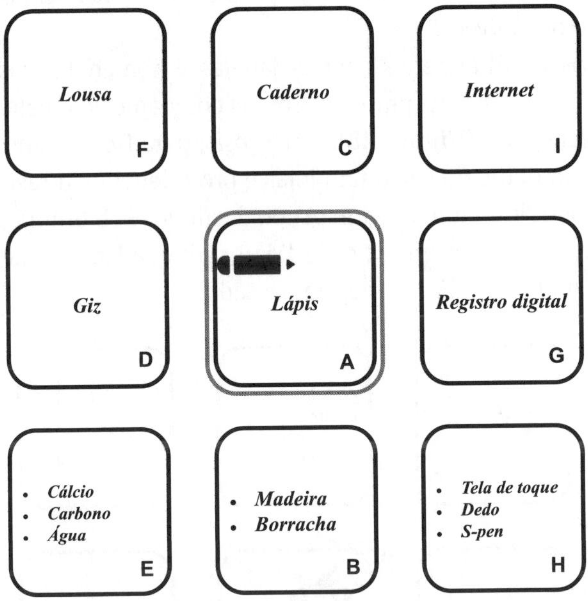

Figura 42. Produto Lápis. "Admitindo a janela I, dá para replicar sua escrita para quantas pessoas?"

Figura elaborada pelo autor.

Como anteriormente, "lápis" será o sistema em foco no momento em que começamos a jornada. "Lápis", portanto, vai para a janela *Sis* (**Figura 42**). Coisas que o compõem (madeira, borracha, grafite etc.) serão depositadas na janela *Subsis*. O *Sis* em análise pode operar, por exemplo, sobre um caderno ou qualquer superfície em que possa ser utilizado. Vamos agora para o passado. Em –*Sis*, poderíamos utilizar, por exemplo, o "giz" ou qualquer antecessor de "lápis". Em –*Subsis* entra sua infraestrutura. Nesse caso, cálcio, carbono, água etc. "Giz" opera numa lousa, quadro, parede ou qualquer outra superfície em que possa ser utilizado. Pronto, fim da coluna –*Sis*, que representa todo o passado de *Sis*. Com base no portfólio criado, podemos especular um microfuturo para "lápis". É hora de preencher a coluna +*Sis*. Nessa janela, pode-se supor alguma forma de registro digital, cujos componentes são inseridos em +*Subsis*: tela de toque, *s-pen* ou o próprio dedo. Admitindo essas janelas, +*Supersis*, o supersistema que o comportaria, poderia ser a *web*, um livro digital etc.

Partimos de um lápis e chegamos a estruturas em nuvem. Temos agora mais oito possibilidades para expandir nossos *insights*.

▷ [Serviço] 9W aplicada ao *delivery*

Trabalhando a 9W com a *gig economy*[3] para resolver problemas de *first* e *last mile*[i]: o serviço de *delivery*!

Já estamos familiarizados com as janelas e nomenclaturas utilizadas na 9W; podemos então ser mais práticos. Em *Sis* colocamos o objeto principal para o *delivery*: o transporte (**Figura 43**). Em *Subsis*, para ficar em um único modal, temos moto e motoboy. Eles habitam lojas e providenciam atraso e, vez por outra, danos aos pedidos, tanto que um grupo de alunos sob minha orientação está desenvolvendo, com as ferramentas de Triztorming, a Unbrecake,[4] para reduzir esses danos. Coluna *Sis, ok*!; vamos ao passado.

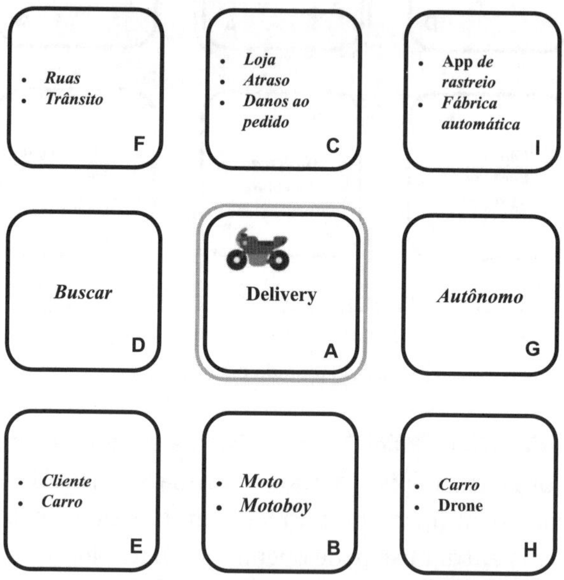

Figura 43. *Delivery*. "Tudo será automatizado?"
Figura elaborada pelo autor.

---

i *Fisrt and last mile*: início e fim da jornada logística, respectivamente.

Em –*Sis* cabe, por exemplo, o próprio cliente buscar seu pedido. Logo, ele utilizaria um transporte próprio, de modo que –*Subsis* recebe "carro" e o próprio cliente. Para fazer tudo isso, o cliente enfrentará trânsito e ruas, colocados em –*Supersis*. Temos agora material para trabalhar o futuro. A janela +*Sis* pode receber um sistema autônomo (já em funcionamento pelo iFood,[5] por exemplo). Ele seria composto de carros, *drones*, IA, GPS etc. Para que todos esses artefatos funcionassem, pode-se supor que, em um futuro breve, precisaremos de centrais de rastreio logístico e fábricas automatizadas para dar conta do recado. Por qual destas nove janelas você vai querer olhar?

▷ [*Startup*] 9W aplicada a uma *edtech*

Imagine utilizar a 9W pra remodelar todo um negócio (o seu, por exemplo) ou criar um por meio de *benchmarking* (avaliação comparativa) de um existente? Peguemos uma *startup* da educação, uma *edtech*, por exemplo. Considere a **Figura 44**.

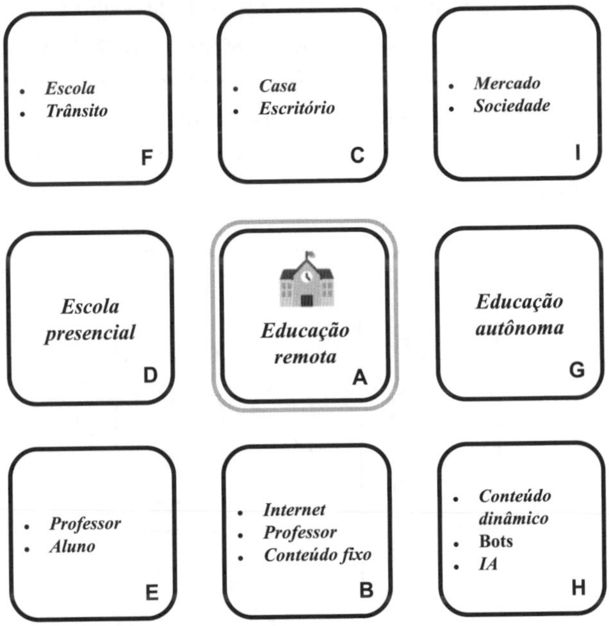

Figura 44. *Edtech*. "Quem vai ensinar a quem?"

Figura elaborada pelo autor.

Em *Sis*, entra a proposta convencional. Ela é composta de professores, conteúdos predefinidos e canais de comunicação na *web*. *Subsis* preenchido. Esses artefatos estão dentro (ou compõem) de casas, escritórios etc. Finalizamos a coluna *Sis*. Dando uma "rezinha", –*Sis* recebe a anciã escola convencional, que é composta de professores, alunos e material fixo. Para chegar até ela, todos passam por algum trânsito e terminam por se acomodarem em alguma estrutura, que chamei de "Escola". Mais uma coluna preenchida. "De volta para o futuro", +*Sis* deveria prover uma educação autônoma, tipo LLL[6] (*lifelong learning*, aprendizagem constante e autodidática), de modo que todos avançem por conta própria. Para que isso aconteça, o conteúdo terá de ser dinâmico, autoadaptativo, ministrado em qualquer momento por algo inteligente (Uma IA? A Universidade de Harvard já adotou![7]). E já que a ordem é escalar, não poderá ser feito por humanos, por isso os robôs (*bots*) são a escolha óbvia. As capacitações deverão acontecer em qualquer lugar: caminhada, ônibus, carro, escritório, fábrica, e por aí vai. Ou seja, em qualquer lugar do mercado ou da sociedade. E aí: vai encarar a janela I ou a janela E?

▶ Anti-9W: e se invertermos tudo?

Vamos supor que você partiu de uma 9W e gerou mais oito possibilidades para um P^2S^2. Não satisfeito com o que surgiu, escolheu uma destas e refez o processo; nada surpreendeu você. Então aplicou os métodos de unificação, divisão, subtração, dependência de atributos etc., apelou até para os conceitos da Física avançada, atacando de fractal e… nada de novo! É hora de lançarmos outro artifício: a inversão.

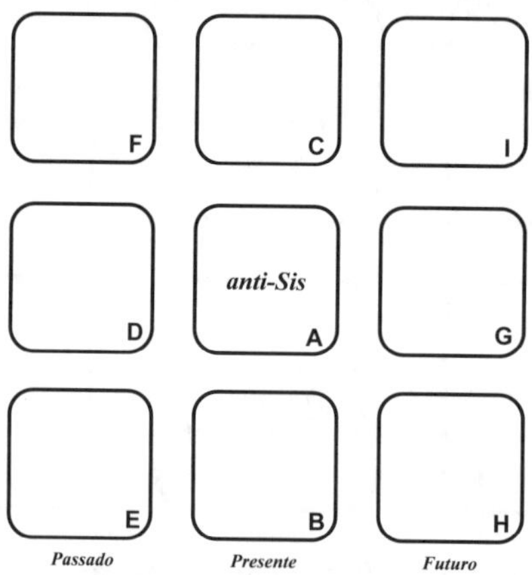

Figura 45. A anti-9W.

Figura elaborada pelo autor.

As técnicas aprendidas com o antissistema e a subversão podem muito bem ser aplicadas aqui, e de forma simples, mas gerando *insights* potentes.

Pense em qualquer P^2S^2 ou oportunidade e coloque na janela *Sis* da 9W. Agora pense em como seria a anti-ideia dessa oportunidade. Pronto, você tem seu *anti-Sis*. A nova 9W, na verdade, sua versão antagônica ou *anti-9W*, é mostrada na **Figura 45** e está pronta para ser novamente iniciada! Vou dar uma dica para um antissistema: pense num carro. Então, o que seria um anticarro? Se você vai até o carro, entra e guia o veículo até algum lugar, um anticarro seria algo que vai até você, entra de alguma forma e guia você para algum lugar. Muita abstração? Então do que você acha que se trata a realidade aumentada, os simuladores, o metaverso etc.?

Ou seja, admitindo sua agora anti-ideia como a *nova ideia*, dá para criar outra jornada. Acredito que seja impossível não ter uma nova visão sobre aquilo que você iniciou. No mínimo, você encontrará o que não pode ou deve ser feito. Um *anti-insight*? Bizarro!

▶ RAT e FRAT: e se misturarmos tudo?

Não tive *insights* ainda; continuo resistindo à 9W! Não se desespere, Triztorming está com você. Vamos a outro recurso “matador”, aquele capaz de fazer paralelepípedo tremer: o Remote Associates Test (RAT[8]) e sua versão funcional, o Functionally Remote Associates Test (FRAT).

Do que se trata RAT e FRAT, além de parecerem uma dupla de *rappers*? São, segundo a *Wikipedia*, os processos mais utilizados para medir o grau de criatividade ou treiná-la. O RAT é composto de trinta a quarenta perguntas, cada uma consistindo em três palavras, estímulos comuns que parecem não estar relacionados. A pessoa sob teste deve pensar em uma quarta palavra que unifique as três primeiras. As pontuações são calculadas com base no número de perguntas corretas e o tempo levado para concluí-las. O FRAT, seu irmão mais aprimorado, leva em consideração não a questão semântica, mas sim as funcionalidades.

E como aplicar o FRAT para conceber novos *insights*? Vamos de exemplo: o que conecta as palavras azul-profundo-sal? A solução é óbvia. Mas o que conecta as palavras pato-dobrável-real? *Ok*, eu digo: a conta! Alguém vai “pagar o pato”, que vem em forma de papel dobrado! Ou seja: quem acha que é difícil ter *insights* pode correr o dedo em um dicionário, achar três palavras quaisquer e tentar ligá-las. Aumente a aventura: tente conectar quatro palavras ao acaso. Ou cinco! Sim, e o que isso tem a ver com inovação, *startups*, vida etc.? Respondo novamente: tudo!

Exemplo: conecte carro, GPS e cartão de crédito! Ouvi Uber? Novamente: conecte quarto, plataforma e turismo! Duvido que alguém tenha pensado Airbnb!

Acho que você já começou a entender aonde quero chegar! Vamos às possibilidades:

1. Trabalhe seu P^2S^2 em uma 9W.
2. Pegue janelas ao acaso desta 9W e tente conectá-las via FRAT, a versão funcional.
3. Ou tente com janelas de diferentes 9W.
4. Pegue janelas de uma 9W e de uma anti-9W. FRAT nelas!

Acredito que algo de diferente tenha saído desses ensaios. Na pior das expectativas, você mexeu com sua inércia psicológica de um modo que o mundo passou a ter outros horizontes e a produzir outros *insights.*

▷ O mercado é caótico, não aleatório!

Voltemos ao conceito de caos. Se é possível determinar a posição de queda de uma moeda, é possível determiná-la para várias. Assim é que age o mercado. O problema é que não conseguimos agrupar todas as variáveis de entrada desse sistema altamente complexo. Porém, reduzindo esse sistema à sua ideia, seu MVP, seu negócio ou sua *startup,* e partindo-se do princípio de que, pelo menos internamente, é você quem dá as cartas, dá para organizar as variáveis que tem e, minimamente, construir novos futuros próximos. E a pergunta óbvia, "Como?". E a resposta simples: 9W! Portanto, se você dominar as condições iniciais, terá maior probabilidade de acertar o resultado de qualquer arremesso. Vamos à "magia"!

Peguemos a 9W da **Figura 42**, aquela em que aplicamos ao produto "lápis". Você controla as nove janelas que tem lá. Utilizando o FRAT, misture, por exemplo, as janelas A, C e I: lápis, caderno e *web.* O que pode sair daí?

1. Escrever num caderno na *web*?
2. Jogar o que está na *web* em um caderno?

Juntando 1 e 2, alguém teria interesse de ter impressa, na forma de um caderno, toda a pesquisa que fez para depois consultar? A resposta: não sei ao certo! Só quis evidenciar que dá para criar microfuturos partindo-se das variáveis que se controlam, de dados que se tem em mãos, e não apenas torcer para que aconteçam.

Você pode fazer esse mesmo exercício com processos, serviços, negócios, ideias ou qualquer outra coisa. Ouse, misture, explore ao máximo as 9W. Apresentei apenas algumas formas de aplicá-las aos seus P^2S^2. Invente uma!

PARTE III

O MUNDO PELO PRISMA DE *INSIGHTS* TRIZTORMING

▶ *Insights* para pensar o mundo de forma diferente

Acabamos de conhecer a metodologia Triztorming. Depois do que foi apresentado, é impossível manter a inércia psicológica (IP) no mesmo estado em que se encontrava e não considerar manter o *mindset* criativo, no mínimo, aquecido. Nos capítulos a seguir, veremos as ferramentas apresentadas exercendo sua força, ora em ensaios, ora aplicadas em projetos reais. Temos, então, um novo caminho para gerar *insights* voltados aos negócios (ou para qualquer área). Agora é só começar a criar ou materializar ideias, o que chamo de exercer a criatividade.

Será divertido. Sinta-se à vontade para aplicar!

10.

Clientes, negócios, mercado e o espaço entre todos

▶ Clientes sob o prisma Triztorming

▷ Cliente universal

Certo dia em sala de aula – sempre nela, o local que deveria ter o nome modificado para *ideation place* –, enveredamos pela seguinte discussão: "Quem é nosso cliente?". Parece uma pergunta trivial quando se está em um nicho de mercado com profissionais do mesmo ramo mergulhados em um mesmo oceano.

Porém, vislumbre este cenário: tente responder à mesma pergunta para uma turma de mestrado, com mais de trinta bons profissionais, cujas graduações varrem desde o A do alfabeto latino até o correspondente ao Z do ideograma japonês, aos quais peço sempre no início da aula: "Me derrubem!", de forma condensada, consistente, no tempo de um *pitch* e sem entrar em conflito com os conceitos, e preconceitos, de qualquer uma das áreas. Massa, *né* não?

Pois bem: fingi que estava com sede, pedi licença pra ir ao bebedouro e dirigi-me à porta da sala, torcendo para que Feynman e Popper (F&P)[i] começassem uma discussão e me trouxessem, em sessenta segundos, uma boa resposta. Contudo, melhor do que isso, F&P trouxeram-me outra questão: "Para essa arguição, meu caro, você terá de encontrar um cliente que agrade a todos, que unifique todos os conceitos. Um *cliente universal*!". Pronto, se a coisa já não estava simples, F&P agiram como dois subversivos. Tive que deixar a resposta para outra aula.

---

[i] Meus dois neurônios favoritos. Prefiro um Físico e um Filósofo do que aqueles dois esquilos: Tico e Teco.

Sentidos

Vasculhando meus alfarrábios mentais e ainda estressado com F&P, resolvi seguir um princípio que trago comigo e que sempre me leva aos “porquês” das questões, o pensamento baseado em princípios. Vocês o conhecem por iRaP (vide **Tabela 02**. *Insights* Triztorming).

Para encontrar o cliente universal, tenho que buscar o que todo cliente tem em comum. Cabeça, tronco e membros, diria a saudosa Tia Lurdinha, minha professora da alfabetização... Opa, é isso! Buscando os princípios fundamentais, posso resumir o cliente em cinco sentidos. Ora, somos escravos de nossos sentidos. Então, posso definir um cliente universal. Vejamos alguns exemplos: Netflix = Audição + Visão. Quer incrementar isso? Coloque mais um ou dois sentidos. Some, por exemplo, o olfato e o paladar a essa equação sensitiva. Chegamos a Cinema, que nada mais é do que Audição + Visão + Pipoca (olfato e paladar). IRRESISTÍVEL! E se associarmos a essa equação o último sentido, o tato? Imagine Cinema + Cadeira vibratória... AVASSALADOR! Deu até vontade de ir agora mesmo atrás de um sistema desses.

Na aula seguinte, levei a resposta. Uma discussão em sala de aula me fez definir meu verdadeiro cliente – na verdade cinco, aqueles aos quais tenho que entregar uma proposta de valor, mantendo-os ainda fiéis, de modo que meu empreendimento continue competitivo. Por isso eu sempre digo: *ideation place*!

Um apelido para o nosso cliente

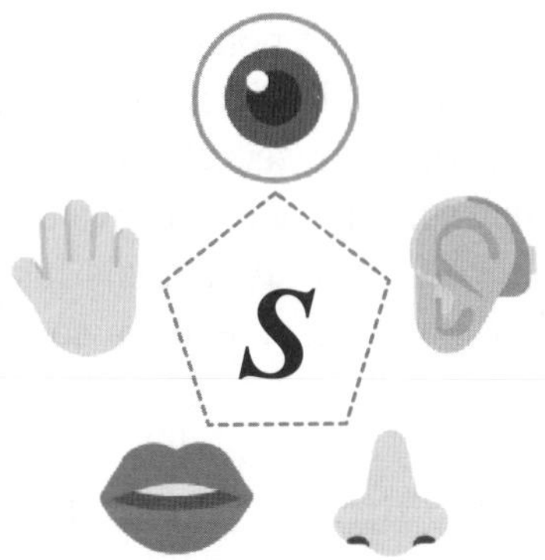

Figura 46. O PATOV e ponto S, centro de equilíbrio dos sentidos.

Figura elaborada pelo autor.

Agora ficou claro, pois sei exatamente a quem devo agradar. Logo, todo o nosso esforço *maker* deve ser dirigido a estes clientes exigentes: Paladar, Audição,

Tato, Olfato e Visão. Para ficar mais sintético, e lembrando que a coisa pode ficar "russa" caso você não compreenda isso, pois será você quem pagará o pato se não agradar a tais clientes, vou usar as iniciais e chamá-los por PATOV. Um mnemônico fácil que representa o cliente universal. Bonitinho e marcante, *né*?

Ponto S

Definido a quem a proposta de valor será entregue, podemos inovar. Se meus projetos agradam uma combinação do grupo PATOV, como eu poderia criar propostas de valor avassaladoras? E a resposta surgirá da forma como misturarmos as coisas. Quanto mais cliente do grupo PATOV eu agradar, mais contundente será minha proposta. No limite, se eu conseguir agradar os cinco, minha proposta será perfeita, ganhando uma característica que eu chamo de *sinestésica*[ii].

Pegando o exemplo do cinema, se dedicarmos esforço na construção visual, no enredo (audição), associar odores, sabores e toques à película de modo equilibrado, alcançaremos o *ponto S*, o ponto de *sinestesia*, e garantiremos exclusividade e tração para o produto. É claro que isso se aplica a qualquer P^2S^2 tangível (físico) ou intangível (emocional, *software* etc.). O ponto *S* do cinema deverá ser encontrado na poltrona.

No início, o Uber misturou visão (carros pretos, o que tornava o serviço "chique"), tato (carros limpos e novos), paladar (balinha e similares), olfato (carros perfumados) e audição (no início, achava que os motoristas eram mudos; eles, de fato, não precisam falar). É claro que o que convence o cliente é uma plataforma tecnológica robusta, mas o ponto *S* do carro Uber teria de ser encontrado dentro do carro. Sem ele, não haveria plataforma que segurasse o cliente.

Assim, se sua proposta de valor, seja ela produto, seja ela processo ou serviço, não está afinada, junte sua equipe e promova um *brainstorming* orientado ao PATOV, sob pena de a coisa ficar ainda mais russa. Construído o produto sinestésico e identificado o ponto *S*, você agora só terá de equilibrá-lo com o sexto sentido: o bolso!

▶ E do que ele precisa: *jobs to be done*

Por que será que grandes empresas falham ao lançarem ao mercado produtos "aparentemente" excepcionais?

Essa pergunta, cuja resposta vale 1 milhão de dólares (ou mais), está na base do livro *The innovator's dilemma* (1997), de Clayton Christensen (1952-2020),

---

[ii] Mistura de sensações relacionadas aos sentidos.

professor de Administração na Harvard Business School (HBS), conhecido pelos seus estudos em inovação. E a resposta, por incrível que pareça, é bem simples: a empresa não deve buscar entender o que o público quer comprar. Deve entender o que o cliente quer resolver. Só isso!

Trabalhando anos sobre essa situação problema-solução, Christensen e seus colegas desenvolveram a metodologia JTBD ou *jobs to be done* – tarefas a serem realizadas, em uma tradução *googleana direta* –, focando o que tem de ser feito, e não o que tem de ser vendido.

Compreender quais tarefas os consumidores querem ver resolvidas ampliará nossas ideias de negócios, assim como criará estratégias de crescimento viáveis para uma empresa. Vamos mergulhar nessa metodologia e ver que uma mudança de perspectiva (para o lado do consumidor, evidentemente) vai nos conduzir de *insights* para reais oportunidades de inovação.

Para entendermos o conceito, comecemos por alguns exemplos clássicos.

▷ Exemplos de JTBD

Cortar a grama. Uma empresa que queira resolver esse *job* poderá ir da Mecânica à Genética, passando por oferecimento de serviços para obter o mesmo resultado. Elucidarei: o JTBD que o cliente quer ver resolvido pode ser alcançado:

- » por um melhor cortador de grama (Mecânica);
- » pelo desenvolvimento de uma grama geneticamente modificada que não precise de corte (Genética);
- » pela contratação de um jardineiro (serviço).

Ingestão de medicamentos. Nesse caso, o JTBD a ser resolvido pode ser alcançado pelo uso de pílulas, injeções ou adesivos. Pense em outra...

Milk-shake* no lugar de *fast-food. A JTBD aqui é, literalmente, manter o "bucho" cheio da maneira mais prática, pela maior quantidade de tempo possível. As lojas de certa lanchonete cujo nome começa com M tinham a sua menor movimentação em aeroportos no período matutino. Depois de dezoito horas de observação e entrevistas, um pesquisador chegou a uma conclusão: em viagens de negócios matutinas, as pessoas preferem matar o tempo levando consigo um alimento simples, prático, que ao mesmo tempo as alimentasse e as distraísse no caminho e, pasmem!, não queriam ficar sentadas. Resultado, o "Mc..." (*ops*, quase falei o nome!) criou uma série de *milk-shakes* com pedaços de biscoito, frutas e derivados e viu suas vendas dispararem. Se estivessem concentrados em criar melhores sanduíches, nunca chegariam a esse resultado. A bronca não estava no produto, mas sim na forma de ingestão.

Furadeira. Esta é velha: o consumidor quer o furo na parede (serviço).

Limpar os dentes. A questão não pode ser resolvida plenamente com a escovação, mas é a forma mais comum. Resultado: empresas criaram escovas ultrassônicas[1] que quebram 100% da placa bacteriana. Substitui, ao mesmo tempo, a escova tradicional e o fio dental.

Exemplos não faltam. O que nos falta são *insights* para mudar a perspectiva.

▷ Tipos de JTBD e a tríade cerebral

Nos estudos de professor Christensen,[2] podem-se detectar dois tipos de JTBD:

- » JTBD *principal*, que descreve o que o cliente quer alcançar.
- » JTBD *relacionado*, aquele que o cliente quer ver resolvido junto com o *job* principal.

Esses JTBD ainda podem ser divididos em duas camadas:

- » Sob aspectos *funcionais*, que resolvem efetivamente as tarefas do cliente.
- » Sob aspectos *emocionais*, referentes a fatores subjetivos, sentimentos, percepções etc.

Finalmente, podemos subdividir esses aspectos em mais duas dimensões:

- » *Pessoal*, a percepção própria do cliente.
- » *Social*, a forma como o cliente acredita que os outros o percebem utilizando determinada solução.

Para melhorar a visibilidade, coloquei as instâncias em forma de organograma na **Figura 47**.

Por que levar em consideração todas essas instâncias? A resposta está na subdivisão que, segundo a Psiquiatria,[3] a evolução nos impôs. Nosso modelo cerebral é guiado por uma tríade: *reptiliana*, *emocional* e *intelectual*. A emocional e a intelectual não carecem de explicação. A parte reptiliana está relacionada às necessidades básicas: fome, raiva, questões fisiológicas, iPhone etc.

Esses profissionais falam que, quando essas três partes entram em conflito, adivinhem quem vence? Sim, a parte rastejante. Quando surge um *trade-off* entre as partes emocional e intelectual, a emocional vence. Por isso tendemos a criar desculpas "amarelas" utilizando o intelectual, para tentar amenizar decisões "cinza" que fazemos baseadas no emocional! Já passou por isso? Coisas do tipo: "Me presenteei porque eu merecia, *tá* bom?" Massa... E quem vai pagar a fatura? A parte réptil é que não é!

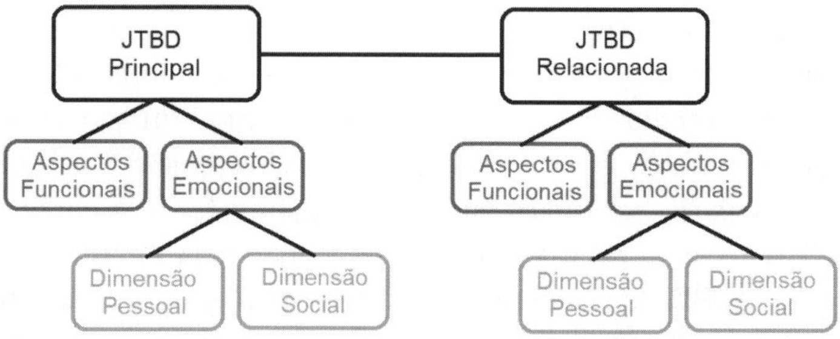

Figura 47. Instâncias das JTBD estrururadas pelo Prof. Christensen.
Figura elaborada pelo autor.

Voltando aos JTBD, onde se pode encaixar essa questão neurológica? Simples: tente criar soluções que envolvam a tríade cerebral e todos os sentidos – o ponto *S* do PATOV –, aquilo que acabamos de ver no nosso cliente universal, e você terá um P^2S^2 irresistível. Poderá arriscar até ser uma inovação. A empresa Apple faz muito bem isso, tanto que os donos de iPod retornaram seis vezes o produto à empresa por problemas relacionados a funcionalidades e toleraram essas falhas por questões emocionais. A meu ver, reptilianas. Posso até ouvir: "Não consigo viver sem o meu iPod!". Vai entender!

▷ Um exemplo completo

Como bom professor, vamos a uma atividade de fixação usando as instâncias dos JTBD.

Um cliente deseja limpar dentes e gengiva para manter a boca saudável (aspecto funcional) e de forma prazerosa. Quer se sentir bem, sem dores (aspectos emocionais). Isso deverá ser uma experiência agradável (dimensão pessoal). Evidentemente, ele também vai querer que os dentes pareçam limpos, saudáveis e a boca com um hálito percebido como bom pela sociedade (dimensão social). A pasta poderia oferecer, por exemplo, um efeito de proteção labial contra o sol escaldante de nosso Rio Grande do Norte (JTBD relacionado), o que faria com que mantivéssemos nossos lábios úmidos (funcional relacionado) e com aparência de boca de estrela de TV (emocional relacionada). Todo mundo diria: "Nossa, que lábios!" (dimensão social relacionada).

▷ *Insight* Triztorming: iRaP, iJTBD, iPATOV

Juntando PATOV e JTBD. Não se pergunte como é possível desenvolver ou transformar produtos ou serviços em soluções melhores. Em vez disso, pense em como você pode contemplar os JTBD de clientes de forma mais efetiva e inesperada. Às vezes, um mesmo JTBD pode agradar um dos sentidos do PATOV e outro, não. Exemplos: experimente comer canela em pó com o nariz fechado. Vai parecer que você está comendo areia, mas a canela é essencial para papas e *cappuccinos*. Ver um bom filme de ação sem aquele som excruciante: que monótono! A gente reclama que o ouvido pode estourar, mas...

A galera do *milk-shake* no aeroporto sente que ele faz bem para P (paladar), O (olfato), T (tato, textura) e V (visão, pois a aparência importa) do PATOV. E ainda há um JTBD de dimensão social relacionada, pois ninguém gosta de transportar sanduíches em envelopes oleosos, espalhando farelos no chão, sujando a mão de gordura, demonstrando falta de modos e ainda praguejando contra a loja do M. O problema, definitivamente, não era o sabor dos sanduíches, pois, queira você ou não, eles são gostosos; não sei se saudáveis!

A aplicação do iRaP[iii] ao mercado mostrou ser o JTBD mais buscado do que o próprio produto. Deixou claro também por que nosso cliente é o PATOV, gerando como *insight* o iPATOV. Assim, sempre que o problema surgir em áreas de Customer Success[iv] e Customer Experience[v], você sabe por que *insights* começar.

▶ Negócios sob o prisma Triztorming

Definir bem o problema, por mais redundante que pareça, é o maior dos problemas, quando se busca modelar um negócio. Feito isso, soluções tornam-se apenas consequências.

Em incursões negociais de que sou convidado a participar, seja opinando, seja atuando, percebo gestores sobrecarregados com ações a executar: apagar fogo, pensar nas próximas demissões (a dele, inclusive), contratar consultorias milagrosas, diminuir custos de setores, maximizar lucros, criar produtos ou serviços – não para aí... Lançar ou encerrar uma campanha, terceirizar atividades-meio ou fim etc., enfim, o repertório de sempre, e se esquecem de parar para pensar a origem de toda boa abordagem: o problema foi definido? Veja

---

iii iRaP: *Insight* Redução aos Princípios.

iv Ou CS. Conjunto de estratégias, posicionamento e ações voltadas para o sucesso do cliente.

v Ou CX. Percepção do consumidor sobre a sua marca após uma ou várias interações com ela.

bem: a pergunta não foi se ele foi **mal** ou **bem** definido. A pergunta é imperativa: FOI definido? Isso é resultado de uma causa ou é a consequência dela? Falamos sobre os tipos de problema no começo do livro e sobre causa e efeito no Capítulo 4. Então já avançamos um bocado.

Parece óbvio, mas a *ação de definição* precede até a *diagnose*, cujo significado está mais para *trabalhar a razão da existência do problema* (portanto, quando ele já existe, é claro!), o que nos traz de volta ao problema. Se ele já existe, temos de trabalhar para eliminá-lo e não criar tratados sobre a beleza de sê-lo. Se pensamos mal, planejamos péssimo e elaboramos pior ainda. Para você ter ideia, na disciplina que ministro em nosso mestrado de inovação, Teoria para Resolução Inventiva de Problemas, ou simplesmente TRIZ para os íntimos, utilizava, no início, 10% do tempo para trabalhar a definição do problema. Com o caminhar do andor, essa parcela subiu para mais de 30%. Definir o problema, por mais redundante que pareça, é o maior dos problemas. A solução, que é o mais buscado, será sua consequência.

De forma geral, o caminho que proponho na disciplina segue a sequência: identificação do problema, definição do tipo, seleção das ferramentas para análise de cada um dos tipos e, finalmente, sugestão das ferramentas de abordagem. Observem: ao final de todo esse trajeto, consigo encapsular o meu problema. De posse desse desenho, é possível identificar os tipos de *trade-off* e diferenciar perfeitamente a causa da consequência. O resto fica a cargo da criatividade e da gestão de projetos.

Para termos ideia do que estou falando, visitemos um problema clássico do varejo: o funil de vendas. Apesar de ele estar centrado nas métricas McClure-Jordan (Capítulo 4), não adiantará de nada aplicá-las se desconhecermos o modelo de negócio.

▷ Modelo de negócio: funil ou pilão? Problema estrutural ou de processos?

Se dado empreendimento apresenta uma solução e tem condições de suprir a demanda solicitada pelo nicho, há um equilíbrio de forças, e a solução é dita escalável. Nesse caso, o formato que vem à mente é um *Pilão*, como mostra a **Figura 48**. A "cintura" do pilão, que é um aparente gargalo, pode ser resolvida por meio de processos ágeis, com a correta aplicação da BI[vi]. Tenho, então, um problema de *processo*. Por outro lado, se não há condições de suprir a demanda crescente que se avizinha, a empresa apresenta-se menor do que as solicitações

---

[vi] BI, Business Intelligence (inteligência de negócios).

do nicho. Se ela optar por se arriscar a contemplar essa demanda, terá de investir em estrutura, além de processos, pois percebe-se a necessidade de investimento em insumos físicos, pois ter uma excelente solução e não conseguir entregar equivale a não tê-la. O desenho que vem à mente é um *Funil*, cuja base terá de ser expandida, e o problema passa a ser *estrutural*, caso se queira escalar a solução de modo a contemplar o nicho a contento. Quem não deseja soluções? Elas são o motivo de existência dos clientes. As métricas piratas apontam problemas de tração e balizam o funil de vendas. Mas e quando a tração – que pode ser uma das coisas mais caras de seu P^2S^2 – dá certo? Ou muito certo? Será que seu P^2S^2 consegue dar conta do recado? Se não estiver "bem azeitado", o atropelo pelo incorreto enquadramento de seu negócio pode levar a uma bronca de entrega, fazendo com que seu *squad* seja visto como formado por aventureiros, incompetentes ou, em pior grau, desonestos. Para ficar em dois exemplos icônicos, cito o caso da CEO da Theranos[4] – empreendedora que enganou o Vale do Silício –, cujo empenho atraiu investidores e levantou mais de 1 bilhão de dólares em investimentos, e um *case* nacional: o negócio mal-assombrado de uma hamburgueria,[5] que conseguiu perto de 50 milhões de reais. Projetos tracionados de modo a pirata nenhum botar defeito só pecavam em dois aspectos: na entrada, com propostas surreais, e na saída, com P^2S^2 inexequíveis.

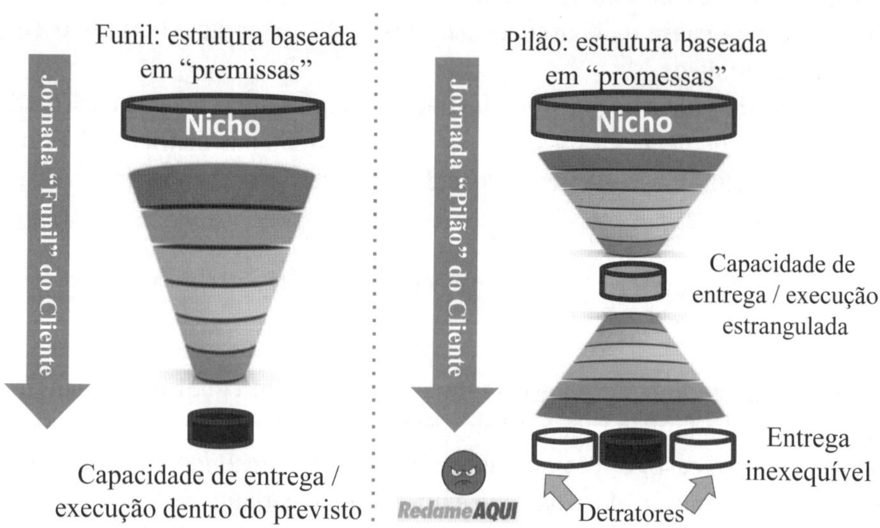

Figura 48. Funil ou pilão de vendas. Estrutura ou processo?

Figura elaborada pelo autor.

Dá para balizar tudo isso? Sim! Fazendo entregas parciais, em forma de MVP, e por *feedbacks*. O NPS[vii], por exemplo, retrata como as pessoas indicam ou falam mal de seu P^2S^2. Um Detrator avalia seu negócio com notas entre 0 e 6. Um Neutro, entre 7 e 8. Já os fãs da marca, os Promotores, dão notas entre 9 e 10. É bom manter o NPS (%Promotores – %Detratores) acima de 0. Um valor negativo indica crescimento muito baixo e, por consequência, necessidade de investimento no P^2S^2 ou numa das letrinhas do AAARRR. Olhando para a figura do funil e do pilão, fica claro o que acontece quando as promessas superam as premissas: serão criados mais detratores do que promotores.

▷ *Insight* Triztorming: iSF

A correta definição do tipo de problema e, na sequência, do modelo de negócio que vai emergir da respectiva solução separa os empreendedores dos aventureiros. Nesse caso, utilize o *insight* iSF (Su-Field) para dimensionar a relação estrutura (substância) × processo (campo). O que você precisa pode estar numa forma, noutra ou ser um misto de ambas; sempre. Busque a de maior eficiência.

▶ Empresas analógicas

Antes de descrevermos o conceito, vamos equalizar nosso entendimento sobre a tão decantada transformação digital.

▷ Transformação digital

A transformação digital (TD) refere-se ao processo de incorporação de tecnologias digitais nas ações (decisões, operações, processos) de uma organização com o objetivo de melhorar o desempenho, a eficiência e a experiência do cliente. Envolve a adoção de tecnologias incrementais e/ou disruptivas, como inteligência artificial, *big data*, computação em nuvem, internet das coisas (IoT) e automação, para impulsionar a inovação e a competitividade. A TD abrange várias áreas e aspectos de uma organização, desde o nível tático até o estratégico, seus modelos de operação, cultura organizacional, interação com clientes e a maneira como produtos e serviços são entregues e é feita a captura de valor. Ela tem o potencial de remodelar completamente os setores e as indústrias, permitindo que as empresas se adaptem às demandas do mercado em constante

[vii] NPS. Net Promoter Score. Métrica de lealdade do cliente criada por Fred Reichheld, consultor americano.

evolução e atendam às expectativas dos clientes cada vez mais digitais – ou, como redefinimos, mais etéreos (qualquer cliente possui mais de uma persona).

▷ Transformação analógica

O interesse da empresa e a manutenção de empregos devem sempre ser o norte. O *hype* "Indústria 4.0" faz com que as empresas pesadas – aquelas que criam o mundo que tocamos – se sintam defasadas e com uma angústia capaz de deprimir mamute. "Primeiras coisas primeiro", diz um adágio popular. Então, será que não há um passo anterior, necessário e factível antes de tentar esse salto quântico, muitas vezes desnecessário? Olhando pelo prisma invertido de Triztorming, que tal tentar uma boa transformação analógica antes?

Se vamos avaliar a questão analógica × digital, precisamos falar sobre os tipos de empresa. Não precisamos diferenciar o porte (micro, pequeno, médio, grande), mas analisar os níveis tecnológicos em que se encontram. Observemos então para onde "a mão" do economista e filósofo escocês Adam Smith as empurra. Desse ilustre economista do século XVIII colho lá da *Wikipedia*:[6] "Não é da benevolência do padeiro, do açougueiro ou do cervejeiro que eu espero que saia o meu jantar, mas sim do empenho deles em promover seu autointeresse".

Smith acreditava que a iniciativa privada deveria agir livremente, com pouca ou nenhuma intervenção governamental, sendo defensor do *free banking*[viii]. A competição livre entre os diversos fornecedores levaria não só à queda do preço das mercadorias, mas também a constantes inovações tecnológicas, no afã de baratear o custo de produção e vencer os competidores. Ele analisou a divisão do trabalho como fator evolucionário poderoso a propulsionar a economia. Uma frase de Adam Smith tornou-se famosa:

> "Assim, o mercador ou comerciante, movido apenas pelo seu próprio interesse (*self-interest*), é levado por uma 'mão invisível' a promover algo que nunca fez parte do interesse dele: o bem-estar da sociedade."

Como resultado da atuação dessa "mão invisível", o preço das mercadorias deveria descer e os salários, subir.

Concordo em gênero, número e grau com a mão invisível. Não existe almoço, pão, carne nem cerveja grátis. Olhando uma empresa como organismo vivo (já o fizemos quando conversamos sobre Física e Matemática[ix]), em um

---

viii Sistema bancário livre.

ix Capítulo 4.

ecossistema nada benevolente, ela precisa evoluir constantemente para manter vivos seus principais interesses: a proposta de valor e os empregos que a constituem. Porém, se a evolução não for possível – ou evidente –, pode-se tentar, minimamente, a sobrevivência, inspirando-se em um dos caminhos que nossa evolução mostrou, além da caça: a coleta e transformação dos recursos existentes.

▷ A realidade

Apesar de as palavras parecerem duras, essa é a realidade. Depois de 247 anos da publicação, *A riqueza das nações* (1776) – obra que sintetiza o pensamento do economista – continua atual. Maslow[x] reforça Smith ao afirmar que todos nós somos movidos por interesses. A necessidade de reconhecimento – inata ao ser humano – é um deles. Isso não nos torna egoístas. Estes, inevitavelmente, acabam por cometer coisas impróprias. As empresas, no entanto, são organismos com interesses. Na linha da sobrevivência, sabemos que a maioria dos empreendedores tem de "matar um leão por dia" e não possui, muitas vezes, tempo ou condições ideias para promover a exaustiva e decantada transformação digital (TD). Como observador privilegiado, desenharei os tipos de empresa como as enxergo, sugerindo um caminho analógico a trilhar, deixando o enquadramento (se corresponder à realidade, é claro) por conta do empreendedor que nos lê.

▷ Tipos de empresa

Olhando pelo prisma Triztorming da disponibilidade de recursos, busquei enquadrar as empresas em apenas três: as do tipo *M*, que desenvolvem atividade de manuseio e/ou manufatura intensivamente; as do tipo *C*, que operam à base de cliques, as famosas empresas de tecnologia, de todos os portes; e as híbridas, chamadas de *MC*. Utilizando a metáfora do organismo por simplicidade, defini as empresas como compostas de cabeça (H, *head*), dedos (D) e braços (B). A **Figura 49** tenta ilustrar minha estratificação.

As *M* utilizam com intensidade os braços para manufaturar ou deslocar insumos e com menor intensidade os dedos, responsáveis por ações como cálculos simples, registros, despachos etc., assim como conectar o "chão de fábrica" à cabeça, utilizada para controlar a relação demanda/oferta intramuros. Por fornecer recursos tangíveis ao mercado, a faixa preta embaixo (produção

---

[x] Abraham Harold Maslow. Foi um psicólogo americano conhecido pela proposta da hierarquia de necessidades humanas.

de recursos) mostra-se muito maior do que a cinza (utilização de recursos). As *C* fazem uso intensivo de ações estratégicas baseadas em cálculos complexos. Utilizam mais a cabeça do que as outras partes. Não produzem bens tangíveis. Buscam e fazem uso do que o mercado possa oferecer. Em um nível mais sofisticado, chegam a intervir nas ações das *M*. Por fim, as híbridas, *MC*, que trabalham olhando as tendências apontadas pelas *C* e olhando para o estoque existente nas *M*.

Podemos enquadrar a indústria no tipo *M*, o varejo no tipo *MC* e as empresas de tecnologia e serviços no tipo *C*.

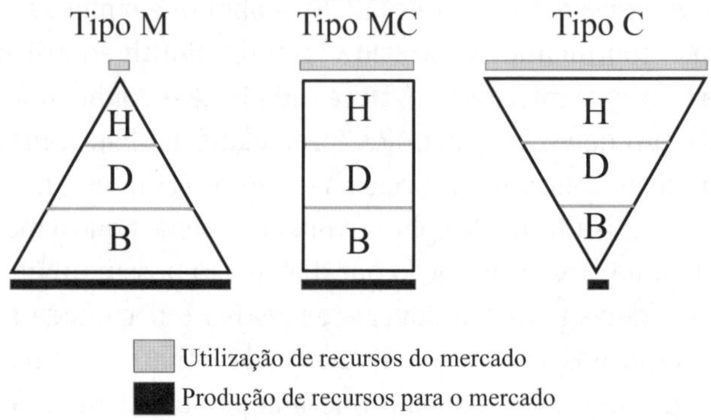

Figura 49. Cabeça (H), dedos (D) e braços (B): os tipos tecnológicos de empresa.
Figura elaborada pelo autor.

Não por acaso, a **Figura 49** mostra a estabilidade de cada tipo de negócio (largura de base) como o retorno para cada uma das indústrias (vide topo). Por essa figura pode-se dizer que a indústria, baseada em *commodities*, tem maior estabilidade, menores retornos e apresenta maior custo de produção, ao passo que as empresas de tecnologia possuem maiores retornos e, consequentemente, maior sensibilidade a flutuações tecnológicas. Um único *nerd* pode derrubá-las em segundos.

▷ Efetuando a transformação analógica

Como alcançar o nível industrial 4.0 não é tão simples, Triztorming não insistirá (pelo menos aqui) em proposições baseadas em transformação digital, inteligência artificial, modelos de negócio arrojados, "fintechzação"[xi] etc., mas sugerirá uma linha mais pragmática, bem pé no chão.

[xi] Conversão das empresas em *fintechs*, empresas tecnológicas de finança.

Nesse viés pragmático, os tipos apresentados (*M*, *MC*, *C*) podem sugerir àquelas empresas que não possuem condições de encarar uma TD que o façam via caminho analógico: promovam uma transformação analógica (TA). Segue, então, um algoritmo:

- » Realizem um autodiagnóstico.
- » Analisem o mercado buscando por recursos-chave existentes, tangíveis ou intangíveis.
- » Comparem os custos do que é produzido internamente com o que é feito fora.
- » Coletem ou optem pelo menos oneroso (vejam sugestões adiante: *white label*, comutação...).
- » Inspirem-se no formato tipo C; mais cliques, menos braço.
- » Incentivem o pessoal que usa o braço (B) a utilizar mais os dedos (D).
- » Voltem sempre ao início. Não há trégua.

É ou não é mais efetivo do que pensar em coisas como *big data*, internet das coisas, inteligência artificial, *machine learning*, servidores computacionais, robôs, manufatura integrada e adjacentes?

▷ *Insight* Triztorming: iAnti

Já ouvimos muito as frases: "Feito é melhor do que perfeito" ou "O ótimo é inimigo do bom" etc. O *insight* Antissistema (iAnti) recomenda o caminho inverso, a seguinte receita *lite*: "Uma TA é melhor do que uma não TD". O interesse da empresa, a manutenção de empregos, deve sempre ser o norte.

▶ Business Hyper Canvas: criando modelos de negócio robustos!

Em tempos modernos, não deveríamos pensar em clientes, mas em avatares, personas como entes em rede, o que dá a elas características multidimensionais, e que deveriam ser levadas em consideração na modelagem de negócios. Por incrível que pareça, e ainda pouco exaltada, a atenção à hiperdimensionalidade pode tornar os modelos de negócios ainda mais robustos, dada a visibilidade que as hiperligações ganham. Essa hiperdimensionalidade tem origem, precisamente, no segmento de clientes, estendendo-se à proposta de valor.

Pensando assim, sempre utilizo juntamente o convencional Business Model Canvas (BMC) e o arrojado Lean Canvas (LC) para elaborar qualquer negócio. O BMC como repositório dos LC, os quais levo a campo nas abordagens. Como necessito de ambos para refinar qualquer negócio, juntei-os em um termo parrudo: Business Hyper Canvas. Deixei em inglês pra dar um ar internacional. O termo *hyper* deve expressar que serão necessárias várias iterações, interações e canvases superpostos para erigir dado modelo de negócio. Compreender os interstícios, camadas e superposições evidencia melhor os pontos de risco e mostram como tornar os modelos robustos.

▷ Segmento de clientes (SC) e hiperligações

Osterwalder e Pigneur definem as seções do Canvas: MN: "*Modelo de Negócios* descreve a lógica de criação, entrega e captura de valor por parte de uma organização". PV: "*Proposta de Valor* descreve o pacote de produtos e serviços que criam valor para dado segmento". SC: "*Segmentos de Clientes* define os diferentes grupos ou organizações que uma empresa busca alcançar e servir". PP: "*Parcerias Principais* descreve a rede de fornecedores e os parceiros que põem o Modelo de Negócios para funcionar".

E é aqui que o "bicho pega". No varejo, de modo geral, um operador do serviço (motoboy, autônomo, fornecedor etc.) se enquadraria melhor como cliente ou parceiro principal? Junte a isso a visão que promovo sobre por onde começar a inovação, em que sugiro que você e seus colaboradores sejam os primeiros clientes de seu próprio negócio.

Modelemos isso utilizando hiperligações, conexão entre vários níveis de clientes. Como exemplo, utilizarei uma plataforma de entrega de lanches. Você acessa um *app* no celular. O *browser* indica e aciona um *app* da loja de lanches. A loja – neste instante, cliente da plataforma – entrega um produto (que, por incrível que pareça, ainda não é seu) ao motoboy, agora cliente da loja. Este, por sua vez, transforma-se em fornecedor para o cara lá na ponta que vai consumir o lanche.

Muitos processos virtuais depois, percebe-se que, de fato, existem duas relações presenciais fornecedor-consumidor, sendo a mais importante, e mais perecível, a existente entre o motoboy e o cara, pois não há contrato explícito entre ambos. O cara, aliás, pode recusar-se a receber o lanche. A PV entre a plataforma e a loja é de um tipo: promover visibilidade no *marketplace*. A PV entre a loja e o motoboy é outra: estacionamento adequado, controle de fila, bom atendimento ao motoboy, preço da corrida etc. A PV entre o motoboy e o cara já é outra: comida quentinha no prazo estipulado, nessa ordem! Essa fragmentação de clientes, cujas hiperligações fazem com que tenham comportamento de rede, impossibilita que uma única seção de PV do BMC (convencional) contemple todas as múltiplas personalidades da SC (seção de clientes). Resultado:

o surgimento desse cliente em rede, um "Hyper Cliente", exigirá uma "Hyper PV". Um desenho explica melhor o que quero dizer, daí a **Figura 50**.

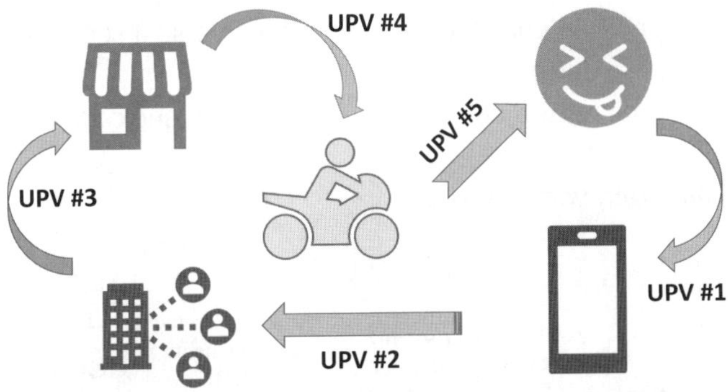

Figura 50. O Hyper Cliente (várias personas), as hiperligações e as respectivas propostas de valor.
Figura elaborada pelo autor.

▷ Hiperdimensionalidade

Para o exemplo, fica claro que o cliente é composto de várias personas, cada uma delas clamando por sua proposta de valor. Esse é o caráter hiperdimensional de que falo: clientes superpostos implicam PV superpostas. Então, qual é a melhor forma de trabalhar isso?

O BMC lida com a pré-formatação do negócio de modo amplo. Trabalha o nicho e, por consequência, um conjunto de propostas de valor, encobrindo muitas ligações: as hiperligações. O LC[xii], ao contrário, dedica-se à modelagem de ideias, tanto que nem toca em parcerias, atividades ou recursos-chave. Em vez disso, lida com problemas, soluções, métricas e o fundamental: cliente e proposta de valor únicos. Eis o ponto: ao isolarmos cada persona no LC, o problema de cada uma delas fica evidente a ponto de ser possível trabalhar soluções dedicadas. Em outras palavras, *únicas propostas de valor* (UPV). Para resolver essa superposição de clientes e *n* PVs, tive um *insight*: implementei o Business Hyper Canvas (BHC) composto da inserção de *n* Lean Canvas (LC) *no* Business Model Canvas (BMC) do negócio. O BHC está na **Figura 51**. Segue, então, o algoritmo de operação do HC:

---

xii Lean Canvas.

- » Identificam-se as personas do Hyper Cliente (motoboy, loja, cara etc.) para determinar os vários UC, únicos clientes, existentes na seção.
- » Como num fichário, um por vez, escolhem-se os UC e desenvolve-se o respectivo LC, focando sua respectiva UPV.
- » LC específico com UPV estável, devolve-se à seção da hyper PV e escolhe-se outro UC.
- » O ciclo de feitura dos LC deve "rodar" até que cada UPV contemple cada UC.
- » *Game over*, vamos voar!

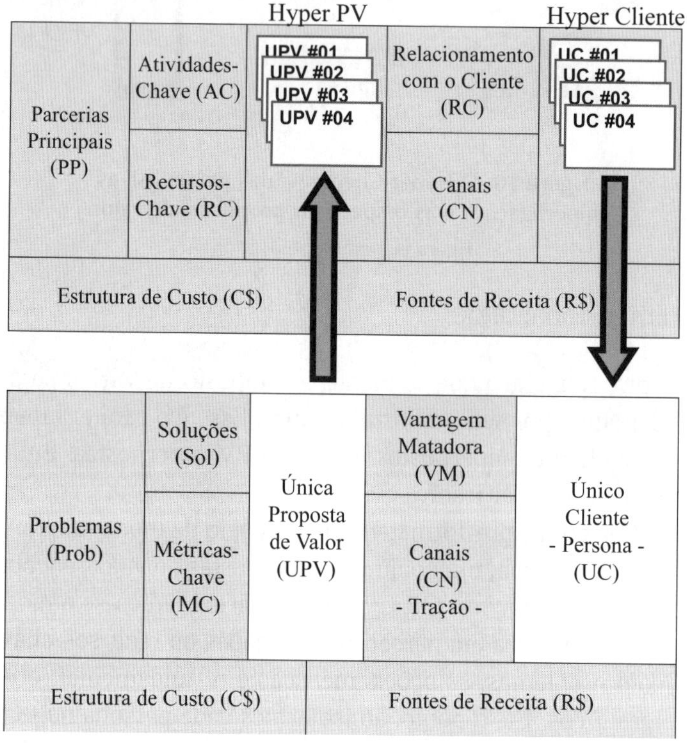

Figura 51. Business Hyper Canvas: cada persona do hyper cliente merece seu próprio LC.

Figura elaborada pelo autor.

▷ *Insight* Triztorming: i9W

Agora fica claro por que muitos negócios padecem por visualizarem o que pensam ser seu único cliente, uma única proposta de valor e, por isso, não perceberem as hiperligações subjacentes, pois existem várias personas envolvidas quando deixamos de olhar apenas a macroestrutura e mergulhamos na micro. Foi o que me sugeriu o i9W, *insight* Nine Windows. Por isso criei o BHC.

O Business Hyper Canvas tem dois objetivos fundamentais:

1. *Evidenciar o caráter de rede inerente ao que aparenta ser um único cliente.* Percebendo-se isso, desenvolvem-se propostas de valor dedicadas. Em outras palavras, mostrar que, para um único P^2S^2, existem várias personas que precisam ser atendidas de maneira independente, devendo-se evitar solucionar a bronca de forma individual no Hyper Cliente. Dada a hiperdimensionalidade dos negócios, as hiperligações tornam-se difíceis de resolver se não forem destrinchadas corretamente.
2. Outra vantagem é *promover a cocriação.* O BMC é indicado para fases adiantadas de um negócio. O LC, para a materialização de ideias. Imagine que sua equipe estabilizou o BMC e pretende testá-lo. De acordo com os mantras do *design thinking,* qualquer coisa cocriada – construída por você e o futuro beneficiado da potencial proposta de valor –, tem mais chance de vingar do que se fosse feita unilateralmente. Um dos motivos é que o cliente *se sentirá também dono do projeto,* o que tornará mais fácil seu envolvimento, reduzindo ao máximo a possibilidade de desistência. Assim, uma visita a campo (à "casa" do cliente) deve ser acompanhada por um LC "filhote" do BMC, com o qual o cliente tem de ser convidado a interagir. Vocês – cliente e *squad* – terão a chance de "detonar" o LC que está em campo sem expor o BMC-pai. Voltando ao QG[xiii], é hora de transportar para o BMC os bons *insights.* Felizmente, o empreendedorismo inovador não é uma ciência exata, o que dá espaço para a geração de milhares de associações de Canvas, ferramentas etc. e para a criação de novos *hyper* conceitos. Veja além da primeira camada e invente os seus.

Permutas, White Label e seu passeio de Rolls-Royce mais recente

A inovação mercadológica está promovendo novos modelos de negócio. Vamos analisar alguns *cases* interessantes e perscrutar quais *insights* poderemos tirar deles.

[xiii] QG, seu quartel-general.

▷ Economia colaborativa

Extraindo do portal da Assembleia Legislativa de Goiás (Alego):[7] "O Parlamento de Goiás aprovou, em segunda votação, proposta voltada a instituir a Política Estadual de Estímulo, Incentivo e Promoção da Economia Colaborativa. Objeto do processo nº 2.039/20, de autoria do deputado Virmondes Cruvinel. A matéria tem como foco auxiliar as empresas e os profissionais liberais na retomada da economia diante do impacto em decorrência da pandemia provocada pela covid-19. O projeto de lei segue para a sanção do governador do Estado. (...) A economia colaborativa já é um princípio existente, mas que nós pretendemos regular, organizar e, principalmente, trazer uma capilaridade que ainda não existe em Goiás. (...) A aprovação dessa lei na Alego demonstra a preocupação dos parlamentares para a dificuldade enfrentada pelas empresas. (...) E entendem se tratar de uma ferramenta que pode ser eficaz. (...) A principal preocupação do empresário é investir e não conseguir colocar sua produção no mercado. Nesse desenho, as produções futuras dos empresários poderiam ser lastreadas também em intenções reais de compra de outros parceiros, sem necessidade de troca direta", explica Virmondes.

Do texto anterior podemos apostar que a permuta está caminhando para virar lei.

▷ Comutações multilaterais

Da mesma reportagem: "A propositura apresenta as permutas multilaterais como uma das ferramentas a serem empregadas para mobilizar a adoção da economia colaborativa em Goiás. E é por meio dessas comutações que empresas, profissionais liberais e autônomos poderão cadastrar seus produtos e serviços em uma plataforma digital acessível a uma comunidade que pretende realizar trocas comerciais. Especialistas aprovam a iniciativa e defendem a economia colaborativa como um caminho viável para a recuperação dos setores econômicos, especialmente o de serviços, em um período de queda do poder aquisitivo entre os consumidores. De acordo com Rafael Barbosa, especialista em economia colaborativa, as permutas multilaterais são tradicionalmente aplicadas em períodos de crises econômicas a fim de movimentar os negócios. (...) Durante esse período, muitos empresários ficam com estoques parados e serviços ociosos por conta da dificuldade de encontrar clientes. Por outro lado, pode ter uma pessoa interessada nessas mesmas ofertas, mas que não tem condições de fazer a aquisição. As permutas multilaterais buscam beneficiar essas duas partes", enuncia o especialista.

Segundo Barbosa, as diversas possibilidades de negociações que não se restringem a trocas entre duas pessoas ou empresas são a maior vantagem da permuta multilateral em comparação com as tradicionais permutas bilaterais. "No modelo multilateral, o permutante utiliza uma plataforma em que deixa sua oferta disponível para milhares de pessoas", assinala.

Barbosa prossegue ao informar que, com a adoção do sistema de permutas multilaterais, serão diminuídas as restrições de negócios e aumentadas as possibilidades de um permutante encontrar uma oferta essencial para a manutenção ou a continuidade do funcionamento de seus negócios.

▷ White Label (WL)

"Conceito de mercado que descreve a terceirização do desenvolvimento de produtos e serviços, criando um molde que pode ser personalizado e redistribuído. Na prática, significa que um item ou plataforma foi desenvolvido por uma empresa, mas recebeu a marca de uma parceira que o revende para seus clientes. Por isso, recebe o nome de White Label que, traduzido, significa 'etiqueta branca'. Assim, a empresa revendedora não precisa arcar com custos de criação de uma solução, podendo, inclusive, lucrar ao adicionar uma taxa e negociar com seus clientes. Em contrapartida, ela não possui direitos sobre a licença do produto ou serviço. *O White Label costuma ser adotado quando uma companhia quer expandir sua atuação, mas não possui a* expertise *– nem o interesse – necessária para fazer isso*" (FIA Business School).[8]

Independentemente do que seu negócio soluciona, você só terá clientes fiéis se eles enxergarem que quem captura e entrega valor (necessário, esperado, desejado ou inesperado) é você. É claro, pois do contrário, procurariam outro solucionador. Portanto, seu negócio não só tem que ser a solução, mas também parecer sê-la, e com exclusividade!

Vou tentar deixar mais claro com um exemplo. Você, muito provavelmente, já viu muita coisa sobre Airbus, Boeing, Embraer e centenas de outras fabricantes de aeronaves. Constroem excelentes aviões, *that's right?* Entretanto, você já ouviu alguém dizer "vou voar de Rolls-Royce", "vou ali ver se o GE roda macio", "dizem que a Pratt & Whitney é muito silenciosa", "eu prefiro a Honeywell", "sou mais a Williams International". Muito dificilmente... Motivo: são as cinco, e únicas, fabricantes de turbinas para aviões comerciais no mundo.[9] Um dos principais modelos de negócio da Rolls-Royce, por exemplo, é de aluguel da turbina por hora,[10] sabia? Te peguei, *né*? Aonde eu quero chegar: tais companhias aéreas, literalmente, não sairiam do chão se seus *core businesses* fossem direcionados também à construção de turbinas. Voam? Sim! Parece que o motor é delas? Também! Elas mesmas os fabricam? Não! Querem aprender a desenvolvê-los? Pelo menos um "sim" vai para a Embraer, que está até testando um protótipo!

Sob a óptica WL, a proposta de valor de meu negócio (PV) seria subdividido em três camadas: 1º) o que tenho de saber fazer; 2º) o que devo terceirizar; e 3º) o que tenho de aprender antes que alguém o faça, pois é aí onde mora a evolução de minha PV, onde a concorrência estará de olho, pois os princípios já foram validados por meu negócio. A **Figura 52** traz esse Canvas.

Graças ao White Label, muitos andam (pelo menos quando o avião está no chão) de Rolls-Royce e nem sabem disso. Qualquer negócio nascente, *startup* ou mesmo estabilizado, deve dedicar-se *full-time* à construção ou aprimoramento de sua PV raiz, desapegar-se da construção de soluções adjacentes preexistentes (White Labels) e considerar as permutas. Se posso deixar uma dica, recomendo conversar com a galera da XporY[xiv] sobre possibilidades sustentáveis. Tenho certeza de que, no mínimo, o aprendizado será bom. Palavra de quem já conversou com o *staff* e, como você, provavelmente já andou de Rolls-Royce. Então, por que oferecer um patinete?

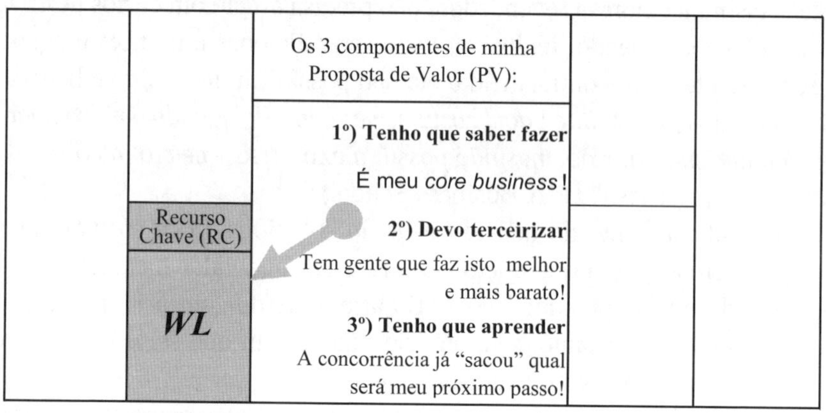

Figura 52. Proposta de valor sob a óptica WL: preocupe-se apenas com os itens 1º e 3º.

▷ *Insight* Triztorming: iRep

Maria quer montar uma *startup* de saúde, uma *healthtech* e, para isso, está acompanhada de profissionais da área (nutrição, medicina, enfermagem, psicologia, fisioterapia…), mas eles não "manjam" nada de tecnologia. João tem uma *startup* de tecnologia, cujos *devs* altamente sobrecarregados física, mental e emocionalmente apresentam, dia a dia, queda no rendimento. Em um encontro

[xiv] https://xpory.com/inicio (acesso em: 15 nov. 2023)

de negócios, ambos percebem uma oportunidade de troca de serviço. O resultado é que, em seis meses, Maria e parceiras têm sua plataforma de saúde premiada em um *summit event* da área, e a *tech* de João recebe o prêmio GPTW[xv]. Nos bastidores, sabemos que um atuou como White Label do outro, utilizando também a comutação multilateral.

Expandam esse *case* para centenas, milhares de *startups*, e não só para necessidades internamente cruzadas, mas para áreas diferentes a elas e em qualquer lugar do globo. Perceberam? Somente uma plataforma dedicada à promoção de comutações laterais, que operasse com moedas virtuais e outras operações financeiras, poderia juntar e catalisar o casamento dessas necessidades. Haveria, então, um banco com inúmeras soluções disponíveis; *White* recursos. Um efeito direto aconteceria na redução de custos operacionais. Um efeito colateral, quem sabe, seria no *turnover* da moçada: as empresas poderiam terceirizar funcionários entre si, evitando a atual fluidez de RH exclusivamente por salários, o que inviabiliza até *startups* promissoras.

Todo esse processo se enquadra no *insight* de reprototipagem, quando você reutiliza sem modificar o produto final, em suas cinco vertentes: subtração, multiplicação, divisão, unificação de tarefas e dependência de atributos, aprendidos no Capítulo 7. Portanto, empreendimentos Brasil afora, *permitam-se* viabilizar! Ou melhor, *permutem-se*!

▶ Propostas de valor invencíveis

Sempre pensei sobre a possibilidade e necessidade de lastrear melhor as *startups*, baseando-as em entregas palpáveis em vez de futuros de baixa probabilidade, cujas consequências ficaram visíveis recentemente, tamanha a quebradeira no mercado e a retração de investimentos. Deixei isso registrado no texto *Máquinas de* click.[11] Para reduzir a dependência de lastros imaginários, sugeri a criação de um *índice antibolha*,[12] o qual deveria ser indexado por indicadores de mercado em tempo real.

A ideia por trás dessas conjecturas – lastro e índice *real time* – chamou-me a atenção para outro aspecto mortal, sinalizado por aquela famosa e inflexível curva *S*, que retrata o ciclo de vida de qualquer projeto, desde (i) o nascimento da inovação, (ii) o crescimento produzido pela tração, (iii) a maturidade sinalizada pelo *breakeven* (o empate de todas as somas, custo × receita) e (iv) a morte, com direito a pá de cal jogada por outra inovação. E aí se pergunta: Por que não ser você o coveiro e, ao mesmo tempo, o redentor de sua inovação moribunda?

[xv] GPTW. Great Place to Work, que pode ser entendido como "ótimo lugar para trabalhar".

Não é fácil perceber (muito menos medir) o declínio de uma inovação – que, de fato, já deixou de sê-la – e propor uma restruturação, sendo por reprototipagem (iRep), transmutação (iTmO, *insight* que conheceremos mais à frente) ou iniciando outra do zero. Quem descobrir esse processo fênix de ser conseguirá burlar a curva e manter o negócio sempre surfando na crista da onda. Nunca percorri esse caminho, mas sei onde pode estar o calcanhar de Aquiles das empresas centradas em tecnologia: *na proposta de valor fixa*!

"*Peraí, man*: você fala que a proposta de valor (PV) – aquilo que entregamos ao cliente e o faz feliz, a ponto de torná-lo dependente de nossa *startup* –, cujo tempo para desenvolver e acertar (*market fit*) levou uma vida, precisa ser mutante?". E eu respondo: "Sim, Padawan! Ou isso ou um caixão tecnológico". E o porquê disso fica óbvio quando se enxerga a tecnologia como um dos entes mais perecíveis que existe. Logo, se ela muda tão rápido, por que propor negócios ancorados em PVs fixas? Como diria Morpheus[xvi], "Siga o coelho!".

▷ Comoditização tecnológica

Pescando o belo conceito da AEVO:[13] "*Commodity* é como chamamos um produto que se torna massificado e não diferenciado perante nosso cliente. Economicamente falando, a comoditização ocorre quando os clientes de determinado mercado não percebem a diferenciação entre os produtos e serviços entre os concorrentes que os comercializam". E o que acontece quando todo mundo *tá* igual? Respondo também: guerra por preço! Nesse ponto, *bye-bye* inovação, pois, num oceano vermelho ditado por custo, as empresas buscam por otimização e se afastam de qualquer sombra do desenvolvimento.

▷ Evitando a comoditização

Agora ficou mais fácil compreender o que chamo de *cultura da experimentação*, irmã gêmea da *cultura da prototipação*, mãe da inovação. Você mediu tudo, baseando-se em KPIs reais, não naqueles de vaidade, e começou a fazer para si "perguntas destruidoras", as quais levaram você a desenhar curvas. Percebeu, então, que a maré não tá mais para peixe, mas para tubarão, e concluiu que terá de realinhar seus Objectives and Key Results (OKRs)[xvii], objetivos principais de uma empresa, junto a outra conclusão de assombrar: é chegada a hora de começar a cometer erros conduzidos para alterar a PV, sua antes pensada estática

---

[xvi] Morpheus, personagem fictício da franquia *Matrix*.

[xvii] https://rockcontent.com/br/blog/okr/ (acesso em: 15 nov. 2023)

proposta de valor. Para ficar mais elegante, chame de experimentos. E um fato curioso: *esqueça qualquer busca por inovação!* “Sério; como assim?”

A busca por inovação é o que frustra a maioria das organizações. Como costumo dizer, o único ente que pode batizar o que você deu à luz (pensou, prototipou, desenhou, explodiu etc.) de inovação é o impiedoso mercado. Assim, pegue leve com você e os seus, faça alguns *brainwritingstormings* (já aprendemos o que é isso!), destaque gente boa do grupo (um *squad*), construa uma sala de situação e comece a errar barato, quero dizer, a experimentar. Para isso, inicie modificando a PV daquela solução moribunda.

▷ Admitindo o estado dinâmico

Na modelagem de forma não matemática[xviii], apresento um conceito para produto como um misto de MVP e tração. A sua PV já teve por semente um MVP. Portanto, mexer numa PV moribunda implica rever conceitos daquele MVP que outrora fez a empresa competitiva, mudando – conforme a necessidade exija e os experimentos apontem – todas as hipóteses que alicerçavam o respectivo Canvas: *H1*, hipótese de desejo; H2, hipótese de alcançabilidade; H3, hipótese de sustentabilidade, conceitos que podem ser mais bem explorados no livro do BMC[xix]. As hipóteses estão grifadas na **Figura 53**.

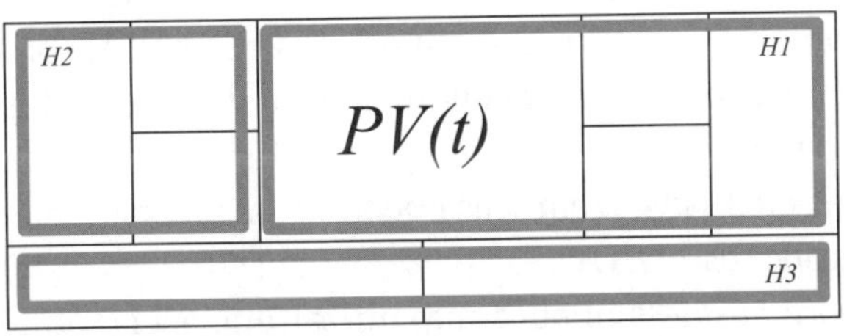

Figura 53. PV(t) dinâmica e as hipóteses que precisam sempre ser abaladas.

Suponhamos que você tenha mudado a PV e conseguiu manter-se no páreo. Então pensa que pode respirar. Mas é aí que o “bicho pega”: se houve a necessidade de mudar sua PV uma vez, é porque ela terá de ser mudada sempre. Ou seja, esqueça que a PV de sua empresa é algo estático e dê a ela aquele velho símbolo de dinamismo, a letra *t* de tempo, e passe a olhar a proposta de valor de sua empresa como PV(*t*). Manter essa estratégia, ter uma PV dinâmica, é o que diferenciará sua solução das *commodities* que a rodeiam.

[xviii] Capítulo 4.

[xix] Business Model Canvas. Vide referências.

Como tornar uma organização eterna

As seções anteriores obedeceram a uma questão de ordem. Definimos o cliente de forma etérea (persona), o que o compõe (PATOV) e do que precisa (JTBD). Depois vimos que os negócios são um misto de estrutura (substância) e ações (campos), que podem ser intercambiáveis em qualquer proporção, o que contribui para modelar num formato simples as empresas, enquadrando-as entre totalmente digitais (tipo C) e completamente manuais (tipo M). Na sequência, compreendemos a hiperdimensionalidade das instâncias, vislumbrando modelos de negócios modernos, capazes de garantir a sustentabilidade de um ecossistema pela colaboração multilateral. Na seção anterior, entendemos que a proposta de valor de qualquer negócio é viva e, portanto, merece uma conotação temporal. Chegamos, então, à PV(*t*). Tudo isso com um propósito: estar em condições de definir critérios para tornar uma organização perene. Quem sabe eterna!

Core business

O termo *core business*[xx] refere-se à atividade principal ou essencial de uma empresa. É o setor ou segmento de negócio em que a empresa concentra seus esforços, recursos e *expertise* para gerar valor e obter vantagem competitiva. Está relacionado à proposta de valor que oferece aos clientes. Empresas de tecnologia tem por *core business* o desenvolvimento e a venda de infoprodutos. As de varejo, a comercialização de produtos em lojas físicas ou online. As de serviço (educação, saúde etc.) satisfazem seus clientes com recursos intangíveis, mas de alto valor agregado: os JTBD[xxi].

Focar o *core business* implica maximizar eficiência, otimizar recursos e aprimorar as capacidades centrais, o que permite que as empresas se tornem especializadas em seu campo de atuação, desenvolvendo conhecimento aprofundado, o que faz com que se destaquem em relação à concorrência.

Como vimos, em processos que incluem comutação ou White Label, as empresas também podem ter ou oferecer áreas de suporte ou atividades secundárias, que não fazem parte do seu *core business*, mas que são necessárias para sustentar as operações principais. Nesse aspecto, por exemplo, uma empresa de tecnologia pode ter um departamento de RH, contabilidade e *marketing*, fundamentais para que operem, mas que não são sua atividade principal, podendo ser terceirizadas.

[xx] Negócio principal.

[xxi] *Jobs to be done*

▷ Terceirização

A terceirização é a prática de contratar outra empresa externa para realizar atividades ou funções específicas, às vezes em seu nome (por exemplo, White Label), em vez de executá-las internamente com seus próprios recursos. Nesse modelo, a empresa que terceiriza um serviço delega a responsabilidade de realizar determinadas tarefas ou processos à empresa prestadora de serviços. Dependendo das necessidades da empresa, ela pode terceirizar uma única função ou vários processos.

Os motivos para terceirizar vão desde a busca por eficiência, redução de custos, foco na atividade principal (*core business*), acesso a conhecimento especializado ou de domínio por outra, flexibilidade e capacidade de adaptar-se rapidamente às mudanças no ambiente de negócios. É claro, como tudo na vida, podem existir efeitos colaterais, como perda de controle sobre alguns processos, dependência, preocupações com qualidade e produtividade. Por isso, é importante estabelecer contratos bem definidos com as empresas prestadoras de serviços. Como dizem no meio jurídico, o combinado não sai caro.

▷ Aprendizagem organizacional

Considerando a empresa um ente vivo, a aprendizagem organizacional é o processo pelo qual a organização adquire conhecimentos, habilidades e *insights* coletivos ao longo do tempo. É a capacidade de aprender com suas experiências, adaptar-se às mudanças do ambiente, melhorar seu desempenho e criar vantagem competitiva, muitas vezes por meio de *benchmarking*, comparação sistemática das práticas internas com outras organizações líderes ou com práticas admiradas no mercado. O objetivo do *benchmarking* é identificar o que há de melhor com o intuito de aprimorar o próprio desempenho e alcançar vantagem competitiva. A aprendizagem da empresa envolve a aquisição, criação, interpretação e disseminação de conhecimentos em toda a organização. Alguns aspectos-chave da aprendizagem organizacional:

» Aprendizagem coletiva, que deve ocorrer em todos os níveis da organização, desde os colaboradores individuais até o C-*level*[xxii]. É um processo colaborativo que envolve compartilhamento de conhecimentos e troca de experiências. Reflexão e análise. Análise de experiências passadas, avaliação de resultados e reflexão sobre lições aprendidas.

[xxii] C-*level*. Expressão utilizada para se referir aos executivos de alto nível em uma organização. O C vem do inglês *chief*, significando "chefe" ou "principal".

Pode envolver a revisão de projetos, análise de erros e sucessos, identificação de melhores práticas e descoberta de oportunidades.

- » Prototipação e experimentação em prol da inovação. A aprendizagem está ligada à capacidade de promover *insights*, experimentar novas ideias, soluções e abordagens e criar problemas. O desafio aos conceitos e a exploração de novas oportunidades são formas de aprendizado e evolução.
- » Compartilhamento de conhecimento. Deve acontecer de maneira ampla e acessível a toda a organização, o que pode ser facilitado por práticas como reuniões, treinamentos, documentos, plataformas de colaboração e comunicação interna eficaz.
- » Adaptação e mudança. A aprendizagem da empresa está relacionada à capacidade de se adaptar às mudanças do ambiente externo, às demandas dos clientes e às tendências do mercado. Ao abraçar mudanças, a empresa ajusta suas estratégias e processos, fazendo com que aprimore sua capacidade de resposta.
- » Aprendizado contínuo, o famoso *lifelong learning*. A aprendizagem organizacional é um processo contínuo e iterativo, pelo qual as empresas devem buscar criar uma cultura de aprendizado, que deve ser valorizada e incentivada.

A aprendizagem da empresa é fundamental para o crescimento, inovação e sucesso sustentável de uma organização. Ela permite que a empresa se adapte às mudanças do ambiente, resolva problemas complexos, compartilhe conhecimento valioso e promova a eficiência operacional. Ao aprender coletivamente, a empresa pode aproveitar as habilidades individuais e o conhecimento coletivo para impulsionar o desempenho e alcançar seus objetivos estratégicos.

Acabei me estendendo um pouco mais na definição do último item por considerá-lo o mais importante de todos. Assim, como uma criança que vem ao mundo sem habilidades e com uma base de conhecimento exíguo, à medida que aprende, vai introjetando tudo no sistema nervoso e desenvolvendo seu próprio *core business*.

▷ O processo de eternização

Todo o conhecimento absorvido até aqui culmina no Iceberg Dinâmico da Organização Eterna, que é mostrado na **Figura 54**. Com o que sabemos, a figura torna-se quase autoexplicativa. Termo por termo:

- » **(C)** *Iceberg*. Grande, sólido, frio e imponente. Indestrutível, desde que não navegue desavisadamente em águas quentes, desconhecidas. Inspirado nele, devemos agir reduzindo ao máximo os efeitos produzidos pela emoção. Aquilo que é a razão de ser de uma empresa – seu *core business* – deve ser, literalmente, a ponta do *iceberg*: exposta, visível. Quem olha sabe inequivocamente o que encontrará lá, uma proposta de valor resoluta, clara, imune à subjetividade.
- » **(3ª)** *Terceirização*. Aquilo que você detectou que o mercado faz tão bem ou melhor do que você e que valeria considerar, pois deixaria sua empresa livre para desenvolver outras habilidades.
- » **(A)** *Aprendizagem*. Fator que levei mais tempo descrevendo, é o elemento mais flexível e intangível de uma organização, talvez por isso não receba a atenção que merece. Ela é o ente que mais sente e o que está mais habilitado a realizar mudanças. Uma organização que não abre espaço para aprender e não considera este o seu bem mais precioso está planejando falhar.

O ciclo para tornar uma organização eterna roda assim: execute seu *core business*, terceirize o que for possível de modo a ficar mais leve; olhe sempre para o mercado e busque pelo que precisa aprender. Feito isso, incorpore ao *core business*, descarte ou terceirize o que já virou *commodity* e volte a aprender. Mantenha esse ciclo perene. Tudo isso está desenhado na **Figura 54**, Iceberg Dinâmico da Organização Eterna. Entender esse ciclo é o início de uma caminhada que vai durar para sempre.

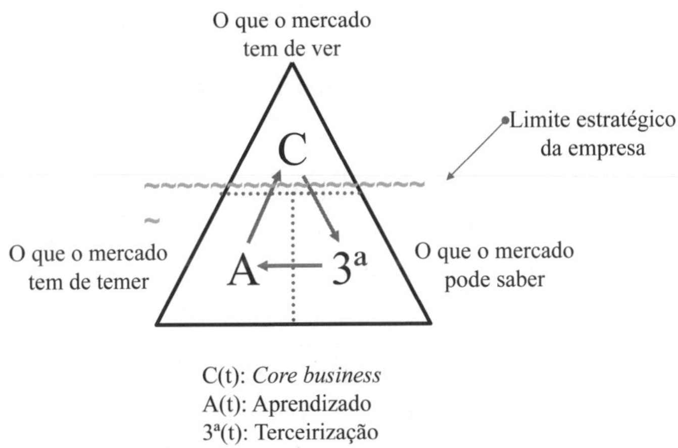

Figura 54. Iceberg Dinâmico da Organização Eterna.

Figura elaborada pelo autor.

▶ O mercado sob o prisma Triztorming

▷ Vai para o mercado de Ferrari ou de fusquinha?

"Professor, desenvolvemos uma solução – um infoproduto na área de saúde com modelo de recorrência – que já testamos, validamos e verificamos com vários *players*, e vamos lançar em um mercado gigantesco. Estimo que nossa *startup* alcance, em um ano, cerca de 1 milhão de pessoas insatisfeitas com as soluções preexistentes. Projetamos um *ticket* médio de R$ 50,00 por cabeça que, puxando uma curva ascendente, fará perto de R$ 50 milhões/ano. Estimamos um custo total perto de R$ 20 milhões/ano entre tração, RH e infraestrutura, de modo que nosso lucro ficará em torno de R$ 30 milhões/ano. A única dúvida que ainda paira é se compro uma Ferrari ou uma Lamborghini."

Já ouvi esse *startup*-papo uma centena de vezes. E o chato é ter que ser eu a dizer para adiar um pouco o passeio – em um ou no outro bólido – e se contentar com um fusquinha; pelo menos, por enquanto!

Por mais validado que seu P^2S^2 esteja, se você não criou um oceano azul – uma solução única, atraente e contagiante –, disputará seu espaço com mais gente. Gente, aliás, que chegou primeiro e sabe onde "as cobras dormem", onde estão aqueles 2,5% primordiais necessários para saltar o abismo e, de fato, ganhar o mercado! Assim, não é só o tamanho que está superestimado. O público correto que vai promover a ascendência da curva precisa ser encontrado. Vamos então explicar o que o trio oriental TAM-SAM-SOM dirá a esse incauto piloto de fusca!

▷ TAM-SAM-SOM e o que até a velhinha de Taubaté já sabe

Adaptemos alguns conceitos da enciclopédia mais rapidamente corrigida do mundo, a *Wikipedia*:[14]

> TAM. Total Addressable Market. Mercado total endereçável, ou ainda mercado total disponível, é a demanda total do mercado por um produto ou serviço, calculada em receita anual ou vendas unitárias, caso 100% do mercado disponível fosse alcançado.
>
> SAM. Serviceable Available Market. Mercado disponível a ser servido, é a parte do TAM direcionada e atendida pelos produtos ou serviços de dada empresa.

SOM. Serviceable Obtainable Market. Mercado obtenível de serviço, ou participação de mercado, é a porcentagem de SAM que é alcançada de forma realista por um *player* entrante: a sua empresa.

Por exemplo, em 2014, o gasto total do consumidor do Reino Unido em alimentos, que é o mercado total de alimentos endereçável, foi de £ 198 bilhões (incluindo refeições, bebidas alcoólicas, bebidas não alcoólicas e outros alimentos). O mercado disponível útil para bebidas alcoólicas, a que os produtores de bebidas alcoólicas visam e servem, é de £ 49 bilhões. Como o mercado de bebidas alcoólicas não é um monopólio, a participação de mercado de uma empresa produtora de bebidas alcoólicas nunca pode chegar a 100% do SAM. A figura com o TAM-SAM-SOM dá o tamanho do trio.

Em suma, a velhinha de Taubaté já sabia que tinha mais gente disputando o seu mercado e que essa galera feroz sabia quem estimular e a quem servir.

▷ Voltando ao infoproduto...

Vamos supor que o tal infoproduto da *healthtech* (*startup* da área de saúde) fosse um plano de saúde (isso aconteceu de verdade; mudei algumas coisas para não ser cancelado virtualmente). "Sete em cada dez brasileiros não têm plano de saúde", segundo dados do Senado Federal.[15] As opções que estes 70% possuem recaem sobre o Sistema Único de Saúde (SUS) – um sistema magnífico, mas que, dada a abrangência-Brasil, está sobrecarregado –, em clínicas populares e plataformas que intermedeiam quem precisa com quem atende. Os 30% (perto de 63 milhões de brasileiros) respondem pelo TAM-Brasil; ou seja, o mercado total de potenciais pagantes.

Mantendo-se a proporção, o Rio Grande do Norte, com seus 3,5 milhões de habitantes, forneceria um TAM-RN de aproximadamente 1 milhão de habitantes. Natal, com 896 mil habitantes, nos daria um TAM-NAT de 270 mil potenciais pagantes de planos de saúde, admitindo que a *startup* fosse atuar apenas aqui. Segundo dados da Prefeitura do Natal,[16] a rede municipal de saúde possuía, em 2007, 94 unidades, sendo 80 municipais, 10 estaduais e 4 federais. Não deve ter aumentado muito. Admita um igual número de unidades privadas; melhor, dobre! Duzentas unidades privadas seriam, portanto, o SAM-NAT, mercado de pagantes alcançáveis pela referida *healthtech*.

Mas aí mora um detalhe: dezenas de planos de saúde disputam esse espaço. Peguemos 9 concorrentes apenas; com a *healthtech* entrante, 10. Literalmente, 1/10 seria o SOM que nossa querida solucionadora de problemas de saúde "escutaria", pelo menos inicialmente, o que corresponde ao público que faz uso dos serviços de vinte unidades de saúde privada. Como Natal tem 36 bairros, a *healthtech* teria o potencial para atuar num bairro sim e noutro não. Passamos então de um sonhado 1 milhão de habitantes a R$ 50,00 (R$ 50 milhões/ano) para 27 mil pagantes, gerando um montante de R$ 1,35 milhão/mês, R$ 112.000,00, admitindo que a *healthtech* acertasse os adotantes iniciais (aqueles 2,5% de inovadores que promoveriam a ascendência, lembra?) e fosse aceita pelo mercado. Dá para manter um time de desenvolvedores, *marketing*, pessoal de vendas, aluguel do espaço etc. com esse valor? Bom: o IPVA da Ferrari atrasaria…

Para ficar mais didático, coloquei tudo na **Figura 55**. Veja como sua Ferrari encolheu – na mesma proporção que o seu sonhado mercado – e virou um fusquinha!

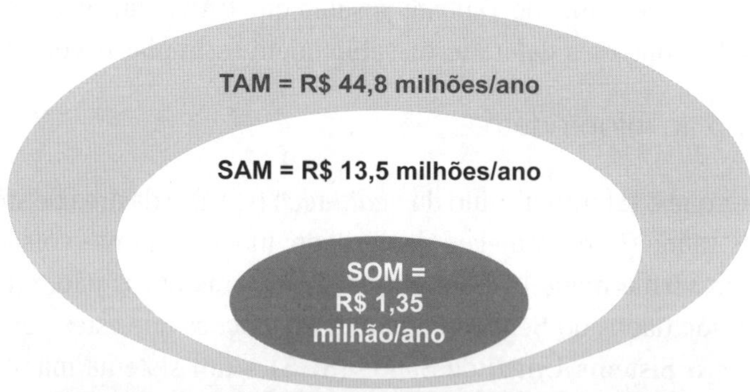

Mercado real da *healthtech* desavisada			
Mercado	Hab. (mil)	*Ticket* (R$)	Total (milhões R$/ano)
TAM	896	50,00	44,8
SAM	270	50,00	13,5
SOM	27	50,00	1,35

Figura 55. "Puxa vida, meu mercado encolheu 33 vezes, assim como minha Ferrari!"

Figura elaborada pelo autor.

▷ Encolhendo…

Empreender cada vez mais se aproxima de uma ciência empreendedora, principalmente se entendemos viver na era da informação. Vimos no nosso *iceberg* que a aprendizagem é a base para a eternização. Quem absorveu isso sabe da necessidade de desenvolver propostas de valor bem pensadas e simular minimamente o mercado para compreendê-lo, utilizando o melhor laboratório, a planilha eletrônica, ou por meio de dados secundários encontrados facilmente na internet, as chamadas pesquisas *desk*, o que não é difícil, pois acabamos de fazê-lo. Ou se age cientificamente, ou a *startup* errará o tamanho, o alvo do mercado e "vai *se* Ferrari". Nem de fusquinha vai andar!

Aplicações sociais sustentáveis: a *gig economy*, uma economia senciente

Do *Dicionário Cambridge*:[17] "*Gig economy*: uma maneira de trabalhar baseada em pessoas que têm empregos temporários ou fazem trabalhos do tipo *freelancer*, pagos separadamente, em vez de trabalhar para um empregador fixo. Os trabalhadores ganham a vida na *gig economy* fazendo biscates sempre que podem".

Segundo o Instituto de Pesquisa Econômica Aplicada (Ipea),[18] até maio de 2022 "aproximadamente 1,5 milhão de pessoas trabalham com transporte de passageiros e entrega de mercadorias". No site da empresa Cimento Itambé,[19] os dados de junho de 2022 apontam 2,4 milhões de trabalhadores com carteira assinada na construção civil. Esse panorama em nível Brasil, numa divisão simples, retrata que a *gig economy* (GE) emprega 63% do montante do ramo de maior empregabilidade no Brasil. Acredito que a GE já flamule, por enquanto, em segundo lugar em termos de empregabilidade e, à medida que a tecnologia e a logística avançam – e o desejo de pedir tudo, em vez de ir buscar –, o movimento se manterá aquecido e pulsante, dado que o número de entregadores cresceu 60% durante a pandemia[20] e não há sinal de diminuição, mesmo já tendo ela passado. E há algo engraçado em tudo isso.

Como a GE se caracteriza pela prevalência de contratos de curto prazo, agendamentos de última hora, comunicação massiva entre todos os envolvidos (que tem de ser eficiente e em tempo real) e o cliente que se transformou em multipersonas (entregadores, lojistas e consumidores finais), conforme vimos no Business Hyper Canvas, tudo só pode acontecer graças à automatização orquestrada por algoritmos, de modo que a confiança e efetividade das transações passaram a ser creditadas mais a (senão unicamente) plataformas do que pessoas. Como resultado, gerou-se uma horizontalidade de baixa estratificação hierárquica em que os gestores da GE (contratantes, canceladores, avaliadores etc., um RH digital de fato) passaram a ser... robôs! Segundo Adam Smith, em seu livro *A riqueza das nações* (1776), sugeriu que o mercado livre se autorregularia sem a necessidade da intervenção do Estado, mas por obra de uma "mão invisível". Posso pegar o mote e brincar (ou não) dizendo que a cabeça também ficou translúcida. Talvez seja essa a nova face da *gig economy*: uma *economia senciente* e, em breve, controlada por uma IA.

Falamos de mãos e cabeças invisíveis, gerentes IA, logística algoritmizada e contratos temporários para atender a necessidades dinâmicas de clientes (haja consumo!). E, se ainda num futuro próximo pudermos acrescentar veículos autônomos (carros, *drones* etc.) e fábricas ultra-automatizadas, não seria exagero da minha parte devanear sobre um novo conceito para a palavra "mercado". Sendo assim, vou adicionar minha outrora epifania…

▷ Convergências

Quando falo em "convergência tecnológica", poderia substituí-la pelo elemento que está conectando tudo e todos: o *smartphone*. Refiro-me à utilização de uma única estrutura artificial com capacidade para concentrar a maior quantidade de serviços importantes para uma pessoa em todos os tempos. Em artigo recente, "Hipótese da máxima inclusão social",[21] ou HMIS, cogitei que:

> *"No limite em que a tecnologia tende ao infinito – torna-se ubíqua e pervasivamente disponível –, o mercado tende a abarcar toda a sociedade; por consequência, qualquer cliente, por inclusão, passa à categoria de cidadão. Mercado e sociedade tornam-se sinônimos. Cliente e cidadão passam a ser indistinguíveis. Quem não estiver no mercado não estará na sociedade."*

Sugeri um elemento para isso, denominando-o por celular da inclusão (Cinc). Pense então no Cinc como um dispositivo dedicado concentrador de serviços. Ele conteria, por exemplo, instruções em formato de vídeos curtos sobre higiene pessoal, educação cidadã e empreendedora, pontos de acolhimento (albergues, serviços de saúde, locais de alimentação, nutrição, preço de cestas básicas etc.) e o fundamental: aulas sobre microcrédito. Um celular com essa capacidade poderia tornar viável outra convergência, a sociomercadológica. E qual é a relação disso com a *gig economy*? Vamos então a outro elemento: indicadores.

▷ Um pequeno experimento: os indicadores da GE

As *big techs* mapearam e mapeiam, respectivamente, geográfica e demograficamente todo o globo. Não acreditam? Na semana do dia 6 de agosto de 2022 instalei o Google Analytics™ no *site* deste livro[xxiii], para começar a aprender "umas coisinhas". Uma semana e quinhentas visualizações depois, descobri até

[xxiii] https://triztorming.com/ (acesso em: 15 nov. 2023)

a cor do botão que as pessoas gostam mais de clicar, já que coloquei a mesma informação em botões diferentes. Sei de onde são, quanto tempo passaram em cada página, se voltaram, quais artigos leram, quem fez *download* e mais um bocado de coisas que ainda estou analisando.

Fiz outro teste também. Pedi a meu filho que entrasse (via celular dele) no site. Assustador: vi cliques a mais quase em tempo real. Não perguntei nada a qualquer vivente. Se eu solicitar – via página, é claro –, acredito que possa coletar ainda mais informações. A implantação dessa ferramenta no site, cuja assinatura é da ordem de R$ 14,00/mês, está custando "zero reais". Ou seja, aparentemente "grátis"! É claro que não existe café de graça na cozinha do mundo empreendedor. O Google tem interesse que eu venda e que outros comprem, pois é dessas transações que ele minera recursos. Logo mais, ele será meu sócio em cada livro vendido.

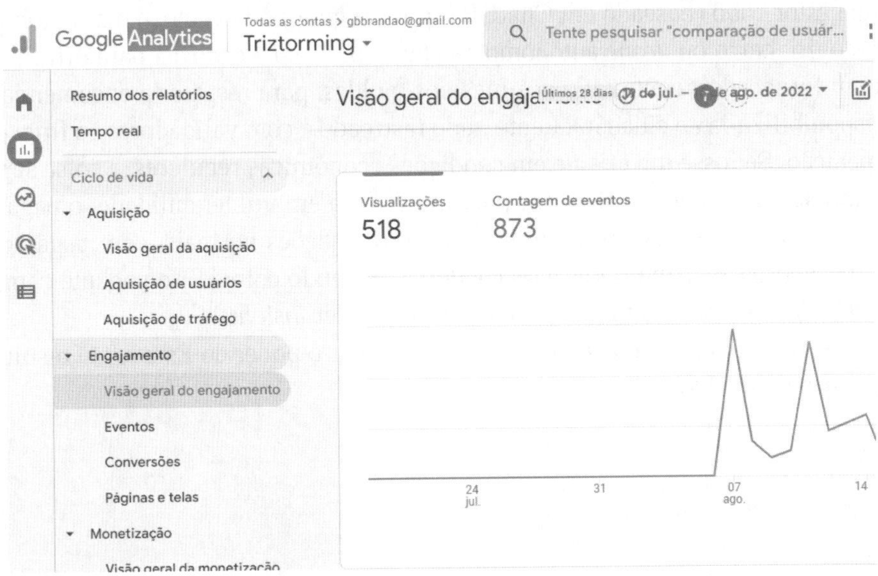

Figura 56. Não adianta se esconder. "Ela" é senciente; sabe o que você fez no clique passado!

Figura elaborada pelo autor.

O que eu quero provar com esse experimento? Que é possível saber exatamente a necessidade não atendida de cada cliente que utilize qualquer dispositivo ligado à rede. Acredito também que isso pode ser dado em tempo real a um custo perto de zero. Em outras palavras, a economia está toda rastreada, não importa o *status* social ou a cor de seus belos olhos.

▷ Economia senciente: um ser que sente

Juntando tudo, de modo que faça sentido o final deste filme. A *gig economy* chega até onde existir um celular. Em 2021 éramos 109 milhões de pessoas portando *smartphone.*[22] Admita que um governo simpático entenda que distribuir um Cinc (o celular da convergência sociomercadológica) seja uma boa, do ponto de vista da governabilidade, IDH etc., pautado naquelas letrinhas que a ONU quer ver implementadas, as ESG.[23] Pronto: todo mundo na *gig*! Agora dá para saber onde todos estão e o que precisam. Dá até para levantar um mapa de necessidades em tempo real e, com ele, prever fornecimento, logística, tendências etc.

Olhando apenas questões comerciais, as coisas poderiam ser resolvidas para todas as classes. Imagine o Cinc de um cidadão/cliente solicitando uma cesta básica. Automaticamente, a malha da *gig* sinalizaria para alguém ou para um gestor-robô (baseado em ChatGPT, por exemplo) tal evento, e um motoboy, motogirl, carro ou *drone* autônomo receberia um *smart contract* para dirigir-se a um fornecedor, contratado nos mesmos moldes, para resgatar a encomenda e disponibilizá-la ao cidadão/cliente, tudo rastreado e com validadores ao final da operação. Se fosse um cliente em condições econômicas regulares, a coisa seria como no convencional. Se fosse para um cliente em vulnerabilidade, o pagante seria o governo. Ao final, todas seriam transações normais, com pagantes, fornecedores, distribuidores e recebedores, podendo coincidir o pagante com o recebedor. Admirável mundo novo. Conseguiu ter *insights*?

Uma economia senciente poderia aprimorar o poder do Estado? O resultado seria fantástico.

11.

LGPD: *insights* para soluções na proteção de dados

Por Simone Medeiros Jalil[i]

Prefácio

Tive a honra de conhecer a Dra. Simone Medeiros Jalil no primeiro semestre de 2021, quando ministrei Metodologias e Ferramentas para o Desenvolvimento de Novos Produtos e Novos Negócios, disciplina do corpo do mestrado de inovação *stricto sensu* da PPgCTI-UFRN[ii], cujo conteúdo é centrado na TRIZ. Naquela época, nossa DPO[iii] demonstrou grande encantamento com o que fora apresentado e as possibilidades de aplicação no meio jurídico.

Algum tempo depois – no 2º segundo semestre de 2022 –, nos encontramos novamente em outra disciplina do mestrado. Nesta, de conteúdo diferente da outra, ela já aplicava – de fato e "no" direito – os conceitos de outrora. Percebi então que, num curto intervalo temporal, a admiradora da TRIZ passou deste estágio para o de perita na aplicação da matéria numa área, digamos assim, de dureza impenetrável: a do Direito.

Depois de algumas conversas sobre o assunto, fiquei impressionado com sua destreza na ferramenta e com sua devoção em para modificar um contexto tão árido e sóbrio – a proteção de dados – que, diante de minha falta de conhecimento suficiente para converter a TRIZ para o meio jurídico (sempre trabalhei com aplicações na tecnologia), convidei-a para mostrar como conseguira

---

[i] Juíza do Trabalho (titular). Encarregada de Dados. Membro do Comitê de Proteção de Dados [1ª Vara do Trabalho de Natal/RN – TRT21]. Mestranda em Inovação Tecnológica da PPgCTI-UFRN.

[ii] Programa de Pós-Graduação em Ciência, Tecnologia e Inovação da Universidade Federal do Rio Grande do Norte.

[iii] Data Protection Officer.

tal feito. O resultado é este *case*, que comporá sua dissertação de mestrado. Portanto, se é possível aplicar as ferramentas da TRIZ até no Direito, não há área alguma nenhuma que esteja livre dessa intervenção.

Por respeito à autora, que só por coincidência é juíza da área da de proteção de dados, mantive o estilo de escrita na forma que me foi entregue, e também por acreditar que este formato está mais próximo ao de seu público-alvo.

Desejo que todos, além daqueles que compõem essa área, vislumbrem os *insights* conduzidos pela TRIZ e os resultados inspiradores com os quais a DPO Dra. Simone ora nos brinda.

Gláucio Bezerra Brandão
Junho de 2023

▶ Resumo

O progresso tecnológico e a busca por soluções originais são fundamentais para as empresas que desejam se destacar no desenvolvimento de produtos e serviços. No entanto, as abordagens tradicionais muitas vezes não são suficientes para enfrentar os desafios contemporâneos. Nessa perspectiva, a adoção da TRIZ (Teoria da Resolução Inventiva de Problemas) emerge como uma opção atrativa para as empresas que buscam agilizar e aprimorar seu processo de inovação, assegurando, desse modo, sua sustentabilidade a longo prazo. Objetiva-se neste artigo demonstrar como a TRIZ pode ser uma ferramenta poderosa para encontrar soluções criativas e inovadoras no planejamento e no projeto conceitual de processos e produtos, independente do segmento aplicado. É desenvolvido um estudo de caso no qual a TRIZ, através do uso da matriz das contradições e do MPI (Método dos Princípios Inventivos), conduz à adoção de um sistema automatizado para auxiliar o Encarregado de Dados (DPO) na análise das requisições dos titulares, de forma rápida e segura, à luz da Lei Geral de Proteção de Dados. Conclui-se que a TRIZ é uma ferramenta capaz de agilizar a identificação de forma rápida de conceitos, utilizados para resolver obstáculos análogos direcionando a investigação em busca de resoluções criativas para problemas desafiadores. Essa abordagem se expande, proporcionando um leque ampliado de opções para encontrar melhores soluções, resultando em prazos reduzidos para lançamentos de produtos ou processos inovadores ou otimizações de desempenho funcional, em qualquer área de atuação.

Palavras-chave: *TRIZ; Soluções inventivas; LGPD; Inovação; Resoluções criativas; DPO.*

1. Introdução

TRIZ, acrônimo em russo para "Teoria da Solução de Problemas Inventivos" é uma metodologia de resolução de problemas e inovação criada por Genrich Altshuller na antiga União Soviética. Tem como fundamento um banco de dados de soluções inventivas e padrões de inovação, extraídos de patentes e problemas técnicos em diferentes campos (Zhu ZHU *et al.*, 2018).

A metodologia TRIZ consiste no uso técnicas e instrumentos analíticos que podem ser aplicados juntos ou separadamente para gerar soluções e analisar falhas. (Brito BRITO *et al.*, 2021). O objetivo é auxiliar na busca eficiente e sistemática por soluções para problemas, aproveitando padrões de soluções encontrados em outros campos (Zhu ZHU *et al.*, 2018).

Segundo Smith (2017), a inovação é fundamental para a sobrevivência e sucesso das organizações no atual cenário de mudanças e competição acirrada. É importante que as empresas estejam constantemente buscando novas formas de inovar e gerir seus processos de inovação, utilizando métodos e ferramentas que possam otimizar o uso de recursos e aumentar a eficácia da inovação. Nesse sentido, a TRIZ pode ser uma alternativa interessante para as empresas que desejam acelerar e melhorar seu processo de inovação, garantindo assim sua sustentabilidade a longo prazo (Brito BRITO *et al.*, 2021).

Isso porque a metodologia TRIZ oferece ferramentas e técnicas para identificar obstáculos e restrições, utilizando um banco de dados de soluções inventivas para encontrar soluções criativas e inovadoras. Sendo uma abordagem sistemática e lógica, a TRIZ tem evoluído e incorporado conceitos para apoiar inventores e solucionadores de problemas em diversas áreas, como engenharia, *design* de produtos, serviços, processos industriais e tecnologias (Brito BRITO *et al.*, 2021).

Objetiva-se aqui apresentar a TRIZ como ferramenta para emergir conceitos e encontrar soluções criativas e inovadoras no planejamento e no projeto conceitual de processos e produtos, independentemente do segmento, tendo, como objetivo específico, adotando as ferramentas da TRIZ – matriz de contradições e MPI – método dos princípios inventivos (MPI) –, encontrar uma solução inventiva para o seguinte problema: auxiliar o Encarregado de Dados (DPO) a melhorar a prestação do serviço, à luz da Lei Geral de Proteção de Dados (LGPD), com respostas aos titulares de dados de forma mais rápida e segura, reduzindo custos e possibilidade de erros, mas sem perder a qualidade e a confiabilidade do cliente.

2. Matriz de contradições e princípios inventivos

2.1 Matriz de contradições

A matriz de contradições é uma ferramenta fundamental da metodologia TRIZ, apresentando as contradições comuns em sistemas técnicos e suas soluções padrão (SOUCHKOV, 2018). É uma tabela prática para resolver problemas em diferentes campos, ajudando a identificar e solucionar contradições técnicas em sistemas ou produtos, que são fonte de limitações e problemas. Altshuller identificou 39 Parâmetros de Engenharia, representados em 39 células na matriz de contradições (SOUCHKOV, 2018).

Os 39 parâmetros estão indicados na **Tabela 05**. A matriz das contradições é estruturada em 39 x 39 com células indicando parâmetros a melhorar (eixo *Y*) ou reduzir (eixo *X*) e permite soluções criativas no desenvolvimento de sistemas inovadores. Cada célula de intercessão contém princípios de solução baseados

01. Peso (objeto móvel)	14. Resistência	27. Fiabilidade
02. Peso (objeto imóvel)	15. Durabilidade (objeto móvel)	28. Precisão de medição
03. Comprimento (objeto móvel)	16. Durabilidade (objeto imóvel)	29. Precisão de fabrico
04. Comprimento (objeto imóvel)	17. Temperatura	30. Fatores prejudiciais que atuam sobre o objeto
05. Área (objeto móvel)	18. Claridade	31. Efeitos colaterais prejudiciais
06. Área (objeto imóvel)	19. Energia dispensada (móvel)	32. Manufaturabilidade
07. Volume (objeto móvel)	20. Energia dispensada (imóvel)	33. Conveniência de uso
08. Volume (objeto imóvel)	21. Potência	34. Reparabilidade
09. Velocidade	22. Perda de energia	35. Adaptabilidade
10. Força	23. Perda de massa	36. Complexidade do dispositivo
11. Tensão, pressão	24. Perda de informação	37. Complexidade no controle
12. Forma	25. Perda de tempo	38. Nível de automação
13. Estabilidade do objeto	26. Quantidade de matéria	39. Produtividade

Tabela 05. Parâmetros de Engenharia segundo o TRIZ (ALTSHULLER, 2001).

Fonte: (LIMA *et al.*, 2011).

em diversas fontes inventivas como patentes e problemas técnicos. (MATOS, 2017). Identificar as contradições, localizar a célula correspondente e aplicar os princípios inventivos de solução são passos essenciais. (SALAMATOV, 1999).

▷ 2.2 Método dos princípios inventivos (MPI)

Os princípios inventivos, idealizados por Altshuller, são orientações que oferecem possíveis soluções para problemas específicos. Esses princípios foram obtidos ao generalizar e agrupar soluções comumente utilizadas na criação, desenvolvimento e aprimoramento de sistemas técnicos em diversas áreas (SOUCHKOV, 2018).

Existem 40 princípios de solução listados na matriz de contradições baseados em soluções inventivas encontradas em ampla gama de áreas e campos (SALAMATOV, 1999). Os princípios são elencados na **Tabela 06**.

01. Segmentação ou fragmentação	02. Extração	03. Qualidade local	04. Assimetria
05. Consolidação	06. Universalidade	07. Aninhamento	08. Contrapeso
09. Compensação prévia	10. Ação prévia	11. Amortecimento prévio	12. Equipotencialidade
13. Inversão	14. Esferoicidade	15. Dinamização propriedades	16. Ação parcial ou excessiva
17. Mudança para uma nova dimensão	18. Vibração mecânica	19. Ação periódica	20. Continuidade da ação útil
21. Aceleração	22. Transformação de prejuízo em lucro	23. Retroalimentação	24. Mediação
25. Autosserviço	26. Cópia	27. Uso e descarte	28. Substituição de meios mecânicos
29. Construção pneumática ou hidráulica	30. Uso de filmes finos e membranas flexíveis	31. Uso de materiais porosos	32. Mudança de cor
33. Homogeneização	34. Descarte e regeneração	35. Mudança de parâmetros e propriedades	36. Mudança de fase
37. Expansão térmica	38 . Uso de oxidantes fortes	39. Uso de atmosferas inertes	40. Uso de materiais compostos

Tabela 06. Princípios de invenção do TRIZ.

Fonte: (LIMA e *al.*, 2011).

3. Aplicação da matriz de contradições e princípios inventivos no processo de desenvolvimento de produto

O MPI baseia-se na ideia de que muitos problemas já foram resolvidos de forma genérica e que existem princípios inventivos aplicáveis para solução (SOUCHKOV, 2018).

Nikolaev (2019), destaca a importância de formular o problema como uma contradição entre parâmetros e responder a perguntas que auxiliam no desenvolvimento de soluções criativas. Essas questões incluem quem tem o problema, qual é o problema, quando ocorre o problema, onde ocorre o problema, por que o problema ocorre, como ocorre o problema e como pode ser resolvido.

Ao utilizar a matriz de contradições da TRIZ, os princípios de solução são aplicados para identificar soluções criativas e inovadoras para resolver as contradições técnicas. Envolve a identificação da contradição, localização na matriz, seleção dos princípios de solução e sua aplicação, oferecendo um caminho para encontrar soluções através dos parâmetros e princípios relacionados. (MATOS, 2017).

A TRIZ permite conhecer a evolução de produtos para prever e planejar estrategicamente seu desenvolvimento, criando o futuro desejado. (MAZUR, 1995).

3.1 Definição do problema

A Lei Geral de Proteção de Dados (LGPD) estabelece princípios e garantias para a proteção de dados pessoais no Brasil. Para garantir a conformidade com a lei, as empresas devem ter um Encarregado de Dados – DPO, responsável por receber e responder às solicitações dos titulares de dados. É essencial que o processo de atendimento seja transparente, eficiente e cumpra os prazos estabelecidos pela lei, garantindo a confiança dos clientes na organização (DONEDA, 2021).

No entanto, a complexidade das demandas recebidas pelo DPO e a falta de ferramentas adequadas, inclusive material humano suficiente para gerenciar essas demandas, podem dificultar a sua atuação e levar a prazos de atendimento excedidos e possíveis violações da LGPD, que podem resultar em sanções administrativas, judiciais e perda de credibilidade no mercado pelas instituições (BIONI, 2021).

Objetiva-se neste tópico buscar uma solução inventiva para o problema apresentado: melhorar o atendimento pelo DPO, com respostas aos titulares de forma mais rápida, reduzindo custo humano, sem perder a qualidade e a confiabilidade do cliente, a partir do uso da metodologia TRIZ, aplicando-se a matriz das contradições e o método dos princípios inventivos (MPI).

▷ 3.2 Aplicação da matriz de contradições e MPI

A estratégia utilizada foi dividida em cinco passos que, para melhor compreensão do leitor, enumeramos aqui de forma resumida:

1. Traduzir o problema em uma contradição entre dois parâmetros.
2. Responder ao conjunto de questões retratados na **Figura 57**.
3. Aplicar da matriz de contradições, adaptando-se o significado de alguns dos parâmetros de engenharia utilizados pela TRIZ para o problema que se busca resolver.
4. Identificar os princípios inventivos indicados na célula de intersecção da linha com a coluna.
5. Fazer a analogia dos princípios inventivos indicados no contexto e identificar as possíveis soluções.

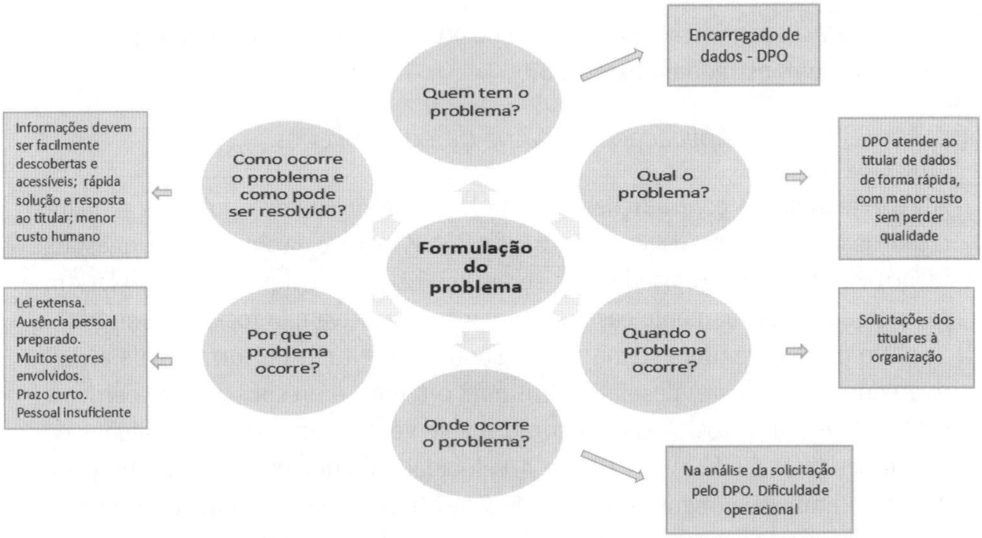

Figura 57. Perguntas e respostas às questões. Elaboração da autora.

Fonte: NIKOLAEV (2019).

3.2.1 1º Passo. Formular a contradição e identificar características para desenvolver soluções.

Iniciou-se destacando a contradição entre dois parâmetros, indicados na **Figura 58**:

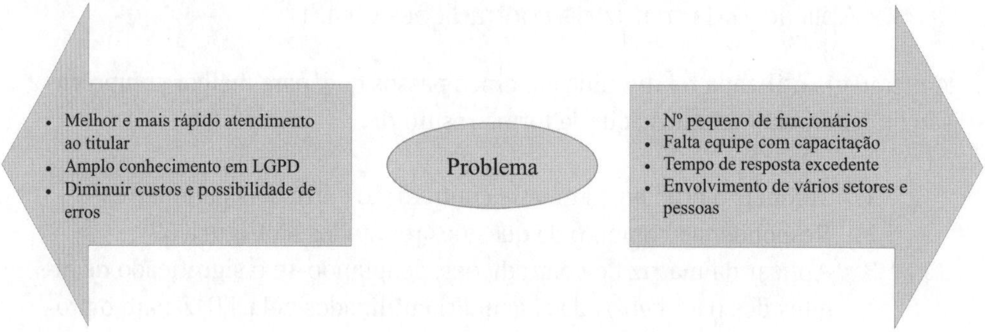

Figura 58. Contradição-chave. Elaboração da autora*.

Fonte: Nikolaev, 2019.

3.2.2 2º Passo. Respostas ao conjunto de questões retratados na Figura 1S.

Identificada a contradição, passou-se a responder a cada uma das seis questões, conforme demonstrado na **Figura 57**.

3.2.3 3º Passo. Aplicação da matriz de contradições.

Após a análise de contradições e formulação de problemas, foi feita a adaptação dos parâmetros de engenharia da TRIZ para o problema em questão. Identificaram-se as propriedades a serem modificadas e aquelas que poderiam ser afetadas negativamente caso uma solução inventiva não fosse encontrada.

No projeto de um sistema para responder ao titular de forma mais assertiva com menor custo, deseja-se diminuir o tempo de resposta, sem perder a qualidade e sem erros. Todavia, conforme se vê na matriz de contradições de Altshuller (SOUCHKOV, 2018), se a velocidade é aumentada a possibilidade de erros também aumenta o que pode gerar a perda de confiança do cliente. Logo, os parâmetros conflitantes podem ser na (9) velocidade (*speed*) e na (27) confiabilidade (*reliability*).

Continuando na análise das contradições, a resposta ao titular busca evitar a perda de dados, porém isso pode diminuir a velocidade e a produtividade. Os parâmetros conflitantes são a (24) perda de informações (*loss of information*) e (9) velocidade (*speed*) e (39) produtividade (*productivity*).

No sistema de resposta, buscam-se maior assertividade e qualidade, mas aumentar o rigor na análise pode resultar em perda de velocidade e produtividade, pelo que se identificam aqui os parâmetros conflitantes da (27) confiabilidade (*reliability*) e (9) velocidade (*speed*) e (39) produtividade (*productivity*).

Por fim, deseja-se com o sistema aumentar a produtividade e a velocidade de resposta, mas isso pode comprometer a assertividade e confiabilidade. Nesse caso podemos identificar como parâmetros conflitantes a (39) produtividade (*productivity*) e a (27) confiabilidade (*reliability*).

Essas propriedades listadas em cada uma de suas dimensões, são identificadas de forma resumida na **Tabela 07**.

O que precisa ser melhorado	O que piora com as modificações
(09) Velocidade (*speed*)	(27) Confiabilidade (*reliability*)
(24) Perda de informações (*loss of information*)	(09) Velocidade (*speed*) e (39) produtividade (*productivity*)
(27) Confiabilidade (*reliability*)	(09) Velocidade (*Speed*) e (39) produtividade (*productivity*)
(39) Produtividade (*productivity*)	(27) Confiabilidade (*reliability*)

Tabela 07

Fonte: Adaptação da autora a partir da aplicação da matriz de contradições de Altshuller.

Esses parâmetros foram destacados na ferramenta, em que nas linhas se apontaram aqueles a serem melhorados e, nas colunas, os que evidenciam piora. Em cada contradição, a célula de intersecção da linha com a coluna, há a indicação de princípios a serem explorados no sentido da busca pela solução. A **Figura 59** demonstra o primeiro parâmetro indicado, a contradição e os princípios indicados (em destaque)[iv]:

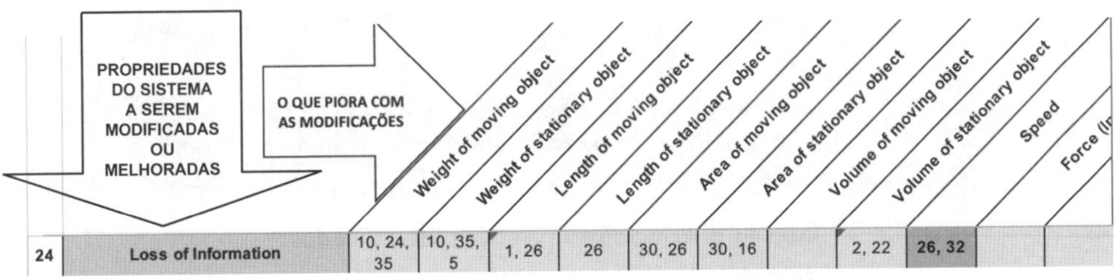

Figura 59. Matriz de contradições aplicada. Elaboração da autora*. Adaptação da matriz de contradições de Altshuller.

Fonte: Barczak *et al.* (2010).

iv A matriz de contradição com a aplicação de todos os parâmetros indicados nesse texto se encontra no apêndice dessa dissertação.

3.2.4 4º Passo. Identificação dos princípios Inventivos

Em seguida identificou-se os princípios inventivos indicados na célula de intersecção da linha com a coluna, observando-se a ordem hierárquica de maneira que, se o primeiro indicado não gerar qualquer solução, se utilizam outros princípios indicados que melhor se ajustem; essa aplicação dos princípios inovativos na geração de ideias para a resolução do problema é destacada na **Tabela 08.**

CONTRADIÇÃO	PRINCÍPIOS INVENTIVOS – AÇÃO
Speed × *Reliability*	Princípio 11. PROTEÇÃO PRÉVIA
	a. Compensar as possíveis ações não confiáveis do objeto ou sistema tomando contramedidas (precauções) *a priori*.
	b. Identificar como detectar e responder a possíveis falhas. Segurança da informação
	Princípio 35. MUDANÇA DE ESTADO: Mudar o estado de agregação, concentração ou consistência, o grau de flexibilidade ou a temperatura do objeto; se sistema, de físico para virtual.
Productivity × *Reliability*	Princípio 35. MUDANÇA DE ESTADO: Mudar o estado de agregação, concentração ou consistência, o grau de flexibilidade ou a temperatura do objeto; se sistema, de físico para virtual.
Loss of information × *Speed*	Princípio 26. CÓPIA
	a. Substitua sistemas ou objetos ou processos complexos de difícil obtenção, caros ou frágeis por cópias (similares) simples e baratas.
	b. Substitua sistemas ou objetos físicos por virtuais.
Loss of information × *Reliability*	Princípio 10. AÇÃO PRÉVIA
	a. Realize uma ação (completa ou parcialmente) antes de ser necessária.
	b. Disponha (prepare) os objetos com antecedência para que eles atuem de forma mais conveniente e rápida quando forem necessários.

Tabela 08. Princípios inventivos identificados

Elaboração da autora. Fonte: BARCZAK *et. al.* (2010).

3.2.5 5º Passo. Analogia dos princípios inventivos.

Passou-se a fazer a analogia dos princípios inventivos no contexto da ferramenta que se pretende desenvolver, utilizando os dados obtidos para identificar as possíveis soluções.

Na primeira contradição, Velocidade *versus* Confiabilidade, o princípio inventivo 11 – Proteção Prévia – sugere que medidas de prevenção de danos podem compensar a falta de confiabilidade. Uma solução proposta é estabelecer medidas de segurança da informação no sistema informatizado, garantindo a proteção de dados e resposta ao titular. Também é identificado o princípio 35 – Mudança de Estado –, indicando que a perda de confiabilidade pode ser compensada pela diminuição da flexibilidade. Nesse caso, a implementação de regras de conhecimento e a transição do sistema físico para o virtual são soluções essenciais no desenvolvimento da ferramenta.

No segundo parâmetro utilizado – perda de informações *versus* velocidade –, encontra-se o princípio inventivo número 26. Aqui, a perda de informações pode ser compensada pela substituição de sistemas ou objetos físicos por virtuais, que é justamente onde se pretende inovar na resposta ao titular dos dados.

Na terceira contradição indicada, perda de informação *versus* confiabilidade, dentre os princípios destacados, tem-se o de número 10 – ação prévia; a ação consiste na realização de disponibilização de ação ou objeto com antecedência para atuação de forma mais conveniente e rápida quando forem necessários, o que vai ao encontro da necessidade de uma ferramenta desenvolvida com base nas necessidades e conhecimentos do DPO, que possa ser capaz de gerenciar essas informações e dar suporte à tomada de suas decisões de forma rápida e eficiente, mas sem perder a qualidade.

Por fim, na quarta e última contradição, destaca-se o princípio 35 – mudança de estado –, cuja ação consiste em mudar o estado de sistema, de físico para virtual, o que já foi destacado como objeto principal da ferramenta a ser desenvolvida.

A metodologia TRIZ ajudou a organizar o raciocínio lógico e resolver o problema, incorporando a substituição do sistema físico pelo virtual. Na concepção apresentada a ferramenta a ser desenvolvida deve ter medidas de segurança da informação e automatizar tarefas, gerenciar informações e apoiar tomadas de decisões eficientes de forma rápida com menor intervenção humana, mas mantendo a qualidade.

4. Conclusões

A metodologia TRIZ possui um conjunto de diferentes técnicas e instrumentos analíticos que podem ser utilizados em conjunto ou separadamente na geração de soluções para problemas detectados ou na análise de falhas (BRITO *et al.*, 2021).

O uso da metodologia TRIZ no estudo de caso apresentado, direcionou a decisão de forma incisiva para mudança do estado físico para o virtual, levando à escolha de uma solução tecnológica e, ainda que viesse revestida de medidas efetivas de segurança da informação a qual, a partir de conhecimentos do especialista, automatizasse tarefas e gerenciasse informações como um instrumento necessário para a resolução do problema apresentado, dando velocidade e aumentando a produtividade, reduzindo custo, sem perda de confiabilidade, qualidade e segurança.

O procedimento adotado demonstrou a funcionalidade da metodologia TRIZ, como um conjunto de ferramentas que auxiliam a emersão de soluções criativas para solucionar problemas inventivos, revelando seu potencial enquanto como guia de processos criativos e contribuindo para elevar os resultados finais da inovação.

Este estudo poderá ser o início de uma série de trabalhos mais específicos abordando as metodologias TRIZ aplicadas aos diferentes níveis na busca de solução de problemas inventivos em diversos segmentos.

▶ Referências do Capítulo 11

BARCZAK, G, LIEDER, M., & URBAN, G. L. (2010). Using TRIZ to stimulate innovative thinking in new product development. *Research-Technology Management*, 53(6), 37-48, 2010. https://doi.org/10.1080/08956308.2010.11657533

BIONI, B. R. (2021). *Proteção de Dados Pessoais* – a função e os limites do consentimento. Rio de Janeiro. Ed. Forense, 2021.

BRASIL (2018). Lei n. 13.709, de 14 de agosto de 2018. Lei Geral de Proteção de Dados Pessoais. *Diário Oficial da União*, Brasília, DF: Presidência da República, 2018. http://www.planalto.gov.br/ccivil_03/_ato2015-2018/2018/lei/l13709.htm

BRITO, L. O.; MACHADO, F. L. G.; E SILVA, A. B. F. TRIZ and QFD methodology in the *design* of a sustainable electric vehicle for urban mobility. *Journal of Cleaner Production*, 298, 126719, 2021.

DONEDA, D. *Da privacidade à proteção de dados pessoais*: elementos da formação da Lei Geral de Proteção de Dados. São Paulo: Thomson Reuters Brasil, 2021.

KOLTZE, K.; SOUCHKOV, V. *Innovation methodology*: TRIZ and knowledge-based innovation in academia and industry. New Jersey: John Wiley & Sons, 2017.

KÖCHE, J. C. *Fundamentos de metodologia científica*: teoria da ciência a pesquisa. 20. ed. Petrópolis: Vozes, 2002.

LIMA, R. M. *et al. Livro de Actas do Encontro Nacional de Engenharia e Gestão Industrial 2011*. Guimarães (Portugal): Enegi, 2011. https://repositorium.sdum.uminho.pt/bitstream/1822/15362/1/2011%2520_book_ed%2520ENEGI2011_proceedings.pdf

LIMA A. G. & ; PINTO, G. S. (2019). Indústria 4.0: um novo paradigma para a indústria. *Revista Interface Tecnológica*, Taquaritinga, SP, 16(2), 2019. https://revista.fatectq.edu.br/interfacetecnologica/article/view/642/433

LIMA, F. R.; & GOMES, R. (2020). Conceitos e tecnologias da Indústria 4.0: uma análise bibliométrica. *Revista Brasileira de Inovação*, Campinas, SP, 19, e0200023, 2020. DOI:

10.20396/rbi.v19i0.8658766. https://periodicos.sbu.unicamp.br/ojs/index.php/rbi/article/view/8658766.

MATOS, L. M. R. (2017). *Aplicação da ferramenta metodológica TRIZ no desenvolvimento de novos produtos industriais em empresas nacionais*. (Dissertação de mestrado). Lisboa: Instituto Superior de Engenharia de Lisboa, 2017.

MAZUR, G. Theory of Inventive Problem Solving, 1995. https://cc.bingj.com/cache.aspx?q=MAZUR%2c+G.+Theory+of+Inventive+Problem+Solving.+1995.+N&d=4872043597401108&mkt=pt-BR&setlang=pt-PT&w=2HAGj0wOxfKnjJq6fvbPo1ZPhIxQHj1C

NIKOLAEV, G.; SMIRNOVA, T. TRIZ methodology for problem-solving: A case study in the oil and gas industry. *International Journal of Engineering and Advanced Technology*, 8(6), 421-425, 2019.

PEREIRA A. S.; SHITSUKA, D. M.; PARREIRA, F. J.; & SHITSUKA, R. (2018). *Metodologia da pesquisa científica*. [free e-book]. Santa Maria/RS.: Ed. UAB/NTE/UFSM, 2018. https://repositorio.ufsm.br/bitstream/handle/1/15824/Lic_%20%20Computacao_Metodologia-Pesquisa-Cientifica.pdf?sequence=1

PIRES, J. G. C. (2014). Metodologia Triz uma Opção para Solução de Problemas Orientada Ao Ser Humano e Estruturada para Inovação. *Anais do Congresso Nacional de Excelência em Gestão*, 4, 2014. https://www.aedb.br/seget/arquivos/artigos14/2720384.pdf

SALAMATOV, Y. N. *(2005). TRIZ*: the right solution at the right time: a guide to innovative problem solving. 2nd edition. [*S. l.*]: Institute of Innovative Design, 2005. https://vietnamwcm.files.wordpress.com/2008/07/inovative-problem-solving.pdf

SMITH, J. A. (2017). Innovation as a key driver of organizational sustainability. *Journal of Business Research*, 70(1), 123-130, 2017. https://www.journals.elsevier.com/journal-of-business-research/

SOUCHKOV, V. (2018). The TRIZ contradiction matrix: A practical tool for resolving contradictions. [*S. l.*], *The TRIZ Journal*., 2018.https://triz-journal.com/the-triz-contradiction-matrix-a-practical-tool-for-resolving-contradictions/

ZHU, Y.;, SHI, Y.; YU, Z. (2018). A method for determining the technical contradiction in TRIZ based on causal effect analysis. *Computers and Industrial Engineering*, 118, 120-129, 2018. https://doi.org/10.1016/j.cie.2018.01.032

12.

Propostas radicais

Se chegamos até aqui, é porque a essência Triztorming nos invadiu e mexeu com o nosso *mindset*. De alguma forma, tudo o que foi apresentado – a maior parte provavelmente inédita – fez muito sentido ou sentido nenhum, ambas constatações benéficas para quem busca incrementar a criatividade. Já que teve coragem de perscrutar os onze capítulos anteriores, aperte o cinto e vamos ver o que a viagem pode ainda oferecer.

▶ Transmutação organizacional

Mudando o corpo e mantendo o objetivo

▷ Lean Ocean

Sua empresa vai morrer; ponto final! Que tal ser a pessoa no espelho quem vai matá-la e colocar uma nova em seu lugar?

Ok, você vai dizer que é um tema batido, "criar Mercados e tornar a concorrência irrelevante", como pregam W. Kim e Renée Mauborgne no livro *A estratégia do oceano azul.*[1]

Defendo que começamos a saber sobre algo depois de absorver teorias, analisar contextos repletos de outras visões e, finalmente, sintetizar coisas diferentes das já propostas, assim como só iniciamos a trilha da sabedoria quando encontramos *trade-offs* no que está estabelecido ou sugerimos novos caminhos. Com isso em mente, e depois de ter lido o livro, ousei sintetizar uma abordagem prática na direção do oceano azul. Chamei-a de Lean Ocean.

A estratégia proposta no livro é universalmente válida. Entretanto, sob a lente Triztorming, é necessária uma adequação ao nosso contexto. Customizá-la nessa linha é minha proposta. Apresento um *step by step* em direção ao oceano azul por etapas, partindo do nível de inovação inicial. Empresas de outros portes podem adotar essa abordagem para criar outras possibilidades, ou barcos salva-vidas chamados *startups.*

▷ Executando a estratégia do oceano azul

No livro do oceano, Kim e Mauborgne destinam seus últimos capítulos destinados à execução da estratégia: Cap. 7: Superar as principais barreiras organizacionais; Cap. 8: Embuta a execução na estratégia; Cap. 9: Conclusão: sustentabilidade e renovação da estratégia do oceano azul.

Há uma teoria rica e exemplos de validação, nos quais são abordadas as barreiras que impedem o movimento estratégico em direção ao azul (*cognitiva, de recursos, motivacional e política*), a visão sistêmica (o espírito da inovação tem de percorrer toda a organização) e a manutenção da destruição criativa[i], proposta por Schumpeter.

Caminhos que não encontrei:

1. Não são mostrados processos práticos para se obter os tentos. Os autores baseiam suas premissas em fronteiras, em minha visão, muito abstratas.
2. Não se estabelece claramente em que nível de inovação ou inventividade a empresa se encontra.
3. Não há menção à transmutação – é claro, Triztorming está lhes apresentando agora –, nem uma abordagem explícita à transformação digital (TD).
4. O texto é dedicado, principalmente, às médias e grandes empresas. Nada impede, mas não achei adequado aos pequenos negócios.
5. Tem-se a impressão de que a mudança deve ser feita de único salto.
6. Sua estratégia não se utiliza, de forma direta, da grande ferramenta transformadora de mercado: a *startup*. Longe de mim "manjar" de administração. Faço apenas o papel de um estudante cobrado pelo professor para responder com exemplos próprios.

▷ Os cinco níveis de inventividade tecnológica

Com base no livro *Trizics*,[2] montei a **Tabela 09**. Ela apresenta o grau de inventividade e avanços tecnológicos de uma empresa, seja ela centrada em produtos, seja centrada em serviços.

Baseada em centenas de cases, a tabela traz os números de tentativas necessárias para se resolver problemas em um negócio. No nível 1, no qual se enquadram 35% dos problemas das empresas, estes são eliminados com base

[i] "O processo de inovação tecnológica e o surgimento de novas empresas e indústrias estão intimamente ligados à destruição de setores econômicos antigos." Joseph Schumpeter, 1942.

no conhecimento de profissionais da área. De 1 a 10 tentativas são suficientes para contornar os impasses. No nível 2, que envolvem contradições técnicas, as broncas podem ser facilmente superadas por métodos conhecidos nas áreas dos sistemas relacionados. Uma equipe multidisciplinar necessitará de 10 a 100 eventos para resolver possíveis restrições (eventos incluem reuniões e ações). Moram aí 42% das broncas do mercado. Nos problemas do nível 3, encontramos contradições cujo conhecimento necessário para resolvê-las reside nas fronteiras da mesma Ciência. Faz-se necessária a utilização de novas tecnologias, já disponíveis no mercado e, pelo menos, uma centena de eventos em prol da solução. Nadam nessa faixa 18% dos problemas das empresas. Até aqui temos 95% das "pelejas" do mercado.

No nível 4, as soluções passam pela síntese de um novo sistema técnico ou administrativo. Nesse nível, os obstáculos são eliminados por métodos que residem longe das fronteiras da Ciência ao qual o problema pertence, com abordagem transdisciplinar e equipe multidisciplinar. Por exemplo, problemas mecânicos são resolvidos com conhecimento de química, elétrica ou de materiais. Pode-se criar processos logísticos e serviços de ruptura. Aqui pode ser gerada propriedade intelectual relevante. As soluções sairão pela associação da empresa com centros de pesquisa.

Nível	Inventividade (dificuldade de imitação)	Experimentos (tentativas)	Quem nada nesse oceano
1	Melhoria quantitativa: mudança no valor de parâmetros ou otimização	1 a 10	35%
2	Melhoria qualitativa: aprimoramento ou combinação de soluções existentes no próprio Mercado.	10 a 100	42%
3	Estendendo uma combinação de funções /princípios para um novo Mercado	100 a 1k	18%
4	Utilização de funções/princípios radicalmente novos	1k a 10k	4%
5	Descoberta de um novo principio	>10k	1%

Tabela 09. Níveis de inventividade tecnológica.

Chegando ao nível 5, adentra-se na zona inventiva "raiz", em que os problemas são de difícil contorno e envolvem maiores riscos. O número de tentativas até que se alcance uma solução viável é virtualmente ilimitado, resultando em invenções pioneiras. Tais invenções lançam sistemas radicalmente novos, capazes de gerar outras invenções adjacentes ao longo do tempo. Uma nova área de tecnologia, um novo processo de *marketing*, uma nova metodologia é criada. Nesses dois últimos níveis, a solução pode gerar novos mercados (os azuis), novos unicórnios ou até presentear grupos de pesquisa com o Nobel. O grafeno, a computação quântica, a engenharia genética, por exemplo, possuem esse potencial.

▷ Cinco níveis de inovação negocial

Com base nos níveis de inventividade tecnológica e *insights* aqui apresentados, desenvolvi a versão negocial (**Tabela 10**). A ideia é mostrar, de forma prática, possíveis níveis organizacionais de uma empresa, onde ela considera estar e ações que poderiam fazê-la avançar degraus. Não há necessidade de ir do oceano vermelho ao azul por um único salto, impondo-se um grande risco. Pode-se ir de forma enxuta, incrementalmente. Por isso, Lean Ocean.

Níveis de inovação negocial e respectivos graus de execução			**Como executar o Lean Ocean**	**Custo a curto prazo**	**Retorno a longo prazo**
Ruptura (+)	5	**Descoberta de um principio** Transmutação Organizacional (TmO)	"Matar" a empresa original e migrar para a nova	\$\$\$\$\$	\$\$\$\$\$
	4	**Utilizando princípios radicalmente novos** Investir, ao invés de adquirir empréstimos. Ser uma aceleradora de startups em outros nichos de atuação da empresa	Bancar a criação de (ou se associar a) aceleradoras e incubadoras de empresas	\$\$\$\$	\$\$\$\$
	3	**Estendendo a Combinação de funções** Investir em startups que complementem sua própria atividade	Adquirir (ao invés de terceirizar serviços) startups que executem bem atividades da empresa	\$\$\$\$	\$\$\$\$
	2	**Melhoria Qualitativa** Promover a Transformação Digital (TD)	Contratar (#A) e startups que lidam com Analytics, Fintechs, IA. Migrar para os conceitos 4.0	\$\$	\$\$

(Continua)

Níveis de inovação negocial e respectivos graus de execução			Como executar o Lean Ocean	Custo a curto prazo	Retorno a longo prazo
Incremental (-)	1	**Melhoria Quantitativa** Promover revisão e/ ou otimização de todos os processos internos e externos	(#A): Contratar Empresas Jr ou consultorias modernas nas áreas de Inovação, Administração, P&D, Contábeis, Mkt	$	$
Fazer nada	0	**Solução cosmética** Trabalhar o motivacional da galera	Mudar a mobília do lugar, dar um "grau" nas paredes, na fachada, festas, prêmios, **hackathons**, muitos cursos, palestras etc.	Baixo	

Tabela 10. Níveis de inovação negocial e o Lean Ocean.

▷ Por que executar o Lean Ocean

A inexorável inteligência artificial promoverá a extinção das atividades repetitivas e previsíveis. O ChatGPT já está mostrando isso. Se você tem um negócio com essas características, mova-se rápido. Não é segredo para ninguém nem é necessário contratar uma consultoria famosa para concluir que as empresas não possuem mais opções: são obrigadas a se converterem em suas próprias evoluções em um tempo muito curto!

Em "Terão as empresas que se transformarem em centros de capacitação?",[3] argumento (e há muito tempo) que o mercado industrial (grandes e médias) não pode mais esperar a formação desatualizada e lenta da escola brasileira.

Reforço isso em "Novos tempos, novas formas de se repensar os negócios!",[4] em que cito seis empresas brasileiras que estão com seus cursos de médio, superior e pós-graduação (chegando até o doutorado) já a pleno vapor. Trato também sobre *cases* em diversas áreas (educação, varejo, restaurante) que deveriam mudar radicalmente de formato. Sugestões de como mudar são apontadas em boas plataformas, como por exemplo a Startse. O movimento de autotransformação teorizado em 1942 por Schumpeter se soma à impactante frase de Klaus Schwab do Fórum Econômico Mundial, "Estamos saindo de um mundo no qual os grandes engoliam os pequenos, para um mundo em que os rápidos comem os lentos". É de parar para pensar. Só "parar para pensar" já seria uma grande mudança. Apresento dados: em um bate-papo com associados do CDL-Natal, recebi da sua diretoria a seguinte estatística: dos 50 maiores pagadores de ICMS do Rio Grande do Norte de 1976, só 13 continuam na lista. Em um horizonte pré-transformação digital (TD) de 44 anos, tem-se como saldo 26% de sobreviventes. Vejam que interessante: vários futurólogos de negócio preveem a morte de 70% das empresas que não atentarem para a TD até 2030. Quase o mesmo índice de sobrevivência (30%) do RN, só que em um tempo menor, devido à velocidade de transformação imposta pela tecnologia. Resumindo, você será sabotado pelo mercado; disto eu tenho certeza! Resta-lhe a primazia de escolher quem o fará. E a pergunta óbvia: Por que não você mesmo?".

A reunião pautada aconteceu antes de fevereiro de 2020 (pré-pandemia) e já estávamos com o horizonte de mudança a pleno vapor. A pandemia imposta pela covid-19 só cortou uns cinco anos da espera. Torço pra ter sido convincente sobre o que está acontecendo.

▷ Nota de advertência Triztorming

As abordagens que apresento nunca foram validadas em conjunto. Agrupá-las e implementá-las incrementalmente é apenas uma proposta radical, concebida pelos vinte anos mergulhados no empreendedorismo inovador. Como nas bulas de remédio, existem efeitos colaterais. Caso opte por segui-las, recomenda-se cautela. Por segurança, mantenham o livro de Kim e Mauborgne à cabeceira, pois ele apresenta uma abordagem muito bem fundamentada, tanto que me inspirou a criar o Lean Ocean. Recomendo ainda que comecem a errar logo e desenvolvam uma, pois os velozes e furiosos estão chegando. Não pense grande; pense rápido! *#PartiuLeanOcean!*

▶ Um *case* real: Advocacia 4.0

No final de abril de 2021, tive a imensa satisfação de figurar como membro avaliador em uma banca de qualificação do Mestrado de Inovação da UFRN,[5] cujo título era "Uma Abordagem Ágil para Transformação Digital de Escritórios de Advocacia".

E por que a satisfação é superlativa? Acompanho, já há algum tempo, o Dr. Adv. Francisco de Assis Costa Barros – ele sempre pede que dispensemos boa parte dos vocativos, chamando-o só por "CB", pois assim se sente 4.0 –, levar, junto aos sócios, o escritório de advocacia a outro patamar e, concomitantemente e para minha alegria, validar conceitos que discutimos há alguns anos, quando nos conhecemos em uma palestra na Escola de Ciências e Tecnologia (ECT-UFRN).

Esse bate-papo é sobre um *success case* do ecossistema de inovação que gira em torno da ECT-UFRN, que poderia ser visto como um bom exemplo de conexão universidade-mercado. Essa escola de negócios inovadores da UFRN, onde habitam os seres que respiram Ciência, Tecnologia e Sociedade (CTS), foi responsável por criar as incubadoras e suas respectivas resoluções, introduziram o movimento *lean* na universidade (Canvas, Ágil, Lean Startup, *design thinking* etc.), deram o pontapé inicial no modelo de parque tecnológico, ajudaram a escrever a Lei Complementar n.º 478 de 27/12/2012, que estabelece medidas de incentivo à inovação e à pesquisa científica e tecnológica no RN; engrossar o caldo para desenhar e operacionalizar o NIT, hoje AGIR, Agência de Inovação da UFRN, e que fundar o primeiro mestrado profissional de inovação pura em IFES do Brasil, aglutinando tudo isso no grupo e ênfase Negócios Tecnológicos. Mas deixemos isso para outra história. Quis registrar esse fato para contextualizar, explicar de qual ecossistema falo e para dizer que o marco na forma de advogar – e outros negócios inovadores que surgiram e surgirão no mercado potiguar – tem um bom berço.

▷ 1.0, 2.0, 3.0 e 4.0. O que isso significa?

Sabe-se que a Primeira Revolução Industrial (c. 1760) nasceu da separação clara entre os métodos de produção artesanal dos métodos de produção por máquinas. Na Segunda Revolução (c. 1840), a reboque da primeira, foram desenvolvidos melhores processos e sistemas de energia mais eficientes. A Terceira Revolução ficou marcada pela passagem da tecnologia mecânico-eletrônico-analógica para a eletrônica digital, o que se deu aproximadamente entre o fim dos anos 1950 e o fim dos anos 1970. Depois desta, é claro, e em um fórum mundial na Alemanha ocorrido em outubro de 2012, uma galera de engenheiros resolveu juntar tudo (pessoas + processos + inovação + automação + inteligência artificial + robótica + cooperação + meio ambiente + computação em nuvem + IoT e o que desse) em um único pacote, e declarar que isso tinha características semelhantes às de um organismo vivo, inteligente e energeticamente eficiente, decretando a Quarta Revolução. Alguns a nomearam como era da transformação digital (TD). Já podemos, uma hipótese, estar desencadeando a próxima, pois parecemos promover também nossa própria revolução biológica. Elementos não nos faltam.

Darwinismo à parte, é consenso que todas as revoluções até aqui foram *driven by the market*, ou puxadas pelo mercado, influenciando diretamente a forma de como trabalhamos e damos os nomes às coisas. Na esteira – e por causa – da Quarta Revolução, surgiram a Indústria 4.0, o Market 4.0, o Management 4.0 e um bocado de coisas com esse sufixo, para indicar que estão alinhados com a eficiência, a ubiquidade (onipresença) e a pervasividade (espalhamento) geradas pela intensidade de comunicação promovida pela internet. Vou deixar para vocês o exercício mental de como seriam as advocacias 3.0 e as anteriores. Porém segue uma dica: associem estas a papel, prazos esquecidos, processos perdidos, baixa eficiência e alta burocracia. Nada animador, *né* não?

▷ Sujeito e objeto: a trajetória do escritório do Dr. CB!

O Dr. CB começou a trajetória de transformação de seu negócio de modo marcante, a qual tive a honra, como gestor da inPACTA nos idos de 2019, de registrar: doou os imponentes móveis do escritório para nossa incubadora como forma de dizer, e garantir para si mesmo, que não tinha mais como voltar atrás, mudando-se imediatamente com seu time para um escritório de *coworking* dentro do parque tecnológico no entorno da UFRN. Havia uma simbologia muito forte em seu ato, tanto que na mesma época entrou no mestrado de inovação em primeiro lugar, diga-se de passagem, viabilizou artefatos para uma incubadora de empresas carente deles e, em ato contínuo, livrou-se de pesos para poder voar em um céu não de brigadeiro, mas cheio de nuvens… tecnológicas. Tudo isso antes da pandemia iniciada em 2020. Parece que estavam prevendo. Na verdade, pelo que conheço do time, sempre estão preparados para crises.

Essa historinha que descreve o perfil do time e seu *modus operandi*, que pode ser mais bem contada pelo Dr. CB e aliados, confirma o que em tempos pandêmicos se mostrou um comportamento acertado: estar sintonizado com o mundo e a todo o tempo procurar as bordas, em vez de ficar apenas no centro, fez com que seu escritório voasse por sobre as *cumulonimbus* (as piores nuvens) e na direção correta. O escritório do Dr. CB não só preparou o time para ser sujeito da aventura, mas também como seu próprio objeto de teste: estudaram várias técnicas, absorveram vários métodos, testaram inúmeras hipóteses e experimentaram enquanto aprendiam. Foram protagonistas de uma história escrita por eles mesmos. Do ponto de vista de seus clientes, que eram muitos, trocaram o motor do carro em movimento sem que ninguém percebesse. Foram sujeito e predicado simultaneamente.

▷ *Insight* Triztorming: iTmO

Em um texto de 2020, "A transformação digital, o barco de Teseu e a transmutação",[6] introduzi o conceito de transmutação digital, uma criação ainda muito influenciada pela questão tecnológica. Passado um ano, várias conversas com empresários e observação de muitos negócios (presencial e por vezes remotamente), percebi que esse conceito talvez estivesse restrito e que precisava incluir nele questões sobre evolução de time e a forma de como tratavam os processos de mudança, a ponto de eu precisar definir cinco níveis de inovação negocial e descrevê-los no *framework* já apresentado, o Lean Ocean (**Tabela 10**), em que o nível mais alto mostrava a *transmutação organizacional*, que envolvia a descoberta de um princípio negocial capaz de "matar" a empresa original e fazer com que migrasse a essência dela para um novo negócio.

A alegria superlativa nasceu durante a apresentação da qualificação do Dr. CB, quando percebi que seu escritório, o eCB, ao migrar para o *coworking* e "mandar" boa parte do time para casa (trabalho remoto), literalmente, utilizou a separação do corpo para, contraditoriamente, ser obrigado a promover um princípio relativamente novo, a *integração da inteligência*, já que tudo agora tinha de ser compartilhado em tempo real e em um espaço visível e acessível a todos, o que só pode acontecer em nuvem. Assim, o Dr. CB and *brothers* recriaram o negócio em um novo formato, mantendo ainda a mesma essência do eCB físico com um grande bônus: aumento da produtividade.

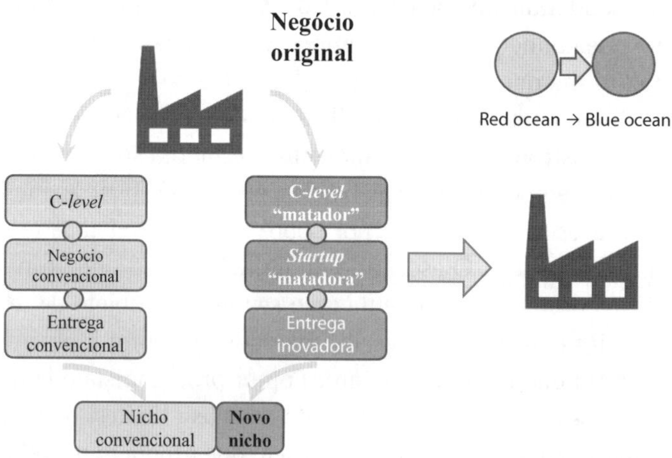

Figura 60. TmO do eCB: de negócio físico, pouco integrado e local para negócio em nuvem, muito integrado e internacional.

Figura elaborada pelo autor.

Vejo então a aplicação de um novo princípio – *integração da inteligência* – promovendo o mais alto grau de ruptura em uma empresa: a transmutação organizacional (TmO). A validação se deu pelos indicadores de produtividade. É gratificante ver a verificação de um conceito.

▷ Advocacia 4.0

Voltando aos conceitos que carregam o sufixo 4.0 anteriormente mencionados, onde o escritório do Dr. CB (eCB) se encaixa? Observando tudo aquilo que a moçada da Alemanha juntou, acompanhamos o eCB promover a própria evolução, integrar todo o time, sistematizar uma miríade de processos, desenvolver métodos baseados em IA (na defesa foram apresentados alguns; não posso relatar aqui por serem estratégicos) e, quando tudo isso estiver redondo, poderá garantir o item imprescindível para se tornar uma *startup*: a sonhada escalabilidade! Tudo isso feito em dois anos em um dos setores mais difíceis de se promover a inovação: a área do direito! A essa epopeia pode-se atribuir o sufixo e chamá-la de Advocacia 4.0.

Da transformação acontecida – eCB físico para eCB 4.0 –, dos resultados alcançados e de *insights* que brotaram ao assistir à defesa do Dr. CB, o que mais tocou meu elmo empreendedor foi a *hashtag* que sua equipe utilizou como combustível para fazer tudo acontecer, capaz de transformar seu escritório em um organismo vivo com um sistema nervoso integrador 4.0. *Hashtag* que manteve claro o propósito e elevado o moral do time nessa árdua jornada, a qual era ouvida no escritório por todos, mais do que “sins” e “nãos”, e que deveria ser eleita o mantra maior de todos os desbravadores da inovação: #Vamostestar?

▶ *Startups*: futuro do presente das empresas!

Atenham-se aos seguintes trechos de artigos de diferentes sites, os quais aparentam desconexão.

InfoEscola[7] (acesso em março de 2021). Trago o conceito de *futuro do presente*, que muito perturba estudantes do ensino médio: O verbo é a palavra cuja função sintática é exprimir ações (...). Para a formação dos tempos verbais consideramos o momento da enunciação como referência. Desse modo, o *futuro do presente do indicativo* indica um tempo posterior ao momento da fala, ou seja, um fato futuro com relação ao momento presente.

Forbes[8] (acesso em abril de 2021). O fim está próximo! As empresas nas listas da *Fortune* e da *Forbes* são as capitãs da indústria hoje, mas se as tendências continuarem, a grande maioria cairá em apenas alguns anos. Um estudo recente descobriu que as principais empresas do mundo estão ficando para trás e a um ritmo crescente! Esse estudo descobriu que entre 1973 e 1983, 35% das principais empresas da *Fortune 1000* eram novas. No entanto, na década seguinte (1983 a 1993), a taxa de substituição aumentou para 45% e, em seguida, saltou novamente para impressionantes 60% entre 1993 e 2003.

Ou seja, mais de 3/4 dos atuais capitães de indústria cairão de seus tronos (tendência corroborada em outras pesquisas acadêmicas). Por quê? Porque eles não conseguiram ser empreendedores. Mas isso não significa que eles não tentaram…

Os dados da *Forbes*, apesar de serem internacionais, corroboram com aquele bate-papo que tive no CDL-Natal. A relação que esses trechos guardam entre si será desvendada adiante. Mas posso dar um *spoiler*: as *startups* não são desafetos das empresas convencionais!

▷ Darwinismo mercadológico

Seguem pensamentos de figuras icônicas do mundo empreendedor na sequência temporal em que foram proferidos. São *insights* filosóficos de quem tem serviço prestado.

Adam Smith (1776): "Mão invisível do mercado". Sugeria a autorregulamentação do Mercado e que o Estado não deveria subsidiar empresas em dificuldade, muito menos dispensar recursos para setores considerados eficientes.

Joseph Schumpeter (1942): "A destruição criativa é o processo de inovação que tem lugar numa economia de mercado em que novos produtos destroem empresas velhas e antigos modelos de negócio (…). Esse processo é o fato essencial do capitalismo!".

Peter Drucker (1962): "O único propósito de uma empresa é criar um cliente; a segunda função do negócio é a inovação, isto é, a provisão de mercadorias e serviços melhores e mais econômicos. Não é suficiente que o negócio proporcione apenas um produto ou serviço econômico; deve proporcionar produtos ou serviços melhores e mais econômicos. Não é necessário que o negócio se torne maior, mas é necessário que nunca deixe de se tornar melhor".

Jack Welch (90s): "Quando o ritmo de mudança dentro da empresa for ultrapassado pelo ritmo da mudança fora dela, o fim está próximo".

Klaus Schwab (90s): "Estamos saindo de um mundo no qual os grandes engoliam os pequenos para um mundo em que os rápidos comem os lentos".

Daniel Kahneman (2002): "Nos concentramos muito no que conhecemos e ignoramos o que desconhecemos, o que nos faz confiar demais em nossas crenças. (...) Podemos estar cegos para o óbvio e cegos também para a nossa cegueira".

Joanne Rowling (2000s): "Alguns fracassos são inevitáveis. É impossível viver sem fracassar em alguma coisa, a não ser que você viva tomando tanto cuidado com tudo que você simplesmente não viva".

De acordo com a *Wikipédia*,[9] "darwinismo é um conjunto de movimentos e conceitos relacionados às ideias de transmutação de espécies, seleção natural ou da evolução, incluindo algumas ideias sem conexão com o trabalho de Charles Darwin. A característica que mais distingue o darwinismo de todas as outras teorias é que a evolução é vista como uma função da mudança da população e não da mudança do indivíduo". Leve em consideração as frases anteriores, troque "espécie" por empresas, ajeite alguns termos, e estamos prontos para definir darwinismo mercadológico (DM):

> *Conjunto de movimentos e conceitos relacionados a ideias de autotransmutação – mudanças por seleção artificial, competição ou aspectos invisíveis do mercado –, produzidos por empresas mais rápidas do que a sua, que não estão cegas, não temem fracasso, abraçam o novo, e com isso conseguem antecipar (ou se preparar para) o ritmo das mudanças e evoluir. (O autor, 2022)*

Ou seja: a organização que desconsiderar o DM (seja ela da esfera pública, seja privada ou mista e de qualquer setor) vai morrer em um futuro breve. Mas como diria o poeta Lulu Santos, "Para todo mal, há cura!".

▷ Sendo sua própria Nêmesis!

Já que o DM agirá sempre no sentido de matar sua empresa, porque não ser você mesmo seu melhor adversário, sua própria Nêmesis[ii]? Você tem a primazia desta escolha! Questionamento filosófico, obviamente, mas que não é absurdo, pois todas as empresas do ecossistema lutam pela riqueza disponível no mercado, que cresce muito lentamente, a ponto de acharmos fixa. Logo, empresas similares que oferecem propostas de valor parecidas disputarão os mesmos ativos. Considerando o "bolo" fixo, é natural que ocorram mortes. E aí você pergunta: "Como se sobressair e viver (bem)? Vai-se propor aquela cansada cantilena de sempre, 'inovar ou morrer'?". E eu vos responderei: "Não,

---

[ii] Na mitologia grega, Nêmesis (ou Nêmese) era a deusa da vingança retributiva e da justiça divina. Era conhecida por punir aqueles que se comportavam com excesso de orgulho.

de modo algum. Nem eu aguento mais este termo… Minha sugestão é outra: vamos experimentar!”.

▷ A cultura da experimentação

Modelamos algo e ele remodela nosso *mindset*. Em tempos de prototipação e simulação rápida e barata, faz mais sentido obter as especificações geradas pelos protótipos; não o contrário. O cliente, seu cocriador, sempre adorará o resultado, pois considerará que também o concebeu. (O autor)

O tempo das empresas conduzidas por uma cultura talhada pelo estilo de gestão antigo, segundo o mantra: *Administração de empresas é uma área da ciência que trabalha desde a gestão dos recursos humanos às finanças de um negócio (…) de modo a ser extraído o máximo de valor de todas as áreas para que uma organização seja gerenciada com qualidade*, está com os dias contados.

A velocidade com que a tecnologia avança, impõe um ritmo de mudança forte o suficiente para transformar a qualidade em uma camisa de força para a Inovação, conceitos que discuti quando criei a ToyApple,[10] com o intuito de demonstrar a necessidade da alternância entre os ciclos de inovação e qualidade. Uma vez que o público é volátil, e a tecnologia favoreceu a construção de simulações relativamente baratas, com KPIs facilmente coletáveis e disponíveis (por exemplo, Google Analytics), estamos diante de um novo paradigma que clama pela mudança de uma mentalidade de planejamento para uma mentalidade de experimentação, ancorada em um conjunto de táticas para testar rapidamente suposições antes de ir ao mercado, muito diferente do que (ainda) se ensina nos cursos de Administração mundo afora.

O novo administrador tem de manjar de algoritmos. Precisa ter vários canvases na cabeça. Terá que conduzir simulações e *squads* temporários de passos ágeis. Esse profissional tem de ser, na verdade, um desenvolvedor de negócios, com o pensamento em (i) aprimorar o empreendimento em que está inserido, ao mesmo tempo (ii) agir como uma Nêmesis, para saber o que pensa a concorrência e (iii) criar um barco salva-empresa para o qual a atual empresa deverá pular quando a coisa ficar feia. Pode, em vez de saltar, implementar uma nova possibilidade para se investir, até uma *startup*. Portanto, as *startups*, em vez de inimigas, podem ser vistas exatamente como uma solução (ou evolução) das empresas convencionais! Massa, *né* não?

Esse esquema de transmutação organizacional foi operacionalizado pelo Dr. CB, o *case* que já apreciamos acima, que passou de fixo e limitado para em nuvem e sem fronteiras. Assim, e por incrível que pareça o que vou dizer, não inove. Apenas experimente! O momento pede para que sejamos *lean*: construir, medir, aprender!

▷ *Insight* Triztorming: iDTC

Reinicializando a máquina

"O *futuro do pretérito do indicativo* refere-se a um fato que poderia ter acontecido posteriormente a uma situação passada. É utilizado também para indicar uma ação que é consequente de outra, encontrando-se condicionada. Expressa ainda incerteza, surpresa e indignação", nos dá o site *Conjugação.*[11] Colando os enunciados aparentemente desconexos da introdução, sabemos que o Darwinismo Mercadológico estará sempre tentando nos sabotar (*futuro do presente*). Um(a) CEO mais esperto(a) tocaria experimentos se soubesse que a empresa quebraria (*futuro do pretérito*). Se levarmos os *insights* Triztorming em consideração, eu recomendaria o iDTC (operador Dimensão-Tempo-Custo), que sugere: *Quebrar a IP*[iii] *por meio da alteração de dimensões.* Em forma de equação ficaria assim:

Empresa (grande e pesada) => Startup *(pequena e ágil)*

Qual dos tempos futuros apresentados você prefere?

A propósito: esta última frase está no presente do indicativo; ou, de forma mais contundente, é um indicativo do presente! *Sayonara*!

▶ Esqueça a inovação. Apenas promova experimentos

Ainda da série "Pode dar errado sim, e daí?", a cultura da experimentação tem de ser absorvida pelo responsável maior da empresa e implantada em todas as esferas da organização. Olhe a ***Figura 61****. Você não gostaria de assistir ao filme que está na imagem, não é?*

▷ Dados, correlação e causalidade

A velocidade de mudança da tecnologia promoveu a perecibilidade da inovação (e por que não dizer da informação?), fazendo com que fossemos jogados em um mundo VUCA (volátil, incerto, complexo e ambíguo). Junto a isso, ou por causa disso, o volume de dados cresce exponencialmente dia a dia, de modo que precisamos de grande auxílio (pessoas ou ferramentas) para processá-los. A consequência: por melhores que sejam os cientistas de dados que se possa consultar, com o intuito de criar modelos de negócios, tomar decisões ou premeditar o futuro, no momento em que tudo isso toca o mercado, a coisa desanda. Um

---

iii Inércia psicológica

antigo professor de Física I, Marcos Gamero, começava as aulas com a seguinte frase: "na prática, a teoria é outra", que me fez cunhar o corolário "a prática é uma a teoria cheia de remendos".

Então, por mais que os dados apontem correlações entre aparentes verdades, como no caso do Pontiac intolerante a baunilha, pode não haver causalidade entre ambos. Aquele velho *case* "colocar fralda perto de cerveja, pois detectou-se que todo pai que saía (chateado) para comprá-las transformava isso numa aventura prazerosa ao colocar o líquido no carrinho", apesar de ter uma forte correlação, não deve ser o principal indicador para que uma fábrica de bebidas implante uma linha de fraldas. Nem o contrário. Fraldas "*Rainiquém*" ou cerveja "*pânperis*" não são uma boa associação. Não há uma relação de causalidade. Se faltar cerveja no mercado, ninguém deixará de comprar fraldas; muito menos o contrário. Acho até que o consumo da bebida aumentaria…

Correlação não é sinônimo de causalidade. Dados não são informação. Por isso que muita gente boa aposta grandes recursos em Business Intelligence (BI), acreditando piamente nas respectivas inferências, e se frustram quando tomadas de decisão *data-driven* dão errado. Aonde eu quero chegar: a única forma de realmente saber como o mercado se comporta, depois de prototipar alguns modelos, é realizar experimentos. E fim de papo. Quando o dado é submetido ao escrutínio da experimentação, ele se transforma em informação. Agora sim: você pode tomar uma decisão orientada a dados.

▷ O erro é a fonte. Fracasso é apenas uma possível consequência.

Problemas crescentes, abordagens incrementais. Não o deixe crescer muito a ponto de ter de tomar uma grande decisão. Estas têm de ser evitadas. Não precisamos bolar inovações mirabolantes para resolver um problema. Apenas comece a trabalhar pequeno, por qualquer coisa que sinalize algo errado. À medida que se avança, os problemas, não importam o tamanho, começam a ser reduzidos logaritmicamente. Um cliente insatisfeito (vide site *Reclame Aqui*), um funcionário que reclama (caixas de "ódio" espalhadas no ambiente), um aplicativo que não responde, uma meta não atingida, são indícios suficientes de "falha no sistema". Jogue sua atenção para esse ponto e comece a entender esses pequenos fracassos. Eles apontarão os erros. O contrário também é válido: fracassar não é errar. É só um termômetro que sinaliza a necessidade de mudança de abordagem.

▷ Mil maneiras de não errar grande

Recentemente, a SpaceX explodiu bilhões num (mais um) foguete, e as ações da empresa não baixaram nem um ponto…

Erros encontrados, comece a modelar novos caminhos. Posso então juntar o jargão de duas culturas. Pegando os mantras da Ágil, "*fail fast, learn faster*" (falhe rápido, aprenda mais rápido), e da Lean Startup, "erre rápido e tenha sucesso cedo", posso bolar algo como "experimente rápido e barato e encontre um bom caminho cedo". O ato de tomar decisões incrementais deve acontecer o tempo todo, para que você não tenha que fazer uma decisão grande e binária – de vida ou morte – em um exíguo espaço temporal. Milhares de pequenos experimentos que dão errado, bem trabalhados e documentados, parecerão irrisórios se um deles der certo e evitar, por exemplo, o fechamento de um negócio. Experimentar é introjetar conhecimento na medula. Errar grande é não fazer isso. Experimentar é atuar como se cliente o fosse. É compreender o mercado.

▷ Experimentando…

A cultura da experimentação tem de ser absorvida pelo responsável e implantada em qualquer organização. Todos os níveis hierárquicos precisam entender isso como uma estratégia de guerra (pois é assim que se comporta o mercado) e ser incentivado à promoção dela. E, por falar em guerra, lembrei-me dos letreiros que iniciam os filmes da saga *Star Wars*. Sem querer ser dramático, recomendo que ao assistirem a algum episódio, espremam bem os olhos e tentem ver algo escondido no letreiro. Fiz um *print*, dei um *zoom* e coloquei na **Figura 61**, para ficar fácil de ver. Torço pra que não seja o enredo de seu negócio. *May the experiment be with you!* (Que o experimento esteja com você!)

Figura 61. Episódio MMXXI: A empresa que não experimentava!

Figura elaborada pelo autor.

▶ Sugerindo inovações científicas: procurando as bordas

Em setembro de 2019, escrevi o artigo "Ciência, tecnologia e inovação: ordem errada!",[12] esboçando, de modo geral, o como estamos mirando para o lado errado quando, por lentes acadêmicas, perscrutamos problemas do mundo na tentativa de servir à sociedade.

Trabalhando há algum tempo meu *mindset* no intuito de expurgar o ranço acadêmico e deixar prevalecer apenas o científico-pragmático, coisas que entendi serem completamente distintas e, sinceramente, quase opostas, escrevi "Cientista ou inovador? Dr. Jekyll or Mr. Hyde?",[13] mas aí percebi que a comunidade em que estou inserido não responde bem a autocríticas. Assim, vou mudar a abordagem. Penso agora que, talvez, um modo mais coloquial – uma frase do empresário estadunidense Steve Jobs (1955-2011) – seja mais apropriado. Ouvi num documentário (deixo sempre em inglês para ver se aprendo a "coisa") uma frase dele, que dizia mais ou menos assim: "Quando você quer fazer algo novo, algo que resolva um problema da Sociedade, você não olha para o centro. Você olha para as bordas". Peço desculpas pela pouca precisão das palavras, já que estava em inglês, mas o sentido ficou cravado em meu cerebelo com essa força aí, a do polêmico Jobs. Utilizarei o que entendi da frase do homem como mote para explicar o quanto estamos nos distanciando cada vez mais do que nos interessa resolver: nossos verdadeiros problemas.

▷ O mote para promover *insights* em Triztorming

A gota d'água que fez derramar o líquido pelas bordas aconteceu na tarde de uma segunda-feira. Era 22 março de 2021, durante uma das aulas da disciplina Metodologia Científica e Tecnológica. Uma estudante ativa (vou preservar a estudante, não citando o nome), muito gentilmente levantou a questão depois de eu ter dado uma opinião: "Por que 'não' aos artigos acadêmicos, professor? Por que o senhor não recomenda utilizar tal e tal periódico para a busca de soluções de broncas, de inspiração para concepção de artigos?".

Sendo titular de uma disciplina compartilhada por outros professores, com pensamentos diferentes, claro, cujo material acadêmico foi concebido em conjunto, deixei claro que era apenas uma visão, a qual, obviamente, nunca poderia ser cobrada em qualquer tipo de avaliação. Minhas aulas, por serem científicas, têm de ser abertas a discussões filosóficas, em que questões ideológicas são desestimuladas. Ideologia é dogma, não é Ciência, não há como ser alçada a discussões. Quando exponho opiniões, e sendo um seguidor do filósofo austríaco Karl Popper (1902-1994), deixo claro que elas têm de ser refutáveis, desde que se descubra como. "Quem tem ideia fixa é doido", diz um aforismo.

Mas o que a estudante afirmou foi precisamente correto: continuo com aversão aos artigos acadêmicos; não aos científicos. A diferença é abissal. Os artigos acadêmicos foram transformados em papel-moeda para ascensão pessoal, deixando de serem científicos há muito tempo, quando a *université, gran universidad, universitas, alma mater* ou, para nós, universidade, decretou que só ela faz Ciência. Aí a coisa embaralhou, porque se passou a acreditar que tudo que sai dela é científico. Na verdade, é apenas acadêmico, por isso o nome Academia. Agora vou explicar as bordas.

▷ Estado de borda

A frase de Jobs é marcante e poderosa. Ela pode ser tomada para traduzir de forma sintética, ou fundir, duas coisas ao mesmo tempo: estado da arte e estado de inovação. Filando da *Wikipédia*, o estado da arte das enciclopédias, transporto o conceito:

> *O primeiro uso do termo foi documentado em 1910, em um manual de engenharia, de Henry Harrison Suplee, intitulado "Gas Turbine: progress in the design and construction of turbines operated by gases of combustion". Há uma passagem no livro em que se lê: "In the present state of the art this is all that can be done" (No atual estado da arte, isto é tudo o que pode ser feito).*

Não encontrei o conceito de estado de inovação no Google, nem nos manuais de Oslo e Frascati, principais fontes internacionais de diretrizes em Inovação e Tecnologia, respectivamente. Entretanto, creio que seja tão óbvio que já deva ter sido pensado. Na falta de, e inspirado na frase do Steve, vou propor um conceito provisório: "estado em que as coisas estão no limite de, ou necessitam, terem suas funções substituídas, ou carecem de arranjos mais adequados".

Juntando estado da arte ou da técnica (estado mais aprimorado do conhecimento sobre um determinado tópico, portanto estático), ao estado de inovação (ponto em que as coisas não mais funcionam e se transformam em problemas ou oportunidades, também estático), defino o *estado de borda* como "sinais ou fluxos que apontam para o que deve ser feito além do que se tem"; este, portanto, é um estado dinâmico e em constante vácuo, atraindo você e soluções continuamente. No estado de borda as coisas, literalmente, pedem e apontam formas de serem substituídas, eliminadas.

▷ Olhando para as bordas

Agora que criamos um microespaço científico com conceitos e métodos – só válidos aqui, é claro –, posso explicar melhor o sentido que a Academia deveria percorrer para ocupar novamente seu lugar no Panteão. Vou usar por mote a excelente dica de um estudante, que aconteceu na mesma aula e por efeito da mesma ótima discussão.

Ele sugeriu acessar o site do World Economic Forum e dirigir-se à aba Strategic insights and contextual intelligence,[14] especializado em "Explorar e monitorar os problemas e forças que impulsionam a mudança transformacional em economias, setores e questões globais". Acessei na noite do mesmo dia, me inscrevi e investi mais de uma hora no passeio pelo site. Simplesmente fantástico. O site é hiperdinâmico: você escolhe um tema e uma espécie de mandala aparece e lhe dá vários estudos sobre o que você escolheu. Ao clicar na mandala, ela conecta o assunto a outros da tela inicial. Testei o tema em voga: covid-19. Automaticamente, a mandala tornou evidente a ligação da covid a artigos de manufatura e logística. Ao clicar no sugerido para manufatura, por exemplo, surgiu um de bioquímica. O de logística levou a problemas de transporte da vacina na África. Um "complô" holístico, em que tudo está conectado. E o mais importante: nos quase 100 estudos científicos, tecnológicos, sociais, experimentais e de inovação que vasculhei em uma jornada de meia hora, o mais "antigo" datava de 18 de março de 2021, 9:00 PM (**Figura 62**). Ou seja, são datados em horas. Isso é um exemplo de borda. Eis um exemplo de plataforma que contém bordas e que serve de inspiração, o contrário de muito artigo acadêmico de praxe.

Na linha de procurar por bordas, perguntei à estudante onde estaria a maior probabilidade de se encontrarem os problemas ou indicativos de solução, nos periódicos de artigos ou nos veículos que lidam com propriedade intelectual (PI)? Ela, acertadamente, respondeu que os que tratam da PI. A resposta tem lógica. Quem tenta resolver problemas de verdade produz PI e, para que valha a pena seus registros de patentes, autorias e derivados, terão de ser testados. Resultado – irônico por sinal – é que, nos dias de hoje, o método científico está sendo mais bem aplicado nos elementos de inovação do mundo externo à própria Academia. Por esse motivo, para entrar no mundo científico "raiz", aquele que contém problemas reais da sociedade, recomendo buscas via Google Patents. Se sobrar tempo, veja outros veículos. Afinal, a Ciência, em seu princípio, conta com o empirismo; com a intuição. Com *insights*! Partir de artigos acadêmicos fechados é certeza de chegar aonde o artigo chegou.

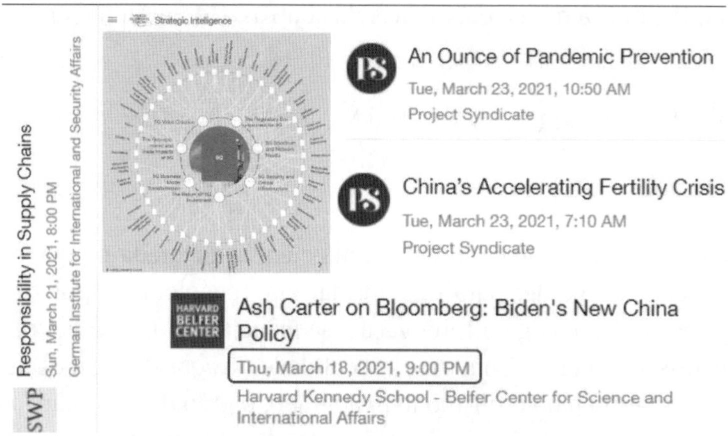

Figura 62. Assuntos em "estado de borda".

Figura elaborada pelo autor.

Com base no microespaço científico aqui desenvolvido, posso agora exemplificar. O Google Patents está para o *estado de inovação* assim como o Strategic Intelligence está em *estado de borda*! Um culminará no outro.

O mundo não é plano

Embora o autor estadunidense Thomas Friedman (1953-) acredite que a globalização esteja nivelando os países – cujos graus de desenvolvimento eram díspares, quando se levam em conta aspectos de competição em várias frentes –, acredito que isto esteja longe de acontecer. Façamos analogia com uma grande lâmina de água. Então repare: se você está em um ambiente em que não há informações – por serem improdutivas ou estáticas –, uma lâmina de água em que nenhum barco se move, ou a correnteza está toda muito abaixo da superfície ou você está muito longe da borda. Assim se encontra nossa Ciência: na superfície ou muito longe da borda, das tendências, onde a aventura acontece.

E por que estar perto disso é relevante? Simples: como o mundo não é plano, há irregularidades. Estas geram diferenças de pressão e fazem com que os fluidos se movam. Seguir tendências, movimentos, correntes, é ir na direção das iniquidades de forma ativa, antes que elas nos alcancem. É não agir de forma tardia. Várias nações estão olhando para as tendências, buscando as bordas, as quais precedem as irregularidades, as baixas. Como consequência, para pegar novamente o tema em voga, já produzem suas vacinas. Nós, infelizmente e como sempre, dependeremos dos inovadores. Aguardamos os problemas virem até nós. Estamos dependentes da Ciência dos outros. Quando aconteceu a pandemia, ficamos à mercê da vacinas dos outros. Como tudo é cíclico, outras poderão vir.

▷ *Insight* Triztorming: i9W, iAnti, iAS, iId, iSF

Ordem errada

Agora posso me fazer entender. Criar uma ciência ancorada no que está intramuros, peneirar o que der para transformar em Tecnologia e, por fim, extrair alguns grãos para ver se geram Inovação, sequência C-T-I, é de baixíssima eficiência e altíssimo custo. Contraria a idealidade (*insight* iId). Nessa sequência, força-se um sentido para o último item apurado, o grão de inovação, para justificar todo recurso investido. Equivale a tentar equilibrar um cone pelo vértice. Insustentável.

Observar o fluxo, encontrar as bordas procurando pelos problemas, depois aplicar as ferramentas, técnicas, métodos, processos que existem para resolvê-los e, não encontrando, criar uma Ciência que "resolva a parada", é muito mais estimulante, gratificante e sustentável, pois os recursos (humanos e financeiros) serão alocados de acordo com o nível de complexidade. Esta é a sequência I-T-C, contrária ao praticado (iAnti, Antissistema).

Talvez agora caiba a frase de Larry Hirst (ex-IBM): "Invenção é transformar dinheiro em ideias, inovação é transformar ideias em dinheiro". Inovação só poderá gerar valor se concretizada. Quando falo em inovação, refiro-me a todas as áreas do conhecimento, principalmente as sociais. Não é possível desperdiçar recursos financeiros para criar apenas ideias, temos que converter campo (ideia) em coisas tangíveis, P^2S^2 (substância). (iSF, Insight Su-Field)

Todas as organizações precisam promover as culturas de prototipação e experimentação em microambientes e transportar seus resultados para o macro (i9W. Nine Windows) Se a intenção é resolver problemas de verdade, corrigir o presente e deixar algum legado para o mundo, o conselho simples: entrem em *estado de borda* e sigam o fluxo.

▶ Universalizando as reivindicações nos pedidos de patentes

▷ Esqueça as patentes: a inovação está nas nuvens!

Certa vez, estive como jurado em uma das melhores competições de *startups* da qual havia participado aqui no RN: a Ideas for Milk Etapa RN.[15] Por que a melhor? O motivo número #1, o tema: agronegócios! Sim, somos os donos da proteína do mundo. Da soja, cana-de-açúcar, leite, frutas etc. Temos que investir todos os esforços nessa seara. Ainda não entendo por que o Brasil não acordou para isso. Não sei por que não temos a MIT-Food, a versão comestível da famosa universidade americana?

O mundo pode viver com tecnologias capengas, roupas de segunda, carros de terceira, estradas de quarta, smartphones de quinta, políticos de décima categoria, mas não pode viver sem comida. Dá água na boca falar em *agro-qualquer-coisa.* Temos a comida porque temos as terras e a água.

Vou ao motivo número #2: as soluções que eu tive a chance de avaliar, realmente, se apresentavam como soluções. Bravo! Como canso de falar para os *chegados* – e para a galera que deixa de ser chegada quando falo assim – a rapaziada *made in Brazil* ainda confunde *startup company* com *stand-up comedy*, frase que circula aqui no ecossistema. Entretanto, cinco soluções apresentadas chamaram a minha atenção pelo mesmo *modus operandi*: todas possuíam o grande potencial de **ou** entregar sua solução a baixíssimo custo na ponta, **ou** ter sua tecnologia facilmente copiada! São os dois piores **ou's** para uma *startup*, pois expõe de modo fácil toda a *proposta de valor*, sustentáculo do negócio, a quem quer que possa pegar. E qual seria a solução, então: patente, segredo industrial, judicialização, polícia? Bom, gosto sempre de agir por predição e evitar esforços corrosivos, minhas sugestões, até mesmo externalizadas para todas as equipes, foram todas ancoradas em processo: solução em nuvem!

Soluções em nuvem

Por questões éticas, não vou citar as *startups* nem descrever precisamente as soluções, mas vou replicar em parte minhas recomendações gerais, uma forma de conselho de como deveriam tratar suas soluções tecnológicas.

O conceito de nuvem vem da possibilidade de acessar arquivos e executar diferentes tarefas via internet, sem a necessidade de instalação de aplicativos de forma residente em seu computador. O armazenamento de dados é feito em máquinas que estão distante do usuário final, de modo a se apresentar como serviços online para estes. *Tenha acesso, obtenha o serviço*!

Já que muitos usuários acessam, ao mesmo tempo, esses programas que estão em servidores – computadores de alto desempenho que estão bem assentados no solo –, a imagem que vem à mente é de uma estrutura etérea e amorfa, que lembra uma nuvem. Mas, o que é interessante, é que você pode criar a sua. Voltando às soluções do pessoal do Milk, percebi na maioria a vontade excessiva em desenvolver soluções com tecnologias densas e processos altamente agregadores embarcados em um *hardware*, somada a uma preocupação maior ainda de terem seus projetos roubados. Compreendo ambos os aspectos desta forma de pensar, pois em tempos ancestrais já havia feito isso na TMED[iv]. Naquele tempo, internet *discada* (tem gente que vai ler e não vai entender que tecnologia era essa, pois não era nascido), era impossível não ter a tecnologia atrelada ao *hardware*, bem ali na ponta, perto de onde se tinha que resolver o problema, pois a rede de comunicação não ajudava. Lembro-me, como hoje, de que tinha que desenvolver o *hardware* e o próprio protocolo de comunicação padrão IEEE (RS 485/232) para que as coisas funcionassem. Hoje, porém, com Wi-Fi ou 5G rodando a todo vapor, não sei nem o que significa 485!

Retomando o raciocínio nebular, consegue-se diminuir a possibilidade de cópia indevida da tecnologia e, ao mesmo tempo, aumentar a inteligência da solução na ponta, transladando tudo para a Nuvem e deixando as funcionalidades mais corriqueiras no equipamento, o qual estará ao alcance do usuário de "bom com coração" e também daquele que só tem coração. Na falta de uma palavra melhor, está se *desvinculando* o cérebro do corpo.

Dica para os geradores de invenção: mantenham a inteligência com vocês!

Agora posso explicar a sugestão que compartilhei com a galera do Ideas for Milk. Todas as soluções lá apresentadas poderiam rodar em um laboratório no Alabama (só coloquei esse nome porque acho bonito!) e aparentar realizar *sua mágica* em Macaíba-RN. Dados obtidos por equipamentos em eventos locais (acidez/qualidade do leite, infecção nas tetas da vaca, pH da água, cor de determinado líquido etc.) envolvendo sensores e atuadores podem ser transformados em imagens, sinais elétricos, sons, cheiro, cor temperatura etc., caminhar em velocidades de *gigabytes* pela rede, chegar ao 'cérebro' ou a 'cérebros' resolvedores, serem processados e, em um *átimo temporal*, estar de volta como um número em um *display*. Pronto! Quem quiser poderá surrupiar o equipamento da ponta, aquele que colheu os dados e, no desmonte, encontraria apenas um Arduino *xing ling* comprado em fiteiro no Alecrim. Nada contra os *xing ling*, mas a cópia exata deste equipamento não deixaria evidente a inteligência que está situada no Alabama, ou mesmo em uma sala ao lado desse escritório de re-engenharia *xing ling* Ltda.

Aplicações nesse formato

Exemplos não faltam. Uma amostra de sangue colhido por um agente de saúde em um lugar ermo, sendo colocado em uma lâmina, fotografado por um

---

[iv] http://www.tmed.com.br/ (acesso em: 15 nov. 2023)

celular, analisado por uma reação química local, a qual emitiria uma coloração, sendo enviado para um centro que detenha a inteligência de análise, entregaria, em poucos segundos, alguns números para o *display* do agente. Essa análise vale para o sangue e outros líquidos, desde a água ao leite. Coloração de folhas, tempo de resposta a estímulos elétricos em partes do corpo; teste do pezinho, orelhinha etc. A telemedicina rodando *na vera* com uma universidade por trás. Reações químicas. Mistura de bolo. Monitoramento de poluição do ar etc. etc. etc.

Outros exemplos que os *millennials* (seres que nasceram com um acesso USB 3.0 no braço) nem percebem. Digite *2+2* no espaço de busca do Google, ou qualquer outra expressão aritmética. Bum, o Google te dá *4* e ainda te oferece uma calculadora. Achou pouco? Coloque então a função *f(x)*=sin((raiz(Exp(*x*)+*a*)/*2*) no site https://www.derivative-calculator.net/ (acesso em: 15 nov. 2023) e peça a derivada. Veja a resposta aparecer em segundos, bem na sua frente! (Vide **Figura 63**.)

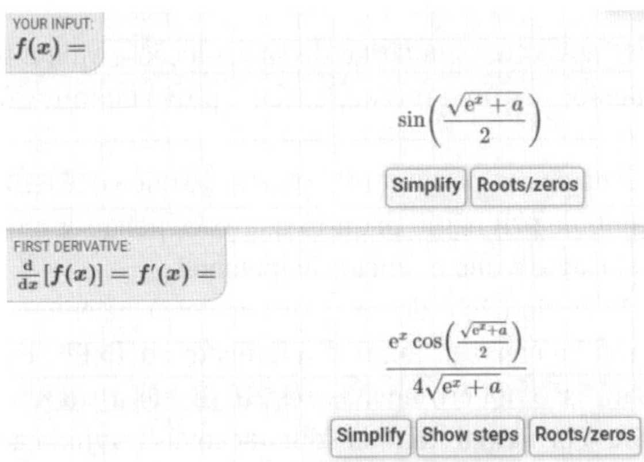

Figura 63. Derivada de *f*(x) = sin((square(exp(x)+a)/ 2)

Figura elaborada pelo autor.

O que Leibniz diria disso? A solução não está mais em nossa calculadora manual. Nem em nossa caneta, lápis ou papel. Ela está lá na Nuvem, acessível a qualquer um que tenha um sistema digital básico que se comunique via internet. Bancos? A mesma coisa. As *fintechs* estão diminuindo os concursos para bancários. Os *e-books*, editor de documentos, planilhas? Tudo em nuvem.

Além dos sensores, que tal falarmos de sistemas com atuadores? Os carros autônomos já são uma realidade. A Google e a Uber vão aposentar os motoristas em breve. Caminhões já viajaram mais de 190 km para entregar cerveja em São Francisco.[16]

Insight Triztorming: iAS

Acho que já entenderam onde quero chegar! Empresas, universidades, centros geradores de invenção etc., podem promover a inovação mantendo a complexidade de suas tecnologias longe do usuário final, e dos piratas. As *startups* devem chegar bem pertinho desse usuário, mas sem expor toda a sua inteligência. No final, pegando o exemplo da Coca-Cola e indo ao contrário do senso comum instalada, pergunte-se: Posso proteger minha solução sem precisar patentear? Se a resposta for "sim", foque a inovação. A exceção se dá quando se desejar transferir determinada tecnologia de ruptura pra alguém, o que cabe no conceito de *inovação aberta*. Se a ideia for apenas empreender de forma inovadora, crie sua própria nuvem, foque os serviços adjacentes gerados em torno de sua tecnologia e esqueça o laborioso trabalho de patentear algo por aqui. Ainda é uma perda de tempo! Rebele-se subvertendo o sistema (iAS).

▷ Extraindo os conceitos

Se a propriedade intelectual é o cerne de sua solução e vale a pena, vem à cabeça: "Como transformar uma reivindicação à prova de imitações, adequações ou inspirações"?

Parece ser uma destas perguntas "bobas", até que você tenha de parar para solicitar um pedido de privilégio daquilo que você acha ser a quintessência do que o mundo precisava, e que é única: sua patente!

A ideia desta seção não é de ensinar a escrever patentes. Além de o próprio autor poder submeter seu texto diretamente ao INPI[v], existem centenas de escritórios para isso. Quero apenas restringir-me a sugerir algumas dicas Triztorming sobre o principal item da solicitação: as reivindicações!

Se você não amarrar bem o que vai nesta seção, além de não solicitar coisa nenhuma, ainda dará grandes *insights* para que outras pessoas o façam; pois embora sua patente leve mais de uma década para virar uma *carta patente* (outorga bonita que o Estado confere, dizendo que ninguém pode copiar o que você fez sem ônus), seis meses depois de você tê-la solicitado, a "quintessência" que salvará o mundo estará exposta no site do INPI, com uma frase "Publicação de pedido de registro para oposição (exame formal concluído)", sinalizando para os "anjos bons da inovação" – aqueles que estão em um "céu" chamado "mercado" –, que eles podem acessar a revista da entidade, ter acesso a partes da invenção e que, claro e óbvio, estarão automaticamente proibidos de se inspirar nela

---

[v] https://www.gov.br/inpi/pt-br/integracao-portal-servicos (acesso em: 15 nov. 2023)

ou – imaginem só – impossibilitados de copiar o que lá encontrarem! Brabo, *né* não(?), coisa que nenhum escritório, de nenhuma empresa, de nenhum país, faria mundo afora!!! Todo mundo respeita isso (ironia, *of course*!)!

Uma reivindicação bem redigida, pode não nomear você como o único "Einstein" da coisa toda, mas garantirá a chance de, pelo menos, ir a júri. Quem sabe até faturar mais do que aconteceria com aquilo que você originalmente patenteou...

Requisitos cobrados para a patenteabilidade

Do site do INPI: "Patente é uma concessão pública, conferida pelo Estado, que garante ao seu titular a exclusividade ao explorar comercialmente a sua criação".

De lá também trago os três requisitos de patenteabilidade: novidade, atividade inventiva e aplicação industrial. O primeiro nos diz que temos de patentear algo que ainda não foi patenteado. O segundo conceito sugere que "uma pessoa com capacidade 'normal' naquele assunto não teria a mesma ideia após examinar as invenções já existentes". Por exemplo: se você patenteasse o sanduba de queijo prato (dois pães com uma fatia de queijo prato entre ambos), a patente do sanduba de queijo manteiga (dois pães com uma fatia de queijo manteiga entre ambos) não seria concedida, pois este "sandubeiro" criou uma versão óbvia daquilo que você patenteou. Entretanto, um trissanduba de *pastrami*, com azeitona nas bordas sobre queijo *gruyère* embebido em vinho em formato de círculo no meio, com um morango Chandler fatiado em cinco bandas e dispostos como se fossem uma rosa, apontando para os cinco sabores básicos (amargo, azedo, doce, salgado e *umami*), além de ser muito mais gostoso, não seria considerado uma versão óbvia do sanduba de queijo prato. Nesse caso, e para a sorte de quem tem ideias parecidas, inspiradas em outras, ou aplicações diferentes do que fora previsto para a versão original, digamos assim, poderia ser enquadrado em outra categoria de patente, a de modelo de utilidade. Por fim, a aplicação industrial exige que seu invento deverá servir para alguma coisa, alguém ou algum setor.

Período (não tão) de graça!

Antes de falarmos sobre este período, precisamos ir ao § 1º do Art. 96. Da Lei de Propriedade Industrial (LPI), e entender o conceito de estado da técnica: "(...) é constituído por tudo aquilo tornado acessível ao público antes da data de depósito do pedido de patente, no Brasil ou no exterior, por uso ou qualquer outro meio". Agora podemos!

Além da total falta de privacidade à qual sua quintessência é exposta antes de "vestir uma roupa", existem outras coisas que eu não compreendo muito bem. Uma delas é o tal "período de graça". É tão estranho que fiz questão de trazer um *print* do Art. 12 da LPI direto da fonte.

Trocando em miúdos. "Período de graça" é o período de um ano que antecede o depósito do pedido de patente, em que o inventor pode divulgar sua criação do jeito que quiser (e a quem bem entender), sem que isso seja considerado uma anterioridade, quando da busca realizada pelo examinador do INPI para seu pedido de patente.

Quebrando ainda mais o miúdo. Se você divulgar sua invenção em um congresso no Caribe, isso não será usado como estado da técnica para o exame do pedido de patente depositado no intervalo de doze meses.

Derretendo o miúdo, já que não tenho mais o que fazer: se outra pessoa que te assistiu naquele mesmo evento no Caribe (mesmo de traje de banho!), fizer um depósito de patente parecida, neste mesmo intervalo, ela não será concedida por falta de novidade, pois já foi divulgada no painel do Congresso caribenho o que você inventou; no entanto, você também não obterá a patente (tome, bichinho!), pois o depósito da patente feita por teu "desafeto" imitador, ainda em sigilo, constitui estado da técnica para fins de exame de novidade de seu pedido. O período de graça não se aplica ao depósito do desafeto, pois este não se trata de uma divulgação. Resumindo: é ou não é uma desgraça? Portanto, inventores: pelo sim, pelo não, esqueça congressos! Mesmo constando em lei, nada pode ser garantido! Por que arriscar?

Segredo industrial e autoenvio

Há uma alternativa ao depósito de pedido de patente ou à exposição do que foi criado: o *segredo industrial*. Esse é o caso da fórmula da Coca-Cola, por exemplo. Diferentemente da patente (cuja vigência é limitada a 20/15 anos para invenção/modelos de utilidade), os segredos industriais possuem uma vigência ilimitada. A garantia, entretanto, só existirá entre as partes envolvidas e por meio de documentos. Geralmente, utilizam-se *non-disclosure agreements* (NDAs), acordos de não divulgação, em que os envolvidos não devem divulgar determinadas informações, sob pena de ônus. Outra maneira de se garantir a primazia de uma invenção, é fazer com que um órgão oficial do Estado ratifique isso, mesmo sem ele ter acesso ao conteúdo. Vi relatos na internet de pessoas que descreveram seus processos, lacraram em invólucros selados e os enviaram via correios para... si mesmas! Isso funciona, desde que só se abra o envelope quando for necessário provar algo, e na presença de autoridades credenciadas. Uma espécie de gambiarra que pode dar certo.

Juntando: autoenvio, segredo industrial, rastreabilidade e incontestabilidade: HoodId!

Vamos supor que de alguma forma alguém sugerisse ou pudesse provar a violação da correspondência que você enviou para si mesmo, em uma disputa de direito autoral? Uma dor de cabeça que poderia ser evitada! Como? Imagine que houvesse um serviço, que funcionasse como (1) envio pra si mesmo, (2) garantisse o segredo do que você desenvolveu – qualquer princípio autoral, inclusive seus projetos – (3) e também seu direito em mais de 180 países, e, além de tudo isso fosse (4) incontestável, já que é assinado com o protocolo ICP-Brasil, que faz uma assinatura eletrônica com carimbo de tempo baseado no relógio atômico que dá a data e hora oficial do Brasil, a mesma técnica utilizada para nosso imposto de renda, transações bancárias etc. E ainda se esse mesmo serviço tornasse o registro que você fez uma prova pré-constituída, aquela que qualquer juiz, ou autoridade competente, teria de aceitar como prova, e deveria acolher essa prova sem a necessidade de um perito, pois sua autenticidade é possível de ser atestada via Internet, como Autoridade de Carimbo do Tempo (ACT) do governo federal? E, como se não bastasse, fosse esse processo todo feito de forma 100% online e *real time*, sem nenhuma manipulação humana, e por você mesmo, interagindo diretamente com os servidores da infraestrutura de chaves públicas brasileiras? Pois bem: essa forma existe, é barata e eficaz, e se chama **HoodId** (https://hoodid.com/ acesso em: 15 nov. 2023). Possuo várias concepções autorais nessa plataforma, registradas por mim mesmo. Bom, você agora não tem mais desculpas para garantir o direito autoral de qualquer coisa que tenha inventado.

▷ *Insight* Triztorming: iRaP e iDTC

Como reivindicar de forma universal

Depois de: período de graça, segredo industrial, patente, modelo de utilidade, cópia etc., sabemos agora onde estamos nos metendo e que precisamos criar coisas inimitáveis. Portanto, tudo aquilo que se pretende tornar único exige uma coisa em comum: o grau de precisão de sua reivindicação!

Nas nossas últimas solicitações de marca e patente – o método Triztorming e a Mochila Anti-impacto e Inercial[vi] para a *gig economy* –, utilizei dois princípios arrasadores para abarcar tudo aquilo que poderia ser pensado sobre nossas

[vi] https://unbrecake.com/ (acesso em: 15 nov. 2023)

propriedades intelectuais. Esses métodos apresentados como *insights* iRaP e iDTC, respectivamente: a redução aos princípios e o operador DTC.

A dupla aplicação é poderosa; aplicarei a uma furadeira elétrica manual. Imagine que você criou esse equipamento, mas quer garantir que nada parecido seja patenteado. Você, definitivamente, quer eliminar qualquer chance de inspiração alheia. A solução: transformar a atividade inventiva que desenvolveu em uma reivindicação universal. Vamos lá!

1. *Aplicando a RaP.* Indo ao P2 da RaP, "Reduza o problema a seus princípios: o que não pode ser eliminado ou refeito", chega-se às seguintes definições:
   - Broca: ferramenta cortante para encaixe em motor, utilizada para fazer furos cilíndricos por remoção de material.
   - Furadeira: sistema manual, com alavanca ou motor, com encaixe para aplicar rotação a brocas.
2. *Aplicando o operador DTC.* Indo da dimensão "infinito" a "zero" e depois voltando.
   - Broca: encaixe ou não? Manual ou gigante?
   - Furadeira: motor com encaixe ou sem encaixe (encaixe "zero")?

Contemplando *1* e *2* simultaneamente e reivindicando o *New Equipamento*:

» New Broca: ferramenta cortante utilizada para fazer furos cilíndricos por remoção de material.

» New Furadeira: sistema com alavanca ou motor que aplica rotação em si mesmo (autopropulsão) ou a brocas.

Parece pouco, mas a reivindicação para o New Equipamento comporta desde uma furadeira elétrica manual a uma máquina de perfuração de túnel a diesel ou a energia nuclear. Isso o que chamo de "universalidade"? Você acabou de limitar as chances daquele concorrente de criar qualquer tipo de perfuratriz! Uma reivindicação atômica garantirá o coração de sua patente e eliminará a chance de ela servir de musa inspiradora para outrem. Sugiro também não expor nada do que está desenvolvendo.

13.

Phantom Business: criando microfuturos

Por que Phantom[i]? Não, a intenção não é criar algo para ludibriar pessoas. É apenas uma forma de se referir a algo que não existe, que vai além de simulações em planilha eletrônica. Você consegue diferenciar isso da palavra "futuro"? Já que não dá pra ver esse espectro, este último capítulo de Triztorming propõe criar passos menores adiante, o que chamo de microfuturos. O objetivo é sugerir *insights* potentes que sejam capazes de embalar ideias criadoras de futuros. Espero que consiga.

▶ Economia de predição: modelos de negócio possibilitados pela IA

▷ Prevendo o futuro?

Procurando IA e seus impactos nos negócios, deparei-me com o site *Prediction Machines*.[1] O site aponta para o livro homônimo de 2018, cuja promessa é ser um marco no que diz respeito à modelagem de negócios, como fizeram Alexander Osterwalder e Yves Pigneur ao brindarem o mundo com o já indispensável Business Model Canvas há uns quinze anos.

E qual *milestone*, "pedra angular", "bala de prata", "último biscoito do pacote", "restinho de suco de laranja na geladeira", os economistas Ajay Agrawal, Joshua Gans e Avi Goldfarb "cutucam" neste compêndio? Sim, o tempo! Promovem um abalo no inexorável, ao mostrar exemplos (acessem artigos e apresentações que estão na aba do site) de como a IA poderá mudar a forma das estratégias de negócio daqui para a frente. E eles estavam três anos antes do ChatGPT e suas irmãs generativas.

---

i Fantasma, espectro, aparição, ilusão.

Embora pareça especulação, a IA, acompanhada da ciência dos grandes números, o Big Data, utilizará o "burro mais rápido do mundo", *el ordenador*[ii] para fazer, de forma assertiva, o que Mãe Dináh não conseguia com 86 bilhões de neurônios: Previsões! Vamos ao que consegui inferir dos artigos dos economistas, e se consigo acrescentar um pequeno *insight* de futuro.

PC + IA + Big Data: está montada a máquina que pode avançar no tempo... e voltar!

O PC, o *smartphone* e sistemas digitais em geral, como sabemos, são máquinas de estados dinâmicos que possuem um elemento que torna possível sincronizar todas as suas tarefas internas: o famoso clock, comercialmente vendido como velocidade do processador. Um erro de nomenclatura, pois o correto seria frequência do processador. Coisas da mídia... Então 2.8 GHz, 3.4 GHz, por exemplo, já são termos comuns em nosso dia a dia. Outro *clock* se encontra por baixo de nossas costelas, ao qual damos o nome de coração. Pegando uma frequência cardíaca normal de 80 batimentos por minuto (bpm), ou 1,3 Hz, e comparando com 2.8 GHz, por exemplo, temos que esse PC é 2,153846153846153846153 8461538462 bilhões de vezes mais rápido do que a bomba que mora em nosso peito. Ou seja: o tempo do PC é outro! E o que isso tem a ver com predição? Em termos estatísticos, com algoritmos bem desenhados, modelos baseados em grandes números e IA, é possível fazer cálculos de extrapolação, ou seja, cálculos com dados de agora e de pouco tempo atrás, para obter resultados futuros em uma velocidade estonteante.

Utilizando o tempo entre duas batidas de coração, nosso PC é capaz de fazer 2,15 bilhões de cálculos (é possível ultrapassar esse valor, utilizando-se técnicas como *pipeline*, programação em *cluster*, paralelismo etc., mas vamos deixar o mais simples). Esse coração de 80 bpm, bate umas 115.200 vezes por dia ou 42.048.000 por ano. Esse valor cabe, aproximadamente, 51 vezes nesse *clock* do PC. Aonde eu quero chegar antes de ficar tonto? Pegando o *clock* de 2.8 GHz do PC, a quantidade de cálculo realizada foi capaz de, por exemplo, simular o efeito que uma nova droga aplicada a um modelo de coração obtido por IA – baseado no comportamento de vários corações – poderia fazer 46 anos à frente no coração desse bisavô autor, agora (na simulação) com 101 anos de idade, voltar e mostrar o benefício (ou estrago) feito, tudo isso em um segundo! Assombroso, diria Mãe Dináh! Um único segundo seria necessário para dizer:

[ii] Computador em espanhol.

"Tome isso não, *boy*!". A seguir, utilizarei esse mesmo raciocínio de predição para negócios!

O empreendedor que não utilizar a IA será utilizado por ela: apocalíptico!

Sabendo que é possível criar uma "máquina do tempo", desde que se tenha à disposição dados dos clientes (compro na Amazon desde de 1996), companhias baseadas em compra e envio, o que no jargão do business é chamado de *shopping to shipping*, já começam a utilizar a IA de forma maciça. Vez por outra recebo um *e-mail* com recomendação de livros para comprar. É difícil resistir, mas Alexa, a IA da Amazon, de 30% a 40% das vezes, consegue me convencer. Já solicitei o Prediction Machines. Fazer o quê, *né?*

Um dia desses, recebi um SMS da revendedora de meu carro perguntando para quando quero marcar a próxima revisão, pois já se passaram 10 mil quilômetros desde que estive por lá e estão com saudades! O erro, se é que posso dizer assim, foi de 300 quilômetros. Apenas 3%! Como é que eles sabem disso? Existem planos de saúde que estão oferecendo vacinas e remédios para gripe antecipadamente, com preço diferenciado, baseados em grande número de dados. Sai mais barato para o plano enviar um remédio por metade do preço, por exemplo, do que ter de arcar com o tratamento. Predição, diria!

Alimentos, combustíveis, coisas que são sempre consumidas, podem utilizar esse modelo, o de oferecer e entregar antecipadamente com maior segurança, pois são coisas imprescindíveis. E, observando isso, a Amazon já fez o seguinte teste-piloto: enviou livros para casa de alguns clientes e observou a reação. Resultado: o número de devoluções foi tal que encorajou a gigante do varejo a refinar seu algoritmo de IA. Ou seja: o modelo *shopping to shipping* está prestes a se tornar *shipping to shopping*. Envie e depois compre. Maneiro, *né* não?

Esse é o modelo de predição que já está acontecendo. Ou seja: se o *Prediction Machines* chegasse à minha casa sem tê-lo solicitado, me sobraria, unicamente, o ato de mandar debitar no cartão. Não teria coragem de devolver, pois o envio fora baseado em inúmeras buscas minhas no site. E então, empreendedor: vai entregar sua proposta de valor antecipadamente ou ficará espantado quando chegar um produto que sempre desejou – e não pediu – chegar em sua casa?

Um novo Canvas com IA

Numa dos artigos disponíveis no site do livro, citam o *case* da Atomwise Inc.[iii], empresa de medicamentos que utiliza intensamente a IA em suas soluções. Em seu Canvas, a Atomwise utiliza a inteligência artificial para construir novas drogas e testá-las mais rápido do que qualquer humano. É ver o futuro acontecer hoje e, de queixo caído, ter de chamar de presente!

▷ Olhando o futuro por janelas

Será que dá pra olhar por cima do muro?

"A melhor maneira de prever o futuro é criá-lo", diria Peter Drucker.[2] Concordo plenamente com o guru da administração moderna. Mas como fazer isto, e já em uma sequência adjacente, por que temos de fazê-lo? A primeira resposta é óbvia: ele vem, é uma questão cronológica desde o *big bang*. A segunda nem tanto, mas eu já posso adiantar: será bom ou ruim, dependendo do que façamos daqui a pouquinho, dos *insights* que teremos.

Se tivéssemos a certeza de que ele seria um futuro "educado", não estaríamos compartilhando este texto. Iria pegar um bronze na praia pra estimular a melanina e obter mais vitamina D. Entretanto, e aproveitando a deixa pigmentar, como poderíamos pintar o futuro com uma boa coloração? Existem muitas respostas, mas darei a vocês uma sugestão bacana: construindo bons pincéis e, é claro, orientando quem vai empunhá-los!

A 9W – ou operador de sistemas, como chamam os adeptos da FMEA[iv], técnica da engenharia de produtos – que vimos lá no Capítulo 9, é normalmente utilizada para quebrar um sistema em seus componentes e situá-lo em algum contexto, fazendo isso primeiramente para o passado do sistema e, com base no portfólio obtido, extrapolar possibilidades de futuro… especulativos, é claro.

Com base na 9W, bolei um método para gerar tendências previsíveis ou, como eu gosto de chamar, microfuturos, utilizando *insights* gerados na 9W. Para isso, tivemos de diferenciar conceitos simples, como "caos" e "aleatoriedade" e, com base nisso, criar nossos próprios futuros e conseguir olhar por cima do que eu chamo de Muro de Drucker.

[iii] https://www.atomwise.com/ (acesso em: 15 nov. 2023)

[iv] FMEA: Failure Mode and Effect Analysis.

Prevendo o futuro. Melhor, criando microfuturos!

Se você deseja criar um microfuturo, terá de criar um protótipo antes!

Agora que estamos versados em conceitos complexos como caos e aleatoriedade, voltemos à bela simplicidade da 9W para gerar possibilidades controláveis, as que sugerem futuros previsíveis: nossos microfuturos. Além de criar infinitas ideias como vimos, o que mais dá para "espremer" da 9W e aplicar aos P^2S^2? Que tal desenhar futuros? Na verdade, microfuturos!

Uma forma bastante utilizada e, digamos assim, reativa de "prever" futuros é coletar impressões de empresas, escritórios, institutos e correlatos que lidam com isso. Os 17 ODS da ONU, McKinsey, World Economic Forum, Klab, YCombinator, Deloitte, Singularity, Sebrae, Google Patents e NasaSpinoff são, de certa forma, os tais *influencers*.[3]

Depois vou filtrando. Passo do nível que para mim é o mais "viajante" – aquilo que ainda considero ficção científica – para coisas inesperadas; depois para as desejáveis. Na sequência, busco as esperadas e, por último, as necessárias para a humanidade naquele momento. Traduzindo: algo realizável para o público que quero alcançar. É claro que posso também começar por minha própria solução P^2S^2 e expandi-la. Caso você tenha muito gás, nada impede você de começar pela ficção. Pronto: temos uma semente para começar a especular.

A **Figura 64** traz um caminho que gosto de seguir, para começar! Pode-se, segundo a sequência mostrada, varrer a internet em busca de macro- e/ou microtendências. De posse desse material, eliminar o que se acredita ser impensável para o tempo-espaço atual, ou para minha equipe. Na sequência, olhar aquelas curiosidades que pareçam inesperadas, dizer "massa", mas mesmo assim achar de implementação longínqua e começar a namorar coisas prováveis. Neste instante, você acha que tem um norte. Daí para frente, pode chamar a equipe e apontar os futuros passíveis de trabalhar sem parecer ter perdido o juízo.

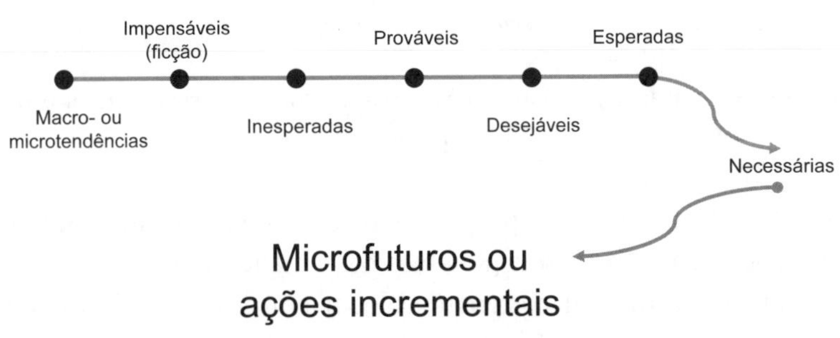

Figura 64. É possível criar futuros controláveis por este caminho?

Figura elaborada pelo autor.

Por outro lado, você pode utilizar o que já tem, agir de forma proativa e liderar a criação de futuros próximos, ou microfuturos, utilizando a 9W e o conceito recém-apresentado de caos. Drucker vai aplaudir você do futuro de onde quer que ele esteja.

Gerando futuros incrementais

Agora que tenho uma semente, coloco-a no centro do canvas especulativo 9W (a janela grafada com um A na **Figura 65**) e começo a desenvolver meu futuro controlável. Faça uma análise do que compõe minha semente e coloco na janela B; isso constitui o subsistema de minha semente. Depois disso, descrevo onde minha semente se encaixa, depositando esse contexto na janela C; essa descrição é o supersistema a que minha semente pertencerá. Pronto: a coluna do presente está preenchida!

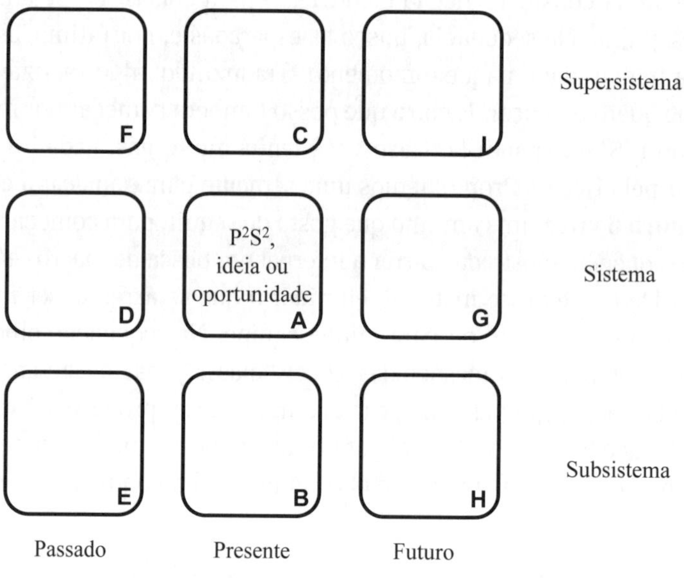

Figura 65. Canvas especulativo 9W: expandindo uma semente de futuro.

Figura elaborada pelo autor.

Da célula A, volto no tempo para entender como cheguei aqui. Jogo na janela D o que existia como solução antes da semente. Exemplo: se a semente escolhida foi um carro elétrico, posso colocar em D um carro a combustão. Mantendo esse exemplo, em B haveria bateria, pneus, computador de bordo; em C, vias, ambientes sem CO_2, abastecimento elétrico etc. Da janela D, desço à janela E e escrevo seus componentes: pneus, motor a explosão, carenagem etc. Seguindo a mesma lógica, em F eu teria, ambiente com CO_2, vias sujas e postos de combustíveis, por exemplo. A coluna do passado está *ok*. Agora vamos aos futuros incrementais. Partindo de A, posso sugerir *drones*, carros com células de hidrogênio, veículos feitos à base de grafeno etc. Em H suas respectivas estruturas: hélices, controles inteligentes e por aí vai. Em I, uma estrutura que abastece o carro por indução, vias aéreas exclusivas para *drones* e o que mais vier à imaginação. Fechada a coluna do futuro, há mais oito possibilidades para trabalhar futuros incrementais; oito novas oportunidades. Você pode, por exemplo, escolher umas das células, transformá-la em semente e começar outro canvas 9W. Observe que a expansão a partir de dada semente não tem fim. Cada uma das janelas pode gerar várias novas oportunidades de negócios. Enfim, não se pode mais reclamar da falta de criatividade. As possibilidades com a 9W, partindo de sua solução, tornam-se infinitas. Todas elas são futuros controláveis.

Gerando futuros disruptivos

Observe que o exercício que executamos até aqui foi o de *promover futuros próximos, em torno de uma semente*, tomando por mote tendências sugeridas ou imaginadas por nós mesmos. Nosso progresso se deu linearmente entre janelas e, literalmente, de modo incremental. Lembre-se também de que investimos em boa parte do papiro para descrever o caos, sua dependência sensível às variáveis de entrada e como ele é determinístico. Agora, vou juntar tudo para mostrar como podemos criar futuros disruptivos determinísticos bem “facinho”!

Utilizando os futuros incrementais que desenvolvemos (cada janela) como variáveis de entrada para controlar futuros disruptivos, escolhamos qualquer combinação de duas, três ou até quatro janelas ao acaso, e tentamos associá-las de maneira a poderem representar uma única semente. Exemplo: Como poderíamos associar as janelas A-H-I-E (carro elétrico & hélice & abastecimento por indução & motor a explosão) a uma única semente? Vou dar uma sugestão: carro com motor híbrido, que utilizasse etanol (renovável, requisito do futuro) e uma hélice – em alguma parte de sua estrutura – capaz de converter o movimento do fluido do ar (que passa por ela) em energia elétrica por meio de um motor de indução. Não sei se faz sentido, pois cabe refinamento, mas é uma ótima variável de entrada – ou semente – para um novo futuro disruptivo, pois não possui uma ligação linear direta com o carro elétrico, além do fato de que qualquer mudança na combinação de entrada provocaria uma mudança radical na semente, e esta, assim como uma mudança em uma das variáveis do dado, geraria um futuro totalmente novo. Podemos, então, utilizar o carro-etanol-hélice como semente para outra 9W! Que loucura, *né* não, fazer brotar um futuro determinístico e caótico bem na nossa frente, utilizando apenas nosso presente e passado?!

Insight Triztorming: i9W

Futurando…

Gosto de pensar que "Promover disrupções é acertar o futuro", já que estamos criando disrupções e criando o futuro. O exemplo da *9W disruptiva* – uma escada para apoiar no muro que nos separa do futuro –, nos deu o *carro-etanol-hélice*, gerado ao acaso e no momento em que escrevia este texto. Olhando daqui de cima do muro, em minha análise, aposto ser esta semente mais viável do que o carro elétrico atual. Bom, espero ter cumprido a promessa feita anteriormente, no passado deste texto, e ter conseguido provar que o mercado é caoticamente determinável. Tenho certeza de que daqui para a frente você pensará diferente sobre seus futuros negócios e o futuro de seu negócio. "Ao infinito e além!", como sugere Buzz Lightyear. Agora você pode criar um microfuturo partindo de suas próprias janelas.

Apêndices

TRIZ, uma metodologia para ensinar criatividade

A Metodologia TRIZ (Teoria da Resolução de Problemas Inventivos) é um sistema de pensamento criativo e resolução de problemas desenvolvido na Rússia por Genrich Altshuller na década de 1940. A TRIZ baseia-se na análise de milhares de patentes de sucesso em diversas áreas para identificar padrões de solução de problemas.

A metodologia TRIZ é baseada em um conjunto de princípios, técnicas e ferramentas que podem ser usados para resolver problemas de maneira sistemática e inovadora. Algumas das principais técnicas da TRIZ incluem:

1. Contradição: identificar as contradições presentes em um problema e encontrar soluções que resolvam essas contradições simultaneamente.
2. Ideação: gerar ideias inovadoras usando técnicas como *brainstorming*, análise morfológica e análise de funções.
3. Análise de tendências: identificar as tendências tecnológicas em uma área e usá-las para prever as soluções de problemas futuros.
4. Uso de padrões: aplicar padrões universais para resolver problemas de maneira sistemática e eficiente.
5. Princípios TRIZ: aplicar os 40 princípios da TRIZ para identificar soluções inovadoras para problemas.

Em resumo, a metodologia TRIZ é uma abordagem sistemática e baseada em dados para a solução de problemas que tem como objetivo promover a criatividade e a inovação.

Altshuller, esse conjunto é conhecido como TRIZ Clássica sendo composta porde:

- níveis de inventividade;
- contradição técnica;
- 40 princípios inventivos;

- » 39 parâmetros de Engenharia;
- » contradição física;
- » quatro princípios de separação;
- » idealidade;
- » 76 soluções padrão;
- » padrões de evolução;
- » ARIZ (algoritmo para a solução de problemas inventivos (ARIZ);
- » análise substância-campo;

▶ Parâmetros técnicos

01	Peso do objeto em movimento	21	Potência/Poder
02	Peso do objeto estacionário	22	Perda de Energia
03	Comprimento do objeto em movimento	23	Perda de substância
04	Comprimento do objeto estacionário	24	Perda de Informação
05	Área do objeto em movimento	25	Perda de Tempo
06	Área do objeto estacionário	26	Quantidade de substância/matéria
07	Volume do objeto em movimento	27	Confiabilidade
08	Volume do objeto estacionário	28	Precisão da medição
09	Velocidade	29	Precisão de fabricação
10	Força (Intensidade)	30	Fatores nocivos afetados por objetos
11	Estresse ou pressão	31	Fatores nocivos gerados por objetos
12	Forma	32	Facilidade de fabricação
13	Estabilidade da composição do objeto	33	Facilidade de operação
14	Força	34	Facilidade de reparo
15	Duração da ação do objeto em movimento	35	Adaptabilidade ou versatilidade
16	Duração da ação por objeto estacionário	36	Complexidade do dispositivo
17	Temperatura	37	Dificuldade de detectar e medir
18	Intensidade de iluminação	38	Extensão da automação
19	Uso de energia por objeto em movimento	39	Produtividade
20	Uso de energia por objeto estacionário		

(Adaptado de: *TRIZ Journal*[i].)

[i] https://the-trizjournal.com/ (acesso em: 15 nov. 2023)

▶ Princípios inventivos (adaptado de *TRIZ Journal*[1])

Princípios Inventivos	Aspectos Físicos	Aspectos Negociais
01. Segmentação	Consiste em dividir um objeto em partes independentes para aumentar sua eficiência e facilitar seu manuseio.	Divida tarefas e as entregue a times diferentes.
02. Extração, Separação, Remoção, Segregação	Envolve a extração de uma parte ou propriedade de um objeto para ser usada em outro objeto ou processo.	Separe de um sistema (ou equipe) a parte que esteja interferindo ou mantenha apenas o que está funcionado.
03. Qualidade Local	Envolve a mudança de um objeto de um lugar para outro para aumentar sua eficiência.	Alterne os líderes de equipe ou utilize processos de um setor em outro.
04. Assimetria	Envolve a mudança de simetria de um sistema. Se simétrico, passe para assimétrico ou vice-versa. Aumente o grau de assimetria.	Alterne os tipos de mindset e graus de experiência entre equipes. Se homogêneos, torne heterogêneos e vice versa. Aumente a diferença de conhecimento entre integrantes. Promova a oxigenação de ideias.
05. Combinando, Integrando, Mesclando	Envolve a combinação de dois ou mais objetos ou processos para criar uma nova solução. Ação conjunta: usar ações simultâneas ou cooperativas entre objetos ou processos para resolver o problema.	Troque "objetos" por mindsets nos "Aspectos Físicos".
06. Universalidade, Multifuncionalidade	Envolve a utilização ou criação de uma solução que pode ser aplicada em diferentes áreas ou para diferentes problemas de forma análoga	Faça com que todos times executem uma única tarefa ou utilizem uma mesma solução previamente encontrada.
07. Aninhamento	Coloque um objeto ou sistema dentro de outro. Faça com que vários objetos ou sistemas tornem-se um.	Faça com que times "vistam a camisa" de outros. Execute um trabalho de empatia.
08. Contrapeso, Levitação	Compense o desequilíbrio de um sistema com outro que o balanceie.	Remunere melhor pessoas sobrecarregadas ou redistribua suas tarefas.
09. Anti-ação preliminar, Contra-ação prévia	Envolve a tomada de medidas para prevenir um problema usando um efeito "anti" ou "contrário" ao que é esperado.	Evite as possibilidades de estresse. Pessoas que não se "batem" devem ser previamente direcionadas para setores ou trabalhos diferentes entre si. Quando não for possível, utilize um mediador.
10. Ação prévia	Envolve a tomada de medidas preventivas antes que um problema ocorra.	Não atribua tarefas a pessoas que previamente mostraram não ter a respectiva competência.
11. Amorteça antecipadamente, compense antes	Evite a fadiga de um sistema estabelecendo medidas de amortecimento.	Prepare o time para as potencias dificuldades à frente.
12. Equipotencialidade, remover estresse	Envolve a eliminação de diferenças de potencial ou tensão em um objeto ou sistema para aumentar sua eficiência.	Adiante que um trabalho árduo vindouro será equilibrado por descanso remunerado ou algum tipo de premiação equilibradora.
13. Inversão, ao contrário	Inversão: inverter a função ou ação de um objeto ou processo para resolver o problema.	Inverta as posições em uma equipe. Se líder, passe a liderado e vice-versa. Utilize o contrário de uma solução.
14. Esfericidade, Curvilinearidade	Envolve a criação de formas esféricas para melhorar a eficiência e a funcionalidade de um objeto ou sistema. Se esférico, linearize.	Desenvolva ações (que seriam dirigidas a clientes) aos próprios integrantes da empresa, numa espécie de efeito bumerangue. Teste as soluções
15. Dinâmica, Otimização	Envolve o uso de movimento ou energia para melhorar a funcionalidade de um objeto ou sistema.	Mande as equipes para a rua. Colete informes sobre o alcance e satisfação de uma solução.
16. Ação parcial ou excessiva	Envolve a criação de uma solução que resolve apenas uma parte do problema, em vez de tentar resolver todo o problema de uma vez.	Se não dá pra usar um produto acabado, use suas funcionalidades (protótipo ou MVP)
17. Mover para uma nova dimensão	Transição para outra dimensão: envolve a mudança para outra dimensão (por exemplo, do espaço para o tempo) para resolver um problema. De 1D para 2D para 3D e o contrário.	Mude equipes com mesmo grau de conhecimento para equipes com diferentes graus ou vice versa.
18. Vibração / Oscilação mecânica / Ressonância	Faça o objeto vibrar ou estabilize caso esteja em movimento.	Conduza a equipe ao ciclo de descoberta por meio brainstormings e a estabilize para que defina a solução. (Ciclo inicial do Design Thinking). Mantenha as equipes produzindo em sintonia.
19. Ação periódica	Substitua ações contínuas por periódicas ou descontínuas.	Idem. Também aplicável a processos. Ex.: backup de memórias.
20. Continuidade de uma ação útil	Envolve o uso contínuo de um objeto mesmo após o cumprimento de sua função principal.	Mantenha as equipes exitosas desenvolvendo as ações subsequentes. Elimine a ociosidade ou ações intermitentes.

(Continua)

(Continuação)

Princípios Inventivos	Aspectos Físicos	Aspectos Negociais
21. Apressando-se / Correndo através	Conduza/realize processos com o máximo da velocidade.	Idem. A concorrência não dorme.
22. Converter dano em benefício, "Bênção disfarçada"	Transformação de danos em benefícios: envolve a transformação de uma desvantagem ou dano em uma vantagem ou benefício.	Aumente um fator negativo (simulando ou especulando) para evidenciar à equipe a urgência em resolvê-lo. É possível extrair algo bom de/ou converter em uma desvantagem?
23. Realimentação / Retroalimentação:	Envolve o uso de feedback para melhorar o desempenho de um objeto ou sistema. Usar um ciclo de feedback para melhorar a solução do problema.	Troque objeto por opiniões a pessoas.
24. Mediador, intermediário	Intermediário: envolve a criação de um intermediário entre dois objetos ou processos para melhorar a eficiência.	Utilize um intermediário para apaziguar ou estar entre processos ou pessoas que não estão em sintonia.
25. Autoatendimento, auto-organização	Autosserviço: usar uma parte do objeto ou processo para realizar uma função que normalmente exigiria uma peça separada.	Reduza o esforço ou custo de um P^2S^2 por meio de autosserviço ou cocriação.
26. Copiar	Usar uma solução que já existe em um campo diferente para resolver o problema atual.	Idem
27. Objetos baratos e descartáveis	Autoexplicativo. Troque produtos por serviços. Físico por virtual.	Terceirize serviços que não são "fim" por recursos mais em conta.
28. Substituição de um sistema mecânico por 'campos'	Utilize sinais, campos eletromagnéticos, sensações, sentidos. Troque o paladar, olfato, visão e audição por tato ou o contrário, caso não seja mecânico.	Idem. Exemplo: substituir a presença física pele presença remota.
29. Pneumática / Hidráulica / Fluida	Utilize processos pneumáticos ou hidráulicos ao invés de partes sólidas rígidos.	Crie uma cultura de saúde, segurança e bem-estar ao invés de longas listas de regras rígidas.
30. Membranas flexíveis ou película fina	Acoplamento flexível: envolve o uso de acoplamento flexível (por exemplo, conexões móveis) para melhorar a funcionalidade de um objeto ou sistema.	Utilize processos psicológicos / motivacionais / lúdicos para criar zonas de descompressão
31. Uso de materiais porosos	Autoexplicativo.	Estabeleça "rotas de fuga" para evitar impasses dentro ou entre equipes. Permita que interlocutores tenham espaço para calar ou tergiversar. Seja complacente.
32. Mudança de cor ou propriedades ópticas	Usar mudanças na cor ou aparência de um objeto ou processo para resolver o problema.	Retire as paredes do escritório. Realize reuniões para ajustes de KPIs e OKRs sistematicamente expondo os números "brutos".
33. Homogeneidade	Utilize objetos que tenham o mesmo grau de complexidade.	Faça com que as pessoas interajam de forma equânime em reuniões convencionais ou de projetos. Exemplo: utilize o brainwritingstorming ao invés do brainstorming convencional.
34. Rejeição e regeneração, descarte e recuperação	Faça com que partes dos objetos sejam autorecuperáveis, descartáveis ou refis.	Se necessário, trabalhe com equipes terceirizadas. Faça uso de contratação temporária.
35. Transformação dos estados físicos e químicos de um objeto, alteração de parâmetros, alteração de propriedades	Solidifique, liquefaça ou transforme em gás produtos, se necessário, para serem melhor utilizados ou transportados. Ex.: medicamentos, alimentos, material explosivo.	Aumente ou diminua a concentração de pessoas em uma equipe, conforme o projeto ou o grau de segurança. Mude paradigmas intocáveis da empresa.
36. Transformação de fase	Transição para micronível: envolve a mudança para uma escala menor para resolver um problema. Transição para macronível: envolve a mudança para uma escala maior para resolver um problema.	Olhando para o operador de sistema (9W), em qual nível o projeto deve ser desenvolvido ou em qual deles está o problema? O mesmo para o tempo.
37. Expansão térmica	Expanda ou contraia matéria utilizando calor ou frio intensos.	Leve equipes ao estresse e à descompressão de forma controlada e acordada, para resolver problemas críticos.
38. Use oxidantes fortes, atmosferas enriquecidas, oxidação acelerada	Interações impulsionadas. Transição para um estado supercrítico: mudar as condições para um estado supercrítico para melhorar a solução do problema.	Submeta equipes a maratonas para desenvolvimento rápido de soluções. Exemplo: hackathons.
39. Ambiente ou atmosfera inerte	Envolve o uso de uma barreira inerte para separar componentes ou processos e evitar a interferência.	Debele via processo inerte (consultoria, descanso, atividade lúdica) a animosidade entre integrantes e equipes.
40. Materiais compostos	Aumente o grau de complexidade de um sistema ou produto.	Inclua mindsets diversos nas equipes.

Notas

01. Conhecendo seu cérebro: a inércia psicológica

1 https://pt.wikipedia.org/wiki/Gestalt (acesso em:15 nov. 2023)

2 https://triztorming.com/f/in%C3%A9rcia-psicol%C3%B3gica-parte-22-%E2%80%9Ccriativando%E2%80%9D-nos-neg%C3%B3cios?blogcategory=In%C3%A9rcia+Psicol%C3%B3gica+%F0%9F%A4%AF (acesso em:15 nov. 2023)

02. Pensamentos vertical e lateral

1 https://www.maltatoday.com.mt/news/national/110162/father_of_lateral_thinking_edward_de_bono_has_died#.Y-4173bMJGp (acesso em:15 nov. 2023)

2 https://pt.wikipedia.org/wiki/TRIZ (acesso em:15 nov. 2023)

3 https://pt.wikipedia.org/wiki/Design_thinking (acesso em:15 nov. 2023)

4 https://pt.wikipedia.org/wiki/Roger Sperry (acesso em:15 nov. 2023)

03. Sobre times e como misturar *insights*

1 HARARI, Y. N. *Sapiens*: uma breve história da humanidade. 1. ed. Porto Alegre: L&PM, 2015.

2 https://exame.com/carreira/o-exterminador-de-carreiras/ (acesso em:15 nov. 2023)

3 https://en.wikipedia.org/wiki/Tesla_Automation (acesso em:15 nov. 2023)

4 https://pt.wikipedia.org/wiki/Red_Hat (acesso em:15 nov. 2023)

5 https://tecnoblog.net/165385/microsoft-compra-mojangminecraft/ (acesso em:15 nov. 2023)

6 https://pt.wikipedia.org/wiki/OpenAI (acesso em:15 nov. 2023)

7 https://www.valor.com.br/empresas/5809987/petroleiras-buscam-startups-para-entrar-na-industria40 (acesso em:15 nov. 2023)

8 https://epocanegocios.globo.com/colunas/noticia/2022/04/o-inverno-chegou-onda-de-demissoes-em-grandes-startups-indica-inicio-de-uma-turbulencia.html (acesso em:15 nov. 2023)

9 KOTLER, P.; TRÍAS DE BES, F. *A bíblia da inovação*. 1. ed. Lisboa: Lua de Papel, 2011.

10 https://www.anjosdobrasil.net/ (acesso em:15 nov. 2023)

11 https://cofounderslab.com/ (acesso em:15 nov. 2023)

12 https://captable.com.br/ (acesso em:15 nov. 2023)

13 www.hoodid.com (acesso em:15 nov. 2023)

14 http://www.bostaemlata.com.br/Institucional (acesso em:15 nov. 2023)

15 http://www.tchaubosta.com.br/ (acesso em:15 nov. 2023)

16 https://petrock.com/ (acesso em:15 nov. 2023)

17 https://aceventures.com.br/como-funcionam-os-squads-nas-empresas-inovadoras/ (acesso em:15 nov. 2023)

18 https://en.wikipedia.org/wiki/Boundary_object (acesso em:15 nov. 2023)
19 MICHALKO, M. *Thinkertoys*. 2. ed. Berkeley: Ten Speed Press, 2006. p. 43.
20 https://en.wikipedia.org/wiki/6-3-5_Brainwriting (acesso em:15 nov. 2023)

04. A Matemática e a Física que estruturam os negócios

1 ORLOFF, M. A. *Inventive thinking through TRIZ*. 2. ed. Hanover: Springer, 2010.
2 https://papers.ssrn.com/sol3/papers.cfm?abstract_id=2430693 (acesso em:15 nov. 2023)
3 https://www.bbc.com/future/article/20191001-dunbars-number-why-we-can-only-maintain-150-relationships (acesso em:15 nov. 2023)
4 https://www.npr.org/2011/06/04/136723316/dont-believe-facebook-you-only-have-150-friends (acesso em:15 nov. 2023)
5 https://www.activecampaign.com/br/blog/aaarrr-metricas-piratas (acesso em:15 nov. 2023)
6 https://500.co/ (acesso em:15 nov. 2023)
7 https://www.activecampaign.com/br/blog/aaarrr-metricas-piratas (acesso em:15 nov. 2023)
8 GLEICK, J. *Chaos, making a new science*. 1. ed. Westminster: Penguin Books, 2008.
9 https://pt.wikipedia.org/wiki/Teoria_do_caos (acesso em:15 nov. 2023)
10 https://olhardigital.com.br/2023/03/21/pro/chatgpt-4-aponta-80-profissoes-que-podem-desaparecer-com-o-avanco-da-ia/ (acesso em:15 nov. 2023)
11 https://encontresuafranquia.com.br/qual-a-razao-do-sucesso-das-franquias/ (acesso em:15 nov. 2023)
12 http://www.bostaemlata.com.br/ (acesso em:15 nov. 2023)
13 https://tchaubosta.com.br/ (acesso em:15 nov. 2023)
14 https://www.magnusmundi.com/pet-rock-uma-pedra-como-animal-de-estimacao/ (acesso em:15 nov. 2023)
15 CROLL, A.; YOSKOVITZ, B. *Lean Analytics*. 1. ed. Sebastopol: O'Reilly Media, 2013.
16 https://administradores.com.br/artigos/o-cliente-sempre-tem-razao-o-conto-do-sorvete-de-baunilha (acesso em:15 nov. 2023)
17 https://pt.wikipedia.org/wiki/Causalidade (acesso em:15 nov. 2023)
18 https://pt.wikipedia.org/wiki/Correla%C3%A7%C3%A3o (acesso em:15 nov. 2023)
19 THOMKE, S. H., *A cultura da experimentação*. 1. ed. São Paulo: Benvirá, 2021.
20 THE HUMAN side of managing technology innovation. Oxford: Oxford University Press, 1997.
21 https://triz-journal.com/substance-field-models-for-fourth-class-standards/ (acesso em:15 nov. 2023)
22 https://triztorming.com/f/o-cliente-universal?blogcategory=Cliente+%F0%9F%A7%93%F0%9F%91%A9%E2%80%8D%F0%9F%A6%B0 (acesso em:15 nov. 2023)
23 https://umbrasil.com/videos/criatividade-e-imaginacao-sao-as-principais-fontes-de-riqueza-no-mundo-atual/ (acesso em:15 nov. 2023)
24 https://mitsloan.mit.edu/ideas-made-to-matter/4-things-you-need-to-know-about-soft-skills (acesso em:15 nov. 2023)
25 SMIL, V. *Os números não mentem*: 71 histórias para entender o mundo. 1. ed. Rio de Janeiro: Intrínseca, 2021.
26 https://www.projetodraft.com/verbete-draft-o-que-e-moonshot/ (acesso em:15 nov. 2023)
27 https://www.tecmundo.com.br/patente/87818-nasa-libera-1-2-mil-patentesnovas-startups-tecnologia.htm (acesso em:15 nov. 2023)
28 MALONE, M. S. *et al. Organizações exponenciais*: por que elas são 10 vezes melhores, mais rápidas e mais baratas que a sua (e o que fazer a respeito). 1. ed. Rio de Janeiro: Alta Books, 2019

29 https://pt.wikipedia.org/wiki/Pierre_Fran%C3%A7ois_Verhulst (acesso em:15 nov. 2023)

30 https://pt.wikipedia.org/wiki/lei_de_kleiber#:~:text=a%20lei%20de%20kleiber%2c%20elaborada,t%c3%adpica%20lei%20do%20quadrado%20cubo (acesso em:15 nov. 2023)

31 https://www.sciencedirect.com/science/article/abs/pii/S0048733306001661 (acesso em:15 nov. 2023)

32 https://en.wikipedia.org/wiki/Metabolic_theory_of_ecology (acesso em:15 nov. 2023)

05. A Matemática e a Física que estruturam os negócios

1 CAMERON, G. *Trizics*. 1. ed. South Carolina: Createspace, 2010.

2 https://en.wikipedia.org/wiki/Genrikh_Altshuller (acesso em:15 nov. 2023)

3 https://www.altshuller.ru/ (acesso em:15 nov. 2023)

4 https://www.aitriz.org/ (acesso em:15 nov. 2023)

5 https://play.google.com/store/apps/details?id=com.mj.triz&hl=pt_BR&gl=US (acesso em:15 nov. 2023)

06. Reduzindo e expandindo

1 https://triztorming.com/f/p2s2-processo---produto---serviço---startup?blogcategory=P2S2+🛒 (acesso em:15 nov. 2023)

2 https://pt.wikipedia.org/wiki/Primeiros_princ%C3%ADpios (acesso em:15 nov. 2023)

3 https://www.youtube.com/watch?v=NV3sBlRgzTI (acesso em:15 nov. 2023)

4 https://the-trizjournal.com/40-inventive-business-principles-examples/ (acesso em:15 nov. 2023)

5 https://triztorming.com/f/o-cliente-universal?blogcategory=Cliente (acesso em:15 nov. 2023)

6 https://triztorming.com/f/o-cliente-universal?blogcategory=Cliente (acesso em:15 nov. 2023)

7 https://www.bbc.com/portuguese/internacional-52817728 (acesso em:15 nov. 2023)

8 http://www.oohowater.com/ (acesso em:15 nov. 2023)

9 https://www.youtube.com/watch?v=yHBNJB622MU (acesso em:15 nov. 2023)

07. Reprototipagem e tendências de evolução

1 https://www.mjvinnovation.com/pt-br/blog/prototipagem-o-guia-definitivo/ (acesso em:15 nov. 2023)

2 https://pt.wikipedia.org/wiki/Louis_Sullivan (acesso em:15 nov. 2023)

3 GOLDENBERG, J.; MAZURSKY, D; SOLOMON, S. Toward identifying the inventive templates of new products: a channeled ideation approach. Journal of Marketing Research, May 1999.

4 https://en.wikipedia.org/wiki/Metapattern (acesso em:15 nov. 2023)

08. Antissistema e abordagem subversiva

1 https://sigaa.ufrn.br/sigaa/public/programa/defesas.jsf?lc=pt_BR&id=9109 (acesso em:15 nov. 2023)

2 https://www.metodolog.ru/triz-journal/archives/1999/10/a/index.htm (acesso em:15 nov. 2023)

3 https://www.tecmundo.com.br/veiculos/44784-presidente-da-volvo-arrisca-a-vida-para-provar-resistencia-de-novo-caminhao.htm (acesso em:15 nov. 2023)

4 DAIM, T; DABIĆ, M. (ed.). R&D *management in the knowledge era*: challenges of emerging technologies. 1. ed. Berlin: Springer, 2019.

09. Nine Windows

[1] https://the-trizjournal.com/system-operator-tutorial-2-boxes-changing-perspectives/ (acesso em:15 nov. 2023)
[2] https://pt.wikipedia.org/wiki/Fractal (acesso em:15 nov. 2023)
[3] Triztorming – a gig economy e a economia senciente! (acesso em:15 nov. 2023)
[4] https://unbrecake.com/ (acesso em:15 nov. 2023)
[5] https://news.ifood.com.br/rodo-ada-entregas-inteligentes-e-sustentaveis-sao-o-futuro/ (acesso em:15 nov. 2023)
[6] Triztorming – Novos tempos, novas formas de se repensar os negócios! (acesso em:15 nov. 2023)
[7] HARVARD'S new computer science teacher is a chatbot. (https://www.independent.co.uk/tech/harvard-chatbot-teacher-computer-science-b2363114.html) (acesso em:15 nov. 2023)
[8] Triztorming – a inovação e a arte do improviso (acesso em:15 nov. 2023)

10. Clientes, negócios, mercado e o espaço entre todos

[1] https://pt.wikipedia.org/wiki/Escova_dental_ultrass%C3%B4nica (acesso em:15 nov. 2023)
[2] https://hbr.org/ideacast/2016/12/the-jobs-to-be-done-theory-of-innovation (acesso em:15 nov. 2023)
[3] https://administradores.com.br/artigos/o-cerebro-reptiliano (acesso em:15 nov. 2023)
[4] https://pt.wikipedia.org/wiki/Theranos (acesso em:15 nov. 2023)
[5] https://pt.wikipedia.org/wiki/Bel_Pesce (acesso em:15 nov. 2023)
[6] https://pt.wikipedia.org/wiki/Adam_Smith (acesso em:15 nov. 2023)
[7] https://portal.al.go.leg.br/noticias-dos-gabinetes/126436/economia-colaborativa-sera-politica-de-estado-em-goias-por-iniciativa-de-virmondes-cruvinel (acesso em:15 nov. 2023)
[8] https://fia.com.br/blog/white-label/ (acesso em:15 nov. 2023)
[9] https://www.aereo.jor.br/2013/12/31/brasil-entra-para-o-clube-dos-fabricantes-de-turbinas-aereas/#:~:text=Os%20fabricantes%20de%20turbinas%20s%C3%A3o,%C3%BAnica%20empresa%2C%20a%20francesa%20Turbomeca (acesso em:15 nov. 2023)
[10] https://www.aeroflap.com.br/rolls-royce-aluga-motores-por-hora-de-voo-e-comeca-a-sentir-os-efeitos-da-crise-do-coronavirus/ (acesso em:15 nov. 2023)
[11] https://triztorming.com/f/m%C3%A1quinas-de-click?blogcategory=Modelos+de+Neg%C3%B3cio+%F0%9F%92%BC (acesso em:15 nov. 2023)
[12] https://www.linkedin.com/pulse/era-p%C3%B3s-canvas-e-o-%C3%ADndice-anti-bolha-gl%C3%A1ucio-bezerra-brand%C3%A3o (acesso em:15 nov. 2023)
[13] https://blog.aevo.com.br/comoditizacao-por-que-um-produto-vira-uma-commodity/ (acesso em:15 nov. 2023)
[14] https://en.wikipedia.org/wiki/Total_addressable_market (acesso em:15 nov. 2023)
[15] https://www12.senado.leg.br/institucional/datasenado/materias/pesquisas/7-em-cada-10-brasileiros-nao-tem-plano-de-saude (acesso em:15 nov. 2023)
[16] https://natal.rn.gov.br/storage/app/media/sms/desenho_de_rede_sms.pdf (acesso em:15 nov. 2023)
[17] https://dictionary.cambridge.org/us/dictionary/english/gig-economy (acesso em:15 nov. 2023)
[18] https://agenciabrasil.ebc.com.br/geral/noticia/2022-05/ipea-brasil-tem-15-milhao-de-motoristas-e-entregadores-de-produtos#:~:text=No%20Brasil%2C%20aproximadamente%201%2C5,Pesquisa%20Econ%C3%B4mica%20Aplicada%20(Ipea (acesso em:15 nov. 2023)
[19] https://www.cimentoitambe.com.br/massa-cinzenta/numero-de-empregados-na-construcao-civil-fica-estavel-em-abril/ (acesso em:15 nov. 2023)

20 https://www.oliberal.com/economia/numero-de-entregadores-de-aplicativos-cresceu-60-durante-a-pandemia-estima-fenamoto-pa-1.416584 (acesso em:15 nov. 2023)
21 https://triztorming.com/f/hip%C3%B3tese-da-m%C3%A1xima-inclus%C3%A3o-social?blogcategory=Gig+Economy+%2F+Cen%C3%A1rios+%E2%98%B8%EF%B8%8F (acesso em:15 nov. 2023)
22 https://exame.com/pop/brasil-e-um-dos-cinco-paises-com-maior-numero-de-celulares-mostra-ranking/ (acesso em:15 nov. 2023)
23 https://empresas.serasaexperian.com.br/blog/esg-o-que-significa-a-sigla-e-porque-ela-e-tao-importante-para-empresas/?idcmp=:c05:m01:googlegsp:CR222:ADG252:AD01:TRLCY65:d&gclid=Cj0KCQjwgO2XBhCaARIsANrW2X33KoU0Sd3EHY0nU6ITeWVN3XPK675M_XhxEpennkDI_JilQeJyky4aAtPNEALw_wcB (acesso em:15 nov. 2023)

12. Clientes, negócios, mercado e o espaço entre todos

1 KIM, W. C.; MAUBORGNE, R. *A estratégia do oceano azul*. Rio de Janeiro: Elsevier, 2005.
2 CAMERON, G. *Trizics*. 1. ed. South Carolina: Createspace, 2010.
3 https://triztorming.com/f/ter%C3%A3o-as-empresas-que-se-transformarem-em-centros-de-capacita%C3%A7%C3%A3o?blogcategory=Capacita%C3%A7%C3%A3o+%F0%9F%93%92 (acesso em:15 nov. 2023)
4 https://triztorming.com/f/novos-tempos-novas-formas-de-se-repensar-os-neg%C3%B3cios?blogcategory=Capacita%C3%A7%C3%A3o+%F0%9F%93%92 (acesso em:15 nov. 2023)
5 https://sigaa.ufrn.br/sigaa/public/programa/noticias_desc.jsf?lc=pt_BR&id=9109&noticia=150545103 (acesso em:15 nov. 2023)
6 https://triztorming.com/f/a-transforma%C3%A7%C3%A3o-digital-o-barco-de-teseu-e-a-transmuta%C3%A7%C3%A3o?blogcategory=Transmuta%C3%A7%C3%A3o+Organizacional+%F0%9F%A6%8B (acesso em:15 nov. 2023)
7 https://www.infoescola.com/portugues/futuro-do-presente-do-indicativo/ (acesso em:15 nov. 2023)
8 Big Business… The End is Near: Why 70% of the Fortune 1000 Will Be Replaced in a Few Years (https://www.forbes.com/sites/nathanfurr/2011/04/21/big-business-the-end-is-near/?sh=6d065cdf2a8d)
9 https://pt.wikipedia.org/wiki/Darwinismo (acesso em:15 nov. 2023)
10 INOVAÇÃO ou qualidade? competitividade ou morte lenta? (https://triztorming.com/f/inova%C3%A7%C3%A3o-ou-qualidade-competitividade-ou-morte-lenta?blogcategory=Modelos+de+Neg%C3%B3cio+%F0%9F%92%BC
11 https://www.conjugacao.com.br/futuro-do-preterito-do-indicativo/ (acesso em:15 nov. 2023)
12 https://triztorming.com/f/ci%C3%AAncia-tecnologia-e-inova%C3%A7%C3%A3o-ordem-errada?blogcategory=Cr%C3%ADticas+ao+Sistema+%F0%9F%A4%AF (acesso em:15 nov. 2023)
13 https://triztorming.com/f/cientista-ou-inovador-dr-jekyll-or-mr-hyde?blogcategory=Postura+%F0%9F%98%8E (acesso em:15 nov. 2023)
14 https://intelligence.weforum.org/ (acesso em:15 nov. 2023)
15 http://www.senarrn.com.br/agromarra-e-a-campea-do-desafio-de-startups-ideas-for-milk-no-rn/ (acesso em:15 nov. 2023)
16 https://extra.globo.com/noticias/carros-e-motos/caminhao-viaja-mais-de-190km-sem-motorista-para-entregar-cerveja-20355592.html (acesso em:15 nov. 2023)

13. Phantom Business: criando microfuturos

1 https://www.predictionmachines.ai/ (acesso em:15 nov. 2023)
2 https://pt.wikipedia.org/wiki/Peter_Drucker (acesso em:15 nov. 2023)
3 Triztorming – desenvolvendo futuros incrementais e disruptivos (acesso em:15 nov. 2023

Índice

F

G

H

I

J

K

L

M

N

O

P

Q

R

S

T

U

V

W

Este livro foi impresso nas oficinas gráficas da Editora Vozes Ltda.,
Rua Frei Luís, 100 – Petrópolis, RJ.